Acesse JÁ os conteúdos ON-LINE

  ATUALIZAÇÃO em PDF e VÍDEO para complementar seus estudos*

Acesse o link:

www.editorafoco.com.br/atualizacao

* As atualizações em PDF e Vídeo serão disponibilizadas sempre que houver necessidade, em caso de nova lei ou decisão jurisprudencial relevante.
* Acesso disponível durante a vigência desta edição.

20 25

TERCEIRA EDIÇÃO

COMO PASSAR

ANA PAULA DOMPIERI
ORGANIZADORA

- GABARITO AO FINAL DE CADA QUESTÃO, FACILITANDO O MANUSEIO DO LIVRO
- QUESTÕES COMENTADAS E ALTAMENTE CLASSIFICADAS POR AUTORES ESPECIALISTAS EM APROVAÇÃO

WANDER **GARCIA**
COORDENADOR

CONCURSOS FGV 1.200
QUESTÕES COMENTADAS

DISCIPLINAS IMPRESSAS

Língua **Portuguesa** • Direito **Constitucional**
Direito **Internacional** • Direito **Empresarial**
Direito do **Consumidor** • Direito **Civil**
Direito **Processual Civil**
Direito **Administrativo**
Direito **Tributário** • Direito do **Trabalho**
Direito **Processual do Trabalho**
Direito **Ambiental**
Direito da **Criança e do Adolescente**
Direito **Penal** • Direito **Processual Penal**
Direitos **Humanos** • Filosofia do **Direito**
Informática • Direito **Eleitoral**
Direito **Previdenciário**
Direito **Financeiro**
Lei Geral de **Proteção de Dados Pessoais**

Dados Internacionais de Catalogação na Publicação (CIP) de acordo com ISBD

C735
Como passar em concursos FGV / Wander Garcia ... [et al.] ; organizado por Ana Paula Garcia ; coordenado por Wander Garcia. - 3. ed. - Indaiatuba, SP : Editora Foco, 2025.
464 p. ; 17cm x 24cm.
Inclui bibliografia e índice.
ISBN: 978-65-6120-326-5

    1. Metodologia de estudo. 2. Concursos públicos. I. Garcia, Wander. II. Dantas, Cecília. III. Dompieri, Eduardo. IV. Pelegrini, Felipe. V. Signorelli, Filipe Venturini. VI. Campos, Flávia. VII. Rodrigues, Gabriela. VIII. Satin, Helder. IX. Subi, Henrique. X. Cramacon, Hermes. XI. Faleiros Júnior, José Luiz de Moura. XII. Santos, Luciana Batista. XIII. Dellore, Luiz. XIV. Bergamasco, Patricia. XV. Turra, Pedro. XVI. Flumian, Renan. XVII. Quartim, Ricardo. XVIII. Densa, Roberta. XIX. Barreirinhas, Robinson Sakiyama. XX. Bordalo, Rodrigo. XXI. Armani, Wagner. XXII. Garcia, Ana Paula. XXIII. Título.
2025-794   CDD 001.4   CDU 34:33

Elaborado por Vagner Rodolfo da Silva - CRB-8/9410
Índices para Catálogo Sistemático:
1. Metodologia de estudo: concursos públicos 001.4
1. Metodologia de estudo: concursos públicos 001.8

WANDER **GARCIA**
COORDENADOR

TERCEIRA
EDIÇÃO

CONCURSOS FGV 1.200
QUESTÕES COMENTADAS

COMO PASSAR

ANA PAULA
DOMPIERI
ORGANIZADORA

- GABARITO AO
  FINAL DE CADA QUESTÃO,
  FACILITANDO O MANUSEIO
  DO LIVRO

- QUESTÕES COMENTADAS
  E ALTAMENTE CLASSIFICADAS
  POR AUTORES ESPECIALISTAS
  EM APROVAÇÃO

DISCIPLINAS IMPRESSAS

Língua **Portuguesa** • Direito **Constitucional**
Direito **Internacional** • Direito **Empresarial**
Direito do **Consumidor** • Direito **Civil**
Direito **Processual Civil**
Direito **Administrativo**
Direito **Tributário** • Direito do **Trabalho**
Direito **Processual do Trabalho**
Direito **Ambiental**
Direito da **Criança e do Adolescente**
Direito **Penal** • Direito **Processual Penal**
Direitos **Humanos** • Filosofia do **Direito**
Informática • Direito **Eleitoral**
Direito **Previdenciário**
Direito **Financeiro**
Lei Geral de **Proteção de Dados Pessoais**

2025 © Editora Foco

Coordenadores: Wander Garcia e Ana Paula Dompieri

Autores: Wander Garcia, Cecília Dantas, Eduardo Dompieri, Felipe Pelegrini Bertelli Passos, Filipe Venturini Signorelli, Flávia Campos, Gabriela Rodrigues, Helder Satin, Henrique Subi, Hermes Cramacon, José Luiz de Moura Faleiros Júnior, Luciana Batista Santos, Luiz Dellore, Patricia Bergamasco, Pedro Turra, Renan Flumian, Ricardo Quartim, Roberta Densa, Robinson Sakiyama Barreirinhas, Rodrigo Bordalo e Wagner Armani

Diretor Acadêmico: Leonardo Pereira
Editor: Roberta Densa
Coordenadora Editorial: Paula Morishita
Revisora Sênior: Georgia Renata Dias
Revisora Júnior: Adriana Souza Lima
Capa Criação: Leonardo Hermano
Diagramação: Ladislau Lima
Impressão miolo e capa: FORMA CERTA

DIREITOS AUTORAIS: É proibida a reprodução parcial ou total desta publicação, por qualquer forma ou meio, sem a prévia autorização da Editora FOCO, com exceção do teor das questões de concursos públicos que, por serem atos oficiais, não são protegidas como Direitos Autorais, na forma do Artigo 8º, IV, da Lei 9.610/1998. Referida vedação se estende às características gráficas da obra e sua editoração. A punição para a violação dos Direitos Autorais é crime previsto no Artigo 184 do Código Penal e as sanções civis às violações dos Direitos Autorais estão previstas nos Artigos 101 a 110 da Lei 9.610/1998. Os comentários das questões são de responsabilidade dos autores.

NOTAS DA EDITORA:

Atualizações e erratas: A presente obra é vendida como está, atualizada até a data do seu fechamento, informação que consta na página II do livro. Havendo a publicação de legislação de suma relevância, a editora, de forma discricionária, se empenhará em disponibilizar atualização futura.

Bônus ou Capítulo *On-line*: Excepcionalmente, algumas obras da editora trazem conteúdo no *on-line*, que é parte integrante do livro, cujo acesso será disponibilizado durante a vigência da edição da obra.

Erratas: A Editora se compromete a disponibilizar no site www.editorafoco.com.br, na seção Atualizações, eventuais erratas por razões de erros técnicos ou de conteúdo. Solicitamos, outrossim, que o leitor faça a gentileza de colaborar com a perfeição da obra, comunicando eventual erro encontrado por meio de mensagem para contato@editorafoco.com.br. O acesso será disponibilizado durante a vigência da edição da obra.

Impresso no Brasil (3.2025) – Data de Fechamento (2.2025)

2025
Todos os direitos reservados à
Editora Foco Jurídico Ltda.
Rua Antonio Brunetti, 593 – Jd. Morada do Sol
CEP 13348-533 – Indaiatuba – SP

E-mail: contato@editorafoco.com.br
www.editorafoco.com.br

APRESENTAÇÃO

A experiência também diz que aquele que quer ser aprovado deve cumprir três objetivos: a) entender a teoria; b) ler a letra da lei, e c) treinar. A teoria é vista em cursos e livros à disposição no mercado. O problema é que, normalmente, o candidato se detém nessa etapa. A leitura da lei e o treinamento acabam sendo deixados de lado. E é nesse ponto que está o grande erro. Em média, mais de 90% das questões são respondidas a partir do texto da lei. Além disso, as questões de prova se repetem muito.

É por isso que é fundamental o candidato contar com a presente obra. Com ela você poderá ler a letra da lei e treinar. Quase todas as questões vêm comentadas com o dispositivo legal em que encontrará a resposta correta. Com isso terá acesso aos principais dispositivos legais que aparecem no Exame FGV, de maneira lúdica e desafiadora. Além disso, você começará a perceber as técnicas dos examinadores, as "pegadinhas" típicas de prova e todas as demais características da Banca Examinadora, de modo a ganhar bastante segurança para o momento decisivo, que é o dia da sua prova.

É importante ressaltar que essa obra é **única no mercado**, pois somente ela traz **tamanho número de questões da FGV**, que estão classificadas e comentadas, sendo que o comentário é feito, sempre que necessário, para cada alternativa da questão.

É por isso que podemos afirmar com uma exclamação que esta obra vai demonstrar a você **COMO PASSAR EM CONCURSOS DA FGV**!

Autores

SOBRE OS COORDENADORES

Wander Garcia – @wander_garcia
Doutor (PhD) e Mestre em Direito pela PUC/SP. Mestre em Direito (LLM) pela USC – University of Southern California. Visiting Research Fellow na UCLA (pós-doutorado). É Professor Universitário, de Cursos Preparatórios para OAB e Concursos, de Inglês Jurídico e de Legislação Americana. Foi Diretor do Complexo Jurídico Damásio. É um dos fundadores da Editora Foco. É autor best seller com mais de 50 livros publicados na área jurídica e de concursos. Já vendeu mais de 1,5 milhão de livros, dentre os quais se destacam "Como Passar na OAB", "Exame de Ordem Mapamenta-lizado" e "Concursos: O Guia Definitivo". É advogado há mais de 20 anos e foi procurador do município de São Paulo por mais de 15 anos.

Ana Paula Dompieri
Procuradora do Estado de São Paulo, Pós-graduada em Direito, Professora do IEDI, Escrevente do Tribunal de Justiça por mais de 10 anos e Assistente Jurídico do Tribunal de Justiça. Autora de diversos livros para OAB e concursos.

SOBRE OS AUTORES

Adolfo Mamoru Nishiyama
Advogado. Possui graduaçãoem Ciências Jurídicas pela Universidade Presbiteriana Mackenzie (1991) e mestrado em Direito do Estado pela Pontifícia Universidade Católica de São Paulo (1997). Doutorado em Direito do Estado pela Pontifícia Universidade Católica de São Paulo (2016). Atualmente é professor titular da Universidade Paulista.

Cecília Dantas
Advogada em São Paulo. Pós-graduada em Direito Administrativo pelo IDP. Mestranda em Direito Civil pela Universidade Panthéon-Assas em Paris.

Eduardo Dompieri – @eduardodompieri
Pós-graduado em Direito. Professor do IEDI. Autor de diversas obras de preparação para Concursos Públicos e Exame de Ordem.

Felipe Pelegrini Bertelli Passos
Advogado, Autor de Obras Jurídicas e Consultor. É Especialista em Direito Público e Bacharel em Direito pela Faculdade de Direito Professor Damásio de Jesus. Participou do curso de extensão em Direito Internacional Comparado – Itália – Università degli Studi di Camerino. Professor de Direito e Prática Tributária em Cursos Preparatórios para a OAB, Carreiras Fiscais, Carreiras Jurídicas e de Pós-Graduação em Direito. Sócio na MMAB Business Consulting e na Pelegrini & Alves Advogados Associados.

Filipe Venturini Signorelli
Mestrado em Direito Administrativo pela Pontifícia Universidade Católica de São Paulo. Pós-graduado em Governança, Gestão Pública e Direito Administrativo. Pós-graduado em Direito Público. Pós-graduado em Ciências criminais e docência superior. Linha de pesquisa na área de Autorregulação e Controle na administração pública. Conselheiro no IPMA Brasil – International Project Management Associate. Gestor Jurídico e Acadêmico. Professor. Advogado e Consultor Jurídico no Bordalo Densa & Venturini Advogados.

Flávia Campos
Consultora Legislativa da Assembleia Legislativa de Minas Gerais, na área de Participação e Interlocução Social. Especialista em Direito Público pela Universidade Cândido Mendes. Graduada em Direito Pela Pontifícia Universidade Católica de Minas Gerais. Professora de Direito Administrativo e de Prática Cível e Administrativa. Professora do SupremoTV.

Gabriela R. Pinheiro
Pós-Graduada em Direito Civil e Processual Civil pela Escola Paulista de Direito. Professora Universitária e do IEDI Cursos On-line e preparatórios para concursos públicos exame de ordem. Autora de diversas obras jurídicas para concursos públicos e exame de ordem. Advogada.

Helder Satin
Graduado em Ciências da Computação, com MBA em Gestão de TI. Professor do IEDI. Professor de Cursos de Pós-graduação. Desenvolvedor de sistemas Web e gerente de projetos.

Henrique Subi – @henriquesubi
Agente da Fiscalização Financeira do Tribunal de Contas do Estado de São Paulo. Mestrando em Direito Político e Econômico pela Universidade Presbiteriana Mackenzie. Especialista em Direito Empresarial pela Fundação Getúlio Vargas e em Direito Tributário pela UNISUL. Professor de cursos preparatórios para concursos desde 2006. Coautor de mais de 20 obras voltadas para concursos, todas pela Editora Foco.

Hermes Cramacon – @hermescramacon
Possui graduação em Direito pela Universidade Cidade de São Paulo (2000). Mestrando em Direito da Saúde pela Universidade Santa Cecília. Docente da Universi-

dade Municipal de São Caetano do Sul e professor da Faculdade TIJUCUSSU. Professor de Direito do Trabalho e Direito Processual do Trabalho do IEDI Cursos Online e Escolha Certa Cursos nos cursos preparatórios para Exame de Ordem. Tem experiência na área de Direito, com ênfase em Direito do Trabalho, Direito Processual do Trabalho, Direito Processual Civil e Prática Jurídica.

José Luiz de Moura Faleiros Júnior

Advogado. Doutorando em Direito Civil pela Faculdade de Direito da Universidade de São Paulo – Usp/Largo de São Francisco. Doutorando em Direito, na área de estudo Direito, Tecnologia e Inovação, pela Universidade Federal de Minas Gerais – UFMG. Mestre e Bacharel em Direito pela Universidade Federal de Uberlândia – UFU. Especialista em Direito Processual Civil, Direito Civil e Empresarial, Direito Digital e Compliance. Professor dos Cursos de Graduação em Direito da Faculdade Milton Campos (Belo Horizonte, Brasil) e da Skema Law School (Belo Horizonte, Brasil). Supervisor Acadêmico do curso de Pós-Graduação em Direito Privado, Tecnologia e Inovação da Escola Brasileira de Direito – Ebradi. Professor convidado de cursos de pós-graduação "lato sensu" e LLMs em Direito Digital na Escola Brasileira de Direito – Ebradi, na Universidade do Vale do Rio dos Sinos – Unisinos, na Fundação Escola Superior do Ministério Público do Rio Grande do Sul – FMP/RS, na Pontifícia Universidade Católica do Paraná – PUC/PR e no Instituto de Tecnologia e Sociedade do Rio de Janeiro – ITS-Rio. Associado do Instituto Brasileiro de Estudos de Responsabilidade Civil – Iberc e do Instituto Avançado de Proteção de Dados – IAPD. Membro e Pesquisador do Centro de Pesquisa em Direito, Tecnologia e Inovação – Centro DTIBR. Pesquisador do "Grupo de Estudos em Direito e Tecnologia – DTec" (UFMG, Brasil), do Grupo de Pesquisa "Direito Civil na Sociedade em Rede" (Usp, Brasil) e da "Comunidade Internacional de Estudos em Direito Digital" (UFU, Brasil). Editor da Brazilian Journal of Law, Technology and Innovation (ISSN 2965-1549). Membro da Comissão Executiva da Revista IBERC (ISSN 2595-976X). E-mail: contato@josefaleirosjr.com

Luciana Batista Santos

Graduada em Direito pela Universidade Federal de Minas Gerais. Mestre em Direito Tributário pela Universidade Federal de Minas Gerais. Professora de Direito Tributário. Autora de livros e artigos na área do Direito Tributário. Advogada.

Luiz Dellore – @dellore

Doutor e Mestre em Direito Processual Civil pela USP. Mestre em Direito Constitucional pela PUC/SP. Professor do Mackenzie, EPD, IEDI, IOB/Marcato e outras instituições. Advogado concursado da Caixa Econômica Federal. Ex-assessor de Ministro do STJ. Membro da Comissão de Processo Civil da OAB/SP, do IBDP (Instituto Brasileiro de Direito Processual), do IPDP (Instituto Panamericano de Derecho Procesal) e diretor do CEAPRO (Centro de Estudos Avançados de Processo). Colunista do portal jota.info.Facebook e LinkedIn: Luiz Dellore.

Patricia Bergamasco

É advogada e revisora das obras Manual de Direito Penal volumes 1, 2 e 3, Execução Penal e Código Penal Interpretado de Julio Fabbrini Mirabete e Renato Nascimento Fabbrini.

Pedro Turra

Mestre pela PUC-Campinas, Advogado e Professor em cursos de Graduação e Pós-Graduação na Unitá, PUC-Campinas, Mackenzie, Esalq/USP, Proordem Campinas, FACAMP e ESA (Escola Superior da Advocacia – OAB). Cursou extensão em Compliance e Governança Corporativa no Insper. Pós-Graduado (MBA) em Gestão Empresarial e Graduado em Direito (com ênfase em Direito Empresarial) pela FACAMP. Idealizador do grupo de pesquisa sobre Direito Corporativo, iniciativa online que visa transmitir conhecimento presente em artigos acadêmicos para profissionais de todo o país.

Renan Flumian

Mestre em Filosofia do Direito pela Universidade de Alicante. Cursou a Session Annuelle D'enseignement do Institut International des Droits de L'Homme, a Escola de Governo da USP e a Escola de Formação da Sociedade Brasileira de Direito Público. Professor e Coordenador Acadêmico do IEDI. Autor e coordenador de diversas obras de preparação para Concursos Públicos e o Exame de Ordem. Advogado.

Ricardo Quartim

Graduado em direito pela Universidade de São Paulo (USP). Procurador Federal em São Paulo/SP e autor de artigos jurídicos.

Roberta Densa

Doutora em Direitos Difusos e Coletivos pela Pontifícia Universidade Católica de São Paulo (PUC/SP), mestre em Direito Político e Econômico pela Universidade Presbiteriana Mackenzie (2005). Editora Jurídica na Editora Foco. Professora da Universidade São Judas Tadeu. Autora do livro "Direito do Consumidor". Membro da Comissão dos Direitos da Criança e do Adolescente da OAB/SP desde 2007.

Robinson Barreirinhas

Secretário Municipal dos Negócios Jurídicos da Prefeitura de São Paulo. Professor do IEDI. Procurador do Município de São Paulo. Autor e coautor de mais de 20 obras de preparação para concursos e OAB. Ex-Assessor de Ministro do STJ.

Rodrigo Bordalo

Doutor e Mestre em Direito do Estado pela PUC-SP. Bacharel em Direito pela USP. Procurador do Município de São Paulo. Advogado. Professor da Universidade Presbiteriana Mackenzie (pós-graduação lato sensu), do CPJUR (Centro Preparatório Jurídico), da Escola Superior da Advocacia (OAB/SP) e do Damásio Educacional, entre outras instituições. É membro da Comissão de Direito Urbanístico da OAB/SP.

Wagner Armani

Doutor em Direito Comercial pela Pontifícia Universidade Católica de São Paulo. Mestre em Direito Civil pela Universidade Metodista de Piracicaba. Professor de Direito Comercial, Processual Civil e Prática Jurídica pela Pontifícia Universidade Católica de Campinas. Escolhido como um dos advogados mais admirados pela Revista Análise: Advocacia 500 – ano 2017 e 2019, 2020, 2021, 2022 e 2023. Advogado.

Sumário

APRESENTAÇÃO	VII
AUTORES	IX
COMO USAR O LIVRO?	XIX

1. LÍNGUA PORTUGUESA — 1

1. INTERPRETAÇÃO DE TEXTOS 1
2. REDAÇÃO, COESÃO E COERÊNCIA 4
3. SEMÂNTICA / ORTOGRAFIA / ACENTUAÇÃO GRÁFICA 6
4. MORFOLOGIA 7
5. VERBO 7
6. REGÊNCIAS VERBAL E NOMINAL 8
7. PONTUAÇÃO 8
8. CONJUNÇÃO 9
9. PRONOMES 9
10. SEMÂNTICA 10
11. ACENTUAÇÃO GRÁFICA 10
12. TEMAS COMBINADOS E OUTROS TEMAS 11

2. DIREITO CONSTITUCIONAL — 13

1. CONTROLE DE CONSTITUCIONALIDADE 13
2. DIREITOS E DEVERES INDIVIDUAIS E COLETIVOS 16
3. DIREITOS SOCIAIS 20
4. NACIONALIDADE 20
5. DIREITOS POLÍTICOS 21
6. ORGANIZAÇÃO DO ESTADO 21
7. PODER LEGISLATIVO 28
8. PODER EXECUTIVO 32
9. PODER JUDICIÁRIO 32
10. DEFESA DO ESTADO 37
11. TRIBUTAÇÃO 37

12. ORDEM ECONÔMICA E FINANCEIRA 39
13. ORDEM SOCIAL 40
14. TEMAS COMBINADOS 42

3. DIREITO INTERNACIONAL — 47

1. DIREITO INTERNACIONAL PÚBLICO 47
2. ESTADO – SOBERANIA E TERRITÓRIO 47
3. TRIBUNAL PENAL INTERNACIONAL 49
4. SER HUMANO 49
5. QUESTÕES COMBINADAS E OUTROS TEMAS DE DIREITO INTERNACIONAL PÚBLICO 50
6. DIREITO INTERNACIONAL PRIVADO – TEORIA GERAL E FONTES 50
7. REGRAS DE CONEXÃO DA LEI DE INTRODUÇÃO ÀS NORMAS DO DIREITO BRASILEIRO 51
8. COMPETÊNCIA INTERNACIONAL 52
9. QUESTÕES COMBINADAS E OUTROS TEMAS DE DIREITO INTERNACIONAL PRIVADO 54
10. HOMOLOGAÇÃO DE SENTENÇA E LAUDO ARBITRAL ESTRANGEIROS 55

4. DIREITO EMPRESARIAL — 57

1. TEORIA GERAL DO DIREITO EMPRESARIAL 57
2. SOCIEDADES 63
3. TÍTULOS DE CRÉDITO 66
4. FALÊNCIA, RECUPERAÇÃO DE EMPRESAS E LIQUIDAÇÃO EXTRAJUDICIAL 66
5. CONTRATOS EMPRESARIAIS 69
6. PROPRIEDADE INDUSTRIAL 69
7. TEMAS COMBINADOS 70

5. DIREITO DO CONSUMIDOR — 73

1. CONCEITO DE CONSUMIDOR. RELAÇÃO DE CONSUMO 73
2. PRINCÍPIOS E DIREITOS BÁSICOS 74
3. RESPONSABILIDADE DO FORNECEDOR 74
4. PRÁTICAS COMERCIAIS 80
5. PROTEÇÃO CONTRATUAL 85
6. DEFESA DO CONSUMIDOR EM JUÍZO 90
7. DESCONSIDERAÇÃO DA PERSONALIDADE JURÍDICA. RESPONSABILIDADE EM CASO DE GRUPO DE EMPRESAS 92
8. SUPERENDIVIDAMENTO DO CONSUMIDOR 92
9. OUTROS TEMAS 93

6. DIREITO CIVIL — 95

1. LINDB – LEI DE INTRODUÇÃO ÀS NORMAS DO DIREITO BRASILEIRO 95
2. GERAL 95
3. OBRIGAÇÕES 101
4. CONTRATOS 108
5. RESPONSABILIDADE CIVIL 113
6. COISAS 116
7. CONDOMÍNIO 119
8. FAMÍLIA 120
9. SUCESSÕES 124
10. REGISTROS PÚBLICOS 126
11. QUESTÕES COMBINADAS 127
12. LEIS ESPARSAS 128

7. DIREITO PROCESSUAL CIVIL — 131

1. PRINCÍPIOS DO PROCESSO CIVIL 131
2. JURISDIÇÃO E COMPETÊNCIA 131
3. PARTES, PROCURADORES, SUCUMBÊNCIA, MINISTÉRIO PÚBLICO E JUIZ 133
4. LITISCONSÓRCIO E INTERVENÇÃO DE TERCEIROS 137
5. PRESSUPOSTOS PROCESSUAIS, ELEMENTOS DA AÇÃO E CONDIÇÕES DA AÇÃO 141
6. FORMAÇÃO, SUSPENSÃO E EXTINÇÃO DO PROCESSO. NULIDADES 142
7. TUTELA PROVISÓRIA 142
8. PETIÇÃO INICIAL 148
9. PROVAS 152
11. CONTESTAÇÃO E REVELIA 155
13. CUMPRIMENTO DE SENTENÇA E IMPUGNAÇÃO 159
14. PROCESSO DE EXECUÇÃO, EMBARGOS E EXPROPRIAÇÃO DE BENS 162
15. TEORIA GERAL DOS RECURSOS 166
16. RECURSOS EM ESPÉCIE 171
17. PROCEDIMENTOS ESPECIAIS 179
19. TEMAS COMBINADOS 188

8. DIREITO ADMINISTRATIVO — 197

1. PRINCÍPIOS ADMINISTRATIVOS 197
2. PODERES ADMINISTRATIVOS 198

3. ATO ADMINISTRATIVO 200
4. ORGANIZAÇÃO DA ADMINISTRAÇÃO PÚBLICA 201
5. SERVIDORES PÚBLICOS 203
6. IMPROBIDADE ADMINISTRATIVA 210
7. INTERVENÇÃO NA PROPRIEDADE E NO DOMÍNIO ECONÔMICO 216
8. BENS PÚBLICOS 219
9. RESPONSABILIDADE DO ESTADO 219
10. LICITAÇÕES E CONTRATOS 222
11. SERVIÇO PÚBLICO, CONCESSÃO E PPP 227
12. CONTROLE DA ADMINISTRAÇÃO 229
13. PROCESSO ADMINISTRATIVO 233
14. LEI ANTICORRUPÇÃO 234

9. DIREITO TRIBUTÁRIO — 237

1. COMPETÊNCIA TRIBUTÁRIA 237
2. PRINCÍPIOS TRIBUTÁRIOS 238
3. IMUNIDADES 241
4. DEFINIÇÃO DE TRIBUTO E ESPÉCIES TRIBUTÁRIAS 243
5. LEGISLAÇÃO TRIBUTÁRIA – FONTES 246
6. VIGÊNCIA, APLICAÇÃO, INTERPRETAÇÃO E INTEGRAÇÃO 248
7. FATO GERADOR E OBRIGAÇÃO TRIBUTÁRIA 249
8. LANÇAMENTO E CRÉDITO TRIBUTÁRIO 250
9. SUJEIÇÃO PASSIVA, RESPONSABILIDADE, CAPACIDADE E DOMICÍLIO 251
10. SUSPENSÃO, EXTINÇÃO E EXCLUSÃO DO CRÉDITO 256
11. REPARTIÇÃO DE RECEITAS TRIBUTÁRIAS E FINANÇAS 260
12. IMPOSTOS E CONTRIBUIÇÕES EM ESPÉCIE 260
13. GARANTIAS E PRIVILÉGIOS DO CRÉDITO 267
14. ADMINISTRAÇÃO TRIBUTÁRIA, FISCALIZAÇÃO E PROCESSO ADMINISTRATIVO FISCAL ...267
15. DÍVIDA ATIVA, INSCRIÇÃO, CERTIDÕES 268
16. AÇÕES TRIBUTÁRIAS 270
17. SIMPLES NACIONAL – MICROEMPRESAS E EMPRESAS DE PEQUENO PORTE 272
18. OUTRAS MATÉRIAS E MATÉRIAS E COMBINADAS 272

10. DIREITO DO TRABALHO — 275

1. CONTRATO DE TRABALHO 275
2. SUJEITOS DA RELAÇÃO DE TRABALHO – MODALIDADES ESPECIAIS DE TRABALHADORES ...279

3.	REMUNERAÇÃO E SALÁRIO	280
4.	JORNADA DE TRABALHO – DURAÇÃO DO TRABALHO	284
5.	ALTERAÇÃO, SUSPENSÃO E INTERRUPÇÃO DO CONTRATO DE TRABALHO – FÉRIAS	289
6.	TÉRMINO DO CONTRATO DE TRABALHO	293
7.	ESTABILIDADE	296
8.	NORMAS DE PROTEÇÃO DO TRABALHO – TRABALHO DO MENOR - TRABALHO DA MULHER	299
9.	DIREITO COLETIVO DO TRABALHO	299
10.	FGTS	301
11.	TEMAS COMBINADOS	303

11. DIREITO PROCESSUAL DO TRABALHO — 307

1.	COMPETÊNCIA DA JUSTIÇA DO TRABALHO	307
2.	ATOS, TERMOS E PRAZOS PROCESSUAIS	308
3.	PARTES E PROCURADORES	309
4.	RECLAMAÇÃO TRABALHISTA E RESPOSTAS DA RECLAMADA	310
5.	PROCEDIMENTO SUMARÍSSIMO	314
6.	RECURSOS	314
7.	EXECUÇÃO	322
8.	AÇÕES ESPECIAIS	327
9.	TEMAS COMBINADOS	328

12. DIREITO AMBIENTAL — 333

1.	INTRODUÇÃO E PRINCÍPIOS DO DIREITO AMBIENTAL	333
2.	DIREITO AMBIENTAL NA CONSTITUIÇÃO FEDERAL	333
3.	MEIO AMBIENTE CULTURAL	334
4.	COMPETÊNCIA EM MATÉRIA AMBIENTAL	334
5.	INSTRUMENTOS DE PROTEÇÃO E PROMOÇÃO DO MEIO AMBIENTE	336
6.	LICENCIAMENTO AMBIENTAL E EIA/RIMA	337
7.	UNIDADES DE CONSERVAÇÃO	340
8.	PROTEÇÃO DA FLORA. CÓDIGO FLORESTAL. MATA ATLÂNTICA	342
9.	RESPONSABILIDADE CIVIL AMBIENTAL	344
10.	RESPONSABILIDADE ADMINISTRATIVA AMBIENTAL	347
11.	RESPONSABILIDADE PENAL AMBIENTAL	347
12.	ESTATUTO DA CIDADE	349
13.	SANEAMENTO BÁSICO	350

14. RESÍDUOS SÓLIDOS 350

15. RECURSOS HÍDRICOS 351

16. OUTROS TEMAS E TEMAS COMBINADOS 352

13. DIREITO DA CRIANÇA E DO ADOLESCENTE — 355

1. DIREITOS FUNDAMENTAIS. DIREITO À CONVIVÊNCIA FAMILIAR E COMUNITÁRIA 355

2. ATO INFRACIONAL – DIREITO MATERIAL 357

3. CONSELHO TUTELAR 359

4. ACESSO À JUSTIÇA 359

5. TEMAS COMBINADOS E OUTROS TEMAS 360

14. DIREITO PENAL — 361

1. CONCEITO, FONTES E PRINCÍPIOS DO DIREITO PENAL 361

2. APLICAÇÃO DA LEI NO TEMPO 363

3. APLICAÇÃO DA LEI NO ESPAÇO 363

4. CLASSIFICAÇÃO DOS CRIMES 364

5. FATO TÍPICO E TIPO PENAL 365

6. CRIMES DOLOSOS, CULPOSOS E PRETERDOLOSOS 366

7. TENTATIVA, CONSUMAÇÃO, DESISTÊNCIA, ARREPENDIMENTO E CRIME IMPOSSÍVEL 367

8. ANTIJURIDICIDADE E CAUSAS EXCLUDENTES 368

9. CONCURSO DE PESSOAS 369

10. CULPABILIDADE E CAUSAS EXCLUDENTES 369

11. PENA E MEDIDA DE SEGURANÇA 370

12. AÇÃO PENAL 372

13. EXTINÇÃO DA PUNIBILIDADE – PRESCRIÇÃO 372

14. CRIMES CONTRA O PATRIMÔNIO 373

15. CRIMES CONTRA A DIGNIDADE SEXUAL 376

16. CRIMES CONTRA A FÉ PÚBLICA 378

17. CRIMES CONTRA A ADMINISTRAÇÃO PÚBLICA 379

18. OUTROS CRIMES DO CÓDIGO PENAL 381

19. CRIMES RELATIVOS A DROGAS 382

20. VIOLÊNCIA DOMÉSTICA 383

21. OUTROS CRIMES DA LEGISLAÇÃO EXTRAVAGANTE 384

22. TEMAS COMBINADOS DE DIREITO PENAL 385

15. DIREITO PROCESSUAL PENAL — 387

1. FONTES, PRINCÍPIOS GERAIS E INTERPRETAÇÃO 387
2. INQUÉRITO POLICIAL 387
3. AÇÃO PENAL, SUSPENSÃO CONDICIONAL DO PROCESSO E AÇÃO CIVIL 388
4. JURISDIÇÃO E COMPETÊNCIA; CONEXÃO E CONTINÊNCIA 391
5. QUESTÕES E PROCESSOS INCIDENTES 394
6. PROVAS 394
7. PRISÃO, MEDIDAS CAUTELARES E LIBERDADE PROVISÓRIA 397
8. SUJEITOS PROCESSUAIS, CITAÇÃO, INTIMAÇÃO E PRAZOS 401
9. PROCESSOS E PROCEDIMENTOS; SENTENÇA, PRECLUSÃO E COISA JULGADA. 401
10. PROCESSO DOS CRIMES DA COMPETÊNCIA DO JÚRI 403
11. NULIDADES 404
12. RECURSOS 405
13. *HABEAS CORPUS*, MANDADO DE SEGURANÇA E REVISÃO CRIMINAL 406
14. EXECUÇÃO PENAL 406
15. LEGISLAÇÃO EXTRAVAGANTE E TEMAS COMBINADOS 408
16. TEMAS COMBINADOS E OUTROS TEMAS 411

16. DIREITOS HUMANOS — 413

1. SISTEMA GLOBAL DE PROTEÇÃO DOS DIREITOS HUMANOS 413
2. SISTEMA GLOBAL DE PROTEÇÃO ESPECÍFICA DOS DIREITOS HUMANOS 414
3. SISTEMA REGIONAL DE PROTEÇÃO DOS DIREITOS HUMANOS – SISTEMA INTERAMERICANO 414
4. DIREITOS HUMANOS NO BRASIL 417
5. DIREITO HUMANITÁRIO 418
6. QUESTÕES COMBINADAS E OUTROS TEMAS 418

17. FILOSOFIA DO DIREITO — 421

18. INFORMÁTICA — 423

1. CRIAÇÃO E EXCLUSÃO DE PASTAS (DIRETÓRIOS), ARQUIVOS E ATALHOS, ÁREA DE TRABALHO, ÁREA DE TRANSFERÊNCIA, MANIPULAÇÃO DE ARQUIVOS E PASTAS 423
2. SISTEMAS OPERACIONAIS WINDOWS E LINUX 423
3. PROCESSADOR DE TEXTO (WORD E BROFFICE.ORG WRITS) 423
4. PLANILHAS ELETRÔNICAS (EXCEL E BROFFICE.ORG CALC) 423
5. EDITOR DE APRESENTAÇÕES (POWERPOINT E BROFFICE.ORG EMPRESA) 424
6. CONCEITOS DE TECNOLOGIAS RELACIONADAS À INTERNET E INTRANET, PROTOCOLOS WEB, WORLD WIDE WEB, NAVEGADOR INTERNET (INTERNET EXPLORER E MOZILLA FIREFOX), BUSCA E PESQUISA NA WEB 424

19. DIREITO ELEITORAL — 425

1. PRINCÍPIOS, DIREITOS POLÍTICOS, ELEGIBILIDADE 425
2. ELEIÇÕES, VOTOS, APURAÇÃO, QUOCIENTES ELEITORAL E PARTIDÁRIO 425
3. JUSTIÇA ELEITORAL 426
4. CRIMES ELEITORAIS 427
5. TEMAS COMBINADOS 428

20. DIREITO PREVIDENCIÁRIO — 429

1. PRINCÍPIOS E NORMAS GERAIS 429
2. CUSTEIO 429
3. SEGURADOS, DEPENDENTES 431
4. BENEFÍCIOS 432
5. SERVIDORES PÚBLICOS 436
6. ASSISTÊNCIA SOCIAL E SAÚDE 437

21. DIREITO FINANCEIRO — 439

1. PRINCÍPIOS E NORMAS GERAIS 439
2. LEIS ORÇAMENTÁRIAS (PPA – PLANO PLURIANUAL; LDO – LEI DE DIRETRIZES ORÇAMENTÁRIAS; LOA – LEI ORÇAMENTÁRIA ANUAL) 439
3. OUTROS TEMAS E COMBINADOS 440

22. LEI GERAL DE PROTEÇÃO DE DADOS PESSOAIS — 443

COMO USAR O LIVRO?

Para que você consiga um ótimo aproveitamento deste livro, atente para as seguintes orientações:

1º Tenha em mãos um **vademecum** ou **um computador** no qual você possa acessar os textos de lei citados.

2º Se você estiver estudando a teoria (fazendo um curso preparatório ou lendo resumos, livros ou apostilas), faça as questões correspondentes deste livro na medida em que for avançando no estudo da parte teórica.

3º Se você já avançou bem no estudo da teoria, leia cada capítulo deste livro até o final, e só passe para o novo capítulo quando acabar o anterior; vai mais uma dica: alterne capítulos de acordo com suas preferências; leia um capítulo de uma disciplina que você gosta e, depois, de uma que você não gosta ou não sabe muito, e assim sucessivamente.

4º Iniciada a resolução das questões, tome o cuidado de ler cada uma delas **sem olhar para o gabarito e para os comentários**; se a curiosidade for muito grande e você não conseguir controlar os olhos, tampe os comentários e os gabaritos com uma régua ou um papel; na primeira tentativa, é fundamental que resolva a questão sozinho; só assim você vai identificar suas deficiências e "pegar o jeito" de resolver as questões; marque com um lápis a resposta que entender correta, e só depois olhe o gabarito e os comentários.

5º **Leia com muita atenção o enunciado das questões**. Ele deve ser lido, no mínimo, duas vezes. Da segunda leitura em diante, começam a aparecer os detalhes, os pontos que não percebemos na primeira leitura.

6º **Grife as palavras-chave, as afirmações e a pergunta formulada.** Ao grifar as palavras importantes e as afirmações você fixará mais os pontos-chave e não se perderá no enunciado como um todo. Tenha atenção especial com as palavras "correto", "incorreto", "certo", "errado", "prescindível" e "imprescindível".

7º Leia os comentários e **leia também cada dispositivo legal** neles mencionados; não tenha preguiça; abra o *vademecum* e leia os textos de leis citados, tanto os que explicam as alternativas corretas, como os que explicam o porquê de ser incorreta dada alternativa; você tem que conhecer bem a letra da lei, já que mais de 90% das respostas estão nela; mesmo que você já tenha entendido determinada questão, reforce sua memória e leia o texto legal indicado nos comentários.

8º Leia também os **textos legais que estão em volta** do dispositivo; por exemplo, se aparecer, em Direito Penal, uma questão cujo comentário remete ao dispositivo que trata de falsidade ideológica, aproveite para ler também os dispositivos que tratam dos outros crimes de falsidade; outro exemplo: se aparecer uma questão, em Direito Constitucional, que trate da composição do Conselho Nacional de Justiça, leia também as outras regras que regulamentam esse conselho.

9º Depois de resolver sozinho a questão e de ler cada comentário, você deve fazer uma **anotação ao lado da questão**, deixando claro o motivo de eventual erro que você tenha cometido; conheça os motivos mais comuns de erros na resolução das questões:

DL – "desconhecimento da lei"; quando a questão puder ser resolvida apenas com o conhecimento do texto de lei;

DD – "desconhecimento da doutrina"; quando a questão só puder ser resolvida com o conhecimento da doutrina;

DJ – "desconhecimento da jurisprudência"; quando a questão só puder ser resolvida com o conhecimento da jurisprudência;

FA – "falta de atenção"; quando você tiver errado a questão por não ter lido com cuidado o enunciado e as alternativas;

NUT - "não uso das técnicas"; quando você tiver se esquecido de usar as técnicas de resolução de questões objetivas, tais como as da **repetição de elementos** ("quanto mais elementos repetidos existirem, maior a chance de a alternativa ser correta"), das **afirmações generalizantes** ("afirmações generalizantes tendem a ser incorretas" - reconhece-se afirmações generalizantes pelas palavras *sempre, nunca, qualquer, absolutamente, apenas, só, somente exclusivamente* etc.), dos **conceitos compridos** ("os conceitos de maior extensão tendem a ser corretos"), entre outras.

10º Confie no **bom-senso**. Normalmente, a resposta correta é a que tem mais a ver com o bom-senso e com a ética. Não ache que todas as perguntas contêm uma pegadinha. Se aparecer um instituto que você não conhece, repare bem no seu nome e tente imaginar o seu significado.

11º Faça um levantamento do **percentual de acertos de cada disciplina** e dos **principais motivos que levaram aos erros cometidos**; de posse da primeira informação, verifique quais disciplinas merecem um reforço no estudo; e de posse da segunda informação, fique atento aos erros que você mais comete, para que eles não se repitam.

12º Uma semana antes da prova, faça uma **leitura dinâmica** de todas as anotações que você fez e leia de novo os dispositivos legais (e seu entorno) das questões em que você marcar "DL", ou seja, desconhecimento da lei.

13º Para que você consiga ler o livro inteiro, faça um bom **planejamento**. Por exemplo, se você tiver 30 dias para ler a obra, divida o número de páginas do livro pelo número de dias que você tem, e cumpra, diariamente, o número de páginas necessárias para chegar até o fim. Se tiver sono ou preguiça, levante um pouco, beba água, masque chiclete ou leia em voz alta por algum tempo.

14º Desejo a você, também, muita **energia**, **disposição**, **foco**, **organização**, **disciplina**, **perseverança**, **amor** e **ética**!

Wander Garcia
Coordenador

1. Língua Portuguesa

Henrique Subi

1. INTERPRETAÇÃO DE TEXTOS

(Técnico Bancário – BANESTES – FGV – 2023) De todas as notícias de jornais abaixo transcritas, assinale aquela que mostra uma inferência adequada.

(A) Houve um pequeno tremor de terra no Chile / os vinhos chilenos vão ter o preço reduzido.
(B) Haverá eleição no próximo domingo / o candidato eleito vai ter o apoio do Congresso.
(C) O combustível vai subir de preço / o preço dos veículos vai despencar.
(D) O passageiro transportava seu computador / o passageiro estava com seu trabalho atrasado.
(E) O motorista comprou novos óculos / óculos velhos trazem problemas de vários tipos.

Inferência é uma dedução válida a partir da informação que foi dada anteriormente. Vejamos em cada uma das alternativas se existe uma inferência adequada. **A:** incorreta. Se houve um tremor no país, a tendência é que produtos que dependem da terra subam de preço, pois uma parte da matéria-prima é destruída e a que resta se torna mais cara; **B:** incorreta. O simples fato de haver eleições não significa, necessariamente, que o candidato eleito tenha apoio do Congresso; **C:** incorreta. Se o combustível sobe de preço, realmente se espera um recuo no preço dos carros – pois menos pessoas vão comprar automóveis dado o alto preço da gasolina – mas o verbo "despencar" torna inválida a dedução; **D:** incorreta. O fato de transportar o computador não permite deduzir nada sobre os prazos do trabalho da pessoa; **E:** correta. Com efeito, usar óculos velhos traz problemas relacionados à visão, por isso a pessoa comprou óculos novos.

Gabarito "E".

(Técnico Bancário – BANESTES – FGV – 2023) As frases abaixo foram retiradas de para-choques de caminhões. Assinale a frase que é acompanhada da causa adequada dessa frase, que dá coerência a ela.

(A) Sou filho do dono do mundo / é filho de alguém muito rico.
(B) Graças a Deus que só um dos candidatos pode ganhar! / caso contrário, após as eleições, continuariam brigando.
(C) Os direitos do homem são três: ver, ouvir e calar / o homem tem autoridade fora de sua casa.
(D) Seja realista, exija o impossível / declaração de apoio à monarquia.
(E) Quem sabe sobe / o estudo e a cultura são fontes de progresso.

A: incorreta. O "dono do mundo", nesse caso, é Deus, pois os humanos cristãos se consideram, todos, filhos de Deus; **B:** incorreta. A expectativa é que tenhamos o menor número de políticos em atuação, isto é, o autor da frase não confia na classe política; **C:** incorreta. A frase não aborda a questão dos direitos serem exercidos dentro ou fora de casa; **D:** incorreta. Não há qualquer indício na frase que ela trata de questões políticas ou sobre sistemas de governo; **E:** correta. "Quem sabe" representa uma pessoa culta, estudada; enquanto "sobe" está em sentido figurado, significando "subir na vida", "progredir".

Gabarito "E".

(Analista Judiciário – TJ/AL – 2018 – FGV) O título dado ao texto é "Sem tolerância com o preconceito"; esse posicionamento presente no título se liga:

(A) à maioria absoluta da sociedade moderna;
(B) à opinião pessoal do autor do texto;
(C) às redes sociais;
(D) aos fanáticos religiosos em nossa sociedade;
(E) a grande parte de nossa população.

O título antecipa a posição pessoal defendida pelo autor em seu texto: não se pode tolerar o preconceito contra quem quer que seja, sob pena de regredirmos nossas relações sociais à época medieval.

Gabarito "B".

(Analista Judiciário – TJ/AL – 2018 – FGV) "Diante do número de casos de preconceito explícito e agressões, / somos levados ao questionamento se nossa sociedade corre o risco de estar tornando-se irracionalmente intolerante".

Os segmentos que compõem essa parte inicial do texto indicam, respectivamente:

(A) consequência / causa;
(B) fatos / explicação;
(C) opinião / justificativa;
(D) problema / reflexão;
(E) informação / discussão.

O primeiro segmento traz um fato, mas há de se ter cuidado, porque o que se segue não é a explicação desse fato. Portanto, a alternativa "B" está errada. A saída para solucionar a questão é perceber que esse fato é, na verdade, um problema a ser resolvido, seguindo-se a ele uma reflexão sobre o fato e os perigos que ele acarreta. Por isso, está correta a letra "D". Vale salientar que ela se enquadra melhor no contexto do que a proposta da letra "E": teríamos uma "discussão" se houvesse argumentos opostos, o que não se vê no texto, que é totalmente baseado nas reflexões e opiniões pessoais do autor.

Gabarito "D".

(Analista Judiciário – TJ/AL – 2018 – FGV) "No último ano, foram registradas dezenas de casos de intolerância religiosa..."; considerando-se objetivamente o termo "dezenas", devem ter sido registrados:

(A) entre 10 e 99 casos;
(B) entre 1 e 10 casos;
(C) entre 20 e 99 casos;
(D) menos de 100 casos;
(E) um número indeterminado de casos.

A questão é extremamente difícil, porque envolve raciocínio lógico. Objetivamente falando, qualquer número pode ser expresso em "dezenas": 200 são 20 dezenas, por exemplo. Logo, o número de casos é, na verdade, indeterminado.

Gabarito "E".

(Analista Judiciário – TJ/AL – 2018 – FGV) "Ou, quem sabe, intolerantemente irracional". O segmento sublinhado tem valor de:

(A) dúvida;
(B) opinião;
(C) certeza;
(D) interrogação;
(E) retificação.

A expressão "quem sabe" exprime uma dúvida, algo que o autor não pode afirmar categoricamente e convida o leitor a pensar a respeito. HS
Gabarito "A".

(Analista Judiciário – TJ/AL – 2018 – FGV) "Um número ainda subnotificado..."; o adjetivo sublinhado, no texto, se refere ao número de ocorrências de preconceitos que:

(A) foram registradas como fatos distintos;
(B) nunca foram registradas;
(C) foram oficialmente registradas;
(D) receberam registro oficial com atraso;
(E) foram notificadas com precisão.

O termo "subnotificado" indica algo que foi objeto de menos notificações do que deveria. O autor, no trecho, se refere aos casos de intolerância religiosa, que são em grande número registrados como fatos distintos, como "briga de vizinhos". HS
Gabarito "A".

(Analista Judiciário – TJ/AL – 2018 – FGV) No texto, a intolerância preconceituosa se deve a uma série de fatores; NÃO se inclui entre eles:

(A) lideranças políticas;
(B) fanatismo religioso;
(C) secretarias de Estado;
(D) redes sociais;
(E) lideranças religiosas.

As únicas instituições não mencionadas no texto como envolvidas ou responsáveis pela intolerância são as secretarias de Estado. HS
Gabarito "C".

(Analista Judiciário – TJ/AL – 2018 – FGV) Ainda que, no título, o texto fale de "preconceito", no corpo do artigo ocorre:

(A) a focalização de preconceito religioso entre grupos de fé distinta;
(B) uma discussão ampla sobre vários tipos de preconceito;
(C) uma particularização do preconceito voltado para as religiões de matriz africana;
(D) uma apreciação sociológica do preconceito, sem particularizações;
(E) um debate sobre o preconceito religioso em geral.

Durante a leitura, percebemos que o autor introduz o tema da intolerância de forma genérica para depois focar sua atenção exclusivamente à questão do preconceito sobre as religiões de matriz africana. HS
Gabarito "C".

(Analista Judiciário – TJ/AL – 2018 – FGV)

O texto abaixo que se refere mais diretamente aos elementos representados na imagem acima é:

(A) "A perseguição às minorias religiosas está cada vez mais organizada com braços políticos e até de milícias armadas";
(B) "Até porque, nessa toada, a intolerância irracional ganha terreno, e nós vamos ficando cada vez mais irracionalmente intolerantes com aquilo que não deveríamos ser";
(C) "Quando uma pessoa de fé é humilhada, agredida ou discriminada devido à sua crença, ela tem seus direitos humanos e constitucionais violados";
(D) "Numa sociedade onde o preconceito se mostra cada dia mais presente, a única saída é a incorporação da cultura do respeito";
(E) "Hoje, fala-se muito sobre intolerância religiosa, mas, muito mais do que sermos tolerantes, precisamos aprender a respeitar a individualidade e as crenças de cada um".

A letra "D" foi considerada correta como gabarito oficial, porém dele discordamos e apontamos que a alternativa a ser assinalada é a letra "B". Isso porque, a nosso ver, a charge não prega a cultura do respeito: o segundo quadrinho usa o termo de maneira sarcástica, numa evidente crítica ao fanatismo religioso. Além disso, o personagem ateu não está a respeitar o seu interlocutor: ao contrário, reage com violência à violência que sofreu. HS
Gabarito "D".

Texto 1
Stephen Hawking, A Mente Que Superou Tudo

Em reverência ao gênio que revolucionou o estudo da cosmologia, o mundo prestou tributo a Stephen Hawking no dia seguinte a sua morte. O cientista britânico, símbolo da superação, teve papel decisivo na divulgação científica e virou um ícone pop.

(O Globo, 15/3/2018)

(Analista – TJ/SC – FGV – 2018) Na estruturação da notícia do texto 1, o jornal deu principal destaque ao seguinte papel de Stephen Hawking:

(A) possuir uma mente privilegiada;
(B) ter revolucionado o estudo da cosmologia;
(C) ser um símbolo de superação;
(D) ter tido papel decisivo na divulgação científica;
(E) ter virado um ídolo pop.

O destaque é dado ao papel de "símbolo de superação" do cientista. Isso se faz colocando as palavras entre vírgulas, que determinam uma pausa enfática na leitura.
Gabarito "C".

(Analista – TJ/SC – FGV – 2018) Ao dizer que o cientista inglês "virou um ícone pop", o autor do texto 1 quer dizer que ele:

(A) tornou-se temática de muitos filmes modernos;
(B) realizou tarefas ligadas à arte popular;
(C) alcançou popularidade acima das expectativas;
(D) obteve uma fama comparável à de artistas populares;
(E) conquistou um espaço nas artes plásticas.

"Ícone pop" é a personalidade que alcança uma grande parcela da população, que é reconhecido por sua atividade entre as pessoas comuns. A alternativa "D", portanto, é mais precisa em relação ao sentido da expressão utilizada, porém, como estamos tratando de um astrofísico, em uma interpretação mais ampla poderíamos considerar a letra "C" como correta também.
Gabarito "D".

(Analista – TJ/SC – FGV – 2018) Observe a charge a seguir:

A charge acima é uma homenagem a Stephen Hawking, destacando o fato de o cientista:

(A) ter alcançado o céu após sua morte;
(B) mostrar determinação no combate à doença;
(C) ser comparado a cientistas famosos;
(D) ser reconhecido como uma mente brilhante;
(E) localizar seus interesses nos estudos de Física.

A charge destaca as habilidades intelectuais de Stephen Hawking, considerando que sua doença degenerativa retirou-lhe todos os movimentos corporais.
Gabarito "D".

(Analista – TJ/SC – FGV – 2018) Essa charge traz elementos verbais – a fala de Einstein – e elementos imagísticos; entre os significados construídos pelos dados da imagem, NÃO está correta a seguinte afirmação:

(A) as asas na cadeira de rodas indicam a pureza angelical do cientista falecido;
(B) a aparência da cadeira de rodas indica a alta tecnologia de que dispunha o cientista morto;
(C) a gestualidade de Einstein mostra alegria na recepção a Stephen Hawking;
(D) a espécie de luneta em uma das mãos de Galileu se refere à sua atividade de observador astronômico;
(E) as roupas dos cientistas estão adequadas à época em que viveram.

A única alternativa que apresenta interpretação incorreta dos elementos gráficos da charge é a letra "A", que deve ser assinalada. As asas não pretendem transformar Hawking em anjo, apenas demonstrar que ele ainda está voando a caminho das nuvens.
Gabarito "A".

Texto 1 – Coordenação entre órgãos gestores

Um Plano de Contingência para o Trânsito necessita de planejamento prévio para lidar com situações emergenciais e atuar em casos que venham a causar transtornos nos principais corredores viários de uma cidade.

O aumento progressivo da frota de veículos provoca congestionamentos que muitas vezes impedem que os procedimentos planejados de emergência sejam adotados.

Nesses casos, passam a exigir ações mais criativas e diferenciadas, devendo ser planejadas por equipes de técnicos especializados, com a parceria das universidades.

O gerenciamento de acidentes de trânsito, como a velocidade que se desfaz o local de uma batida numa via estrutural, envolve o uso de equipamentos especiais, como helicópteros, e de pessoal devidamente treinado para isso. É crucial haver integração e coordenação entre os órgãos gestores da mobilidade urbana, para solucionar rapidamente as demandas dessa natureza.

Situações como obras, fechamento de ruas e de faixas de tráfego, enchentes, alagamentos das vias e quedas de encostas e árvores, que impedem a circulação normal de veículos, necessitam de sinalização adequada, de informação relevante e bem veiculada em várias mídias, de agentes de trânsito devidamente preparados, de cavaletes e indicação dos desvios possíveis, para diminuir os impactos negativos.

Podemos fazer analogia com um infarto e um AVC, que impedem o fluxo de sangue e exigem providências urgentes para que a pessoa não morra. O mesmo fenômeno ocorre com o trânsito, para que o fluxo seja restabelecido o mais rápido possível.

(Eva Vider, O Globo, 9/10/2015 – adaptado)

(Analista Judiciário – TJ/PI – FGV – 2015) O título dado ao texto 1 – Coordenação entre órgãos gestores – funciona como:

(A) constatação de uma realidade;
(B) crítica de uma deficiência;
(C) ideal a ser atingido;
(D) ironia diante de fatos repetidos;
(E) alerta para perigos iminentes.

O texto fala da necessidade de que um plano de contingências para o trânsito, para que seja efetivo, deve contar com soluções pensadas por

técnicos dos órgãos de trânsito e por pesquisadores das universidades. Logo, o título reafirma um ideal proposto pelo texto, algo que deve ser buscado pelas autoridades para que os resultados sejam concretos.
Gabarito "C".

TEXTO – Ressentimento e Covardia

Tenho comentado aqui na Folha em diversas crônicas, os usos da internet, que se ressente ainda da falta de uma legislação específica que coíba não somente os usos mas os abusos deste importante e eficaz veículo de comunicação. A maioria dos abusos, se praticados em outros meios, seriam crimes já especificados em lei, como a da imprensa, que pune injúrias, difamações e calúnias, bem como a violação dos direitos autorais, os plágios e outros recursos de apropriação indébita.

No fundo, é um problema técnico que os avanços da informática mais cedo ou mais tarde colocarão à disposição dos usuários e das autoridades. Como digo repetidas vezes, me valendo do óbvio, a comunicação virtual está em sua pré-história.

Atualmente, apesar dos abusos e crimes cometidos na internet, no que diz respeito aos cronistas, articulistas e escritores em geral, os mais comuns são os textos atribuídos ou deformados que circulam por aí e que não podem ser desmentidos ou esclarecidos caso por caso. Um jornal ou revista é processado se publicar sem autorização do autor um texto qualquer, ainda que em citação longa e sem aspas. Em caso de injúria, calúnia ou difamação, também. E em caso de falsear a verdade propositadamente, é obrigado pela justiça a desmentir e dar espaço ao contraditório.

Nada disso, por ora, acontece na internet. Prevalece a lei do cão em nome da liberdade de expressão, que é mais expressão de ressentidos e covardes do que de liberdade, da verdadeira liberdade.

(Carlos Heitor Cony, Folha de São Paulo, 16/05/2006 – adaptado)

(Técnico – TJ/AL – 2018 – FGV) O título dado ao texto – Ressentimento e Covardia – se refere:

(A) à motivação de participação de alguns usuários da internet;
(B) aos sentimentos experimentados pelos que se sentem prejudicados pela internet;
(C) respectivamente, aos usuários e autores de matérias na internet;
(D) a todos aqueles que se utilizam da internet, cientes de sua impunidade;
(E) aos usuários que lutam pela autêntica liberdade de expressão.

O autor pretende transmitir a mensagem de que os que abusam da internet para manifestar-se o fazem por ressentimento e covardia, pois sabem que, se tomassem tais atitudes por outros meios de comunicação, acabariam punidos.
Gabarito "A".

(Técnico – TJ/AL – 2018 – FGV) A crítica central do texto de Carlos Heitor Cony se dirige:

(A) ao excesso de plágios existentes na internet;
(B) à falta de uma legislação específica para a internet;
(C) às ofensas anônimas que são dominantes na internet;
(D) à perda de direitos autorais para quem escreve;
(E) ao anonimato da rede.

O texto tem como ideia central a crítica à ausência de legislação específica para abusos do direito de expressão pela internet, que é feita por meio da comparação do tratamento legislativo dado a outros meios de comunicação.
Gabarito "B".

(Técnico – TJ/AL – 2018 – FGV) Ao afirmar que, na internet, prevalece a lei do cão, o cronista quer dizer que na internet:

(A) predomina a violência gratuita;
(B) domina a impunidade;
(C) fatos não precisam ser comprovados;
(D) erros são punidos de imediato;
(E) impera a lei do mais forte.

"Lei do cão" é sinônimo de "lei da selva", "lei do mais forte".
Gabarito "E".

2. REDAÇÃO, COESÃO E COERÊNCIA

(Técnico Bancário – BANESTES – FGV – 2023) Os livros didáticos ensinam que os textos dissertativos discutem um tema, defendem uma opinião, contrariam uma ideia oposta, fornecem informações etc.

Assinale a frase que se estrutura pela oposição a um outro pensamento ou opinião.

(A) Gastos públicos podem também significar investimentos e não desperdício.
(B) Como diz a sabedoria popular, mais vale a quem Deus ajuda do que quem cedo madruga.
(C) Economize para o futuro!
(D) Uma única vela pode acender outras mil sem perder a sua força.
(E) Amar profundamente em uma direção nos torna mais amorosos em todas as outras.

A única frase que atende aos pressupostos do enunciado é a alternativa "A", que deve ser assinalada. Ela pressupõe a opinião de que gastos públicos significam desperdício e se opõe a isso afirmando que podem também representar investimentos.
Gabarito "A".

(Técnico Bancário – BANESTES – FGV – 2023) Observe a frase seguinte: "É natural que os franceses considerem suas trufas as melhores, com uma teimosia própria dos compatriotas de Charles de Gaulle. Todo aquele versado na matéria sabe que o tartufo branco italiano, natural do país, é muito superior àquelas".

Nessa frase, dois termos que mantêm relações de coesão, são

(A) teimosia / matéria.
(B) àquelas / compatriotas.
(C) franceses / compatriotas de Charles de Gaulle.
(D) país / franceses.
(E) natural / aquele.

Elementos ou termos de coesão são aqueles que resgatam outros termos ou ideias do texto para manter a sua unidade, a sua linha de raciocínio, sem repetir palavras. Assim, termos que mantêm relação de coesão, como quer o enunciado, são aqueles que estão vinculados dentro do texto, um se referindo ao outro. É o caso de "franceses" e, para evitar a repetição do adjetivo gentílico, o autor do texto usou na sequência "compatriotas de Charles de Gaulle".

Gabarito "C".

TEXTO – Sem tolerância com o preconceito

Átila Alexandre Nunes, O Globo, 23/01/2018 (adaptado)

Diante do número de casos de preconceito explícito e agressões, somos levados ao questionamento se nossa sociedade corre o risco de estar tornando-se irracionalmente intolerante. Ou, quem sabe, intolerantemente irracional. Intolerância é a palavra do momento. Da religião à orientação sexual, da cor da pele às convicções políticas.

O tamanho desse problema rompeu fronteiras e torna-se uma praga mundial. Líderes políticos, em conluio com líderes religiosos, ignoram os conceitos de moral, ética, direitos, deveres e justiça. As redes sociais assumiram um papel cruel nesse sistema. Se deveriam servir para mostrar indignação, mostram, muitas vezes, um preconceito medieval.

No campo da religiosidade, o fanatismo se mostra cada dia mais presente no Rio de Janeiro. No último ano, foram registradas dezenas de casos de intolerância religiosa por meio da Secretaria de Estado de Direitos Humanos. Um número ainda subnotificado, pois, muitas ocorrências que deveriam ser registradas como "intolerância religiosa" são consideradas brigas de vizinhos.

A subnotificação desses casos é um dos maiores entraves na luta contra a intolerância religiosa. O registro incorreto e a descrença de grande parte da população na punição a esse tipo de crime colaboram para maquiar o retrato dos ataques promovidos pelo fanatismo religioso em nossa sociedade. A perseguição às minorias religiosas está cada vez mais organizada com braços políticos e até de milícias armadas como o tráfico de drogas.

No último ano recebemos denúncias de ataques contra religiões de matriz africana praticados pelo tráfico de drogas, que não só destruíam terreiros, como também proibiam a realização de cultos em determinada região, segundo o desejo do chefe da facção local.

Não podemos regredir a um estado confessional. A luta de agora pela liberdade religiosa é um dever de todos para garantir o cumprimento da Constituição Federal. Quando uma pessoa de fé é humilhada, agredida ou discriminada devido à sua crença, ela tem seus direitos humanos e constitucionais violados. Hoje, fala-se muito sobre intolerância religiosa, mas, muito mais do que sermos tolerantes, precisamos aprender a respeitar a individualidade e as crenças de cada um.

Até porque, nessa toada, a intolerância irracional ganha terreno, e nós vamos ficando cada vez mais irracionalmente intolerantes com aquilo que não deveríamos ser. Numa sociedade onde o preconceito se mostra cada dia mais presente, a única saída é a incorporação da cultura do respeito. Preconceito não se tolera, se combate.

(Analista Judiciário – TJ/AL – 2018 – FGV) "Da religião à orientação sexual, da cor da pele às convicções políticas".

Esse é um dos períodos do texto construídos sem verbo; a reescritura adequada desse segmento em que acrescentássemos verbo e conector é:

(A) A intolerância ocorre da religião à orientação sexual do mesmo modo que da cor da pele às convicções políticas;
(B) Há intolerância na religião e na orientação sexual à proporção que também ocorre na cor da pele e nas convicções políticas;
(C) Existe intolerância na religião e na orientação sexual embora exista também na cor da pele e nas convicções políticas;
(D) Somos intolerantes no que diz respeito à religião e à orientação sexual, mas não na cor da pele e nas convicções políticas;
(E) Ocorre intolerância ora da religião à orientação sexual, ora da cor da pele às convicções políticas.

O sentido original do texto é revelar que há igualdade, identidade, nos casos de intolerância, por isso temos como melhor paráfrase a alternativa "A". A letra "B" propõe uma relação de proporcionalidade, não de igualdade, e por isso pode confundir o candidato. Nas demais houve flagrante alteração de sentido. HS

Gabarito "A".

(Analista Judiciário – TJ/AL – 2018 – FGV) "Hoje, fala-se muito sobre intolerância religiosa"; essa frase apresenta reescritura inadequada em:

(A) Fala-se muito, hoje, sobre intolerância religiosa;
(B) Sobre intolerância religiosa, hoje fala-se muito;
(C) Hoje muito é falado sobre intolerância religiosa;
(D) Muito é falado, hoje, sobre intolerância religiosa;
(E) Fala-se hoje muito sobre intolerância religiosa.

A única paráfrase que não respeita a norma padrão é a letra "E", que deve ser assinalada. A colocação do adjunto adverbial de tempo "hoje" antes dos demais elementos sintáticos prejudicou a clareza da mensagem. Além disso, ainda que se quisesse manter essa estrutura não recomendada, ele (o adjunto adverbial) deveria estar entre vírgulas, como na alternativa anterior. HS

Gabarito "E".

Texto 1

Stephen Hawking, A Mente Que Superou Tudo

Em reverência ao gênio que revolucionou o estudo da cosmologia, o mundo prestou tributo a Stephen Hawking no dia seguinte a sua morte. O cientista britânico, símbolo da superação, teve papel decisivo na divulgação científica e virou um ícone pop.

(O Globo, 15/3/2018)

(Analista – TJ/SC – FGV – 2018) O texto 1 é uma pequena notícia de primeira página de O Globo, cujo conteúdo é ampliado em reportagem no interior do jornal.

A marca mais característica de ser este um texto resumido é:

(A) a presença marcante de frases curtas;
(B) a preferência por sinais de pontuação em lugar de conectivos;
(C) a ausência de adjetivos e advérbios;
(D) a seleção de temas de destaque;
(E) a utilização de verbos indicadores de ação rápida.

No texto jornalístico, é bastante comum o uso do resumo para chamar a atenção do leitor e levá-lo à versão integral do texto que se encontra dentro do periódico. Para atingir seu objetivo, o resumo se vale de palavras-chave que aludem aos principais temas que serão tratados na notícia.

Gabarito "D".

TEXTO – Ressentimento e Covardia

Tenho comentado aqui na Folha em diversas crônicas, os usos da internet, que se ressente ainda da falta de uma legislação específica que coíba não somente os usos mas os abusos deste importante e eficaz veículo de comunicação. A maioria dos abusos, se praticados em outros meios, seriam crimes já especificados em lei, como a da imprensa, que pune injúrias, difamações e calúnias, bem como a violação dos direitos autorais, os plágios e outros recursos de apropriação indébita.

No fundo, é um problema técnico que os avanços da informática mais cedo ou mais tarde colocarão à disposição dos usuários e das autoridades. Como digo repetidas vezes, me valendo do óbvio, a comunicação virtual está em sua pré-história.

Atualmente, apesar dos abusos e crimes cometidos na internet, no que diz respeito aos cronistas, articulistas e escritores em geral, os mais comuns são os textos atribuídos ou deformados que circulam por aí e que não podem ser desmentidos ou esclarecidos caso por caso. Um jornal ou revista é processado se publicar sem autorização do autor um texto qualquer, ainda que em citação longa e sem aspas. Em caso de injúria, calúnia ou difamação, também. E em caso de falsear a verdade propositadamente, é obrigado pela justiça a desmentir e dar espaço ao contraditório.

Nada disso, por ora, acontece na internet. Prevalece a lei do cão em nome da liberdade de expressão, que é mais expressão de ressentidos e covardes do que de liberdade, da verdadeira liberdade.

(Carlos Heitor Cony, Folha de São Paulo, 16/05/2006 – adaptado)

(Técnico – TJ/AL – 2018 – FGV) O segmento do texto que mostra um problema de coerência é:

(A) "Atualmente, apesar dos abusos e crimes cometidos na internet, no que diz respeito aos cronistas, articulistas e escritores em geral";
(B) "...os mais comuns são os textos atribuídos ou deformados que circulam por aí e que não podem ser desmentidos ou esclarecidos caso por caso";
(C) "Um jornal ou revista é processado se publicar sem autorização do autor um texto qualquer, ainda que em citação longa e sem aspas";
(D) "Em caso de injúria, calúnia ou difamação, também";
(E) "E em caso de falsear a verdade propositadamente, é obrigado pela justiça a desmentir e dar espaço ao contraditório".

A única passagem com vício de coerência é a letra "C", que deve ser assinalada. O uso da conjunção "ainda que" dá a entender que a citação longa e sem aspas não configuraria plágio, o que manifestamente não é verdade – trata-se, ao contrário, de sua forma mais comum.

Gabarito "C".

3. SEMÂNTICA / ORTOGRAFIA / ACENTUAÇÃO GRÁFICA

(Técnico Bancário – BANESTES – FGV – 2023) Um aluno do ensino fundamental decidiu dar voz aos animais que estavam presentes em sua redação. Assinale a opção em que o verbo utilizado está adequado ao nome do animal.

(A) a galinha balia.
(B) o peru bramia.
(C) o lobo uivava.
(D) a vaca rosnava.
(E) o cavalo silvava.

A: incorreta. Balido é o som da ovelha. A galinha cacareja; B: incorreta. Bramido é o rugido de uma fera. O peru gorgoleja; C: correta. O lobo uiva; D: incorreta. Rosnado é o som de um cachorro ameaçando um oponente. A vaca muge; E: incorreta. Silvo é o assobio das cobras. O cavalo relincha.

Gabarito "C".

(Técnico Bancário – BANESTES – FGV – 2023) Veja a seguinte descrição: "Fábio é um rapaz bonito: cabelo louro esvoaçante, esteticamente desgrenhado, olhos claros sobre um nariz afilado, lábios finos, tórax largo, cintura estreita e pernas alongadas, numa figura que em nada faz adivinhar sua bondade interior".

Sobre a estratégia descritiva desse texto, assinale a afirmativa correta.

(A) As características fornecidas são todas do aspecto físico.
(B) A descrição segue o plano do todo para as partes.
(C) A estrutura descritiva vai de longe para perto.
(D) A descrição mostra traços positivos e negativos de Fábio.
(E) O personagem é descrito no tempo passado.

A: incorreta. A bondade, última característica, não está ligada ao aspecto físico; B: correta. Inicia no todo – "é um rapaz bonito" – e depois segue para as partes, cada característica que faz dele um rapaz bonito; C: incorreta. Não há essa característica no texto, uma vez que os aspectos físicos e anímicos do rapaz são descritos sem qualquer indicação de distância; D: incorreta. A descrição traz apenas traços positivos; E: incorreta. Todos os verbos estão no presente do indicativo.

Gabarito "B".

(Técnico Bancário – BANESTES – FGV – 2023) Analise o texto a seguir:

"A rua estava cheia de gente, pois havia um festival de cinema na pequena cidade. Via-se logo que se tratava de pessoas que não conheciam o local. Entre esses visitantes, um estacionou o seu carro diante da porta da minha garagem. Tentei chamá-lo, mas o perdi no meio da aglomeração. Telefonei para a polícia local, mas não havia viatura disponível. Perdoei o transgressor mentalmente e fui dormir".

O segmento que serve de marco inicial da narrativa é:

(A) A rua estava cheia de gente.
(B) havia um festival de cinema na pequena cidade.
(C) se tratava de pessoas que não conheciam o local.
(D) um estacionou o seu carro diante da porta da minha garagem.

(E) Tentei chamá-lo.

A pergunta é bem difícil, pois exige que o candidato se atente a qual fato deu o início à narrativa. Tudo aconteceu porque alguém estacionou o carro na frente da garagem do narrador. É por isso que ele explica sobre o festival de cinema que fez a rua estar cheia.

Gabarito "D".

4. MORFOLOGIA

(Técnico Bancário – BANESTES – FGV – 2023) Assinale a frase abaixo em que o vocábulo menos mostra uma classe gramatical diferente das demais.

(A) O candidato estava com menos disposição para o estudo.
(B) Os operários trabalham menos a cada ano.
(C) Os atletas treinaram menos para essa prova.
(D) Meus filhos sempre leram menos que os primos.
(E) Os estrangeiros sempre se mostraram menos animados.

Em todas as alternativas, "menos" é advérbio, exceto na letra "A", que deve ser assinalada, onde exerce função de pronome indefinido.

Gabarito "A".

5. VERBO

TEXTO – Sem tolerância com o preconceito
Átila Alexandre Nunes, O Globo, 23/01/2018 (adaptado)

Diante do número de casos de preconceito explícito e agressões, somos levados ao questionamento se nossa sociedade corre o risco de estar tornando-se irracionalmente intolerante. Ou, quem sabe, intolerantemente irracional. Intolerância é a palavra do momento. Da religião à orientação sexual, da cor da pele às convicções políticas.

O tamanho desse problema rompeu fronteiras e torna-se uma praga mundial. Líderes políticos, em conluio com líderes religiosos, ignoram os conceitos de moral, ética, direitos, deveres e justiça. As redes sociais assumiram um papel cruel nesse sistema. Se deveriam servir para mostrar indignação, mostram, muitas vezes, um preconceito medieval.

No campo da religiosidade, o fanatismo se mostra cada dia mais presente no Rio de Janeiro. No último ano, foram registradas dezenas de casos de intolerância religiosa por meio da Secretaria de Estado de Direitos Humanos. Um número ainda subnotificado, pois, muitas ocorrências que deveriam ser registradas como "intolerância religiosa" são consideradas brigas de vizinhos.

A subnotificação desses casos é um dos maiores entraves na luta contra a intolerância religiosa. O registro incorreto e a descrença de grande parte da população na punição a esse tipo de crime colaboram para maquiar o retrato dos ataques promovidos pelo fanatismo religioso em nossa sociedade. A perseguição às minorias religiosas está cada vez mais organizada com braços políticos e até de milícias armadas como o tráfico de drogas.

No último ano recebemos denúncias de ataques contra religiões de matriz africana praticados pelo tráfico de drogas, que não só destruíam terreiros, como também proibiam a realização de cultos em determinada região, segundo o desejo do chefe da facção local.

Não podemos regredir a um estado confessional. A luta de agora pela liberdade religiosa é um dever de todos para garantir o cumprimento da Constituição Federal. Quando uma pessoa de fé é humilhada, agredida ou discriminada devido à sua crença, ela tem seus direitos humanos e constitucionais violados. Hoje, fala-se muito sobre intolerância religiosa, mas, muito mais do que sermos tolerantes, precisamos aprender a respeitar a individualidade e as crenças de cada um.

Até porque, nessa toada, a intolerância irracional ganha terreno, e nós vamos ficando cada vez mais irracionalmente intolerantes com aquilo que não deveríamos ser. Numa sociedade onde o preconceito se mostra cada dia mais presente, a única saída é a incorporação da cultura do respeito. Preconceito não se tolera, se combate.

(Analista Judiciário – TJ/AL – 2018 – FGV) A frase do texto que NÃO exemplifica a ocorrência de voz passiva é:

(A) "Diante do número de casos de preconceito explícito e agressões, somos levados ao questionamento...";
(B) "...corre o risco de estar tornando-se irracionalmente intolerante";
(C) "No último ano, foram registradas dezenas de casos de intolerância religiosa...";
(D) "Preconceito não se tolera, se combate";
(E) "...muitas ocorrências que deveriam ser registradas como 'intolerância religiosa'...".

A única frase que não está redigida na voz passiva é a letra "B", que deve ser assinalada. "Tornar-se" é verbo reflexivo, não voz passiva sintética.

Gabarito "B".

(Analista Judiciário – TJ/AL – 2018 – FGV) "O tamanho desse problema rompeu fronteiras e torna-se uma praga mundial".

Nesse segmento do texto, as duas formas verbais pertencem a tempos diferentes; isso ocorre por:

(A) erro nesse emprego, já que ambos deveriam ser do mesmo tempo verbal;
(B) indicação respectiva de uma ação passada e de um fato atual;
(C) tentativa de dar destaque a uma realidade do presente;
(D) demonstração de um fato já completado e outro que se encontra em fase inicial;
(E) desejo de mostrar que fatos atuais são decorrentes de ações passadas.

O uso do primeiro verbo no pretérito e o segundo no presente quer demonstrar que a primeira situação antecedeu à atual, ou seja, algo que ocorreu no passado e levou à situação presente.

Gabarito "B".

TEXTO – Ressentimento e Covardia

Tenho comentado aqui na Folha em diversas crônicas, os usos da internet, que se ressente ainda da falta de uma legislação específica que coíba não somente os usos mas os abusos deste importante e eficaz veículo de comunicação. A maioria dos abusos, se praticados em outros meios, seriam crimes já especificados em lei, como a da imprensa, que pune injúrias, difamações e calúnias, bem como a violação dos direitos autorais, os plágios e outros recursos de apropriação indébita.

No fundo, é um problema técnico que os avanços da informática mais cedo ou mais tarde colocarão à disposição dos usuários e das autoridades. Como digo repetidas vezes, me valendo do óbvio, a comunicação virtual está em sua pré-história.

Atualmente, apesar dos abusos e crimes cometidos na internet, no que diz respeito aos cronistas, articulistas e escritores em geral, os mais comuns são os textos atribuídos ou deformados que circulam por aí e que não podem ser desmentidos ou esclarecidos caso por caso. Um jornal ou revista é processado se publicar sem autorização do autor um texto qualquer, ainda que em citação longa e sem aspas. Em caso de injúria, calúnia ou difamação, também. E em caso de falsear a verdade propositadamente, é obrigado pela justiça a desmentir e dar espaço ao contraditório.

Nada disso, por ora, acontece na internet. Prevalece a lei do cão em nome da liberdade de expressão, que é mais expressão de ressentidos e covardes do que de liberdade, da verdadeira liberdade.

(Carlos Heitor Cony, Folha de São Paulo, 16/05/2006 – adaptado)

(Técnico – TJ/AL – 2018 – FGV) "Tenho comentado aqui na Folha"; o tempo verbal destacado nesse segmento inicial do texto indica uma ação que:

(A) se iniciou e terminou no passado;
(B) mostra início indeterminado e continuidade no presente;
(C) indica repetição sem determinação de tempo;
(D) se iniciou no passado e termina no presente;
(E) se localiza antes de outra ação também passada.

A construção verbal indica uma ação que se iniciou em algum momento indeterminado no passado e que continua ocorrendo no presente. **HS**
Gabarito "B".

(Técnico – TJ/AL – 2018 – FGV) "E em caso de falsear a verdade propositadamente, é obrigado pela justiça a desmentir e dar espaço ao contraditório".

O verbo falsear apresenta como forma errada de conjugação:

(A) falseiamos;
(B) falseias;
(C) falseemos;
(D) falseie;
(E) falseiam.

A conjugação do verbo "falsear" na primeira pessoa do plural do presente do indicativo é "falseamos". **HS**
Gabarito "A".

6. REGÊNCIAS VERBAL E NOMINAL

Texto 1 – Coordenação entre órgãos gestores

Um Plano de Contingência para o Trânsito necessita de planejamento prévio para lidar com situações emergenciais e atuar em casos que venham a causar transtornos nos principais corredores viários de uma cidade.

O aumento progressivo da frota de veículos provoca congestionamentos que muitas vezes impedem que os procedimentos planejados de emergência sejam adotados.

Nesses casos, passam a exigir ações mais criativas e diferenciadas, devendo ser planejadas por equipes de técnicos especializados, com a parceria das universidades.

O gerenciamento de acidentes de trânsito, como a velocidade que se desfaz o local de uma batida numa via estrutural, envolve o uso de equipamentos especiais, como helicópteros, e de pessoal devidamente treinado para isso. É crucial haver integração e coordenação entre os órgãos gestores da mobilidade urbana, para solucionar rapidamente as demandas dessa natureza.

Situações como obras, fechamento de ruas e de faixas de tráfego, enchentes, alagamentos das vias e quedas de encostas e árvores, que impedem a circulação normal de veículos, necessitam de sinalização adequada, de informação relevante e bem veiculada em várias mídias, de agentes de trânsito devidamente preparados, de cavaletes e indicação dos desvios possíveis, para diminuir os impactos negativos.

Podemos fazer analogia com um infarto e um AVC, que impedem o fluxo de sangue e exigem providências urgentes para que a pessoa não morra. O mesmo fenômeno ocorre com o trânsito, para que o fluxo seja restabelecido o mais rápido possível.

(Eva Vider, O Globo, 9/10/2015 – adaptado)

(Analista Judiciário – TJ/PI – FGV – 2015) A oração adjetiva abaixo sublinhada que deveria vir introduzida com um pronome relativo precedido de preposição é:

(A) "lidar com situações emergenciais e atuar em casos que venham a causar transtornos nos principais corredores viários de uma cidade".
(B) "O aumento progressivo da frota de veículos provoca congestionamentos que muitas vezes impedem que os procedimentos planejados de emergência sejam adotados".
(C) "O gerenciamento de acidentes de trânsito, como a velocidade que se desfaz o local de uma batida numa via estrutural".
(D) "Situações como obras, fechamento de ruas e de faixas de tráfego, enchentes, alagamentos das vias e quedas de encostas e árvores, que impedem a circulação normal de veículos".
(E) "Podemos fazer analogia com um infarto e um AVC, que impedem o fluxo de sangue...".

A única oração adjetiva que deveria vir antecedida de preposição é a constante na letra "C", porque o termo "velocidade", neste caso, rege a preposição "em". Nas demais, o período respeita integralmente os ditames da norma padrão.
Gabarito "C".

7. PONTUAÇÃO

TEXTO – Ressentimento e Covardia

Tenho comentado aqui na Folha em diversas crônicas, os usos da internet, que se ressente ainda da falta de uma legislação específica que coíba não somente os usos mas os abusos deste importante e eficaz veículo de comunicação. A maioria dos abusos, se praticados em outros meios, seriam crimes já especificados em lei, como a da imprensa, que pune injúrias, difamações e calúnias, bem como a violação dos direitos autorais, os plágios e outros recursos de apropriação indébita.

No fundo, é um problema técnico que os avanços da informática mais cedo ou mais tarde colocarão à disposição dos usuários e das autoridades. Como digo repetidas vezes, me valendo do óbvio, a comunicação virtual está em sua pré-história.

Atualmente, apesar dos abusos e crimes cometidos na internet, no que diz respeito aos cronistas, articulistas e escritores em geral, os mais comuns são os textos atribuídos ou deformados que circulam por aí e que não podem ser desmentidos ou esclarecidos caso por caso. Um jornal ou revista é processado se publicar sem autorização do autor um texto qualquer, ainda que em citação longa e sem aspas. Em caso de injúria, calúnia ou difamação, também. E em caso de falsear a verdade propositadamente, é obrigado pela justiça a desmentir e dar espaço ao contraditório.

Nada disso, por ora, acontece na internet. Prevalece a lei do cão em nome da liberdade de expressão, que é mais expressão de ressentidos e covardes do que de liberdade, da verdadeira liberdade.

(Carlos Heitor Cony, Folha de São Paulo, 16/05/2006 – adaptado)

(Técnico – TJ/AL – 2018 – FGV) "Tenho comentado aqui na Folha em diversas crônicas, os usos da internet, que se ressente ainda da falta de uma legislação específica que coíba não somente os usos mas os abusos deste importante e eficaz veículo de comunicação".

O problema de norma culta identificado nesse segmento do texto é:

(A) a redundância desnecessária de "aqui/na Folha";
(B) a ausência de vírgula antes de "mas";
(C) a ausência de vírgula depois de "Folha";
(D) o emprego de plural indevido em "os usos";
(E) a repetição de adjetivos antes de "veículo".

Há erro de pontuação. Deveria haver vírgula após "Folha", para separar o adjunto adverbial "em diversas crônicas" que está deslocado da ordem direta do período.
Gabarito "C".

8. CONJUNÇÃO

TEXTO – Ressentimento e Covardia

Tenho comentado aqui na Folha em diversas crônicas, os usos da internet, que se ressente ainda da falta de uma legislação específica que coíba não somente os usos mas os abusos deste importante e eficaz veículo de comunicação. A maioria dos abusos, se praticados em outros meios, seriam crimes já especificados em lei, como a da imprensa, que pune injúrias, difamações e calúnias, bem como a violação dos direitos autorais, os plágios e outros recursos de apropriação indébita.

No fundo, é um problema técnico que os avanços da informática mais cedo ou mais tarde colocarão à disposição dos usuários e das autoridades. Como digo repetidas vezes, me valendo do óbvio, a comunicação virtual está em sua pré-história.

Atualmente, apesar dos abusos e crimes cometidos na internet, no que diz respeito aos cronistas, articulistas e escritores em geral, os mais comuns são os textos atribuídos ou deformados que circulam por aí e que não podem ser desmentidos ou esclarecidos caso por caso. Um jornal ou revista é processado se publicar sem autorização do autor um texto qualquer, ainda que em citação longa e sem aspas. Em caso de injúria, calúnia ou difamação, também. E em caso de falsear a verdade propositadamente, é obrigado pela justiça a desmentir e dar espaço ao contraditório.

Nada disso, por ora, acontece na internet. Prevalece a lei do cão em nome da liberdade de expressão, que é mais expressão de ressentidos e covardes do que de liberdade, da verdadeira liberdade.

(Carlos Heitor Cony, Folha de São Paulo, 16/05/2006 – adaptado)

(Técnico – TJ/AL – 2018 – FGV) O texto mostra uma série de elementos aditivados por meio de diferentes processos; o trecho em que NÃO ocorre qualquer tipo de aditivação é:

(A) "... que se ressente ainda da falta de uma legislação específica que coíba não somente os usos mas os abusos deste importante e eficaz veículo de comunicação";
(B) "A maioria dos abusos, se praticados em outros meios, seriam crimes já especificados em lei, como a da imprensa";
(C) "... que pune injúrias, difamações e calúnias";
(D) "...bem como a violação dos direitos autorais";
(E) "... a violação dos direitos autorais, os plágios e outros recursos de apropriação indébita.

A "aditivação" a que se refere o enunciado é a conexão de elementos da oração com a mesma função sintática por meio de conjunção aditiva. Encontramos conjunção aditiva em todas as alternativas ("não somente..., mas"; "e"; "bem como"; "e", respectivamente), com exceção da letra "B", que deve ser assinalada.
Gabarito "B".

9. PRONOMES

TEXTO – Ressentimento e Covardia

Tenho comentado aqui na Folha em diversas crônicas, os usos da internet, que se ressente ainda da falta de uma legislação específica que coíba não somente os usos mas os abusos deste importante e eficaz veículo de comunicação. A maioria dos abusos, se praticados em outros meios, seriam crimes já especificados em lei, como a da imprensa, que pune injúrias, difamações e calúnias, bem como a violação dos direitos autorais, os plágios e outros recursos de apropriação indébita.

No fundo, é um problema técnico que os avanços da informática mais cedo ou mais tarde colocarão à disposição dos usuários e das autoridades. Como digo repetidas vezes, me valendo do óbvio, a comunicação virtual está em sua pré-história.

Atualmente, apesar dos abusos e crimes cometidos na internet, no que diz respeito aos cronistas, articulistas e escritores em geral, os mais comuns são os textos atribuídos ou deformados que circulam por aí e que não podem ser desmentidos ou esclarecidos caso por caso. Um jornal ou revista é processado se publicar sem autorização do autor um texto qualquer, ainda que em citação longa e sem aspas. Em caso de injúria, calúnia ou difamação, também. E em caso de falsear a verdade propositadamente, é obrigado pela justiça a desmentir e dar espaço ao contraditório.

Nada disso, por ora, acontece na internet. Prevalece a lei do cão em nome da liberdade de expressão, que é mais expressão de ressentidos e covardes do que de liberdade, da verdadeira liberdade.

(Carlos Heitor Cony, Folha de São Paulo, 16/05/2006 – adaptado)

(Técnico – TJ/AL – 2018 – FGV) "Tenho comentado aqui na Folha em diversas crônicas, os usos da internet, que se ressente ainda da falta de uma legislação específica que coíba não somente os usos mas os abusos deste importante e eficaz veículo de comunicação".

Sobre as ocorrências do vocábulo que, nesse segmento do texto, é correto afirmar que:

(A) são pronomes relativos com o mesmo antecedente;
(B) exemplificam classes gramaticais diferentes;
(C) mostram diferentes funções sintáticas;
(D) são da mesma classe gramatical e da mesma função sintática;
(E) iniciam o mesmo tipo de oração subordinada.

Ambos são pronomes relativos que exercem função sintática de sujeito da oração subordinada. Correta, portanto, a alternativa "D". A letra "A" só está errada porque cada pronome se refere a um antecedente diferente ("internet" e "legislação").
Gabarito "D".

10. SEMÂNTICA

TEXTO – Ressentimento e Covardia

Tenho comentado aqui na Folha em diversas crônicas, os usos da internet, que se ressente ainda da falta de uma legislação específica que coíba não somente os usos mas os abusos deste importante e eficaz veículo de comunicação. A maioria dos abusos, se praticados em outros meios, seriam crimes já especificados em lei, como a da imprensa, que pune injúrias, difamações e calúnias, bem como a violação dos direitos autorais, os plágios e outros recursos de apropriação indébita.

No fundo, é um problema técnico que os avanços da informática mais cedo ou mais tarde colocarão à disposição dos usuários e das autoridades. Como digo repetidas vezes, me valendo do óbvio, a comunicação virtual está em sua pré-história.

Atualmente, apesar dos abusos e crimes cometidos na internet, no que diz respeito aos cronistas, articulistas e escritores em geral, os mais comuns são os textos atribuídos ou deformados que circulam por aí e que não podem ser desmentidos ou esclarecidos caso por caso. Um jornal ou revista é processado se publicar sem autorização do autor um texto qualquer, ainda que em citação longa e sem aspas. Em caso de injúria, calúnia ou difamação, também. E em caso de falsear a verdade propositadamente, é obrigado pela justiça a desmentir e dar espaço ao contraditório.

Nada disso, por ora, acontece na internet. Prevalece a lei do cão em nome da liberdade de expressão, que é mais expressão de ressentidos e covardes do que de liberdade, da verdadeira liberdade.

(Carlos Heitor Cony, Folha de São Paulo, 16/05/2006 – adaptado)

(Técnico – TJ/AL – 2018 – FGV) O segmento do texto em que o emprego da preposição EM indica valor semântico diferente dos demais é:

(A) "Tenho comentado aqui na Folha em diversas crônicas";
(B) "A maioria dos abusos, se praticados em outros meios";
(C) "... seriam crimes já especificados em lei";
(D) "...a comunicação virtual está em sua pré-história";
(E) "...ainda que em citação longa e sem aspas".

Em todas as alternativas a preposição "em" encerra valor de lugar, com exceção da letra "D", que deve ser assinalada, quando expressa noção de tempo.
Gabarito "D".

11. ACENTUAÇÃO GRÁFICA

(Técnico – TJ/AL – 2018 – FGV) Duas palavras que obedecem à mesma regra de acentuação gráfica são:

(A) indébita / também;
(B) história / veículo;
(C) crônicas / atribuídos;
(D) coíba / já;
(E) calúnia / plágio.

A: incorreta. "Indébita" é acentuada porque é proparoxítona, já "também" é acentuada porque é oxítona terminada em "em"; **B:** incorreta. "História" leva acento por ser paroxítona terminada em ditongo crescente, ao passo que "veículo" é proparoxítona, além de ter o "i" sozinho no hiato; **C:** incorreta. "Crônicas" é proparoxítona, mas em "atribuídos" acentuou-se o "i" sozinho no hiato; **D:** incorreta. "Coíba" também tem o "i" sozinho no hiato, mas "já" é monossílabo tônico terminado em "a"; **E:** considerada correta pelo gabarito oficial, porém merece críticas a escolha das palavras. Não há consenso entre os dicionaristas e gramáticos sobre a separação das sílabas de ambas as palavras, que para uns são consideradas trissílabas (e, nesse caso, seriam acentuadas por serem paroxítonas terminadas em ditongo crescente) e para outros são polissílabas (hipótese em que se acentuariam por serem proparoxítonas). É comum, porém, que o mesmo dicionário ou gramático teórico classifique uma como paroxítona e outra como proparoxítona, o que invalida a questão.
Gabarito "E".

12. TEMAS COMBINADOS E OUTROS TEMAS

(Analista – TJ/SC – FGV – 2018) Observe a charge a seguir:

(Analista – TJ/SC – FGV – 2018) Sobre a frase dita por Einstein, é correto afirmar que:

(A) o termo "Galileu", por ser um vocativo, deveria ser colocado no início da frase;

(B) o adjetivo "brilhante", por ser um adjetivo qualificativo, deveria vir antes do substantivo "mente";

(C) o pronome "nós", implícito em "estávamos esperando" se refere a todos os habitantes do céu;

(D) o termo "Galileu" deveria aparecer entre vírgulas, por ser um vocativo;

(E) o emprego da forma "olha" é desaconselhável por pertencer à linguagem coloquial.

A: incorreta. Não é obrigatório que o vocativo apareça no início da frase. O essencial, caso esteja deslocado para outro ponto, é apenas que seja separado dos demais elementos sintáticos por vírgulas; **B:** incorreta. Na ordem direta da oração, a colocação do adjetivo é realmente posposta ao substantivo; **C:** incorreta. Refere-se somente aos dois cientistas, conforme o contexto criado pela charge; **D:** correta, conforme comentário à alternativa "A"; **E:** incorreta. A charge retrata justamente uma conversa informal entre os dois cientistas, então não há qualquer incoerência no uso dessa forma verbal.
Gabarito "D".

TEXTO – Ressentimento e Covardia

Tenho comentado aqui na Folha em diversas crônicas, os usos da internet, que se ressente ainda da falta de uma legislação específica que coíba não somente os usos mas os abusos deste importante e eficaz veículo de comunicação. A maioria dos abusos, se praticados em outros meios, seriam crimes já especificados em lei, como a da imprensa, que pune injúrias, difamações e calúnias, bem como a violação dos direitos autorais, os plágios e outros recursos de apropriação indébita.

No fundo, é um problema técnico que os avanços da informática mais cedo ou mais tarde colocarão à disposição dos usuários e das autoridades. Como digo repetidas vezes, me valendo do óbvio, a comunicação virtual está em sua pré-história.

Atualmente, apesar dos abusos e crimes cometidos na internet, no que diz respeito aos cronistas, articulistas e escritores em geral, os mais comuns são os textos atribuídos ou deformados que circulam por aí e que não podem ser desmentidos ou esclarecidos caso por caso. Um jornal ou revista é processado se publicar sem autorização do autor um texto qualquer, ainda que em citação longa e sem aspas. Em caso de injúria, calúnia ou difamação, também. E em caso de falsear a verdade propositadamente, é obrigado pela justiça a desmentir e dar espaço ao contraditório.

Nada disso, por ora, acontece na internet. Prevalece a lei do cão em nome da liberdade de expressão, que é mais expressão de ressentidos e covardes do que de liberdade, da verdadeira liberdade.

(Carlos Heitor Cony, Folha de São Paulo, 16/05/2006 – adaptado)

(Técnico – TJ/AL – 2018 – FGV) "Como digo repetidas vezes, me valendo do óbvio, a comunicação virtual está em sua pré-história".

A utilização do termo "pré-história" mostra um tipo de linguagem figurada denominado:

(A) metáfora;

(B) metonímia;

(C) pleonasmo;

(D) paradoxo;

(E) hipérbole.

O uso do termo em sentido figurado, conotativo, demonstra a ocorrência de metáfora. Metonímia é o uso de um termo no lugar de outro que lhe seja conexo (o continente pelo conteúdo – "copo de água", a parte pelo todo – "cheguei na porta" etc.). Pleonasmo é a redundância, o uso de termos desnecessários à compreensão da mensagem ("subir para cima", "sair para fora"). Paradoxo é uma ideia absurda, incoerente ("homem desonesto e leal"). Hipérbole é o exagero desmedido para criar efeito estilístico ("chorou rios de lágrimas").
Gabarito "A".

2. DIREITO CONSTITUCIONAL

Adolfo Mamoru Nishiyama

1. CONTROLE DE CONSTITUCIONALIDADE

1.1. Controle de constitucionalidade em geral

(Procurador – AL/PR – 2024 – FGV) Sobre o controle de constitucionalidade e a cisão funcional de competência, à luz do ordenamento jurídico vigente e da jurisprudência predominante do Supremo Tribunal Federal, assinale a afirmativa correta.

(A) Somente no controle concentrado de constitucionalidade ocorre a cisão funcional de competência.
(B) Somente pelo voto de dois terços dos membros do Tribunal de Justiça ou dos membros do respectivo órgão especial poderão os tribunais declarar a inconstitucionalidade de lei ou ato normativo do Poder Público.
(C) Viola a Constituição a decisão de órgão fracionário de tribunal que, não declara expressamente a inconstitucionalidade de lei ou ato normativo do Poder Público, mas afasta sua incidência, no todo ou em parte.
(D) É necessária a cisão funcional de competência quando o órgão fracionário de Tribunal de Justiça entender inconstitucional lei em controle difuso de constitucionalidade, com fundamento em jurisprudência do Plenário ou em Súmula do Supremo Tribunal Federal.
(E) Realizada a cisão funcional para julgamento de arguição de inconstitucionalidade, o pleno ou órgão especial já decidirá também sobre o bem jurídico em discussão.

A: Incorreta. A cisão funcional de competência ocorre no controle difuso de constitucionalidade, uma vez que o pronunciamento do pleno ou do órgão especial será restrito à análise da inconstitucionalidade da lei em tese, enquanto que o julgamento do caso concreto será realizado pelo órgão fracionário, o qual está vinculado àquele pronunciamento. Portanto, há uma divisão horizontal de competência funcional entre o pleno ou órgão especial, que tem competência para resolver a questão da inconstitucionalidade, e o órgão fracionário, a quem cabe julgar o caso concreto. **B**: Incorreta. O art. 97 da CF dispõe que: "Art. 97. Somente pelo voto da maioria absoluta de seus membros ou dos membros do respectivo órgão especial poderão os tribunais declarar a inconstitucionalidade de lei ou ato normativo do Poder Público". **C**: Correta. É o que dispõe a Súmula Vinculante 10 do STF: "Viola a cláusula de reserva de plenário (CF, artigo 97) a decisão de órgão fracionário de tribunal que, embora não declare expressamente a inconstitucionalidade de lei ou ato normativo do Poder Público, afasta sua incidência, no todo ou em parte". **D**: Incorreta. Nessa hipótese não haverá a cisão funcional de competência, pois já há jurisprudência do Plenário ou em Súmula do STF sobre o tema. **E**: Incorreta. A decisão sobre o bem jurídico em discussão caberá ao órgão fracionário (por exemplo, Câmara ou Turma). AMN

Gabarito "C".

(OAB/FGV – 2023) Vários municípios, pertencentes a diferentes estados-membros da Federação, vêm reproduzindo o teor da Lei XXX/2019, do Município Alfa. Esses diplomas vêm causando grande polêmica no mundo jurídico, já que diversos Tribunais de Justiça têm se dividido quanto à constitucionalidade ou inconstitucionalidade das referidas leis municipais.

Os componentes da Mesa do Senado Federal, cientes da insegurança que tal divergência gera ao ambiente jurídico, analisam a possibilidade de, diante da grande disparidade das posições assumidas pelos diversos Tribunais de Justiça, ajuizar uma Ação Declaratória de Constitucionalidade (ADC).

Em consonância com o sistema jurídico-constitucional brasileiro, assinale a opção que deve ser apresentada aos componentes da Mesa do Senado Federal.

(A) A ação prevista não geraria os resultados esperados quanto à segurança jurídica, pois uma decisão nesta espécie de ação não produz efeitos *erga omnes*.
(B) A Mesa do Senado Federal não possui legitimidade ativa para a proposição de ação de controle concentrado do tipo apresentado.
(C) Embora a decisão proferida na ação produza efeitos *erga omnes*, as normas municipais não poderiam ser objeto de avaliação por esta ação específica.
(D) A Lei XXX/2019, em razão da natureza do ente federativo que a produziu, somente pode ser objeto de análise pela via do controle difuso de constitucionalidade.

A: incorreta. A ADC produz efeito *erga omnes*, mas neste caso não será cabível essa ação, uma vez que a Lei XXX/2019 é municipal e a ADC é cabível quando houver controvérsia judicial sobre lei ou ato normativo federal (CF, art. 102, I, *a*). **B**: incorreta. A Mesa do Senado Federal possui legitimidade ativa para o ajuizamento de ação de controle concentrado (CF, art. 103, II). **C**: correta. Ver a resposta do item A, retro. **D**: incorreta. Uma lei municipal também pode ser objeto de controle concentrado por meio da ação de Arguição de Descumprimento de Preceito Fundamental – ADPF (Art. 1º, parágrafo único, I, da Lei nº 9.882, de 3 de dezembro de 1999). AMN

Gabarito "C".

(OAB/FGV – 2023) Determinada lei federal de 2020 gerou intensa controvérsia em vários órgãos do Poder Judiciário, bem como suscitou severas críticas de importantes juristas que questionaram a constitucionalidade de diversos dos seus dispositivos. Afinal, cerca de metade dos juízes e tribunais do País inclinou-se por sua inconstitucionalidade.

A existência de pronunciamentos judiciais antagônicos vem gerando grande insegurança jurídica no País, daí a preocupação de um legitimado à deflagração do controle concentrado de constitucionalidade em estabelecer uma orientação homogênea na matéria regulada pela lei federal em tela, sem, entretanto, retirá-la do mundo jurídico.

Sem saber como proceder para afastar a incerteza jurídica a partir da mitigação de decisões judiciais conflitantes, esse legitimado solicitou que você, como advogado(a), se manifestasse.

Assinale a opção que indica a ação cabível para atingir esse objetivo.

(A) Ação Direta de Inconstitucionalidade (ADI).
(B) Representação de Inconstitucionalidade (RI).
(C) Arguição de Descumprimento de Preceito Fundamental (ADPF).
(D) Ação Declaratória de Constitucionalidade (ADC).

A alternativa correta é a D. A ADC é um controle concentrado de constitucionalidade e será cabível quando houver uma lei ou ato normativo federal e existência de controvérsia judicial relevante sobre a aplicação da disposição objeto da ação declaratória (art. 13 e art. 14, III, da Lei nº 9.868, de 10 de novembro de 1999). AMN

Gabarito "D".

(Juiz de Direito/AP – 2022 – FGV) O Tribunal de Justiça do Estado Alfa foi instado a realizar o controle concentrado de constitucionalidade de três normas do Município Beta: (1) a primeira norma tratava do processo legislativo no âmbito da Câmara Municipal, temática sobre a qual a Constituição do Estado Alfa não versava; (2) a segunda dispunha sobre temática que a Constituição do Estado Alfa disciplinava de modo literalmente idêntico à Constituição da República de 1988; e (3) a terceira, sobre temática somente prevista na Constituição do Estado Alfa, não na Constituição da República de 1988.

O Tribunal de Justiça do Estado Alfa, preenchidos os demais requisitos exigidos:

(A) deve realizar o controle das normas descritas em 1, 2 e 3;
(B) não deve realizar o controle das normas descritas em 1, 2 e 3;
(C) apenas deve realizar o controle das normas descritas em 2 e 3;
(D) apenas deve realizar o controle da norma descrita em 1;
(E) apenas deve realizar o controle da norma descrita em 3.

A alternativa A é a correta. O Tribunal de Justiça do Estado Alfa pode realizar o controle concentrado de constitucionalidade da norma municipal no item 1, uma vez que normas sobre processo legislativo são de repetição obrigatória. Esse assunto foi discutido no STF quando do julgamento da ADI n. 5646. Da mesma forma, nos itens 2 e 3, o Tribunal de Justiça poderá realizar o controle de constitucionalidade, pois o art. 125, § 2º, da CF, prevê que cabe aos Estados a instituição de representação de inconstitucionalidade de leis ou atos normativos estaduais ou municipais em face da Constituição Estadual. AMN

Gabarito "A".

1.2. Controle difuso de constitucionalidade

(OAB/FGV – 2024) Uma Proposta de Emenda à Constituição (PEC) foi apresentada pelo Presidente da República à Câmara dos Deputados. Tal PEC, para alguns parlamentares, versa sobre matéria que é manifestamente ofensiva ao núcleo essencial do pacto federativo. Apesar disso, é aprovada pelas comissões competentes e colocada em pauta, pela Mesa, para a votação pelo Plenário.

Diversos deputados federais do bloco de oposição, inconformados com essa situação, consultam você, como advogado(a), sobre possível medida judicial para que seja reconhecida a incompatibilidade da PEC com a Constituição da República, de modo a impedir a votação pelo Plenário.

Diante de tal contexto, assinale, como advogado(a), a opção que se harmoniza com o sistema brasileiro de controle de constitucionalidade.

(A) A PEC, enquanto não for aprovada e convertida em um ato normativo, vigente e eficaz, não pode ser objeto de nenhum tipo de controle de constitucionalidade.

(B) É possível que a PEC seja considerada inconstitucional em sede de mandado de segurança impetrado no Supremo Tribunal Federal por qualquer deputado federal.

(C) É cabível uma ação direta de inconstitucionalidade perante o Supremo Tribunal Federal, ajuizada por qualquer partido político com representação no Congresso Nacional.

(D) Como a PEC viola preceito fundamental, pode ser deflagrado o controle abstrato de constitucionalidade, via arguição de descumprimento de preceito fundamental, perante o Supremo Tribunal Federal.

A: Incorreta. A PEC pode ser objeto de controle de constitucionalidade preventivo e, excepcionalmente, repressivo. Se as comissões competentes não fizeram o controle preventivo, caberá ao Poder Judiciário realizar o controle repressivo por meio do mandado de segurança impetrado por parlamentar diante de flagrante inconstitucionalidade da PEC. **B:** Correta. Nesse sentido, destaque-se a seguinte doutrina: "(...) o controle jurisdicional sobre a elaboração legiferante, inclusive sobre proposta de emendas constitucionais, sempre se dará de forma difusa, por meio do ajuizamento de mandado de segurança por parte de parlamentares que se sentirem prejudicados durante o processo legislativo (...)" (MORAIS, Alexandre de. *Direito constitucional*. 22. ed. São Paulo: Atlas, 2007, p. 710). **C:** Incorreta. Não é cabível ADI no processo legislativo, pois ainda não é uma norma jurídica. **D:** Incorreta. Não é cabível ADPF no processo legislativo, pois a PEC não é uma norma jurídica. AMN

Gabarito "B".

(OAB/FGV – 2024) Uma Proposta de Emenda à Constituição (PEC) é apresentada por um grupo de deputados federais, conforme autoriza a ordem constitucional, cujo objeto é a alteração do Art. 60, § 4º, inciso II, da CRFB/88, que passaria a ter a seguinte redação: o voto direto, aberto, universal e periódico.

Depois de apertada aprovação nas comissões competentes, os autores da proposta solicitaram ao Presidente da Câmara dos Deputados que colocasse a referida PEC na pauta do plenário da Casa Legislativa, o que foi atendido. Paralelamente, outro grupo de parlamentares, ao perceber que, pela movimentação política, a PEC possivelmente seria aprovada, procura uma ação jurídica para impedir tal votação pelo plenário da Casa.

A respeito da ação jurídica capaz de impedir tal votação pelo plenário da Casa, segundo o sistema brasileiro de controle de constitucionalidade, assinale a afirmativa correta.

(A) Em razão da afronta à cláusula pétrea do voto secreto, qualquer legitimado a deflagrar o controle concentrado de constitucionalidade pode ajuizar uma Ação Direta de Inconstitucionalidade (ADI) perante o Supremo Tribunal Federal.

(B) Como se está perante matéria interna corporis do Congresso Nacional, que só pode ser apreciada no âmbito do Poder Legislativo, a referida PEC, enquanto não for promulgada e se transformar em ato normativo existente e eficaz, não pode ser objeto de nenhum tipo de controle pelo Poder Judiciário.
(C) Por afronta a preceito fundamental, um legitimado pode ajuizar Arguição de Descumprimento de Preceito Fundamental (ADPF) perante o Supremo Tribunal Federal, nos termos da Constituição da República.
(D) Em razão da inobservância das limitações constitucionais materiais ao poder de emendar a Constituição, qualquer deputado federal tem legitimidade ativa para impetrar mandado de segurança perante o Supremo Tribunal Federal.

A: Incorreta. Uma PEC não pode ser objeto de ADI, pois ainda não se tornou norma jurídica. **B:** Incorreta. Pelo contrário, se a PEC afronta uma cláusula pétrea, o parlamentar tem legitimidade ativa para impetrar mandado de segurança para impedir a sua tramitação no processo legislativo. **C:** Incorreta. Não cabe ADPF contra PEC, pois ela não é norma jurídica. **D:** Correta. Nesse sentido, destaque-se a seguinte doutrina: "(...) o controle jurisdicional sobre a elaboração legiferante, inclusive sobre proposta de emendas constitucionais, sempre se dará de forma difusa, por meio do ajuizamento de mandado de segurança por parte de parlamentares que se sentirem prejudicados durante o processo legislativo (...)" (MORAIS, Alexandre de. *Direito constitucional*. 22. ed. São Paulo: Atlas, 2007, p. 710). Gabarito "D".

1.3. Ação direta de inconstitucionalidade

(OAB/FGV – 2024) No Estado Ômega, um deputado estadual ajuizou representação de inconstitucionalidade perante o Tribunal de Justiça local, visando questionar a constitucionalidade de uma lei estadual. O Tribunal, porém, se negou a conhecer da representação, argumentando que o deputado não possuía legitimidade ativa conforme estabelecido na Constituição Estadual. Inconformado, o deputado considera interpor recurso extraordinário, a ser julgado pelo Supremo Tribunal Federal (STF) contra a decisão do Tribunal de Justiça.

Como base no sistema jurídico-constitucional brasileiro, o(a) advogado(a) do deputado estadual informou, corretamente, que

(A) não cabe recurso extraordinário, pois o Tribunal de Justiça é o guardião da Constituição Estadual e a questão não envolve norma de reprodução obrigatória.
(B) é cabível o recurso extraordinário, pois a decisão do Tribunal de Justiça envolve interpretação da Constituição Estadual, que deve ser revista pelo STF.
(C) não é possível interpor o recurso extraordinário, mas, sim, recurso ordinário, pois trata-se de matéria de direito infraconstitucional.
(D) deve ser interposto recurso extraordinário, pois qualquer decisão do Tribunal de Justiça pode ser revisada pelo STF, independentemente da matéria.

A: Correta. Como não houve contrariedade a dispositivo da Constituição Federal não é cabível o recurso extraordinário ao STF (CF, art. 102, III, a). **B:** Incorreta. Não cabe recurso extraordinário contra decisão do Tribunal de Justiça que envolva interpretação da Constituição Estadual. **C:** Incorreta. O recurso ordinário constitucional só é cabível nas hipóteses do art. 102, II, e do art. 105, II, da CF. **D:** Incorreta. Não é qualquer decisão do Tribunal de Justiça que pode ser revisada pelo STF por meio do recurso extraordinário, conforme dispõe o art. 102, III, da CF. Gabarito "A".

(OAB/FGV – 2023) O Presidente da República promulgou a Lei Federal XX/2022, versando sobre certa matéria, que também poderia ser objeto de medida provisória. Tal lei vem sendo aplicada normalmente por diversos órgãos judiciais e administrativos do País.

No entanto, convicto da inconstitucionalidade da Lei Federal XX/2022, um legitimado resolveu ajuizar ação direta de inconstitucionalidade (ADI) perante o Supremo Tribunal Federal (STF) contra o referido diploma legal. No julgamento da ADI, o Plenário do STF resolve, por maioria absoluta de seis Ministros, julgar procedente o pedido e declarar a inconstitucionalidade da Lei Federal XX/2022.

Com base na situação hipotética apresentada, assinale a opção que está de acordo com o sistema brasileiro de controle de constitucionalidade.

(A) A decisão final de mérito do STF no julgamento da ADI em tela vincula todo o Poder Judiciário, incluindo o próprio Pleno do Tribunal.
(B) O Presidente da República poderá editar medida provisória sobre a matéria, porque, ao exercer função legislativa, não está vinculado à decisão definitiva de mérito do STF, proferida em sede de ADI.
(C) A decisão definitiva de mérito proferida pelo STF no julgamento da referida ADI produz eficácia *erga omnes*, porque vincula plenamente todos os três Poderes do Estado (Executivo, Legislativo e Judiciário).
(D) Apenas a Administração Pública direta, nas esferas federal, estadual e municipal, está vinculada à decisão definitiva de mérito proferida pelo STF em sede de ADI.

A: incorreta. A decisão final de mérito do STF na ADI não vincula o STF, uma vez que o efeito vinculante ocorre apenas em relação "aos demais órgãos do Poder Judiciário", conforme dispõe o art. 102, § 2º, da CF (MENDES, Gilmar Ferreira; BRANCO, Paulo Gustavo Gonet. *Curso de direito constitucional*. 8. ed. São Paulo: Saraiva, 2013, p. 1301). **B:** correta. A decisão proferida pelo STF em ADI não vincula o legislador. O Presidente da República quando edita medida provisória está exercendo função atípica de legislar. Portanto, ele poderá editar medida provisória sobre a mesma matéria declarada inconstitucional pelo STF. A doutrina aponta que: "Também o STF tem entendido que a declaração de inconstitucionalidade não impede o legislador de promulgar lei de conteúdo idêntico ao do texto anteriormente censurado" (MENDES, Gilmar Ferreira; BRANCO, Paulo Gustavo Gonet. *Curso de direito constitucional*. 8. ed. São Paulo: Saraiva, 2013, p. 1295). **C:** incorreta. Verificar os comentários anteriores. **D:** incorreta. Produz eficácia contra todos e efeito vinculante, relativamente aos demais órgãos do Poder Judiciário e à administração pública direta e indireta, nas esferas federal, estadual e municipal (CF, art. 102, § 2º). Gabarito "B".

1.4. Ação direta de inconstitucionalidade por omissão

(Procurador – AL/PR – 2024 – FGV) Declarada a inconstitucionalidade por omissão de medida para tornar efetiva norma constitucional, será dada ciência ao Poder competente para a adoção das providências necessárias e, em se tratando de órgão administrativo, para fazê-lo em trinta dias.

Diante do exposto e da jurisprudência do Supremo Tribunal Federal, assinale a afirmativa correta.

(A) Na Ação Direta de Inconstitucionalidade por Omissão, a exemplo do que se verifica no mandado de injunção, o Supremo Tribunal Federal vem entendendo que poderá suprir a omissão inconstitucional do legislador democrático até que o poder competente supra a omissão declarada.
(B) Na Ação Direta de Inconstitucionalidade por Omissão, o Supremo Tribunal Federal vem entendendo que poderá suprir a omissão inconstitucional do legislador democrático, após fixado um prazo razoável para que o poder competente supra a omissão, em atenção ao princípio da separação de poderes.
(C) Na Ação Direta de Inconstitucionalidade por Omissão, o Supremo Tribunal Federal, em atenção ao princípio da separação de poderes, entende que deverá limitar-se a declarar a omissão e dar ciência ao Poder Legislativo para a adoção das providências necessárias à concretização da norma constitucional.
(D) Na Ação Direta de Inconstitucionalidade por Omissão é admitida a desistência a qualquer tempo e, em razão do princípio da subsidiariedade, a ação somente será cabível se ficar provada a inexistência de qualquer meio eficaz para afastar a omissão no âmbito judicial.
(E) Diante do princípio da fungibilidade, o Supremo Tribunal Federal admite que o Mandado de Injunção seja convolado em Ação Direta de Inconstitucionalidade por Omissão. Entretanto, em relação a ação direta de inconstitucionalidade por omissão e a ação direta por inconstitucionalidade não é admitida aplicação do princípio da fungibilidade.

O gabarito oficial consta como correta a alternativa A. No entanto, s.m.j., não nos parece que esse tem sido o entendimento do STF nos julgados sobre ADO. Por exemplo, na ADO/DF 67, j. 06/06/2022, o STF entendeu que há mora legislativa na edição da lei complementar a que se refere o art. 155, § 1º, inciso III, da CF, e estabeleceu o prazo de 12 (doze) meses para o Congresso Nacional adotar as medidas legislativas necessárias para suprir a omissão. Na ADO/DF 27, j. 03/07/2023, o STF entendeu que há necessidade de regulamentação do Fundo de Garantia das Execuções Trabalhistas previstas no art. 3º da EC 45/2004, e assinalou o prazo de 24 (vinte e quatro) meses para que o Congresso Nacional edite a lei. Na ADO/DF 74, j. 05/05/2024, decidiu sobre a omissão do art. 7º, inciso XXIII, da CF, sobre o adicional de penosidade aos trabalhadores urbanos e rurais e estipulou prazo de 18 (dezoito) meses para a sua regulamentação. Na ADO/DF 20, j. 14/12/2023, o STF firmou a seguinte tese: "1. Existe omissão inconstitucional relativamente à edição da lei regulamentadora da licença-paternidade, prevista no art. 7º, XIX, da Constituição. 2. Fica estabelecido o prazo de 18 meses para o Congresso Nacional sanar a omissão apontada, contados da publicação da ata de julgamento. 3. Não sobrevindo a lei regulamentadora no prazo acima estabelecido, caberá a este Tribunal fixar o período da licença paternidade". Assim, entendemos que a alternativa B seja a correta. **AMN**

Gabarito "A".

2. DIREITOS E DEVERES INDIVIDUAIS E COLETIVOS

2.1. Direitos e deveres em espécie

(OAB/FGV – 2024) Durante uma operação policial, conhecido traficante de substâncias entorpecentes de alta periculosidade, que operava no Município Alfa, foi preso em flagrante. Sua prisão, no entanto, por alegadas razões de segurança, não foi comunicada a ninguém, acrescendo-se que o local onde se encontra detido é desconhecido. A família do preso procura você, na qualidade de advogado(a), para saber se ocorreu a violação de algum direito fundamental do preso.

Com base na situação descrita e no sistema jurídico-constitucional brasileiro, assinale a afirmativa correta.

(A) Não houve desrespeito a qualquer direito fundamental do preso, visto que a ordem constitucional estatui que, para os casos de prisão em flagrante, os agentes policiais têm até 72 horas para comunicar à família a prisão.
(B) A prisão e o local onde o preso se encontra detido deveriam ter sido comunicados imediatamente à família ou a outra pessoa por ele indicada, bem como ao juiz competente para apreciar a legalidade da prisão.
(C) Por se tratar de criminoso de alta periculosidade, ele deixa de ser considerado, pela ordem constitucional, titular de direitos fundamentais, de modo que há mera liberalidade estatal em comunicar a sua prisão em flagrante.
(D) A falta de comunicação da prisão e do local em que o preso se encontra são justificáveis, o que decorre da necessidade de se preservar a segurança da sociedade, considerando a periculosidade do agente.

A: Incorreta. O art. 5º, inciso LXII, da CF, dispõe que: "a prisão de qualquer pessoa e o local onde se encontre serão comunicados imediatamente ao juiz competente e à família do preso ou à pessoa por ele indicada". **B:** Correta. Esse direito está previsto no art. 5º, inciso LXII, da CF. **C:** Incorreta. Os direitos fundamentais são garantidos a todos de acordo com o princípio da isonomia (CF, art. 5º, *caput*). **D:** Incorreta. Ver os comentários anteriores. **AMN**

Gabarito "B".

(OAB/FGV – 2024) Ao exercer o direito de petição, determinada pessoa jurídica estabelecida no território brasileiro precisou realizar o pagamento de taxa, para que o órgão administrativo competente analisasse a tese de que o agente público praticara uma ilegalidade em seu desfavor, o que lhe acarretou um ônus financeiro indevido. Tal pagamento foi cobrado com base no que dispõe a Lei Federal nº Y, recentemente publicada, que dispõe sobre essa exigência.

Diante de tal contexto, assinale a opção que se harmoniza com o sistema constitucional brasileiro.

(A) O referido pagamento é devido pela pessoa jurídica estabelecida no Brasil, na medida em que somente pessoas naturais, nacionais ou estrangeiras, podem exercer o direito de petição independentemente do pagamento de taxas.
(B) Ao exigir o referido pagamento como requisito para a apreciação da ilegalidade noticiada, a Lei Federal nº Y é inconstitucional por afrontar o exercício do direito de petição.
(C) Por ser um remédio constitucional direcionado ao âmbito jurisdicional, o direito de petição, sem pagamento de taxas, não é operativo na via administrativa, logo, a Lei Federal nº Y é constitucional.
(D) A Lei Federal nº Y é válida, desde que, por meio de interpretação conforme a Constituição, seja entendido

que o referido pagamento tem a sua exigibilidade restrita aos casos em que o direito de petição descreva abuso de poder.

A: Incorreta. O direito de petição aos Poderes Públicos em defesa de direitos ou contra ilegalidade ou abuso de poder é assegurado, independentemente do pagamento de taxas (CF, art. 5º, XXXIV, *a*), seja pela pessoa natural, seja pela pessoa jurídica, nacional ou estrangeira, em razão do princípio da isonomia prevista no *caput*, ao art. 5º da CF. **B:** Correta. É o que estabelece o art. 5º, XXXIV, *a*, da CF. **C:** Incorreta. O direito de petição é operativo na via administrativa. **D:** Incorreta. Ver os comentários anteriores.

Gabarito "B".

(OAB/FGV – 2023) A Lei nº YYY do Município *Alfa* revogou o adicional por tempo de serviços (ATS), abolindo-o por inteiro com efeitos retroativos absolutos. Além disso, estabeleceu as regras para que os servidores não só deixassem de receber o referido adicional, como também para que devolvessem todas as quantias por eles recebidas a título de ATS.

A medida foi justificada sob o argumento de que haveria significativa economia das despesas públicas e, por isso, seria possível o aumento nos investimentos em saúde e em educação. Os servidores, por sua vez, alegaram clara violação ao direito adquirido e ao ato jurídico perfeito em relação à determinação de devolução dos valores já recebidos.

Sobre a questão em discussão, segundo o sistema jurídico-constitucional, assinale a afirmativa correta.

(A) A Lei nº YYY apresenta indiscutível interesse público, portanto, a retroatividade absoluta é válida, encontrando-se de acordo com o que determina o sistema jurídico-constitucional.

(B) A garantia ao direito adquirido não se aplica às normas municipais, que podem, por razões econômicas, produzir efeitos retroativos.

(C) A retroatividade absoluta da Lei nº YYY fere o texto constitucional, pois afeta situações já constituídas e exauridas em momento pretérito.

(D) O direito adquirido, por determinação constitucional expressa, pode ser desconsiderado nas situações em que o seu reconhecimento inviabilize políticas públicas nas áreas de educação e saúde.

A alternativa C é a correta, pois o art. 5º, inciso XXXVI, da CF, prevê como direito fundamental que a lei não poderá prejudicar o direito adquirido, o ato jurídico perfeito e a coisa julgada.

Gabarito "C".

(OAB/FGV – 2023) Carlos, praticante de religião politeísta, é internado em hospital de orientação cristã e solicita assistência espiritual a ser conduzida por um líder religioso de sua crença.

Os parentes de Carlos, mesmo cientes de que a assistência solicitada se resumiria a uma discreta conversa, estão temerosos de que a presença do referido líder coloque em risco a permanência de Carlos no hospital, em virtude de representar uma vertente religiosa não aderente à fé adotada pela instituição hospitalar.

Os parentes de Carlos o procuram, como advogado(a), para conhecer os procedimentos adequados à situação narrada.

Você os informou que, segundo o sistema jurídico-constitucional brasileiro, o hospital

(A) pode negar a autorização para a assistência espiritual em religião diversa daquela preconizada pela instituição, embora não fosse o caso de Carlos perder a vaga.

(B) não pode negar o apoio espiritual solicitado, mesmo que a assistência seja prestada em bases religiosas diversas daquela oficialmente preconizada pelo hospital.

(C) somente está obrigado a autorizar a assistência religiosa caso já tivesse permitido que sacerdote de outra religião exercesse atividades religiosas em suas instalações.

(D) tem, como instituição privada, total autonomia para estabelecer regras para situações como esta, podendo permitir ou negar o pedido, de acordo com seu regulamento interno.

A alternativa B é a correta. O art. 5º, VI, da CF, prevê a inviolabilidade da liberdade de consciência e de crença, sendo assegurado o livre exercício dos cultos religiosos e garantida, na forma da lei, a proteção aos locais de culto e a suas liturgias.

Gabarito "B".

2.2. Remédios constitucionais

(OAB/FGV – 2023) Emenda à Constituição inseriu novo direito social na Constituição Federal de 1988. Da análise do dispositivo normativo extraiu-se que a fruição do direito ali previsto somente seria possível com sua devida disciplina legal.

Passados sete anos sem que o Congresso Nacional tivesse elaborado a referida regulamentação, mesmo após decisões do Supremo Tribunal Federal que reconheciam a mora e determinavam prazo razoável para a edição da norma regulamentadora, Fernando, que entende fazer jus a tal direito, procurou você, como advogado(a), a fim de saber se há alguma providência judicial a ser tomada para que possa usufruir do direito constitucionalmente previsto.

Sobre a hipótese, de acordo com o sistema jurídico-constitucional vigente, assinale a afirmativa que apresenta, corretamente, sua orientação.

(A) A via judicial não é cabível, posto que, com base no princípio da separação de poderes, somente a produção de lei regulamentadora pelo Congresso Nacional viabilizará a fruição do referido direito social.

(B) Fernando poderá ingressar com mandado de injunção perante o Superior Tribunal de Justiça, o qual, reconhecendo a existência de mora por parte do Congresso Nacional, poderá determinar que este Tribunal edite a lei regulamentadora imediatamente.

(C) O mandado de injunção, a ser impetrado por Fernando perante o Supremo Tribunal Federal, pode ser utilizado para requerer que o Tribunal estabeleça as condições em que se dará o exercício do referido direito social, de modo a permitir a sua fruição.

(D) Fernando tem a possibilidade de ajuizar uma ação direta de inconstitucionalidade por omissão perante o Supremo Tribunal Federal, requerendo que o Tribunal promova sua implementação imediata para todos que façam jus ao direito social.

A: incorreta. É cabível o mandado de injunção sempre que a falta de norma regulamentadora torne inviável o exercício dos direitos e liberdades constitucionais e das prerrogativas inerentes à nacionalidade, à soberania e à cidadania (CF, art. 5º, LXXI). **B**: incorreta. O STJ não tem competência originária para processar e julgar mandado de injunção (CF, art. 105, I). **C**: correta. O STF tem competência originária para processar e julgar mandado de injunção quando a elaboração da norma regulamentadora for atribuição do Presidente da República, do Congresso Nacional, da Câmara dos Deputados, do Senado Federal, das Mesas de uma dessas Casas Legislativas, do Tribunal de Contas da União, de um dos Tribunais Superiores ou do próprio STF (CF, art. 102, I, *q*). Além disso, o mandado de injunção tem efeito *inter partes* para que aquela Corte estabeleça as condições em que se dará o exercício do referido direito social, de modo a permitir a sua fruição ao impetrante. **D**: incorreta. Ele não tem legitimidade ativa para o ajuizamento da ação direta de inconstitucionalidade por omissão (CF, art. 103, I a IX). AMN

Gabarito "C".

(OAB/FGV – 2023) O poder constituinte derivado reformador promulgou emenda à Constituição, inserindo um novo direito fundamental na CRFB/88. No caso, trata-se de norma de eficácia limitada, necessitando, portanto, de lei regulamentadora a ser produzida pelo Congresso Nacional.

Em razão da total inércia do Poder Legislativo, tendo decorrido quatro anos desde a referida emenda, uma associação de classe legalmente constituída e em funcionamento há mais de 10 anos, cujo estatuto prevê a possibilidade de atuar judicial e extrajudicialmente no interesse de seus associados, que não estariam sendo contemplados em razão da referida inércia, procura você, como advogado(a).

Com base no sistema jurídico-constitucional brasileiro, você, como advogado(a), informa, corretamente, que a fruição dos direitos pelos associados

(A) somente poderá ser alcançada com a impetração de Mandado de Injunção por iniciativa individual de cada um dos associados, em seus próprios nomes, junto ao Supremo Tribunal Federal.
(B) poderá ser alcançada com a impetração de Mandado de Injunção Coletivo pela referida Associação, em seu próprio nome, junto ao Supremo Tribunal Federal.
(C) somente será alcançada após o Congresso Nacional produzir a lei regulamentadora referente à norma constitucional de eficácia limitada.
(D) será possível com o ajuizamento de uma Ação Civil Pública, que tenha como pedido a exigência de que o Congresso Nacional produza, imediatamente, a lei regulamentadora.

A alternativa B é a correta. Nesse caso é cabível o mandado de injunção coletivo. Essa ação pode ser impetrada por associação legalmente constituída e em funcionamento há pelo menos um ano, para assegurar o exercício de direitos, liberdades e prerrogativas em favor da totalidade ou de parte de seus membros ou associados, na forma de seus estatutos e desde que pertinentes a suas finalidades, dispensada, para tanto, autorização especial (art. 12, III, da Lei nº 13.300, de 23 de junho de 2016). A competência para processar e julgar esse mandado de injunção coletivo é do STF (CF, art. 102, I, *q*). AMN

Gabarito "B".

2.3. Teoria geral dos direitos fundamentais

(ENAM – 2024.1 – FGV) A respeito da cláusula constitucional do devido processo legal em âmbito judicial e administrativo, assinale a afirmativa correta.

(A) Viola as garantias do juiz natural, da ampla defesa e do devido processo legal a atração por continência ou conexão do processo do corréu ao foro por prerrogativa de função de um dos denunciados.
(B) É inconstitucional, por violação à garantia da ampla defesa e do devido processo legal, sanção aplicada em processo administrativo disciplinar no qual não tenha havido defesa técnica por advogado.
(C) É constitucional a exigência de depósito prévio como requisito de admissibilidade de ação judicial na qual se pretenda discutir a exigibilidade de crédito tributário, compatibilizando-se com a garantia do devido processo legal e do acesso à Justiça.
(D) É direito do defensor, no interesse do representado, ter acesso amplo aos elementos de prova que, já documentados em procedimento investigatório realizado por órgão com competência de polícia judiciária, digam respeito ao exercício do direito de defesa.
(E) Nos processos perante os Tribunais de Contas asseguram-se o contraditório e a ampla defesa quando a decisão puder resultar em impacto na esfera jurídica de terceiros, excetuada a apreciação das contas de governo, por serem objeto de parecer prévio destituído de natureza decisória.

A: Incorreta. A Súmula 704 do STF dispõe que: "Não viola as garantias do juiz natural, da ampla defesa e do devido processo legal a atração por continência ou conexão do processo do corréu ao foro por prerrogativa de função de um dos denunciados". **B**: Incorreta. A Súmula Vinculante 5 do STF prevê que: "A falta de defesa técnica por advogado no processo administrativo disciplinar não ofende a Constituição". **C**: Incorreta. Dispõe a Súmula Vinculante 28 do STF que: "É inconstitucional a exigência de depósito prévio como requisito de admissibilidade de ação judicial na qual se pretenda discutir a exigibilidade de crédito tributário". **D**: Correta. É o teor da Súmula Vinculante 14 do STF. **E**: Incorreta. A Súmula Vinculante 3 do STF tem o seguinte teor: "Nos processos perante o Tribunal de Contas da União asseguram-se o contraditório e a ampla defesa quando da decisão puder resultar anulação ou revogação de ato administrativo que beneficie o interessado, excetuada a apreciação da legalidade do ato de concessão inicial de aposentadoria, reforma e pensão". AMN

Gabarito "D".

(ENAM – 2024.1 – FGV) Em relação aos Direitos Fundamentais, analise as assertivas a seguir.

I. Na Constituição brasileira, as matrizes dos direitos fundamentais são vida, liberdade, igualdade, segurança e propriedade.
II. Direitos fundamentais constituem uma reserva mínima de justiça que as democracias devem assegurar a todos os seus cidadãos.
III. Quando ocorre uma colisão de direitos fundamentais, a solução do problema não poderá se dar mediante subsunção, sendo necessário o uso da técnica da ponderação.

Está correto o que se afirma em

(A) I, apenas.
(B) I e II, apenas.
(C) I e III, apenas.

(D) II e III, apenas.
(E) I, II e III.

I: Correta. É o que está estabelecido no caput do art. 5º da Constituição Federal. II: Correta. O § 2º do art. 5º da Constituição Federal dispõe que: "Os direitos e garantias expressos nesta Constituição não excluem outros decorrentes do regime e dos princípios por ela adotados, ou dos tratados internacionais em que a República Federativa do Brasil seja parte". Dessa forma, pode-se concluir que os direitos fundamentais podem ser ampliados, constituindo-se em reserva mínima de justiça que as democracias devem assegurar a todos os seus cidadãos. III: Correta. A doutrina aponta que: "Por muito tempo, a subsunção foi o raciocínio padrão na aplicação do Direito. Como se sabe, ela se desenvolve por via de um raciocínio silogístico, no qual a premissa maior – a norma – incide sobre a premissa menor – os fatos –, produzindo um resultado, fruto da aplicação da norma ao caso concreto. Como já assinalado, esse tipo de raciocínio jurídico continua a ser fundamental para a dinâmica do Direito. Mas não é suficiente para lidar com as situações que envolvem colisões de princípios ou de direitos fundamentais" (BARROSO, Luís Roberto. *Curso de Direito Constitucional Contemporâneo*. 2. ed. São Paulo: Saraiva, 2010, p. 334). E mais adiante conclui que: "A ponderação, como estabelecido acima, socorre-se do princípio da razoabilidade-proporcionalidade para promover a máxima concordância prática entre os direitos em conflito. Idealmente, o intérprete deverá fazer *concessões recíprocas* entre os valores e interesses em disputa, preservando o máximo possível de cada um deles. Situações haverá, no entanto, em que será impossível a compatibilização. Nesses casos, o intérprete precisará fazer *escolhas*, determinando, *in concreto*, o princípio ou direito que irá prevalecer" (BARROSO, Luís Roberto. *Op. cit.*, p. 339). Gabarito "E".

(ENAM – 2024.1 – FGV) A respeito do princípio da presunção de inocência, analise as afirmativas a seguir.

I. O Supremo Tribunal Federal reconheceu a repercussão geral da matéria atinente à possibilidade de execução imediata de pena aplicada pelo Tribunal do Júri, ainda que a sentença condenatória proferida não tenha transitado em julgado.
II. Segundo assentado na jurisprudência do Supremo Tribunal Federal, a presunção de inocência impõe que a decretação de prisão cautelar se baseie em elementos concretos extraídos dos autos, não sendo possível a vedação de liberdade provisória ex lege.
III. Tendo em vista que os recursos especial e extraordinário não possuem efeito suspensivo, a pena imposta em acórdãos proferidos por tribunais de 2º grau pode ser executada imediatamente, desde que efetuada a detração da prisão cautelar anteriormente imposta.

Está correto o que se afirma em

(A) I, apenas.
(B) II, apenas.
(C) III, apenas.
(D) I e II, apenas.
(E) II e III, apenas.

I: Correta. O STF reconheceu a constitucionalidade da execução imediata de pena aplicada pelo Tribunal do Júri (Tema 1068), com Repercussão Geral reconhecida (RE 1235340). II: Correta. O STF tem julgado neste sentido, conforme HC 96715-MC/SP, Relator Ministro Celso de Mello (*Informativo* 533). III: Incorreta. O STF ao julgar as Ações Declaratórias de Constitucionalidade (ADC) 43, 44 e 54, entendeu que é constitucional a norma do Código de Processo Penal que prevê o esgotamento de todos recursos (trânsito em julgado da condenação) para o início do cumprimento da pena. Gabarito "D".

(ENAM – 2024.1 – FGV) A respeito da garantia constitucional da inadmissibilidade das provas obtidas por meios ilícitos no processo, analise as afirmativas a seguir.

I. São lícitas as sucessivas renovações de interceptação telefônica, desde que verificados os requisitos do Art. 2º da Lei nº 9.296/1996 e demonstrada a necessidade da medida diante de elementos concretos e da complexidade da investigação. As decisões judiciais que autorizam a interceptação e suas prorrogações devem ser devidamente motivadas, com justificativa legítima, ainda que sucinta, a embasar a continuidade das investigações.
II. De acordo com a jurisprudência do Supremo Tribunal Federal, o juiz que conhecer do conteúdo da prova declarada inadmissível não poderá proferir a sentença ou o acórdão.
III. As provas derivadas das ilícitas não serão admitidas no processo, salvo quando não evidenciado o nexo de causalidade, quando puderem ser obtidas por fonte independente ou quando forem produzidas comprovadamente de boa-fé.

Está correto o que se afirma em

(A) I, apenas.
(B) II, apenas.
(C) I e II, apenas.
(D) I e III, apenas.
(E) II e III, apenas.

I: Correta. Esse entendimento foi firmado pelo STF no julgamento do Recurso Extraordinário 625263, com repercussão geral (Tema 661). II: Incorreta. O STF ao julgar as Ações Diretas de Inconstitucionalidade 6298, 6299, 6300 e 6305, que impugnavam alterações no Código de Processo Penal pelo Pacote Anticrime (Lei 13.964/2019), entre elas a criação do juiz das garantias, declarou que é inconstitucional o parágrafo 5º do artigo 157 do CPP ("o juiz que conhecer do conteúdo de prova declarada inadmissível não poderá proferir sentença ou acórdão"). III: Incorreta. A parte final do enunciado está incorreta "...quando forem produzidas comprovadamente de boa-fé". Gabarito "A".

(Juiz de Direito – TRF/1 – 2023 – FGV) A lei nova pode retroagir, contudo, o princípio da irretroatividade impõe certos limites à retroatividade da lei. No domínio das relações sociais – civis –, esses limites são:

(A) a permissão da retroatividade da lei penal menos branda ou mais gravosa ao réu;
(B) a lei não prejudicará o direito adquirido, o ato jurídico perfeito e a coisa julgada;
(C) crianças e adolescentes não podem ser pessoalmente responsabilizados por danos patrimoniais;
(D) a retroatividade da lei nova se limita aos casos que envolvam direitos da personalidade;
(E) a lei terá eficácia geral e imediata, porém, não se aplicará contrariamente à jurisprudência dos tribunais.

A: Incorreta. O art. 5º, inciso XL, da CF, prevê expressamente que: "a lei penal não retroagirá, salvo para beneficiar o réu". B: Correta. É o que dispõe o art. 5º, XXXVI, da CF. C: Incorreta. Essa alternativa não está relacionada com o princípio da irretroatividade da lei. D: Incorreta. O princípio da irretroatividade da lei não se restringe aos casos que envolvam direitos da personalidade. E: Incorreta. Uma lei terá eficácia geral e imediata e poderá ser aplicada contrariamente à jurisprudência dos tribunais. Gabarito "B".

3. DIREITOS SOCIAIS

(ENAM – 2024.1 – FGV) Acerca da proteção contra a dispensa imotivada ou despedida arbitrária, nos termos da CRFB/88, da jurisprudência sumulada do TST e da legislação em vigor, assinale a afirmativa correta.

(A) A garantia de emprego assegurada ao empregado eleito para cargo de direção de comissões internas de prevenção de acidentes, representante dos empregados, está restrita ao membro titular.

(B) A CRFB/88 veda a despedida arbitrária da empregada gestante desde a confirmação da gravidez até cinco meses após o parto, bem como a do empregado eleito para o cargo de direção de comissões internas de prevenção de acidentes, desde o registro da candidatura até um ano após o final do mandato.

(C) A garantia contra a despedida arbitrária da empregada gestante é personalíssima, não admitindo extensão do direito a quem detiver a guarda da criança em caso de falecimento da genitora.

(D) A previsão constitucional relacionada à despedida arbitrária está restrita às hipóteses de empregada gestante e de empregados eleitos pelos empregados e indicados pelos empregadores para o cargo de direção de comissão interna de prevenção de acidentes.

(E) Não terá garantia no emprego contra a despedida arbitrária o empregado eleito como representante dos empregados em empresas com mais de 200 empregados, com a finalidade exclusiva de promover-lhes o entendimento direto com os empregadores, por depender de regulamentação.

A: Incorreta. A Súmula 676 do STF dispõe que: "A garantia da estabilidade provisória prevista no art. 10, II, "a", do Ato das Disposições Constitucionais Transitórias, também se aplica ao suplente do cargo de direção de comissões internas de prevenção de acidentes (CIPA)." No mesmo sentido, é a Súmula 339 do TST. **B**: Correta. O art. 10, II, *a* e *b*, do Ato das Disposições Constitucionais Transitórias, dispõe que: "Art. 10. Até que seja promulgada a lei complementar a que se refere o art. 7º, I, da Constituição: (...) II – fica vedada a dispensa arbitrária ou sem justa causa; a) do empregado eleito para cargo de direção de comissões internas de prevenção de acidentes, desde o registro de sua candidatura até um ano após o final de seu mandato; b) da empregada gestante, desde a confirmação da gravidez até cinco meses após o parto." A Lei Complementar nº 146, de 25/06/2014, estende a estabilidade provisória prevista na alínea *b* do inciso II do art. 10 do Ato das Disposições Constitucionais Transitórias à trabalhadora gestante, no caso de morte desta, a quem detiver a guarda de seu filho. **D**: Incorreta. Ver comentário à alternativa "A", retro. **E**: Incorreta. A Reforma Trabalhista introduzida pela Lei nº 13.467/2017 prescreve que os empregados eleitos como representantes dos trabalhadores, nas empresas com mais de 200 funcionários não poderão ser dispensados a partir do registro de sua candidatura até um ano após o término do mandato (CLT, art. 510-D, § 3º). **AMN**
Gabarito "B".

(ENAM – 2024.1 – FGV) No capítulo dos Direitos Sociais, a CRFB/88, em seu Art. 7º, elenca os direitos dos trabalhadores urbanos e rurais.

Dos direitos previstos, indique aquele que até o presente momento não foi regulamentado e, assim, não pode ser exercido pelos trabalhadores brasileiros.

(A) Aviso-prévio proporcional ao tempo de serviço.

(B) Adicional de remuneração para as atividades penosas.

(C) Proibição de trabalho noturno a menores de dezoito anos.

(D) Seguro contra acidentes de trabalho, a cargo do empregador.

(E) Salário-família pago em razão do dependente do trabalhador de baixa renda.

A: Incorreta. O aviso-prévio proporcional ao tempo de serviço (CF, art. 7º, XXI), foi regulamentado pela Lei nº 12.506/2011. **B**: Correta. O art. 7º, inciso XXIII, da Constituição Federal, prescreve: "Art. 7º São direitos dos trabalhadores urbanos e rurais, além de outros que visem à melhoria de sua condição social: (...) XXIII – adicional de remuneração para as atividades penosas, insalubres ou perigosas, na forma da lei". Não há previsão na lei sobre o adicional de atividades penosas. **C**: Incorreta. A proibição de trabalho noturno a menores de dezoito anos prevista no art. 7º, XXXIII, da Constituição Federal é norma de eficácia plena e aplicabilidade imediata não necessitando de regulamentação legal. **D**: Incorreta. O seguro contra acidentes de trabalho, a cargo do empregador previsto no art. 7º, XXVIII, da CF, é norma de eficácia plena e aplicabilidade imediata não necessitando de regulamentação legal. **E**: Incorreta. O salário-família pago em razão do dependente do trabalhador de baixa renda (CF, art. 7º, XII) está regulamentado pela Lei nº 4.266/1963. **AMN**
Gabarito "B".

4. NACIONALIDADE

(Procurador – AL/PR – 2024 – FGV) José, brasileiro nato, casou-se com Ana, nascida no País X, e em virtude do trabalho de sua esposa, mudou-se para o referido país, onde reside há mais de 20 anos. Após todos esses anos vivendo em outro país, resolveu requerer a nacionalidade do País X.

Diante do exposto, caso José se naturalize no País X, é correto afirmar que

(A) uma vez que a obtenção voluntária de nova nacionalidade, seja ela originária, reconhecida pela lei estrangeira, ou secundária, adquirida por meio de naturalização, qualquer que seja a razão, enseja a perda da nacionalidade originária brasileira.

(B) não perderá a nacionalidade brasileira, salvo se José fizer expresso pedido de perda da nacionalidade (renúncia).

(C) ficará com a nacionalidade brasileira suspensa até que volte a residir no Brasil.

(D) perderá nacionalidade brasileira, salvo se essa nova nacionalidade advier de imposição de naturalização, pela norma estrangeira como condição para permanência em seu território ou para o exercício de direitos civis.

(E) não perderá a nacionalidade brasileira, se voltar a residir no Brasil e optar, dentro do prazo de um ano, pela nacionalidade brasileira.

A: Incorreta. A perda da nacionalidade brasileira originária não será automática nessa hipótese. **B**: Correta. Está de acordo com a nova redação dada pela EC 131/2023 ao art. 12, § 4º, II, da CF, onde será declarada a perda da nacionalidade do brasileiro que <u>fizer pedido expresso de perda da nacionalidade brasileira</u> perante autoridade brasileira competente, ressalvadas situações que acarretem apatridia. **C**: Incorreta. Ele não ficará com a nacionalidade brasileira suspensa. **D**: Incorreta. Ele não perderá a nacionalidade brasileira, conforme explicado no item B, acima. **E**: Incorreta. Ele não perderá a nacionalidade brasileira, mas ele não precisa voltar a residir no Brasil e optar pela nacionalidade brasileira, conforme explicado no item B, acima.

Gabarito "B".

5. DIREITOS POLÍTICOS

(Procurador – AL/PR – 2024 – FGV) Mévio, Prefeito do município Gama, que irá se candidatar à reeleição, decidiu ofertar, para as eleições de 2024, nas zonas urbanas e nos dias das eleições, transporte público coletivo urbano municipal de forma gratuita e em frequência compatível com aquela praticada em dias úteis, ao argumento de que a locomoção às seções eleitorais tem custo substancialmente maior do que o valor da multa pela abstenção.

Diante do exposto e da jurisprudência do Supremo Tribunal Federal, é correto afirmar que Mévio agiu

(A) corretamente, mas somente se o Legislativo editar a lei que regulamente a matéria, a partir das eleições de 2024, o transporte coletivo urbano nos dias de votação deverá ser ofertado da forma determinada pelo Prefeito.

(B) incorretamente, pois a competência para regular o transporte público em dia de eleição é do Estado e não do município.

(C) incorretamente, pois a política pública implementada pelo chefe do poder executivo municipal viola o princípio da livre-iniciativa e o equilíbrio do contrato de concessão do transporte público.

(D) incorretamente, pois a medida adotada pelo Prefeito tem a finalidade de resgatar mais votos poderá servir como instrumento de interferência no resultado eleitoral, usando a máquina pública para conseguir se reeleger.

(E) corretamente, pois o poder público tem o dever de adotar medidas que assegurem o exercício do direito ao voto e a medida adotada promove a igualdade de participação, acesso ao voto por parte significativa dos eleitores e o combate a ilegalidades.

A alternativa E é a correta. Ao julgar a ADPF 1013, o STF decidiu que: "Direito Constitucional. Arguição de descumprimento de preceito fundamental. Oferta de transporte público regular e gratuito no dia das eleições. 1. Arguição de descumprimento de preceito fundamental contra a omissão do poder público em ofertar, nos dias das eleições, transporte público gratuito e em frequência compatível com aquela praticada em dias úteis. A pretensão se fundamenta no direito dos cidadãos ao transporte e, especialmente, no seu direito ao voto, ao argumento de que a locomoção às seções eleitorais tem custo substancialmente maior do que o valor da multa pela abstenção. 2. Considerada a extrema desigualdade social existente no Brasil, a ausência de política pública de concessão de transporte gratuito no dia das eleições tem o potencial de criar, na prática, um novo tipo de voto censitário, que retira dos mais pobres a possibilidade de participar do processo eleitoral. O Estado tem o dever de adotar medidas que concretizem os direitos previstos na ordem constitucional, de modo que a falha em assegurar o exercício do direito ao voto é violadora da Constituição. 3. Numa democracia, as eleições devem contar com a participação do maior número de eleitores e transcorrer de forma íntegra, proba e republicana. A medida pretendida promove dois valores relevantes: a igualdade de participação, proporcionando acesso ao voto por parte significativa dos eleitores; e o combate a ilegalidades, evitando que o transporte sirva como instrumento de interferência no resultado eleitoral. 4. De um lado, a arena preferencial para instituição da providência requerida nesta ação é o Parlamento, onde as decisões políticas fundamentais devem ser tomadas em uma democracia. De outro, a ausência de normatização da matéria compromete a plena efetividade dos direitos políticos, o que legitima a atuação do Supremo Tribunal Federal. Nesse cenário, justifica-se a solução que reconheça a preferência do Congresso Nacional e, ao mesmo tempo, garanta o cumprimento da Constituição. Inclusive, já existem diversos projetos de lei em tramitação que equacionam adequadamente o problema. 5. Pedido julgado parcialmente procedente, para reconhecer a existência de omissão inconstitucional decorrente da ausência de política de gratuidade do transporte público em dias de eleições, com apelo ao Congresso Nacional para que edite lei regulamentadora da matéria. Caso não editada a lei, a partir das eleições municipais de 2024, nos dias das eleições, o transporte coletivo urbano municipal e intermunicipal, inclusive o metropolitano, deve ser ofertado de forma gratuita e com frequência compatível àquela dos dias úteis. 6. Tese: É inconstitucional a omissão do Poder Público em ofertar, nas zonas urbanas em dias das eleições, transporte público coletivo de forma gratuita e em frequência compatível com aquela praticada em dias úteis".

Gabarito "E".

6. ORGANIZAÇÃO DO ESTADO

6.1. Organização político-administrativa. União, Estados, DF, Municípios e Territórios

(Procurador – AL/PR – 2024 – FGV) A Assembleia Legislativa do Estado do Alfa promulgou a Emenda Constitucional nº X, que acrescentou novo artigo à Carta estadual. Tal dispositivo garantiu aos empregados públicos concursados a possibilidade de ingressarem no quadro de pessoal da Administração Pública estadual em caso de extinção, incorporação ou transferência da empresa pública ou sociedade de economia mista, quer para a iniciativa privada, quer para a União.

Diante do exposto e da jurisprudência do Supremo Tribunal Federal, é correto afirmar que a referida norma é

(A) constitucional, pois os empregados públicos realizaram concurso prévio para ingresso no serviço público, entretanto, a remuneração do novo cargo não poderá ultrapassar o teto constitucional.

(B) inconstitucional, pois viola os princípios do concurso público, da isonomia de acesso a cargos públicos, da moralidade administrativa e da impessoalidade.

(C) constitucional, pois permite transposição, absorção ou aproveitamento de empregado público no quadro estatutário da Administração Pública estadual em observância aos princípios da eficiência e da razoabilidade.

(D) inconstitucional, pois os empregados públicos não estão vinculados ao teto constitucional e o seu correspondente aproveitamento no quadro estatutário da Administração Pública estadual poderá ensejar a violação ao princípio da irredutibilidade de vencimentos.

(E) constitucional, pois está em consonância com os princípios da isonomia, da moralidade administrativa e da impessoalidade.

A alternativa correta é a B. O STF, ao julgar o Recurso Extraordinário 1232885, com repercussão geral reconhecida (Tema 1128), firmou a seguinte tese: "É inconstitucional dispositivo de Constituição estadual que permite transposição, absorção ou aproveitamento de empregado público no quadro estatutário da Administração Pública estadual sem prévia aprovação em concurso público, nos termos do art. 37, II, da Constituição Federal". AMN

Gabarito "B".

(Procurador – AL/PR – 2024 – FGV) O Estado Beta, visando adotar política pública de proteção aos adolescentes em cumprimento de medida socioeducativa, editou norma estadual que concede porte de arma de fogo a agentes de segurança socioeducativos.

Diante do exposto e da jurisprudência do Supremo Tribunal Federal, é correto afirmar que a referida lei é

(A) constitucional, em razão da competência conferida ao Estado para legislar sobre segurança pública.
(B) constitucional, pois promove a diretriz de que as medidas socioeducativas possuem caráter punitivo, educativo e preventivo, em observância às disposições de proteção aos direitos da criança e do adolescente.
(C) inconstitucional, por violação à competência privativa da União para legislar sobre direito penal e material bélico e para autorizar e fiscalizar a produção e o comércio de material bélico.
(D) constitucional, por observância à competência do Estado para legislar sobre matéria de proteção à infância e à juventude, bem como para aplicar as medidas socioeducativas aos adolescentes.
(E) inconstitucional, por ausência de competência do Estado para editar normas de proteção à infância e à juventude.

A alternativa C é a correta. É o que foi decidido na ADI 7.424/ES. Nesse sentido: "É inconstitucional — por violar competência privativa da União para legislar sobre direito penal e material bélico (CF/1988, art. 22, I e XXI) — norma estadual que concede porte de arma de fogo a agentes socioeducativos." (*Informativo* STF 1122/2024). AMN

Gabarito "C".

(Procurador – AL/PR – 2024 – FGV) O ex-Prefeito do Município Gama, localizado no Estado Beta, ajuizou ação declaratória de nulidade de ato administrativo, objetivando a anulação de acórdão proferido pelo Tribunal de Contas do Estado Beta, em procedimento de tomada de contas especial, o qual condenou o ex-agente político ao pagamento de valores a título de débito e de multa, por irregularidades na execução de convênio firmado entre os entes estadual e municipal.

Diante do exposto e da jurisprudência do Supremo Tribunal Federal, assinale a opção em que está correto o julgamento da ação.

(A) Procedente, pois a função dos tribunais de contas limita-se a emitir um parecer, sugerindo o resultado do julgamento que deverá ser proferido pelo Poder Legislativo competente, diante da impossibilidade de julgar quaisquer contas do Chefe do Poder Executivo, seja por gestão ou execução de convênio.
(B) Improcedente, diante da possibilidade da Corte de Contas aplicar ao Prefeito as sanções administrativas previstas em lei, quando o legislativo se silenciar sobre o parecer do Tribunal de Contas (julgamento ficto).
(C) Procedente, diante da impossibilidade da Corte de Contas aplicar ao Prefeito as sanções administrativas previstas em lei, quando o legislativo se silenciar sobre o parecer do Tribunal de Contas (julgamento ficto).
(D) Procedente, em razão da violação ao devido processo legal, pois o juiz natural das contas do prefeito sempre será a Câmara Municipal, ofendendo, portanto, a democracia, a soberania popular, a independência e a autonomia do órgão legislativo local.
(E) Improcedente, pois o Tribunal de Contas tem a competência para realizar a imputação administrativa de débito e multa a ex-prefeito, em procedimento de tomada de contas especial, decorrente de irregularidades na execução de convênio firmado entre entes federativos.

A alternativa correta é a E. O STF, ao julgar o ARE 1436197, com repercussão geral reconhecida (Tema 1287), firmou a seguinte tese: "No âmbito da tomada de contas especial, é possível a condenação administrativa de Chefes dos Poderes Executivos municipais, estaduais e distrital pelos Tribunais de Contas, quando identificada a responsabilidade pessoal em face de irregularidades no cumprimento de convênios interfederativos de repasse de verbas, sem necessidade de posterior julgamento ou aprovação do ato pelo respectivo Poder Legislativo". AMN

Gabarito "E".

(Procurador – AL/PR – 2024 – FGV) O Estado beta editou a norma X que institui taxa para o exercício do poder de polícia relacionado à exploração e ao aproveitamento de recursos minerários em seu território.

Diante do exposto e da jurisprudência do Supremo Tribunal Federal, é correto afirmar que a referida lei é

(A) inconstitucional, por violação à competência privativa da União para instituição de taxa de poder de polícia relacionada a exploração de recursos minerários.
(B) inconstitucional, pois, em razão da preponderância do interesse local, a competência para instituir a referida taxa de polícia é dos Municípios.
(C) constitucional, uma vez que o Estado possui competência para instituição de taxa em razão do exercício regular do poder de polícia, não havendo necessidade de haver proporcionalidade entre o valor cobrado e o custo da atividade estatal realizada.
(D) constitucional, uma vez que o Estado possui competência para instituição de taxa pelo exercício regular do poder de polícia, desde que haja proporcionalidade entre o valor cobrado e o custo da atividade estatal.
(E) inconstitucional, pois apesar da matéria ser de competência concorrente entre União, Estados e Distrito Federal, caberá à União editar regras gerais sobre a exploração e o aproveitamento de recursos minerários.

A alternativa correta é a D. O STF, ao julgar as ADIs 4785, 4786 e 4787, considerou válidas leis estaduais de Minas Gerais, do Pará e do Amapá que instituíram taxas de controle, monitoramento e fiscalização das atividades de pesquisa, exploração e aproveitamento de recursos minerários (TFRM). As referidas ADIs foram julgadas improcedentes com o entendimento de que os Estados-membros têm competência para instituir taxas de forma a efetivar a atividade de fiscalização (poder de polícia) e que a base de cálculo fixada obedece o princípio constitucional da proporcionalidade. AMN

Gabarito "D".

(Procurador – AL/PR – 2024 – FGV) A Constituição do Estado Alfa estabeleceu hipótese de intervenção estadual nos Municípios pelo não pagamento da dívida fundada, nos casos os quais o inadimplemento não esteja vinculado à gestão anterior.

Diante do exposto e da jurisprudência do Supremo Tribunal Federal, é correto afirmar que essa hipótese de intervenção é

(A) constitucional, pois o Estado tem autonomia para definir, em sua Constituição, as hipóteses de intervenção nos municípios.

(B) inconstitucional, pois o dispositivo da Constituição estadual acrescentou hipótese de intervenção estadual nos Municípios não prevista na Constituição da República.

(C) constitucional, pois a referida norma prevista na Constituição estadual é a repetição da norma prevista na Constituição Federal.

(D) inconstitucional, pois o referido dispositivo restringiu a hipótese de intervenção estadual nos Municípios prevista na Constituição da República e tais preceitos são de observância obrigatória por parte dos Estados-membros.

(E) constitucional, pois o referido dispositivo da Constituição estadual apenas restringiu a hipótese de intervenção estadual nos Municípios prevista na Constituição da República.

A alternativa correta é a D. O STF já decidiu que: "A intervenção estadual nos Municípios pelo não pagamento da dívida fundada é garantida pelo inc. I do art. 35 da Constituição da República. Ao constituinte estadual não se autoriza restrição dessa hipótese apenas a casos nos quais o inadimplemento não esteja vinculado à gestão anterior." (STF, ADI 558, rel. min. Cármen Lúcia, j. 19-4-2021, Plenário, *DJE* de 22-9-2021.). Gabarito "D".

(Procurador – AL/PR – 2024 – FGV) Lei Orgânica distrital atribuiu à Câmara Legislativa o julgamento do Governador por crime de responsabilidade.

Sobre o tema é correto afirmar que a referida lei é

(A) inconstitucional, pois a concentração do juízo de admissibilidade da acusação e do julgamento dos crimes de responsabilidade do Governador na Câmara Legislativa do Distrito Federal ofende a lógica do juízo institucional bifásico, prevista na Constituição.

(B) constitucional, pois o Julgamento pelo crime de responsabilidade do governador deve ser definido pela Constituição do respectivo Estado ou Lei Orgânica Distrital.

(C) inconstitucional, pois a competência para julgar crimes de responsabilidade será do Tribunal de Justiça do respectivo Estado e está prevista na Lei Nacional nº 1.079/50.

(D) constitucional, pois em razão do princípio da simetria é reprodução da norma prevista na Constituição da República em relação ao Presidente.

(E) constitucional, pois a Constituição Federal de 1988 assim determina em relação aos crimes de responsabilidade praticados por Governadores e Prefeitos.

A alternativa A é a correta. O STF ao julgar a ADI 3.466/DF, decidiu que: "DIREITO CONSTITUCIONAL. AÇÃO DIRETA DE INCONSTITUCIONALIDADE. LEI ORGÂNICA DO DISTRITO FEDERAL. PROCESSO E JULGAMENTO DO GOVERNADOR POR CRIMES DE RESPONSABILIDADE. 1. Ação direta de inconstitucionalidade contra expressões da Lei Orgânica do Distrito Federal que concentram na Câmara Legislativa do Distrito Federal o juízo de admissibilidade do processo de *impeachment* e o julgamento do Governador por crime de responsabilidade. 2. De acordo com a Súmula Vinculante nº 46, '[a] definição dos crimes de responsabilidade e o estabelecimento das respectivas normas de processo e julgamento são da competência legislativa privativa da União'. 3. O Plenário do STF já decidiu que o art. 78, § 3º, da Lei nº 1.079/1950, que define que o julgamento de Governadores por crimes de responsabilidade seja 'proferido por um tribunal especial de julgamento, composto de cinco membros do Legislativo e cinco desembargadores, para julgar os crimes de responsabilidade dos Governadores', foi recepcionado pela Constituição de 1988. Precedente. 4. A concentração do juízo de admissibilidade da acusação e do julgamento dos crimes de responsabilidade do Governador na Assembleia Legislativa do Estado ou na Câmara Legislativa do Distrito Federal ofende a lógica do juízo institucional bifásico, prevista no art. 86 da Constituição. 5. Procedência do pedido. Tese de julgamento: 'É inconstitucional disposição de Constituição estadual ou Lei Orgânica distrital que, em desacordo com o previsto no art. 78, § 3º, da Lei nº 1.079/1950, atribuam à Assembleia ou Câmara Legislativa o julgamento do Governador por crime de responsabilidade'.". Gabarito "A".

(Procurador – AL/PR – 2024 – FGV) O Estado Alfa deixou de editar lei que define as condições e percentuais mínimos para o preenchimento dos cargos em comissão para servidores de carreira.

Diante do exposto e da jurisprudência do Supremo Tribunal Federal, é correto afirmar que a ausência de disciplina da referida matéria

(A) é omissão inconstitucional do Estado Alfa, pois a matéria já foi disciplinada pela União em relação aos seus servidores e, em razão do princípio da simetria, é norma de reprodução obrigatória que deveria ter sido inserida na Constituição do Estado Alfa.

(B) não é omissão inconstitucional do Estado Alfa, pois a norma que exige a regulamentação do percentual não está na Constituição, pois está prevista em lei complementar específica.

(C) é omissão inconstitucional do Estado Alfa, pois a matéria relativa a regime jurídico-administrativo de servidor público é de competência de cada ente da federação.

(D) não é omissão inconstitucional do Estado Alfa, pois em razão do princípio federativo compete à União editar lei nacional que disponha sobre os casos, condições e percentuais mínimos de cargos em comissão.

(E) não é omissão inconstitucional, pois a constituição não impõe obrigatoriedade de fixação do percentual, deixando a critério de cada ente da federação disciplinar ou não a matéria.

A alternativa correta é a C. No julgamento da ADO 44/DF, o ministro relator destacou em seu voto que: "A competência legislativa referida no inciso V do art. 37 da Constituição pertence à unidade federativa em que se insere o cargo, inclusive no que concerne à definição de parâmetros para a reserva de cargos em comissão a servidores de carreira. Cabe a cada unidade federativa definir os parâmetros para a ocupação de acordo com suas peculiaridades." (os grifos não estão no original). Gabarito "C".

(ENAM – 2024.1 – FGV) Francisco, servidor público titular do cargo efetivo de médico em Município brasileiro, submete-se a novo concurso público e é aprovado dentro do número de vagas oferecidas para o emprego de médico-cirurgião em fundação pública estadual de saúde.

Sabendo-se que há compatibilidade de horários para o exercício das duas funções, sobre a cumulação, em tal hipótese, assinale a afirmativa correta.

(A) É lícita, observando-se que o somatório das remunerações respectivas não poderá ultrapassar o limite máximo remuneratório aplicável aos Estados-membros.

(B) É lícita, observando-se que o somatório das remunerações respectivas não poderá ultrapassar o teto remuneratório relativo ao subsídio mensal, em espécie, do Ministro do Supremo Tribunal Federal.

(C) É lícita, observando-se que o teto remuneratório deve ser considerado em relação à remuneração de cada um dos vínculos, e não ao somatório do que é recebido.

(D) É ilícita, uma vez que a acumulação de cargos, empregos e funções públicas somente é autorizada na esfera do mesmo ente federativo, observando-se o limite máximo de remuneração aplicável ao Chefe do Poder Executivo respectivo.

(E) É ilícita, uma vez que a acumulação de cargos públicos somente é autorizada na esfera da própria Administração Direta, observando-se o teto remuneratório aplicável ao Chefe do Poder Executivo respectivo.

A alternativa C é a correta. O STF pacificou o entendimento sobre a necessidade de observância do teto remuneratório (CF, art. 37, XI) nas hipóteses de acumulação de cargos públicos previstas no art. 37, XVI, da CF. A Excelsa Corte entende que o teto remuneratório constitucional deve ser aplicado de maneira isolada para cada cargo acumulado, nas hipóteses permitidas na Constituição. O Pleno daquela Corte aprovou a seguinte tese para fins de repercussão geral: "Nos casos autorizados constitucionalmente de acumulação de cargos, empregos e funções, a incidência do art. 37, XI, da Constituição Federal (CF) pressupõe consideração de cada um dos vínculos formalizados, afastada a observância do teto remuneratório quanto ao somatório dos ganhos do agente público" (STF, Pleno, RE 612975/MT, rel. Min. Marco Aurélio, julgamento em 26 e 27.4.2017. RE 602043/MT, rel. Min. Marco Aurélio, julgamento em 26 e 27.4.2017. *Informativo* 862). AMN
Gabarito "C".

(ENAM – 2024.1 – FGV) Após ampla mobilização da sociedade civil organizada, um grupo de vereadores do Município Alfa, importante capital do país, apresentou projeto de lei, que resultou na Lei nº X, proibindo a participação de agentes detentores de mandato eletivo no âmbito do Município, em processos licitatórios organizados por esse ente federativo, bem como a celebração de contratos administrativos.

A medida, apesar de comemorada por considerável parcela da população, foi duramente criticada por alguns detentores de mandato eletivo que vinham participando de licitações e celebrando contratos administrativos com o Município Alfa. Um desses agentes, ao ser desabilitado em processo licitatório, impetrou mandado de segurança perante o Juiz de Direito competente, ocasião em que requereu que fosse reconhecido o seu direito de participar da licitação, em razão da inconstitucionalidade da Lei nº X.

Com relação à decisão do Juiz de Direito, após apreciar o caso, assinale a afirmativa correta.

(A) O âmbito de incidência da Lei nº X está circunscrito ao território municipal e à administração pública municipal, indicativo de que se trata de matéria de interesse local, de competência privativa de Alfa; logo, o diploma normativo é constitucional.

(B) Trata-se de exercício de competência legislativa suplementar; logo, a Lei nº X, não destoando das demais normas afetas à temática, é constitucional.

(C) Como a Lei nº X dispõe sobre atribuições próprias do Poder Executivo, ela é inconstitucional em razão do vício de iniciativa.

(D) Compete privativamente à União legislar sobre licitações e contratos administrativos; logo, a Lei nº X é inconstitucional.

(E) É competência comum de todos os entes federativos legislar sobre a temática; logo, a Lei nº X é constitucional.

A alternativa correta é a B. O STF ao julgar o Recurso Extraordinário 910552, com repercussão geral reconhecida (Tema 1.001) firmou a seguinte tese: "É constitucional o ato normativo municipal, editado no exercício de competência legislativa suplementar, que proíba a participação em licitação ou a contratação: (a) de agentes eletivos; (b) de ocupantes de cargo em comissão ou função de confiança; (c) de cônjuge, companheiro ou parente em linha reta, colateral ou por afinidade, até o terceiro grau, inclusive, de qualquer destes; e (d) dos demais servidores públicos municipais". AMN
Gabarito "B".

(Juiz de Direito – TJ/SC – 2024 – FGV) João, deputado estadual no âmbito da Assembleia Legislativa do Estado Alfa, almejava apresentar projeto de lei direcionado à proteção animal, mas que permitiria expressamente o sacrifício ritual de animais em cultos de religiões de matriz africana.

Ao analisar a sistemática estabelecida na Constituição da República, João concluiu, corretamente, que:

(A) compete privativamente à União legislar sobre a matéria, o que seria insuscetível de delegação aos estados;

(B) o Estado Alfa possui competência concorrente com a União para legislar sobre a matéria, além de o projeto resguardar a liberdade religiosa;

(C) apesar de competir privativamente à União legislar sobre a matéria, lei complementar federal poderia delegar essa competência aos estados;

(D) apesar de a União ter competência privativa para legislar sobre caça e fauna, o estado possui competência concorrente para legislar sobre meio ambiente;

(E) o projeto seria incompatível com a Constituição da República, pois a laicidade do Estado pressupõe a sua neutralidade em relação à generalidade das religiões.

A alternativa correta é a B. O STF, ao julgar o Recurso Extraordinário 494.601/RS, firmou o seguinte entendimento: "DIREITO CONSTITUCIONAL. RECURSO EXTRAORDINÁRIO COM REPERCUSSÃO GERAL. PROTEÇÃO AO MEIO AMBIENTE. LIBERDADE RELIGIOSA. LEI 11.915/2003 DO ESTADO DO RIO GRANDE DO SUL. NORMA QUE DISPÕE SOBRE O SACRIFÍCIO RITUAL EM CULTOS E LITURGIAS DAS RELIGIÕES DE MATRIZ AFRICANA. COMPETÊNCIA CONCORRENTE DOS ESTADOS PARA LEGISLAR SOBRE FLORESTAS, CAÇA, PESCA, FAUNA, CONSERVAÇÃO DA NATUREZA, DEFESA DO SOLO

E DOS RECURSOS NATURAIS, PROTEÇÃO DO MEIO AMBIENTE E CONTROLE DA POLUIÇÃO. SACRIFÍCIO DE ANIMAIS DE ACORDO COM PRECEITOS RELIGIOSOS. CONSTITUCIONALIDADE. 1. Norma estadual que institui Código de Proteção aos Animais sem dispor sobre hipóteses de exclusão de crime amoldam-se à competência concorrente dos Estados para legislar sobre florestas, caça, pesca, fauna, conservação da natureza, defesa do solo e dos recursos naturais, proteção do meio ambiente e controle da poluição (art. 24, VI, da CRFB). 2. A prática e os rituais relacionados ao sacrifício animal são patrimônio cultural imaterial e constituem os modos de criar, fazer e viver de diversas comunidades religiosas, particularmente das que vivenciam a liberdade religiosa a partir de práticas não institucionais. 3. A dimensão comunitária da liberdade religiosa é digna de proteção constitucional e não atenta contra o princípio da laicidade. 4. O sentido de laicidade empregado no texto constitucional destina-se a afastar a invocação de motivos religiosos no espaço público como justificativa para a imposição de obrigações. A validade de justificações públicas não é compatível com dogmas religiosos. 5. A proteção específica dos cultos de religiões de matriz africana é compatível com o princípio da igualdade, uma vez que sua estigmatização, fruto de um preconceito estrutural, está a merecer especial atenção do Estado. 6. Tese fixada: 'É constitucional a lei de proteção animal que, a fim de resguardar a liberdade religiosa, permite o sacrifício ritual de animais em cultos de religiões de matriz africana'. 7. Recurso extraordinário a que se nega provimento". Assim, o Estado Alfa possui competência concorrente com a União para legislar sobre florestas, caça, pesca, fauna, conservação da natureza, defesa do solo e dos recursos naturais, proteção do meio ambiente e controle da poluição (CF, art. 24, VI).

(Juiz de Direito – TJ/SC – 2024 – FGV) Em uma gincana jurídica, os grupos participantes foram questionados a respeito da funcionalidade dos denominados "princípios constitucionais sensíveis", mais especificamente se a sua infringência apresenta características similares na perspectiva da decretação da intervenção nos estados ou nos municípios. O grupo Alfa sustentou que a ação direta interventiva é essencial para a decretação da intervenção em município em razão da não aplicação do mínimo exigido da receita municipal na manutenção e desenvolvimento do ensino. O grupo Beta defendeu que a decretação de intervenção em município, em situações que correspondem à violação aos referidos princípios, reproduzidos inclusive na Constituição Estadual, pode ser provocada ou espontânea. Por fim, o grupo Gama sustentou que a decretação de intervenção em estado, em razão da afronta aos princípios constitucionais sensíveis, sempre se dá na modalidade provocada.

Ao final, os jurados concluíram, corretamente, em relação às conclusões dos referidos grupos, que:

(A) todas estão erradas;
(B) apenas a de Beta está certa;
(C) apenas a de Gama está certa;
(D) apenas as de Alfa e Gama estão certas;
(E) apenas as de Beta e Gama estão certas.

A alternativa E consta como correta no gabarito oficial. O grupo Alfa está incorreto, pois a ação direta interventiva é essencial para a decretação da intervenção em município em razão da não aplicação do mínimo exigido da receita municipal na manutenção e desenvolvimento do ensino e nas ações e serviços públicos de saúde (CF, art. 35, III). Segundo o gabarito oficial, o grupo Beta está correto. No entanto, s.m.j, entendemos que a intervenção cabível, no caso, é apenas a espontânea, pois o art. 35, III, da CF, prevê expressamente o cabimento da intervenção espontânea quando "não tiver sido aplicado o mínimo exigido da receita municipal na manutenção e desenvolvimento do ensino e nas ações e serviços públicos de saúde" e as hipóteses de intervenção provocada estão previstas no art. 35, IV, da CF: "o Tribunal de Justiça der provimento a representação para assegurar a observância de princípios indicados na Constituição Estadual, ou para prover a execução de lei, de ordem ou de decisão judicial". O grupo Gama está correto. O art. 36, III, da CF dispõe que: "A decretação da intervenção dependerá: (...) III – de provimento, pelo Supremo Tribunal Federal, de representação do Procurador-Geral da República, na hipótese do art. 34, VII, e no caso de recusa à execução de lei federal". Destaque-se que o art. 34, VII, da CF, prevê os princípios constitucionais sensíveis.

Gabarito: E.

(Juiz de Direito – TJ/SC – 2024 – FGV) Lei Municipal criou quinze cargos em comissão de assessor de gabinete governamental, assessor executivo de secretário municipal, assessor de gabinete de secretário municipal, assessor de gabinete de coordenador municipal e assessor de implementação de políticas públicas, deixando a critério do Poder Executivo disciplinar e fixar as atribuições inerentes aos referidos cargos. O município em questão possui vinte e cinco cargos de provimento efetivo.

Diante do exposto e da jurisprudência do STF, a referida norma é:

(A) constitucional, pois as atribuições dos cargos em comissão devem ser descritas pelo Poder Executivo, em observância ao princípio da separação de poderes;
(B) constitucional, pois a criação dos cargos deve pressupor a necessária relação de confiança entre a autoridade nomeante e o servidor nomeado;
(C) inconstitucional, pois as atribuições dos cargos em comissão devem estar descritas, de forma clara e objetiva, na própria lei que os instituir;
(D) constitucional, pois a criação dos referidos cargos em comissão se justifica para o exercício de funções de direção, chefia e assessoramento, bem como para o desempenho de atividades burocráticas, técnicas ou operacionais;
(E) inconstitucional, pois o número de cargos comissionados criados deve guardar proporcionalidade com a necessidade que eles visam suprir, não havendo relação com o número de servidores ocupantes de cargos efetivos no município.

A alternativa C é a correta. A questão foi objeto de apreciação pelo STF no Recurso Extraordinário 1041210 com reconhecimento de repercussão geral (Tema 1010), cuja tese é a seguinte: "a) A criação de cargos em comissão somente se justifica para o exercício de funções de direção, chefia e assessoramento, não se prestando ao desempenho de atividades burocráticas, técnicas ou operacionais; b) tal criação deve pressupor a necessária relação de confiança entre a autoridade nomeante e o servidor nomeado; c) o número de cargos comissionados criados deve guardar proporcionalidade com a necessidade que eles visam suprir e com o número de servidores ocupantes de cargos efetivos no ente federativo que os criar; e d) as atribuições dos cargos em comissão devem estar descritas, de forma clara e objetiva, na própria lei que os instituir".

Gabarito: C.

(OAB/FGV – 2023) Bento de Souza, governador do Estado Alfa, reconhecido como grande gestor público, foi indicado para assumir a presidência da Petrobras pelo Presidente da República. Honrado com o convite e inclinado a aceitá-lo, busca orientação com seu advogado(a) a respeito da possibilidade de cumular os dois cargos.

Com base no ordenamento jurídico-constitucional brasileiro, assinale a opção que indica a orientação dada pelo(a) advogado(a).

(A) Na eventualidade de Bento aceitar o convite para assumir a presidência da Petrobras, perderá o mandato de governador do Estado *Alfa*.
(B) Bento pode assumir o cargo na Petrobras, caso peça licença do cargo para o qual foi eleito, a ele podendo retornar, caso se exonere do cargo na sociedade de economia mista.
(C) Bento pode acumular os dois cargos públicos, devendo optar pela remuneração de Governador ou pela remuneração de presidente da Petrobras.
(D) Bento, após sua diplomação, mesmo que renunciasse ao cargo de governador, está proibido de assumir, no período para o qual foi eleito, o cargo de presidente da Petrobras.

A alternativa A está correta. O art. 28, § 1º, da CF, dispõe que o Governador perderá o mandato que assumir outro cargo ou função na administração pública direta ou indireta, ressalvada a posse em virtude de concurso público e observado o disposto no art. 38, I, IV e V da CF. AMN

Gabarito "A".

(OAB/FGV – 2023) O Governador do Estado *Alfa*, recém-empossado, apresentou projeto de lei à Assembleia Legislativa no qual propôs políticas de proteção específicas, direcionadas às pessoas com deficiência no âmbito do seu Estado, visto ser esta uma de suas pautas durante a campanha eleitoral.

Com base na situação hipotética narrada e no sistema jurídico-constitucional brasileiro, em relação ao projeto de lei, assinale a opção correta.

(A) A competência para legislar sobre a proteção das pessoas com deficiência é matéria de interesse local, de competência dos Municípios.
(B) Os Estados podem legislar concorrentemente com a União sobre a matéria.
(C) À União compete, privativamente, legislar sobre a proteção das pessoas com deficiência.
(D) O projeto de lei está de acordo com a CRFB/88, visto que trata de matéria que o texto constitucional dispõe, expressamente, ser afeta à competência residual dos Estados.

A alternativa B é a correta. Essa competência concorrente entre a União, os Estados e o Distrito Federal está prevista expressamente no art. 24, XIV, da CF. AMN

Gabarito "B".

(OAB/FGV – 2023) Márcio, deputado estadual do Estado-membro Alfa e líder do governo na Assembleia, vem demonstrando grande preocupação com o excessivo número de projetos de lei que chega à Casa Legislativa do Estado e que, segundo ele, se aprovados, trarão muitas inovações e, em consequência, elevado grau de insegurança jurídica aos cidadãos.

Por isso, ele sugere que o governador proponha uma emenda à Constituição do Estado (PEC estadual), no sentido de tornar mais dificultoso o processo legislativo para aprovação de lei ordinária. Sua ideia é a de que, ao invés de maioria relativa, a aprovação de lei ordinária apenas se configure caso atingido o quórum de maioria absoluta dos membros da Assembleia legislativa de Alfa.

Avaliada pelos Procuradores do Estado Alfa, estes informam, acertadamente, que, segundo o sistema jurídico constitucional brasileiro, a sugestão de Márcio, acerca da alteração no processo legislativo de Alfa,

(A) pode ser levada adiante, já que, no caso, com base no princípio federativo, há total autonomia do Estado-membro para a elaboração de suas próprias regras quanto ao processo legislativo.
(B) pode ser levada adiante, já que apenas não seria possível a proposta de emenda que viesse a facilitar o processo legislativo para a alteração de leis ordinárias.
(C) é inconstitucional, pois, com base no princípio da simetria, o tema objeto da suposta emenda tem de ser disciplinado com observância das regras estabelecidas pela Constituição Federal de 1988.
(D) é inválida, pois a Constituição Federal de 1988 veda aos detentores do cargo de Chefe do Poder Executivo o poder de iniciativa para propor a alteração no texto constitucional estadual.

A alternativa C é a correta. Aplica-se o princípio da simetria por força do art. 25, *caput*, da CF, ou seja, os Estados-membros se organizam e se regem pelas Constituições e leis que adotarem, observados os princípios da Constituição Federal. As leis ordinárias no âmbito federal são aprovadas por maioria simples dos votos, presente a maioria absoluta de seus membros (CF, art. 47). Dessa forma, a PEC estadual não poderá aumentar esse quórum para maioria absoluta, em relação à aprovação de lei ordinária. AMN

Gabarito "C".

(OAB/FGV – 2023) Em projeto de lei apresentado pelos próprios Vereadores, a Câmara de Vereadores do Município Alfa votou e aprovou a fixação dos subsídios dos referidos agentes, daí resultando a Lei municipal nº XX. O padrão remuneratório assim fixado gerou muitos debates em relação à higidez do processo legislativo e à necessidade de serem observados certos parâmetros em sua fixação, sendo sustentada uma necessária correspondência percentual em relação ao subsídio dos Deputados Estaduais.

Sobre o caso narrado, com base no texto constitucional, assinale a afirmativa correta.

(A) A fixação dos subsídios dos Vereadores é de competência da Câmara Municipal, não podendo ultrapassar determinado percentual do subsídio dos Deputados Estaduais, percentual este que varia conforme a população do Município;
(B) A referida lei padece de vício de iniciativa, eis que compete privativamente ao Prefeito do Município Alfa dispor sobre os subsídios dos membros dos Poderes Executivo e Legislativo.
(C) Diante do princípio da separação dos poderes, inexiste vedação para que os subsídios dos integrantes do Poder Legislativo local superem aqueles recebidos pelo Deputados Estaduais, desde que respeitado o teto constitucional.
(D) É de competência comum da Câmara Municipal e do Prefeito Municipal a fixação dos subsídios dos

Vereadores, os quais não podem ultrapassar o subsídio mensal, em espécie, dos Ministros do Supremo Tribunal Federal, excetuadas vantagens pessoais, não tendo vinculação com os Deputados Estaduais.

A alternativa A é a correta, conforme dispõe o art. 29, VI, da CF. **AMN**
Gabarito "A".

(Juiz Federal – TRF/1 – 2023 – FGV) A Lei Y vedou aos servidores titulares de cargo efetivo de determinada agência reguladora o exercício de outra atividade profissional, inclusive gestão operacional de empresa e direção político-partidária.

Diante do exposto e de acordo com a jurisprudência predominante do Supremo Tribunal Federal, a referida norma é:

(A) inconstitucional, pois carece ao legislador ordinário a competência para dispor sobre o regime jurídico e planos de carreira dos servidores públicos ocupantes de cargos efetivos;
(B) constitucional, pois assegura a observância aos princípios da moralidade e da eficiência administrativa e atende ao interesse público;
(C) inconstitucional, pois constitui meio desproporcional que não é apto a garantir a independência dos servidores da agência;
(D) inconstitucional, pois restringe a liberdade de exercício de atividade, ofício ou profissão e viola o princípio da isonomia;
(E) constitucional, pois a agência reguladora, apesar de não se submeter aos princípios constitucionais aplicáveis à Administração Pública, deve observar as regras de compliance.

A alternativa B está correta. O STF ao julgar a ADI 6033/DF decidiu neste sentido, conforme ementa a seguir transcrita: "DIREITO CONSTITUCIONAL E ADMINISTRATIVO. AÇÃO DIRETA DE INCONSTITUCIONALIDADE. VEDAÇÕES LEGAIS AO EXERCÍCIO DE ATIVIDADES EMPRESARIAIS E DE DIREÇÃO POLÍTICO-PARTIDÁRIA POR SERVIDORES PÚBLICOS DAS AGÊNCIAS REGULADORAS. 1. Ação direta de inconstitucionalidade contra os arts. 23, II, c, e 36-A, da Lei nº 10.871/2004, que proíbem, aos servidores efetivos das agências reguladoras, o exercício de outra atividade profissional, inclusive gestão operacional de empresa, ou direção político-partidária, excetuados os casos admitidos em lei. 2. A Constituição Federal de 1988 estabelece que 'é livre o exercício de qualquer trabalho, ofício ou profissão, atendidas as qualificações profissionais que a lei estabelecer' (art. 5º, XVIII). O art. 37, I, da CF/1988, por sua vez, estipula a acessibilidade aos cargos públicos aos brasileiros que preencham os requisitos previstos em lei. O art. 39, caput, da CF/1988, prevê que os entes federados instituirão, no âmbito de sua competência, regime jurídico e planos de carreira para os servidores da administração pública direta, das autarquias e fundações públicas. 3. Assim, o constituinte delegou ao legislador ordinário competência para: (i) especificar as restrições profissionais ao exercício de qualquer trabalho, ofício ou profissão; (ii) regular os requisitos de acesso aos cargos públicos; e (iii) dispor sobre o regime jurídico e planos de carreira dos servidores públicos ocupantes de cargos efetivos. A criação de regimes de trabalho especiais e de proibições funcionais mais intensas a determinadas categorias de servidores públicos insere-se na liberdade de conformação do Parlamento, à luz do princípio democrático, desde que observado o princípio da proporcionalidade. 4. As agências reguladoras independentes são autarquias de regime especial, caracterizadas por independência administrativa, ausência de subordinação hierárquica, mandato fixo, estabilidade de seus dirigentes e autonomia financeira. Esse regime especial foi concebido para lhes assegurar independência e isenção no desempenho de suas funções normativas, fiscalizatórias e sancionatórias. Justifica-se, desse modo, a previsão de normas funcionais mais rígidas tendo por finalidade a prevenção de potenciais conflitos de interesses que possam comprometer o interesse público subjacente às funções das agências. 5. As normas contidas nos arts. 23, II, c, e 36-A, da Lei nº 10.871/2004 asseguram a observância dos princípios da moralidade, da eficiência administrativa e da isonomia e são meios proporcionais aptos a garantir a indispensável isenção e independência dos servidores das agências reguladoras. Precedentes. 6. Pedidos julgados improcedentes, com a declaração de constitucionalidade das normas impugnadas. 7. Fixação da seguinte tese de julgamento: 'É constitucional norma legal que veda aos servidores titulares de cargo efetivo de agências reguladoras o exercício de outra atividade profissional, inclusive gestão operacional de empresa, ou de direção político-partidária'.". **AMN**
Gabarito "B".

(Juiz Federal – TRF/1 – 2023 – FGV) João e Maria, ocupantes de cargos de provimento efetivo no âmbito da Administração Pública Federal, lograram se aposentar voluntariamente há dez anos. Em momento posterior, João, que se aposentara como engenheiro em uma autarquia, foi aprovado em concurso público de provas e títulos e tomou posse no cargo efetivo de professor no Município Alfa. Maria, por sua vez, que se aposentara como procuradora da Fazenda Nacional, veio a tomar posse, após o preenchimento dos requisitos exigidos, como procuradora do Estado Beta.

Técnicos do Tribunal de Contas da União, ao verificarem uma notícia anônima no sentido de que a situação de João e Maria estaria irregular, concluíram, corretamente, que a acumulação de proventos e de contraprestação estipendial é:

(A) ilícita em relação a ambos;
(B) lícita em relação a ambos, e cada um dos respectivos valores recebidos deve ser cotejado isoladamente com o teto remuneratório constitucional;
(C) lícita em relação a ambos, e os valores recebidos por cada qual devem ser somados para fins de cotejo com o teto remuneratório constitucional;
(D) lícita em relação a João, sendo que os valores recebidos devem ser cotejados isoladamente com o teto remuneratório constitucional, mas é ilícita em relação a Maria;
(E) lícita em relação a ambos, mas os valores recebidos por João devem ser cotejados isoladamente com o teto remuneratório constitucional, enquanto os valores recebidos por Maria devem ser somados para a realização desse cotejo.

A alternativa D é a correta. Desde o advento da EC nº 20/1988, o art. 37, § 10, da CF, veda a percepção simultânea de proventos de aposentadoria decorrentes do art. 40 ou dos arts. 42 e 142 da CF com a remuneração de cargo, emprego ou função pública, ressalvados os cargos acumuláveis na forma da Constituição. O art. 37, XVI, da CF, por sua vez, permite a acumulação remunerada de cargos públicos, se houver compatibilidade de horários, a de dois cargos de professor; a de um cargo de professor com outro técnico ou científico e a de dois cargos ou empregos privativos de profissionais de saúde, com profissões regulamentadas. Portanto, a acumulação é lícita em relação a João e ilícita em relação a Maria. **AMN**
Gabarito "D".

(Juiz Federal – TRF/1 – 2023 – FGV) A Lei Beta do Estado Gama proibiu a denominada linguagem neutra em instituições de ensino e editais de concursos públicos. Diante do exposto e de acordo com a jurisprudência predominante do Supremo Tribunal Federal, a Lei é:

(A) inconstitucional, pois viola a competência legislativa da União para editar normas gerais sobre diretrizes e bases da educação;
(B) constitucional, pois a competência legislativa dos Estados é concorrente para editar normas sobre educação, bem como para definir regras de ingresso na carreira dos respectivos servidores;
(C) inconstitucional, pois viola o princípio da vedação ao retrocesso ao proibir o uso da denominada linguagem neutra em instituições de ensino e editais de concursos públicos;
(D) constitucional, pois observa o princípio da proporcionalidade ao proibir o uso da denominada linguagem neutra em instituições de ensino e editais de concursos públicos;
(E) inconstitucional, pois viola o princípio da igualdade ao proibir o uso da denominada linguagem neutra em instituições de ensino e editais de concursos públicos.

A alternativa A é a correta. O STF declarou a inconstitucionalidade de uma lei do Estado de Rondônia que proibia a denominada linguagem neutra em instituições de ensino e editais de concursos públicos, pois a referida norma viola a competência legislativa da União para editar normas gerais sobre diretrizes e bases da educação (ADI 7019).

6.2. Intervenção

(OAB/FGV – 2023) Com grande adesão da população, o prefeito do Município Delta, situado no Estado-membro Alfa, declarou a independência do território municipal, criando um novo país.

Assustado com a rapidez do processo, o Presidente da República, após ouvir o Conselho de Defesa Nacional, sem perda de tempo, decidiu decretar a intervenção federal no Município. Ato contínuo, submeteu o decreto ao Congresso Nacional, que o aprovou, também de forma célere, por unanimidade.

Sobre o decreto interventivo federal, segundo o sistema jurídico-constitucional brasileiro, assinale a afirmativa correta.

(A) A Constituição da República de 1988 veda, de forma cabal, o direito de secessão, sendo o decreto constitucional.
(B) O ato de insurreição traz consigo grave comprometimento à ordem pública, o que aponta para a constitucionalidade do decreto.
(C) Como Delta está situado em um Estado-membro, não há previsão constitucional para a decretação de intervenção federal.
(D) O fato de a decisão presidencial não ter sido antecedida de requisição pelo Supremo Tribunal Federal indica a invalidade do decreto.

A alternativa C é a correta. A regra geral é a autonomia dos entes federados, sendo que a intervenção é exceção à regra. A União só poderá intervir nos Estados-membros e no Distrito Federal, ou em Municípios localizados em Território Federal, nas hipóteses taxativas dos arts. 34 e 35 da CF.

6.3. Administração Pública

(Juiz de Direito/AP – 2022 – FGV) Maria, servidora ocupante de cargo em comissão no Município Delta, adotou João Pedro, de 11 anos de idade. Ato contínuo, consultou o regime jurídico único dos servidores públicos municipais e constatou que a licença parental básica, reconhecida aos servidores adotantes, era de noventa dias, período reduzido para trinta dias quando o adotado tivesse mais de 10 anos de idade, isso sem qualquer consideração em relação a possíveis períodos de prorrogação. No entanto, somente faziam jus a essa licença os servidores ocupantes de cargos de provimento efetivo, não aqueles livremente demissíveis pela autoridade competente. À luz da sistemática constitucional, o regime jurídico único dos servidores públicos do Município Delta:

(A) é inconstitucional na parte que restringe a fruição da licença aos ocupantes de cargos de provimento efetivo e estabelece períodos de fruição inferiores ao da licença gestante;
(B) é inconstitucional apenas na parte em que estabelece o período de fruição de trinta dias quando o adotado tiver mais de 10 anos de idade;
(C) não apresenta qualquer vício de inconstitucionalidade em relação aos servidores que podem fruir a licença e aos respectivos períodos de fruição;
(D) é inconstitucional apenas na parte que restringe a fruição da licença aos servidores ocupantes de cargos de provimento efetivo;
(E) é inconstitucional apenas na parte em que estabelece períodos de fruição inferiores ao da licença gestante.

A alternativa correta é A. Essa questão foi resolvida pelo STF ao julgar o Recurso Extraordinário 778889, com reconhecimento de repercussão geral (Tema 782) onde se firmou a seguinte tese: "Os prazos da licença adotante não podem ser inferiores aos prazos da licença gestante, o mesmo valendo para as respectivas prorrogações. Em relação à licença adotante, não é possível fixar prazos diversos em função da idade da criança adotada.". Assim, não pode haver diferença na licença-maternidade concedida à mãe biológica e à mãe adotante, sendo que ambas têm direito a, no mínimo, 120 dias. Da mesma forma, não pode haver diferenciação entre servidora ocupante de cargo em comissão e cargo de provimento efetivo para se conceder esse direito.

7. PODER LEGISLATIVO

7.1. Prerrogativas e imunidades parlamentares

(OAB/FGV – 2023) José foi eleito deputado estadual por determinado Estado da Federação. Uma semana após a sua posse e fora do recinto da Assembleia Legislativa do seu respectivo Estado, o deputado encontra João, candidato não eleito e seu principal opositor durante a campanha eleitoral, vindo a agredi-lo, causando-lhe lesões corporais gravíssimas, cuja persecução em juízo é iniciada mediante denúncia oferecida pelo Ministério Público.

Diante de tal contexto, levando em consideração as imunidades do parlamentar estadual, de acordo com o Direito Constitucional brasileiro, assinale a opção correta.

(A) Em relação à imunidade formal de processo, recebida a denúncia oferecida contra o deputado estadual José, por crime cometido após a posse, a Casa legislativa a que pertence o parlamentar denunciado poderá apenas sustar a tramitação da ação penal.
(B) Por gozar da mesma imunidade material (inviolabilidade parlamentar) de deputados federais e senadores, o deputado estadual José não poderá ser responsabilizado por qualquer tipo de crime praticado durante o seu mandato eletivo.
(C) Em relação à imunidade formal de processo, o deputado estadual José está sujeito a julgamento judicial pelo crime comum cometido, desde que a análise da denúncia oferecida contra ele seja autorizada pela respectiva casa legislativa.
(D) Por não possuir as mesmas imunidades formais de deputados federais e senadores, mas apenas a imunidade material relativa aos atos praticados em razão do seu mandato, o deputado estadual José será julgado pelo crime comum cometido, não sendo possível que seja sustada a tramitação da ação penal.

A: correta. O art. 27, § 1º, da CF, determina que se aplica aos Deputados Estaduais as regras da CF sobre sistema das imunidades e o art. 25, *caput*, prevê que os Estados-membros se organizam e se regem pelas Constituições e leis que adotarem, observados os princípios da Constituição Federal, ou seja, aplica-se a simetria em relação às imunidades. Dessa forma, em relação à imunidade formal de processo, recebida a denúncia oferecida contra o deputado estadual, por crime cometido após a diplomação (a alternativa fala em posse, o que está equivocada), a Casa legislativa a que pertence o parlamentar denunciado poderá apenas sustar a tramitação da ação penal, assim como ocorre em relação aos Deputados Federais e Senadores da República (CF, art. 53, § 3º). **B:** incorreta. A imunidade material está restrita à inviolabilidade, civil e penal, por quaisquer opiniões, palavras e votos (CF, art. 53). **C:** incorreta. Desde o advento da EC nº 35/2001 não há mais a necessidade de autorização da respectiva casa legislativa. **D:** incorreta. Ver o comentário ao item A, retro. AMN

Gabarito "A".

7.2. Processo legislativo

(OAB/FGV – 2024) O Presidente da República almeja apresentar ao Poder Legislativo um projeto de lei sobre cidadania, além de obter rapidamente a sua aprovação. Com isso, quer cumprir uma promessa realizada durante sua campanha eleitoral. Por essa razão, consulta o Advogado-Geral da União para saber qual é a correta orientação constitucional a ser observada para a concretização do seu objetivo.

Com base na situação hipotética narrada e no sistema jurídico-constitucional brasileiro, assinale a opção que indica, corretamente, a resposta apresentada pelo Advogado-Geral da União.

(A) Edição de medida provisória, para que a iniciativa pudesse produzir efeitos rapidamente, devendo-se lembrar ainda que, por essa via, imediatamente ficaria trancada a pauta do Congresso Nacional para deliberar sobre outra matéria.
(B) Apresentação de projeto de lei na Câmara dos Deputados com pedido de urgência, sendo que, por essa via, cada Casa do Congresso Nacional, sucessivamente, tem até 45 (quarenta e cinco) dias para deliberar sobre a proposta, sob o risco de sobrestamento das demais deliberações.
(C) Solicitação à base de apoio do Executivo no âmbito do Congresso Nacional para que inicie o processo legislativo de uma Emenda Constitucional, pois, só assim, ele poderia solicitar urgência para a deliberação da proposta nas Casas Legislativas.
(D) Requerimento, ao Congresso Nacional, de delegação para elaboração de lei delegada, pois, assim, ele não teria emendas ao seu projeto e, imediatamente, a lei produziria seus efeitos.

A: Incorreta. É vedada a edição de medidas provisórias sobre matéria relativa a cidadania (CF, art. 62, § 1º, I, *a*). **B:** Correta. É o que dispõe o art. 64, §§ 1º e 2º, da CF. **C:** Incorreta. Ver o comentário anterior. **D:** Incorreta. Não será objeto de delegação a legislação sobre cidadania (CF, art. 68, § 1º, II). AMN

Gabarito "B".

(ENAM – 2024.1 – FGV) A Constituição do Estado Alfa disciplinou as regras e os parâmetros de processo legislativo e previu que a proposta de Emenda à Constituição será discutida e votada em dois turnos, considerando-se aprovada quando obtiver, em ambos, 2/3 dos votos dos membros da Assembleia Legislativa.

Diante do exposto, da sistemática constitucional vigente e da jurisprudência do Supremo Tribunal Federal, é correto afirmar que a referida norma é

(A) constitucional, pois o processo legislativo de reforma constitucional do Estado-membro integra o poder constituinte derivado decorrente e, por conseguinte, retira sua força da CFRB/88.
(B) inconstitucional, pois as regras e os parâmetros do processo legislativo federal, como é o caso do processo de reforma constitucional, não são de reprodução obrigatória nas Constituições estaduais, mas o processo legislativo para emenda de constituição estadual só pode ser igual ou mais rígido do que o federal.
(C) inconstitucional por ofensa ao princípio da simetria, ao qual a autonomia dos Estados-membros se submete, a teor do que prevê o Art. 25 da CFRB/88 e o Art. 11 do Ato das Disposições Constitucionais Transitórias (ADCT).
(D) constitucional por observância ao princípio do paralelismo, a teor do que prevê o Art. 25 da CFRB/88 e o Art. 11 do ADCT, pois o texto da Constituição Federal estabelece o mesmo quórum.
(E) constitucional, pois as regras e os parâmetros do processo legislativo federal, como é o caso do processo de reforma constitucional, não são de reprodução obrigatória nas Constituições estaduais, em razão do poder de auto-organização e autolegislação dos entes federados.

A alternativa correta é a C. O STF ao julgar a Ação Direta de Inconstitucionalidade 6453 declarou a inconstitucionalidade do dispositivo da Constituição do Estado de Rondônia que instituiu quórum de 2/3 dos membros da Assembleia Legislativa para aprovação de proposta de emenda ao texto constitucional, sendo que a Constituição Federal estabelece, para sua alteração, 3/5 dos votos. A exigência da Constituição estadual viola o princípio da simetria, que impõe a reprodução obrigatória, nas cartas estaduais, dos princípios sensíveis e estruturantes do modelo federativo de estado e de separação de Poderes.

Gabarito "C".

(ENAM – 2024.1 – FGV) O Tribunal de Contas estadual realizou auditoria para verificar a regularidade da execução de obras públicas em Município submetido à sua jurisdição. Em decorrência de achados relacionados a medições a maior em etapas contratuais, a auditoria foi convertida em tomada de contas, culminando com imputação de débito e aplicação de multa, decorrentes de dano ao erário, aos agentes públicos municipais responsáveis pelas irregularidades, observado o devido processo legal.

Considerando a situação hipotética acima, caso não ocorra o adimplemento voluntário das condenações, a execução do crédito decorrente da imputação de débito e da aplicação de multa caberá ao

(A) próprio Tribunal de Contas estadual, em ambos os casos.
(B) Município prejudicado, em ambos os casos.
(C) Estado-membro, em cuja estrutura se insere o Tribunal de Contas, em ambos os casos.
(D) Município prejudicado, relativamente à imputação de débito, e ao Tribunal de Contas estadual, relativamente à multa.
(E) Município prejudicado, relativamente à imputação de débito, e ao Estado-membro, em cuja estrutura se encontra o Tribunal de Contas, relativamente à multa.

A alternativa B é a correta. O STF ao julgar o Recurso Extraordinário 1003433, com repercussão geral reconhecida (Tema 642) fixou a seguinte tese: "O Município prejudicado é o legitimado para a execução de crédito decorrente de multa aplicada por Tribunal de Contas estadual a agente público municipal, em razão de danos causados ao erário municipal".

Gabarito "B".

(Juiz de Direito – TJ/SC – 2024 – FGV) Lei do Estado Alfa, de iniciativa parlamentar, determina que nos concursos públicos para o provimento do cargo de juiz substituto do Tribunal de Justiça daquele estado-membro todos os candidatos que obtiverem a pontuação mínima, equivalente a 50% de acerto, nas provas objetivas da primeira fase do certame estarão automaticamente classificados para a segunda fase.

A lei é:

(A) inconstitucional, pois a lei, no caso, é de iniciativa privativa do governador do estado;
(B) inconstitucional, pois a lei, no caso, é de iniciativa privativa do Supremo Tribunal Federal;
(C) constitucional, mas exige regulamentação do Poder Judiciário local, por meio de resolução;
(D) constitucional, pois democratiza o acesso aos cargos públicos, especialmente à magistratura;
(E) inconstitucional, pois a lei, no caso, é de iniciativa privativa do presidente do Tribunal de Justiça local.

A alternativa correta é a B. No caso, a iniciativa legislativa para disciplinar o ingresso na magistratura é do STF, conforme disposto no art. 93, I, da CF. Consequentemente, todas as demais alternativas estão incorretas.

Gabarito "B".

(Juiz de Direito – TJ/SC – 2024 – FGV) A Lei Alfa foi aprovada a partir de Projeto de Lei municipal do chefe do Poder Executivo, alterado no curso do processo legislativo por meio de emenda parlamentar para estender gratificação, inicialmente prevista apenas para os professores, a todos os servidores que atuem na área de educação especial.

Diante do exposto e do entendimento predominante do Supremo Tribunal Federal, a norma é:

(A) constitucional, pois a emenda parlamentar teve o objetivo de garantir a efetividade do direito fundamental à educação;
(B) inconstitucional, pois o município usurpou competência da União para disciplinar matéria que trata de educação especial;
(C) constitucional, pois a emenda parlamentar teve a finalidade de resguardar o princípio da igualdade a todos os servidores públicos que atuam na área;
(D) inconstitucional, pois a emenda parlamentar implicou aumento de despesa em projeto de lei de iniciativa reservada ao Chefe do Poder Executivo;
(E) constitucional, pois é autorizada emenda parlamentar em processo legislativo que seja oriundo de projeto de lei de iniciativa reservada ao chefe do Poder Executivo.

A alternativa D é a correta. A questão foi objeto de apreciação pelo STF no Recurso Extraordinário 745811 com reconhecimento de repercussão geral (Tema 686), cuja tese é a seguinte: "I – Há reserva de iniciativa do Chefe do Poder Executivo para edição de normas que alterem o padrão remuneratório dos servidores públicos (art. 61, § 1º, II, a, da CF); II – São formalmente inconstitucionais emendas parlamentares que impliquem aumento de despesa em projeto de lei de iniciativa reservada do Chefe do Poder Executivo (art. 63, I, da CF)".

Gabarito "D".

(Juiz de Direito – TJ/SC – 2024 – FGV) Tício, na qualidade de deputado federal, recebeu, em razão da função, duzentos mil reais da sociedade empresária X, favorecendo-a, ilicitamente, junto à administração pública. Meses depois, a empresária X doou quatrocentos mil reais a Tício, visando a custear sua campanha eleitoral para o cargo de senador da República, para o qual foi eleito, não tendo sido a doação contabilizada na prestação de contas. Tício ocultou a origem dos duzentos mil reais, simulando ganhos com a venda de cavalos.

Em razão da prática dos ilícitos descritos, com base no entendimento do Supremo Tribunal Federal, é correto afirmar que:

(A) Tício, eleito senador da República, em razão dos crimes praticados, será julgado perante o Supremo Tribunal Federal;
(B) diante da prática de crime(s) eleitoral(ais) conexo(s) a crimes comuns, a competência para o processo e julgamento de Tício é da Justiça Eleitoral;
(C) na hipótese versada, não há crime eleitoral praticado, motivo pelo qual o processo e julgamento de Tício deverá ocorrer perante o Supremo Tribunal Federal;
(D) compete à Justiça Federal comum julgar todos os crimes praticados por Tício, na qualidade de deputado federal, em razão do foro por prerrogativa de função;
(E) compete à Justiça Federal comum julgar os crimes comuns, descritos no enunciado, praticados por Tício,

na qualidade de deputado federal, deslocando-se para a Justiça Eleitoral, apenas, eventual crime eleitoral.

A alternativa A é a correta. Na Questão de Ordem da AP 937, o STF restringiu o foro apenas aos crimes cometidos durante o exercício do cargo e relacionados às funções desempenhadas, com a seguinte ementa: "DIREITO CONSTITUCIONAL E PROCESSUAL PENAL. QUESTÃO DE ORDEM EM AÇÃO PENAL. LIMITAÇÃO DO FORO POR PRERROGATIVA DE FUNÇÃO AOS CRIMES PRATICADOS NO CARGO E EM RAZÃO DELE. ESTABELECIMENTO DE MARCO TEMPORAL DE FIXAÇÃO DE COMPETÊNCIA. I. Quanto ao sentido e alcance do foro por prerrogativa 1. O foro por prerrogativa de função, ou foro privilegiado, na interpretação até aqui adotada pelo Supremo Tribunal Federal, alcança todos os crimes de que são acusados os agentes públicos previstos no art. 102, I, *b* e *c* da Constituição, inclusive os praticados antes da investidura no cargo e os que não guardam qualquer relação com o seu exercício. 2. Impõe-se, todavia, a alteração desta linha de entendimento, para restringir o foro privilegiado aos crimes praticados no cargo e em razão do cargo. É que a prática atual não realiza adequadamente princípios constitucionais estruturantes, como igualdade e república, por impedir, em grande número de casos, a responsabilização de agentes públicos por crimes de naturezas diversas. Além disso, a falta de efetividade mínima do sistema penal, nesses casos, frustra valores constitucionais importantes, como a probidade e a moralidade administrativa. 3. Para assegurar que a prerrogativa de foro sirva ao seu papel constitucional de garantir o livre exercício das funções – e não ao fim ilegítimo de assegurar impunidade – é indispensável que haja relação de causalidade entre o crime imputado e o exercício do cargo. A experiência e as estatísticas revelam a manifesta disfuncionalidade do sistema, causando indignação à sociedade e trazendo desprestígio para o Supremo. 4. A orientação aqui preconizada encontra-se em harmonia com diversos precedentes do STF. De fato, o Tribunal adotou idêntica lógica ao condicionar a imunidade parlamentar material – i.e., a que os protege por suas opiniões, palavras e votos – à exigência de que a manifestação tivesse relação com o exercício do mandato. Ademais, em inúmeros casos, o STF realizou interpretação restritiva de suas competências constitucionais, para adequá-las às suas finalidades. Precedentes. II. Quanto ao momento da fixação definitiva da competência do STF. 5. A partir do final da instrução processual, com a publicação do despacho de intimação para apresentação de alegações finais, a competência para processar e julgar ações penais – do STF ou de qualquer outro órgão – não será mais afetada em razão de o agente público vir a ocupar outro cargo ou deixar o cargo que ocupava, qualquer que seja o motivo. A jurisprudência desta Corte admite a possibilidade de prorrogação de competências constitucionais quando necessária para preservar a efetividade e a racionalidade da prestação jurisdicional. Precedentes. III. Conclusão 6. Resolução da questão de ordem com a fixação das seguintes teses: '*(i) O foro por prerrogativa de função aplica-se apenas aos crimes cometidos durante o exercício do cargo e relacionados às funções desempenhadas; e (ii) Após o final da instrução processual, com a publicação do despacho de intimação para apresentação de alegações finais, a competência para processar e julgar ações penais não será mais afetada em razão de o agente público vir a ocupar cargo ou deixar o cargo que ocupava, qualquer que seja o motivo*'. 7. Aplicação da nova linha interpretativa aos processos em curso. Ressalva de todos os atos praticados e decisões proferidas pelo STF e demais juízos com base na jurisprudência anterior. 8. Como resultado, determinação de baixa da ação penal ao Juízo da 256ª Zona Eleitoral do Rio de Janeiro, em razão de o réu ter renunciado ao cargo de Deputado Federal e tendo em vista que a instrução processual já havia sido finalizada perante a 1ª instância.". *A banca se utilizou dessa jurisprudência por ocasião do concurso público.* Posteriormente ao referido concurso, no HC 232627, o STF passou a entender pela manutenção da prerrogativa de foro, nos casos de crimes cometidos no cargo e em razão dele, após a saída da função. Essa decisão altera o entendimento firmado em 1999, na Questão de Ordem no Inq 687, segundo o qual o fim do mandato encerrava também a competência do STF.

Gabarito "A".

(OAB/FGV – 2023) O Presidente da República, ao finalizar projeto de lei de sua iniciativa privativa, é aconselhado por um assessor que encaminhe o texto ao Senado Federal, de forma a ali dar início à discussão e à votação do referido projeto. A justificativa para que o Senado Federal fosse definido como a casa iniciadora do projeto de lei era a de que a matéria teria recebido grande apoio no âmbito do Senado Federal. O Presidente da República, então, solicita que sua assessoria analise a possibilidade ventilada.

Estes, após cuidadosa avaliação, informam ao Presidente da República que, segundo a ordem jurídico-constitucional brasileira, a discussão e a votação dos projetos de lei de iniciativa do Presidente da República terão início

(A) na Câmara dos Deputados ou no Senado Federal, conforme escolha discricionária de sua parte.

(B) na Câmara dos Deputados, necessariamente, sendo que ao Senado Federal restará o papel de casa revisora.

(C) por vezes na Câmara dos Deputados, por vezes no Senado Federal, devendo apenas ser respeitada a regra de alternância entre elas.

(D) por regra, no Senado Federal, salvo exceções estabelecidas na Constituição Federal de 1988.

A alternativa B é a correta. O art. 64, *caput*, da CF, dispõe que a discussão e votação dos projetos de lei de iniciativa do Presidente da República terão início na Câmara dos Deputados. O Senado Federal, nesse caso, será a casa revisora (CF, art. 65, *caput*).

Gabarito "B".

(OAB/FGV – 2023) Um terço dos membros do Senado Federal apresentou proposta de emenda à Constituição da República (PEC), propondo o acréscimo de um inciso ao Art. 5º. Segundo a PEC, o novo inciso teria a seguinte redação: "LXXX – é garantida a inclusão digital e o acesso amplo e irrestrito à Internet, nos termos da lei."

A proposta foi aprovada pelo plenário da Câmara dos Deputados e do Senado Federal por mais de três quintos dos membros em um único turno de votação. Ato contínuo, a PEC foi promulgada pelas Mesas da Câmara dos Deputados e do Senado Federal.

Sobre a PEC descrita na narrativa, segundo o sistema jurídico-constitucional brasileiro, assinale a afirmativa correta.

(A) Apresenta uma inconstitucionalidade material, que vem a ser a violação de cláusula pétrea, haja vista a impossibilidade de qualquer alteração no Art. 5º da Constituição da República.

(B) É formalmente inconstitucional, pois o procedimento a ser seguido pelas casas do Congresso Nacional, que funcionam como poder constituinte derivado reformador, não foi corretamente observado.

(C) Ostenta um vício de iniciativa, visto que é da competência exclusiva do chefe do Poder Executivo a apresentação do projeto de emenda à Constituição.

(D) Apresenta vício formal, pois, em qualquer ato de produção normativa, especialmente no caso de emenda à constituição, a competência para o ato de promulgação é do Presidente da República.

A: incorreta. O art. 5º da CF é uma cláusula pétrea. Ela pode ser ampliada (alteração), mas não pode ser abolida por meio de emenda constitucional (CF, art. 60, § 4º, IV). **B:** correta. A PEC deve passar por dois turnos de votação em cada Casa do Congresso Nacional e não em um só turno (CF, art. 60, § 2º). **C:** incorreta. A iniciativa de uma PEC pode ocorrer mediante proposta não só do Presidente da República, mas também de um terço, no mínimo, dos membros da Câmara dos Deputados ou do Senado Federal ou de mais da metade das Assembleias Legislativas das unidades da Federação, manifestando-se, cada uma delas, pela maioria relativa de seus membros (CF, art. 60, I a III). **D:** incorreta. A promulgação de uma emenda à Constituição é realizada pelas Mesas da Câmara dos Deputados e do Senado Federal. AMN

Gabarito "B".

(Juiz de Direito/AP – 2022 – FGV) Ao disciplinar o procedimento a ser observado no julgamento das contas do chefe do Poder Executivo, o Regimento Interno da Câmara dos Vereadores do Município Alfa, situado na Região Norte do país, dispôs o seguinte: (1) a Câmara somente julga as contas de governo, não as de gestão, prevalecendo, em relação às últimas, o juízo de valor do Tribunal de Contas do respectivo Estado; (2) as contas não impugnadas por qualquer vereador, partido político ou cidadão, no prazo de sessenta dias, a contar do recebimento do parecer prévio do Tribunal de Contas, são tidas como aprovadas; (3) o parecer prévio do Tribunal de Contas somente deixará de prevalecer pelo voto da maioria de dois terços dos membros da Câmara Municipal.

Considerando a disciplina estabelecida na Constituição da República de 1988 a respeito da matéria, é correto afirmar que:

(A) apenas o comando 1 é constitucional;
(B) apenas o comando 3 é constitucional;
(C) apenas os comandos 1 e 2 são constitucionais;
(D) os comandos 1, 2 e 3 são constitucionais;
(E) os comandos 1, 2 e 3 são inconstitucionais.

O dispositivo 1 é inconstitucional. O STF ao julgar o Recurso Extraordinário 848826, com repercussão geral reconhecida (Tema 835), firmou a seguinte tese: "Para os fins do art. 1º, inciso I, alínea "g", da Lei Complementar 64, de 18 de maio de 1990, alterado pela Lei Complementar 135, de 4 de junho de 2010, a apreciação das contas de prefeitos, tanto as de governo quanto as de gestão, será exercida pelas Câmaras Municipais, com o auxílio dos Tribunais de Contas competentes, cujo parecer prévio somente deixará de prevalecer por decisão de 2/3 dos vereadores". O dispositivo 2 é inconstitucional. O STF ao julgar o Recurso Extraordinário 729744, com repercussão geral reconhecida (Tema 157), firmou a seguinte tese: "O parecer técnico elaborado pelo Tribunal de Contas tem natureza meramente opinativa, competindo exclusivamente à Câmara de Vereadores o julgamento das contas anuais do Chefe do Poder Executivo local, sendo incabível o julgamento ficto das contas por decurso de prazo". O dispositivo 3 está previsto expressamente no art. 31, § 2º, da CF. AMN

Gabarito "B".

8. PODER EXECUTIVO

(Juiz de Direito/AP – 2022 – FGV) Um grupo de deputados da Assembleia Legislativa do Estado Beta apresentou projeto de lei dispondo sobre a obrigatoriedade de instalação de duas câmeras de segurança em cada unidade escolar mantida pelo Estado. O projeto foi aprovado no âmbito da Casa legislativa e sancionado pelo governador do Estado, daí resultando a promulgação da Lei estadual nº XX.

À luz dos aspectos do processo legislativo descrito na narrativa e da sistemática constitucional, a Lei estadual nº XX:

(A) apresenta vício ao dispor sobre o funcionamento dos órgãos da rede educacional estadual, matéria de iniciativa privativa do chefe do Poder Executivo, vício não convalidado pela sanção;
(B) ao acarretar aumento de despesa, sem indicação da respectiva fonte de custeio, apresenta vício de inconstitucionalidade material;
(C) ao acarretar aumento de despesa, apresenta vício de iniciativa, o qual foi convalidado pela posterior sanção do chefe do Poder Executivo;
(D) não apresenta vício de iniciativa, pois a criação de atribuições e de obrigações, para o Poder Executivo, configura atividade regular do Legislativo;
(E) não apresenta vício de iniciativa, pois, embora tenha criado obrigação para o Poder Executivo, não instituiu nova atribuição para os seus órgãos.

A: errada, a determinação de colocação de câmeras, não constitui uma interferência na esfera de competências, Sobre o tema, o STF já entendeu, no julgamento do ARE 878911, que "Não usurpa a competência privativa do chefe do Poder Executivo lei que, embora crie despesa para a Administração Pública, não trata da sua estrutura ou da atribuição de seus órgãos nem do regime jurídico de servidores públicos"; **B:** errada, se aplica apenas a criação de novos benefícios, o STF já tem o entendimento de que não apresenta inconstitucionalidade; **C:** errada, Só haveria vício de iniciativa se a lei em questão tratasse de temas abrangidos pelo art. 61, § 1º da CF/88 ou que alterasse a competência de órgãos da administração estadual, o que não aconteceu; **D:** errada, para haver possibilidade de mudança das obrigações dos órgãos, a proposta deverá ser apresentada pelo chefe do poder executivo legal; **E:** correta, o texto aplica exatamente o entendimento do STF, sobre o assunto mencionado (STF, ARE 878911, rel. Min. Gilmar Mendes, com repercussão geral reconhecida – Tema 917). AMN

Gabarito "E".

9. PODER JUDICIÁRIO

(OAB/FGV – 2024) Tendo em vista a existência de inúmeras controvérsias entre órgãos judiciários, que geravam grave insegurança jurídica, o Supremo Tribunal Federal editou, há quase uma década, a súmula vinculante nº X, que tratava da incidência de determinado tributo em situações e condições específicas.

O Procurador-Geral da República, apontando as mudanças legislativas e as emendas constitucionais promulgadas em tempos mais recentes, manifestou-se na mídia sobre a ausência de compatibilidade da referida súmula com a ordem jurídica brasileira.

Sobre a hipótese, segundo o sistema jurídico-constitucional brasileiro, assinale a afirmativa correta.

(A) Por não se encontrar na esfera da Justiça Federal, um Tribunal de Justiça de Estado-membro não está obrigado a seguir as diretrizes estabelecidas na súmula vinculante em questão.
(B) Para o cancelamento da súmula vinculante em referência, será necessário que o pleno do Supremo Tribunal Federal se manifeste pelo quórum qualificado de dois terços de seus membros.

(C) Ainda que o Supremo Tribunal Federal entenda que o teor da súmula vinculante não mais se coaduna com a ordem constitucional, somente poderá apreciar seu cancelamento se provocado por algum agente legitimado.

(D) A fim de obter o cancelamento da mencionada súmula vinculante, deverá o Procurador-Geral da República provocar o Supremo Tribunal Federal por meio de uma ação direta de inconstitucionalidade.

A: Incorreta. A súmula vinculante obriga a todos os órgãos do Poder Judiciário, inclusive o Tribunal de Justiça do Estado membro (CF, art. 103-A). **B:** Correta. Está previsto no § 3º, do art. 2º, da Lei nº 11.417/2006. **C:** Incorreta. O STF poderá, de ofício ou por provocação, proceder à sua revisão ou cancelamento (art. 2º, *caput*, da Lei nº 11.417/2006). **D:** Incorreta. O procedimento do cancelamento de súmula vinculante está previsto na da Lei nº 11.417/2006. Gabarito "B".

(OAB/FGV – 2024) O Supremo Tribunal Federal (STF), por dois terços de seus membros, aprovou de ofício, no último mês, a Súmula Vinculante XXX, que versa sobre matéria tributária.

O deputado federal João da Silva mostrou-se preocupado com a referida Súmula, pois tramita no Congresso Nacional projeto de lei complementar cujo teor conflita fortemente com o da Súmula Vinculante XXX.

Por desconhecer as consequências que a referida Súmula acarretará ao processo legislativo em andamento, João busca auxílio de sua assessoria jurídica.

Sobre as consequências da Súmula Vinculante aprovada pelo STF, assinale a opção que apresenta, corretamente, a orientação recebida.

(A) Ela vincula unicamente os órgãos do Poder Judiciário, não atingindo os demais poderes, em respeito à separação de poderes.

(B) Ela não alcança o poder legiferante do Congresso Nacional, que segue mantendo intacta sua função originária de criação do Direito.

(C) Ela tem mera função diretiva e de orientação aos demais poderes, sem, no entanto, ter caráter impositivo para qualquer deles, incluindo o Poder Legislativo.

(D) Ela terá efeito vinculante em relação a todos os poderes, em todas as esferas, inclusive no que se refere ao poder de legislar dos entes federativos.

A: Incorreta. Ela vincula os demais órgãos do Poder Judiciário e à administração pública direta e indireta, nas esferas federal, estadual e municipal (CF, art. 102, § 2º). **B:** Correta. Ela não vincula o Poder Legislativo (CF, art. 102, § 2º). **C:** Incorreta. O próprio nome já diz que ela é vinculante, exceto ao Poder Legislativo (CF, art. 102, § 2º). **D:** Incorreta. Ver os comentários anteriores. Gabarito "B".

(OAB/FGV – 2024) Determinada associação nacional, que congrega oficiais do registro e notários, foi surpreendida com a publicação da Lei Federal X, que mudou a destinação dos emolumentos cartorários, de modo que uma parte dos valores arrecadados passaria a ser destinada a políticas públicas do governo federal na área de educação. Considerando a iminente perda de arrecadação, a associação procura você, na qualidade de advogado(a), para saber da constitucionalidade da Lei Federal X.

Com base na hipótese narrada e no sistema jurídico-constitucional brasileiro, assinale a opção que apresenta, corretamente, o seu parecer.

(A) Não há inconstitucionalidade na Lei Federal X, pois os emolumentos cartorários, por serem recursos públicos, devem ter a destinação que lhe é atribuída em lei.

(B) A Lei Federal X é inconstitucional, pois vincula a destinação dos emolumentos cartorários a finalidade diversa daquela prevista na ordem constitucional.

(C) A Lei Federal X é coerente com o sistema constitucional, pois mudou a destinação dos emolumentos cartorários apenas no âmbito da União.

(D) Os emolumentos cartorários devem ser direcionados ao custeio da seguridade social, logo, a Lei Federal X afronta a ordem constitucional.

A única alternativa correta é a B, por força do que dispõe o art. 98, § 2º, da CF: "As custas e emolumentos serão destinados exclusivamente ao custeio dos serviços afetos às atividades específicas da Justiça". Gabarito "B".

(Procurador – AL/PR – 2024 – FGV) De acordo com a Constituição, o Supremo Tribunal Federal poderá aprovar súmula que, a partir de sua publicação na imprensa oficial, terá efeito vinculante.

Diante do exposto, é correto afirmar que a súmula

(A) poderá ser aprovada, somente por provocação, mediante decisão de dois quintos dos seus membros, após reiteradas decisões sobre matéria constitucional.

(B) terá efeito vinculante em relação aos demais órgãos do Poder Judiciário, à administração pública direta e indireta, nas esferas federal, estadual e municipal e ao Poder Legislativo federal, estadual e municipal.

(C) terá por objetivo a validade, a interpretação e a eficácia de normas determinadas, acerca das quais haja controvérsia atual entre órgãos judiciários ou entre esses e a administração pública que acarrete grave insegurança jurídica e relevante multiplicação de processos sobre questão idêntica.

(D) poderá ser revisada ou cancelada, na forma estabelecida em lei, sendo que a sua aprovação, revisão ou cancelamento poderá ser provocada pelos mesmos legitimados para propor ação direta de inconstitucionalidade, assim como Defensor Público Geral da União, confederação sindical e deputados estaduais.

(E) que for contrariada ou indevidamente aplicada em decisão judicial, caberá Mandado de Segurança ao Supremo Tribunal Federal que poderá cassar a decisão judicial questionada e determinar que outra seja proferida com ou sem a aplicação da súmula, conforme o caso.

A: Incorreta. Poderá ser aprovada, de ofício ou por provocação, mediante decisão de dois terços dos seus membros (CF, art. 103-A, *caput*). **B:** Incorreta. Terá efeito vinculante em relação aos demais órgãos do Poder Judiciário, à administração pública direta e indireta, nas esferas federal, estadual e municipal (CF, art. 103-A, *caput*). **C:** Correta. Está de acordo com a redação do art. 103-A, § 1º, da CF. **D:** Incorreta. Dispõe o art. 103-A, § 2º, da CF, que: "Sem prejuízo do que vier a ser estabelecido em lei, a aprovação, revisão ou cancelamento de súmula poderá ser provocada por aqueles que podem propor ação direta de inconstitucionalidade". **E:** Incorreta. O art. 103-A, § 3º, da CF, prevê que: "Do ato administrativo ou decisão judicial que contrariar a súmula aplicável ou que indevidamente a aplicar, caberá reclamação ao Supremo Tribunal Federal que, julgando-a procedente, anulará o ato administrativo ou cassará a decisão judicial reclamada, e determinará que outra seja proferida com ou sem a aplicação da súmula, conforme o caso". AMN

Gabarito "C".

(Juiz de Direito – TJ/SC – 2024 – FGV) Lei de Organização Judiciária do Estado Gama estabeleceu como requisito para o ingresso na carreira da Magistratura daquele ente federativo a idade mínima de 25 anos e máxima de 50 anos. Diante do exposto e do entendimento predominante do Supremo Tribunal Federal, a referida norma é:

(A) constitucional, pois os limites etários da lei para candidatos que pretendam ingresso na magistratura judicial não violam o princípio da isonomia;

(B) inconstitucional, pois a Constituição da República prevê limites mínimo e máximo de idade para ingresso na magistratura diversos daqueles fixados pelo Estado Gama;

(C) constitucional, pois a fixação de idade para ingresso na magistratura judicial estadual é temática atinente à Lei de Organização Judiciária dos respectivos Estados;

(D) constitucional, pois o limite mínimo de 25 anos de idade para ingresso em cargo de magistrado guarda correlação com a natureza do cargo e é revestido de razoabilidade;

(E) inconstitucional, pois o limite máximo de 50 anos de idade para ingresso em cargo de magistrado não guarda correlação com a natureza do cargo e destoa do critério que a Constituição adotou para a composição dos demais Tribunais.

A alternativa correta é a E. O STF ao julgar a ADI 5.329/DF firmou esse entendimento, conforme consta na ementa: "DIREITO CONSTITUCIONAL. REGIME JURÍDICO DA MAGISTRATURA. LEI DE ORGANIZAÇÃO JUDICIÁRIA DO DISTRITO FEDERAL E DOS TERRITÓRIOS. INCONSTITUCIONALIDADES FORMAL E MATERIAL NA PREVISÃO DE REQUISITOS DE FAIXA ETÁRIA PARA O INGRESSO NA CARREIRA (ART. 52, V, DA LEI 11.697/2008). RESERVA DE LEI COMPLEMENTAR (CF, ART. 93, I). DESPROPORCIONALIDADE E QUEBRA DA ISONOMIA. 1. O SUPREMO TRIBUNAL FEDERAL possui jurisprudência firme no sentido de que, até o advento da lei complementar prevista no art. 93, *caput*, da Constituição Federal, o Estatuto da Magistratura é disciplinado pela LOMAN, recepcionada pela nova ordem constitucional. Precedentes. 2. O art. 52, V, da Lei 11.697/2008, ao estabelecer como requisito para ingresso na carreira da magistratura do Distrito Federal ou dos Territórios a idade mínima de 25 anos e máxima de 50, viola o disposto no art. 93, I, da Constituição Federal. 3. Em assuntos diretamente relacionados à magistratura nacional, como as condições para investidura no cargo, a disciplina da matéria deve ser versada pela Constituição Federal ou pela LOMAN, não podendo lei ordinária federal inovar e prever norma de caráter restritivo ao ingresso na magistratura que não encontra pertinência nos citados diplomas normativos. 4. A Constituição Federal não exige idade mínima para o ingresso na magistratura, mas sim a exigência de 'três anos de atividade jurídica' ao bacharel em direito (CF, art. 93, I). 5. O limite de 50 anos de idade para ingresso em cargo de magistrado não guarda correlação com a natureza do cargo e destoa do critério a que a Constituição adotou para a composição dos Tribunais Superiores, Tribunais Regionais Federais e Tribunais Regionais do Trabalho. 6. Ação direta julgada procedente". AMN

Gabarito "E".

(OAB/FGV – 2023) À luz de um caso concreto, que envolvia um cliente do escritório, dois advogados iniciaram um debate sobre a relevância do instituto da Súmula Vinculante como instrumento de interpretação.

O primeiro advogado ressaltou que a importância destas súmulas é justificada por vincularem todas as estruturas estatais de poder, com exceção do Supremo Tribunal Federal (STF), criando, assim, uma estabilidade jurídica dos significados da Constituição. O segundo advogado disse que achava que o colega estava equivocado, pois o STF também estaria vinculado ao seu entendimento.

Sobre o impasse surgido, de acordo com o sistema jurídico-constitucional brasileiro, assinale a afirmativa correta.

(A) Os dois advogados estão equivocados, pois as súmulas vinculantes não vinculam o STF, que as edita e revê, nem tampouco o Poder Legislativo, que possui plena autonomia para legislar, mesmo em sentido contrário ao das súmulas vinculantes.

(B) Os dois advogados estão equivocados, pois as súmulas vinculantes não vinculam o STF, que as edita e revê, nem tampouco o Superior Tribunal de Justiça, por ser o intérprete da legislação federal.

(C) O primeiro advogado está certo e o segundo errado, pois as súmulas vinculantes, de acordo com a Constituição, vinculam todas as estruturas estatais de poder, com exceção apenas do STF, que zela pela adaptabilidade da Constituição à realidade.

(D) O segundo advogado está certo e o primeiro equivocado, pois as súmulas vinculantes, de acordo com a Constituição, vinculam todas as estruturas estatais de poder, sem exceção, em razão da rigidez constitucional.

A alternativa A está correta. Segundo a doutrina: "... a vinculação repercute somente em relação ao **Poder Executivo** e aos **demais órgãos do Poder Judiciário**, não atingindo o Legislativo, sob pena de se configurar o '**inconcebível fenômeno da fossilização da Constituição**', conforme anotado pelo Ministro Peluso na análise dos efeitos da ADI (**Rcl 2617, Inf. 386/STF**), nem mesmo em relação ao próprio STF, sob pena de se inviabilizar, como visto, a possibilidade de revisão e cancelamento de ofício pelo STF e, assim, a adequação da súmula à evolução social" (LENZA, Pedro. *Direito constitucional*. 12. ed. São Paulo: Saraiva, 2008, p. 512, grifos no original). AMN

Gabarito "A".

(OAB/FGV – 2023) O Procurador-Geral da República, preocupado com o grande número de decisões judiciais divergentes, em âmbito nacional, referentes à possível inconstitucionalidade da Lei Federal nº XX/2021, ajuizou, perante o Supremo Tribunal Federal (STF), uma Ação Declaratória de Constitucionalidade (ADC) visando a elidir a controvérsia judicial. Em março de 2022, no julgamento do mérito, o STF decidiu pela improcedência da ADC referente à Lei Federal nº XX/2021.

No entanto, você, na qualidade de advogado de uma determinada causa, deparou-se com a seguinte situação: em desfavor do seu cliente, o Tribunal Regional Federal (TRF) competente, mantendo decisão proferida pelo Juiz Federal responsável pelo caso, deu aplicação à Lei Federal nº XX/21 que já fora objeto de ADC, apreciada pelo STF em março de 2022.

Diante de tal contexto, assinale a opção que apresenta a medida judicial a ser utilizada para preservar, de forma eficiente e célere, o interesse do seu cliente na causa.

(A) Formular representação ao Procurador-Geral da República, para que seja deflagrado um novo processo objetivo perante o STF para retirar a Lei Federal nº XX/21 do mundo jurídico.
(B) Interpor recurso especial perante o STF, com fundamento em violação de dispositivo constitucional.
(C) Ajuizar reclamação perante o STF em relação à decisão proferida pelo TRF.
(D) Formular representação ao Conselho Nacional de Justiça (CNJ), para que seja deflagrado um processo administrativo disciplinar contra os magistrados do TRF.

A alternativa C é a correta, uma vez que o art. 102, I, *l*, da CF, prevê que compete ao STF processar e julgar, originariamente a reclamação para a preservação de sua competência e garantia da autoridade de suas decisões.

Gabarito "C".

(Juiz Federal – TRF/1 – 2023 – FGV) O juízo da 1ª Vara Cível da Comarca X proferiu sentença em demanda envolvendo as partes "A" e "B". Exaurido o prazo recursal e aperfeiçoado o trânsito em julgado, a União constatou que o desfecho dessa demanda influenciaria indiretamente em matéria afeta ao seu interesse, tendo ocorrido colusão entre as partes com o objetivo de fraudar a lei, hipótese em que é previsto o cabimento de ação rescisória.

À luz dessa narrativa, considerando os balizamentos oferecidos pela ordem constitucional, é correto afirmar que:

(A) a ação rescisória deve ser ajuizada pela União perante o Tribunal de Justiça competente;
(B) a ação rescisória deve ser ajuizada pela União perante o Tribunal Regional Federal competente;
(C) a União deve buscar, como medida inicial, a definição do juízo competente pelo Superior Tribunal de Justiça;
(D) em razão da presença de um conflito federativo, a União deve buscar que o Supremo Tribunal Federal analise a matéria;
(E) a União só pode ajuizar a ação rescisória, perante o tribunal competente, caso o juízo da 1ª Vara Cível da Comarca X tenha atuado no exercício de uma competência federal.

A alternativa B é a correta. O art. 108, I, *b*, da CF, prevê que compete aos Tribunais Regionais Federais processar e julgar, originariamente as ações rescisórias de julgados seus ou dos juízes federais da região. Destaque-se que a Justiça Federal é competente para processar e julgar as causas em que a União for interessada na condição de autora, ré, assistente ou oponente, exceto as de falência, as de acidente de trabalho e as sujeitas à Justiça Eleitoral e à Justiça do Trabalho (CF, art. 109, I).

Gabarito "B".

(Juiz Federal – TRF/1 – 2023 – FGV) A Lei Complementar W do Estado Beta permitiu, com a definição de requisitos mínimos, a remoção entre juízes de direito vinculados a Tribunais de Justiça distintos.

Diante do exposto e de acordo com a jurisprudência predominante do Supremo Tribunal Federal, a referida Lei é:

(A) constitucional, pois os membros do Poder Judiciário devem se submeter a regras definidas por cada ente federativo;
(B) inconstitucional, por violar a competência da União para dispor sobre a magistratura brasileira, tanto na justiça estadual como na justiça federal;
(C) inconstitucional, pois, em razão do princípio federativo, os membros do Poder Judiciário devem se submeter a regras definidas por cada Estado;
(D) inconstitucional, por violar a norma prevista na Constituição que prevê os requisitos mínimos para remoção entre juízes de direito vinculados a Tribunais de Justiça distintos;
(E) constitucional, por observância ao princípio da separação entre os poderes e respeito à autonomia e à independência do Poder Judiciário.

A alternativa correta é a B. Esse tema foi objeto da ADI 6782 em que foi declarada a inconstitucionalidade de uma lei complementar do Estado do Rio Grande do Norte, que permitia a remoção, por permuta, entre magistrados vinculados a Tribunais de Justiça de diferentes estados. Essa permissão viola competência da União para dispor sobre a magistratura brasileira, tanto na Justiça Estadual, quanto na Justiça Estadual.

Gabarito "B".

(Juiz Federal – TRF/1 – 2023 – FGV) O Conselho Nacional de Justiça, no último mês, apreciou três procedimentos que se enquadravam no âmbito de suas competências constitucionais. No procedimento X, manteve decisão administrativa, proferida por determinado Tribunal, que indeferira a fruição de benefício requerido por magistrado a ele vinculado, o que o interessado almejava reformar. No procedimento Y, anulou a promoção por merecimento de magistrado, sendo que este último almejava produzir, em juízo, ampla prova testemunhal, que indicaria, a seu ver, o impedimento e a suspeição de alguns conselheiros, de modo a anular a decisão. Por fim, no procedimento Z, foi aplicada sanção disciplinar a magistrado, decisão que, ao ver deste último, era manifestamente contrária à legislação de regência, sendo nula de pleno direito, e que ele almejava que isto fosse declarado pelo juízo competente.

O Supremo Tribunal Federal é competente para processar e julgar a(s) ação(ões) decorrentes:

(A) de todos os procedimentos;
(B) apenas do procedimento Z;
(C) apenas do procedimento Y;
(D) apenas dos procedimentos Y e Z;
(E) apenas dos procedimentos X e Z.

A alternativa D é a correta. O STF não é competente para processar e julgar a ação decorrente do procedimento X. **O CNJ entende que quando o pedido do magistrado está relacionado a interesse meramente individual, ele não conhece do tema.** Nesse sentido, destaque-se a seguinte decisão daquele órgão: "RECURSO EM SEDE DE PEDIDO DE PROVIDÊNCIAS. PAGAMENTO DE AJUDA DE CUSTO. INTERESSE MERAMENTE INDIVIDUAL. INEXISTÊNCIA DE FATO NOVO. NÃO PROVIMENTO. I. Recurso contra decisão monocrática que não conheceu do procedimento, por entender que o pedido está relacionado a interesse meramente individual. II. A pretensão recursal cinge-se ao efetivo pagamento do benefício denominado ajuda de custo. III. Ausência de repercussão geral que desautoriza o conhecimento do tema pelo Conselho Nacional de Justiça. IV. Inexistindo, nas razões recursais, qualquer elemento novo capaz de alterar o entendimento adotado, a decisão monocrática combatida deve ser mantida. V. Recurso conhecido, uma vez que tempestivo, mas que, no mérito, nega-se provimento." (CNJ, Pedido de Providências 0001018-22.2019.2.00.0000, rel. Min. Luiz

Fernando Tomasi Keppen, j. 22-9-2020). Assim, **quando a deliberação é negativa do CNJ, ou seja, quando decidir que é incompetente ou, ainda, que nada delibere, que nada determine, que nada imponha, que nada avoque, que nada aplique etc., não faz instaurar, para efeito de controle jurisdicional, a competência originária do STF.** Nesse sentido, destaque-se o seguinte julgado: "MANDADO DE SEGURANÇA – DELIBERAÇÃO NEGATIVA EMANADA DO CONSELHO NACIONAL DE JUSTIÇA (CNJ) – INEXISTÊNCIA, NA ESPÉCIE, DE QUALQUER RESOLUÇÃO DO CONSELHO NACIONAL DE JUSTIÇA QUE HAJA DETERMINADO, ORDENADO, INVALIDADO, SUBSTITUÍDO OU SUPRIDO ATOS OU OMISSÕES EVENTUALMENTE IMPUTÁVEIS A TRIBUNAL DE JURISDIÇÃO INFERIOR – NÃO CONFIGURAÇÃO, EM REFERIDO CONTEXTO, DA COMPETÊNCIA ORIGINÁRIA DO SUPREMO TRIBUNAL FEDERAL – HIPÓTESE DE INCOGNOSCIBILIDADE DA AÇÃO DE MANDADO DE SEGURANÇA – PRECEDENTES DO SUPREMO TRIBUNAL FEDERAL – RECURSO DE AGRAVO A QUE SE NEGA PROVIMENTO. – O pronunciamento do Conselho Nacional de Justiça que consubstancie recusa de intervir em determinado procedimento ou, então, que envolva mero reconhecimento de sua incompetência ou, ainda, que nada determine, que nada imponha, que nada avoque, que nada aplique, que nada ordene, que nada invalide, que nada desconstitua não faz instaurar, para efeito de controle jurisdicional, a competência originária do Supremo Tribunal Federal. – O Conselho Nacional de Justiça, em tais hipóteses, considerado o próprio conteúdo negativo de suas resoluções (que nada provêem), não supre, não substitui, nem revê atos ou omissões eventualmente imputáveis a órgãos judiciários em geral, inviabilizando, desse modo, o acesso ao Supremo Tribunal Federal, que não pode converter-se em instância revisional ordinária dos atos e pronunciamentos administrativos emanados desse órgão de controle do Poder Judiciário. Precedentes." (Ementa retirada do voto do relator no seguinte julgado: STF, MS 32.961-AgR, Primeira Turma, rel. Min. Luiz Fux, j. 12-8-2014). Já os procedimentos Y e Z estão corretos. O Pleno do STF ao julgar a ADI 4412, rel. Min. Gilmar Mendes, fixou a seguinte tese: "Nos termos do artigo 102, inciso I, alínea 'r', da Constituição Federal, é competência exclusiva do Supremo Tribunal Federal processar e julgar originariamente todas as decisões do Conselho Nacional de Justiça e do Conselho Nacional do Ministério Público proferidas no exercício de suas competências constitucionais respectivamente previstas nos artigos 103-B, parágrafo 4º, e 130-A, parágrafo 2º, da Constituição Federal". AMN

Gabarito "D".

(Juiz de Direito/AP – 2022 – FGV) Maria teve uma série de produtos apreendidos em seu estabelecimento sob o argumento de a comercialização ser proibida no território brasileiro. Ato contínuo, ao receber o respectivo auto de apreensão, apresentou sua defesa, argumentando, com provas documentais, que a lista de produtos proibidos, na qual se baseara a autoridade administrativa, fora alterada em momento pretérito. Sua defesa, no entanto, não foi acolhida. Ao ser notificada da decisão, interpôs recurso administrativo endereçado à autoridade superior, que ocupava o último grau do escalonamento hierárquico. O recurso, todavia, não foi conhecido por esta última autoridade, já que Maria não atendera a um dos pressupostos de admissibilidade previstos na legislação municipal, consistente na realização de depósito prévio correspondente a 50% do valor das mercadorias. Esse quadro permaneceu inalterado em juízo de retratação.

À luz da sistemática afeta à súmula vinculante, Maria:

(A) deve submeter a decisão às instâncias ordinárias do Judiciário e, somente em um segundo momento, caso não seja anulada, ingressar com reclamação no Supremo Tribunal Federal;

(B) pode submeter a decisão, via reclamação, ao Supremo Tribunal Federal, cabendo ao Tribunal anulá-la e determinar a prolação de outra, com aplicação da súmula vinculante;

(C) somente poderá impetrar mandado de segurança, em razão da violação de direito líquido e certo, o qual tem precedência em razão do caráter subsidiário da reclamação;

(D) não pode submeter a decisão à apreciação do Supremo Tribunal Federal, já que a reclamação não é cabível contra atos lastreados na lei, como é o caso;

(E) não pode submeter a decisão à apreciação do Supremo Tribunal Federal, considerando que a narrativa não indica violação de súmula vinculante.

A Súmula Vinculante 21 do STF estabelece que "é inconstitucional a exigência de depósito ou arrolamento prévios de dinheiro ou bens para admissibilidade de recurso administrativo.". Nessa hipótese, será cabível reclamação ao Supremo Tribunal Federal para garantir a observância de enunciado de súmula vinculante e julgada procedente anulará a decisão administrativa e determinará que outra seja proferida, com aplicação da súmula vinculante, conforme dispõe o art. 103, § 3º, da CF. AMN

Gabarito "B".

(Juiz de Direito/AP – 2022 – FGV) Joana, vereadora no Município Alfa, alugou imóvel de sua propriedade, situado no mesmo município, para o Estado estrangeiro XX, que ali instalou um serviço assistencial para pessoas carentes. Após alguns anos, momento em que o contrato de locação, nos termos da lei brasileira, se encontrava vigendo por prazo indeterminado, o Estado estrangeiro XX "comunicou" a Joana que ele, consoante a sua legislação, se tornara proprietário do imóvel, fazendo cessar o pagamento de aluguéis. Joana, sentindo-se esbulhada em sua propriedade, decidiu ajuizar ação em face do Estado estrangeiro XX.

Consoante a ordem constitucional brasileira, a referida ação deve ser ajuizada perante:

(A) a primeira instância da Justiça comum federal, com recurso ordinário para o Superior Tribunal de Justiça;

(B) a primeira instância da Justiça comum estadual, com recurso ordinário para o Supremo Tribunal Federal;

(C) a primeira instância da Justiça comum estadual, com recurso de apelação para o Tribunal de Justiça;

(D) o Superior Tribunal de Justiça, com recurso ordinário para o Supremo Tribunal Federal;

(E) o Supremo Tribunal Federal.

A alternativa A é a correta. O art. 109, II, da CF, dispõe que compete aos juízes federais processar e julgar "as causas entre Estado estrangeiro ou organismo internacional e Município ou pessoa domiciliada ou residente no País". No caso apresentado, a causa será entre uma pessoa domiciliada ou residente no País (a vereadora Joana) e o Estado estrangeiro XX. O recurso cabível é o ordinário constitucional ao Superior Tribunal de Justiça, nos termos do art. 105, II, c, da CF. AMN

Gabarito "A".

(Juiz de Direito/AP – 2022 – FGV) João respondia a processo criminal em determinada Comarca do Amapá, sob a acusação de ser o autor do homicídio de Pedro. Após a apreciação dos recursos interpostos contra a sentença de pronúncia, o juízo competente decidiu representar pelo desaforamento do julgamento para outra comarca da região, pois entendia existir fundada dúvida sobre a imparcialidade do júri.

Nesse caso, conforme o Regimento Interno do Tribunal de Justiça do Estado do Amapá, a representação será processada e julgada pelo(a):

(A) Tribunal Pleno;
(B) Órgão Especial;
(C) Câmara Única;
(D) Grupo Único;
(E) Seção Única.

Conforme prevê o art. 17, II, "e" do Regimento Interno do Tribunal de Justiça do Estado do Amapá: À Secção Única compete processar e julgar, originariamente pedido de desaforamento. AMN

Gabarito "E".

10. DEFESA DO ESTADO

(OAB/FGV – 2024) Depois da ocorrência de calamidade de grandes proporções, em razão de enchentes causadas por chuvas cuja intensidade foi classificada como "sem precedentes", o Presidente da República vislumbra a possível necessidade de decretação de estado de defesa para combater o quadro caótico no qual se encontram quatro estados de uma determinada região do país. Depois de visitar o local, ele tem dúvidas acerca do prazo de duração da medida e, por isso, submete a proposta à apreciação de sua assessoria jurídica.

Assinale a afirmativa que, em consonância com o sistema jurídico-constitucional brasileiro, deve ser adotada

(A) O Presidente da República tem poder discricionário para definir o prazo de duração, desde que haja aprovação prévia do Congresso Nacional.
(B) O tempo de duração não será superior a 30 (trinta) dias, podendo ser prorrogado uma vez, por igual período, se persistirem as razões que justificaram a sua decretação.
(C) O tempo para a superação da crise que deu origem à decretação pelo Presidente da República não pode ultrapassar uma sessão legislativa.
(D) O tempo de duração será definido discricionariamente, em respeito ao princípio da separação de poderes, pelo Congresso Nacional.

A: Incorreta. O prazo de duração do estado de defesa não será superior a trinta dias, podendo ser prorrogado uma vez, por igual período, se persistirem as razões que justificaram a sua decretação (CF, art. 136, § 2º). B: Correta. Ver o comentário anterior. C: Incorreta. Ver o comentário à alternativa A. D: Incorreta. Ver o comentário à alternativa A. AMN

Gabarito "B".

(OAB/FGV – 2023) O Presidente da República Federativa do Brasil, após ouvir os Conselhos da República e de Defesa Nacional, decretou estado de defesa em parte da Região Centro-Oeste do país, que fora atingida por calamidade natural de grandes proporções.

O Congresso Nacional, 12 horas após a veiculação do decreto presidencial, tomou ciência da justificativa que levou o Presidente a decretar o estado de defesa.

Sobre a hipótese, segundo o sistema jurídico-constitucional brasileiro, assinale a afirmativa correta.

(A) O procedimento apresenta uma inconstitucionalidade formal, pois a decretação do estado de defesa exige aprovação prévia das razões do ato pelo Congresso Nacional.
(B) O decreto presidencial encontra-se formalmente correto, pois, diferentemente do estado de sítio, o estado de defesa dispensa qualquer manifestação, prévia ou a posteriori, do Congresso Nacional.
(C) O ato de decretação somente poderia passar a vigorar na região apontada após prévia normatização por meio de decreto legislativo elaborado exclusivamente pelo Congresso Nacional.
(D) O procedimento utilizado pelo Presidente da República converge com aquele que é constitucionalmente exigido, já que a decretação do estado de defesa não exige aprovação prévia do Congresso Nacional.

A: incorreta. O procedimento da decretação do estado de defesa não exige aprovação prévia das razões do ato pelo Congresso Nacional (CF, art. 136). B: incorreta. É competência exclusiva do Congresso Nacional aprovar o estado de defesa ou suspender a medida (CF, art. 49, IV). C: incorreta. A decretação do estado de defesa é ato do Presidente da República (CF, art. 84, IX e art. 136). D: correta. O procedimento está previsto no art. 136 da CF. AMN

Gabarito "D".

11. TRIBUTAÇÃO

(ENAM – 2024.1 – FGV) Em razão das acentuadas divergências existentes entre os integrantes do Tribunal de Justiça do Estado Alfa, transcorreu in albis o prazo para o encaminhamento da proposta orçamentária anual dessa estrutura de poder, referente ao exercício financeiro seguinte. A proposta somente veio a ser aprovada uma semana depois. Esse estado de coisas suscitou debates, considerando a teleologia das normas constitucionais que asseguram a autonomia do Poder Judiciário, em relação às consequências desse atraso na perspectiva do ciclo orçamentário.

Em situação dessa natureza, à luz da sistemática constitucional, assinale a afirmativa correta.

(A) As dotações afetas a esta estrutura de poder, constantes da lei orçamentária em vigor, devem ser consideradas como proposta do Poder Judiciário.
(B) Os termos da proposta aprovada com atraso, considerando a necessidade de assegurar a autonomia financeira do Poder Judiciário, devem ser necessariamente considerados.
(C) Os valores aprovados na lei orçamentária vigente, ajustados conforme os limites estabelecidos na lei de diretrizes orçamentárias, serão utilizados pelo órgão competente, para fins de consolidação.
(D) O Presidente do Tribunal de Justiça, até o início da apreciação do projeto de lei orçamentária anual pela comissão competente, poderá encaminhar a proposta ao Poder Legislativo.
(E) O Poder Executivo considerará, para fins de consolidação do projeto de lei orçamentária anual, as dotações afetas a essa estrutura de poder, constantes da lei orçamentária em vigor, devidamente atualizadas pelo índice oficial de inflação.

A alternativa correta é a C. É o que está disposto no art. 99 da Constituição Federal. AMN

Gabarito "C".

(ENAM – 2024.1 – FGV) O Município Alfa instituiu taxa municipal de combate a incêndio, de modo a auxiliar no custeio das atividades da Defesa Civil municipal. Contudo, o Estado Beta, em que estava situado o Município Alfa, também cobrava uma taxa estadual de combate a incêndio, voltada a custear as atividades de seu Corpo de Bombeiros Militar.

Sobre essa situação de cobrança, à luz da jurisprudência dominante do STF sobre o tema, assinale a afirmativa correta.

(A) Configura uma bitributação, razão pela qual somente o Município Alfa poderia fazer a cobrança dessa taxa.

(B) Configura um *bis in idem* tributário, razão pela qual somente o Estado Beta poderia fazer a cobrança dessa taxa.

(C) Viola a predominância do interesse local, razão pela qual somente o Município Alfa poderia fazer a cobrança dessa taxa.

(D) Viola a atribuição do Corpo de Bombeiros Militar estadual, razão pela qual somente o Estado Beta poderia fazer a cobrança dessa taxa.

(E) Viola a especificidade e a divisibilidade do serviço público, pressupostos necessários à cobrança de taxas, razão pela qual nenhum dos dois entes poderia fazer a cobrança dessa taxa.

A alternativa correta é a E. O STF ao julgar a ADPF 1.030/RS, Relator Ministro Flávio Dino, j. 18/03/2024, destacou na ementa do acórdão que a: "**1**. Taxa é espécie tributária própria ao exercício do poder de polícia ou utilização, efetiva ou potencial, de serviços públicos específicos e divisíveis, prestados ao contribuinte ou postos a sua disposição, nos termos do inciso II do art. 145 da Constituição Federal. **2**. O Tribunal Pleno desta Casa afasta a chancela do texto constitucional à cobrança da taxa em razão do '*serviço de prevenção e de extinção de incêndio, socorros público (sic) de emergência, desabamento, buscas de salvamentos e outros riscos*' (arts. 40, II, "c", 118, 119, 120 e 121 da Lei nº 1.599/1988 do Município de Itaqui, e alterações das Leis nºs 2142/1995, 3549/2010 e 4148/2015), *v.g.* ADI 4411, Relator Ministro Marco Aurélio, DJe de 24/09/2020, e ADI 2908, Relatora Ministra Cármen Lúcia, DJe de 06/11/2019." AMN

Gabarito "E".

(Juiz de Direito – TJ/SC – 2024 – FGV) Dois meses antes do término do exercício financeiro, o presidente da República foi informado de que as dotações orçamentárias direcionadas a custear determinada política pública implementadora de política social não seriam suficientes à realização desse objetivo. Por tal razão, foi editada a Medida Provisória nº X, abrindo crédito adicional destinado à cobertura da referida despesa pública. Irresignado com o teor desse ato normativo, o Partido Político Alfa realizou estudos em relação à sua compatibilidade com a Constituição da República e à sua possível submissão ao controle concentrado de constitucionalidade.

Ao fim dos estudos realizados, concluiu-se, corretamente, que:

(A) créditos adicionais, qualquer que seja a sua modalidade, somente podem ser abertos por lei, logo, a Medida Provisória nº X é inconstitucional e pode ser objeto de ação direta de inconstitucionalidade;

(B) a modalidade de crédito adicional indicada na narrativa não pode ser aberta com a edição de medida provisória, logo, o referido ato normativo pode ser objeto de ação direta de inconstitucionalidade;

(C) apesar de a modalidade de crédito adicional indicada na narrativa não poder ser aberta por medida provisória, por se tratar de ato de efeitos concretos, não pode ser objeto de ação direta de inconstitucionalidade;

(D) créditos adicionais, qualquer que seja a sua modalidade, podem ser abertos por medida provisória, o que decorre da relevância e da urgência da medida, logo, o referido ato normativo apresenta higidez constitucional;

(E) a modalidade de crédito adicional indicada na narrativa pode ser aberta com a edição de medida provisória, logo, a deflagração do controle concentrado não culminaria com a declaração de inconstitucionalidade do ato normativo.

A alternativa correta é a B. O art. 167, § 3º, da CF, prevê que: "A abertura de crédito extraordinário somente será admitida para atender a despesas imprevisíveis e urgentes, como as decorrentes de guerra, comoção interna ou calamidade pública, observado o disposto no art. 62". O art. 62, § 1º, I, *d*, da CF, veda a edição de medidas provisórias sobre matéria: "planos plurianuais, diretrizes orçamentárias, orçamento e créditos adicionais e suplementares, ressalvado o previsto no art. 167, § 3º". O STF ao interpretar essas duas normas constitucionais decidiu que: "MEDIDA CAUTELAR EM AÇÃO DIRETA DE INCONSTITUCIONALIDADE. MEDIDA PROVISÓRIA Nº 405, DE 18.12.2007. ABERTURA DE CRÉDITO EXTRAORDINÁRIO. LIMITES CONSTITUCIONAIS À ATIVIDADE LEGISLATIVA EXCEPCIONAL DO PODER EXECUTIVO NA EDIÇÃO DE MEDIDAS PROVISÓRIAS. I. MEDIDA PROVISÓRIA E SUA CONVERSÃO EM LEI. Conversão da medida provisória na Lei nº 11.658/2008, sem alteração substancial. Aditamento ao pedido inicial. Inexistência de obstáculo processual ao prosseguimento do julgamento. A lei de conversão não convalida os vícios existentes na medida provisória. Precedentes. II. CONTROLE ABSTRATO DE CONSTITUCIONALIDADE DE NORMAS ORÇAMENTÁRIAS. REVISÃO DE JURISPRUDÊNCIA. O Supremo Tribunal Federal deve exercer sua função precípua de fiscalização da constitucionalidade das leis e dos atos normativos quando houver um tema ou uma controvérsia constitucional suscitada em abstrato, independente do caráter geral ou específico, concreto ou abstrato de seu objeto. Possibilidade de submissão das normas orçamentárias ao controle abstrato de constitucionalidade. III. LIMITES CONSTITUCIONAIS À ATIVIDADE LEGISLATIVA EXCEPCIONAL DO PODER EXECUTIVO NA EDIÇÃO DE MEDIDAS PROVISÓRIAS PARA ABERTURA DE CRÉDITO EXTRAORDINÁRIO. Interpretação do art. 167, § 3º c/c o art. 62, § 1º, inciso I, alínea 'd', da Constituição. Além dos requisitos de relevância e urgência (art. 62), a Constituição exige que a abertura do crédito extraordinário seja feita apenas para atender a despesas imprevisíveis e urgentes. Ao contrário do que ocorre em relação aos requisitos de relevância e urgência (art. 62), que se submetem a uma ampla margem de discricionariedade por parte do Presidente da República, os requisitos de imprevisibilidade e urgência (art. 167, § 3º) recebem densificação normativa da Constituição. Os conteúdos semânticos das expressões 'guerra', 'comoção interna' e 'calamidade pública' constituem vetores para a interpretação/aplicação do art. 167, § 3º c/c o art. 62, § 1º, inciso I, alínea 'd', da Constituição. 'Guerra', 'comoção interna' e 'calamidade pública' são conceitos que representam realidades ou situações fáticas de extrema gravidade e de consequências imprevisíveis para a ordem pública e a paz social, e que dessa forma requerem, com a devida urgência, a adoção de medidas singulares e extraordinárias. A leitura atenta e a análise interpretativa do texto e da exposição de motivos da MP nº 405/2007 demonstram que os créditos abertos são destinados a prover despesas correntes, que não estão qualificadas pela imprevisibilidade ou pela urgência. A edição da MP nº 405/2007 configurou um patente desvirtuamento dos parâmetros constitucionais que permitem a edição de medidas provisórias para a abertura de créditos extraordinários. IV. MEDIDA CAUTELAR DEFERIDA. Suspensão da vigência da Lei nº 11.658/2008, desde a sua publicação, ocorrida em 22 de abril de 2008" (STF, ADI 4048 MC, rel. Min. Gilmar Mendes, j. 14-5-2008). Gabarito "B".

(Juiz de Direito/AP – 2022 – FGV) A instituição de assistência social ZZ, sem fins lucrativos, adquiriu, junto à sociedade empresária XX, diversos equipamentos que seriam integrados ao seu ativo permanente, visando ao pleno desenvolvimento de suas atividades regulares. Para surpresa dos seus diretores, constatou-se que, na nota fiscal emitida por XX, constava o imposto sobre circulação de mercadorias e sobre prestação de serviços de transporte interestadual e intermunicipal e comunicação (ICMS) devido pela operação de venda, na qual ZZ figurava como adquirente.

Nas circunstâncias indicadas, a incidência do ICMS é:

(A) incorreta, pois a imunidade tributária subjetiva de ZZ incide nas hipóteses em que figure como contribuinte de direito e de fato;

(B) incorreta, desde que ZZ demonstre que arcou com o ônus financeiro do respectivo tributo, por se tratar de imposto indireto;

(C) correta, pois a imunidade tributária subjetiva de ZZ somente incide quando figure como contribuinte de direito, não de fato;

(D) incorreta, desde que ZZ demonstre que o montante correspondente à desoneração tributária será aplicado em sua atividade fim;

(E) correta, pois a imunidade tributária subjetiva de ZZ não é aplicada em se tratando de impostos que incidam sobre a circulação de riquezas.

À luz da jurisprudência consagrada na Corte, a imunidade tributária subjetiva (no caso do art. 150, VI, da Constituição Federal, em relação aos impostos) aplica-se ao ente beneficiário na condição de contribuinte de direito, sendo irrelevante, para resolver essa questão, investigar se o tributo repercute economicamente. O ente beneficiário de imunidade tributária subjetiva ocupante da posição de simples contribuinte de fato – como ocorre no presente caso –, embora possa arcar com os ônus financeiros dos impostos envolvidos nas compras de mercadorias (a exemplo do IPI e do ICMS), caso tenham sido transladados pelo vendedor contribuinte de direito, desembolsa importe que juridicamente não é tributo, mas sim preço, decorrente de uma relação contratual. Gabarito "C".

12. ORDEM ECONÔMICA E FINANCEIRA

(Juiz Federal – TRF/1 – 2023 – FGV) Joana recebeu autorização de pesquisa do órgão competente, tendo por objeto uma jazida de recursos minerais encontrada no subsolo da propriedade de João. Irresignado com o que considerava uma indevida ingerência sobre a sua esfera jurídica, João procurou se inteirar a respeito da juridicidade dessa autorização.

Ao final de suas reflexões, João concluiu, corretamente, que:

(A) a autorização poderia ter sido concedida, sendo imperativo que isso tenha ocorrido por prazo determinado;

(B) a autorização somente poderia ser concedida a Joana se fosse demonstrada a inexistência de órgão público capaz de realizar a pesquisa;

(C) a autorização poderia ter sido concedida, observada a imperatividade de que isso tenha ocorrido em caráter precário, sem prazo fixo;

(D) como a propriedade do subsolo é da União, esse ente federativo poderia celebrar ajustes com terceiros tendo-a como objeto, mas apenas para fins de exploração;

(E) a autorização pode ser transferida a terceiros, conforme ajuste celebrado por Joana, que não carece de aprovação da União, sendo imperativa a observância dos termos da autorização original.

A: Correta. Dispõe o art. 176, § 3º, da CF, que: "A autorização de pesquisa será sempre por prazo determinado, e as autorizações e concessões previstas neste artigo não poderão ser cedidas ou transferidas, total ou parcialmente, sem prévia anuência do poder concedente". **B**: Incorreta. Não há previsão constitucional dessa hipótese. **C**: Incorreta. A autorização de pesquisa será sempre por prazo determinado (CF, art. 176, § 3º). **D**: Incorreta. Não é isso que dispõe o art. 176, § 3º, da CF, que prevê a autorização de pesquisa. **E**: Incorreta. Pelo contrário, a autorização não poderá ser cedida ou transferida, total ou parcialmente, sem prévia anuência do poder concedente (CF, art. 176, § 3º). Gabarito "A".

(Juiz de Direito/AP – 2022 – FGV) Joana e sua família contrataram com a companhia aérea ZZ o serviço de transporte aéreo internacional do Brasil para a Espanha, com passagens de ida e volta. Ao desembarcarem no destino, juntamente com os demais passageiros, constataram que sua bagagem tinha se extraviado.

Assim que retornaram ao Brasil, Joana e sua família ajuizaram ação de reparação de danos em face da companhia aérea ZZ, com base no Código de Defesa do Consumidor (CDC). Em sua defesa, a companhia argumentou com a existência de convenção internacional (CI), devidamente ratificada pelo Estado brasileiro antes da promulgação da Constituição da República de 1988, cuja aplicação resultaria na fixação de indenização em patamares sensivelmente inferiores. Acresça-se que a sede da multinacional está situada em país que igualmente ratificou a convenção.

À luz da sistemática constitucional, o juiz de direito, ao julgar a causa, deve aplicar, nas circunstâncias indicadas:

(A) o CDC, que somente não prevaleceria sobre a CI caso fosse mais favorável ao consumidor, o que não é o caso;

(B) a CI, que, por expressa previsão constitucional, sempre prevalece sobre as normas infraconstitucionais afetas à temática;

(C) o CDC, que tem a natureza de lei ordinária e foi editado em momento posterior à CI, afastando a sua eficácia no território brasileiro;

(D) o CDC, pois a proteção do consumidor consubstancia direito fundamental, insuscetível de ser restringido por CI;

(E) a CI, desde que a sua recepção pela Constituição da República de 1988 tenha sido reconhecida em cada Casa do Congresso Nacional, em dois turnos, pelo voto de três quintos dos seus membros.

A questão aborda o texto do Art. 178: "A lei disporá sobre a ordenação dos transportes aéreo, aquático e terrestre, devendo, quanto à ordenação do transporte internacional, observar os acordos firmados pela União, atendido o princípio da reciprocidade". (Redação dada pela Emenda Constitucional 7, de 1995), o que faz com que a CI prevaleça quanto ao CDC. AMN

Gabarito "B".

13. ORDEM SOCIAL

(OAB/FGV – 2024) Ubirajara é membro de uma comunidade indígena situada em terras regularmente demarcadas, ali vivendo conforme as tradições dos seus ancestrais. Em determinado momento, ele resolveu tentar nova vida em uma cidade brasileira. Sem recursos para dar início a esse projeto, decidiu vender a terra em que habitava desde seu nascimento para um grupo de agricultores, que pretende ali se instalar definitivamente.

Sobre a hipótese narrada, segundo a ordem jurídico-constitucional brasileira, assinale a afirmativa correta.

(A) Ubirajara somente poderá dispor das terras se a alienação, comprovadamente, atender aos imperativos da ordem econômica brasileira.

(B) Ubirajara, caso figure como proprietário das terras no registro de imóveis da localidade, poderá aliená-las, assegurado o direito de participação da comunidade no valor da venda.

(C) Ubirajara não pode efetivar a venda almejada, pois as terras em questão não são passíveis de alienação e nem mesmo de disposição.

(D) Ubirajara somente poderia alienar as terras após a devida autorização por parte da comunidade indígena, que é a proprietária das terras.

A alternativa correta é a C. As demais respostas estão incorretas, pois as terras pertencentes aos indígenas são inalienáveis e indisponíveis, e os direitos sobre elas, imprescritíveis, por força do § 4º do art. 231 da CF. AMN

Gabarito "C".

(OAB/FGV – 2024) Em uma cidade situada no município Gama, José Silva sofreu grave acidente ao ser atropelado por um caminhão. Com lesões pelo corpo, ele foi conduzido ao hospital municipal situado na cidade e, ao passar pelo setor de identificação, alegou não possuir consigo qualquer documento.

Na dúvida sobre se José poderia ter acesso aos serviços de saúde do SUS (Sistema Único de Saúde), a direção do hospital consultou a Procuradoria do Município.

Sobre o caso apresentado, em consonância com o sistema jurídico-constitucional brasileiro, assinale a afirmativa que apresenta a resposta correta.

(A) Para fazer jus aos serviços de saúde ofertados pelo SUS, José deve comprovar a condição de contribuinte do sistema previdenciário brasileiro.

(B) Para fazer jus aos serviços de saúde ofertados pelo SUS, José deve comprovar, formalmente, a condição de trabalhador.

(C) Os serviços de saúde ofertados pelo SUS somente são disponibilizados para os brasileiros natos ou naturalizados.

(D) O atendimento pelo SUS deve ser realizado, independentemente de José possuir nacionalidade brasileira, ser trabalhador ou contribuir com a Previdência Social.

A única alternativa correta é a D. O atendimento pelo SUS deve ser realizado a todos e independentemente de contribuição à Previdência Social (CF, arts. 196 e 198). AMN

Gabarito "D".

(Juiz Federal – TRF/1 – 2023 – FGV) Um grupo de cinquenta pessoas logrou êxito em demonstrar, perante as autoridades competentes, o vínculo social e antropológico que existe entre os seus integrantes e os antigos ocupantes de determinada área de terra, onde esse grupo nascera e crescera, e que era utilizada por seus ancestrais como local de refúgio de escravos que fugiam da senzala.

À luz da Constituição da República de 1988, é correto afirmar que:

(A) a terra descrita consubstancia bem da União, devendo ser usada exclusivamente pelos integrantes do grupo em caráter precário;

(B) os integrantes do grupo têm o direito vitalício de uso da referida terra, podendo ser dela despojados apenas na hipótese de total aculturação;

(C) o grupo tem o direito subjetivo de ter reconhecida a propriedade definitiva dessas terras, com o recebimento do correlato título de propriedade;

(D) a União deve promover a desapropriação dessas terras, por interesse social, em razão das características culturais desse grupo, outorgando-lhe concessão de uso;

(E) a terra consubstancia bem público, insuscetível de usucapião ou de transferência da propriedade, mesmo ao grupo, assegurada a sua utilização para preservar os aspectos culturais afetos a essa camada da população.

A alternativa correta é a C. Dispõe o art. 68 do ADCT que: "Aos remanescentes das comunidades dos quilombos que estejam ocupando suas terras é reconhecida a propriedade definitiva, devendo o Estado emitir-lhes os títulos respectivos". Sobre o tema, destaque-se o seguinte julgado do STF: "AÇÃO DIRETA DE INCONSTITUCIONALIDADE. DECRETO Nº 4.887/2003. PROCEDIMENTO PARA IDENTIFICAÇÃO, RECONHECIMENTO, DELIMITAÇÃO, DEMARCAÇÃO E TITULAÇÃO DAS TERRAS OCUPADAS POR REMANESCENTES DAS COMUNIDADES DOS QUILOMBOS. ATO NORMATIVO AUTÔNOMO. ART. 68 DO ADCT. DIREITO FUNDAMENTAL. EFICÁCIA PLENA E IMEDIATA. INVASÃO DA ESFERA RESERVADA À LEI. ART. 84, IV E VI, "A", DA CF. INCONSTITUCIONALIDADE FORMAL. INOCORRÊNCIA. CRITÉRIO DE IDENTIFICAÇÃO. AUTOATRIBUIÇÃO. TERRAS OCUPADAS. DESAPROPRIAÇÃO. ART. 2º, *CAPUT* E §§ 1º, 2º E 3º, E ART. 13, *CAPUT* E § 2º, DO DECRETO Nº 4.887/2003. INCONSTITUCIONALIDADE MATERIAL. INOCORRÊNCIA. IMPROCEDÊNCIA DA AÇÃO. 1. Ato normativo autônomo, a retirar diretamente da Constituição da República o seu fundamento de validade, o Decreto nº 4.887/2003 apresenta densidade normativa suficiente a credenciá-lo ao controle abstrato de constitucionalidade. 2. Inocorrente a invocada ausência de cotejo analítico na petição inicial entre o ato normativo atacado e os preceitos da Constituição tidos como malferidos, uma vez expressamente indicados e esgrimidas as razões da insurgência. 3. Não obsta a cognição da ação direta a falta de impugnação de ato jurídico revogado pela norma tida como inconstitucional, supostamente padecente do mesmo vício, que se teria por repristinada. Cabe à Corte, ao delimitar a eficácia da sua decisão, se o caso, excluir dos efeitos da decisão declaratória eventual efeito repristinatório quando constatada incompatibilidade com a ordem constitucional. 4. O art. 68 do ADCT assegura o direito dos remanescentes das comunidades dos quilombos de ver reconhecida pelo Estado a propriedade sobre as terras que histórica e tradicionalmente ocupam – direito fundamental de grupo étnico-racial minoritário dotado de eficácia plena e aplicação imediata. Nele definidos o titular (remanescentes das comunidades dos quilombos), o objeto (terras por eles ocupadas), o conteúdo (direito de propriedade), a condição (ocupação tradicional), o sujeito passivo (Estado) e a obrigação específica (emissão de títulos), mostra-se apto o art. 68 do ADCT a produzir todos os seus efeitos, independentemente de integração legislativa. 5. Disponíveis à atuação integradora tão somente os aspectos do art. 68 do ADCT que dizem com a regulamentação do comportamento do Estado na implementação do comando constitucional, não se identifica, na edição do Decreto 4.887/2003 pelo Poder Executivo, mácula aos postulados da legalidade e da reserva de lei. Improcedência do pedido de declaração de inconstitucionalidade formal por ofensa ao art. 84, IV e VI, da Constituição da República. 6. O compromisso do Constituinte com a construção de uma sociedade livre, justa e solidária e com a redução das desigualdades sociais (art. 3º, I e III, da CF) conduz, no tocante ao reconhecimento da propriedade das terras ocupadas pelos remanescentes das comunidades dos quilombos, à convergência das dimensões da luta pelo reconhecimento – expressa no fator de determinação da identidade distintiva de grupo étnico-cultural – e da demanda por justiça socioeconômica, de caráter redistributivo – compreendida no fator de medição e demarcação das terras. 7. Incorporada ao direito interno brasileiro, a Convenção 169 da Organização Internacional do Trabalho – OIT sobre Povos Indígenas e Tribais, consagra a "consciência da própria identidade" como critério para determinar os grupos tradicionais aos quais aplicável, enunciando que Estado algum tem o direito de negar a identidade de um povo que se reconheça como tal. 8. Constitucionalmente legítima, a adoção da autoatribuição como critério de determinação da identidade quilombola, além de consistir em método autorizado pela antropologia contemporânea, cumpre adequadamente a tarefa de trazer à luz os destinatários do art. 68 do ADCT, em absoluto se prestando a inventar novos destinatários ou ampliar indevidamente o universo daqueles a quem a norma é dirigida. O conceito vertido no art. 68 do ADCT não se aparta do fenômeno objetivo nele referido, a alcançar todas as comunidades historicamente vinculadas ao uso linguístico do vocábulo quilombo. Adequação do emprego do termo "quilombo" realizado pela Administração Pública às balizas linguísticas e hermenêuticas impostas pelo texto-norma do art. 68 do ADCT. Improcedência do pedido de declaração de inconstitucionalidade do art. 2º, § 1º, do Decreto 4.887/2003. 9. Nos casos Moiwana v. Suriname (2005) e Saramaka v. Suriname (2007), a Corte Interamericana de Direitos Humanos reconheceu o direito de propriedade de comunidades formadas por descendentes de escravos fugitivos sobre as terras tradicionais com as quais mantêm relações territoriais, ressaltando o compromisso dos Estados partes (Pacto de San José da Costa Rica, art. 21) de adotar medidas para garantir o seu pleno exercício. 10. O comando para que sejam levados em consideração, na medição e demarcação das terras, os critérios de territorialidade indicados pelos remanescentes das comunidades quilombolas, longe de submeter o procedimento demarcatório ao arbítrio dos próprios interessados, positiva o devido processo legal na garantia de que as comunidades tenham voz e sejam ouvidas. Improcedência do pedido de declaração de inconstitucionalidade do art. 2º, §§ 2º e 3º, do Decreto 4.887/2003. 11. Diverso do que ocorre no tocante às terras tradicionalmente ocupadas pelos índios – art. 231, § 6º – a Constituição não reputa nulos ou extintos os títulos de terceiros eventualmente incidentes sobre as terras ocupadas por remanescentes das comunidades dos quilombos, de modo que a regularização do registro exige o necessário o procedimento expropriatório. A exegese sistemática dos arts. 5º, XXIV, 215 e 216 da Carta Política e art. 68 do ADCT impõe, quando incidente título de propriedade particular legítimo sobre as terras ocupadas por quilombolas, seja o processo de transferência da propriedade mediado por regular procedimento de desapropriação. Improcedência do pedido de declaração de inconstitucionalidade material do art. 13 do Decreto 4.887/2003. Ação direta de inconstitucionalidade julgada improcedente" (STF, ADI 3.239, Redatora do Acórdão Min. Rosa Weber, j. 8-2-2018). AMN

Gabarito "C".

(Juiz Federal – TRF/1 – 2023 – FGV) Considere uma ação em que comunidades indígenas reivindicam o acesso ao ensino fundamental como direito básico.

Tendo em vista o que determina a Constituição da República de 1988, é correto afirmar que:

(A) aos juízes federais não compete processar e julgar a disputa sobre direitos indígenas;

(B) os indígenas formam povos autóctones, não sendo dever do Estado assegurar a eles o ensino fundamental;

(C) as comunidades indígenas têm direito ao ensino fundamental, seja em português, seja em suas línguas maternas;

(D) as comunidades indígenas têm direito ao ensino fundamental, porém, no idioma pátrio, que é a língua portuguesa;

(E) o ensino fundamental de indígenas é um direito restrito à disponibilidade de vagas em escolas especializadas na cultura indígena.

A: Incorreta. O art. 109, XI, da CF, dispõe que aos juízes federais compete processar e julgar a disputa sobre direitos indígenas. **B**: Incorreta. Ver comentário do item seguinte. **C**: Correta. O § 2º do art. 210 da CF dispõe que: "O ensino fundamental regular será ministrado em língua portuguesa, assegurada às comunidades indígenas também a utilização de suas línguas maternas e processos próprios de aprendizagem". **D**: Incorreta. Ver comentário do item anterior. **E**: Incorreta. Ver comentário ao item "C". AMN

Gabarito "C".

(OAB/FGV – 2023) Preocupado com a qualidade da educação básica ofertada pela rede de ensino municipal do Município Teta, o prefeito da cidade pretende apresentar projeto de lei à Câmara Municipal, no qual uma série de melhorias está prevista. No entanto, ciente da ausência de recursos orçamentários e financeiros para efetivar o que está previsto no projeto, o Prefeito levantou a hipótese de criar uma taxa de serviço, que seria paga por aqueles que viessem a se utilizar dos serviços municipais de educação básica (ensinos fundamental e médio) em seus estabelecimentos oficiais.

Antes de enviar o projeto de lei, o Prefeito consultou sua assessoria sobre a conformidade constitucional do projeto, sendo-lhe corretamente informado que a cobrança da referida taxa

(A) caracterizaria efetiva violação à ordem constitucional, posto ser o acesso gratuito à educação básica um direito subjetivo de todos.

(B) poderia ser exigida, contanto que o valor cobrado como contraprestação pelo serviço de educação não afrontasse o princípio da proporcionalidade.

(C) apenas poderia ser exigida daqueles que não conseguissem comprovar, nos termos legalmente estabelecidos, a hipossuficiência econômica.

(D) poderia ser exigida dos estudantes do ensino médio, mas não dos estudantes do ensino fundamental, aos quais a ordem constitucional assegura a gratuidade.

A alternativa A é a correta, pois o art. 206, inciso IV, da CF prevê como um dos princípios do ensino a sua gratuidade em estabelecimentos oficiais. AMN

Gabarito "A".

14. TEMAS COMBINADOS

(Procurador – AL/PR – 2024 – FGV) Apesar da igualdade ser um direito fundamental, mulheres e homens possuem tratamentos distintos em relação aos seus direitos, como por exemplo, a diferença entre o período garantido de licença-maternidade e de licença-paternidade. Nesse contexto, deve-se ponderar a evolução dos papéis atualmente desempenhados por homens e mulheres na família e na sociedade. Dessa forma, impõe-se um esforço coletivo dos agentes políticos e públicos com o objetivo de promover a eficácia das normas constitucionais.

Diante do exposto e de acordo com o ordenamento jurídico vigente e com a jurisprudência do Supremo Tribunal Federal, assinale a afirmativa correta.

(A) A ausência de regulamentação da norma constitucional referente à licença-paternidade provocou uma omissão inconstitucional, uma vez que efetivação do referido direito reflete a necessidade de proteção da família e da infância.

(B) Há inconstitucionalidade da norma que prevê o prazo de 5 dias para a licença-paternidade, uma vez que o princípio da igualdade garante aos homens período igual ao da licença-maternidade.

(C) A norma que define o prazo da licença paternidade está prevista no Ato das Disposições Constitucionais Transitórias e garante, em homenagem ao princípio da isonomia, que pessoas diferentes tenham tratamentos distintos, não havendo necessidade de edição de nova regulamentação sobre o tema.

(D) Em razão da ausência de regulamentação legal acerca do prazo razoável de licença-paternidade deverá ser aplicado imediatamente o prazo da licença-maternidade a todos os cuidadores da criança nos seus primeiros meses de vida.

(E) A norma que trata da licença-paternidade é direito social previsto em norma infraconstitucional, portanto a ausência de regulamentação do referido direito provocou uma omissão ilegal e não inconstitucional.

A alternativa A está correta. A questão foi resolvida pelo STF ao julgar a ADO 20/DF, com a seguinte ementa: "DIREITO CONSTITUCIONAL. AÇÃO DIRETA DE INCONSTITUCIONALIDADE POR OMISSÃO. LICENÇA-PATERNIDADE. ARTIGO 7º, XIX, DA CONSTITUIÇÃO DA REPÚBLICA. DECLARAÇÃO DE MORA LEGISLATIVA. OMISSÃO INCONSTITUCIONAL. CONSEQUÊNCIA. PRAZO DE 18 (DEZOITO) MESES PARA DELIBERAÇÃO LEGISLATIVA.". AMN

Gabarito "A".

(Procurador – AL/PR – 2024 – FGV) Determinado Conselho profissional editou norma que exige a quitação das anuidades para a obtenção, a suspensão e a reativação de inscrição, inscrição secundária, bem como a renovação e a segunda via da carteira profissional. Nesse contexto, João, profissional vinculado ao referido Conselho ajuizou ação requerendo o afastamento da adoção de sanções políticas aplicadas a ele como meios indiretos de coerção para a cobrança da contribuição.

Diante do exposto e da jurisprudência do Supremo Tribunal Federal, é correto afirmar que João deve ter o seu pleito

(A) indeferido, uma vez que a natureza autárquica do Conselho Federal e dos Conselhos Regionais Profissionais faz com que haja obrigatoriedade de prestarem contas ao Tribunal de Contas da União e autoriza a aplicação de sanções políticas.

(B) indeferido, uma vez que a norma referida está em consonância com os princípios da livre-iniciativa e da proporcionalidade, já que as referidas autarquias têm condão de garantir o regular exercício da profissão.

(C) deferido, pois as contribuições de interesse das categorias profissionais não têm a natureza do tributo e por esse motivo não podem ser aplicadas sanções que forcem o pagamento da dívida.

(D) indeferido, uma vez que no caso de conflito de normas constitucionais sempre haverá a prevalência daquele que atingir o maior número de pessoas.

(E) deferido, pois condicionar o exercício de atividade profissional à quitação de débitos tributários constitui manifesta ofensa ao direito fundamental ao livre exercício de profissão e aos princípios da livre iniciativa e da proporcionalidade.

A alternativa correta é a E, conforme decidiu o STF ao julgar a ADI 7423/DF: "AÇÃO DIRETA DE INCONSTITUCIONALIDADE. INC. II DO ART. 16, § 2º DO ART. 32, INCS. II E IV DO ART. 46 E § 6º DO ART. 48 DO ANEXO DA RESOLUÇÃO N. 560/2017, DO CONSELHO FEDERAL DE ENFERMAGEM. INTERDITO DO EXERCÍCIO PROFISSIONAL. INADIMPLÊNCIA DE PAGAMENTO DE ANUIDADE. NATUREZA JURÍDICA DE TRIBUTO. CONTRIBUIÇÃO DE INTERESSE DE CATEGORIA PROFISSIONAL. SANÇÃO POLÍTICA EM MATÉRIA TRIBUTÁRIA. PRECEDENTES. AÇÃO DIRETA JULGADA PROCEDENTE. 1. Instruído o processo nos termos do art. 10 da Lei n. 9.868/1999, é de cumprir-se o princípio constitucional de razoável duração do processo e julgamento de mérito da ação direta por este Supremo Tribunal, ausente necessidade de novas informações. Precedentes. 2. É cabível a ação direta de inconstitucionalidade para o exame de atos normativos infralegais quando o conteúdo impugnado apresentar incompatibilidade direta com a Constituição da República e sejam dotados de generalidade e abstração. Precedentes. 3. As anuidades cobradas pelos conselhos profissionais caracterizam-se como tributos da espécie contribuições de interesse das categorias profissionais, nos termos do art. 149 da Constituição da República. Precedentes. 4. A suspensão de exercício profissional pelo não pagamento de anuidade do Conselho profissional configura sanção política como meio indireto de coerção para a cobrança de tributos. Precedentes. 5. São inconstitucionais as normas impugnadas pelas quais exigem a quitação de anuidades devidas ao Conselho Profissional de Enfermagem para que profissionais obtenham inscrição, suspensão de inscrição, reativação de inscrição, inscrição secundária, segunda via e renovação de carteira profissional de identidade, por instituírem sanção política como meio coercitivo indireto para pagamento de tributo. 6. Ação direta na qual proposta a conversão da apreciação da medida cautelar em julgamento de mérito. Pedido julgado procedente para declarar a inconstitucionalidade do inc. II do art. 16, § 2º do art. 32, incs. II e IV do art. 46 e § 6º do art. 48 do Anexo da Resolução n. 560, de 23.10.2017, do Conselho Federal de Enfermagem". AMN

Gabarito "E".

(Procurador – AL/PR – 2024 – FGV) O Chefe do Poder Executivo editou medida provisória que para abertura de crédito extraordinário, visando atender a despesas imprevisíveis decorrentes de catástrofe ambiental caracterizadora de calamidade pública.

Diante do exposto e de acordo com o entendimento predominante no Supremo Tribunal Federal, é correto afirmar que o referido ato normativo é

(A) inconstitucional, pois é vedado ao Poder Executivo editar medida provisória que disponha planos plurianuais, diretrizes orçamentárias, orçamento e créditos adicionais e suplementares.

(B) constitucional, pois é permitido ao Poder Executivo editar medida provisória que disponha planos plurianuais, diretrizes orçamentárias, orçamento e créditos adicionais e suplementares.

(C) inconstitucional, pois é vedado ao Poder Executivo editar medida provisória que disponha sobre matéria reservada a lei complementar.

(D) constitucional, pois no caso de relevância e urgência, o Presidente da República poderá adotar medidas provisórias, com força de lei, devendo submetê-las de imediato ao Congresso Nacional.

(E) constitucional, pois além dos requisitos de relevância e urgência, a Constituição autoriza que a abertura do crédito extraordinário seja feita por Medida Provisória apenas para atender a despesas imprevisíveis e urgentes, como no caso de calamidade pública.

A alternativa correta é a E. O art. 167, § 3º, da CF, prevê que: "A abertura de crédito extraordinário somente será admitida para atender a despesas imprevisíveis e urgentes, como as decorrentes de guerra, comoção interna ou calamidade pública, observado o disposto no art. 62". O art. 62, § 1º, I, d, da CF, veda a edição de medidas provisórias sobre matéria: "planos plurianuais, diretrizes orçamentárias, orçamento e créditos adicionais e suplementares, ressalvado o previsto no art. 167, § 3º". O STF ao interpretar essas duas normas constitucionais decidiu que: "MEDIDA CAUTELAR EM AÇÃO DIRETA DE INCONSTITUCIONALIDADE. MEDIDA PROVISÓRIA Nº 405, DE 18.12.2007. ABERTURA DE CRÉDITO EXTRAORDINÁRIO. LIMITES CONSTITUCIONAIS À ATIVIDADE LEGISLATIVA EXCEPCIONAL DO PODER EXECUTIVO NA EDIÇÃO DE MEDIDAS PROVISÓRIAS. I. MEDIDA PROVISÓRIA E SUA CONVERSÃO EM LEI. Conversão da medida provisória na Lei nº 11.658/2008, sem alteração substancial. Aditamento ao pedido inicial. Inexistência de obstáculo processual ao prosseguimento do julgamento. A lei de conversão não convalida os vícios existentes na medida provisória. Precedentes. II. CONTROLE ABSTRATO DE CONSTITUCIONALIDADE DE NORMAS ORÇAMENTÁRIAS. REVISÃO DE JURISPRUDÊNCIA. O Supremo Tribunal Federal deve exercer sua função precípua de fiscalização da constitucionalidade das leis e dos atos normativos quando houver um tema ou uma controvérsia constitucional suscitada em abstrato, independente do caráter geral ou específico, concreto ou abstrato de seu objeto. Possibilidade de submissão das normas orçamentárias ao controle abstrato de constitucionalidade. III. LIMITES CONSTITUCIONAIS À ATIVIDADE LEGISLATIVA EXCEPCIONAL DO PODER EXECUTIVO NA EDIÇÃO DE MEDIDAS PROVISÓRIAS PARA ABERTURA DE CRÉDITO EXTRAORDINÁRIO. Interpretação do art. 167, § 3º c/c o art. 62, § 1º, inciso I, alínea 'd', da Constituição. Além dos requisitos de relevância e urgência (art. 62), a Constituição exige que a abertura do crédito extraordinário seja feita apenas para atender a despesas imprevisíveis e urgentes. Ao contrário do que ocorre em relação aos requisitos de relevância e urgência (art. 62), que se submetem a uma ampla margem de discricionariedade por parte do Presidente da República, os requisitos de imprevisibilidade e urgência (art. 167, § 3º) recebem densificação normativa da Constituição. Os conteúdos semânticos das expressões 'guerra', 'comoção interna' e 'calamidade pública' constituem vetores para a interpretação/aplicação do art. 167, § 3º c/c o art. 62, § 1º, inciso I, alínea 'd', da Constituição. 'Guerra', 'comoção interna' e 'calamidade pública' são conceitos que representam realidades ou situações fáticas de extrema gravidade e de consequências imprevisíveis para a ordem pública e a paz social, e que dessa forma requerem, com a devida urgência, a adoção de medidas singulares e extraordinárias. A leitura atenta e a análise interpretativa do texto e da exposição de motivos da MP nº 405/2007 demonstram que os créditos abertos são destinados a prover despesas correntes, que não estão qualificadas pela imprevisibilidade ou pela urgência. A edição da MP nº 405/2007 configurou um patente desvirtuamento dos parâmetros constitucionais que permitem a edição de medidas provisórias para a abertura de créditos extraordinários. IV. MEDIDA CAUTELAR DEFERIDA. Suspensão da vigência da Lei nº 11.658/2008, desde a sua publicação, ocorrida em 22 de abril de 2008." (STF, ADI 4048 MC, rel. Min. Gilmar Mendes, j. 14-5-2008). **AMN**

Gabarito "E".

(ENAM – 2024.1 – FGV) A Constituição do Estado Z conferiu aos reitores das universidades públicas estaduais o foro por prerrogativa de função, ficando a cargo do Tribunal de Justiça a competência para processar e julgar originariamente os crimes comuns praticados pelas referidas autoridades.

Diante do exposto e à luz da ordem constitucional e da jurisprudência do Supremo Tribunal Federal, é correto afirmar que a referida norma é

(A) constitucional, pois, em razão do princípio federativo, os Estados têm competência para conferir, desde que previstos na respectiva Constituição estadual, foro por prerrogativa de função a autoridades que não guardam semelhança com as que o detém na esfera federal.

(B) constitucional, pois o foro por prerrogativa de função consubstancia uma garantia constitucional relativa ao exercício da função pública e uma necessidade de proteção de algumas autoridades para o exercício imparcial e isento de suas atribuições.

(C) constitucional, pois, em razão do princípio federativo, os Estados têm competência para conferir, mesmo que previstos em legislação infraconstitucional estadual, foro por prerrogativa de função a autoridades que não guardam semelhança com as que o detém na esfera federal.

(D) inconstitucional, pois não pode o ente estadual, de forma discricionária, estender o foro por prerrogativa de função à cargos diversos daqueles abarcados pelo legislador federal, sob pena de violação às regras de reprodução automática e obrigatória da Constituição da República.

(E) inconstitucional, pois o foro por prerrogativa de função é uma garantia prevista para os servidores públicos ou agentes políticos da Administração Pública Direta, e universidades fazem parte da Administração Pública indireta, por serem autarquias públicas.

A alternativa correta é a D. O STF ao julgar a Ação Direta de Inconstitucionalidade 6517 entendeu que os Estados-membros não podem ampliar a prerrogativa de foro para autoridades diversas daquelas listadas na Constituição Federal. **AMN**

Gabarito "D".

(ENAM – 2024.1 – FGV) Em Recurso Extraordinário julgado pelo Supremo Tribunal Federal (STF), apreciou-se a constitucionalidade do Art. 1.641 do Código Civil, que prevê a obrigatoriedade do regime de separação de bens no casamento de pessoa maior de 70 (setenta) anos. Ao decidir a questão, o STF interpretou, conforme a CRFB/88, o dispositivo e fixou a seguinte tese de julgamento:

Nos casamentos e uniões estáveis envolvendo pessoa maior de 70 anos, o regime de separação de bens previsto no Art. 1641, inciso II, do Código Civil, pode ser afastado por expressa manifestação da vontade das partes, mediante escritura pública.

Em relação ao tema, analise as assertivas a seguir.

I. O princípio da igualdade restringe a utilização do fator idade para desequiparar pessoas, salvo se demonstrado que se trata de fundamento razoável para realização de um fim legítimo.
II. O princípio da dignidade humana inclui, em seu conteúdo, o valor intrínseco de toda pessoa e a autonomia para realizar suas próprias escolhas existenciais.
III. O regime de separação de bens do Art. 1.641, inciso II, do Código Civil, aplica-se tanto ao casamento quanto à união estável, mas somente o casamento forma entidade familiar.

Está correto o que se afirma em

(A) I, apenas.
(B) II, apenas.
(C) I e II, apenas.
(D) II e III, apenas.
(E) I, II e III.

Os enunciados I e II estão corretos e o III incorreto, conforme julgamento proferido pelo STF na ARE 1309642, com Repercussão Geral reconhecida (Tema 1236), cuja ementa do acórdão é a seguinte: "Direito Constitucional e Civil. Recurso extraordinário com agravo. Repercussão geral. Separação obrigatória de bens nos casamentos e uniões estáveis com pessoa maior de setenta anos. Interpretação conforme a Constituição. I. O caso em exame 1. O recurso. Recurso extraordinário com agravo e repercussão geral reconhecida contra decisão que considerou constitucional o art. 1.641, II, do Código Civil e estendeu sua aplicação às uniões estáveis. O referido dispositivo prevê a obrigatoriedade do regime de separação de bens no casamento de pessoa maior de setenta anos. 2. O fato relevante. Companheira em união estável postula participação na sucessão de seu falecido companheiro em igualdade de condições com os herdeiros necessários. 3. As decisões anteriores. O juiz de primeiro grau considerou inconstitucional o dispositivo do Código Civil e reconheceu o direito da companheira em concorrência com os herdeiros. O Tribunal de Justiça do Estado de São Paulo reformou a decisão, considerando a norma que impõe a separação obrigatória de bens válida. II. A questão jurídica em discussão 4. O presente recurso discute duas questões: (i) a constitucionalidade do dispositivo que impõe o regime da separação de bens aos casamentos com pessoa maior de setenta anos; e (ii) a aplicação dessa regra às uniões estáveis. III. A solução do problema 5. O dispositivo aqui questionado, se interpretado de maneira absoluta, como norma cogente, viola o princípio da dignidade da pessoa humana e o da igualdade. 6. O princípio da dignidade humana é violado em duas de suas vertentes: (i) da autonomia individual, porque impede que pessoas capazes para praticar atos da vida civil façam suas escolhas existenciais livremente; e (ii) do valor intrínseco de toda pessoa, por tratar idosos como instrumentos para a satisfação do interesse patrimonial dos herdeiros. 7. O princípio da igualdade, por sua vez, é violado por utilizar a idade como elemento de desequiparação entre as pessoas, o que é vedado pelo art. 3º, IV, da Constituição, salvo se demonstrado que se trata de fundamento razoável para realização de um fim legítimo. Não é isso o que ocorre na hipótese, pois as pessoas idosas, enquanto conservarem sua capacidade mental, têm o direito de fazer escolhas acerca da sua vida e da disposição de seus bens. 8. É possível, todavia, dar interpretação conforme a Constituição ao art. 1.641, II, do Código Civil, atribuindo-lhe o sentido de norma dispositiva, que deve prevalecer à falta de convenção das partes em sentido diverso, mas que pode ser afastada por vontade dos nubentes, dos cônjuges ou dos companheiros. Ou seja: trata-se de regime legal facultativo e não cogente. 9. A possibilidade de escolha do regime de bens deve ser estendida às uniões estáveis. Isso porque o Supremo Tribunal Federal entende que '[n]ão é legítimo desequiparar, para fins sucessórios, os cônjuges e os companheiros, isto é, a família formada pelo casamento e a formada por união estável' (RE 878.694, sob minha relatoria, j. em 10.05.2017). 10. A presente decisão tem efeitos prospectivos, não afetando as situações jurídicas já definitivamente constituídas. É possível, todavia, a mudança consensual de regime, nos casos em que validamente admitida (e.g., art. 1.639, § 2º, do Código Civil). 11. No caso concreto, como não houve manifestação do falecido, que vivia em união estável, no sentido de derrogação do art. 1.641, II, do Código Civil, a norma é aplicável. IV. Dispositivo e tese 12. Recurso extraordinário a que se nega provimento. Tese de julgamento: 'Nos casamentos e uniões estáveis envolvendo pessoa maior de 70 anos, o regime de separação de bens previsto no art. 1.641, II, do Código Civil pode ser afastado por expressa manifestação de vontade das partes, mediante escritura pública'. Atos normativos citados: Constituição Federal, arts. 1º, III; 3º, IV; 5º, I, X; 226, § 3º; 230, e Código Civil, arts. 1.641, II; e 1.639, § 2º. Jurisprudência citada: RE 878.694 (2017), Rel. Min. Luís Roberto Barroso."

Gabarito "C".

(Juiz de Direito – TJ/SC – 2024 – FGV) Determinado município deixou de editar lei disciplinando a revisão geral anual da remuneração dos servidores públicos daquele ente federativo e, por esse motivo, o Poder Judiciário concedeu injunção para que o chefe do Poder Executivo envie projeto de lei e promova a referida revisão dos servidores municipais.

Diante do exposto e da jurisprudência do Supremo Tribunal Federal, o Poder Judiciário agiu:

(A) corretamente, pois a garantia da revisão geral anual decorre da norma constitucional que garante a irredutibilidade dos vencimentos aos servidores públicos;
(B) corretamente, pois a definição do índice cabe aos poderes políticos, em razão da expertise técnica desses poderes em gerir os cofres públicos e o funcionalismo estatal;
(C) incorretamente, pois deveria ter fixado diretamente o índice de correção para revisão geral anual da remuneração dos servidores públicos, em razão de omissão do chefe do Poder Executivo;
(D) corretamente, pois possui competência para determinar ao Poder Executivo a apresentação de projeto de lei que vise a promover a revisão geral anual da remuneração dos servidores públicos;
(E) incorretamente, pois não possui competência para determinar ao Poder Executivo a apresentação de projeto de lei que vise a promover a revisão geral anual, tampouco para fixar o respectivo índice de correção.

A alternativa correta é a E. O STF, ao julgar o Recurso Extraordinário 843112, com reconhecimento de repercussão geral (Tema 624), firmou a seguinte tese: "O Poder Judiciário não possui competência para determinar ao Poder Executivo a apresentação de projeto de lei que vise a promover a revisão geral anual da remuneração dos servidores públicos, tampouco para fixar o respectivo índice de correção".

Gabarito "E".

(Juiz Federal – TRF/1 – 2023 – FGV) Ana foi acometida por patologia que aceleraria a degeneração de determinados órgãos do seu corpo sempre que tivesse contato com certas substâncias muito comuns na generalidade dos alimentos. Após procurar diversos especialistas, recebeu a informação de que esse processo degenerativo poderia ser afastado com a utilização do medicamento XX. Esse medicamento era largamente utilizado na quase totalidade dos países europeus, contando com o devido registro em agências de regulação de indiscutível projeção e credibilidade no cenário internacional. Para surpresa de Ana, o medicamento ainda não tinha sido registrado perante a Agência Nacional de Vigilância Sanitária (Anvisa), embora o respectivo requerimento já tivesse sido formulado há muito tempo, havendo mora irrazoável na sua apreciação, considerando a legislação de regência. Por tal razão, não era oferecido no âmbito do Sistema Único de Saúde (SUS).

À luz dessa narrativa, é correto afirmar que Ana:

(A) poderá obter o medicamento XX, caso ingresse com ação em face de qualquer ente federativo que integre o SUS, devendo demonstrar que centros de pesquisa sediados no Brasil chancelaram a sua eficácia;

(B) poderá obter o medicamento XX, caso ingresse com ação judicial em face da União, único ente legitimado a figurar no polo passivo da demanda, devendo ser demonstrado apenas que o medicamento XX é imprescindível à preservação de sua vida;

(C) poderá obter o medicamento XX, caso ingresse com ação em face de qualquer ente que integre o SUS, devendo demonstrar que o medicamento XX integra protocolos de intervenção terapêutica aprovados pela Agência Nacional de Saúde;

(D) poderá obter o medicamento XX, caso ingresse com ação judicial em face da União, único ente legitimado a figurar no polo passivo da demanda, devendo ser demonstrada a inexistência de substituto terapêutico com registro no Brasil;

(E) não poderá compelir qualquer estrutura estatal de poder a lhe fornecer o medicamento XX, salvo se demonstrar a sua hipossuficiência econômica e que o registro do medicamento já recebeu parecer favorável dos órgãos internos da Anvisa.

A alternativa D é a correta, conforme a tese firmada no Recurso Extraordinário 657718, com Repercussão Geral reconhecida (Tema 500): "1. O Estado não pode ser obrigado a fornecer medicamentos experimentais. 2. A ausência de registro na ANVISA impede, como regra geral, o fornecimento de medicamento por decisão judicial. 3. É possível, excepcionalmente, a concessão judicial de medicamento sem registro sanitário, em caso de mora irrazoável da ANVISA em apreciar o pedido (prazo superior ao previsto na Lei nº 13.411/2016), quando preenchidos três requisitos: (i) a existência de pedido de registro do medicamento no Brasil (salvo no caso de medicamentos órfãos para doenças raras e ultrarraras);(ii) a existência de registro do medicamento em renomadas agências de regulação no exterior; e (iii) a inexistência de substituto terapêutico com registro no Brasil. 4. As ações que demandem fornecimento de medicamentos sem registro na ANVISA deverão necessariamente ser propostas em face da União.".

Gabarito "D".

(Juiz Federal – TRF/1 – 2023 – FGV) Considere um caso em que a União patrocina financeiramente uma política de apoio a certa região do Brasil que está assolada por uma seca crônica. A política adotada consiste em liberar o acesso das vítimas a um açude numa região vizinha para levarem água gratuitamente. A política se destina a todas as vítimas da seca naquela região. O argumento central é de que tal política seria discriminatória.

Em relação a tal caso, é correto afirmar que:

(A) não existe discriminação, uma vez que a política é neutra porque trata todas as vítimas da seca de maneira igualitária, sem impor ônus a nenhum grupo específico;

(B) a existência ou não de discriminação numa política pública é uma avaliação de natureza apenas moral e não há base legal que permita a judicialização desse caso;

(C) trata-se de um caso de discriminação direta, já que produziu distinção que teve como efeito restringir o exercício, em igualdade de condições, de um grupo ao acesso à água;

(D) é um caso de discriminação indireta, pois, apesar de ser uma política neutra, ela acarreta uma desvantagem particular às pessoas que não possuem recursos para transportar a água;

(E) a situação caracteriza-se como discriminação múltipla ou agravada, uma vez que acumula tanto a discriminação direta quanto a discriminação indireta.

A alternativa D é a correta. A discriminação direta é aquela que contém a intenção discriminatória. Na hipótese apresentada estamos diante de uma discriminação indireta, que é aquela dissimulada, que não tem fator de intencionalidade e que aparentemente sua prática é neutra, mas que resulta em discriminação.

Gabarito "D".

3. DIREITO INTERNACIONAL

Renan Flumian

1. DIREITO INTERNACIONAL PÚBLICO

(Juiz Federal – TRF/1 – 2023 – FGV) O Direito Internacional Público (DIP) trata das relações jurídicas entre os Estados entre si e com organizações internacionais.

Na compreensão dessas relações, são as principais fontes do DIP:

(A) as convenções internacionais, os costumes internacionais e os princípios gerais de direito;

(B) a constituição dos Estados soberanos, os princípios gerais de direito e a ordem pública interna de cada Estado;

(C) as convenções internacionais, os princípios gerais de direito e os julgados do Tribunal Penal Internacional;

(D) os costumes internacionais e internos de cada Estado, os princípios gerais de direito e o Código de Bustamante;

(E) as convenções internacionais, os costumes internacionais e as decisões vinculantes das Supremas Cortes dos Estados envolvidos na relação jurídica.

O art. 38 do Estatuto da Corte Internacional de Justiça (CIJ) determina que a função da Corte é decidir as controvérsias que lhe forem submetidas com base no Direito Internacional. Ademais, indica as fontes que serão utilizadas pelos juízes na confecção de suas decisões, a saber: **a)** as convenções internacionais; **b)** o costume internacional; **c)** os princípios gerais do Direito; **d)** as decisões judiciárias e a doutrina dos juristas mais qualificados das diferentes nações. Por fim, ainda aponta a possibilidade de a Corte decidir por equidade (*ex aequo et bono*), desde que haja o consentimento das partes. Portanto, a resposta correta é a "A".

Gabarito "A".

2. ESTADO – SOBERANIA E TERRITÓRIO

(OAB/FGV – 2022) Pablo acaba de chegar do Uruguai e pretende se fixar em Uruguaiana (RS) como residente fronteiriço. Desconhecendo seus direitos como residente fronteiriço, ele procura você, como advogado(a), para receber a orientação jurídica adequada.

Em relação aos direitos de Pablo, como residente fronteiriço, assinale a opção que apresenta, corretamente, a orientação recebida.

(A) A abrangência do espaço geográfico, autorizada pelo documento de residente fronteiriço de Pablo, será o território nacional.

(B) A obtenção de outra condição migratória implica a renovação automática, por prazo indeterminado, do documento de Pablo, como residente fronteiriço.

(C) A autorização para a realização de atos da vida civil poderá ser concedida a Pablo, mediante requerimento, a fim de facilitar sua livre circulação.

(D) A fim de facilitar a sua livre circulação, poderá ser concedido a Pablo, mediante requerimento, visto temporário em seu passaporte para a realização de atos da vida civil.

A assertiva correta é a "C", consoante art. 23 da Lei de Migração.

Gabarito "C".

2.1. Imunidades

(Juiz Federal – TRF/1 – 2023 – FGV) Jorge, brasileiro, trabalha na Organização das Nações Unidas para a Educação, a Ciência e a Cultura – Unesco, em sua representação no Distrito Federal. Entende que não está tendo seus direitos trabalhistas respeitados e que, pelo princípio da territorialidade, as leis trabalhistas brasileiras devem reger sua contratação. Decide ajuizar a demanda correspondente.

Sobre o tema, é correto afirmar que:

(A) a Justiça do Trabalho é a competente para processar e julgar demanda proposta no caso concreto, não havendo que se falar em imunidade de jurisdição, pois atualmente o Brasil segue a teoria da imunidade relativa de jurisdição do Estado estrangeiro;

(B) a Justiça Federal é a competente para processar e julgar a demanda proposta no caso concreto, não havendo que se falar em imunidade de jurisdição, pois atualmente o Brasil segue a teoria da imunidade relativa de jurisdição do Estado estrangeiro;

(C) conforme jurisprudência do Supremo Tribunal Federal, organismo internacional como a Unesco possui imunidade de jurisdição, inclusive com relação às causas de natureza trabalhista;

(D) as convenções sobre privilégios e imunidades das Nações Unidas e suas agências especializadas (Decreto nº 27.784/1950 e Decreto nº 52.288/1963) não garantem à Unesco imunidade de jurisdição nos Estados em que ela atua;

(E) os organismos internacionais não podem ser demandados em juízo no Brasil. Na hipótese de organismos internacionais sequer é cabível a intimação para renúncia expressa à imunidade.

O RE 1.034.840 discutiu a questão da imunidade de jurisdição de organizações internacionais e suas consequências sobre as relações trabalhistas. Em resumo, a discussão foi sobre se uma organização internacional (Unesco) poderia ser demandada na Justiça brasileira em razão de supostos direitos trabalhistas violados. O STF, ao analisar o caso, firmou o entendimento de que organizações internacionais gozam de imunidade de jurisdição perante a Justiça brasileira. Isso significa que não podem ser processadas ou julgadas em juízo nacional, salvo em situações excepcionais e expressamente previstas em tratados internacionais ou em leis específicas. Portanto, com base no julgamento do RE 1.034.840, tema de repercussão geral nº 947, o Supremo Tribunal Federal reconheceu que a Unesco e outras organizações internacionais gozam de imunidade de jurisdição perante a Justiça brasileira, incluindo causas de natureza trabalhista.

Gabarito "C".

(OAB/FGV – 2023) O veículo de serviço do Consulado de um Estado estrangeiro transgrediu as leis de trânsito brasileiras e causou avarias em uma viatura da Polícia Militar de Estado da Federação brasileira.

A competência para processar e julgar uma eventual ação indenizatória é, originariamente,

(A) do Supremo Tribunal Federal.
(B) do Superior Tribunal de Justiça.
(C) da Justiça Federal de 1ª Instância.
(D) da Justiça Estadual de 1ª Instância.

A competência é do STF (art. 102,I , *e*, da CF).

Gabarito "A".

2.2. Deportação

(OAB/FGV – 2022) A medida de retirada compulsória de pessoa nacional de outro país, que ingressou em território nacional com visto de visita e está exercendo atividade remunerada, será

(A) a repatriação, que é a medida administrativa de devolução de pessoa em situação de impedimento ao país de procedência ou de nacionalidade.
(B) a deportação, que é a medida decorrente de procedimento administrativo que consiste na retirada compulsória de pessoa que se encontra em situação migratória irregular em território nacional.
(C) a expulsão, que é medida administrativa de retirada compulsória de migrante ou visitante do território nacional, conjugada com o impedimento de reingresso por prazo determinado.
(D) a extradição, que é a medida de cooperação internacional entre o Estado brasileiro e outro Estado pela qual se concede ou solicita a entrega de pessoa sobre quem recaia condenação criminal definitiva ou para fins de instrução de processo penal em curso.

A deportação é medida decorrente de procedimento administrativo que consiste na retirada compulsória de pessoa que se encontre em situação migratória irregular em território nacional – quase sempre por expiração do prazo de permanência ou por exercício de atividade não permitida, como trabalho remunerado no caso do turista (redação dada pelo art. 50 da Lei de Migração – 13.445/2017).

Gabarito "B".

2.3. Extradição

(OAB/FGV – 2020) Michel, francês residente em Salvador há 12 anos, possui um filho brasileiro de 11 anos que vive às suas expensas, chamado Fernando, embora o menor resida exclusivamente com sua genitora, Sofia, brasileira, na cidade de São Paulo.

Sofia, ex-companheira de Michel, possui a guarda unilateral de Fernando. Por sentença transitada em julgado, Michel, que possui 47 anos, foi condenado por homicídio culposo a três anos de detenção.

Com relação ao caso narrado, segundo o que dispõe a Lei de Migração (Lei nº 13.445/17), assinale a afirmativa correta.

(A) Michel não poderá ser expulso do Brasil pelo fato de que sua condenação, ainda que transitada em julgado, decorre do cometimento de crime culposo.
(B) A dependência econômica de Fernando em relação a Michel não é suficiente para garantir a permanência do último no país, sendo necessário, ainda, que o filho esteja sob a guarda de Michel.
(C) O tempo de residência de Michel no Brasil, por ser superior há 10 anos, impossibilita que se proceda à sua expulsão.
(D) É desnecessário garantir o contraditório no processo de expulsão de Michel, porquanto se presume que a referida garantia constitucional já fora observada durante o processo penal.

A: correta (art. 54, § 1º, II, da Lei de Migração); **B:** incorreta (art. 55, II *a*, da Lei de Migração); **C:** incorreta (art. 55, II *d*, da Lei de Migração); **D:** incorreta (art. 58, da Lei de Migração)

Gabarito "A".

2.4. Vistos

(OAB/FGV – 2020) Em razão da profunda crise econômica e da grave instabilidade institucional que assola seu país, Pablo resolve migrar para o Brasil, uma vez que, neste último, há melhores oportunidades para exercer seu trabalho e sustentar sua família. Em que pese Pablo possuir a finalidade de trabalhar, acabou por omitir tal informação, obtendo visto de visita, na modalidade turismo, para o Brasil.

Considerando-se o enunciado acima, à luz da Lei de Migração em vigor (Lei 13.445/17), assinale a afirmativa correta.

(A) Se Pablo, com o visto de visita, vier a exercer atividade remunerada no Brasil, poderá ser expulso do país.
(B) Se Pablo, com o visto de visita, vier a exercer atividade remunerada no Brasil, poderá ser extraditado do país.
(C) Pablo poderia solicitar, bem como obter, visto temporário para acolhida humanitária, diante da grave instabilidade institucional que assola seu país.
(D) Pablo poderá obter asilo, em razão da profunda crise econômica que assola seu país.

Pablo poderia ter solicitado visto temporário para acolhida humanitária, conforme define o artigo 14, *c* e § 3º, da Lei de Migração.

Gabarito "C".

2.5. combinadas

(OAB/FGV – 2021) John, de nacionalidade americana, possui interesse em visitar seu filho Mário, brasileiro nato, de 18 anos, que reside no Brasil com sua mãe. Em sua visita, John pretende permanecer no país por apenas 10 (dez) dias.

Diante do interesse manifestado por John em visitar o filho no Brasil, à luz da atual Lei de Migração (Lei nº 13.445/17), assinale a afirmativa correta.

(A) Uma vez obtido o visto de visita, é direito subjetivo de John ingressar no Brasil.
(B) John tem direito subjetivo ao visto de visita, em razão da política migratória brasileira estabelecer

a garantia do direito à reunião familiar, independentemente de outros requisitos previstos na atual Lei de Migração.
(C) John, mesmo após obter o visto de visita, poderá ser impedido de ingressar no Brasil, caso tenha sido condenado ou esteja respondendo a processo em outro país por crime doloso passível de extradição segundo a lei brasileira.
(D) Se John tiver o intuito de estabelecer residência por tempo determinado no Brasil, deverá obrigatoriamente solicitar visto para trabalho, uma vez que a Lei de Migração não possui a previsão de concessão de visto temporário para reunião familiar.

A única assertiva correta conforme a Lei de Migração é a "C". O art. 45 da Lei de Migração que cuida das situações impeditivas de ingresso do estrangeiro no Brasil, prevê especificamente isso no seu inciso III.
Gabarito "C".

3. TRIBUNAL PENAL INTERNACIONAL

(Juiz Federal – TRF/1 – 2023 – FGV) O Tribunal Penal Internacional (TPI) foi instituído pelo Tratado de Roma, de 17 de julho de 1998, ratificado pelo Decreto Legislativo nº 112, de 6 de junho de 2002, e internalizado no Brasil por meio do Decreto nº 4.388, de 25 de setembro de 2002.

Sobre o TPI, é correto afirmar que:

(A) a jurisdição do TPI é concorrente, a fim de garantir maior efetividade ao sistema de punição de crimes graves contra a humanidade;
(B) o TPI não é vinculado a nenhum país, mas a um órgão da ONU e, portanto, todas as nações que integram a ONU estão a ele submetidos;
(C) compete ao TPI processar e julgar os crimes de guerra, os crimes de genocídio, os crimes contra a vida em geral e os crimes de agressão contra a humanidade;
(D) a jurisdição do TPI é subsidiária e só poderá intervir quando o Estado com jurisdição sobre o caso não estiver em condições de investigar e julgar o acusado ou não demonstrar intenção de fazê-lo;
(E) a jurisdição do TPI incide sobre os Estados Membros que se omitem de forma culposa ou dolosa de processar e julgar cidadãos acusados dos crimes previstos no Tratado de Roma.

A: Incorreta. A jurisdição do TPI não é concorrente, mas sim complementar (subsidiária). Isso significa que o TPI pode intervir apenas quando os tribunais nacionais não estão dispostos ou capacitados a julgar os crimes de sua competência; B: Incorreta. O TPI não é um órgão das Nações Unidas, mas sim um tribunal independente. Ele foi estabelecido pelo Tratado de Roma e é composto por Estados partes desse tratado; C: Incorreta, pois o TPI não julga crimes contra a vida em geral. O TPI atualmente julga os crimes de guerra, os crimes de genocídio, os crimes contra a humanidade e, desde 2017, os crimes de agressão ; D: Correta. A jurisdição do TPI é subsidiária, o que significa que ele só pode julgar casos se os tribunais nacionais não estiverem dispostos ou capacitados a fazê-lo. Além disso, o TPI pode intervir quando o Estado em questão não estiver disposto a investigar ou julgar o caso; E: Incorreta, porque a jurisdição do TPI não é acionada simplesmente pela omissão de um Estado em processar e julgar os crimes previstos no Tratado de Roma. A atuação do TPI é subsidiária, o que significa que ele só pode julgar casos se os tribunais nacionais não estiverem dispostos ou capacitados a fazê-lo.
Gabarito "D".

4. SER HUMANO

4.1. Nacionalidade

(OAB/FGV – 2024) Sofia, brasileira nata, com dupla nacionalidade, portuguesa e brasileira, decidiu renunciar à nacionalidade brasileira e procurou você, como advogado(a), para receber a orientação jurídica adequada sobre os efeitos de tal decisão.

Depois da avaliação do caso, você afirmou, corretamente, à sua cliente que

(A) a renúncia sendo feita de forma expressa, perante autoridade brasileira competente, dará causa à declaração da perda da nacionalidade brasileira.
(B) a renúncia, sendo feita de forma tácita, dará causa à declaração da perda da nacionalidade brasileira.
(C) após a efetivação da perda da nacionalidade, ela não poderá readquirir a nacionalidade brasileira originária.
(D) a renúncia não será aceita pela autoridade brasileira competente, em razão do risco de geração de situação de apatridia.

A: Correta. De acordo com o artigo 12, § 4º, inciso II, da Constituição Federal, o brasileiro nato pode perder a nacionalidade caso venha a declarar expressamente, perante autoridade competente, sua renúncia à nacionalidade brasileira, desde que possua outra nacionalidade; B: Incorreta. A renúncia à nacionalidade brasileira deve ser feita de forma expressa, e não tácita; C: Incorreta (12, § 5º, da CF); D: Incorreta. Sofia não se tornará apátrida, pois possui dupla nacionalidade (brasileira e portuguesa).
Gabarito "A".

(OAB/FGV – 2021) Ao imigrar para o Brasil, uma família de venezuelanos procura um advogado a fim de obter orientação jurídica acerca dos direitos relativos à moradia, educação para os filhos e abertura de conta-corrente perante instituição financeira brasileira, tendo em vista ser assegurado aos imigrantes determinados direitos, em condições de igualdade com os nacionais, em todo o território nacional.

Em relação a esses direitos, assinale a afirmativa correta.

(A) É assegurado o direito à liberdade de circulação em território nacional, restrita à área fronteiriça por onde ingressou.
(B) É assegurado o direito à educação pública, vedada a discriminação em razão da nacionalidade e da condição migratória.
(C) É vedado o direito de transferir recursos decorrentes de sua renda e economias pessoais para outro país.
(D) É vedada a abertura de conta-corrente em instituições financeiras nacionais.

No Brasil, qualquer pessoa, brasileiro, estrangeiro residente ou não residente, goza dos direitos individuais previstos na CF (art. 5º). A assertiva "B" está correta por apresentar o estipulado no inciso X do art. 4º da Lei de Migração.
Gabarito "B".

5. QUESTÕES COMBINADAS E OUTROS TEMAS DE DIREITO INTERNACIONAL PÚBLICO

(OAB/FGV – 2019) Existem disputas sobre parcelas de territórios entre países da América Latina. O Brasil e o Uruguai, por exemplo, possuem uma disputa em torno da chamada "ilha brasileira", na foz do Rio Uruguai. Na hipótese de o Uruguai vir a reivindicar formalmente esse território, questionando a divisa estabelecida no tratado internacional de 1851, assinale a opção que indica o tribunal internacional ao qual ele deveria endereçar o pleito.

(A) Tribunal Permanente de Revisão do Mercosul.
(B) Corte Internacional de Justiça.
(C) Tribunal Penal Internacional.
(D) Tribunal Internacional do Direito do Mar.

O tribunal internacional com competência para julgar essa disputa sobre territórios é a Corte Internacional de Justiça. O Tribunal Permanente de Revisão do Mercosul é encarregado de julgar, em grau de recurso, as decisões proferidas pelos tribunais arbitrais ad hoc do Mercosul. E o Mercosul é uma união aduaneira que trata de questões comerciais. O Tribunal Penal Internacional é um tribunal permanente para julgar indivíduos acusados da prática de crimes de genocídio, de crimes de guerra, de crimes de agressão e de crimes contra a humanidade. Por fim, o Tribunal Internacional do Direito do Mar soluciona controvérsias marítimas.
Gabarito "B".

(OAB/FGV – 2019) Uma das funções da cooperação jurídica internacional diz respeito à obtenção de provas em outra jurisdição, nos termos das disposições dos tratados em vigor e das normas processuais brasileiras.

Para instruir processo a ser iniciado ou já em curso, no Brasil ou no exterior, não é admitida, no entanto, a solicitação de colheita de provas

(A) por carta rogatória ativa.
(B) por carta rogatória passiva.
(C) a representantes diplomáticos ou agentes consulares.
(D) pela via do auxílio direto.

A solicitação de colheita de provas em outra jurisdição pode ser feita por carta rogatória ativa e passiva, bem como pela via do auxílio direto. E não pode ser feita via representantes diplomáticos ou agentes consulares. Para fins de esclarecimento, o juiz que pede é denominado rogante (carta rogatória ativa) e o que recebe, rogado (carta rogatória passiva).
Gabarito "C".

(OAB/FGV – 2016) Para a aplicação da Convenção sobre os Aspectos Civis do Sequestro Internacional de Crianças, Lígia recorre à autoridade central brasileira, quando Arnaldo, seu marido, que tem dupla-nacionalidade, viaja para os Estados Unidos com a filha de 17 anos do casal e não retorna na data prometida. Arnaldo alega que entrará com pedido de divórcio e passará a viver com a filha menor no exterior.

Com base no caso apresentado, a autoridade central brasileira

(A) deverá acionar diretamente a autoridade central estadunidense para que tome as medidas necessárias para o retorno da filha ao Brasil.
(B) deverá ingressar na Justiça Federal brasileira, em nome de Lígia, para que a Justiça Federal mande acionar a autoridade central estadunidense para que tome as medidas necessárias para o retorno da filha ao Brasil.
(C) não deverá apreciar o pleito de Lígia, eis que a filha é maior de 16 anos.
(D) não deverá apreciar o pleito de Lígia, eis que o pai também possui direito de guarda sobre a filha, já que o divórcio ainda não foi realizado.

A Autoridade Central brasileira é a Secretaria Nacional de Direitos Humanos, da Presidência da República. Uma vez recebido o pedido relativo ao sequestro internacional de uma criança, a Autoridade Central brasileira deverá encaminhá-lo diretamente à Autoridade Central do Estado onde a criança se encontre. Havendo dificuldades para o retorno amigável da criança, caberá à Advocacia-Geral da União (AGU) ajuizar ação judicial na Justiça Federal. Entretanto, a Convenção de Haia sobre os Aspectos Civis do Sequestro Internacional de Crianças não se aplica a partir do momento em que a criança completar 16 anos de idade. No caso apresentado pelo enunciado da questão, a filha do casal Lígia e Arnaldo tem 17 anos e, desta forma, a Autoridade Central brasileira não irá apreciar o pedido.
Gabarito "C".

6. DIREITO INTERNACIONAL PRIVADO – TEORIA GERAL E FONTES

(Juiz Federal – TRF/1 – 2023 – FGV) João tem sua mala extraviada em voo internacional. Para tentar receber o maior valor possível de indenização, propõe a mesma demanda no Brasil e no país de destino, onde a mala não chegou. Não há tratado sobre a jurisdição concorrente na hipótese.

Sobre o exposto, é correto afirmar que:

(A) a ação proposta no exterior não impede o processamento e julgamento da causa idêntica pelo juiz brasileiro, não havendo que se falar em litispendência internacional;
(B) as convenções de Varsóvia e Montreal vão incidir como limitador do valor da reparação dos danos, inclusive dano moral;
(C) o juiz brasileiro, ciente de que a outra demanda no exterior foi ajuizada antes, deve conhecer de ofício a litispendência internacional e extinguir a demanda em respeito à boa-fé processual;
(D) o conceito de soberania impede o reconhecimento de litispendência internacional que somente pode ser conhecida no caso concreto em um tribunal internacional;
(E) por se tratar de relação de consumo, o código de proteção e defesa do consumidor tem prevalência em relação às convenções de Varsóvia e Montreal.

A assertiva correta é a "A", pois não havendo tratado que estabeleça a jurisdição concorrente, a ação proposta no exterior não gera litispendência internacional. Portanto, João pode buscar indenização tanto no Brasil quanto no país de destino da mala.
Gabarito "A".

(Juiz Federal – TRF/1 – 2023 – FGV) Brasileiro casado com outra brasileira, com dois filhos brasileiros, de 8 e 15 anos, com residência permanente em Roma, decide retornar ao Brasil para fixar residência, sem comunicar ao outro genitor.

Sobre sua conduta, é correto afirmar que:

(A) como todos os envolvidos são brasileiros, não há vedação ao retorno de seus nacionais ao país para fixação de residência;
(B) o genitor que ficou no exterior precisa vir ao Brasil para acionar os protocolos previstos na Convenção da Haia sobre os aspectos civis do sequestro internacional de crianças;
(C) o genitor que ficou no exterior deverá acionar a justiça italiana para determinar o retorno das crianças, com auxílio direto da justiça federal no Brasil;
(D) compete à justiça federal decidir sobre eventual retorno das crianças a Roma, a partir da análise do local de sua residência habitual, sendo irrelevante a nacionalidade;
(E) a Convenção de Haia sobre aspectos civis do sequestro internacional de crianças somente incide para crianças até 14 anos, dessa forma, o filho mais velho não está protegido pelas normas da convenção.

A única assertiva correta é a "D", pois como a nacionalidade das partes não é relevante para a aplicação da Convenção de Haia, a justiça federal deve decidir sobre eventual retorno das crianças a Roma (arts. 10 e 11 da Convenção sobre os Aspectos Civis do Sequestro Internacional de Crianças).

Gabarito "D".

7. REGRAS DE CONEXÃO DA LEI DE INTRODUÇÃO ÀS NORMAS DO DIREITO BRASILEIRO

(Juiz Federal – TRF/1 – 2023 – FGV) Brasileiro, com domicílio no Rio de Janeiro, falece e deixa bens no Rio de Janeiro e em Boston, Estados Unidos da América. Deixa um filho apenas como herdeiro e sucessor.

Sobre a jurisdição e competência para processar esse inventário, conforme jurisprudência do Superior Tribunal de Justiça, é correto afirmar que:

(A) o foro adequado para realizar o inventário de todos os bens é o brasileiro;
(B) por força de convenção internacional, compete ao inventariante escolher onde processará o inventário de todos os bens, por se tratar de competência concorrente;
(C) o foro adequado para realizar o inventário de todos os bens é o norte-americano, sendo o foro brasileiro absolutamente incompetente;
(D) o inventário pode ser feito em cartório por meio de escritura pública onde serão incluídos todos os bens localizados no Brasil e no exterior;
(E) compete à justiça brasileira processar o inventário e a partilha dos bens situados no Brasil, não podendo dispor sobre os bens situados no exterior.

A: Incorreta, pois a jurisdição para o inventário e a partilha de bens é determinada pela localização dos bens e, portanto, a justiça brasileira não tem competência para dispor sobre os bens situados no exterior; **B:** Incorreta, pois não existe uma convenção internacional que permita ao inventariante escolher onde processará o inventário de todos os bens. A competência é determinada pela localização dos bens; **C:** Incorreta, pois o foro adequado para os bens localizados no Brasil é o brasileiro, e para os bens localizados em Boston é o norte-americano; **D:** Incorreta, pois o inventário em cartório no Brasil é possível apenas para bens situados no território nacional. Para bens situados no exterior, deve-se seguir as regras do país onde estão localizados; **E:** Correta. A justiça brasileira é competente para processar o inventário e partilha dos bens situados no Brasil. Não pode, porém, dispor sobre os bens situados no exterior, que devem ser objeto de inventário e partilha conforme a legislação e a jurisdição do país onde estão localizados (no caso, nos Estados Unidos).

Gabarito "E".

7.1. Art. 9º da LINDB

(OAB/FGV – 2023) Um jato privado, de propriedade de empresa inglesa, causou um acidente ao colidir com uma aeronave comercial brasileira em território nacional, provocando várias mortes, entre passageiros e tripulantes. A família de uma das vítimas brasileiras propõe uma ação contra a empresa inglesa no Brasil, formulando pedido de reparação por danos materiais e morais. A empresa ré alega que a competência para julgar o caso é da justiça inglesa.

Sobre a hipótese apresentada, segundo o direito brasileiro, assinale a afirmativa correta.

(A) O acidente ocorreu no Brasil e, assim, a justiça brasileira é competente para julgá-lo.
(B) A ré é uma empresa estrangeira que não opera no Brasil, o que impede a justiça brasileira de julgar o caso.
(C) A justiça brasileira é competente para julgar o caso, porque a vítima é brasileira.
(D) O caso deve ser remetido por carta rogatória à justiça inglesa, a quem cabe julgá-lo.

Conforme o art. 9º da LINDB, a assertiva "A" é a correta. Trata-se da regra de conexão *locus regit actum* sobre a qualificação e a regulação das obrigações (leia-se: seus aspectos extrínsecos). Ou seja, é a lei do local em que as obrigações foram constituídas que vai regulá-las. É importante apontar que as obrigações surgem dos contratos, dos delitos e dos quase delitos (crimes praticados com culpa – negligência, imprudência e imperícia).

Gabarito "A".

(OAB/FGV – 2023) Em Londres, uma sociedade empresária chinesa contratou, com uma sociedade empresária alemã, a entrega de 20.000 toneladas de minério de ferro no Porto de Santos, São Paulo.

Por problemas relacionados ao desembarque da mercadoria, a sociedade empresária chinesa resolveu demandar em face da alemã. De acordo com as normas de Direito Internacional Privado brasileiro, assinale a afirmativa correta.

(A) A competência para processar e julgar a demanda é exclusivamente da autoridade judiciária inglesa.
(B) A competência para processar e julgar a demanda é concorrentemente das autoridades judiciárias alemã e chinesa.
(C) A Justiça brasileira é concorrentemente competente para processar e julgar a demanda.
(D) A Justiça alemã é exclusivamente competente para processar e julgar a demanda.

A única assertiva correta é a "C", pois a justiça brasileira é também competente para processar e julgar a demanda, pois se trata de uma obrigação a ser executada no Brasil (art. 9º, § 1º, da Lei de Introdução às normas do Direito Brasileiro).

Gabarito "C".

(OAB/FGV – 2019) A cláusula arbitral de um contrato de fornecimento de óleo cru, entre uma empresa brasileira e uma empresa norueguesa, estabelece que todas as controvérsias entre as partes serão resolvidas por arbitragem, segundo as regras da Câmara de Comércio Internacional – CCI.

Na negociação, a empresa norueguesa concordou que a sede da arbitragem fosse o Brasil, muito embora o idioma escolhido fosse o inglês. Como contrapartida, incluiu, entre as controvérsias a serem decididas por arbitragem, a determinação da responsabilidade por danos ambientais resultantes do manuseio e descarga no terminal.

Na eventualidade de ser instaurada uma arbitragem solicitando indenização por danos de um acidente ambiental, o Tribunal Arbitral a ser constituído no Brasil

(A) tem competência para determinar a responsabilidade pelo dano, em respeito à autonomia da vontade consagrada na Lei Brasileira de Arbitragem.
(B) deverá declinar de sua competência, por não ser matéria arbitrável.
(C) deverá proferir o laudo em português, para que seja passível de execução no Brasil.
(D) não poderá decidir a questão, porque a cláusula arbitral é nula.

O Tribunal Arbitral deve declinar de sua competência porque danos ambientais não é matéria arbitrável. A opção por arbitragem só pode se dar quando se tratar de direitos patrimoniais disponíveis, que não é o caso do direito ambiental (art. 1º da Lei 9.307/96).
Gabarito "B".

7.2. Art. 10 da LINDB

(OAB/FGV – 2022) Um brasileiro, casado com uma espanhola, faleceu durante uma viagem de negócios a Paris. O casal tinha dois filhos nascidos na Espanha e era domiciliado em Portugal. Ele deixou bens no Brasil.

Assinale a opção que indica a lei que regulará a sucessão por morte.

(A) A brasileira.
(B) A espanhola.
(C) A francesa.
(D) A portuguesa.

O art. 10 da LINDB traz como regra de conexão a lei do país de último domicílio do defunto ou do desaparecido (*lex domicilii* do defunto ou do desaparecido) no que tange à regulação da sucessão por morte ou por ausência, qualquer que seja a natureza e a situação dos bens.
Gabarito "D".

(OAB/FGV – 2019) Victor, após divorciar-se no Brasil, transferiu seu domicílio para os Estados Unidos. Os dois filhos brasileiros de sua primeira união continuaram vivendo no Brasil. Victor contraiu novo matrimônio nos Estados Unidos com uma cidadã norte-americana e, alguns anos depois, vem a falecer nos Estados Unidos, deixando um imóvel e aplicações financeiras nesse país.

A regra de conexão do direito brasileiro estabelece que a sucessão de Victor será regida

(A) pela lei brasileira, em razão da nacionalidade brasileira do *de cujus*.
(B) pela lei brasileira, porque o *de cujus* tem dois filhos brasileiros.
(C) pela lei norte-americana, em razão do último domicílio do *de cujus*.
(D) pela lei norte-americana, em razão do local da situação dos bens a serem partilhados.

O artigo 10 da LINDB assim dispõe: "A sucessão por morte ou por ausência obedece à lei do país em que domiciliado o defunto ou o desaparecido, qualquer que seja a natureza e a situação dos bens". Logo, a assertiva correta é a "C".
Gabarito "C".

(OAB/FGV – 2017) Roger, suíço radicado no Brasil há muitos anos, faleceu em sua casa no Rio Grande do Sul, deixando duas filhas e um filho, todos maiores de idade. Suas filhas residem no Brasil, mas o filho se mudara para a Suíça antes mesmo do falecimento de Roger, lá residindo. Roger possuía diversos bens espalhados pelo sul do Brasil e uma propriedade no norte da Suíça.

Com referência à sucessão de Roger, assinale a afirmativa correta.

(A) Se o inventário de Roger for processado no Brasil, sua sucessão deverá ser regulada pela lei suíça, que é a lei de nacionalidade de Roger.
(B) A capacidade do filho de Roger para sucedê-lo será regulada pela lei suíça.
(C) Se Roger tivesse deixado testamento, seria aplicada, quanto à sua forma, a lei da nacionalidade dele, independentemente de onde houvesse sido lavrado.
(D) O inventário de Roger não poderá ser processado no Brasil, em razão de existirem bens no estrangeiro a partilhar.

A: incorreta, pois o art. 10 da LINDB assim dispõe: a sucessão por morte ou por ausência obedece à lei do país em que domiciliado o defunto ou o desaparecido, qualquer que seja a natureza e a situação dos bens. Portanto, a sucessão deverá ser regulada pela lei brasileira já que Roger tinha domicílio no Brasil; **B:** correta (art. 10, § 2º da LINDB); **C:** incorreta. A regra de conexão *lex domicilii* do defunto ou do desaparecido diz respeito aos aspectos intrínsecos do testamento, como, por exemplo, o conteúdo das disposições de última vontade, sua admissibilidade e os efeitos dela decorrentes. Por outro lado, os aspectos extrínsecos do testamento teriam como regra de conexão o *locus regit actum* (lei do local onde o negócio jurídico tenha se constituído). Como exemplos de aspectos extrínsecos, pode-se apontar o respeito à forma legal e se o ato foi lavrado pela autoridade competente; **D:** incorreta, conforme comentário sobre a assertiva "A".
Gabarito "B".

8. COMPETÊNCIA INTERNACIONAL

(OAB/FGV – 2024) Uma sociedade empresária colombiana celebrou, na Inglaterra, com uma sociedade alemã, um contrato para a entrega de 500 (quinhentas) sacas de café tipo arábica no Porto de Santos, Brasil, sem cláusula de eleição de foro exclusivo.

Durante o transporte, houve um acidente com a embarcação, que acarretou o perecimento da mercadoria.

Você, como advogado(a), é procurado(a) para ajuizar a presente ação.

De acordo com o direito internacional privado brasileiro, assinale a opção que indica a autoridade judiciária competente para processar e julgar eventual demanda entre as contratantes.

(A) A autoridade judiciária inglesa, única e exclusivamente.
(B) A autoridade judiciária colombiana, concorrentemente.
(C) A autoridade judiciária alemã, única e exclusivamente.
(D) A autoridade judiciária brasileira, concorrentemente.

A: Incorreta. Embora o contrato tenha sido celebrado na Inglaterra, não há cláusula de eleição de foro exclusiva. Além disso, o CPC prevê competência concorrente em casos como o descrito, o que significa que outras jurisdições podem ser competentes, incluindo o Brasil, devido ao local de entrega da mercadoria (Porto de Santos). Assim, a autoridade judiciária inglesa não tem competência exclusiva; **B**: Incorreta. A autoridade judiciária colombiana poderia ter competência em razão de ser o país da sede de uma das contratantes, mas não há elementos adicionais que vinculem diretamente o caso à Colômbia no que diz respeito ao local de execução da obrigação (entrega da mercadoria) ou ao lugar do acidente com a embarcação; **C**: Incorreta. Como pontuado no comentário à assertiva "A", o fato de uma das partes ser uma sociedade alemã não torna a autoridade judiciária alemã a única competente; **D**: Correta. De acordo com o artigo 21 do CPC, a autoridade judiciária brasileira é competente para julgar ações quando o Brasil for o local de cumprimento da obrigação, ou seja, no caso, o Porto de Santos, onde seria feita a entrega das mercadorias. Mesmo que o contrato tenha sido celebrado no exterior, a entrega da mercadoria estava prevista para ocorrer no Brasil, o que atrai a competência concorrente da autoridade judiciária brasileira.
Gabarito "D".

(OAB/FGV – 2022) Thomas, inglês, e Marta, brasileira, que se conheceram na Inglaterra, são grandes admiradores das praias brasileiras, motivo pelo qual resolvem se casar em Natal, cidade de domicílio de Marta. Em seguida, constituem como seu primeiro domicílio conjugal a capital inglesa.

O casal, que havia se mudado para Portugal passados cinco anos do início do vínculo conjugal, resolve lá se divorciar. Os consortes não tiveram filhos e, durante o matrimônio, adquiriram bens em Portugal, bem como um imóvel em Natal, onde passavam férias.

Acerca do caso narrado, e com base no que dispõem o Código de Processo Civil e a Lei de Introdução às Normas do Direito Brasileiro, assinale a afirmativa correta.

(A) O casal poderia buscar as autoridades consulares brasileiras em Portugal para a realização do divórcio, sendo consensual.
(B) Se consensual o divórcio, a sentença estrangeira que o decreta produz efeitos no Brasil, independentemente de homologação pelo Superior Tribunal de Justiça.
(C) Se o casal não fez opção expressa pelo regime de comunhão parcial de bens, deverá ser observado o regime legal previsto no Código Civil brasileiro, haja vista que o casamento fora celebrado no país.
(D) Inexistindo acordo entre os cônjuges a respeito da partilha do imóvel situado no Brasil, é possível a homologação da sentença proferida pelo Poder Judiciário português que decretou o divórcio, inclusive no ponto em que determina a partilha do referido bem.

A sentença estrangeira de divórcio consensual deve ser averbada diretamente em cartório de Registro Civil das Pessoas Naturais, sem a necessidade de homologação judicial do Superior Tribunal de Justiça (STJ), conforme Provimento n. 53, de 2016, editado pela Corregedoria Nacional de Justiça. Essa decisão regulamenta a averbação direta de sentença estrangeira de divórcio. O art. 961, § 5º, do CPC assim dispõe: "a sentença estrangeira de divórcio consensual produz efeitos no Brasil, independentemente de homologação pelo Superior Tribunal de Justiça (STJ)". A averbação direta da sentença estrangeira de divórcio consensual não precisa de prévia manifestação de nenhuma autoridade judicial brasileira e dispensa a assistência de advogado ou defensor público. A nova regra vale apenas para divórcio consensual simples ou puro, que consiste exclusivamente na dissolução do matrimônio. Havendo disposição sobre guarda de filhos, alimentos e/ou partilha de bens – o que configura divórcio consensual qualificado –, continua sendo necessária a prévia homologação pelo STJ.
Gabarito "B".

(OAB/FGV – 2020) Carlyle Schneider, engenheiro suíço, morava em Madison, Wisconsin, Estados Unidos da América, há 12 anos.

Em meados de 2015, participou da construção de dois edifícios em Florianópolis, Brasil, dos quais se afeiçoou de tal modo, que decidiu adquirir uma unidade residencial em cada prédio. Portanto, apesar de bem estabelecido em Madison, era o Sr. Schneider proprietário de dois imóveis no Brasil.

Em 10/12/2017, viajou à Alemanha e, ao visitar um antigo casarão a ser restaurado, foi surpreendido pelo desabamento da construção sobre si, falecendo logo em seguida. Carlyle Schneider deixou 3 (três) filhos, que moravam na Suíça.

A respeito dos limites da jurisdição nacional e da cooperação internacional, com base nas normas constantes do Código de Processo Civil, assinale a afirmativa correta.

(A) Em matéria de sucessão hereditária, compete exclusivamente à autoridade judiciária da Suíça, país de nacionalidade do autor da herança e de nacionalidade e residência dos herdeiros legítimos, proceder à partilha dos dois bens imóveis situados no Brasil.
(B) Em matéria de sucessão hereditária, compete concorrentemente à autoridade judiciária da Alemanha, local de óbito do autor da herança, proceder à partilha dos dois bens imóveis situados no Brasil.
(C) Em matéria de sucessão hereditária, compete exclusivamente ao Estado brasileiro, local de situação dos imóveis, proceder ao inventário e à partilha dos dois bens imóveis.
(D) Em matéria de sucessão hereditária, compete concorrentemente à autoridade judiciária dos Estados Unidos da América, país de residência do autor da herança, proceder à partilha dos dois bens imóveis situados no Brasil.

O art. 23, I, do CPC dispõe que compete à autoridade judiciária brasileira, com exclusão de qualquer outra, conhecer de ações relativas a imóveis situados no Brasil. No mesmo sentido, o art. 8º da LINDB.
Gabarito "C".

(OAB/FGV – 2020) Pedro, cidadão de nacionalidade argentina e nesse país residente, ajuizou ação em face de sociedade empresária de origem canadense, a qual, ao final do processo, foi condenada ao pagamento de determinada indenização. Pedro, então, ingressou com pedido de homologação dessa sentença estrangeira no Brasil. Sobre a hipótese apresentada, assinale a afirmativa correta.

(A) Para que a sentença estrangeira seja homologada no Brasil, é necessário que ela tenha transitado em julgado no exterior.

(B) A sentença condenatória argentina não poderá ser homologada no Brasil por falta de tratado bilateral específico para esse tema entre os dois países.
(C) A sentença poderá ser regularmente homologada no Brasil, ainda que não tenha imposto qualquer obrigação a ser cumprida em território nacional, não envolva partes brasileiras ou domiciliadas no país e não se refira a fatos ocorridos no Brasil.
(D) De acordo com o princípio da efetividade, todo pedido de homologação de sentença alienígena, por apresentar elementos transfronteiriços, exige que haja algum ponto de conexão entre o exercício da jurisdição pelo Estado brasileiro e o caso concreto a ele submetido.

A sentença judicial é um ato soberano, confeccionada pela autoridade judicial de um determinado Estado. Por ser um ato de soberania, a sentença, como todo ato soberano, incide apenas no território nacional e, destarte, é endereçada à população desse Estado.
Todavia, alguns fatos ou relações jurídicas interessam a mais de um país. Assim, o juiz de um desses Estados exercerá sua competência e aplicará o direito material indicado por seu DIPr, mas, como dito, a decisão só valerá no território nacional do juiz prolator, apesar do interesse de outras jurisdições. É nesse contexto que surge a figura da homologação de sentença estrangeira.
Após a homologação pela autoridade competente, a sentença, já apta a produzir efeitos no país prolator, passa a produzir efeitos em outra jurisdição também.[1]
Porém, de acordo com o princípio da efetividade, todo pedido de homologação de sentença estrangeira exige que haja algum ponto de conexão entre o exercício da jurisdição pelo Estado brasileiro e o caso concreto a ele submetido. Tem que ter pertinência.
Gabarito "D".

(OAB/FGV – 2019) João da Silva prestou serviços de consultoria diretamente ao Comitê Olímpico Internacional (COI), entidade com sede na Suíça, por ocasião dos Jogos Olímpicos realizados no Rio de Janeiro, em 2016. Até o presente momento, João não recebeu integralmente os valores devidos.

Na hipótese de recorrer a uma cobrança judicial, o pedido deve ser feito

(A) na justiça federal, pois o COI é uma organização internacional estatal.
(B) na justiça estadual, pois o COI não é um organismo de direito público externo.
(C) por auxílio direto, intermediado pelo Ministério Público, nos termos do tratado Brasil-Suíça.
(D) na justiça federal, por se tratar de uma organização internacional com sede no exterior.

Na justiça estadual, pois o COI é uma organização não governamental e não uma organização internacional estatal.
Gabarito "B".

(OAB/FGV – 2016) Lúcia, brasileira, casou-se com Mauro, argentino, há 10 anos, em elegante cerimônia realizada no Nordeste brasileiro. O casal vive atualmente em Buenos Aires com seus três filhos menores. Por diferenças inconciliáveis, Lúcia pretende se divorciar de Mauro, ajuizando, para tanto, a competente ação de divórcio, a fim de partilhar os bens do casal: um apartamento em Buenos Aires/Argentina e uma casa de praia em Trancoso/Bahia. Mauro não se opõe à ação.

Com relação à ação de divórcio, assinale a afirmativa correta.

(A) Ação de divórcio só poderá ser ajuizada no Brasil, eis que o casamento foi realizado em território brasileiro.
(B) Caso Lúcia ingresse com a ação perante a Justiça argentina, não poderá partilhar a casa de praia.
(C) Eventual sentença argentina de divórcio, para produzir efeitos no Brasil, deverá ser primeiramente homologada pelo Superior Tribunal de Justiça.
(D) Ação de divórcio, se consensual, poderá ser ajuizada tanto no Brasil quanto na Argentina, sendo ambos os países competentes para decidir acerca da guarda das crianças e da partilha dos bens.

A: incorreta, pois a ação de divórcio também pode ser ajuizada na Justiça Argentina. A Justiça Brasileira possui apenas competência concorrente ou relativa sobre esse caso – regulada pelo art. 21, III, do NCPC, que dispõe acerca da competência concorrente sobre ação originada de fato ocorrido ou de ato praticado no Brasil; **B:** correta. Conforme o art. 23, III, NCPC, compete à autoridade judiciária brasileira, com exclusão de qualquer outra, "em divórcio, separação judicial ou dissolução de união estável, proceder à partilha de bens situados no Brasil, ainda que o titular seja de nacionalidade estrangeira ou tenha domicílio fora do território nacional". Assim, caso Lúcia ingresse com ação de divórcio na Argentina, *não poderá partilhar a casa de praia que está situada em Trancoso* (Bahia). Isso porque é competência exclusiva ou absoluta da autoridade judiciária brasileira, em ação de divórcio, proceder à partilha de bens situados no Brasil; **C:** incorreta. Se a sentença cuidar da casa de praia ela não poderá ser homologada, visto que o Novo CPC de maneira expressa definiu que não será homologada a decisão estrangeira na hipótese de competência exclusiva da autoridade judiciária brasileira (art. 964 do NCPC). No mais, se a sentença não cuidar da casa de praia, ela não precisa ser necessariamente homologada pelo STJ, visto que o Protocolo de Las Leñas criou um procedimento mais célere e simples para que as sentenças e os laudos arbitrais prolatados em um país-membro do Mercosul irradiem seus efeitos nos outros países-membros. O procedimento regional encontra-se disciplinado nos arts. 18 a 24 do Protocolo, sendo sua grande característica o fato de as sentenças irradiarem seus efeitos nos outros Estados-membros após seguirem o procedimento adotado para o *exequatur* das cartas rogatórias. Ou seja, não é necessária a homologação da sentença prolatada por um Estado-membro do Mercosul; **D:** incorreta (reler o comentário sobre a assertiva B).
Gabarito "B".

9. QUESTÕES COMBINADAS E OUTROS TEMAS DE DIREITO INTERNACIONAL PRIVADO

(OAB/FGV – 2024) A Fundação de Juristas Moçambique–Brasil, associação privada de fim de interesse coletivo, constituiu-se na década de 1990, na cidade de Maputo, capital de Moçambique, e pretende abrir filial no Brasil. Você, advogado(a) especializado em Direito Internacional, é procurado pela Fundação para avaliar a pretensão do caso em tela.

Sobre a hipótese apresentada, assinale a afirmativa correta.

(A) A Fundação não poderá ter filial no Brasil, salvo se houver prévia decisão da justiça brasileira autorizativa.

---

1. Art. 961 do CPC: "A decisão estrangeira somente terá eficácia no Brasil após a homologação de sentença estrangeira ou a concessão do *exequatur* às cartas rogatórias, salvo disposição em sentido contrário de lei ou tratado". A sentença estrangeira homologada pelo STJ é título executivo judicial.

(B) A Fundação não poderá ter filial no Brasil, antes da aprovação dos atos constitutivos pelo governo brasileiro, ficando a filial sujeita à lei brasileira.

(C) A Fundação não poderá ter filial no Brasil, salvo se houver prévia autorização legislativa do Congresso Nacional.

(D) A Fundação não poderá ter filial no Brasil, antes da aprovação dos atos constitutivos pelo governo moçambicano, ficando a filial sujeita à lei moçambicana.

A: incorreta. A autorização para que entidades estrangeiras abram filiais no Brasil não depende de decisão judicial. Em vez disso, a autorização é administrativa e compete ao Poder Executivo brasileiro; **B:** Correta. Como comentado na assertiva anterior, as fundações e associações estrangeiras que desejam atuar no Brasil devem submeter seus atos constitutivos ao governo brasileiro para aprovação prévia e após a autorização, a filial estará sujeita às leis brasileiras, principalmente no que diz respeito à sua operação e regulamentação no território nacional; **C e D:** Incorretas. Reler os comentários anteriores.

Gabarito "B".

(OAB/FGV – 2023) Em uma disputa judicial estabelecida no Brasil referente a um contrato de compra e venda internacional de mercadorias, regido por lei estrangeira, uma sociedade empresária a invocou para fundamentar a sua pretensão perante a outra parte. Você, como advogado(a) especializado(a) em Direito Internacional, foi procurado(a) pela sociedade para avaliar a validade de invocar a lei estrangeira no caso em tela.

Sobre a hipótese apresentada, assinale a afirmativa correta.

(A) A alegação de lei estrangeira pelos litigantes viola a ordem pública.

(B) A parte que invocar a lei estrangeira provar-lhe-á o texto e a vigência, se assim o juiz determinar diante do seu desconhecimento daquela.

(C) A alegação de lei estrangeira pelos litigantes depende da concordância da parte contrária.

(D) Ao juiz é vedado transferir o encargo de comprovar o teor e a vigência da lei estrangeira à parte.

A única assertiva correta em relação à invocação de lei estrangeira é a "B" (art. 14 da da Lei de Introdução às normas do Direito Brasileiro).

Gabarito "B".

(OAB/FGV – 2019) Em uma cidade brasileira de fronteira, foi detectado um intenso movimento de entrada de pessoas de outro país para trabalhar, residir e se estabelecer temporária ou definitivamente no Brasil. Após algum tempo, houve uma reação de moradores da cidade que começaram a hostilizar essas pessoas, exigindo que as autoridades brasileiras proibissem sua entrada e a regularização documental.

Você foi procurado(a), como advogado(a), por instituições humanitárias, para redigir um parecer jurídico sobre a situação. Nesse sentido, com base na Lei 13.445/17 (Lei da Migração), assinale a afirmativa correta.

(A) A admissão de imigrantes por meio de entrada e regularização documental não caracteriza uma diretriz específica da política migratória brasileira, e sim um ato discricionário do chefe do Poder Executivo.

(B) A promoção de entrada e a regularização documental de imigrantes são coisas distintas. A política migratória brasileira adota o princípio da regularização documental dos imigrantes, mas não dispõe sobre promoção de entrada regular de imigrantes.

(C) A política migratória brasileira rege-se pelos princípios da promoção de entrada regular e de regularização documental, bem como da acolhida humanitária e da não criminalização da migração.

(D) O imigrante, de acordo com a Lei da Migração, é a pessoa nacional de outro país que vem ao Brasil para estadas de curta duração, sem pretensão de se estabelecer temporária ou definitivamente no território nacional.

O artigo 3º da Lei de Migração define os princípios que regem a política migratória brasileira, e a assertiva "C" lista alguns princípios previstos no referido artigo (incisos III, V e VI).

Gabarito "C".

10. HOMOLOGAÇÃO DE SENTENÇA E LAUDO ARBITRAL ESTRANGEIROS

(OAB/FGV – 2024) Estado estrangeiro solicita, por via diplomática, ao Ministério da Justiça e Segurança Pública brasileiro (MJSP), com base em tratado, com promessa de reciprocidade, a transferência da execução da pena de Olof, estrangeiro com residência habitual no Brasil, pelo cometimento de crime perante a lei de ambos os países, punido com pena superior a dois anos.

Você, como advogado(a) especializado(a) em Direito Internacional, foi procurado(a) por Olof para avaliar a viabilidade do pedido do Estado estrangeiro, depois que ele soube que o MJSP já havia se manifestado pela presença dos pressupostos formais de admissibilidade exigidos pelo tratado de que são signatários o Brasil e o Estado estrangeiro solicitante.

Sobre a hipótese apresentada, assinale a afirmativa correta.

(A) O pedido terá êxito após a homologação pelo Supremo Tribunal Federal da sentença criminal estrangeira, ainda que não tenha transitado em julgado, para fins de transferência de execução da pena.

(B) O pedido terá êxito após a homologação pelo Superior Tribunal de Justiça da sentença criminal estrangeira, transitada em julgado, para fins de transferência de execução da pena.

(C) O pedido terá êxito independentemente da homologação por órgão judicial da sentença criminal estrangeira, transitada em julgado, para fins de transferência de execução da pena.

(D) O pedido terá êxito independentemente da homologação por órgão judicial da sentença criminal estrangeira, ainda que não tenha transitado em julgado, para fins de transferência de execução da pena.

A: Incorreto. A competência para homologação de sentença estrangeira em casos de execução de pena é do Superior Tribunal de Justiça (STJ), conforme o artigo 105, I, "i" da Constituição Federal de 1988, e não do Supremo Tribunal Federal; **B:** Correto. O Superior Tribunal de Justiça (STJ) é o órgão competente para homologar sentenças estrangeiras no Brasil, e a homologação só pode ocorrer após o trânsito em julgado da decisão estrangeira. Isso assegura que não haja questionamento quanto à culpabilidade do réu no país estrangeiro; **C e D:** Incorretos, pois como comentado acima, a homologação da sentença estrangeira é necessária.

Gabarito "B".

4. DIREITO EMPRESARIAL

Henrique Subi, Pedro Turra e Wagner Armani

1. TEORIA GERAL DO DIREITO EMPRESARIAL

1.1. Empresa, empresário, caracterização e capacidade

(OAB/FGV – 2024) Marialva Castro foi nomeada pelo empresário individual Wenceslau Paiçandu como gerente do seu estabelecimento, intitulado Hortifruti Fazenda Rio Grande. No instrumento de outorga de poderes consta que Marialva Castro não está autorizada a conceder desconto de preços nem receber pagamentos por cartão de crédito.

De acordo com o Código Civil, considerando os fatos narrados e a condição de preposto de Marialva Castro, assinale a afirmativa correta.

(A) As limitações contidas na outorga de poderes pelo empresário ao preposto, para serem opostas a terceiros, dependem do arquivamento e da averbação do instrumento no Registro Público de Empresas Mercantis.

(B) As limitações contidas na outorga de poderes pelo empresário ao preposto, para serem opostas a terceiros, dependem do arquivamento e da averbação do instrumento no Registro de Títulos e Documentos.

(C) A modificação ou a revogação dos poderes concedidos por Wenceslau Paiçandu a Marialva Castro pode ser feita sem necessidade de arquivamento e de averbação do novo documento no Registro Público de Empresas Mercantis, a cargo das Juntas Comerciais.

(D) Independentemente do arquivamento e da averbação do instrumento de outorga de poderes em qualquer registro, Wenceslau Paiçandu responderá por quaisquer atos praticados pela gerente, dentro ou fora dos limites fixados, mesmo provado que a pessoa que tratou com o gerente conhecia tais restrições.

A alternativa correta é a "A" com base na figura do preposto e no artigo 1.147 do Código Civil, o qual dispõe: "Art. 1.174. As limitações contidas na outorga de poderes, para serem opostas a terceiros, dependem do arquivamento e averbação do instrumento no Registro Público de Empresas Mercantis, salvo se provado serem conhecidas da pessoa que tratou com o gerente." A alternativa "B" não está correta pois o registro é efetuado no Registro Público de Empresas Mercantis, conforme dispõe o 1.174 CC e não no Registro de Títulos e Documentos. A alternativa "C" é incorreta pois, segundo o parágrafo único do artigo 1.174 CC há obrigatoriedade do arquivamento, ou seja: "para o mesmo efeito e com idêntica ressalva, deve a modificação ou revogação do mandato ser arquivada e averbada no Registro Público de Empresas Mercantis". A alternativa "D" não é correta pois, com base no 1.174 CC, as limitações contidas na outorga de poderes, para serem opostas a terceiros, dependem do arquivamento e averbação do instrumento no Registro Público de Empresas Mercantis, salvo se provado serem conhecidas da pessoa que tratou com o gerente.

Gabarito "A".

(ENAM – 2024.1) Um dos elementos do contrato de sociedade, à luz do Art. 981, *caput*, do Código Civil, é a partilha dos resultados entre os sócios provenientes do exercício da atividade econômica daquela sociedade. Tal partilha abrange, necessariamente, lucros e perdas.

Sobre a participação dos sócios nos lucros, analise as afirmativas a seguir.

I. A cláusula contratual que exclua qualquer sócio de participar dos lucros não torna nulo o contrato, apenas a estipulação.

II. O contrato social pode estipular que o sócio participará dos lucros em proporção diversa das respectivas quotas no capital.

III. Admitindo o tipo societário, cuja contribuição consista em serviços, o sócio participará dos lucros na proporção igual à que for estipulada a favor do sócio de menor participação no capital.

Está correto o que se afirma em

(A) II, apenas.
(B) I e II, apenas.
(C) I e III, apenas.
(D) II e III, apenas.
(E) I, II e III.

A afirmativa I está correta com base no art. 1.008, do CC. "Art. 1.008. É nula a estipulação contratual que exclua qualquer sócio de participar dos lucros e das perdas". Desse modo, a cláusula tornaria nulo o contrato. A afirmativa II está correta com base no art. 1.007, do CC. "Art. 1.007. Salvo estipulação em contrário, o sócio participa dos lucros e das perdas, na proporção das respectivas quotas, mas aquele, cuja contribuição consiste em serviços, somente participa dos lucros na proporção da média do valor das quotas". Desse modo, há liberdade para estipular em contrário. A afirmativa III está errada pois não há nenhuma previsão legal nesse sentido. Existindo, ainda, no caso da Sociedade Limitada, a vedação de contribuição em prestação de serviços, nos termos do § 2º, do art. 1.055, do CC. Portanto, a afirmativa correta é a B.

Gabarito "B".

(ENAM – 2024.1) A Lei Complementar nº 123/2006 instituiu o Estatuto Nacional da Microempresa e da Empresa de Pequeno Porte. No bojo do tratamento simplificado, favorecido e diferenciado para as micro e pequenas empresas, está o acesso à Justiça.

Sobre o princípio do acesso à Justiça, analise as afirmativas a seguir.

I. É facultado ao empregador de microempresa ou de empresa de pequeno porte fazer-se substituir ou representar perante a Justiça do Trabalho por terceiros que conheçam dos fatos, ainda que eles não possuam vínculo trabalhista ou societário.

II. As microempresas e empresas de pequeno porte são admitidas a propor ação perante o Juizado Especial Cível, assim como as pessoas físicas capazes, excluídos os cessionários de direito de pessoas jurídicas, e podem ser partes, como autores, no Juizado Especial Federal Cível.

III. O Poder Judiciário, especialmente por meio do Conselho Nacional de Justiça, e o Ministério da Justiça implementarão medidas para disseminar o tratamento diferenciado e favorecido às microempresas e empresas de pequeno porte em suas respectivas áreas de competência.

Está correto o que se afirma em

(A) I, apenas.
(B) I e II, apenas.
(C) I e III, apenas.
(D) II e III, apenas.
(E) I, II e III.

A afirmativa **I** está correta com base no art. 54 da Lei Complementar n.º 123/2006: "Art. 54. É facultado ao empregador de microempresa ou de empresa de pequeno porte fazer-se substituir ou representar perante a Justiça do Trabalho por terceiros que conheçam dos fatos, ainda que não possuam vínculo trabalhista ou societário". Portanto, há essa previsão legal. A afirmativa **II** está correta segundo art. 8°, § 1°, II e II, da Lei n.º 9.099/1995 e art. 6°, I, da Lei n.º 10.259/2001: "Art. 8° Não poderão ser partes, no processo instituído por esta Lei, o incapaz, o preso, as pessoas jurídicas de direito público, as empresas públicas da União, a massa falida e o insolvente civil. § 1° Somente serão admitidas a propor ação perante o Juizado Especial: I – as pessoas físicas capazes, excluídos os cessionários de direito de pessoas jurídicas; II – as pessoas enquadradas como microempreendedores individuais, microempresas e empresas de pequeno porte na forma da Lei Complementar 123, de 14 de dezembro de 2006"; e "Art. 6° Podem ser partes no Juizado Especial Federal Cível: I – como autores, as pessoas físicas e as microempresas e empresas de pequeno porte, assim definidas na Lei n° 9.317, de 5 de dezembro de 1996". Dessa forma, há previsão legal para que atuem como parte. O item **III** também está correto conforme dispõe o art. 74-A da Lei Complementar n.º 123/2006: "Art. 74-A. O Poder Judiciário, especialmente por meio do Conselho Nacional de Justiça – CNJ, e o Ministério da Justiça implementarão medidas para disseminar o tratamento diferenciado e favorecido às microempresas e empresas de pequeno porte em suas respectivas áreas de competência". Observado as afirmativas corretas, a alternativa correta é a "E".

Gabarito "E".

(ENAM – 2024.1) Helena, em 5 de março de 2024, completou 16 anos e foi emancipada. Agora, almeja ter sua própria fonte de renda, ingressando no ramo de venda de eletrônicos.

Nesse cenário, acerca da capacidade de Helena para exercer a atividade empresária, assinale a afirmativa correta.

(A) Helena poderá exercer a atividade empresária, pois está em pleno gozo da capacidade civil.
(B) Helena não poderá exercer atividade empresária, porque sua idade não permite o exercício de administração da empresa.
(C) Helena não poderá exercer atividade empresária, considerando que é menor de idade e não está em pleno gozo da capacidade civil.
(D) Helena poderá exercer a atividade empresária, desde que autorizada de forma específica pelos seus responsáveis legais.
(E) Helena não poderá exercer atividade empresária de forma independente, mas poderá exercê-la, desde que devidamente assistida por seus representantes legais.

A alternativa correta é a letra A, em razão da abordagem adequada sobre capacidade civil e exercício empresarial. O art. 972 do CC dispõe: "Art. 972. Podem exercer a atividade de empresário os que estiverem em pleno gozo da capacidade civil e não forem legalmente impedidos". Portanto, é exigida a capacidade civil e ausência de impedimentos legais para ser empresário. No cenário indicado, apesar de Helena ter 16 anos de idade, ela foi emancipada. Observado o inciso I, parágrafo único, art. 5°, do CC, a incapacidade foi cessada pelo procedimento de emancipação. Dessa forma, Helena é habilitada a praticar todos os atos da vida civil, inclusive a capacidade de ser empresária.

Gabarito "A".

(ENAM – 2024.1) Suponha-se que Habermas e Dworkin tenham constituído, no Brasil, regularmente, uma sociedade limitada voltada para a venda dos livros jurídicos por eles escritos. Cada um dos sócios ficou com 50% das quotas da sociedade. Investiram nela R$1.000.000,00 (um milhão de reais), valor total do capital social da sociedade. O negócio fluiu muito bem. O faturamento anual, depois de três anos do início das atividades empresariais, alcançou R$8.000.000,00 (oito milhões de reais), com lucro líquido de R$2.000.000,00 (dois milhões de reais) naquele ano. Nela são vendidos tanto os livros escritos por Habermas quanto aqueles escritos por Dworkin. No quarto ano de existência da sociedade, Dworkin, que era sócio administrador, veio a falecer.

Sobre a continuidade da sociedade, analise as afirmativas a seguir.

I. O falecimento de Dworkin acarreta, obrigatoriamente, a dissolução total da sociedade, com a liquidação de seus ativos, haja vista o caráter personalíssimo das atividades exercidas pela empresa.
II. O falecimento de Dworkin acarreta, obrigatoriamente, a dissolução parcial da sociedade, com o pagamento dos haveres devidos ao espólio do falecido, podendo o sócio remanescente explorar atividade econômica individualmente, por prazo indeterminado.
III. O falecimento de Dworkin não necessariamente importará na dissolução total da sociedade, seja porque a participação na sociedade é atribuída, por sucessão *causa mortis*, a um herdeiro ou legatário, seja porque o sócio remanescente pode explorar a atividade econômica individualmente, de forma temporária, até que se aperfeiçoe a sucessão.

Está correto o que se afirma em

(A) I, apenas.
(B) II, apenas.
(C) III, apenas.
(D) I e II, apenas.
(E) I e III, apenas.

Apenas o item III está correto, sendo adequada a resposta C. O item I está incorreta pois, com base no art. 1.028, do CC, a dissolução por quotas ocorre de modo parcial e não total. "Art. 1.028. No caso de morte de sócio, liquidar-se-á sua quota, salvo: I – se o contrato dispuser diferentemente; II – se os sócios remanescentes optarem pela dissolução da sociedade; III – se, por acordo com os herdeiros, regular-se a substituição do sócio falecido". O item II está incorreto, com base no mesmo artigo, pois o sócio vivo pode continuar a atividade, porém a solução não é a única e obrigatória. Há a possibilidade de dissolução da sociedade ou o acordo com os herdeiros para substituir o sócio falecido. O item III é apontado como correto, uma vez que o falecimento ocasiona a dissolução parcial, havendo o cabimento de exploração individual até que se aperfeiçoe a sucessão.

Gabarito "C".

(Juiz de Direito – TJ/SC – 2024 – FGV) Em consonância com o Art. 179 da Constituição Federal, a Lei Complementar nº 123/2006 estabelece normas gerais relativas ao tratamento diferenciado e favorecido a ser dispensado às microempresas e empresas de pequeno porte no âmbito dos Poderes da União, dos Estados, do Distrito Federal e dos Municípios, especialmente no que se refere à preferência nas aquisições de bens e serviços pelos poderes públicos.

Considerando-se o desiderato do legislador constitucional e infraconstitucional quanto ao tratamento diferenciado nas licitações e contratos administrativos, é correto afirmar que:

(A) é vedado impor restrições ao microempreendedor individual (MEI) relativamente à participação em licitações, exceto por ocasião da contratação para prestação de serviços de hidráulica, eletricidade, pintura, alvenaria, carpintaria e de manutenção ou reparo de veículos;

(B) não será concedido pela administração pública tratamento diferenciado e simplificado para as microempresas e empresas de pequeno porte quando os critérios de tal natureza não forem expressamente previstos para elas no instrumento convocatório;

(C) nas licitações pela modalidade pregão, será assegurada, como critério de desempate, preferência de contratação para as microempresas, entendendo-se por empate aquelas situações em que as propostas apresentadas pelas microempresas sejam iguais ou até 10% superiores ao melhor preço;

(D) em certames licitatórios, havendo alguma restrição na comprovação de regularidade trabalhista e fiscal, será assegurado o prazo de cinco dias úteis para regularização da documentação, para pagamento ou parcelamento do débito e para emissão de eventuais certidões negativas ou positivas com efeito de certidão negativa;

(E) nas contratações pela administração pública não será concedido tratamento diferenciado para as microempresas e empresas de pequeno porte se não houver um mínimo de cinco fornecedores competitivos com o mesmo enquadramento legal, sediados local ou regionalmente e aptos a cumprir as exigências do instrumento convocatório.

A: incorreta, pois o artigo 18-E §4º, da Lei Complementar nº 123/2006, quando trata da vedação de impor restrições ao MEI relativamente à participação em licitações **inclui e não excetua** por ocasião da contratação para prestação de serviços de hidráulica, eletricidade, pintura, alvenaria, carpintaria e de manutenção ou reparo de veículos; **B:** incorreta, a previsão do art. 49, I, da Lei Complementar nº 123/2006, foi revogada pela Lei Complementar nº 147/2014; **C:** incorreta, pois o artigo 44, §2º, da Lei Complementar nº 123/2006 prevê o percentual de 5% (cinco por cento) e não de 10% (dez por cento) na modalidade pregão; **D:** correta, pois reproduz o disposto no artigo 43, §1º, da Lei Complementar nº 123/2006: "*Havendo alguma restrição na comprovação da regularidade fiscal e trabalhista, será assegurado o prazo de cinco dias úteis, cujo termo inicial corresponderá ao momento em que o proponente for declarado vencedor do certame, prorrogável por igual período, a critério da administração pública, para regularização da documentação, para pagamento ou parcelamento do débito e para emissão de eventuais certidões negativas ou positivas com efeito de certidão negativa*"; **E:** incorreta, pois o artigo 49, II, da Lei Complementar nº 123/2006, exige um mínimo de 03 (três) e não 05 (cinco) fornecedores.

(Juiz de Direito – TJ/SC – 2024 – FGV) As demonstrações financeiras de companhias que controlam outras sociedades devem observar prescrições específicas da Lei das Sociedades por Ações que consideram a relação de participação no capital e o controle societário.

A respeito de tais prescrições na Lei das Sociedades por Ações, é correto afirmar que:

(A) a companhia aberta que tiver mais de 30% do valor do seu patrimônio líquido representado por investimentos em sociedades controladas deverá elaborar e divulgar, juntamente com suas demonstrações financeiras, demonstrações consolidadas;

(B) as notas explicativas ao balanço patrimonial sobre os investimentos da controladora em suas controladas devem conter informações precisas sobre estas e suas relações com aquela, indicando o número, espécies e classes das ações ou quotas de propriedade da companhia, e valor nominal das ações, se houver;

(C) das demonstrações financeiras consolidadas elaboradas pela controladora serão excluídas as parcelas dos resultados do exercício, dos lucros ou prejuízos acumulados e do custo de estoques ou do ativo circulante, que corresponderem a resultados realizados de negócios entre as sociedades;

(D) considera-se relevante o investimento da controladora em suas controladas se o valor contábil em cada sociedade é igual ou superior a 15% do valor do patrimônio líquido da companhia ou se, no conjunto das sociedades, o valor contábil é igual ou superior a 10% do valor do patrimônio líquido;

(E) nas demonstrações financeiras consolidadas elaboradas pela controladora, a participação dos acionistas controladores no patrimônio líquido e no lucro do exercício será destacada, respectivamente, no balanço patrimonial e na demonstração dos lucros acumulados.

A: correta, nos termos do artigo 249 da Lei nº 6.404/1976 (Art. 249. *A companhia aberta que tiver mais de 30% (trinta por cento) do valor do seu patrimônio líquido representado por investimentos em sociedades controladas deverá elaborar e divulgar, juntamente com suas demonstrações financeiras, demonstrações consolidadas nos termos do artigo 250*); **B:** incorreta, pois o artigo 247, II, da Lei nº 6.404/1976, não determina a indicação do valor nominal das ações, mas sim o preço de mercado (Art. 247. *As notas explicativas dos investimentos a que se refere o art. 248 desta Lei devem conter informações precisas sobre as sociedades coligadas e controladas e suas relações com a companhia, indicando:* II – *o número, espécies e classes das ações ou quotas de propriedade da companhia, e o **preço de mercado das ações**, se houver.*); **C:** incorreta, pois o artigo 250, III, da Lei nº 6.404/1976, determina a exclusão dos resultados ainda não realizados, e não os realizados (Art. 250. *Das demonstrações financeiras consolidadas serão excluídas:* III – *as parcelas dos resultados do exercício, dos lucros ou prejuízos acumulados e do custo de estoques ou do ativo não circulante que corresponderem a resultados, ainda não realizados, de negócios entre as sociedades*); **D:** incorreta, pois o parágrafo único, "a" e "b", do artigo 247, da Lei nº 6.404/1976, dispões que: *Considera-se relevante o investimento: a) **em cada sociedade coligada ou controlada**, se o valor contábil é igual ou superior a 10% (dez por cento) do valor do patrimônio líquido da companhia; b) **no conjunto das sociedades coligadas e controladas**, se o valor contábil é igual ou superior a 15% (quinze por cento) do valor do patrimônio líquido da companhia.*; **E:** incorreta, nos termos do artigo 250, §1º, da Lei nº 6.404/1976: *Das demonstrações financeiras consolidadas serão excluídas: § 1º A partici-*

pação dos acionistas não controladores no patrimônio líquido e no lucro do exercício será destacada, respectivamente, no balanço patrimonial e na demonstração do resultado do exercício.

Gabarito "A".

(OAB/FGV – 2023) O empresário individual Valério Pavão deseja alterar a forma de exercício da sociedade empresária, passando a admitir como sócios Jerônimo e Atílio, e mantendo a mesma atividade e localização de seu estabelecimento.

Sobre a mudança pretendida, assinale a opção que apresenta as ações que Valério Pavão deverá executar.

(A) Dissolver sua empresa individual e, após o encerramento da liquidação, constituir uma sociedade com os sócios Jerônimo e Atílio.
(B) Solicitar ao Registro Público de Empresas Mercantis a transformação de seu registro de empresário para registro de sociedade empresária.
(C) Solicitar ao Registro Público de Empresas Mercantis o enquadramento de sua empresa como microempresa para, em seguida, requerer a transformação do registro para sociedade empresária.
(D) Dissolver sua empresa individual e, no curso da liquidação e após o levantamento do balanço patrimonial, constituir uma sociedade com os sócios Jerônimo e Atílio.

Não é necessário extinguir a empresa para alterar sua forma de exercício. O art. 968, §3º, do CC autoriza o pedido de transformação elaborado diretamente para a Junta Comercial.

Gabarito "B".

(OAB/FGV – 2023) Quatro professores, que dão aulas particulares, decidiram constituir uma sociedade simples e chamaram para integrar a sociedade Belfort Pereira, empresário individual, inscrito na Junta Comercial do Estado do Rio de Janeiro, sob a condição dele investir na sociedade como sócio minoritário.

Sobre as condições para o enquadramento de uma sociedade simples como microempresa, assinale a afirmativa correta.

(A) É lícito o enquadramento como microempresa apenas em razão da participação do sócio Belfort Pereira no capital ser minoritária.
(B) O enquadramento como microempresa é exclusivo para as sociedades empresárias, de modo que a sociedade simples está impedida.
(C) É facultado o enquadramento como microempresa porque todos os sócios são pessoas naturais, independentemente da condição de empresário de um deles.
(D) É vedada a participação de pessoa física inscrita como empresário no capital de uma sociedade enquadrada como microempresa.

A questão merece críticas, porque, apesar da alternativa "D" ser a "mais correta", ainda assim não poderia ter sido validada pelo gabarito oficial. Isso porque o art. 3º, §4º, III, da Lei Complementar nº 123/2006 estabelece que está impedida de se beneficiar do tratamento favorecido as pessoas jurídicas que tenham como sócio pessoa física inscrita como empresário, **desde que** o faturamento global ultrapasse o limite de R$ 4.800.000,00. Ou seja, não é a condição de empresário do sócio que impede seu registro como microempresa, mas sim a soma dos faturamentos das duas atividades.

Gabarito "D".

(Juiz de Direito/AP – 2022 – FGV) No Livro II da Parte Especial do Código Civil estão dispostas regras quanto à caracterização e à capacidade do empresário individual. Com base nas prescrições legais, analise as afirmativas a seguir.

I. Nos casos em que a lei autoriza o prosseguimento da empresa por incapaz, ainda que seu representante ou assistente seja pessoa que possa exercer atividade de empresário, o juiz poderá nomear um ou mais gerentes, se entender ser conveniente.
II. Considera-se empresário a pessoa natural, com firma inscrita na Junta Comercial, que exerce profissionalmente atividade econômica organizada para a produção ou a circulação de bens ou de serviços.
III. Caso um servidor militar da ativa exerça atividade própria de empresário, todos os atos relacionados à empresa serão declarados nulos pelo juiz, porém ele responderá pelas obrigações contraídas até dois anos seguintes da data de sua prática.

Entre as alternativas de resposta apresentadas, está(ão) correta(s) somente:

(A) I;
(B) II;
(C) III;
(D) I e II;
(E) II e III.

Comentário: I: correta, nos termos do art. 975, §1º, do CC; II: **considerada incorreta pelo gabarito oficial, porém não concordamos**. A afirmativa contempla corretamente a descrição de empresário e a obrigação de inscrição na Junta Comercial, nos termos do art. 966 e 967 do CC; III: incorreta. O exercício de empresa por pessoa sobre a qual recai impedimento legal – como é o caso dos militares da ativa – não invalida os atos praticados, caso contrário não se poderia imputar a responsabilidade pelo cumprimento das obrigações ao empresário irregular (art. 973 do CC). Gabarito **nosso**: "D".

Gabarito "A".

1.2. Nome empresarial

(OAB/FGV – 2023) Marco Araripe pretende iniciar uma empresa em nome próprio e mediante responsabilidade ilimitada pelas obrigações. Antes de realizar sua inscrição na Junta Comercial, Marco Araripe precisa indicar o nome que adotará para o exercício de empresa.

Consoante a determinação contida no Código Civil quanto à formação de firma individual, ela deve ser constituída

(A) pelo nome do empresário, completo ou abreviado, aditando-lhe, se quiser, designação mais precisa da sua pessoa ou do gênero de atividade.
(B) pelo nome de fantasia livremente escolhido, aditando-lhe, se quiser, designação do gênero de atividade.
(C) pelo nome abreviado do empresário ou pelo nome de fantasia, aditando-lhe, se quiser, designação mais precisa da sua pessoa.
(D) em duas partes: a primeira, o nome completo do empresário e, a segunda, o nome de fantasia, sendo vedada a indicação do gênero de atividade.

A: correta, nos termos do art. 1.156 do CC; B, C e D: incorretas, porque a firma social não pode conter nome fantasia. Ela é obrigatoriamente constituída sempre a partir do nome civil do empresário ou dos sócios da sociedade empresária.

Gabarito "A".

(OAB/FGV – 2023) Três médicos decidiram constituir uma sociedade do tipo limitada cujo objeto é simples, consoante a classificação das sociedades no Código Civil.

Acerca da designação a ser adotada pela sociedade e sua qualificação jurídica, assinale a afirmativa correta.

(A) Por não ter a futura sociedade natureza empresária, não poderá adotar nome empresarial, sendo livre a formação de sua designação, sem incidência das regras de formação do nome da sociedade limitada.

(B) A futura sociedade terá nome empresarial, pois tanto as regras de formação quanto de proteção ao nome empresarial se aplicam indistintamente às sociedades simples e empresárias.

(C) Embora a futura sociedade não tenha nome empresarial, por não exercer empresa, a formação de sua designação obedecerá às regras para a formação do nome empresarial do tipo limitada.

(D) Independentemente da natureza da futura sociedade, ela terá nome empresarial, pois exercerá atividade econômica, devendo adotar denominação, mas é facultativo a palavra "limitada" ou sua abreviatura ao final.

Se a sociedade é simples, não é empresária, portanto tecnicamente não pode ter um nome **empresarial**. Sem prejuízo, ela naturalmente precisa de uma denominação que a identifique nas suas relações de fundo econômico, por isso o art. 1.155, parágrafo único, do CC equipara o nome empresarial a essas denominações das sociedades simples. Como se trata de sociedade simples do tipo limitada, ela deve obedecer aos ditames legais para a criação do nome empresarial dessa forma societária.

Gabarito "C".

1.3. Inscrição, registros, escrituração e livros

(OAB/FGV – 2024) O empresário individual Valério Sampaio, devidamente inscrito na Junta Comercial do Estado do Espírito Santo, teve sua falência requerida em 3 de maio de 2023 com fundamento na falta de pagamento, sem relevante razão de direito, de nota promissória no valor de R$ 91.000,00, submetida previamente ao protesto especial. Após ser citado, apresentou contestação alegando que cessou suas atividades empresariais em 31 de março de 2020 e, como tal, não teria legitimidade passiva no processo.

Sobre a hipótese, sabendo que o empresário não apresentou prova de cancelamento do registro na Junta Comercial, assinale a afirmativa correta.

(A) Trata-se de empresário irregular diante da cessação do exercício da empresa.

(B) É possível a decretação da falência diante da falta de comprovação da cessação da empresa.

(C) Deve ser acatada a contestação apresentada em razão da cessação há mais de dois anos.

(D) Somente com o cancelamento do registro será possível a decretação da falência.

A alternativa "A" está incorreta. Por ter realizado o registro na Junta Comercial, não se trata de empresário irregular, ainda que tenha encerrado irregularmente as suas atividades. O fundamento jurídico é o 967, CC: É obrigatória a inscrição do empresário no Registro Público de Empresas Mercantis da respectiva sede, antes do início de sua atividade. A alternativa "B" está correta pois é necessário que se comprove a cessação das atividades por mais de 2 (dois) anos, para que haja o impedimento da decretação da falência, observado o disposto no artigo 96 da Lei nº 11.101/2005 (LRF): A falência requerida com base no art. 94, inciso I do *caput*, desta Lei, não será decretada se o requerido provar: [...] VIII – cessação das atividades empresariais mais de 2 (dois) anos antes do pedido de falência, comprovada por documento hábil do Registro Público de Empresas, o qual não prevalecerá contra prova de exercício posterior ao ato registrado. A alternativa "C" não é correta pois os fundamentos da contestação não são suficientes, segundo a própria Lei nº 11.101/2005, que dispõe no inciso VIII, do artigo 96 o seguinte: A falência requerida com base no art. 94, inciso I do *caput*, desta Lei, não será decretada se o requerido provar: [...] VIII – cessação das atividades empresariais mais de 2 (dois) anos antes do pedido de falência, comprovada por documento hábil do Registro Público de Empresas, o qual não prevalecerá contra prova de exercício posterior ao ato registrado. A alternativa "D" está incorreta. É possível a decretação da falência até mesmo sem o cancelamento do registro, desde que comprovada documentalmente a cessação das atividades por mais de 2 anos, conforme previsto no artigo 96 da Lei nº 11.101/05 já citado para fundamentar a afirmativa "B".

Gabarito "B".

(OAB/FGV – 2024) O contrato de constituição de uma sociedade empresária foi assinado pelos sócios no dia 17 de abril de 2023, iniciando-se nessa data a atividade social. O sócio Ubajara Horizonte, administrador nomeado no contrato, somente apresentou o documento para arquivamento na Junta Comercial no dia 22 de maio de 2023, sendo deferido dois dias depois.

Considerados esses dados, assinale a afirmativa correta.

(A) Em razão de a representação extrajudicial da sociedade empresária caber, por lei, a seu administrador, nenhum dos sócios poderia requerer o arquivamento do contrato antes de 22 de maio de 2023.

(B) A sociedade, em nenhum momento, funcionou irregularmente, pois o prazo para o requerimento do arquivamento só expiraria em 16 de junho de 2023; logo, foi tempestivo na data em que foi feito.

(C) A sociedade funcionou irregularmente até a data do requerimento de arquivamento, mas tal fato foi sanado com o efeito ex tunc do deferimento pela Junta Comercial.

(D) O sócio administrador pode ser responsabilizado pela demora no requerimento de arquivamento do contrato social, eis que não foi respeitado o prazo legal de trinta dias.

A alternativa "A" está incorreta pois não existindo administrador, todos os sócios podem realizar o arquivamento do Contrato Social na Junta Comercial. A alternativa "B" está incorreta. A empresa funcionou irregularmente do dia 17 de maio a 22 de maio, quando o ato constitutivo foi arquivado, pois havia esgotado o prazo legal de 30 dias. Nesse sentido, dispõe o artigo 998, CC: Nos trinta dias subsequentes à sua constituição, a sociedade deverá requerer a inscrição do contrato social no Registro Civil das Pessoas Jurídicas do local de sua sede. A alternativa "C" está incorreta. Nos termos do artigo 36 da Lei nº 8.934/94 (Lei do Registro Público de Empresas Mercantis): "Os documentos referidos no inciso II do art. 32 [documentos relativos à constituição de firmas mercantis individuais, sociedades mercantis e cooperativas] deverão ser apresentados a arquivamento na junta, dentro de 30 (trinta) dias contados de sua assinatura, a cuja data [da assinatura] retroagirão os efeitos do arquivamento; fora desse prazo, o arquivamento só terá eficácia a partir do despacho que o conceder." A alternativa "D" está correta. Com a inscrição do ato constitutivo no registro, a empresa adquire personalidade jurídica, não havendo inscrição implica na responsabilidade pessoal dos sócios pelas obrigações da sociedade. Assim, o administrador deverá ser responsabilizado pelos prejuízos dos sócios. Caso não efetue o registro: Art. 985. A sociedade adquire personalidade jurídica com a inscrição, no registro próprio e na forma da lei, dos seus atos constitutivos (arts. 45 e 1.150). Ademais, dispõe o artigo 1.016: Os administradores respondem solidariamente perante a sociedade e os terceiros prejudicados, por culpa no desempenho de suas funções. **PT**

Gabarito "D".

(OAB/FGV – 2023) Ainda que o Registro Público de Empresas Mercantis, a cargo das Juntas Comerciais, não possa examinar o mérito dos atos dos empresários, sociedades empresárias e cooperativas, limitando-se sua análise aos requisitos formais, existe proibição de arquivamento de documentos em razão de expressa disposição legal.

Assinale a opção que indica o documento que incorre na proibição legal de arquivamento.

(A) Os atos de empresas mercantis com nome idêntico a outro já existente.

(B) A prorrogação do contrato social depois de findo o prazo nele fixado.

(C) A alteração contratual, por deliberação majoritária do capital social, quando não houver cláusula restritiva.

(D) Os atos constitutivos de empresas mercantis que não designarem o nome do liquidante e a forma de liquidação.

Dentre as alternativas apresentadas, a única que representa uma proibição legal ao registro é o nome idêntico de outro empresário já registrado, conforme previsto no art. 1.163 do Código Civil. A alternativa B, nos termos do artigo 1033, I, CC, vencido o prazo de duração de uma sociedade, sem oposição de sócio e sem que a sociedade entre em liquidação, haverá sua prorrogação, por tempo indeterminado. A alternativa C, devemos observar a cláusula restritiva no contrato social é aquela que impõe no próprio contrato uma condição distinta da prevista no CC/02 para alteração do contrato social, como por exemplo do artigo 1057, CC, sendo, portanto, passível de arquivamento, o que deixa incorreta. A alternativa, de acordo com o artigo 1071 do CC, a forma de liquidação dependerá de deliberação dos sócios, sendo possível, o seu arquivamento, o que torna incorreta. **PT**

Gabarito "A".

1.4. Estabelecimento

(OAB/FGV – 2024) A partir de 2022, a possibilidade de o local de exercício da atividade empresarial ser virtual passou a ser reconhecido no Código Civil.

A respeito desse tema, assinale a afirmativa correta.

(A) Se o empresário ou a sociedade empresária exercer a empresa em local virtual, tal local é denominado pelo Código Civil de "estabelecimento virtual", com o mesmo significado jurídico de estabelecimento.

(B) Ao contrário do local físico de exercício da empresa, se ele for virtual, a fixação do horário de funcionamento competirá ao Município, observada a regra geral de qualquer horário ou dia da semana, inclusive feriados.

(C) Quando o local em que se exerce a atividade empresarial for virtual, o endereço informado para fins de registro poderá ser, conforme o caso, o endereço do empresário individual ou o de um dos sócios da sociedade empresária.

(D) A escolha do local virtual de exercício da empresa impõe ao empresário ou ao administrador da sociedade empresária o dever de comunicar sua alteração à Junta Comercial nos 15 (quinze) dias seguintes.

A alternativa "A" está incorreta pois contraria o art. 1.142, § 1º, CC (alterado em 2022 pela Lei nº 14.382), o qual dispõe sobre o estabelecimento não se confundir com o local onde é exercida a atividade empresarial, vejamos: "Art. 1.142. Considera-se estabelecimento todo complexo de bens organizado, para exercício da empresa, por empresário, ou por sociedade empresária. (Vide Lei nº 14.195, de 2021) § 1º O estabelecimento não se confunde com o local onde se exerce a atividade empresarial, que poderá ser físico ou virtual. (Incluído pela Lei nº 14.382, de 2022)". A alternativa "B" está incorreta, caso o estabelecimento empresarial onde se exerça a atividade seja físico, a fixação do horário de funcionamento competirá ao Município, nos termos do § 3º, do art. 1.142, CC: Art. 1.142. Considera-se estabelecimento todo complexo de bens organizado, para exercício da empresa, por empresário, ou por sociedade empresária. (Vide Lei nº 14.195, de 2021) (...) § 3º Quando o local onde se exerce a atividade empresarial for físico, a fixação do horário de funcionamento competirá ao Município, observada a regra geral prevista no inciso II do caput do art. 3º da Lei nº 13.874, de 20 de setembro de 2019. (Incluído pela Lei nº 14.382, de 2022). A alternativa "C" é a correta pois descreve o já citado artigo 1.142, CC, especialmente o seu § 2º: "Quando o local onde se exerce a atividade empresarial for virtual, o endereço informado para fins de registro poderá ser, conforme o caso, o endereço do empresário individual ou o de um dos sócios da sociedade empresária. (Incluído pela Lei nº 14.382, de 2022)". A alternativa "D" está incorreta, pois não há determinação legal no que diz respeito à escolha do local virtual de exercício da empresa. A obrigação de informar a alteração do endereço físico ocorrerá no caso do Decreto-lei 5.844/1943, que em seu artigo 195 determina sua realização, no prazo de 30 dias, às repartições competentes, o que não é o caso em tela. **PT**

Gabarito "C".

(Juiz de Direito/AP – 2022 – FGV) O contrato de transferência ou trespasse do estabelecimento empresarial da sociedade Jari do Laranjal Lanifício Ltda. estabeleceu a sub-rogação do adquirente nos contratos firmados pela alienante para sua exploração, sem, contudo, fixar prazo para que terceiros pudessem pleitear a extinção, por justa causa, dos contratos que tinham com a sociedade. No dia 11 de agosto de 2021 foi publicado o contrato de transferência do estabelecimento na imprensa oficial e, no dia 19 de novembro do mesmo ano, Ana interpelou extrajudicialmente a alienante e o adquirente, apresentando razões relevantes para a extinção do contrato.

Considerando-se as informações e datas acima, é correto afirmar que:

(A) haverá sub-rogação para o adquirente das obrigações da alienante, inclusive em relação a Ana, pois não houve manifestação tempestiva por parte dela no prazo de noventa dias da data da publicação do contrato;

(B) não haverá sub-rogação para o adquirente das obrigações da alienante em relação a Ana, pois houve manifestação tempestiva por parte dela no prazo de cento e vinte dias da data da publicação do contrato;

(C) haverá sub-rogação para o adquirente das obrigações da alienante, inclusive em relação a Ana, pois houve a publicação do contrato na imprensa oficial, acarretando a eficácia erga omnes dos efeitos da transferência, ou seja, tanto entre os contratantes quanto perante terceiros;

(D) não haverá sub-rogação para o adquirente das obrigações da alienante, pois a estipulação contratual não pode produzir efeitos em relação a terceiros, sendo desnecessária qualquer manifestação formal de Ana, haja ou não publicação da transferência;

(E) haverá sub-rogação para o adquirente das obrigações da alienante, inclusive em relação a Ana, em razão da estipulação contratual e da eficácia erga omnes da publicação, sendo intempestiva qualquer oposição a partir da publicação.

Nos termos do art. 1.148 do CC, na ausência de previsão contratual em sentido diverso, o prazo para terceiros rescindirem o contrato por força da sub-rogação decorrente do trespasse é de 90 dias contados da publicação da transferência. Logo, a manifestação de Ana é intempestiva e não impedirá a sub-rogação.

Gabarito "A".

2. SOCIEDADES

2.1. Sociedades simples e empresária e temas gerais

(Juiz de Direito/AP – 2022 – FGV) A incorporação de uma sociedade por outra segue regras legais que devem ser observadas tanto para a proteção dos sócios da incorporada quanto para os credores da pessoa jurídica. Nesse sentido, o Código Civil contém disposições aplicáveis a sociedades do tipo limitada que não tenham previsão em seus contratos de aplicação supletiva das normas da sociedade anônima.

Sobre o tema, analise as afirmativas a seguir.

I. Ocorrendo, no prazo de noventa dias após a publicação dos atos relativos à incorporação, a falência da sociedade incorporadora, qualquer credor anterior terá direito a pedir a separação dos patrimônios da incorporadora e da incorporada.

II. A deliberação dos sócios da sociedade incorporadora compreenderá a nomeação dos peritos para a avaliação do patrimônio líquido da sociedade que tenha de ser incorporada.

III. Até noventa dias após a publicação dos atos relativos à incorporação, o credor anterior, prejudicado pela operação, poderá promover judicialmente a anulação dos atos referentes a ela.

Está correto o que se afirma em:

(A) somente I;
(B) somente II;
(C) somente III;
(D) somente I e III;
(E) I, II e III.

I: correta, nos termos do art. 1.122, § 3º, do CC; II: correta, nos termos do art. 1.117, §2º, do CC; III: correta, nos termos do art. 1.122, *caput*, do CC.

Gabarito "E".

2.2. Sociedades em comum, em conta de participação, em nome coletivo e em comandita

(OAB/FGV – 2024) Quatro pessoas naturais constituíram uma sociedade para exploração de prestação de serviços de entrega domiciliar, mas não se preocuparam em arquivar o documento particular de constituição em qualquer registro.

Considerando a situação dessa sociedade e as disposições aplicáveis, assinale a afirmativa correta.

(A) Ela se rege pelas normas da sociedade em comum e, subsidiariamente, no que forem compatíveis, pelas normas da sociedade simples.

(B) Ela se rege pelas normas da sociedade em conta de participação e, subsidiariamente e no que forem compatíveis, pelas normas das sociedades por ações.

(C) Ela se rege pelas normas da sociedade simples e, subsidiariamente e no que forem compatíveis, pelas normas da sociedade cooperativa.

(D) Ela se rege pelas normas da companhia e, subsidiariamente e no que forem compatíveis, pelas normas da sociedade limitada.

A afirmativa "A" está correta pois em atenção ao 986, CC, ao tratar das sociedades não personificadas, determina que estas seguirão as normas das sociedades comuns e, subsidiariamente, pelas normas das sociedades simples. Vejamos o texto do artigo: "Enquanto não inscritos os atos constitutivos, reger-se-á a sociedade, exceto por ações em organização, pelo disposto neste Capítulo, observadas, subsidiariamente e no que com ele forem compatíveis, as normas da sociedade simples." A alternativa "B" está incorreta, pois contraria o Código Civil, que determina que tal sociedade se rege pelas normas da sociedade em comum, e, subsidiariamente, pelas normas da sociedade simples, também com base no 986. A alternativa "C" está incorreta, pois contraria o Código Civil, que determina que tal sociedade se rege pelas normas da sociedade em comum, e, subsidiariamente, pelas normas da sociedade simples. A alternativa "D" está incorreta, tendo em vista que, tal sociedade se rege pelas normas da sociedade em comum, e, subsidiariamente, pelas normas da sociedade simples.

Gabarito "A".

(OAB/FGV – 2023) Lauro e Moysés constituem, por contrato escrito, uma sociedade para prestação de serviços de informática, mas não levam o contrato a arquivamento na Junta Comercial e iniciam a atividade econômica em comum.

Lauro, em seu nome, mas agindo no interesse dele e de Moysés, celebra contrato com Agnes para instalação e manutenção de rede sem fio. Agnes desconhecia a existência da sociedade. Inadimplido o contrato, Agnes tomou conhecimento da existência de sociedade por confissão de Lauro na ação de cobrança que ela intentou em face dele.

Com base nessas informações, Agnes poderá ter seu crédito satisfeito com o produto da alienação judicial dos

(A) bens sociais de titularidade comum dos sócios Lauro e Moysés e de seus bens particulares, devendo exaurir primeiro os bens sociais para, posteriormente e se necessário, atingir os bens dos sócios, sendo que Lauro está excluído do benefício de ordem por ter contratado no interesse da sociedade.

(B) bens particulares de Lauro, por desconhecer a existência da sociedade, sem possibilidade de excussão dos bens sociais ou os de Moysés, por esse não ter contratado no interesse da sociedade.

(C) bens sociais de titularidade comum dos sócios Lauro e Moysés e dos bens particulares de Lauro, mas não há possibilidade de atingir os bens particulares de

Moysés, já que este não contratou no interesse da sociedade.
(D) bens sociais de titularidade comum dos sócios Lauro e Moysés, considerando a existência de autonomia patrimonial da sociedade, sem possibilidade de excussão dos bens particulares dos sócios Lauro e Moysés.

Na sociedade em comum, mesmo não tendo ela personalidade jurídica, a lei estabelece a distinção entre os bens afetados ao exercício da empresa e aqueles que são destinados exclusivamente aos interesses particulares dos sócios. Então existe o benefício de ordem destes em relação à sociedade, com exceção daquele que por ela contratou (art. 990 do CC). Correta, portanto, a alternativa "A". HS

Gabarito "A".

(FGV – 2014.2) Mariana, Januária e Cristina decidiram constituir uma sociedade em conta de participação, sendo a primeira sócia ostensiva e as demais sócias participantes. Sobre o caso apresentado, de acordo com as disposições do Código Civil, assinale a opção correta.

(A) É vedada a participação de mais de um sócio ostensivo na sociedade em conta de participação; logo, as demais sócias não poderão ter a qualidade de sócio ostensivo.
(B) As sócias participantes Januária e Cristina poderão fiscalizar a gestão dos negócios sociais pela sócia ostensiva Mariana.
(C) A sociedade em conta de participação deverá adotar como nome empresarial firma social, da qual deverá fazer parte a sócia ostensiva.
(D) A sociedade somente poderá existir se o contrato não estiver inscrito em qualquer registro, pois é uma sociedade não personificada.

A: incorreta. Não há limite numérico para os sócios ostensivos. O parágrafo único do art. 996 do CC prevê, inclusive, a hipótese de sua pluralidade; **B**: correta, nos termos do art. 993, parágrafo único, primeira parte, do CC; **C**: incorreta. A sociedade em conta de participação não adota nome empresarial porque sua existência não se divulga (art. 1.162 do CC); vale lembrar que tal espécie societária é dispensada até mesmo do registro de seus atos constitutivos, sendo um dos tipos de sociedade não personificada; **D**: incorreta. É possível o registro dos atos constitutivos da sociedade em conta de participação, mas o ato não gerará qualquer efeito jurídico (art. 993, *caput*, do CC). Nesse sentido, vale observar também a Solução de Consulta Cosit nº 238, de 20 de outubro de 2023, que definiu que a Sociedade em Conta de Participação (SCP), caso esteja inscrita como filial do sócio ostensivo no Cadastro Nacional da Pessoa Jurídica (CNPJ), deve regularizar sua situação cadastral e se inscrever em CNPJ próprio, a partir da obrigatoriedade de inscrição estabelecida pela Instrução Normativa (IN) RFB nº 1.470, de 30 de maio de 2014. PT

Gabarito "B".

2.3. Dissolução e reestruturação das sociedades em geral

(FGV – 2014) A dissolução da pessoa jurídica, também conhecida como dissolução de procedimento, é composta de três fases: o ato de dissolução, a liquidação e a partilha.
A esse respeito, analise as afirmativas a seguir.

I. Na fase do *ato de dissolução*, há extinção da personalidade jurídica.
II. Na fase *da liquidação*, apuram-se os débitos sociais e liquida-se o patrimônio para pagamento dos credores.
III. Após o *encerramento da liquidação*, promover-se-á o cancelamento da inscrição da pessoa jurídica.

Assinale:
(A) se somente a afirmativa III estiver correta.
(B) se somente as afirmativas I e III estiverem corretas.
(C) se somente a afirmativa II estiver correta.
(D) se somente as afirmativas II e III estiverem corretas.
(E) se somente a afirmativa I estiver correta.

I: incorreta. A extinção da personalidade jurídica ocorre somente com a aprovação das contas do liquidante e consequente encerramento da liquidação (art. 1.109 do CC); **II**: correta, nos termos do art. 1.103, IV, do CC; **III**: corretam nos termos do art. 1.109 do CC. HS

Gabarito "D".

2.4. Sociedade limitada

(OAB/FGV – 2024) Em 2019, a constituição da sociedade limitada unipessoal, de modo permanente, passou a ser possível. Nas opções a seguir, são apresentadas normas aplicáveis às sociedades limitadas em geral, mas apenas uma delas apresenta norma aplicável tanto às sociedades limitadas pluripessoais quanto às unipessoais. Assinale-a.

(A) A possibilidade de realização de deliberações em reunião ou assembleia.
(B) A ocorrência de dissolução de pleno direito mediante distrato.
(C) A possibilidade de designação de administrador em ato separado.
(D) A solidariedade pela exata estimação dos bens conferidos ao capital social.

A alternativa "A" está incorreta, pois trata-se de regra que se aplica a sociedades com pluralidade de sócios, no intuito da decisão ser tomada por maioria, em atenção ao disposto no 1.072 CC: As deliberações dos sócios, obedecido o disposto no art. 1.010, serão tomadas em reunião ou em assembleia, conforme previsto no contrato social, devendo ser convocadas pelos administradores nos casos previstos em lei ou no contrato. A alternativa "B" não é correta uma vez que o distrato exige a manifestação de vontade de, ao menos, duas partes, sendo uma característica da sociedade pluripessoal, com base no artigo 1.033, II, CC: Dissolve-se a sociedade quando ocorrer: [...] ato sem o consenso unânime dos sócios. A alternativa "C" está correta, em atenção ao § 1º, 1.052, CC: Art. 1.052. Na sociedade limitada, a responsabilidade de cada sócio é restrita ao valor de suas quotas, mas todos respondem solidariamente pela integralização do capital social. § 1º A sociedade limitada pode ser constituída por 1 (uma) ou mais pessoas. A previsão de designação em ato separado está no artigo 1.060, CC: A sociedade limitada é administrada por uma ou mais pessoas designadas no contrato social ou em ato separado. A alternativa "D" está incorreta. A solidariedade exige que exista mais de um sócio, tal como prevista no artigo 1.055, § 1º, CC: § 1º Pela exata estimação de bens conferidos ao capital social respondem solidariamente todos os sócios, até o prazo de cinco anos da data do registro da sociedade. PT

Gabarito "C".

(OAB/FGV – 2023) Cambira e Mallet adquiriram 1 (uma) quota da sociedade limitada *Imbaú Ensino Superior Ltda.* no valor de R$ 250.000,00 (duzentos e cinquenta mil reais), sendo, portanto, condôminos desta quota.

Considerando a situação de copropriedade da quota, assinale a afirmativa correta.

(A) Cambira não poderá ceder sua parte ideal no condomínio a outro sócio ou a terceiro em razão da indivisibilidade da quota em relação à sociedade.
(B) Cambira e Mallet respondem solidariamente perante a sociedade pelas prestações necessárias à integralização da quota.
(C) Os direitos inerentes à quota poderão ser exercidos separadamente por cada condômino, não se aplicando a indivisibilidade da quota neste caso.
(D) Cambira poderá ceder sua parte ideal tanto para outro sócio quanto para terceiro independente de audiência dos demais sócios, ainda que omisso o contrato.

A: incorreta. O fato da cota ser indivisível perante a sociedade não impede negócios jurídicos entre os condôminos titulares de suas partes ideais – fato é que, perante a sociedade, ainda que essas transações aconteçam, continua sendo uma única cota; **B:** correta, nos termos do art. 1.056, §2º, do CC; **C:** incorreta. Os direitos inerentes à cota somente podem ser exercidos pelo condômino representante ou pelo inventariante do espólio de sócios falecido (art. 1.056, §1º, do CC); **D:** incorreta. Em caso de omissão do contrato, o sócio somente pode ceder sua cota, total ou parcialmente, a quem não seja sócio se não houver oposição de titulares de mais de um quarto do capital social (art. 1.057 do CC).

Gabarito "B".

2.5. Sociedade anônima

(Juiz de Direito/AP – 2022 – FGV) João, acionista da Companhia de Minério Cutias, ajuizou ação para anular deliberação da assembleia geral, sob argumento de ilegalidade da aprovação de aquisição de debêntures de emissão da própria companhia e por valor inferior ao nominal. Também constou do pedido a invalidação de outra deliberação, tomada na mesma assembleia, em que foi aprovada nova emissão de debêntures cujo vencimento somente ocorra em caso de inadimplência da obrigação da companhia de pagar juros.

Provados os fatos narrados, cabe ao juiz da causa, observando a legislação pertinente, decidir, quanto ao mérito, que:

(A) o pedido de anulação da deliberação pela autorização de aquisição de debêntures pela companhia é procedente, pois somente as ações podem ser adquiridas pela companhia dessa forma; o pedido de emissão de debêntures sob condição suspensiva é improcedente, pois a companhia pode emitir debêntures perpétuas, ou seja, cujo vencimento somente ocorra em caso de inadimplemento do pagamento de juros;
(B) ambos os pedidos são improcedentes, pois é facultado à companhia adquirir debêntures de sua própria emissão, ainda que por valor inferior ao nominal, bem como emitir debêntures perpétuas, ou seja, cujo vencimento somente ocorra em caso de inadimplemento do pagamento de juros;
(C) o pedido de anulação da deliberação pela autorização de aquisição de debêntures pela companhia é improcedente, pois é facultado à companhia adquirir debêntures de sua própria emissão, ainda que por valor inferior ao nominal; o pedido de emissão de debêntures sob condição suspensiva é procedente, pois a companhia não pode emitir debêntures perpétuas, devendo a data de vencimento ser certa;
(D) ambos os pedidos são procedentes, pois é vedado à companhia adquirir debêntures de sua própria emissão, seja por valor inferior ou superior ao nominal, bem como a companhia não pode emitir debêntures perpétuas, devendo a data de vencimento ser certa;
(E) ambos os pedidos são procedentes, pois a competência para aprovar a aquisição de debêntures pela própria companhia é do Conselho de Administração, cabendo à assembleia autorizar apenas a emissão; somente companhias autorizadas a funcionar como instituições financeiras ou seguradoras podem emitir debêntures perpétuas, não sendo o caso da Companhia de Minério Cutias.

Ambos os pedidos são improcedentes. A companhia está autorizada a adquirir suas próprias debêntures por valor inferior ao nominal, bastando que tal fato conste dos relatórios da administração e das demonstrações financeiras (art. 55, §3º, II, da LSA); e é autorizada a emissão de debêntures cujo vencimento ocorra somente em caso de inadimplência da obrigação de pagar juros, dissolução da companhia ou quaisquer outras condições previstas no título (art. 55, § 4º, da LSA).

Gabarito "B".

2.6. Sociedade cooperativa

(Juiz de Direito/AP – 2022 – FGV) José, membro da Cooperativa Rio Araguari, do tipo singular, ingressou em juízo com ação de responsabilidade civil em face de um dos diretores da cooperativa, imputando-lhe a falta de constituição de Fundo de Reserva destinado a reparar perdas e atender ao desenvolvimento de suas atividades. As provas dos autos e depoimentos colhidos no processo mostram ser fato incontroverso que a cooperativa não tem Fundo de Reserva.

Diante dessa narrativa e das disposições pertinentes ao tipo societário, é correto afirmar que:

(A) não deve ser reconhecida a responsabilidade do diretor em razão da dispensa legal da constituição de Fundo de Reserva por qualquer sociedade cooperativa;
(B) deve ser reconhecida a responsabilidade do diretor em razão de ser obrigatório nas cooperativas o Fundo de Reserva, constituído com 25%, pelo menos, da receita operacional bruta;
(C) não deve ser reconhecida a responsabilidade do diretor, pois, ainda que o Fundo de Reserva seja obrigatório, a competência para sua constituição é privativa da Assembleia Geral;
(D) não deve ser reconhecida a responsabilidade do diretor, haja vista que a obrigatoriedade da constituição de Fundo de Reserva se aplica apenas às centrais ou às federações de cooperativas;
(E) deve ser reconhecida a responsabilidade do diretor em razão de ser obrigatório nas cooperativas o Fundo de Reserva, constituído com 10%, pelo menos, das sobras líquidas do exercício.

Nos termos do art. 28, I, da Lei nº 5.764/1971, é obrigatória a constituição de fundo de reserva com 10%, pelo menos, das sobras líquidas do exercício em todas as cooperativas. Correta, portanto, a alternativa "E", que deve ser assinalada.

Gabarito "E".

3. TÍTULOS DE CRÉDITO

3.1. Títulos em espécie

(OAB/FGV – 2023) Para honrar um empréstimo que lhe foi concedido, o empresário Ruy Barbosa subscreveu nota promissória em favor de Medeiros Neto, com vencimento para o dia 30 de março de 2023.

O primeiro endossante transferiu o título em preto para Wagner Desidério e proibiu novo endosso.

Considerando o efeito legal da cláusula de proibição de novo endosso, assinale a afirmativa correta.

(A) para o endossante Medeiros Neto, a cláusula de proibição de novo endosso tem efeito de cessão de crédito perante o endossatário direto e de endosso perante os endossatários posteriores.
(B) Wagner Desidério não poderá realizar novo endosso no título sob pena de desoneração de responsabilidade cambial dos coobrigados.
(C) a cláusula de proibição de novo endosso é nula, tal qual a de endosso parcial, por restringir a responsabilidade cambiária do endossante a seu endossatário imediato.
(D) Medeiros Neto, embora coobrigado, não responde pelo pagamento da nota promissória perante os endossatários posteriores a Wagner Desidério.

Conforme estabelece o art. 15 da Lei Uniforme de Genebra, o endossante que proibir novo endosso, caso este seja realizado, não garante o pagamento do título contra o novo endossatário e os eventuais endossatários posteriores. Correta, portanto, a alternativa "D", que deve ser assinalada. HS
Gabarito "D".

(Juiz de Direito/AP – 2022 – FGV) Armazém Jari Ltda., credor de duplicata rural recebida por endosso translativo do primeiro beneficiário, ajuizou ação de execução por quantia certa em face do aceitante (pessoa jurídica) e de seu avalista (pessoa física, membro do quadro social da pessoa jurídica aceitante), bem como em face do endossante (sacador da duplicata). É fato incontroverso que a duplicata rural não foi submetida a protesto por falta de pagamento.

Ao avaliar a legitimidade passiva dos demandados (aceitante, avalista e endossante), o juiz concluiu que:

(A) o endossatário da duplicata rural não tem ação de regresso em face do primeiro endossante, portanto, deve ser proclamada sua ilegitimidade passiva;
(B) nenhum dos devedores tem legitimidade passiva na execução, em razão da ausência de protesto por falta de pagamento da duplicata rural;
(C) é nulo o aval dado em duplicata rural, portanto, deve ser proclamada a ilegitimidade passiva do avalista do aceitante;
(D) todos os arrolados na ação de execução como réus são partes legítimas no processo, em razão da dispensa do protesto por falta de pagamento e da solidariedade cambiária perante o endossatário;
(E) apenas o aceitante é parte legítima na ação de execução, pois o protesto é facultativo para os obrigados principais e necessário para os coobrigados (endossante e avalista).

A: correta, nos termos do art. 60, §1º, do Decreto-lei nº 167/1967; **B:** incorreta. Na duplicata rural, o protesto é dispensado inclusive para os coobrigados (art. 60, *caput*, do Decreto-lei nº 167/1967); **C:** incorreta. O aval é válido se dado por pessoa física participante do quadro social da pessoa jurídica emitente (art. 60, §2º, do Decreto-lei nº 167/1967); **D** e **E:** incorretas, nos termos do comentário à alternativa "A". HS
Gabarito "A".

4. FALÊNCIA, RECUPERAÇÃO DE EMPRESAS E LIQUIDAÇÃO EXTRAJUDICIAL

4.1. Falência

(ENAM – 2024.1) Foi decretada a falência do grupo econômico XPTO e o Administrador Judicial nomeado, exercendo seu múnus, ajuizou incidente de desconsideração da personalidade jurídica após identificar inconsistências na contabilidade das falidas.

A respeito da desconsideração da personalidade jurídica, assinale a afirmativa correta.

(A) A mera existência de grupo econômico enseja a desconsideração da personalidade jurídica.
(B) A mera identificação de inconsistências na contabilidade das falidas enseja a desconsideração da personalidade jurídica.
(C) A desconsideração da personalidade jurídica é cabível quando não forem localizados ativos para pagamento dos credores.
(D) A falência da empresa caracteriza, por si só, exercício abusivo e ilícito da atividade empresarial e dá ensejo à desconsideração da personalidade jurídica.
(E) A desconsideração da personalidade jurídica poderá ser decretada caso fique caracterizada a ausência de separação de fato entre o patrimônio das sociedades e o de seus sócios.

A resposta correta é a letra **E**, observado a necessidade de cumprimento dos pressupostos para o pedido de desconsideração da personalidade jurídica indicado no, art. 133, § 1º, do CPC, bem como o conceito de confusão patrimonial indicado no art. 50, § 2º, do CC. A alternativa **A** é incorreta, uma vez que o art. 50, § 4º, do CC dispõe justamente em sentido diverso: "Art. 50 § 4º A mera existência de grupo econômico sem a presença dos requisitos de que trata o *caput* deste artigo não autoriza a desconsideração da personalidade da pessoa jurídica". Sobre a afirmativa **B**, importante tomar ciência da existência da aplicação de duas teorias: a Teoria Maior (referente ao texto do Código Civil); e a Teoria Menor, bastante difundida no âmbito da lei de crimes ambientais (art. 4º, da Lei Federal 9.605/98) e do CDC (art. 28, da Lei Federal 8.078/90). Segundo posicionamento do STJ, AgInt no AREsp n.º 1.254.372/MA, meras inconsistências contábeis não ensejariam o incidente. "1. Esta Corte Superior firmou posicionamento no sentido de que, nas relações civis-comerciais, aplica-se a Teoria Maior da desconsideração da personalidade jurídica segundo a qual é necessária a comprovação do abuso da personalidade jurídica, caracterizado pelo desvio de finalidade ou pela confusão patrimonial, não sendo suficiente para tanto a ausência de bens penhoráveis ou a dissolução da sociedade". Desse modo, está incorreta. A alternativa **C**, com base no art. 50, CC, é nítido sobre a desconsideração da personalidade, sendo necessário a caracterização do abuso de personalidade, não bastando a não localização de ativos. A alternativa **D** é incorreta pois a falência é um procedimento legalmente amparado pela Lei nº 11.101/2005, mais especificadamente no art. 94. PT
Gabarito "E".

(Juiz Federal – TRF/1 – 2023 – FGV) No curso da execução fiscal em face de Desentupidora Águas Lindas Ltda. que tramita na Justiça Federal, foi decretada a falência pelo Juízo da Vara Única de Forte/GO.

Em relação às competências do juízo estadual da falência e do juízo federal da execução fiscal, previstas na Lei nº 11.101/2005, é correto afirmar que competirá ao juízo:

(A) falimentar a decisão sobre os cálculos e a classificação dos créditos para fins falimentares, bem como sobre a arrecadação dos bens, exceto aqueles penhorados na execução fiscal;

(B) da execução fiscal a decisão sobre a existência, a exigibilidade e o valor do crédito, bem como sobre o eventual prosseguimento da cobrança contra os corresponsáveis;

(C) da execução fiscal a decisão sobre a existência, a exigibilidade, o valor do crédito e sobre os cálculos, bem como sobre o eventual prosseguimento da cobrança contra os corresponsáveis;

(D) falimentar a decisão sobre os cálculos e a classificação dos créditos para fins falimentares, arrecadação dos bens, bem como sobre o eventual prosseguimento da cobrança contra os corresponsáveis;

(E) falimentar a decisão sobre os cálculos e a classificação dos créditos para fins falimentares, bem como sobre a realização do ativo e o pagamento aos credores, exceto aos credores fiscais.

A: incorreta, o erro está na parte final do enunciado já que inexiste a exceção na Lei, conforme o Artigo 7º-A, §4º, I, da Lei nº 11.101/2005: *I – a decisão sobre os cálculos e a classificação dos créditos para os fins do disposto nesta Lei, bem como sobre a arrecadação dos bens, a realização do ativo e o pagamento aos credores, competirá ao juízo falimentar;* **B:** correta, nos termos dos incisos I e II do §4º do Artigo 7º-A, da Lei nº 11.101/2005: *II – a decisão sobre a existência, a exigibilidade e o valor do crédito, observado o disposto no inciso II do* caput *do art. 9º desta Lei e as demais regras do processo de falência, bem como sobre o eventual prosseguimento da cobrança contra os corresponsáveis, competirá ao juízo da execução fiscal;* **C:** incorreta, a decisão sobre os cálculos é do juízo falimentar (art. 7º-A, §4º, I, Lei nº 11.101/2005); **D:** incorreta, a decisão sobre o eventual prosseguimento da cobrança contra os corresponsáveis é do juízo da execução fiscal (art. 7º-A, §4º, II, Lei nº 11.101/2005). Gabarito "B".

(Juiz de Direito/AP – 2022 – FGV) A sociedade Três Navios Supermercados Ltda. teve sua falência decretada com fundamento na impontualidade, sem anterior processo de recuperação. Banco Mazagão S/A, credor fiduciário na falência, pleiteou e teve deferida a restituição em dinheiro correspondente a bem que se encontrava na posse da falida na data da decretação da falência, mas não foi arrecadado.

Em que pese o reconhecimento do direito à restituição por decisão judicial e do requerimento de pagamento imediato feito pelo credor, o administrador judicial da massa falida informou ao juízo que não havia recursos disponíveis no momento, devendo o credor aguardar o pagamento, observadas as prioridades legais. Ciente do fato, o juiz da falência, observando as disposições da lei de regência:

(A) acolheu a pretensão do credor, pois o crédito decorrente de restituição em dinheiro, na falência, deve ser atendido antes de qualquer crédito;

(B) acatou o argumento do administrador judicial e determinou que o crédito seja pago após serem satisfeitas as remunerações devidas ao administrador judicial e a seus auxiliares;

(C) rejeitou a pretensão do credor, pois, para efeito de pagamento, precedem a seu crédito apenas as despesas cujo pagamento antecipado seja indispensável à administração da falência;

(D) indeferiu o requerimento do credor e determinou ao administrador judicial que o pagamento seja realizado após os reembolsos de quantias fornecidas à massa pelos credores e das despesas com a arrecadação;

(E) determinou que o pagamento seja feito após as despesas cujo pagamento antecipado seja indispensável à administração da falência e dos créditos trabalhistas de natureza estritamente salarial vencidos nos três meses anteriores à decretação da falência, até o limite de cinco salários mínimos por trabalhador.

O enunciado trata de hipótese de restituição em dinheiro, prevista no art. 86 da Lei de Falências. Desde a edição da Lei nº 14.112/2020, tal crédito passou a ser expressamente elencado como extraconcursal (art. 84, I-C, da LF), que será adimplido após as despesas indispensáveis à administração da falência e a antecipação dos créditos salariais. Correta, portanto, a alternativa "E". Gabarito "E".

(OAB/FGV – 2023) Aral adquiriu bens de consumo de uma sociedade empresária, ficando esta de lhe entregar as mercadorias em até 10 (dez) dias úteis. Entretanto, a entrega não se realizou em razão da decretação de falência da vendedora e o consequente encerramento das atividades com o lacre dos estabelecimentos.

O administrador judicial recebeu interpelação de Aral sobre a posição da massa falida quanto a entrega das mercadorias que comprou ou a devolução das parcelas já pagas. O administrador judicial se manifestou no sentido de não entregar a mercadoria ao comprador justificando a ausência de redução do passivo da massa falida e a extinção do contrato. Não há comitê de credores em funcionamento no processo falimentar.

Considerando os fatos narrados e as disposições da Lei nº 11.101/2005, assinale a afirmativa que indica a atitude a ser tomada por Aral.

(A) Pedir ao juiz da falência a indisponibilidade de bens da massa até o valor de seu crédito para fins de futuro pagamento.

(B) Pedir a restituição em dinheiro das parcelas pagas pela aquisição dos bens.

(C) Habilitar o crédito relativo ao valor pago na classe dos credores quirografários.

(D) Ajuizar ação de execução por quantia certa em face da massa falida para recebimento das parcelas pagas.

O candidato deve ter cuidado para não confundir a situação proposta no enunciado com aquela regulamentada pelo art. 85, parágrafo único, da Lei de Falências – que trata da restituição da coisa **vendida** ao falido para pagamento futuro e entregue a ele nos 15 dias anteriores à decretação da quebra. Na hipótese aqui ventilada, o credor **comprou** mercadorias do falido, logo aplica-se a regra dos contratos bilaterais – o Administrador Judicial pode fundamentadamente recusar o seu cumprimento no interesse da massa. Cabe ao credor, nessa hipótese, habilitar seu crédito como quirografário. Gabarito "C".

4.2. Recuperação judicial e extrajudicial

(OAB/FGV – 2024) O juiz da falência da sociedade empresária Refrigeração Abaíra Ltda. determinou que o administrador judicial ficasse responsável pela guarda dos bens arrecadados. O administrador judicial, entretanto, apresentou justificativas que o impossibilitavam de assumir tal encargo.

Foi proposto ao juiz que os bens situados fora do estabelecimento da falida ficassem sob a guarda do Sr. Belmonte, conhecido empresário na Comarca, e sob a responsabilidade do administrador judicial. Para os bens situados dentro do estabelecimento, inclusive o próprio imóvel, propôs o administrador judicial que a Sra. América Dourada, ex- administradora da sociedade e representante da falida no processo, fosse nomeada depositária dos bens.

Sobre a proposta do administrador judicial, assinale a afirmativa correta.

(A) É ilícita, porque é uma atribuição legal e personalíssima do administrador judicial ter os bens arrecadados do falido sob sua guarda.

(B) Deve ser acatada, pois é permitido que os bens arrecadados fiquem sob a guarda da pessoa por ele escolhida e sob sua responsabilidade, podendo também qualquer dos representantes do falido ser nomeado depositário dos bens.

(C) Deve ser rejeitada, ante a vedação legal que o falido ou qualquer de seus representantes seja nomeado depositário de quaisquer bens.

(D) Deve ser aceita somente se os depositários indicados – Sr. Belmonte e Sra. América Dourada – prestarem caução antes de serem imitidos na posse dos bens.

A alternativa "A" está incorreta, pois está em desacordo com o art. 108, § 1º, da Lei 11.101, ao estabelecer que os bens arrecadados pelo administrador judicial poderão ficar sob a guarda de pessoa por ele escolhida. Veja: "Art. 108. Ato contínuo à assinatura do termo de compromisso, o administrador judicial efetuará a arrecadação dos bens e a avaliação dos bens, separadamente ou em bloco, no local em que se encontrem, requerendo ao juiz, para esses fins, as medidas necessárias. § 1º Os bens arrecadados ficarão sob a guarda do administrador judicial ou de pessoa por ele escolhida, sob responsabilidade daquele, podendo o falido ou qualquer de seus representantes ser nomeado depositário dos bens." A alternativa "B" é correta em atenção ao 108, pois os bens arrecadados pelo administrador judicial poderão ficar sob a guarda de pessoa por ele escolhida. A alternativa "C" é incorreta em relação ao § 1º do art. 108, uma vez que contraria a Lei 11.101, que estabelece que os bens arrecadados pelo administrador judicial poderão ficar sob a guarda de pessoa por ele escolhida. No mesmo sentido, a alternativa "D" está incorreta pois os bens arrecadados pelo administrador judicial poderão ficar sob a guarda de pessoa por ele escolhida. PT

Gabarito "B".

(OAB/FGV – 2023) *Pedreira Anitápolis Ltda.* está passando por sérias dificuldades de fluxo de caixa a curto e médio prazo e não está conseguindo crédito no mercado financeiro para honrar seus compromissos urgentes, em especial com credores trabalhistas e por acidentes de trabalho. A sociedade empresária pretende elaborar um plano de recuperação extrajudicial para apresentar a seus credores e negociar com eles sua aprovação.

Sobre a pretensão de submeter créditos trabalhistas e por acidentes de trabalho aos efeitos da recuperação extrajudicial, assinale a afirmativa correta.

(A) Os créditos de natureza trabalhista e por acidentes de trabalho podem ser incluídos no plano de recuperação extrajudicial, mas, para a homologação, é necessária prévia negociação coletiva com o sindicato da respectiva categoria funcional.

(B) Os créditos de natureza trabalhista e por acidentes de trabalho, à semelhança do que ocorre com os créditos de natureza tributária, não podem ser incluídos no plano de recuperação extrajudicial, por não se sujeitarem aos efeitos da recuperação extrajudicial.

(C) Os créditos decorrentes de acidentes de trabalho, no limite máximo de 150 (cento e cinquenta) salários mínimos por empregado, podem ser incluídos no plano de recuperação extrajudicial, mas os créditos de natureza trabalhista não se sujeitam aos efeitos da recuperação extrajudicial.

(D) Os créditos de natureza trabalhista podem ser incluídos no plano de recuperação extrajudicial, mediante negociação coletiva prévia com o sindicato da respectiva categoria funcional, mas os créditos decorrentes de acidentes de trabalho não se sujeitam aos efeitos da recuperação extrajudicial.

Nos termos do art. 161, §1º, da Lei de Falências, os créditos de natureza trabalhista e de acidentes de trabalho somente integram a recuperação extrajudicial se forem objeto de negociação coletiva com o sindicato da respectiva categoria profissional. Vale observar também que estão sujeitos à recuperação extrajudicial todos os créditos existentes na data do pedido, exceto os créditos de natureza tributária e aqueles previstos no § 3º do art. 49 e no inciso II do caput do art. 86 desta Lei, PT

Gabarito "A".

(Juiz de Direito/AP – 2022 – FGV) Os advogados de doze sociedades empresárias integrantes de grupo econômico, todas em recuperação judicial, pleitearam ao juiz da recuperação, em nome de suas representadas, que fosse autorizada a consolidação dos ativos e passivos das devedoras, em unidade patrimonial, de modo que fossem tratados como se pertencessem a um único devedor.

Considerando-se a existência de parâmetros legais para análise e eventual deferimento do pedido, é correto afirmar que:

(A) a consolidação pretendida pelas recuperandas poderá ser apreciada pelo juiz após a homologação do pedido pela assembleia de credores, que deverá ser convocada em até trinta dias para deliberar exclusivamente sobre essa matéria;

(B) a consolidação dos ativos e passivos para fins de votação do plano único de recuperação judicial é medida excepcional e exclusiva para devedores integrantes do mesmo grupo econômico que estejam em recuperação judicial sob consolidação processual;

(C) o juiz está autorizado a assentir no pedido de consolidação de ativos e passivos das recuperandas apenas quando constatar a ausência de conexão entre eles e

a separação patrimonial, de modo que seja possível identificar sua titularidade em cada uma das devedoras;
(D) dentre as hipóteses legais a serem verificadas e que autorizam o deferimento da consolidação de patrimônios de sociedades em recuperação judicial para efeito de votação de plano único, estão a inexistência de garantias cruzadas e a relação de controle ou de dependência entre as sociedades;
(E) para que seja autorizada a consolidação de ativos e passivos de sociedades em recuperação judicial integrantes de grupos econômicos deve ficar constatada, necessariamente, a identidade total ou parcial do quadro societário das devedoras e a atuação conjunta delas no mercado.

A: incorreta. A consolidação substancial pode ser deferida pelo juiz independentemente de oitiva da assembleia-geral (art. 69-J da Lei de Falências); **B:** correta, nos termos do art. 69-J, *caput*, da Lei de Falências; **C:** incorreta. A consolidação processual pressupõe confusão de ativo e passivo das entidades devedoras, nos termos do art. 69-J, *caput*, da Lei de Falências; **D:** incorreta. A condição que autoriza a consolidação substancial é a **existência** de garantias cruzadas (art. 69-J, I, da Lei de Falências); **E:** incorreta. Tais hipóteses são alternativas, que devem ser cumuladas com a confusão patrimonial (art. 69-J, III e IV, da Lei de Falências). Nessa alternativa, importante citar também as hipóteses alternativas sobre a possibilidade de existência de garantias cruzadas (I) e relação de controle ou dependência no âmbito societário do grupo econômico (inciso II, do artigo 69-J)

Gabarito "B".

5. CONTRATOS EMPRESARIAIS

(OAB/FGV – 2023) *Pastifício Ponte Serrada S/A* celebrou contrato de comissão com Eloi Mendes para aquisição de cereais. O negócio foi efetuado pelo comissário conforme as instruções recebidas, mas a vendedora, *Cerealista Campos Novos Ltda.*, ficou inadimplente na entrega do produto.

Considerando-se que o contrato de comissão celebrado entre *Pastifício Ponte Serrada S/A* e Eloi Mendes não contém cláusula *del credere*, assinale a afirmativa correta.

(A) O comissário não responde perante o comitente pelo inadimplemento do vendedor *Cerealista Campos Novos Ltda.*, devendo o segundo suportar os prejuízos advindos.
(B) Tanto o comissário quanto o vendedor *Cerealista Campos Novos Ltda.* respondem solidariamente perante o comitente pelos prejuízos advindos.
(C) Apenas o comissário responde perante o comitente pelos prejuízos advindos do inadimplemento do vendedor *Cerealista Campos Novos Ltda.*
(D) O comissário e o vendedor *Cerealista Campos Novos Ltda.* respondem solidariamente perante o comitente pelos prejuízos advindos, mas o primeiro apenas em caráter subsidiário.

Nos contratos de comissão, como regra, o comissário não responde pelo inadimplemento das pessoas com quem tratar, exceto se houver expressa a cláusula *del credere*, quando ele (comissário) terá direito a remuneração maior. Como o enunciado traz a informação de que tal cláusula não foi convencionada no caso em exame, correta a alternativa "A" (arts. 697 e 698 do CC).

Gabarito "A".

6. PROPRIEDADE INDUSTRIAL

(OAB/FGV – 2024) Os cientistas Pio Alves e Cardoso Moreira desenvolveram dois produtos que reúnem os requisitos de patenteabilidade e reivindicaram a autoria perante o Instituto Nacional da Propriedade Industrial (INPI). O primeiro recebeu registro de patente na categoria de invenção e, o segundo, a patente na categoria de modelo de utilidade.

Assinale a opção que indica o privilégio de exploração que as patentes assegurarão aos autores.

(A) Temporário, para ambos.
(B) Vitalício, para ambos.
(C) Perpétuo, até a terceira geração de descendentes dos autores.
(D) Temporário, para Pio Alves, autor da invenção, e vitalício para Cardoso Moreira, autor do modelo de utilidade.

A alternativa "A" é correta, pois os direitos à marca e ao modelo de utilidade são temporários, nos termos do artigo 40 da Lei nº 9.279/1996: A patente de invenção vigorará pelo prazo de 20 (vinte) anos e a de modelo de utilidade pelo prazo 15 (quinze) anos contados da data de depósito.

Gabarito "A".

(Juiz de Direito – TJ/SC – 2024 – FGV) O privilégio concedido por lei para a exploração de bens patenteáveis ou registráveis como marca ou desenho industrial pode ser extinto em determinadas situações. Nesse sentido e com base no que dispõe a Lei de Propriedade Industrial, analise as afirmativas a seguir.

I. Extingue-se a patente pela falta de pagamento da retribuição específica para o pedido de restauração se o depositante ou o titular não o requerer dentro de seis meses, contados da extinção.
II. Extingue-se o registro de marca se o titular for indivíduo domiciliado no exterior e não constituir, no prazo de trinta dias da data da concessão do registro, procurador devidamente qualificado e domiciliado no país, com poderes para representá-lo administrativamente perante o INPI.
III. Extingue-se o registro de desenho industrial pela falta de pagamento de retribuição quinquenal pelo titular, a partir do segundo quinquênio da data do depósito e durante o quinto ano da vigência do registro.

Está correto o que se afirma em:

(A) somente I;
(B) somente III;
(C) somente I e II;
(D) somente II e III;
(E) I, II e III.

I: incorreta, pois o artigo 87 da Lei nº 9.279/1996, prevê o prazo de 03 (três) meses e não de 06 (seis) (Art. 87. *O pedido de patente e a patente poderão ser restaurados, se o depositante ou titular assim o requerer, dentro de 3 (três) meses, contados da notificação do arquivamento do pedido ou da extinção da patente, mediante pagamento de retribuição específica)*; **II:** incorreta, pois o artigo 217 da Lei nº 9.279/1996 não prevê o prazo de 30 (trinta) dias posto na alternativa (Art. 142. *O registro da marca extingue-se: IV – pela inobservância do art. 217.* Art. 217. *A pessoa domiciliada no exterior deverá constituir e manter procurador* *devidamente qualificado e domiciliado no País, com poderes para representá-la administrativa e judicialmente, inclusive para receber citações*); **III:** correto: A alternativa traz o disposto nos artigos 119, III, e 120, ambos da Lei nº 9.279/1996 (Art. 119. *O registro extingue-se: III – pela falta de pagamento da retribuição prevista nos arts. 108 e 120, §1º* (Art. 120. *O titular do registro está sujeito ao pagamento de retribuição quinquenal, a partir do segundo quinquênio da data do depósito. §1º O pagamento do segundo quinquênio será feito durante o 5º (quinto) ano da vigência do registro.*) WA

Gabarito "B".

(Juiz Federal – TRF/1 – 2023 – FGV) A sociedade farmacêutica XYF tinha a patente de exploração da substância YUF, empregada comumente no tratamento de câncer de esôfago.

A três meses de expirar seu privilégio, a sociedade apresenta, ao Instituto Nacional da Propriedade Industrial, notícia de ter descoberto que a substância YUF também poderia ser utilizada, em dosagem específica, para o tratamento de enxaqueca. Pede, então, proteção para exploração exclusiva desta propriedade farmacológica.

A concorrente GWE impugna judicialmente a pretensão, sob o fundamento de que se tenta a perpetuação artificial do monopólio, a impedir a disputa por preços mais acessíveis ao consumidor.

O juiz do caso, então, valida a patente, mas ressalva que GWE poderá empregar a substância YUF, exceto para o tratamento de enxaqueca.

Nesse caso, a pretensão da sociedade XYF, a acusação da sociedade GWE e a decisão do juiz empregam, respectivamente, os seguintes conceitos de propriedade industrial:

(A) patente de segundo uso – gestão de ciclo de vida (*evergreening*) – indicação magra (*skinny labeling*);
(B) gestão de ciclo de vida (*evergreening*) – patente de segundo uso – indicação magra (*skinny labeling*);
(C) indicação magra (*skinny labeling*) – gestão do ciclo de vida (*evergreening*) – patente de segundo uso (*evergreening*);
(D) indicação magra (*skinny labeling*) – patente de segundo uso (*evergreening*) – gestão do ciclo de vida (*evergreening*);
(E) patente de segundo uso – indicação magra (*skinny labeling*) – gestão do ciclo de vida (*evergreening*).

Para responder essa questão o candidato deve conhecer as expressões usadas pela banca examinadora:
– Patente de segundo uso se trata de uma nova aplicação terapêutica ou indicação de uso de um medicamento já conhecido e com proteção da patente. Essa situação ocorre na pretensão da sociedade XYF.
– Gestão de ciclo de vida (*evergreening*): técnica utilizada na indústria farmacêutica para estender o período de proteção por patente de um medicamento existente; isso ocorre através da introdução de alterações menores ou incrementais no medicamento ou em sua formulação, sem afetar significativamente a eficácia ou a segurança. Essa situação ocorre na acusação da sociedade GWE.
– Indicação magra (*skinny labeling*): ocorre quando se exclui de bulas de medicamentos as indicações terapêuticas que sejam objeto da proteção da patente. Normalmente usado em casos de medicamentos genérico ou similar. Essa situação ocorre na decisão do juiz. WA

Gabarito "A".

(Juiz Federal – TRF/1 – 2023 – FGV) Embora a marca seja um sinal distintivo, visualmente perceptível, que identifica e distingue produtos e serviços de outro idêntico ou semelhante de origem diversa, nem todo sinal pode ser registrado, em razão de proibições legais.

Considerando-se tais proibições e suas especificidades, analise as afirmativas a seguir.

I. É nulo o registro de marca nominativa de símbolo olímpico ou paraolímpico.
II. O símbolo partidário pode ser registrado como marca para que se resguarde a exploração econômica por agremiações políticas do uso de marca de produtos/serviços, ainda que não exerçam precipuamente atividade empresarial.
III. Para que um nome civil, ou patronímico, seja registrado como marca, impõe-se a autorização pelo titular ou sucessores, de forma limitada e específica àquele registro, em classe e item pleiteados.

Está correto o que se afirma em:

(A) somente II;
(B) somente III;
(C) somente I e II;
(D) somente I e III;
(E) I, II e III.

I: correta, Não são registráveis como marca símbolo de evento esportivo nos termos do artigo 124, XIII, da Lei nº 9.279/1996 (LPI): *Art. 124. Não são registráveis como marca: XIII – nome, prêmio ou símbolo de evento esportivo, artístico, cultural, social, político, econômico ou técnico, oficial ou oficialmente reconhecido, bem como a imitação suscetível de criar confusão, salvo quando autorizados pela autoridade competente ou entidade promotora do evento*; **II:** correta, o STJ entendeu pela possibilidade do registro de símbolo político como marca no INPI, nos termos do Recurso Especial nº 1353300-DF, da 4ª Turma, de relatoria do Ministro Marco Buzzi; **III:** correta, para o registro de nome civil, ou patronímico, seja registrado como marca, é necessário o consentimento do titular, herdeiros ou sucessores (art. 124, XV, LPI). WA

Gabarito "E".

(OAB/FGV – 2023) A proteção dos direitos relativos à propriedade industrial, por meio da concessão do direito de exclusividade para exploração da criação pelo seu titular, considerado seu interesse social e o desenvolvimento tecnológico e econômico do país, efetua-se mediante concessão de registro

(A) de marca.
(B) para o nome empresarial.
(C) para o título de estabelecimento.
(D) de obras literárias, arquitetônicas, artísticas.

A questão merece críticas, porque não traz os dois institutos voltados à garantia da propriedade intelectual: a patente e o registro (que pode ser de marca ou de desenho industrial). Ainda assim, as alternativas "B", "C" e "D" são manifestamente erradas, pois tais criações não se sujeitam à proteção registrária da Lei nº 9.279/96, razão pela qual a questão não foi anulada e o gabarito oficial confirma a alternativa "A". HS

Gabarito "A".

7. TEMAS COMBINADOS

(ENAM – 2024.1) Uma sociedade empresária de telefonia sofreu ataque cibernético que levou ao vazamento dos dados pessoais de todos os seus usuários. Posteriormente, diversos usuários acionaram o Judiciário, requerendo a condenação da sociedade empresária e o pagamento de danos morais, com base na alegação de que estavam sendo importunados com ligações de empresas de *telemarketing* após o vazamento dos seus dados.

De acordo com o entendimento do Superior Tribunal de Justiça quanto ao tema, analise as afirmativas a seguir.

I. O vazamento de dados pessoais não tem o condão, por si só, de gerar dano moral indenizável, sendo necessária prova efetiva do dano ocorrido.

II. O vazamento de dados pessoais gera para o prejudicado direito à indenização, uma vez que o dano moral, em tais casos, é presumido, podendo a empresa de telefonia fazer prova de que não houve prejuízo ao titular dos dados expostos.

III. O vazamento de qualquer tipo de dado sem autorização do usuário configura violação dos direitos à intimidade e à privacidade e enseja a condenação ao pagamento de danos morais.

Está correto o que se afirma em

(A) I, apenas.
(B) I e II, apenas.
(C) I e III, apenas.
(D) II e III, apenas.
(E) I, II e III.

Alternativa correta "A". Essa questão levou como referência um entendimento do STJ sobre consumidora que teve dados vazados e não foi indenizada pela Enel, por não se tratar de dado sensível, mas sim dado "em geral". Em 1ª instância a ação foi julgada improcedente. Em grau de recurso, o TJ/SP atendeu ao pedido da consumidora e reformou a decisão, condenando a Enel ao pagamento de indenização no valor de R$ 5 mil, ao fundamento de que se trata de dados pessoais de pessoa idosa. A decisão unânime da 2ª turma concluiu que a exposição de dados não acompanhou a comprovação de danos. Processo AResp 2.130.619. O item **I** vai na linha do entendimento jurisprudencial e está correto. O item **II** está incorreto pois, pela jurisprudência, dano moral não é presumido, sendo necessário a comprovação decorrente da exposição de informações. O item **III** está incorreto pois há necessidade de provar o dano ocorrido. Sobre o entendimento fixado pelo STJ no AREsp citado: "PROCESSUAL CIVIL E ADMINISTRATIVO. INDENIZAÇÃO POR DANO MORAL. VAZAMENTO DE DADOS PESSOAIS. DADOS COMUNS E SENSÍVEIS. DANO MORAL PRESUMIDO. IMPOSSIBILIDADE. NECESSIDADE DE COMPROVAÇÃO DO DANO. (...) V – O vazamento de dados pessoais, a despeito de se tratar de falha indesejável no tratamento de dados de pessoa natural por pessoa jurídica, não tem o condão, por si só, de gerar dano moral indenizável. Ou seja, o dano moral não é presumido, sendo necessário que o titular dos dados comprove eventual dano decorrente da exposição dessas informações."

(Juiz de Direito/AP – 2022 – FGV) Decretada a liquidação extrajudicial de cooperativa de crédito por ato da Presidência do Banco Central do Brasil, o liquidante verificou a prática de vários atos fraudulentos por parte de ex-diretores da cooperativa, com dano inequívoco ao acervo em liquidação e aos credores. Munido de vasta documentação e balanços patrimoniais atualizados, o liquidante ajuizou ação revocatória em face de ex-diretores perante o juízo da Vara Única da Comarca de Calçoene, lugar do principal estabelecimento.

Ao receber a petição inicial, o juiz do processo, corretamente:

(A) indeferiu de plano a petição, com fundamento na impossibilidade jurídica de falência de sociedade cooperativa, pois não seria possível ajuizamento de revocatória sem decretação prévia da falência;

(B) acatou a petição, porém determinou sua emenda para regularizar a representação no polo ativo da relação processual, que deveria ser ocupado exclusivamente pelo Banco Central;

(C) acatou a petição, dando seguimento ao processo, por considerar que tem competência para o julgamento e que estão presentes o interesse processual do liquidante e sua legitimidade *ad causam*;

(D) indeferiu a petição inicial e extinguiu o processo sem resolução de mérito, por entender que a anulação dos atos imputados aos ex-diretores deveria se dar em processo administrativo, cabendo seu julgamento ao Banco Central do Brasil, por estar a cooperativa em liquidação extrajudicial;

(E) determinou que fosse dado baixa na distribuição e os autos fossem remetidos à Justiça Federal de Macapá para redistribuição, pois a competência seria da Justiça Federal em razão da natureza jurídica de autarquia do Banco Central, que deveria ser litisconsorte ativo.

A: incorreta. As cooperativas de crédito se equiparam a instituições financeiras, portanto é possível a decretação de sua falência se atendidos aos requisitos legais previstos na legislação especial (no caso, a Lei nº 6.024/1974). O art. 2º, inciso II, da Lei de Falências traz hipóteses de **exclusão relativa** do regime falimentar, ou seja, situações nas quais não se aplica a falência originariamente, mas ela pode ser invocada em situações específicas; **B:** incorreta. O Banco Central autoriza o liquidante a pedir a falência, logo não ocupará aquele o polo ativo da demanda (art. 21, "b", da Lei nº 6.024/1974); **C:** correta, nos termos do art. 34 da Lei nº 6.024/1974; **D** e **E:** incorretas, conforme comentários anteriores. Sobre o tema das cooperativas, vale observar a previsibilidade do fundo de reserva, nos termos do art. 28, §1º da Lei 5.764/1971, de modo que, além dos previstos no artigo, a Assembleia Geral poderá criar outros fundos, inclusive rotativos, com recursos destinados a fins específicos fixando o modo de formação, aplicação e liquidação.

5. DIREITO DO CONSUMIDOR

Roberta Densa e Cecilia Dantas

1. CONCEITO DE CONSUMIDOR. RELAÇÃO DE CONSUMO

(OAB/FGV – 2019) A concessionária de veículo X adquiriu, da montadora, trinta unidades de veículo do mesmo modelo e de cores diversificadas, a fim de guarnecer seu estoque, e direcionou três veículos desse total para uso da própria pessoa jurídica. Ocorre que cinco veículos apresentaram problemas mecânicos decorrentes de falha na fabricação, que comprometiam a segurança dos passageiros. Desses automóveis, um pertencia à concessionária e os outros quatro, a particulares que adquiriram o bem na concessionária.

Nesse caso, com base no Código de Defesa do Consumidor (CDC), assinale a afirmativa correta.

(A) Entre os consumidores particulares e a montadora inexiste relação jurídica, posto que a aquisição dos veículos se deu na concessionária.

(B) Entre os consumidores particulares e a montadora, por se tratar de falha na fabricação, há relação jurídica protegida pelo CDC; a relação jurídica entre a concessionária e a montadora, no que se refere à unidade adquirida pela pessoa jurídica para uso próprio, é de direito comum civil.

(C) Existe, entre a concessionária e a montadora, relação jurídica regida pelo CDC, mesmo que ambas sejam pessoas jurídicas, no que diz respeito ao veículo adquirido pela concessionária para uso próprio, e não para venda.

(D) Somente há relação jurídica protegida pelo CDC entre o consumidor e a concessionária, que deverá ingressar com ação de regresso contra a montadora, caso seja condenada em ação judicial, não sendo possível aos consumidores demandarem diretamente contra a montadora.

A: incorreta. Aplica-se o Código de Defesa do Consumidor ao destinatário final de produto ou serviço, nos termos do art. 2º da lei consumerista (consumidor é pessoa física ou jurídica que adquire ou utiliza produto ou serviço como destinatário final). Ademais, para o caso em estudo, a concessionária e a montadora teriam responsabilidade civil solidária (art. 25 do CDC). Note-se que a jurisprudência do STJ segue no sentido de que é solidária a responsabilidade do fabricante e da concessionária por vício do produto, em veículos automotores, podendo o consumidor acionar qualquer um dos coobrigados. Veja: STJ, 4ª Turma, Rel. Min. Raul Araújo, REsp 2018/0209842-3, DJe 15/04/2019. **B:** incorreta. Vide comentários à alternativa "C". **C:** correta. A teoria finalista mitigada, adotada pelo Superior Tribunal de Justiça, admite a incidência da lei consumerista quando o destinatário final do produto, ainda que para com a finalidade de lucro, seja vulnerável. (Veja: REsp 1.599.535-RS, Rel. Min. Nancy Andrighi, por unanimidade, julgado em 14/3/2017, DJe 21/3/2017). Assim, o Código de Defesa do Consumidor é aplicável ao adquirente final (consumidores particulares) e a concessionária para o veículo que adquiriu com a finalidade de uso próprio, excluindo os automóveis por essa revendidos. **D:** incorreta. Vide nota da alternativa "A".

Gabarito: C

(OAB/FGV – 2017) Alvina, condômina de um edifício residencial, ingressou com ação para reparação de danos, aduzindo falha na prestação dos serviços de modernização dos elevadores. Narrou ser moradora do 10º andar e que hospedou parentes durante o período dos festejos de fim de ano. Alegou que o serviço nos elevadores estava previsto para ser concluído em duas semanas, mas atrasou mais de seis semanas, o que implicou falta de elevadores durante o período em que recebeu seus hóspedes, fazendo com que seus convidados, todos idosos, tivessem que utilizar as escadas, o que gerou transtornos e dificuldades, já que os hóspedes deixaram de fazer passeios e outras atividades turísticas diante das dificuldades de acesso. Sentindo-se constrangida e tendo que alterar todo o planejamento de atividades para o período, Alvina afirmou ter sofrido danos extrapatrimoniais decorrentes da mora do fornecedor de serviço, que, ainda que regularmente notificado pelo condomínio, quedou-se inerte e não apresentou qualquer justificativa que impedisse o cumprimento da obrigação de forma tempestiva.

Diante da situação apresentada, assinale a afirmativa correta.

(A) Existe relação de consumo apenas entre o condomínio e o fornecedor de serviço, não tendo Alvina legitimidade para ingressar com ação indenizatória, por estar excluída da cadeia da relação consumerista.

(B) Inexiste relação consumerista na hipótese, e sim relação contratual regida pelo Código Civil, tendo a multa contratual pelo atraso na execução do serviço cunho indenizatório, que deve servir a todos os condôminos e não a Alvina, individualmente.

(C) Existe relação de consumo, mas não cabe ação individual, e sim a perpetrada por todos os condôminos, em litisconsórcio, tendo como objeto apenas a cobrança de multa contratual e indenização coletiva.

(D) Existe relação de consumo entre a condômina e o fornecedor, com base da teoria finalista, podendo Alvina ingressar individualmente com a ação indenizatória, já que é destinatária final e quem sofreu os danos narrados.

A: incorreta. A hipótese apresentada é de aplicação do CDC (vide alternativa "D"), razão pela qual Alvina tem legitimidade para ingressar com ação requerendo indenização por danos materiais e morais; **B:** incorreta. A hipótese é de aplicação do CDC (vide justificativa da alternativa "D"); **C:** incorreta. Tendo em vista que Alvina é consumidora, por ser quem utiliza o serviço como destinatária final, cabe ação individual para reclamar indenização; **D:** correta. Embora a contratação tenha ocorrido por meio do condomínio Alvina é considerada consumidora por utilizar o serviço como destinatária final (art. 2º, *caput*, do CDC). Por outro lado, a empresa de elevadores é fornecedora nos termos do art. 3º do CDC,

estando configurada a relação jurídica de consumo e a integral aplicação do CDC. Nos termos do art. 6º, VI, do Código de Defesa do Consumidor, a consumidora pode requerer reparação dos danos materiais e morais sofridos em razão da ausência de cumprimento do contrato. **RD**
Gabarito "D".

2. PRINCÍPIOS E DIREITOS BÁSICOS

(Juiz de Direito/AP – 2022 – FGV) Osmar ingressou com ação judicial em face da fabricante do telefone celular, alegando que houve problemas ainda no período de vigência da garantia legal. No momento da contestação, a parte ré apresentou o laudo realizado pela assistência técnica autorizada da fabricante, indicando que o problema apresentado no aparelho celular se relaciona ao mau uso, documento esse acompanhado por fotografia que demonstra marcas compatíveis com choque físico no bem, ao passo que Osmar requereu a inversão do ônus da prova.

A respeito de tal situação, é correto afirmar que:

(A) deve ser aplicada a inversão do ônus da prova em razão de a previsão *ope legis* ser direito básico do consumidor para a salvaguarda da facilitação da defesa de seus direitos;

(B) o laudo técnico confeccionado pela assistência técnica autorizada da ré não pode ser considerado imparcial e idôneo para ser utilizado, em detrimento das garantias asseguradas ao consumidor, devendo ser julgado procedente o pedido de Osmar se somente essa for a prova constituída nos autos;

(C) embora se trate de relação de consumo, com inversão do ônus da prova como um direito básico garantido ao consumidor, não está dispensado o dever da parte autora de fazer prova quanto ao fato constitutivo do seu direito;

(D) não pode ser afastada a responsabilidade da demandada por se tratar de garantia legal, que é obrigatória e inegociável, ainda que seja demonstrada a culpa exclusiva do consumidor, situação que somente excluiria responsabilidade em caso de fato do produto;

(E) deve ser julgado procedente o pedido de Osmar a partir de suas alegações, uma vez que a justificativa de suposto mau uso do produto por choque físico representa risco que razoavelmente se espera no manuseio de aparelhos celulares, não sendo capaz de afastar a garantia legal obrigatória.

Comentário: **A:** Incorreta. A inversão do ônus da prova estabelecida no art. 6º, VIII, do CDC depende de análise da autoridade judicial, e será determinada quando, a critério do juiz, a alegação for verossímil ou quando o consumidor por hipossuficiente. Sendo assim, a inversão do ônus da prova é *ope judice*. **B:** Incorreta. O laudo técnico confeccionado pela assistência técnica pode ser considerado parcial. **C:** Correta. A inversão do ônus da prova a favor do consumidor é direito básico definido no art. 6º, VIII, do CDC (vide justificativa da alternativa A). No entanto, conforme regra definida pelo art. 373 do CPC, aplicáveis nas relações de consumo, deve a parte autora fazer prova do fato constitutivo do seu direito. Somente haverá inversão do ônus após análise das alegações e provas apresentadas em juízo. **D:** Incorreta. As garantias estabelecidas no Código de Defesa do Consumidor estão relacionadas à funcionalidade do produto ou serviço inserido no mercado de consumo. O vício pode ser considerado o problema apresentado pelo produto ou serviço que lhe diminui o valor, causado prejuízos aos consumidores. O defeito é problema apresentado pelo produto ou serviço que atinge a saúde ou segurança dos consumidores. Não havendo vício ou defeito, não há que se falar em indenização. **E:** Incorreta. Vide justificativa da alternativa C. **RD**
Gabarito "C".

(OAB/FGV – 2019) Antônio é deficiente visual e precisa do auxílio de amigos ou familiares para compreender diversas questões da vida cotidiana, como as contas de despesas da casa e outras questões de rotina. Pensando nessa dificuldade, Antônio procura você, como advogado(a), para orientá-lo a respeito dos direitos dos deficientes visuais nas relações de consumo.

Nesse sentido, assinale a afirmativa correta.

(A) O consumidor poderá solicitar às fornecedoras de serviços, em razão de sua deficiência visual, o envio das faturas das contas detalhadas em Braille.

(B) As informações sobre os riscos que o produto apresenta, por sua própria natureza, devem ser prestadas em formatos acessíveis somente às pessoas que apresentem deficiência visual.

(C) A impossibilidade operacional impede que a informação de serviços seja ofertada em formatos acessíveis, considerando a diversidade de deficiências, o que justifica a dispensa de tal obrigatoriedade por expressa determinação legal.

(D) O consumidor poderá solicitar as faturas em Braille, mas bastará ser indicado o preço, dispensando-se outras informações, por expressa disposição legal.

A: correta. O Estatuto da Pessoa com Deficiência (Lei 13.146/2015) incluiu ao Código de Defesa do Consumidor, parágrafo único do art. 6º, que garante às pessoas com deficiência o direito básico à informação. **B:** incorreta. Na forma do art. 6º, inciso III, do CDC, todo consumidor tem o direito básico "a informação adequada e clara sobre os diferentes produtos e serviços, com especificação correta de quantidade, características, composição, qualidade, tributos incidentes e preço, bem como sobre os riscos que apresentem". **C** e **D:** incorretas. Ver justificativa da alternativa "A". **RD**
Gabarito "A".

3. RESPONSABILIDADE DO FORNECEDOR

(OAB/FGV – 2024) Nísia adquiriu um fogão a gás de cinco bocas, sendo o produto entregue no dia 12 de setembro de 2023, lacrado e em perfeito estado quanto ao aspecto externo. O produto foi instalado no mesmo dia; contudo, o fogão só começou a ser utilizado a partir de 20 de setembro. No dia do primeiro uso, Nísia notou um superaquecimento do forno, pois mesmo que o botão fosse manejado para a temperatura mínima de 150° C (cento e cinquenta graus Celsius), o forno continuava exalando calor correspondente à temperatura máxima de 300° C (trezentos graus Celsius). No dia 22 de setembro de 2023, Nísia entrou em contato por telefone e por mensagens de correio eletrônico com o serviço de atendimento do fabricante (SAC), pedindo a troca do produto em razão do vício de qualidade, detectado no primeiro uso e inquestionável. A reclamação foi recebida no mesmo dia, como consta do protocolo, mas a resposta só foi transmitida no dia 30 de setembro, sendo negativa, fato que motivou Nísia a apresentar, no dia 13 de outubro, reclamação perante o órgão estadual de defesa do consumidor.

Segundo o Código de Defesa do Consumidor, sobre o prazo decadencial referente ao direito de reclamar por vício de produto durável, assinale a afirmativa correta.

(A) O prazo deve ser de 90 dias, sendo obstado pela reclamação formulada por Nísia ao fabricante do fogão até a resposta negativa correspondente.
(B) O prazo deve ser de 30 dias, não sendo obstado nem pela reclamação formulada perante o fabricante nem pelo órgão de defesa do consumidor.
(C) O prazo deve ser de 90 dias, sendo obstado pela reclamação formalizada por Nísia perante o órgão estadual de defesa do consumidor, devendo ser retomado 90 dias depois da data da reclamação, caso o problema persista.
(D) O prazo deve ser de 30 dias, não sendo obstado pela reclamação formulada perante o órgão de defesa do consumidor.

A análise da questão deve ser feita à luz do art. 18 do Código de Defesa do Consumidor. Trata-se produto durável e que apresenta um vício oculto ou de difícil constatação, razão pela qual a consumidora Nísia deve fazer a sua reclamação em até 90 (noventa) dias contados a partir do momento em que a teve ciência do vício (art. 26, inciso II), ou seja, em 20 de setembro. Após a reclamação com o fabricante, este teria 30 dias para consertar o produto (art. 18, § 1º), e não tendo sido corrigido o problema, pode a consumidora Nísia exigir qualquer das três opções: a) devolução do dinheiro; b) troca do produto ou c) abatimento proporcional do preço. O prazo ficou suspenso entre a reclamação da consumidora até a resposta negativa formulada pelo fornecedor, isso porque o art. 26, § 2º, do CDC, expressamente, determina que a reclamação comprovadamente formulada pelo consumidor até a resposta negativa transmitida de forma inequívoca obsta a decadência. Tal reclamação pode ser feita diretamente ao fornecedor ou aos órgãos oficiais de defesa do consumidor.
Gabarito "A".

(Juiz de Direito – TJ/SC – 2024 – FGV) Arthur viajou para Orlando, nos Estados Unidos, em suas férias. Ao retornar a Florianópolis em 18/10/2018, constatou-se, em definitivo, que suas bagagens foram extraviadas. Em 19/10/2020, ajuizou demanda indenizatória por danos morais e materiais em face da companhia aérea. Nesse caso, é correto afirmar que a pretensão indenizatória:

(A) está integralmente prescrita, diante do prazo bienal;
(B) ainda não foi atingida pela prescrição, cujo prazo é de cinco anos;
(C) ainda não foi atingida pela prescrição, cujo prazo é de dez anos;
(D) por danos materiais está prescrita (prazo de dois anos), mas não a de reparação pelos danos morais (prazo de cinco anos);
(E) por danos materiais está prescrita (prazo de dois anos), mas não a de reparação pelos danos morais (prazo de dez anos).

Conforme entendimento do STF: "Nos termos do art. 178 da Constituição da República, as normas e os tratados internacionais limitadores da responsabilidade das transportadoras aéreas de passageiros, especialmente as Convenções de Varsóvia e Montreal, têm prevalência em relação ao Código de Defesa do Consumidor. O presente entendimento não se aplica às hipóteses de danos extrapatrimoniais" (Tese definida no RE 636.331, rel. min. Gilmar Mendes, voto da min. Rosa Weber, P, j. 25-5-2017, DJE 257 de 13-11-2017, Tema 210). Dessa forma, conforme o art. 29 da Convenção de Varsóvia, Arthur teria um prazo prescricional de dois anos para demandar o dano material sofrido. Entretanto, em relação aos danos morais, o STF estabeleceu que: "Não se aplicam as Convenções de Varsóvia e Montreal às hipóteses de danos extrapatrimoniais decorrentes de contrato de transporte aéreo internacional" (STF. Plenário. RE 1394401/SP, Rel. Min. Rosa Weber, julgado em 15/12/2022 – Repercussão Geral – Tema 1.240). Em relação ao dano moral sofrido por Artur, aplica-se o prazo prescricional de 5 anos estabelecido pelo art. 27 do Códigos de Defesa do Consumidor. Conclui-se que a pretensão indenizatória por danos materiais está prescrita, mas não a de reparação pelos danos morais, conforme estabelecido pela alternativa D.
Gabarito "D".

(OAB/FGV – 2023) Em viagem realizada do Rio de Janeiro para os Estados Unidos, em janeiro de 2023, Luan e Vanessa tiveram uma de suas malas extraviada, tendo sofrido um prejuízo quantificado em cerca de R$ 15.000,00 (quinze mil reais).

Acionada, a empresa aérea alegou que sua responsabilidade estava limitada ao teto previsto na Convenção de Varsóvia e que o Código de Defesa do Consumidor (CDC) não era aplicável à hipótese, por se tratar de transporte internacional.

Considerando a jurisprudência predominante no Supremo Tribunal Federal, no que toca ao tema das indenizações por danos materiais decorrentes de extravio de bagagens de viajantes no transporte aéreo, assinale a afirmativa correta.

(A) O CDC é sempre aplicável, independentemente de se tratar de um voo internacional ou doméstico, não sendo possível que qualquer tratado ou convenção internacional limite o valor das indenizações cabíveis, pois tal fato configuraria violação à soberania nacional.
(B) Nos voos internacionais prevalecem integralmente as limitações contidas em normativas internacionais, como a Convenção de Varsóvia e a Convenção de Montreal, enquanto nos voos domésticos aplica-se unicamente o CDC, não sendo aplicáveis as limitações contidas naquelas convenções.
(C) Em se tratando de contrato de transporte aéreo, aplicam-se as limitações contidas nas convenções internacionais tanto aos voos domésticos quanto aos voos internacionais.
(D) As limitações contidas na Convenção de Varsóvia e na Convenção de Montreal somente são aplicáveis quando explicitadas no contrato assinado pelo consumidor, em obediência ao dever de informação exigido pelo CDC.

A questão aborda o julgamento do Tema 210 do Supremo Tribunal Federal (com Repercussão Geral) que assim definiu: "Nos termos do art. 178 da Constituição da República, as normas e os tratados internacionais limitadores da responsabilidade das transportadoras aéreas de passageiros, especialmente as Convenções de Varsóvia e Montreal, têm prevalência em relação ao Código de Defesa do Consumidor". (Leading Case: RE 636331, Rel. Min. Gilmar Mendes). Sendo assim, no caso de extravio de bagagens em voos internacionais, o valor da indenização deve seguir o valor tarifado pelas Convenções de Varsóvia e Montreal. No entanto, vale notar que a jurisprudência não tem afastado a aplicação do CDC nos voos internacionais, garantido o ressarcimento dos valores tarifados para ressarcimento das bagagens conforme as convenções internacionais, e também tem aplicado o CDC para os casos relativos ao pedido de dano moral. Ademais, não se aplicam as convenções internacionais citadas para os voos nacionais. Nestes casos, aplica-se integralmente o CDC e a Resolução ANAC 400. **RD**

Gabarito "B".

(OAB/FGV – 2022) A sociedade empresária *Cimento Montanha Ltda.* integra, com outras cinco sociedades empresárias, um consórcio que atua na realização de obras de construção civil.

Estruturas e Fundações Pinheiro Ltda., uma das sociedades consorciadas, foi responsabilizada em ação de responsabilidade civil por danos causados aos consumidores em razão de falhas estruturais em imóveis construídos no âmbito das atividades do consórcio, que apresentaram rachaduras, um dos quais desabou.

Considerando as normas sobre a responsabilidade de sociedades integrantes de grupo econômico perante o consumidor, segundo o Código de Defesa do Consumidor, assinale a afirmativa correta.

(A) Apenas a sociedade *Estruturas e Fundações Pinheiro Ltda.* poderá ser responsabilizada pelos danos aos consumidores, pois as demais consorciadas somente se obrigam nas condições previstas no respectivo contrato, respondendo cada uma por suas obrigações, sem solidariedade entre si.

(B) As sociedades integrantes do consórcio são solidariamente responsáveis pelas obrigações da sociedade *Estruturas e Fundações Pinheiro Ltda.*, porém a responsabilidade delas perante o consumidor é sempre em caráter subsidiário.

(C) As sociedades integrantes do consórcio são solidariamente responsáveis, sem benefício de ordem entre elas, pelas obrigações da sociedade *Estruturas e Fundações Pinheiro Ltda.* perante os consumidores prejudicados, haja ou não previsão diversa no contrato respectivo.

(D) Apenas a sociedade *Estruturas e Fundações Pinheiro Ltda.* poderá ser responsabilizada pelos danos aos consumidores, pois as demais consorciadas só responderão solidariamente com a primeira se ficar comprovado a culpa de cada uma delas.

De acordo com o § 3º do art. 28 do CDC, as sociedades consorciadas são solidariamente responsáveis pelas obrigações estabelecidas pelo Código de Defesa do Consumidor. Dessa forma, como bem enunciado pela alternativa C, todas as empresas envolvidas no consórcio respondem, solidariamente, pelos danos causados pela *Estruturas e Fundações Pinheiro Ltda.* **RD**

Gabarito "C".

(OAB/FGV – 2022) José havia comprado um *notebook* para sua filha, mas ficou desempregado, não tendo como arcar com o pagamento das parcelas do financiamento. Foi então que vendeu para a amiga Margarida o notebook ainda na caixa lacrada, acompanhado de nota fiscal e contrato de venda, que indicavam a compra realizada cinco dias antes.

Cerca de dez meses depois, o produto apresentou problemas de funcionamento. Ao receber o bem da assistência técnica que havia sido procurada imediatamente, Margarida foi informada do conserto referente à "placa-mãe".

Na semana seguinte, houve recorrência de mau funcionamento da máquina. Indignada, Margarida ajuizou ação em face da fabricante, buscando a devolução do produto e a restituição do valor desembolsado para a compra, além de reparação por danos extrapatrimoniais.

A então ré, por sua vez, alegou, em juízo, a ilegitimidade passiva, a prescrição e, subsidiariamente, a decadência.

A respeito disso, assinale a afirmativa correta.

(A) O fabricante é parte ilegítima, uma vez que o defeito relativo ao vício do produto afasta a responsabilidade do fabricante, sendo do comerciante a responsabilidade para melhor garantir os direitos dos consumidores adquirentes.

(B) Ocorreu a prescrição, uma vez que o produto havia sido adquirido há mais de noventa dias e a contagem do prazo se iniciou partir da entrega efetiva do produto, não sendo possível reclamar a devolução do produto e a restituição do valor.

(C) Somente José possui relação de consumo com a fornecedora, por ter sido o adquirente do produto, conforme consta na nota fiscal e no contrato de venda, implicando ilegitimidade ativa de Margarida para invocar a proteção da norma consumerista.

(D) A decadência alegada deve ser afastada, uma vez que o prazo correspondente se iniciou quando se evidenciou o defeito e, posteriormente, a partir do prazo decadencial de garantia pelo serviço da assistência técnica, e não na data da compra do produto.

A: Incorreta. Conforme art. 18 do CDC, todos os fornecedores respondem solidariamente pelo vício do produto inserido no mercado de consumo, incluindo o fabricante e o comerciante. **B:** Incorreta. O vício em questão é oculto, razão pela qual o prazo decadencial para buscar solução junto ao fornecedor inicia-se quando ficar evidenciado o problema (art. 26, § 3º, do CDC). **C:** Incorreta. Conforme o art. 2º, *caput*, do CDC, consumidor é toda pessoa física ou jurídica que adquire ou utiliza produto ou serviço como destinatário final. Dessa forma, fica claro que Margarida, destinatária final do produto, é consumidora nos termos da lei e pode demandar seu direito perante o judiciário. **D:** Correta. Conforme art. 26, § 3º, do CDC. Frize-se que, embora o caso seja relacionado ao vício do produto, a própria lei equivoca-se nos termos e usa a expressão "evidenciou o defeito". **RD**

Gabarito "D".

(OAB/FGV – 2021) Eleonora passeava de motocicleta por uma rodovia federal quando foi surpreendida por um buraco na estrada, em um trecho sob exploração por concessionária. Não tendo tempo de desviar, ainda que atenta ao limite de velocidade, passou pelo buraco do asfalto, desequilibrou-se e caiu, vindo a sofrer várias escoriações e danos materiais na moto. Os danos físicos exigiram longo período de internação, diversas cirurgias e revelaram reflexos de ordem estética.

Você, como advogado(a), foi procurado(a) por Eleonora para ingressar com a medida judicial cabível diante do evento. À luz do Código de Defesa do Consumidor, você afirmou, corretamente, que

(A) compete à Eleonora comprovar o nexo de causalidade entre a má conservação da via e o acidente sofrido, bem como a culpa da concessionária.

(B) aplica-se a teoria da responsabilidade civil subjetiva à concessionária.

(C) há relação de consumo entre Eleonora e a concessionária, cuja responsabilidade é objetiva.

(D) pela teoria do risco administrativo, afasta-se a incidência do CDC, aplicando-se a responsabilidade civil da Constituição Federal.

A: Incorreta. A responsabilidade civil por defeito nas relações de consumo é objetiva, ou seja, o consumidor deve fazer a comprovação do nexo de causalidade e dos danos. De fato, conforme o art. 14 do CDC, o fornecedor de serviços responde, independentemente da existência de culpa, pela reparação dos danos causados aos consumidores por defeitos relativos à prestação dos serviços, bem como por informações insuficientes ou inadequadas sobre sua fruição e riscos. Assim, Eleonora deve comprovar apenas o nexo de causalidade entre a má conservação da via e o acidente sofrido. **B:** Incorreta. Conforme justificativa da alternativa "A", aplica-se a teoria da responsabilidade objetiva à concessionária, conforme já mencionado art. 14 do CDC. **C:** Correta. É entendimento pacificado pelo STJ que as concessionárias de serviços rodoviários estão subordinadas ao Código de Defesa do Consumidor, pela própria natureza de seu serviço (vide REsp 467883 RJ). **D:** Incorreta. Conforme justificativa da alternativa "C", não é aplicada a teoria do risco administrativo, incidindo o Código de Defesa do Consumidor na sua integralidade.

Gabarito "C".

(OAB/FGV – 2020) Maria compareceu à loja Bela, que integra rede de franquias de produtos de beleza e cuidados com a pele. A vendedora ofereceu a Maria a possibilidade de experimentar gratuitamente o produto na própria loja, sendo questionada pela cliente se esta poderia fazer uso com quadro de acne em erupção e inflamada, oportunidade em que a funcionária afirmou que sim. Porém, imediatamente após a aplicação do produto, Maria sentiu ardência e vermelhidão intensas, não o comprando. Logo após sair da loja, a situação agravou-se, e Maria buscou imediato atendimento médico de emergência, onde se constataram graves lesões na pele. Da leitura do rótulo obtido através do site da loja, evidenciou-se erro da vendedora, que utilizou no rosto da cliente produto contraindicado para o seu caso.

Nessa situação, à luz do Código de Defesa do Consumidor e do entendimento do Superior Tribunal de Justiça, é correto afirmar que

(A) é objetiva a responsabilidade civil da vendedora que aplicou o produto em Maria sem observar as contraindicações, afastando- se a responsabilidade da empresa por culpa de terceiro.

(B) a responsabilidade civil objetiva recai exclusivamente sobre a franqueadora, a quem faculta-se ingressar com ação de regresso em face da franqueada.

(C) se a franqueadora for demandada judicialmente, não poderá invocar denunciação da lide à franqueada, por se tratar de acidente de consumo.

(D) não há relação de consumo, uma vez que se tratou de hipótese de amostra grátis, sem que tenha se materializado a relação de consumo, em razão de o produto não ter sido comprado por Maria.

A: Incorreta. Tratando-se de fato do produto, a responsabilidade civil objetiva e solidária do fabricante e do franqueador está definida no art. 12 do CDC. De fato, entende o Superior Tribunal de Justiça que "1. Os contratos de franquia caracterizam-se por um vínculo associativo em que empresas distintas acordam quanto à exploração de bens intelectuais do franqueador e têm pertinência estritamente *inter partes*. 2. Aos olhos do consumidor, trata-se de mera intermediação ou revenda de bens ou serviços do franqueador – fornecedor no mercado de consumo, ainda que de bens imateriais. 3. Extrai-se dos arts. 14 e 18 do CDC a responsabilização solidária de todos que participem da introdução do produto ou serviço no mercado, inclusive daqueles que organizem a cadeia de fornecimento, pelos eventuais defeitos ou vícios apresentados. (REsp 1426578/SP, Rel. Ministro Marco Aurélio Bellizze, Terceira Turma, julgado em 23/06/2015, DJe 22/09/2015). Assim, as hipóteses de excludentes de responsabilidade definidas no art. 12, § 3º, do CDC, não são aplicáveis ao caso. **B:** Incorreta. Trata-se de responsabilidade civil objetiva e solidária. **C:** Correta. O Código de Defesa do Consumidor, no seu art. 88, veda a denunciação da lide, o que é corroborado pela jurisprudência do STJ, que entende que a "denunciação da lide em processos de consumo é vedada porque poderia implicar maior dilação probatória, gerando a produção de provas talvez inúteis para o deslinde da questão principal, de interesse do consumidor". Vide REsp 917.687; REsp 1.165.279 e Ag 1.333.671. **D:** Incorreta. Para ser considerado fornecedor basta colocar o produto ou o serviço no mercado de consumo. Nesse caso, a amostra grátis deve ser vista como forma de publicidade do produto, configurando-se a relação de consumo.

Gabarito "C".

(OAB/FGV – 2020) Adriano, por meio de um *site* especializado, efetuou reserva de hotel para estada com sua família em praia caribenha. A reserva foi imediatamente confirmada pelo *site*, um mês antes das suas férias, quando fariam a viagem.

Ocorre que, dez dias antes do embarque, o site especializado comunicou a Adriano que o hotel havia informado o cancelamento da contratação por erro no parcelamento com o cartão de crédito. Adriano, então, buscou nova compra do serviço, mas os valores estavam cerca de 30% mais caros do que na contratação inicial, com o qual anuiu por não ser mais possível alterar a data de suas férias.

Ao retornar de viagem, Adriano procurou você, como advogado(a), a fim de saber se seria possível a restituição dessa diferença de valores.

Neste caso, é correto afirmar que o ressarcimento da diferença arcada pelo consumidor

(A) poderá ser buscado em face exclusivamente do hotel, fornecedor que cancelou a contratação.

(B) poderá ser buscado em face do site de viagens e do hotel, que respondem solidariamente, por comporem a cadeia de fornecimento do serviço.

(C) não poderá ser revisto, porque o consumidor tinha o dever de confirmar a compra em sua fatura de cartão de crédito.

(D) poderá ser revisto, sendo a responsabilidade exclusiva do site de viagens, com base na teoria da aparência, respondendo o hotel apenas subsidiariamente.

Trata-se de vício de serviço previsto no art. 20 do Código de Defesa do Consumidor. Há, na doutrina, quem defenda a ideia de tratar-se de defeito de serviço, nos termos do art. 14 do CDC. No entanto, tendo em vista que a saúde e segurança dos consumidores (art. 14) não foram colocadas em risco, melhor entendimento é aquele que enquadra a situação exposta como sendo vício de serviço (art. 20). De um modo ou de outro, trata-se de responsabilidade solidária do site que vendeu as reservas e do hotel, com fundamento no *caput* do art. 20, no art. 7º e no art. 25 do Código de Defesa do Consumidor.

Gabarito "B".

(OAB/FGV – 2019) Durante período de intenso calor, o Condomínio do Edifício X, por seu representante, adquiriu, junto à sociedade empresária Equipamentos Aquáticos, peças plásticas recreativas próprias para uso em piscinas, produzidas com material atóxico. Na primeira semana de uso, os produtos soltaram gradualmente sua tinta na vestimenta dos usuários, o que gerou apenas problema estético, na medida em que a pigmentação era atóxica e podia ser removida facilmente das roupas dos usuários por meio de uso de sabão.

O Condomínio do Edifício X, por seu representante, procurou você, como advogado(a), buscando orientação para receber de volta o valor pago e ser indenizado pelos danos morais suportados.

Nesse caso, cuida-se de

(A) fato do produto, sendo excluída a responsabilidade civil da sociedade empresária, respondendo pelo evento o fabricante das peças; não cabe indenização por danos extrapatrimoniais, por ser o Condomínio pessoa jurídica, que não sofre essa modalidade de dano.

(B) inaplicabilidade do CDC, haja vista a natureza da relação jurídica estabelecida entre o Condomínio e a sociedade empresária, cabendo a responsabilização civil com base nas regras gerais de Direito Civil, e incabível pleitear indenização por danos morais, por ter o Condomínio a qualidade de pessoa jurídica.

(C) aplicabilidade do CDC somente por meio de medida de defesa coletiva dos condôminos, cuja legitimidade será exercida pelo Condomínio, na defesa dos interesses a título coletivo.

(D) vício do produto, sendo solidária a responsabilidade da sociedade empresária e do fabricante das peças; o Condomínio do Edifício X é parte legítima para ingressar individualmente com a medida judicial por ser consumidor, segundo a teoria finalista mitigada.

A: incorreta. O caso não pode ser tratado como fato do produto (ou acidente de consumo) tendo em vista que não colocou em risco a saúde e a segurança dos consumidores. O caso deve ser estudado como sendo vício de produto, nos termos do art. 18 do CDC. Por outro lado, o Superior Tribunal de Justiça já emitiu a súmula 227, que garante indenização à pessoa jurídica: "A pessoa jurídica pode sofrer dano moral". **B:** incorreta. Trata-se de relação jurídica de consumo, sendo o condomínio considerado um consumidor final nos termos do art. 2º do CDC. Ademais, os condôminos também são considerados consumidores por serem os usuários finais do produto. **C:** incorreta. Não é cabível, na espécie, a aplicação da defesa dos direitos difusos e coletivos nos termos do art. 81 do CDC. Para que haja direitos transindividuais, deveria ter a configuração de um direito difuso, coletivo ou individual homogêneo, o que não se configura na espécie. **D:** correta. Trata-se de vício de produto nos termos do art. 18 do CDC, trazendo responsabilidade civil solidária entre todos os envolvidos na cadeia produtiva (vide também o art. 7º e o art. 25 do CDC). Ademais, a teoria finalista mitigada, adotada pelo STJ, entende que consumidor é a pessoa física ou jurídica que adquire ou utiliza produto ou serviço como destinatário final, para uso próprio ou fins profissionais, desde que haja vulnerabilidade. No caso em estudo, o condomínio adquiriu produto para utilização dos seus condôminos, sendo considerado destinatário final do produto. RD

Gabarito "D".

(OAB/FGV – 2019) Mara adquiriu, diretamente pelo site da fabricante, o creme depilatório Belle et Belle, da empresa Bela Cosméticos Ltda. Antes de iniciar o uso, Mara leu atentamente o rótulo e as instruções, essas unicamente voltadas para a forma de aplicação do produto.

Assim que iniciou a aplicação, Mara sentiu queimação na pele e removeu imediatamente o produto, mas, ainda assim, sofreu lesões nos locais de aplicação. A adquirente entrou em contato com a central de atendimento da fornecedora, que lhe explicou ter sido a reação alérgica provocada por uma característica do organismo da consumidora, o que poderia acontecer pela própria natureza química do produto.

Não se dando por satisfeita, Mara procurou você, como advogado(a), a fim de saber se é possível buscar a compensação pelos danos sofridos.

Nesse caso de clara relação de consumo, assinale a opção que apresenta a orientação a ser dada a Mara.

(A) Poderá ser afastada a responsabilidade civil da fabricante, se esta comprovar que o dano decorreu exclusivamente de reação alérgica da consumidora, fator característico daquela destinatária final, não havendo, assim, qualquer ilícito praticado pela ré.

(B) Existe a hipótese de culpa exclusiva da vítima, na medida em que o CDC descreve que os produtos não colocarão em risco a saúde e a segurança do consumidor, excetuando aqueles de cuja natureza e fruição sejam extraídas a previsibilidade e a possibilidade de riscos perceptíveis pelo homem médio.

(C) O fornecedor está obrigado, necessariamente, a retirá-lo de circulação, por estar presente defeito no produto, sob pena de prática de crime contra o consumidor.

(D) Cuida-se da hipótese de violação ao dever de oferecer informações claras ao consumidor, na medida em que a periculosidade do uso de produto químico, quando composto por substâncias com potenciais alergênicos, deve ser apresentada em destaque ao consumidor.

A: incorreta. Trata-se de defeito de produto, nos termos do art. 12 do Código de Defesa do Consumidor, em razão da falta de informação na rotulagem sobre eventuais reações alérgicas dos consumidores. **B:** incorreta. A culpa exclusiva do consumidor pode ser alegada nas relações de consumo (art. 12, § 3º, III), no entanto, a falta de informação tornou o produto defeituoso e obriga o fornecedor a indenizar. **C:** incorreta. O *recall* de produtos está definido no art. 10, § 1º, do CDC. Mencionado dispositivo legal obriga aos fornecedores de produtos e serviços a comunicar o defeito do produto caso seja descoberto depois da colocação do produto no mercado. Nesse caso, o fornecedor deveria fazer o *recall* avisando aos consumidores sobre os riscos do produto. Sendo assim, não seria o caso de, *necessariamente*, retirar o produto do mercado de consumo. **D:** correta. Trata-se de periculosidade inerente (ou latente do produto) nos termos do art. 9º do CDC. Deveria o fornecedor avisar sobre os riscos que os consumidores estão expostos pelo uso do produto, sob pena de incorrer nas penas do art. 63 do mesmo diploma legal. Ademais, art. 12 do CDC define o defeito de produto como sendo o problema por ele apresentado que coloque em risco a saúde e a segurança do consumidor, incluindo as hipóteses de informações insuficientes ou inadequadas sobre sua utilização e riscos. Sendo assim, a falta de informação torna do produto defeituoso e obriga o fornecedor a indenizar pelos danos causados aos consumidores. RD

Gabarito "D".

(OAB/FGV – 2018) Dora levou seu cavalo de raça para banho, escovação e cuidados específicos nos cascos, a ser realizado pelos profissionais da Hípica X. Algumas horas depois de o animal ter sido deixado no local, a fornecedora do serviço entrou em contato com Dora para informar-lhe que, durante o tratamento, o cavalo apresentou sinais de doença cardíaca. Já era sabido por Dora que os equipamentos utilizados poderiam causar estresse no animal. Foi chamado o médico veterinário da própria Hípica X, mas o cavalo faleceu no dia seguinte.

Dora, que conhecia a pré-existência da doença do animal, ingressou com ação judicial em face da Hípica X pleiteando reparação pelos danos morais suportados, em decorrência do ocorrido durante o tratamento de higiene.

Nesse caso, à luz do Código de Defesa do Consumidor (CDC), é correto afirmar que a Hípica X

(A) não poderá ser responsabilizada se provar que a conduta no procedimento de higiene foi adequada, seguindo padrões fixados pelos órgãos competentes, e que a doença do animal que o levou a óbito era pré-existente ao procedimento de higienização do animal.

(B) poderá ser responsabilizada em razão de o evento deflagrador da identificação da doença do animal ter ocorrido durante a sua higienização, ainda que se comprove ser pré-existente a doença e que tenham sido seguidos os padrões fixados por órgãos competentes para o procedimento de higienização, pois o nexo causal resta presumido na hipótese.

(C) não poderá ser responsabilizada somente se provar que prestou os primeiros socorros, pois a pré-existência da doença não inibiria a responsabilidade civil objetiva dos fornecedores do serviço; somente a conduta de chamar atendimento médico foi capaz de desconstruir o nexo causal entre o procedimento de higiene e o evento do óbito.

(D) poderá ser responsabilizada em solidariedade com o profissional veterinário, pois os serviços foram prestados por ambos os fornecedores, em responsabilidade objetiva, mesmo que Dora comprove que o procedimento de higienização do cavalo tenha potencializado o evento que levou ao óbito do animal, ainda que seguidos os padrões estipulados pelos órgãos competentes.

O examinador entendeu haver responsabilidade civil pelo fato do serviço, embora tenha colocado a saúde do animal em risco, não a saúde do próprio consumidor. Para que haja a caracterização do defeito de serviço deve ocorrer o chamado acidente de consumo nos termos do art. 14 do CDC "o serviço é defeituoso quando não fornece a segurança que o consumidor dele pode esperar, levando-se em consideração as circunstâncias relevantes, entre as quais: I – o modo de seu fornecimento; II – o resultado e os riscos que razoavelmente dele se esperam; III – a época em que foi fornecido". Entendemos que nesse caso houve vício de serviço, o que não altera o gabarito oficial, mas o fundamento estaria no art. 20 do Código de Defesa do Consumidor. No entanto, nossos comentários serão feitos com fundamento no art. 14, já que esse parece ter sido o entendimento da banca examinadora.
A: correta. Trata-se de excludente de responsabilidade. Nos termos do art. 14, § 3º, o fornecedor de serviços só não será responsabilizado quando provar a culpa exclusiva do consumidor ou de terceiro. Tendo em vista que a consumidora não avisou sobre a doença do animal, o fornecedor não responde pelos danos, havendo quebra de nexo de causalidade; **B:** incorreta. O nexo de causalidade é o elo entre a conduta praticada e o resultado da ação. Houve culpa exclusiva da consumidora por ter deixado de avisar sobre os riscos, não havendo, portanto, responsabilidade do fornecedor; **C:** incorreta. Vide resposta da alternativa anterior. A desconstituição do nexo de causalidade ocorreu por culpa exclusiva do consumidor. Ademais, a responsabilidade civil do profissional liberal (médico veterinário) é subjetiva, nos termos do art. 14, § 4º, do CDC; **D:** incorreta. Vide resposta da alternativa anterior. Gabarito "A".

(OAB/FGV – 2018) Eloá procurou o renomado Estúdio Max para tratamento de restauração dos fios do cabelo, que entendia muito danificados pelo uso de químicas capilares. A proposta do profissional empregado do estabelecimento foi a aplicação de determinado produto que acabara de chegar ao mercado, da marca mundialmente conhecida OPS, que promovia uma amostragem inaugural do produto em questão no próprio Estúdio Max.

Eloá ficou satisfeita com o resultado da aplicação pelo profissional no estabelecimento, mas, nos dias que se seguiram, observou a queda e a quebra de muitos fios de cabelo, o que foi aumentando progressivamente. Retornando ao Estúdio, o funcionário que a havia atendido informou-lhe que poderia ter ocorrido reação química com outro produto utilizado por Eloá anteriormente ao tratamento, levando aos efeitos descritos pela consumidora, embora o produto da marca OPS não apontasse contraindicações.

Eloá procurou você como advogado(a), narrando essa situação.

Neste caso, assinale a opção que apresenta sua orientação.

(A) Há evidente fato do serviço executado pelo profissional, cabendo ao Estúdio Max e ao fabricante do produto da marca OPS, em responsabilidade solidária, responderem pelos danos suportados pela consumidora.

(B) Há evidente fato do produto; por esse motivo, a ação judicial poderá ser proposta apenas em face da fabricante do produto da marca OPS, não havendo responsabilidade solidária do comerciante Estúdio Max.

(C) Há evidente fato do serviço, o que vincula a responsabilidade civil subjetiva exclusiva do profissional que sugeriu e aplicou o produto, com base na teoria do risco da atividade, excluindo-se a responsabilidade do Estúdio Max.

(D) Há evidente vício do produto, sendo a responsabilidade objetiva decorrente do acidente de consumo atribuída ao fabricante do produto da marca OPS e, em caráter subsidiário, ao Estúdio Max e ao profissional, e não do profissional que aplicou o produto.

A: correta. O Estúdio Max reponde pelos danos causados à consumidora por ter utilizado o produto que sabia poder causar reação química se em interação com outro produto, colocando em risco a saúde e a segurança da consumidora. Por ter sido utilizado sem os cuidados necessários pelo salão de beleza estamos diante de um defeito de serviço (art. 14 do CDC). Por outro lado, a fabricante OPS responde solidariamente pelos danos causados, pela falta de informações em relação ao uso do produto (art. 12 o CDC); **B:** incorreta. Trata-se de responsabilidade solidária pelo defeito de produto e defeito de serviço; **C:** incorreta. A responsabilidade civil prevista no CDC é objetiva, exceto para os profissionais liberais, para quem a responsabilidade civil é subjetiva; **D:** incorreta. Trata-se de defeito de produto e serviço, uma vez que colocou em risco a saúde e a segurança da consumidora. Gabarito "A".

(OAB/FGV – 2017) Os arquitetos Everton e Joana adquiriram pacote de viagens para passar a lua de mel na Europa, primeira viagem internacional do casal. Ocorre que o trajeto do voo previa conexão em um país que exigia visto de trânsito, tendo havido impedimento do embarque dos noivos, ainda no Brasil, por não terem o visto exigido. O casal questionou a agência de turismo por não ter dado qualquer explicação prévia nesse sentido, e a fornecedora informou que não se responsabilizava pela informação de necessidade de visto para a realização da viagem.

Diante do caso apresentado, assinale a afirmativa correta.

(A) Cabe ação de reparação por danos extrapatrimoniais, em razão da insuficiência de informação clara e precisa, que deveria ter sido prestada pela agência de turismo, no tocante à necessidade de visto de trânsito para a conexão internacional prevista no trajeto.

(B) Não houve danos materiais a serem ressarcidos, já que os consumidores sequer embarcaram, situação muito diferente de terem de retornar, às próprias expensas, diretamente do país de conexão, interrompendo a viagem durante o percurso.

(C) Não ocorreram danos extrapatrimoniais por se tratar de pessoas que tinham capacidade de leitura e compreensão do contrato, sendo culpa exclusiva das próprias vítimas a interrupção da viagem por desconhecerem a necessidade de visto de trânsito para realizarem a conexão internacional.

(D) Houve culpa exclusiva da empresa aérea que emitiu os bilhetes de viagem, não podendo a agência de viagem ser culpabilizada, por ser o comerciante responsável subsidiariamente e não responder diretamente pelo fato do serviço.

A: correta. Trata-se de vício de serviço (art. 20 do CDC) e a agência de turismo (fornecedora) responde pelos danos morais e materiais causados em relação aos vícios na prestação de serviços em razão da falta de informação (art. 6, VIII, do CDC); **B:** incorreta. Evidentes os danos materiais causados pela falta de informação uma vez que os consumidores não conseguiram embarcar, perdendo o valor relativo às passagens aéreas pagas; **C:** incorreta. Vide justificativa da alternativa A. Além disso, estão presentes as vulnerabilidades técnica, informacional e jurídica dos consumidores; **D:** incorreta. Sendo um vício de serviço, a agência de turismo (comerciante), é solidariamente responsável pelos danos causados aos consumidores. RD
Gabarito "A".

(OAB/FGV – 2017) Osvaldo adquiriu um veículo zero quilômetro e, ao chegar a casa, verificou que, no painel do veículo, foi acionada a indicação de problema no nível de óleo. Ao abrir o capô, constatou sujeira de óleo em toda a área. Osvaldo voltou imediatamente à concessionária, que realizou uma rigorosa avaliação do veículo e constatou que havia uma rachadura na estrutura do motor, que, por isso, deveria ser trocado. Oswaldo solicitou um novo veículo, aduzindo que optou pela aquisição de um zero quilômetro por buscar um carro que tivesse toda a sua estrutura "de fábrica".

A concessionária se negou a efetuar a troca ou devolver o dinheiro, alegando que isso não descaracterizaria o veículo como novo e que o custo financeiro de faturamento e outras medidas administrativas eram altas, não justificando, por aquele motivo, o desfazimento do negócio.

No mesmo dia, Osvaldo procura você, como advogado, para orientá-lo. Assinale a opção que apresenta a orientação dada.

(A) Cuida-se de vício do produto, e a concessionária dispõe de até trinta dias para providenciar o reparo, fase que, ordinariamente, deve preceder o direito do consumidor de pleitear a troca do veículo.

(B) Trata-se de fato do produto, e o consumidor sempre pode exigir a imediata restituição da quantia paga, sem prejuízo de pleitear perdas e danos em juízo.

(C) Há evidente vício do produto, sendo subsidiária a responsabilidade da concessionária, devendo o consumidor ajuizar a ação de indenização por danos materiais em face do fabricante.

(D) Trata-se de fato do produto, e o consumidor não tem interesse de agir, pois está no curso do prazo para o fornecedor sanar o defeito.

A: correta. Trata-se de vício de produto e, nos termos do art. 18 do Código de Defesa do Consumidor, o fornecedor tem o direito de consertar do produto em até trinta dias. Se não consertar dentro desse prazo, poderá o consumidor optar pela troca do produto, devolução dos valores ou abatimento proporcional do preço; **B:** incorreta. A caracterização de fato do produto exige o acidente de consumo, ou seja, que o produto coloque em risco a vida e a saúde do consumidor, o que não foi mencionado pelo problema; **C:** incorreta. Trata-se de vício do produto sendo, portanto, solidária (não subsidiária) a responsabilidade do fornecedor; **D:** incorreta. O defeito do produto, tratado no art. 12 do CDC, não permite que o fornecedor conserte o produto, devendo ser o consumidor imediatamente indenizado. RD
Gabarito "A".

4. PRÁTICAS COMERCIAIS

(Juiz de Direito – TJ/SC – 2024 – FGV) De acordo com a Lei do Cadastro Positivo (Lei nº 12.414/2011), o gestor de banco de dados deve atender aos requisitos mínimos de funcionamento previstos na mesma Lei e em regulamentação complementar. Considerando-se a regulamentação complementar do Decreto nº 9.936/2019, em relação aos requisitos mínimos adotados no funcionamento dos gestores de banco de dados, é correto afirmar que:

(A) em relação aos aspectos econômico-financeiros, o gestor deve ter patrimônio líquido mínimo de R$ 250.000.000,00, comprovado por meio de demonstrações financeiras relativas aos dois últimos exercícios sociais e auditado por auditor independente registrado na Comissão de Valores Mobiliários;

(B) em relação aos aspectos de governança, o gestor deve disponibilizar mensalmente as informações relevantes relacionadas ao funcionamento no período, que atestem a plena operação do gestor de banco de dados, incluindo, dentre outros, o desempenho econômico-financeiro;

(C) em relação aos aspectos societários, o gestor deverá ser constituído como sociedade empresária do tipo limitada ou anônima, sendo a maioria absoluta dos membros da administração (diretores e membros do Conselho de Administração, se houver) composta de brasileiros natos ou naturalizados;

(D) em relação aos aspectos relacionais, o gestor deverá constituir e manter componente organizacional de

ouvidoria, com a atribuição de atuar como canal de comunicação entre os gestores de bancos de dados e os cadastrados, exceto na mediação de conflitos;
(E) em relação aos aspectos técnico-operacionais, o gestor deverá possuir certificação técnica emitida por empresa qualificada independente, renovada, no mínimo, a cada cinco anos, e revisada anualmente, que, dentre outros elementos, ateste a disponibilidade de plataforma tecnológica apta a preservar a integridade e o sigilo dos dados armazenados.

A: Incorreta. De acordo com o art. 2º, I, do Decreto nº 9.936/2019, em relação aos aspectos econômico-financeiros, o gestor deve ter patrimônio líquido mínimo de R$ 100.000.000,00, detido pelo gestor de banco de dados, comprovado por meio de demonstração financeira relativa ao exercício mais recente auditada por auditor independente registrado na Comissão de Valores Mobiliários. **B:** Correta. De acordo com o art. 2º, inciso III, do mencionado Decreto **C:** Incorreta. Não há previsão sobre a constituição societária no Decreto nº 9.936/2019. **D:** Incorreta. Em relação aos aspectos relacionais, o gestor deverá constituir e manter componente organizacional de ouvidoria, com a atribuição de atuar como canal de comunicação entre os gestores de bancos de dados e os cadastrados, inclusive na mediação de conflitos (Conforme art. 2º, IV, c, do mencionado Decreto). **E:** Incorreta. Em relação aos aspectos técnico-operacionais, o gestor deverá possuir certificação técnica emitida por empresa qualificada independente, renovada, no mínimo, a cada três anos e revisada anualmente, que ateste a disponibilidade de plataforma tecnológica apta a preservar a integridade e o sigilo dos dados armazenados (Conforme art. 2º, II, a, 1, do mencionado Decreto). **Gabarito B**

(OAB/FGV – 2024) Você, como advogado(a), foi procurado(a) pela senhora Magda para orientá-la quanto às dificuldades de atendimento de suas demandas no Serviço de Atendimento ao Consumidor (SAC) da operadora do plano de saúde a que ela aderiu a partir do mês de novembro de 2022.

A consulente narrou a você que não consegue contato telefônico com o SAC nos finais de semana, pois o atendimento se encerra às 22h de sexta-feira e só é retomado a partir de 6h de segunda-feira e não há outro canal de atendimento no período indicado para o registro de demandas. Por fim, durante o tempo de espera para atendimento, a operadora veicula várias mensagens de caráter informativo sobre os procedimentos para fruição de direitos dos clientes e acesso à rede referenciada e mensagens publicitárias de seus patrocinadores.

Com base na narrativa e nas determinações legais para atendimento de demandas no SAC, assinale a afirmativa correta.

(A) Os fatos narrados pela consulente não constituem infração, podendo ser interrompido o atendimento em certos horários; é possível veicular mensagens informativas antes do atendimento, vedadas as mensagens publicitárias de seus patrocinadores.
(B) A operadora do plano de saúde pode interromper o atendimento ao consumidor em horários previamente determinados e divulgados, bem como apenas pode veicular mensagens de caráter informativo e publicitárias de seus próprios produtos e serviços.
(C) É defeso à operadora do plano de saúde interromper o atendimento ao consumidor, mas está autorizada a veicular mensagens informativas desde que tratem dos direitos e deveres dos consumidores.
(D) Os fatos narrados pela consulente revelam que a operadora do plano de saúde não cometeu infração administrativa, pois não é obrigatório disponibilizar outros canais de acesso ao SAC além do atendimento telefônico, sendo possível veicular mensagens antes do atendimento.

Nos termos do Decreto 11.034/2022, o "acesso ao SAC estará disponível, ininterruptamente, durante vinte e quatro horas por dia, sete dias por semana" (art. 4º). Ademais, pelo mesmo Decreto, é permitida a veiculação de mensagens de caráter informativo durante o tempo de espera, desde que tratem dos direitos e deveres dos consumidores ou dos outros canais de atendimento disponíveis.
OBS: A resposta correta é a letra C, mas o CFOAB anulou a questão em análise tendo em vista que o edital não menciona o Decreto que fundamenta a resposta. **Gabarito Anulada**

(Juiz Federal – TRF/1 – 2023 – FGV) Jerônimo contratou financiamento imobiliário com a Instituição Financeira Dinheiro é Solução. Para ultimar o negócio, o banco lhe impôs a contratação de um seguro habitacional. Fez algumas indicações de seguradoras parceiras, mas Jerônimo preferiu contratar com uma de sua confiança, o que foi aceito.

Anos depois, quando já findo, inclusive, o financiamento, Jerônimo constatou que, embora o imóvel lhe tenha sido vendido considerando a metragem de 100 m², tinha, a rigor, apenas 90 m². Daí ter acionado judicialmente a construtora e a seguradora.

Considerando o caso descrito, é correto afirmar que:

(A) não houve, por parte da instituição financiadora, a prática de venda casada, nem direta nem "às avessas", vedada pelo Código de Defesa do Consumidor em seu Art. 39, I;
(B) é de noventa dias o prazo de que Jerônimo dispõe para reclamar do vício oculto, contados do dia em que o identificou, nos termos do Art. 26 do Código de Defesa do Consumidor;
(C) o vício identificado no caso concreto é aparente, razão pela qual o consumidor dispõe do prazo de cinco anos para reclamar sua correção, nos termos do Art. 27 do Código de Defesa do Consumidor;
(D) o seguro habitacional visa à proteção da família, em caso de morte ou invalidez do segurado, e à salvaguarda do imóvel que garante o respectivo financiamento imobiliário, resguardando, assim, os recursos públicos direcionados à manutenção do sistema, de modo que não tem por objeto os vícios construtivos próprios do imóvel;
(E) liquidado o financiamento e cessado o pagamento dos prêmios, a seguradora não deverá responder pelo vício construtivo, porque a vigência do seguro habitacional está marcadamente vinculada ao financiamento por ter a precípua função de resguardar os recursos públicos direcionados à aquisição do imóvel, realimentando suas fontes e possibilitando que novos financiamentos sejam contratados, em um evidente círculo virtuoso.

A: Correta. De acordo com a Súmula 473 do STJ, o mutuário do SFH não pode ser compelido a contratar o seguro habitacional obrigatório com a instituição financeira mutuante ou com a seguradora por ela indicada. Tal comportamento é considerado como uma prática comercial abusiva (venda casada) proibida pelo art. 39, I, do CDC. Entretanto, a instituição financeira do caso em tela não compeliu Jeronimo a contratar com nenhuma instituição parceira, apenas fez a indicação e, dessa forma, não há de se falar em venda casada. **B:** Incorreta. Conforme entendimento do STJ: "a entrega de bem imóvel com metragem diversa da contratada não pode ser considerada vício *oculto*, mas *aparente*, dada a possibilidade de ser verificada com a mera medição das dimensões do imóvel – o que, por precaução, o adquirente, inclusive, deve providenciar tão logo receba a unidade imobiliária (STJ, 2ª Seção, REsp nº 1819058 / SP, Rel. Min. Nancy Andrighi, julgado em 3/12/2019). **C:** Incorreta. De acordo com a referida decisão "à falta de prazo específico no CDC que regule a hipótese de reparação de danos decorrentes de vício do produto, entende-se que deve ser aplicado o prazo geral decenal do art. 205 do CC/02". **D:** Incorreta. De acordo com o STJ: "(...) Uma das justas expectativas do segurado, ao aderir ao seguro habitacional obrigatório para aquisição da casa própria pelo SFH, é a de receber o bem imóvel próprio e adequado ao uso a que se destina. E a essa expectativa legítima de garantia corresponde a de ser devidamente indenizado pelos prejuízos suportados em decorrência de danos originados na vigência do contrato e geradores dos riscos cobertos pela seguradora, segundo o previsto na apólice, como razoavelmente se pressupõe ocorrer com os vícios estruturais de construção" (STJ, 2ª Seção, REsp 1804965-SP, Rel. Min. Nancy Andrighi, julgado em 27/05/2020). **E:** Incorreta. Vide justificativa da alternativa anterior.

Gabarito "A".

(OAB/FGV – 2023) Mota solicitou orçamento para a instalação de persianas na sua casa e, ao receber o documento, leu que a compra das persianas escolhidas somente poderia ser realizada com a compra dos tapetes da mesma coleção. Além disso, juntamente com o orçamento, Mota recebeu proposta para aquisição de seguro residencial.

O consumidor ficou em dúvida a respeito da conduta da loja de decoração e procurou você, como advogado(a), para receber orientação jurídica.

A esse respeito, você informou, corretamente, ao cliente que se trata de

(A) prática abusiva em relação às persianas e ao tapete, por condicionar o fornecimento de um produto à aquisição do outro; igualmente abusiva a prática de enviar oferta de serviço mediante proposta do seguro residencial ao consumidor, sem prévia solicitação.

(B) prática lícita em relação às persianas e ao tapete, uma vez que se trata de produtos da mesma coleção; o seguro residencial foi meramente sugerido, não importando em venda casada.

(C) prática abusiva em relação às persianas e ao tapete, por condicionar o fornecimento de um produto à aquisição do outro; o seguro residencial foi oferecido sem condicionamento, sendo lícita a prática.

(D) prática lícita em relação às persianas e ao tapete, uma vez que são produtos da mesma coleção; a proposta do seguro residencial foi enviada ao consumidor sem solicitação prévia, o que torna a prática abusiva.

O caso refere-se à prática comercial abusiva denominada *venda casada*. Ao exigir a compra das persianas junto com o tapete da mesma colação, o fornecedor infringiu o art. 39, inciso I, do CDC: "condicionar o fornecimento de produto ou de serviço ao fornecimento de outro produto ou serviço, bem como, sem justa causa, a limites quantitativos". Por outro lado, o oferecimento de seguro residencial sem qualquer vinculação à compra dos produtos não configura prática comercial, já que a oferta não foi condicionada à compra de produto ou serviço.

Gabarito "C".

(OAB/FGV – 2023) Adônis procurou você, como advogado(a), queixando-se de lhe ter sido negado crédito. Informou que a recusa se baseou em uma pontuação baixa atribuída por meio do uso do método para avaliação do risco de concessão de crédito, conhecido como sistema "escore de crédito". Disse que o método foi aplicado sem o seu consentimento prévio, bem como explicou que não foram prestados esclarecimentos a respeito das fontes dos dados considerados e nem das informações pessoais valoradas.

A respeito desse assunto, à luz das disposições do Código de Defesa do Consumidor sobre banco de dados e cadastro de consumidores, assinale a afirmativa correta.

(A) A realização de qualquer avaliação de risco para a concessão de crédito, com o objetivo de criar sistema de escore do consumidor, deve ser sempre precedida do consentimento do interessado no prazo de 5 (cinco) dias úteis.

(B) A indicação ao consumidor das fontes dos dados considerados pelo fornecedor para o cálculo do escore de crédito fica dispensada.

(C) O consentimento prévio do consumidor consultado é desnecessário, mas a ele deve ser garantido o acesso às informações pessoais valoradas e às fontes dos dados considerados no cálculo do escore de crédito.

(D) As informações pessoais valoradas são de autonomia do fornecedor e não precisam ser conhecidas pelo consumidor, pois são confidenciais.

De fato, o sistema de pontuação de crédito é amplamente utilizado pelos bancos de dados e cadastros de consumidores. É referendado pela Súmula 550 do STJ, pela Lei do Cadastro Positivo (Lei 12.414/2011 e LC 166/2019) razão pela qual pode o consumidor ter o seu nome incluído automaticamente em banco de dados positivo, podendo requerer, se o caso a sua exclusão. No entanto, mesmo que o consumidor não queria ter os seus dados divulgados em banco de dados positivo (com histórico de crédito), o escore de crédito será mantido por força do entendimento do STJ externado na Súmula 550: "A utilização de escore de crédito, método estatístico de avaliação de risco que não constitui banco de dados, dispensa o consentimento do consumidor, que terá o direito de solicitar esclarecimentos sobre as informações pessoais valoradas e as fontes dos dados considerados no respectivo cálculo". Nesse caso, poderá o consumidor requerer informações e esclarecimentos sobre sua pontuação em banco de dados a respeito das fontes dos dados considerados bem como das informações pessoais valoradas.

Gabarito "C".

(Juiz de Direito/AP – 2022 – FGV) Regina ingressou com ação judicial em face da montadora de automóveis (primeira ré) e da revendedora (segunda ré), alegando que sofreu prejuízo na compra de um veículo. A consumidora narra que, em outubro de 2020, adquiriu o veículo anunciado na mídia como sendo o lançamento do modelo na versão ano 2021, o que foi confirmado pelo vendedor que atendeu na concessionária. No mês seguinte, a montadora lançou novamente aquele modelo denominando versão ano 2021, entretanto, contando com mais acessórios, o que impactou na desvalorização do carro de Regina.

Diante dessa situação, é correto afirmar que:

(A) há abusividade na prática comercial que induziu Regina a erro, ao frustrar sua legítima expectativa e

quebrar a boa-fé objetiva; a responsabilidade solidária da montadora e da revendedora está caracterizada pelo vício decorrente da disparidade com indicações constantes na mensagem publicitária e informadas à consumidora;
(B) resta caracterizada a publicidade abusiva ao induzir a erro a consumidora no que dizia respeito às características, qualidade, bem como outros dados sobre o veículo; a segunda ré não possui legitimidade passiva, uma vez que é apenas a revendedora de automóveis, não tendo responsabilidade pela propaganda;
(C) o ato de não informar que seria lançada outra versão com acessórios diversos constitui omissão, o que não caracteriza propaganda enganosa que ocorre por ato comissivo; a responsabilidade pelo fato do produto decorrente da propaganda enganosa lançada nas concessionárias é da montadora;
(D) há prática comercial abusiva e propaganda enganosa, violando os deveres de informações claras, ostensivas, precisas e corretas, frustrando a legítima expectativa da consumidora e violando os deveres de boa-fé objetiva; a responsabilidade do comerciante é subsidiária em caso de produto que se tornou defeituoso em razão da qualidade inferior que impactou na diminuição do valor;
(E) inexistiu publicidade enganosa ou defeito na prestação do serviço, uma vez que não se considera defeituoso o produto pelo fato de outro de melhor qualidade ter sido colocado no mercado; a responsabilidade subsidiária da revendedora em relação à montadora está caracterizada pelo vício decorrente da disparidade com indicações constantes na mensagem publicitária.

Comentário: "É enganosa qualquer modalidade de informação ou comunicação de caráter publicitário, inteira ou parcialmente falsa, ou, por qualquer outro modo, mesmo por omissão, capaz de induzir em erro o consumidor a respeito da natureza, características, qualidade, quantidade, propriedades, origem, preço e quaisquer outros dados sobre produtos e serviços" (art. 37, § 1º, do CDC). No caso, Regina foi claramente enganada pela publicidade feita pela montadora e pela concessionária. Trata-se de vício de produto, nos termos do art. 18, caput, do CDC, já que a publicidade está em disparidade com o produto vendido. Nesse caso, a responsabilidade civil é solidária entre o concessionário e montador. Ademais, o art. 39 do CDC, traz um rol exemplificativo de práticas abusivas, podendo ser conceituada como a prática que faz restringir a liberdade de escolha do consumidor, o que certamente se deu no caso em análise.

Gabarito "A".

(OAB/FGV – 2020) A era digital vem revolucionando o Direito, que busca se adequar aos mais diversos canais de realização da vida inserida ou tangenciada por elementos virtuais. Nesse cenário, consagram-se avanços normativos a fim de atender às situações jurídicas que se apresentam, sendo ponto importante a recorrência dos chamados *youtubers*, atividade não rara realizada por crianças e destinada ao público infantil. Nesse contexto, os *youtubers* mirins vêm desenvolvendo atividades que necessitam de intervenção jurídica, notadamente quando se mostram portadores de prática publicitária.

A esse respeito, instrumentos normativos que visam a salvaguardar interesses na publicidade infantil estão em vigor e outros previstos em projetos de lei.

Sobre o fato narrado, de acordo com o CDC, assinale a afirmativa correta.
(A) A comunicação mercadológica realizada por *youtubers* mirins para o público infantil não pode ser considerada abusiva em razão da deficiência de julgamento e experiência das crianças, porque é realizada igualmente por crianças.
(B) A publicidade que se aproveita da deficiência de julgamento e experiência da criança ou se prevaleça da sua idade e conhecimento imaturo para lhe impingir produtos ou serviços é considerada abusiva.
(C) A publicidade não pode ser considerada abusiva ou enganosa se o público para a qual foi destinado, de forma fácil e imediata, identifica a mensagem mercadológica como tal.
(D) A publicidade dirigida às crianças, que se aproveite da sua deficiência de julgamento para lhe impingir produtos ou serviços, é considerada enganosa.

A: incorreta. Na forma do art. 37 do Código de Defesa do Consumidor, é considerada abusiva, entre outras, a publicidade "que se aproveite da deficiência de julgamento e experiência da criança". No caso da publicidade destinada ao público infantil, o Código de Ética do CONAR, no seu art. 37, determina que: "Nos conteúdos segmentados, criados, produzidos ou programados especificamente para o público infantil, qualquer que seja o veículo utilizado, a publicidade de produtos e serviços destinados exclusivamente a esse público estará restrita aos intervalos e espaços comerciais" (inciso IV) e "para a avaliação da conformidade das ações de merchandising ou publicidade indireta contratada se aplicará o disposto nesta Seção, levar-se-á em consideração que: a: o público-alvo a que elas são dirigidas seja adulto; b: o produto ou serviço não seja anunciado objetivando seu consumo por crianças; c: a linguagem, imagens, sons e outros artifícios nelas presentes sejam destituídos da finalidade de despertar a curiosidade ou a atenção das crianças" (inciso V). B: correta. Vide justificativa anterior. C: incorreta. Em razão do princípio da identificação publicitária estampado no art. 36 do Código de Defesa do Consumidor, a publicidade não pode ser indireta, ou seja, qualquer pessoa que se depare com uma publicidade deve entendê-la como tal. A alternativa correlaciona apenas ao fato de a publicidade ser abusiva ou enganosa, não se configurando nem uma nem a outra. D: incorreta. Como visto, não se trata de publicidade enganosa.

Gabarito "B".

(OAB/FGV – 2020) O médico de João indicou a necessidade de realizar a cirurgia de gastroplastia (bariátrica) como tratamento de obesidade mórbida, com a finalidade de reduzir peso. Posteriormente, o profissional de saúde explicou a necessidade de realizar a cirurgia plástica pós-gastroplastia, visando à remoção de excesso epitelial que comumente acomete os pacientes nessas condições, impactando a qualidade de vida daquele que deixou de ser obeso mórbido.

Nesse caso, nos termos do Código de Defesa do Consumidor e do entendimento do STJ, o plano de saúde de João
(A) terá que custear ambas as cirurgias, porque configuram tratamentos, sendo a cirurgia plástica medida reparadora; portanto, terapêutica.
(B) terá que custear apenas a cirurgia de gastroplastia, e não a plástica, considerada estética e excluída da cobertura dos planos de saúde.
(C) não terá que custear as cirurgias, exceto mediante previsão contratual expressa para esses tipos de procedimentos.

(D) não terá que custear qualquer das cirurgias até que passem a integrar o rol de procedimentos da ANS, competente para a regulação das coberturas contratuais.

O Superior Tribunal de Justiça já externou entendimento no sentido de que as despesas com a cirurgia bariátrica devem ser custeadas pelo plano de saúde (Resoluções CFM 1.766/2005 e 1.942/2010). Apesar de estarem excluídos da cobertura dos planos de saúde os tratamentos puramente estéticos (art. 10, II, da Lei 9.656/1998), a cirurgia plástica para retirada de pele após a cirurgia bariátrica não tem finalidade estética, tendo característica de cirurgia reparadora e funcional, devendo ser custeada pelo plano de saúde (Veja, STJ REsp 1.757.938/DF). Vale notar que o Superior Tribunal de Justiça, através do REsp 1.870.834/RJ (Tema 1.069), suspendeu todos os casos que versem sobre assunto em 17/10/2020. RD
Gabarito "A".

(OAB/FGV – 2017) Heitor foi surpreendido pelo recebimento de informação de anotação de seu nome no cadastro restritivo de crédito, em decorrência de suposta contratação de serviços de telefonia e Internet. Heitor não havia celebrado tal contrato, sendo o mesmo fruto de fraude, e busca orientação a respeito de como proceder para rescindir o contrato, cancelar o débito e ter seu nome fora do cadastro negativo, bem como o recebimento de reparação por danos extrapatrimoniais, já que nunca havia tido o seu nome inscrito em tal cadastro.

Com base na hipótese apresentada, na qualidade de advogado(a) de Heitor, assinale a opção que apresenta o procedimento a ser adotado.

(A) Cabe o pedido de cancelamento do serviço, declaração de inexistência da dívida e exclusão da anotação indevida, inexistindo qualquer dever de reparação, já que à operadora não foi atribuído defeito ou falha do serviço digital, que seria a motivação para tal pleito.

(B) Trata-se de cobrança devida pelo serviço prestado, restando a Heitor pagar imediatamente e, somente assim, excluir a anotação de seu nome em cadastro negativo, e, então, ingressar com a medida judicial, comprovando que não procedeu com a contratação e buscando a rescisão do contrato irregular com devolução em dobro do valor pago.

(C) Heitor não pode ser considerado consumidor em razão da ausência de vinculação contratual verídica e válida que consagre a relação consumerista, afastando-se os elementos principiológicos e fazendo surgir a responsabilidade civil subjetiva da operadora de telefonia e Internet.

(D) Heitor é consumidor por equiparação, aplicando-se a teoria do risco da atividade e devendo a operadora suportar os riscos do contrato fruto de fraude, caso não consiga comprovar a regularidade da contratação e a consequente reparação pelos danos extrapatrimoniais *in re ipsa*, além da declaração de inexistência da dívida e da exclusão da anotação indevida.

A: incorreta. Tendo em vista a fraude da qual Heitor foi vítima, com a inclusão indevida do seu nome no banco de dados e cadastro de consumidores, é possível o pedido de indenização por danos morais em razão do abalo da sua honra, além do pedido de cancelamento do serviço e exclusão da anotação indevida; **B:** incorreta. A contratação foi originada de uma fraude e o fornecedor responde pelo fortuito interno, não podendo alegar exclusão de responsabilidade. É nesse sentido a súmula 479 do STJ: "As instituições financeiras respondem objetivamente pelos danos gerados por fortuito interno relativo a fraudes e delitos praticados por terceiros no âmbito de operações bancárias". Dessa forma, Heitor não deve pagar a dívida para ter o seu nome excluído do banco de dados e cadastro negativo; **C:** incorreta. Heitor é considerado consumidor por equiparação (veja justificativa da alternativa "D"); **D:** correta. Heitor deve ser considerado um consumidor por equiparação, na forma do art. 2º, parágrafo único, e art. 29 da lei consumerista, por estar exposto à prática comercial relacionada aos bancos de dados e cadastros de consumidores (art. 43 do CDC). O fornecedor responde pelo fortuito interno, devendo reparar os danos morais em razão da fraude (veja súmula 479 do STJ), sem necessidade de prova dos danos, sendo apenas necessária a prova dos fatos (*in re ipsa*). RD
Gabarito "D".

(OAB/FGV – 2016) A Pizzaria X fez publicidade comparando a qualidade da sua pizza de mozarela com a da Pizzaria Y, descrevendo a quantidade de queijo e o crocante das bordas, detalhes que a tornariam mais saborosa do que a oferecida pela concorrente. Além disso, disponibiliza para os consumidores o bônus da entrega de pizza pelo motociclista, em até 30 minutos, ou a dispensa do pagamento pelo produto.

A respeito do narrado, assinale a afirmativa correta.

(A) A publicidade comparativa é expressamente vedada pelo Código de Defesa do Consumidor, que, entretanto, nada disciplina a respeito da entrega do produto por motociclista em período de tempo ou dispensa do pagamento.

(B) A promessa de dispensa do pagamento pelo consumidor como forma de estímulo à prática de aumento da velocidade pelo motociclista é vedada por lei especial, enquanto a publicidade comparativa é admitida, respeitados os critérios do CDC e as proteções dispostas em normas especiais que tutelam marca e concorrência.

(C) A dispensa de pagamento, em caso de atraso na entrega do produto por motociclista, é lícita, mas a publicidade comparativa é expressamente vedada pelo Código de Defesa do Consumidor e pela legislação especial.

(D) A publicidade comparativa e a entrega de produto por motociclista em determinado prazo ou a dispensa de pagamento, por serem em benefício do consumidor, embora não previstos em lei, são atos lícitos, conforme entendimento pacífico da jurisprudência.

A: incorreta. A publicidade comparativa não está regulamentada pelo Código de Defesa do Consumidor, estando prevista apenas pelo Código Brasileiro de Autorregulação Publicitária. Por outro lado, o CDC de fato não disciplina a respeito da entrega de produtos por motociclista; **B:** correta. A Lei 12.436/2011 proíbe aos fornecedores "prometer dispensa de pagamento ao consumidor, no caso de fornecimento de produto ou prestação de serviço fora do prazo ofertado para a sua entrega ou realização" (art. 1, III). Além disso, a publicidade comparativa, embora não regulada pelo CDC, não é proibida pela norma, de modo que pode ser veiculada desde que respeitado o direito de marca e demais regras sobre a publicidade abusiva e enganosa no CDC (sobre o tema, vide no STJ o REsp 1.668.550); **C:** incorreta. Conforme justificativa das alternativas anteriores; **D:** incorreta. Conforme justificativa das alternativas anteriores. RD
Gabarito "B".

(OAB/FGV – 2016) O Banco X enviou um cartão de crédito para Jeremias, com limite de R$ 10.000,00 (dez mil reais), para uso em território nacional e no exterior, incluindo seguro de vida e acidentes pessoais, bem como seguro contra roubo e furto, no importe total de R$ 5,00 (cinco reais) na fatura mensal, além da anuidade de R$ 400,00 (quatrocentos reais), parcelada em cinco vezes.

Jeremias recebeu a correspondência contendo um cartão bloqueado, o contrato e o informativo de benefícios e ônus. Ocorre que Jeremias não é cliente do Banco X e sequer solicitou o cartão de crédito.

Sobre a conduta da instituição bancária, considerando a situação narrada e o entendimento do STJ expresso em Súmula, assinale a afirmativa correta.

(A) Foi abusiva, sujeitando-se à aplicação de multa administrativa, que não se destina ao consumidor, mas não há ilícito civil indenizável, tratando-se de mero aborrecimento, sob pena de se permitir o enriquecimento ilícito de Jeremias.

(B) Foi abusiva, sujeita à advertência e não à multa administrativa, salvo caso de reincidência, bem como não gera ilícito indenizável, por não ter havido dano moral in re ipsa na hipótese, salvo se houvesse extravio do cartão antes de ser entregue a Jeremias.

(C) Foi abusiva e constitui ilícito indenizável em favor de Jeremias, mesmo sem prejuízo comprovado, em razão da configuração de dano moral in re ipsa na hipótese, que pode ser cumulada com a aplicação de multa administrativa, que não será fixada em favor do consumidor.

(D) Não foi abusiva, pois não houve prejuízo ao consumidor a justificar multa administrativa e nem constitui ilícito indenizável, na medida em que o destinatário pode desconsiderar a correspondência, não desbloquear o cartão e não aderir ao contrato.

A: incorreta. O envio de cartão de crédito sem solicitação configura prática comercial abusiva (art. 39, III, do CDC), sendo possível a aplicação de sanção administrativa (art. 55 e seguintes do CDC) e, por ser configurado o ato ilícito, cabe indenização por danos materiais e morais; **B:** incorreta. Cabe aplicação de sanção administrativa por infração em razão da prática comercial abusiva tendo em vista que qualquer infração às normas de defesa do consumidor fica sujeita às sanções administrativas previstas no art. 55 do CDC. Da mesma forma, o envio do cartão de crédito sem solicitação gera indenização por danos morais em razão do próprio fato (*in re ipsa*), sem haver necessidade de extravio do cartão de crédito; **C:** correta. Conforme justificativa das alternativas anteriores e súmula 532 do STJ, "Constitui prática comercial abusiva o envio de cartão de crédito sem prévia e expressa solicitação do consumidor, configurando-se ato ilícito indenizável e sujeito à aplicação de multa administrativa". Vale notar que as sanções administrativas nunca são fixadas em favor do consumidor, mas destinadas ao fundo previsto na Lei de Ação Civil Pública, sendo que a verba deve ser aplicada em prol da defesa do consumidor (art. 57 do CDC); **D:** incorreta. Veja justificativa das alternativas anteriores.

Gabarito "C".

5. PROTEÇÃO CONTRATUAL

(OAB/FGV – 2024) Carlos, um consumidor, celebrou um contrato de adesão para aquisição de um pacote turístico.

Ao ler atentamente o contrato, Carlos identificou uma cláusula que determinava que ele não poderia requerer indenização à empresa em caso de eventuais prejuízos decorrentes de cancelamentos por causas naturais.

Preocupado, Carlos procura você, como advogado(a), para buscar amparo legal e entender a validade da cláusula em questão. Diante disso, assinale a afirmativa que apresenta, corretamente, sua orientação.

(A) A cláusula é válida, porque o Art. 51 do CDC possui um rol exemplificativo de cláusulas abusivas, e essa cláusula específica não está listada entre as proibidas.

(B) A cláusula é inválida, porque o Art. 51 do CDC possui um rol taxativo de cláusulas abusivas, e essa cláusula não está listada entre as permitidas.

(C) A cláusula é válida, porque o Art. 51 do CDC, que possui um rol de cláusulas abusivas, não se aplica aos contratos de adesão.

(D) A cláusula é inválida, porque o Art. 51 do CDC apresenta um rol exemplificativo de cláusulas abusivas, permitindo a anulação das cláusulas que se mostrem abusivas, mesmo que não listadas.

A questão evoca a nulidade de cláusulas abusivas nas relações de consumo. De fato, nos termos do *caput* do art. 51, o rol de nulidades ali incluído é apenas exemplificativo, de forma que o juiz poderá, no caso concreto, declarar a nulidade da cláusula abusiva, conforme os parâmetros estabelecidos pela lei e se assim entender o magistrado. Ademais, o art. 51, I, diz expressamente que é nula a cláusula limitativa de responsabilidade, nos seguintes termos: Art. 51. "São nulas de pleno direito, **entre outras**, as cláusulas contratuais relativas ao fornecimento de produtos e serviços que (grifo nosso): I – "impossibilitem, exonerem ou atenuem a responsabilidade do fornecedor por vícios de qualquer natureza dos produtos e serviços ou impliquem renúncia ou disposição de direitos. Nas relações de consumo entre o fornecedor e o consumidor pessoa jurídica, a indenização poderá ser limitada, em situações justificáveis". Além disso, complementa o inciso IV do mesmo artigo: IV – "estabeleçam obrigações consideradas iníquas, abusivas, que coloquem o consumidor em desvantagem exagerada, ou sejam incompatíveis com a boa-fé ou a equidade". Logo, a nulidade da cláusula abusiva pode ser decretada pelo juiz, mesmo não sendo listada expressamente no mencionado dispositivo, já que se trata de um rol exemplificativo e que os incisos I e IV permitem interpretação que justifica a nulidade da cláusula em questão.

Gabarito "D".

(OAB/FGV – 2023) Carlos foi internado para tratamento de saúde. Apresentava estado grave, sendo seus familiares informados sobre a limitação do tempo de internação.

Junto à assinatura dos documentos de internação, o hospital exigiu dos familiares um depósito caução para assegurar a internação do paciente, caso extrapolado o dia-limite custeado pelo plano de saúde, o que fizeram prontamente.

Os familiares de Carlos procuraram você, como advogado(a), informando o ocorrido e que, de fato, o contrato do seguro-saúde apresentava essa cláusula limitadora.

Assinale a opção que apresenta a orientação correta dada para o caso.

(A) A cláusula contratual que limita, no tempo, a internação hospitalar do segurado, é abusiva.

(B) O fato de o hospital ter exigido a prestação da caução não configura conduta abusiva, apesar da evidente vulnerabilidade, por força do princípio do equilíbrio contratual.

(C) A cláusula contratual que limita o tempo de internação não se mostra abusiva, por ter sido redigida de forma clara e compreensível.

(D) A cláusula contratual que limita o tempo de internação, embora abusiva, não é nula e sim, anulável, por se tratar de contrato de adesão celebrado em situação de lesão ao consumidor.

A: correta. Conforme orientação da Súmula 302 do STJ, "É abusiva a cláusula contratual de plano de saúde que limita no tempo a internação hospitalar do segurado". Sendo abusiva, a cláusula é nula, nos termos do art. 51 do CDC. **B:** incorreta. A exigência de caução (ou mesmo de termo de responsabilidade) por parte do hospital configura prática comercial abusiva, nos termos do art. 39, incisos IV e V, do CDC. Também configura crime, nos termos do art. 135-A do CP "Exigir cheque-caução, nota promissória ou qualquer garantia, bem como o preenchimento prévio de formulários administrativos, como condição para o atendimento médico-hospitalar emergencial". **C:** incorreta. Vide justificativa da alternativa "a". **D:** incorreta. Sendo abusiva, a cláusula é nula e não surte efeitos. Vide justificativa da alternativa "a". RD

Gabarito "A".

(OAB/FGV – 2023) No instrumento de oferta de crédito pessoal em favor do microempreendedor individual Eugênio Barros, dentre outras informações, constou o montante dos juros de mora e a taxa efetiva anual dos juros.

Ao indagar o intermediário sobre a omissão da taxa efetiva mensal de juros, do Custo Efetivo Total da operação (CET) e do prazo de validade da oferta, o microempreendedor recebeu as seguintes explicações:

I. a taxa efetiva mensal de juros estava indicada em documento apartado, apresentado ao interessado no ato;
II. o CET deveria ser consultado no aplicativo da instituição financeira ofertante, através do uso da fórmula fornecida no próprio aplicativo;
III. a oferta era válida apenas no dia de hoje, sem qualquer documento comprobatório que amparasse a informação.

Considerando as explicações do intermediário em cotejo com as normas do Código de Defesa do Consumidor (CDC) quanto às informações prévias no fornecimento de serviços que envolva outorga de crédito, assinale a afirmativa correta.

(A) Todas as explicações prestadas estão corretas e em conformidade com as prescrições do CDC, não havendo necessidade de comprovação do prazo de oferta caso o beneficiário seja pessoa jurídica, como o microempreendedor individual.

(B) A única explicação equivocada prestada é em relação à taxa efetiva mensal de juros, que deve ser necessariamente indicada no instrumento da oferta, e não em documento apartado.

(C) Todas as explicações prestadas são equivocadas e violam as prescrições do CDC, eis que a taxa efetiva mensal de juros e o CET devem ser indicados no instrumento da oferta e essa deve ser de, no mínimo, 7 (sete) dias.

(D) São equivocados os esclarecimentos prestados quanto ao CET, pois ele deve constar do instrumento da oferta ou em documento apartado e ser de fácil acesso ao consumidor; quanto ao prazo de validade da oferta, ele deve ser de, no mínimo, 2 (dois) dias.

A questão abordou o tema da oferta na Lei do Superendividamento (que alterou o Código de Defesa do Consumidor). Mesmo em se tratando de consumidor pessoa jurídica (microempreendedor) há aplicação integral do Código de Defesa do Consumidor. Assim, o art. 54-B deixa de forma clara e taxativa os elementos que devem contar da oferta. Vejamos: "Art. 54-B. No fornecimento de crédito e na venda a prazo, além das informações obrigatórias previstas no art. 52 deste Código e na legislação aplicável à matéria, o fornecedor ou o intermediário deverá informar o consumidor, prévia e adequadamente, no momento da oferta, sobre: I – o custo efetivo total e a descrição dos elementos que o compõem; II – a taxa efetiva mensal de juros, bem como a taxa dos juros de mora e o total de encargos, de qualquer natureza, previstos para o atraso no pagamento; III – o montante das prestações e o prazo de validade da oferta, que deve ser, no mínimo, de 2 (dois) dias; IV – o nome e o endereço, inclusive o eletrônico, do fornecedor; V – o direito do consumidor à liquidação antecipada e não onerosa do débito, nos termos do § 2º do art. 52 deste Código e da regulamentação em vigor. Logo: **i**: Correta. Nos termos do § 1º do mencionado artigo, as informações devem constar de forma clara e resumida do próprio contrato, da fatura ou de instrumento apartado, de fácil acesso ao consumidor. **ii**: Incorreta. O CET deve estar disponível no próprio contrato, fatura ou instrumento apartado. **iii**: Incorreta. A oferta deve ter validade de, no mínimo, dois dias. RD

Gabarito "D".

(OAB/FGV – 2022) *Pratice Ltda.* configura-se como um clube de pontos que se realiza mediante a aquisição de título. Os pontos são convertidos em bônus para uso nas redes de restaurantes, hotéis e diversos outros segmentos de consumo regularmente conveniados. Nas redes sociais, a empresa destaca que os convênios são precedidos de rigoroso controle e aferição do padrão de atendimento e de qualidade dos serviços prestados.

Tomás havia aderido à *Pratice Ltda.* e, nas férias, viajou com sua família para uma pousada da rede conveniada. Ao chegar ao local, ele verificou que as acomodações cheiravam a mofo e a limpeza era precária. Sem poder sair do local em razão do horário avançado, viu-se obrigado a pernoitar naquele ambiente insalubre e sair somente no dia seguinte.

Aborrecido com a desagradável situação vivenciada e com o prejuízo financeiro por ter que arcar com outro serviço de hotelaria na cidade, Tomás procurou você, como advogado(a), para ingressar com a medida judicial cabível.

Diante disso, assinale a única opção correta.

(A) *Pratice Ltda.* funciona como mera intermediadora entre os hotéis e os adquirentes do título do clube de pontos, não respondendo pelo evento danoso.

(B) Há legitimidade passiva da *Pratice Ltda.* para responder pela inadequada prestação de serviço do hotel conveniado que gerou dano ao consumidor, por integrar a cadeia de consumo referente ao serviço que introduziu no mercado.

(C) Trata-se de culpa exclusiva de terceiro, não podendo a intermediária *Pratice Ltda.* responder pelos danos suportados pelo portador título do clube de pontos.

(D) Cuida-se de hipótese de responsabilidade subjetiva e subsidiária da *Pratice Ltda.* em relação ao hotel conveniado.

O caso insere-se na hipótese do art. 18 do CDC. Trata-se, portanto, de vício de serviço e, sendo assim, todos os envolvidos na cadeia produtiva respondem pela reparação dos danos causados aos consumidores.

Além disso, conforme inteligência do art. 25, § 1º, havendo mais de um responsável pela causação do dano, todos responderão solidariamente pela sua reparação. Assim, a *Pratice Ltda.* oferta aos seus consumidores convênios com serviços de qualidade e deve ser responsabilizada pelo seu descumprimento junto ao hotel em questão.

Gabarito "B".

(OAB/FGV – 2021) José procurou a instituição financeira Banco Bom com o objetivo de firmar contrato de penhor. Para tanto, depositou um colar de pérolas raras, adquirido por seus ascendentes e que passara por gerações até tornar-se sua pertença através de herança. O negócio deu-se na modalidade contrato de adesão, contendo cláusulas claras a respeito das obrigações pactuadas, inclusive com redação em destaque quanto à limitação do valor da indenização em caso de furto ou roubo, o que foi compreendido por José.

Posteriormente, José procurou você, como advogado(a), apresentando dúvidas a respeito de diferentes pontos.

Sobre os temas indagados, de acordo com o Código de Defesa do Consumidor, assinale a afirmativa correta.

(A) A cláusula que limita o valor da indenização pelo furto ou roubo do bem empenhado é abusiva e nula, ainda que redigida com redação clara e compreensível por José e em destaque no texto, pois o que a vicia não é a compreensão redacional e sim o direito material indevidamente limitado.

(B) A cláusula que limita os direitos de José em caso de furto ou roubo é lícita, uma vez que redigida em destaque e com termos compreensíveis pelo consumidor, impondo-se a responsabilidade subjetiva da instituição financeira em caso de roubo ou furto por se tratar de ato praticado por terceiro, revelando fortuito externo.

(C) O negócio realizado não configura relação consumerista devendo ser afastada a incidência do Código de Defesa do Consumidor e aplicado o Código Civil em matéria de contratos de mútuo e de depósito, uma vez que inquestionável o dever de guarda e restituição do bem mediante pagamento do valor acordado no empréstimo.

(D) A cláusula que limita o valor da indenização pelo furto ou roubo do bem empenhado é lícita, desde que redigida com redação clara e compreensível e, em caso de furto ou roubo do colar, isso será considerado inadimplemento contratual e não falha na prestação do serviço, incidindo o prazo prescricional de 2 (dois) anos, caso seja necessário ajuizar eventual pleito indenizatório.

Na forma do art. 51, I, do CDC, são nulas as cláusulas contratuais que "impossibilitem, exonerem ou atenuem a responsabilidade do fornecedor por vícios de qualquer natureza dos produtos e serviços ou impliquem renúncia ou disposição de direitos". Ademais, conforme entendimento do STJ externado na Súmula 297, o CDC é aplicável às instituições financeiras, o que implica em relação consumerista o caso em comento. No mesmo sentido, a Súmula 638 do STJ reforça a abusividade da cláusula contratual que restringe a responsabilidade de instituição financeira pelos danos decorrentes de roubo, furto ou extravio de bem entregue em garantia no âmbito de contrato de penhor civil.

Gabarito "A".

(OAB/FGV – 2022) Bernardo adquiriu, mediante uso de cartão de crédito, equipamento de som conhecido como *home theater*. A compra, por meio do aplicativo do *Magazin Novas Colinas S/A*, conhecido como "loja virtual do Colinas", foi realizada na sexta-feira e o produto entregue na terça-feira da semana seguinte.

Na quarta-feira, dia seguinte ao do recebimento, Bernardo entrou em contato com o serviço de atendimento ao cliente para exercer seu direito de arrependimento. A atendente lhe comunicou que deveria ser apresentada uma justificativa para o arrependimento dentre aquelas elaboradas pelo fornecedor. Essa foi a condição imposta ao consumidor para a devolução do valor referente à 1ª parcela do preço, já lançado na fatura do seu cartão de crédito.

Com base nesta narrativa, em conformidade com a legislação consumerista, assinale a afirmativa correta.

(A) O direito de arrependimento precisa ser motivado diante da comunicação de cancelamento da compra feita pelo consumidor ao fornecedor após o decurso de 48 (quarenta e oito) horas da realização da transação pelo aplicativo.

(B) Embora o direito de arrependimento não precise de motivação por ser potestativo, o fornecedor pode exigir do consumidor que lhe apresente uma justificativa, como condição para a realização da devolução do valor faturado.

(C) Em observância ao princípio da boa-fé objetiva, aplicável tanto ao fornecedor quanto ao consumidor, aquele não pode se opor ao direito de arrependimento, mas, em contrapartida, pode exigir do consumidor a motivação para tal ato.

(D) O direito de arrependimento não precisa ser motivado e foi exercido tempestivamente, devendo o fornecedor providenciar o cancelamento da compra e comunicar à administradora do cartão de crédito para que seja efetivado o estorno do valor.

De acordo com o art. 49 do CDC, o consumidor pode desistir dos contratos realizados fora do estabelecimento comercial, no prazo de 7 dias, a contar da sua assinatura ou do ato de recebimento do produto ou serviço, sem que haja qualquer motivação por parte do consumidor. Nesse sentido, ainda conforme inteligência do parágrafo único do referido artigo, em caso de desistência, os valores eventualmente pagos, a qualquer título, durante o prazo de reflexão, serão devolvidos de imediato, monetariamente atualizados. Além disso, o art. 54-F, incluído com a Lei do Superendividamento, determina: "São conexos, coligados ou interdependentes, entre outros, o contrato principal de fornecimento de produto ou serviço e os contratos acessórios de crédito que lhe garantam o financiamento quando o fornecedor de crédito: (...) § 1º O exercício do direito de arrependimento nas hipóteses previstas neste Código, no contrato principal ou no contrato de crédito, implica a resolução de pleno direito do contrato que lhe seja conexo.

Gabarito "D".

(OAB/FGV – 2019) João da Silva, idoso, ingressou com ação judicial para revisão de valores de reajuste do plano de saúde, contratado na modalidade individual. Alega que houve alteração do valor em decorrência da mudança de faixa etária, o que entende abusivo. Ao entrar em contato com a fornecedora, foi informado que o reajuste atendeu ao disposto pela agência reguladora, que é um órgão governamental, e que o reajuste seria adequado.

Sobre o reajuste da mensalidade do plano de saúde de João, de acordo com entendimento do STJ firmado em Tema de Recurso Repetitivo, bem como à luz do Código do Consumidor, assinale a afirmativa correta.

(A) Somente seria possível se o plano fosse coletivo, mesmo que isso não estivesse previsto em contrato, mas se encontrasse em acordo com percentual que não seja desarrazoado ou aleatório, portanto, não sendo abusivo.

(B) Poderia ser alterado por se tratar de plano individual, mesmo que em razão da faixa etária, desde que previsto em contrato, observasse as normas dos órgãos governamentais reguladores e o percentual não fosse desarrazoado, o que tornaria a prática abusiva.

(C) É possível o reajuste, ainda que em razão da faixa etária, sendo coletivo ou individual, mesmo que não previsto em contrato e em percentual que não onere excessivamente o consumidor ou discrimine o idoso.

(D) Não poderia ter sido realizado em razão de mudança de faixa etária, mesmo se tratando de plano individual, sendo correto o reajuste apenas com base na inflação, não havendo interferência do órgão governamental regulador nesse tema.

A: incorreta. Os planos coletivos podem conter previsão de aumento por faixa etária, desde que não seja abusivo e que expressamente previsto em contrato e que esteja em acordo com as regras da ANS. **B:** correta. Eis os temos da decisão do STJ em sede de IRDR (tema 952): "o reajuste de mensalidade de plano de saúde individual ou familiar fundado na mudança de faixa etária do beneficiário é válido desde que (i) haja previsão contratual, (ii) sejam observadas as normas expedidas pelos órgãos governamentais reguladores e (iii) não sejam aplicados percentuais desarrazoados ou aleatórios que, concretamente e sem base atuarial idônea, onerem excessivamente o consumidor ou discriminem o idoso". **C** e **D:** incorretas. Vide justificativa da alternativa "B". **RD**

Gabarito "B".

(OAB/FGV – 2018) Dias atrás, Elisa, portadora de doença grave e sob risco imediato de morte, foi levada para atendimento na emergência do hospital X, onde necessitou realizar exame de imagem e fazer uso de medicamentos. Ocorre que o seu plano de saúde, contratado dois meses antes, negou a cobertura de alguns desses fármacos e do exame de imagem, pelo fato de o plano de Elisa ainda estar no período de carência, obrigando a consumidora a custear parcela dos medicamentos e o valor integral do exame de imagem.

Nesse caso, à luz do Código de Defesa do Consumidor (CDC) e da Lei nº 9.656/98, que dispõe sobre os planos e seguros privados de assistência à saúde, assinale a afirmativa correta.

(A) As cláusulas que limitam os direitos da consumidora são nulas de pleno direito, sendo qualquer período de carência imposto por contrato de adesão reversível pela via judiciária, por caracterizar-se como cláusula abusiva.

(B) As cláusulas que limitam os direitos da consumidora, como a que fixou a carência do plano de saúde em relação ao uso de medicamentos e exame de imagem, são lícitas, e devem ser observadas no caso de Elisa, em respeito ao equilíbrio da relação contratual.

(C) As cláusulas que preveem o período de carência estão previstas em norma especial que contradiz o disposto no CDC, uma vez que não podem excetuar a proteção integral e presunção de vulnerabilidade existente na relação jurídica de consumo.

(D) O plano de saúde deve cobrir integralmente o atendimento de Elisa, por se tratar de situação de emergência e por, pelo tempo de contratação do plano, não poder haver carência para esse tipo de atendimento, ainda que lícitas as cláusulas que limitem o direito da consumidora.

A: incorreta. A carência está expressamente prevista no art. 12 da Lei 9.659/98 , e constitui o período previsto em contrato no qual o consumidor arca com o pagamento das prestações mensais sem ter o direito de acesso a determinadas coberturas. Para que a carência possa ser levantada pelo plano de saúde, deve haver cláusula contratual expressa de forma clara e de modo que o consumidor compreenda as restrições ali estabelecidas (art. 54 do CDC). **B:** incorreta. (vide justificativa da alternativa "D"). **C:** incorreta. A Lei 9.656/98 é lei especial que deve ser interpretada em conjunto com o Código de Defesa do Consumidor e não contradiz as normas principiológicas do CDC. **D:** correta. As cláusulas que definem as carências são lícitas e devem ser observadas pela consumidora. No entanto, a carência para procedimentos de urgência e emergências somente podem ser limitadas ao prazo máximo de vinte e quatro horas (art. 12, V, alínea c, da Lei 9.656/98). Nesse caso, após 24 horas da contratação do plano, a cobertura deve ser integral e absoluta. Demais, disso, já entendeu o STJ que "é possível que o plano de saúde estabeleça as doenças que terão cobertura, mas não o tipo de tratamento utilizado, sendo abusiva a negativa de cobertura do procedimento, tratamento, medicamento ou material considerado essencial para sua realização de acordo com o proposto pelo médico (REsp 2019/0070457-2). **RD**

Gabarito "D".

(OAB/FGV – 2018) Petrônio, servidor público estadual aposentado, firmou, em um intervalo de seis meses, três contratos de empréstimo consignado com duas instituições bancárias diferentes, comprometendo 70% (setenta por cento) do valor de aposentadoria recebido mensalmente, o que está prejudicando seu sustento, já que não possui outra fonte de renda. Petrônio procura orientação de um advogado para saber se há possibilidade de corrigir o que alega ter sido um engano de contratação de empréstimos sucessivos.

Partindo dessa situação, à luz do entendimento do Superior Tribunal de Justiça, assinale a afirmativa correta.

(A) Não há abusividade na realização de descontos superiores a 50% (cinquenta por cento) dos rendimentos do consumidor para fins de pagamento de prestação dos empréstimos quando se tratar de contratos firmados com fornecedores diferentes, como no caso narrado.

(B) O consumidor não pode ser submetido à condição de desequilíbrio na relação jurídica, sendo nulas de pleno direito as cláusulas contratuais do contrato no momento em que os descontos ultrapassam metade da aposentadoria do consumidor.

(C) Os descontos a título de crédito consignado, incidentes sobre os proventos de servidores, como é o caso de Petrônio, devem ser limitados a 30% (trinta por cento) da remuneração, em razão da sua natureza alimentar e do mínimo existencial.

(D) Tratando-se de consumidor hipervulnerável pelo fator etário, os contratos dependem de anuência de familiar, que deve assinar conjuntamente ao idoso, não podendo comprometer mais do que 20% (vinte por cento) do valor recebido a título de aposentadoria.

A questão foi analisada pelo Superior Tribunal de Justiça em sede de Recurso Repetitivo, tendo sido firmada a seguinte tese: "A limitação de desconto ao empréstimo consignado, em percentual estabelecido pelos arts. 45 da Lei n. 8.112/1990 e 1º da Lei n. 10.820/2003, não se aplica aos contratos de mútuo bancário em que o cliente autoriza o débito das prestações em conta corrente (STJ, REsp 1.586.910-SP, Rel. Min. Luis Felipe Salomão, por maioria, julgado em 29/08/2017, DJe 03/10/2017). Vale notar que a Lei 8.112/1990 e Lei 10.820/2003 estabelecem percentual de 30% para os empréstimos consignados debitados no salário ou aposentadoria do consumidor, o que deve ser observado pelas Instituições Financeiras (exceto nos casos de valores debitados em conta corrente, já que não se configura, nesse caso, empréstimo consignado na forma da lei).
A: incorreta. O limite é de 30% dos rendimentos do consumidor; **B:** incorreta. A cláusula de desconto em salário ou aposentadoria será abusiva se exceder o percentual estabelecido em lei; **C:** correta. O desconto a título de consignado não pode ultrapassar o percentual assinalado em lei; **D:** incorreta. A hipervulnerabilidade do idoso não o torna incapaz de contratar. Já entendeu o STJ que não se deve confundir vulnerabilidade agravada com falta de capacidade civil, sendo claro que o idoso tem o direito de contratar e pode adquirir produtos e serviços no mercado de consumo sem quaisquer restrições. (STJ, REsp 1.358.057/PR, 3ª Turma, Rel. Min. Moura Ribeiro, DJ 22/05/2018, DJe 25/06/2018).

Gabarito "C".

(OAB/FGV – 2017) Mário firmou contrato de seguro de vida e acidentes pessoais, apontando como beneficiários sua esposa e seu filho. O negócio foi feito via *telemarketing*, com áudio gravado, recebendo informações superficiais a respeito da cobertura completa a partir do momento da contratação, atendido pequeno prazo de carência em caso de morte ou invalidez parcial e total, além do envio de brindes em caso de contratação imediata. Mário contratou o serviço na mesma oportunidade por via telefônica, com posterior envio de contrato escrito para a residência do segurado. Mário veio a óbito noventa dias após a contratação. Os beneficiários de Mário, ao entrarem em contato com a seguradora, foram informados de que não poderiam receber a indenização securitária contratada, que ainda estaria no período de carência, ainda que a operadora de *telemarketing*, que vendeu o seguro para Mário, garantisse a cobertura. Verificando o contrato, os beneficiários perceberam o engano de compreensão da informação, já que estava descrito haver período de carência para o evento morte "*nos termos da lei civil*".

Com base na hipótese apresentada, assinale a afirmativa correta.

(A) A informação foi clara por estar escrita, embora mencionada superficialmente pela operadora de *telemarketing*, e o período de carência é lícito, mesmo nas relações de consumo.

(B) A fixação do período de carência é lícita, mesmo nas relações de consumo. Todavia, a informação prestada quanto ao prazo de carência, embora descrita no contrato, não foi clara o suficiente, evidenciando, portanto, a vulnerabilidade do consumidor.

(C) A falta de informação e o equívoco na imposição de prazo de carência não são admitidos nas relações de consumo, e sim nas relações genuinamente civilistas.

(D) O dever de informação do consumidor foi respeitado, na medida em que estava descrito no contrato, sendo o período de carência instituto ilícito, por se tratar de relação de consumo.

A: incorreta. As informações a respeito do prazo de carência não foram claras, razão pela qual a oferta não atendeu os requisitos do art. 31 do CDC. Ademais, tendo sido o contrato enviado posteriormente e não tendo o consumidor acesso prévio ao seu integral conteúdo, este não fica obrigada a cumprir as regras impostas pelo fornecedor (art. 46 do CDC); **B:** correta. O período de carência pode ser instituído no contrato de seguro de vida para o caso de morte, nos termos do art. 797 do Código Civil. Ademais, nas relações jurídicas de consumo, aplica-se subsidiariamente o Código Civil, desde que não seja incompatível com as regras e princípios do Código de Defesa do Consumidor. No caso examinado, em razão da ausência de prévia informação a respeito das restrições estabelecidas no contrato, o consumidor não fica obrigado a cumprir os seus termos (art. 46 do CDC); **C:** incorreta. Direito Civil também está pautado na boa-fé objetiva, razão pela qual a informação também deve ser observada nas relações civis; **D:** incorreta. O dever de informação não foi respeitado e é lícita a inclusão de período de carência.

Gabarito "B".

(OAB/FGV – 2017) Vera sofreu acidente doméstico e, sentindo fortes dores nas costas e redução da força dos membros inferiores, procurou atendimento médico-hospitalar. A equipe médica prescreveu uma análise neurológica que, a partir dos exames de imagem, evidenciaram uma lesão na coluna. O plano de saúde, entretanto, negou o procedimento e o material, aduzindo negativa de cobertura, embora a moléstia estivesse prevista em contrato.

Vera o(a) procura como advogado(a) a fim de saber se o plano de saúde poderia negar, sob a justificativa de falta de cobertura contratual, algo que os médicos informaram ser essencial para a diagnose correta da extensão da lesão da coluna.

Neste caso, à luz da norma consumerista e do entendimento do STJ, assinale a afirmativa correta.

(A) O contrato de plano de saúde não é regido pelo Código do Consumidor e sim, exclusivamente, pelas normas da Agência Nacional de Saúde, o que impede a interpretação ampliativa, sob pena de comprometer a higidez econômica dos planos de saúde, respaldada no princípio da solidariedade.

(B) O plano de saúde pode se negar a cobrir o procedimento médico-hospitalar, desde que possibilite o reembolso de material indicado pelos profissionais de medicina, ainda que imponha limitação de valores e o reembolso se dê de forma parcial.

(C) O contrato de plano de saúde é regido pelo Código do Consumidor e os planos de saúde apenas podem estabelecer para quais moléstias oferecerão cobertura, não lhes cabendo limitar o tipo de tratamento que será prescrito, incumbência essa que pertence ao profissional da medicina que assiste ao paciente.

(D) O contrato de plano de saúde é regido pelo Código do Consumidor e, resguardados os direitos básicos do consumidor, os planos de saúde podem estabelecer para quais moléstias e para que tipo de tratamento oferecerão cobertura, de acordo com a categoria de cada nível contratado, sem que isso viole o CDC.

A: incorreta. O Código de Defesa do Consumidor é aplicável aos planos de saúde, salvo os administrados por entidades de autogestão. (Súmula 608 do STJ); **B:** incorreta. A negativa de procedimento é considerada abusiva (veja justificativa da alternativa "C"); **C:** correta. A Lei 9.656/1998 e o Código de Defesa do Consumidor são aplicáveis aos contratos de plano de saúde (Súmula 608 do STJ). A referida lei especial enumera as coberturas mínimas que devem ser garantidas aos usuários de planos de saúde, podendo o fornecedor excluir coberturas para algumas moléstias, desde que estejam expressamente previstas em contratos. No entanto, é considerada abusiva a cláusula contratual que limita o tipo de tratamento que será prescrito pelo profissional da área médica (nesse sentido, veja REsp 735.750-SP), por força do art. 51, IV, § 1º, do CDC: **D:** incorreta. Veja justificativa da alternativa "C". RD

Gabarito "C".

6. DEFESA DO CONSUMIDOR EM JUÍZO

(OAB/FGV – 2020) Godofredo procurou a Seguradora X para contratar seguro residencial, mas a venda direta foi-lhe negada, ao argumento de que o proponente possuía restrição financeira junto aos órgãos de proteção ao crédito. Godofredo explicou que pagaria o seguro à vista, mas, ainda assim, a Seguradora negou a contratação. Indignado, Godofredo registrou sua reclamação no Ministério Público, que verificou significativo número de pessoas na mesma situação, merecendo melhor análise quanto ao cabimento ou não de medida para a defesa de interesses e direitos de consumidores a título coletivo.

Sobre a hipótese apresentada, à luz do Código de Defesa do Consumidor, assinale a afirmativa correta.

(A) A questão versa sobre interesses heterogêneos, não cabendo ação coletiva, bem como casos de restrição creditícia possibilitam a recusa de contratação do seguro mesmo quando o pagamento do prêmio for à vista.

(B) A matéria consagra hipótese de direito individual homogêneo, podendo ser objeto de ação coletiva para a defesa dos interesses e direitos dos consumidores, e a recusa à contratação somente pode ser posta se o pagamento do prêmio for parcelado.

(C) A Seguradora não pode recusar a proposta nem mesmo após análise de risco, quando a contratação se der mediante pronto pagamento do prêmio, conforme expressamente disposto na norma consumerista e cuida-se da hipótese de direito difuso, justificando a ação coletiva.

(D) A Seguradora pode recusar a contratação, mesmo mediante pronto pagamento, sob a justificativa de que o proponente possui anotação de restrição financeira junto aos órgãos de proteção ao crédito; quanto à defesa coletiva essa é incabível pela natureza da demanda, sendo possível apenas a formação de litisconsórcio ativo.

A: incorreta. A questão versa sobre direitos metaindividuais, e a recusa da contratação de seguros na hipótese configura prática comercial abusiva (vide justificativa da alternativa "B"). **B:** correta. O Superior Tribunal de Justiça já entendeu que a seguradora não pode recusar contratação por pessoa com restrição de crédito disposta a pagar o seguro à vista, sob pena de configurar prática comercial abusiva, nos termos do art. 39, IX, do CDC. (Vide REsp 1.594.024). Ademais, trata-se de direito metaindividual, nos termos o art. 81 do Código de Defesa do Consumidor. No caso, trata-se de direito individual homogêneo (art. 81, parágrafo único, III, do CDC: tendo em vista ser possível identificar o sujeito de direitos, ser suscetível de apropriação, ter origem comum e ser acidentalmente coletivo. **C:** incorreta. O interesse/direito difuso é caracterizado pela impossibilidade de identificar o sujeito de direitos, não é suscetível de apropriação, tem origem em circunstância de fato e é essencialmente coletivo. Tendo em vista a possibilidade de identificar os indivíduos que tiveram a recusa pela seguradora, não pode ser caracterizado o direito difuso no caso. **D:** incorreta. Vide justificativa da alternativa "B". RD

Gabarito "B".

(OAB/FGV – 2019) O Ministério Público ajuizou ação coletiva em face de *Vaquinha Laticínios*, em função do descumprimento de normas para o transporte de alimentos lácteos.

A sentença condenou a ré ao pagamento de indenização a ser revertida em favor de um fundo específico, bem como a indenizar os consumidores genericamente considerados, além de determinar a publicação da parte dispositiva da sentença em jornais de grande circulação, a fim de que os consumidores tomassem ciência do ato judicial.

João, leitor de um dos jornais, procurou você como advogado(a) para saber de seus direitos, uma vez que era consumidor daqueles produtos.

Nesse caso, à luz do Código do Consumidor, trata-se de hipótese

(A) de interesse difuso; por esse motivo, as indenizações pelos prejuízos individuais de João perderão preferência no concurso de crédito frente às condenações decorrentes das ações civis públicas derivadas do mesmo evento danoso.

(B) de interesses individuais homogêneos; nesses casos, tem-se, por inviável, a liquidação e execução individual, devendo João aguardar que o Ministério Público, autor da ação, receba a verba indenizatória genérica para, então, habilitar-se como interessado junto ao referido órgão.

(C) de interesses coletivos; em razão disso, João poderá liquidar e executar a sentença individualmente, mas o mesmo direito não poderia ser exercido por seus sucessores, sendo inviável a sucessão processual na hipótese.

(D) de interesses individuais homogêneos; João pode, em legitimidade originária ou por seus sucessores, por meio de processo de liquidação, provar a existência do seu dano pessoal e do nexo causal, a fim de quantificá-lo e promover a execução.

São interesses ou direitos difusos "os transindividuais, de natureza indivisível, de que sejam titulares pessoas indeterminadas e ligadas por circunstâncias de fato" (art. 81, parágrafo único, I, do CDC). São direitos ou interesses coletivos "os transindividuais, de natureza indivisível de que seja titular grupo, categoria ou classe de pessoas ligadas entre si ou com a parte contrária por uma relação jurídica base" (art. 81, parágrafo único, II, do CDC). São direitos ou interesses individuais homogêneos, assim entendidos os decorrentes de origem comum (art. 81, III, parágrafo único, do CDC).
A: incorreta. Há um pedido difuso que corresponde ao valor de indenização a ser convertido em favor de um fundo específico, no entanto, há também pedido individual homogêneo que beneficia o consumidor que foi atingido pelo evento danoso. **B:** incorreta. Em vista o pedido individual homogêneo formulado pelo Ministério Público em ação coletiva, pode o consumidor fazer o pedido de liquidação e a execução da sentença, nos termos o art. 97 do CDC. Por outro lado, pode a execução ser coletiva, promovida pelos legitimados da ação coletiva, nos termos do art. 98 do CDC. **C:** incorreta. Não se trata de direito ou interesse coletivo, posto que entre os interessados, não há uma "relação jurídica base". **D:** correta. Nos termos do art. 97 do CDC. RD

Gabarito "D".

(OAB/FGV – 2019) Em virtude do rompimento de uma represa, o Ministério Público do Estado do Acre ajuizou ação em face da empresa responsável pela sua construção, buscando a condenação pelos danos materiais e morais sofridos pelos habitantes da região atingida pelo incidente. O pedido foi julgado procedente, tendo sido fixada a responsabilidade da ré pelos danos causados, mas sem a especificação dos valores indenizatórios. Em virtude dos fatos narrados, Ana Clara teve sua casa destruída, de modo que possui interesse em buscar a indenização pelos prejuízos sofridos. Na qualidade de advogado(a) de Ana Clara, assinale a orientação correta a ser dada à sua cliente.

(A) Considerando que Ana Clara não constou do polo ativo da ação indenizatória, não poderá se valer de seus efeitos.
(B) Ana Clara e seus sucessores poderão promover a liquidação e a execução da sentença condenatória.
(C) A sentença padece de nulidade, pois o Ministério Público não detém legitimidade para ajuizar ação no lugar das vítimas.
(D) A prolatação de condenação genérica, sem especificar vítimas ou valores, contraria disposição legal.

A: incorreta. A legitimidade da ação coletiva é defina pelo art. 5º da LACP e pelo art. 82 do CDC. Trata-se de legitimação extraordinária, em que a parte postula em nome próprio, direito alheio. B: correta. Trata-se de Ação Civil Pública que defende Direito Individual Homogêneo (art. 81, parágrafo único, III, do CDC), que se caracteriza por ser um direito transindividual, divisível, em que pode ser identificado o sujeito de direito e que tem como origem uma circunstância de fato. Nesse caso, nos termos do art. 95 da lei consumerista, tendo ocorrido a procedência do pedido, a condenação deverá ser genérica, fixando a responsabilidade dos réus e determinando, no seu art. 97, que a liquidação e execução de sentença podem ser promovidas pela vítima e seus sucessores, bem como pelos legitimados da ação coletiva. C: incorreta. A legitimidade do Ministério Público para as ações coletivas está definida pelo art. 5º da LACP e pelo art. 82 do CDC. D: incorreta. O art. 95 do CDC determina, expressamente, que a condenação deve ser genérica, fixando a responsabilidade dos réus.
Gabarito: B.

(OAB/FGV – 2018) O posto de gasolina X foi demandado pelo Ministério Público devido à venda de óleo diesel com adulterações em sua fórmula, em desacordo com as especificações da Agência Nacional de Petróleo (ANP). Trata-se de relação de consumo e de dano coletivo, que gerou sentença condenatória.

Você foi procurado(a), como advogado(a), por um consumidor que adquiriu óleo diesel adulterado no posto de gasolina X, para orientá-lo.

Assinale a opção que contém a correta orientação a ser prestada ao cliente.

(A) Cuida-se de interesse individual homogêneo, bastando que, diante da sentença condenatória genérica, o consumidor liquide e execute individualmente, ou, ainda, habilite-se em execução coletiva, para definir o *quantum debeatur*.
(B) Deverá o consumidor se habilitar no processo de conhecimento nessa qualidade, sendo esse requisito indispensável para fazer jus ao recebimento de indenização, de caráter condenatória a decisão judicial.
(C) Cuida-se de interesse difuso, afastando a possibilidade de o consumidor ter atuado como litisconsorte e sendo permitida apenas a execução coletiva.
(D) Deverão os consumidores individuais ingressar com medidas autônomas, distribuídas por conexão à ação civil pública originária, na medida em que o montante indenizatório da sentença condenatória da ação coletiva será integralmente revertido em favor do Fundo de Reconstituição de Bens Lesados.

A: correta. Trata-se de Ação Civil Pública que defende Direito Individual Homogêneo (art. 81, parágrafo único, III, do CDC), que se caracteriza por ser um direito transindividual, divisível, em que pode ser identificado o sujeito de direito e que tem como origem uma circunstância de fato. Nesse caso, nos termos do art. 95 da lei consumerista, tendo ocorrido a procedência do pedido, a condenação deverá ser genérica, fixando a responsabilidade dos réus e determinando, no seu art. 97, que a liquidação e execução de sentença podem ser promovidas pela vítima e seus sucessores, bem como pelos legitimados da ação coletiva. B: incorreta. O consumidor poderá executar individualmente os valores a dele devidos. C: incorreta. O interesse difuso é o direito transindividual, indivisível, em que não se pode identificar o sujeito de direito, sendo que os titulares estão ligados por uma circunstância de fato (art.81, parágrafo único, I, do CDC). Nesse caso, tendo em vista a possibilidade de identificar os prejudicados pelos distribuidores de petróleo para a indenização, trata-se de direito individual homogêneo. D: incorreta. Veja justificativa da alternativa "A".
Gabarito: A.

(OAB/FGV – 2018) A Construtora X instalou um estande de vendas em um shopping center da cidade, apresentando folder de empreendimento imobiliário de dez edifícios residenciais com área comum que incluía churrasqueira, espaço gourmet, salão de festas, parquinho infantil, academia e piscina. A proposta fez tanto sucesso que, em apenas um mês, foram firmados contratos de compra e venda da integralidade das unidades.

A Construtora X somente realizou a entrega dois anos após o prazo originário de entrega dos imóveis e sem pagamento de qualquer verba pela mora, visto que o contrato previa exclusão de cláusula penal, e também deixou de entregar a área comum de lazer que constava do folder.

Nesse caso, à luz do Código de Defesa do Consumidor, cabe

(A) ação individual ou coletiva, em razão da propaganda enganosa evidenciada pela ausência da entrega da parte comum indicada no folder de venda.
(B) ação individual ou coletiva, em busca de ressarcimento decorrente da demora na entrega; contudo, não se configura, na hipótese, propaganda enganosa, mas apenas inadimplemento contratual, sendo viável a exclusão da cláusula penal.
(C) ação coletiva, somente, haja vista que cada adquirente, individualmente, não possui interesse processual decorrente da propaganda enganosa.
(D) ação individual ou coletiva, a fim de buscar tutela declaratória de nulidade do contrato, inválido de pleno direito por conter cláusula abusiva que fixou impedimento de qualquer cláusula penal.

Trata-se de descumprimento de oferta e publicidade enganosa, respectivamente nos termos do art. 30 e 37, § 1º, do Código de Defesa do Consumidor.

A: correta. A publicidade enganosa justifica a tutela coletiva, por configurar um direito difuso (art. 1º da LACP). Vale dizer: a publicidade enganosa atingiu a coletividade de pessoas, sendo impossível identificar os sujeitos de direito (art. 81, I, do CDC). Da mesma forma, perfeitamente cabível a ação individual, nos termos do art. 6º, VII, do CDC; **B:** incorreta. Trata-se de publicidade enganosa; **C:** incorreta. Vide justificativa da alternativa A; **D:** incorreta. É cabível, nesse caso, o ressarcimento de danos e pedido de nulidade de cláusula, nos termos do art. 51 do CDC. A nulidade de uma cláusula contratual abusiva não invalida o contrato, exceto quando de sua ausência, apesar dos esforços de integração, decorrer ônus excessivo a qualquer das partes (art. 51, § 2º, do CDC). RD

Gabarito "A".

7. DESCONSIDERAÇÃO DA PERSONALIDADE JURÍDICA. RESPONSABILIDADE EM CASO DE GRUPO DE EMPRESAS

(Juiz de Direito/AP – 2022 – FGV) A consumidora Samantha propôs incidente de desconsideração de personalidade jurídica em face de determinada loja de bijuterias construída na forma de sociedade limitada. Narra a autora que, na fase de cumprimento de sentença que condenou a empresa a pagar indenização à consumidora, não logrou êxito em localizar bens para satisfazer a execução, embora diversas tenham sido as tentativas para tanto. Samantha alega ainda que, na fase cognitiva, a fornecedora foi declarada revel e sequer compareceu às audiências designadas pelo Juízo.

A respeito disso, é correto afirmar que o pedido deve ser julgado:

(A) improcedente, pois a revelia e a ausência de participação no processo judicial não sugerem abuso da personalidade jurídica, requisito para o deferimento do requerido;

(B) improcedente, pois, para a desconsideração requerida, deverá restar efetivada falência, estado de insolvência, encerramento ou inatividade da pessoa jurídica provocados por má administração;

(C) procedente, ainda que o Código de Defesa do Consumidor não preveja a desconsideração da personalidade jurídica, quando caracterizado abuso da personalidade jurídica evidenciado no caso pleiteado por Samantha;

(D) procedente, à luz da aplicação da teoria menor da desconsideração da personalidade jurídica, prevista no Código de Defesa do Consumidor;

(E) improcedente, pois, ainda que prevista no Código de Defesa do Consumidor, a desconsideração requerida não pode ser aplicada de forma a implicar a perda da finalidade de responsabilidade limitada das sociedades, exceto no uso fraudulento da personalidade jurídica.

Comentário: O pedido deverá ser julgado procedente, à luz da aplicação da teoria menor da desconsideração da personalidade jurídica, conforme art. 28 do CDC, que dispõe sobre a possibilidade de desconsiderar a personalidade jurídica da sociedade, quando, em detrimento do consumidor, houver ato ilícito como no caso em tela. Ainda nesse sentido, o § 5º do mesmo dispositivo ressalta a possibilidade de desconsideração da pessoa jurídica quando sua personalidade for, de alguma forma, obstáculo ao ressarcimento de prejuízos causados aos consumidores. RD

Gabarito "D".

8. SUPERENDIVIDAMENTO DO CONSUMIDOR

(Juiz de Direito – TJ/SC – 2024 – FGV) A consumidora Angelina, na condição de superendividada, requereu a instauração de processo de repactuação de dívidas. O juiz deferiu o pedido, sendo realizada audiência conciliatória com os credores.

Apresentado na audiência o plano de pagamento, elaborado de acordo com as disposições do Código de Defesa do Consumidor, houve conciliação com a maior parte dos credores, mas não houve êxito em relação ao crédito no valor de R$ 1.100,00 proveniente de compras feitas por Angelina no Armazém Lacerdópolis, estabelecimento mantido pela sociedade Passos, Mafra & Maia Ltda.

Considerados esses fatos e as disposições da Lei nº 8.078/1990, é correto afirmar que:

(A) o juiz, de ofício, instaurará processo por superendividamento para revisão e integração dos contratos e repactuação das dívidas remanescentes;

(B) o juiz determinará a um conciliador *ad hoc* que elabore um plano extrajudicial de pagamento compulsório para o crédito de Passos, Mafra & Maia Ltda.;

(C) instaurado o processo por superendividamento, o juiz determinará a citação de todos os credores cujos créditos tenham integrado o acordo porventura celebrado;

(D) o juiz poderá nomear administrador, desde que isso não onere as partes, o qual, no prazo de até trinta dias, após cumpridas as diligências eventualmente necessárias, apresentará plano de pagamento que contemple medidas de temporização ou de atenuação dos encargos;

(E) para o crédito de Passos, Mafra & Maia Ltda. será elaborado plano judicial compulsório que lhe assegure o valor do principal, corrigido monetariamente, e a liquidação total da dívida, em até cinco anos, sendo a primeira parcela devida em até trinta dias, contados de sua homologação.

A questão trata de procedimento estabelecido pela Lei 14.181, de 01 de julho de 2021, inserida no Código de Defesa do Consumidor (Capítulo VI-A). Vejamos: **A:** Incorreta. De acordo com o art. 104-A, o juiz só pode instaurar o processo por repactuação de dívidas mediante pedido do consumidor. **B:** Incorreta. Não existe previsão de nomeação de conciliador *ad hoc* no procedimento para o tratamento do superendividamento. **C:** Incorreta. Conforme art. 104-B do CDC, em caso de fracasso na conciliação em relação a quaisquer credores o juiz, a pedido do consumidor, instaurará processo por superendividamento para revisão e integração dos contratos e repactuação das dívidas remanescentes mediante plano judicial compulsório e procederá à citação de todos os credores cujos créditos não tenham integrado o acordo porventura celebrado. **D:** Correta. Conforme disposição do art. 104-B, § 3º, do CDC. **E:** Incorreta. Conforme disposto no art. 104-B, § 4º, o prazo para pagamento da primeira parcela pode ser paga em até 180 dias contados de sua homologação. RD

Gabarito "D".

(OAB/FGV – 2024) Jordana, aposentada, 89 anos, o(a) procurou como advogado(a) porque fora atraída por ligação telefônica da instituição financeira Banco Mútuo S.A., que anunciava oferta de crédito sem análise da situação financeira do consumidor.

Jordana, que à época da oferta do crédito estava em situação financeira muito difícil, contratou a abertura de crédito. Diante do valor reduzido de sua aposentadoria e dos compromissos indispensáveis ao lar e à saúde, celebrados ao longo do ano, não tem mais como pagar todas as dívidas, que a cada mês ficam maiores.

Diante da situação hipotética apresentada, assinale a afirmativa correta.

(A) É direito básico do consumidor a garantia de práticas de crédito responsável, bem como a proteção contra a publicidade enganosa.

(B) Para responsabilizar o Banco Mútuo S.A., impondo-lhe a obrigação de indenizar, é necessário comprovar o ato de negligência do preposto do banco.

(C) Tendo em vista que a contratação se deu fora do estabelecimento empresarial, Jordana tinha o prazo de dez dias para exercer o seu direito de arrependimento.

(D) As instituições financeiras não são obrigadas a analisar a situação financeira do consumidor, apenas consultar os serviços de proteção ao crédito antes de concedê-lo.

A: Correta. Dentre as alterações inseridas pela Lei 14.181/21 (Lei do Superendividamento) estão as inclusões de dois direitos básicos do consumidor, nos termos do art. 6º: XI – "a garantia de práticas de crédito responsável, de educação financeira e de prevenção e tratamento de situações de superendividamento, preservado o mínimo existencial, nos termos da regulamentação, por meio da revisão e da repactuação da dívida, entre outras medidas" e XII – "a preservação do mínimo existencial, nos termos da regulamentação, na repactuação de dívidas e na concessão de crédito". **B:** Incorreta. A responsabilidade civil nas relações de consumo é, por regra, objetiva, dispensando a prova da culpa para a responsabilização do fornecedor. Ademais, nos termos do art. 54-D, inciso II, inserido no Código de Defesa do Consumidor pela Lei do Superendividamento, na oferta de crédito deverá o fornecedor previamente "avaliar, de forma responsável, as condições de crédito do consumidor, mediante análise das informações disponíveis em bancos de dados de proteção ao crédito, observado o disposto neste Código e na legislação sobre proteção de dados". A penalidade para o descumprimento da referida regra está no parágrafo único do mesmo dispositivo, que assim dispõe: "O descumprimento de qualquer dos deveres previstos no *caput* deste artigo e nos arts. 52 e 54-C deste Código poderá acarretar judicialmente a redução dos juros, dos encargos ou de qualquer acréscimo ao principal e a dilação do prazo de pagamento previsto no contrato original, conforme a gravidade da conduta do fornecedor e as possibilidades financeiras do consumidor, sem prejuízo de outras sanções e de indenização por perdas e danos, patrimoniais e morais, ao consumidor". **C:** Incorreta. O prazo para a desistência é de 7 (sete) dias, contados da data da assinatura ou da data do recebimento do produto (no caso, depósito do dinheiro em conta), nos termos do art. 39 do Código de Defesa do Consumidor. **D:** incorreta. Vide justificativa à alternativa C.

Gabarito "A".

9. OUTROS TEMAS

(Juiz de Direito – TJ/SC – 2024 – FGV) De acordo com o Código de Defesa do Consumidor, as concessionárias e permissionárias de serviço público são obrigadas a fornecer o serviço de forma adequada, eficiente, segura e, em se tratando de serviço essencial, contínua. No âmbito das obrigações das concessionárias e permissionárias de serviço público de distribuição de energia elétrica, a respeito da adequação e continuidade do serviço, a Resolução Normativa Aneel nº 1.000/2021 estabelece que:

I. A distribuidora é responsável pela prestação de serviço adequado ao consumidor e demais usuários, sendo considerado adequado o serviço que satisfaça as condições de regularidade, continuidade, eficiência, segurança, atualidade, generalidade, cortesia na sua prestação e rentabilidade para a distribuidora das tarifas.

II. Não se caracteriza como interrupção da continuidade do serviço a sua descontinuidade em situação emergencial, assim caracterizada como a deficiência técnica ou de segurança em instalações do consumidor e dos demais usuários que ofereçam risco iminente de danos a pessoas, bens ou ao funcionamento do sistema elétrico ou o caso fortuito ou motivo de força maior.

III. Também não se caracteriza como interrupção da continuidade do serviço a sua descontinuidade por razões de ordem técnica ou de segurança em instalações do consumidor e dos demais usuários; ou pelo inadimplemento, sempre após prévia notificação.

Está correto o que se afirma em:

(A) somente I;

(B) somente II;

(C) somente I e III;

(D) somente II e III;

(E) I, II e III.

I: Incorreto. O art. 6, § 1º, da Lei nº 8.987/95 consagra o princípio da modicidade (e não a rentabilidade como sugere o item). Dessa forma, de acordo com o dispositivo mencionado, "serviço adequado é o que satisfaz as condições de regularidade, continuidade, eficiência, segurança, atualidade, generalidade, cortesia na sua prestação e modicidade das tarifas". A mesma redação é repetida pela Resolução Normativa ANEEL nº 1.000/2021, em seu art. 4º, § 1º. **II:** Correto. O art. 6º, § 3º da Lei 8.987/95 estabelece que não se caracteriza como descontinuidade do serviço a sua interrupção em situação de emergência ou após prévio aviso, quando motivada por razões de ordem técnica ou de segurança das instalações e por inadimplemento do usuário, considerado o interesse da coletividade. De outra banda, a Resolução Normativa ANEEL nº 1.000/2021, em seu art. 4º, § 3º, assim dispõe: Não se caracteriza como descontinuidade do serviço a sua interrupção: I – em situação emergencial, assim caracterizada como a deficiência técnica ou de segurança em instalações do consumidor e demais usuários que ofereçam risco iminente de danos a pessoas, bens ou ao funcionamento do sistema elétrico ou o caso fortuito ou motivo de força maior; II – por razões de ordem técnica ou de segurança em instalações do consumidor e demais usuários; ou III – pelo inadimplemento, sempre após prévia notificação. **III:** Correto. Conforme dispositivos supramencionados.

Gabarito "D".

(Juiz Federal – TRF/1 – 2023 – FGV) Em relação a serviços públicos, o Código de Defesa do Consumidor é:

(A) sempre inaplicável, considerando que a relação de consumo se desenvolve no âmbito de uma atividade lucrativa, escopo distinto dos serviços que são prestados pelo poder público;

(B) sempre aplicável, considerando que nele consta expressa previsão de que o fornecedor poderá ser pessoa jurídica de direito privado ou público;

(C) aplicável, considerando a expressa previsão de que o fornecedor pode ser pessoa jurídica de direito privado ou público, quando se tratar de serviços públicos *uti singuli* remunerados por tarifa, como, por exemplo, o serviço postal;

(D) aplicável, a despeito de inexistir expressa previsão de que o fornecedor pode ser pessoa jurídica de direito privado ou público, quando se tratar de serviços públicos *uti universi* remunerados por tarifa, como, por exemplo, o serviço da Caixa Econômica Federal;

(E) aplicável, considerando a expressa previsão de que o fornecedor pode ser pessoa jurídica de direito privado ou público, quando se tratar de serviços públicos *uti universi* remunerados por tarifa, como, por exemplo, o serviço de hospital privado conveniado ao SUS.

O art. 3º do CDC prevê expressamente a possibilidade de identificação de fornecedores como pessoas jurídicas de direito público. Entretanto, conforme entendimento do STJ, aplica-se o CDC somente aos serviços públicos impróprios ou *uti singuli* (de fruição individual), excluindo os serviços públicos *uti universi* (de fruição coletiva). Entre os serviços públicos com incidência do CDC podemos citar os serviços postais (EREsp 1.097.266/PB, Segunda Seção, julgado em 10/12/2014, DJe 24/02/2015) e os serviços de energia elétrica. Por conseguinte, exclui-se a aplicação do CDC aos serviços públicos de saúde, oferecidos de forma indivisível e universal (*uti universi*).

Gabarito "C".

6. DIREITO CIVIL

Gabriela Rodrigues

1. LINDB – LEI DE INTRODUÇÃO ÀS NORMAS DO DIREITO BRASILEIRO

(OAB/FGV – 2023) Um brasileiro teve seu pedido de visto de trabalho negado por uma representação consular de um Estado estrangeiro. Inconformado, consultou você, como advogado(a), para a adoção das providências cabíveis no Brasil.

Após a avaliação do caso, você concluiu que

(A) nenhuma medida judicial é cabível.
(B) deve ser proposto mandado de segurança perante a Justiça Federal.
(C) cabe reclamação trabalhista perante a Justiça do Trabalho.
(D) deve ser proposta ação condenatória por obrigação de fazer, perante o Tribunal de Justiça competente.

A: correta, pois a concessão de visto é ato discricionário da autoridade consular. O funcionário consular, no exercício de sua função (no que se inclui a concessão ou não de um visto de trabalho), goza de imunidade de jurisdição, conforme previsto na Convenção de Viena sobre relações consulares (1963): Art. 43.1. Os funcionários consulares e os empregados consulares não estão sujeitos à Jurisdição das autoridades judiciárias e administrativas do Estado receptor pelos atos realizados no exercício das funções consulares"; B, C, D estão incorretas, pois a autoridade consular no exercício de sua função não se submete à legislação brasileira e, portanto, aos seus mecanismos processuais, principalmente no que diz respeito à concessão de visto, que é ato discricionário. GR
Gabarito: A.

(OAB/FGV – 2023) O cidadão francês Pierre Renoir, residente e domiciliado em Portugal, foi casado com uma espanhola, com quem teve dois filhos nascidos na Alemanha. Pierre faleceu em 2022 e deixou como herança um apartamento no Brasil, onde viveu durante a fase universitária.

Nesta hipótese, à sucessão do bem será aplicada a lei

(A) francesa.
(B) portuguesa.
(C) brasileira.
(D) alemã.

A: incorreta, pois ao caso em tela aplica-se a lei do último domicílio do defunto. Logo, será aplicada a lei portuguesa (art. 10, *caput* LINDB); B: correta (art. 10, *caput* LINDB); C: incorreta, pois aplica-se da lei do último domicílio do defunto qualquer que seja a natureza e a situação dos bens (art. 10, *caput* LINDB); D: incorreta, pois embora os filhos tenham nascido na Alemanha, neste contexto aplica-se a lei do último domicílio do defunto. Logo, será aplicada a lei portuguesa (art. 10, *caput* LINDB). GR
Gabarito: B.

2. GERAL

2.1. Pessoas naturais

(OAB/FGV – 2023) Joana, conhecida durante toda a sua vida em sua cidade natal pelo prenome Giovanna, começa a enfrentar uma série de embaraços e constrangimentos ao ser chamada em órgãos públicos por seu prenome registral, constante de seus documentos de identificação civil.

Diante disso, Joana, de 19 anos de idade, consulta você, como advogado(a), buscando descobrir a viabilidade jurídica de alterar o seu prenome e os eventuais requisitos jurídicos que deveriam ser observados caso seja possível a mudança.

Sobre a pretensão de Joana, assinale a afirmativa correta.

(A) Poderá alterar seu prenome para Giovanna, bastando realizar solicitação, por escrito e fundamentada, diante do oficial do Registro Civil, dependendo, no entanto, de sentença judicial.
(B) Não poderá alterar seu prenome para Giovanna, pois vigora no Direito Brasileiro o princípio da imutabilidade do nome.
(C) Poderá alterar seu prenome para Giovanna, mediante requerimento pessoal e imotivadamente, independentemente de decisão judicial.
(D) Não poderá alterar seu prenome registral, mas poderá incluir o nome Giovanna, por ser este apelido público e notório.

A: incorreta, pois o pedido é feito em cartório e não depende de fundamentação ou sentença judicial para ser concedido (art. 56 Lei 6.015/73); B: incorreta, pois o prenome pode ser mudado atendendo os requisitos do art. 56 e seguintes da Lei 6.015/73; C: correta (art. 56 Lei 6.015/73); D: incorreta, pois é possível a alteração (art. 56 Lei 6.015/73). GR
Gabarito: C.

2.2. Pessoas jurídicas

(Procurador – AL/PR – 2024 – FGV) O Restaurante Le Candle Ltda., famoso na cidade de Canasvieiras, é de propriedade de dois sócios unidos somente pelo empreendimento comum: Sérgio e André. Liderado por um chef francês, os clientes chegavam a esperar dias para ter a chance de jantar nesse renomado espaço. Mas tudo começou a dar errado quando o sócio majoritário, Sérgio, começou a ter várias condutas que, ao final, impossibilitaram o pagamento dos credores.

Entre elas, Sérgio:

I. empregou o dinheiro reservado para o pagamento de impostos do restaurante para pagar a festa de quinze anos de sua filha, Natália.
II. pagou repetidamente as contas de luz e água de sua residência com valores retirados da conta-corrente da pessoa jurídica;
III. utilizou os recursos financeiros do restaurante para patrocinar uma viagem ao Caribe para si e para André, sócio minoritário do Le Candle, sem que houvesse qualquer tipo de contraprestação à pessoa jurídica.

Examinadas as medidas tomadas por Sérgio, configura ato que pode gerar eventual decisão judicial de desconsideração da personalidade jurídica requerida pelos credores, de forma a atingir o patrimônio pessoal de ambos os sócios o que está descrito em

(A) I, apenas.
(B) II, apenas.
(C) III, apenas.
(D) I e II, apenas.
(E) I, II e III.

I: errada, pois embora com essa conduta tenha havido abuso de personalidade na modalidade confusão patrimonial (art. 50, § 2º, III CC), a desconsideração da personalidade não atingirá o patrimônio de ambos os sócios, mas apenas de Sergio, pois somente ele se beneficiou da conduta; II: errada (idem item I com fundamento no art. 50, §2º, I CC; III). III: certa, pois foram transferidos ativos de grande monta da pessoa jurídica para a pessoa física sem contraprestação e ambos os sócios foram beneficiados (art. 50, § 2º, II CC). Logo, a alternativa correta é a letra C. **Gabarito "C".**

(Juiz Federal – TRF/1 – 2023 – FGV) A desconsideração positiva da personalidade jurídica é:

(A) requerida pelo próprio devedor para conservar seu patrimônio mínimo, notadamente o bem de família que esteja em nome da pessoa jurídica;
(B) requerida exclusivamente pelos credores, com base na teoria maior, nos casos em que a inexistência de pessoa jurídica formal (por falta de registro, por exemplo) seja utilizada pelo devedor para ocultar seu patrimônio;
(C) requerida exclusivamente pelos credores, com base na teoria menor, nos casos em que a inexistência de pessoa jurídica formal (por falta de registro, por exemplo) seja utilizada pelo devedor para ocultar seu patrimônio;
(D) sinônima da desconsideração expansiva da personalidade jurídica, com base na teoria maior, em que o sócio oculto é chamado a responder pelo débito;
(E) sinônima da desconsideração expansiva da personalidade jurídica, com base na teoria menor, em que o sócio oculto é chamado a responder pelo débito.

A: correta. A desconsideração positiva da personalidade jurídica visa suspender a personalidade jurídica da sociedade empresarial para conferir proteção como bem de família ao bem da pessoa jurídica que é utilizado como moradia pelo sócio. Neste passo, a autonomia patrimonial entre empresa e sócios é rompida não para alcançar, mas para proteger um bem, no caso a residência da família. Portanto, trata-se de uma medica requerida pelo próprio devedor para conservar seu patrimônio mínimo, notadamente o bem de família que esteja em nome da pessoa jurídica. Neste sentido segue julgado do STJ: CIVIL. PENHORA DAS QUOTAS DE SOCIEDADE LIMITADA.

EMPRESA FAMILIAR. IMÓVEL PERTENCENTE À PESSOA JURÍDICA ONDE SE ALEGA RESIDIREM OS ÚNICOS SÓCIOS. PRINCÍPIOS DA AUTONOMIA PATRIMONIAL E DA INTEGRIDADE DO CAPITAL SOCIAL. ART. 789 DO CPC. ARTS. 49-A, 1.024, 1055 E 1059 DO CÓDIGO CIVIL. CONFUSÃO PATRIMONIAL. DESCONSIDERAÇÃO POSITIVA DA PERSONALIDADE JURÍDICA PARA PROTEÇÃO DE BEM DE FAMÍLIA. LEI N. 8.009/90. 1. A autonomia patrimonial da sociedade, princípio basilar do direito societário, configura via de mão dupla, de modo a proteger, nos termos da legislação de regência, o patrimônio dos sócios e da própria pessoa jurídica (e seus eventuais credores). 2. "A impenhorabilidade da Lei nº 8.009/90, ainda que tenha como destinatários as pessoas físicas, merece ser aplicada a certas pessoas jurídicas, às firmas individuais, às pequenas empresas com conotação familiar, por exemplo, por haver identidade de patrimônios." (FACHIN, Luiz Edson. "Estatuto Jurídico do Patrimônio Mínimo", Rio de Janeiro, Renovar, 2001, p. 154). 3. A desconsideração parcial da personalidade da empresa proprietária para a subtração do imóvel de moradia do sócio do patrimônio social apto a responder pelas obrigações sociais deve ocorrer em situações particulares, quando evidenciada confusão entre o patrimônio da empresa familiar e o patrimônio pessoal dos sócios. 4. Impõe-se também a demonstração da boa-fé do sócio morador, que se infere de circunstâncias a serem aferidas caso a caso, como ser o imóvel de residência habitual da família, desde antes do vencimento da dívida. 5. Havendo desconsideração da personalidade em proveito de sócio morador de imóvel de titularidade da sociedade, haverá, na prática, desfalque do patrimônio social garantidor do cumprimento das obrigações da pessoa jurídica e, portanto, sendo a desconsideração via de mão dupla, poderão ser executados bens pessoais dos sócios até o limite do valor de mercado do bem subtraído à execução, independentemente do preenchimento de requisitos como má-fé e desvio de finalidade previstos no caput do art. 50 do Código Civil. A confusão patrimonial entre a sociedade familiar e o sócio morador, base para o benefício, será igualmente o fundamento para a eventual excussão de bens particulares dos sócios. 6. Recurso especial provido para o retorno dos autos à origem, onde deve ser apreciada a prova dos autos a respeito da alegação de residência dos sócios da empresa devedora no imóvel. (REsp n. 1.514.567/SP, relatora Ministra Maria Isabel Gallotti, Quarta Turma, julgado em 14/3/2023, DJe de 24/4/2023.); **B e C:** estão incorretas, pois como mencionado na alternativa A a medida é requerida pelo devedor; **D e E:** incorretas, pois a desconsideração expansiva da personalidade jurídica ocorre quando uma empresa controladora comete fraudes por meio de empresa controlada ou coligada em prejuízo de terceiro, logo, atinge-se o patrimônio da empresa controladora. Logo, não é sinônimo de desconsideração positiva da personalidade jurídica. **Gabarito "A".**

(OAB/FGV – 2023) A Associação Atlética de uma renomada instituição de ensino jurídico brasileira, que possui mais de seiscentos associados, publica edital em seu site e, também, nas redes sociais, de convocação para uma Assembleia Geral, a ser realizada por meio eletrônico, trinta dias após a publicação, tendo como pauta a aprovação das contas dos diretores relativas ao exercício financeiro anterior e a alteração do estatuto.

Diante da situação narrada, assinale a afirmativa correta.

(A) A convocação de Assembleia Geral feita pela Associação Atlética apresenta um vício formal que conduz à nulidade absoluta, haja vista a impossibilidade da realização de Assembleia Geral por meio eletrônico.
(B) A realização de Assembleia Geral por meio eletrônico é possível juridicamente, desde que respeitada a participação e a manifestação dos associados, salvo para alteração estatutária, que deverá ser feita por reunião

presencial, de modo que o edital da Associação Atlética é nulo, admitindo-se a conversão.

(C) A realização de Assembleia Geral por meio eletrônico é válida, desde que garantida a participação e a manifestação dos associados, além do respeito às normas estatutárias, inclusive, para a finalidade de alteração dos estatutos.

(D) A realização de Assembleia Geral por meio eletrônico é anulável, por falta de previsão legal, admitindo-se, por conseguinte, a convalidação.

A: incorreta, pois as pessoas jurídicas de direito privado, sem prejuízo do previsto em legislação especial e em seus atos constitutivos, poderão realizar suas assembleias gerais por meio eletrônico (art. 48-A, 1ª parte CC); **B:** incorreta, pois é possível assembleia por meio eletrônico para alteração estatutária (art. 48-A, 2ª parte CC). Logo, o edital é plenamente válido; **C:** correta (art. 48-A CC); **D:** incorreta, pois a realização de assembleia eletrônica é válida, conforme expressa determinação legal do art. 48-A CC.
Gabarito "C".

(Juiz de Direito/AP – 2022 – FGV) A empresa XYWZ, com sede no Estado do Amapá, há alguns anos enfrentava dificuldades financeiras e passou a não realizar o pagamento de dívidas que já acumulavam um passivo maior do que o seu ativo. Com a pandemia, a situação se agravou ainda mais e a empresa encerrou suas atividades às pressas, sem comunicar aos órgãos competentes. Diante da inadimplência da empresa, seus credores, incluindo o fisco, entraram em juízo e solicitaram a desconsideração da personalidade jurídica.

Atento à jurisprudência do Superior Tribunal de Justiça, o magistrado deve considerar, no caso, que:

(A) para a desconsideração da personalidade jurídica basta a caracterização do estado de insolvência da empresa;

(B) caso a empresa participasse de grupo econômico, haveria a desconsideração da personalidade jurídica;

(C) a dissolução irregular é suficiente, por si só, para o implemento da desconsideração da personalidade jurídica, com base no Art. 50 do Código Civil;

(D) presume-se dissolvida irregularmente a empresa que deixar de funcionar no seu domicílio fiscal, sem comunicação aos órgãos competentes;

(E) tratando-se de regra que importa na ampliação do princípio da autonomia patrimonial da pessoa jurídica, a interpretação que melhor se coaduna com o Art. 50 do Código Civil é a de que, diante do encerramento irregular das atividades, a pessoa jurídica tenha sido instrumento para fins fraudulentos.

Comentário: **A:** incorreta, pois para a desconsideração da personalidade jurídica não basta o estado de insolvência. É necessário que haja abuso de personalidade caracterizado pelo desvio de finalidade ou pela confusão patrimonial (art. 50 *caput* CC); **B:** incorreta, pois a mera existência de grupo econômico sem a presença do abuso de personalidade não autoriza a desconsideração da personalidade da pessoa jurídica (art. 50, § 4º CC); **C:** incorreta, pois: "O encerramento irregular das atividades da pessoa jurídica, por si só, não basta para caracterizar abuso da personalidade jurídica" (Enunciado 282 CJF); **D:** correta, nos termos da Sumula 435 do STJ, **E:** incorreta, pois o Enunciado 146 CJF prevê que "Nas relações civis, interpretam-se restritivamente os parâmetros de desconsideração da personalidade jurídica previstos no art. 50" (desvio de finalidade social ou confusão patrimonial). Logo, não é possível fazer essa interpretação ampla.
Gabarito "D".

2.3. Bens

(OAB/FGV – 2024) Antônio, locatário de um imóvel residencial, verificou uma enorme infiltração atrás dos armários da cozinha. Com a finalidade de evitar maior deterioração do imóvel, Antônio realizou a obra a fim de reparar o dano e conservar o bem. Aproveitando a presença do empreiteiro em sua casa, reformou todos os armários dos quartos, para incluir portas de espelho e puxadores em cobre com o único objetivo de deixá-los mais sofisticados, pois os anteriores estavam em perfeito estado. Aproveitou também a oportunidade para incluir um grande aquário embutido na parede da sala.

Diante da situação narrada, assinale a afirmativa correta.

(A) Por não ser proprietário do bem, as obras realizadas por Antônio não podem ser consideradas como benfeitorias.

(B) As obras realizadas por Antônio são classificadas como benfeitorias úteis, pois facilitam o uso do bem.

(C) O reparo na cozinha é uma benfeitoria necessária, porque conserva e evita que a coisa se deteriore, e a reforma dos armários e do aquário são benfeitorias voluptuárias, pois trata-se de mero deleite.

(D) A reforma dos armários dos quartos e o aquário da sala valorizam o bem, sendo consideradas como benfeitorias úteis, diferente do reparo na cozinha que, por força da gravidade, classifica-se como benfeitoria necessária.

A: incorreta, pois mesmo sendo locatário suas obras podem ser consideradas benfeitorias, pois ele exerce posse direta do bem (art. 97 CC); **B:** incorreta, pois a obra feita para reparar a infiltração é considerada benfeitoria necessária, vez que tem por fim conservar o bem ou evitar que se deteriore (art. 96, § 3º CC). Já a reforma dos armários e a construção do aquário são considerados benfeitorias voluptuárias, pois são de mero deleite ou recreio, que não aumentam o uso habitual do bem, ainda que o tornem mais agradável ou sejam de elevado valor (art. 96, § 1º CC); **C:** correta (art. 96, §§ 3º e 1º CC); **D:** incorreta, pois a reforma dos armários dos quartos e o aquário da sala configuram-se como benfeitoria voluptuária, pois são de mero deleite ou recreio (art. 96, § 1º CC). O reparo na cozinha de fato é benfeitoria necessária (art. 96, §3º CC).
Gabarito "C".

2.4. Fatos jurídicos

2.4.1. Espécies, formação, classificação e temas gerais

(Procurador – AL/PR – 2024 – FGV) Leandro celebrou contrato com Márcia, para que ela, representando-o, vendesse seu apartamento localizado em Taubaté, repassando-lhe o dinheiro e prestando-lhe contas após a venda. Para a venda, Leandro fixou um preço mínimo, que deveria ser pago em no máximo dez prestações.

Durante a divulgação do imóvel em várias plataformas de compra e venda, diversas pessoas procuraram Márcia interessadas em adquirir o imóvel pelo preço anunciado. Dentre elas, algumas chegaram até a oferecer valor superior ao qual Leandro exigia pelo imóvel. A despeito disso, Márcia aproveitou a chance para ela própria comprar o imóvel, que sempre a interessou.

Nesse caso, a compra e venda é

(A) válida, pois Márcia adquiriu o imóvel pelo preço autorizado.
(B) anulável, porque não havia autorização da lei ou de Leandro para a compra do imóvel por Márcia.
(C) nula, porque o negócio foi concluído pelo representante em conflito de interesses com o representado.
(D) válida, pois ao outorgar o mandato à Márcia, por si só, Leandro tacitamente a autorizou a adquiri-lo.
(E) inexistente, pois a aquisição do imóvel por Márcia não era e não tinha como ser do conhecimento de Leandro quando foi celebrada.

A: incorreta, pois salvo se o permitir a lei ou o representado, é anulável o negócio jurídico que o representante, no seu interesse ou por conta de outrem, celebrar consigo mesmo (art. 117, *caput* CC). Ainda que Márcia tenha adquirido o imóvel pelo valor autorizado, ela tinha um vínculo regido por contrato de representação com Leandro, logo, deverá se submeter às regras previstas nos arts. 115 a 120 CC; **B:** correta, pois para a aquisição do imóvel de fato seria necessário autorização de Lei ou de Leandro (art. 117 CC), o que não aconteceu. Portanto, o contrato é anulável; **C:** incorreta, pois é anulável o negócio concluído pelo representante em conflito de interesses com o representado, se tal fato era ou devia ser do conhecimento de quem com aquele tratou (art. 119 CC); **D:** incorreta, pois não existe autorização tácita de Leandro apenas pelo fato de ter outorgado o mandado à Marcia. A autorização deveria ser expressa (art. 117 CC); **E:** incorreta, pois os requisitos de existência (agente, objeto e forma) estão presentes no negócio jurídico. O problema está no âmbito da validade. Por isso o negócio é anulável, nos termos do art. 117 CC.
Gabarito "B".

2.4.2. Condição, termo e encargo

(Procurador – AL/PR – 2024 – FGV) Sociedade Divino Ltda. celebrou contrato com André e Bernardo, sócios de Gala Restaurante Ltda. pelo qual se comprometeu a, dali a um ano, adquirir todas as cotas sociais daquele restaurante, desde que nenhum restaurante do mesmo gênero alimentício fosse inaugurado no complexo empresarial onde o Gala funciona nesse período.

Dali a dois meses, contudo, os sócios da Sociedade Divino se arrependeram do negócio celebrado, não desejando mais adquirir o Gala Restaurante, por terem encontrado oportunidade muito mais lucrativa. Por isso, pouco antes do final do prazo, os sócios da Sociedade Divino abriram um pequeno restaurante do mesmo gênero alimentício, no próprio complexo empresarial do Gala, inviabilizando, assim, a compra do restaurante.

Diante disso, é possível afirmar que a condição presente no caso deve ser considerada

(A) anulável.
(B) inexistente.
(C) nula.
(D) verificada.
(E) pendente.

A e C: incorretas, pois os casos de invalidades das condições estão previstos nos artigos 122, segunda parte e 123 CC e não as hipóteses do caso em tela; **B:** incorreta, pois no caso de condição suspensiva tem-se por inexistente as condições impossíveis (art. 124, 1ª parte CC), o que não é a hipótese em questão; **D:** correta, pois reputa-se verificada, quanto aos efeitos jurídicos, a condição cujo implemento for maliciosamente obstado pela parte a quem desfavorecer (art. 129, 1ª parte CC); **E:** incorreta, pois de condição pendente ela passou a ser verificada a partir do momento que a Sociedade Divino agiu maliciosamente para se eximir do negócio e prejudicar André e Bernardo (art. 129, 1ª parte CC).
Gabarito "D".

(Juiz de Direito/AP – 2022 – FGV) A Lig Suprimentos Ltda. firmou uma confissão de dívida perante a SMA Informática S/A, tendo por objeto a quantia de R$ 150.000,00. Uma das cláusulas da confissão de dívida estabelecia que o pagamento da dívida se daria em data a ser definida por credor e devedor. Com o passar do tempo, a SMA Informática S/A tentou por diversas vezes fixar a data para pagamento, mas a Lig Suprimentos Ltda. nunca concordava.

A mencionada cláusula contém uma condição:

(A) suspensiva simplesmente potestativa;
(B) resolutiva puramente potestativa;
(C) suspensiva contraditória;
(D) resolutiva simplesmente potestativa;
(E) suspensiva puramente potestativa.

Comentário: A: incorreta, pois condição suspensiva simplesmente potestativa são aquelas que dependem das vontades intercaladas de duas pessoas, sendo lícitas (arts. 121 e 122 parte inicial CC). No caso em tela temos uma condição que está ao arbítrio de apenas uma parte; **B:** incorreta, pois a condição resolutiva é aquela que quando implementada resolve os efeitos do negócio jurídico (art. 127 CC). No caso em tela o negócio ainda não está gerando efeitos, há uma condição suspensiva; **C:** incorreta, pois as condições contraditórias, também chamadas de perplexas ou incompreensíveis, são aquelas que privam de todo o efeito o negócio jurídico celebrado. São condições ilícitas (art. 123, III CC). Ex: contrato de locação onde há a condição de o inquilino não morar no imóvel. No caso em questão não é o que se verifica; **D:** incorreta, pois não se trata de condição resolutiva, como apontado no item B; **E:** correta, pois as condições puramente potestativas são aquelas que dependem de uma vontade unilateral, sujeitando-se ao puro arbítrio de uma das partes, conforme art. 122, parte final CC. São consideradas ilícitas.
Gabarito "E".

2.4.3. Defeitos do negócio jurídico

(OAB/FGV – 2024) Joaquim estava jantando com sua família em um restaurante, quando percebeu que sua filha tinha iniciado um quadro alérgico, apresentando dificuldades respiratórias, que a colocavam em grave risco de morte.

Em frente ao restaurante, havia uma clínica médica, onde buscaram atendimento. O médico de plantão, aproveitando-se da situação de urgência, exigiu pagamento antecipado de valor exorbitante – muito acima do cobrado regularmente por ele ou pelo mercado para esse tipo de atendimento.

Joaquim, em desespero, anuiu com o pagamento desproporcional. Entretanto, depois do susto, consultou você, como advogado(a). Após inteirar-se do caso, você afirmou ao seu cliente que o negócio jurídico celebrado entre ele e o médico padecia de um defeito.

Assinale a opção que o indica.

(A) Dolo, com prazo decadencial de seis meses.
(B) Lesão, com prazo decadencial de dois anos.
(C) Estado de perigo, com prazo decadencial de quatro anos.
(D) Estado de necessidade, sem prazo decadencial.

A: incorreta, pois o dolo é todo artifício usado para enganar e/ou induzir alguém. É a conduta maliciosa praticada por um dos negociantes ou por terceiro com o objetivo de levar o outro negociante a erro sobre as circunstâncias reais do negócio, de modo a manifestar vontade que lhe seja desfavorável, e que ele não manifestaria, não fosse o comportamento ilícito de que foi vítima. Além disso, a segunda parte da alternativa também está incorreta, pois o prazo decadencial é de 4 (quatro) anos, nos termos do art. 178, II, do Código Civil: "Art. 178. É de quatro anos o prazo de decadência para pleitear-se a anulação do negócio jurídico, contado: II – no de erro, dolo, fraude contra credores, estado de perigo ou lesão, do dia em que se realizou o negócio jurídico"; **B:** incorreta, pois ocorre a lesão quando uma pessoa, sob premente necessidade, ou por inexperiência, se obriga a prestação manifestamente desproporcional ao valor da prestação oposta (art. 157 "caput" CC). Neste caso trata-se de hipótese de estado de perigo, pois há uma situação de inferioridade da vítima, que é caracterizada pela necessidade de salvar-se, ou a pessoa de sua família, de grave dano (art. 156 "caput" CC). Ademais, o prazo decadencial também é de 4 anos (art. 178, II CC); **C:** correta, pois configura-se o estado de perigo quando alguém, premido da necessidade de salvar-se, ou a pessoa de sua família, de grave dano conhecido pela outra parte, assume obrigação excessivamente onerosa. No caso em tela estão presentes todos esses elementos. E o prazo decadencial para ajuizamento da demanda é de 4 anos (art. 156, "caput" c.c art. 178, II CC); **D:** incorreta, pois no Direito Civil o estado de necessidade configura-se como uma excludente da ilicitude prevista no art. 188, II CC consistente na agressão de um bem jurídico pertencente a outrem para eliminar um perigo atual ou iminente causado injustamente ao agente. Em nada se encaixa na hipótese em questão. Gabarito "C".

2.4.4. Validade e Invalidade do negócio jurídico

(OAB/FGV – 2024) Lúcia, após negociações, concordou em vender para Cristina um imóvel pelo valor de R$ 500.000,00. Diante disso, as partes celebraram contrato definitivo de compra e venda, prevendo o objeto do contrato (o imóvel), o preço (R$ 500.000,00), a forma de pagamento e outras estipulações de caráter acessório. O contrato foi firmado por meio de instrumento particular.

Considerando essas informações, sobre o contrato celebrado assinale a afirmativa correta.

(A) É anulável, pois a escritura pública é essencial à sua validade.
(B) É nulo, pois contém vício de consentimento consistente em erro.
(C) É plenamente válido, produzindo integralmente os seus efeitos, uma vez que a compra e venda definitiva tem como elementos essenciais a coisa, o preço e o consenso das partes.
(D) É nulo, porque a compra e venda definitiva deveria ter sido celebrada mediante escritura pública, mas é possível sua conversão em contrato preliminar de compra e venda, o que pode ser feito mediante instrumento particular.

A: incorreta, pois é nulo o negócio jurídico quando não revestir a forma prescrita em lei (art. 166, IV CC). No caso em tela, prevê o art. 108 CC que: "Não dispondo a lei em contrário, a escritura pública é essencial à validade dos negócios jurídicos que visem à constituição, transferência, modificação ou renúncia de direitos reais sobre imóveis de valor superior a trinta vezes o maior salários-mínimos vigente no País". O valor do imóvel em comento é maior do que trinta salários-mínimos, logo, a escritura pública é indispensável para a validade da compra e venda; **B:** incorreta, pois o contrato é nulo não por vício de consentimento (afinal nada foi mencionado sobre isso), mas sim por não ter respeitado a forma prescrita em lei (art. 108 CC); **C:** incorreta, pois o contrato é nulo nos termos do art. 166, IV c/c art. 108 CC. Além de coisa, preço e consenso das partes é necessário que se respeite a forma prescrita em lei; **D:** correta, pois embora o negócio jurídico seja nulo (art. 166, IV c/c art. 108 CC), a lei admite sua conversão em contrato preliminar de compra e venda, o que pode ser feito mediante instrumento particular (art. 170 CC). Gabarito "D".

(Juiz de Direito/AP – 2022 – FGV) O Banco BPF S/A ajuizou execução por título extrajudicial em face de João Pedro para satisfação de sua dívida. No momento da penhora de um automóvel que cobriria o valor devido, o executado informou que este fora vendido para seu filho, Bernardo. O automóvel se encontra efetivamente na posse de Bernardo, que dele vem se utilizando, e a transferência da propriedade foi registrada administrativamente junto ao Detran. No entanto, o executado não obteve êxito em comprovar o valor supostamente pago pela venda do carro, ficando claro que o negócio jurídico efetivamente celebrado fora uma doação.

Diante disso, deve ser reconhecida a:

(A) nulidade do contrato de compra e venda do carro por simulação relativa objetiva;
(B) anulabilidade do contrato de compra e venda do carro por simulação absoluta;
(C) inexistência do contrato de compra e venda do carro por simulação relativa subjetiva;
(D) nulidade do contrato de compra e venda do carro por simulação absoluta;
(E) anulabilidade do contrato de compra e venda do carro por simulação relativa objetiva.

Comentário: **A:** correta, pois trata-se de caso de contrato simulado, isto, é João Pedro fingiu que vendeu para o filho, quando na verdade doou. O contrato é nulo (art. 167 *caput* e § 1º, II CC); **B:** incorreta, pois trata-se de contrato nulo, e não anulável (art. 167 *caput* e § 1º, II CC); **C:** incorreta, pois o vício está no plano da validade e não da existência, pois contém todos os elementos de existência regular (partes, objeto, vontade, forma). Assim, está eivado de nulidade por simulação relativa objetiva (art. 167 caput e §1º, II CC); **D:** incorreta, pois não se trata de simulação absoluta, mas relativa, pois ainda é possível se aproveitar o contrato que se dissimulou (no caso, a doação) pois válido na substância e na forma (art. 167 *caput* CC); **E:** incorreta, pois não se trata de contrato anulável, mas sim nulo (art. 167 *caput* CC). Gabarito "A".

(Analista Judiciário – TJ/AL – 2018 – FGV) Por meio de instrumento particular, Maria e Carlos pactuaram a venda de um imóvel pelo preço de R$ 200.000,00. Na ocasião da assinatura do contrato, Carlos, comprador, imitiu-se na posse do bem. Ao levar o pacto para registro no ofício de imóveis, o tabelionato comunicou a Carlos que se recusaria a praticar o ato, visto que o negócio jurídico padecia de invalidade.

Diante dessa situação, é correto afirmar que:

(A) a recusa do tabelionato é indevida, visto que a eventual irregularidade pode ser sanada e o negócio confirmado pelas partes;
(B) o negócio jurídico é inexistente e, portanto, Carlos deverá devolver o imóvel a Maria, contra o reembolso das benfeitorias úteis;
(C) a recusa do cartório é devida e as disposições do instrumento subscrito pelas partes são inválidas;
(D) a compra e venda desejada pelas partes é válida, apesar da nulidade do instrumento que a previu;
(E) o negócio jurídico produz efeitos de promessa de compra e venda e deve ser assim registrado, ainda que as partes não tenham previsto eventual irregularidade no pacto.

A: incorreta, pois a recusa é devida, com fundamento nos arts. 166, IV, CC e art. 108 CC. A compra e venda de imóvel neste valor apenas pode ser feita por meio de escritura pública. Quando a forma exigida em lei não é respeitada, o negócio jurídico é nulo; **B:** incorreta, pois o negócio jurídico atende os requisitos do plano de existência, isto é, partes, objeto e forma. O vício está no plano da validade (art. 166, IV, CC) e não da existência; **C:** correta, pois o tabelionato de fato não poderia registrar o contrato, uma vez que não atende os requisitos previstos em Lei (art. 108 CC); **D:** incorreta, pois a compra e venda é nula, nos termos do art. 166, IV, CC. Não é possível que um contrato seja válido e nulo ao mesmo tempo; **E:** incorreta, pois o negócio jurídico nulo não produz nenhum efeito (art. 169 CC). Não é suscetível de confirmação, convalidação e eventual sentença que reconhece a nulidade tem efeito *ex tunc*. Gabarito "C".

2.5. Prescrição e decadência

(ENAM – 2024.1) Jorge e Ana são locadores de um apartamento e Carlos, o locatário. No contrato, foi estipulado que o prazo para eventual pretensão de cobrança do valor do aluguel seria de cinco anos. Carlos e Ana, seis meses antes do término da locação, iniciaram relacionamento afetivo. Terminada a locação, Carlos deixou o imóvel, contraiu matrimônio com Ana sob o regime da separação total de bens e passou a morar com ela em outro endereço.

Carlos entregou as chaves do apartamento para Jorge, mas deixou de pagar o último mês de aluguel. De forma a não criar embaraços familiares, Jorge e Ana não cobraram o débito de Carlos. Passados seis anos do casamento, o casal se divorciou e Jorge pretende reaver o valor devido por Carlos.

Sobre a pretensão de Jorge, assinale a afirmativa correta.
(A) Encontra-se prescrita, pois o prazo de três anos, além de não poder ser alterado, já se esgotou.
(B) É exigível, uma vez que o prazo decadencial de cinco anos ainda não expirou.
(C) não é mais exigível, pois o prazo de cinco anos previsto no contrato já se esgotou.
(D) Decaiu, pois o prazo de cinco anos previsto no contrato já se esgotou.
(E) Permanece exigível, pois o casamento de Ana é motivo de suspensão da prescrição.

A: correta. O prazo para a pretensão de cobrança de aluguéis é prescricional de 3 anos (art. 206, § 3º CC). Por ser prazo prescricional, não pode ser alterado pela vontade das partes. Logo, a pretensão está prescrita; **B:** incorreta, pois a obrigação é inexigível, pois o prazo não poderia ter sido alterado por se tratar de prazo prescricional previsto em lei (art. 206, § 3º CC). O prazo era de 3 anos e já expirou; **C:** incorreta, pois o prazo de 5 anos não é aplicável (art. 206, § 3º CC); **D:** incorreta, pois trata-se de prazo de prazo prescricional (art. 206, § 3º CC); **E:** incorreta, pois não permanece exigível, pois o prazo era prescricional de três anos então nem poderia ter sido mudado. E ainda que pudesse já teria se esgotado (art. 206, § 3º CC). Gabarito "A".

(OAB/FGV – 2023) Luan, conduzindo seu automóvel em velocidade acima da permitida, colidiu violentamente contra o veículo em que estavam Felipe, com 10 anos de idade, e seus pais, Paulo, com 45 anos de idade, e Juliana, com 38 anos. Em razão do acidente, Felipe sofreu ferimentos graves, só recebendo alta hospitalar após seis meses. Paulo e Juliana faleceram no acidente. Pedro, tio de Felipe, foi nomeado seu tutor, função que exerceu até a maioridade de Felipe.

Ao completar 18 anos de idade, Felipe ajuizou ação indenizatória em face de Luan, buscando reparação pelos danos morais sofridos em razão do acidente, bem como o ressarcimento de despesas médicas.

A respeito do caso acima narrado, assinale a afirmativa correta.

(A) A pretensão ressarcitória de Felipe não está prescrita, eis que exercida no prazo quinquenal, cujo termo inicial é a data em que Felipe alcançou a maioridade civil.
(B) A pretensão de Felipe não está prescrita, pois o termo inicial do prazo trienal é a data em que Felipe completou 16 anos.
(C) Luan e Felipe poderão convencionar que o prazo prescricional aplicável à pretensão de Luan é de dez anos.
(D) É vedado a Luan renunciar à eventual prescrição que lhe beneficie.

A: incorreta, pois o prazo é trienal (art. 206, § 3º, V, CC) e o seu termo inicial passou a contar quando ele completou 16 anos (art. 198, I CC); **B:** correta (arts. 198, I e 206, § 3º, V, CC); **C:** incorreta, pois os prazos de prescrição não podem ser alterados por acordo das partes (art. 192 do CC); **D:** incorreta, pois após a prescrição se consumar Luan poderá renunciar à prescrição de forma expressa ou tácita, caso deseje (art. 191 CC). Gabarito "B".

2.6. CAPACIDADE

(ENAM – 2024.1) Felipe, brasileiro nato, casado, estudante, 16 anos de idade; Renata, brasileira nata, solteira, servidora pública efetiva, 17 anos de idade; e Valter, brasileiro naturalizado, viúvo, aposentado, 83 anos de idade, resolveram constituir uma associação.

Entre os três, a capacidade para exercer pessoalmente os atos da vida civil encontra-se em

(A) Valter, apenas.
(B) Felipe e Valter, apenas.
(C) Renata e Valter, apenas.
(D) Felipe e Renata, apenas.
(E) Felipe, Renata e Valter.

Felipe, Renata e Valter possuem capacidade plena para exercer os atos da vida civil. No que diz respeito a Felipe, embora tenha 16 anos, sua incapacidade cessou pelo casamento (art. 5º, parágrafo único, II CC). Quanto a Renata, embora tenha 17 anos, sua incapacidade cessou, pois

ela está no exercício de emprego público efetivo (art. 5º, parágrafo único, III CC). E por fim quanto a Valter ele está no pleno gozo de sua capacidade civil (art. 5º, *caput* CC). Logo, a alternativa correta é a letra E.
Gabarito "E".

2.7. Direitos da personalidade e nome

(Juiz de Direito/AP – 2022 – FGV) Justina, casada há 25 anos, substituiu, por ocasião do casamento civil com Eduardo, um dos seus patronímicos pelo do marido. Ocorre que o sobrenome adotado passou a ser o protagonista de seu nome civil, em prejuízo do patronímico de solteira, o que passou a lhe causar intenso sofrimento, uma vez que sempre fora conhecida pelo sobrenome de seu pai. Tal fato lhe trouxe danos psicológicos, especialmente agora que os últimos familiares que ainda usam o seu sobrenome familiar encontram-se gravemente doentes. Por essas razões, Justina requereu a modificação do seu patronímico, ainda durante a constância da sociedade conjugal, de forma a voltar a utilizar o sobrenome da sua família.

O pedido deve ser julgado:

(A) improcedente, em virtude do princípio da inalterabilidade do nome ser considerado absoluto na constância da sociedade conjugal;

(B) procedente, pois a autonomia privada é uma das exceções à inalterabilidade do nome previstas na Lei de Registros Públicos;

(C) procedente, pela interpretação histórico-evolutiva da inalterabilidade, da preservação da herança familiar, da autonomia privada e da ausência de prejuízo a terceiros;

(D) improcedente, em razão da modificação do nome civil ser qualificada como excepcional, tendo em vista a consideração à segurança de terceiros;

(E) improcedente, em virtude da proteção à estabilidade do vínculo conjugal e aos interesses do outro cônjuge, ao menos durante a constância da sociedade conjugal.

Comentário: Referente ao caso em comento, o STJ no Recurso Especial1.873/SP, de relatoria da Min. Nancy Andrighi (j. 02/03/2021), decidiu-se que mesmo sem a dissolução do vínculo conjugal, ainda na constância do casamento é possível o retorno ao nome de solteiro. O caso concreto é exatamente o mesmo do enunciado dessa questão. Colaciona-se alguns trechos do julgado: Conquanto a modificação do nome civil seja qualificada como excepcional e as hipóteses em que se admite a alteração sejam restritivas, esta Corte tem reiteradamente flexibilizado essas regras, interpretando-as de modo histórico-evolutivo para que se amoldem à atual realidade social em que o tema se encontra mais no âmbito da autonomia privada, permitindo-se a modificação se não houver risco à segurança jurídica e a terceiros. (...) Dado que as justificativas apresentadas pela parte não são frívolas, mas, ao revés, demonstram a irresignação de quem vê no horizonte a iminente perda dos seus entes próximos sem que lhe sobre uma das mais palpáveis e significativas recordações - o sobrenome -, deve ser preservada a intimidade, a autonomia da vontade, a vida privada, os valores e as crenças das pessoas, bem como a manutenção e perpetuação da herança familiar, especialmente na hipótese em que a sentença reconheceu a viabilidade, segurança e idoneidade da pretensão mediante exame de fatos e provas não infirmados pelo acórdão recorrido.
Logo, as alternativas **A**, **D** e **E** estão incorretas, pois afirmam que a ação deverá ser julgada improcedente. A alternativa B também está incorreta, pois não basta apenas utilizar-se da autonomia privada para servir de justificativa para alteração do nome. São necessários outros elementos em conjunto. A alternativa **C** é a correta, vez que de acordo com a justificativa do julgado.
Gabarito "C".

3. OBRIGAÇÕES

(Analista Judiciário – TJ/AL – 2018 – FGV) Em 31 de janeiro de 2018, Renato, avisado por amigos, acessou sua rede social e verificou que Felipe, seu desafeto, dirigiu-lhe palavras de baixo calão, desonrando-o, mediante postagem pública ocorrida em 22 de janeiro de 2018. Em 05 de fevereiro do mesmo ano, Felipe recebe notificação de Renato, solicitando que fosse apagada a mensagem desonrosa. Ante a inércia de Felipe, Renato ajuizou, em 09 de março de 2018, ação pleiteando a retirada da mensagem, bem como a condenação de Felipe ao pagamento de indenização pelos danos morais sofridos.

A mora da obrigação de indenizar é verificada:

(A) em 31 de janeiro de 2018;

(B) em 22 de janeiro de 2018;

(C) quando do trânsito em julgado da sentença;

(D) em 05 de fevereiro de 2018;

(E) em 09 de março de 2018.

O caso em tela trata-se de responsabilidade civil extracontratual com fundamento nos arts. 186 e 927 do CC. A constituição em mora neste caso específico independe de qualquer ato que o ofendido venha a tomar, isto é, independe de notificação. A mora constitui-se a partir da prática do evento danoso, isto é, 22 de janeiro de 2018, consoante art. 398 CC que prevê: "Nas obrigações provenientes de ato ilícito, considera-se o devedor em mora, desde que o praticou". Logo, a alternativa correta é a letra B.
Gabarito "B".

3.1. Introdução, classificação e modalidades das obrigações

(Procurador – AL/PR – 2024 – FGV) Juliana doou, a Thiago, um livro de Direito Civil, e, a Lucas, um livro de Direito Penal. Ocorre que, por coincidência, na véspera da data combinada para a entrega, Juliana esqueceu o livro de Direito Civil em um carro de aplicativo, e vendeu o livro de Direito Penal para Luísa, entregando-o de imediato.

Nesse caso, é correto afirmar que

(A) podem tanto Thiago quanto Lucas cobrar de Juliana o equivalente de cada um dos livros, mais perdas e danos.

(B) apenas Lucas pode cobrar de Juliana o equivalente do livro de Direito Penal, mais perdas e danos.

(C) apenas Thiago pode cobrar de Juliana o equivalente do livro de Direito Civil, mais perdas e danos.

(D) nem Thiago nem Lucas podem cobrar de Juliana o que quer que seja em razão do inadimplemento das obrigações.

(E) podem tanto Thiago quanto Lucas cobrar de Juliana o equivalente de cada um dos livros; porém, apenas Lucas pode cobrar perdas e danos.

A: incorreta, pois no caso de Thiago a coisa se perdeu antes da tradição sem culpa do devedor. Nesta situação fica resolvida a obrigação para ambas as partes (art. 234, 1ª parte CC); **B:** correta, pois no caso de Lucas a coisa se perdeu antes da tradição por culpa do devedor. Neste caso Juliana deverá pagar o equivalente mais perdas e danos (art. 234, 2ª parte CC); **C:** incorreta, pois Thiago não poderá cobrá-la nos termos da justificativa da alternativa "A" e Lucas poderá cobrá-la nos termos da justificativa da alternativa "B"; **D:** incorreta, pois Lucas poderá cobrar, nos termos do art. 234, 2º parte CC; **E:** incorreta, pois Thiago não poderá cobrar nada de Juliana, uma vez que em seu caso a obrigação ficará resolvida para ambas as partes e no caso de Lucas ele poderá cobrar o equivalente mais perdas e danos (art. 234 CC).

Gabarito "B".

(Juiz de Direito – TJ/SC – 2024 – FGV) Cristina, Danilo e Eduardo comprometeram-se solidariamente a dar determinado automóvel a Felício até o final do mês. Ocorre que a entrega oportuna do bem foi impossibilitada por culpa exclusiva de Eduardo.

Diante disso, é correto afirmar que:

(A) perante Felício, somente Eduardo pode ser responsabilizado pelos juros da mora;

(B) Felício pode optar entre exigir a cláusula penal integralmente de Eduardo, ou então exigir somente proporcionalmente de cada um dos devedores;

(C) pelas perdas e danos sofridos por Felício, somente Eduardo responde, mas todos continuam solidariamente responsáveis pelo equivalente;

(D) eventual cláusula ou condição adicional celebrada somente entre Cristina e Felício pode agravar também a situação dos demais devedores em virtude da solidariedade;

(E) se Daniel for exonerado por Felício da solidariedade, não poderá ser chamado a participar de eventual rateio da cota de Cristina se ela vier a se revelar insolvente.

A: incorreta, pois todos os devedores respondem pelos juros da mora, ainda que a ação tenha sido proposta somente contra um (art. 280, 1ª parte CC); **B:** incorreta, pois o credor tem direito a exigir e receber de um ou de alguns dos devedores, parcial ou totalmente, a dívida comum. Logo, não apenas Eduardo por ser cobrado pela dívida toda, mas Felício pode optar por cobrar a dívida toda de outro credor. Se o pagamento, porém tiver sido parcial, todos os demais devedores continuam obrigados solidariamente pelo resto (arts. 275 CC e 414 CC); **C:** correta, pois impossibilitando-se a prestação por culpa de um dos devedores solidários, subsiste para todos o encargo de pagar o equivalente; mas pelas perdas e danos só responde o culpado (art. 279 CC); **D:** Qualquer cláusula, condição ou obrigação adicional, estipulada entre um dos devedores solidários e o credor, não poderá agravar a posição dos outros sem consentimento destes (art. 278 CC). **E:** incorreta, pois no caso de rateio entre os codevedores, contribuirão também os exonerados da solidariedade pelo credor, pela parte que na obrigação incumbia ao insolvente.

Gabarito "C".

(Juiz de Direito – TJ/SC – 2024 – FGV) Eduardo, André e Pedro são praticantes de hipismo e compraram de Marcos, criador, um cavalo de raça chamado Rocky. Em dia previamente estabelecido, Marcos foi à hípica entregar o cavalo. Quando chegou, apenas André estava lá para recebê-lo. Marcos entregou o cavalo e não recebeu qualquer quitação. Mais tarde, Eduardo e Pedro cobraram de Marcos a entrega do cavalo.

Nesse caso, segundo o CC/2002, Marcos:

(A) nada deve a Eduardo e Pedro, tendo em vista a indivisibilidade da prestação;

(B) deveria ter exigido uma caução de ratificação;

(C) somente poderia entregar o cavalo aos três cavaleiros;

(D) nada deve a Eduardo e Pedro, tendo em vista a ausência de solidariedade subjetiva entre eles;

(E) nada deve a Eduardo e Pedro, tendo em vista a ausência de solidariedade objetiva entre eles.

A: incorreta, pois ele apenas se exoneraria da dívida se tivesse exigido de André caução de retificação dos outros credores, isto é, de Eduardo e Pedro (art. 260, II CC); **B:** correta (art. 260, II CC); **C:** incorreta, pois ele poderia ter entregue a apenas um credor, desde que exigisse deste caução de retificação referente aos outros (art. 260, II CC); **D:** incorreta, pois trata-se de obrigação indivisível. Sendo assim, Marcos deve a Pedro e a Eduardo, pois na hora da entrega não exigiu caução de retificação (art. 258 e art. 260, II CC); **E:** incorreta, nos termos da alternativa D.

Gabarito "B".

(Juiz Federal – TRF/1 – 2023 – FGV) Maria e João realizaram um contrato em 20/10/2020, em que João prestaria serviço na casa de Maria e, em contrapartida, Maria entregaria a João seu carro, cujo fabricante é AUTOM, modelo CABIN, ano 2021, cor vermelha, placa ABC1234 e com Código Renavan: 123456. João prestou o serviço a contento e a data prevista para entrega do carro seria 01/01/2021 às 6h da manhã e o local combinado foi a casa de João. Tudo caminhava bem, até que, em 31/12/2020, Maria, voltando de seu trabalho, dirigindo tal carro, foi abalroada por outro veículo, que avançou o sinal vermelho e acabou por amassar a porta do lado contrário àquele do motorista. Feito o registro de ocorrência, restou claro que Maria não teve culpa no acidente e que somente a porta do carro foi danificada, não precisando de guincho. Maria foi para casa dirigindo e desolada, pois sabia que não daria tempo de consertar, já que a data de entrega do carro a João seria no dia seguinte pela manhã.

Com base nos fatos e no Código Civil, é correto afirmar que:

(A) Maria deverá responder perante João, pela deterioração da coisa mais perdas e danos;

(B) até a entrega da coisa, o carro ainda era de propriedade de Maria, apesar de o contrato ter sido assinado antes;

(C) com a deterioração do bem, houve, automaticamente, a total impossibilidade de entrega da coisa, resolvendo a obrigação;

(D) desde a assinatura do contrato, o risco sobre o bem já pertencia a João, razão pela qual Maria não tinha com o que se preocupar;

(E) com a deterioração do bem, nasce para João um direito subjetivo de escolher o bem no estado em que se encontra, com abatimento no preço, ou resolver a obrigação.

A: incorreta, pois considerando que a deterioração da coisa se deu antes da entrega sem culpa do devedor, podendo o credor resolver a obrigação, ou aceitar a coisa, abatido de seu preço o valor que perdeu (art. 235 CC). Logo, Maria não responderá pela deterioração nem pelas perdas e danos; **B:** correta, art. 237, 1ª parte CC (Até a tradição pertence ao devedor a coisa, com os seus melhoramentos e acrescidos, pelos quais poderá exigir aumento no preço) e art. 1.267 do CC: "A propriedade das coisas não se transfere pelos negócios jurídicos antes da tradição"; **C:** incorreta, pois a deterioração é diferente do perecimento. A simples deterioração ainda permite a entrega do bem, ainda que avariado. Neste caso a coisa pode ser entregue e o credor pode resolver a obrigação, ou aceitar a coisa, abatido de seu preço o valor que perdeu (art. 235 CC); **D**: incorreta, pois até a entrega do bem ele ainda pertencia à Maria. Logo, se a deterioração ou perecimento do bem tivesse ocorrido por sua culpa ela teria responsabilidade sobre isso (arts. 234, 236 e 237 CC); **E**: incorreta, pois trata-se de um direito potestativo, e não subjetivo (art. 235 CC).

Gabarito "B".

(OAB/FGV – 2023) Marcelo alugou um cavalo do haras *Galopante* para, com ele, disputar uma corrida no dia 15, comprometendo-se a devolvê-lo no dia seguinte à corrida (dia 16). Entretanto, Marcelo se afeiçoou pelo animal e não o devolveu no prazo estipulado, usando-o para passeios em sua fazenda.

O haras, com isso, deixou de alugar o animal para outro jóquei que pretendia correr com ele no dia 18 e já o havia reservado. Para completar, no dia 20, em um dos passeios com Marcelo, o cavalo se assustou com uma cobra e sofreu uma queda. No acidente, fraturou a perna e teve que ser sacrificado.

Diante disso, assinale a opção que indica os prejuízos que o haras *Galopante* pode exigir de Marcelo devido à falta do cavalo.

(A) Deve ser incluído o aluguel que deixou de receber do outro jóquei, mas não o equivalente do animal, porque Marcelo ficou liberado da responsabilidade pela impossibilidade da prestação a partir do dia 20, eis que decorrente de caso fortuito.

(B) Devem ser excluídos tanto o aluguel que receberia do outro jóquei, por se tratar de dano hipotético, como o equivalente do animal, pois Marcelo ficou liberado da responsabilidade pela impossibilidade da prestação a partir do dia 20, eis que decorrente de caso fortuito.

(C) Deve ser incluído o equivalente pecuniário do cavalo, tendo em vista a responsabilidade de Marcelo pela impossibilidade da prestação enquanto estava em mora, mas excluído o aluguel que receberia do outro jóquei, por se tratar de dano hipotético.

(D) Devem ser incluídos tanto o aluguel que deixou de receber do outro jóquei como o equivalente pecuniário do cavalo, tendo em vista a responsabilidade de Marcelo pela impossibilidade da prestação, enquanto estava em mora.

A: incorreta, pois deverá ser incluído também o equivalente ao animal. Trata-se de uma obrigação de restituir, onde a coisa se perdeu por culpa do devedor. Neste caso, ele responde pelo equivalente, mais perdas e danos (art. 239 CC). Ademais, o devedor em mora responde pela impossibilidade da prestação, embora essa impossibilidade resulte de caso fortuito ou de força maior, se estes ocorrerem durante o atraso (art. 399, 1ª parte CC); **B**: incorreta, pois deve ser incluído o aluguel que receberia do outro jóquei, bem como o equivalente do animal. Em regra, as perdas e danos devidas ao credor abrangem, além do que ele efetivamente perdeu, o que razoavelmente deixou de lucrar, daí a justificativa de inserir o aluguel do outro jóquei (art. 402 CC). Quanto ao valor equivalente ao animal, se justifica pelo art. 239 CC; **C**: incorreta, pois deve ser incluído o valor do aluguel do outro jóquei nos termos do art. 402 CC; **D**: correta (arts. 239, 399 e 402 CC).

Gabarito "D".

(OAB/FGV – 2023) Os irmãos Eduardo e Letícia herdaram um apartamento de sua mãe. Concluído o inventário, decidiram vender o apartamento ao casal Pedro e Mariana. Para tanto, as partes celebraram contrato de compra e venda. Pedro e Mariana se obrigaram, solidariamente, a pagar o preço pactuado (R$ 600.000,00) no prazo de trinta dias. Não foi avençada cláusula de solidariedade ativa. Alcançado o prazo contratual, Pedro e Mariana não pagaram o preço.

Tendo em vista a situação hipotética apresentada, assinale a afirmativa correta.

(A) Eduardo, sozinho, tem direito de cobrar a integralidade do preço pactuado, R$ 600.000,00, de Mariana, sozinha.

(B) Letícia, sozinha, tem direito de cobrar apenas a metade do preço pactuado, R$ 300.000,00, de Pedro, sozinho.

(C) Letícia, sozinha, tem direito de cobrar apenas um quarto do preço pactuado, R$ 150.000,00, de Mariana, sozinha.

(D) Eduardo e Letícia não podem pleitear sozinhos o pagamento do preço, ainda que parcial.

A: incorreta, pois trata-se de obrigação divisível sem cláusula de solidariedade ativa. Por ser divisível a obrigação presume-se dividida em tantas obrigações, iguais e distintas, quantos os credores (art. 257 CC). Considerando que não há cláusula expressa de solidariedade ativa, não é possível dizer que há solidariedade entre os credores, pois a solidariedade não se presume; resulta da lei ou da vontade das partes (art. 265 CC). Sendo assim, não é possível ao credor exigir o cumprimento da obrigação por inteiro (interpretação contrária do art. 267 CC). Portanto, Eduardo apenas pede exigir 50% da obrigação sozinho de Mariana, o que corresponde a R$300.000,00; **B**: correta, como não há cláusula de solidariedade ativa, a credora Letícia apenas pode cobrar metade do preço pactuado de Pedro sozinho (arts. 257, 267 CC); **C**: incorreta, pois, por ser obrigação divisível, a obrigação presume-se dividida em tantas obrigações, iguais e distintas, quantos os credores (art. 257 CC). Como são dois credores, a obrigação se divide em dois. Logo, Letícia sozinha tem o direito de cobrar metade de Mariana; **D**: incorreta, pois eles podem pleitear sozinhos metade do pagamento do preço (art. 257 CC).

Gabarito "B".

(OAB/FGV – 2023) Rodrigo e Juliana celebraram contrato de compra e venda com Márcia, visando à aquisição de 20 (vinte) cavalos da raça manga-larga, de propriedade desta última. O contrato possui cláusula prevendo a solidariedade ativa de Rodrigo e Juliana, e que a entrega será feita de uma única vez.

Dez dias antes da data pactuada para entrega dos animais, Márcia, culposamente, esqueceu aberta a porta do curral os animais estavam, o que ocasionou a fuga dos equinos. No dia combinado, Márcia dispunha de apenas cinco cavalos, os quais foram oferecidos a Rodrigo e Juliana como parte do pagamento.

Acerca do caso apresentado, assinale a afirmativa correta.

(A) Por se tratar de obrigação de entrega de coisa a dois credores, a previsão de solidariedade ativa contratual é desnecessária, eis que decorrente de disposição expressa do Código Civil.

(B) Rodrigo e Juliana poderão optar por receber os cinco cavalos, com abatimento do preço, ou considerar resolvida a obrigação e, tanto num como noutro caso, exigir indenização das perdas e danos.

(C) Caso Rodrigo e Juliana optem pela conversão da obrigação em perdas e danos, a solidariedade não subsistirá.

(D) Márcia poderá compelir Rodrigo e Juliana a receberem cinco cavalos, posto se tratar de obrigação divisível.

A: incorreta, pois a solidariedade não se presume. Resulta de lei ou da vontade das partes (art. 265 CC); **B:** correta (art. 234 CC); **C:** incorreta, pois convertendo-se a prestação em perdas e danos, subsiste, para todos os efeitos, a solidariedade (art. 271 CC); **D:** incorreta, pois ainda que a obrigação tenha por objeto prestação divisível, não pode o credor ser obrigado a receber, nem o devedor a pagar, por partes, se assim não se ajustou (art. 314 CC). Gabarito "B".

(Juiz de Direito/AP – 2022 – FGV) A empreiteira Cosme Ltda. contratou a Flet Ltda. para que ela lhe desse a perfuratriz modelo SKS que tinha no seu galpão em Santana. Entretanto, outra cláusula do contrato previa a possibilidade acessória de a Flet Ltda. se desincumbir de sua obrigação, se quisesse, entregando à Cosme Ltda. a perfuratriz modelo 1190 que está em seu armazém nos arredores de Macapá. Ocorre que, antes da data marcada para a entrega, uma tempestade atinge Santana e destrói o galpão, inviabilizando a entrega da perfuratriz modelo SKS.

Diante disso, a Cosme Ltda. pode exigir:

(A) somente a entrega da perfuratriz modelo 1190, sem direito a perdas e danos;

(B) a entrega da perfuratriz modelo 1190, com direito a perdas e danos;

(C) o equivalente pecuniário da perfuratriz modelo SKS ou a entrega da perfuratriz modelo 1190;

(D) o equivalente pecuniário da perfuratriz modelo SKS ou a entrega da perfuratriz modelo 1190, com direito a perdas e danos;

(E) somente a resolução do contrato, com devolução de valores eventualmente pagos.

Comentário: **A:** incorreta, pois a empreiteira Cosme Ltda não pode exigir a entrega da perfuratriz 1190, uma vez que essa faculdade de escolha, conforme previsto no contrato era a Flet Ltda. Como a coisa pereceu sem culpa do devedor antes da tradição o contrato simplesmente se resolve com devolução de valores eventualmente pagos (art. 234 CC); **B:** incorreta, nos termos na alternativa A e não há que se falar em perdas e danos, pois a coisa pereceu sem culpa do devedor (art. 234 CC); **C:** incorreta, pois como a coisa pereceu sem culpa do devedor, a Cosme Ltda não pode exigir o equivalente pecuniário da perfuratriz modelo SKS, pois o contrato se resolve e deverá apenas haver a devolução de valores eventualmente pagos (art. 234 CC). Lembrando que ela não pode exigir a entrega da perfuratriz modelo 1190, pois esta faculdade de escolha é da Flet Ltda; **E:** correta (art. 234 CC). Gabarito "E".

(Analista – TJ/SC – FGV – 2018) Ricardo, artista plástico, recebe em sua galeria Jaqueline, colecionadora de artes plásticas. Encantada com duas peças de Ricardo, denominadas Dida e Jute, Jaqueline as reserva, obrigando-se a retornar no dia seguinte para escolher uma delas e realizar o pagamento da eleita. Na data marcada, Jaqueline informa que gostaria de adquirir Dida. Contudo, Ricardo responde que apenas restou Jute, visto que Dida foi por ele vendida na noite anterior.

Diante dessa situação, Jaqueline:

(A) deverá adquirir Jute, visto que já a havia reservado;

(B) poderá exigir perdas e danos em relação a Dida;

(C) deverá pagar Jute, pois Dida se perdeu sem culpa de Ricardo;

(D) resolverá o pacto estabelecido com Ricardo, sem perdas e danos;

(E) deverá escolher outra peça, ainda que não seja Jute.

A: incorreta, pois no ato da reserva ficou claro que Jaqueline iria levar uma ou outra. Temos uma obrigação de entregar coisa certa, cuja faculdade de escolha cabia a credora. Uma vez que a possibilidade de escolha se perdeu por culpa do devedor, Jaqueline não pode ser obrigada a ficar com o quadro, ainda que seja mais valioso (art. 313 CC); **B:** correta, pois Dida se perdeu por culpa de Ricardo, afinal, ele intencionalmente vendeu a peça. Assim, Jaqueline pode exigir dele o valor equivalente mais perdas e danos (art. 234 CC, parte final); **C:** incorreta, pois Dida se perdeu com culpa de Ricardo. Logo, Jaqueline não tem o dever de pagar nada, mas sim o direito de receber (art. 235 CC); **D:** incorreta, pois Jaqueline tem o direito ao valor equivalente à peça mais perdas e danos; **E:** incorreta, pois ela não tem dever algum de escolher outra peça. Na verdade, tem o direito de exigir o valor equivalente de Dida mais perdas e danos (art. 234 CC). Gabarito "B".

3.2. Transmissão, adimplementos e extinção das obrigações

(Procurador – AL/PR – 2024 – FGV) Em julho de 2021, René Kant celebrou contrato de mútuo com o Banco Königsberg S.A. no valor de dez mil reais, que deveria ser pago em 60 (sessenta) prestações de R$ 350,00 (trezentos e cinquenta reais). A cláusula terceira do contrato prevê que na hipótese de 03 (três) meses de inadimplência, o MUTUANTE fica autorizado a promover a cobrança judicial da totalidade dos valores concedidos a título de mútuo, como também a incluir o nome do MUTUÁRIO nos órgãos de proteção ao crédito.

Em setembro de 2023, o Banco Königsberg S.A. transferiu onerosamente o crédito do contrato com René para o Fundo de Investimento de Direitos Creditórios Metafísica, sendo silente a respeito da responsabilidade do cedente em caso de inadimplemento da obrigação cedida. Por força do desemprego, no ano de 2024, o mutuário tornou-se inadimplente de três parcelas consecutivas do empréstimo, levando o Fundo a incluir o nome de René nos órgãos de proteção ao crédito.

Diante da situação hipotética, com base no tema transmissão das obrigações, assinale a afirmativa correta.

(A) A cessão do crédito do Banco Königsberg para o Fundo de Investimento é válida e eficaz, desde que haja o consentimento expresso de René.

(B) A jurisprudência consolidada do Superior Tribunal de Justiça compreende que a ausência de notificação do devedor torna inexequível e ineficaz a cessão de crédito.

(C) Salvo se tiver procedido de má-fé, o Banco Königsberg S.A. não fica responsável perante o Fundo de Investimento pela existência do crédito ao tempo em que lhe cedeu.

(D) Na situação hipotética narrada, o Banco Königsberg S.A. não responde perante o Fundo de Investimento pela insolvência de René Kant.

(E) De acordo com o entendimento consolidado do Superior Tribunal de Justiça, para que o cessionário pratique os atos necessários à preservação do crédito é necessária a ciência do devedor.

A: incorreta, pois não há necessidade do consentimento do devedor para a cessão ser válida e eficaz. A lei autoriza a cessão se a isso não se opuser a natureza da obrigação, a lei, ou a **convenção com o devedor** (art. 286 CC). No caso, não havia convenção com o devedor que proibisse a cessão, não havia proibição legal e a **natureza da obrigação** permitia a cessão; **B**: incorreta, pois de acordo com a jurisprudência do STJ a citação na ação de cobrança é suficiente para cumprir a exigência – fixada no **artigo 290 do Código Civil** – de dar ciência ao devedor sobre a cessão do crédito, não havendo necessidade de que o credor cessionário o notifique formalmente antes de acionar o Judiciário para receber a dívida. A finalidade do artigo 290 do Código Civil é informar ao devedor quem é seu novo credor. De acordo com o dispositivo, "a cessão do crédito não tem eficácia em relação ao devedor, senão quando a este notificada; mas por notificado se tem o devedor que, em escrito público ou particular, se declarou ciente da cessão feita". A falta de notificação do devedor sobre a cessão do crédito não torna a dívida inexigível. Se a ausência de comunicação da cessão de crédito não afasta a exigibilidade da dívida, o correto é considerar suficiente, para atender o artigo 290 do CC/2002, a citação do devedor na ação de cobrança ajuizada pelo credor cessionário. A partir da citação, o devedor toma ciência inequívoca sobre a cessão de crédito e, por conseguinte, a quem deve pagar. Assim, a citação revela-se suficiente para cumprir a exigência de cientificar o devedor da transferência do crédito (EAREsp 1125139); **C**: incorreta, pois como a cessão foi a título oneroso, o Banco Königsberg S.A fica responsável pela existência do crédito, ainda que não tenha agido de má-fé (art. 295 CC); **D**: correta, pois como se trata de cessão onerosa, o banco não responde pela solvência do devedor, mas apenas pela existência do crédito (art. 295 CC); **E**: incorreta, pois independentemente do conhecimento da cessão pelo devedor, pode o cessionário exercer os atos conservatórios do direito cedido (art. 293 CC). De acordo com jurisprudência do STJ são desnecessários os avisos de recebimento do devedor em casos de cessão de créditos. Seja em uma relação de direito civil puramente considerada, seja em uma relação consumerista, a ausência da notificação do cedido não impede o cessionário de cobrar a dívida ou de promover os atos necessários à conservação dessa mesma dívida, como a inscrição do devedor inadimplente nos cadastros de proteção ao crédito. O aviso de recebimento não tem nenhuma repercussão prática relevante. Se a cobrança da dívida e a prática dos atos necessários a sua conservação não estão condicionadas nem mesmo à existência de notificação prévia, despiciendo acrescentar o fato de essa notificação carecer de formalismo ou pessoalidade tampouco cerceia a liberdade do credor em promover a cobrança da dívida ou os atos que repute necessários à satisfação do seu crédito (REsp 1.604.899). Gabarito "D".

(Juiz de Direito – TJ/SC – 2024 – FGV) Guilhermina tomou emprestado de Vicentino R$ 100.000,00. Para garantir o pagamento, emitiu-se uma nota promissória no valor de R$ 200.000,00, devidamente assinada pela devedora. Sobreveio o inadimplemento e Vicentino ajuizou demanda executiva. Em embargos, Guilhermina aduziu e comprovou que Vicentino, em outro negócio jurídico, tinha avalizado cheque da qual era credora pela quantia de R$ 300.000,00, daí ela ter postulado a compensação.

Vicentino, a seu turno, impugnou essa pretensão, no que demonstra que o título avalizado embutia juros onzenários em patamar muito superior ao permitido pela Lei de Usura. Aduziu, ainda, que o cheque estava pós-datado para dali a um ano.

Nesse caso, é correto afirmar que:

(A) a inclusão de juros usurários é causa de nulidade do título, diante da gravidade da prática (que, inclusive, tem tipificação criminal), o que impede a compensação pretendida;

(B) a prática de agiotagem leva à declaração de nulidade apenas das disposições usurárias, mas a compensação se mostra inviável diante da diversidade de suas causas (contrato de mútuo e aval em título de crédito) e do tipo de responsabilidade do devedor;

(C) a prática de agiotagem leva à declaração de nulidade apenas das disposições usurárias, mas a compensação se mostra inviável porque o crédito de Guilhermina decorre de ato ilícito;

(D) a prática de agiotagem leva à declaração de nulidade apenas das disposições usurárias, mas a compensação não pode ser realizada enquanto não se concluir o prazo de favor concedido pela pós-datação do cheque;

(E) a prática de agiotagem leva à declaração de nulidade apenas das disposições usurárias e nada impede a compensação do cheque no limite do valor expurgado dos juros ilícitos.

A: incorreta, pois havendo prática de agiotagem, devem ser declaradas nulas apenas as estipulações usurárias, conservando-se o negócio jurídico de empréstimo pessoal entre pessoas físicas mediante redução dos juros aos limites legais" (REsp n. 1.560.576/ES, Rel. Ministro JOÃO OTÁVIO DE NORONHA, TERCEIRA TURMA, julgado em 02/08/2016, DJe 23/08/2016); **B**: incorreta, pois em regra a diferença de causa nas dívidas não impede a compensação (art. 373 CC). O Código Civil prevê exceções a esta regra, mas não se encaixam no caso em tela; **C**: incorreta, pois a compensação é viável, uma vez que não se encaixa nas exceções do art. 373 CC; **D**: incorreta, pois os prazos de favor, embora consagrados pelo uso geral não obstam a compensação (art. 372 CC); **E**: correta (arts. 372 e 373 CC). Gabarito "E".

(ENAM – 2024.1) A Farmácia A Ltda. e a Drogaria B Ltda. mantêm, entre si, conta-corrente oriunda da venda de medicamentos de uma para a outra. Quando o cliente não encontra um remédio em uma, a outra fornece e vice-versa. Pactuam que, no último dia útil de cada mês, o saldo devedor deve ser quitado em espécie, sob pena de juros de mora de 0,5% no primeiro mês de atraso e de 1% nos meses subsequentes. Acordaram, por fim, que cada saldo devedor não pago seria independente em relação a eventuais outros.

Nos últimos dois meses, a Drogaria B. Ltda. teve problemas de caixa e não conseguiu quitar os dois débitos que se acumularam. No entanto, mesmo após o vencimento da segunda dívida, conseguiu entregar certo valor à Farmácia A Ltda., cujo montante foi suficiente para um dos débitos e, parcialmente, para o outro.

Ante a ausência de oposição da Farmácia A Ltda., é correto dizer que o valor entregue

(A) quitou o débito mais antigo.

(B) nada quitou, ante a ausência de recibo.

(C) quitou o débito mais oneroso.

(D) quitou ambos os débitos.

(E) nada quitou, pois o valor não foi integral.

A: correta (art. 355 CC); **B**: incorreta, pois não há necessidade de recibo para que se considere o pagamento como feito. Porém, como não foi indicado a qual dívida o pagamento se refere, ele será imputado à dívida mais antiga (art. 355 CC); **C**: incorreta, pois apenas quitaria o débito mais oneroso se as obrigações fossem vencidas ao mesmo tempo, o que não é o caso (art. 355 CC); **D**: incorreta, pois o pagamento será imputado à dívida mais antiga conforme orientação do art. 355 CC; **E**: incorreta, pois a quitação deverá sim ser considerada, porém para a dívida mais antiga (art. 355 CC). Gabarito "A".

3.3. Inadimplemento das obrigações

(OAB/FGV – 2024) André, mediante contrato escrito, comprou o carro de passeio de seu vizinho, Bernardo. Duas semanas depois, enquanto André o conduzia por uma das principais avenidas da cidade, o veículo quebrou, por causa de um defeito não aparente na mangueira do radiador.

Para pretender indenização por perdas e danos em desfavor de Bernardo pelo ocorrido, André deve provar

(A) a existência de cláusula expressa no contrato de garantia contra vícios ocultos.

(B) a preexistência do defeito, mesmo que desconhecido por Bernardo.

(C) a preexistência do defeito e que Bernardo tinha conhecimento dele.

(D) a preexistência do defeito, que Bernardo tinha conhecimento dele e a existência de cláusula no contrato de garantia contra vícios ocultos.

A: incorreta, pois não é necessário cláusula expressa no contrato de garantia contra vícios ocultos. A própria Lei já garante isso ao comprador, nos termos do art. 441, "caput" CC: A coisa recebida em virtude de contrato comutativo pode ser enjeitada por vícios ou defeitos ocultos, que a tornem imprópria ao uso a que é destinada, ou lhe diminuam o valor; B: incorreta, pois se Bernardo desconhecia o vício deverá restituir somente o valor recebido mais as despesas do contrato (art. 443 parte final CC). Não cabe perdas e danos; C: correta. Os vícios redibitórios são conceituados como os vícios ou defeitos ocultos que desvalorizam a coisa ou a tornam imprópria para uso a que é destinada. No caso em tela, para pretender indenização por perdas e danos em desfavor de Bernardo pelo ocorrido, André deve provar preexistência do defeito e que Bernardo tinha conhecimento dele, nos termos do art. 443, primeira parte CC: Se o alienante conhecia o vício ou defeito da coisa, restituirá o que recebeu com perdas e danos; D: incorreta, pois não é necessário comprovar a preexistência de cláusula no contrato de garantia contra vícios ocultos. A Lei já faculta esse direito de reclamação ao comprador (art. 441, "caput" CC). Basta provar os requisitos do art. 443, primeira parte CC. **Gabarito "C"**

(Juiz de Direito – TJ/SC – 2024 – FGV) João era bilionário e tinha uma coleção de mais de cem carros potentes em sua garagem. Seu motorista, Pedro, secretamente, utilizava-os para participar de corridas organizadas pelo clube automobilístico local.

No dia 12/12/2020, Pedro se sagra vencedor do torneio anual, logrando um prêmio de R$ 150.000,00.

Em 13/12/2023, João descobre que seu carro havia sido subtraído para a participação em corridas, inclusive rendendo aquele substancial prêmio.

Nesse caso, João poderá pedir judicialmente:

(A) apenas os aluguéis devidos pela retirada dos veículos sem sua autorização, a título de lucros cessantes;

(B) apenas os aluguéis devidos pela retirada dos veículos sem sua autorização, a título de danos emergentes;

(C) os aluguéis devidos pela retirada dos veículos, a título de lucros cessantes, e a reversão do prêmio recebido por Pedro, pela teoria da perda de uma chance;

(D) os aluguéis devidos pela retirada dos veículos, a título de lucros cessantes, e a reversão do prêmio recebido por Pedro, para evitar o enriquecimento sem causa dele;

(E) apenas a restituição do prêmio recebido por Pedro, pela teoria da perda de uma chance.

A: incorreta, pois além de pagar os aluguéis, a título de lucros cessantes, também João poderá pedir judicialmente a reversão do prêmio, para evitar o enriquecimento sem causa (arts. 402 e 884 CC); B: incorreta, pois não se trata de danos emergentes. O conceito de dano emergente significa o prejuízo direto. No caso não houve um prejuízo, pois a questão não relata que houve dano no carro. Portanto, o que é devido são os aluguéis e a reversão do prêmio para evitar enriquecimento sem causa (arts. 402 e 884 CC); C: incorreta, pois os aluguéis não são devidos a título de lucros cessantes, uma vez que João não usava o carro para auferir renda (como no caso de um taxista, por exemplo). Os aluguéis são devidos, pois seu bem foi usado sem sua autorização (arts. 402 e 884 CC); D: correta (arts. 402, 884 e 944 CC); E: incorreta, pois são devidos aluguéis, uma vez que o bem foi usado sem autorização e o prêmio deverá ser revertido para evitar o enriquecimento sem causa (arts. 402 e 884 CC). **Gabarito "D"**

(Juiz de Direito – TJ/SC – 2024 – FGV) Altair foi contratado como arquiteto para elaborar a planta de construção de uma casa pelo valor total de R$ 50.000,00. Pelo contrato, celebrado em 01/02/2023, ficou avençado que os clientes deveriam pagar os honorários do arquiteto até 01/06/2023. Tendo cumprido fielmente suas obrigações, Altair não recebeu o pagamento dos honorários. Enviou notificação extrajudicial em 15/07/2023, cobrando o pagamento, mas não recebeu qualquer resposta. Diante disso, ajuizou ação para execução de título extrajudicial em 01/09/2023, pretendendo o recebimento dos honorários devidos com os consectários da mora. A citação ocorreu em 30/09/2023.

Julgado procedente o pedido, o valor devido deve ser acrescido de:

(A) atualização monetária desde 01/06/2023 e juros desde 30/09/2023;

(B) atualização monetária desde 01/06/2023 e juros desde 01/06/2023;

(C) atualização monetária desde 01/02/2023 e juros desde 15/07/2023;

(D) atualização monetária desde 01/09/2023 e juros desde 01/06/2023;

(E) atualização monetária desde 01/09/2023 e juros desde 30/09/2023.

A alternativa correta é a letra B. Trata-se de relação jurídica de direito material de natureza contratual. Via de regra, os juros de mora, em relações contratuais, devem ser contados a partir da citação (art. 405 do CC). Contudo, conforme posicionamento do STJ "se a obrigação for positiva e líquida e com vencimento certo, devem os juros de mora fluir a partir da data do inadimplemento – a do respectivo vencimento –, nos termos em que definido na relação de direito material" (AgInt no AREsp 2275344 / SP, Rel. Ministro MARCO BUZZI, QUARTA TURMA, DJe 15/12/2023). A hipótese se aplica por completo ao caso em tela, já que há cláusula contratual expressa no sentido de que os honorários deveriam ter sido pagos em 01/06/2023. No que diz respeito à correção monetária, consoante Súmula 43 do STJ "incide correção monetária sobre dívida por ato ilícito a partir da data do efetivo prejuízo". No caso apresentado, a data do prejuízo consiste na data em que o valor foi inadimplido, sendo este o termo inicial para a incidência da correção monetária. É o que se colhe, também, da jurisprudência do STJ: "A jurisprudência desta Corte firmou-se no sentido de que, "nas obrigações positivas e líquidas, com vencimento certo, os juros de mora e a correção

monetária fluem a partir da data do vencimento" (REsp 1651957/MG, Rel. Ministra Nancy Andrighi, Terceira Turma, julgado em 16/03/2017, DJe 30/03/2017).
Gabarito "B".

(ENAM – 2024.1) A ARKT S.A. celebrou contrato com a CLNG Ltda., com prazo de vigência de cinco anos, pelo qual a segunda prestaria serviços de limpeza e conservação do edifício em que funciona a sede da primeira. O contrato previa particularmente a obrigação de que as vidraças externas fossem limpas ao menos uma vez por semana e continha cláusula que previa a possibilidade de resolução em caso de descumprimento dessa obrigação. Ocorre que, no início do terceiro ano, a CLNG deixou de fazer a limpeza das vidraças por três semanas consecutivas, alegando que a sociedade que lhe aluga os andaimes necessários à atividade externa interrompeu os serviços, de modo que, enquanto não conseguisse outra fornecedora, estava impedida de cumprir com sua obrigação.

Diante do exposto, se a ARKT quiser pôr fim ao contrato,

(A) deverá ajuizar ação judicial de rescisão do contrato, para desconstituir o negócio jurídico firmado entre as partes, sem efeitos retroativos.

(B) não poderá fazê-lo, visto que a exigibilidade da obrigação de limpar as vidraças externas está suspensa por força maior, que causa impossibilidade temporária.

(C) bastará notificar extrajudicialmente a CLNG de sua decisão, fundada na cláusula resolutiva expressa do contrato que inclui o inadimplemento da obrigação de limpar as vidraças externas.

(D) deverá ajuizar ação judicial declaratória, que reconhecerá a extinção automática do negócio desde a primeira semana de não cumprimento, em razão da condição resolutiva expressa constante do contrato.

(E) não precisará adotar qualquer providência, pois o contrato foi extinto de pleno direito quando a CLNG descumpriu a obrigação de que as vidraças fossem limpas ao menos uma vez por semana, ante a previsão contratual nesse sentido.

A: incorreta, pois não há a necessidade de ajuizamento de ação judicial para a resolução do contrato, pois com descumprimento da obrigação ele já foi extinto de pleno direito (arts. 474 CC e 397 CC); **B:** incorreta, pois poderá colocar fim ao contrato. Neste passo, não pode ser alegada a força maior de uma terceira empresa que não tem conexão com o contrato entre ARKT S.A. e CLNG Ltda, uma vez que não há previsão contratual para isso. Logo, o contrato poderá ser extinto com base nos arts. 474 CC e 397 CC. **C:** correta: embora haja cláusula resolutiva expressa (art. 474, 1ª parte) que prevê a possibilidade de resolução do contrato em caso do descumprimento da obrigação (se opera de pleno direito, por força do próprio contrato, ou seja, não depende de manifestação (interpelação) judicial), ainda assim é necessário que o devedor seja construído em mora por meio de notificação judicial ou extrajudicial, uma vez que o contrato não tem termo certo (a obrigação era para ser cumprida uma vez por semana, sem dia exato). A mora é "ex persona", dependendo, portanto, de interpelação (aqui, no sentido de notificação extrajudicial ou judicial do devedor) para sua constituição, na forma do p. único, do art. 397, CC. Com a constituição em mora (pela notificação do devedor), tem-se operada a cláusula resolutiva de pleno direito, ou seja, dispensa-se o ajuizamento de ação (interpelação judicial) para a extinção do contrato, por decorrer da própria eficácia da cláusula contratual expressa. Se não houvesse cláusula resolutiva expressa, a extinção do contrato dependeria tanto da constituição em mora do devedor (pela notificação) quanto do ajuizamento de ação judicial (o que o Código Civil denominou de "interpelação judicial"); **D:** incorreta, pois de acordo com o artigo 474 do Código Civil, a resolução é automática, não depende de aprovação judicial; **E:** incorreta, pois será necessário a constituição em mora do devedor, uma vez que a obrigação não possuía termo (art. 397, parágrafo único CC).
Gabarito "C".

(OAB/FGV – 2023) Ana comprou de Miguel um carro usado, por R$ 60.000,00, e combinou de fazer o pagamento à vista, por PIX. Ocorre que, na hora de digitar a chave PIX de Miguel – seu número de celular –, Ana errou um dígito, e acabou enviando o pagamento, por coincidência, para uma pessoa chamada José Miguel.

Ao receber o comprovante, Miguel alertou a compradora para o equívoco. Ana, então, entrou imediatamente em contato com José Miguel por telefone, pedindo a restituição do valor transferido. Em seguida, encaminhou notificação extrajudicial, requerendo a restituição do valor. José Miguel, todavia, esquivou-se de fazê-lo, o que levou Ana a procurar você, como advogado, para orientá-la sobre o problema.

Sobre a orientação dada, assinale a afirmativa correta.

(A) O fato narrado configura doação de Ana a José Miguel, que ela somente poderia discutir por meio de ação anulatória, provando algum dos defeitos dos negócios jurídicos.

(B) Em eventual ação de Ana contra José Miguel, provando a autora o erro no pagamento, deve o réu ser condenado a restituir à autora apenas a quantia nominal indevidamente recebida.

(C) Em eventual ação de Ana contra José Miguel, provando a autora o erro no pagamento, deve o réu ser condenado a restituir à autora a quantia indevidamente recebida, com os acréscimos da mora, desde a data do fato, cabendo a ele, todavia, eventuais rendimentos que tenha auferido por ter investido o montante.

(D) Em eventual ação de Ana contra José Miguel, provando a autora o erro no pagamento, deve o réu ser condenado a restituir a quantia indevidamente recebida, com os acréscimos da mora, desde a data do fato, bem como eventuais rendimentos que José Miguel tenha auferido por ter investido o montante, vez que se considera possuidor de má-fé.

A: incorreta, pois o ato não configura doação, mas sim pagamento indevido. Provando Ana que fez o pagamento por erro, José Miguel será obrigado a restituí-lo (arts. 877 e 876 CC); **B:** incorreta, pois deverá restituir a quantia recebida mais a atualização dos valores monetários (art. 884 *caput* CC); **C:** incorreta, pois os acréscimos da mora (frutos) caberão à Ana, uma vez que José Miguel é considerado possuidor de má-fé (art. 878 CC); **D:** correta (arts. 876, 878 e 395 *caput* CC).
Gabarito "D".

(OAB/FGV – 2023) Joana contratou Maria para fotografar a festa infantil de sua filha, Laura. No momento do contrato, Maria exigiu um sinal equivalente a 20% do preço pactuado para o serviço. O restante do preço seria pago após a festa, quando entregues as fotografias do evento.

Acontece que Maria não compareceu à festa de Laura, deixando de tirar as fotografias contratadas. Joana contratou, às pressas, outro fotógrafo e conseguiu registrar o evento a seu gosto. Entretanto, teve de pagar valores mais altos ao novo fotógrafo, o que lhe gerou prejuízos de ordem material.

Diante desse cenário, considerando-se que os danos de Joana se limitaram aos prejuízos materiais, assinale a afirmativa correta.

(A) Joana pode pedir a devolução dos 20% adiantados mais o equivalente, com atualização monetária, juros e honorários de advogado, mas não pode pedir indenização suplementar em nenhuma hipótese.

(B) Joana pode pedir apenas a devolução dos 20% adiantados e indenização suplementar, independentemente da prova do prejuízo.

(C) Joana pode pedir a devolução dos 20% adiantados mais o equivalente, com atualização monetária, juros e honorários de advogado, e, se provar maior prejuízo, pode pedir indenização suplementar.

(D) Joana pode pedir a devolução dos 20%, acrescidos de atualização monetária, juros e honorários de advogado, sendo esse o máximo de indenização possível.

A: incorreta, pois Joana pode pedir indenização suplementar se provar maior prejuízo, valendo as arras como taxa mínima (art. 419, 1ª parte CC); **B:** incorreta, pois além da devolução dos 20% que pagou adiantado pode exigir sua devolução mais o equivalente, com atualização monetária segundo índices oficiais regularmente estabelecidos, juros e honorários de advogado (art. 418 CC). A indenização suplementar, porém, depende de provas de maiores prejuízos; **C:** correta (arts. 418 e 419 CC); **D:** incorreta, pois pode pedir indenização suplementar, se provar maior prejuízo, valendo as arras como taxa mínima. Pode, também, a parte inocente exigir a execução do contrato, com as perdas e danos, valendo as arras como o mínimo da indenização (art. 419 CC). Gabarito "C".

4. CONTRATOS

4.1. Compra e venda

(OAB/FGV – 2023) Nicolas, servidor do Tribunal de Justiça do Estado de São Paulo, lotado na 3ª Vara Cível da Comarca da Capital, toma conhecimento de hasta pública a ser realizada sobre valioso bem na vara em que labora.

No intuito de colaborar com a rápida solução do processo, visando ao bom andamento da justiça e para saldar a dívida do devedor, decide comprar o bem objeto do litígio, pagando preço compatível com o mercado no âmbito da hasta pública realizada em sua vara.

A referida compra e venda, se efetivada, será

(A) nula, considerando que Nicolas é servidor na mesma vara em que foi realizada a hasta pública.

(B) válida, considerando ter sido realizada por hasta pública, procedimento que, dada a publicidade, convalida eventuais vícios porventura existentes.

(C) anulável, podendo ser realizada mas sujeita à anulação posterior se os interessados se manifestarem.

(D) nula, considerando que a hasta pública não poderá recair sobre bem litigioso.

A: correta (art. 497, III CC); **B:** incorreta, pois por ser servidor da vara, a compra e venda é nula (art. 497, III CC). E ainda que tenha sido feita em hasta pública, não há que se falar em convalidação, pois não existe essa previsão legal; **C:** incorreta, pois a compra e venda é nula de pleno direito por expressa previsão legal do art. 497, III CC; **D:** incorreta, pois o bem litigioso pode ser vendido seja por meio particular, seja por hasta pública (art. 447 CC). Gabarito "A".

4.2. Doação

(Procurador – AL/PR – 2024 – FGV) Rodrigo doou a seu neto Carlos um de seus imóveis, mas, como estratégia de planejamento patrimonial, por ser Carlos, casado, estipulou cláusulas de reversão, uma em benefício próprio, e outra em benefício de sua neta, Vitória. Ocorre que Rodrigo faleceu poucos dias antes de Carlos.

Nesse caso, é correto afirmar que

(A) é válida a cláusula estipulada em favor de Vitória na doação de Rodrigo a Carlos, razão pela qual o imóvel doado passa a Vitória.

(B) a viúva de Carlos tem prazo decadencial para pleitear a anulação da cláusula de reversão em favor de Vitória na doação de Rodrigo a Carlos.

(C) é válida a cláusula de reversão em favor de Rodrigo estipulada na doação dele a Carlos, mas nula a cláusula estipulada em favor de Vitória.

(D) são nulas ambas as cláusulas de reversão estipuladas na doação de Rodrigo a Carlos.

(E) a viúva de Carlos tem prazo prescricional para pleitear a anulação da cláusula de reversão em favor de Vitória na doação de Rodrigo a Carlos.

A: incorreta, pois não prevalece cláusula de reversão em favor de terceiro (art. 547, parágrafo único CC). Logo, o imóvel doado não passará a Vitória; **B:** incorreta, pois a cláusula é nula e não anulável (art. 547, parágrafo único CC). Daí não há que se falar em prazo decadencial para anulação; **C:** correta (art. 547 CC); **D:** incorreta, pois é válida a cláusula de reversão em favor de Rodrigo estipulada na doação dele a Carlos, pois o doador pode estipular que os bens doados voltem ao seu patrimônio, se sobreviver ao donatário (art. 547 *caput* CC). É nula, porém a cláusula de reversão em favor de Vitória, pois não prevalece cláusula de reversão em favor de terceiro (art. 547, parágrafo único CC); **E:** incorreta, pois a cláusula é nula e não anulável. Então não há que se falar em prazo prescricional para anulação (art. 547, parágrafo único CC). Gabarito "C".

(Juiz Federal – TRF/1 – 2023 – FGV) Quanto ao contrato de doação, segundo as diretivas do Código Civil, é correto afirmar que:

(A) a doação de descendente a ascendente, ou de um cônjuge a outro, importa adiantamento do que lhes cabe por herança;

(B) a doação de bens móveis, a depender do valor, pode ser verbal, caso acompanhada da tradição;

(C) a cláusula de reversão não é personalíssima em favor do doador;

(D) a doação feita àquele não nascido é possível, desde que aceita pelo representante legal. Caso o nascituro não chegue a adquirir personalidade, será considerada nula;

(E) o doador, como qualquer contratante, está sujeito às consequências da evicção, mas não se sujeita às consequências do vício redibitório.

A: incorreta, pois a doação de ascendentes a descendentes, ou de um cônjuge a outro, importa adiantamento do que lhes cabe por herança (art. 544 CC); **B:** correta (art. 541, parágrafo único CC); **C:** incorreta, pois a cláusula de reversão é personalíssima em favor do doador (art. 547, parágrafo único CC); **D:** incorreta, pois, se o indivíduo não chegar a adquirir personalidade, a doação se considera inexistente. É importante ressaltar que de acordo com o art. 542 CC, a doação feita ao nascituro valerá, sendo aceita pelo seu representante legal. Porém, esse direito de receber doação é considerado uma expectativa, necessitando do nascimento com vida para ser concretizado; **E:** incorreta, pois o doador não está sujeito às consequências da evicção ou do vício redibitório (art. 552, 1ª parte CC). GR

Gabarito "B".

(Juiz de Direito – TJ/SC – 2024 – FGV) Adamastor, que não teve filhos, sempre teve um carinho especial por seu afilhado Euclides. Por isso, quando este completou 18 anos, doou a ele um automóvel. Após a doação, veio a saber que quem vinha divulgando nas redes sociais graves acusações quanto à lisura e honestidade de Lucrécia, sua companheira, era o próprio Euclides. Diante das ofensas à mulher com quem mantinha união estável há muitos anos, Adamastor pretende a revogação da doação por ingratidão de Euclides.

Sobre o caso, é correto afirmar que:

(A) o prazo de um ano para pretender a revogação da doação por ingratidão conta-se da data em que Adamastor veio a ter conhecimento da autoria das ofensas, mesmo ele já sabendo da existência delas antes disso;

(B) se Adamastor vier a falecer, seus herdeiros poderão pretender a revogação da doação por ingratidão de Euclides, se o fizerem dentro do prazo legal, que não se interrompe pela morte do doador;

(C) a revogação da doação por ingratidão não é possível nesse caso, pois o rol de hipóteses que a ensejam é reputado taxativo e não inclui injúria grave à companheira, somente ao cônjuge;

(D) Adamastor pode realizar a revogação por notificação extrajudicial, cumprindo recorrer ao Judiciário somente se Euclides se recusar a devolver o bem e, nesse caso, a decisão será meramente declaratória da revogação;

(E) os efeitos da revogação retroagirão à data em que foi realizada a doação, cabendo a Euclides devolver eventuais frutos percebidos e, em caso de deterioração ou perda do bem, indenizar o doador pelo seu atual valor de mercado.

A: correta, pois a lei permite a revogação da doação por ingratidão do donatário caso este tenha injuriado ou caluniado gravemente o cônjuge do doador (arts. 557 e 558 CC). A revogação deverá ser pleiteada dentro de um ano, a contar de quando chegue ao conhecimento do doador o fato que a autorizar, e de ter sido o donatário o seu auto (art. 559 CC); **B:** incorreta, pois o direito de revogar a doação não se transmite aos herdeiros do doador, nem prejudica os do donatário. Mas aqueles podem prosseguir na ação iniciada pelo doador, continuando-a contra os herdeiros do donatário, se este falecer depois de ajuizada a lide (art. 560 CC). Os herdeiros apenas podem pretender a revogação do caso de homicídio doloso do doador, desde que o doador não tenha perdoado o donatário (art. 561 CC); **C:** incorreta, pois embora o art. 558 CC apenas mencione a palavra cônjuge, atualmente já é pacificado no ordenamento que os direitos do cônjuge casado se estendem à companheira; **D:** incorreta, pois a revogação deve ser pleiteada judicialmente no prazo de um ano a contar do conhecimento da autoria e do fato que justifique a revogação (art. 559 CC); **E:** incorreta, pois a revogação por ingratidão não prejudica os direitos adquiridos por terceiros, nem obriga o donatário a restituir os frutos percebidos antes da citação válida; mas sujeita-o a pagar os posteriores, e, quando não possa restituir em espécie as coisas doadas, a indenizá-la pelo meio termo do seu valor (art. 563 CC). GR

Gabarito "A".

(OAB/FGV – 2023) Waldo é titular de vultoso patrimônio e amigo de infância de Tadeu, que passa por sérias dificuldades econômicas. Frente às adversidades vividas pelo amigo, Waldo entrega as chaves de um imóvel de sua propriedade para Tadeu e diz a ele: "a partir de agora essa casa é de sua propriedade."

Sobre a hipótese apresentada, assinale a afirmativa correta.

(A) A declaração verbal de Waldo, junto da tradição do imóvel, é suficiente para considerar-se celebrado e realizado um contrato de doação válido e eficaz.

(B) Para que a doação de imóvel de Waldo a Tadeu se aperfeiçoe será imprescindível celebrar o contrato por meio de escritura pública, seja qual for o valor do imóvel.

(C) Para que Waldo realize a pretendida doação de imóvel a Tadeu de modo válido, será imprescindível celebrar o contrato de forma escrita, seja por meio de escritura pública ou de instrumento particular, a depender do valor do imóvel.

(D) Caso Waldo optasse por doar dinheiro para Tadeu adquirir um imóvel, a doação seria válida sem que se fizesse por escritura pública ou instrumento particular, independentemente do valor transferido ao donatário.

A: incorreta, pois a doação far-se-á por escritura pública ou instrumento particular. Apenas é válida a doação por declaração verbal e tradição quando se tratar de bem móvel e de pequeno valor, o que não ocorre no caso em tela, pois se trata de um imóvel (art. 541 CC); **B:** incorreta, pois se o imóvel for de valor inferior a trinta vezes o maior salário mínimo vigente no País, a transação pode ser feita por instrumento particular (art. 108 CC); **C:** correta (arts. 108 e 541 CC); **D:** incorreta, pois essa doação apenas é válida desta forma se for de pequeno valor (art. 541, parágrafo único CC). Logo, o valor transferido ao donatário tem relevância para determinar a forma como a doação deve ocorrer. GR

Gabarito "C".

(Analista – TJ/SC – FGV – 2018) Paulo e Mônica, pais de Rubens e Carolina, decidem presentear a filha com um de seus imóveis, o que fazem mediante escritura de doação, sem a participação de Rubens.

No caso, esse contrato:

(A) não surte efeito em relação a Rubens, visto que dele não participou;

(B) é nulo, pois Rubens deveria ter subscrito como interveniente anuente;

(C) é inexistente, pois viola o princípio da solidariedade familiar;

(D) deve ser ratificado por Rubens para ganhar eficácia;

(E) é válido, ainda que não tenha contado com a anuência de Rubens.

A: incorreta, pois a doação é válida e eficaz, inclusive com relação a Rubens. Sua participação neste ato é dispensável, pois a lei permite que haja doação de ascendente para descendente, o que será considerado antecipação da legítima (art. 544 CC); **B:** incorreta, pois essa doação não requer a anuência de Rubens (art. 544 CC); **C:** incorreta, pois não há que se falar em vício no campo da existência nem da validade, pois todos os requisitos estão preenchidos, quais sejam: partes maiores e capazes, objeto lícito, possível e determinável e forma prescrita ou não defesa em lei (art. 166 CC); **D:** incorreta, pois o contrato não necessita da ratificação de Rubens para gerar efeitos, pois já plenamente existente, válido e eficaz (art. 544 CC); **E:** correta, nos termos no art. 544 CC.

Gabarito "E".

4.3. Seguro

(Juiz de Direito/AP – 2022 – FGV) Sobre o contrato de seguro de vida, a jurisprudência do Superior Tribunal de Justiça permite afirmar que:

(A) a constituição em mora, de que trata o Art. 763 do Código Civil, exige prévia interpelação e, portanto, a mora no contrato de seguro de vida é *ex persona*;

(B) o pagamento de indenização prevista em contrato de seguro de vida é dispensado no caso de embriaguez do segurado;

(C) os contratos de seguro de vida cobrem a hipótese de suicídio desde o início da contratação;

(D) o atraso no pagamento do prêmio pelo segurado, independentemente da sua constituição em mora pela seguradora, implica a suspensão automática do contrato de seguro de vida;

(E) nos contratos de seguro regidos pelo Código Civil, a correção monetária sobre indenização securitária incide desde a ocorrência do sinistro até o efetivo pagamento.

Comentário: **A:** correta, nos termos no Enunciado 376 CJF "Para efeito de aplicação do art. 763 do Código Civil, a resolução do contrato depende de prévia interpelação" e Súmula 616 STJ que prevê: "A indenização securitária é devida quando ausente a comunicação prévia do segurado acerca do atraso no pagamento do prêmio, por constituir requisito essencial para a suspensão ou resolução do contrato de seguro." Logo, a mora é ex persona, pois exige a caracterização formal de sua ocorrência. Assim, tem o segurado de ser notificado pelo segurador, sob pena de não se configurar o estado de inadimplência; **B:** incorreta, pois prevê a Súmula 620 do STJ: "A embriaguez do segurado não exime a seguradora do pagamento da indenização prevista em contrato de seguro de vida"; **C:** incorreta, pois a Súmula 61 do STJ que previa que "O seguro de vida cobre o suicídio não premeditado" foi cancelada em sessão ordinária de 25 de abril de 2018 (Diário de Justiça Eletrônico Edição nº 2427 - Brasília, Disponibilização: Sexta-feira, 04 de Maio de 2018 Publicação: Segunda-feira, 07 de Maio de 2018). Em seu lugar temos a Súmula 610: "O suicídio não é coberto nos dois primeiros anos de vigência do contrato de seguro de vida, ressalvado o direito do beneficiário à devolução do montante da reserva técnica formada"; **D:** incorreta, pois não obstante a previsão do art. 763 CC, não há suspensão automática do contrato de seguro de vida em decorrência do inadimplemento do segurado nos termos da Súmula 616 STJ e Enunciado 376 CJF. Neste sentido colaciona-se o seguinte julgado: Civil e processual. Seguro. Automóvel. Atraso no pagamento de prestação. Ausência de prévia constituição em mora. Impossibilidade de automático cancelamento da avença pela seguradora. Dissídio jurisprudencial configurado. Cobertura devida. I. O mero atraso no pagamento de prestação do prêmio do seguro não importa em desfazimento automático do contrato, para o que se exige, ao menos, a prévia constituição em mora do contratante pela seguradora, mediante interpelação. II. Recurso *especial conhecido e provido (STJ, 2ª. S. RESP 316.552, Rel Min. Aldir Passarinho Junior, julg. 09.10.2002, publ. 12.04.2004);* E: incorreta, nos termos da Súmula 632 STJ *"Nos contratos de seguro regidos pelo Código Civil, a correção monetária sobre indenização securitária incide a partir da contratação até o efetivo pagamento".* ATENÇÃO: O art. 763 sofreu alteração de redação pela lei 15.040/24. Foi removida a hipótese de adimplemento substancial do contrato. Isso não repercute diretamente na questão, pois o enunciado é expresso em dizer que quer o posicionamento de acordo com a jurisprudência do STJ, porém em breve esses posicionamentos podem sofrer alterações.

Gabarito "A".

4.4. Locação

(Juiz de Direito/AP – 2022 – FGV) Marcelo firmou com Reinaldo contrato de locação de imóvel urbano para fins residenciais pelo prazo de dois anos.

Na condição de locador, Marcelo poderá reaver o imóvel antes do término do prazo:

(A) se o pedir para uso próprio, de seu cônjuge ou companheiro, ou para uso residencial de ascendente ou descendente que não disponha, assim como seu cônjuge ou companheiro, de imóvel residencial próprio;

(B) em decorrência de extinção do contrato de trabalho, se a ocupação do imóvel pelo locatário estava relacionada com o seu emprego;

(C) se for pedido para demolição e edificação licenciada ou para a realização de obras aprovadas pelo poder público, que aumentem a área construída em, no mínimo, 20%;

(D) por mútuo acordo, em decorrência da prática de infração legal ou contratual, ou ainda em decorrência da falta de pagamento do aluguel e demais encargos;

(E) para a realização de reparações urgentes determinadas pelo poder público, ainda que possam ser executadas com a permanência do locatário no imóvel.

Comentário: **A:** incorreta, pois esta possibilidade apenas seria possível se os dois anos de prazo contratual fixado já tivessem se findado (art. 47, III da Lei 8.245/91), pois aí o contrato se prorrogaria por prazo indeterminado; **B:** incorreta, pela mesma razão da alternativa A, porém com fundamento legal no art. 47, II da Lei 8.245/91; **C:** incorreta, pela mesma razão da alternativa A, porém com fundamento legal no art. 47, IV da Lei 8.245/91; **D:** correta (art. 9º, I, II e III da Lei 8.245/91); E: incorreta, pois se as reparações puderem ser executadas com a permanência do locatário no imóvel e ele não se opor a isso, o locador não pode tirá-lo (art. 9º, IV da Lei 8.245/91).

Gabarito "D".

4.5. Fiança

(OAB/FGV – 2024) Aluísio concedeu um empréstimo a Fábio e, como garantia do empréstimo, Letícia concedeu a Aluísio fiança, renunciando ao benefício de ordem.

Considerando essa hipótese, assinale a afirmativa correta.

(A) Letícia só pode conceder a Aluísio a fiança se houver o consentimento de Fábio.

(B) Se houver convenção expressa das partes, a fiança concedida por Letícia pode ser de valor superior à dívida de Fábio.

(C) Caso o empréstimo tenha sido verbal, a fiança também poderá sê-lo, pois, sendo contrato acessório, sua forma segue a do principal.

(D) Ao renunciar ao benefício de ordem, Letícia não poderá alegar que primeiro sejam executados os bens de Fábio.

A: incorreta, pois não é necessário o consentimento do devedor para se conceder a fiança (art. 820 CC); **B:** incorreta, pois não é possível que a fiança seja de valor superior à dívida. Nestes termos prevê o art. 823 CC: "A fiança pode ser de valor inferior ao da obrigação principal e contraída em condições menos onerosas, e, quando exceder o valor da dívida, ou for mais onerosa que ela, não valerá senão até ao limite da obrigação afiançada". **C:** incorreta, pois a fiança dar-se-á por escrito, e não admite interpretação extensiva (art. 819 CC). Ainda que o contrato principal seja verbal, a fiança tem regras próprias; **D:** correta, pois o benefício de ordem traz a prerrogativa ao fiador de exigir antes de serem executados os seus bens sejam primeiro atingidos os bens do devedor. Porém se o fiador renunciou a esse direito não poderá invocá-lo posteriormente (art. 827, "caput" CC c/c art. 828, I CC). Gabarito "D".

(OAB/FGV – 2023) Renata alugou um imóvel a Tadeu. Como garantia das obrigações de Tadeu, Luzia e Humberto prestaram fiança a Renata. Tadeu descumpriu suas obrigações contratuais, deixando de pagar as contraprestações ajustadas.

Diante desse quadro hipotético, assinale a afirmativa correta.

(A) Não havendo limitação contratual, Renata poderá cobrar de Luzia, sozinha, todos os acessórios da dívida principal, inclusive as despesas judiciais, desde a citação dos fiadores.

(B) Caso sejam demandados, Luzia e Humberto não têm direito de exigir que sejam primeiro executados os bens de Tadeu, pois, salvo disposição expressa em sentido contrário, não há benefício de ordem na fiança.

(C) Luzia e Humberto não respondem solidariamente pelas obrigações decorrentes do contrato de fiança, a não ser que haja disposição expressa.

(D) A fiança constitui contrato informal, entre Renata e os fiadores (Luzia e Humberto), e poderia ter sido celebrada ainda que contrariamente à vontade de Tadeu. Ademais, não admite interpretação extensiva.

A: correta (art. 822 CC); **B:** incorreta, pois caso sejam demandados, Luzia e Humberto têm direito de exigir que sejam primeiro executados os bens de Tadeu, invocando o benefício de ordem (art. 827 *caput* CC); **C:** incorreta, pois os fiadores respondem solidariamente, uma vez que não houve cláusula contrária expressa nesse sentido (art. 829 *caput* CC); **D:** incorreta, pois a fiança é um contrato formal (dá-se por escrito) e não admite interpretação extensiva (art. 819 CC). Gabarito "A".

4.6. vícios redibitórios

(Juiz de Direito/AP – 2022 – FGV) Renato, professor universitário, adquiriu um automóvel usado de seu vizinho, Adalberto, corretor de imóveis. Este lhe concedeu dois meses de garantia, iniciada a partir da entrega do bem. Entretanto, três dias depois de expirada a garantia, o veículo pifou na estrada, exigindo de Renato gastos com reboque e conserto.

Diante disso, é correto afirmar que:

(A) Renato nada mais pode pretender em face de Adalberto, pois, tendo em vista a natureza da relação, a garantia contratual afasta a garantia legal;

(B) para pretender a resolução do contrato ou o abatimento do preço, Renato deve provar que o defeito era preexistente ao término do prazo de garantia;

(C) ante a possibilidade de conserto do bem, não pode Renato resolver o contrato por falta do requisito da gravidade do vício, mas pode pleitear abatimento no preço pago;

(D) Renato somente pode pretender indenização dos gastos com reboque e conserto se comprovar que Adalberto agiu de má-fé, pois já sabia do defeito do veículo;

(E) Renato pode optar entre a substituição por outro automóvel, a restituição do preço pago, atualizado monetariamente, ou seu abatimento proporcional.

Comentário: A: incorreta, pois se Renato conseguir provar que o carro trazia vício oculto na data anterior a compra, poderá enjeitar a coisa ou pedir abatimento do preço (art. 441 e 442 CC). Ademais, a garantia contratual não afasta a legal, pois elas são complementares (por analogia art. 50 CDC); **B:** incorreta, pois para pretender a resolução do contrato ou o abatimento do preço Renato deverá provar que o vício era preexistente à compra, afinal ele tem que provar o fato constitutivo de seu direito (art. 373, I NCPC) e eliminar a possiblidade de que o vício tenha nascido em momento posterior. Se ficar comprovado que o vício era preexistente à compra e se Renato provar que Adalberto tinha conhecimento dele, este último deverá restituir o que recebeu com perdas e danos; se não ficar provado que Adalberto sabia deverá restituir tão somente o valor recebido, mais as despesas do contrato (art. 443 CC); **C:** incorreta, pois cabe a Renato escolher se quer resolver o contrato ou pedir abatimento do preço (art. 441 e 442). Não é porque a coisa tem conserto que necessariamente tem que optar por consertá-la. A lei lhe faculta o direito de resolver o contrato. **D:** correta, pois esse gasto com reboque e conserto configura perdas e danos e Adalberto apenas terá de pagar se ficar comprovada sua má-fé (art. 443 CC); **E:** incorreta, pois a lei não prevê a substituição por outro automóvel. O que ela prevê é que a coisa pode ser enjeitada, portanto haverá a resolução do contrato ou poderá haver abatimento do preço (art. 441 e 442 CC). Gabarito "D".

4.7. Outros contratos e temas combinados

(Procurador – AL/PR – 2024 – FGV) A sociedade empresária Kitchara, especializada na produção de itens para casa, celebrou com a varejista Casa Bela, contrato pelo qual a Kitchara disponibilizou um conjunto de itens de sua nova coleção para a Casa Bela. Foi acertado que após três meses, a Casa Bela poderia vender os itens para terceiros pelo preço que entendesse aplicável e que findo o prazo, deveria pagar a Kitchara o valor estabelecido no contrato entre elas celebrado ou devolver as mercadorias em perfeito estado.

Na vigência do contrato, após a entrega dos itens pela Kitchara à Casa Bela, o depósito de propriedade da Casa Bela, no qual os bens haviam sido guardados, é destruído por um incêndio provocado por um curto-circuito na via pública e que alcançou o depósito. Diante do fato, da Casa Bela notifica Kitchara, informando o ocorrido, bem como que não poderia efetuar o pagamento e nem devolver as mercadorias.

Diante da situação hipotética, assinale a análise coerente com o Código Civil.

(A) Kitchara nada poderá exigir de Casa Bela, pois as mercadorias se perderam sem culpa da devedora, resolvendo a obrigação para ambas as partes.

(B) Pelo contrato celebrado entre as partes, estimatório, os riscos da perda ou deterioração da coisa, são do consignatário, razão pela qual a Casa Bela deverá pagar a integralidade do valor previsto no contrato.

(C) No caso, aplica-se a regra *res perit domino*, razão pela qual, inexistindo culpa da Casa Bela, a Kitchara suportará a perda das mercadorias, mas terá direito a receber os valores proporcionais aos itens que já haviam sido comercializados.

(D) Pelo contrato de agência celebrado, Casa Bela só seria obrigada a pagar o valor integral das mercadorias se restasse demonstrada a sua culpa pela perda da coisa.

(E) No contrato celebrado entre as partes, a propriedade das mercadorias foi transferida para a Casa Bela que suportará a perda dos itens e deverá o pagar integral para Kitchara.

A: incorreta, pois ainda que as mercadorias tenham se perdido sem culpa da devedora, Kitchara poderá exigir reparação de Casa Bela, pois a responsabilidade pela perda da coisa ainda existe neste caso para o consignatário (art. 535 CC); **B:** correta (art. 535 CC); **C:** incorreta, pois neste caso não se aplica a regra do *res perit domino*, pois há previsão legal expressa diferente: o consignatário não se exonera da obrigação de pagar o preço, se a restituição da coisa, em sua integridade, se tornar impossível, ainda que por fato a ele não imputável (art. 535 CC); **D:** incorreta, pois não se trata de contrato de agência (art. 710 a 721 CC), mas sim contrato estimatório (art. 534 a 537 CC). Por ser contrato estimatório, Casa Bela é responsável pela perda da coisa mesmo que não reste demonstrada sua culpa; **E:** incorreta, pois a propriedade não foi transferida para Casa Bela. No contrato estimatório ocorre apenas a entrega da coisa do consignante para o consignatário para que este possa vendê-la em determinado prazo (art. 534 CC). Tanto é verdade que não ocorre transferência da propriedade, que essas coisas em poder do consignatário não podem ser objeto de penhora ou sequestro pelos credores do consignatário, enquanto não pago integralmente o preço (art. 536 CC), afinal, as coisas não são suas. **GR**

Gabarito "B".

(Juiz de Direito – TJ/SC – 2024 – FGV) Flávio contrata os serviços de Reinaldo, que atuava informalmente como corretor de imóveis, para vender um terreno que tinha em frente à praia. Reinaldo consegue achar um interessado para permutar o terreno por dois outros menores no interior do Estado de Santa Catarina, o que é aceito por Flávio. Logo depois de lavrada a escritura pública para conclusão do negócio, mas antes de seu registro, sobrevém a notícia de evicção de um dos imóveis que seriam negociados.

Nesse caso, à luz do Código Civil, a comissão de Reinaldo:

(A) será devida integralmente;

(B) não será devida, porque ele não tem inscrição no Conselho Profissional;

(C) deverá ser arbitrada judicialmente em valor inferior ao que receberia profissional inscrito no Conselho Profissional;

(D) não será devida, porque a conclusão do negócio e a obtenção do resultado útil foram inviabilizados pela evicção de um dos imóveis;

(E) não será devida, porque o resultado útil não foi obtido, considerando que Reinaldo não conseguiu achar interessado no negócio proposto por Flávio (compra e venda), mas apenas em uma permuta.

A: correta, pois a remuneração é devida ao corretor uma vez que tenha conseguido o resultado previsto no contrato de mediação, ou ainda que este não se efetive em virtude de arrependimento das partes (art. 725 CC). Trata-se de obrigação de resultado, em que o dever o corretor é o de aproximar e viabilizar o negócio entre o comitente e o terceiro; **B:** incorreta, pois a Lei não exige inscrição no Conselho Profissional para que haja direito a remuneração (arts. 724 e 725 CC); **C:** incorreta, pois a remuneração se não estiver fixada em lei, nem ajustada entre as partes, será arbitrada segundo a natureza do negócio e os usos locais (art. 724 CC); **D:** resposta questionável. O examinador deu como incorreta, seguindo a lógica de que a alternativa A é a correta. Porém, há posicionamento jurisprudencial que serviria de base para justificar essa alternativa D como correta (e a alternativa A como errada). O STJ entende que se houver justificava idônea para a não realização do negócio, a comissão de corretagem não é devida. Neste sentido: "Nos termos do que preceituam os arts. 722 e 725 do Código Civil, pode-se afirmar que a atuação do corretor, por constituir obrigação de resultado, limita-se à aproximação das partes e à consecução do negócio almejado entre o comitente e o terceiro, que com ele contrata, sendo que o arrependimento posterior de uma das partes, por motivo alheio ao contrato de corretagem, embora acarrete o desfazimento da avença, não é hábil a influir no direito à remuneração resultante da intermediação. 3. Entretanto, quando a desistência do acordo é motivada, isto é, quando há justificativa idônea para o desfazimento do negócio de compra e venda de imóvel, revela-se indevida a comissão de corretagem. 4. Na hipótese, conquanto o contrato de promessa de compra e venda tenha sido assinado pelas partes, **o resultado útil da mediação não se concretizou, na medida em que a escritura de compra e venda não chegou a ser lavrada, em decorrência de gravame judicial averbado na matrícula do imóvel, razão pela qual não há que se falar em pagamento da comissão de corretagem no caso em apreço**. 5. Recurso especial provido". (REsp n. 1.786.726/TO, relator Ministro Marco Aurélio Bellizze, Terceira Turma, julgado em 9/2/2021, DJe de 17/2/2021.). No caso em tela a Escritura foi lavrada, porém não foi registrado, porém de qualquer forma o negócio inicialmente idealizado não se concretizou; **E:** incorreta, pois ainda que inicialmente Reinaldo tenha sido procurado para ajudar a vender o terreno, o fato de havido uma permuta não faz diferença. O corretor fez a aproximação entre o comitente a o terceiro, tendo o negócio se realizado (art. 723 *caput* CC). **GR**

Gabarito "A".

(Juiz Federal – TRF/1 – 2023 – FGV) Como garantia do financiamento de uma motocicleta, Márcio realizou seu arrendamento mercantil ao Banco Dinheiro na Mão S/A. O contrato previa a obrigação de o arrendatário assegurar o bem.

Ocorre que Márcio foi assaltado um mês depois, justamente quando se dirigia à seguradora Viúva Alegre S/A para, somente então, contratar o seguro.

Nesse caso, é correto afirmar que:

(A) Márcio continua obrigado ao pagamento das prestações do financiamento e também do valor residual garantido (VRG), diante da mora em contratar o seguro;

(B) constatada a perda do bem por força maior/caso fortuito, aplica-se a regra de *res perit domino*, segundo a qual o proprietário deve suportar a perda da coisa (no caso, a instituição financeira), de modo que Márcio fica exonerado tanto das prestações quanto do valor residual garantido (VRG);

(C) constatada a perda do bem por força maior/caso fortuito, aplica-se a regra de *res perit domino*, segundo a qual o proprietário deve suportar a perda da coisa (no caso, a instituição financeira), de modo que Márcio fica exonerado apenas do valor residual garantido (VRG), mas não das prestações do financiamento;

(D) constatada a perda do bem por força maior/caso fortuito, aplica-se a regra de *res perit domino*, segundo a qual o proprietário deve suportar a perda da coisa (no caso, a instituição financeira), de modo que Márcio fica exonerado apenas das prestações do financiamento, mas não do valor residual garantido (VRG);

(E) constatada a perda do bem por força maior/caso fortuito, aplica-se a regra de *res perit domino*, segundo a qual o proprietário deve suportar a perda da coisa (no caso, a instituição financeira), de modo que Márcio só será obrigado a pagar a diferença da integralidade do valor residual garantido (VRG) em relação à soma da importância antecipada a esse título (VRG) com o valor do bem caso estivesse assegurado (pela tabela Fipe).

De acordo com a jurisprudência do Superior Tribunal de Justiça, "A resolução por inexecução contratual involuntária em função de caso fortuito ou força maior enseja ao arrendatário o dever de pagar ao arrendante o valor correspondente ao bem recebido (descontado, por óbvio, o valor das parcelas vencidas e quitadas), de modo a restabelecer a situação pretérita ao contrato, especialmente na hipótese em que o possuidor direto deixa de proceder à contratação de seguro do bem arrendado" (REsp n. 1.089.579/MG, relator Ministro Marco Buzzi, Quarta Turma, julgado em 20/6/2013, DJe de 4/9/2013). Logo, a alternativa correta é a letra A.

Gabarito "A".

(Juiz de Direito/AP – 2022 – FGV) Pedro (comodante) celebrou contrato de comodato com Maria (comodatária), tendo por objeto um imóvel de sua propriedade para que ela residisse com sua família pelo prazo de 12 meses. Findo esse prazo, Maria permaneceu no imóvel alegando não ter condições de realizar a sua mudança, que somente veio a se concretizar 6 meses depois.

Considerando o caso hipotético, é correto afirmar que:

(A) a negativa de Maria de sair do imóvel não gera automaticamente a mora *ex re* e depende de interpelação judicial ou extrajudicial por Pedro;

(B) a justificativa apresentada por Maria para permanecer no imóvel após o termo final do contrato de comodato descaracteriza a posse injusta e o esbulho possessório;

(C) Maria deverá pagar aluguel a Pedro após o termo final do contrato de comodato pelo prazo de 6 meses;

(D) o contrato de comodato passou a vigorar por prazo indeterminado, já que Pedro não realizou a interpelação judicial ou extrajudicial de Maria;

(E) após o termo final do contrato de comodato, como Maria permaneceu no imóvel, o contrato será considerado de locação e Pedro deverá ingressar com ação de despejo.

Comentário: **A:** incorreta, pois em se tratando de contrato de comodato com prazo determinado a mora é *ex re* e não precisa de interpelação extrajudicial ou judicial para notificar o comodatário (art. 397 CC); **B:** incorreta, pois a justificativa não torna a posse justa, visto que foi previamente acordado que o contrato se findaria após 12 meses. Assim, a partir do momento que ela permanece no imóvel se torna possuidora de má-fé (art. 1.202 cc) e a posse se torna injusta pela precariedade (art. 1200 CC); **C:** correta (art. 582 CC); **D:** incorreta, pois como o contrato já tinha prazo determinado a mora é *ex re*, então automaticamente Maria já deve ser considerada notificada (art. 397 CC), não havendo que se falar em prorrogação do contrato por prazo indeterminado; **E:** incorreta, pois Pedro, como possuidor indireto, deverá entrar com ação de reintegração de posse em face de Maria, uma vez que a posse se tornou precária (art. 1.196, 1.200 e 1.210 *caput* CC). Não há que se falar em ação de despejo.

Gabarito "C".

5. RESPONSABILIDADE CIVIL

(Analista Judiciário – TJ/AL – 2018 – FGV) Alessandra, ao passar ao lado do prédio em que se encontra estabelecido o Condomínio do Edifício Praia Bonita, é atingida por um carrinho de brinquedo, proveniente do alto da edificação. Ao olhar para cima, vê crianças saindo da janela do apartamento 502, mas não pode afirmar ao certo de onde veio o objeto.

Nessas circunstâncias, responde pelos danos sofridos por Alessandra:

(A) o síndico do condomínio;

(B) o morador do apartamento 502;

(C) o responsável pelas crianças do apartamento 502;

(D) ninguém, pois inimputáveis os prováveis autores do dano;

(E) o condomínio.

A: incorreta, pois não é possível atribuir responsabilidade individual ao síndico por falta de previsão legal. O CC prevê no art. 938 que aquele que habitar prédio, ou parte dele, responde pelo dano proveniente das coisas que dele caírem ou forem lançadas em lugar indevido. Contudo, não havendo identificação de quem tenha lançado o objeto, nem a Lei nem a jurisprudência imputa a responsabilidade ao síndico; **B:** incorreta, pois a responsabilidade apenas poderia ser imputada ao morador da unidade 502 se for comprovado o nexo entre a conduta e o dano (art. 186 e 927 CC); **C:** incorreta, pois não existem provas de que as crianças tenham lançado o objeto, logo, não há que se imputar culpa aos seus responsáveis. Eles apenas teriam o dever de indenizar se ficasse provado o nexo entre a ação das crianças e o dano (art. art. 186 e 927 CC); **D:** incorreta, pois a inimputabilidade dos supostos autores não exime o dever dos pais de indenizar (art. 932, I, CC). Porém, ressalte-se que no caso em tela, os pais não serão responsabilizados por falta de nexo causal entre o dano e a conduta; **E:** correta, pois nos termos art. 938 CC "aquele que habitar prédio, ou parte dele, responde pelo dano proveniente das coisas que dele caírem ou forem lançadas em lugar indevido". Contudo, quando a indicação precisa do morador responsável se mostra inviável, ao condomínio incumbirá a reparação de danos – materiais e extrapatrimoniais – causados à vítima, a fim de se evitar a falta de tutela de seu direito subjetivo. A doutrina majoritária entende que sendo a responsabilidade *effusis et dejectis* de natureza objetiva, a geração do dever de indenizar prescinde da comprovação de dolo ou culpa, sendo suficiente a ocorrência e prova do evento danoso e do prejuízo daí decorrente. Conforme as valiosas lições do doutrinador civilista Sílvio de Salvo Venosa: *"Toda comunidade condominial responde pelo dano, podendo o condomínio ingressar com ação regressiva contra o causador direto. (...) Ao habitar um condomínio, o morador assume o risco de conviver nessa comunhão. Trata-se de mais um encargo da vida contemporânea. Ademais, essa solução encontrada pela jurisprudência atende à tendência moderna de pulverizar a responsabilidade no seio da sociedade para número amplo de pessoas, a fim de permitir sempre que possível a reparação* do prejuízo (VENOSA, Sílvio de Salvo. Direito Civil. 7ª ed. São Paulo: Atlas, 2007, p. 108). **GR**

Gabarito "E".

5.1. Obrigação de indenizar

(Procurador – AL/PR – 2024 – FGV) Anne Silva moveu ação em face de Ubirajara Pereira, requerendo indenização por danos morais no montante de R$150.000,00, em decorrência do homicídio praticado pelo réu contra seu pai, Getúlio Silva. Conforme sentença criminal transitada em julgado, juntada aos autos, Ubirajara Pereira, aos dias 15/01/2021, desferiu 2 tiros com arma de fogo contra o pai da Autora, causando-lhe a morte.

Em contestação, Ubirajara Pereira alega que atuou em legítima defesa de sua honra, razão pela qual não tem o dever de indenizar. Informa que Getúlio Silva, abusando de sua confiança, se aproximou da sua esposa e com ela manteve uma relação amorosa, tendo sido essa traição a causa dos tiros.

Considerando a situação hipotética narrada, a legislação vigente e o entendimento do STJ, analise as afirmativas a seguir.

I. A responsabilidade civil é independente da criminal, razão pela qual, o juízo cível não está vinculado à sentença criminal, podendo decidir pela inexistência do dever de indenizar, no caso hipotético narrado.

II. Entre os juízos cível e criminal há independência relativa, de sorte que, no caso hipotético narrado, há incontornável dever de indenizar

III. A alegação de legítima defesa da honra é razão justificadora para diminuição ou exclusão do dever de indenizar.

IV. No caso hipotético, a conduta da vítima configura causa concorrente, ainda que não preponderante, para o dano, influindo no *quantum* indenizatório.

Está correto o que se afirma em

(A) I, apenas.
(B) II, apenas.
(C) III, apenas.
(D) I e III, apenas.
(E) III e IV, apenas.

I: errada, pois apesar da responsabilidade civil ser independente da criminal, uma vez que que o juízo criminal reconheceu a existência do fato e de seu autor essas questões não podem mais ser discutidas no juízo cível. Logo, essa independência é relativa (art. 935 CC); **II:** certa, nos termos do art. 935 CC e REsp 1829682 que prevê que " o artigo 935 do Código Civil adotou o sistema da independência entre as esferas cível e criminal, mas que tal independência é relativa, pois, uma vez reconhecida a existência do fato e da autoria no juízo criminal, essas questões não poderão mais ser analisadas pelo juízo cível. No caso de sentença condenatória com trânsito em julgado, o dever de indenizar é incontornável; no caso de sentença absolutória em virtude do reconhecimento de inexistência do fato ou da negativa de autoria, não há o dever de indenizar"; **III:** errada, pois a alegação de legítima defesa da honra no juízo cível não é razão justificadora para diminuição ou exclusão do dever de indenizar, pois essa excludente de ilicitude precisa ser reconhecida anteriormente no juízo criminal, esfera que, em regra, analisa de forma mais aprofundada as circunstâncias que envolveram a prática do delito. Porém, mesmo o eventual reconhecimento da legítima defesa na sentença penal não impediria o juízo cível de avaliar a culpabilidade do réu (REsp 1829682); **IV:** errada, pois no caso hipotético a reação de Ubirajara foi completamente desproporcional à conduta da vítima, não se podendo alegar que houve causa concorrente da vítima que justificaria a diminuição do *quantum* indenizatório. Neste passo, o STJ autoriza a diminuição do *quantum* indenizatório quando evidenciada agressão da vítima, luta corporal, conforme se extrai do REsp 1829682: "Após seu filho ser vítima de homicídio, uma mulher ajuizou ação de danos morais contra o acusado, e o juízo cível fixou a indenização em R$ 100 mil (...).Não se pode negar a existência do dano sofrido pela mãe nem a acentuada reprovabilidade da conduta do réu. Mesmo que a vítima tenha demonstrado comportamento agressivo e tenha havido luta corporal, conforme sustentado pela defesa esses elementos não afastam a obrigação de indenizar, especialmente quando todas as circunstâncias relacionadas ao crime foram minuciosamente examinadas no tribunal criminal, resultando em sua condenação. No entanto, levando em conta a agressividade da vítima, especialmente nos atos praticados contra a filha e outros familiares do réu determina-se que indenização seja reduzida para R$ 50 mil". Logo, a alternativa correta é a letra B. **GR**

Gabarito "B".

(Juiz de Direito – TJ/SC – 2024 – FGV) Os alimentos compensatórios e indenizatórios:

(A) designam o mesmo instituto, isto é, a pensão paga em decorrência de ato ilícito que resulte em redução da capacidade laboral;

(B) prescindem da prova de atividade laboral anterior pelo alimentando e podem ser cumulados com pensão previdenciária;

(C) são informados pelo trinômio necessidade, possibilidade e razoabilidade;

(D) têm por finalidade atender a necessidade de subsistência do credor;

(E) podem ser prestados em parcelas ou em pagamento único, mesmo quando os alimentos indenizatórios decorrerem de falecimento (dano-morte).

A: incorreta, pois os conceitos são diversos. De acordo com o STJ: "Os chamados alimentos compensatórios, ou prestação compensatória, não têm por finalidade suprir as necessidades de subsistência do credor, tal como ocorre com a pensão alimentícia regulada pelo art. 1.694 do CC/2002, senão corrigir ou atenuar grave desequilíbrio econômico-financeiro ou abrupta alteração do padrão de vida do cônjuge desprovido de bens e de meação"(REsp 1.290.313/AL, Rel. Ministro ANTONIO CARLOS FERREIRA, QUARTA TURMA, julgado em 12/11/2013, DJe de 07/11/2014). Por outro lado, no âmbito da responsabilidade civil, destacam-se os alimentos indenizatórios pagos em decorrência de ato ilícito que resulte em redução da capacidade laboral. Para Cristiano Chaves: "a indenização por ato ilícito é autônoma em relação a qualquer benefício que a vítima receba de ente previdenciário. O benefício previdenciário é diverso e independente da indenização por danos emergentes ou lucros cessantes. Este, pelo direito comum; aquele, assegurado pela Previdência, que resulta da contribuição compulsória feita pelo segurado. Daí inexistir *bis in idem* quando a vítima pleiteia pensão decorrente de acidente de trabalho ou doença ocupacional, que possui natureza cível (art. 950, CC), cumulativamente à aposentadoria pelo regime geral da previdência"; **B:** correta, pois conforme mencionado anteriormente para Cristiano Chaves: ""a indenização por ato ilícito é autônoma em relação a qualquer benefício que a vítima receba de ente previdenciário. O benefício previdenciário é diverso e independente da indenização por danos emergentes ou lucros cessantes. Este, pelo direito comum; aquele, assegurado pela Previdência, que resulta da contribuição compulsória feita pelo segurado. Daí inexistir *bis in idem* quando a vítima pleiteia pensão decorrente de acidente de trabalho ou doença ocupacional, que possui natureza cível (art. 950, CC), cumulativamente à aposentadoria pelo regime geral da previdência"; **C:** incorreta, pois por serem conceitos diversos estão pautados em premissas diversas. Em especial, os alimentos compensatórios, de natureza indenizatória e excepcional, destinam-se a mitigar uma queda repentina do padrão de vida do ex-cônjuge ou ex-companheiro que, com o fim do relacionamento, possuirá patrimônio irrisório se comparado ao do outro consorte, sem, contudo, pretender a igualdade econômica do ex-casal, apenas reduzindo os efeitos deletérios oriundos da carência social. São fruto de construção doutrinária e jurisprudencial, fundada na dignidade da pessoa humana, na solidariedade familiar e na vedação ao abuso de direito. (REsp n. 1.954.452/SP, relator Ministro Marco Aurélio Bellizze, Terceira Turma, julgado em 13/6/2023, DJe de 22/6/2023.); **D:** incorreta, pois os alimentos compensatórios não têm por objetivo atender a necessidade de subsistência do credor, mas sim corrigir ou atenuar grave desequilíbrio econômico-financeiro ou abrupta alteração do padrão de vida do cônjuge desprovido de bens e de meação, como já mencionado anteriormente; **E:** incorreta, pois no caso de morte a interpretação é de que não há previsão de pagamento em parcela única. Neste sentido: "A exegese que se extrai do art. 950, parágrafo único do Código Civil é de que o pagamento de indenização em parcela única é devido apenas nas hipóteses em que o ofendido tenha sobrevivido ao infortúnio sofrido, o que não ocorre na hipótese dos autos, em que houve morte da trabalhadora. Com efeito, o Código Civil disciplina de modo específico a indenização em caso de morte, em seu art. 948, não prevendo o pagamento em parcela única em tal hipótese. Assim, é indevido o pagamento em parcela única da pensão mensal arbitrada, por ausência de previsão legal nesse sentido. Precedentes. Recurso de revista conhecido e provido (TST – RECURSO DE REVISTA RRXXXXX20205120020 - https://www.jusbrasil.com.br/jurisprudencia/busca?q=pagamento+da+pens%C3%A3o+mensal+em+parcela+%C3%BAnica+aos+dependentes&unlock-feature-code=unlock_case_law_information&unlock-from-component=serp-juris-snippet-publication-date-link – acesso em 21/01/24). **Gabarito "B".**

(OAB/FGV – 2023) Henrique, 50 anos, médico dermatologista, recebe em seu consultório Nicola, 70 anos, dentista, para a realização de um procedimento ambulatorial em sua mão.

Durante o procedimento, Henrique ministra erroneamente ácido na mão de Nicola, que era alérgico, fato conhecido por Henrique antes do início do procedimento. Henrique imediatamente adota as medidas preventivas necessárias à mitigação do dano, mas Nicola fica com sequelas permanentes na mão, inabilitando-o parcialmente para o exercício da profissão, porque impede que ele realize procedimentos ortodônticos que necessitam do uso de ambas as mãos.

A respeito da indenização a que Nicola faz jus, assinale a afirmativa correta.

(A) Deve abranger os danos emergentes correspondentes às despesas do tratamento e não abrangerá indenização por lucros cessantes considerando que Nicola ainda pode auferir renda, excluindo o nexo de causalidade entre possíveis danos decorrentes de lucros cessantes e a conduta ilícita de Henrique.

(B) Deve abranger as despesas do tratamento, os lucros cessantes até o fim da convalescença e a pensão correspondente à importância do trabalho para que se inabilitou, ou da depreciação que ele sofreu.

(C) Caso a hipótese enseje a reparação por danos estéticos, não se poderá cumular a indenização por danos morais, à luz do princípio da reparação integral, considerando que o dano estético já indeniza a violação da integridade física, tutelada pela cláusula geral de tutela da dignidade da pessoa humana.

(D) Henrique não pode ser condenado ao pagamento da indenização de lucros cessantes e danos materiais diretos de uma só vez, devendo o pensionamento ser fixado em pagamentos periódicos, tais quais seriam os lucros decorrentes do trabalho de Nicola, sob pena de enriquecimento ilícito.

A: incorreta, pois considerando que houve dano à saúde que trouxe sequelas permanentes na mão de Nicola, inabilitando-o parcialmente para o exercício da profissão, são cabíveis os lucros cessantes. A Lei é taxativa em dizer que se a capacidade laborativa for diminuída, os lucros cessantes são admissíveis (art. 950 *caput* CC). Ademais, não há que se falar na exclusão do nexo de causalidade entre a conduta e o dano; **B:** correta (art. 950 CC); **C:** incorreta, pois é lícita a cumulação das indenizações de dano estético e dano moral (Súmula 387 STJ). Neste passo, é possível cumular as pretensões indenizatórias por danos morais e estéticos, provenientes de um mesmo ato ilícito, desde que, efetivada a produção de dano estético, seja possível apurar e quantificar autonomamente os valores. (Agravo Regimental no Agravo de Instrumento n. 769.719-DF (2006/0090632-7); **D:** incorreta, pois se for o desejo da vítima, ela pode exigir que a indenização seja arbitrada e paga de uma só vez (art. 950, parágrafo único CC). **Gabarito "B".**

(Juiz de Direito/AP – 2022 – FGV) Jurema, ao conduzir o seu veículo por uma estrada de mão dupla, é surpreendida com um carro na contramão e em alta velocidade dirigido por Maurício. Para se esquivar de uma possível colisão, Jurema realiza manobra vindo a atropelar Bento, que estava na calçada e sofreu um corte no rosto, o que o impediu de realizar um ensaio fotográfico como modelo profissional.

Considerando a situação hipotética, é correto afirmar que Jurema:

(A) praticou ato ilícito e deverá indenizar Bento;

(B) agiu em estado de necessidade e não deverá indenizar Bento, pois o ato é lícito;

(C) agiu em estado de necessidade e deverá indenizar Bento, apesar do ato ser lícito;

(D) e Maurício devem indenizar Bento, pois praticaram atos ilícitos;

(E) praticou ato ilícito e deve indenizar Bento, mas não poderá ingressar com ação de regresso em face de Maurício.

Comentário: A: incorreta, pois na realidade o ato ilícito foi realizado por um terceiro, Maurício (art. 930 *caput* CC). Jurema agiu em estado de necessidade para salvar sua vida e acabou prejudicando Bento, mas o real causador de todo o dano foi Maurício; **B:** incorreta, pois apesar de Jurema não ser a causadora primária do dano, foi ela que atropelou Bento. Neste caso ela deverá de indenizá-lo e depois terá direito de ação regressiva contra Maurício (art. 930 *caput* CC); **C:** correta (art. 930 *caput* CC); **D:** incorreta, pois Jurema que deverá indenizá-lo e depois cobrar o valor de Maurício (art. 930 *caput* CC); **E:** incorreta, pois poderá entrar com ação de regresso contra Maurício (art. 930 *caput* CC). **Gabarito "C".**

(Juiz de Direito/AP – 2022 – FGV) Adalberto está sendo acusado de, ao conduzir seu veículo embriagado, ter atropelado e causado danos a Lucélia. Ele está sendo acionado na esfera criminal por conta das lesões que teria causado a ela.

Sobre sua obrigação de indenizá-la na esfera cível pelos danos sofridos, é correto afirmar que:

(A) ainda que condenado na esfera criminal, a quantificação do dever de indenizar depende de procedimento cível, tendo em vista a diversidade de requisitos entre o ilícito penal e o civil;

(B) a absolvição no âmbito penal impede que ele seja condenado no âmbito cível, se a sentença for fundada na inexistência do fato ou da autoria;

(C) a sentença penal absolutória fundada em excludente de ilicitude vincula o juízo cível, inviabilizando qualquer pretensão da vítima à indenização em face dele;

(D) absolvido na seara criminal por falta de provas do fato, da culpa ou da autoria, fica Adalberto liberado de responsabilidade civil;

(E) a sentença penal absolutória fundada em atipicidade do fato afasta a obrigação de indenizar na esfera cível, inviabilizando a investigação sobre ato ilícito nessa seara.

Comentário: **A:** incorreta, pois a Lei nº 11.719 de 20 de Junho de 2008 fez alteração no Código de Processo Penal, no tocante ao acréscimo do parágrafo único, do artigo 63 e o inciso IV, do artigo 387, que trata que o juiz criminal, ao pronunciar uma sentença penal condenatória, poderá, também, de imediato, determinar um o valor mínimo para que haja a reparação dos danos causados pelo ato ilícito, mas o ofendido tem a possibilidade de aumentar este valor (valor mínimo) no juízo cível, através de uma liquidação de sentença, sendo onde será determinado o real valor do dano.; **B:** correta (art. 935 CC); **C:** incorreta, pois a sentença penal absolutória fundada em excludente de ilicitude não impede a restauração no juízo cível, uma vez que o fato ocorreu e se sabe quem é o seu autor. Logo, o dano deve ser reparado (art. 935 CC); **D:** incorreta, pois Adalberto apenas ficará liberado do juízo cível se ficar provado que ele não foi o autor ou que o fato não existiu. Em todos os outros casos ele ainda pode ser acionado no juízo cível (art. 935 CC); **E:** incorreta, pois a atipicidade apenas mostra que o fato não era crime, mas se ficar provado que ele existiu e que Adalberto foi o seu autor, ele terá de indenizar (art. 935 CC). **Gabarito "B".**

(Analista – TJ/SC – FGV – 2018) O Shopping Center ABC oferece serviço de transporte (ônibus) para clientes, entre a praça principal da cidade e o centro comercial, sem deles nada cobrar. Joana, cliente, ao utilizar o ônibus, sofreu lesão física quando o veículo se desgovernou em razão do estouro repentino do pneu.

Acerca de tal fato, o ABC:

(A) responde subjetivamente, pelo que, diante da força maior, não deve indenizar Joana;

(B) não tem responsabilidade, visto se tratar de transporte na modalidade gratuita;

(C) deve indenizar Joana, pois responde objetivamente, não afastada por hipótese de fortuito interno;

(D) indenizará Joana, desde que ela demonstre negligência na manutenção do veículo;

(E) não responderá pelos danos de Joana, visto se tratar de hipótese de fortuito externo.

A: incorreta, pois na situação em tela existe uma relação de consumo. O shopping como fornecedor e Joana como consumidora. Por mais que o transporte seja num primeiro momento gratuito, para o shopping existe um ganho. Não diretamente em pecúnia, afinal, o valor da passagem não é cobrado. Mas o fornecedor se beneficia de forma indireta pelas compras que Joana faz no estabelecimento. Sendo assim, aplica-se o art. 14 do CDC que atribui responsabilidade objetiva ao fornecedor que responde pelos defeitos na prestação do serviço. A força maior não se constitui em excludente da responsabilidade (art. 14, §3º CC); **B:** incorreta, pois ainda que seja transporte na modalidade gratuita, existe um ganho indireto do shopping, o que consequentemente lhe atribui o dever de indenizar (art. 14 CDC); **C:** correta, pois o shopping como fornecedor tem o dever de prestar os serviços de modo a não causar dano aos seus consumidores. Considerando que houve defeito na prestação de serviço do qual ele era responsável (o fornecimento de transporte gratuito), logo deve indenizar (art. 14 CDC). As excludentes de responsabilidade estão previstas no § 3º do art. 14 CDC, são elas: provar que o defeito inexiste ou provar culpa exclusiva do consumidor. O fortuito interno não exclui a responsabilidade; **D:** incorreta, pois Joana não tem a obrigação de demonstrar a negligência na manutenção do veículo, uma vez que a responsabilidade do shopping é objetiva, isto é, responde independentemente de culpa (art. 14 CDC); **E:** incorreta, pois houve um fato, um dano e nexo entre esses dois elementos. Por se tratar de relação de consumo na prestação de serviço, o fornecedor assume o risco tanto de fortuitos internos como externos. Logo, terá de indenizar (art. 14 CDC). **Gabarito "C".**

6. COISAS

(Juiz Federal – TRF/1 – 2023 – FGV) Quanto ao Direito das Coisas, é correto afirmar, segundo o Código Civil, que

(A) acessão natural é uma forma de aquisição derivada da propriedade;

(B) aquele que restituir coisa achada terá direito a recompensa em valor não inferior a 5% do valor do bem;

(C) o imóvel que o proprietário abandonar, com a intenção de não mais o conservar em seu patrimônio, poderá ser arrecadado, cinco anos depois, à propriedade da União;

(D) aquele que possuir coisa móvel como sua, contínua e incontestadamente durante, no mínimo, dez anos, com justo título e boa-fé, adquirir-lhe-á a propriedade;

(E) aquele que, por quinze anos ininterruptos e sem oposição, possuir como seu um imóvel, adquirir-lhe-á a propriedade, desde que sua posse seja de boa-fé.

A: incorreta, pois a acessão natural é uma forma de aquisição originária da propriedade. Esse tipo de acessão ocorre quando a modificação ao bem advém de acontecimento natural. São as hipóteses previstas nos arts. 1.249 a 1.252 CC; **B:** correta (art. 1.234 CC); **C:** incorreta, pois o imóvel urbano que o proprietário abandonar, com a intenção de não mais o conservar em seu patrimônio, e que se não encontrar na posse de outrem, poderá ser arrecadado, como bem vago, e passar, três anos depois, à propriedade do Município ou à do Distrito Federal, se se achar nas respectivas circunscrições (art. 1.276 "caput" CC); **D:** incorreta, pois para a usucapião de bem móvel o prazo é de 3 anos (art. 1.260 CC); **E:** incorreta, para a usucapião extraordinária não é necessário que a posse seja de boa-fé (art. 1.238 *caput* CC). **Gabarito "B".**

(Analista Judiciário – TJ/AL – 2018 – FGV) A Associação dos Amantes do Turismo (AAT) recebeu, a título de usufruto instituído pelo associado Jorge, um imóvel de sua propriedade. As partes convencionaram, no título de instituição, que o usufruto seria pelo prazo de vinte anos. Decorridos dez anos da instituição, os associados, sem a participação de Jorge, que morrera há dois anos, deliberaram, em assembleia, ceder gratuitamente o usufruto do imóvel à Associação de Agentes de Viagem (AAV), em reconhecimento a serviços recebidos pela AAT.

A cessão, feita sem prazo determinado, é considerada:

(A) válida, pois, consolidada a propriedade com a morte de Jorge, a AAT poderia destinar o bem da forma que lhe aprouvesse;
(B) inválida, pois a cessão gratuita do usufruto dependeria da autorização de Jorge;
(C) válida e vigerá até o término do prazo previsto no ato de instituição do usufruto por Jorge;
(D) ineficaz, pois o instituto do usufruto não permite cessão gratuita;
(E) válida e vigerá por trinta anos a partir da instituição do usufruto por Jorge.

A: incorreta, pois a morte de Jorge não consolida a propriedade nas mãos do usufrutuário, isto é, o usufruto continua existindo. O que extingue o usufruto é a morte do usufrutuário, e não da do nu-proprietário (art. 1.410, I, CC). A cessão do direito ao usufruto poderia ser feita pelos demais associados, nos termos do art. 1.393 CC, mas por direitos inerentes ao usufruto e não à propriedade; **B:** incorreta, pois a cessão gratuita do exercício do usufruto é válida, independentemente da anuência de Jorge. Ao ceder o exercício do usufruto, o usufrutuário está cedendo a percepção dos frutos advindos da coisa (direito pessoal) mantendo consigo o direito real que é intransferível a terceiros (art. 1.393 CC); **C:** correta, pois a cessão é válida (art. 1.393 CC) e vigerá até o término do prazo instituído (art. 1.410, II, CC); **D:** incorreta, pois o instituto do usufruto admite cessão gratuita (art. 1.393 CC); **E:** incorreta, pois no caso em tela vigerá pelo prazo que foi determinado expressamente na instituição, isto é, vinte anos. Se não houvesse sido instituído prazo, daí o máximo seria trinta anos (art. 1.410, III, CC). Gabarito "C".

(Analista – TJ/SC – FGV – 2018) Gabriel era empregado caseiro do imóvel de praia de José Luiz, localizado no Balneário Camboriú. Após o falecimento de José Luiz, nenhum familiar se apresenta a Gabriel, que, embora demitido pelo inventariante do espólio de José Luiz, mantém-se no imóvel, cuidando dele como se seu fosse. Após dois anos do falecimento do ex-empregador e a realização de diversas benfeitorias para a manutenção do imóvel às suas expensas, Gabriel é surpreendido, ao retornar de um rápido passeio, com a ocupação do imóvel por sobrinhos de José Luiz, dizendo-se proprietários do bem.

Diante dessa situação, Gabriel:

(A) nada poderá fazer, pois os sobrinhos agiram mediante legítimo desforço possessório;
(B) poderá pleitear indenização pelas benfeitorias, mas não a posse, já que era mero detentor;
(C) não faz jus a indenização por benfeitoria e tampouco a reaver a posse, visto que esta era exercida de má-fé;
(D) pode se valer do imediato desforço possessório moderado para reaver, por autotutela, a posse;
(E) deve receber o valor das benfeitorias realizadas em dobro, por conta da posse de boa-fé.

A: incorreta, pois a Lei garante o direito de posse a Gabriel. Ainda que seja possuidor de má-fé, prevê o art. 1.210, §2º CC que não obsta à manutenção ou reintegração na posse a alegação de propriedade, ou de outro direito sobre a coisa. Logo, ele tem o direito se ser mantido na posse sem ser molestado; **B:** incorreta, pois Gabriel deixou de ser detentor assim que foi demitido pelo inventariante. A partir daquele momento o seu *animus* passou a ser outro, pois optou por se manter da posse, ainda que de má-fé. Sendo assim, poderá ser indenizado apenas pelas benfeitorias necessárias (art. 1.220 CC); **C:** incorreta, pois tem o direito de reaver a posse (art. 1.210, *caput* e §1º). O fato de estar de má-fé não lhe tira esse direito, mas apenas lhe impõe algumas restrições, sendo que uma delas é a de ser apenas ressarcido pelas benfeitorias necessárias (art. 1.220 CC); **D:** correta, pois a posse lhe pertence, e por conta disso tem o direito de ser mantido nela em caso de turbação, restituído no de esbulho, e segurado de violência iminente (art. 1.210 CC), podendo inclusive valer-se do desforço imediato para reavê-la; **E:** incorreta, pois trata-se de posse de má-fé, o que lhe confere o direito apenas de ser ressarcido as benfeitorias necessárias (art. 1.220 CC). Gabarito "D".

6.1. Propriedade

(ENAM – 2024.1) Acerca dos modos de aquisição de bens imóveis, analise as afirmativas a seguir.

I. O negócio jurídico de alienação do bem não possui eficácia real, portanto não transfere a propriedade do imóvel. Nada obstante, o negócio é existente, válido e eficaz pelo simples acordo de vontade, produzindo, assim, eficácia obrigacional, a vincular as partes ao ajustado.
II. A transferência da coisa imóvel somente ocorre com o seu registro no Registro de Imóveis competente, cuja validade prescinde do negócio jurídico celebrado. Assim, no Direito brasileiro, o registro firma presunção *iuris et de iure* da propriedade.
III. A usucapião configura aquisição originária típica, pela qual a propriedade é adquirida sem o concurso do proprietário anterior, embora o adquirente por usucapião suceda juridicamente ao proprietário, adquirindo dele a propriedade em aquisição dita indireta.

Está correto o que se afirma em

(A) I, apenas.
(B) I e II, apenas.
(C) I e III, apenas.
(D) II e III, apenas.
(E) I, II e III.

I: certa, pois até a transferência o negócio jurídico é existente, válido e eficaz produzindo, assim, eficácia obrigacional, a vincular as partes ao ajustado. A transferência a propriedade (portanto, o direito real) apenas se concretizará com o registro da escritura pública do imóvel (art. 108 CC); **II:** errada, pois a propriedade imóvel pode ser transferida por outros meios e o registro tem presunção relativa, e não absoluta (art. 1.245 a 1.247 CC); **III:** errada, pois na aquisição originária da propriedade, de acordo com Carlos Roberto Gonçalves "não há transmissão de um sujeito para outro, como ocorre na acessão natural e na usucapião. O indivíduo, em dado momento, torna-se dono de uma coisa por fazê-la sua, sem que lhe tenha sido transmitida por alguém, ou porque jamais esteve sob o domínio de outrem. Não há relação causal entre a propriedade adquirida e o estado jurídico anterior da própria coisa. (...) Portanto, não há a transmissão da propriedade de um sujeito para outro" (Direito Civil Brasileiro – Direito Das Coisas – Volume 5 – 19ª Edição 2024). Logo, a alternativa correta é a letra A. Gabarito "A".

(ENAM – 2024.1) Artur adquiriu o lote 5, da quadra 3, do loteamento Jardim Esperança. Logo depois de construir sua casa, Artur recebeu uma notificação de Raquel, proprietária do lote 6 (vizinho), reivindicando o imóvel em que foi feita a construção. Surpreso, Artur descobriu que, por um equívoco escusável de localização, terminou por, de fato, construir no lote vizinho.

Como o investimento realizado na construção era três vezes superior ao valor de cada lote envolvido, Artur propôs a aquisição do lote 6, o que foi rejeitado por Raquel que pediu, como indenização da construção, 1/3 do valor gasto.

Ante a ausência de acordo e de forma a não perder o investimento realizado, Artur

(A) fará jus à aquisição do lote 6 pelo valor de aquisição pago por Raquel.
(B) deverá devolver o imóvel e receber a indenização fixada judicialmente.
(C) perderá o que construiu em proveito de Raquel.
(D) fará jus à aquisição do lote 6, devendo a indenização ser fixada judicialmente.
(E) deverá devolver o imóvel e receber metade do valor gasto na construção.

A: incorreta, pois embora ele faça jus a aquisição do lote 6 porque estava de boa-fé, isso acontecerá mediante pagamento da indenização fixada judicialmente, se não houver acordo (art. 1.255, parágrafo único CC). Logo, o valor da aquisição não será o valor pago por Raquel; B: incorreta, pois ele não precisará devolver o imóvel. Ele adquirirá a propriedade e terá de indenizar Raquel nos termos da indenização do art. 1.255, parágrafo único CC; C: incorreta, pois não perderá o que construiu em favor de Raquel nos termos do art. 1.255 CC; D: correta (art. 1.255, parágrafo único CC); E: incorreta, pois ele não precisará devolver o imóvel nem nenhum valor. Ele adquire a propriedade, pois estava de boa-fé, porém terá de pagar indenização fixada judicialmente para Raquel (art. 1.255, parágrafo único CC). Gabarito "D".

(OAB/FGV – 2023) Antônio é proprietário de um prédio que não tem acesso à via pública. De um lado, Antônio tem Ricardo como vizinho, cuja propriedade alcança a via pública. Do outro lado, Antônio tem Luíza como vizinha, cuja propriedade também alcança a via pública. Todavia, no caso do imóvel de Luíza, o caminho até a via pública é menos natural e mais difícil. Ricardo e Luíza recusaram-se a oferecer voluntariamente a passagem.

Diante disso, Antônio pode exigir

(A) tanto a passagem de Ricardo quanto a de Luíza, a seu critério, mas só precisará pagar indenização cabal se escolher Luíza.
(B) tanto a passagem de Ricardo quanto a de Luíza, a seu critério, e deverá pagar indenização cabal a quem escolher.
(C) que Ricardo lhe dê a passagem, sem que seja obrigado a pagar qualquer indenização a ele.
(D) que Ricardo lhe dê a passagem, mediante pagamento de indenização cabal.

A: incorreta, pois poderá exigir passagem apenas de Ricardo, pois é a mais fácil e natural pagando-lhe indenização cabal (art. 1.285, § 1º CC); B: incorreta, pois não poderá exigir passagem de Luíza, mas apenas de Ricardo, pois é a mais fácil e natural pagando-lhe indenização cabal (art. 1.285, § 1º CC); C: incorreta, pois deve pagar indenização cabal para Ricardo pelo uso da passagem (art. 1.285 caput CC); D: correta (art. 1.285 caput e § 1º CC). Gabarito "D".

6.2. Direitos reais de fruição

(OAB/FGV – 2024) João é proprietário de um terreno e, por meio de escritura pública devidamente registrada no registro de imóveis, concedeu a Paula o direito real de superfície sobre esse imóvel, podendo Paula nele plantar pelo período de cinco anos. Decorridos dois anos da celebração do contrato, João decidiu vender o terreno a Fábio.

Antes de ultimada a venda, Paula foi informada da intenção de venda e ofereceu a João as mesmas condições para que ela própria adquirisse o terreno.

Diante dessa situação, considerando a disciplina prevista no Código Civil, assinale a afirmativa correta.

(A) João não pode vender o imóvel a terceiros durante o prazo de vigência do direito real de superfície, de modo que, apenas após o decurso do prazo de cinco anos, João pode vender o imóvel a Fábio.
(B) João pode vender o imóvel a Fábio, ainda que Paula tenha oferecido as mesmas condições para adquirir o terreno, mas, uma vez adquirido o terreno, Fábio estará obrigado a respeitar o direito real de superfície de Paula.
(C) João apenas restará obrigado a vender o imóvel a Paula se as condições oferecidas por ela forem melhores do que as oferecidas por Fábio, o que não é o caso.
(D) João é obrigado a respeitar o direito de preferência de Paula, em igualdade de condições, na aquisição do imóvel, caso decida vender o terreno.

A: incorreta, pois a lei não veda a alienação por parte do proprietário na vigência do contrato que estabelece direito real de superfície. Na verdade, o CC traz previsão legal regulamentando essa venda (art. 1.373 CC: Em caso de alienação do imóvel ou do direito de superfície, o superficiário ou o proprietário tem direito de preferência, em igualdade de condições); B: incorreta, pois se Paula ofereceu as mesmas condições de compra, o terreno não pode ser vendido para Fábio, pois ela tem o direito de preferência (art. 1.373 CC); C: incorreta, pois Paula não precisa oferecer condições melhores do que as de Fábio. Basta que sejam iguais. Isso já é suficiente para que ela possa exercer o direito de preferência na compra (art. 1.373 CC); D: correta (art. 1.373 CC). Gabarito "D".

6.3. Direitos reais em garantia

(OAB/FGV – 2023) Vítor contraiu empréstimo perante uma instituição bancária e ofereceu, como garantia da dívida, a hipoteca sobre um bem imóvel dele.

Considerando essa situação hipotética, assinale a afirmativa correta.

(A) Vítor poderá alienar o imóvel hipotecado, salvo se o contrato de empréstimo vedar a alienação, cláusula que é considerada válida.
(B) Vítor poderá alienar o imóvel hipotecado, mas a alienação implicará o vencimento automático do empréstimo, independentemente de previsão no contrato.
(C) Vítor não poderá alienar o imóvel hipotecado, porque isso resultaria em conduta contrária à boa-fé objetiva.
(D) Caso Vítor realize melhoramentos no imóvel após a constituição da hipoteca, eles integrarão a garantia real em prol da instituição bancária.

A: incorreta, pois é nula a cláusula que proíbe ao proprietário alienar imóvel hipotecado (art. 1.475 *caput* CC); **B:** incorreta, pois o vencimento automático do empréstimo apenas pode ocorrer se isso houver sido previamente ajustado em contrato (art. 1.475, *caput* CC); **C:** incorreta, pois é permitida a venda do imóvel hipotecado (art. 1.475 *caput* CC); **D:** correta (art. 1.474 CC).

Gabarito "D".

(FGV – 2014.1) Antônio, muito necessitado de dinheiro, decide empenhar uma vaca leiteira para iniciar um negócio, acreditando que, com o sucesso do empreendimento, terá o animal de volta o quanto antes. Sobre a hipótese de penhor apresentada, assinale a afirmativa correta.

(A) Se a vaca leiteira morrer, ainda que por descuido do credor, Antônio poderá ter a dívida executada judicialmente pelo credor pignoratício.

(B) As despesas advindas da alimentação e outras necessidades da vaca leiteira, devidamente justificadas, consistem em ônus do credor pignoratício, sendo vedada a retenção do animal para obrigar Antônio a indenizá-lo.

(C) Se Antônio não quitar sua dívida com o credor pignoratício, o penhor estará automaticamente extinto e, declarada sua extinção, poder-se-á proceder à adjudicação judicial da vaca leiteira.

(D) Caso o credor pignoratício perceba que, devido a uma doença que subitamente atingiu a vaca leiteira, sua morte está próxima, o CC/2002 permite a sua venda antecipada, mediante prévia autorização judicial, situação que pode ser impedida por Antônio por meio da sua substituição.

A: incorreta, pois o credor pignoratício tem o dever de zelar pela coisa empenhada como depositário e, em caso de perda ou deterioração por descuido próprio deve ressarcir o dono da coisa ou podendo, ser compensada na dívida, até a concorrente quantia (art. 1.433, I do CC). Logo, Antônio não poderá ter a dívida executada judicialmente; **B:** incorreta, pois referidas despesas com a coisa empenhada não configuram ônus do credor pignoratício, sendo permitida a retenção dela até que seja ressarcido (art. 1.433, II do CC); **C:** incorreta, pois caso a dívida não seja quitada o penhor não estará automaticamente extinto. Neste passo, a adjudicação judicial da coisa apenas pode ocorrer se autorizada pelo credor (art. 1.436, V do CC); **D:** correta (art. 1.433, VI do CC).

Gabarito "D".

7. CONDOMÍNIO

(Juiz de Direito/AP – 2022 – FGV) Roberval tornou-se síndico do condomínio do edifício Castanheira. Buscando valorizar o imóvel e remediar alguns problemas inconvenientes do edifício, ele precisa realizar certas obras.

Quanto a elas, é correto afirmar que:

(A) as obras necessárias e urgentes que importem em despesas excessivas podem ser realizadas imediatamente pelo síndico, dispensada comunicação à assembleia;

(B) as obras que importarem em despesas excessivas dependem de aprovação em assembleia especial, cuja convocação compete exclusivamente ao síndico;

(C) o condômino que realizar obras não necessárias, mas de interesse comum, será reembolsado das despesas que efetuar;

(D) a realização de obras voluptuárias dependerá de autorização prévia da assembleia, mediante aprovação da maioria dos condôminos;

(E) não são permitidas construções, nas partes comuns, suscetíveis de prejudicar a utilização, por qualquer dos condôminos, das partes próprias ou comuns.

Comentário: **A:** incorreta, pois se as obras ou reparos necessários forem urgentes e importarem em despesas excessivas, determinada sua realização, o síndico ou o condômino que tomou a iniciativa delas dará ciência à assembleia, que deverá ser convocada imediatamente (art. 1.341, §2º CC); **B:** incorreta, pois se o síndico for omisso ou houver algum impedimento, a assembleia especial pode ser convocada por qualquer dos condôminos (art. 1.341, §3º CC); **C:** incorreta, pois neste caso não terá o direito de ser reembolsado (art. 1.341, § 4º CC); **D:** incorreta, pois a realização de obra voluptuária depende do voto de dois terços dos condôminos (art. 1.341, I CC); **E:** correta (art. 1.342 CC).

Gabarito "E".

7.1. Direitos reais na coisa alheia – garantia

(Juiz de Direito – TJ/SC – 2024 – FGV) Claudio vendeu uma casa hipotecada para Carlos. Carlos desconhecia o gravame e foi surpreendido pela carta do banco informando da necessidade de pagamento.

Baseado no enunciado e no Código Civil, assinale a alternativa correta quanto à extinção da hipoteca:

(A) a alienação do imóvel hipotecado extingue a hipoteca;

(B) a alienação do imóvel, por escritura pública, extingue a hipoteca;

(C) o perecimento do imóvel extingue a hipoteca;

(D) a constituição de nova hipoteca sobre o mesmo bem extingue a hipoteca;

(E) há vedação de alienação de bem hipotecado.

A: incorreta, pois a alienação do imóvel hipotecado não extingue a hipoteca (art. 1.475 CC); **B:** incorreta, pois a alienação do imóvel, ainda que seja por escritura pública não extingue a hipoteca (art. 1.475 CC); **C:** correta (art. 1.499, II CC); **D:** incorreta, pois a constituição de uma nova hipoteca sobre o mesmo bem não extingue a hipoteca anterior (art. 1.476 CC); **E:** incorreta, pois o bem hipotecado pode ser alienado (art. 1.475 CC).

Gabarito "C".

(Juiz Federal – TRF/1 – 2023 – FGV) Paulo obteve empréstimo do Banco Dinheiro na Mão S/A. Em garantia, empenhou joias de família cuja avaliação alçava a 50% do valor da dívida. Após ter quitado 45% do saldo devedor, é comunicado de que, em um assalto ao banco, as joias foram roubadas.

Nesse caso, à luz exclusivamente do Direito Civil, é correto afirmar que:

(A) com o perecimento da coisa empenhada, resolve-se o contrato entre as partes, retornando ambas ao *status quo ante*, de modo que Paulo ficará exonerado da dívida;

(B) a instituição financeira deverá indenizar Paulo pelo valor dos bens perdidos, sendo certo que, enquanto não proceder a esse pagamento, será lícito ao devedor suspender o das parcelas do empréstimo, invocando a exceção de contrato não cumprido (*exceptio non adimpleti contractus*);

(C) embora a instituição financeira deva indenizar Paulo pelo valor das joias roubadas, não é possível a compensação entre o valor do empréstimo e o das joias, por expressa vedação legal na hipótese de penhor e pela diferença de origem dos débitos;

(D) a instituição financeira deve indenizar Paulo pelo valor das joias roubadas, sendo certo que é possível a compensação entre o valor do empréstimo e o das joias; assim, considerando a quitação de 95% do saldo devedor (45% pelo pagamento das parcelas e 50% pela compensação), Paulo poderá invocar a teoria do adimplemento substancial para dar por cumprida sua obrigação;

(E) a instituição financeira não responde pelo caso fortuito/força maior, uma vez que não pode ser responsabilizada por danos decorrentes de atividades criminosas, notadamente roubo à mão armada.

A: incorreta, pois o perecimento da coisa empenhada permitirá que Paulo suspenda o pagamento das parcelas que ainda faltam até que o banco satisfaça a obrigação que lhe compete ou dê garantia bastante de satisfazê-la (art. 477 CC). Ademais, Paulo terá direito a pedir indenização pelos bens perdidos; B: correta, pois de acordo com a jurisprudência do STJ, é possível a Paulo invocar a exceção de contrato não cumprido até que o valor das joias lhe sejam indenizados. Nesse sentido: CIVIL. PENHOR. JOIAS. ASSALTO À AGÊNCIA BANCÁRIA. PERDA DO BEM. RESOLUÇÃO DO CONTRATO. RESSARCIMENTO DO PROPRIETÁRIO DO BEM. PAGAMENTO DO CREDOR. COMPENSAÇÃO. POSSIBILIDADE. EXCEÇÃO DE CONTRATO NÃO CUMPRIDO. ART. 1.092 DO CÓDIGO CIVIL/1916 E ART. 476, DO CÓDIGO CIVIL/2002. – O perecimento por completo da coisa empenhada não induz à extinção da obrigação principal, pois o penhor é apenas acessório desta, perdurando, por conseguinte, a obrigação do devedor, embora com caráter pessoal e não mais real. – Segundo o disposto no inciso IV do art. 774, do Código Civil/1916, o credor pignoratício é obrigado, como depositário, a ressarcir ao dono a perda ou deterioração, de que for culpado. – Havendo furto ou roubo do bem empenhado, o contrato de penhor fica resolvido, devolvendo-se ao devedor o valor do bem empenhado, cabendo ao credor pignoratício o recebimento do valor do mútuo, com a possibilidade de compensação entre ambos, de acordo com o art. 775, do Código Civil/1916. – Na hipótese de roubo ou furto de joias que se encontravam depositadas em agência bancária, por força de contrato de penhor, o credor pignoratício, vale dizer, o banco, deve pagar ao proprietário das joias subtraídas a quantia equivalente ao valor de mercado das mesmas, descontando-se os valores dos mútuos referentes ao contrato de penhor. Trata-se de aplicação, por via reflexa, do art. 1.092 do Código Civil/1916 (art. 476, do Código Civil atual). Recurso especial não conhecido. (REsp n. 730.925/RJ, relatora Ministra Nancy Andrighi, Terceira Turma, julgado em 20/4/2006, DJ de 15/5/2006, p. 207; C: incorreta, pois nos termos da justificativa da alternativa B a compensação é perfeitamente possível; D: incorreta, pois teoria do adimplemento substancial não vem para legitimar o não cumprimento do contrato, mas sim para trazer maior proporcionalidade nos escolhidos para exigir a obrigação. A aplicação da referida teoria deve, realmente, ser feita com bastante cautela, não podendo, por exemplo, desnaturar a própria natureza do contrato, a Segunda Seção do STJ decidiu, no julgamento do REsp 1.622.555-MG, que "a tese do adimplemento substancial não pode ser aplicada nos casos de alienação fiduciária, (...) ou seja, mesmo que o comprador de um bem tenha pago a maior parte das parcelas previstas em contrato, ele tem de honrar o compromisso até o final, com sua total quitação. Sem isso, o credor pode ajuizar ação de busca e apreensão do bem alienado para satisfazer seu crédito". Ainda: "Não se está a afirmar que a dívida não paga desaparece, o que seria um convite a toda sorte de fraudes. Apenas se afirma que o meio de realização do crédito por que optou a instituição financeira não se mostra consentâneo com a extensão do inadimplemento e, de resto, com os ventos do Código Civil de 2002. Pode, certamente, o credor valer-se de meios menos gravosos e proporcionalmente mais adequados à persecução do crédito remanescente, como, por exemplo, a execução do título (REsp 1.051.270/RS, Rel. Min. Luis Felipe Salomão, 4.ª Turma, j. 04.08.2011, DJe 05.09.2011); E: incorreta, pois a instituição financeira responde pelo furto/roubo, pois no contrato de penhor está embutida a sua responsabilidade de guarda do bem. Qualquer disposição em sentido contrário constitui cláusula abusiva. Neste sentido Súmula 638 do STJ: É abusiva a cláusula contratual que restringe a responsabilidade de instituição financeira pelos danos decorrentes de roubo, furto ou extravio de bem entregue em garantia no âmbito de contrato de penhor civil. **GR**

Gabarito "B".

8. FAMÍLIA

(**Analista – TJ/SC – FGV – 2018**) Marta e Rodrigo, ambos com 40 anos, pretendem contrair matrimônio. Com esse objetivo, dirigem-se ao cartório de notas e solicitam a elaboração de pacto antenupcial, por meio do qual desejam estipular que apenas os bens adquiridos após cinco anos de casamento sejam comunicados. Quanto aos bens adquiridos antes do referido termo, deverão observar o regime da separação total.

Na hipótese, essas disposições:

(A) são nulas, pois se trata de fraude ao regime legal;
(B) são válidas, visto ser livre convencionar o regime de bens;
(C) devem ser interpretadas unicamente como regime de separação de bens;
(D) podem ser objeto de conversão e adaptadas ao regime da comunhão parcial;
(E) são válidas, desde que nenhum bem seja adquirido nos primeiros cinco anos.

A: incorreta, pois é lícito aos nubentes, antes de celebrado o casamento, estipular, quanto aos seus bens, o que lhes aprouver (art. 1.639 CC); B: correta, pois considerando que o casal não se enquadra nos casos de regime de separação legal (art. 1.641 CC), podem convencionar o que desejarem com relação aos seus bens (art. 1.639 CC); C: incorreta, pois não há que se falar em regime de separação de bens, pois tais hipóteses não se configuram (art. 1.641 CC); D: incorreta, pois a alteração do regime de bens se dá apenas por autorização judicial em pedido motivado de ambos os cônjuges, apurada a procedência das razões invocadas e ressalvados os direitos de terceiros (art. 1.639, § 2º CC); E: incorreta, pois as disposições são totalmente válidas e eles podem adquirir bens nos primeiros 5 anos, o que resultará para esse período a aplicação do regime de separação total de bens, conforme convencionado (art. 1.639 CC). **GR**

Gabarito "B".

8.1. Casamento

(**OAB/FGV – 2024**) Mariana e Lucas estão casados há mais de 10 anos em regime da comunhão parcial de bens. Recentemente, Mariana descobriu que Lucas vem mantendo uma relação extraconjugal com uma vizinha. A descoberta abalou profundamente o casamento, e Mariana pediu o divórcio.

Considerando a quebra do dever de fidelidade, Mariana alega que Lucas perdeu o direito sobre todos os bens do casal, ou seja, ela entende que, apesar do regime de comunhão parcial de bens, o patrimônio construído ao longo do casamento não deverá ser partilhado.

Sobre a hipótese apresentada, assinale a afirmativa correta.

(A) O adultério traduz-se em violação do dever de recíproca fidelidade no casamento. Assim, em razão da traição de Lucas, Mariana tem direito à indenização correspondente a parte dos bens do casal.
(B) A discussão de culpa e culpados para o divórcio não é mais necessária e, por isso, a divisão de bens deve seguir as regras do regime escolhido no casamento.
(C) O adultério é uma das mais graves infrações dos deveres conjugais e tem, como consequência, a perda do direito à meação.
(D) O adultério não interfere na partilha de bens do casal, mas tão somente no convívio do pai adúltero com os filhos menores de idade.

A: incorreta, pois o dever de indenizar decorre da prática de um ato ilícito (art. 927 CC). Embora a fidelidade conjugal recíproca seja, de fato, um dos deveres do casamento (1.566, I CC), a simples violação de um dever decorrente de norma de família não é idônea, por si só, para reparação de um eventual dano. Assim, a prática de adultério, isoladamente, não é suficiente para gerar dano moral indenizável; **B:** correta (Emenda Constitucional 66/10 c.c. arts. 1.658 a 1.666 CC); **C:** incorreta, pois embora o adultério seja uma quebra do dever conjugal de fidelidade recíproca (art. 1.566, I CC), não existe precisão legal de perda do direito de meação neste caso; **D:** incorreta, pois o divórcio não modificará o direito e deveres dos pais em relação aos filhos (art. 1.579 CC). Assim, o adultério não interferirá no convívio do pai adúltero com os filhos menores de idade. Gabarito "B".

(Juiz de Direito – TJ/SC – 2024 – FGV) Abel, menor de idade, casou-se com Marieta. Seu pai já era falecido ao tempo da celebração, mas sua mãe ainda era viva. Não obstante ela ter comparecido tanto à celebração quanto à cerimônia, não houve sua autorização formal para a realização desta.

Com base no Código Civil e no enunciado formulado, é correto afirmar que o casamento é:

(A) nulo de pleno direito, pois sem outorga formal da mãe;
(B) anulável, e a mãe possui 180 dias para questioná-lo judicialmente, contados da data que cessar a incapacidade de Abel;
(C) válido, já que a mãe compareceu, demonstrando, assim, conhecer e autorizar o casamento;
(D) válido, já que Abel alcança a capacidade plena com ele, dispensando outorga materna;
(E) nulo de pleno direito, já que necessitava de autorização judicial para sua realização.

A: incorreta, pois o casamento é anulável (art. 1.555 *caput* CC); **B:** incorreta, pois a mãe não poderá pedir a anulação do casamento uma vez que participou de sua celebração (art. 1.555, § 2º CC); **C:** correta (art. 1.555, § 2º CC); **D:** incorreta, pois casamento é passível de anulação uma vez que não contou com outorga materna expressa (art. 1.555 *caput* CC); **E:** incorreta, pois o casamento é anulável, pois precisava de outorga formal da mãe (art. 1.555 *caput* CC). Neste caso a autorização judicial não é necessária. Gabarito "C".

(Juiz de Direito – TJ/SC – 2024 – FGV) Ano passado, Lauro e Sara casaram-se civilmente. Por ocasião da habilitação para o casamento, Sara tinha 16 anos. Sua mãe autorizou o casamento, mas seu pai, não. Foi necessário suprimento judicial de consentimento para o casamento. Sara, atualmente com 17 anos, deseja pôr fim ao casamento, embora não seja essa a vontade de Lauro.

Nesse caso:

(A) a eficácia da habilitação para o casamento de Lauro e Sara foi de três meses, a contar da data em que foi extraído o certificado;
(B) o regime de bens que rege o casamento civil entre os cônjuges é o da separação convencional de bens, em virtude da idade de Sara quando da habilitação;
(C) se o divórcio for decretado enquanto Sara ainda tiver 17 anos, ela retorna à condição de relativamente incapaz, cessando a emancipação;
(D) se for provado que o casamento de Sara foi celebrado mediante o defeito da coação moral, o casamento deve ser declarado nulo;
(E) ocorrendo o divórcio, Lauro poderá se casar novamente, inclusive com a irmã de Sara, pois o parentesco por afinidade é extinto na linha colateral com o divórcio.

A: incorreta, pois a eficácia da habilitação será de noventa dias, a contar da data em que foi extraído o certificado (art. 1.532 CC); **B:** incorreta, pois o regime é o da separação obrigatória de bens, pois Sara dependeu de suprimento judicial para casar (art. 1.641, III CC); **C:** incorreta, pois o casamento é causa de cessação da incapacidade para menores (art. 5º, parágrafo único, II CC). E Ainda que haja divórcio os efeitos da emancipação não são revogados; **D:** incorreta, pois a coação moral é causa de anulabilidade do casamento, e não de nulidade (art. 1.558 CC); **E:** correta, pois o impedimento legal que existe para novo casamento seria apenas para o parentesco por afinidade me linha reta (arts. 1.521, II c/c art. 1.595, § 2º CC). Gabarito "E".

(OAB/FGV – 2023) Pedro e Joana casaram-se pelo regime da comunhão parcial de bens. Na constância do casamento, Pedro herdou ações e comprou um carro, enquanto Joana recebeu de doação um apartamento e ganhou um prêmio de loteria.

Com base nessas informações, assinale a opção que indica, em caso de divórcio, os bens que devem ser partilhados.

(A) As ações e o apartamento.
(B) O carro e o prêmio de loteria.
(C) O carro e o apartamento.
(D) As ações e o prêmio de loteria.

A: incorreta, pois bens que sobrevierem ao cônjuge por doação ou herança excluem-se da sucessão (art. 1.659, I CC). Considerando que as ações foram herdadas e o apartamento doado, eles não se comunicam ao outro cônjuge; **B:** correta, pois bens comprados na constância do casamento (ex: carro) e adquiridos por fato eventual (ex: loteria) entram na comunhão (art. 1.660, I e II CC); **C:** incorreta, pois o apartamento não entra, pois foi oriundo de doação (art. 1.659, I CC); **D:** incorreta, pois as ações não entram, pois oriundas de herança (art. 1.659, I CC). Gabarito "B".

8.2. Filiação e paternidade

(OAB/FGV – 2024) Um ano antes da morte de Otávio, Natália, 19 anos, ajuizou ação declaratória de filiação, alegando ter nascido antes de trezentos dias da dissolução da sociedade conjugal de Otávio com Antônia, mãe dela.

Otávio ainda teve tempo de contestar, alegando que, à época em que Antônia engravidou, ele sofria de impotência, e que ela o traía com Bernardo, irmão gêmeo univitelino dele – fato que foi devidamente comprovado, que o levou a se separar e a pedir o divórcio. Otávio faleceu pouco depois da contestação.

Sobre o caso, assinale a afirmativa correta.

(A) Os herdeiros de Otávio podem, após a sua morte, prosseguir na ação.
(B) Opera presunção absoluta de que Otávio é pai de Natália.
(C) O adultério de Antônia é suficiente para afastar a presunção de paternidade de Otávio.
(D) A alegação de impotência, ainda que provada, é irrelevante para a discussão da filiação.

A: correta (art. 1.601, parágrafo único CC); **B:** incorreta, pois a presunção de paternidade não é absoluta, uma vez que o art. 1.601 "caput" CC permite ao marido contestar a paternidade; **C:** incorreta, pois o adultério por si só não é suficiente, ainda que confessado, para ilidir a presunção legal da paternidade (art. 1.600 CC). Neste passo, serão necessárias mais evidências; **D:** incorreta, pois a prova da impotência do cônjuge para gerar, à época da concepção, ilide a presunção da paternidade (art. 1.599 CC). Logo, esse é um fator de extrema relevância e deve ser levado em consideração. GR

Gabarito "A".

8.3. Regime de bens

(ENAM – 2024.1) Cecília, 30 anos, e Edgar, 35 anos, celebraram pacto antenupcial para adotar o regime da participação final nos aquestos. No entanto, antes mesmo da chegada do mês da celebração do casamento, houve uma briga entre o casal, que decidiu romper por diferenças irreconciliáveis.

Nesse caso, o pacto antenupcial deve ser considerado

(A) nulo.
(B) ineficaz.
(C) anulável.
(D) revogado.
(E) Inexistente.

Consoante previsão expressa do art. 1.653, 2ª parte CC: "(...) é ineficaz o pacto antenupcial se não lhe seguir o casamento". Logo, as alternativas A, C, D e E estão incorretas. A alternativa correta é a letra B. GR

Gabarito "B".

8.4. Alimentos

(OAB/FGV – 2024) Vitória e Rodrigo foram casados, em regime de comunhão parcial de bens, e são pais de Mariana. Quando Mariana atingiu 16 (dezesseis) anos, os pais divorciaram-se, passando a residir em lares distintos e a compartilhar a guarda de Mariana. Mariana passou a residir com o pai.

A respeito do dever de educação de Mariana, assinale a afirmativa correta.

(A) Caberá a Vitória e a Rodrigo, já que o dever de educação inserido nos deveres e direitos dos pais com relação aos filhos, no exercício do poder familiar, independe da situação conjugal de ambos.
(B) Com o divórcio, o dever de educação passa a ser somente do pai, com quem Mariana reside, sendo impossível fisicamente Vitória colaborar nesse sentido, dada a distância física de Mariana.
(C) Com o divórcio, caberá este dever somente ao pai, Rodrigo, pois, em que pese a guarda compartilhada, Mariana reside com ele.
(D) A guarda e a convivência determinam a quem caberá o dever de educar o filho, de modo que, nesse caso, o dever de educação passa a ser somente do pai.

A: correta, pois são deveres de ambos os cônjuges o sustento, guarda e educação dos filhos (art. 1.566, IV CC). Ademais, compete a ambos os pais, qualquer que seja a sua situação conjugal, o pleno exercício do poder familiar, que consiste em, quanto aos filhos, dirigir-lhes a criação e a educação (art. 1.634, I CC); **B:** incorreta, pois ainda que aconteça o divórcio, o dever de educação ainda permanece para ambos os pais. Neste passo, o divórcio não modificará os direitos e deveres dos pais em relação aos filhos (art. 1.579 CC). Logo, o dever de educação dos arts. 1.566, IV e 1.634, I CC permanece; **C:** incorreta, pois não importa com quem Mariana mora. O dever de educação ainda permanece com ambos os genitores (arts. 1.579, 1.566, IV e 1.634, I CC); **D:** incorreta, pois a guarda e a convivência não interferem no dever de educação, que permanece o mesmo para ambos os genitores, independentemente da situação conjugal (arts. 1.579, 1.566, IV e 1.634, I CC). GR

Gabarito "A".

8.5. Poder familiar

(OAB/FGV – 2023) Júlio Cesar e Thayane foram casados por 8 anos e tiveram 2 filhos. Como a separação foi amigável, o casal achou melhor não realizar qualquer medida judicial, acordando verbalmente o valor da pensão alimentícia que seria paga em benefício dos menores, bem como o esquema de convivência parental.

Entretanto, 3 anos após a separação, Thayane resolveu reajustar o valor da pensão alimentícia. O que não foi aceito por Júlio Cesar. Como não conseguiram alcançar um acordo, já que Júlio Cesar não pagou os valores solicitados, Thayane decidiu suspender o contato do pai com os filhos.

Sem poder ter contato com os filhos, Júlio Cesar procura você, como advogado(a), a fim de receber sua orientação.

Assinale a opção que indica, corretamente, sua orientação.

(A) A medida adotada por Thayane está correta, pois a mãe tem autonomia para suspender o contato do pai que não cumpre com seus deveres de prestar alimentos, resguardando, dessa forma, a proteção necessária ao desenvolvimento biopsíquico dos menores.
(B) Thayane pode impedir o contato de Júlio Cesar com o filho, já que, após a separação, o exercício da autoridade familiar é exclusivo da mãe, que tem o dever de garantir os direitos das crianças e dos adolescentes.
(C) Thayane não pode impedir a convivência de Júlio Cesar com os filhos em razão do não pagamento da pensão alimentícia nos valores que foram pleiteados, pois independentemente das questões pendentes com relação aos alimentos, a convivência dos filhos com os pais é um direito fundamental.
(D) Thayane não pode impedir o contato de Júlio Cesar com os filhos, já que, tanto os alimentos, quando a guarda e convivência parental jamais foram regulari-

zadas judicialmente, limitando-se o casal a um acordo verbal.

A: incorreta, pois Thayane não pode suspender o contato dos filhos com o pai, ainda que este não tenha cumprido os seus deveres alimentares. Ambos os genitores têm o direito, independentemente da sua situação conjugal, do pleno exercício do poder familiar, que consiste em, quanto aos filhos, exercer a guarda unilateral ou compartilhada (art. 1.634, II CC). Se Thayane deseja o aumento da pensão, deve requerer isso judicialmente, pelas vias próprias para este fim; **B:** incorreta, pois ela não pode impedir o contato de Júlio Cesar com o filho. Neste passo, ainda que haja a separação, ambos os genitores ainda preservam o poder familiar sobre a prole, e uma das implicações disso é o direito de guarda unilateral (com direito a visitas) ou compartilhada (art. 1.634, II CC); **C:** correta (art. 1.634, II CC); **D:** incorreta, pois ainda que todos os fatores tenham sido regularizados judicialmente, ela não poderia impedir Júlio Cesar de ver os filhos pelo não pagamento da pensão, pois o direito do pai se mantém (art. 1.634, II CC). Como mencionado, o aumento da pensão deverá ser requerido em ação própria para este fim. Gabarito "C".

8.6. Tutela e curatela

(Juiz de Direito – TJ/SC – 2024 – FGV) Enfiteutis, diagnosticado com psicopatia grave, foi autor de diversos crimes violentos, até mesmo contra parentes seus que o abandonaram por medo e até mesmo raiva.

Em razão disso, sua filha, Laudêmia, busca sua curatela judicialmente.

O Ministério Público, em parecer lançado nos autos, opina, em preliminar, nos seguintes termos: **I)** a filha não pode postular a medida quando há ascendentes vivos de Enfiteutis que possam desempenhar o encargo, consoante ordem do Art. 1.775 do Código Civil; e **ii)** a psicopatia não enseja a curatela, na medida em que não se pode falar em incapacidade civil. No mérito, se superados esses pontos, pede que a curatela se estenda também aos atos existenciais de Enfiteutis.

AS PONDERAÇÕES DO MINISTÉRIO PÚBLICO:

(A) são todas procedentes;
(B) são todas improcedentes;
(C) procedem quanto ao mérito, mas não quanto às preliminares;
(D) procedem quanto à primeira preliminar, mas não quanto ao mérito;
(E) só procedem quanto à segunda preliminar.

GABARITO QUESTIONÁVEL: O gabarito coloca que a primeira preliminar é improcedente, provavelmente com fundamento no art. 747 do CPC. Mas essa preliminar é PROCEDENTE. O art. 1.775 CC declara que o descendente apenas pode postular a curatela caso os ascendentes do interditando não possam fazê-lo. Então, os ascendentes têm preferência em relação aos descendentes. Embora o NCPC seja lei nova (2015) em relação ao CC (2002), o CC é lei especial em relação ao NCPC. Dentro das regras do conflito aparente de normas lei posterior geral não revoga lei especial anterior. Logo, essa questão inteira é passível de discussão. A melhor resposta seria: primeira preliminar procedente (conforme mencionado acima); segunda preliminar improcedente (art. 4º, III CC c/c 1.767, I CC); mérito procedente (embora o art. 85 do Estatuto da Pessoa com Deficiência (Lei nº 13.146/2015) preveja que a curatela atingirá tão somente os atos relacionados aos direitos de natureza patrimonial e negocial, o entendimento doutrinário de Flávio Tartuce traz uma posição mais ampla. Como bem alerta o referido professor, diante de situações de extrema vulnerabilidade, em que se reconheça a total falta de autodeterminação de uma pessoa para gerir a própria vida, limitar-se a curatela aos atos patrimoniais e negociais implicaria desprotegê-la ainda mais, indo de encontro à promoção da inclusão social e das liberdades fundamentais almejada pelo Estatuto. Assim, em que pese a limitação imposta pelo mencionado artigo, tratando-se de pessoas em situações de extrema vulnerabilidade, as quais dependem totalmente da ajuda de terceiros para a realização de quaisquer atividades, a extensão da curatela para todos os atos da vida civil revela-se como um mecanismo de proteção. (TARTUCE, 2018, p. 126). Gabarito "C".

(ENAM – 2024.1) Mário, depois de receber diagnóstico de enfermidade que poderia comprometer seu discernimento, convidou seus irmãos, João e Rita, para auxiliá-lo na tomada de decisões que envolvessem negócios jurídicos de certo valor. Depois de reduzirem a termo particular a disciplina do apoio, Mário pediu ajuda a seus irmãos acerca da locação do imóvel de sua titularidade. Rita aconselhou que fosse contratada a locação, à qual João se opôs, por considerar o aluguel baixo. Mário acolheu o conselho de Rita e decidiu realizar a contratação.

De forma a precaver o prejuízo do irmão, João propôs uma medida judicial para obstar a locação e requereu que fosse fixado um valor mínimo para a locação.

Acerca do pleito de João, é correto afirmar que o juízo deve

(A) respeitar a decisão da maioria e não acolher o pleito.
(B) acolher o pedido ante a ausência de unanimidade dos apoiadores.
(C) acolher o pedido, pois a decisão apoiada depende de homologação judicial.
(D) não conhecer do pedido, pois a tomada de decisão apoiada requer forma pública.
(E) não acolher o pleito, visto que não houve autorização judicial para a tomada de decisão apoiada.

A: incorreta, pois a decisão apoiada apenas é legalmente válida se tomada por meio de sentença judicial (art. 1.783-A, caput e § 3º CC). Como no caso em tela ela foi feita por acordo particular, o juiz não está obrigado a seguir o seu conteúdo; **B** e **C:** incorretas, pois a decisão apoiada apenas ocorre por meio de decisão judicial. Como não foi o caso, o juiz não deve acolher o pleito (art. 1.783-A, caput e § 3º CC); **D:** incorreta, pois a decisão apoiada requer decisão judicial, e não forma pública art. 1.783-A, caput e § 3º CC); **E:** correta, pois como não houve decisão judicial autorizando e regulando os limites da decisão apoiada ela não tem validade (art. 1.783-A caput, §§ 1º a 11 CC). Gabarito "E".

(OAB/FGV – 2023) Devido às consequências da pandemia, Gabriel Cervantes teve graves problemas financeiros e profissionais, levando ao consumo de álcool de forma excessiva diariamente, sendo considerado pelos médicos como ébrio habitual.

Rosa Torres, sua esposa, desesperada com a condição do marido e pela situação financeira da família, procura você, como advogado(a), desejando saber a respeito da possibilidade de curatela. Informa a esposa que o casal tem dois filhos absolutamente incapazes e os pais do marido encontram-se vivos. Comunica ainda que o casal não se encontra separado de fato.

Sobre a hipótese, segundo o sistema jurídico brasileiro, assinale a afirmativa correta.

(A) O alcoolismo por si só não conduz à curatela, devendo a esposa demonstrar a prodigalidade do marido.
(B) Em eventual curatela, os pais terão prioridade no exercício em relação à esposa, que só poderá ser designada curadora na desistência dos pais.
(C) A autoridade do curador estende-se à pessoa e aos bens dos filhos do curatelado, enquanto não houver a maioridade ou a emancipação.
(D) A interdição do ébrio habitual só o privará de, sem curador, emprestar, transigir, dar quitação, alienar ou hipotecar seu patrimônio, podendo praticar livremente os demais atos da vida civil.

A: incorreta, pois estão sujeitos à curatela os ébrios habituais (art. 1.767, III CC); **B:** incorreta, pois o cônjuge ou companheiro, não separado judicialmente ou de fato, é, de direito, curador do outro, quando interdito (art. 1.775, *caput*, CC); **C:** correta (art. 1.778 CC); **D:** incorreta, pois isso se aplica à interdição do pródigo (art. 1.782 CC) e não do ébrio habitual. Gabarito "C".

9. SUCESSÕES

(Analista Judiciário – TJ/AL – 2018 – FGV) Janaína, divorciada e mãe de três filhos maiores, estabelece união homoafetiva com Jurema, sem, contudo, regulamentar a relação por escrito. Ao longo do período de convivência, Janaína adquiriu pequeno apartamento, onde estabeleceu residência com sua companheira.

Diante do recente falecimento de Janaína, aos 58 anos, que apenas deixou o imóvel em que residia, Jurema fará jus:

(A) à meação do bem e ao direito real de habitação sobre o referido bem;
(B) a um sétimo do apartamento;
(C) à meação e a um quarto do imóvel;
(D) a um quarto do imóvel e ao direito real de habitação sobre o referido bem;
(E) à meação, a mais um quarto do imóvel e ao direito de habitação sobre o referido bem.

A: correta. Primeiramente insta destacar que o STF, por meio dos Recursos Extraordinários 646.721 e 878.694 reconheceu de forma incidental a inconstitucionalidade do art. 1.790 do CC/2002 e declarou o direito da companheira participar da herança de sua consorte em conformidade com o regime jurídico estabelecido no art. 1.829 do Código Civil de 2002. Ademais a ADI 4.277 prevê a igualdade de direitos no caso de uniões estáveis heterossexuais e homoafetivas. Traçado este pano de fundo, verifica-se que no caso em tela aplica-se os mesmos direitos do cônjuge. Considerando que o enunciado não mencionou expressamente o regime de bens que foi eleito nesta união estável, aplica-se o regime da comunhão parcial de bens (art. 1.725 CC). Assim, quanto à sucessão aplica-se a regra do art. 1.829, I, CC, isto é, haverá direito de meação à companheira sobrevivente e ela terá direito real de habitação (art. 1.832 CC); **B:** incorreta, pois Jurema tem direto a metade do apartamento por direito de meação (art. 1.829, I, CC); **C:** incorreta, pois Jurema apenas tem direito a sua meação. Ela apenas herdaria se Janaína tivesse deixado bens particulares. Como não deixou não tem direito à herança (art. 1.829, I, parte final); **D:** incorreta, pois tem direito a metade do imóvel pela meação (art. 1.829, I, CC); **E:** incorreta, pois não há que se falar em direito a mais um quarto do imóvel, pois ela não tem direito a herança, mas somente a meação (art. 1.829, I, CC). Gabarito "A".

9.1. Sucessão em geral e sucessão legítima

(OAB/FGV – 2024) João, viúvo, é pai da Marcela e Tatiana, capazes, que não possuem filhos.

Por ocasião da morte de João, ambas as filhas são chamadas a aceitar a herança, no valor de R$ 200.000,00. Por ser devedora do Banco XYZ, no valor de R$ 50.000,00, Marcela, com receio da instituição financeira a privar da herança, decide renunciar seu quinhão, o que faz por meio de escritura pública. Tatiana, por sua vez, manifesta sua aceitação.

Acerca desta situação, assinale a afirmativa correta.

(A) Ante a existência de credor, a renúncia de Marcela é inválida.
(B) O Banco XYZ poderá aceitar a totalidade do quinhão deixado para Marcela.
(C) Diante da aceitação da herança, Tatiana poderá ser responsabilizada pelo débito de Marcela.
(D) O quinhão de Marcela poderá ser aceito pelo Banco XYZ até o valor de seu crédito.

A: incorreta, pois Marcela é maior e capaz, logo, preenche todos os requisitos legais para que seu ato de renúncia seja válido. O fato de haver um credor não invalida a renúncia. Na verdade, a Lei fornece outras vias para que o credor não seja prejudicado diante da renúncia (art. 1.813 CC); **B:** incorreta, pois a aceitação do banco dirá respeito apenas ao valor correspondente ao pagamento do débito. Pagas as dívidas do renunciante, prevalece a renúncia quanto ao remanescente, que será devolvido aos demais herdeiros (art. 1.813, § 2º CC); **C:** incorreta, pois Tatiana não tem nenhuma obrigação legal diante das dívidas da irmã pelo fato de ter aceitado a herança. Não existe nenhuma previsão legal neste sentido; **D:** correta (art. 1.813 CC). Gabarito "D".

(OAB/FGV – 2023) Maria Cristina era casada com Roberto, falecido no início de 2022, sem deixar testamento, sob o regime de separação convencional de bens. O casal sempre viveu em um imóvel de propriedade de Roberto com seus dois filhos, Alcino e Valério, que não moram mais com os pais. Roberto deixou, além do referido imóvel residencial, alguns investimentos e outro imóvel, de natureza comercial.

Sobre o direito real de habitação do cônjuge sobrevivente, assinale a afirmativa correta.

(A) Maria Cristina é titular do direito real de habitação, sem prejuízo de sua participação na herança de Roberto.
(B) Maria Cristina não é titular do direito real de habitação, uma vez que existe mais de um imóvel a inventariar dentre os bens que compõem a herança de Roberto.
(C) Maria Cristina receberá seu quinhão da herança, mas só tem o direito de permanecer morando no imóvel em que vivia com Roberto, caso Alcino e Valério autorizem.
(D) Maria não é titular do direito real de habitação, pois esse não se aplica aos casamentos sob a vigência do regime de separação convencional de bens.

A: correta, pois ao cônjuge sobrevivente, qualquer que seja o regime de bens, será assegurado, sem prejuízo da participação que lhe caiba na herança, o direito real de habitação relativamente ao imóvel destinado à residência da família, desde que seja o único daquela natureza a inventariar (art. 1.831 CC). Importante ressaltar que o outro imóvel que foi deixado é de natureza comercial, por isso o direito real de habitação existe com relação ao imóvel que Maria Cristina morava; **B:** incorreta, pois o direito real de habitação existe em relação ao imóvel destinado à residência da família, uma vez que é o único desta natureza a inventariar (art. 1.831 CC); **C:** incorreta, pois além de receber seu quinhão na herança, Maria Cristina ainda tem o direito real de habitação, podendo permanecer no imóvel independentemente da autorização de Alcino e Valério (art. 1.831 CC); **D:** incorreta, pois o direito real de habitação se aplica independentemente do regime de bens do casamento (art. 1.831 CC).

Gabarito "A".

(Juiz de Direito/AP – 2022 – FGV) Cássia morreu intestada em 2019, deixando uma companheira, Ana, com quem vivia, de forma pública, contínua e duradoura, com objetivo de constituir família, há cerca de dez anos. Em um relacionamento anterior, durante sua juventude, Cássia teve três filhos: Roger, Alan e Juliana. Roger faleceu em 2008, deixando uma filha então recém-nascida, Ingrid, que é a única neta de Cássia. Alan, por não concordar com a orientação sexual assumida pela mãe, teve com ela uma discussão dura em 2017, com troca de grosserias e ofensas, e desde então não mais se falavam. Juliana abriu mão de sua parte na herança de Cássia em favor de sua sobrinha Ingrid.

Sobre a sucessão de Cássia, é correto afirmar que:

(A) a união homoafetiva com Cássia autoriza Ana a pretender a meação dos bens adquiridos onerosamente na sua constância, mas não lhe atribui direitos sucessórios;

(B) a parcela da herança que seria atribuída a Roger será dividida entre Alan e Juliana, em vista do direito de acrescer decorrente de serem herdeiros de mesma classe;

(C) Ingrid somente terá direitos sucessórios se, além de Juliana, também Alan renunciar à herança, pois os descendentes em grau mais próximo excluem os mais remotos;

(D) Alan somente será excluído da sucessão se caracterizada judicialmente a ocorrência de crime contra a honra de Cássia e declarada a indignidade por sentença;

(E) o ato de Juliana caracteriza renúncia à herança, de modo retroativo, produzindo efeitos como se ela jamais tivesse adquirido direito sobre o acervo hereditário.

Comentário: **A:** incorreta, pois a companheira Ana tem tanto direito à meação quanto a sucessão, e ainda se encaixará no art. 1.829 CC no que tange a concorrência com os parentes de Cássia, uma vez que o art. 1.790 CC foi declarado inconstitucional pelo STF (RE 646.721 e 878.694); **B:** incorreta, pois Ingrid herdará a cota do pai pré-morto Roger por direito de representação, logo sua parcela não será dividida entre Alan e Juliana (art. 1.851 CC); **C:** incorreta, pois Ingrid é herdeira legal por representação, nos termos do art. 1.851 CC. O fato de Juliana ter renunciado sua quota em seu favor só aumentará o valor que Ingrid irá receber, mas sua qualidade de herdeira é autônoma, não tem nada a ver com a renúncia de Juliana e muito menos depende da renúncia de Alan; **D:** correta (art. 1.814, II e 1.815 CC); **E:** incorreta, pois a renúncia não tem efeito retroativo não anulando os efeitos que um dia Juliana já adquiriu sobre o acervo hereditário. A renúncia terá apenas a partir da data em que for manifestada após a abertura da sucessão e deve constar expressamente de instrumento público ou termo judicial (art. 1.804 e 1.806 CC).

Gabarito "D".

9.2. Sucessão testamentária

(Juiz de Direito – TJ/SC – 2024 – FGV) Em testamento, lavrado em 2004, Veniro lega um apartamento a seu sobrinho Dutinho. Dispõe, no entanto, que, quando Dutinho atingir 40 anos, o bem passará a sua irmã, Eudóxia. E mais: que, caso Dutinho ou Eudóxia não queiram ou não possam receber o bem, serão substituídos, nas respectivas posições e em idênticas condições, por Dolly.

Em 2005, morre Eudóxia, precocemente. Enlutado, Veniro vive uma depressão intensa e acaba por falecer no início de 2006.

Nesse caso, é correto afirmar que:

(A) caducou o fideicomisso, considerando que Eudóxia morreu antes da abertura da sucessão, o que torna sem efeito, no particular, o testamento, de modo que o apartamento passará aos herdeiros legitimários de Veniro;

(B) caducou o fideicomisso, de modo que a propriedade deve se consolidar nas mãos de Dutinho, sem que ocorra transmissão, quando completar 40 anos, aos herdeiros de Eudóxia ou a Dolly;

(C) não caducou o fideicomisso, de modo que, como é ilícita a substituição vulgar estipulada por configurar fideicomisso de terceiro grau, quando Dutinho atingir 40 anos, o apartamento passará aos herdeiros legais de Eudóxia;

(D) não caducou o fideicomisso, de modo que, como é lícita a substituição vulgar estipulada, quando Dutinho atingir 40 anos, o apartamento passará a Dolly;

(E) com essa dinâmica, terá vez o fideicomisso de terceiro grau licitamente pactuado, de modo que os bens passarão a Dolly.

A: incorreta, pois embora Eudóxia tenha falecido antes do testador, o que poderia se fazer presumir que o fideicomisso caducou, isso não aconteceu, uma vez que o testador previu algo caso isso acontecesse, isto é ele determinou que caso Eudóxia não pudesse receber o bem, ela seria substituída por Dolly (art. 1.947 CC). Neste caso o testamento com o legado ainda é válido de modo que o apartamento passará para Dutinho. A Lei prevê os casos de caducidade dos legados no art. 1.939 CC e o caso em tela não se encaixa em nenhuma das hipóteses; **B:** incorreta, pois o fideicomisso não caducou, uma vez que o testador previu uma hipótese de substituição vulgar. No caso de Eudóxia não poder receber ela previu que Dolly recebesse (art. 1.947 CC); **C:** incorreta, pois quando Dutinho atingir 40 anos, considerando que Eudóxia não poderá receber o bem, se cumprirá a determinação do testador e o apartamento irá para Dolly (art. 1.947 CC); **D:** correta (arts. 1.947, 1.951 e 1.952 CC); **E:** incorreta, pois são nulos os fideicomissos além do segundo grau (art. 1.959 CC). Neste passo, o bem irá para Dutinho e quando ele completar 40 anos passará para Dolly por substituição vulgar (art. 1.947 CC).

Gabarito "D".

(Juiz de Direito/AP – 2022 – FGV) Mário é viúvo e, após sérias desavenças com sua única parente e irmã, Adalberta, resolve deixar seus bens para o amigo de infância Roberto. Para tanto, elabora testamento público.

Considerando a situação hipotética, é correto afirmar que:

(A) Mário somente poderá revogar o testamento público por outro testamento público;
(B) apesar de o testamento de Mário ser público, é sigiloso;
(C) caso Mário tenha a sua incapacidade supervenientemente declarada, o testamento será inválido;
(D) a disposição testamentária é válida, pois os colaterais são herdeiros facultativos;
(E) o testamento de Mário poderá ser impugnado no prazo de dez anos contados da data do registro.

Comentário: **A:** incorreta, pois ele pode ser revogado por outro tipo de testamento, que não necessariamente o público (art. 1.969 CC); **B:** incorreta, pois o testamento público não é sigiloso (art. 1.864 a 1.867 CC); **C:** incorreta, pois a incapacidade superveniente do testador não invalida o testamento, nem o testamento do incapaz se valida com a superveniência da capacidade (art. 1.861 CC). **D:** correta (art. 1.845 CC). Os herdeiros necessários são apenas descendentes, ascendentes e cônjuge. Apenas na presença destes é que a cláusula seria inválida; **E:** incorreta, pois extingue-se em cinco anos o direito de impugnar a validade do testamento, contado o prazo da data do seu registro (art. 1.859 CC). Gabarito "D".

10. REGISTROS PÚBLICOS

(Juiz Federal – TRF/1 – 2023 – FGV) João, antropólogo brasileiro, filho de imigrantes japoneses, trabalhou quinze anos em uma aldeia indígena, como pesquisador. De tanto conviver, acostumou-se a viver como eles e terminou por se sentir índio como os demais. Desligou-se do antigo trabalho de pesquisador e resolveu ficar lá para sempre, passando a assumir atribuições de acordo com a divisão de tarefas ordenada pelo cacique. Por fim, como última mudança necessária para fazer parte daquele grupo, requereu judicialmente a mudança de seu nome completo: de "João Arigatô" para "Araquém Aimberê".

De acordo com a jurisprudência do Superior Tribunal de Justiça e com a Lei de Registros Públicos, é correto afirmar que:

(A) trata-se de direito não previsto no ordenamento jurídico, já que o registro civil do prenome é regido pelo princípio da definitividade, não podendo ser alterado. Apenas o nome de família pode ser alterado, caso tenha havido erro no registro inicial;
(B) trata-se de direito não previsto no ordenamento jurídico, já que prenome e nome de família podem, tão somente, ser acrescentados e não suprimidos, devendo ser juntadas as certidões de ancestralidade e a motivação para o acréscimo do prenome;
(C) trata-se de direito não previsto no ordenamento, já que não há possibilidade de supressão completa de prenome e nome de família, em homenagem ao princípio da segurança jurídica e ao princípio da definitividade. Além disso, não há prova da origem autóctone da pessoa, não bastando razões subjetivas;
(D) trata-se de direito de pertencimento, reconhecido no Direito Civil, sendo certo que poderá existir a troca do prenome e nome de família, desde que o requerente prove pertencer àquele grupo e viver segundo suas regras, em homenagem à funcionalização do nome que deve refletir a real identidade da pessoa;
(E) trata-se de direito do requerente, já que o prenome pode ser alterado uma única vez, apenas de forma motivada. Quanto ao nome de família, este também pode ser alterado, desde que o requerente prove pertencer àquele grupo e viver segundo suas regras, em homenagem à funcionalização do nome que deve refletir a real identidade da pessoa.

A: incorreta, pois a Lei 6.015/73 prevê que a pessoa registrada poderá, após ter atingido a maioridade civil, requerer pessoalmente e imotivadamente a alteração de seu prenome, independentemente de decisão judicial, e a alteração será averbada e publicada em meio eletrônico (art. 56). Logo, o prenome pode ser alterado. O nome de família poderá ser alterado nas hipóteses do art. 57 da mesma lei; **B:** incorreta, pois o prenome pode ser suprimido (e, portanto, alterado), nos termos do art. 56 da LRP; **C:** correta, pois de fato não é possível a supressão total do prenome e nome de família. De acordo com a jurisprudência do Superior Tribunal de Justiça, "as hipóteses que relativizam o princípio da definitividade do nome, elencadas na Lei de Registros Públicos, não contemplam a possibilidade de exclusão total dos patronímicos materno e paterno registrados, com substituição destes por outros, de livre escolha e criação do titular e sem nenhuma comprovação ou mínima relação com as linhas ascendentes acenadas, com concomitante alteração voluntária também do prenome registrado". Segue a ementa do REsp n. 1.927.090/RJ, relator Ministro Luis Felipe Salomão, relator para acórdão Ministro Raul Araújo, Quarta Turma, julgado em 21/3/2023, DJe de 25/4/2023, que tratou de questão semelhante àquela tratada na questão: "REGISTRO CIVIL. NOME DE PESSOA NATURAL. RECURSO ESPECIAL. AÇÃO DE RETIFICAÇÃO DE REGISTRO CIVIL. SUPRESSÃO COMPLETA DO NOME REGISTRAL PARA ADOÇÃO DE NOVO NOME INDÍGENA, SEM COMPROVAÇÃO DE ORIGEM AUTÓCTONE BRASILEIRA. INVIABILIDADE. AUSÊNCIA DE PREVISÃO LEGAL. PRINCÍPIO DA DEFINITIVIDADE DO REGISTRO CIVIL DA PESSOA NATURAL. RECURSO ESPECIAL IMPROVIDO. 1. A legislação pátria adota o princípio da definitividade do registro civil da pessoa natural, prestigiado com o recente advento da Lei 14.382/2022, de modo que o prenome e o nome são, em regra, definitivos a fim de garantir a segurança jurídica e a estabilidade das relações jurídicas e sociais. 2. As hipóteses que relativizam o princípio da definitividade do nome, elencadas na Lei de Registros Públicos, não contemplam a possibilidade de exclusão total dos patronímicos materno e paterno registrados, com substituição destes por outros, de livre escolha e criação do titular e sem nenhuma comprovação ou mínima relação com as linhas ascendentes acenadas, com concomitante alteração voluntária também do prenome registrado. 3. A Resolução Conjunta CNJ/CNMP nº 3/2012 admite a retificação do assento de nascimento de pessoa natural de origem indígena, para inclusão das informações constantes do art. 2º, *caput* e § 1º, daquela Resolução, referentes ao nome e à respectiva etnia, sem previsão, no entanto, de adoção das mesmas medidas para pessoa que, sem qualquer comprovação de origem autóctone brasileira, deseja tornar-se indígena, por razões meramente subjetivas e voluntárias, com substituição completa do nome registrado, inclusive exclusão dos apelidos de família. 4. Recurso especial improvido; **D:** incorreta, pois o Código Civil não traz essa previsão sobre o assunto. E não é possível a troca total do prenome e nome de família (sobrenome). O prenome pode ser alterado nos termos do art. 56 LRP e o sobrenome nos casos do art. 57 da LRP; **E:** incorreta, pois o prenome pode ser alterado uma única vez de forma imotivada (art. 56 LRP) e o sobrenome deverá ser mantido, podendo ser alterado nas hipóteses do art. 57 LRP (isso sem contar as questões de mudança de nome por coação ou ameaça, feitos por determinação judicial – § 7º – ou no caso de união estável devidamente reconhecida – § 2º). O mero fato de conviver naquele grupo e seguir suas regras não justifica a alteração do prenome. Gabarito "C".

11. QUESTÕES COMBINADAS

(ENAM – 2024.1) Acerca das preferências creditórias do Código Civil, o Superior Tribunal de Justiça vem exercendo, por sua jurisprudência, uma releitura acerca da posição de determinados créditos em concurso de credores.

Nesse sentido, assinale a afirmativa correta.

(A) O crédito hipotecário prefere àquele decorrente do IPTU e este, ao condominial.
(B) O crédito decorrente do IPTU prefere ao crédito hipotecário e este, ao condominial.
(C) O crédito hipotecário prefere ao crédito de IPTU e este, ao condominial.
(D) O crédito condominial prefere ao crédito de IPTU e este, ao hipotecário.
(E) O crédito decorrente do IPTU prefere ao crédito condominial e este, ao hipotecário.

Acerca da questão vale colacionar trecho do Resp 1.584.162: "Sendo assim, considerando a primazia dos créditos de natureza tributária estabelecida pelo ordenamento jurídico, a sua satisfação terá preferência a do crédito condominial, devendo ser afastado o argumento utilizado pelo TJ-SP de preferência absoluta dos créditos condominiais, dada a sua natureza *propter rem*", concluiu a ministra ao acolher o recurso do município paulista. Com informações da Assessoria de Imprensa do STJ. REsp 1.584.162■. Em base a este julgado, já temos claro que os créditos tributários têm preferência aos créditos condominiais. Já o crédito condominial tem preferência sobre o crédito hipotecário. De acordo com o § 1º do art. 908 do CPC/15, somente depois de descontados os valores relativos aos débitos condominiais, deve o valor restante apurado com a venda do bem ser vertido ao credor hipotecário. Veja: "Art. 908. Havendo pluralidade de credores ou exequentes, o dinheiro lhes será distribuído e entregue consoante a ordem das respectivas preferências. § 1º No caso de adjudicação ou alienação, os créditos que recaem sobre o bem, inclusive os de natureza propter rem, sub-rogam-se sobre o respectivo preço, observada a ordem de preferência". Diante do exposto, temos: **A:** incorreta, pois o crédito hipotecário, não tem preferência ao crédito decorrente de IPTU; **B:** incorreta, pois o crédito hipotecário não tem preferência ao crédito condominial; **C:** incorreta, pois o crédito hipotecário não tem preferência ao crédito de IPTU; **D:** incorreta, pois o crédito condominial não tem preferência ao crédito de IPTU. ▓
Gabarito "E".

(ENAM – 2024.1) Frederico e Guilherme são proprietários de terrenos vizinhos em uma região rural no interior de Goiás. Entre seus terrenos, há algumas frondosas pitangueiras.

Sobre essas árvores e seus frutos, assinale a afirmativa correta.

(A) Se Guilherme plantar em seu próprio terreno usando sementes furtadas de Frederico, perderá, em benefício deste, a parte do imóvel em que as árvores florescerem.
(B) Se os frutos da árvore cujo tronco está no terreno de propriedade de Frederico caírem no solo do terreno de Guilherme, Frederico poderá ingressar no imóvel para recolhê-los.
(C) Caso Frederico plante uma pitangueira na parte do terreno que pertence a Guilherme, perderá a árvore em proveito deste, sem direito a ressarcimento, ainda que tenha agido de boa-fé.
(D) Caso a árvore cujo tronco estiver precisamente na linha divisória se enraizar por ambos os terrenos, presume-se que a planta se tornará objeto de condomínio entre Frederico e Guilherme.
(E) Se os ramos da árvore, cujo tronco está situado no terreno de Frederico, atravessarem o plano vertical divisório e entrarem no terreno de Guilherme, este precisará de prévia autorização judicial para cortá-los.

A: incorreta, pois aquele que planta em terreno próprio com semente alheia, adquirirá a propriedade da semente, mas terá de pagar ao dono o valor das sementes. Neste caso como foi um furto, ainda terá de pagar perdas e danos, pois agiu de má fé (art. 1.254 CC). Logo, não há que se falar em perda de parte do imóvel; **B:** incorreta, pois os frutos caídos de árvore do terreno vizinho pertencem ao dono do solo onde caírem, se este for de propriedade particular (art. 1.284 CC). Logo, Frederico não poderá ingressar no imóvel vizinho para recolhê-los; **C:** incorreta, pois se Frederico plantou em terreno alheio de boa-fé terá direito a indenização (art. 1.255 *caput* CC); **D:** correta, nos termos do art. 1.282 CC: "A árvore, cujo tronco estiver na linha divisória, presume-se pertencer em comum aos donos dos prédios confinantes"; **E:** incorreta, pois Guilherme poderá cortar os ramos independentemente de autorização de Frederico (art. 1.283 CC). ▓
Gabarito "D".

(ENAM – 2024.1) Soraia, depois de um ano e sete meses de estudos e pesquisas, perdeu sua dissertação de mestrado praticamente pronta, em razão de um grave problema em seu computador. Desesperada com a aproximação do prazo final para a apresentação do trabalho que lhe daria o título de Mestre em Economia, divulgou em uma rede social que pagaria a quantia de R$1.000,00 (mil reais) a quem conseguisse desenvolver um programa apto a restaurar o arquivo nos sete dias subsequentes.

Os técnicos começaram a trabalhar, empreendendo grandes esforços de tempo e técnica. Gustavo obteve a solução primeiro, no quinto dia após a promessa, comunicando Soraia do fato. No entanto, Marcelo e Caio conseguiram solucionar o problema, respectivamente, no sexto e no sétimo dia, e, por isso, também procuraram Soraia para receber a quantia, por estarem dentro do prazo por ela estipulado.

Sobre a situação hipotética narrada, assinale a afirmativa correta.

(A) Gustavo, Marcelo e Caio devem dividir a quantia prometida, pois todos os três executaram a tarefa no prazo fixado pela promitente.
(B) Gustavo deve receber a quantia prometida, pois foi quem primeiro executou a tarefa.
(C) Por ser negócio jurídico unilateral, Soraia deve indicar quem deve receber a quantia, dado que Gustavo, Marcelo e Caio executaram a tarefa no prazo por ela estipulado.
(D) Soraia deve pagar R$1.000,00 (mil reais) a cada um dos três.
(E) Gustavo deverá receber metade da quantia, por ter executado a tarefa primeiro, e Marcelo e Cláudio devem dividir a outra metade, por terem executado a tarefa depois, mas ainda dentro do prazo.

A: incorreta, pois embora todos tenham executado no prazo, o Código Civil prevê que nos casos de contrato de promessa, se o ato contemplado na promessa for praticado por mais de um indivíduo, terá direito à recompensa o que primeiro o executou (art. 857 CC). Logo, terá direito ao prêmio apenas Gustavo; **B:** correta (art. 857 CC); **C:** incorreta, pois o CC já indica quem é que deve ser o contemplado, isto é, aquele que executou primeiro o ato (art. 857 CC); Logo, não cabe à Soraia a indicação; **D:** incorreta, pois ela deve pagar o prêmio apenas à Gustavo (art. 857 CC); **E:** incorreta, pois Gustavo tem o direito de receber a quanta inteira, considerando que foi o primeiro que executou o ato (art. 857 CC).

Gabarito "B".

12. LEIS ESPARSAS

(OAB/FGV – 2024) Joana trabalhou por 15 anos como empregada doméstica na residência de Alzira, um imóvel de 60 metros quadrados, herdado de seu falecido pai. Durante todo esse período, Joana percebeu salários mensais, tal como acordado, porém nunca recebeu as verbas referentes às férias e ao décimo terceiro salário, bem como nunca teve as contribuições previdenciárias devidamente recolhidas.

Depois da rescisão contratual, Joana promoveu a ação trabalhista, visando receber as verbas devidas e não pagas, tendo seus direitos reconhecidos por sentença transitada em julgado. Não obstante, o pagamento das verbas não foi realizado e, fato seguinte, foi promovida a execução, momento em que Joana, representada por seu advogado, diante do não pagamento e da inexistência de outros bens, requereu a penhora do imóvel residencial de Alzira.

Ante a hipótese narrada, considerando que o imóvel residencial de Alzira é o único que ela possui, assinale a afirmativa correta.

(A) O imóvel é impenhorável, mas os bens móveis que o guarnecem são penhoráveis, independentemente do valor dos mesmos.

(B) O imóvel é impenhorável, bem como são impenhoráveis os móveis que guarnecem a casa, exceto as obras de arte e os adornos suntuosos.

(C) O imóvel na execução promovida por Joana é, em qualquer hipótese, penhorável.

(D) O imóvel, na execução promovida por Joana, é penhorável, desde que comprovada a má-fé da devedora.

A: incorreta, pois também são impenhoráveis os bens móveis que guarnecem o imóvel, desde que quitados (art. 1°, parágrafo único da Lei 8.009/90). Exceção a essa regra se dá às obras de arte, aos adornos suntuosos e aos veículos de transporte (art. 2°, "caput", da mesma lei); **B:** correta (arts. 1° e 2°, "caput", da Lei 8.009/90); **C:** incorreta, pois o imóvel é impenhorável, nos termos do art. 1°, "caput", da Lei 8.009/90; **D:** incorreta, pois o imóvel é impenhorável nos termos do art. 1° "caput" da Lei 8.009/90 e a lei não abre exceção no que diz respeito a má-fé para essa regra ser alterada. A penhorabilidade apenas acontecerá nas hipóteses do art. 3° da Lei 8.009/90.

Gabarito "B".

(Juiz de Direito/AP – 2022 – FGV) No que tange ao superendividamento, é correto afirmar que:

(A) a Lei n° 14.181/2021, também conhecida como Lei do Superendividamento, estabeleceu um percentual de inadimplência de 30% dos débitos para que o consumidor seja considerado superendividado;

(B) as normas protetivas em relação ao superendividamento dos artigos 54-A a 54-G do Código de Defesa do Consumidor (CDC) se aplicam em relação à aquisição ou à contratação de produtos e serviços de luxo de alto valor;

(C) a doutrina e a jurisprudência classificam o consumidor superendividado ativo como aquele que se endivida por questões alheias ao seu controle como, por exemplo, em razão de circunstâncias de desemprego;

(D) a Lei n° 14.181/2021 inseriu como nova proibição na oferta de crédito ao consumidor a indicação de que a operação de crédito poderá ser concluída sem consulta a serviços de proteção ao crédito ou sem avaliação da situação financeira do consumidor;

(E) o superendividamento é um fenômeno multidisciplinar que repercute na sociedade de consumo de massa. As dívidas alimentícias corroboram significativamente para o agravamento desse fenômeno, tendo em vista diminuírem a capacidade de adimplemento do consumidor.

Comentário: A: incorreta, pois a Lei prevê que se entende por superendividamento a impossibilidade manifesta de o consumidor pessoa natural, de boa-fé, pagar a totalidade de suas dívidas de consumo, exigíveis e vincendas, sem comprometer seu mínimo existencial, nos termos da regulamentação (art. 54-A, § 1° da Lei n° 14.181/2021). Não é mencionada uma porcentagem exata; **B:** incorreta, pois essa Lei não se aplica ao consumidor cujas dívidas tenham sido contraídas da aquisição ou contratação de produtos e serviços de luxo de alto valor (art. 54-A, § 3°); **C:** essa alternativa não está totalmente errada. Vide notícia no site do STJ: https://www.stj.jus.br/sites/portalp/Paginas/Comunicacao/Noticias/28022021-O-fenomeno-do-superendividamento-e-seu-reflexo-na-jurisprudencia2.aspx **D:** correta (art. 54-C, II da Lei n° 14.181/2021); **E:** incorreta, pois as dívidas que a lei menciona que abrangem o superendividamento são aquelas decorrentes de decorrentes de relação de consumo, inclusive operações de crédito, compras a prazo e serviços de prestação continuada (art. 54-A, §2° da Lei n° 14.181/2021).

Gabarito "D".

(Juiz de Direito – TJ/SC – 2024 – FGV) A Empresa X apresenta projeto de parcelamento do solo urbano, através de loteamento e desmembramento, nos moldes da Lei n° 6.766/1979, com área total de 800.000 m2. Diante do exposto, é correto afirmar que:

(A) projeto com área total superior a 500.000 m2 deverá ser aprovado pelo Estado ou Distrito Federal;

(B) é possível a aprovação de projeto de loteamento e desmembramento em área definida como não edificável, desde que inferior a 500.000 m2;

(C) cabe ao Estado disciplinar a aprovação de projeto de loteamento e desmembramento com área superior a 100.000 m2;

(D) aprovado o projeto de loteamento e desmembramento, o loteador deverá submetê-lo ao Registro Imobiliário no prazo de 120 dias;

(E) a existência de protesto não impedirá o registro de loteamento e desmembramento se o requerente provar que não prejudicará os adquirentes de lotes.

A: incorreta, pois o Estado ou o Distrito Federal disciplinam a aprovação que deve ser feita pelo Município de loteamentos e desmembramentos quando o loteamento abranger área superior a 1.000.000 m2 (art. 13, III da Lei n° 6.766/1979); **B:** incorreta, pois é vedada a aprovação de projeto de loteamento e desmembramento em áreas de risco definidas como não edificáveis, no plano diretor ou em legislação dele derivada (art. 12, § 3° da Lei n° 6.766/1979); **C:** incorreta, pois cabe ao Estado disciplinar a aprovação de projeto de loteamento e desmembramento com área superior 1.000.000 m2 (art. 13, III da Lei n° 6.766/1979); **D:** incorreta, pois o prazo é de 180 (cento e oitenta) dias, sob pena de caducidade da aprovação (art. 18 *caput* da Lei nº 6.766/1979); **E**: correta (art. 18, §2º da Lei nº 6.766/1979).

Gabarito "E".

(Juiz Federal – TRF/1 – 2023 – FGV) Paulo prometeu comprar, na planta, um imóvel da Construtora Vida Maravilha por dois milhões de reais. Ocorre que, antes desse negócio, a construtora, no âmbito do Sistema Financeiro de Habitação, o havia alienado fiduciariamente à Caixa Econômica Federal como garantia do financiamento obtido para a incorporação, tudo devidamente registrado.

Anos depois, em uma disputa judicial entre Paulo e a Construtora acerca do imóvel, o juiz, de ofício, determina o prosseguimento do processo, desconsiderando a existência da alienação fiduciária em favor da Caixa Econômica Federal por aplicação do enunciado sumular nº 308 do Superior Tribunal de Justiça, segundo o qual a hipoteca firmada entre o agente financiador e a construtora não pode ser oposta ao terceiro adquirente.

Nesse caso, o juiz:

(A) não poderia ter agido de ofício, porque, nos termos do enunciado sumular nº 381 do Superior Tribunal de Justiça, "[n]os contratos bancários, é vedado ao julgador conhecer, de ofício, da abusividade das cláusulas";

(B) não poderia ter aplicado analogicamente o entendimento sumular, considerando a diferença entre a hipoteca e a alienação fiduciária, sendo certo que, neste último instituto, a coisa sequer pertence ao alienante;

(C) não poderia ter aplicado o entendimento sumular, embora seja teoricamente possível a analogia entre hipoteca e alienação fiduciária, porque a alienação fiduciária precedeu a venda a Paulo, sendo inclusive registrada para fins de eficácia *erga omnes*;

(D) não poderia ter aplicado o entendimento sumular, embora seja teoricamente possível a analogia entre hipoteca e alienação fiduciária para tais fins, porque o imóvel estava inserido no Sistema Financeiro de Habitação e alienado à Caixa Econômica Federal, de modo que deve prevalecer o interesse público;

(E) acertou ao realizar a analogia, porque deu interpretação teleológica ao verbete, cuja incidência independe da data da venda e da criação da garantia, seja hipoteca ou alienação fiduciária.

A resposta a essa questão remete a um julgado específico do STJ. A alternativa correta é a letra E, nos seguintes termos:
"DIREITO CIVIL. RECURSO ESPECIAL. AÇÃO DECLARATÓRIA CUMULADA COM OBRIGAÇÃO DE FAZER. ALIENAÇÃO FIDUCIÁRIA FIRMADA ENTRE A CONSTRUTORA E O AGENTE FINANCEIRO. INEFICÁCIA EM RELAÇÃO AO ADQUIRENTE DO IMÓVEL. APLICAÇÃO, POR ANALOGIA, DA SÚMULA 308/STJ. 1. Ação declaratória cumulada com obrigação de fazer, por meio da qual se objetiva a manutenção de registro de imóvel em nome da autora, bem como a baixa da alienação fiduciária firmada entre construtora e o agente financeiro. 2. Ação ajuizada em 12/03/2012. Recurso especial concluso ao gabinete em 05/09/2016. Julgamento: CPC/73. 3. O propósito recursal é definir se a alienação fiduciária firmada entre a construtora e o agente financeiro tem eficácia perante a adquirente do imóvel, de forma a se admitir a aplicação analógica da Súmula 308/STJ. 4. De acordo com a Súmula 308/STJ, a hipoteca firmada entre a construtora e o agente financeiro, anterior ou posterior à celebração da promessa de compra e venda, não tem eficácia perante os adquirentes do imóvel. 5. A Súmula 308/STJ, apesar de aludir, em termos gerais, à ineficácia da hipoteca perante o promitente comprador, o que se verifica, por meio da análise contextualizada do enunciado, é que ele traduz hipótese de aplicação circunstanciada da boa-fé objetiva ao direito real de hipoteca. 6. Dessume-se, destarte, que a intenção da Súmula 308/STJ é a de proteger, propriamente, o adquirente de boa-fé que cumpriu o contrato de compra e venda do imóvel e quitou o preço ajustado, até mesmo porque este possui legítima expectativa de que a construtora cumprirá com as suas obrigações perante o financiador, quitando as parcelas do financiamento e, desse modo, tornando livre de ônus o bem negociado. 7. Para tanto, partindo-se da conclusão acerca do real propósito da orientação firmada por esta Corte – e que deu origem ao enunciado sumular em questão –, tem-se que as diferenças estabelecidas entre a figura da hipoteca e a da alienação fiduciária não são suficientes a afastar a sua aplicação nessa última hipótese, admitindo-se, via de consequência, a sua aplicação por analogia. 8. Recurso especial conhecido e não provido. (REsp 1576164/DF, Rel. Ministra NANCY ANDRIGHI, TERCEIRA TURMA, julgado em 14/05/2019, DJe 23/05/2019)".

Gabarito "E".

(Juiz Federal – TRF/1 – 2023 – FGV) Adriana, com 17 anos, era caloura do curso de Medicina de uma universidade federal. Para a aula de anatomia, preparou slides com fotos de seu próprio corpo, algumas delas contendo nudez.

Sucede que alguns de seus colegas, durante a apresentação do trabalho, tiraram foto dos slides e passaram a divulgá-los na internet, dando-lhes conotação imprópria.

Adriana, então, denuncia o conteúdo ao provedor de internet que, após revisão, entende que as postagens não violam seus termos de uso.

Daí o ajuizamento, pela vítima, representada por sua mãe, de demanda indenizatória por danos morais em face do provedor de internet, que deverá ser julgada:

(A) improcedente, porque, a teor do Art. 19 do Marco Civil da Internet, a prever a reserva de jurisdição, com o intuito de assegurar a liberdade de expressão e impedir a censura, o provedor de aplicações de internet somente poderá ser responsabilizado civilmente por danos decorrentes de conteúdo gerado por terceiros se, após ordem judicial específica, não tomar as providências para, no âmbito e nos limites técnicos do seu serviço e dentro do prazo assinalado, tornar indisponível o conteúdo apontado como infringente, ressalvadas as disposições legais em contrário;

(B) procedente, porque, no caso concreto, aplica-se o Art. 21 do Marco Civil da Internet, a prever o chamado *notice and take down*, segundo o qual o provedor de aplicações de internet que disponibilize conteúdo gerado por terceiros será responsabilizado subsidiariamente pela violação da intimidade decorrente da divulgação, sem autorização de seus participantes, de imagens, de vídeos ou de outros materiais contendo cenas de nudez ou de atos sexuais de caráter privado quando, após o recebimento de notificação pelo participante ou seu representante legal, deixar de promover, de forma diligente, no âmbito e nos limites técnicos do seu serviço, a indisponibilização desse conteúdo;

(C) procedente, pela aplicação do Art. 21 do Marco Civil da Internet, desde que a autora comprove o ânimo vingativo ou espúrio do agente que realizou a postagem, na medida em que o dispositivo apenas contempla os

casos em que for comprovado o elemento doloso de ordem subjetiva;
(D) procedente, porque, ainda que não se aplique, no caso concreto, o Art. 21 do Marco Civil da Internet, o Art. 19 da mesma lei afigura-se insuficiente para resolver a controvérsia, que deve ser posta sob o enfoque da omissão relevante em mitigar os danos de terceiro, sobretudo por se tratar de menor de idade;
(E) improcedente, porque, no caso concreto, Adriana optou por submeter a questão à autorregulação das mídias sociais, balizadas pelos respectivos termos de uso, de modo que sua irresignação com a resposta recebida não pode ensejar resposta indenizatória, sob pena de violação dos princípios do Art. 3º do Marco Civil da Internet, notadamente da liberdade de expressão e da neutralidade da rede.

A alternativa "D" está correta, tendo em vista que realmente não se aplica o art. 21 porque as fotos contendo nudez não têm natureza privada e o provedor não teria responsabilidade civil, uma vez que não estaria obrigado a atender à notificação e o art. 19 é insuficiente porque condiciona a responsabilidade civil ao descumprimento de ordem judicial específica. Por se tratar de tutela de direitos de menor de idade, o provedor de aplicação deve remover conteúdo ofensivo a menor na internet, mesmo sem ordem judicial, conforme Informativo 723 do STJ.

Gabarito "D".

(ENAM – 2024.1) Considerando as disposições do Estatuto da Pessoa Idosa e do Estatuto da Criança e do Adolescente, analise as assertivas a seguir.

I. Em todo atendimento de saúde, os maiores de 80 anos terão preferência especial sobre as demais pessoas idosas, exceto em caso de emergência.
II. O reconhecimento do estado de filiação é direito personalíssimo, indisponível e imprescritível, podendo ser exercido contra os pais ou seus herdeiros, sem qualquer restrição, observado o segredo de Justiça.
III. É vedada a adoção por procuração, ressalvadas situações especiais em nome do melhor interesse da criança.

Está correto apenas o que se afirma em
(A) I.
(B) II.
(C) III.
(D) I e II.
(E) II e III.

I: certa (art. 15, § 7º da Lei 10.741/03); II: certa (art. 27 da Lei 8.069/90); III: errada, pois é vedada a adoção por procuração e a Lei não traz exceções (art. 39, § 2º da Lei 8.069/90). Portanto, a alternativa correta é a letra D.

Gabarito "D".

7. Direito Processual Civil

Luiz Dellore

1. PRINCÍPIOS DO PROCESSO CIVIL

(Juiz – TRF 2ª Região – 2017) Caio move ação em face de autarquia federal. O feito é contestado e, depois, o juiz federal verifica, de ofício, que o lapso de tempo prescricional previsto em lei foi ultrapassado, embora nada nos autos toque ou refira o assunto. O Juiz:

(A) Deve julgar o processo extinto sem resolução do mérito.
(B) Deve julgar o pedido improcedente, tendo em vista que a prescrição pode ser reconhecida de ofício.
(C) Deve ser dada às partes oportunidade de manifestação.
(D) A hipótese, no novo CPC, é de carência de ação.
(E) Não conhecerá da prescrição, diante da omissão da defesa.

A prescrição pode ser conhecida de ofício pelo juiz; contudo, se não houve nos autos esse debate, o juiz deve, antes de decidir, dar a oportunidade de as partes se manifestarem a respeito dessa questão. Trata-se do princípio da vedação de decisões surpresa (CPC, art. 10), de modo que a alternativa correta é a C. Vale acrescentar que, uma vez reconhecida a prescrição, a decisão será de mérito (CPC, art. 487, II).

Gabarito "C".

2. JURISDIÇÃO E COMPETÊNCIA

(ENAM – 2024.1) André intentou ação popular, pleiteando a declaração de nulidade de contrato celebrado entre a Administração Pública e a sociedade empresária X. De acordo com a petição inicial, o contrato impugnado, além de lesivo ao patrimônio público, foi fruto de desvio de finalidade, consubstanciado no propósito de favorecer a empresa contratada. A peça exordial foi distribuída no dia 27 de fevereiro de 2024 a um juízo dotado de competência para matéria fazendária de uma determinada comarca. Após o juízo positivo de admissibilidade da ação, as citações dos litisconsortes passivos ocorreram nos dias 25 e 28 de março de 2024.

Ignorando a iniciativa de André, Bruno também ajuizou ação popular para ver declarado nulo o mesmo contrato, estribando-se, para tanto, no argumento de que a avença padecia de vícios de forma e de incompetência do agente estatal que a firmara. A petição inicial foi distribuída a um outro juízo fazendário da mesma comarca, o que se deu no dia 05 de março de 2024, efetivando-se as citações, após o juízo positivo de admissibilidade da demanda, nos dias 18 e 21 de março de 2024.

Nesse cenário, é correto afirmar que

(A) está configurada a conexão entre as ações populares, devendo os respectivos feitos ser reunidos para processamento e julgamento simultâneos pelo juízo ao qual foi distribuída a petição inicial de André.
(B) está configurada a conexão entre as ações populares, devendo os respectivos feitos ser reunidos para processamento e julgamento simultâneos pelo juízo ao qual foi distribuída a petição inicial de Bruno.
(C) está configurada a continência entre as ações populares, devendo os respectivos feitos ser reunidos para processamento e julgamento simultâneos pelo juízo ao qual foi distribuída a petição inicial de André.
(D) está configurada a continência entre as ações populares, devendo os respectivos feitos ser reunidos para processamento e julgamento simultâneos pelo juízo ao qual foi distribuída a petição inicial de Bruno.
(E) não está configurada a conexão nem a continência entre as ações populares, devendo os respectivos feitos tramitar separadamente perante os juízos aos quais foi distribuída cada petição inicial.

A: Correta, pois (i) o pedido das duas demandas é comum (declaração de nulidade do contrato firmado) e (ii) ambos os processos estão no mesmo grau de jurisdição. Vale destacar que, nos termos do art. 55 do CPC, há conexão quando, em relação a duas ou mais demandas, for comum o pedido ou a causa de pedir (ou seja, quando houver identidade de um dos elementos identificadores da demanda). Por fim, observa-se que o critério para a reunião dos processos é a prevenção (CPC, art. 58), que se dá com base na propositura da ação (CPC, art. 59 e L. 4.717/65, art. 5º, § 3º) – tendo sido a de André a 1ª a ser proposta (ou distribuída, no caso de mais de 1 vara). **B:** Incorreta, pois a reunião dos processos ocorrerá no juízo prevento (CPC, art. 58). Importante ressaltar que o registro ou a distribuição da petição inicial torna prevento o Juízo (CPC, art. 59). Assim, no caso em análise, os feitos deverão ser reunidos no juízo em que tramita a ação ajuíza por André. **C:** Incorreta, pois no caso narrado no enunciado é de conexão e não de continência, pois não há identidade quanto às partes e à causa de pedir (CPC, art. 56). Além disso, ambas as demandas possuem o mesmo pedido (CPC, art. 56), o que também afasta a continência. **D e E:** Incorretas, considerando as justificativas acima.

Gabarito "A".

(ENAM – 2024.1) Gerson, residente na Comarca do Rio de Janeiro-RJ, ajuizou ação reivindicatória em face de Denise, residente na Comarca de Maricá-RJ. Segundo narrado na petição inicial, Denise vem ocupando irregularmente um imóvel de propriedade de Gerson, localizado na Comarca de Saquarema-RJ, há cerca de dois anos. A demanda foi distribuída à 1ª Vara Cível da Comarca de Maricá.

Ao realizar a admissibilidade da petição inicial, caberá ao juiz

(A) determinar a citação de Denise, por se tratar de juízo competente para apreciar a causa.
(B) declinar a competência em favor de um dos Juízos da Comarca de Saquarema, que é o juízo competente para apreciar a pretensão reivindicatória de Gerson.
(C) determinar a citação de Denise e, caso não haja manifestação em sede de contestação, haverá a pror-

rogação da competência do Juízo da 1ª Vara Cível da Comarca de Maricá, por se tratar de incompetência relativa.

(D) suscitar conflito negativo de competência, remetendo os autos ao Tribunal de Justiça para que defina qual é a Comarca competente, uma vez que o domicílio da ré não é o mesmo no qual o imóvel está situado.

(E) declinar a competência em favor de um dos Juízos Cíveis da Comarca do Rio de Janeiro-RJ, que é o juízo competente para apreciar a pretensão reivindicatória de Gerson.

A questão trata de hipótese de competência absoluta (funcional). Isso porque, no caso de direito real imobiliário (onde se insere a ação reivindicatória), salvo a hipótese do § 1º, não se trata de competência relativa, de maneira que deve a causa ser ajuizada no foro do local do imóvel (CPC, art. 47), não sendo possível a escolha das partes. Sendo assim, o Juízo de Maricá/RJ deverá declarar sua incompetência de ofício (CPC, art. 64, § 1º) e remeter os autos ao Juízo de Saquarema-RJ, considerando que a causa deve ser julgada no foro do local do imóvel (a doutrina aponta ser hipótese de competência funcional ou hierárquica, e não de competência relativa). Assim, a alternativa correta é a letra "B".
Gabarito "B".

(Juiz Federal – TRF/1 – 2023 – FGV) O tripulante de um barco brasileiro foi morto pelo ataque de uma embarcação estrangeira no mar territorial brasileiro. Os descendentes da vítima ajuizaram ação de responsabilidade civil em face do Estado estrangeiro perante a Justiça Federal brasileira, alegando tratar-se de caso de violação de direitos humanos.

Nessa situação hipotética, é correto afirmar que:

(A) a Justiça Federal brasileira tem competência para processar e julgar a causa, não sendo hipótese de imunidade de jurisdição;

(B) caso a mesma ação tenha sido proposta no exterior, deverá o processo ser extinto sem julgamento de mérito, em razão da litispendência;

(C) caso a mesma ação tenha sido proposta no exterior, deverá o processo ser suspenso para aguardar o julgamento da ação pela Justiça estrangeira;

(D) deverá ser reconhecida de ofício a imunidade de jurisdição em favor do Estado estrangeiro, por tratar-se de ato de império, devendo o processo ser extinto sem julgamento de mérito;

(E) o Estado estrangeiro deve ser citado para oferecer resposta, mas, caso invoque sua imunidade, deverá o processo ser extinto sem julgamento de mérito, por tratar-se de ato de império.

A questão retrata exatamente o julgamento envolvendo um caso real relativo a um ataque da Alemanha nazista no Brasil. Segue trecho de notícia do site do STJ, de 2022: "Seguindo o entendimento do Supremo Tribunal Federal (STF), a Quarta Turma do Superior Tribunal de Justiça (STJ) reposicionou sua jurisprudência para considerar possível a relativização da imunidade de jurisdição de Estado estrangeiro em caso de atos ilícitos praticados no território nacional que violem direitos humanos. Anteriormente, o STJ reconhecia a impossibilidade absoluta de responsabilização de Estado estrangeiro por atos de guerra perante a Justiça brasileira. Com o novo entendimento, o colegiado deu provimento a dois recursos ordinários para determinar o seguimento de ações indenizatórias contra a Alemanha, ajuizadas na Justiça Federal por descendentes de dois tripulantes do barco de pesca Changri-lá, mortos quando a embarcação foi torpedeada pelo submarino nazista U-199, nas proximidades da costa de Cabo Frio (RJ), em 1943, durante a Segunda Guerra Mundial." (RO 60, AgRg no RO 107). E, no caso, a competência é a da Justiça Federal considerando o previsto no art. 109, II da CF, que prevê a competência dessa Justiça para "causas entre Estado estrangeiro (...) e pessoa domiciliada ou residente no País". Sendo assim, a alternativa correta é a "A".
Gabarito "A".

(Juiz de Direito/AP – 2022 – FGV) André, domiciliado em Macapá, ajuizou ação de reintegração de posse de imóvel de sua propriedade, situado em Laranjal do Jari, em face de Paulo, domiciliado em Santana.

Considerando que a demanda foi intentada perante juízo cível da Comarca de Macapá, o magistrado, tomando contato com a petição inicial, deve:

(A) declinar, de ofício, da competência em favor do juízo cível da Comarca de Laranjal do Jari;

(B) declinar, de ofício, da competência em favor do juízo cível da Comarca de Santana;

(C) determinar a citação de Paulo, já reconhecendo que a competência é do juízo cível da Comarca de Macapá;

(D) determinar a citação de Paulo e, caso este suscite a incompetência, ordenar a remessa dos autos ao juízo cível da Comarca de Santana;

(E) reconhecer a incompetência do juízo cível da Comarca de Macapá e extinguir o feito, sem resolução do mérito.

A: correta, pois apesar de se tratar de competência territorial, no caso não se está diante de uma situação de competência que pode ser escolhida, pois o art. 47, § 2º do CPC não permite o ajuizamento em comarca que não a do local do bem; **B:** incorreta, pois o juízo competente será o da situação do imóvel, no caso, Laranjal do Jari (CPC, art. 47, § 2º); **C:** incorreta, visto que os autos devem ser remetidos ao juízo competente, no caso, Laranjal do Jari (CPC, art. 47, § 2º); **D:** incorreta, já que se trata de competência do juízo da Comarca de Laranjal do Jari (onde está o bem – CPC, art. 47, § 2º); **E:** incorreta, porque o processo deve ser remetido ao juízo competente e não extinto (CPC, art. 64, § 3º).
Gabarito "A".

(Juiz de Direito/AP – 2022 – FGV) Coexistem, em juízos cíveis de comarcas distintas, dois processos, ainda não sentenciados. Em um deles, o credor de uma obrigação contratual pleiteia a condenação do devedor a cumpri-la, ao passo que, no outro, o devedor persegue a declaração de nulidade do mesmo contrato.

Nesse cenário, é correto afirmar que os feitos:

(A) devem ser reunidos para julgamento conjunto pelo órgão judicial onde tiver ocorrido a primeira citação válida;

(B) devem ser reunidos para julgamento conjunto pelo órgão judicial onde tiver ocorrido a primeira distribuição;

(C) devem ser reunidos para julgamento conjunto pelo órgão judicial que tiver proferido o primeiro provimento liminar positivo;

(D) não devem ser reunidos, suspendendo-se o curso daquele que foi distribuído em segundo lugar, no aguardo do julgamento do primeiro;

(E) não devem ser reunidos, extinguindo-se aquele que foi distribuído em segundo lugar, em razão da litispendência;

A: incorreta, visto que o critério para fixar a prevenção é a *distribuição* da inicial, e não pela citação (CPC, arts. 58 e 59); **B:** correta, pois a distribuição da inicial torna prevento o juízo (CPC, art. 59); **C:** incorreta, porque a prevenção é definida pelo critério da distribuição da inicial (CPC, arts. 58 e 59); **D:** incorreta, considerando que, por serem conexas, as ações devem ser reunidas para julgamento conjunto (CPC, art. 55); **E:** incorreta, uma vez que não é caso de litispendência – repetição de ação que está em curso (CPC, art. 337, § 3º).

(OAB/FGV – 2019) João Paulo faleceu em Atibaia (SP), vítima de um ataque cardíaco fulminante. Empresário de sucesso, domiciliado na cidade de São Paulo (SP), João Paulo possuía inúmeros bens, dentre os quais se incluem uma casa de praia em Búzios (RJ), uma fazenda em Lucas do Rio Verde (GO) e alguns veículos de luxo, atualmente estacionados em uma garagem em Salvador (BA).

Neste cenário, assinale a opção que indica o foro competente para o inventário e a partilha dos bens deixados por João Paulo.

(A) Os foros de Búzios (RJ) e de Lucas do Rio Verde (GO), concorrentemente.
(B) O foro de São Paulo (SP).
(C) O foro de Salvador (BA).
(D) O foro de Atibaia (SP).

A questão traz diversas informações de locais, mas em síntese indaga acerca da competência para o processamento do inventário. Sendo assim, a informação relevante é o local do foro do domicílio do falecido, ou seja, São Paulo (CPC, art. 48).

3. PARTES, PROCURADORES, SUCUMBÊNCIA, MINISTÉRIO PÚBLICO E JUIZ

(OAB/FGV – 2024) Antes de tomar posse como juiz, Bernardo atuou por 2 (dois) anos como membro do Ministério Público. Boa parte de sua atuação como promotor foi focada na Promotoria de Justiça de Tutela Coletiva de Defesa do Meio Ambiente.

Um dos seus casos mais relevantes foi a atuação, como representante do Ministério Público, em uma ação coletiva movida contra os proprietários de um shopping center que estava sendo construído perto de zona protegida da Mata Atlântica. Mais de 10 anos depois, Bernardo, como juiz de direito, recebeu no seu gabinete a ação coletiva que ele havia proposto contra o shopping quando atuava como promotor.

Segundo o contexto apresentado, sobre a atuação de Bernardo como juiz do caso, assinale a afirmativa correta.

(A) Bernardo poderá proferir sentença na ação coletiva, pois sua atuação no caso como promotor do Ministério Público nesse mesmo processo ocorreu há mais de dez anos, de modo que não há qualquer impedimento do magistrado.
(B) Bernardo somente poderá proferir decisões interlocutórias na ação coletiva, mas não poderá proferir sentença, pois sua atuação no caso como promotor do Ministério Público nesse mesmo processo ocorreu há mais de dez anos, de modo que não há qualquer impedimento do magistrado para proferir decisões interlocutórias.
(C) Bernardo não poderá proferir sentença na ação coletiva, por se enquadrar em hipótese de impedimento do magistrado. Entretanto, Bernardo poderá proferir decisões interlocutórias, exceto as que versem sobre tutela provisória, porque não decidirá o mérito da ação.
(D) Bernardo não poderá proferir decisões interlocutórias e/ou sentença na ação coletiva, por se enquadrar em hipótese de impedimento do magistrado.

A: Incorreta. Nos termos do art. 144, I do CPC, o impedimento resta configurado em razão da intervenção anterior do magistrado no processo como membro do Ministério Público, independentemente do decurso de tempo. Afinal, se já atuou no processo, tem opinião formada, como parte.
B: Incorreta, uma vez que configurada hipótese de impedimento, o juiz não poderá exercer quaisquer das suas funções no processo (CPC, art. 144, I).
C: Incorreta, pois conforme exposto em "B", não é possível qualquer ato, seja sentença ou interlocutória.
D: Correta, pois essa é a consequência do impedimento, sendo que a hipótese narrada é de um juiz impedido (CPC, art. 144, I).

(OAB/FGV – 2024) Júlio, advogado ainda inexperiente, preocupado com a possibilidade de perder o prazo para oferecer contestação em favor de Roberta, sua cliente que está viajando, indaga a você se ele deve esperar o retorno de Roberta, que esqueceu de fornecer procuração.

Diante desse cenário, assinale a afirmativa que, corretamente, apresenta sua orientação.

(A) Júlio pode oferecer contestação, independentemente de procuração, desde que junte o instrumento aos autos no prazo de 15 dias, a fim de evitar preclusão.
(B) Júlio pode oferecer contestação, independentemente de instrumento de mandato, apenas se a parte contrária concordar.
(C) Júlio deve aguardar o retorno de Roberta, tendo em vista que o advogado não será admitido a postular em juízo sem procuração.
(D) Júlio, caso os direitos tratados em juízo sejam disponíveis, pode oferecer contestação mesmo que desacompanhada de procuração e, caso os mencionados direitos estejam indisponíveis, ele deve aguardar o retorno de Roberta, tendo em vista que, nesse caso, o advogado não será admitido a postular em juízo sem procuração.

A: Correta, pois o art. 104 do CPC estabelece que o advogado poderá, para evitar a preclusão, postular em juízo sem procuração, desde que providencie a juntada aos autos no prazo de 15 dias, prorrogável por igual período por despacho do juiz (CPC, art. 104, § 1º).
B: Incorreta, considerando que o advogado poderá praticar o ato processual sem procuração nas hipóteses do art. 104 do CPC, independente da concordância da parte contrária.
C: Incorreta, porque o art. 104 do CPC prevê exceções que autorizam o advogado postular em juízo sem procuração, como a hipótese de urgência e para evitar perda de prazo.
D: Incorreta. Independentemente de a ação versar sobre direitos disponíveis ou indisponíveis, o advogado poderá postular em juízo sem procuração para evitar preclusão, decadência ou prescrição, ou para praticar ato considerado urgente (CPC, art. 104).

(OAB/FGV – 2024) Na qualidade de servidor público estadual, Marcos ajuizou ação pelo procedimento comum contra o Estado de Minas Gerais, buscando obter o pagamento de determinada verba remuneratória que lhe teria sido suprimida de forma administrativa, em contrariedade ao que dispõe a lei.

Depois da citação do Estado de Minas Gerais e do regular curso do feito, o juiz responsável pela tramitação da ação julgou procedente o pedido formulado por Marcos, condenando o ente estatal ao pagamento da verba remuneratória. Na sequência, o cartório da serventia do juízo procedeu à intimação eletrônica das partes acerca da sentença, visto tratar-se de processo eletrônico.

Sobre a situação hipotética descrita, assinale a afirmativa correta.

(A) O prazo de que disporá o Estado de Minas Gerais para a interposição de eventual recurso de apelação será de 15 (quinze) dias úteis, contados do dia útil seguinte à consulta ao teor da intimação ou ao término do prazo para que a consulta se dê, dado que a intimação da sentença ocorreu de forma eletrônica, não devendo o prazo ser contado em dobro.

(B) O Estado de Minas Gerais poderá alegar a nulidade da intimação, visto não ser lícita a utilização de meio eletrônico para a comunicação de atos processuais, sendo imprescindível a intimação pessoal do ente estatal, que somente se pode dar por carga ou remessa dos autos.

(C) Caso o Estado de Minas Gerais tivesse interposto apelação antes de intimado eletronicamente da sentença, o recurso haveria de ser considerado intempestivo, por ter sido apresentado antes do termo inicial do prazo.

(D) Caso vislumbre omissão, contradição, obscuridade ou erro material na sentença, o Estado de Minas Gerais poderá opor embargos de declaração, no prazo de 10 (dez) dias úteis, considerando, como início do prazo, o dia útil seguinte à consulta ao teor da intimação ou ao término do prazo para que a consulta se dê, dado que gozará de prazo em dobro para todas as suas manifestações processuais.

A: Incorreta, porque, nos termos do art. 183 do CPC, o Estado tem prazo em dobro para todas as suas manifestações processuais. Assim, o prazo para a interposição de eventual recurso de apelação será de 30 dias úteis (pois o CPC, art. 1.003, § 5º prevê prazo de 15 dias para a apelação). B: Incorreta, pois o art. 183, § 1º do CPC estabelece que a intimação dos entes estatais poderá ocorrer por meio eletrônico. C: Incorreta. Conforme previsão do art. 218, § 4º do CPC, o ato praticado antes de iniciado o prazo é tempestivo. D: Correta, considerando que os entes estatais têm prazo em dobro para todas as suas manifestações processuais (CPC, arts. 183 e 1.023). Ainda, o art. 231, V do CPC prevê que, na hipótese de intimação eletrônica, o termo inicial do prazo será o primeiro dia útil subsequente à consulta do teor da intimação.
Gabarito "D".

(ENAM – 2024.1) No que se refere à disciplina legal dos honorários advocatícios, é correto afirmar que

(A) é possível a sua compensação nas hipóteses de sucumbência parcial.
(B) é vedada a percepção de honorários sucumbenciais por advogados públicos.
(C) os honorários serão devidos por quem deu causa ao processo, nas hipóteses de perda superveniente do interesse de agir.
(D) não serão devidos honorários sucumbenciais quando a parte vitoriosa no processo for advogado atuando em causa própria.
(E) não será lícito ao advogado valer-se de ação autônoma para cobrar o respectivo valor, transitando em julgado decisão que tenha sido omissa quanto ao direito aos honorários.

A: Incorreta, pois o art. 85, 14 do CPC veda, expressamente, a compensação de honorários em caso de sucumbência parcial. Vale destacar que a Súmula 306/STJ, que prevê o oposto, ainda não foi formalmente revogada, mas está superada com a edição do CPC 2015. B: Incorreta. O art. 85, § 19 do CPC prevê expressamente que os advogados públicos têm direito a honorários sucumbências. C: Correta, na hipótese de extinção do processo, por perda superveniente do interesse de agir ("perda do objeto"), "os honorários serão devidos por quem deu causa ao processo" (CPC, art. 85, § 10). D: Incorreta. Nos termos do art. 85, § 17 do CPC, os honorários são devidos quando o advogado atuar em causa própria. E: Incorreta, é cabível ação autônoma para fixação e cobrança dos honorários sucumbenciais, caso a decisão transitada em julgado seja omissa quanto ao referido direito ou ao seu valor (CPC, art. 85, § 18). Vale destacar que a Súmula 453/STJ, que prevê o oposto, ainda não foi formalmente revogada, mas está superada com a edição do CPC 2015.
Gabarito "C".

(ENAM – 2024.1) Aristóteles é citado em ação movida por Sócrates. O objetivo da ação é a demolição parcial de imóvel urbano, constando do registro imobiliário que Aristóteles é o proprietário do bem. No dia seguinte à citação, Aristóteles vende o imóvel a Heráclito (ambos sabiam que a ação estava para ser proposta). Em seguida, Aristóteles comunica o negócio ao juízo em que corre a ação, juntando cópia da escritura, na qual o comprador assume os riscos da aquisição e o ônus de contestar as ações que existissem.

Sobre a hipótese narrada, assinale a afirmativa correta.

(A) Caso não ocorra o ingresso voluntário de Heráclito, o juiz deve intimar o autor para, sob pena de extinção, integrar o comprador ao polo passivo, de modo a possibilitar a ampla defesa.
(B) Heráclito pode imediatamente assumir o polo passivo, em sucessão ao réu originário, mesmo contra a vontade do autor, pois os pressupostos necessários (concordância do réu e legítimo interesse) estão demonstrados.
(C) Sócrates pode, não obstante a escritura, recusar o ingresso de Heráclito como sucessor do réu originário, e, ainda assim, a eventual sentença de procedência será oponível a este.
(D) O litisconsórcio será facultativo, mas, por força dos limites subjetivos da coisa julgada, se não houver o ingresso do comprador, a eventual sentença não será oponível a este.
(E) A posição do comprador será de assistente simples, e ainda que o autor concorde, o juiz não pode deferir a sucessão de réu, depois da citação, pois isso está fora das taxativas hipóteses legais.

A: Incorreta, pois nos termos do art. 109 do CPC a alienação da coisa litigiosa não altera a legitimidade das partes. B: Incorreta, pois se o autor não concordar com a troca do polo passivo, isso não acontecerá (CPC, art. 109, § 1º). C: Correta. Conforme previsão do art. 109, § 1º do CPC, a parte contrária (no caso, o autor), poderá recusar o ingresso

do adquirente como sucessor do réu originário (alienante). De qualquer forma, ainda assim, os efeitos da sentença se estendem ao adquirente (CPC art. 109, § 3º). **D**: Incorreta. Mesmo se não houver o ingresso no feito, os efeitos da sentença serão estendidos ao adquirente, por expressa previsão legal (CPC art. 109, § 3º). **E**: Incorreta, pois se a parte contrária (no caso, o autor) não consentir com a sucessão processual, o adquirente poderá intervir no feito como assistente litisconsorcial (CPC, art. 109, § 2º). Caso a parte contrária se manifeste favorável, a sucessão processual poderá ocorrer nos termos do art. 109, § 1º do CPC.
Gabarito "C".

(OAB/FGV – 2023) Tatiana ingressou com ação de alimentos em face do seu ex-marido José, pleiteando pensão alimentícia no valor mensal de R$ 5.000,00 (cinco mil reais), e gratuidade de justiça que lhe foi concedida. No processo restou comprovado que José estava desempregado e com grave enfermidade, não tendo a possibilidade de prestar alimentos.

Dessa forma, o pedido de alimentos foi julgado improcedente, sendo Tatiana condenada em honorários de sucumbência equivalentes a 10% sobre o valor da causa. Contudo, por ser beneficiária da gratuidade de justiça, a exigibilidade dos honorários de sucumbência ficou suspensa.

Dois anos após o trânsito em julgado da sentença, Tatiana ganhou sorteio lotérico e recebeu um prêmio milionário. Sabendo da atual situação de Tatiana, o advogado de José a procurou para cobrar os honorários de sucumbência fixados na ação de alimentos.

Considerando o caso narrado, assinale a afirmativa correta.

(A) O advogado de José poderá cobrar os honorários de sucumbência se, no prazo de 5 anos após o trânsito em julgado da sentença, demonstrar que deixou de existir a situação de insuficiência de recursos que justificou a concessão de gratuidade de justiça para Tatiana.

(B) Uma vez concedida a gratuidade de justiça, essa não poderá ser revista, razão pela qual o advogado de José não poderá cobrar os honorários de sucumbência.

(C) Após o trânsito em julgado da sentença não é possível cobrar honorários de sucumbência, ficando o advogado de José impedido de cobrar tal verba.

(D) O advogado de José poderá cobrar os honorários de sucumbência se, no prazo de 1 ano após o trânsito em julgado da sentença, demonstrar que deixou de existir a situação de insuficiência de recursos que justificou a concessão de gratuidade de justiça para Tatiana.

A: Correta. Se houver mudança de condição financeira, poderá haver a cobrança da sucumbência em até 5 anos – após o qual haverá a prescrição. Assim, a situação concreta se enquadra na hipótese de que a insuficiência deixou de existir, permitindo a execução dos honorários (CPC, art. 98, § 3º). **B**: incorreta pois a gratuidade, uma vez deferida, pode ser revogada a qualquer tempo, durante o processo, conforme a situação concreta da parte (CPC, art. 100, p. u.) E vale lembrar que a concessão da justiça gratuita não afasta a responsabilidade do beneficiário pelas despesas processuais e honorários advocatícios, obrigações essas que ficarão sob condição suspensiva de exigibilidade (CPC, art. 98, §§ 2º e 3º). **C**: incorreta, visto que, caso o advogado de José comprove que a situação de insuficiência de recursos que justificou a concessão do benefício à parte contrária tenha deixado de existir, será possível, dentro do prazo de 5 anos contados do trânsito em julgado da decisão que fixou os honorários, promover a cobrança da verba (CPC, art. 98, § 3º). **D**: incorreta já que, conforme art. 98, § 3º do CPC, o prazo para assim proceder é de 5 anos, contados do trânsito em julgado da sentença que fixou os honorários.
Gabarito "A".

(OAB/FGV – 2023) Marco Aurélio atuou como advogado em uma ação indenizatória movida em face de uma operadora de plano de saúde que foi condenada a pagar indenização por danos morais de R$ 100.000,00 (cem mil reais) ao seu cliente. Apesar de o processo ter corrido perante juízo cível, a sentença condenatória deixou de fixar honorários de sucumbência em favor de Marco Aurélio, tendo transitado em julgado sem que ele percebesse a omissão. Considerando o caso narrado, assinale a afirmativa correta.

(A) Após o trânsito em julgado da sentença, Marco Aurélio não poderá pleitear mais a condenação em honorários de sucumbência.

(B) Marco Aurélio poderá ajuizar ação autônoma para definir o valor dos honorários de sucumbência.

(C) Após o trânsito em julgado da sentença, apesar de omissa quanto à condenação em honorários de sucumbência, Marco Aurélio poderá executar somente o valor mínimo de dez por cento sobre o valor da condenação.

(D) Marco Aurélio poderá opor embargos de declaração em face da sentença omissa, pois a matéria de honorários de sucumbência não transita em julgado.

A: incorreta, considerando a previsão do art. 85, § 18 do CPC, é cabível nova ação, com a finalidade exclusiva de fixar os honorários sucumbenciais que foram omitidos na sentença. **B**: correta, pois essa é a previsão legal do art. 85, § 18 do CPC: ajuizamento de ação autônoma diante da omissão e trânsito em julgado. A previsão legal prevista no CPC 2015 modifica entendimento jurisprudencial anterior. **C**: incorreta. Não será possível a execução / cumprimento de sentença pois os honorários não estão previstos no título executivo, e haveria violação à coisa julgada. Assim, diante do trânsito em julgado da sentença omissa acerca da condenação ao pagamento de honorários, será necessário a propositura de ação autônoma para fixar os honorários sucumbenciais (CPC, art. 85, § 18). **D**: incorreta, visto que não é possível a oposição de embargos de declaração após o trânsito em julgado da sentença, pois o processo terminou e já houve a formação de coisa julgada.
Gabarito "B".

(OAB/FGV – 2022) Paolo e Ana Sávia, casados há mais de 10 anos, sob o regime de comunhão parcial de bens, constituíram, ao longo do casamento, um enorme patrimônio que contava com carros de luxo, mansões, fazendas, dentre outros bens.

Certo dia, por conta de uma compra e venda realizada 5 anos após o casamento, Paolo é citado em uma ação que versa sobre direito real imobiliário.

Ana Sávia, ao saber do fato, vai até seu advogado e questiona se ela deveria ser citada, pois envolve patrimônio familiar.

Sobre o assunto, o advogado responde corretamente que, no caso em apreço,

(A) Ana Sávia deve ser citada, pois existe litisconsórcio passivo necessário entre os cônjuges em ação que verse sobre direito real imobiliário, mesmo que casados sob o regime de separação absoluta de bens.

(B) Ana Sávia não deve ser citada, pois existe litisconsórcio passivo facultativo entre os cônjuges em ação

que verse sobre direito real imobiliário, salvo quando casados sob o regime de separação absoluta de bens.
(C) Ana Sávia não deve ser citada, pois não existe litisconsórcio passivo necessário entre os cônjuges em ação que verse sobre direito real imobiliário.
(D) Ana Sávia deve ser citada, pois existe litisconsórcio passivo necessário entre os cônjuges em ação que verse sobre direito real imobiliário, salvo quando casados sob o regime de separação absoluta de bens.

A participação do cônjuge em processos judiciais é regulada pelo art. 73 do CPC. Prevê o § 1º desse artigo o seguinte: "ambos os cônjuges serão necessariamente citados para a ação: I – que verse sobre direito real imobiliário, salvo quando casados sob o regime de separação absoluta de bens".
A: Incorreta, pois a previsão legal afasta a necessidade de citação na hipótese de separação absoluta de bens.
B: Incorreta, porque a hipótese é de litisconsórcio necessário. **C:** Incorreta, considerando que, nos casos de direito imobiliário, de modo a proteger o casal / família, há necessidade dessa citação. **D:** Correta, sendo a previsão do CPC, art. 73, § 1º, I.
Gabarito "D".

(Juiz de Direito/AP – 2022 – FGV) Intentada determinada demanda, o réu, no curso da fase de instrução probatória, percebeu que os elementos carreados aos autos não respaldavam os seus argumentos defensivos e, também, que realmente assistia ao autor o direito afirmado na petição inicial.

No intuito de evitar a prolação de uma sentença de mérito em seu desfavor, o demandado revogou o mandato outorgado ao seu único advogado.

Percebendo o vício de representação processual, o juiz da causa determinou a intimação do réu para que o sanasse, sem que, todavia, este tivesse adotado qualquer providência.

Nesse cenário, deve o juiz:
(A) decretar a revelia do réu e determinar a abertura de vista dos autos ao curador especial para desempenhar a sua defesa;
(B) determinar a suspensão do processo, até que o vício de representação do réu seja regularizado;
(C) julgar extinto o feito, sem resolução do mérito, por ausência de pressuposto processual de validade;
(D) proferir sentença de mérito, acolhendo o pedido formulado pelo autor;
(E) ordenar a expedição de ofício à OAB, solicitando a disponibilização de advogado para exercer a defesa do réu.

Comentário: **A:** incorreta, pois a curadoria especial é destinada, dentre outras situações, ao réu revel citado de forma ficta (CPC, art. 72); **B:** incorreta, visto que o processo já foi suspenso quando fixado prazo para regularização da representação processual (CPC, art. 76); **C:** incorreta, já que o processo seria extinto se a regularização coubesse ao autor e não ao réu (CPC, art. 76, § 1º, I); **D:** correta, tendo em vista que o réu será considerado revel e não há indícios no enunciado de que não deveriam ser aplicados os efeitos da revelia (CPC, arts. 76, § 1º, II); **E:** incorreta, visto que a parte tinha advogado constituído, revogou o mandato, e deve arcar as consequências daí decorrentes – e não que o juiz fique buscando advogado para a parte.
Gabarito "D".

(Juiz de Direito/AP – 2022 – FGV) Intentou-se demanda em face de incapaz, na qual a parte autora deduziu pretensão de cobrança de uma obrigação contratual.

Validamente citado, o réu ofertou contestação, suscitando, entre outras matérias defensivas, a prescrição do direito de crédito.

Atuando no feito como fiscal da ordem jurídica, o Ministério Público lançou a sua promoção final, opinando pelo reconhecimento da prescrição.

Ao proferir a sentença, o juiz da causa, sem atentar para a arguição da prescrição na peça contestatória, tampouco para a opinativa ministerial, julgou procedente o pleito do autor.

Tomando ciência do ato decisório, o órgão ministerial, sete dias depois de sua intimação pessoal, interpôs embargos de declaração, nos quais, alegando que o órgão julgador havia se omitido quanto ao tema, requereu a apreciação e o consequente reconhecimento do fenômeno prescricional.

Ao tomar contato com os embargos declaratórios do Ministério Público, deve o juiz:
(A) deixar de recebê-los, em razão da falta de legitimidade do recorrente;
(B) deixar de recebê-los, em razão da intempestividade da peça recursal;
(C) determinar a remessa dos autos ao órgão de segunda instância;
(D) recebê-los e acolher de imediato a pretensão recursal, para reconhecer a prescrição e rejeitar o pedido do autor;
(E) recebê-los e determinar a intimação da parte autora para apresentar, caso queira, a sua resposta ao recurso.

A: incorreta, pois, mesmo atuando como fiscal da ordem jurídica, o MP tem legitimidade para recorrer (CPC, art. 179, II); **B:** incorreta, visto que o MP tem prazo em dobro para apresentar suas manifestações, inclusive recursos (CPC, art. 180); **C:** incorreta, considerando que os EDs devem ser apreciados pelo juízo que proferiu a decisão (CPC, art. 1.024); **D:** incorreta, porque, ainda que a prescrição seja matéria passível de apreciação de ofício pelo juiz, deve ser oportunizada manifestação prévia pelo autor, para garantir o contraditório e evitar decisão surpresa (CPC, arts. 9º e 10 e 1.023, § 2º); **E:** correta, considerando a possibilidade de modificação da decisão embargada, o que demanda o contraditório (CPC, art. 1.023, § 2º).
Gabarito "E".

(OAB/FGV – 2018) Alice, em razão de descumprimento contratual por parte de Lucas, constituiu Osvaldo como seu advogado para ajuizar uma ação de cobrança com pedido de condenação em R$ 300.000,00 (trezentos mil reais), valor atribuído à causa.

A ação foi julgada procedente, mas não houve a condenação em honorários sucumbenciais. Interposta apelação por Lucas, veio a ser desprovida, sendo certificado o trânsito em julgado. Considerando o exposto, assinale a afirmativa correta.

(A) Em razão do trânsito em julgado e da preclusão, não há mais possibilidade de fixação dos honorários sucumbenciais.
(B) Como não houve condenação, presume-se que há fixação implícita de honorários sucumbenciais na

média entre o mínimo e o máximo, ou seja, 15% do valor da condenação.

(C) O trânsito em julgado não impede a discussão no mesmo processo, podendo ser requerida a fixação dos honorários sucumbenciais por meio de simples petição.

(D) Deve ser proposta ação autônoma para definição dos honorários sucumbenciais e de sua cobrança.

A: incorreta. Essa era a resposta correta à luz do sistema processual anterior, havendo inclusive súmula nesse sentido (Súmula 453/STJ, superada, mas ainda não formalmente revogada); **B:** incorreta, pois não existe presunção de fixação de honorários; **C:** incorreta, porque o trânsito em julgado impede que haja, no mesmo processo, qualquer outra discussão quanto à condenação, seja em relação ao principal ou aos acessórios; **D:** correta. O CPC15 permite que, se não houver a fixação de honorários na sentença transitada em julgado, será possível utilizar ação autônoma para esse fim (art. 85, § 18 que, como visto em "A", aponta a superação da Súmula 453/STJ).

Gabarito "D".

(Analista Judiciário – TJ/AL – 2018 – FGV) No tocante à alienação de coisa litigiosa, por ato entre vivos e a título particular, é correto afirmar que:

(A) pode dar azo à substituição processual, do alienante pelo adquirente, caso assim consinta a parte contrária;

(B) o adquirente poderá intervir no processo como assistente simples;

(C) não altera a legitimidade dos litigantes, ressalvada a hipótese de consentimento da parte contrária;

(D) os limites subjetivos da coisa julgada material não alcançam o adquirente, se este não tiver participado do processo;

(E) o alienante deverá promover a denunciação da lide em relação ao adquirente.

A: incorreta, pois a hipótese é de sucessão processual e não de substituição processual (CPC, art. 109, § 1º); **B:** incorreta, porque o adquirente poderá intervir como assistente litisconsorcial e não assistente simples (CPC, art. 109, § 2º); **C:** correta, ainda que não haja a alteração de legitimidade, é possível a sucessão do alienante por prévio consentimento da parte contrária (CPC, art. 109, § 1º); **D:** incorreta, considerando que os efeitos da sentença se estendem ao adquirente por expressa previsão legal (CPC, art. 109, § 3º); **E:** incorreta, tendo em vista não se tratar de hipótese de ação de regresso (CPC, art. 125).

Gabarito "C".

4. LITISCONSÓRCIO E INTERVENÇÃO DE TERCEIROS

(OAB/FGV – 2024) João residia em apartamento localizado na cidade do Rio de Janeiro. Ele era locatário do apartamento e Pedro figurava como locador, tendo ambos firmado um contrato de locação para reger essa relação jurídica. Decidindo se mudar para outro bairro, João deixou sua residência e sublocou o apartamento para Luiz por meio de um contrato de sublocação. Diante da ausência de pagamento dos aluguéis pela locação, Pedro ingressou com uma ação de despejo contra João. Depois de João apresentar sua contestação, Luiz decidiu ingressar no processo por ser sublocatário.

Na qualidade de advogado(a) de Luiz, assinale a opção que apresenta a modalidade de intervenção no processo da qual Luiz poderá se valer.

(A) Assistente litisconsorcial, porque a tutela jurisdicional exercida por Luiz será indireta quanto à relação de direito material discutida em juízo entre João e Pedro, sendo que o interesse jurídico de Luiz na lide não equivale às exatas condições da relação do locador com o locatário.

(B) Assistente simples, porque a relação jurídica de direito material de Luiz é a mesma relação jurídica tratada na lide entre João e Pedro.

(C) Assistente litisconsorcial, porque a relação jurídica de direito material de Luiz é a mesma relação jurídica tratada na lide entre João e Pedro.

(D) Assistente simples, porque a tutela jurisdicional pretendida por Luiz será indireta quanto à relação de direito material discutida em juízo entre João e Pedro, sendo que o interesse jurídico de Luiz na lide não equivale às exatas condições da relação do locador com o locatário.

A: Incorreta, considerando que não é hipótese de intervenção de terceiros na modalidade assistente litisconsorcial, uma vez que Luiz não é titular da relação jurídica controvertida, não tendo relação jurídica com a parte contrária (CPC, art. 124), mas sim com o próprio assistido.
B: Incorreta, pois embora seja hipótese de assistência simples, a relação jurídica de direito material de Luiz não é a mesma relação jurídica tratada na lide.
C: Incorreta, pois não se trata de assistência litisconsorcial, pois nessa modalidade de intervenção de terceiros, a decisão proferida irá influenciar a relação jurídica entre o assistente e a parte contrária do assistido (situação diversa da retratada na alternativa).
D: Correta, pois essa é hipótese de assistência simples, uma vez que a relação jurídica existente é entre assistente e assistido. Na litisconsorcial, a relação é entre assistente e a parte contrária do assistido.

Gabarito "D".

(ENAM – 2024.1) Pedro é autor de ação ordinária em face da sociedade Carros Bonitos Ltda. em trâmite na 1ª Vara Cível da Comarca de Ponto Chique – MG, pugnando pela condenação desta última a efetuar a troca de veículo adquirido em sua unidade, o qual fora alegadamente vendido com vício oculto, bem como a lhe pagar indenização por danos materiais e morais.

No curso da fase instrutória, Pedro identificou que os sócios da Carros Bonitos Ltda. estavam praticando atos ilícitos em detrimento do patrimônio social, motivo pelo que requereu a instauração de incidente de desconsideração da personalidade jurídica.

Sobre o caso acima, assinale a afirmativa correta.

(A) O requerimento deve ser indeferido, pois a instauração do incidente de desconsideração da personalidade jurídica é cabível apenas no cumprimento de sentença e na execução fundada em título executivo extrajudicial.

(B) Admitido o incidente pelo juiz, não haverá suspensão do processo, que poderá prosseguir de forma simultânea.

(C) O incidente será resolvido por decisão interlocutória, impugnável por meio de recurso de apelação.

(D) O pedido de Pedro não impediria que o juiz, de ofício, instaurasse o incidente de desconsideração da personalidade jurídica.

(E) Instaurado o incidente, o sócio será citado para manifestar-se e requerer as provas cabíveis no prazo de 15 (quinze) dias.

Atenção: com o CPC 2015, não existe mais "ação ordinária" (pois não há mais rito ordinário ou sumário), mas sim ação pelo procedimento comum (CPC, art. 318). Outras questões do ENAM usaram a terminologia atual e correta (procedimento comum), mas essa questão usou termo antigo. De qualquer forma, isso não é motivo para anulação da questão. **A:** Incorreta, pois o incidente de desconsideração é cabível também no processo de conhecimento, além do cumprimento de sentença e na execução fundada em título executivo extrajudicial (CPC, art. 134). **B:** Incorreta. Nos termos do art. 134, § 3º a instauração do incidente suspenderá o processo. **C:** Incorreta. Ainda que em regra o incidente seja julgado por interlocutória (CPC, art. 136), o recurso de interlocutória é o agravo, não a apelação (CPC, art. 1.015, IV). **D:** Incorreta, uma vez que o incidente de desconsideração não pode ser instaurado de ofício, sempre dependendo de provocação da parte ou do MP. (CPC, art. 133). **E:** Correta, sendo essa a previsão legal: o sócio é citado, para se manifestar em 15 dias (CPC, art. 135).
Gabarito "E".

(Juiz Federal – TRF/1 – 2023 – FGV) Adelaide ajuizou, perante a Justiça Federal de primeiro grau, ação de revisão de contrato de financiamento imobiliário em face da Caixa Econômica Federal, pedindo a declaração de nulidade de cláusula contratual que autorizava o desconto das parcelas mensais de financiamento imobiliário direto na folha de pagamento e o recálculo do financiamento, do saldo devedor e dos encargos mensais. No curso do processo, Breno requereu a sua intervenção nos autos como *amicus curiae*, sustentando ter celebrado contrato idêntico com a Caixa Econômica Federal, tratando-se de matéria relevante e com repercussão social.

Sobre essa situação, é correto afirmar que deve ser:

(A) negada a admissão do requerente como *amicus curiae*, salvo se houver a concordância das partes;

(B) admitido o requerimento de intervenção como *amicus curiae*, desde que demonstrada a sua representatividade adequada, mediante a concordância das partes;

(C) negada a admissão do requerente como *amicus curiae*, pois não é cabível essa modalidade de intervenção em primeiro grau de jurisdição;

(D) admitido o requerimento de intervenção como *amicus curiae*, desde que demonstrada a sua representatividade adequada, independentemente da concordância das partes;

(E) negada a admissão do requerente como *amicus curiae*, pois apenas pessoas jurídicas, órgãos ou entidades especializadas podem intervir no processo nessa qualidade.

A: Incorreta, uma vez que o ingresso do AC independe da concordância das partes. O art. 138 do CPC estabelece, inclusive, que a decisão que admitir a intervenção do AC é irrecorrível. **B:** Incorreta, vide justificativa para alternativa "A". **C:** Incorreta. O art. 138 do CPC admite a intervenção do AC em qualquer grau de jurisdição – ainda que o mais frequente seja no tribunal. **D:** Correta, admite-se a intervenção do AC, desde que a pessoa natural ou jurídica, órgão ou entidade especializada, demonstre a sua representatividade adequada (CPC, art. 138), independentemente da concordância das partes. Ainda que o mais comum seja AC por pessoa jurídica, é possível também por pessoa física, se essa pessoa tiver destaque na sua área de conhecimento. **E:** Incorreta, pois admite-se, como exposto em "D", que o AC seja pessoa física.
Gabarito "D".

(OAB/FGV – 2023) Em determinada demanda judicial cível é proferida sentença de procedência do pedido autoral, com a condenação da sociedade empresária ré ao pagamento de determinado valor a título de reparação por dano material.

Com o trânsito em julgado, o autor inicia a fase de cumprimento de sentença e, após alguns meses e diversas tentativas, sem sucesso, de penhora de bens do réu, apresenta requerimento de instauração do incidente de desconsideração da personalidade jurídica.

Você, na condição de advogado(a), é procurado(a) pelo réu, buscando saber sobre o incidente em questão.

Assinale a opção que apresenta, corretamente, sua orientação.

(A) O referido incidente não é cabível no procedimento comum, sendo restrito ao âmbito da execução fiscal de débitos tributários.

(B) A instauração do mencionado incidente suspende o processo e sua resolução se dá por decisão interlocutória.

(C) O incidente apontado não é cabível na fase de cumprimento de sentença, por não haver título judicial formado em relação aos sócios cujo patrimônio se busca atingir.

(D) Instaurado o incidente no caso concreto, os sócios da sociedade ré devem ser intimados para exercício de seu direito de defesa.

A: incorreta, pois nos termos do art. 134 do CPC, é possível a instauração de IDPJ em qualquer fase do processo de *conhecimento* (portanto seja procedimento comum ou especial), além de ser possível também no cumprimento de sentença e na execução de título executivo extrajudicial. **B:** correta, visto que a instauração do IDPJ suspenderá o processo (CPC, art. 134, § 3º), sendo que a sua resolução, em regra, se dá por decisão interlocutória (CPC, art. 136). **C:** incorreta, já que o Código prevê o IDPJ é cabível no cumprimento de sentença (CPC, art. 134), sendo essa uma das hipóteses mais frequentes no cotidiano forense. **D:** incorreta, considerando que os sócios devem ser citados para exercer o direito de defesa (e não intimados), vez que não figuraram como réus na demanda originária e, portanto, não integram a relação processual (CPC, art. 135).
Gabarito "B".

(OAB/FGV – 2022) Proposta uma demanda judicial com a presença de 150 autores no polo ativo, a parte ré, regularmente citada, peticiona nos autos apenas e exclusivamente no sentido de que seja limitado o número de litigantes, informando, ainda, que sua contestação será apresentada no momento oportuno. A parte autora, então, se antecipando à conclusão dos autos ao magistrado competente, requer que o réu seja considerado revel, por não ter apresentado sua contestação no momento oportuno.

Com base no Código de Processo Civil, é correto afirmar que

(A) o juiz pode limitar o litisconsórcio facultativo quanto ao número de litigantes nas fases de conhecimento ou de liquidação de sentença, sendo vedada tal limitação na execução, por esta pressupor a formação de litisconsórcio necessário.

(B) o requerimento de limitação do litisconsórcio facultativo quanto ao número de litigantes interrompe o prazo para manifestação ou resposta, que recomeçará da intimação da decisão que solucionar a questão.

(C) o fato de o réu não ter apresentado sua contestação no prazo regular tem como consequência a incidência de pleno direito da revelia material, que pode ser revertida caso acolhido o requerimento de limitação do litisconsórcio.

(D) apresentado requerimento de limitação do número de litigantes com base apenas no potencial prejuízo ao direito de defesa do réu, deve o magistrado limitar sua análise a tal argumento, sendo vedado decidir com base em fundamento diverso, ainda que oportunizada a manifestação prévia das partes.

A questão trata do litisconsórcio multitudinário, múltiplo ou plúrimo (ou seja, a existência de diversos autores em litisconsórcio ativo facultativo), expressamente previsto no CPC.
A: Incorreta, pois a limitação do litisconsórcio múltiplo pode se dar inclusive na execução e cumprimento de sentença (CPC, art. 113, § 1º) **B:** Correta, considerando que o CPC prevê expressamente a interrupção do prazo quando houver esse requerimento de limitação e desmembramento (art. 113, § 2º). **C:** Incorreta, já que, como visto na alternativa anterior, existe a interrupção de prazo nesse caso, de modo que não há revelia. **D:** Incorreta, tendo em vista que a limitação do litisconsórcio pode ocorrer quando "comprometer a rápida solução do litígio *ou* dificultar a defesa" (CPC, art. 113, § 1º, parte final).
Gabarito "B".

(Juiz de Direito/AP – 2022 – FGV) Em razão de um acidente de trânsito, Luiz, condutor de um dos veículos envolvidos, ajuizou ação de indenização em face de Carlos, o condutor do outro automóvel, a quem atribuiu a culpa no episódio.

Regularmente citado, Carlos apresentou a sua contestação, alegando que a culpa no evento danoso fora apenas de um pedestre, não identificado, que surgira de inopino na via pública, assim obrigando-o a desviar e colidir com o veículo de Luiz.

Considerando que os elementos probatórios carreados aos autos confirmavam inteiramente a versão defensiva de Carlos, deve o juiz da causa:

(A) determinar-lhe que promova a denunciação da lide em relação ao pedestre responsável pelo acidente;

(B) determinar-lhe que promova o chamamento ao processo em relação ao pedestre responsável pelo acidente;

(C) reconhecer a sua ilegitimidade passiva ad causam, extinguindo o feito sem resolução do mérito;

(D) julgar improcedente o pedido do autor, visto que não foi configurada a responsabilidade civil atribuída ao réu;

(E) determinar a suspensão do feito, no aguardo de elementos que permitam a identificação do pedestre causador do acidente.

A: incorreta, pois não seria hipótese de denunciação da lide (CPC, art. 125); **B:** incorreta, visto que não é hipótese de chamamento ao processo (CPC, art. 130); **C:** incorreta, já que houve a propositura da demanda contra quem provocou a batida – de modo que não se trata de hipótese de ilegitimidade, mas de discussão de mérito; **D:** correta para a banca (pois as outras alternativas estão erradas); em linha com o exposto no item anterior e considerando que a discussão é de direito material e, no mérito, não teria havido (para a banca) nexo de causalidade (CC, art. 186); **E:** incorreta, porque a suspensão para se buscar o pedestre não alteraria a solução do conflito em relação a Carlos (CPC, art. 488).
Gabarito "D".

(OAB/FGV – 2019) Daniel, sensibilizado com a necessidade de Joana em alugar um apartamento, disponibiliza-se a ser seu fiador no contrato de locação, fazendo constar nele cláusula de benefício de ordem. Um ano e meio após a assinatura do contrato, Daniel é citado em ação judicial visando à cobrança de aluguéis atrasados.

Ciente de que Joana possui bens suficientes para fazer frente à dívida contraída, Daniel consulta você, como advogado(a), sobre a possibilidade de Joana também figurar no polo passivo da ação.

Diante do caso narrado, assinale a opção que apresenta a modalidade de intervenção de terceiros a ser arguida por Daniel em sua contestação.

(A) Assistência.

(B) Denunciação da lide.

(C) Chamamento ao processo.

(D) Nomeação à autoria.

O fiador, para acionar o devedor principal, deve utilizar o chamamento ao processo (CPC, art. 130, I). Assim, a alternativa correta é "C". No mais, vale lembrar que não há, no atual CPC, a figura da nomeação à autoria, que existia no CPC/1973.
Gabarito "C".

(OAB/FGV – 2019) Amauri ingressou com ação ordinária em face de Mercadinho dos Suínos Ltda., em decorrência do consumo de alimento inapropriado vendido pelo réu. O pedido foi julgado procedente em decisão transitada em julgado, condenando a pessoa jurídica ré a indenizar o autor em R$ 10.000,00 (dez mil reais). Na fase de cumprimento de sentença, não foram encontrados bens penhoráveis pertencentes à sociedade, razão pela qual o juízo competente decretou, de ofício, a desconsideração da personalidade jurídica, penhorando um automóvel pertencente a Flávio, sócio majoritário da sociedade ré.

Diante de tal cenário, assinale a afirmativa correta.

(A) A decisão está correta, pois o CPC admite a desconsideração da personalidade jurídica, independentemente de requerimento da parte interessada.

(B) A decisão está incorreta, diante da necessidade de requerimento da parte para que haja a desconsideração da personalidade jurídica, a qual possui natureza jurídica de processo autônomo.

(C) A decisão está incorreta, pois a desconsideração da personalidade jurídica exige, cumulativamente, o requerimento da parte interessada e a instauração do incidente, nos termos do CPC.

(D) Não é admissível a desconsideração da personalidade jurídica à luz do CPC.

Atenção: com o CPC 2015, não existe mais "ação ordinária" (pois não há mais rito ordinário ou sumário), mas sim ação pelo procedimento comum (CPC, art. 318). Outras questões da FGV usam a terminologia atual e correta (procedimento comum), mas essa questão usou termo antigo. De qualquer forma, isso não é motivo para anulação da questão.

A: incorreta, pois a desconsideração da personalidade jurídica não será realizada de ofício pelo juiz, mas necessita de requerimento da parte ou do MP (CPC, art. 133, *caput*); **B:** incorreta. Há necessidade de requerimento da parte (como visto acima), mas estamos diante de um incidente, não de processo autônomo (CPC, art. 133); **C:** correta, pois como já visto (i) não cabe desconsideração de ofício, sendo necessário requerimento da parte, e (ii) o IDPJ é um incidente, não processo

autônomo; **D**: incorreta, considerando que o atual Código prevê o incidente de desconsideração da personalidade jurídica (CPC, art. 133).
Gabarito "C".

(OAB/FGV – 2019) As irmãs Odete e Nara celebraram contrato bancário, com cláusula de solidariedade, com uma pequena instituição financeira, com o objetivo de constituir uma empresa na cidade de Campos.

Depois de sete anos, a instituição financeira, sem receber o valor que lhe era devido, propôs ação judicial em face das duas irmãs. Ocorre que a empresa familiar teve suas atividades encerradas por má gestão e as irmãs, há alguns anos, não mais se falam e, por isso, contrataram advogados(as) de escritórios de advocacia distintos para realizar a defesa judicial.

Sobre a hipótese apresentada, assinale a afirmativa correta.

(A) Caso o(a) advogado(a) de Nara perca o prazo do recurso de apelação, a alegação de prescrição no apelo interposto pelo advogado(a) de Odete, se acolhida, beneficiará Nara.

(B) O litisconsórcio formado pelas irmãs pode ser classificado como litisconsórcio passivo, necessário e unitário.

(C) Caberá à parte interessada alegar a prescrição, sendo vedado ao magistrado reconhecer a prescrição de ofício.

(D) Os prazos para as manifestações dos litisconsortes com advogados(as) de diferentes escritórios de advocacia serão contados em dobro, ainda quando os autos do processo forem eletrônicos.

A: correta, pois tratando-se de litisconsórcio passivo, se uma das litisconsortes alega prescrição em sede recursal e essa tese é acolhida, isso beneficia a outra litisconsorte (CPC, art. 1.005: "o recurso interposto por um dos litisconsortes a todos aproveita, salvo se distintos ou opostos os seus interesses"); **B**: incorreta, considerando que se existir solidariedade, não se trata de um litisconsórcio necessário, já que cada uma das devedoras poderia pagar integralmente a dívida; **C**: incorreta, pois é possível ao juiz reconhecer de ofício a prescrição, tratando-se de improcedência liminar do pedido (CPC, art. 332, § 1º); **D**: incorreta, pois os prazos dos litisconsortes com advogados distintos serão contados em dobro somente quando se tratar de processo físico, não se aplicando no processo eletrônico (CPC, art. 229, § 2º).
Gabarito "A".

(OAB/FGV – 2019) Felipe, a fim de cobrar dívida proveniente de contrato de mútuo firmado com Aline, ajuizou demanda de conhecimento em face de João Alberto, fiador. Surpreendido pela citação, João Alberto procura, no mesmo dia, um(a) advogado(a).

Diante de tal quadro, assinale a opção que apresenta a medida mais adequada a ser adotada pelo(a) advogado(a) para obter a responsabilização de Aline.

(A) Realizar o chamamento ao processo de Aline.
(B) Efetuar a denunciação da lide de Aline.
(C) Sustentar a ilegitimidade passiva de João Alberto, na medida em que somente após eventual tentativa malsucedida de responsabilização de Aline, João Alberto poderia ser demandado.
(D) Não promover a intervenção de terceiros e aguardar a fase executiva, momento em que deverá ser requerido o benefício de ordem, de modo que os bens de Aline sejam executados antes dos de João Alberto.

A: correta, pois se o processo foi ajuizado apenas contra o fiador, cabe o chamamento ao processo para se colocar a devedora principal no polo passivo da demanda (CPC, art. 130, I); **B**: incorreta, pois no caso estamos diante de solidariedade, e não de ação de regresso, hipótese na qual seria possível utilizar a denunciação da lide; **C**: incorreta, pois como o fiador é efetivamente devedor, não há que se falar em ilegitimidade; **D**: incorreta, pois a definição de quem paga ocorre no processo de conhecimento, de modo que esse debate ocorre no conhecimento, e não na execução.
Gabarito "A".

(Analista – TJ/SC – FGV – 2018) No que concerne à denunciação da lide, é correto afirmar que:

(A) é modalidade voluntária de intervenção de terceiros;
(B) pode ser provocada pela iniciativa do réu, mas não pela do autor;
(C) visa a corrigir o vício de ilegitimidade *ad causam* no polo passivo da lide;
(D) se o denunciante for vitorioso na demanda principal, a sua ação de denunciação não terá o mérito apreciado pelo juiz;
(E) pode haver várias denunciações num processo, para ensejar a pacificação de todas as relações jurídicas controvertidas.

A: incorreta, pois a denunciação da lide é modalidade de intervenção provocada (CPC, art. 125); **B**: incorreta, porque pode ser provocada por qualquer das partes, conforme expressa previsão legal (CPC, arts. 125 e 127); **C**: incorreta, pois esse é objetivo da substituição do polo passivo, a ser feita em contestação (CPC, arts. 338 e 339); **D**: correta, considerando que há uma relação de prejudicialidade entre a demanda original e a introduzida pela denunciação da lide (CPC, art. 129, parágrafo único); **E**: incorreta, pois se admite uma única denunciação sucessiva, conforme expressa previsão legal, para evitar morosidade (CPC, art. 125, § 2º).
Gabarito "D".

(Analista – TJ/SC – FGV – 2018) Um credor celebrou contrato de mútuo com dois devedores solidários, que não cumpriram o dever de pagar o valor devido na data estipulada. Nesse cenário, o credor intentou ação de cobrança do valor total da dívida, em face de apenas um devedor.

O outro devedor, que não integrou a lide originária, pode:

(A) oferecer o incidente de desconsideração da personalidade jurídica inversa do réu, para que os bens de eventual sociedade sejam trazidos ao processo;
(B) peticionar nos autos, requerendo seu ingresso como assistente simples, uma vez que é juridicamente interessado;
(C) peticionar nos autos, requerendo seu ingresso como réu, formando um litisconsórcio passivo superveniente;
(D) ser denunciado à lide pelo autor ou pelo réu originário, formando um litisconsórcio ativo ou passivo, respectivamente;
(E) ser chamado ao processo pelo réu originário, formando um litisconsórcio passivo ulterior.

A: incorreta, pois não se está debatendo PJ nesse momento e, além disso, o codevedor não se valeria do IDPJ para acionar o outro codevedor; **B**: incorreta, pois seu ingresso não poderia ser como assistente simples e sim litisconsorcial, já que a relação jurídica (o débito) é com o credor, e não com o suposto assistido, de modo que a assistência seria a litisconsorcial (CPC, arts. 121 e 124); **C:** incorreta, pois não há previsão legal de "ingresso como réu", mas sim como assistente; **D:** incorreta, pois no caso de solidariedade não se usa a denunciação, que é usada para hipóteses de ação de regresso (CPC, art. 125); **E:** correta, pois quando se está diante de devedores solidários (não havendo necessidade de ação de regresso), a intervenção é o chamamento ao processo (CPC, art. 130, III).

Gabarito "E".

(OAB/FGV – 2018) Tancredo ajuizou equivocadamente, em abril de 2017, demanda reivindicatória em face de Gilberto, caseiro do sítio Campos Verdes, porque Gilberto parecia ostentar a condição de proprietário.

Diante do narrado, assinale a afirmativa correta.

(A) Gilberto deverá realizar a nomeação à autoria no prazo de contestação.

(B) Gilberto poderá alegar ilegitimidade ad causam na contestação, indicando aquele que considera proprietário.

(C) Trata-se de vício sanável, podendo o magistrado corrigir o polo passivo de ofício, substituindo Gilberto da relação processual, ainda que este não tenha indicado alguém.

(D) Gilberto poderá promover o chamamento ao processo de seu patrão, a quem está subordinado.

A: incorreta Vale destacar que essa seria a resposta correta no CPC anterior, quando existia a intervenção de terceiro "nomeação à autoria", que deixou de existir no CPC15; **B:** correta. No lugar da nomeação à autoria, o CPC15 prevê que no caso de ilegitimidade passiva deverá o réu, na própria contestação, indicar quem deveria figurar no polo passivo, quando souber. Uma vez feito isso, o autor poderá pedir a substituição do polo passivo (CPC, arts. 338 e 339); **C:** incorreta, pois descabe ao juiz corrigir o polo passivo de ofício; a troca da parte depende de manifestação do autor. O que o juiz pode fazer é extinguir o processo sem mérito quanto à parte ilegítima (CPC, art. 485, VI), mas não há previsão legal para a substituição; **D:** incorreta, pois no caso não se está diante de chamamento ao processo, pois não há solidariedade entre Tancredo e Gilberto (CPC, art. 130).

Gabarito "B".

(OAB/FGV – 2017) Antônia contratou os arquitetos Nivaldo e Amanda para realizar o projeto de reforma de seu apartamento. No contrato celebrado entre os três, foi fixado o prazo de trinta dias para a prestação do serviço de arquitetura, o que não foi cumprido, embora tenha sido feito o pagamento dos valores devidos pela contratante.

Com o objetivo de rescindir o contrato celebrado e ser ressarcida do montante pago, Antônia procura um advogado, mas lhe informa que não gostaria de processar Amanda, por serem amigas de infância.

Sobre a hipótese apresentada, assinale a opção que indica o procedimento correto a ser adotado.

(A) Será possível o ajuizamento da ação unicamente em face de Nivaldo, na medida em que a hipótese tratada é de litisconsórcio simples. A sentença proferida contra Nivaldo será ineficaz em relação a Amanda.

(B) Não será possível o ajuizamento da ação unicamente em face de Nivaldo, uma vez que a hipótese tratada é de litisconsórcio necessário. Caso a ação não seja ajuizada em face de Amanda, o juiz deverá determinar que seja requerida sua citação, sob pena de extinção do processo.

(C) Será possível o ajuizamento da ação unicamente em face de Nivaldo, na medida em que a hipótese tratada é de litisconsórcio facultativo. A sentença proferida contra Nivaldo será eficaz em relação a Amanda, pois entre eles há comunhão de direitos ou de obrigações.

(D) Não será possível o ajuizamento da ação unicamente em face de Nivaldo, uma vez que a hipótese tratada é de litisconsórcio simples. A sentença proferida contra Nivaldo será ineficaz.

A: incorreta, pois o litisconsórcio simples se refere à possibilidade de prolação de decisões diferentes para os litisconsortes – e, conforme a alternativa, nem se formou o litisconsórcio; **B:** correta. Tendo em vista a obrigação celebrada e o pagamento realizado com dois profissionais, não há como falar em rescisão somente em relação a um deles (CPC, art. 114); **C:** incorreta, porque a hipótese não é de litisconsórcio facultativo, já que houve contratação e pagamento a dois profissionais; **D:** incorreta; conforme mencionado nas alternativas anteriores.

Gabarito "B".

5. PRESSUPOSTOS PROCESSUAIS, ELEMENTOS DA AÇÃO E CONDIÇÕES DA AÇÃO

(OAB/FGV – 2020) Patrícia aluga seu escritório profissional no edifício *Law Offices*, tendo ajuizado ação em face de sua locadora, a fim de rever o valor do aluguel. Aberto prazo para a apresentação de réplica, ficou silente a parte autora.

O juiz, ao examinar os autos para prolação da sentença, verificou não ter constado o nome do patrono da autora da publicação do despacho para oferta de réplica. Entretanto, não foi determinada a repetição do ato, e o pedido foi julgado procedente.

Sobre o processo em questão, assinale a afirmativa correta.

(A) Se a ré alegar, em sede de apelação, a irregularidade da intimação para apresentação de réplica, deverá ser pronunciada a nulidade.

(B) Não havia necessidade de repetição da intimação para apresentação de réplica, já que o mérito foi decidido em favor da parte autora.

(C) Caso tivesse sido reconhecida a irregularidade da intimação para apresentação de réplica, caberia ao juiz retomar o processo do seu início, determinando novamente a citação da ré.

(D) Independentemente de ter havido ou não prejuízo à parte autora, a intimação deveria ter sido repetida, sob pena de ofensa ao princípio do contraditório.

A: incorreta, tendo em vista que o ato somente será declarado nulo quando houver prejuízo à parte – e, no caso, como o pedido foi procedente, não houve prejuízo à parte autora (não há nulidade se não houver prejuízo, o que por vezes aparece no brocardo francês *"pas de nullité sans grief"* – CPC, art. 282, §§ 1º e 2º); **B:** correta, considerando o exposto em "A" (CPC, art. 282, § 2º); **C:** incorreta, pelo exposto em "A" e considerando que a declaração de nulidade afeta os atos *subsequentes* que dependam do ato nulo e não todo o processo (CPC, arts. 281 e 282); **D:** incorreta, pois, como já visto, a declaração de nulidade do ato depende da demonstração de prejuízo à parte (CPC, art. 282, §§ 1º e 2º).

Gabarito "B".

6. FORMAÇÃO, SUSPENSÃO E EXTINÇÃO DO PROCESSO. NULIDADES

(OAB/FGV – 2022) Por mais de 10 anos, Leandro foi locatário de uma sala comercial de propriedade de Paula, na qual instalou o seu consultório para atendimentos médicos. Decidido a se aposentar, Leandro notificou Paula, informando a rescisão contratual e colocando-se à disposição para entregar o imóvel. Ultrapassados 4 (quatro) meses sem o retorno da locadora, Leandro ajuizou ação declaratória de rescisão contratual com pedido de consignação das chaves. Diante disso, Paula apresentou contestação e reconvenção, na qual pleiteia a cobrança de danos materiais por diversos problemas encontrados no imóvel. Diante desse imbróglio, e reconsiderando sua aposentadoria, Leandro consulta advogado(a) para avaliar a possibilidade de desistir da ação.

Sobre o caso narrado, assinale a afirmativa correta.

(A) Por ter sido apresentada contestação, Leandro poderá desistir da ação até a sentença, o que ficará sujeito à concordância de Paula.

(B) Como foi oferecida a contestação, Leandro não poderá mais desistir da ação.

(C) Caso apresentada desistência da ação por Leandro, sua conduta implicará a desistência implícita da reconvenção.

(D) Caso Leandro desista da ação, isso acarretará a extinção do processo sem resolução de mérito, obstando a propositura de nova ação com o mesmo objeto

A: correta, considerando que a desistência (hipótese de extinção sem mérito), pode ocorrer somente até a sentença (CPC, art. 485, § 5º). E, uma vez apresentada a contestação, a desistência depende da concordância do réu (CPC, art. 485, § 4º). **B:** incorreta, uma vez que já foi oferecida a contestação, Leandro poderá desistir desde que haja o consentimento do réu (CPC, art. 485, § 4º). **C:** incorreta, pois a desistência da ação não impede o prosseguimento do processo quanto à reconvenção (CPC, art. 343, 2º). **D:** incorreta, porque a extinção pela desistência é sem mérito (CPC, art. 485, VIII); sendo assim, não impede a repropositura da ação (CPC, art. 486).
Gabarito "A".

(OAB/FGV – 2021) Adriana ajuizou ação de cobrança em face de Ricardo, para buscar o pagamento de diversos serviços de arquitetura por ela prestados e não pagos. Saneado o feito, o juízo de primeiro grau determinou a produção de prova testemunhal, requerida como indispensável pela autora, intimando-a para apresentar o seu rol de testemunhas, com nome e endereço. Transcorrido mais de 1 (um) mês, Adriana, embora regularmente intimada daquela decisão, manteve-se inerte, não tendo fornecido o rol contendo a identificação de suas testemunhas. Diante disso, o juízo determinou a derradeira intimação da autora para dar andamento ao feito, no prazo de 5 (cinco) dias, sob pena de extinção. Essa intimação foi feita pelo Diário da Justiça, na pessoa de seu advogado constituído nos autos. Findo o prazo sem manifestação, foi proferida, a requerimento de Ricardo, sentença de extinção do processo sem resolução de mérito, tendo em vista o abandono da causa pela autora por mais de 30 (trinta) dias, condenando Adriana ao pagamento das despesas processuais e dos honorários advocatícios.

Na qualidade de advogado de Adriana, sobre essa sentença assinale a afirmativa correta.

(A) Está incorreta, pois, para que o processo seja extinto por abandono, o CPC exige prévia intimação pessoal da parte autora para promover os atos e as diligências que lhe incumbir, no prazo de 5 (cinco) dias.

(B) Está correta, pois, para que o processo seja extinto por abandono, o CPC exige, como único requisito, o decurso de mais de 30 (trinta) dias sem que haja manifestação da parte autora.

(C) Está incorreta, pois, para que o processo seja extinto por abandono, o CPC exige, como único requisito, o decurso de mais de 60 (sessenta) dias sem que haja manifestação da parte autora.

(D) Está incorreta, pois o CPC não prevê hipótese de extinção do processo por abandono da causa pela parte autora.

A: Correta. A extinção por abandono depende de intimação prévia da *parte* (CPC, art. 485, § 1º) – e não só do advogado, pela imprensa. Isso porque pode ter acontecido algo com o advogado (como uma doença) e o cliente não está sabendo e não pode ser prejudicado por isso. **B:** Incorreta, pela necessidade de intimação da própria parte (vide alternativa "A"). **C:** Incorreta, pois o prazo para abandono é, de fato, 30 dias (CPC, art. 485, III) – mas depende de intimação pessoal (vide alternativa "A"). **D:** Incorreta, considerando que a extinção por abandono é expressamente prevista no Código (art. 485, III).
Gabarito "A".

7. TUTELA PROVISÓRIA

(OAB/FGV – 2024) Bruno, após sofrer um grave acidente de carro, foi levado para a urgência do Hospital Bom Sorriso. Ao chegar ao local em uma ambulância, mesmo sendo coberto pelo seu plano de saúde e não havendo nenhuma pendência financeira, a cirurgia de urgência de Bruno foi negada pelo plano.

Desesperada, a mãe de Bruno ligou para a central de atendimento do plano e encaminhou por e-mail o laudo médico que mencionava que, se a cirurgia não fosse feita no prazo de 48 horas, Bruno poderia morrer. O plano de saúde, por sua vez, negou novamente a realização da cirurgia, sem qualquer motivação.

Com o laudo médico que diz ser fundamental a cirurgia para a sobrevivência de Bruno, a carteira do plano de saúde, um documento que comprova que Bruno não está inadimplente com o plano e um comprovante da negativa do plano de saúde, a mãe de Bruno procura você, como advogado(a), para a defesa do direito e, especialmente, a indicação de pedido de tutela de urgência.

Com base nos elementos apresentados e na possibilidade do pedido de tutela de urgência, assinale a afirmativa que apresenta, corretamente, sua orientação.

(A) Para a concessão da tutela de urgência, basta apenas a existência de elementos que evidenciem a probabilidade do direito, sendo dispensável a comprovação do perigo de dano ou o risco ao resultado útil do processo.

(B) Para a concessão da tutela de urgência, deverão existir elementos que evidenciem a probabilidade do direito e o perigo de dano ou o risco ao resultado útil do processo.

(C) Caso a tutela de urgência seja concedida para a realização da cirurgia de Bruno, o juiz não precisará motivar seu convencimento, em razão da urgência.

(D) Caso a tutela de urgência não seja concedida, não é possível a interposição de recurso, pois a demanda se estabilizará.

A: Incorreta, pois a tutela de *urgência* será concedida quando houver elementos que evidenciem a probabilidade do direito e o perigo de dano ou o risco ao resultado útil do processo (CPC, art. 300). Ou seja, há necessidade de *urgência*. Tutela provisória sem urgência é a tutela de evidência.
B: Correta, considerando ser essa a previsão do art. 300 do CPC: tutela de *urgência* demanda bom argumento e *urgência*.
C: Incorreta, porque conforme a previsão do art. 298 do CPC, o juiz deve motivar seu convencimento na decisão que concede a tutela provisória.
D Incorreta, tendo em vista que cabe agravo de instrumento em face de decisões que versarem sobre tutelas provisórias (CPC, art. 1.015, I).

Gabarito "B".

(OAB/FGV – 2024) Aline recebeu uma proposta de investimento de Gizé Ltda., instituição que atua no mercado financeiro, que lhe garantiria um retorno fixo mensal de 10% ao mês sobre o capital investido. Crendo tratar-se de um ótimo negócio, Aline transferiu R$ 500.000,00 (quinhentos mil reais) para a conta da Gizé Ltda., que passou a lhe apresentar extratos mensais, apontando um suposto crescimento do capital.

Entretanto, alguns meses depois, foi divulgado em um importante veículo de comunicação que a Gizé Ltda. estava sendo investigada pela prática de pirâmide financeira. Muito nervosa, Aline tentou contato telefônico com a instituição, sem sucesso. Depois de inúmeros e-mails, Aline decidiu ir ao estabelecimento onde funcionava a Gizé Ltda., mas encontrou o imóvel abandonado.

Constatando tratar-se de um golpe, Aline, por meio de advogado(a), decidiu ajuizar pedido de tutela cautelar em caráter antecedente, com o objetivo de efetivar o arresto de R$ 500.000,00 (quinhentos mil reais), antes de formular o pedido principal, de rescisão do contrato, com devolução do valor depositado, cobrança dos rendimentos contratados e indenização pelos danos morais sofridos.

Sobre essa modalidade de tutela provisória, assinale a afirmativa correta.

(A) Sendo deferida a tutela cautelar antecedente requerida por Aline, ela deverá ser efetivada no prazo de 60 (sessenta) dias, sob pena de perda da eficácia da tutela cautelar concedida.

(B) Sendo efetivada a tutela cautelar antecedente requerida por Aline, o pedido principal deverá ser formulado no prazo de 15 (quinze) dias, sob pena de perda da eficácia da tutela cautelar concedida.

(C) Se o pedido principal formulado por Aline for julgado improcedente, haverá perda da eficácia da tutela cautelar concedida.

(D) Se houver a perda da eficácia da tutela cautelar antecedente, tal pedido poderá ser renovado posteriormente, com base nos mesmos fundamentos.

A: Incorreta, pois cessa a eficácia da tutela concedida se não for efetivada dentro do prazo de 30 dias (CPC, art. 309, II).
B: Incorreta, porque efetivada a tutela cautelar antecedente, o pedido principal deverá ser formulado no prazo de 30 (trinta) dias (CPC, art. 308). **C:** Correta, considerando que a previsão do art. 309, III, cessa a eficácia da tutela concedida se o juiz julgar improcedente o pedido principal formulado pelo autor. **D:** Incorreta, tendo em vista que, se houver a perda da eficácia da tutela cautelar, a parte não poderá renovar o pedido, salvo diante de novo fundamento (CPC, 309, parágrafo único).

Gabarito "C".

(ENAM – 2024.1) Karina formulou requerimento de tutela cautelar antecedente em face de Rafael, pleiteando o sequestro de dois automóveis que estão sob a posse desse último, com o intuito de preservar a efetividade da futura ação de rescisão do negócio jurídico. Rafael não contestou o pedido.

O juízo deferiu a tutela em 20/05/2023. O sequestro do primeiro automóvel, por sua vez, foi realizado em 30/05/2023. O sequestro do segundo automóvel, a seu turno, foi efetivado em 20/09/2023. Karina formulou o pedido principal em 25/09/2023.

Sobre o caso narrado, assinale a afirmativa correta.

(A) No momento da formulação do pedido principal, já havia sido ultrapassado o prazo previsto no Código de Processo Civil, de modo que a tutela cautelar deverá perder sua eficácia e o processo ser extinto sem exame do mérito.

(B) Karina não pode aditar a causa de pedir no momento da formulação do pedido principal.

(C) A formulação do pedido principal prescinde do adiantamento de novas custas processuais.

(D) O prazo para formulação do pedido principal tem início na data de concessão da tutela cautelar.

(E) A ausência de contestação do pedido não induz à presunção de veracidade dos fatos alegados pela autora.

Estamos diante de questão que envolve tutela provisória cautelar formulada de forma antecedente, com posterior formulação do pedido principal. Isso tudo é feito nos mesmos autos. **A:** Incorreta. Conforme previsão do art. 308 do CPC, o pedido principal terá de ser formulado pelo autor no prazo de 30 dias, contados da efetivação da tutela cautelar (já decidiu o STJ que essa contagem é em dias úteis). No caso, a efetivação da tutela ocorreu com o sequestro do segundo automóvel em 20/09/2023 e, portanto, o pedido principal foi apresentado no prazo legal. **B:** Incorreta, pois o art. 308, § 2º do CPC prevê que a causa de pedir poderá ser aditada no momento da formulação do pedido principal. **C:** Correta, sendo essa a previsão do art. 308 do CPC: não há necessidade de recolher novas custas para o pedido principal. **D:** Incorreta, pois o prazo tem início com a efetivação da tutela cautelar (CPC, art. 308). **E:** Incorreta. Não sendo contestado o pedido, haverá presunção de veracidade dos fatos alegados pela autora (CPC, art. 307).

Gabarito "C".

(Juiz Federal – TRF/1 – 2023 – FGV) Rafael ajuizou uma ação com pedido de tutela cautelar requerida em caráter antecedente, postulando que o réu cumprisse determinada obrigação de fazer.

Sobre o instituto da tutela cautelar requerida em caráter antecedente, é correto afirmar que:

(A) não pressupõe a existência de perigo de dano;

(B) efetivada a tutela cautelar, o pedido principal deve ser formulado pelo autor no prazo de quinze dias;

(C) não contestado o pedido, os fatos alegados pelo autor não presumir-se-ão aceitos pelo réu como ocorridos;

(D) o seu indeferimento impede que a parte formule o pedido principal, se o motivo do indeferimento for o reconhecimento de decadência ou de prescrição;

(E) o magistrado, ao receber a petição inicial, determinará a citação do réu para, no prazo de três dias, contestar o pedido e indicar as provas que pretende produzir.

A: Incorreta. É requisito para a concessão da medida a exposição sumária do perigo de dano ou o risco ao resultado útil do processo (CPC, art. 305). **B:** Incorreta. Efetivada a tutela, o pedido principal terá de ser formulado pelo autor no prazo de 30 (trinta) dias (CPC, art. 308). Entendeu o STJ que esse prazo é contado em dias úteis. **C:** Incorreta. Não sendo contestado o pedido, os fatos alegados pelo autor presumir-se-ão aceitos pelo réu como ocorridos (CPC, art. 307). **D:** Correta, sendo essa a previsão do art. 310 do CPC. Fora isso, a liminar não impede a formulação / aditamento do pedido principal. **E:** Incorreta, pois nos termos do art. 306 do CPC, o réu será citado para contestar o pedido e indicar as provas no prazo de 5 (cinco) dias.

Gabarito "D".

(OAB/FGV – 2023) Ademir Leone, servidor público aposentado, atualmente obtém sua maior fonte de renda por meio da compra e venda de ações na bolsa de valores brasileira, tendo em vista a perda do poder econômico de sua aposentadoria.

Certo dia, ao tentar comprar ações na bolsa de valores, recebe a notificação de que seu nome havia sido inscrito nos órgãos de proteção ao crédito em razão do inadimplemento das parcelas de um empréstimo firmado com o Banco Prata, e por isso a transação não poderia ser completada, bem como soube que suas ações foram bloqueadas.

Incrédulo com tal situação, pois nunca contratou com tal banco, além de temer pelo sustento de sua família, Ademir procurou você, como advogado(a), para saber da possibilidade de limpar seu nome o quanto antes, ajuizando ação judicial, mas sem precisar esperar o fim do processo.

Assinale a afirmativa que apresenta, corretamente, a orientação que atende à pretensão do seu cliente,

(A) Não existe essa possibilidade no direito brasileiro, o qual pauta-se no contraditório e na ampla defesa, respeitando o devido processo legal, seguindo todas as fases processuais, para que, somente ao final, seja dada uma decisão justa e equânime.

(B) É possível que seja concedida a tutela de urgência, sendo desnecessário a demonstração de elementos que evidenciam a probabilidade do direito e o perigo de dano ou o risco ao resultado útil do processo.

(C) Existe a possibilidade de que seja concedida a tutela de evidência, desde que demonstrado o perigo de dano ou o risco ao resultado útil do processo.

(D) Há a possibilidade de que seja concedida a tutela de urgência, pois existem elementos que evidenciam a probabilidade do direito e o perigo de dano ou o risco ao resultado útil do processo.

A: incorreta, visto que o sistema processual prevê a possibilidade de tutela provisória; ou seja, uma decisão antes do final do processo. E, no caso, a hipótese é de tutela de urgência (CPC, art. 300). **B:** incorreta, porque os principais requisitos para a concessão da tutela de urgência (CPC, art. 300) são, exatamente: (i) a probabilidade do direito e (ii) o perigo de dano ou risco ao resultado útil do processo (CPC, art. 300). **C:** incorreta, pois para a tutela de evidência (CPC, art. 311) não há necessidade de perigo de dano (ou seja, a tutela de evidência é a liminar sem urgência). **D:** correta. Na linha do exposto nas alternativas anteriores, os requisitos para a concessão da tutela de urgência são (i) a probabilidade do direito e (ii) o perigo de dano ou risco ao resultado útil do processo (CPC, art. 300).

Gabarito "D".

(OAB/FGV – 2023) A sociedade empresária Vesta Construções e Serviços Ltda. propôs tutela cautelar, requerida em caráter antecedente, contra a sociedade empresária Minerva Incorporações Ltda., fundada em contrato de construção civil e fornecimento de serviços, que contém cláusula arbitral para a resolução de quaisquer controvérsias advindas desse contrato. Vesta Construções e Serviços Ltda. figura como parte contratada e Minerva Incorporações Ltda. como parte contratante.

Vesta Construções e Serviços Ltda. alega que, embora tenha executado os serviços previstos no contrato, Minerva Incorporações Ltda. aplicou multas contratuais em razão de atraso no cronograma das obras, as quais alega que não seriam devidas. Por essa razão, Vesta Construções e Serviços Ltda. ingressou com a tutela cautelar em caráter antecedente e requereu que fosse concedida tutela de urgência para impedir que Minerva Incorporações Ltda. realize quaisquer atos de cobrança das multas aplicadas à Vesta Construções e Serviços Ltda.

A tutela de urgência foi totalmente deferida pelo magistrado em favor de Vesta Construções e Serviços Ltda. Na qualidade de advogado(a) de Vesta Construções e Serviços Ltda. assinale a opção que apresente a medida processual a ser adotada, em razão do deferimento da tutela cautelar.

(A) Formular o pedido principal nos mesmos autos da tutela cautelar requerida em caráter antecedente, dentro do prazo de 30 (trinta) dias a contar da data da efetivação da tutela cautelar.

(B) Requerer a instauração da arbitragem dentro do prazo de 30 (trinta) dias a contar da data da efetivação da tutela cautelar.

(C) Formular o pedido principal nos mesmos autos da tutela cautelar requerida em caráter antecedente, dentro do prazo de 15 (quinze) dias, ou em outro prazo maior que o juiz fixar, a contar da data da efetivação da tutela cautelar.

(D) Requerer a instauração da arbitragem dentro do prazo de 15 (quinze) dias, ou em outro prazo maior que o juiz fixar, a contar da data da efetivação da tutela cautelar.

A: incorreta. É possível, diante de um contrato que tenha cláusula de arbitragem, que uma questão de urgência seja inicialmente apreciada pelo Judiciário – com a concessão de uma tutela de urgência. Mas a solução do conflito, no mérito, deverá ser realizada perante o juízo arbitral, e não estatal (Lei nº 9.307/1996, art. 8º). Logo, o pedido principal não será feito perante o Judiciário. **B:** correta pois, nos termos do exposto em "A", considerando que o contrato contém cláusula compromissória, a competência para dirimir a controvérsia, no mérito, será do Juízo Arbitral (Lei. nº 9.307/1996, art. 8º). Assim, a complementação do pedido (o "pedido principal" – CPC, art. 308) será feito perante o árbitro, e não perante o juiz. **C:** incorreta, visto que

o ponto já foi explicada na alternativa "A", sendo que o prazo para o pedido principal é de 30 dias (CPC, art. 308). **D:** incorreta, já que, nos termos do art. 308 do CPC, o prazo para formular o pedido principal é de 30 dias, contado da efetivação da tutela cautelar. Assim, após o deferimento da medida, esse prazo será observado.
Gabarito "B".

(OAB/FGV – 2022) Paulo Filho pretende ajuizar uma ação de cobrança em face de Arnaldo José, tendo em vista um contrato de compra e venda firmado entre ambos.

As alegações de fato propostas por Paulo podem ser comprovadas apenas documentalmente, e existe uma tese firmada em julgamento de casos repetitivos.

Ao questionar seu advogado sobre sua pretensão, Paulo Filho buscou saber se existia a possibilidade de que lhe fosse concedida uma tutela de evidência, com o intuito de sanar o problema da forma mais célere.

Como advogado(a) de Paulo, assinale a afirmativa correta.

(A) A tutela da evidência será concedida, caso seja demonstrado o perigo de dano ou o risco ao resultado útil do processo, quando as alegações de fato puderem ser comprovadas apenas documentalmente e houver tese firmada em julgamento de casos repetitivos ou em súmula vinculante.

(B) A tutela da evidência será concedida, independentemente da demonstração de perigo de dano ou de risco ao resultado útil do processo, somente quando ficar caracterizado o abuso do direito de defesa ou o manifesto propósito protelatório da parte.

(C) A tutela da evidência será concedida, independentemente da demonstração de perigo de dano ou de risco ao resultado útil do processo, quando as alegações de fato puderem ser comprovadas apenas documentalmente e houver tese firmada em julgamento de casos repetitivos ou em súmula vinculante.

(D) A tutela da evidência será concedida, independentemente da demonstração de perigo de dano ou de risco ao resultado útil do processo, somente quando a petição inicial for instruída com prova documental suficiente dos fatos constitutivos do direito do autor, a que o réu não oponha prova capaz de gerar dúvida razoável.

A: Incorreta, pois a tutela de evidência é a medida liminar sem o requisito da urgência (CPC, art. 311). Se houver uma situação de urgência, a medida a ser pleiteada é a tutela de urgência (CPC, art. 300).
B: Incorreta, considerando que a concessão de tutela de evidência fundada no abuso do direito de defesa é apenas uma das hipóteses de tutela provisória (CPC, art. 311, I). **C:** Correta, pois a tutela de evidência não depende de situação de perigo (art. 311, *caput*) e pode ser concedida quando as alegações de fato puderem ser comprovadas por documento (sem dilação probatória) e houver tese repetitiva (CPC, art. 311, II).
D: Incorreta, considerando que a concessão de tutela de evidência fundada na resposta genérica do réu é apenas uma das hipóteses de tutela provisória (CPC, art. 311, IV).
Gabarito "C".

(OAB/FGV – 2022) Com o objetivo de obter tratamento médico adequado e internação em hospital particular, Pedro propõe uma demanda judicial em face do Plano de Saúde X, com pedido de tutela provisória de urgência incidental. Concedida a tutela provisória, devidamente cumprida pelo réu, é proferida sentença pela improcedência do pedido apresentado por Pedro, a qual transita em julgado diante da ausência de interposição de qualquer recurso. O réu, então, apresenta, em juízo, requerimento para que Pedro repare os prejuízos decorrentes da efetivação da tutela provisória anteriormente deferida, com o pagamento de indenização referente a todo o tratamento médico dispensado. Diante de tal situação, é correto afirmar que, de acordo com o Código de Processo Civil,

(A) o autor responde pelo prejuízo que a efetivação da tutela provisória de urgência causar ao réu, dentre outras hipóteses, se a sentença lhe for desfavorável.

(B) por se contrapor aos princípios do acesso à justiça e da inafastabilidade do controle jurisdicional, não há previsão legal de indenização pelos prejuízos eventualmente causados pelo autor com a efetivação da tutela provisória.

(C) a liquidação e a cobrança da indenização referentes ao prejuízo sofrido pelo réu pela efetivação da tutela de urgência, seguindo a regra geral, devem ser objeto de ação própria, descabendo a apresentação do requerimento nos próprios autos em que a medida foi concedida.

(D) a indenização pretendida pelo réu afasta a possibilidade de reparação por eventual dano processual, sendo inacumuláveis os potenciais prejuízos alegados pelas partes.

A: Correta. O tema é expressamente regulado pelo CPC, no art. 302, I: "(...) a parte responde pelo prejuízo que a efetivação da tutela de urgência causar à parte adversa, se: I – a sentença lhe for desfavorável".
B: Incorreta, pois ainda que exista princípio do acesso à justiça, existem consequências por se litigar – e previsão legal expressa de indenização, nesses casos (vide alternativa "A"). **C:** Incorreta, considerando ser possível pleitear essa indenização nos próprios autos em que foi deferida a tutela de urgência (CPC, art. 302, p.u.). **D:** Incorreta, pois a parte inicial do art. 302 do CPC aponta expressamente o seguinte: "Independentemente da reparação por dano processual, a parte responde pelo prejuízo (...)". Ou seja, além de ter de indenizar pela tutela de urgência revogada, a parte também arcará com eventual litigância de má-fé imposta pelo juiz no processo.
Gabarito "A".

(OAB/FGV – 2021) Thiago, empresário com renda mensal de R$ 1.000.000,00 (um milhão de reais), ajuizou ação pelo procedimento comum em face do plano de saúde X, com pedido de tutela provisória de urgência, para que o plano seja compelido a custear tratamento médico no valor de R$ 300.000,00 (trezentos mil reais). O juízo, embora entendendo estarem presentes a probabilidade de existência do direito alegado por Thiago e o risco à sua saúde, condicionou a concessão da tutela provisória de urgência à prestação de caução equivalente a R$ 100.000,00 (cem mil reais), de modo a ressarcir eventuais prejuízos que o plano de saúde X possa sofrer em havendo a cessação de eficácia da medida.

A este respeito, assinale a afirmativa correta.

(A) A exigência de caução para concessão de tutela provisória de urgência no caso em tela é desprovida de fundamento legal, razão pela qual é indevida.

(B) A decisão judicial que condicione a concessão de tutela provisória de urgência à prestação de caução é impugnável por meio de preliminar no recurso de apelação.

(C) A decisão está em desconformidade com o Código de Processo Civil, pois a caução para a concessão de tutela provisória deve ser de, no mínimo, 50% do valor econômico da pretensão.

(D) A exigência de caução, para concessão de tutela provisória de urgência, é admissível como forma de proteção ao ressarcimento de danos que o requerido possa sofrer em virtude da tutela.

A: incorreta, pois o juiz poderá, ao deferir a liminar, determinar a prestação de caução (CPC, art. 300, § 1º); **B:** incorreta, porque em se tratando de decisão interlocutória, o recurso cabível é o agravo de instrumento (CPC, art. 1.015, I); **C:** incorreta, pois não há previsão de qual o percentual da caução a ser determinada pelo juiz (CPC, art. 300, § 1º); **D:** correta, pois essa é a previsão legal (CPC, art. 300, § 1º).

Gabarito "D".

(OAB/FGV – 2019) Pedro, na qualidade de advogado, é procurado por Alfredo, para que seja proposta uma demanda em face de João, já que ambos não conseguiram se compor amigavelmente. A fim de embasar suas alegações de fato, Alfredo entrega a Pedro contundentes documentos, que efetivamente são juntados à petição inicial, pela qual, além da procedência dos pedidos, Pedro requer a concessão de liminar em favor de seu cliente.

Malgrado a existência de tese firmada em julgamento de recurso repetitivo favorável a Alfredo, o juiz indefere a liminar, sob o fundamento de que não existe urgência capaz de justificar o requerimento.

Posto isso, a decisão está

(A) correta, pois, ainda que o autor tenha razão, o devido processo legal impõe que seu direito seja reconhecido apenas na sentença, exceto na hipótese de urgência, o que não é o caso.

(B) incorreta, pois, se as alegações de fato puderem ser comprovadas apenas documentalmente e houver tese firmada em julgamento de casos repetitivos, como no caso, a liminar pode ser deferida.

(C) correta, pois a liminar só poderia ser deferida se, em vez de tese firmada em sede de recurso repetitivo, houvesse súmula vinculante favorável ao pleito do autor.

(D) incorreta, pois a tutela de evidência sempre pode ser concedida liminarmente.

A: incorreta, pois o CPC prevê "liminar" (tutela provisória) não só na urgência, mas também na evidência (art. 311); **B:** esta a alternativa correta, pois o juiz errou ao indeferir a liminar, pois uma das hipóteses de tutela de evidência é, exatamente, a existência de documentos aliados à tese repetitiva firmada (CPC, art. 311, II e p.u.); **C:** incorreta, pois também tese repetitiva justifica a tutela de evidência; **D:** incorreta, pois das quatro hipóteses de tutela de evidência, em apenas duas é possível a concessão liminar, sem a prévia oitiva da parte contrária (art. 311, p.u.).

Gabarito "B".

(Analista Judiciário – TJ/AL – 2018 – FGV) No que se refere às tutelas provisórias, é correto afirmar que:

(A) as deferidas contra o Poder Público somente podem ter a eficácia suspensa com o manejo do recurso cabível;

(B) têm natureza cautelar, na hipótese de concessão de alimentos provisórios;

(C) a tutela de urgência, caso tenha natureza antecipatória, pode ser deferida em caráter incidental, mas não antecedente;

(D) caso deferida, a tutela de urgência acautelatória não pode ser modificada ou revogada;

(E) são impugnáveis, caso concedidas pelo juízo de primeira instância, pelo recurso de agravo de instrumento.

A: incorreta, considerando que as tutelas provisórias deferidas contra a Fazenda podem ter sua eficácia suspensa por meio do pedido de suspensão de liminar, de segurança ou de sentença (SLS), instrumentos que não têm natureza recursal (Lei 8.437, art. 4º); **B:** incorreta, tendo em vista que a concessão de alimentos provisórios é tutela provisória de urgência de natureza satisfativa (antecipação de tutela), pois há o efetivo recebimento dos alimentos (Lei 5.478/68, art. 4º); **C:** incorreta, porque a tutela de urgência pode ser deferida em caráter incidental ou antecedente (CPC, art. 294, parágrafo único); **D:** incorreta, pois as tutelas provisórias podem ser revogadas ou modificadas a qualquer tempo (CPC, art. 296); **E:** correta, conforme previsão expressa no rol do art. 1.015, sendo o agravo de instrumento de tutela provisória o melhor exemplo do rol de cabimento desse recurso (CPC, art. 1.015, I).

Gabarito "E".

(OAB/FGV – 2018) Márcia está muito doente e necessita fazer uso contínuo do medicamento XYZ para sobreviver. Embora, durante os últimos anos, tenha obtido os medicamentos no único hospital público da cidade em que reside, foi informada de que aquela era a última caixa e que, no mês seguinte, o medicamento não seria mais fornecido pela rede pública.

Diante de tal circunstância, desejando obter o fornecimento do medicamento, Márcia procura você, como advogado(a), para elaborar a petição inicial e ajuizar a demanda que obrigue o Poder Público ao fornecimento do medicamento XYZ. A petição inicial distribuída trouxe o pedido de medicamentos em caráter antecedente e tão somente a indicação do pedido de tutela final, expondo na lide o direito que busca realizar e o perigo de dano à saúde de Márcia.

A respeito do caso mencionado, assinale a afirmativa correta.

(A) O(A) advogado(a) de Márcia fez uso da denominada tutela da evidência, em que se requer a demonstração do perigo de dano ou de risco ao resultado útil do processo.

(B) O procedimento adotado está equivocado, pois a formulação completa da causa de pedir e do pedido final é requisito do requerimento de tutela antecedente.

(C) O(A) advogado(a) agiu corretamente, sendo possível a formulação de requerimento de tutela antecipada antecedente para o fornecimento de medicamento.

(D) Ocorrerá o indeferimento de plano da petição inicial, caso o juiz entenda que não há elementos para a concessão da tutela antecipada.

A: incorreta, considerando que na tutela de evidência (CPC, art. 311) não se fala em perigo de dano ou de risco ao resultado útil do processo; **B:** incorreta, pois para pleitear tutela antecipada antecedente, não é necessário apontar a causa de pedir e pedido na íntegra, mas tão somente indicar o que urgente (CPC, art. 303, *caput* e § 1º, inc. I); **C:** correta, pois no Código atual é possível, ao se pleitear tutela de urgência, apenas formular o pedido da tutela antecipada antecedente

(CPC, art. 303), com o posterior aditamento da causa de pedir e do pedido; **D:** incorreta, considerando que se não houver elementos para a concessão da tutela antecipada, o juiz determinará a emenda da inicial, no prazo de cinco dias (CPC, art. 303, § 6º).

Gabarito "C".

(OAB/FGV – 2018) Em virtude de acidente sofrido nas dependências da loja da operadora de celular Fale Mais S/A, Luana ajuizou ação em face da empresa em questão, buscando indenização por danos materiais e morais, com a concessão de tutela de urgência para o pagamento imediato de despesas médicas. Os aspectos fáticos de suas alegações foram comprovados por meio de documentos, sendo certo que sua tese jurídica encontra respaldo em julgamento de incidente de resolução de demandas repetitivas.

Sobre o caso, assinale a afirmativa correta.

(A) Será possível a concessão da tutela da evidência, podendo ser dispensada, para tanto, a prévia oitiva da ré.

(B) A concessão da tutela de urgência poderá ser liminar e independerá da demonstração de perigo de dano ou de risco ao resultado útil do processo.

(C) A tutela antecipada que for concedida em caráter incidental torna-se estável se, da decisão que a conceder, não for interposto o respectivo recurso, levando à extinção do processo.

(D) Concedida a tutela de urgência ou da evidência, somente poderá ser revogada até o fim da instrução processual.

A: correta. A situação narra na alternativa (existência de tese fixada em IRDR) é uma daquelas em que cabe tutela de evidência, inclusive sem a oitiva do réu| (CPC, art. 311, II e parágrafo único); **B:** incorreta, pois como exposto no item anterior, a existência de tese fixada em IRDR é requisito para concessão de tutela de evidência, e não de urgência; **C:** incorreta. Apesar de a afirmação sobre a estabilização da tutela antecipada ser correta (CPC, art. 304, *caput* e § 1º), a questão trata de tutela de evidência e não de urgência; **D:** incorreta, pois a tutela provisória, que se divide em tutela de evidência e de urgência, pode ser alterada a qualquer tempo (CPC, art. 302, III).

Gabarito "A".

(OAB/FGV – 2018) Alexandre ajuizou ação em face da prestadora de serviço de iluminação pública de sua cidade, questionando os valores cobrados nas últimas contas, bem como pleiteando a condenação da Ré no pagamento de indenização por danos morais. A título de tutela provisória, requereu a retirada de seu nome dos cadastros de inadimplentes, tendo a juíza competente deferido liminarmente a tutela da evidência sob o fundamento de que a ré costuma apresentar contestações padronizadas em processos semelhantes, o que caracterizaria abuso de direito de defesa.

Sobre o procedimento adotado, assinale a afirmativa correta.

(A) O juiz errou ao conceder liminarmente a tutela da evidência, na medida em que esta somente é cabível quando há súmula vinculante sobre o tema.

(B) O juiz acertou ao conceder liminarmente a tutela da evidência, pois a apresentação de contestação padronizada em outro processo configura abuso de direito de defesa.

(C) O juiz acertou ao conceder liminarmente a tutela da evidência, uma vez que, assim como na tutela de urgência, é dever do juiz conceder a tutela independentemente da oitiva do réu.

(D) O juiz errou ao conceder liminarmente a tutela da evidência, pois é necessária a oitiva do réu antes de concedê-la com fundamento no abuso do direito de defesa.

A: incorreta, pois o Código traz duas situações em que cabe a tutela de evidência liminarmente (CPC, art. 311, parágrafo único); **B:** incorreta, considerando não ser critério para concessão de tutela de evidência o que se verifica em outro processo individual; não existe essa previsão no art. 311 do CPC; **C:** incorreta, pois existem quatro hipóteses de tutela de evidência, sendo que somente em duas dessas situações é que será possível a concessão da tutela de evidência liminarmente, conforme exposto em "A"; **D:** correta, devendo ser assinalada pois o juiz não agiu corretamente. Uma das hipóteses em que é possível a concessão de tutela de evidência é diante do "abuso de direito de defesa" (CPC, art. 311, I). Ora, só se pode falar em abuso desse direito após a manifestação da parte, não sendo possível se levar em conta processo anterior. Logo, o juiz não poderia ter decidido liminarmente (CPC, art. 311, parágrafo único, que não faz menção à hipótese de direito de defesa, constante do inciso I).

Gabarito "D".

(OAB/FGV – 2017) O Sr. João, pessoa idosa e beneficiária de plano de saúde individual da sociedade "ABC Saúde Ltda.", começa a sentir fortes dores no peito durante a madrugada e, socorrido por seus familiares, é encaminhado para a unidade hospitalar mais próxima.

O médico responsável pelo atendimento inicial constata um quadro clínico grave, com risco de morte, sendo necessário o imediato encaminhamento do Sr. João para a Unidade de Terapia Intensiva (UTI) do hospital. Ao ser contatado, o plano de saúde informa que não autoriza a internação, uma vez que o Sr. João ainda não havia cumprido o período de carência exigido em contrato.

Imediatamente, um dos filhos do Sr. João, advogado, elabora a ação cabível e recorre ao plantão judicial do Tribunal de Justiça do estado em que reside.

A partir do caso narrado, assinale a alternativa correta.

(A) A tutela de urgência a ser requerida deve ser deferida, tendo em vista os princípios da cooperação e da não surpresa que regem a codificação processual vigente, após a prévia oitiva do representante legal do plano de saúde "ABC Saúde Ltda.", no prazo de 5 (cinco) dias úteis.

(B) Uma vez demonstrado o perigo de dano ou de risco ao resultado útil do processo, o magistrado poderá conceder tutela de evidência em favor do Sr. João, autorizando sua internação provisória na Unidade de Terapia Intensiva do hospital.

(C) Diante da urgência do caso, contemporânea à propositura da ação, a petição inicial redigida poderia limitar-se ao requerimento da tutela antecipada e à indicação do pedido final. Concedida a tutela antecipada, o autor deverá aditar a petição inicial em 15 (quinze) dias ou em outro prazo maior que o juiz fixar.

(D) Concedida a tutela provisória requerida em favor do Sr. João, ela conserva a sua eficácia na pendência do processo, apenas podendo vir a ser revogada ou modificada com a prolação da sentença definitiva de mérito.

A: incorreta, pois é possível a concessão de tutela de urgência sem oitiva do réu, existindo expressa previsão legal nesse sentido (CPC, art. 9º, parágrafo único, I – dispositivo que prestigia o acesso à justiça); **B:** incorreta, porque o perigo de dano ou de risco ao resultado útil é requisito para a concessão de tutela de urgência, sendo que o que caracteriza a tutela de evidência é exatamente a desnecessidade de perigo para sua concessão (CPC, art. 300); **C:** correta. Se existe urgência desde o momento em que a parte ingressa com a petição inicial, o CPC permite que se formule apenas o pedido de urgência, sem que já tenha de se apresentar o pedido principal; é o que o Código denomina de "tutela antecipada antecedente" (art. 303); **D:** incorreta, pois a tutela provisória pode ser revogada ou modificada a qualquer momento, exatamente por ser provisória (CPC, art. 296).

Gabarito "C."

8. PETIÇÃO INICIAL

(Procurador – AL/PR – 2024 – FGV) Baden Bacon propôs ação indenizatória contra o Estado do Paraná, postulando R$350.000,00 (trezentos e cinquenta mil reais) por danos materiais e morais que alega ter sofrido no carnaval de 2024, por abordagem indevida da Polícia Militar em ação durante bloco de rua.

Se a petição inicial for recebida, o juiz

(A) designará audiência de conciliação ou de mediação com antecedência mínima de 30 (trinta) dias, devendo ser citada a fazenda pública com pelo menos 20 (vinte) dias de antecedência e terá prazo em dobro para todas as suas manifestações processuais.

(B) não haverá prazo diferenciado para a prática de qualquer ato processual pela fazenda pública, inclusive para a interposição de recursos.

(C) não haverá prazo diferenciado para a prática de qualquer ato processual pela fazenda pública, devendo a citação para a audiência de conciliação ser efetuada com antecedência mínima de 30 (trinta) dias.

(D) a fazenda pública gozará de prazo em dobro para todas as suas manifestações processuais, cuja contagem terá início a partir da intimação pessoal e, assim, terá o prazo de 40 (quarenta) dias de antecedência da audiência de conciliação ou de mediação.

(E) a fazenda pública gozará de prazo em dobro para todas as suas manifestações processuais, cuja contagem terá início a partir da intimação pessoal e, assim, terá o prazo de 60 (sessenta) dias de antecedência da audiência de conciliação ou de mediação.

A: Correta. A audiência de conciliação ou de mediação deverá ser designada com antecedência mínima de 30 (trinta) dias, devendo o réu ser citado com pelo menos 20 (vinte) dias de antecedência (CPC, art. 334). Conforme dispõe o art. 183 do CPC, a Fazenda Pública terá prazo em dobro para todas as suas manifestações processuais. **B:** Incorreta. A Fazenda Pública terá prazo em dobro para todas as suas manifestações processuais (CPC, art. 183). **C:** Incorreta, pois a Fazenda Pública terá prazo em dobro para todas as suas manifestações processuais (CPC, art. 183). Além disso, a Fazenda Pública deverá ser citada com pelo menos 20 (vinte) dias de antecedência da data designada para a audiência de conciliação ou de mediação (CPC, art. 334). **D:** Incorreta, o Código assegura prazo em dobro apenas para o poder público (Fazenda Pública) apresentar suas manifestações processuais, o que não implica na dilação do prazo mínimo entre a citação e a designação da audiência previsto no art. 334 do CPC. **E:** Incorreta, vide justificativa para alternativa "D".

Gabarito "A."

(OAB/FGV – 2023) Luíza ajuizou ação de cobrança contra Ricardo. Em sua petição inicial, informou que não possui interesse na realização de audiência de conciliação ou mediação. Ricardo, por sua vez, apresentou manifestação informando que possui interesse na realização da audiência de conciliação ou mediação. Diante do interesse formalizado pelo réu, o juiz competente da causa designou data e local para a realização da audiência. Considerando o caso narrado, Luiza

(A) não precisa comparecer à audiência de conciliação ou mediação, tendo em vista que já manifestou desinteresse em sua realização na petição inicial.

(B) não deve comparecer à audiência de conciliação ou mediação, sob pena de o seu comparecimento representar anuência tácita em compor, obrigando-a a firmar acordo com Ricardo.

(C) deve comparecer à audiência de conciliação ou mediação, sob pena de ter seu processo extinto sem resolução do mérito, por falta de interesse processual.

(D) deve comparecer à audiência de conciliação ou mediação, e, caso de forma injustificada não compareça, será sancionada com multa, tendo em vista que sua ausência será considerada ato atentatório à dignidade da justiça.

A: incorreta. Pelo CPC, só não haverá a audiência se ambas as partes manifestarem desinteresse na audiência (CPC, art. 334, § 4º, I). Assim, correta, pela lei processual, a designação da audiência. Logo, se o autor não comparecer (ou não apresentar justificativa pertinente acerca do não comparecimento), poderá haver a imposição de multa ao autor (CPC, art. 334, § 8º). **B:** incorreta, pois a audiência de conciliação ou mediação é método consensual para resolução de conflitos e, portanto, não há qualquer hipótese de "anuência tácita" a qualquer acordo. **C:** incorreta, visto que, o âmbito do CPC, o não comparecimento injustificado à audiência de conciliação ou mediação acarretará aplicação de multa de até dois por cento da vantagem econômica pretendida ou do valor da causa (CPC, art. 334, § 8º), de modo que não há se falar em extinção. Em outros procedimentos, desde que previsto em lei – como no JEC (L. 9.099/95, art. 51, I) – a ausência à audiência pode acarretar a extinção do processo sem resolução de mérito. **D:** correta considerando que, como visto nas alternativas anteriores, essa é a previsão legal: designada a audiência, se a parte não comparecer, de forma injustificada, haverá a imposição de multa (CPC, art. 334, § 8º).

Gabarito "D."

(OAB/FGV – 2023) Marcela ajuizou ação de cobrança em face de Gabriel, seu vizinho, a fim de obter o pagamento de aluguéis vencidos no período de fevereiro a junho de determinado ano, relativos à locação da sua vaga de garagem. Uma vez citado, Gabriel apresentou contestação tempestivamente, invocando uma questão preliminar de falta de interesse processual. Instada a se manifestar em réplica, Marcela alegou que teria cometido um erro material na digitação da sua petição inicial, uma vez que nela deveria ter constado, como termo final da dívida, o mês de "julho" – e não de "junho".

Sem a oitiva de Gabriel, constatando não haver mais provas a serem produzidas, o juiz proferiu sentença, condenando o réu ao pagamento dos aluguéis relativos aos meses de fevereiro a julho. Surpreso com a sentença,

Gabriel questionou o seu advogado sobre os termos da condenação.

Considerando o caso narrado, assinale a afirmativa correta.

(A) Por não se tratar de modificação, mas de simples retificação de erro material, Marcela poderia ter requerido a alteração do pedido a qualquer tempo, sendo dispensável a manifestação de Gabriel.
(B) Em se tratando de alteração do pedido posterior à citação, Marcela não poderia tê-lo feito sem o consentimento de Gabriel e sem que ele fosse ouvido.
(C) Marcela poderia ter alterado o pedido, independentemente do consentimento de Gabriel, desde que ele fosse ouvido.
(D) Por se tratar de alteração do pedido antes do saneamento do processo, o consentimento de Gabriel era desnecessário.

A: incorreta, considerando que, no caso, independentemente de se falar de erro material, o fato é que houve alteração do pedido (mudando os meses). Assim, sendo alteração do pedido, é necessária a concordância do réu (CPC, art. 329, II). **B:** correta, pois após a citação e até o saneamento do processo, o autor poderá aditar ou alterar o pedido com consentimento do réu, assegurando o contraditório (CPC, art. 329, I e II). **C:** incorreta, porque a alteração ou aditamento do pedido após a citação dependerá do consentimento do réu (CPC, art. 329, II). **D:** incorreta, pois, como já visto, após a citação, a alteração do pedido depende de concordância do réu (CPC, art. 329)

Gabarito "B".

(OAB/FGV – 2022) Maria promoveu uma ação de divórcio em face de seu ex-marido João, sendo que o réu foi inicialmente dado como residente na casa de sua ex-mulher, embora ali já não mais residisse. Quando da tentativa de citação, foi lavrada certidão negativa esclarecendo que a autora informou que o réu tinha regressado a Portugal. Diante disso, João veio a ser citado por edital, a requerimento da autora. João, após transitada em julgada a sentença da ação de divórcio, teve conhecimento da ação. Diante do fato de que a autora necessariamente sabia o endereço dos familiares do requerido na cidade onde por último residiu com ele em Portugal e de onde era contactada telefonicamente com frequência por ele, procurou você para esclarecê-lo sobre os aspectos e efeitos da citação no processo brasileiro.

Sobre o caso narrado, assinale a afirmativa correta.

(A) Maria não poderá ser apenada por requerer a citação por edital, uma vez que houve a ocorrência de uma das circunstâncias autorizadoras para sua realização.
(B) A citação de João é válida, porque, quando ignorado, incerto ou inacessível o lugar em que se encontrar o citando, é autorizada a citação por edital.
(C) A citação por edital é nula, porque não foram efetuadas as diligências necessárias, tendo em vista a existência de elementos sobre o paradeiro do réu.
(D) Já houve a sanatória do vício na citação de João, porque a sentença da ação de divórcio já transitou em julgado

A: Incorreta, considerando que o art. 258 do CPC prevê a aplicação de multa de 5 vezes o salário mínimo para parte que requerer a citação por edital, alegando dolosamente a ocorrência das circunstâncias autorizadoras para sua realização;
B: Incorreta, pois a autora possuía informações acerca do paradeiro do réu e não houve tentativa de expedição de carta rogatória para citação do réu (CPC, art. 256, § 1º) – ou mesmo outros meios possíveis, como e-mail (CPC, art. 246). Sendo assim, não se trata de citação válida; **C:** Correta. Considerando que a autora possuía informações acerca do paradeiro do réu e não promoveu todas as tentativas possíveis para sua localização, é de se reconhecer a nulidade da citação (art. 256, § 3º); **D:** Incorreta, já que a citação é requisito fundamental para a validade (ou mesmo existência) do processo. Assim, considerando que a citação foi realizada sem observância das prescrições legais (CPC, art. 280), não há se falar em vício sanável.

Gabarito "C".

(OAB/FGV – 2019) Carolina foi citada para comparecer com seu advogado ao Centro Judiciário de Solução de Conflitos (CEJUSC) da comarca da capital, para Audiência de Mediação (Art. 334 do CPC), interessada em restabelecer o diálogo com Nestor, seu ex-marido.

O fato de o advogado de seu ex-cônjuge conversar intimamente com o mediador Teófilo, que asseverava ter celebrado cinco acordos na qualidade de mediador na última semana, retirou sua concentração e a deixou desconfiada da lisura daquela audiência. Não tendo sido possível o acordo nessa primeira oportunidade, foi marcada uma nova sessão de mediação para buscar a composição entre as partes, quinze dias mais tarde.

Sobre o caso narrado, assinale a afirmativa correta.

(A) Carolina pode comparecer sem seu advogado na próxima sessão de mediação.
(B) O advogado só pode atuar como mediador no CEJUSC se realizar concurso público específico para integrar quadro próprio do tribunal.
(C) Pode haver mais de uma sessão destinada à conciliação e à mediação, não podendo exceder 2 (dois) meses da data de realização da primeira sessão, desde que necessária(s) à composição das partes.
(D) O mediador judicial pode atuar como advogado da parte no CEJUSC, pois o CPC apenas impede o exercício da advocacia nos juízos em que desempenhe suas funções.

A: Incorreta, pois é necessária a presença de advogado na audiência de conciliação (CPC, art. 334, § 9º); **B:** Incorreta, porque mesmo que possível concurso público para mediador e conciliador, não é fundamental que essa função seja exercida por concursados, sendo possível realizar um curso e se cadastrar como tal (CPC, art. 167, § 1º); **C:** Correta, porque é possível mais de uma audiência, mas a legislação limita que seja nesse prazo de dois meses da primeira (CPC, art. 334, § 2º); **D:** Incorreta, porque não é possível advogar onde se exerce a função de mediador (CPC, art. 167, § 5º).

Gabarito "C".

(OAB/FGV – 2019) Maria ajuizou ação em face de José, sem mencionar, na inicial, se pretendia ou não realizar audiência de conciliação ou mediação. Assim, o juiz designou a referida audiência, dando ciência às partes. O réu informou ter interesse na realização de tal audiência, enquanto Maria, devidamente intimada, quedou-se silente. Chegado o dia da audiência de conciliação, apenas José, o réu, compareceu.

A respeito do caso narrado, assinale a opção que apresenta possível consequência a ser suportada por Maria.

(A) Não existem consequências previstas na legislação pela ausência da autora à audiência de conciliação ou mediação.

(B) Caso não compareça, nem apresente justificativa pela ausência, Maria será multada em até 2% da vantagem econômica pretendida ou do valor da causa.

(C) Diante da ausência da autora à audiência de conciliação ou mediação, o processo deverá ser extinto.

(D) Diante da ausência da autora à audiência de conciliação ou mediação, as alegações apresentadas pelo réu na contestação serão consideradas verdadeiras.

A: incorreta, pois a ausência injustificada de qualquer das partes acarreta a aplicação de multa (CPC, art. 334, § 8º); **B:** correta, como exposto em "A", sendo esse o valor da multa (CPC, art. 334, § 8º); **C:** incorreta, considerando que há multa e não extinção do processo (a extinção por ausência do autor ocorre nos Juizados); **D:** incorreta, pois o momento de apresentar contestação, cuja ausência acarreta revelia, é após a audiência.
„Gabarito "B".

(OAB/FGV – 2018) Diego e Thaís, maiores e capazes, ambos sem filhos, são formalmente casados pelo regime legal da comunhão parcial de bens. Ocorre que, devido a problemas conjugais e divergências quanto à divisão do patrimônio comum do casal, o matrimônio teve fim de forma conturbada, o que motivou Thaís a ajuizar ação de divórcio litigioso cumulada com partilha de bens em face do ex-cônjuge.

Na petição inicial, a autora informa que tem interesse na realização de audiência de conciliação ou de mediação. Diego, regularmente citado, busca orientação jurídica sobre os possíveis desdobramentos da demanda ajuizada por sua ex-cônjuge.

Na qualidade de advogado(a) de Diego, assinale a opção que apresenta os esclarecimentos corretos que foram prestados.

(A) Diego, ainda que de forma injustificada, possui a faculdade de deixar de comparecer à audiência regularmente designada para fins de solução consensual do conflito, não sofrendo qualquer sanção processual em virtude da ausência.

(B) Descabe, no processo contencioso de divórcio ajuizado por Thaís, a solução consensual da controvérsia, uma vez que o direito em questão possui feição extrapatrimonial e, portanto, indisponível.

(C) Ante a existência de vínculo prévio entre as partes, a audiência a ser realizada para fins de autocomposição entre Diego e Thaís deverá ser conduzida por um conciliador, que poderá sugerir soluções para o litígio, vedada a utilização de qualquer tipo de constrangimento ou intimidação.

(D) A partir de requerimento que venha a ser formulado por Diego e Thaís, o juiz pode determinar a suspensão do processo enquanto os litigantes se submetem à mediação extrajudicial.

A: incorreta, pois a ausência injustificada à audiência pode acarretar a aplicação de multa (CPC, art. 334, § 8º); **B:** incorreta, considerando que é possível acordo em processos que tratem de direito de família (CPC, art. 694); **C:** incorreta, pois se existir vínculo entre as partes, o Código indica a solução via mediação (CPC, art. 165, § 3º); **D:** correta, por ser possível a suspensão do processo para tentativa de mediação, mesmo em causas de direito de família (CPC, 694, parágrafo único).
„Gabarito "D".

(Analista – TJ/SC – FGV – 2018) Credor de obrigação contratual, já vencida e não paga, ajuizou ação em que se limitou a pleitear a declaração da existência de seu direito de crédito.

Ao apreciar a petição inicial, deverá o órgão jurisdicional:

(A) indeferi-la, dada a falta de interesse de agir;

(B) indeferi-la, dada a impossibilidade jurídica do pedido;

(C) indeferi-la, dada a sua inépcia formal;

(D) determinar que o autor a emende no prazo legal;

(E) proceder ao juízo positivo de admissibilidade da demanda.

A: incorreta, pois se verifica o interesse na simples declaração da existência do direito de crédito (CPC, art. 19, I); **B:** incorreta, já que o pedido de cobrança de dívida é juridicamente possível (lembrando que a possibilidade jurídica do pedido deixou de ser condição da ação no atual CPC); **C:** incorreta, pois além de não haver vício formal na inicial, deveria se dar ao autor a oportunidade de corrigir o vício sanável antes do indeferimento da inicial (CPC, art. 321); **D:** incorreta, considerando não haver vício formal a ser corrigido, já que a pretensão do autor pode se limitar à declaração de existência de uma relação jurídica (CPC, art. 19, I); **E:** correta, já que possível o pedido apenas declaratório (CPC, art. 19, I) e, assim, o juiz deverá determinar a citação do réu (CPC, art. 334).
„Gabarito "E".

(Analista – TJ/SC – FGV – 2018) João propôs uma demanda indenizatória em face de José, cumulando os pedidos de ressarcimento de dano material de dez mil reais e de reparação de dano moral de cinquenta mil reais. Após a audiência de conciliação infrutífera, José reconheceu a procedência do pedido de ressarcimento de dano material, pois realmente causou o prejuízo afirmado por João. Todavia, entendeu que não assistia direito a qualquer reparação de dano moral. Nesse sentido, protestou pela produção de prova oral para provar suas alegações. O juiz, em julgamento antecipado parcial do mérito, julgou procedente o referido pedido de dano material, uma vez que este se mostrou incontroverso, e determinou a produção de prova oral em relação ao pedido de reparação de dano moral alegado.

Nesse cenário, é correto afirmar que:

(A) a cumulação de pedidos no caso é sucessiva, uma vez que é lícita e não há vínculo prejudicial entre os pedidos;

(B) a decisão que reconheceu o dano material não é impugnável imediatamente, devendo-se aguardar a decisão final de mérito;

(C) a decisão em relação ao dano material é impugnável por apelação, já que se trata de resolução do mérito deste pedido;

(D) é possível o enfrentamento do mérito integral, podendo ser concedida a antecipação de tutela do pedido referido de dano material;

(E) a decisão que julgou procedente o pedido de ressarcimento de dano material é impugnável por agravo de instrumento, no prazo de 15 dias úteis.

A: incorreta, considerando que, no caso, a cumulação de pedidos é simples e não sucessiva (pedido sucessivo é aquele em que o acolhimento de um pedido depende do acolhimento do outro); **B e C:** incorretas, pois a decisão parcial de mérito é impugnável via agravo de instrumento (CPC, arts. 356, § 5º e 1.015, II); **D:** incorreta, tendo em vista que a devolução da matéria ao Tribunal estará limitada à parcela do mérito

decidida (CPC, art. 356); **E:** correta, pois a decisão parcial de mérito é impugnável por agravo de instrumento (CPC, arts. 356, § 5º e 1.015, II) e somente envolverá aquela parcela do pedido.
Gabarito "E".

(OAB/FGV – 2018) Em razão da realização de obras públicas de infraestrutura em sua rua, que envolveram o manejo de retroescavadeiras e britadeiras, a residência de Daiana acabou sofrendo algumas avarias. Daiana ingressou com ação judicial em face do ente que promoveu as obras, a fim de que este realizasse os reparos necessários em sua residência. Citado o réu, este apresentou a contestação.

Contudo, antes do saneamento do processo, diante do mal-estar que vivenciou, Daiana consultou seu advogado a respeito da possibilidade de, na mesma ação, adicionar pedido de condenação em danos morais.

Considerando o caso narrado, assinale a afirmativa correta.

(A) É possível o aditamento, uma vez que, até o saneamento do processo, é permitido alterar ou aditar o pedido sem o consentimento do réu.

(B) Não é possível o aditamento, uma vez que o réu foi citado e apresentou contestação.

(C) É possível o aditamento, eis que, até o saneamento do processo, é permitido aditar ou alterar o pedido, desde que com o consentimento do réu.

(D) É possível o aditamento, porquanto, até a prolação da sentença, é permitido alterar ou aditar o pedido, desde que não haja recusa do réu.

A: incorreta, pois o aditamento da inicial sem o consentimento do réu é admitido até a citação (CPC, art. 329, I); **B:** incorreta, considerando que o aditamento é proibido somente após o saneamento (CPC, art. 329, II); **C:** correta, pois o Código prevê que o aditamento pode ser feito até o saneamento, mas desde que o réu concorde (CPC, art. 329, II); **D:** incorreta, considerando que o aditamento pode ser feito até o saneamento (e não até a sentença) e, uma vez realizada a citação, desde que o réu concorde (conforme exposto em alternativas anteriores).
Gabarito "C".

(OAB/FGV – 2017) Leilane, autora da ação de indenização por danos morais, proposta em face de Carlindo na 5ª Vara Cível da comarca da capital, informou, em sua petição inicial, que não possuía interesse na audiência de conciliação prevista no Art. 334 do CPC/15. Mesmo assim, o magistrado marcou a audiência de conciliação e ordenou a citação do réu.

O réu, regularmente citado, manifestou interesse na realização da referida audiência, na qual apenas o réu compareceu. O juiz, então, aplicou à autora a multa de 2% sobre o valor da causa.

Sobre o procedimento do magistrado, a partir do caso apresentado, assinale a afirmativa correta.

(A) O magistrado não deveria ter marcado a audiência de conciliação, já que a autora informou, em sua petição inicial, que não possuía interesse.

(B) O magistrado agiu corretamente, tendo em vista que a conduta da autora se caracteriza como um ato atentatório à dignidade da justiça.

(C) O magistrado deveria ter declarado o processo extinto sem resolução do mérito, e a multa não possui fundamento legal.

(D) A manifestação de interesse do réu na realização da referida audiência pode ser feita em até 72 horas antes da sua realização.

A: incorreta, pois somente se autor e réu afirmarem não ter interesse é que a audiência não será realizada (CPC, art. 334, § 4º, I); **B:** correta (CPC, art. 334, § 8º); **C:** incorreta, porque não há previsão de extinção do processo no caso de ausência à audiência – que é algo que ocorre nos Juizados Especiais. Além disso, como visto em "B", a multa é devida; **D:** incorreta, pois o réu tem o prazo de 10 dias para informar que não tem interesse na audiência de conciliação (CPC, art. 334, § 5º)
Gabarito "B".

(OAB/FGV – 2018) Marina propôs ação de reconhecimento e extinção de união estável em face de Caio, que foi regularmente citado para comparecer à audiência de mediação.

Sobre a audiência de mediação, assinale a afirmativa correta.

(A) Se houver interesse de incapaz, o Ministério Público deverá ser intimado a comparecer à audiência de mediação.

(B) É faculdade da parte estar acompanhada de advogado ou defensor público à audiência.

(C) Em virtude do princípio da unidade da audiência, permite-se apenas uma única sessão de mediação que, se restar frustrada sem acordo, deverá ser observado o procedimento comum.

(D) É lícito que, para a realização de mediação extrajudicial, Marina e Caio peçam a suspensão do processo.

A: incorreta, pois não há previsão legal de participação do MP nessa audiência do art. 334 do CPC; **B:** incorreta, porque é obrigatória a participação de advogado (CPC, art. 334, § 9º); **C:** incorreta, pois é possível realizar mais de uma sessão de mediação, mas desde que em até dois meses da data de realização da primeira sessão (CPC, art. 334, § 2º); **D:** correta, pois é sempre possível que as partes, de comum acordo, requeiram a suspensão do processo (CPC, art. 313, II).
Gabarito "D".

(OAB/FGV – 2018) Almir ingressa com ação pelo procedimento comum em face de José, pleiteando obrigação de fazer consistente na restauração do sinteco aplicado no piso de seu apartamento, uma vez que, dias após a realização do serviço ter sido concluída, o verniz começou a apresentar diversas manchas irregulares.

Em sua inicial, afirma ter interesse na autocomposição. O juiz da causa, verificando que a petição inicial preenche os requisitos essenciais, não sendo caso de improcedência liminar do pedido, designa audiência de conciliação a ser realizada dentro de 60 (sessenta) dias, promovendo, ainda, a citação do réu com 30 (trinta) dias de antecedência.

Com base na legislação processual aplicável ao caso apresentado, assinale a afirmativa correta.

(A) Caso Almir e José cheguem a um acordo durante a audiência de conciliação, a autocomposição obtida será reduzida a termo pelo conciliador e, independentemente da sua homologação pelo magistrado, já constitui título executivo judicial, bastando que o instrumento seja referendado pelos advogados dos transatores ou por conciliador credenciado junto ao tribunal.

(B) Agiu equivocadamente o magistrado, uma vez que o CPC/15 prevê a imprescindibilidade do prévio oferecimento de contestação por José, no prazo de 15 (quinze) dias úteis a serem contados de sua citação e antes da designação da audiência conciliatória, sob pena de vulnerar o princípio constitucional da ampla defesa e do contraditório, também reproduzido na legislação adjetiva.

(C) Caso Almir, autor da ação, deixe de comparecer injustificadamente à audiência de conciliação, tal ausência é considerada pelo CPC/15 como ato atentatório à dignidade da justiça, sendo sancionado com multa de até dois por cento da vantagem econômica pretendida ou do valor da causa, revertida em favor do Estado.

(D) Almir e José não precisam comparecer à audiência de conciliação acompanhados por seus advogados, uma vez que, nessa fase processual, a relação processual ainda não foi integralmente formada e não há propriamente uma lide, a qual apenas surgirá quando do oferecimento da contestação pelo réu.

A: incorreta, pois se houver acordo, será homologado por sentença, portanto pelo juiz e não pelo conciliador (CPC, art. 334, § 11); **B:** incorreta, considerando que a audiência de conciliação ocorre antes da apresentação de contestação (CPC, art. 334); **C:** correta. A audiência de conciliação ou mediação deve ter a presença das partes, sendo que se alguma das partes se ausentar de forma injustificada será penalizada com multa por ato atentatório à dignidade da justiça (CPC, art. 334, § 8º); **D:** incorreta, pois as partes devem comparecer acompanhadas de advogado à audiência de conciliação ou mediação (CPC, art. 334, § 9º).

Gabarito "C".

9. PROVAS

(Juiz Federal – TRF/1 – 2023 – FGV) Em ação envolvendo questão técnica na área de propriedade intelectual, as partes requereram a produção de prova pericial, indicando em conjunto o nome do profissional escolhido para o encargo. Além disso, pactuaram a metodologia a ser utilizada. Nesse contexto, sobre a perícia consensual, é correto afirmar que:

(A) a escolha do nome do perito depende de prévia homologação judicial;

(B) não substitui a perícia que seria realizada pelo perito nomeado pelo juiz;

(C) pode ser realizada em casos em que não se admite autocomposição;

(D) não é cabível a apresentação de pareceres de assistentes técnicos;

(E) as partes, ao escolher o perito, já devem indicar os respectivos assistentes técnicos para acompanhar a realização da perícia.

A: Incorreta. No caso de perícia consensual, as partes podem, de comum acordo, escolher o perito, independentemente de prévia homologação judicial (CPC, art. 471). **B:** Incorreta. A perícia consensual substitui a que seria realizada pelo perito nomeado pelo juiz (CPC, art. 471, § 3º). **C:** Incorreta. As partes podem escolher o perito, de comum acordo, desde que a causa *possa* ser resolvida por autocomposição (CPC, art. 471, II). **D:** Incorreta. Há expressa previsão no sentido de ser possível a apresentação de pareceres de assistentes técnicos (CPC, art. 471, § 2º). **E:** Correta, sendo essa a previsão legal do art. 471, § 1º do CPC.

Gabarito "E".

(OAB/FGV – 2023) Arthur e Felipe trabalham juntos na Transportadora Esporte S/A, que realiza campeonatos mensais de futebol entre suas diversas equipes. No último torneio, houve um grande desentendimento, durante o qual Felipe dirigiu numerosas ofensas contra Arthur. Indignado, Arthur ajuizou ação indenizatória em face de Felipe, por meio da qual busca a compensação pelos danos morais decorrentes das ofensas proferidas na presença dos demais colegas de trabalho.

Para comprovar a sua versão dos fatos, Arthur requereu o depoimento pessoal de Felipe, que foi deferido pelo juízo de primeiro grau, que o intimou pessoalmente, advertindo-o das consequências legais. Comparecendo à audiência de instrução e julgamento, o réu se recusou a depor, embora intimado pessoalmente e advertido das eventuais consequências legais. Nesse contexto, considerando as normas processuais em vigor, o advogado de Arthur deve requerer

(A) a aplicação de multa de até 2% (dois por cento) da vantagem econômica pretendida ou do valor da causa ao réu, uma vez que a recusa caracteriza prática de ato atentatório à dignidade da justiça.

(B) o regular prosseguimento do feito, sem a imposição de penalidade específica ao réu, que só poderia ser penalizado caso não tivesse comparecido à audiência de instrução e julgamento.

(C) a condenação do réu por litigância de má-fé, com o pagamento de multa de até 10% (dez por cento) do valor corrigido da causa.

(D) a aplicação da pena de confesso ao réu, diante de sua recusa a depor.

A: incorreta, pois não há previsão expressa de multa na hipótese da parte se recusar a prestar depoimento pessoal (CPC, arts. 385 e 386). **B:** incorreta, visto que a penalidade que se aplica à parte que não comparece ou, comparecendo, se recusa a depor é a confissão (CPC, art. 385, § 1º). **C:** incorreta. A recusa em prestar depoimento pessoal não se enquadra, especificamente, nas hipóteses do art. 80 do CPC para aplicação de multa por litigância de má-fé. De qualquer forma, pode o juiz, no caso concreto – além de aplicar a pena de confesso, eventualmente aplicar pena por litigância de má-fé (por exemplo, com base na "resistência ao andamento do processo" – CPC, art. 80, IV), de modo que a alternativa poderia induzir o candidato em erro. **D:** correta, pois essa a previsão específica prevista em lei para o silêncio da parte: aplica-se a pena de confissão para a parte que não comparece ou, comparecendo, se recusa a depor (CPC, art. 385, § 1º).

Gabarito "D".

(OAB/FGV – 2022) O Condomínio do Edifício Residências, tendo observado o surgimento de diversos vícios ocultos nas áreas de uso comum do prédio construído pela Mestre de Obras Engenharia S/A, ajuizou ação de produção antecipada de provas, na qual requereu a produção de prova pericial. Para tanto, argumentou que o prévio conhecimento dos fatos, sob o ângulo técnico, poderá evitar ou justificar uma ação futura, a depender do resultado da perícia. Devidamente citada, a Mestre de Obras Engenharia S/A apresentou manifestação, na qual alega que não há qualquer risco de perecimento da prova, pois os vícios eventualmente constatados permaneceriam no local, sendo impertinente, portanto, o ajuizamento da produção antecipada de provas. Considerando o caso narrado, assinale a afirmativa correta.

(A) A pretensão de prévio conhecimento dos fatos para justificar ou evitar o ajuizamento de ação futura em face da Mestre de Obras Engenharia S/A, não é suficiente para a admissibilidade da produção antecipada de provas proposta pelo condomínio do Edifício Residências, faltando interesse de agir.

(B) A produção antecipada de provas proposta pelo Condomínio do Edifício Residências previne a competência para a ação principal, eventualmente proposta em face da Mestre de Obras Engenharia S/A.

(C) Na produção antecipada de provas, o juiz não se pronunciará sobre a ocorrência ou inocorrência dos fatos alegados pelo Condomínio do Edifício Residências, nem sobre suas respectivas consequências jurídicas.

(D) No procedimento de produção antecipada de provas, não se admitirá defesa ou recurso, salvo contra decisão que defira a produção da prova pleiteada pelo Condomínio do Edifício Residências.

A: Incorreta. Conforme art. 381, III do CPC, admite-se a produção antecipada da prova nos casos em que o prévio conhecimento dos fatos possa justificar ou evitar o ajuizamento de ação.
B: Incorreta, pois o art. 381, § 3º do CPC estabelece que a produção antecipada de prova não previne a competência do juízo (ou seja, haverá a livre distribuição, podendo a causa principal ser julgada por outro juiz);
C: Correta, já que não há, na produção antecipada de provas, análise de mérito pelo juiz – mas sim a produção de prova em contraditório, a ser eventualmente utilizada em futuro processo (CPC, art. 382, § 2º);
D: Incorreta, considerando que, pela previsão da lei, "não se admitirá defesa ou recurso, salvo contra decisão que indeferir totalmente a produção da prova pleiteada pelo requerente originário" (CPC, art. 382, § 4º – dispositivo esse objeto de diversas polêmicas).
Gabarito "C".

(Juiz de Direito/AP – 2022 – FGV) Em uma demanda entre particulares na qual se discute a metragem de um imóvel para fins de acertamento de um direito, as partes somente protestaram por provas orais. O juiz, de ofício, determinou a produção de prova pericial e documental, para exercer seu juízo de mérito sobre a causa.

Nesse cenário, pode-se afirmar que o julgador agiu de forma:

(A) correta, uma vez que cabe ao juiz, de ofício ou a requerimento da parte, determinar as provas necessárias ao julgamento do mérito;

(B) incorreta, uma vez que viola o princípio da inércia, já que cabe às partes a iniciativa da produção probatória de seus direitos;

(C) incorreta, uma vez que o julgamento deve ser feito de acordo com as provas produzidas nos autos, não se admitindo ao juiz determinar as provas;

(D) correta, pois só cabe ao julgador verificar a quem ele deve atribuir o ônus da prova, não sendo mais ônus do autor a prova do seu direito;

(E) incorreta, uma vez que cabe ao réu a prova de que a afirmativa do autor sobre a metragem do imóvel não representa a veracidade dos fatos.

Comentário: **A:** correta, considerando os poderes instrutórios do juiz (CPC, art. 370); **B:** incorreta, pois é admitido que o juiz determine a produção de provas de ofício, caso as provas pleiteadas pelas partes não sejam suficientes para esclarecer os fatos, sem que isso viole os princípios da imparcialidade e da inércia do juízo (CPC, art. 370); **C:** incorreta, já que o juiz pode determinar a produção de outras provas que julgar necessárias ao julgamento do mérito (CPC, art. 370); **D:** incorreta, pois não estamos diante de uma situação de ônus da prova, mas de poderes instrutórios do juiz (CPC, art. 370); **E:** incorreta, independentemente do ônus probatório do réu, o juiz tem poderes instrutórios para buscar a verdade dos fatos (CPC, art. 370).
Gabarito "A".

(OAB/FGV – 2021) Joana, em decorrência de diversos problemas conjugais, decidiu se divorciar de Marcelo. Contudo, em razão da resistência do cônjuge em consentir com sua decisão, foi preciso propor ação de divórcio. Após distribuída a ação, o juiz determinou a emenda da petição inicial, tendo em vista a ausência de cópia da certidão do casamento celebrado entre as partes, dentre os documentos anexados à inicial. Considerando o caso narrado e as disposições legais a respeito da ausência de documentos indispensáveis à propositura da ação, assinale a afirmativa correta.

(A) Ausente documento indispensável à propositura da ação, a petição inicial deve ser indeferida de imediato.

(B) A certidão de casamento é documento indispensável à propositura de qualquer ação. Constatando-se sua ausência, deve o autor ser intimado para emendar ou completar a inicial no prazo de 5 (cinco) dias.

(C) Ausente documento indispensável à propositura da ação, o autor deve ser intimado para emendar ou completar a inicial no prazo de 15 (quinze) dias.

(D) A ausência de documento indispensável à propositura da ação configura hipótese de improcedência liminar.

A: Incorreta, pois o indeferimento de plano é uma solução extrema, apenas para casos de vício insanável (CPC, art. 330); **B:** incorreta pois a certidão é indispensável para ações relativas ao casamento, mas não em todos os processos; **C:** correta, porque se faltar documento essencial, deve ser determinada a emenda, que deve ser realizada no prazo de 15 dias (CPC, art. 321); **D:** incorreta, considerando que a improcedência liminar é para situações de mérito (CPC, art. 332), sendo que o problema relacionado ao documento é de ordem processual.
Gabarito "C".

(OAB/FGV – 2020) Julieta ajuizou demanda em face de Rafaela e, a fim de provar os fatos constitutivos de seu direito, arrolou como testemunhas Fernanda e Vicente. A demandada, por sua vez, arrolou as testemunhas Pedro e Mônica.

Durante a instrução, Fernanda e Vicente em nada contribuíram para o esclarecimento dos fatos, enquanto Pedro e Mônica confirmaram o alegado na petição inicial. Em razões finais, o advogado da autora requereu a procedência dos pedidos, ao que se contrapôs o patrono da ré, sob o argumento de que as provas produzidas pela autora não confirmaram suas alegações e, ademais, as provas produzidas pela ré não podem prejudicá-la.

Consideradas as normas processuais em vigor, assinale a afirmativa correta.

(A) O advogado da demandada está correto, pois competia à demandante a prova dos fatos constitutivos do seu direito.

(B) O advogado da demandante está correto, porque a prova, uma vez produzida, pode beneficiar parte distinta da que a requereu.

(C) O advogado da demandante está incorreto, pois o princípio da aquisição da prova não é aplicável à hipótese.

(D) O advogado da demandada está incorreto, porque as provas só podem beneficiar a parte que as produziu, segundo o princípio da aquisição da prova.

A: Incorreta, pois a prova produzida nos autos não se presta apenas a quem produz, mas ao processo como o todo – assim, houve produção de prova dos fatos constitutivos; **B:** Correta. Considerando o princípio da comunhão da prova (ou da aquisição da prova), não importa quem produziu a prova, mas sim que ela foi produzida e pode influir na convicção do juiz (CPC, art. 371. O juiz apreciará a prova constante dos autos, *independentemente do sujeito que a tiver promovido (...)*.**C:** Incorreta pois, conforme mencionado no item anterior, o princípio da comunhão da prova é aplicado no processo civil brasileiro; **D:** Incorreta, conforme exposto em "B" e "C".

Gabarito "B".

(OAB/FGV – 2019) O fornecimento de energia elétrica à residência de Vicente foi interrompido em 2 de janeiro de 2018, porque, segundo a concessionária de serviço público, haveria um "gato" no local, ou seja, o medidor de energia teria sido indevidamente adulterado.

Indignado, Vicente, representado por um(a) advogado(a), propôs, aproximadamente um mês depois, demanda em face da fornecedora e pediu o restabelecimento do serviço, pois o medidor estaria hígido. A fim de provar os fatos alegados, o autor requereu a produção de prova pericial.

Citado poucos meses depois da propositura da demanda, a ré defendeu a correção de sua conduta, ratificou a existência de irregularidade no medidor de energia e, tal qual o autor, requereu a produção de perícia.

Em dezembro de 2018, após arbitrar o valor dos honorários periciais e antes da realização da perícia, o juiz atribuiu apenas ao autor, que efetivamente foi intimado para tanto, o pagamento de tal verba.

Sobre a hipótese apresentada, assinale a afirmativa correta.

(A) A decisão judicial está correta, uma vez que, se ambas as partes requererem a produção de perícia, apenas o autor deve adiantar o pagamento.
(B) O juiz decidiu de modo incorreto, pois se ambas as partes requererem a produção de perícia, autor e réu devem adiantar os honorários periciais.
(C) A decisão está equivocada, na medida em que os honorários periciais são pagos apenas ao final do processo.
(D) A decisão está correta, pois o magistrado tinha a faculdade de atribuir a apenas uma das partes o pagamento do montante.

A questão envolve o ônus financeiro da prova, mais especificamente quem é o responsável pelo pagamento da perícia. Prevê o Código que se autor e réu requererem prova pericial, o custo deverá ser rateado entre as partes (CPC, art. 95).

Gabarito "B".

(Analista Judiciário – TJ/AL – 2018 – FGV) Na instrução de uma demanda judicial que tramita na comarca de Maceió, foi requerida pela parte autora a oitiva de uma testemunha que tem domicílio em área territorial que pertence à comarca de Porto Calvo. Ocorre que expedida a carta precatória para a referida oitiva, percebeu o juízo deprecado que a testemunha reside na área abrangida pela comarca de Maragogi.

Nesse cenário, deverá o juízo de Porto Calvo:

(A) cumprir a carta, pelo princípio da tempestividade dos atos processuais;
(B) devolver a carta ao juízo de Maceió, para que lá seja encaminhada ao juízo de Maragogi;
(C) remeter a carta ao juízo de Maragogi, em face do seu caráter itinerante;
(D) suscitar conflito de competência ao Tribunal de Justiça para que este decida qual o juízo competente;
(E) devolver a carta ao juízo de Maceió para que este suscite o conflito de competência.

A: incorreta, considerando que o domicílio da testemunha está fora de sua competência territorial, devendo a carta ser remetida ao juízo competente diretamente pelo juízo deprecado (CPC, art. 262); **B:** incorreta, porque a devolução da carta ao juízo deprecante ofenderia o princípio da economia dos atos processuais, desconsiderando o caráter itinerante da carta precatória (CPC, art. 262); **C:** correta, existindo na lei a previsão de a carta ser itinerante e por isso atender aos princípios da economia e celeridade (CPC, art. 262); **D** e **E:** incorretas, pois não há conflito de competência entre os dois juízos (CPC, art. 262).

Gabarito "C".

(OAB/FGV – 2018) Maria comprou um apartamento da empresa Moradia S/A e constatou, logo após sua mudança, que havia algumas infiltrações e problemas nas instalações elétricas.

Maria consultou seu advogado, que sugeriu o ajuizamento de ação de produção antecipada de prova, com o objetivo de realizar uma perícia no imóvel, inclusive com o objetivo de decidir se ajuizaria, posteriormente, ação para reparação dos prejuízos.

Diante desse contexto, assinale a afirmativa correta.

(A) A produção antecipada de provas é cabível, porque visa a obter prévio conhecimento dos fatos e da situação do imóvel, para justificar ou evitar o ajuizamento de ação de reparação dos prejuízos.
(B) A produção antecipada de provas é obrigatória, uma vez que Maria não poderia ingressar diretamente com ação para reparação dos prejuízos.
(C) A produção antecipada de provas é incabível, porque apenas pode ser ajuizada quando há urgência ou risco de que a verificação dos fatos venha a se tornar impossível posteriormente, o que não foi demonstrado na hipótese concreta.
(D) A produção antecipada de provas é incabível, vez que o seu ajuizamento apenas pode ocorrer mediante pedido conjunto de Maria e da empresa Moradia S/A.

A: correta, pois cabe a produção antecipada de provas para avaliar se o caso de depois se ajuizar ação de indenização (CPC, art. 381, III); **B:** incorreta, porque a lei nada dispõe a respeito da obrigatoriedade de produção prévia de provas, de modo que nada impede que se produza a prova durante a tramitação do processo; **C:** incorreta, considerando que é possível a produção antecipada de provas para situações em que há urgência (art. 381 I), como para situações em que não há urgência (art. 381, II e III); **D:** incorreta, pois apenas uma das partes pode ter interesse na produção prévia de provas, caso em que a outra parte será citada, de modo a existir o contraditório (CPC, art. 382, § 1º).

Gabarito "A".

11. CONTESTAÇÃO E REVELIA

(Juiz de Direito – TJ/SC – 2024 – FGV) Em determinado processo de conhecimento, a parte ré, depois de ter sido citada com hora certa, deixou de ofertar contestação no prazo legal, conforme certificado pela serventia.

Nesse cenário, deve o juiz da causa decretar a revelia do réu e:

(A) determinar a intimação do órgão do Ministério Público para exercer a atribuição de curador especial, cabendo-lhe contestar a ação, impugnando especificadamente os fatos alegados na inicial;

(B) determinar a intimação do órgão do Ministério Público para exercer a atribuição de curador especial, cabendo-lhe contestar a ação, embora sem o ônus da impugnação especificada dos fatos alegados na inicial;

(C) determinar a intimação do órgão da Defensoria Pública para exercer a atribuição de curador especial, cabendo-lhe contestar a ação, impugnando especificadamente os fatos alegados na inicial;

(D) determinar a intimação do órgão da Defensoria Pública para exercer a atribuição de curador especial, cabendo-lhe contestar a ação, embora sem o ônus da impugnação especificada dos fatos alegados na inicial;

(E) julgar procedente o pedido, ante a presunção de veracidade dos fatos alegados pelo autor, que, embora relativa, não foi elidida pelos elementos constantes dos autos.

A: Incorreta, nos termos do art. 72, p. único do CPC, quem atua como curador especial não é o MP, mas a Defensoria. Além disso, o ônus da impugnação específica dos fatos não se aplica ao defensor público, ao advogado dativo e ao curador especial (CPC, art. 341, p. único). **B:** Incorreta, conforme exposto na alternativa "A", o MP não é o curador especial (CPC, art. 72, p. único). **C:** Incorreta, pois o ônus da impugnação específica dos fatos não se aplica ao defensor público, ao advogado dativo e ao curador especial (CPC, art. 341, p. único). **D:** Correta. Na hipótese de réu revel citado com hora certa sem que haja contestação, o juiz deverá nomear curador especial (CPC, art. 72, II) – que, no caso, será a Defensoria Pública (CPC, art. 72, p. único). E não se aplica ao curador especial o ônus da impugnação específica (CPC, art. 341, p. único). **E:** Incorreta. Considerando que o enunciado narra hipótese de réu revel citado com hora certa, o juiz, antes de julgar os pedidos formulados na exordial da ação, deverá nomear curador especial (CPC, art. 72, II). Ainda que, posteriormente, seja julgado procedente o pedido.

Gabarito "D".

(OAB/FGV – 2023) Martina ajuizou ação pelo procedimento comum contra Marcela visando à indenização milionária, oportunidade na qual informou na petição inicial que não tinha interesse na audiência de conciliação.

Após analisar a petição inicial, o MM. Juízo da 100ª Vara Cível da Comarca de Florianópolis/SC determinou a citação de Marcela para comparecer em audiência de conciliação, na forma do Art. 334 do Código de Processo Civil e, eventualmente, apresentar contestação na forma do Art. 335 do mesmo diploma legislativo.

Após tomar conhecimento da ação indenizatória de Martina, Marcela apresentou petição concordando com o pedido de cancelamento da audiência de conciliação e se reservando o direito de apresentar contestação no prazo legal.

Considerando que foram prestadas todas as informações e apresentados todos os documentos necessários para a elaboração da contestação, a ser apresentada no prazo de 15 dias, assinale a opção que indica o momento em que se inicia a contagem desse prazo.

(A) Da juntada nos autos do aviso de recebimento positivo do seu mandado de citação por correios.

(B) Da publicação da decisão do MM. Juízo da 100ª Vara Cível da Comarca de Florianópolis/SC que cancelar a audiência de conciliação agendada no despacho citatório.

(C) Do ato de protocolar o pedido de cancelamento da audiência de conciliação formulado por Marcela.

(D) Da audiência de conciliação, uma vez que o Código de Processo Civil obriga a realização desse ato processual, o qual não poderá ser cancelado por despacho do MM. Juízo da 100ª Vara Cível da Comarca de Florianópolis/SC.

A: incorreta, visto que a contagem da juntada da citação se dá quando o juiz não designar audiência (CPC, art. 335, III). **B:** incorreta, pois essa não é a previsão legal no caso de audiência designada e pedido de cancelamento (CPC, art. 335, II – vide alternativa "C"). **C:** correta. Quando designada audiência e não houver interesse do autor nesse ato, poderá o réu também informar que não tem interesse na audiência e requerer seu cancelamento. Nesse caso, o prazo para o réu oferecer contestação terá como termo inicial a data do protocolo desse pedido de cancelamento (CPC, art. 335, II). **D:** incorreta, porque a audiência, no caso, não será realizada. Isso porque o CPC aponta que referida audiência não será realizada se ambas as partes manifestarem desinteresse no ato (CPC, art. 334, § 4º, I).

Gabarito "C".

(OAB/FGV – 2020) O arquiteto Fernando ajuizou ação exclusivamente em face de Daniela, sua cliente, buscando a cobrança de valores que não teriam sido pagos no âmbito de um contrato de reforma de apartamento.

Daniela, devidamente citada, deixou de oferecer contestação, mas, em litisconsórcio com seu marido José, apresentou reconvenção em peça autônoma, buscando indenização por danos morais em face de Fernando e sua empresa, sob o argumento de que estes, após a conclusão das obras de reforma, expuseram, em site próprio, fotos do interior do imóvel dos reconvintes sem que tivessem autorização para tanto.

Diante dessa situação hipotética, assinale a afirmativa correta.

(A) Como Daniela deixou de contestar a ação, ela e seu marido não poderiam ter apresentado reconvenção, devendo ter ajuizado ação autônoma para buscar a indenização pretendida.

(B) A reconvenção deverá ser processada, a despeito de Daniela não ter contestado a ação originária, na medida em que o réu pode propor reconvenção independentemente de oferecer contestação.

(C) A reconvenção não poderá ser processada, na medida em que não é lícito a Daniela propor reconvenção em litisconsórcio com seu marido, que é um terceiro que não faz parte da ação originária.

(D) A reconvenção não poderá ser processada, na medida em que não é lícito a Daniela incluir no polo passivo da reconvenção a empresa de Fernando, que é um terceiro que não faz parte da ação originária.

A: Incorreta, conforme explicação em "B"; **B:** Correta. Ainda que a reconvenção seja apresentada na própria contestação, é possível a apresentação de reconvenção mesmo que não haja contestação (CPC, art. 343, § 6º), não sendo obrigatório o uso de ação autônoma para isso; **C:** Incorreta, pois é possível a reconvenção em litisconsórcio ativo com terceiro (com quem não é réu na ação movida pelo autor – CPC, art. 343, § 4º); **D:** Incorreta, considerando ser possível a reconvenção em litisconsórcio passivo com terceiro (com quem não é autor na demanda originária – CPC, art. 343, § 3º).
Gabarito "B".

(OAB/FGV – 2019) João dirigia seu carro a caminho do trabalho quando, ao virar em uma esquina, foi atingido por Fernando, que seguia na faixa ao lado. Diante dos danos ocasionados a seu veículo, João ingressou com ação, junto a uma Vara Cível, em face de Fernando, alegando que este trafegava pela faixa que teria como caminho obrigatório a rua para onde aquele seguiria.

Realizada a citação, Fernando procurou seu advogado, alegando que, além de oferecer sua defesa nos autos daquele processo, gostaria de formular pedido contra João, uma vez que este teria invadido a faixa sem antes acionar a "seta", sendo, portanto, o verdadeiro culpado pelo acidente.

Considerando o caso narrado, o advogado de Fernando deve

(A) instruí-lo a ajuizar nova ação, uma vez que não é possível formular pedido contra quem deu origem ao processo.

(B) informar-lhe que poderá, na contestação, propor reconvenção para manifestar pretensão própria, sendo desnecessária a conexão com a ação principal ou com o fundamento da defesa, bastando a identidade das partes.

(C) informar-lhe sobre a possibilidade de propor a reconvenção, advertindo-o, porém, que, caso João desista da ação, a reconvenção restará prejudicada.

(D) informar-lhe que poderá, na contestação, propor reconvenção para manifestar pretensão própria, desde que conexa com a ação principal ou com o fundamento da defesa.

A: Incorreta, pois o CPC admite a formulação de pedido pelo réu, contra o autor, na mesma ação, pela via da reconvenção (CPC, art. 343); **B:** Incorreta, porque é possível a reconvenção desde que haja conexão com a ação ou a defesa (CPC, art. 343); **C:** Incorreta, considerando que, se houver a desistência da ação, a reconvenção prosseguirá, porque passa a ser uma ação autônoma (CPC, art. 343, § 2º); **D:** Correta. É possível a reconvenção, nos mesmos autos, mas desde que haja conexão com a ação principal ou defesa (CPC, art. 343, *caput*).
Gabarito "D".

(Analista Judiciário – TJ/AL – 2018 – FGV) João propõe ação em face de José e requer o benefício da gratuidade de justiça. Manifesta desinteresse na realização da audiência de conciliação ou mediação. O réu é citado e intimado para o comparecimento à audiência de mediação que não obstante fora designada. O réu peticiona no sentido também do desinteresse da realização dessa audiência e acosta aos autos sua contestação.

O réu, irresignado com a concessão de gratuidade de justiça ao autor, que ao seu sentir, teria condições de arcar com esta verba, deverá:

(A) interpor agravo de instrumento diretamente ao Tribunal de Justiça e requerer que o relator atribua efeito suspensivo ao processo;

(B) interpor reclamação, uma vez que o julgador praticou ato de ofício usurpando a competência do tribunal, que é quem deve conceder ou não a gratuidade;

(C) interpor apelação imediatamente, uma vez que essa decisão interlocutória não é passível de recorribilidade imediata pelo agravo de instrumento;

(D) aguardar a prolação da sentença e, simultaneamente à interposição da apelação, deve interpor o agravo de instrumento contra a referida decisão;

(E) arguir na preliminar da contestação apresentada, a indevida concessão do benefício da gratuidade de justiça concedida.

A: incorreta, pois (i) inicialmente necessário discutir isso na contestação e (ii) o cabimento do AI é restrito à decisão que rejeitar o pedido de concessão de gratuidade ou acolher o pedido de sua revogação – e não à decisão que mantém a gratuidade (CPC, art. 1.015, V); **B:** incorreta, tendo em vista que não é hipótese de reclamação (pois cabe recurso para isso – seja o agravo ou, ao final do processo em 1º grau, apelação) e a concessão da gratuidade pode se dar em qualquer grau de jurisdição (CPC, art. 99); **C:** incorreta, pois apenas as sentenças são impugnáveis via apelação (CPC, art. 1.009); **D:** incorreta, considerando não ser possível interpor os dois recursos ao mesmo tempo – princípio da unirrecorribilidade; **E:** correta, pois após a concessão da gratuidade, inicialmente deve-se debater isso perante o próprio juiz, e o momento para isso é a contestação, em preliminar (CPC, art. 337, XIII) e, somente após a decisão acerca dessa impugnação, se for rejeitada, é que será possível recorrer (se revogada a gratuidade, via AI; se mantida a gratuidade, via preliminar de apelação – CPC, art. 1.009, § 1º e 1.015, V).
Gabarito "E".

(OAB/FGV – 2018) Alcebíades ajuizou demanda de obrigação de fazer pelo procedimento comum, com base em cláusula contratual, no foro da comarca de Petrópolis. Citada para integrar a relação processual, a ré Benedita lembrou-se de ter ajustado contratualmente que o foro para tratar judicialmente de qualquer desavença seria o da comarca de Niterói, e comunicou o fato ao seu advogado.

Sobre o procedimento a ser adotado pela defesa, segundo o caso narrado, assinale a afirmativa correta.

(A) A defesa poderá alegar a incompetência de foro antes da audiência de conciliação ou de mediação.

(B) A defesa poderá alegar a incompetência a qualquer tempo.

(C) A defesa só poderá alegar a incompetência de foro como preliminar da contestação, considerando tratar-se de regra de competência absoluta, sob pena de preclusão.

(D) A defesa tem o ônus de apresentar exceção de incompetência, em petição separada, no prazo de resposta.

A questão não tem nenhuma resposta que traga exatamente o que a lei prevê, de modo que, em meu entender, deveria ter sido anulada – mas a banca a manteve.

A: correta para a banca. Apesar de, por exclusão, ser a resposta mais adequada, não há, na lei, a previsão constante dessa alternativa. Pelo Código, é possível alegar incompetência relativa somente em preliminar de contestação (CPC, art. 64), sendo que a contestação somente é apresentada *após* a audiência de conciliação. Assim, ainda que na doutrina se admita uma apresentação de petição antes da contestação para alegar

a incompetência, isso não está previsto no CPC – e a regra, em provas de 1ª fase, é a resposta com base na letra da lei; **B:** incorreta, pois no caso de competência relativa (territorial), se não houver a alegação em preliminar de contestação, haverá preclusão dessa matéria – que recebe o nome de prorrogação, na lei (CPC, art. 65); **C:** incorreta. Ainda que a primeira parte da alterativa esteja correta (como exposto em "A"), o caso narrado é de competência relativa (territorial) e não absoluta (CPC, art. 63); **D:** incorreta, porque não existe mais exceção de incompetência no CPC (essa figura existia no Código anterior), sendo que a incompetência relativa é alegada na própria contestação, em preliminar (CPC, art. 64).
Gabarito "A".

(OAB/FGV – 2017) João ajuizou ação indenizatória contra Maria, postulando a condenação ao pagamento de R$ 100.000,00 a título de reparação por danos materiais e R$ 50.000,00 por indenização de danos morais, em razão do descumprimento de um contrato firmado entre eles, referente à compra e venda de dois imóveis, cujos valores eram R$ 500.000,00 e R$ 200.000,00.

Maria, citada, apresentou contestação e reconvenção, pedindo a declaração de invalidade parcial do contrato relativo ao imóvel de R$ 200.000,00, bem como a condenação de João ao pagamento de indenização por danos morais, no valor de R$ 20.000,00.

Diante de tal situação, assinale a opção que apresenta o valor da causa da reconvenção.

(A) O valor deve ser o mesmo da ação principal, qual seja, R$ 150.000,00, por ser ação acessória.

(B) Não é necessário dar valor à causa na reconvenção.

(C) O valor deve ser de R$ 220.000,00, referente à soma do pedido de declaração de invalidade parcial do contrato e do pleito de indenização por danos morais.

(D) O valor deve ser de R$ 200.000,00, referente ao pedido de declaração de invalidade parcial do contrato, sendo o pleito de indenização por danos morais meramente estimado, dispensando a indicação como valor da causa.

A: incorreta, pois os pedidos são distintos; **B:** incorreta, pois a lei prevê expressamente que há valor da causa na reconvenção, ainda que a reconvenção seja feita na própria contestação (art. 292); **C:** correta. O valor da causa, quando há pedidos cumulados, deve ser a soma dos pedidos (CPC, art. 292, "caput" e VI); **D:** incorreta, considerando o exposto na alternativa anterior.
Gabarito "C".

12. Sentença, Coisa Julgada e Ação Rescisória

(Juiz de Direito – TJ/SC – 2024 – FGV) No que concerne à ação rescisória, é correto afirmar que:

(A) pode ter como causa de pedir o fato de a decisão rescindenda ter sido proferida por juiz suspeito;

(B) o prazo para o seu ajuizamento é de dois anos a partir da prolação da decisão meritória no feito primitivo;

(C) o seu ajuizamento pressupõe a comprovação de plano dos fatos alegados na petição inicial;

(D) é lícito ao seu autor requerer a concessão de tutela provisória que importe na suspensão da eficácia executiva da decisão rescindenda;

(E) residindo a causa de pedir na alegada ofensa à coisa julgada, caso o tribunal acolha o pedido de rescisão, caber-lhe-á, na sequência, rejulgar a causa originária.

A: Incorreta, pois não se admite AR para a suspeição do juiz, mas apenas impedimento (CPC, art. 966, II). **B:** Incorreta. O prazo para seu ajuizamento é de 2 (dois) anos contados do trânsito em julgado da última decisão proferida no processo. **C:** Incorreta, uma vez que a ação rescisória admite a produção de provas acerca dos fatos narrados, conforme previsão do art. 972 do CPC. **D:** Correta. Isso porque, nos termos do art. 969 do CPC a ação rescisória não impede o cumprimento da decisão rescindenda, "ressalvada a concessão de tutela provisória". **E:** Incorreta. Nesse caso, a finalidade da AR será retirar do mundo jurídico a decisão que violou a coisa julgada (ou seja, haverá apenas juízo rescindente), de maneira que será mantida a decisão anterior (CPC, art. 974, parte inicial).
Gabarito "D".

(OAB/FGV – 2021) João Carlos ajuizou ação em face do Shopping Sky Mall, objetivando a devolução dos valores que superem o limite máximo previsto em lei de seu município, pagos em virtude do estacionamento de seu automóvel. Julgado procedente o pedido e iniciado o cumprimento de sentença, o executado apresentou impugnação, alegando ser inexigível a obrigação. Sustentou que o Supremo Tribunal Federal, em controle difuso de constitucionalidade, reconheceu a inconstitucionalidade da referida lei municipal que ampara o título judicial. Considerando que a decisão do STF foi proferida após o trânsito em julgado da ação movida por João Carlos, assinale a afirmativa correta.

(A) É possível acolher a alegação do executado veiculada em sua impugnação, pois a decisão do STF sempre se sobrepõe ao título judicial.

(B) É possível acolher a alegação do executado apresentada em sua impugnação, pois não houve a modulação dos efeitos da decisão do STF.

(C) Não é possível acolher a alegação do executado veiculada por meio de impugnação, sendo necessário o ajuizamento de ação rescisória para desconstituir o título.

(D) Não é possível acolher a alegação do executado apresentada em sua impugnação, pois o reconhecimento da inconstitucionalidade se deu em controle difuso de inconstitucionalidade.

A: incorreta, pois para que prevaleça a decisão do STF, necessário que seja ajuizada ação rescisória (CPC, art. 525, § 15); **B:** incorreta, porque se houve o trânsito em julgado, há necessidade de AR para afastar a eficácia da decisão (CPC, art. 525, § 15); **C:** correta, sendo essa a previsão do Código, no sentido da necessidade de AR (CPC, art. 525, § 15); **D:** incorreta, considerando que a possibilidade de AR em virtude de decisão do STF, após o trânsito em julgado da decisão exequenda, pode ser feita a partir de controle concentrado *ou difuso* (CPC, art. 525, § 12, parte final).
Gabarito "C".

(OAB/FGV – 2020) Um advogado elabora uma petição inicial em observância aos requisitos legais. Da análise da peça postulatória, mesmo se deparando com controvérsia fática, o magistrado julga o pedido improcedente liminarmente. Diante dessa situação, o patrono do autor opta por recorrer contra o provimento do juiz, arguindo a nulidade da decisão por necessidade de dilação probatória.

Com base nessa situação hipotética, assinale a afirmativa correta.

(A) O advogado pode aduzir que, antes de proferir sentença extintiva, o juiz deve, necessariamente, determinar a emenda à inicial, em atenção ao princípio da primazia de mérito.

(B) Não existem hipóteses de improcedência liminar no atual sistema processual, por traduzirem restrição do princípio da inafastabilidade da prestação jurisdicional e ofensa ao princípio do devido processo legal.

(C) Somente a inépcia da petição inicial autoriza a improcedência liminar dos pedidos.

(D) Nas hipóteses em que há necessidade de dilação probatória, não cabe improcedência liminar do pedido.

A: Incorreta, pois ainda que exista o princípio da primazia do mérito no CPC (em diversos artigos), o sistema permite a improcedência liminar do pedido (CPC, art. 332); **B:** Incorreta, considerando que as hipóteses de improcedência liminar não violam princípios processuais, pois existe, no caso, o acesso à justiça e a resposta do Judiciário (porém, isso ocorre antes da citação do réu); **C:** Incorreta, porque a inépcia da inicial é hipótese de indeferimento liminar do pedido (CPC, art. 330, I), na qual há decisão sem resolução do mérito, e não caso de improcedência liminar (CPC, art. 332), em que se tem decisão com resolução do mérito. **D:** Correta, porque só cabe improcedência liminar do pedido "nas causas que dispensem a fase instrutória" (CPC, art. 332, *caput*).
Gabarito "D".

(OAB/FGV – 2020) Marcos foi contratado por Júlio para realizar obras de instalação elétrica no apartamento deste. Por negligência de Marcos, houve um incêndio que destruiu boa parte do imóvel e dos móveis que o guarneciam.

Como não conseguiu obter a reparação dos prejuízos amigavelmente, Júlio ajuizou ação em face de Marcos e obteve sua condenação ao pagamento da quantia de R$ 148.000,00 (cento e quarenta e oito mil reais).

Após a prolação da sentença, foi interposta apelação por Marcos, que ainda aguarda julgamento pelo Tribunal. Júlio, ato contínuo, apresentou cópia da sentença perante o cartório de registro imobiliário, para registro da hipoteca judiciária sob um imóvel de propriedade de Marcos, visando a garantir futuro pagamento do crédito.

Sobre o caso apresentado, assinale a afirmativa correta.

(A) Júlio não pode solicitar o registro da hipoteca judiciária, uma vez que ainda está pendente de julgamento o recurso de apelação de Marcos.

(B) Júlio, mesmo que seja registrada a hipoteca judiciária, não terá direito de preferência sobre o bem em relação a outros credores.

(C) A hipoteca judiciária apenas poderá ser constituída e registrada mediante decisão proferida no Tribunal, em caráter de tutela provisória, na pendência do recurso de apelação interposto por Marcos.

(D) Júlio poderá levar a registro a sentença, e, uma vez constituída a hipoteca judiciária, esta conferirá a Júlio o direito de preferência em relação a outros credores, observada a prioridade do registro.

A: Incorreta, pois a hipoteca judiciária não depende do julgamento do recurso pelo tribunal (CPC, art. 495, § 1º, III); **B:** Incorreta, porque a hipoteca judiciária que foi registrada traz como consequência o direito de preferência para quem a registrou (CPC, art. 495, § 4º); **C:** Incorreta, considerando que a hipoteca judiciária independe "de ordem judicial, de declaração expressa do juiz ou da demonstração de urgência" (CPC, art. 495, § 2º); **D:** Correta. A hipoteca judiciária decorre da sentença de procedência, independe de ordem expressa do juiz, permite que haja o registro da sentença em cartório de registro imobiliário para garantir ao credor "o direito de preferência, quanto ao pagamento, em relação a outros credores, observada a prioridade no registro". (CPC, art. 495, § 4º).
Gabarito "D".

(OAB/FGV – 2017) Luana, em litígio instaurado em face de Luciano, viu seu pedido ser julgado improcedente, o que veio a ser confirmado pelo tribunal local, transitando em julgado.

O advogado da autora a alerta no sentido de que, apesar de a decisão do tribunal local basear-se em acórdão proferido pelo Superior Tribunal de Justiça em regime repetitivo, o precedente não seria aplicável ao seu caso, pois se trata de hipótese fática distinta. Afirmou, assim, ser possível reverter a situação por meio do ajuizamento de ação rescisória.

Diante do exposto, assinale a afirmativa correta.

(A) Não cabe a ação rescisória, pois a previsão de cabimento de rescisão do julgado se destina às hipóteses de violação à lei e não de precedente.

(B) Cabe a ação rescisória, com base na aplicação equivocada do precedente mencionado.

(C) Cabe a ação rescisória, porque o erro sobre o precedente se equipara à situação da prova falsa.

(D) Não cabe ação rescisória com base em tal fundamento, eis que a hipótese é de ofensa à coisa julgada.

A: incorreta, pois há expressa previsão legal de AR contra precedente (CPC, art. 966, § 5º); **B:** correta, considerando que a violação a precedente é equiparada à violação à lei (CPC, art. 966, § 5º: "Cabe ação rescisória, com fundamento no inciso V do caput deste artigo, contra decisão baseada em enunciado de súmula ou acórdão proferido em julgamento de casos repetitivos que não tenha considerado a existência de distinção entre a questão discutida no processo e o padrão decisório que lhe deu fundamento"); **C:** incorreta, pois a hipótese não envolve prova; **D:** incorreta, pois a coisa julgada envolve as partes, sendo que a situação envolve precedente e não coisa julgada.
Gabarito "B".

(OAB/FGV – 2017) Gláucia ajuizou, em abril de 2016, ação de alimentos em face de Miguel com fundamento na paternidade. O réu, na contestação, alegou não ser pai de Gláucia.

Após a produção de provas e o efetivo contraditório, o magistrado decidiu favoravelmente ao réu. Inconformada com a sentença de improcedência que teve por base o exame de DNA negativo, Gláucia resolve agora propor ação de investigação de paternidade em face de Miguel.

Sobre a hipótese apresentada, assinale a afirmativa correta.

(A) O magistrado deve rejeitar a nova demanda com base na perempção.

(B) A demanda de paternidade deve ser admitida, já que apenas a questão relativa aos alimentos é que transitou em julgado no processo anterior.

(C) A questão prejudicial, relativa à paternidade, não é alcançada pela coisa julgada, pois a cognição judicial foi restrita a provas documentais e testemunhais.

(D) A questão prejudicial, relativa à paternidade, é atingida pela coisa julgada, e o novo processo deve ser extinto sem resolução do mérito.

A: incorreta, pois o fenômeno mencionado no enunciado não é perempção – figura prevista no CPC, art. 486, § 3º; **B:** incorreta, pois esse não é o tratamento dos limites objetivos da coisa julgada (CPC, art. 503, § 1º); **C:** incorreta, porque o próprio enunciado aponta que houve produção de prova pericial; **D:** correta. A regra do Código quanto aos limites da coisa julgada é a seguinte: desde que tenha havido contraditório prévio e efetivo, a questão prejudicial (no caso, a paternidade) é coberta pela coisa julgada (art. 503, § 1º).

Gabarito "D".

13. CUMPRIMENTO DE SENTENÇA E IMPUGNAÇÃO

(Juiz Federal – TRF/1 – 2023 – FGV) João se sagrou vencedor em uma ação judicial, cuja sentença transitou em julgado. Ao instaurar o cumprimento de sentença, o devedor foi intimado a efetuar o pagamento do débito no prazo de quinze dias. O devedor não realizou o pagamento voluntário e apresentou sua impugnação, alegando excesso de execução e ilegitimidade do credor. Contudo, o devedor não apresentou demonstrativo, tampouco apontou o valor que entende devido.

Diante dessa situação hipotética, é correto afirmar que:

(A) a impugnação deverá ser liminarmente rejeitada, em razão da ausência de indicação do valor que o devedor entende devido;

(B) não será permitido qualquer ato de constrição antes do julgamento da impugnação pelo juiz;

(C) deverá o juiz determinar o processamento da impugnação, examinando todos os argumentos ali apresentados;

(D) deverá o juiz determinar o processamento da impugnação, analisando apenas o argumento de ilegitimidade do credor;

(E) deverá o juiz intimar o devedor para apontar o valor que entende correto, apresentando demonstrativo discriminado e atualizado de seu cálculo, no prazo de quinze dias.

A: Incorreta. Considerando que o excesso de execução não foi a única alegação do devedor, a impugnação será processada, mas referida matéria (excesso de execução), não será examinada pelo juiz, tendo em vista a ausência de indicação do valor correto (CPC, art. 525, § 5º). **B:** Incorreta, pois a impugnação em regra não tem efeito suspensivo – ainda que, eventualmente, possa ser concedida (CPC, art. 525, § 6º). **C:** Incorreta. O Juiz determinará o processamento da impugnação, tendo em vista que o excesso de execução não foi a única alegação do devedor. Todavia, referida matéria (excesso de execução), não será examinada pelo juiz, tendo em vista a ausência de indicação do valor correto (CPC, art. 525, § 5º). **D:** Correta. Nos termos do art. 525, § 5º, a impugnação será processada, mas o juiz não examinará a alegação de excesso de execução, tendo em vista a ausência de indicação do valor correto. **E:** Incorreta, o executado que alegar excesso de execução deverá apontar, de imediato, o valor que entende correto, apresentando demonstrativo discriminado e atualizado de seu cálculo (CPC, art. 525, § 4º), sob pena de não apreciação desse argumento (§ 5º) – e não a determinação de emenda.

Gabarito "D".

(Juiz Federal – TRF/1 – 2023 – FGV) A União Federal ajuizou ação de regresso em face de servidor público federal, que foi condenado a pagar quantia em dinheiro em favor do ente público. Intimado a pagar a dívida em sede de cumprimento de sentença, o devedor permaneceu inerte, motivo pelo qual a União requereu a fixação de multa cominatória diária, a suspensão do direito de dirigir do executado, a apreensão do seu passaporte, a sua proibição de participar de concursos públicos, a sua proibição de participar de licitações, a expedição de ofício ao Conselho de Controle de Atividades Financeiras (Coaf) para a remessa de relatório de inteligência financeira sobre as operações do devedor e a consulta ao Sistema de Investigação de Movimentações Bancárias (Simba) com o fim de apurar o seu patrimônio.

Sobre a situação, é correto afirmar ser:

(A) incabível a fixação de multa cominatória diária no cumprimento de sentença relativo à obrigação de pagar, ainda que mediante decisão fundamentada, após esgotados os meios típicos de execução e observados os princípios do contraditório e da proporcionalidade;

(B) incabível a suspensão do direito de dirigir do executado como medida executiva atípica no cumprimento de sentença relativo à obrigação de pagar, por violação ao direito à liberdade de locomoção, ainda que mediante decisão fundamentada, após esgotados os meios típicos de execução e observados os princípios do contraditório e da proporcionalidade;

(C) cabível a consulta ao Sistema de Investigação de Movimentações Bancárias (Simba) no cumprimento de sentença relativo à obrigação de pagar, desde que mediante decisão fundamentada e esgotados os meios típicos de execução, observados os princípios do contraditório e da proporcionalidade;

(D) incabível a proibição de participar de concursos públicos como medida executiva atípica no cumprimento de sentença relativo à obrigação de pagar, por violação ao direito fundamental de acesso aos cargos públicos, ainda que mediante decisão fundamentada, após esgotados os meios típicos de execução e observados os princípios do contraditório e da proporcionalidade;

(E) cabível a expedição de ofício ao Conselho de Controle de Atividades Financeiras (Coaf) no cumprimento de sentença relativo à obrigação de pagar, desde que mediante decisão fundamentada e esgotados os meios típicos de execução, observados os princípios do contraditório e da proporcionalidade.

A questão envolve a atipicidade das medidas executivas, prevista no art. 139, IV do CPC. O STF declarou constitucional o dispositivo (ADI 5941) e o STJ fixou balizas para sua aplicação. **A:** Correta. Conforme jurisprudência do STJ, não é cabível a fixação de multa diária no cumprimento de sentença de obrigação de pagar quantia certa (AgInt no AREsp 1441336). **B:** Incorreta. O STJ admite a suspensão da CNH como medida executiva atípica (por exemplo, AgInt no AREsp 1770170 / PB). **C:** Incorreta, uma vez que o STJ entendeu não ser possível a utilização da consulta ao SIMBA ou expedição de ofício ao COAF, com o fim de verificar a existência de patrimônio do devedor (REsp 2043328/SP). **D:** Incorreta, pois o STF, no julgamento da ADI 5.941, declarou a constitucionalidade do 139, IV do CPC, desde que respeitados os direitos fundamentais e os princípios da proporcionalidade e razoabilidade. Dentre as medidas coercitivas mencionadas na ADI, está a proibição de participação em concurso público. **E:** Incorreta, conforme exposto na alternativa "C".

Gabarito "A".

(OAB/FGV – 2023) Stefano Carneiro, após ganhar indenização de R$ 60.000,00 em processo judicial movido em face de Estevão Braga, inicia o cumprimento definitivo de sentença requerendo ao juízo competente que intime o devedor para o pagamento da condenação.

No prazo para pagar, Estevão Braga reconhece o débito e solicita ao seu advogado que realize o depósito de trinta por cento do valor da execução, acrescido de custas e de honorários do advogado, e que o restante seja parcelado em seis parcelas mensais, acrescidas de correção monetária e de juros de um por cento ao mês, pois soube que o Código de Processo Civil permite ao devedor o parcelamento nessas condições.

Na condição de advogado(a) de Estevão Braga, assinale a afirmativa correta.

(A) O parcelamento pretendido por Estevão é possível, independentemente da aceitação do exequente, pois é um direito do executado.

(B) O parcelamento pretendido por Estevão é possível, pois o reconhecimento do débito ocorreu dentro no prazo para pagar.

(C) O parcelamento pretendido por Estevão só é possível antes do início do cumprimento de sentença.

(D) O parcelamento pretendido por Estevão não se aplica ao cumprimento de sentença.

A: incorreta, porque o parcelamento depende da presença de seus requisitos previstos em lei, e o exequente terá de ser ouvido (CPC, art. 916, § 1º). Mas, no caso, não é cabível (vide alternativa "D"); **B:** incorreta, pois o parcelamento deve ser feito no prazo dos embargos, não no prazo para pagar (CPC, art. 916, *caput*). **C:** incorreta, considerando que o parcelamento, como exposto em "B", deve ocorrer no prazo para embargar. **D:** correta. Prevê o Código a possibilidade de parcelamento do débito objeto de processo de execução (CPC, art. 916), desde que haja o depósito de 30% da quantia, com o restante sendo pago em 6 parcelas mensais, com juros e correção. Porém, o art. 916, § 7º é expresso ao apontar que o parcelamento não se aplica ao cumprimento de sentença, mas somente à execução.
Gabarito "D".

(OAB/FGV – 2023) Joaquim celebrou com a concessionária Fast Car Ltda. contrato de compra e venda de veículo, com força de título executivo, em que restou prevista a entrega do automóvel, com indicação de seu valor (R$ 50.000,00), trinta dias após a avença.

Não cumprido o contrato, Joaquim ajuizou execução para a entrega de coisa certa em face da referida loja. Citada, a ré não satisfez a obrigação, tendo a ordem de busca e apreensão restado infrutífera, uma vez que o bem não foi encontrado. Na qualidade de advogado(a) de Joaquim indique a providência a ser adotada para que Joaquim seja ressarcido dos danos sofridos.

(A) Propor ação de conhecimento para que a ré seja condenada ao pagamento da indenização pelos danos sofridos, na medida em que a ação proposta foi unicamente de execução para entrega de coisa certa.

(B) Pleitear, no mesmo processo, o recebimento tanto do valor da coisa como de perdas e danos, apurando-se em liquidação os prejuízos.

(C) Pleitear, no mesmo processo, o recebimento apenas do valor da coisa, sujeitando-se ao arbitramento judicial.

(D) Ajuizar outra execução, agora por quantia certa, uma vez que possui título executivo extrajudicial.

A: incorreta, visto que, conforme previsão do art. 809 do CPC, o exequente tem direito a receber, além de perdas e danos, o valor da coisa, quando essa não for entregue, no âmbito do próprio processo de execução. **B:** correta. Conforme previsão legal, é possível a conversão, no mesmo processo, da execução de entrega de coisa em execução de quantia – sendo que o próprio enunciado aponta que já se tem o valor, de modo que possível liquidar os prejuízos (CPC, art. 809). **C:** incorreta pois, no caso, como já se tem o valor do bem, não seria hipótese de arbitramento judicial, pois o contrato prevê o valor da coisa (CPC, art. 809, § 1º); **D:** incorreta, já que não há necessidade (interesse de agir) em nova execução, exatamente porque a legislação prevê a conversão. Além disso, se houvesse nova execução, haveria necessidade de novo pagamento de custas e nova citação, o que tornaria tudo muito mais lento.
Gabarito "B".

(OAB/FGV – 2023) A sociedade empresária Olímpia Limitada ("Olímpia") fabrica equipamentos de musculação para redes de academias, como a Vida Fitness Limitada ("Vida Fitness"). Em 2021, a Vida Fitness passou por problemas financeiros, motivo pelo qual não realizou o pagamento de R$ 500.000,00 (quinhentos mil reais) por 50 (cinquenta) esteiras adquiridas em 2020.

Em virtude desse inadimplemento, a Olímpia ajuizou execução de título extrajudicial perante o MM. Juízo da Vara Cível de São Paulo. No curso dessa demanda, a exequente obteve a penhora online de R$ 500.000,00 existentes nas contas bancárias da Vida Fitness.

Assim que tomou conhecimento da penhora, a Vida Fitness procurou você, como advogado(a), para informar que não pretendia questionar a decisão que determinou a penhora online, mas que gostaria de buscar a substituição do bem penhorado, de forma que os R$ 500.000,00 pudessem melhorar a situação do fluxo de caixa da sociedade empresária.

Diante dessa situação, assinale a afirmativa que apresenta a orientação correta prestada à Vida Fitness

(A) Não será possível requerer a substituição da penhora, uma vez que a penhora em dinheiro é prioritária.

(B) Será possível requerer a substituição da penhora por meio de fiança bancária ou seguro garantia judicial, desde que o valor dessas garantias não seja inferior ao valor do débito constante na petição inicial da execução de título extrajudicial movida pela Olímpia.

(C) Será possível requerer a substituição da penhora por meio de fiança bancária ou seguro garantia judicial, desde que o valor dessas garantias não seja inferior ao valor do débito constante na petição inicial da execução de título extrajudicial movida pela Olímpia, acrescido de 30% (trinta por cento).

(D) Será possível requerer a substituição da penhora somente por imóvel de valor superior ao montante exequendo.

A: Incorreta, pois ainda que a prioridade para a penhora seja o dinheiro, por expressa previsão legal, a fiança bancária e o seguro garantia judicial equiparam-se a dinheiro, para fins de substituição da penhora (CPC, art. 835, § 2º). **B:** Incorreta, visto que, para fins de substituição da penhora por fiança bancária ou seguro garantia judicial, exige-se que o valor das referidas garantias não seja inferior ao débito exequendo constante na inicial, acrescido de trinta por cento (CPC, arts. 835, § 2º e 848, p.u.). **C:** correta, considerando ser essa a previsão legal acerca do tema – além do principal, uma quantia adicional, para fazer frente à atualização monetária, juros, custas e honorários (CPC, arts. 835, § 2º e 848, p.u.). **D:** Incorreta. Como exposto nas alternativas anteriores, a prioridade é em relação a dinheiro – que pode ser substituído por fiança ou seguro.
Gabarito "C".

(OAB/FGV – 2022) A livraria Sabedoria sofreu ação de execução por título extrajudicial movida pelo Banco Carvalho em virtude da inadimplência de contrato de empréstimo. Citada, a executada não realizou o pagamento da dívida, tendo sofrido o bloqueio de dinheiro depositado em instituição financeira. Com o objetivo de liberar o valor bloqueado, ofereceu, em substituição à penhora, fiança bancária ou o percentual de 10% de seu faturamento. Intimada, a exequente não concordou com a substituição, sob o fundamento de que a penhora em dinheiro é preferencial e não pode ser substituída por qualquer outra, fundamento que foi acolhido pela juíza da causa.

Diante desses fatos, assinale a afirmativa correta.

(A) A decisão judicial está errada, pois a penhora do faturamento é equivalente a dinheiro, sendo cabível a substituição.

(B) A decisão judicial está correta, pois a penhora em dinheiro é prioritária e somente poderia ser substituída com a concordância da exequente.

(C) A decisão judicial está errada, pois a fiança bancária equipara-se a dinheiro, desde que em valor não inferior ao débito constante da inicial, acrescido de trinta por cento.

(D) a decisão judicial está correta, pois dinheiro, fiança bancária e penhora do faturamento são substituíveis entre si para fins de penhora.

A: Incorreta, pois apenas a fiança bancária e o seguro garantia judicial equiparam-se a dinheiro para fins de substituição da penhora. O art. 835, § 2º do CPC não faz menção a penhora do faturamento como equivalente a dinheiro. **B:** Incorreta, porque poderá ocorrer a substituição da penhora, a pedido do executado, desde que comprove que lhe será menos onerosa e não trará prejuízo ao exequente (CPC, art. 847). **C:** Correta. Conforme previsão do art. 835, § 2º do CPC, para fins de substituição da penhora, a fiança bancária se equipara a dinheiro, desde que em valor não inferior ao débito constante da inicial, acrescido de trinta por cento. **D:** Incorreta, conforme justificativa exposta na alternativa "A". Gabarito C.

(OAB/FGV – 2020) Em virtude do inadimplemento do pagamento de uma nota promissória, o Banco Mais Dinheiro ajuizou ação de execução por título extrajudicial em face do Supermercado Baratão.

Citado o réu, não houve o pagamento da dívida, tampouco foram encontrados bens penhoráveis. Em consequência, o exequente requereu a penhora de 100% do faturamento do executado, o que foi deferido pela juíza responsável pelo processo, sob o fundamento de que se tratava de dívida muito elevada. O executado interpôs agravo de instrumento impugnando essa decisão.

Sobre tais fatos, assinale a afirmativa correta.

(A) O agravante tem razão, na medida em que a penhora da integralidade do faturamento tornaria inviável o exercício da atividade empresarial.

(B) O agravante não tem razão, uma vez que a penhora do faturamento equivale à penhora de dinheiro e é a primeira na ordem de preferência legal, o que autoriza a constrição da integralidade do faturamento.

(C) O agravo deve ser provido, pois o faturamento de empresa executada é impenhorável.

(D) O agravo deve ser desprovido, visto que não existe limite para o percentual do faturamento a ser objeto de penhora, cabendo ao juiz sua fixação no percentual necessário para a imediata satisfação da execução.

A: correta, já que o CPC possibilita a penhora de *parcela* do faturamento da empresa, de modo a não inviabilizar a continuidade da atividade empresarial (CPC, art. 866, § 1º). Na praxe forense, usualmente há penhora de cerca de 30% do faturamento; **B:** incorreta, pois a penhora de faturamento não é a primeira na ordem de preferência legal (e não há essa equiparação a dinheiro), e a lei busca garantir a viabilidade da atividade empresarial, como exposto acima (CPC, arts. 835, X e 866, § 1º); **C:** incorreta, tendo em vista a expressa previsão legal da possibilidade de penhora do faturamento da empresa (CPC, arts. 835, X e 866, § 1º); **D:** incorreta, considerando que, embora não haja um percentual máximo fixado em lei, a penhora da totalidade do faturamento inviabiliza a atividade empresarial, o que é vedado (CPC, art. 866, § 1º). Gabarito A.

(OAB/FGV – 2019) Pedro propõe execução de alimentos, fundada em título extrajudicial, em face de Augusto, seu pai, no valor de R$ 10.000,00 (dez mil reais). Regularmente citado, Augusto não efetuou o pagamento do débito, não justificou a impossibilidade de fazê-lo, não provou que efetuou o pagamento e nem ofertou embargos à execução.

Pedro, então, requereu a penhora do único bem pertencente a Augusto que fora encontrado, qual seja, R$ 10.000,00 (dez mil reais), que estavam depositados em caderneta de poupança. O juiz defere o pedido.

Sobre a decisão judicial, assinale a afirmativa correta.

(A) Ela foi equivocada, pois valores depositados em caderneta, em toda e qualquer hipótese, são impenhoráveis.

(B) Ela foi correta, pois o Código de Processo Civil permite a penhora de quaisquer valores depositados em aplicações financeiras.

(C) Ela foi equivocada, na medida em que o Código de Processo Civil assegura a impenhorabilidade da caderneta de poupança até o limite de cem salários-mínimos, independentemente da natureza do débito.

(D) Ela foi correta, pois o Código de Processo Civil admite a penhora de valores depositados em caderneta de poupança para o cumprimento de obrigações alimentícias.

A: incorreta, considerando que em regra a poupança é bem penhorável; **B:** incorreta, pois ainda que a regra seja a penhorabilidade, há situações em que a poupança é impenhorável; **C:** incorreta, pois a poupança é impenhorável até o limite de 40 salários mínimos (CPC, art. 833, X); D: correta. A regra é que a poupança é impenhorável até os 40 salários mínimos (CPC, art. 833, X); contudo, tratando-se de execução de alimentos, não há impenhorabilidade, de qualquer valor (CPC, art. 833, § 2º). Gabarito D.

(OAB/FGV – 2018) Amanda ajuizou execução por quantia certa em face de Carla, fundada em contrato de empréstimo inadimplido que havia sido firmado entre elas, pelo valor, atualizado na data-base de 20/3/2017, de R$ 50 mil.

Carla foi citada e não realizou o pagamento no prazo legal, tampouco apresentou embargos, limitando-se a indicar à penhora um imóvel de sua titularidade. Carla informou que o referido imóvel valeria R$ 80 mil. Amanda, após consultar três corretores de imóveis, verificou que o valor estaria bem próximo ao de mercado, de modo que pretende dar seguimento aos atos de leilão e recebimento do crédito.

Diante de tal situação, assinale a afirmativa que melhor atende aos interesses de Amanda.

(A) Ela deverá requerer ao juízo a avaliação do imóvel por oficial de justiça avaliador, ato indispensável para dar seguimento ao leilão.

(B) Deverá ser requerida ao juízo a avaliação do imóvel por especialista na área (perito); sem isso, o leilão não poderá prosseguir.

(C) Ela deverá requerer ao juízo que este faça inspeção judicial no imóvel, de modo a confirmar seu valor.

(D) Ela deverá requerer que seja realizado o leilão, com dispensa da avaliação judicial do bem, manifestando ao juízo concordância com a estimativa de valor feita por Carla.

A: incorreta, pois se houver concordância das partes acerca do valor, a realização de avaliação não é obrigatória (CPC, art. 871, I); **B:** incorreta, já que, se for realizada avaliação, em regra será feita pelo oficial de justiça (CPC, art. 829, § 1º), e só em alguns excepcionais a avaliação será feita por perito (CPC, art. 870, parágrafo único); **C:** incorreta, já que inspeção judicial, feita pelo juiz, não se presta a avaliar bens, mas a inspecionar pessoas e coisas (CPC, art. 481); **D:** correta, pois se o exequente concordar com o valor indicado pelo executado para o bem, o leilão será realizado sem a necessidade de avaliação (CPC, 871, I).

Gabarito "D".

(OAB/FGV – 2017) O Supermercado "X" firmou contrato com a pessoa jurídica "Excelência" – sociedade empresária de renome – para que esta lhe prestasse assessoria estratégica e planejamento empresarial no processo de expansão de suas unidades por todo o país.

Diante da discussão quanto ao cumprimento da prestação acordada, uma vez que o supermercado entendeu que o serviço fora prestado de forma deficiente, as partes se socorreram da arbitragem, em razão de expressa previsão do meio de solução de conflitos trazida no contrato.

Na arbitragem, restou decidido que assistia razão ao supermercado, sendo a sociedade empresária "Excelência" condenada ao pagamento de indenização, além de multa de 30%.

Considerando o exposto, assinale a afirmativa correta.

(A) Por se tratar de um título executivo extrajudicial, deve ser instaurado um processo de execução.

(B) Por se tratar de um título executivo judicial, será promovido segundo as regras do cumprimento de sentença.

(C) A sentença arbitral só poderá ser executada junto ao Poder Judiciário após ser confirmada em processo de conhecimento, quando adquire força de título executivo judicial.

(D) A sentença arbitral será executada segundo as regras do cumprimento de sentença, tendo em vista seu caráter de título executivo extrajudicial.

A: incorreta, pois sentença arbitral é título executivo *judicial*, por opção do legislador (CPC, art. 515, VII); **B:** correta. Trata-se de título judicial (como exposto em "A"), de modo que se não houver pagamento espontâneo, terá início a fase de cumprimento de sentença; **C:** incorreta, pois não a lei não prevê a necessidade de confirmação, pelo Judiciário, da sentença arbitral; **D:** incorreta, porque, além da sentença arbitral ser título executivo judicial (vide alternativa "A"), os títulos executivos extrajudiciais seguem o procedimento do processo de execução (CPC, arts. 783 e 784), e não do cumprimento de sentença.

Gabarito "B".

14. PROCESSO DE EXECUÇÃO, EMBARGOS E EXPROPRIAÇÃO DE BENS

(Procurador – AL/PR – 2024 – FGV) Em execução de pagar quantia contra o estado do Paraná, Mônica Cebola, 75 anos, titular de crédito de natureza alimentícia de R$500.000,00 (quinhentos mil reais), já não impugnado pela fazenda pública.

Quanto a urgência no recebimento, assinale a afirmativa correta.

(A) Em razão da idade e da natureza alimentícia do crédito, pode fracioná-lo, para receber, antecipadamente, por requisição de pagamento de pequeno valor o correspondente a três vezes o pequeno valor, mantendo-se na ordem de precatório para receber o restante.

(B) Em razão da idade, pode ceder seu direito de fracionamento do crédito, para receber, antecipadamente, até o correspondente a três vezes o pequeno valor, mantendo-se na ordem de precatório para receber o restante.

(C) Pode fracionar seu crédito, para receber, antecipadamente, por requisição de pagamento de pequeno valor o correspondente a 40 salários-mínimos, mantendo-se na ordem de precatório para receber o restante.

(D) Em razão da idade e da natureza alimentícia do crédito, pode fracioná-lo, para receber, antecipadamente, até o correspondente a três vezes o pequeno valor, mantendo-se na ordem de precatório para receber o restante.

(E) Pode fracionar seu crédito, para receber, antecipadamente, por requisição de pagamento de pequeno valor o correspondente a 40 salários-mínimos, mantendo-se na ordem de precatório para receber o restante, tendo preferência em razão da idade e da natureza alimentícia do crédito.

O pagamento dos precatórios é feito com base no art. 100 da CF, que já passou por diversas alterações via emendas constitucionais – que também alteraram o ato das disposições constitucionais transitórias (ADCT). A EC 114/21 alterou a sistemática de pagamento dos precatórios. De acordo com o art. 107-A, § 8º, do ADCT, há o seguinte:

"*8º Os pagamentos em virtude de sentença judiciária de que trata o art. 100 da Constituição Federal serão realizados na seguinte ordem:*

I – obrigações definidas em lei como de pequeno valor, previstas no § 3º do art. 100 da Constituição Federal;

II – precatórios de natureza alimentícia cujos titulares, originários ou por sucessão hereditária, tenham no mínimo 60 (sessenta) anos de idade, ou sejam portadores de doença grave ou pessoas com deficiência, assim definidos na forma da lei, até o valor equivalente ao triplo do montante fixado em lei como obrigação de pequeno valor;"

Portanto, a resposta à pergunta está no inciso II, já que Mônica tem mais de 60 anos, seu crédito é alimentar, é portadora de doença grave, de maneira que pode receber até 3 vezes o valor do RPV, como preferência. O restante, portanto, será pago via o precatório padrão.

Portanto, a resposta correta é a "D".

Gabarito "D".

(OAB/FGV – 2024) O engenheiro civil José Carlos Silva trabalha em Aracaju/SE. Ele realizou a reforma da casa de Luzia, no valor de R$ 15.000,00 (quinze mil reais). O serviço foi devidamente prestado, sem qualquer reclamação por eventuais falhas por parte de Luzia. Contudo, Luzia não efetuou o pagamento no prazo estipulado.

José Carlos procurou Luzia para resolver o pagamento da dívida sem buscar o Poder Judiciário e, após diversas tratativas, Luzia assinou um documento particular em que reconhece a dívida de R$ 15.000,00 (quinze mil reais). O referido instrumento também foi assinado por duas testemunhas. Porém, no prazo estipulado para cumprimento da obrigação, Luzia não efetuou o pagamento e José Carlos ajuizou uma execução de título extrajudicial em face de Luzia.

Depois da citação e da ausência do pagamento de Luzia, José Carlos pede ao Juiz que Luzia indique bens sujeitos à penhora, sob pena de multa, pois caso não indique, sua conduta poderá ser considerada atentatória à dignidade da justiça.

Sobre o requerimento de José Carlos, assinale a afirmativa correta.

(A) José Carlos não poderá efetuar esse requerimento, pois não é possível o arbitramento de multa caso Luzia não indique bens sujeitos à penhora.

(B) José Carlos poderá efetuar esse requerimento, sendo considerada atentatória à dignidade da justiça conduta comissiva ou omissiva da executada que intimada, não indica ao juiz quais são e onde estão os bens sujeitos à penhora e os respectivos valores, nem exibe prova de sua propriedade e, se for o caso, a certidão negativa de ônus.

(C) José Carlos poderá efetuar esse requerimento, sendo possível o arbitramento de multa superior a 30% do valor atualizado da execução, mas não poderá ocorrer nenhuma outra sanção de natureza processual ou material em face da executada

(D) José Carlos não poderá efetuar esse requerimento, pois é sua obrigação indicar os bens possíveis de penhora de Luzia.

A: Incorreta. Conforme previsão do art. 774, parágrafo único do CPC, o juiz fixará multa em montante não superior a vinte por cento do valor atualizado do débito, caso o executado, intimado, não indicar bens à penhora. Referida conduta configura ato atentatório à dignidade da justiça (CPC, art. 774, V).
B: Correta, sendo essa a previsão expressa do art. 774, I do CPC.
C: Incorreta, pois o juiz fixará multa sem prejuízo de outras sanções de natureza processual ou material (CPC, art. 774, parágrafo único).
D: Incorreta, porque a previsão do art. 798, II, "c" é mera faculdade conferida ao exequente, que pode, no momento da distribuição da execução, não ter conhecimento dos bens do executado. Efetivamente, pelos princípios da cooperação e boa-fé, trata-se de dever imposto ao executado.
Gabarito "B".

(ENAM – 2024.1) Determinado credor, munido de nota promissória representativa de obrigação pecuniária certa, líquida e vencida há pouco tempo, sem que tivesse sido paga, ajuizou ação de conhecimento, pleiteando a condenação do devedor a pagar o débito, com os consectários da mora.

Tomando contato com a postulação, o magistrado deverá

(A) julgar liminarmente improcedente o pedido do autor.
(B) indeferir de plano a petição inicial, haja vista a falta de interesse de agir.
(C) converter de ofício o procedimento para o da execução por quantia certa.
(D) proceder ao juízo positivo de admissibilidade da demanda, ordenando a citação do réu para apresentar resposta.
(E) assinar prazo para que o autor emende a petição inicial, adequando-a à pretensão de execução por quantia certa.

A: Incorreta, pois o enunciado não descreve nenhuma hipótese de improcedência liminar do pedido do autor (CPC, art. 332), sendo que, além disso, não estamos diante de uma situação que envolva mérito, mas sim forma. B: Incorreta. Embora a nota promissória seja, nos termos do art. 784, I do CPC título executivo extrajudicial, nada impede que o autor opte por ajuizar processo de conhecimento, a fim de obter título executivo judicial (CPC, art. 785). C: Incorreta. Quem escolhe o instrumento processual é a parte autora, não sendo possível ao juiz alterar isso de ofício. Eventualmente, poderia o magistrado determinar a emenda (CPC, art. 321), mas não a conversão de ofício. Mas nem isso seria cabível no caso, conforme a previsão do art. 785 do CPC. D: Correta, considerando que a lei processual permite que o autor, caso assim queira, ajuíze um processo de conhecimento mesmo que tenha título executivo (CPC, art. 785). Existe essa possibilidade para o caso de o autor ter alguma dúvida quanto ao seu título, de modo a evitar uma posterior extinção. E: Incorreta, conforme exposto na justificativa "C".
Gabarito "D".

(Juiz Federal – TRF/1 – 2023 – FGV) Uma sociedade anônima promoveu, perante a Justiça Federal de primeiro grau, a execução de título extrajudicial em face de uma empresa pública federal.

Nessa situação, é correto afirmar que:

(A) a empresa pública federal poderá chamar ao processo o devedor solidário, caso este não figure no polo passivo da execução;
(B) não será admitida a intervenção anômala da União, ainda que demonstrado o seu interesse econômico na causa;
(C) a União poderá intervir no processo de execução como assistente simples, desde que demonstre interesse jurídico indireto na causa;
(D) poderá ser admitida a intervenção anômala da União, caso demonstrado o seu interesse econômico na causa;
(E) a União poderá intervir no processo de execução como assistente litisconsorcial, desde que demonstre interesse jurídico direto na causa.

A: Incorreta. A posição majoritária é que não cabe chamamento ao processo na ação de execução e/ou fase de cumprimento de sentença (nesse sentido: AgInt no REsp 2059420 / MT). B: Correta. Se a execução é contra empresa pública, não se admite o ingresso da União, no processo executivo. Nesse sentido: "É inviável a intervenção anômala da União na fase de execução ou no processo executivo, salvo na ação cognitiva incidental de embargos." (informativo nº 754/STJ). C: Incorreta, pois o STJ possui entendimento firmado no sentido de que a assistência simples não é admissível na fase de execução (AgInt no REsp 1838866/DF). D: Incorreta, vide justificativa da alternativa "B". E: Incorreta, não se admite a interversão da União na fase de execução ou no processo executivo, mas apenas nos embargos – conforme já visto em "B".
Gabarito "B".

(Juiz de Direito/AP – 2022 – FGV) No que concerne ao processo de execução, é correto afirmar que:

(A) efetivadas a expropriação do bem do devedor, a sua alienação e a satisfação do crédito exequendo, o juiz deve proferir despacho ordenando o arquivamento do feito;
(B) a homologação de eventual desistência da ação depende da concordância do executado, se este já tiver sido citado;
(C) ainda que disponha de um título executivo extrajudicial, o credor pode optar pela via da ação de conhecimento;
(D) a liquidez da obrigação constante do título executivo fica afastada se a apuração do crédito reclamar operações aritméticas simples;
(E) o credor pode cumular várias execuções em face do mesmo devedor, ainda que o procedimento seja distinto e desde que o juízo seja competente para processar ao menos uma delas.

A: incorreta, uma vez satisfeita a obrigação, o processo de execução deve ser *extinto* por sentença (CPC, arts. 924, II e 925); **B:** incorreta, pois a execução dependerá da concordância do executado *apenas* se os embargos versarem sobre questões de mérito (CPC, art. 775, parágrafo único); **C:** correta, pois o exequente tem essa opção, se entender, por exemplo, que há uma fragilidade no título executivo (CPC, 785); **D:** incorreta, visto que a simples necessidade de operações aritméticas não afasta a liquidez da obrigação (CPC, art. 786, parágrafo único) – sendo já possível o cumprimento de sentença nesse caso, sem necessidade de liquidação; **E:** incorreta, porque a cumulação de execuções exige que o mesmo juízo seja competente para processar todas elas e que seja aplicável idêntico procedimento para todas (CPC, art. 780).
Gabarito "C".

(Juiz de Direito/AP – 2022 – FGV) Rafael possui três notas promissórias vencidas, nas quais Victor figura como devedor. Não obstante se tratar de dívidas distintas, o credor resolve demandar, em um único processo, a execução autônoma desses títulos em face do referido devedor, uma vez que consubstanciam obrigações certas, líquidas e exigíveis.

Ao receber essa inicial, percebendo que o juízo é competente para tais cobranças, e que todas buscam o mesmo tipo de obrigação, agirá corretamente o juiz se:

(A) determinar que o credor emende a inicial, indicando qual título pretende demandar, devendo os outros virem por via própria, uma vez que essa cumulação é inadmissível na execução;
(B) admitir a cumulação objetiva dessas execuções, pois, pelo princípio da economia processual, permite-se que o credor se utilize de um mesmo processo para execução desses títulos;
(C) inadmitir a inicial, uma vez que há necessidade de prévio processo de conhecimento para obter o necessário título executivo judicial, com o qual poderia posteriormente demandar a execução;
(D) intimar o devedor, para que manifeste sua concordância com a cumulação de execuções pretendidas, sob pena do indeferimento da inicial, em caso de recusa do devedor;
(E) julgar, desde logo, procedentes os pedidos, uma vez que os referidos títulos executivos extrajudiciais consubstanciam obrigações certas, líquidas e exigíveis.

A: incorreta, visto que é admitida a cumulação de execuções, ainda que fundadas em títulos diferentes (CPC, art. 780); **B:** correta, sendo essa a previsão legal (CPC, art. 780); **C:** incorreta, pois as notas promissórias são títulos executivos extrajudiciais (CPC, art. 784, I), e o enunciado aponta haver obrigação líquida, certa e exigível; **D:** incorreta, considerando que a cumulação de execuções não depende da prévia anuência do devedor (CPC, art. 780); **E:** incorreta, porque não se trata de processo de conhecimento (CPC, art. 784, I), de modo que não se fala em "julgar procedentes os pedidos".
Gabarito "B".

(OAB/FGV – 2020) Em determinada demanda indenizatória, houve a condenação do réu para pagar a quantia de R$ 10.000 (dez mil reais) em sentença transitada em julgado em prol do autor.

Na qualidade de patrono deste último, assinale a opção que representa a medida adequada a ser providenciada.

(A) Aguardar o depósito judicial da quantia referente à condenação, pois as sentenças que condenam a obrigação de pagar são instauradas de ofício, independentemente de requerimento do exequente, assim como as obrigações de fazer e não fazer.
(B) Peticionar a inclusão de multa legal e honorários advocatícios tão logo seja certificado o trânsito em julgado, independentemente de qualquer prazo para que o réu cumpra voluntariamente a obrigação, já que ela deveria ter sido cumprida logo após a publicação da sentença.
(C) Aguardar a iniciativa do juiz para instauração da fase executiva, para atender ao princípio da cooperação, consagrado no art. 6º do CPC.
(D) Peticionar para iniciar a fase executiva após a certificação do trânsito em julgado, requerendo a intimação do devedor para pagamento voluntário no prazo de 15 dias, sob pena de acréscimos de consectários legais.

A: incorreta, porque, tratando-se de obrigação de pagar quantia certa, o cumprimento se inicia por meio de requerimento da parte (CPC, arts. 523 e 536), e não de ofício; **B:** incorreta, tendo em vista que, antes da inclusão de multa e outros consectários, o executado é intimado para realizar o pagamento voluntário do débito, no prazo de 15 dias (CPC, art. 523, § 1º); **C:** incorreta, pois a fase de cumprimento de sentença depende de requerimento do exequente, conforme já exposto em "A" (CPC, arts. 513, § 1º e 523); **D:** correta, por ser essa a previsão legal (CPC, art. 523, *caput* e § 1º).
Gabarito "D".

(OAB/FGV – 2020) O Juízo da 1ª Vara de Fazenda Pública da Comarca da Capital do Estado do Rio de Janeiro, em ação ajuizada por Jorge, servidor público, condenou o Município do Rio de Janeiro ao pagamento de verbas remuneratórias atrasadas que não haviam sido pagas pelo ente municipal.

Após o trânsito em julgado, Jorge deu início ao cumprimento de sentença do valor de R$ 600.000 (seiscentos mil reais), tendo o Município apresentado impugnação no prazo de 25 dias úteis após sua intimação, alegando haver excesso de execução de R$ 200.000,00 (duzentos mil reais), na medida em que Jorge teria computado juros e correção monetária de forma equivocada ao calcular o valor exequendo.

Diante dessa situação hipotética, assinale a afirmativa correta.

(A) A impugnação do Município do Rio de Janeiro se afigura intempestiva, na medida em que o prazo previsto no Código de Processo Civil para a impugnação ao cumprimento de sentença é de 15 (quinze) dias úteis.
(B) O juiz, considerando que o Município do Rio de Janeiro não efetuou o pagamento voluntário do crédito exequendo no prazo de 15 dias úteis após sua intimação, deverá aplicar multa de 10% (dez por cento) sobre o valor da dívida.
(C) Jorge, tendo em vista que o Município do Rio de Janeiro impugnou apenas parcialmente o crédito ao alegar excesso, poderá prosseguir com a execução da parte que não foi questionada, requerendo a expedição do respectivo precatório judicial da parcela incontroversa da dívida.
(D) O Município do Rio de Janeiro, ao alegar o excesso de execução, não precisava declarar, de imediato, em sua impugnação, o valor que entende correto da dívida, podendo deixar para fazê-lo em momento posterior.

A: incorreta, porque o prazo da Fazenda Pública para apresentar impugnação ao cumprimento de sentença de pagar quantia certa é de 30 dias úteis (CPC, arts. 219 e 535); **B:** incorreta, pois não haverá incidência de multa contra a Fazenda Pública, já que os pagamentos pela Fazenda se sujeitam ao regime de precatório e, portanto, a Fazenda não é intimada para pagar sob pena de multa (CPC, art. 523), apenas para apresentar impugnação ao cumprimento de sentença (CPC, arts. 534, § 2º e 535); **C:** correta, por ser essa a previsão legal (CPC, art. 535, § 4º e, também, STF-ADI 5534); **D:** incorreta, já que a Fazenda deve declarar de imediato o valor que entende correto, sob pena de não conhecimento da arguição (CPC, art. 535, §2º).
Gabarito "C".

(OAB/FGV – 2020) Bruno ajuizou contra Flávio ação de execução de título executivo extrajudicial, com base em instrumento particular, firmado por duas testemunhas, para obter o pagamento forçado de R$ 10.000,00 (dez mil reais).

Devidamente citado, Flávio prestou, em juízo, garantia integral do valor executado e opôs embargos à execução dentro do prazo legal, alegando, preliminarmente, a incompetência relativa do juízo da execução e, no mérito, que o exequente pleiteia quantia superior à do título (excesso de execução). No entanto, em seus embargos à execução, embora tenha alegado excesso de execução, Flávio não apontou o valor que entendia ser correto, tampouco apresentou cálculo com o demonstrativo discriminado e atualizado do valor em questão.

Considerando essa situação hipotética, assinale a afirmativa correta.

(A) Os embargos à execução devem ser liminarmente rejeitados, sem resolução do mérito, porquanto Flávio não demonstrou adequadamente o excesso de execução, ao deixar de apontar o valor que entendia correto e de apresentar cálculo com o demonstrativo discriminado e atualizado do valor em questão.
(B) O juiz deverá rejeitar as alegações de incompetência relativa do juízo e de excesso de execução deduzidas por Flávio, por não constituírem matérias passíveis de alegação em sede de embargos à execução.
(C) Os embargos à execução serão processados para a apreciação da alegação de incompetência relativa do juízo, mas o juiz não examinará a alegação de excesso de execução, tendo em vista que Flávio não indicou o valor que entendia correto para a execução, não apresentando o cálculo discriminado e atualizado do valor em questão.
(D) O juiz deverá processar e julgar os embargos à execução em sua integralidade, não surtindo qualquer efeito a falta de indicação do valor alegado como excesso e a ausência de apresentação de cálculo discriminado e atualizado do valor em questão, uma vez que os embargos foram apresentados dentro do prazo legal.

A: Incorreta, pois se há existir, nos embargos, algum argumento além do excesso de execução, não há que se falar em indeferimento liminar, pois os embargos devem ser processados pelo outro fundamento, "mas o juiz não examinará a alegação de excesso de execução" (CPC, art. 917, § 4º, II).; **B:** Incorreta, porque as duas matérias podem ser alegadas nos embargos à execução (CPC, art. 917, III e V); **C:** Correta. Quando houver alegação de excesso de execução, deve necessariamente ser indicado o valor que se entende devido (CPC, art. 917, § 3º). Se isso não ocorrer e houver mais de um argumento, os embargos são apreciados pelo outro argumento, mas não pelo excesso – como visto na alternativa "A"; **D:** Incorreta, conforme os argumentos expostos em "A" e "C".
Gabarito "C".

(OAB/FGV – 2019) Maria, ao perceber que o seu bem imóvel foi arrematado por preço vil, em processo de execução de título extrajudicial, procurou você, como advogado(a), para saber que defesa poderá invalidar a arrematação. Você verifica que, no 28º dia após o aperfeiçoamento da arrematação, a carta de arrematação foi expedida. Uma semana depois, você prepara a peça processual.

Assinale a opção que indica a peça processual correta a ser proposta.

(A) Impugnação à execução.
(B) Petição simples nos próprios autos do processo de execução.
(C) Ação autônoma de invalidação da arrematação.
(D) Embargos do executado.

Todas as alternativas se referem a instrumentos processuais que, de alguma maneira, se prestam a impugnar decisões judiciais. No sistema anterior, existiam embargos específicos para a arrematação. Mas, no atual CPC, a expressa previsão, com base no art. 903, § 4º, é ação autônoma ("Após a expedição da carta de arrematação ou da ordem de entrega, a invalidação da arrematação poderá ser pleiteada por ação autônoma (...)").
Gabarito "C".

(OAB/FGV – 2018) Cláudia, intimada pelo juízo da Vara Z para pagar a Cleide o valor de R$ 20.000,00, com fundamento em cumprimento definitivo de sentença, realiza, no prazo de 15 dias, o pagamento de R$ 5.000,00.

De acordo com o que dispõe o CPC/2015, deve incidir

(A) multa de 10% e honorários advocatícios sobre R$15.000,00.
(B) multa de 10% sobre R$15.000,00 e honorários advocatícios sobre R$ 20.000,00.
(C) multa de 10% e honorários advocatícios sobre R$ 20.000,00.
(D) multa de 10% e honorários advocatícios sobre R$5.000,00.

A questão se refere à multa no caso do cumprimento de sentença, bem como os honorários advocatícios aí devidos. Como só houve pagamento parcial, há multa e honorários em relação à parte não paga (CPC, art. 523, § 2º). Assim, a alternativa correta é a que fala de multa e honorários ao que não foi pago.

Gabarito "A".

(OAB/FGV – 2017) Pedro promove ação de cobrança em face de José, pelo descumprimento de contrato de prestação de serviços celebrado entre as partes.

O processo instaurado teve seu curso normal, e o pedido foi julgado procedente, com a condenação do réu a pagar o valor pleiteado. Não houve recurso e, na fase de cumprimento de sentença, o executado é intimado a efetuar o pagamento e pretende ofertar resistência.

Sobre a postura adequada para o executado tutelar seus interesses, assinale a afirmativa correta.

(A) Deve oferecer embargos à execução e, para tanto, deverá garantir o juízo com penhora, depósito ou caução.
(B) Deve oferecer impugnação à execução, devendo garantir o juízo com penhora, depósito ou caução.
(C) Deve oferecer embargos à execução, sem a necessidade de prévia garantia do juízo para ser admitido.
(D) Deve oferecer impugnação à execução, sem a necessidade de prévia garantia do juízo com penhora.

Uma vez existindo decisão judicial em processo de conhecimento e fase de cumprimento de sentença, a defesa do executado se dá pela impugnação, a qual independe de penhora para ser oferecida (CPC, art. 525, "caput"). Portanto, não é caso de embargos nem de realização de penhora, o que afasta 3 das alternativas.

Gabarito "D".

(OAB/FGV – 2017) Jair promove ação em face de Carlos para cobrar uma dívida proveniente de contrato (não escrito) de prestação de serviços celebrado pelas partes. Com o trânsito em julgado da sentença que condenou Carlos a pagar o valor devido, Jair requer o cumprimento de sentença.

O executado foi intimado regularmente na pessoa do seu advogado. No prazo da impugnação, deposita o correspondente a 30% do valor devido e requer o parcelamento do remanescente em até 6 (seis) prestações. O juiz defere o pedido do executado, fundamentando sua decisão no princípio da menor onerosidade, mas o exequente se insurge por intermédio de agravo de instrumento, alegando que o parcelamento legal não se aplica ao cumprimento de sentença.

Diante da situação hipotética, a decisão do juiz está:

(A) correta, pois o parcelamento legal pode ser aplicado no caso de cumprimento de sentença.
(B) equivocada, tendo em vista que só poderia deferir se fosse feito depósito de 50%.
(C) equivocada, pois há vedação expressa para a concessão do parcelamento legal no caso de cumprimento de sentença.
(D) correta, pois sempre se deve encontrar a forma mais efetiva para a execução.

A: incorreta, pois há expressa previsão legal em sentido inverso (CPC, art. 916, § 7º); **B:** incorreta, considerando que o depósito, quando permitido pela lei, é realmente de 30% (CPC, art. 916); **C:** correta. O Código é expresso ao *vedar* o parcelamento nesse caso (art. 916, § 7º); **D:** incorreta, considerando o exposto na alternativa anterior.

Gabarito "C".

15. TEORIA GERAL DOS RECURSOS

(OAB/FGV – 2024) Pedro propôs ação de dissolução parcial da sociedade Papel Cia. Ltda., em função de atos praticados pelo então administrador da sociedade, Paulo. No processo, restou comprovado que Paulo adulterava os balanços patrimoniais da sociedade.

Diante desse fato, o juiz proferiu sentença decretando a dissolução parcial da sociedade. Em face da sentença, Paulo interpôs o respectivo recurso de apelação. Depois de proferidos os votos, o resultado do julgamento foi pela reforma da decisão, contudo de forma não unânime.

Sobre a hipótese narrada, na qualidade de advogado de Pedro, assinale a afirmativa correta.

(A) São cabíveis embargos infringentes, pois o acórdão não unânime reformou a sentença de mérito proferida em primeiro grau.
(B) O julgamento terá prosseguimento em sessão a ser designada com a presença de outros julgadores, tendo em vista o resultado não unânime do julgamento, que serão convocados nos termos previamente definidos no regimento interno, em número suficiente para garantir a possibilidade de inversão do resultado inicial.
(C) Na hipótese de novo julgamento, é vedado às partes e aos eventuais terceiros o direito de sustentar oralmente suas razões perante os julgadores novamente.
(D) A técnica de julgamento nos casos de resultados não unânimes se aplica, igualmente, à ação rescisória, ao agravo de instrumento, ao incidente de resolução de demandas repetitivas, ao incidente de assunção de competência e à remessa necessária.

A: Incorreta, pois no CPC15 os embargos infringentes foram extintos, sendo que no caso de voto vencido há a técnica do julgamento estendido, prevista no art. 942 do CPC. **B:** Correta, sendo essa a previsão do Código quando houver voto vencido, o chamado julgamento estendido (CPC, art. 942).**C:** Incorreta, visto que o art. 942 do CPC garante às partes e a eventuais terceiros o direito de sustentar oralmente suas razões perante os novos julgadores. **D:** Incorreta, o julgamento estendido não se aplica ao julgamento do incidente de assunção de competência e ao de resolução de demandas repetitivas (CPC, art. 942, § 4º, I). Além disso, observa-se que referida técnica se aplica ao recurso de agravo de instrumento somente quando houver reforma da decisão que julgar parcialmente o mérito (CPC, art. 942, § 3º, II). No que se refere à remessa necessária, a previsão do art. 942 se aplica apenas na hipótese de rescisão da sentença (CPC, art. 942, § 3º, I).

Gabarito "B".

(OAB/FGV – 2024) Felipe propôs ação de reparação de danos contra Gustavo fundada em responsabilidade extracontratual, em razão de Felipe ter sido atacado pelo cachorro de Gustavo, enquanto transitava pela rua perto de sua casa.

Em primeira instância, os pedidos formulados por Felipe em sua petição inicial foram julgados totalmente procedentes. Depois da publicação da sentença de procedência, Gustavo interpôs apelação para buscar a reforma integral da sentença. Simultaneamente, Felipe opôs embargos de declaração contra a sentença para obter a majoração dos honorários de sucumbência, considerando que não foi fixado o percentual mínimo previsto no Art. 85, § 2º, do Código de Processo Civil.

Sobre essa situação hipotética, assinale a afirmativa que apresenta, corretamente, a conduta que você, como advogado(a) do embargado, deverá adotar.

(A) Apresentar nova apelação após o julgamento dos embargos de declaração opostos por Felipe, independentemente do resultado do julgamento dos embargos de declaração.
(B) Complementar ou alterar as razões de apelação, se houver o acolhimento dos embargos de declaração opostos por Felipe.
(C) Ratificar as razões de sua apelação após o julgamento dos embargos opostos por Felipe, sob pena de não conhecimento do recurso de apelação.
(D) Apresentar nova apelação após o julgamento dos embargos de declaração opostos por Felipe se os embargos de declaração forem acolhidos.

A: Incorreta, pois como já havia sido interposta apelação, não é possível a interposição de novo recurso, pois isso violaria o princípio da unirrecorribilidade. Somente se houvesse modificação de parte da sentença seria possível aditar a apelação antes interposta (CPC, art. 1.024, § 4º).
B: Correta. Caso o acolhimento dos embargos de declaração implique modificação da decisão embargada, o embargado que já tiver interposto outro recurso contra a decisão, poderá complementar ou alterar suas razões (CPC, art. 1.024, § 4º).
C: incorreta, considerando que o respectivo recurso será processado e julgado independentemente de ratificação (CPC, art. 1.024, § 5º).
D: Incorreta, porque o embargado poderá complementar ou alterar suas razões (CPC, art. 1.024, § 4º), não sendo possível a interposição de novo recurso de apelação, sob pena de violação do princípio da unirrecorribilidade.

Gabarito "B".

(OAB/FGV – 2024) Leonardo adquiriu uma televisão na Loja Francesa pelo valor de R$ 12.000,00 (doze mil reais), quantia que seria paga por meio de cartão de crédito em 12 (doze) parcelas de R$ 1.000,00. Ocorre que, após o pagamento da 6ª (sexta) parcela, a Loja Francesa passou a cobrar R$ 2.000,00 (dois mil reais) de Leonardo nas 6 (seis) parcelas restantes.

Por ter constatado a cobrança indevida somente depois de realizar o pagamento integral, Leonardo ajuizou ação pelo procedimento comum em face da Loja Francesa para ser ressarcido em dobro pelo valor indevidamente cobrado na forma do Art. 42, parágrafo único, do Código de Defesa do Consumidor.

Depois da contestação e regular instrução, o Juízo da Vara Cível competente proferiu sentença julgando procedente o pedido de Leonardo, com a consequente condenação da Loja Francesa ao pagamento de R$12.000,00, acrescido de correção monetária e juros legais. Ato contínuo, a Loja Francesa interpôs recurso de apelação, que foi desprovido pelo Tribunal de Justiça. Em seguida, a Loja Francesa interpôs recurso especial, porém intempestivamente.

Como existiam inúmeros recursos sobre a admissibilidade da devolução em dobro em caso de cobrança indevida contra o consumidor, com fundamento no Art. 42, parágrafo único, do Código de Defesa do Consumidor, essa controvérsia jurídica foi afetada para o rito do julgamento dos recursos repetitivos e implicou o sobrestamento do recurso especial da Loja Francesa.

Ato contínuo, Leonardo requereu que o recurso especial da Loja Francesa não fosse sobrestado, uma vez que era intempestivo. Embora intempestivo o recurso, o referido requerimento foi indeferido.

Na condição de advogado(a) de Leonardo, assinale a opção que indica o recurso cabível para alterar essa decisão.

(A) Não será possível interpor qualquer recurso, pois é irrecorrível a decisão que indefere o requerimento de exclusão de sobrestamento do recurso especial impactado pelo procedimento dos recursos especiais repetitivos.
(B) Reclamação, pois é irrecorrível a decisão que indefere o requerimento de exclusão de sobrestamento do recurso especial impactado pelo procedimento dos recursos especiais repetitivos.
(C) Ação rescisória, pois é irrecorrível a decisão que indefere o requerimento de exclusão de sobrestamento do recurso especial impactado pelo procedimento dos recursos especiais repetitivos.
(D) Agravo interno, pois esse é o recurso cabível contra a decisão que indefere o requerimento de exclusão de sobrestamento do recurso especial impactado pelo procedimento dos recursos especiais repetitivos.

A: Incorreta, pois a decisão que afasta o requerimento de sobrestamento é recorrível.
B: Incorreta, porque a reclamação não tem nessa hipótese um de seus casos de utilização (CPC, art. 988).
C: Incorreta, considerando que não estamos diante de coisa julgada, de modo que descabe a rescisória (CPC, art. 966).
D: Correta, pois conforme art. 1.036, § 3º do CPC, cabe agravo interno contra a decisão que indefere o requerimento de exclusão de sobrestamento do recurso especial, sendo esse agravo utilizado para questões relativas à admissibilidade ligada a repetitivo e repercussão geral.

Gabarito "D".

(Procurador – AL/PR – 2024 – FGV) Olga Rios propôs ação contra o Estado do Paraná e foi proferida sentença. Trata-se de ação de um particular em face de uma pessoa jurídica de direito público, na qual há certas prerrogativas processuais.

Nesse sentido, assinale a opção em que a sentença proferida no processo entre Olga Rios e o Estado do Paraná não estaria sujeita ao reexame necessário.

(A) a sentença foi definitiva e condenou o Estado do Paraná em favor de Olga Rios em caso idêntico a acórdão veiculado no Informativo do Superior Tribunal de Justiça.
(B) a sentença foi definitiva, condenou o Estado do Paraná em favor de Olga Rios e está fundada em súmula do Tribunal de Justiça do Estado do Paraná.
(C) a sentença foi definitiva e condenou o Estado do Paraná em favor de Olga Rios a pagar R$510.000,00 (quinhentos e dez mil reais).
(D) a sentença foi definitiva e julgou procedente o pedido de Olga Rios em embargos à execução fiscal contra o Estado do Paraná.
(E) a sentença foi definitiva e condenou o Estado do Paraná em favor de Olga Rios em caso idêntico a entendimento objeto de incidente de resolução de demandas repetitivas em trâmite.

A: Incorreta, pois o acórdão veiculado no Informativo do Superior Tribunal de Justiça não possui efeito vinculante e, portanto, não afasta o reexame necessário (CPC, art. 496, § 4º); **B:** Incorreta, o reexame necessário não se aplica quando a sentença estiver fundada em súmula de tribunal superior (CPC, art. 496, § 4º, I); **C:** Correta, conforme previsão do art. 496, § 3º, II do CPC, a sentença não se sujeita ao reexame necessário quando o valor da condenação ou o proveito econômico obtido na causa foi inferior a 500 salários-mínimos, valor esse em que não há o reexame em se tratando de Estados; **D:** Incorreta, o art. 496, II do CPC prevê expressamente que estará sujeita ao reexame necessário a sentença que julgar procedente, no todo ou em partes, os embargos à execução fiscal; **E:** Incorreta. Não se aplica o reexame necessário quando a sentença estiver fundada em entendimento firmado em incidente de resolução de demandas repetitivas (CPC, art. 496, § 4º, III). A alternativa, contudo, traz hipótese em que o incidente ainda está *em trâmite* (e, portanto, não há entendimento firmado). **LD**

Gabarito "C".

(ENAM – 2024.1) Menor absolutamente incapaz, devidamente representado por sua genitora, intentou ação pelo procedimento comum em face da operadora de plano de saúde contratada por sua família, tendo pleiteado a condenação da ré a lhe custear um medicamento de uso permanente cuja cobertura lhe fora negada. Na petição inicial, foi requerida, também, a concessão de tutela provisória, consubstanciada na edição de ordem judicial para que a demandada imediatamente custeasse o valor do medicamento prescrito para o autor.

Apreciando a peça exordial, o magistrado procedeu ao juízo positivo de admissibilidade da demanda, ordenando a citação da parte ré, embora tivesse ressalvado que o requerimento da tutela provisória somente seria examinado após a vinda da contestação.

Regularmente citada, a ré ofertou a sua peça contestatória, a que se seguiu a intimação do órgão do Ministério Público, que se pronunciou no sentido de que fosse deferida a tutela provisória vindicada na petição inicial.

Não obstante, o juiz da causa, entendendo que o feito já se encontrava completamente instruído, proferiu de imediato sentença de mérito em que julgava procedente o pleito autoral.

Tomando ciência da sentença, constatou o órgão ministerial que nenhum de seus tópicos continha a menção à concessão da tutela provisória, razão pela qual protocolizou, sete dias úteis depois de sua intimação pessoal, o recurso de embargos de declaração, requerendo a apreciação e o deferimento da medida em favor do demandante, ponto em relação ao qual alegou ter ficado caracterizada a omissão do órgão julgador no ato sentencial.

É correto afirmar, sobre esse quadro, que os embargos de declaração manejados pelo órgão do Ministério Público

(A) não merecem ser conhecidos, haja vista a sua intempestividade.

(B) não merecem ser conhecidos, haja vista a sua ilegitimidade recursal.

(C) não merecem ser conhecidos, haja vista a falta de interesse recursal.

(D) merecem ser conhecidos, porém desprovidos, já que não ficou configurado o vício da omissão.

(E) merecem ser conhecidos e providos, para o fim de se apreciar e deferir o requerimento de tutela provisória.

A: Incorreta. Nos termos dos arts. 1.007 § 5º e 1.023 do CPC, o prazo para oposição de embargos de declaração é de 5 dias. Porém, considerando que o Ministério Público tem prazo em dobro (CPC, art. 180), o recurso é tempestivo. **B:** Incorreta. Considerando que há como parte um menor absolutamente incapaz, o Ministério Público tem legitimidade recursal (CPC, art. 996), pois atua na qualidade de fiscal da ordem jurídica (CPC, art. 178, II). **C:** Incorreta. O Ministério Público possui interesse recursal, tendo em vista que o pedido de tutela provisória não foi apreciado (CPC, art. 996) – ou seja, houve prejuízo / sucumbência, o que justifica o recurso. **D:** Incorreta. A decisão padece de vício de omissão, pois efetivamente não apreciou o pedido de tutela provisória formulado no processo (CPC, art. 1.022, II). **E:** Correta, considerando a tempestividade, legitimidade, interesse (requisitos de admissibilidade recursal, conforme exposto nas alternativas "A", "B" e "C"), bem como a existência de omissão (vide alternativa "D").

Gabarito "E".

(Juiz de Direito – TJ/SC – 2024 – FGV) Em apelação cível distribuída ao Tribunal de Justiça, o relator, diante da impossibilidade de decidir monocraticamente, elaborou voto e relatório, determinando a designação de data para julgamento do recurso.

Considerando essa situação hipotética, é correto afirmar que:

(A) se, durante a sessão de julgamento, o relator constatar a ocorrência de fato superveniente à decisão recorrida, deverá intimar as partes para se manifestarem no prazo de quinze dias;

(B) havendo questão preliminar a ser decidida, esta será submetida a julgamento pela turma julgadora antes do mérito. Caso a preliminar seja rejeitada por maioria, o julgador que acolhia a preliminar não poderá se pronunciar sobre o mérito;

(C) o voto poderá ser alterado até o momento da proclamação do resultado pelo presidente, inclusive aquele que já tiver sido proferido por juiz afastado ou substituído;

(D) não publicado o acórdão no prazo de quinze dias, contados da data da sessão de julgamento, as notas taquigráficas o substituirão, para todos os fins legais, cabendo ao relator lavrar, de imediato, as conclusões e a ementa e mandar publicar o acórdão;

(E) em caso de haver voto vencido, este será necessariamente declarado e considerado parte integrante do acórdão para todos os fins legais, inclusive a título de pré-questionamento.

A: Incorreta, se o relator constatar a ocorrência de fato superveniente à decisão recorrida, durante a sessão de julgamento, essa deverá ser suspensa para que as partes se manifestem, no prazo de 5 (cinco) dias (CPC, art. 933). **B:** Incorreta. Isso porque, nos termos do art. 939 do CPC, todos os julgadores (mesmo que vencidos quanto à preliminar) deverão se pronunciar sobre a matéria principal. **C:** Incorreta, vez que o voto poderá ser alterado até o momento da proclamação do resultado pelo presidente, *salvo* aquele proferido por juiz afastado ou substituído (CPC, art. 941, § 1º). **D:** Incorreta, pois nos termos do art. 944, o prazo é de 30 dias, contado da data da sessão de julgamento. **E:** Correta, nos termos do art. 941, § 3º: "§ 3º O voto vencido será necessariamente declarado e considerado parte integrante do acórdão para todos os fins legais, inclusive de pré-questionamento."

Gabarito "E".

(Juiz de Direito – TJ/SC – 2024 – FGV) Tendo um menor incapaz ajuizado ação em que pleiteava a condenação do demandado a lhe pagar verbas indenizatórias em razão das lesões que sofrera em um acidente de trânsito, o juiz da causa, no momento processual próprio, proferiu decisão em que declarava saneado o feito, rejeitando as questões preliminares suscitadas pelo réu e deferindo a produção de provas testemunhal e documental suplementar.

Intimadas as partes da demanda e, também, o órgão do Ministério Público que oficiava no processo como fiscal da ordem jurídica, este constatou que a decisão de saneamento não havia apreciado o requerimento que formulara em sua precedente manifestação, no sentido de que fosse produzida a prova pericial médica, a qual teria por escopo apurar a gravidade das lesões sofridas pelo autor. Assim, o órgão ministerial houve por bem interpor embargos de declaração para arguir o ponto, o que fez sete dias úteis depois de sua intimação pessoal.

Apreciando os embargos declaratórios protocolizados pelo promotor de justiça, deve o juiz da causa:

(A) deles não conhecer, diante da falta de legitimidade recursal do Ministério Público;

(B) deles não conhecer, diante da falta de interesse recursal do Ministério Público;

(C) deles não conhecer, diante da intempestividade da peça recursal;

(D) deles conhecer, mas lhes negar provimento, já que, independentemente da eventual pertinência da prova pericial, as partes da demanda não a haviam requerido;

(E) deles conhecer e lhes dar provimento, para reconhecer a omissão e decidir sobre a pertinência da prova pericial como entender de direito.

A: Incorreta, pois como fiscal da ordem jurídica, o Ministério Público tem legitimidade para recorrer (CPC, art. 996). **B:** Incorreta, o Ministério Público possui interesse recursal (sucumbência), considerando que houve omissão acerca de seu pleito (CPC, arts. 179, II). **C:** Incorreta. Embora o prazo para oposição de embargos de declaração seja de 5 (cinco) dias (CPC, art. 1.003, § 5º), o Ministério Público goza de prazo em dobro (CPC, art. 180), de maneira que o recurso é tempestivo. **D:** Incorreta, pois o Ministério Público, nos casos de intervenção como fiscal da ordem jurídica, poderá requerer provas, medidas processuais pertinentes e recorrer (CPC, art. 179, II). **E:** Correta, uma vez que presente os requisitos de admissibilidade (legitimidade, interesse e tempestividade) e que houve omissão quanto às provas (CPC, art. 1.022, II), recurso formulado de acordo com as prerrogativas do MP previstas no art. 179, II do CPC.

Gabarito "E".

(Juiz Federal – TRF/1 – 2023 – FGV) Em sessão de julgamento de Turma do Tribunal Regional Federal da 1ª Região, um dos julgadores apresentou voto divergente.

O julgamento deverá prosseguir com a convocação de julgadores em número suficiente para modificar o resultado do julgamento se a divergência houver ocorrido no julgamento de:

(A) apelação, salvo quando interposta esta em face de sentença de extinção do processo sem resolução de mérito;

(B) agravo de instrumento, quando houver reforma de decisão proferida no processo de execução;

(C) apelação, salvo quando a divergência limitar-se a questões preliminares relativas ao juízo de admissibilidade do recurso;

(D) apelação, restringindo-se o julgamento ampliado à matéria objeto da divergência;

(E) agravo de instrumento, quando houver reforma de decisão de mérito proferida em liquidação por arbitramento.

A: Incorreta, pois a técnica do julgamento estendido do art. 942 do CPC se aplica a apelação quando seu resultado for não unanime, independentemente de se tratar de sentença de extinção do processo sem resolução de mérito. **B:** Incorreta. A técnica do julgamento estendido se aplica ao agravo de instrumento somente quando houver reforma da decisão que julgar parcialmente o mérito (CPC, 942, § 3º, II). **C:** Incorreta, pois a legislação processual não restringe o julgamento ampliado ao mérito do recurso, sendo possível, também, quando a divergência se der quanto à admissibilidade do recurso (CPC, art. 942). **D:** Incorreta, pois a lei não restringe o julgamento ampliado à matéria objeto da divergência (CPC, art. 942). **E:** Correta. Ainda que não haja expressa previsão nesse sentido, mas aplicando o previsto no art. 942, § 3º, II, decidiu o STJ que "A técnica de ampliação de colegiado prevista no artigo 942 do CPC/2015 aplica-se no julgamento de agravo de instrumento quando houver reforma por maioria de decisão de mérito proferida em liquidação por arbitramento." (REsp 1.931.969/SP).

Gabarito "E".

(Juiz de Direito/AP – 2022 – FGV) No curso do procedimento, o réu reconheceu a procedência do pedido de ressarcimento do dano material, que foi julgado procedente por meio de uma decisão interlocutória, que não foi objeto de recurso. Todavia, contestou o pedido de reparação de dano moral, uma vez que entendeu ser este inexistente. Após o regular prosseguimento do feito, sobreveio sentença, em que foi julgado procedente *in totum* o pedido de reparação do dano moral.

Nesse cenário, pretendendo o réu recorrer dessa sentença, é correto afirmar que:

(A) cabe apelação para rediscutir integralmente a lide, uma vez que a decisão interlocutória proferida no curso do processo não é coberta pela preclusão;

(B) cabe agravo de instrumento quanto à condenação em dano material e apelação quanto ao pedido de dano moral, que devem ser interpostos simultaneamente;

(C) há coisa julgada em relação ao pedido de ressarcimento de dano material, cabendo apenas apelação quanto à condenação em dano moral;

(D) o julgador incidiu em *error in procedendo*, uma vez que as questões de mérito devem ser decididas simultaneamente na sentença, que deve ser única;

(E) cabe agravo de instrumento quanto às duas manifestações judiciais, uma vez que este é a espécie recursal das decisões que versarem sobre o mérito do processo.

A: incorreta, já que a discussão sobre o dano material já está coberta pela preclusão e coisa julgada, considerando a não interposição de agravo de instrumento no prazo de 15 dias (CPC, arts. 356, § 5º, 507 e 1.009); **B:** incorreta, porque a decisão parcial de mérito já transitou em julgado, sendo cabível apenas apelação para discutir a sentença (CPC, arts. 356, § 5º e 1.009); **C:** correta, pois a decisão parcial de mérito não foi objeto de agravo de instrumento (CPC, art. 356, § 5º) e, quanto ao dano material decidido em sentença, cabe apelação (CPC, art. 1.009); **D:** incorreta, visto que é possível o julgamento antecipado parcial do mérito, por meio de decisão interlocutória, quando o pedido se mostra incontroverso (CPC, art. 356); **E:** incorreta, pois a decisão parcial de mérito é interlocutória, recorrível via agravo de instrumento (CPC, art. 356, § 5º) e a sentença é recorrível via apelação (CPC, art. 1.009).

Gabarito "C".

(Juiz de Direito/AP – 2022 – FGV) Em uma demanda judicial proposta por um único autor em face de dois réus, em litisconsórcio passivo comum, apenas um deles ofereceu contestação, não obstante ter o revel constituído procurador distinto e de outro escritório de advocacia.

Tratando-se de autos eletrônicos, e sabendo-se que o juízo julgou procedente o pedido, é correto afirmar que:

(A) será contado em dobro o prazo para que qualquer um dos litisconsortes ofereça o recurso de apelação;

(B) não será admissível a apelação do réu revel, uma vez que a revelia gerou presunção de certeza do direito do autor;

(C) o prazo para o réu contestante oferecer o recurso de apelação não será contado em dobro;

(D) o prazo para o réu contestante recorrer será contado em dobro, e para o réu revel será contado de forma simples;

(E) o prazo para o autor recorrer será contado em dobro, caso entenda existir interesse recursal.

A: incorreta, visto que a contagem de prazo em dobro não se aplica para autos eletrônicos e se apenas um dos réus apresentou defesa (CPC, art. 229); **B:** incorreta, pois, além de o revel poder intervir no processo em qualquer fase, a revelia não necessariamente produziu seus efeitos, já que foi oferecida contestação pelo outro réu (CPC, arts. 345, I e 346, p.u.); **C:** correta, considerando o exposto em "A" (CPC, art. 229, § 1º); **D:** incorreta, já que a contagem de prazo em dobro não se aplica para autos eletrônicos (CPC, art. 229); **E:** incorreta, porque a contagem do prazo em dobro é prevista para os litisconsortes e não para o autor da ação (CPC, art. 229).

Gabarito "C".

(Juiz de Direito/AP – 2022 – FGV) Publicada sentença em que houve sucumbência recíproca, pois os pedidos de ressarcimento de dano material e reparação pelo dano moral foram parcialmente concedidos, ambas as partes apelaram de forma independente. O recurso da parte autora pretendia apenas a majoração da condenação fixada pelo juiz pelo dano material. Todavia, após ser surpreendido com o recurso da parte ré, que pretendia unicamente a redução da condenação fixada pelo dano moral, o autor interpõe, no prazo das contrarrazões, apelação pela via adesiva, buscando agora a integralidade também da verba pretendida a título de dano moral, que não fora objeto do recurso anterior.

Nesse cenário, esse recurso adesivo:

(A) deve ser admitido, pois a apelação interposta pela via independente foi parcial, não abrangendo a parte da sentença que se referia ao dano moral;

(B) não deve ser admitido, pois o recurso interposto pela via adesiva demandaria o prévio consentimento da parte contrária;

(C) deve ser admitido, uma vez que o autor foi intimado da apelação do réu após já ter interposto sua apelação pela via independente;

(D) não deve ser admitido, por não ser cabível em sede de recurso de apelação;

(E) não deve ser admitido, pois houve preclusão consumativa, uma vez que o recurso adesivo não serve para complementação de recurso já interposto.

A: incorreta, pois se operou a preclusão consumativa, não se admitindo posterior recurso adesivo (CPC, art. 997 e STJ, REsp 1.197.761/RJ); **B:** incorreta, já que o recurso adesivo não demanda o prévio consentimento da parte contrária (CPC, art. 997); **C:** incorreta, considerando o exposto em "A"; **D:** incorreta, pois é cabível recurso adesivo em apelação (CPC, art. 997, § 2º, II); **E:** correta, em virtude da preclusão, conforme entendimento do STJ (REsp 1.197.761/RJ).

Gabarito "E".

(OAB/FGV – 2021) Diante da multiplicidade de recursos especiais fundados em idêntica questão de direito, o Desembargador 3º Vice-Presidente do Tribunal de Justiça do Estado do Rio de Janeiro seleciona dois dos recursos e os remete ao Superior Tribunal de Justiça para fins de afetação, determinando a suspensão de todos os processos pendentes que tramitam no respectivo Estado que versem sobre a mesma matéria.

Uma vez recebido o recurso representativo da controvérsia, o Ministro Relator resolve proferir decisão de afetação. Após seu trâmite, o recurso é julgado pela Corte Especial do Superior Tribunal de Justiça, que fixa a tese jurídica.

Diante da situação hipotética acima descrita, assinale a afirmativa correta.

(A) A tese jurídica fixada pelo Superior Tribunal de Justiça por ocasião do julgamento dos recursos especiais representativos da controvérsia não poderá ser alterada ou superada no futuro, em qualquer hipótese, nem mesmo pelo próprio Superior Tribunal de Justiça.

(B) Para a formação de seu convencimento acerca da controvérsia objeto dos recursos especiais repetitivos, o Ministro Relator não poderá admitir a participação de terceiros, na qualidade de *amicus curiae*, e tampouco realizar audiências públicas para a qualificação do contraditório.

(C) A controvérsia objeto dos recursos especiais submetidos ao rito dos repetitivos não poderá ter natureza de direito processual, mas apenas de direito material.

(D) A escolha dos recursos feita pelo 3º Vice-Presidente do Tribunal de Justiça do Estado do Rio de Janeiro não possuía o efeito de vincular o Ministro Relator no Superior Tribunal de Justiça, que, se entendesse pertinente, poderia ter selecionado outros recursos representativos da controvérsia.

A: Incorreta, pois é possível a alteração ou superação da tese no futuro – devendo ser observados requisitos para garantir a segurança jurídica (CPC, art. 927, §§ 2º, 3º e 4º). **B:** Incorreta, pois é possível tanto a participação de pessoas ou entidades (como *amicus curiae*), quanto a realização de audiências públicas (CPC, art. 1.038, I e II). **C:** Incorreta, porque o art. 1.036 não faz essa restrição, de modo que cabe repetitivo em questões de direito material e processual. **D:** Correta, sendo essa a previsão legal – e o ministro relator, no STJ, poderá selecionar outros recursos representativos (CPC, art. 1.036, § 4º) ou mesmo não aceitar a afetação.

Gabarito "D".

(Analista – TJ/SC – FGV – 2018) Pedro ajuizou ação indenizatória em face de sociedade de economia mista estadual, pleiteando a condenação desta a lhe pagar verba correspondente a mil salários mínimos. Finda a fase instrutória, o juiz julgou parcialmente procedente o pedido, condenando a ré a pagar ao autor a verba equivalente a setecentos salários mínimos. Inconformada, a sociedade de economia mista interpôs recurso de apelação, pugnando pela reforma integral do julgado, vindo Pedro a fazer o mesmo, embora por meio de apelo adesivo, em que postulou a majoração da verba indenizatória. Ocorre que, na sequência, a ré desistiu de sua apelação.

Nesse contexto:

(A) o recurso da ré não deverá ser conhecido, embora deva sê-lo o de Pedro;

(B) o recurso de Pedro não deverá ser conhecido, embora deva sê-lo o da ré;

(C) ambos os recursos deverão ser conhecidos;

(D) nenhum dos recursos deverá ser conhecido, operando-se o imediato trânsito em julgado da sentença;

(E) nenhum dos recursos deverá ser conhecido, impondo-se a subida dos autos ao tribunal, mercê do reexame necessário.

A: incorreta, porque o conhecimento do recurso adesivo de Pedro está condicionado ao conhecimento do recurso principal (CPC, art. 997, § 2º, III); **B:** incorreta, já que a ré desistiu de sua apelação (CPC, art. 998); **C:** incorreta, tendo em vista que a desistência do recurso pela ré impede o conhecimento do recurso adesivo (CPC, art. 997, § 2º, III); **D:** correta, já que o recurso adesivo está subordinado ao principal (CPC, art. 997, § 2º, III); **E:** incorreta, pois a sentença proferida contra sociedade de economia mista não está sujeita ao reexame necessário (CPC, art. 496).

Gabarito "D".

(OAB/FGV – 2018) José ajuizou ação de indenização por danos morais, materiais e estéticos em face de Pedro. O juiz competente, ao analisar a petição inicial, considerou os pedidos incompatíveis entre si, razão pela qual a indeferiu, com fundamento na inépcia.

Nessa situação hipotética, assinale a opção que indica o recurso que José deverá interpor.

(A) Apelação, sendo facultado ao juiz, no prazo de cinco dias, retratar-se do pronunciamento que indeferiu a petição inicial.

(B) Apelação, sendo os autos diretamente remetidos ao Tribunal de Justiça após a citação de Pedro para a apresentação de contrarrazões.

(C) Apelação, sendo que o recurso será diretamente remetido ao Tribunal de Justiça, sem a necessidade de citação do réu para apresentação de contrarrazões.

(D) Agravo de Instrumento, inexistindo previsão legal de retratação por parte do magistrado.

A: correta. Se estamos diante de uma sentença, o recurso cabível é a apelação (CPC, art. 1.009), sendo que, nesse caso de indeferimento liminar da inicial, é possível ao juiz reconsiderar sua decisão (CPC, art. 331, *caput*); **B:** incorreta, pois nesse caso é possível ao juiz se retratar (em regra o juiz não pode se retratar, mas sendo indeferimento liminar, é possível – vide alternativa "A"); **C:** incorreta, pois no caso de apelação antes da citação, se o juiz não reconsiderar (vide alternativa "A"), o réu será citado para apresentar contrarrazões (CPC, art. 331, § 1º); **D:** incorreta, porque não cabe agravo de sentença (CPC, arts. 1009 e 1015).

Gabarito "A".

(OAB/FGV – 2017) Maria dirigia seu carro em direção ao trabalho, quando se envolveu em acidente com um veículo do Município de São Paulo, afetado à Secretaria de Saúde. Em razão da gravidade do acidente, Maria permaneceu 06 (seis) meses internada, sendo necessária a realização de 03 (três) cirurgias.

Quinze dias após a alta médica, a vítima ingressou com ação de reparação por danos morais e materiais em face do ente público. Na sentença, os pedidos foram julgados procedentes, com condenação do ente público ao pagamento de 200 (duzentos) salários mínimos, não tendo a ré interposto recurso.

Diante de tais considerações, assinale a afirmativa correta.

(A) Ainda que o Município de São Paulo não interponha qualquer recurso, a sentença está sujeita à remessa necessária, pois a condenação é superior a 100 (cem) salários mínimos, limite aplicável ao caso, o que impede o cumprimento de sentença pelo advogado da autora.

(B) A sentença está sujeita à remessa necessária em qualquer condenação que envolva a Fazenda Pública.

(C) A sentença não está sujeita à remessa necessária, porquanto a sentença condenatória é ilíquida. Maria poderá, assim, propor a execução contra a Fazenda Pública tão logo a sentença transite em julgado.

(D) A sentença não está sujeita à remessa necessária, pois a condenação é inferior a 500 (quinhentos) salários mínimos, limite aplicável ao caso. Após o trânsito em julgado, Maria poderá promover o cumprimento de sentença em face do Município de São Paulo.

A: incorreta. Ainda que a regra seja que as decisões contra a Fazenda são passíveis de remessa necessária, com base no valor, pode ser dispensado que isso ocorra. Tratando-se de município capital de Estado, apenas para sentenças acima de o 500 salários-mínimos é que haverá a remessa necessária (CPC, art. 496, § 3º, II), sendo que pelo enunciado a condenação foi de 200 salários, de modo que não há remessa necessária. No caso de município que não é capital de Estado, não há remessa necessária para as condenações inferiores a 100 salários (CPC, art. 496, § 3º, III); **B:** incorreta, pois existem critérios de valor (CPC, art. 496, § 3º) e de matéria que afastam a remessa necessária (CPC, art. 496, § 4º), de modo que não é sempre que a sentença está sujeita à remessa; **C:** incorreta, porque a sentença não é ilíquida; além disso, no caso de sentença ilíquida existe remessa necessária (CPC, art. 496, § 3º, *caput*); **D:** correta. Como visto em "A", a regra é que as decisões contra a Fazenda são objeto de remessa necessária. Mas, considerando o valor da condenação (200 salários-mínimos), é dispensado o reexame necessário, pois se trata de município capital de Estado, caso em que – por força de previsão legal – apenas as condenações acima de 500 salários admitem a remessa necessária (CPC, art. 496, § 3º, II).

Gabarito "D".

16. RECURSOS EM ESPÉCIE

(Juiz de Direito – TJ/SC – 2024 – FGV) Em uma ação sob procedimento comum, a tutela provisória foi indeferida no início da demanda, mas veio a ser concedida na sentença de primeiro grau, que julgou procedentes os pedidos formulados na petição inicial. Contra a sentença, o réu interpôs o recurso de apelação cível.

Considerando o cenário e a necessidade de suspensão dos efeitos da sentença até o julgamento da apelação cível, apenas no que se refere ao capítulo objeto da tutela provisória, é correto afirmar que:

(A) a instauração do cumprimento provisório da sentença pelo réu é pressuposto para o autor requerer o efeito suspensivo à apelação cível, pois a tutela provisória não produz efeitos imediatos após a publicação da sentença;

(B) a eficácia da sentença poderá ser suspensa pelo relator se o apelante demonstrar a probabilidade de provimento do recurso, sendo desnecessário, nessa hipótese, comprovar o risco de dano grave ou de difícil reparação;

(C) o pedido de concessão de efeito suspensivo poderá ser dirigido ao Tribunal, no período compreendido entre a interposição da apelação e sua distribuição, sendo certo que o julgador que apreciar esse pedido não ficará prevento para julgar a apelação;

(D) o pedido de concessão de efeito suspensivo não pode ser formulado por requerimento apartado, devendo ser objeto das razões de apelação cível;

(E) caberá ao réu interpor agravo de instrumento contra o capítulo da sentença que deferiu a tutela provisória, ficando o relator prevento para julgar a apelação.

A questão trata da concessão de efeito suspensivo à apelação, recurso que, em regra, tem efeito suspensivo, mas há hipóteses nas quais a própria lei já afasta esse efeito, como no caso de concessão de tutela provisória (CPC, art. 1.012, § 1º, V). **A:** Incorreta, pois para se requerer efeito suspensivo à apelação, necessária situação de urgência (CPC, art. 1.012, § 4º), mas isso não significa necessariamente a instauração do cumprimento provisório de sentença. **B:** Correta, sendo essa exatamente a previsão legal. O art. 1.013, § 4º do CPC permite a suspensão da eficácia da sentença quando se "demonstrar a probabilidade de provimento do recurso OU se, sendo relevante a fundamentação, houver risco de dano grave ou de difícil reparação". Assim, pela 1ª parte, não há necessidade de urgência. **C:** Incorreta, pois caso o pedido de concessão de efeito suspensivo seja formulado por requerimento dirigido ao Tribunal, no período compreendido entre a interposição e a distribuição, o relator designado para seu exame *se tornará prevento* para julgar o recurso de apelação (CPC, art. 1.012, § 3º, I). **D:** Incorreta, pois o CPC, em seu art. 1.012, § 3º, I, permite, expressamente, que o pedido de concessão de efeito suspensivo seja formulado por requerimento autônomo, dirigido ao Tribunal ou ao relator, se já distribuída a apelação. **E:** Incorreta, pois contra a decisão que põe fim à fase de conhecimento (sentença) o recurso cabível é a apelação (CPC, art. 1.009). Além disso, pelo princípio da unirrecorribilidade, para cada pronunciamento judicial, há um único recurso cabível, como regra. Assim, não seria cabível apelação e AI, ao mesmo tempo.

Gabarito "B".

(Juiz de Direito – TJ/SC – 2024 – FGV) Sobre a repercussão geral, é correto afirmar que:

(A) não se admite, na análise da repercussão geral, a manifestação de terceiros, subscrita por procurador habilitado;

(B) a súmula da decisão sobre a repercussão geral constará de ata, que será publicada no diário oficial, mas não valerá como acórdão;

(C) cabe agravo interno contra a decisão do Supremo Tribunal Federal que não conhece do recurso extraordinário por ausência de repercussão geral;

(D) haverá repercussão geral sempre que o recurso impugnar acórdão que contrarie jurisprudência dominante do Supremo Tribunal Federal;

(E) reconhecida a repercussão geral, o relator no Supremo Tribunal Federal examinará a pertinência de determinar a suspensão dos processos pendentes que versem sobre a questão, designando audiência especial no prazo de trinta dias.

A: Incorreta. O art. 1.035, § 4º do CPC prevê que o relator poderá admitir, na análise da repercussão geral, a manifestação de terceiros, ou seja, do *amicus curiae*. **B:** Incorreta. O art. 1.035, § 11 do CPC estabelece que a súmula da decisão sobre a repercussão geral constará da ata que será publicada no diário e *valerá* como acórdão. **C:** Incorreta. Nos termos do art. 1.035 do CPC a decisão do STF que não conhece do recurso extraordinário por ausência de repercussão geral é *irrecorrível*. Vale ressaltar, contudo, que a parte poderá se valer dos embargos de declaração para apontar eventual questão que não tenha sido apreciada pelo STF. **D:** Correta, conforme previsão expressa do art. 1.035, § 3º, I do CPC. **E:** Incorreta, pois uma vez reconhecida a repercussão geral, o relator do STF *determinará*, de imediato, a suspensão de todos os processos pendentes, individuais ou coletivos, que versem sobre a questão (CPC, art. 1.035, § 5º).

Gabarito "D".

(OAB/FGV – 2023) Rafael ajuizou ação de despejo em face de Luiz, sob o fundamento de que Luiz não teria pago o aluguel do imóvel de sua propriedade nos últimos meses. Em primeira instância, foi proferida sentença que julgou improcedentes os pedidos formulados na petição inicial. Rafael, então, interpôs apelação, a qual foi desprovida pelo tribunal. Posteriormente, Rafael interpôs recurso extraordinário contra o acórdão, alegando violação a uma série de dispositivos constitucionais. Examinando o recurso extraordinário, a vice-presidência do tribunal negou-lhe seguimento, sob o fundamento de que o Supremo Tribunal Federal já havia reconhecido a inexistência de repercussão geral da questão constitucional discutida no referido recurso.

Diante do caso narrado, assinale a opção que indica a medida judicial a ser adotada por Rafael.

(A) interposição de agravo em recurso extraordinário, para que o Supremo Tribunal Federal examine se o recurso extraordinário preenche ou não seus requisitos de admissibilidade.

(B) interposição de recurso extraordinário, para que o Supremo Tribunal Federal reexamine a existência de repercussão geral da questão constitucional discutida no recurso.

(C) interposição de agravo interno, no intuito de demonstrar a distinção entre a questão constitucional discutida no recurso extraordinário e a discutida no recurso no qual o Supremo Tribunal Federal não reconheceu a existência de repercussão geral.

(D) ajuizamento de reclamação constitucional, tendo em vista que apenas a presidência do tribunal de segunda instância tem competência para examinar o preenchimento dos requisitos de admissibilidade do recurso extraordinário.

A: incorreta porque, apesar de, em regra, da decisão monocrática de não admissão do RE caber agravo em recurso extraordinário (ARE), há casos em que dessa decisão cabe agravo interno – isso, por exemplo, quando envolver repetitivo ou repercussão geral (CPC, art. 1.030, §

2º). **B:** incorreta, visto que não cabe recurso extraordinário de decisão monocrática, mas somente de acórdão. Além disso, já houve a interposição do extraordinário anteriormente. **C:** correta. Conforme previsão do art. 1.030, § 2º do CPC, caberá agravo interno em face da decisão que negar seguimento ao Recurso Extraordinário sob o fundamento de que o STF já havia reconhecido a inexistência de repercussão geral da questão constitucional discutida. Essa uma das exceções em que não cabe ARE da decisão de não admissão. **D:** incorreta. O enunciado não traz hipóteses de cabimento de reclamação (ação de impugnação prevista no art. 988 do CPC que busca, dentre outros, "preservar a competência do tribunal"). A hipótese é de uso de recurso.

Gabarito "C".

(OAB/FGV – 2023) Devidamente intimado do acórdão proferido pela Câmara Cível do Tribunal de Justiça do Estado de Minas Gerais que desproveu seu recurso de apelação, Diego opõe embargos de declaração alegando que o acórdão teria deixado de se manifestar sobre tese firmada em julgamento em incidente de assunção de competência aplicável ao caso. Nos embargos de declaração, Diego também alegou, para fins de prequestionamento, que o acórdão teria se omitido a respeito de determinado dispositivo de lei federal.

Em paralelo, antes do julgamento dos embargos de declaração, José, então apelado, interpõe recurso especial alegando violação ao Art. 85, §11, do Código de Processo Civil, visto que a Câmara Cível do Tribunal de Justiça do Estado de Minas Gerais não fixou honorários de sucumbência recursais no acórdão que julgou a apelação de Diego.

Diante da situação hipotética descrita, assinale a afirmativa correta.

(A) Diego não poderia ter fundamentado seus embargos de declaração na ausência de manifestação, pelo acórdão que julgou a apelação, acerca de tese firmada em sede de incidente de assunção de competência aplicável ao caso, pois os embargos de declaração constituem recurso de fundamentação vinculada, cabível apenas nas hipóteses de omissão, contradição, obscuridade ou erro material.

(B) Ainda que os embargos de declaração opostos por Diego venham a ser rejeitados ou não alterem a conclusão do julgamento anterior da Câmara Cível do Tribunal de Justiça do Estado de Minas Gerais, o recurso especial interposto por José somente será processado ser for por ele ratificado após a apreciação dos embargos de declaração.

(C) Os embargos de declaração não possuem efeito suspensivo, mas interrompem o prazo para a interposição de outros recursos, de modo que Diego ainda poderá interpor recurso especial contra o acórdão após o julgamento dos embargos de declaração, se for o caso.

(D) Caso sejam desprovidos os embargos de declaração opostos por Diego, não será considerado como incluído no acórdão o dispositivo legal por ele invocado nos embargos de declaração, para fins de prequestionamento, ainda que tribunal superior posteriormente considere existente a omissão.

A: incorreta, porque a decisão que não se manifesta acerca de tese firmada em precedente vinculante (no qual se inclui o incidente de assunção de competência – IAC) é considerada omissa, por expressa previsão legal (CPC, art. 1.022, p.u., I). **B:** incorreta. Se os embargos de declaração forem rejeitados ou não alterarem a conclusão do acórdão embargado, o recurso especial interposto por José será processado independentemente de ratificação (CPC, art. 1.024, § 5º). Havia súmula do STJ em sentido anterior (Súmula 418), revogada quanto da vigência do CPC 2015, e substituída pela Súmula 579 ("Não é necessário ratificar o recurso especial interposto na pendência do julgamento dos embargos de declaração, quando inalterado o resultado anterior"). **C:** correta, pois essa é a previsão legal acerca dos declaratórios, no sentido de que, com sua oposição, há a interrupção do prazo para interposição dos demais recursos (CPC, art. 1.026). **D:** incorreta, considerando que, por força do chamado prequestionamento ficto ou virtual, haverá a inclusão dos argumentos suscitados no acordão, mesmo que o Tribunal de origem rejeite os embargos de declaração por entender que não há vício na decisão, considerando-se prequestionada a matéria (CPC, art. 1.025).

Gabarito "C".

(OAB/FGV – 2022) João ajuizou ação de indenização por danos materiais e morais contra Carla. Ao examinar a petição inicial, o juiz competente entendeu que a causa dispensava fase instrutória e, independentemente da citação de Carla, julgou liminarmente improcedente o pedido de João, visto que contrário a enunciado de súmula do Superior Tribunal de Justiça. Nessa situação hipotética, assinale a opção que indica o recurso que João deverá interpor.

(A) Agravo de instrumento, uma vez que o julgamento de improcedência liminar do pedido ocorre por meio da prolação de decisão interlocutória agravável.

(B) Agravo de instrumento, tendo em vista há urgência decorrente da inutilidade do julgamento da questão em recurso de apelação.

(C) Apelação, sendo facultado ao juiz retratar-se, no prazo de cinco dias, do julgamento liminar de improcedente do pedido.

(D) Apelação, sendo o recurso distribuído diretamente a um relator do tribunal, que será responsável por intimar a parte contrária a apresentar resposta à apelação em quinze dias.

A: Incorreta, pois a decisão que julga liminarmente improcedente é sentença (CPC, art. 332), de modo que incabível agravo de instrumento, cabível de decisão interlocutória (CPC, art. 1.015). **B:** Incorreta, conforme exposto em "A". **C:** Correta. Trata-se de sentença, da qual cabível apelação (CPC, art. 332, § 2º). E, uma vez interposto o recurso, é possível ao juiz se retratar, em 5 dias (CPC, art. 332, § 3º) – e determinar a citação do réu. **D:** Incorreta. Ainda que o recurso seja a apelação (alternativa "C"), será interposto no 1º grau, perante juiz, e não perante o Tribunal.

Gabarito "C".

(OAB/FGV – 2021) Em ação coletiva ajuizada pela Associação Brasileira XYZ, foi proferida sentença que julgou improcedentes os pedidos formulados na petição inicial. Em segunda instância, o tribunal negou provimento à apelação interposta pela Associação Brasileira XYZ e manteve a sentença proferida.

A Associação, contudo, notou que um outro tribunal do país, em específico, decidiu sobre questão de direito similar de forma distinta, tendo atribuído interpretação diversa à mesma norma infraconstitucional federal.

A respeito da hipótese narrada, assinale a opção que apresenta a medida judicial a ser adotada pela Associação Brasileira XYZ.

(A) Interposição de recurso especial fundado em dissídio jurisprudencial, devendo a Associação recorrente comprovar no recurso a divergência entre o acórdão recorrido e o julgado do outro tribunal, além de mencionar as circunstâncias que identifiquem ou assemelhem os casos confrontados.

(B) Interposição de embargos de divergência direcionados ao Superior Tribunal de Justiça, no intuito de uniformizar o entendimento divergente dos tribunais.

(C) Pedido de instauração de incidente de assunção de competência, ainda que se trate de divergência entre tribunais sobre questão de direito sem relevância e repercussão social.

(D) Pedido de instauração de incidente de resolução de demandas repetitivas direcionado a relator de turma do Superior Tribunal de Justiça, com o objetivo de uniformizar o entendimento divergente dos tribunais.

A: Correta. Uma das principais hipóteses de cabimento de REsp é na situação em que há divergência externa – ou seja, entre tribunais distintos (CF, art. 105, III, "c"), como na situação narrada no enunciado. **B:** Incorreta. Somente cabem embargos de divergência de acórdão proferido no STJ ou no STF (CPC, art. 1.043), sendo que nesse caso ainda estamos no 2º grau. **C:** Incorreta. Somente cabe IAC se houver "relevante questão de direito, com grande repercussão social" (CPC, art. 947). **D:** Incorreta, pois o IRDR cabe quando houver questão repetitiva (o que o enunciado não menciona) e seria endereçado ao 2º grau (pois o acórdão a se atacar foi lá proferido) e não ao STJ (CPC, arts. 976 e 977).
Gabarito "A".

(OAB/FGV – 2021) A corretora de seguros XYZ ajuizou ação de cobrança em face da Alegria Assistência Médica, pugnando pelo pagamento da taxa de comissão de corretagem que a segunda se recusa a pagar, apesar de a autora estar prestando devidamente serviços de corretagem. O juízo de primeiro grau julgou pela procedência do pedido, na mesma oportunidade concedendo tutela antecipada, para que a Alegria faça os pagamentos da comissão devida mensalmente.

Nessa circunstância, o(a) advogado(a) da Alegria Assistência Médica, buscando imediatamente suspender os efeitos da sentença, deve

(A) interpor Recurso Extraordinário, no prazo de 15 dias úteis, para que o Supremo Tribunal Federal reforme a sentença e pleiteando efeito suspensivo.

(B) interpor Apelação Cível, no prazo de 15 dias úteis, objetivando a reforma da sentença, e pleitear efeito suspensivo diretamente ao tribunal, por pedido próprio, durante a tramitação da apelação em primeiro grau.

(C) impetrar Mandado de Segurança contra a decisão que reputa ilegal, tendo como autoridade coatora o juízo sentenciante, para sustar os efeitos da sentença.

(D) interpor Agravo de Instrumento, no prazo de 15 dias úteis, para reforma da tutela antecipada.

A: incorreta, pois se trata de decisão que não pode ser impugnada por RE, pois esse recurso só é cabível para impugnar acórdão (CPC, art. 1.029); **B:** correta, porque a decisão que conclui pela procedência é sentença, a qual pode trazer, em seu bojo, a concessão de antecipação de tutela. E, pelo princípio da unirrecorribilidade recursal, só cabe um recurso de cada decisão; no caso, a apelação (CPC, art. 1.009); **C:** incorreta, pois se cabe recurso (como visto em "B"), não cabe o MS (Súmula 267/STF: Não cabe mandado de segurança contra ato judicial passível de recurso ou correição); **D:** incorreta, porque não se trata de decisão interlocutória (pois foi proferida em conjunto com ato que extinguiu o processo), de modo que não cabe agravo.
Gabarito "B".

(OAB/FGV – 2021) O Tribunal de Justiça do Estado do Rio de Janeiro, se deparando com pedido de instauração de Incidente de Resolução de Demandas Repetitivas (IRDR) para solucionar as causas de um acidente aéreo com numerosas vítimas, que demandaria a realização de prova pericial para aferir se houve falha elétrica ou se algum outro fator causou a queda da aeronave, designou sessão de julgamento para análise colegiada a respeito do cabimento do incidente. A respeito da referida análise quanto ao cabimento e às consequências da instauração, assinale a afirmativa correta.

(A) O IRDR é cabível, e, uma vez admitida sua instauração, não haverá a suspensão dos processos ajuizados pelas múltiplas vítimas, e o entendimento firmado no IRDR apenas será aplicável aos processos que venham a ser ajuizados após a sua prolação.

(B) O IRDR não é cabível, uma vez que a técnica processual visa apenas a resolver controvérsia sobre questão unicamente de direito, seja processual ou material.

(C) A instauração do IRDR é possível, uma vez que visa a resolver controvérsia sobre questão de fato, com o objetivo de permitir a realização de prova pericial única, tal como na hipótese concreta.

(D) Não é possível instaurar o IRDR, que apenas é cabível em primeira instância e nos tribunais superiores.

A: incorreta, pois como a questão envolve prova e fato, não se admite o IRDR (CPC, art. 976, I, que aponta ser possível o incidente quando houver "repetição de processos que contenham controvérsia sobre a mesma questão *unicamente de direito*"); **B:** correta, por expressa previsão legal (CPC, art. 976, I); **C:** incorreta, porque a realização de perícia envolve matéria de fato, de modo que então descabe o IRDR – conforme já exposto em "A"; **D:** incorreta, pois não se admite IRDR em 1º grau (o art. 976 do CPC está inserido no capítulo que trata do trâmite dos processos *no tribunal*).
Gabarito "B".

(OAB/FGV – 2021) Após anos de relacionamento conjugal, Adriana e Marcelo resolvem se divorciar. Diante da recusa do cônjuge ao pagamento de alimentos, Adriana, desempregada, resolve ingressar com ação a fim de exigir o pagamento. A ação teve regular processamento, tendo o juiz proferido sentença de procedência, condenando o réu ao pagamento de R$ 2.000,00 (dois mil reais) mensais à autora, sendo publicada no dia seguinte. Inconformado, o réu interpõe recurso de apelação, mas Adriana promove, imediatamente, o cumprimento provisório da decisão. Diante das informações expostas, assinale a afirmativa correta.

(A) A sentença não pode ser executada neste momento, pois o recurso de apelação possui efeito suspensivo.

(B) A sentença não pode ser executada, uma vez que a sentença declaratória não permite a execução provisória.

(C) Poderá ser iniciada a execução provisória, pois a sentença que condena a pagar alimentos começa a produzir efeitos imediatamente após a sua publicação.

(D) Pode ser iniciada execução provisória, pois os recursos de apelação nunca possuem efeito suspensivo.

A: incorreta, pois a apelação dessa sentença não tem efeito suspensivo (CPC, art. 1.012, § 1º, II), mas então é possível o cumprimento provisório de sentença (CPC, art. 520); **B:** incorreta, porque a sentença que determina o pagamento de alimentos é condenatória e permite o cumprimento, até mesmo sob pena de prisão (CPC, art. 528); **C:** Correta, sendo essa a previsão legal (CPC, art. 1.012, § 1º, III: a apelação não tem efeito suspensivo e CPC, art. 520: é possível o cumprimento provisório de sentença); **D:** incorreta, porque em regra os recursos de apelação têm efeito suspensivo (CPC, art. 1.012).

Gabarito "C".

(OAB/FGV – 2020) Em determinado Mandado de Segurança individual, contra ato de um dos Ministros de Estado, o Superior Tribunal de Justiça, em sua competência constitucional originária, denegou a segurança na primeira e única instância de jurisdição.

Diante do julgamento desse caso concreto, assinale a opção que apresenta a hipótese de cabimento para o Recurso Ordinário Constitucional dirigido ao STF.

(A) Os mandados de segurança, os *habeas data* e os mandados de injunção decididos em única instância pelos tribunais superiores, quando denegatória a decisão.

(B) Os mandados de segurança, os *habeas data* e os mandados de injunção decididos em última instância pelos tribunais superiores, quando concessiva a decisão.

(C) Os mandados de segurança decididos em única instância pelos tribunais regionais federais ou pelos tribunais de justiça dos Estados e do Distrito Federal e Territórios, quando denegatória a decisão.

(D) Os processos em que forem partes, de um lado, Estado estrangeiro ou organismo internacional e, de outro, Município ou pessoa residente ou domiciliada no país.

A: correta, por expressa previsão legal (CF, art. 102, II, "a" e CPC, art. 1.027, I); **B:** incorreta, já que o ROC é cabível em face de decisões *denegatórias* as ações constitucionais de competência originária (CF, art. 102, II, "a" e CPC, art. 1.027, I); **C:** incorreta, tendo em vista ser essa hipótese de cabimento de ROC dirigido *ao STJ* - e não ao STF, como aponta o enunciado (CF, art. 105, II, "b" e CPC, art. 1.027, II, "a"); **D:** incorreta, pois essa é hipótese de cabimento de ROC *dirigido ao STJ* - e não ao STF, como aponta o enunciado (CF, art. 105, II, "c" e CPC, art. 1.027, II, "b").

Gabarito "A".

(OAB/FGV – 2020) Guilherme, em 13/03/2019, ajuizou ação indenizatória contra Rodrigo, a qual tramita no Juízo da 5ª Vara Cível da Comarca de Belo Horizonte, em autos físicos. Em contestação, Rodrigo defendeu, preliminarmente, a incompetência do Poder Judiciário, pois as partes teriam pactuado convenção de arbitragem no contrato que fundamentava a demanda movida por Guilherme.

Rodrigo, no mérito de sua defesa, requereu a improcedência do pedido indenizatório, uma vez que teria cumprido o contrato celebrado entre as partes. Após a apresentação de réplica, o Juízo da 5ª Vara Cível da Comarca de Belo Horizonte proferiu decisão na qual rejeitou a preliminar arguida por Rodrigo e intimou as partes para informar as provas que pretendiam produzir.

Inconformado, Rodrigo interpôs agravo de instrumento contra a parcela da decisão que rejeitou a preliminar de convenção de arbitragem. No entanto, Rodrigo não cumpriu a obrigação de comunicação ao juízo de primeiro grau da interposição do agravo no prazo de 3 dias, deixando de apresentar a cópia da petição do agravo de instrumento e o comprovante de sua interposição para o Juízo da 5ª Vara Cível da Comarca de Belo Horizonte.

Para que o recurso de Rodrigo não seja conhecido com base nesse vício formal, assinale a opção que apresenta a medida a ser adotada por Guilherme.

(A) Ele não pode fazer nada, pois o vício formal é sanável, de ofício, pelo desembargador responsável por relatar o agravo de instrumento, o qual deve intimar Rodrigo para apresentar cópia da petição do agravo de instrumento e o comprovante de sua interposição.

(B) Ele poderá, em qualquer momento da tramitação do agravo de instrumento, apontar que Rodrigo descumpriu a exigência de comunicação ao primeiro grau.

(C) Ele deverá, em suas contrarrazões ao agravo de instrumento, apontar que Rodrigo descumpriu a exigência de comunicação em questão.

(D) Ele não precisará fazer nada, pois esse vício formal é insanável e poderá ser conhecido, de ofício, pelo desembargador responsável por relatar o agravo de instrumento.

A: incorreta, pois não há previsão legal no sentido de que o relator determine a correção dessa falha – que, inclusive, só o juiz de 1º grau a percebe (CPC, art. 1.018, §§ 2º e 3º); **B:** incorreta, já que as nulidades devem ser apontadas na primeira oportunidade, sob pena de preclusão (CPC, art. 278); **C:** correta, por expressa previsão legal nesse sentido – aplicável apenas quando se tratar de *processo físico* (CPC, art. 1.018, §§ 2º e 3º). E somente nesse caso (se o agravado alegar isso na resposta ao agravo) é o que o AI não será conhecido; **D:** incorreta, tendo em vista que o vício deve ser arguido e provado pela *parte contrária*, ou seja, o agravado (CPC, art. 1.018, §§ 2º e 3º).

Gabarito "C".

(OAB/FGV – 2019) Cláudio, em face da execução por título extrajudicial que lhe moveu Daniel, ajuizou embargos à execução, os quais foram julgados improcedentes. O advogado de Cláudio, inconformado, interpõe recurso de apelação. Uma semana após a interposição do referido recurso, o advogado de Daniel requer a penhora de um automóvel pertencente a Cláudio.

Diante do caso concreto e considerando que o juízo não concedeu efeito suspensivo aos embargos, assinale a afirmativa correta.

(A) A penhora foi indevida, tendo em vista que os embargos à execução possuem efeito suspensivo decorrente de lei.

(B) O recurso de apelação interposto por Cláudio é dotado de efeito suspensivo por força de lei, tornando a penhora incorreta.

(C) A apelação interposta em face de sentença que julga improcedentes os embargos à execução é dotada de efeito meramente devolutivo, o que não impede a prática de atos de constrição patrimonial, tal como a penhora.

(D) O recurso de apelação não deve ser conhecido, pois o pronunciamento judicial que julga os embargos do executado tem natureza jurídica de decisão interlocutória, devendo ser impugnada por meio de agravo de instrumento.

A: Incorreta, pois o efeito suspensivo não é automático nos embargos à execução, pois depende da presença de alguns requisitos (CPC, art.

919, *caput* e § 1º); **B:** Incorreta, porque apesar de em regra existir efeito suspensivo na apelação (CPC, art. 1.012, *caput*), há casos em que não há esse efeito – como nos embargos improcedentes (CPC, art. 1.012, § 1º, III); **C:** Correta. É possível a penhora no caso concreto, pois a apelação da sentença que julga improcedentes os embargos à execução não têm efeito suspensivo (CPC, art. 1.012, § 1º, III); **D:** Incorreta considerando que os embargos são julgados por sentença, de modo que cabível a apelação (CPC, art. 1.009).

Gabarito "C".

(OAB/FGV – 2019) O Tribunal de Justiça do Estado X, em mandado de segurança de sua competência originária, denegou a ordem em ação dessa natureza impetrada por Flávio. Este, por seu advogado, inconformado com a referida decisão, interpôs recurso especial.

Sobre a hipótese, assinale a afirmativa correta.

(A) O Superior Tribunal de Justiça poderá conhecer do recurso especial, por aplicação do princípio da fungibilidade recursal.

(B) O recurso especial não é cabível na hipótese, eis que as decisões denegatórias em mandados de segurança de competência originária de Tribunais de Justiça somente podem ser impugnadas por meio de recurso extraordinário.

(C) O recurso especial não deve ser conhecido, na medida em que o recurso ordinário é que se mostra cabível no caso em tela.

(D) As decisões denegatórias de mandados de segurança de competência originária de Tribunais são irrecorríveis, razão pela qual o recurso não deve ser conhecido.

Quando se está diante de (i) acórdão, (ii) que aprecia ação constitucional de competência originária de Tribunal, (iii) decididos em única instância, (iv) cuja decisão é denegatória, cabível o recurso ordinário constitucional (ROC: CPC, art. 1.027, II, "a"). **A:** incorreta, pois não há fungibilidade entre REsp e ROC, por ausência de previsão legal e por se tratar de erro grosseiro usar o recurso errado; **B:** incorreta, pois não cabe RE, mas ROC; **C:** correta, pois se houver o uso do recurso errado (requisito de admissibilidade cabimento), o recurso não será conhecido; **D:** incorreta, pois como já exposto, cabível o ROC.

Gabarito "C".

(OAB/FGV – 2019) Mariana ajuizou ação de cobrança em face do Banco Racional S/A, para buscar a restituição de valores pagos a título de "Tarifa de Manutenção de Conta", cobrados durante o período em que era titular de conta-corrente perante tal Banco.

O juízo de primeiro grau, após a apresentação de contestação pelo Banco Racional S/A, determinou que, em razão de o Superior Tribunal de Justiça ter afetado para julgamento, sob o rito de "Recursos Especiais Repetitivos", a questão concernente à legalidade da "Tarifa de Abertura de Conta", o processo ajuizado por Mariana deveria ficar suspenso até a publicação do acórdão paradigma.

Após ser intimado da decisão de suspensão, o(a) advogado(a) de Mariana analisou o processo afetado para julgamento pelo STJ, e entendeu que a questão debatida sob o rito de Recursos Repetitivos não era a mesma debatida no processo ajuizado por Mariana, porque discutia outra tarifa bancária. Diante disso, pretende insurgir-se contra a suspensão do processo, para que ele volte a tramitar regularmente.

Sobre o procedimento a ser adotado por Mariana, assinale a afirmativa correta.

(A) Deverá peticionar ao Superior Tribunal de Justiça, demonstrando a distinção de seu caso e requerendo o prosseguimento; caso seja negado o pedido, poderá interpor Agravo Interno.

(B) Deverá peticionar ao juízo de primeiro grau, demonstrando a distinção de seu caso e requerendo o prosseguimento; caso seja negado o pedido, poderá interpor Agravo de Instrumento.

(C) Deverá impetrar Mandado de Segurança em face da decisão de suspensão.

(D) Deverá peticionar ao juízo de primeiro grau, demonstrando a distinção de seu caso e requerendo o prosseguimento; caso seja negado o pedido, poderá interpor Agravo Interno.

A: incorreta, pois como o processo tramita em primeiro grau, a suspensão se deu nesse grau, de modo que eventual requerimento para que o processo volte a tramitar deve ser feito ao próprio juízo onde tramita a causa suspensa; **B:** correta, pois se houver distinção, a parte deve peticionar ao juiz de primeiro grau apontando isso, e caso o requerimento não seja acolhido, haverá uma decisão interlocutória, que é agravável de instrumento (CPC, art. 1.015 e art. 1.037, §§ 9º, 10 e 13); **C:** incorreta, considerando que havendo recurso específico previsto em lei, não é possível utilizar o mandado de segurança; **D:** incorreta. Ainda que a primeira parte esteja correta (conferir alternativa "B"), como estamos diante de uma decisão interlocutória, de modo que o recurso cabível é o agravo de instrumento (CPC, art. 1.015).

Gabarito "B".

(Analista Judiciário – TJ/AL – 2018 – FGV) O recurso cabível para se impugnar decisão interlocutória proferida em processo de execução é:

(A) o agravo de instrumento;

(B) o agravo retido;

(C) a apelação;

(D) a rescisória;

(E) nenhum, pois se trata de provimento irrecorrível.

A: correta, considerando que todas as decisões interlocutórias proferidas no processo de execução são impugnáveis via AI (CPC, art. 1.015, parágrafo único); **B:** errada, já que o agravo retido não foi mantido no atual código (o que antes era impugnado via retido agora é via preliminar de apelação – CPC, art. 1.009, § 1º); **C:** errada, pois apenas a decisão que extingue a execução (sentença) é impugnável via apelação (CPC, 203, § 1º e 1.009); **D:** errada, tendo em vista que a rescisória é cabível para combater decisões de mérito transitadas em julgado (CPC, art. 966); **E:** errada, pois todas as decisões interlocutórias proferidas no processo executivo são recorríveis via AI (CPC, art. 1.015, parágrafo único).

Gabarito "A".

(Analista Judiciário – TJ/AL – 2018 – FGV) Três supostos servidores do Tribunal de Justiça de Alagoas pedem em face do Estado o pagamento de parcela estipendial que entendem devida, e que ainda não receberam, e protestam por prova oral para comprovar seus direitos. Em resposta, o Estado afirma a ilegitimidade de um dos autores e, no mérito, infirma a pretensão deduzida, pois a categoria funcional desses autores não teria o direito à referida verba. Em decisão de saneamento e organização do processo, o juiz exclui o autor do processo, que teve sua legitimidade questionada, e indefere a produção de prova oral para os demais, por entender ser essa espécie de prova desnecessária para o julgamento da causa.

Nessa situação, é possível a interposição de:

(A) agravo de instrumento contra a decisão de exclusão do litisconsorte e do indeferimento da prova oral;
(B) agravo de instrumento contra a decisão de exclusão do litisconsorte e pedido de esclarecimentos em relação ao indeferimento da prova oral;
(C) apelação contra a decisão de exclusão do litisconsorte e agravo de instrumento contra a decisão que indeferiu a prova oral;
(D) apelação contra a decisão de exclusão do litisconsorte e pedido de esclarecimentos em relação ao indeferimento da prova;
(E) apelação contra a decisão de exclusão do litisconsorte e contra a decisão que indeferiu a prova oral.

A: incorreta, porque a decisão que indefere a prova oral não é impugnável via AI, por não estar no rol previsto no Código (CPC, art. 1.015); B: correta, conforme expressa previsão legal (CPC, arts. 1.015, VII e 357, §1º - sendo que esse pedido de esclarecimentos não tem natureza recursal e, pelo Código, é algo distinto dos embargos de declaração); C: incorreta, pois não cabe apelação contra decisão interlocutória e, além disso, a decisão que indefere a prova oral não é impugnável via AI (CPC, art. 1.015); D: incorreta quanto à 1ª afirmação, já que o recurso cabível seria o AI (CPC, art. 1.015, VII); E: incorreta, tendo em vista que não cabe apelação contra decisão interlocutória (CPC, art. 1.009).
Gabarito "B".

(OAB/FGV – 2018) Pedro ajuizou ação indenizatória contra Diego, tendo o juiz de primeira instância julgado integralmente improcedentes os pedidos formulados na petição inicial, por meio de sentença que veio a ser mantida pelo Tribunal em sede de apelação.

Contra o acórdão, Pedro interpôs recurso especial, sob o argumento de que teria ocorrido violação de dispositivo da legislação federal. A Presidência do Tribunal, no entanto, inadmitiu o recurso especial, ao fundamento de que o acórdão recorrido se encontra em conformidade com entendimento do Superior Tribunal de Justiça exarado no regime de julgamento de recurso repetitivo.

Diante dessa situação hipotética, assinale a opção que indica o recurso que Pedro deverá interpor.

(A) Agravo em recurso especial, para que o Superior Tribunal de Justiça examine se o recurso especial preenche ou não os requisitos de admissibilidade.
(B) Agravo interno, para demonstrar ao Plenário do Tribunal, ou ao seu Órgão Especial, que o acórdão recorrido versa sobre matéria distinta daquela examinada pelo Superior Tribunal de Justiça no regime de julgamento do recurso repetitivo.
(C) Agravo interno, para demonstrar ao Superior Tribunal de Justiça que o acórdão recorrido versa sobre matéria distinta daquela examinada pelo mesmo Tribunal Superior no regime de julgamento do recurso repetitivo.
(D) Recurso Extraordinário, para demonstrar ao Supremo Tribunal Federal que o recurso especial deveria ter sido admitido pela Presidência do Tribunal de origem.

A: incorreta, pois apesar de algumas exceções, a regra é que da decisão de admissibilidade do recurso especial caiba agravo em recurso especial (CPC, art. 1.030, §§ 1º e 2º); B: correta. Já que o REsp não foi admitido com base em repetitivo, cabível o agravo interno, a ser julgado pelo Tribunal de Justiça (CPC, art. 1.030, § 2º) – sendo essa uma das exceções mencionadas na alternativa anterior; C: incorreta, considerando que agravo interno será julgado pelo TJ, não pelo STJ; D: incorreta, pois só cabe recurso extraordinário de acórdão (CPC, art. 1.029), e a decisão mencionada é somente do Presidente de Tribunal, de modo que uma decisão monocrática.
Gabarito "B".

(OAB/FGV – 2018) Lucas, em litígio instaurado contra Alberto, viu seus pedidos serem julgados procedentes em primeira instância, o que veio a ser confirmado pelo tribunal local em sede de apelação.

Com a publicação do acórdão proferido em sede de apelação na imprensa oficial, Alberto interpôs recurso especial, alegando que o julgado teria negado vigência a dispositivo de lei federal. Simultaneamente, Lucas opõe embargos de declaração contra o mesmo acórdão, suscitando a existência de omissão.

Nessa situação hipotética,

(A) o recurso especial de Alberto deverá ser considerado extemporâneo, visto que interposto antes do julgamento dos embargos de declaração de Lucas.
(B) Alberto, após o julgamento dos embargos de declaração de Lucas, terá o direito de complementar ou alterar as razões de seu recurso especial, independentemente do resultado do julgamento dos embargos de declaração.
(C) Alberto não precisará ratificar as razões de seu recurso especial para que o recurso seja processado e julgado se os embargos de declaração de Lucas forem rejeitados, não alterando a decisão recorrida.
(D) Alberto deverá interpor novo recurso especial após o julgamento dos embargos de declaração.

A: incorreta, pois como a decisão supostamente causou prejuízo a ambas as partes (mesmo que apenas omissão em relação a uma das partes), cada uma delas pode interpor o seu recurso de forma independente (CPC, art. 997); B: incorreta, pois será possível complementar o recurso especial somente se os embargos de declaração da outra parte forem acolhidos (CPC, art. 1.024, § 4º); C: correta, pois se os embargos de Lucas não forem acolhidos, Alberto não precisará ratificar ou fazer qualquer outra coisa quanto ao recurso especial antes interposto (CPC, art. 1.024, § 5º). Vale destacar que no Código anterior havia súmula em sentido inverso (Súmula 418/STJ), a qual foi cancelada e substituída pela Súmula 579/STJ; D: incorreta, porque nos termos do Código, descabe novo recurso especial, mas sim complemento do recurso, se houver modificação parcial, ou nenhuma conduta necessária, se não houver alteração na decisão (CPC, art. 1.024, §§ 4º e 5º).
Gabarito "C".

(OAB/FGV – 2017) O advogado Jonas interpôs Recurso Especial contra acórdão do Tribunal de Justiça do Estado X.

Ocorre que, no corrente ano, a Vice-Presidência/Presidência do referido Tribunal negou seguimento ao recurso interposto, afirmando que o acórdão recorrido se encontra no mesmo sentido de precedente do STJ, julgado sob o rito dos recursos repetitivos.

Nessa hipótese, caso deseje impugnar a referida decisão, o advogado deverá interpor

(A) Agravo de Instrumento, direcionado ao Ministro Presidente do STJ.

(B) Agravo em Recurso Especial, direcionado ao Ministro Presidente do STJ.

(C) Agravo em Recurso Especial, direcionado ao Vice- -Presidente do Tribunal de Justiça do Estado X.

(D) Agravo Interno, direcionado ao órgão colegiado competente para revisar as decisões do Presidente/ Vice-Presidente do Tribunal de Justiça.

De decisão monocrática de relator, cabe agravo interno ou agravo em recurso especial. O AREsp (agravo em recurso especial) é em regra utilizado para impugnar decisão de não admissão do REsp (art. 1.042), sendo interposto perante o órgão prolator da decisão de inadmissão – ou seja, perante o juízo *a quo* (CPC, art. 1.042, § 2º). Como exceção, se a decisão de não admissão for proferida com base em tese firmada em repetitivo (art. 1.030, I, b), será cabível o agravo interno (art. 1.030, § 2º) e não o AREsp. O enunciado trata de não admissão com base em repetitivo, de modo que o recurso cabível é o agravo interno, previsto apenas em 1 alternativa.

Gabarito "D".

(OAB/FGV – 2017) Carolina, vítima de doença associada ao tabagismo, requereu, em processo de indenização por danos materiais e morais contra a indústria do tabaco, a inversão do ônus da prova, por considerar que a parte ré possuía melhores condições de produzir a prova.

O magistrado, por meio de decisão interlocutória, indeferiu o requerimento por considerar que a inversão poderia gerar situação em que a desincumbência do encargo seria excessivamente difícil.

Sobre a hipótese apresentada, assinale a afirmativa correta.

(A) A decisão é impugnável por agravo interno.

(B) A decisão é irrecorrível.

(C) A decisão é impugnável por agravo de instrumento.

(D) A parte autora deverá aguardar a sentença para suscitar a questão como preliminar de apelação ou nas contrarrazões do recurso de apelação.

A: incorreta, pois cabe agravo interno de decisão monocrática (CPC, art. 932), e a decisão indicada é interlocutória; **B:** incorreta, pois a decisão interlocutória em questão é passível de recurso (vide próxima alternativa); **C:** correta. No CPC, há um rol que indica quais decisões interlocutórias são recorríveis por agravo de instrumento (ainda que o STJ tenha mitigado isso) – e a decisão relativa ao ônus da prova é exatamente uma dessas (art. 1.015, XI); **D:** incorreta, pois essa solução de aguardar a apelação para impugnar a decisão interlocutória (prevista no art. 1.009, § 1º) só é cabível as situações em que *não se admitir* o agravo de instrumento.

Gabarito "C".

(OAB/FGV – 2017) Nos Juízos de Direito da capital do Estado X tramitavam centenas de demandas semelhantes, ajuizadas por servidores públicos vinculados ao Município Y discutindo a constitucionalidade de lei ordinária municipal que tratava do plano de cargos e salários da categoria.

Antevendo risco de ofensa à isonomia, com a possibilidade de decisões contraditórias, o advogado de uma das partes resolve adotar medida judicial para uniformizar o entendimento da questão jurídica.

Nessa hipótese, o advogado deve peticionar:

(A) ao Juízo de Direito no qual tramita a demanda por ele ajuizada, requerendo a instauração de incidente de assunção de competência.

(B) ao Presidente do Tribunal ao qual está vinculado o Juízo de Direito, requerendo a instauração de incidente de resolução de demandas repetitivas.

(C) ao Presidente do Tribunal ao qual está vinculado o Juízo de Direito, requerendo a instauração de incidente de arguição de inconstitucionalidade.

(D) ao Juízo de Direito no qual tramita a demanda por ele ajuizada, requerendo a intimação do Ministério Público para conversão da demanda individual em coletiva.

A e B: A questão trata do IRDR – incidente de resolução de demandas repetitivas (exatamente porque envolve demandas semelhantes – art. 976; sendo que o incidente de assunção de competência é utilizado para situações em que não haja repetição em múltiplos processos – art. 947). Quanto à competência, o IRDR é dirigido ao presidente do tribunal (art. 977). Vale esclarecer que o IRDR não é recurso, mas sim um incidente. **C:** incorreta, pois a hipótese não é de verificação de inconstitucionalidade no âmbito do tribunal (art. 948); **D:** incorreta, inclusive porque a conversão de ação individual em coletiva foi vetada no CPC (art. 333).

Gabarito "B".

(OAB/FGV – 2017) Carlos ajuizou, em 18/03/2016, ação contra o Banco Sucesso, pelo procedimento comum, pretendendo a revisão de determinadas cláusulas de um contrato de abertura de crédito.

Após a apresentação de contestação e réplica, iniciou-se a fase de produção de provas, tendo o Banco Sucesso requerido a produção de prova pericial para demonstrar a ausência de abusividade dos juros remuneratórios. A prova foi indeferida e o pedido foi julgado procedente para revisar o contrato e limitar a cobrança de tais juros.

Sobre a posição do Banco Sucesso, assinale a afirmativa correta.

(A) Ele deve interpor recurso de agravo de instrumento contra a decisão que indeferiu a produção de prova. Não o tendo feito, a questão está preclusa e não admite rediscussão.

(B) Ele deve apresentar petição de protesto contra a decisão que indeferiu a produção de prova, evitando-se a preclusão, com o objetivo de rediscuti-la em apelação.

(C) Ele deve permanecer inerte em relação à decisão de indeferimento de produção de prova, mas poderá rediscutir a questão em preliminar de apelação.

(D) Ele deve interpor recurso de agravo retido contra a decisão que indeferiu a produção de prova, evitando-se a preclusão, com o objetivo de rediscuti-la em apelação.

A: incorreta, pois não há previsão de agravo de instrumento contra essa decisão no rol de decisões agraváveis de instrumento CPC (art. 1.015); **B:** incorreta, porque a lei não prevê que tenha de ser feito protesto para que não haja a preclusão; **C:** correta. No CPC, a decisão interlocutória não agravável de instrumento deve ser impugnada em preliminar de apelação (art. 1.009, § 1º); **D:** incorreta, pois o CPC suprimiu o recurso de agravo retido.

Gabarito "C".

(OAB/FGV – 2017) Jorge ajuizou demanda contra Maria, requerendo sua condenação à realização de obrigação de fazer e ao pagamento de quantia certa. Fez requerimento de tutela provisória de urgência em relação à obrigação de fazer.

Após o transcurso da fase postulatória e probatória sem a análise do mencionado requerimento, sobreveio sentença de procedência de ambos os pedidos autorais, em que o juízo determina o imediato cumprimento da obrigação de fazer.

Diante de tal situação, Maria instruiu seu advogado a recorrer apenas da parte da sentença relativa à obrigação de fazer.

Nessa circunstância, o advogado de Maria deve:

(A) impetrar Mandado de Segurança contra a decisão que reputa ilegal, tendo como autoridade coatora o juízo sentenciante.
(B) interpor Agravo de Instrumento, impugnando o deferimento da tutela provisória, pois ausentes seus requisitos.
(C) interpor Apelação, impugnando o deferimento da tutela provisória e a condenação final à obrigação de fazer.
(D) interpor Agravo de Instrumento, impugnando a tutela provisória e a condenação final à obrigação de fazer.

A: incorreta, considerando que mandado de segurança contra decisão judicial só pode ser utilizado quando não há recurso cabível da decisão (Súmula 267/STF: Não cabe mandado de segurança contra ato judicial passível de recurso ou correição); **B:** incorreta, pois à luz do princípio da singularidade ou unirrecorribilidade, somente cabe um recurso para cada decisão; **C:** correta. Tendo em vista o princípio da unicidade e o fato de a tutela de urgência ser somente um capítulo da decisão, a solução é que para a antecipação de tutela concedida na sentença é cabível somente apelação (CPC, art. 1.009, § 3º); **D:** incorreta, pois como se trata de sentença, o recurso cabível é a apelação (CPC, art. 1.009).

Gabarito "C".

17. PROCEDIMENTOS ESPECIAIS

17.1. Possessórias

(OAB/FGV – 2021) Pedro possui uma fazenda contígua à de Vitório. Certo dia, Pedro identificou que funcionários de Vitório estavam retirando parte da cerca divisória entre as fazendas, de modo a aumentar a área da fazenda de Vitório e reduzir a sua.

Inconformado, Pedro ajuizou ação de interdito proibitório, pelo procedimento especial das ações possessórias, com pedido para que Vitório se abstenha de ocupar a área de sua fazenda, bem como indenização pelos gastos com a colocação de nova cerca divisória, de modo a retomar a linha divisória antes existente entre as fazendas.

O juiz, entendendo que a pretensão de Pedro é de reintegração de posse, julga procedente o pedido, determinando que Vitório retire a cerca divisória que seus funcionários colocaram, bem como indenize Pedro em relação ao valor gasto com a colocação de nova cerca divisória.

Você, como advogada(o) de Vitório, analisou a sentença proferida. Assinale a opção que indica corretamente sua análise.

(A) O juiz violou o princípio da congruência, pois não é dado ao juiz conceder prestação diversa da pretendida pelo autor da demanda.
(B) O pedido de condenação do réu ao pagamento de indenização deveria ser extinto sem resolução do mérito, pois não é lícita a cumulação de pedidos em sede de ações possessórias.
(C) Na hipótese, houve aplicação da fungibilidade das ações possessórias.
(D) Houve inadequação da via eleita, pois a ação cabível seria a ação de demarcação de terras particulares.

A: Incorreta, pois no caso das possessórias, existe a previsão de fungibilidade entre as 3 possessórias (CPC, art. 554). **B:** Incorreta, pois nas possessórias é possível cumular a proteção possessória com pedido de perdas e danos (CPC, art. 555, I). **C:** Correta, sendo essa a previsão legal (CPC, art. 554). **D:** Incorreta, pois a questão envolve violação da posse do vizinho – o que justifica, exatamente, o uso das possessórias (CPC, arts. 560 e 567).

Gabarito "C".

(OAB/FGV – 2020) Gustavo procura você, como advogado(a), visando ao ajuizamento de uma ação em face de João, para a defesa da posse de um imóvel localizado em Minas Gerais.

Na defesa dos interesses do seu cliente, quanto à ação possessória a ser proposta, assinale a afirmativa correta.

(A) Não é lícito cumular o pedido possessório com condenação em perdas e danos a Gustavo, dada a especialidade do procedimento.
(B) Na pendência da ação possessória proposta por Gustavo, não é possível, nem a ele, nem a João, propor ação de reconhecimento de domínio, salvo em face de terceira pessoa.
(C) Se a proposta de ação de manutenção de posse por Gustavo for um esbulho, o juiz não pode receber a ação de manutenção de posse como reintegração de posse, por falta de interesse de adequação.
(D) Caso se entenda possuidor do imóvel e pretenda defender sua posse, o meio adequado a ser utilizado por João é a reconvenção em face de Gustavo.

A: Incorreta, pois o Código permite, nas ações possessórias, a cumulação de pedido possessório com perdas e danos (CPC, art. 555, I); **B:** Correta (CPC, art. 557, sendo que a finalidade do artigo é fazer com que se decida primeiro a questão da posse, e depois da propriedade); **C:** Incorreta, porque há a fungibilidade entre as ações possessórias (CPC, art. 554), de modo que possível que se receba a manutenção (usando em caso de turbação) como reintegração (utilizada quando há esbulho); **D:** Incorreta, considerando que se admite o pedido contraposto nas possessórias – ou seja, a formulação de pedido do réu contra o autor, na própria contestação, independentemente de reconvenção (CPC, art. 556).

Gabarito "B".

17.2. Monitória

(ENAM – 2024.1) A ação monitória é uma espécie de procedimento especial destinado àquele que, com base em prova escrita sem eficácia de título executivo, desejar obter título executivo judicial, com vistas a obter o cumprimento da obrigação perante o devedor.

Sobre a ação monitória, assinale a afirmativa correta.

(A) Não é admissível a ação monitória em face da Fazenda Pública.
(B) A ação monitória pode ter como objeto o cumprimento do direito de exigir o adimplemento de obrigação de fazer.

(C) A citação por edital não é admitida em sede de ação monitória.

(D) Sendo evidente o direito do autor de receber um crédito, o juiz deferirá a expedição de mandado de pagamento, concedendo ao réu o prazo de três dias para o cumprimento.

(E) Cabe agravo de instrumento contra o pronunciamento jurisdicional que acolhe ou rejeita os embargos monitórios.

A: Incorreta. O art. 700, § 6º do CPC prevê expressamente que a ação monitória pode ser proposta em face da Fazenda Pública. **B:** Correta. Ainda que o mais usual seja a monitória para obrigação de pagar, também é possível monitória para obrigação de fazer (CPC, art. 700, III). **C:** Incorreta. O art. 700, § 7º do CPC prevê que na ação monitória admite-se citação por *qualquer* dos meios permitidos para o procedimento comum (incluído, portanto, a citação por edital). **D:** Incorreta, pois o prazo para cumprimento da obrigação é de 15 dias (CPC, art. 701). Vale destacar que a expedição do mandado monitório é considerada, pela legislação, como uma situação de tutela de evidência. **E:** Incorreta. O pronunciamento judicial que acolhe ou rejeita os embargos monitórios (nome dado à contestação na ação monitória) é uma sentença, de maneira que cabe recurso de apelação (CPC, art. 702, § 9º).

Gabarito "B".

(Juiz Federal – TRF/1 – 2023 – FGV) Alberto ajuizou, perante a Justiça Federal de primeiro grau, ação de reintegração de posse em face de Bento e da União Federal, alegando ser o justo possuidor de imóvel rural injustamente esbulhado por Bento e de propriedade da União.

Nessa situação, a União Federal:

(A) deve ser excluída do polo passivo, visto que não se admite a discussão sobre a propriedade em ação possessória, mantida a competência da Justiça Federal por tratar-se de causa fundada em controvérsia sobre bem público federal;

(B) deve ser excluída do polo passivo, visto que não se admite a discussão sobre a propriedade em ação possessória, mas poderá apresentar oposição pleiteando a posse do bem em seu favor ao fundamento de que a área lhe pertence;

(C) possui legitimidade passiva *ad causam* na ação de reintegração de posse, podendo deduzir qualquer matéria defensiva, inclusive, se for o caso, o domínio, sendo competente a Justiça Federal;

(D) deve ser excluída do polo passivo, visto que não se admite a discussão sobre a propriedade em ação possessória, devendo o processo ser remetido para a Justiça Estadual;

(E) possui legitimidade passiva *ad causam*, mas em sua defesa apenas poderá opor alegações sobre a posse do imóvel, vedada a exceção de domínio, sendo competente a Justiça Federal.

A resposta para essa questão está na Súmula 637/STJ, que se aplica especificamente para a possessória envolvendo entes públicos: "o ente público detém legitimidade e interesse para intervir, incidentalmente, na ação possessória entre particulares, podendo deduzir qualquer matéria defensiva, inclusive, se for o caso, o domínio". **A:** Incorreta. Isso porque, tratando-se de bem público, não se aplica a previsão do art. 557 do CPC que impede a discussão de propriedade enquanto pendente possessória. Assim, será possível a discussão sobre propriedade mesmo em ação possessória (Súmula 637 do STJ). **B:** Incorreta, pois no caso é possível à União apresentar defesa nos próprios autos, nos termos da Súmula 637 – o que torna desnecessária a utilização de oposição. **C:** Correta, a alternativa reproduz a Súmula 637 do STJ – e a competência é federal por força da presença federal (CF, art. 109, I). **D e E:** Incorretas, considerando ser possível a discussão da propriedade, nos termos da Súmula 637/STJ.

Gabarito "C".

(OAB/FGV – 2023) Albieri, com base em prova escrita e sem eficácia de título executivo, afirma ter direito de exigir de Juliana o pagamento de R$ 10.000,00 (dez mil reais). Nesse sentido, Albieri procura você, como advogado(a), para ajuizar Ação Monitória em face de Juliana, exigindo o pagamento de R$ 10.000,00 (dez mil reais).

O juiz da causa observou que o direito do autor era evidente e deferiu a expedição de mandado de pagamento, concedendo ao réu prazo de 15 (quinze) dias para o cumprimento. Juliana alega que Albieri pleiteia quantia superior à devida, razão pela qual pretende, por meio de seu advogado, opor embargos à ação monitória.

Na qualidade de patrono de Juliana, assinale a opção que apresenta a medida adequada a ser providenciada.

(A) Juliana poderá opor, nos próprios autos, embargos à ação monitória caso garanta o valor em juízo previamente, bem como, quando alegar que Albieri pleiteia quantia superior à devida, deverá declarar de imediato o valor que entende correto, sem necessidade de apresentar o demonstrativo discriminado e atualizado da dívida.

(B) Se Juliana alegar que Albieri pleiteia quantia superior à devida, não precisa indicar o valor correto da dívida. Além disso, independentemente de prévia segurança do juízo, Juliana pode opor embargos à ação monitória.

(C) Juliana poderá opor, nos próprios autos, embargos à ação monitória caso garanta o valor em juízo previamente, bem como, quando alegar que Albieri pleiteia quantia superior à devida, não precisa indicar o valor correto da dívida.

(D) Juliana poderá opor embargos à ação monitória, independentemente de prévia segurança do juízo, bem como, quando alegar que Albieri pleiteia quantia superior à devida, deverá declarar de imediato o valor que entende correto, apresentando demonstrativo discriminado e atualizado da dívida.

A: incorreta, pois o réu poderá opor embargos monitórios, nos próprios autos, sem necessidade de "garantir o juízo" – ou seja, de depositar o valor discutido (CPC, art. 702). Além disso, para alegar que o autor pleiteia quantia superior à devida, o réu deverá indicar a quantia que entende correta e apresentar demonstrativo discriminado e atualizado da dívida (CPC, art. 702, § 2º). **B:** incorreta, visto que, havendo alegação de que o autor pleiteia quantia superior à devida, o réu deverá indicar a quantia que entende correta, bem como apresentar demonstrativo discriminado e atualizado da dívida (CPC, art. 702, § 2º). **C:** incorreta. Como exposto nas alternativas anteriores, há necessidade de, ao se alegar excesso de valor, apresentar demonstrativo da dívida (CPC, art. 702, § 2º). **D:** correta pois, conforme visto nas alternativas anteriores, essa é exatamente a previsão legal, quando (i) à desnecessidade de depositar o valor discutido e (ii) necessidade de indicar o valor devido e apresentar demonstrativo do débito (CPC, art. 702 "caput" e § 2º).

Gabarito "D".

17.3. Procedimentos especiais relativos ao direito de família e sucessões

(OAB/FGV – 2021) Fernando é inventariante do espólio de Marcos, seu irmão mais velho. A irmã de ambos, Maria, requereu a remoção de Fernando do cargo de inventariante ao juízo de sucessões, sustentando que Fernando está se apropriando de verbas pertencentes ao espólio, e instruiu seu pedido com extratos bancários de conta-corrente de titularidade de Fernando, com registro de vultosos depósitos.

O juiz, entendendo relevante a alegação de Maria, sem a oitiva de Fernando, nos próprios autos do processo de inventário, determinou sua remoção e nomeou Maria como nova inventariante.

A este respeito, assinale a afirmativa correta.

(A) O magistrado agiu corretamente, pois, comprovado o desvio de bens do espólio em favor do inventariante, cabe sua imediata remoção, independentemente de oitiva prévia.
(B) A remoção de Fernando depende, cumulativamente, da instauração de incidente de remoção, apenso aos autos do inventário, e da outorga do direito de defesa e produção de provas.
(C) Maria não pode requerer a remoção de Fernando do cargo de inventariante, pois somente o cônjuge supérstite possui legitimidade para requerer a remoção de inventariante.
(D) O desvio de bens em favor do inventariante não é causa que dê ensejo à sua remoção.

A: Incorreta. Ainda que seja possível a concessão de uma liminar – em situação de urgência – a regra é o exercício do contraditório.
B: Correta, sendo essa a previsão legal. Para a remoção do inventariante – medida grave – fundamental o exercício do contraditório, princípio que permeia todo o sistema. E, acerca do tema, o CPC prevê o seguinte: "Art. 623. Requerida a remoção (...), será intimado o inventariante para, no prazo de 15 (quinze) dias, defender-se e produzir provas. Parágrafo único. O incidente da remoção correrá em apenso aos autos do inventário". **C:** Incorreta, pois Maria é herdeira e, portanto, interessada, de modo que pode pleitear a remoção – que é feita de ofício ou a requerimento (CPC, art. 622, *caput*). **D:** Incorreta, sendo essa uma das hipóteses de remoção do inventariante (CPC, art. 622, VI).
Gabarito "B".

(OAB/FGV – 2018) Aline e Alfredo, casados há 20 anos pelo regime da comunhão parcial de bens, possuem um filho maior de idade e plenamente capaz. Não obstante, Aline encontra-se grávida do segundo filho do casal, estando no sexto mês de gestação.

Ocorre que, por divergências pessoais, o casal decide se divorciar e se dirige a um escritório de advocacia, onde demonstram consenso quanto à partilha de bens comuns e ao pagamento de pensão alimentícia, inexistindo quaisquer outras questões de cunho pessoal ou patrimonial.

Assinale a opção que apresenta a orientação jurídica correta a ser prestada ao casal.

(A) Inexistindo conflito de interesses quanto à partilha de bens comuns, Aline e Alfredo poderão ingressar com o pedido de divórcio pela via extrajudicial, desde que estejam devidamente assistidos por advogado ou defensor público.
(B) Aline e Alfredo deverão ingressar com ação judicial de divórcio, uma vez que a existência de nascituro impede a realização de divórcio consensual pela via extrajudicial, ou seja, por escritura pública.
(C) O divórcio consensual de Aline e Alfredo somente poderá ser homologado após a partilha de bens do casal.
(D) A partilha deverá ser feita mediante ação judicial, embora o divórcio possa ser realizado extrajudicialmente.

A: incorreta. A inexistência de conflito entre os cônjuges e assistência de advogado são requisitos para o divórcio consensual; porém, no caso, há nascituro, o que impede o uso do divórcio extrajudicial (CPC, art. 733); **B:** correta (CPC, art. 733); **C:** incorreta, pois o divórcio consensual deve envolver todos os aspectos relativos às partes: partilha, alimentos (para cônjuge e filhos) e guarda dos filhos (CPC, art. 731); **D:** incorreta, porque não há previsão legal de divisão entre o que pode ser feito pela via judicial ou extrajudicial, devendo ser utilizado somente um desses mecanismos (CPC, art. 733).
Gabarito "B".

17.4. Juizados especiais

(OAB/FGV – 2024) Maria Joana tem contrato de locação firmado com Mariana há muitos anos. A relação contratual entre elas é tranquila, e Maria Joana nunca atrasou o pagamento do aluguel. Além disso, mantém o imóvel de Mariana em perfeito estado de conservação. O contrato estipula os casos de rescisão.

Certo dia, ocorreu um desastre natural na localidade em que Mariana morava e a Defesa Civil a orientou a não voltar para casa, pois o local não oferecia mais segurança. Diante dessa situação, Mariana não teve outra saída, senão pedir o imóvel que locou para Maria Joana, para seu uso próprio. Mariana respeitou a legislação e o contrato, mas Maria Joana recusou-se a desocupar e a entregar o imóvel. Mariana, sem ter onde morar, ajuizou ação de despejo em face de Maria Joana no Juizado Especial Cível.

A advogada de Maria Joana alegou incompetência do Juizado por considerar a causa complexa.

Sobre os Juizados, considerando o exposto acima, assinale a afirmativa correta.

(A) A alegação da advogada de Maria Joana, com relação à competência do Juizado Especial Cível, está correta.
(B) As ações de maior complexidade não são de competência dos Juizados Cíveis, portanto as ações de despejo não podem ser ajuizadas perante tais órgãos jurisdicionais.
(C) O Juizado Especial Cível é competente para conciliar, processar e julgar as causas cíveis de menor complexidade, assim considerada a ação de despejo para uso próprio.
(D) As ações de despejo e as de natureza alimentar, quando não complexas, podem ser propostas nos Juizados Especiais Cíveis.

A: Incorreta, pois o art. 3º, III da Lei 9.099/95 prevê que o Juizado Especial Civil é competente para processar e julgar ações de despejo para uso próprio. **B:** Incorreta, porque conforme exposto no item

anterior, ação de despejo tem expressa previsão para julgamento pelo JEC e, assim, não há que se falar em ação de maior complexidade. **C:** Correta. Nos termos do art. 3º, III da Lei 9.099/95, a ação de despejo para uso próprio é considerada causa de menor complexidade e, portanto, se insere na competência do JEC. **D:** Incorreta, considerando que o JEC não é competente para apreciar causas de natureza alimentar, independentemente da complexidade (Lei 9.099/95, art. 3º, § 2º).
Gabarito "C".

(Juiz de Direito – TJ/SC – 2024 – FGV) Sobre a tramitação de processos no Juizado Especial Cível, é correto afirmar que:

(A) admite-se citação por edital;

(B) admite-se assistência e litisconsórcio;

(C) a intervenção do Ministério Público é incompatível com o rito dos Juizados Especiais;

(D) a contagem dos prazos será em dias corridos, prestigiando-se a eficiência desse procedimento especial;

(E) as sociedades de crédito ao microempreendedor podem figurar como autoras no Juizado Especial.

A: Incorreta. Não se admite citação por edital no procedimento do juizado especial (art. 18, § 2º, da Lei 9.099/1995). **B:** Incorreta. Ainda que seja possível o litisconsórcio, não é possível intervenção de terceiro, sendo a assistência uma forma de intervenção de terceiro (art. 10 da Lei 9.099/1995). **C:** Incorreta, ainda que bastante limitada na prática, mesmo no JEC o MP intervirá nos casos previstos em lei (art. 11 da Lei 9.099/1995). **D:** Incorreta, pois os prazos processuais são contados em dias úteis (art. 12-A da Lei 9.099/1995). **E:** Correta, pois as sociedades de crédito ao microempreendedor podem figurar como autoras no Juizado Especial (art. 8º, § 1º, IV da Lei 9.099/1995).
Gabarito "E".

(Juiz de Direito/AP – 2022 – FGV) Menor, com 16 anos de idade, intentou, perante o Juizado Especial Cível, ação indenizatória em que pleiteava a condenação do réu a lhe pagar verba indenizatória correspondente a trinta vezes o salário mínimo.

Validamente citada, a parte ré, sem prejuízo das suas matérias defensivas de natureza meritória, suscitou, preliminarmente, a incompetência do foro e a irregularidade da representação processual do autor, que outorgara instrumento de mandato ao seu advogado sem que estivesse assistido por seu pai ou sua mãe.

Considerando que os vícios processuais arguidos efetivamente se configuraram, deve o juiz:

(A) determinar a intimação do autor para regularizar a representação processual e, após, declinar da competência em favor do juizado situado no foro competente;

(B) determinar a intimação do autor para manifestar renúncia ao valor que exceda o patamar de vinte vezes o salário mínimo, de modo a dispensar a presença de advogado;

(C) proferir sentença em que julgue extinto o feito sem resolução do mérito;

(D) designar audiência de conciliação, instrução e julgamento para a colheita da prova oral;

(E) declinar da competência em favor do juizado situado no foro competente, ao qual caberá aferir a regularidade, ou não, da representação processual do autor.

A: incorreta, pois no caso a hipótese é de extinção do processo sem julgamento de mérito (Lei 9.099/95, arts. 8º e 51, IV); **B:** incorreta, visto que a competência do JEC abrange causas de até 40 salários-mínimos, com advogado (Lei 9.099/95, arts. 3º, I e 9º) – sendo que, sem advogado, o teto é 20 salários; **C:** correta, tanto pela impossibilidade de menor litigar no JEC, quanto pelo caso de incompetência acarretar a extinção sem mérito (Lei 9.099/95, arts. 8º e 51, IV); **D:** incorreta, já que, diante dos vícios processuais, pela economia e celeridade processuais, não deve haver a instrução do processo (Lei 9.099/95, arts. 8º e 51, IV); ademais, o procedimento do JEC não tem essa audiência com conciliação e instrução ao mesmo tempo; **E:** incorreta, porque, no JEC, a incompetência territorial é causa de extinção do processo sem resolução do mérito (Lei 9.099/95, art. 51, III).
Gabarito "C".

(OAB/FGV – 2021) João Eustáquio, após passar por situação vexatória promovida por Lucia Helena, decide procurar um advogado. Após narrar os fatos, o advogado de João Eustáquio promove uma ação indenizatória em face de Lucia Helena, no Juizado Especial Cível de Sousa/PB.

Lucia Helena, devidamente representada por seu advogado, apresenta contestação de forma oral, bem como apresenta uma reconvenção contra João Eustáquio.

João Eustáquio, indignado com tal situação, questiona se é válida a defesa processual promovida por Lucia Helena.

Como advogado de João Eustáquio, nos termos da Lei nº 9.099/95, assinale a afirmativa correta.

(A) A contestação pode ser apresentada de forma oral, porém não se admitirá a apresentação de reconvenção.

(B) A contestação não pode ser apresentada de forma oral, sendo somente permitida de forma escrita. Além disso, não se admitirá a apresentação de reconvenção.

(C) A reconvenção pode ser apresentada, prezando pelo princípio da eventualidade, porém a contestação deve ser feita de forma escrita.

(D) A contestação pode ser apresentada de forma oral, bem como é cabível a apresentação de reconvenção.

Acerca da defesa do réu nos Juizados, a Lei 9.009 prevê o seguinte:
– "Art. 30. A contestação, que será *oral* ou escrita (...)"
– "Art. 31. Não se admitirá a reconvenção. É lícito ao réu, na contestação, formular pedido em seu favor (...)"
A: Correta, nos termos dos arts. 30 e 31 da Lei 9.099/95. **B:** Incorreta, pois é possível contestação de forma oral. **C:** Incorreta, pois não há previsão de reconvenção, mas de pedido contraposto (ainda que sejam situações semelhantes de o réu formular pedido contra o autor, a Lei 9.099 as trata de forma distinta). **D:** Incorreta, pois não é possível a reconvenção.
Gabarito "A".

(OAB/FGV – 2019) Raquel, servidora pública federal, pretende ajuizar ação em face da União, pleiteando a anulação de seu ato de demissão, bem como requerendo a condenação da ré ao pagamento de indenização por danos morais, no valor de R$ 50.000,00 (cinquenta mil reais), tendo em vista o sofrimento causado por ato que considera ilegal.

Na qualidade de advogado(a) de Raquel, a respeito do rito a ser seguido na hipótese, assinale a afirmativa correta.

(A) A ação deverá seguir o rito dos Juizados Especiais Federais (Lei nº 10.259/01), uma vez que o valor da causa é inferior a 60 (sessenta) salários mínimos.

(B) Tendo em vista que a ré é um ente público, aplica-se à hipótese o rito disposto na Lei nº 12.153/09, que regulamenta os Juizados Especiais da Fazenda Pública.

(C) Poderá ser utilizado tanto o rito comum como o dos Juizados Especiais, já que, no foro onde estiver instalada a Vara do Juizado Especial, sua competência é relativa.

(D) O rito a ser observado será o rito comum, pois não é de competência dos Juizados Especiais pretensão que impugna pena de demissão imposta a servidor público civil.

Em regra, deverá ser utilizado o JEF para causas com valor até 60 salários-mínimos, quando a União for ré (uso obrigatório e não facultativo). Porém, a Lei 10.259/2001 traz algumas exceções, situações nas quais não se pode utilizar esse Juizado, qualquer que seja o valor da causa. É o caso de anulação de demissão (art. 3°, § 1°, IV), de modo que a causa deverá ser proposta em Vara Federal tradicional, pelo procedimento comum.

Gabarito "D".

(OAB/FGV – 2018) Luciana, por meio de seu advogado, propôs demanda em face de Carlos, perante determinado Juizado Especial Cível, na qual pediu, a título de indenização por danos materiais, a condenação do réu ao pagamento de R$ 20.000,00. Ao julgar parcialmente procedente o pedido, o juízo a quo condenou o demandado ao pagamento de R$ 15.000,00. Luciana se conformou com a decisão, ao passo que Carlos recorreu, a fim de diminuir o valor da condenação para R$10.000,00 e, bem assim, requereu a condenação da recorrida ao pagamento de custas e honorários. Embora tenha diminuído o valor da condenação para R$ 10.000,00, conforme requerido no recurso, o órgão ad quem não condenou Luciana ao pagamento de custas e honorários.

Diante de tal quadro, é correto afirmar, especificamente no que se refere às custas e aos honorários, que

(A) o órgão recursal errou, pois a gratuidade prevista pela Lei nº 9.099/95 só abrange o primeiro grau de jurisdição.

(B) o órgão ad quem acertou, uma vez que, no âmbito do segundo grau, somente o recorrente vencido pode arcar com a sucumbência.

(C) o órgão ad quem acertou, uma vez que, no âmbito do segundo grau, somente é possível condenação em custas e honorários se houver litigância de má-fé.

(D) o órgão recursal agiu corretamente, pois os processos que tramitam sob o rito da Lei nº 9.099/95 são gratuitos, indistintamente, em qualquer grau de jurisdição.

A: incorreta Atenção: a segunda parte da alternativa – gratuidade só abrange o primeiro grau – está correta (Lei 9.099/95, art. 55), e pode induzir o candidato a entender essa resposta como correta. Porém, no caso concreto, o colégio recursal *não errou*, pois a fixação não deveria ocorrer no caso narrado, pois "Em segundo grau, o recorrente, vencido, pagará as custas e honorários de advogado" (Lei 9099/95, art. 55, parte final); **B:** correta. Como o recorrente foi vencedor no recurso (ainda que perdedor na causa), não paga honorários (vide alternativa "A"); **C:** incorreta, pois a fixação de honorários independe de má-fé, mas sim de recurso da parte e de esse recurso não ser provido; **D:** incorreta, pois a gratuidade só existe em 1° grau, nos Juizados (Lei 9.099/95, art. 55).

Gabarito "B".

(OAB/FGV – 2017) Arthur ajuizou ação perante o Juizado Especial Cível da Comarca do Rio de Janeiro, com o objetivo de obter reparação por danos materiais, em razão de falha na prestação de serviços pela sociedade empresária Consultex.

A sentença de improcedência dos pedidos iniciais foi publicada, mas não apreciou juridicamente um argumento relevante suscitado na inicial, desconsiderando, em sua fundamentação, importante prova do nexo de causalidade. Arthur pretende opor embargos de declaração para ver sanada tal omissão.

Diante de tal cenário, assinale a afirmativa correta.

(A) Arthur poderá opor embargos de declaração, suspendendo o prazo para interposição de recurso para a Turma Recursal.

(B) Os embargos não interrompem ou suspendem o prazo para interposição de recurso para a Turma Recursal, de modo que Arthur deverá optar entre os embargos ou o recurso, sob pena de preclusão.

(C) Eventuais embargos de declaração interpostos por Arthur interromperão o prazo para interposição de recurso para a Turma Recursal.

(D) Arthur não deverá interpor embargos de declaração pois estes não são cabíveis no âmbito de Juizados Especiais.

Há previsão de declaratórios no JEC (Lei 9.099/95, art. 48). Quanto a seu efeito, antes os embargos no JEC *suspendiam* o prazo para a interposição do outro recurso. A partir do CPC15, os embargos de declaração *interrompem* o prazo recursal (Lei 9.099/95, art. 50, com a redação dada pelo atual CPC, art. 1.065). Portanto, correta a alternativa "C".

Gabarito "C".

17.5. Mandado de segurança

(ENAM – 2024.1) No que concerne à ação de mandado de segurança, assinale a afirmativa correta.

(A) Proferindo o juiz sentença de procedência do pedido, estará ela sujeita ao reexame necessário pelo órgão de segunda instância.

(B) A decisão de indeferimento da medida liminar é impugnável pelo recurso de agravo de instrumento, não o sendo, contudo, a que a defere.

(C) O juiz poderá, caso repute necessário para a completa instrução do feito, determinar a colheita do depoimento pessoal da autoridade impetrada.

(D) O impetrante dispõe do prazo de cento e vinte dias para ajuizar a demanda, contados a partir da edição, pela autoridade impetrada, do ato impugnado.

(E) Concedida a segurança, para o fim de assegurar ao impetrante o recebimento de vantagens pecuniárias, não lhe será lícito deduzir pretensão de execução por quantia certa em sede de cumprimento de sentença.

A: Correta. Conforme previsão do art. 14, § 1° da Lei 12.016/2009, na hipótese de procedência do pedido (mais tecnicamente, a "concessão da segurança"), a sentença estará sujeita ao duplo grau de jurisdição. **B:** Incorreta, pois tanto a decisão que concede quanto a decisão que denega a liminar são impugnáveis por agravo de instrumento (art. 7°, § 1° da Lei 12.016/2009, além de ser a regra geral do CPC, art. 1.015, I). **C:** Incorreta. Tratando-se de mandado de segurança a prova pré-constituída, capaz de demonstrar o direito líquido e certo, é requisito indispensável. Assim, não se admite dilação probatória no MS (art. 1° da Lei 12.016/2009).

D: Incorreta, uma vez que o termo inicial do prazo de 120 dias será a *ciência*, pelo interessado, do ato impugnado (art. 23 da Lei 12.016/2009). **E:** Incorreta. De um lado, o MS não é substitutivo de ação de Cobrança (Súmulas 269 e 271 do STF. Além disso, apesar de ser possível deduzir pretensão relativa a vencimentos e vantagens pecuniárias, isso só será possível "em relação às prestações que se vencerem a contar da data do ajuizamento da inicial" (art. 14, § 4º da Lei 12.016/2009).
Gabarito "A".

(Analista Judiciário – TJ/AL – 2018 – FGV) Quanto ao procedimento do mandado de segurança, é correto afirmar que:

(A) a sentença concessiva da ordem não pode dar azo à instauração de execução por quantia certa;
(B) é admissível o ingresso de litisconsorte ativo, depois de o juiz deferir a liminar;
(C) a eficácia condenatória da sentença concessiva da ordem retroage à data da edição do ato administrativo impugnado;
(D) a autoridade impetrada tem legitimidade para interpor recursos;
(E) o acórdão denegatório da ordem, nas hipóteses de competência originária dos tribunais, poderá ser impugnado por recurso extraordinário ou especial.

A: incorreta, pois a ordem concessiva de MS é de natureza mandamental (busca determinar que o réu cumpra uma ordem) e não para se buscar a condenação ao pagamento de quantia (nesse sentido, a Súmula 269/STF: "O mandado de segurança não é substitutivo de ação de cobrança"); **B:** incorreta, já que o ingresso do litisconsorte ativo não será admitido após o despacho da petição inicial (Lei 12.016/09, art. 10, § 2º); **C:** incorreta, considerando que os efeitos devem retroagir à data do ajuizamento do MS (Lei 12.016/09, art. 14, § 4º e STF, Súmula 271/STF: "Concessão de mandado de segurança não produz efeitos patrimoniais em relação a período pretérito, os quais devem ser reclamados administrativamente pela via judicial própria."); **D:** correta, pois a Lei do MS conferiu legitimidade recursal à autoridade coatora (Lei 12.016/09, art. 14, § 2º); **E:** incorreta, tendo em vista que o acórdão denegatório da ordem, em casos de competência originária, é recorrível via ROC – recurso ordinário constitucional (Lei 12.016/09, art. 18 e CPC, art. 1.027).
Gabarito "D".

17.6. Processo coletivo

(Juiz de Direito – TJ/SC – 2024 – FGV) No que se refere à ação popular, é correto afirmar que:

(A) a sentença de improcedência do pedido, por insuficiência de provas, vindo a transitar em julgado, poderá ser impugnada por ação rescisória, caso fique configurado algum fundamento que autorize o seu manejo;
(B) a legitimidade para ajuizá-la é do cidadão, embora o Ministério Público possa assumir, posteriormente, o seu polo ativo, desde que observados certos requisitos e condições;
(C) caso o juiz pronuncie a carência de ação e profira sentença terminativa, esta é impugnável pelo recurso de apelação, não estando sujeita a reexame necessário;
(D) tendo optado por contestar a ação, não será lícito à pessoa jurídica de direito público promover, posteriormente, a execução da sentença em desfavor dos demais réus;
(E) as decisões interlocutórias não são impugnáveis por qualquer via recursal típica.

A: Incorreta, pois a sentença de improcedência da ação popular por falta de prova não será coberta pela coisa julgada, sendo possível a propositura de outra ação, no caso de nova prova (art. 18 da Lei 4.717/65). **B:** Correta. A legitimidade é do cidadão. Mas, se o autor popular abandonar o processo, o art. 9º da Lei 4.717/65 assegura a possibilidade de o Ministério Público prosseguir com a ação. **C:** Incorreta. A 1ª afirmação é correta, pois a sentença é impugnável por apelação. Contudo, conforme art. 19 da Lei 4.717/65, a sentença que concluir pela carência ou pela improcedência da ação *está* sujeita ao reexame necessário. **D:** Incorreta, uma vez que o oferecimento de contestação não obsta a posterior execução da sentença contra os demais réus (art. 17 da Lei 4.717/65). **E:** Incorreta. Nos termos do art. 19, § 1º da Lei 4.717/65 (e art. 1.015 do CPC), das decisões interlocutórias cabe recurso de agravo de instrumento.
Gabarito "B".

(OAB/FGV – 2019) A Associação "X", devidamente representada por seu advogado, visando à proteção de determinados interesses coletivos, propôs ação civil pública, cujos pedidos foram julgados improcedentes. Ademais, a associação foi condenada ao pagamento de honorários advocatícios no percentual de 20% (vinte por cento) sobre o valor da causa.
Diante de tal quadro, especificamente sobre os honorários advocatícios, a sentença está

(A) correta no que se refere à possibilidade de condenação ao pagamento de honorários e, incorreta, no que tange ao respectivo valor, porquanto fixado fora dos parâmetros estabelecidos pelo Art. 85 do CPC.
(B) incorreta, pois as associações não podem ser condenadas ao pagamento de honorários advocatícios, exceto no caso de litigância de má-fé, no âmbito da tutela individual e coletiva.
(C) correta, pois o juiz pode fixar os honorários de acordo com seu prudente arbítrio, observados os parâmetros do Art. 85 do CPC.
(D) incorreta, pois as associações são isentas do pagamento de honorários advocatícios em ações civis públicas, exceto no caso de má-fé, hipótese em que também serão condenadas ao pagamento do décuplo das custas.

A: Incorreta, pois a condenação em honorários advocatícios é indevida, porque só se admite a condenação em caso de má-fé (Lei n. 7.347/85, arts. 17 e 18); **B:** Incorreta, considerando que a previsão de condenação de associações em caso de má-fé só se refere ao processo coletivo (Lei n. 7.347/85), e não individual. Assim, se uma associação ingressa em juízo para pleitear direito próprio, pagará honorários no caso de sucumbência; **C:** Incorreta, porque a condenação em honorários não deve existir (vide "A"); ademais, a fixação é feita conforme os critérios legais, e não arbítrio do juiz; **D:** Correta: só há, no processo coletivo, condenação em honorários e décuplo das custas em casos de má-fé (Lei n. 7.347/85, arts. 17 e 18).
Gabarito "D".

(OAB/FGV – 2019) Em virtude do rompimento de uma represa, o Ministério Público do Estado do Acre ajuizou ação em face da empresa responsável pela sua construção, buscando a condenação pelos danos materiais e morais sofridos pelos habitantes da região atingida pelo incidente. O pedido foi julgado procedente, tendo sido fixada a responsabilidade da ré pelos danos causados, mas sem a especificação dos valores indenizatórios. Em virtude dos fatos narrados, Ana Clara teve sua casa destruída, de modo que possui interesse em buscar a indenização pelos prejuízos sofridos.

Na qualidade de advogado(a) de Ana Clara, assinale a orientação correta a ser dada à sua cliente.

(A) Considerando que Ana Clara não constou do polo ativo da ação indenizatória, não poderá se valer de seus efeitos.
(B) Ana Clara e seus sucessores poderão promover a liquidação e a execução da sentença condenatória.
(C) A sentença padece de nulidade, pois o Ministério Público não detém legitimidade para ajuizar ação no lugar das vítimas.
(D) A prolatação de condenação genérica, sem especificar vítimas ou valores, contraria disposição legal.

O sistema do processo coletivo (ação civil pública, cuja legitimidade é do MP e de outros entidades) prevê a prolação de uma sentença genérica, a ser liquidada e executada por quem efetivamente sofreu o dano (CDC, arts. 95 e 97).
Gabarito "B".

(Analista – TJ/SC – FGV – 2018) A medida judicial em que, de acordo com a legislação de regência, a pessoa jurídica de direito público, depois de integrada à lide, pode se abster de contestar, e até aderir ao pleito autoral, é:

(A) ação direta de inconstitucionalidade;
(B) mandado de segurança;
(C) mandado de injunção;
(D) *habeas data*;
(E) ação popular.

A questão trata de uma particularidade do procedimento especial da ação popular, em razão dos interesses defendidos, que possibilita à pessoa jurídica de direito público abster-se de contestar a ação ou mesmo atuar ao lado do autor (integrando o polo ativo como litisconsorte), pautando sua conduta pela utilidade ao interesse público envolvido (Lei 4.717/65, art. 6º, § 3º).
Gabarito "E".

(OAB/FGV – 2018) Uma fábrica da sociedade empresária Tratores Ltda. despejou 10 toneladas de lixo reciclável no rio Azul, que corta diversos municípios do estado do Paraná. Em decorrência de tal fato, constatou-se a redução da flora às margens do rio.

Sobre a medida cabível em tal cenário, assinale a afirmativa correta.

(A) É cabível ação popular, na qual deve figurar obrigatoriamente o Ministério Público como autor.
(B) É cabível ação civil pública, na qual deve figurar obrigatoriamente como autor um dos indivíduos afetados pelos danos.
(C) Não é cabível ação civil pública ou ação coletiva, considerando a natureza dos danos, mas o Ministério Público pode ajuizar ação pelo procedimento comum, com pedido de obrigação de não fazer.
(D) É cabível ação civil pública, na qual o Ministério Público, se não for autor, figurará como fiscal da lei.

A: incorreta, pois a ação popular tem como autor o cidadão (pessoa física que vota e pode ser votada), e não o MP (L. 4717/65, art. 1º); **B:** incorreta, porque na ACP a legitimidade ativa é de alguma pessoa jurídica (MP, Defensoria, associação, União, Estado e Município etc.) e não de pessoa física (L. 7.357/85, art. 5º); **C:** incorreta, considerando que o dano ambiental é passível de proteção por meio de ACP, por expressa previsão legal (L. 7.357/85, art. 1º, I); **D:** correta. Dano ambiental admite proteção via ACP (vide alternativa "C"), o MP é legitimado (vide alternativa "B") e, se não for autor, atua como fiscal da lei (L. 7.347/85, art. 5º, § 1º) – sendo que na terminologia do CPC, fala-se em "fiscal da ordem jurídica".
Gabarito "D".

(OAB/FGV – 2018) A associação "Amigos da Natureza", constituída há 2 anos, com a finalidade institucional de proteger o meio ambiente, tem interesse na propositura de uma ação civil pública, a fim de que determinado agente causador de dano ambiental seja impedido de continuar a praticar o ilícito.

Procurado pela associação, você, na qualidade de advogado, daria a orientação de

(A) não propor uma ação civil pública, visto que as associações não têm legitimidade para manejar tal instrumento, sem prejuízo de que outros legitimados, como o Ministério Público, o façam.
(B) propor uma ação civil pública, já que a associação está constituída há pelo menos 1 ano e tem, entre seus fins institucionais, a defesa do meio ambiente.
(C) apenas propor a ação civil pública quando a associação estiver constituída há pelo menos 3 anos.
(D) que a associação tem iniciativa subsidiária, de modo que só pode propor a ação civil pública após demonstração de inércia do Ministério Público.

A: incorreta, pois associações são legitimadas para ajuizar ACP, desde que observados alguns requisitos (Lei 7.347/1985, art. 5º, V); **B:** correta, porque esses são os requisitos previstos em lei para que a associação tenha legitimidade ativa (Lei 7.347/1985, art. 5º, V, alíneas); **C:** incorreta, pois o prazo é de pelo menos 1 ano de constituição (Lei 7.347/1985, art. 5º, V, alíneas); **D:** incorreta, considerando que a legitimidade ativa dos entes previstos em lei (Lei 7.347/1985, art. 5º) é concorrente, ou seja, qualquer um pode ajuizar, não havendo preferência.
Gabarito "B".

(OAB/FGV – 2018) A sociedade empresária Sucesso veiculou propaganda enganosa acerca de um determinado produto, com especificações distintas daquelas indicadas no material publicitário. Aproximadamente 500.000 consumidores, dentre os quais alguns hipossuficientes, compraram o produto. Diante disso, a Associação de Defesa do Consumidor, constituída há 10 anos, cogitou a possibilidade de ajuizar ação civil pública, com base na Lei nº 7.347/85, para obter indenização para tais consumidores.

Diante dessas informações, assinale a afirmativa correta.

(A) O Ministério Público é parte ilegítima para a propositura da ação civil pública.
(B) A Associação de Defesa do Consumidor pode propor a ação civil pública.
(C) Qualquer consumidor lesado pode propor a ação civil pública.
(D) A propositura da ação civil pública pela Defensoria dispensa a participação do Ministério Público no processo.

A: incorreta, pois o MP tem legitimidade para ajuizar ACP (Lei 7.347/1985, art. 5º, I); **B:** correta (Lei 7.347/1985, art. 5º, V); **C:** incorreta, pois a pessoa física não é legitimada para ingressar com ACP, mas somente determinadas pessoas jurídicas previstas em lei (Lei 7.347/1985, art. 5º); **D:** incorreta. A Defensoria de fato tem legitimidade para a ACP (Lei 7.347/1985, art. 5º, II) mas, se a ACP não for ajuizada pelo MP, este sempre será ouvido, como fiscal da lei ou da ordem jurídica (Lei 7.347/1985, art. 5º, § 1º).

Gabarito "B".

17.7. Outros procedimentos especiais

(Juiz de Direito – TJ/SC – 2024 – FGV) As empresas X e Y firmaram contrato de prestação de serviços de terraplanagem e, por meio desse instrumento, se comprometeram a submeter à arbitragem eventuais litígios futuros relativos a tal contrato, porém a cláusula compromissória não indicava nenhuma instituição arbitral e o número de árbitros. Diante de um conflito contratual surgido, a empresa Y enviou correspondência à empresa X, com aviso de recebimento, convocando-a para, em dia, hora e local certos, firmar o compromisso arbitral. Ocorre que a empresa X não compareceu, recusando-se a firmar o compromisso arbitral. Diante dessa situação, a empresa Y recorreu ao Poder Judiciário com o objetivo de lavrar o compromisso arbitral.

Sobre a audiência especial designada nesse tipo de demanda, é correto afirmar que:

(A) o juiz não poderá tentar a conciliação acerca do litígio, em razão da competência do juízo arbitral;

(B) se a empresa X não comparecer, caberá ao juiz, ouvida a empresa Y, estatuir a respeito do conteúdo do compromisso arbitral, nomeando árbitro único;

(C) se a empresa Y não comparecer à audiência, deverá o juiz ouvir a empresa X na própria audiência ou no prazo de dez dias, para, na sequência, fixar os termos do compromisso arbitral;

(D) não alcançada a conciliação sobre os termos do compromisso arbitral, caberá ao juiz, depois de ouvidas as partes, estatuir sobre a nomeação dos árbitros, não podendo nomear árbitro único para a solução do litígio;

(E) caberá ao juiz, antes de iniciar os debates sobre o compromisso arbitral, decidir, de ofício ou a requerimento das partes, as questões acerca da existência, validade e eficácia da convenção de arbitragem e do contrato que contenha a cláusula compromissória.

A: Incorreta, uma vez que o art. 7º, § 2º da Lei 9.307/1996 prevê que na audiência especial o Juiz, tentará, previamente, a conciliação sobre o litígio. Ressalta-se que tentativa de conciliação se limita a forma de instituir a arbitragem. **B:** Correta, nos termos do art. 7º, § 4º da Lei 9.307/1996. Vale ressaltar, que esse artigo estabelece que o Juiz poderá (ou não) nomear árbitro único para solução do litígio. Não há qualquer imposição legal para tanto. **C:** Incorreta, pois a Lei 9.307/1996 não prevê que o juiz deverá ouvir o autor na própria audiência ou ainda, sequer fixa o prazo de 10 (dez) dias para tanto (art. 7º, § 6º da Lei 9.307/1996). **D:** Incorreta. O art. 7º, § 3º da Lei 9.307/1996 que disciplina referida hipótese, não veda a nomeação de árbitro único para solução do litígio. **E:** Incorreta. Isso porque, caberá ao árbitro decidir de ofício, ou por provocação das partes, as questões acerca da existência, validade e eficácia da convenção de arbitragem e do contrato que contenha a cláusula compromissória (art. 8º, p. único da Lei 9.307/1996).

Gabarito "B".

(Juiz de Direito – TJ/SC – 2024 – FGV) Sobre a mediação, é correto afirmar que:

(A) ainda que haja previsão contratual de cláusula de mediação, as partes não precisam comparecer à primeira reunião de mediação;

(B) na mediação extrajudicial, as partes devem ser assistidas por advogados ou defensores públicos, sob pena de nulidade de eventual acordo a ser firmado;

(C) é irrecorrível a decisão que suspende o processo nos termos requeridos de comum acordo pelas partes;

(D) o acordo homologado judicialmente tem natureza de título executivo extrajudicial;

(E) não está abrigada pela regra de confidencialidade a informação relativa à ocorrência de crime de ação pública ou privada.

A: Incorreta, uma vez que se existir previsão contratual de cláusula de mediação, as partes deverão comparecer à primeira reunião de mediação (art. 2º, § 1º da Lei 13.140/2015). **B:** Incorreta, pois na mediação extrajudicial é facultado às partes constituir advogado. Caso, todavia, uma das partes compareça acompanhada de advogado ou defensor público, o mediador suspenderá o procedimento até que todas estejam devidamente assistidas (art. 10 caput e p. único da Lei 13.140/2015). **C:** Correta. O art. 16, § 1º da Lei 13.140/2015 prevê que é irrecorrível a decisão que suspende o processo nos termos requeridos de comum acordo pelas partes. Além disso, se é algo de interesse de ambas as partes, faltaria interesse recursal para o recurso (CPC, art. 996). **D:** Incorreta, o acordo homologado judicialmente constitui título executivo judicial (art. 20, p. único da Lei 13.140/2015, bem como CPC, art. 515, II). **E:** Incorreta, pois a lei prevê que "§ 3º Não está abrigada pela regra de confidencialidade a informação relativa à ocorrência de *crime de ação pública*."art. 30, § 3º da Lei 13.140/2015). Portanto, o crime de ação privada está abrigado pela confidencialidade.

Gabarito "C".

(OAB/FGV – 2023) Samuel ajuizou ação de exigir contas contra Maria, requerendo sua citação para que as preste ou ofereça contestação, no prazo de 15 (quinze) dias úteis. Em sua petição inicial, Samuel alegou que, por força de contrato de mandato, teria confiado a administração de recursos próprios a Maria, que, no entanto, não prestou regularmente contas de forma extrajudicial, conforme entre si acordado. Em que pese Maria tenha oferecido contestação à ação, o juiz julgou procedente o pedido, condenando Maria a prestar as contas, no prazo de 15 (quinze) dias úteis.

Sobre a situação hipotética descrita, assinale a afirmativa correta.

(A) Caso Maria deixe de prestar as contas no prazo assinalado de 15 (quinze) dias úteis, Samuel será intimado a apresentá-las, não podendo o juiz determinar a realização de perícia para sua certificação.

(B) Ainda que Maria deixe de prestar as contas no prazo assinalado de 15 (quinze) dias úteis, lhe será lícito impugnar as contas que venham a ser apresentadas por Samuel.

(C) Maria poderá interpor recurso de apelação contra a sentença, ao fundamento de que o prazo previsto em lei para a prestação de contas é de 30 (trinta), e não 15 (quinze) dias úteis, como assinalado pelo juiz.

(D) Caso Maria venha a prestar as contas, deverá fazê-lo no prazo de 15 (quinze) dias úteis assinalado pelo juiz e de forma adequada, especificando-se as receitas, a aplicação das despesas e os investimentos, se houver.

A: incorreta, porque o juiz pode determinar a realização de exame pericial, se necessário (CPC, art. 550, § 6º – e, igualmente, com base no poder instrutório geral previsto no art. 370). **B:** incorreta, visto que o réu deverá prestar as contas no prazo de 15 dias, sob pena de não lhe ser lícito impugnar as que o autor apresentar (CPC, art. 550, § 5º). **C:** incorreta, pois o pronunciamento do juiz que determina a prestação de contas é uma decisão interlocutória (CPC, art. 203, § 2º). Assim, o recurso cabível contra essa decisão será o agravo de instrumento (CPC, art. 1.015, II). Ainda, conforme previsão do art. 550, § 5º, a decisão que julgar procedente o pedido condenará o réu a prestar as contas no prazo de 15 dias (e não 30 dias, conforme exposto na alternativa). **D:** Correta. O réu deverá prestar as contas no prazo de 15 dias (CPC, art. 550, 5º), na forma adequada, especificando-se as receitas, a aplicação das despesas e os investimentos, se houver (CPC, art. 551).

Gabarito "D".

(OAB/FGV – 2023) Humberto, em conjunto com seus amigos Paulo e Maria, eram os únicos sócios da Sociedade Incorporadora Ltda. Com o falecimento de Humberto e considerando que nenhum de seus sucessores integrava o quadro societário da Sociedade Incorporadora Ltda., seu espólio ajuizou ação de dissolução parcial da referida sociedade, requerendo a citação apenas de Paulo e Maria. Devidamente citados, Paulo e Maria concordaram com o pedido formulado na ação, pelo que o juiz proferiu sentença decretando a dissolução parcial da sociedade em relação ao espólio de Humberto e condenando Paulo e Maria ao pagamento de honorários advocatícios de sucumbência. Na sentença, o juiz relegou a apuração de haveres da sociedade para a fase subsequente e imediata de liquidação.

Diante da situação hipotética acima descrita, assinale a afirmativa correta.

(A) A sentença proferida pelo juiz está contaminada por vício de nulidade, tendo em vista que a Sociedade Incorporadora Ltda. não foi citada para integrar a lide, concordando com o pedido ou contestando a ação.

(B) Paulo e Maria poderão interpor recurso de apelação contra a sentença, sob o argumento de que, não tendo eles se oposto ao pedido de dissolução parcial da sociedade, descaberia ao juiz condená-los ao pagamento de honorários advocatícios de sucumbência.

(C) Ainda que não realizada a partilha dos bens de Humberto, seu espólio não possui legitimidade para ajuizar a ação, pois a legitimidade para requerer a dissolução parcial da Sociedade Incorporadora Ltda. é apenas dos sócios remanescentes, Paulo e Maria.

(D) O juiz não poderia ter determinado a apuração de haveres na fase subsequente e imediata de liquidação, visto ser necessário para a referida a apuração o ajuizamento de ação autônoma, distinta da ação de dissolução parcial de sociedade.

A: incorreta, pois não há vício na sentença, vez que nos termos do art. 601, p. u. do CPC, não haverá necessidade de citação da sociedade se todos os seus sócios forem citados. **B:** correta, porque conforme previsão do art. 603, § 1º do CPC, não haverá condenação em honorários sucumbenciais na hipótese de manifestação expressa e unânime pela concordância da dissolução. **C:** incorreta, visto que, nos termos do art. 600, inciso I do CPC, o espólio possui legitimidade para propor a ação de dissolução parcial de sociedade. **D:** incorreta já que a ação de dissolução parcial de sociedade poderá ter como objeto, cumulativamente, a resolução e a apuração de haveres (CPC art. 599, I e II). A pergunta que trata de um procedimento especial bem específico (dissolução parcial de sociedade), com alternativas tratando de situações expressamente previstas no Código. É lamentável que se faça perguntas como essa em uma prova que não permite a consulta à legislação na 1ª fase. De qualquer forma, não é caso de anulação.

Gabarito "B".

(OAB/FGV – 2023) Vitor, residente em Salvador/BA, precisou se mudar para Fortaleza/CE, por motivos profissionais. Para realizar sua mudança, propôs pagar uma quantia de R$ 10.000,00 (dez mil reais) para Danilo e Juarez, além de arcar com todos os custos da viagem.

Por não ter acompanhado o serviço, Vitor não sabe quem efetivamente o fez. Após o término da mudança, Vitor tentou quitar a dívida, mas não sabia a quem pagar, pois ambos afirmaram ser titulares do crédito. Sendo assim, procurou você, como advogado(a), pois queria fazer o pagamento de forma consignada para extinguir a obrigação.

Na qualidade de advogado de Vitor, assinale a opção que indica a posição acertada no tocante ao procedimento especial de ação de consignação em pagamento.

(A) Vitor requererá o depósito e a citação de Danilo, e, caso posteriormente se entenda não ser ele o titular, fará a citação de Juarez.

(B) Vitor não deve requerer o depósito, devendo no primeiro momento requerer a citação de todos os possíveis titulares do crédito, para que, após essa decisão, discuta-se o crédito devido.

(C) Vitor requererá o depósito e a citação dos possíveis titulares do crédito para provarem o seu direito.

(D) Vitor requererá o depósito e a citação de Juarez, e, caso posteriormente se entenda não ser ele o titular, fará o chamamento ao processo de Danilo.

A: incorreta, visto que na ação de consignação em pagamento (procedimento especial), o autor deverá requerer, desde logo (na petição inicial), a citação de todos os possíveis titulares do crédito (CPC, art. 542). **B:** incorreta, pois na inicial da consignação, já deverá ser requerido o depósito da quantia (CPC, art. 542). **C:** correta. Essa é a previsão legal da consignação em pagamento: depósito da quantia e citação dos réus – ou seja, aqueles que se entende como possíveis credores (CPC, art. 542). **D:** incorreta, considerando que, conforme já visto em "A", esse não é o procedimento da consignatória.

Gabarito "C".

(Juiz de Direito/AP – 2022 – FGV) Em um procedimento litigioso de separação judicial, em que as partes, não havendo nascituros ou filhos, após saneado o feito, manifestam ao juiz a pretensão de convolar o processo para divórcio consensual, é correto afirmar que:

(A) não é possível a alteração objetiva da demanda, uma vez operado o saneamento do processo;

(B) não é possível a alteração objetiva da demanda, uma vez já estabilizada com a citação;

(C) é possível a alteração subjetiva da demanda, uma vez que não há impedimento temporal na lei;

(D) é possível a alteração da demanda, uma vez que as partes estão impedidas de obter escritura pública para o divórcio;

(E) é possível a alteração da demanda, uma vez que, no caso, o juiz não é obrigado a observar critério de legalidade estrita.

A: incorreta, pois as soluções consensuais devem ser estimuladas pelos juízes, especialmente nas demandas de família, a qualquer tempo (CPC, arts. 3º, §§ 2º e 3º e 694); **B:** incorreta, já que as soluções consensuais devem ser estimuladas pelos juízes, especialmente nas demandas de família, a qualquer tempo (CPC, arts. 3º, §§ 2º e 3º e 694); **C:** incorreta, visto que no caso não se trata de alteração subjetiva da demanda, ou seja, alteração das partes do processo; **D:** incorreta, visto que as partes preenchem os requisitos para realizar o divórcio consensual via escritura pública (CPC, art. 733); **E:** correta, pois o consenso é estimulado nas causas de família (CPC, arts. 3º, §§ 2º e 3º e 694) e, tratando-se de divórcio consensual, o caso é de jurisdição voluntária, com maior flexibilidade ao juiz – a desnecessidade de legalidade estrita (CPC, art. 723, p.u.).

Gabarito "E".

(OAB/FGV – 2021) Paulo é possuidor com *animus domini*, há 35 (trinta e cinco) anos, de apartamento situado no Município X. O referido imóvel foi adquirido da construtora do edifício mediante escritura pública, a qual não foi levada a registro, tendo havido pagamento integral do preço.

Em processo movido por credor da construtora do edifício, a qual é proprietária do bem perante o Registro de Imóveis, foi deferida a penhora do apartamento em fase de cumprimento de sentença, a qual foi averbada junto à matrícula do imóvel 6 (seis) meses após a publicação da decisão que determinou tal penhora no órgão oficial de publicações.

Na hipótese, assinale a opção que indica a medida processual cabível para a defesa dos interesses de Paulo.

(A) Propositura de ação de oposição, buscando se opor ao credor da construtora e à medida por ele requerida.

(B) Ajuizamento de embargos de terceiro, buscando atacar a medida constritiva em face do imóvel adquirido.

(C) Formular pedido de habilitação nos autos do processo movido pelo credor da construtora, para a defesa de seus interesses.

(D) Interposição de agravo de instrumento em face da decisão que determinou a penhora do bem, buscando reformá-la.

A: Incorreta. A oposição é utilizada quando há ação entre autor e réu, ambos se afirmando proprietários, e terceiro afirma ser ele o proprietário (CPC, art. 682). Não é a hipótese, pois a construtora não afirma ser a proprietária. **B:** Correta. Cabem embargos de terceiro quando possuidor (e/ou proprietário), não sendo parte no processo, sofrer constrição sobre bens que possua (CPC, art. 674). **C:** Incorreta, não sendo hipótese de habilitação – utilizada para ingresso no processo quando a parte falece (CPC, art. 687). **D:** Incorreta, pois existe meio específico para essa defesa da posse – os embargos de terceiro, conforme exposto em "B".

Gabarito "B".

(OAB/FGV – 2021) Karine teve conhecimento de que Pedro propôs ação reivindicatória em face de Joana relativamente à Fazenda Felicidade, situada em Atibaia. Karine, furiosa, apresenta oposição, por entender que aquela fazenda lhe pertence, já que a recebeu em testamento pelo falecido tio de Joana. Sobre o caso narrado, assinale a afirmativa correta.

(A) Se a oposição foi proposta antes do início da audiência do processo originário, a oposição será apensada aos autos e tramitará simultaneamente à ação reivindicatória, sendo ambas julgadas pela mesma sentença.

(B) Se houver possibilidade de julgamento conjunto, o juiz deverá observar a relação de prejudicialidade existente entre a oposição apresentada por Karine e a ação reivindicatória proposta por Pedro, sendo que o pedido desta última deve ser julgado em primeiro lugar.

(C) Os opostos formam um litisconsórcio passivo unitário, devendo a sentença dividir de modo idêntico o mérito para ambos.

(D) Se Pedro reconhecer a procedência do pedido da oponente, Karine deverá ser reconhecida como legítima proprietária do imóvel.

A: correta, tendo em vista que a oposição – procedimento especial de jurisdição contenciosa – será julgada em conjunto com a ação originária (CPC, art. 685); **B:** incorreta, pois se for caso de julgamento conjunto, inicialmente será julgada a oposição (CPC, art. 686); **C:** incorreta, porque se o pedido do oponente for julgado procedente, fica prejudicada a ação principal. Contudo, se a oposição for julgada improcedente, então haverá o julgamento da ação originária, com resultado distinto entre os litigantes; **D:** incorreta, pois se um dos opostos reconhecer a procedência do pedido, o outro prosseguirá no processo (CPC, art. 684).

Gabarito "A".

(OAB/FGV – 2017) Jorge administra cinco apartamentos de Marina. Ele recebe os valores relativos à locação dos referidos bens, realiza os pagamentos inerentes aos imóveis (condomínio, IPTU), abate o valor pela prestação de serviços e repassa o saldo residual a Marina, mediante depósito em conta corrente, titularizada pela contratante.

Contudo, nos últimos dez meses, Jorge tem deixado de fornecer os relatórios mensais acerca da despesa e receita. Incomodada, Marina o questiona acerca da omissão, que nada faz.

Diante desse cenário, Marina procura um advogado, que, com o objetivo de obter os relatórios, deve ajuizar:

(A) Ação de Execução, fundada em título extrajudicial consubstanciado no acerto verbal havido entre as partes.

(B) Ação de Reintegração de Posse dos imóveis administrados por Jorge.

(C) Ação de Exigir Contas, para que Jorge forneça os relatórios.

(D) Ação de Consignação de Pagamento, objetivando que Jorge consigne os relatórios em Juízo.

A: incorreta, pois o título executivo não pode ser verbal, mas sempre um documento escrito (CPC, art. 784); **B:** incorreta, pois o objetivo, segundo o enunciado, é obter os relatórios, não a posse; **C:** correta, sendo que os relatórios são, exatamente, a prestação de contas que se espera – sendo que, atualmente, o procedimento especial é apenas para *exigir contas* (art. 550), exatamente o que se busca no caso; **D:** incorreta, pois a obtenção de relatórios nada tem a ver com o pagamento de valores e alguém que não quer receber – e é isso que se faz na consignação em pagamento (CPC, art. 539).

Gabarito "C".

19. TEMAS COMBINADOS

(OAB/FGV – 2024) Silene ajuizou ação de divórcio, cumulada com pedido de fixação de alimentos, em face de Jonas. O juiz, em sede de decisão de saneamento e organização do processo, entendeu que o pedido de divórcio estava apto para julgamento e, no que se refere à pretensão de alimentos, determinou a produção de prova oral, consistente em depoimento pessoal e prova testemunhal, bem como de prova documental suplementar.

Ato contínuo, por meio de decisão interlocutória, o juiz julgou procedente o pedido de divórcio, e determinou o prosseguimento do processo para a fase instrutória em relação ao pedido de fixação de alimentos.

Tomando o caso concreto como premissa, assinale a afirmativa correta.

(A) A decisão de julgamento do pedido de divórcio poderá ser impugnada por agravo de instrumento.

(B) O número de testemunhas arroladas não poderá ser superior a cinco, sendo duas, no máximo, para cada fato.

(C) Depois do saneamento, Silene e Jonas podem pedir esclarecimentos ou solicitar ajustes no prazo comum de dez dias, findo o qual a decisão se torna estável.

(D) Em razão da impossibilidade de fracionamento de julgamento do mérito, o juiz não poderia ter julgado, desde logo, o pedido de divórcio, o qual somente poderia ser feito conjuntamente com o pedido de fixação de alimentos.

A: Correta. Conforme previsão do art. 356, § 5º do CPC, a decisão que julga parcialmente o mérito (sendo o típico caso de divórcio, sendo que há outros temas a serem posteriormente decididos) é impugnável por agravo de instrumento.
B: Incorreta, pois o número de testemunhas arroladas não pode ser superior a 10, sendo 3, no máximo, para a prova de cada fato (CPC, art. 357, § 6º).
C: Incorreta, porque o prazo para requerer esclarecimentos ou solicitar ajustes é de 5 dias (CPC, art. 357, § 5º).
D: Incorreta, considerando que o CPC autoriza expressamente o julgamento parcial de mérito quando um ou mais dos pedidos formulados (i) forem incontroversos (sendo o caso do divórcio) ou (ii) estiverem em condições de imediato julgamento (CPC, art. 356).
Gabarito "A".

(ENAM – 2024.1) Determinada pessoa jurídica estrangeira intentou demanda em que pleiteava a condenação da parte ré a lhe pagar uma obrigação derivada de contrato por ambas celebrado. Além do pedido principal, a autora requereu lhe fosse deferido o benefício da gratuidade de justiça, afirmando que não dispunha de condições econômicas que lhe permitissem arcar com as despesas do processo.

Ao tomar contato com a petição inicial, o juiz determinou a intimação do advogado da demandante para que anexasse documentos comprobatórios da alegada hipossuficiência econômica, o que não foi atendido. Na sequência, o magistrado indeferiu o requerimento da gratuidade de justiça e determinou a intimação da autora, uma vez mais na pessoa de seu advogado, para que, no prazo de quinze dias, recolhesse os valores apurados a título de custas processuais e taxa judiciária. Contudo, a postura inerte do causídico persistiu, o que levou o juiz a determinar o cancelamento da distribuição.

Sobre esse quadro, assinale a afirmativa correta.

(A) O juiz acertou ao determinar o cancelamento da distribuição, sendo a sua decisão impugnável por recurso de apelação.

(B) O juiz acertou ao determinar o cancelamento da distribuição, sendo a sua decisão impugnável por recurso de agravo de instrumento.

(C) O juiz errou ao assinar o prazo de quinze dias para o recolhimento das custas processuais e taxa judiciária, já que o prazo legal para tanto é de cinco dias.

(D) O juiz errou ao determinar a comprovação da alegada hipossuficiência econômica da autora, já que não assiste às pessoas jurídicas estrangeiras o direito à gratuidade de justiça.

(E) O juiz errou ao determinar a intimação do advogado da autora para que providenciasse o recolhimento das custas processuais e taxa judiciária, já que o destinatário desse ato intimatório deve ser a própria parte.

A: Correta. Conforme previsão do art. 290 do CPC, haverá o cancelamento da distribuição do feito se a parte intimada, não realizar o pagamento das custas e despesas no prazo de 15 dias. E como houve a extinção do processo sem resolução do mérito, estamos diante de uma sentença, de maneira que cabível o recurso de apelação (CPC, art. 485, I e art. 1.009). B: Incorreta. O cancelamento da distribuição está correto, mas não se trata de decisão agravável, pois não é interlocutória (vide alternativa "A"). C: Incorreta. O art. 290 do CPC estabelece o prazo de 15 dias para o recolhimento das custas e despesas processuais. D: Incorreta, uma vez que o direito à gratuidade da justiça é garantido também às pessoas jurídicas estrangeiras (CPC, art. 98), mas é possível ao juiz determinar a apresentação de provas acerca da gratuidade (CPC, art. 99, § 3º). E: Incorreta, pois o art. 290 do CPC prevê que a intimação para providenciar o recolhimento das custas e despesas processuais será realizada na pessoa do advogado constituído nos autos.
Gabarito "A".

(ENAM – 2024.1) Depois de ter sido excluída de procedimento de licitação, a sociedade empresária A ajuizou demanda pelo procedimento comum, a fim de ver anulado o ato administrativo que a havia eliminado do certame, e bem assim aquele que adjudicara o seu objeto à sociedade empresária B. Na petição inicial, fez-se constar no polo passivo, apenas, o ente público responsável pela organização e condução do procedimento licitatório.

Tomando contato com a peça exordial, deverá o juiz

(A) incluir de ofício no polo passivo a sociedade empresária B, haja vista a configuração do litisconsórcio passivo necessário, e proceder ao juízo positivo de admissibilidade da demanda, ordenando a citação dos réus.

(B) determinar de ofício a intimação da autora para que, em prazo a lhe ser assinado, emende a inicial para incluir no polo passivo a sociedade empresária B e requerer a sua citação, haja vista a configuração do litisconsórcio passivo necessário.

(C) incluir de ofício no polo passivo a sociedade empresária B, haja vista a configuração do litisconsórcio passivo facultativo, e proceder ao juízo positivo de admissibilidade da demanda, ordenando a citação dos réus.

(D) determinar de ofício a intimação da autora para que, em prazo a lhe ser assinado, emende a inicial para incluir no polo passivo a sociedade empresária B e requerer a sua citação, haja vista a configuração do litisconsórcio passivo facultativo.

(E) proceder ao juízo positivo de admissibilidade da ação, só lhe sendo lícito determinar que a autora inclua no polo passivo a sociedade empresária B se o ente público suscitar a questão, haja vista a configuração do litisconsórcio passivo facultativo.

Trata-se de hipótese de litisconsórcio passivo necessário (CPC, art. 114) entre a sociedade B e o ente público, pois não há como se anular o contrato em relação a um e não a outro. Diante disso, nos termos do art. 115, p. único do CPC o juiz determinará a emenda da inicial, para que o autor requeira a citação de todos os litisconsortes, no prazo de 15 dias, sob pena de extinção do feito. Tal qual visto em questão anterior deste ENAM, o Juiz não poderá determinar, de ofício, a inclusão dos demais litisconsortes. Assim, a alternativa correta é a Letra "B".

Gabarito "B".

(Juiz de Direito – TJ/SC – 2024 – FGV) Após ter sido citado em um processo no qual o autor, Alex, perseguia o recebimento de verbas indenizatórias, Bruno, o réu da ação, ofertou a sua contestação e requereu a denunciação da lide em relação a Cláudio, a fim de exercer, em desfavor deste, o seu alegado direito de regresso.

Deferida a denunciação, Cláudio, por seu turno, também apresentou resposta e requereu a denunciação da lide em relação a Daniel, o que foi igualmente deferido pelo juiz da causa. Ultimada a citação de Daniel, este ofereceu resposta em que requeria a denunciação da lide em relação a Eduardo. Para tanto, Daniel afirmou que, além de ser titular de direito de regresso em face de Eduardo, este seria facilmente localizado por ocasião da diligência citatória e a sua integração à relação processual ainda traria a vantagem de propiciar a resolução de todas as lides no mesmo feito, pacificando de forma definitiva todos os conflitos de interesses entre os envolvidos.

Apreciando os argumentos de Daniel, o juiz também houve por bem deferir a sua denunciação da lide, determinando a citação de Eduardo.

No que se refere a esse provimento jurisdicional, é correto afirmar que é:

(A) impugnável pelo recurso de agravo de instrumento, que, caso seja manejado pela parte interessada, deverá ser provido pelo órgão *ad quem*;

(B) impugnável pelo recurso de agravo de instrumento, que, caso seja manejado pela parte interessada, deverá ser desprovido pelo órgão *ad quem*;

(C) impugnável pelo recurso de apelação, que, caso seja manejado pela parte interessada, deverá ser desprovido pelo órgão *ad quem*;

(D) insuscetível de impugnação por qualquer via recursal típica, podendo a parte interessada alvejá-lo por meio de reclamação, que deverá ser acolhida pelo órgão *ad quem*;

(E) insuscetível de impugnação por qualquer via recursal típica, podendo a parte interessada alvejá-lo por meio de reclamação, que deverá ser rejeitada pelo órgão *ad quem*.

A: Correta. A denunciação da lide é modalidade de intervenção de terceiros e, portanto, nos termos do art. 1.015, IX do CPC, o agravo de instrumento é o recurso cabível em face da decisão interlocutória que defira a denunciação da lide. O recurso será provido uma vez que conforme previsão do art. 125, § 2º do CPC, admite-se uma única denunciação sucessiva – sendo que, no caso, ocorreram 2 denunciações depois da 1ª, e a legislação permite apenas 1 denunciação sucessiva (ou seja, 2 no total). **B:** Incorreta. Ainda que cabível agravo, esse recurso não deverá ser provido, pois não é possível mais de uma denunciação sucessiva (CPC, art. 125, § 2º e alternativa "A"). **C:** Incorreta. O enunciado traz uma decisão interlocutória (pois o processo prossegue em 1º grau, não havendo extinção), de maneira que impugnável via agravo de instrumento (CPC, art. 1.015, IX). **D:** Pelo princípio da unirrecorribilidade, para cada decisão, cabe um único recurso (no caso, de decisão de 1º grau, apelação ou agravo) – assim, descabe se falar em "qualquer via recursal" cabível. Além disso, não se está diante de nenhuma hipótese de utilização de reclamação, que não tem natureza recursal (CPC, art. 988). **E:** Incorreta, nos termos do exposto nas alternativas anteriores, em especial "A" e "D".

Gabarito "A".

(Juiz de Direito – TJ/SC – 2024 – FGV) Intentada uma ação em face da operadora do plano de saúde, pleiteou o autor a condenação da ré a custear os medicamentos necessários para o tratamento da enfermidade de que padecia, além de lhe pagar verba reparatória dos danos morais sofridos em razão da recusa da cobertura. Na petição inicial se formulou, também, requerimento de tutela provisória, no sentido de que imediatamente se determinasse à demandada que arcasse com os custos dos medicamentos.

Apreciando a peça exordial, o juiz da causa procedeu ao juízo positivo de admissibilidade da demanda, ordenando a citação da ré. Quanto ao pleito de tutela provisória, o magistrado afirmou que o apreciaria somente depois da vinda aos autos da contestação.

Ofertada a resposta, o juiz, entendendo que o processo já se encontrava suficientemente instruído, proferiu sentença de mérito, acolhendo na íntegra o pleito formulado na inicial para condenar a ré a custear os medicamentos e a pagar ao autor a quantia por ele pleiteada, a título de reparação de danos morais. E, em um capítulo específico da sentença, foi concedida a tutela provisória vindicada na peça vestibular.

É correto afirmar, nesse contexto, que:

(A) agiu equivocadamente o juiz ao deferir a tutela provisória na sentença, haja vista a vedação legal nesse sentido;

(B) o capítulo da sentença no qual foi deferida a tutela provisória é impugnável no recurso de apelação;

(C) a tutela provisória deferida tem natureza cautelar, e não de tutela antecipada;

(D) a apelação interponível pela ré, no tocante à condenação ao custeio dos medicamentos, tem efeito suspensivo;

(E) a ré poderá pedir ao juízo de primeiro grau a concessão de efeito suspensivo, ainda que a sua apelação já tenha sido distribuída.

A: Incorreta. A tutela provisória pode ser concedida em qualquer fase do processo, inclusive na sentença (CPC, art. 1.012, § 1º, V e 1.013, § 5º). **B:** Correta. Pelo princípio da unirrecorribilidade, não é possível interpor apelação e agravo ao mesmo tempo. Como houve sentença, o recurso cabível é a apelação (CPC, art. 1.009). Além disso, nos termos do art. 1.013, § 5º do CPC, o capítulo da sentença que concede a tutela provisória é impugnável por apelação. **C:** Incorreta, pois a tutela pleiteada não se limita a conservar ou assegurar / resguardar o direito (CPC, art. 301), mas sim satisfazê-la de imediato, pois o remédio já será usufruído. **D:** Incorreta. Nos termos do art. 1.012, § 1º, V do CPC, eventual recurso de apelação interposto em face da sentença que confirma, concede ou revoga a tutela provisória *não* terá efeito suspensivo. **E:** Incorreta. O pedido de efeito suspensivo deverá ser formulado por requerimento dirigido ao relator, no tribunal (CPC, art. 1.012, 3º, II).

Gabarito "B".

(Juiz de Direito – TJ/SC – 2024 – FGV) Aloísio ajuizou demanda em face de Bernardo e Célio, pleiteando a anulação de contrato que alegadamente havia celebrado com ambos, sob o fundamento de que haviam ficado caracterizados diversos vícios que comprometiam a validade do negócio jurídico. Apreciando a petição inicial, o juiz da causa, lendo detidamente o contrato que a instruíra, constatou que, além de Aloísio, Bernardo e Célio, também o haviam celebrado Danilo e Eugênio. Assim, determinou o magistrado a intimação de Aloísio para que, sob pena de extinção do feito sem resolução do mérito, emendasse a sua peça vestibular, de modo a incluir Danilo e Eugênio no polo passivo da relação processual, requerendo a citação de um e outro, o que foi atendido pelo autor.

Contudo, diante das extremas dificuldades encontradas para a localização de Danilo e Eugênio, Aloísio protocolizou petição em que afirmava que a inclusão de ambos no feito estava comprometendo a rápida solução do litígio, pondo em risco a própria efetividade da futura tutela jurisdicional. Não obstante, o juiz rejeitou o requerimento autoral de limitação do litisconsórcio passivo.

Nesse quadro, é correto afirmar que:

(A) agiu equivocadamente o juiz ao determinar a intimação do autor para emendar a petição inicial, pois a matéria não está sujeita à cognição *ex officio* do órgão judicial;

(B) a decisão que indeferiu a limitação do litisconsórcio é insuscetível de impugnação por via recursal típica, podendo ser manejado o mandado de segurança para alvejá-la;

(C) a decisão que indeferiu a limitação do litisconsórcio é impugnável pelo recurso de agravo de instrumento, que, caso seja manejado, deverá ser desprovido;

(D) ao constatar a ausência de litisconsortes necessários, poderia o juiz diretamente incluí-los no polo passivo, sem a necessidade de ordenar a vinda de emenda à petição inicial;

(E) deveria o juiz ter deferido o pedido de limitação do litisconsórcio, diante de sua natureza facultativa e do prejuízo para a celeridade da prestação jurisdicional que a citação dos novos réus acarretaria.

A: Incorreta, uma vez que a existência de litisconsórcio necessário pode ser apreciada de ofício pelo juiz (CPC, art. 115, p. único). **B:** Incorreta. Nos termos do art. 1.015, VII do CPC cabe agravo de instrumento em face da decisão interlocutória que envolver exclusão de litisconsórcio. **C:** Correta. Cabe agravo de instrumento em face da decisão interlocutória que envolve litisconsórcio (CPC, art. 1.015, VII). Quanto ao mérito recursal, como se está diante de uma situação de litisconsórcio necessário (CPC, art. 114), o recurso não deverá ser provido. **D:** Incorreta. Conforme previsão do art. 115, p. único do CPC, o juiz deverá determinar que o autor promova a citação de todos que devam ser litisconsórcio (ou seja, emende a inicial), sob pena de extinção. **E:** Incorreta, pois o enunciado retrata hipótese de litisconsórcio necessário (CPC, art. 114). Ademais, se o juiz anteriormente decidiu que se tratava de um litisconsórcio necessário, e não houve recurso, não seria possível nova modificação, pela preclusão.
Gabarito "C".

(Juiz de Direito – TJ/SC – 2024 – FGV) O CPC/2015 valorizou os precedentes com eficácia vinculante na tentativa de densificar os princípios da isonomia e da segurança jurídica, bem como racionalizar a prestação jurisdicional.

Com base na Recomendação nº 134/2022 do Conselho Nacional de Justiça, é correto afirmar que:

(A) os temas jurídicos com potencial de repetição não podem ser suscitados e julgados mediante o Incidente de Assunção de Competência, devendo-se aguardar a efetiva repetição de demandas para instaurar o Incidente de Resolução de Demandas Repetitivas;

(B) o precedente produzido em sede de Incidente de Resolução de Demandas Repetitivas ou Incidente de Assunção de Competência deve ser aplicado com efeito vinculativo no âmbito do respectivo Tribunal, em sentido horizontal e vertical, com exceção dos Juizados Especiais, hipótese em que produzirá efeito persuasivo;

(C) os Tribunais podem criar, no âmbito dos Juizados Especiais, órgãos uniformizadores da respectiva jurisprudência, para apreciar os Incidentes de Resolução de Demandas Repetitivas suscitados a partir de processos da sua competência;

(D) no que diz respeito à eficácia do acórdão enquanto precedente, recomenda-se aos Tribunais que não atribuam efeito suspensivo aos recursos interpostos das decisões proferidas em Incidente de Resolução de Demandas Repetitivas e Recursos Repetitivos, a fim de evitar grave risco de ofensa à eficiência e à duração razoável do processo;

(E) a superação da tese jurídica firmada no precedente pode acontecer de ofício, pelo próprio Tribunal que fixou a tese, ou a requerimento das partes, do Ministério Público ou da Defensoria Pública, bem como por qualquer interessado que se sinta prejudicado pelo precedente, ainda que não possua processo em curso.

A: Incorreta, nos termos do art. 21 da Resolução nº 134/2022 do CNJ, recomenda-se que desdobramentos com potencial de repetição possam ser suscitados e julgados mediante o Incidente de Assunção de Competência. Além disso, o CPC não veda o IAC diante de risco de proliferação de causas. **B:** Incorreta, pois o IRDR também vincula os Juizados (CPC, art. 985, I). **C:** Correta, sendo essa previsão do art. 37 da Resolução nº 134/2022 do CNJ. **D:** Incorreta. O próprio CPC prevê que, no caso de REsp e RE contra acórdão proferido em IRDR, haverá efeito suspensivo. CPC, art. 987, § 1º "O recurso tem efeito suspensivo (...)". **E:** Incorreta. Conforme art. 45 da Resolução nº 134/2022 do CNJ, a superação da tese firmada no precedente poderá somente ocorrer de ofício, pelo próprio tribunal ou a requerimento das partes, Ministério Público ou Defensoria Pública. Não sendo possível portanto, que o requerimento seja formulado por "qualquer interessado, ainda que não possua processo em curso".
Gabarito "C".

(OAB/FGV – 2023) A *General Food* é uma reconhecida sociedade empresária britânica do ramo de alimentos presidida, desde 2018, pelo brasileiro Rodrigo Bottas.

Em 2021, o jornal "Folha de Londres" publicou uma série de reportagens apontando irregularidades na gestão de Rodrigo Bottas, que foi imediatamente afastado da sociedade empresária. Ato contínuo, a *General Food* investigou as irregularidades suscitadas pelo jornal e, após confirmá-las, instaurou arbitragem na Inglaterra para obter indenização pelos prejuízos causados por seu antigo executivo.

Após regular participação de Rodrigo Bottas no referido procedimento, o Tribunal Arbitral proferiu sentença julgando procedente o pedido indenizatório da *General Food*.

Como Rodrigo Bottas não tinha bens na Inglaterra, a *General Food* procurou um(a) advogado(a) para buscar informações sobre a possibilidade de executar a sentença arbitral estrangeira no Brasil.

Na qualidade de advogado(a) da *General Food*, assinale a afirmativa correta.

(A) A *General Food* deverá ajuizar ação de execução contra Rodrigo Bottas, uma vez que a sentença arbitral estrangeira é título executivo judicial.

(B) A *General Food* deverá instaurar arbitragem contra Rodrigo Bottas, uma vez que não são admissíveis a homologação e a execução de sentença arbitral estrangeira no Brasil.

(C) A *General Food* deverá ajuizar ação indenizatória contra Rodrigo Bottas, uma vez que não são possíveis a homologação e a execução de sentença arbitral estrangeira no Brasil.

(D) A *General Food* deverá apresentar pedido de homologação da sentença arbitral estrangeira contra Rodrigo Bottas antes de executar a referida decisão no Brasil.

A: incorreta, pois a decisão estrangeira (inclusive a sentença arbitral) somente terá eficácia no Brasil após a sua homologação, perante o STJ (CPC, art. 961 e Lei nº 9.307/1996, art. 35). **B:** incorreta, visto que os arts. 960 e seguintes do CPC e os arts. 34 e 37 da Lei nº 9.307/1996 (Lei de Arbitragem) possibilitam a homologação da sentença arbitral estrangeira. **C:** incorreta, porque a *General Food* poderá requerer a homologação de decisão estrangeira, bem como seu cumprimento, no país (vide alternativa "B"). **D:** correta, pois, nos termos dos arts. 960 e seguintes do CPC, bem como arts. 34 e 37 da Lei nº 9.307/1996, a *General Food* deverá requerer a homologação de sentença arbitral estrangeira e, na sequência, partir para o cumprimento de sentença.
Gabarito "D".

(Juiz de Direito/AP – 2022 – FGV) João, pretendendo aviventar a linha divisória entre o terreno de sua propriedade e o de seu confinante José, uma vez que esta foi apagada por causa de uma enchente, propôs ação de demarcação de terras, cujo procedimento é bifásico, com o objetivo de restaurar a linha original entre os imóveis.

Caso o julgador entenda que assiste razão ao requerente, agirá corretamente se prolatar:

(A) sentença de procedência, sujeita ao recurso de apelação. Após, com o trânsito em julgado, se inicia a segunda fase do procedimento, que também se encerra com uma sentença;

(B) decisão interlocutória, sujeita ao recurso de agravo de instrumento. Após, se inicia a segunda fase do procedimento, que se encerra com a prolação de uma sentença;

(C) sentença de procedência, irrecorrível. Com o trânsito em julgado, se inicia a segunda fase do procedimento, que se encerra com o cumprimento da sentença originária;

(D) sentença homologatória de demarcação, em face da qual caberá apelação. Após, o procedimento segue com prolação de sentença executiva, que será levada a registro;

(E) decisão interlocutória, da qual não desafia agravo de instrumento. Após, segue a segunda fase do procedimento, que se encerra por sentença, da qual caberá apelação.

A: correta, sendo a previsão legal quanto à ação demarcatória (CPC, arts. 581, 582, 587 e 1.009); **B:** incorreta, pois a decisão que julgar procedente o pedido de demarcação será uma sentença, recorrível via apelação (CPC, arts. 581 e 1.009); **C:** incorreta, porque a sentença da demarcatória é recorrível via apelação (CPC, arts. 581, 582 e 1.009); **D:** incorreta, visto que a sentença homologatória da demarcação é proferida na 2ª fase do procedimento, na fase executiva (CPC, art. 587); **E:** incorreta, já que a decisão que julgar procedente o pedido de demarcação será uma sentença, recorrível via apelação (CPC, arts. 581 e 1.009).
Gabarito "A".

(OAB/FGV – 2022) Valdemar move, em face de Felício, ação de despejo, cujos pedidos são julgados procedentes. Considerando-se que o juiz sentenciante não determinou a expedição de mandado de despejo, seria correto afirmar, na qualidade de advogado(a) do autor, que

(A) o requerimento de expedição do correspondente mandado de despejo pode ser dirigido ao juízo a quo, pois o recurso cabível contra a sentença tem efeito meramente devolutivo.

(B) a fim de que a sentença seja executada, deve ser requerida a chamada "tutela antecipada recursal", tendo em vista que o recurso cabível tem duplo efeito, devolutivo e suspensivo.

(C) após a prolação da sentença, está exaurida a jurisdição do juízo a quo, razão pela qual apenas o Tribunal pode determinar a expedição do mandado de despejo.

(D) devem ser opostos embargos de declaração contra a sentença, a fim de que o magistrado antecipe os efeitos da tutela e, consequentemente, o despejo possa ser objeto de execução provisória.

A: Correta, pois a apelação do despejo não tem efeito suspensivo (Lei 8.245/1991, art. 58, V), de maneira que é possível o cumprimento de sentença na origem; **B:** Incorreta, pois como só há efeito devolutivo, não há necessidade de liminar no recurso, para o despejo; **C:** Incorreta, já que o cumprimento de sentença é realizado perante a origem, e não no tribunal; **D:** Incorreta. Considerando o exposto em "A", não há necessidade de liminar para o cumprimento de sentença (despejo) ser realizado.
Gabarito "A".

(OAB/FGV – 2022) Pedro, representado por sua genitora, propõe ação de alimentos em face de João, seu genitor, que residia em Recife. Após desconstituir o advogado que atuou na fase de conhecimento, em Belo Horizonte, onde o autor morava quando do início da demanda, a genitora de Pedro procura você, na qualidade de advogado(a), indagando sobre a possibilidade de que o cumprimento de sentença tramite no município de São Paulo, onde, atualmente, ela e o filho residem, ressalvado que o genitor não mudou de endereço.

Diante de tal quadro, é correto afirmar que

(A) o cumprimento de sentença pode ser realizado em São Paulo, embora também pudesse ocorrer em Belo Horizonte, perante o juízo que decidiu a causa no primeiro grau de jurisdição.

(B) o cumprimento não pode ser realizado em São Paulo, tendo em vista que a competência é determinada no momento do registro ou da distribuição da petição inicial, razão pela qual são irrelevantes as modi-

ficações do estado de fato ou de direito ocorridas posteriormente.
- **(C)** o cumprimento de sentença somente pode ser realizado São Paulo, uma vez que a mudança de endereço altera critério de natureza absoluta, de forma que não há opção.
- **(D)** o cumprimento de sentença somente pode ocorrer em Recife, onde o genitor reside.

A: Correta, sendo essa a previsão a legal: em regra, o cumprimento é no mesmo local onde tramitou (CPC, art. 516, II); mas, nos casos de alimentos, é possível o cumprimento no novo domicílio do autor (CPC, art. 528, § 9º).
B: Incorreta, pois a *perpetuatio jurisdictionis* (não mudança da competência após a distribuição – CPC, art. 43) é a regra no processo de conhecimento, mas não no cumprimento de sentença (CPC, art. 516). **C:** Incorreta, pois a mudança de endereço não altera, em regra, a competência, por força da *perpetuatio jurisdictionis* (CPC, art. 43 e explicação acima). **D:** Incorreta, considerando que a regra de cumprimento de sentença não é apenas no domicílio atual do executado (CPC, art. 43 e art. 528, § 9º).
Gabarito "A".

(OAB/FGV – 2022) No âmbito de um contrato de prestação de serviços celebrado entre as sociedades empresárias *Infraestrutura S.A.* e *Campo Lindo S.A.*, foi prevista cláusula compromissória arbitral, na qual as partes acordaram que qualquer litígio de natureza patrimonial decorrente do contrato seria submetido a um tribunal arbitral.

Surgido o conflito, e havendo resistência de *Infraestrutura S.A.* quanto à instituição da arbitragem, assinale a opção que representa a conduta que pode ser adotada por Campo Lindo S.A.

- **(A)** *Campo Lindo S.A.* pode adotar medida coercitiva, mediante autorização do tribunal arbitral, para que *Infraestrutura S.A.* se submeta forçosamente ao procedimento arbitral, em respeito à cláusula compromissória firmada no contrato de prestação de serviço.
- **(B)** *Campo Lindo S.A.* pode submeter o conflito à jurisdição arbitral, ainda que sem participação de *Infraestrutura S.A.*, o qual será considerado revel e contra si presumir-se-ão verdadeiras todas as alegações de fato formuladas pelo requerente Campo Lindo S.A.
- **(C)** *Campo Lindo S.A.* pode requerer a citação de *Infraestrutura S.A.* para comparecer em juízo no intuito de lavrar compromisso arbitral, designando o juiz audiência especial com esse fim.
- **(D)** *Campo Lindo S.A.* pode ajuizar ação judicial contra *Infraestrutura S.A.*, para que o Poder Judiciário resolva o mérito do conflito decorrente do contrato de prestação de serviço celebrado entre as partes.

A questão envolve a lei de arbitragem, e uma situação em que, apesar da cláusula de arbitragem (ou cláusula compromissória), uma das partes não quer dar início à arbitragem. A solução está na Lei 9.307/96, art. 7º: "Existindo cláusula compromissória e havendo resistência quanto à instituição da arbitragem, poderá a parte interessada requerer a citação da outra parte para comparecer em juízo a fim de lavrar-se o compromisso, designando o juiz audiência especial para tal fim". **A:** Incorreta, pois não é a previsão legal. **B:** Incorreta, pois a arbitragem terá início com as duas partes. **C:** Correta, sendo a previsão legal. **D:** Incorreta, pois se há cláusula arbitral e interesse da parte um usar a arbitragem, a solução não deve vir pela via judicial.
Gabarito "C".

(OAB/FGV – 2020) Em um processo em que Carla disputava a titularidade de um apartamento com Marcos, este obteve sentença favorável, por apresentar, em juízo, cópia de um contrato de compra e venda e termo de quitação, anteriores ao contrato firmado por Carla.

A sentença transitou em julgado sem que Carla apresentasse recurso. Alguns meses depois, Carla descobriu que Marcos era réu em um processo criminal no qual tinha sido comprovada a falsidade de vários documentos, dentre eles o contrato de compra e venda do apartamento disputado e o referido termo de quitação.

Carla pretende, com base em seu contrato, retornar a juízo para buscar o direito ao imóvel. Para isso, ela pode

- **(A)** interpor recurso de apelação contra a sentença, ainda que já tenha ocorrido o trânsito em julgado, fundado em prova nova.
- **(B)** propor reclamação, para garantir a autoridade da decisão prolatada no juízo criminal, e formular pedido que lhe reconheça o direito ao imóvel.
- **(C)** ajuizar rescisória, demonstrando que a sentença foi fundada em prova cuja falsidade foi apurada em processo criminal.
- **(D)** requerer cumprimento de sentença diretamente no juízo criminal, para que a decisão que reconheceu a falsidade do documento valha como título judicial para transferência da propriedade do imóvel para seu nome.

A: Incorreta, pois transitada em julgado a sentença, não é mais possível interpor apelação. Somente cabe recurso antes do trânsito em julgado da decisão; **B:** Incorreta, porque descabe reclamação (que não é recurso) de decisão transitada em julgado (CPC, art. 988, § 5º, I); **C:** Correta. Com o trânsito em julgado, a forma de impugnar a decisão de mérito é a ação rescisória, cabível apenas em hipóteses expressamente previstas em lei – sendo que uma das hipóteses é, exatamente, a existência de prova falsa apurada em processo criminal (CPC, art. 966, VI); **D:** Incorreta, considerando que não existe cumprimento de sentença no crime, para impugnar decisão proferida no cível, pois não há previsão legal nesse sentido.
Gabarito "C".

(OAB/FGV – 2019) Na vigência do Código de Processo Civil de 2015, José ajuizou ação contra Luíza, postulando uma indenização de R$ 100.000,00 (cem mil reais), tendo o pedido formulado sido julgado integralmente procedente, por meio de sentença transitada em julgado.

Diante disso, José deu início ao procedimento de cumprimento de sentença, tendo Luíza (executada) apresentado impugnação, a qual, no entanto, foi rejeitada pelo respectivo juízo, por meio de decisão contra a qual não foi interposto recurso no prazo legal. Prosseguiu-se ao procedimento do cumprimento de sentença para satisfação do crédito reconhecido em favor de José.

Ocorre que, após o trânsito em julgado da sentença exequenda e a rejeição da impugnação, o Supremo Tribunal Federal proferiu acórdão, em sede de controle de constitucionalidade concentrado, reconhecendo a inconstitucionalidade da lei que fundamentou o título executivo judicial que havia condenado Luíza na fase de conhecimento.

Diante da decisão do Supremo Tribunal Federal sobre a situação hipotética, Luiza poderá

(A) interpor recurso de agravo de instrumento contra a decisão que rejeitou sua impugnação, mesmo já tendo se exaurido o prazo legal para tanto, uma vez que o Supremo Tribunal Federal reconheceu a inconstitucionalidade da lei que fundamentou a sentença exequenda.

(B) interpor recurso de apelação contra a decisão que rejeitou sua impugnação, mesmo já tendo se exaurido o prazo legal para tanto, uma vez que o Supremo Tribunal Federal reconheceu a inconstitucionalidade da lei que fundamentou a sentença exequenda.

(C) oferecer nova impugnação ao cumprimento de sentença, alegando a inexigibilidade da obrigação, tendo em vista que, após o julgamento de sua primeira impugnação, o Supremo Tribunal Federal reconheceu a inconstitucionalidade da lei que fundamentou a sentença proferida na fase de conhecimento, que serviu de título executivo judicial.

(D) ajuizar ação rescisória, em virtude de a sentença estar fundada em lei julgada inconstitucional pelo Supremo Tribunal Federal, em sede de controle concentrado de constitucionalidade.

A e B: incorretas; tendo em vista que já houve trânsito em julgado, não se mostra mais possível o uso de recurso; C: incorreta, pois o enunciado aponta que a impugnação já foi apresentada e rejeitada; D: correta, pois a previsão do Código é o uso da rescisória nessas situações em que, após o trânsito, sobrevém decisão do STF em sentido inverso ao que consta do título (CPC, art. 525, §§ 12 e 15).

Gabarito "D".

(OAB/FGV – 2017) A multinacional estrangeira *Computer Inc.*, com sede nos Estados Unidos, celebra contrato de prestação de serviços de informática com a sociedade empresarial Telecomunicações S/A, constituída de acordo com as leis brasileiras e com sede no Estado de Goiás.

Os serviços a serem prestados envolvem a instalação e a manutenção dos servidores localizados na sede da sociedade empresarial Telecomunicações S/A. Ainda consta, no contrato celebrado entre as referidas pessoas jurídicas que eventuais litígios serão dirimidos, com exclusividade, perante a Corte Arbitral Alfa, situada no Brasil.

Após discordâncias sobre o cumprimento de uma das cláusulas referentes à realização dos serviços, a multinacional Computer Inc. ingressa com demanda no foro arbitral contratualmente avençado.

Com base no caso concreto, assinale a afirmativa correta.

(A) A cláusula compromissória prevista no contrato é nula de pleno direito, uma vez que o princípio da inafastabilidade da jurisdição, previsto constitucionalmente, impede que ações que envolvam obrigações a serem cumpridas no Brasil sejam dirimidas por órgão que não integre o Poder Judiciário nacional.

(B) Caso a empresa Telecomunicações S/A ingresse com demanda perante a Vara Cível situada no Estado de Goiás, o juiz deverá resolver o mérito, ainda que a sociedade *Computer Inc.* alegue, em contestação, a existência de convenção de arbitragem prevista no instrumento contratual.

(C) Visando efetivar tutela provisória deferida em favor da multinacional *Computer Inc.*, poderá ser expedida carta arbitral pela Corte Arbitral Alfa para que órgão do Poder Judiciário, com competência perante o Estado de Goiás, pratique atos de cooperação que importem na constrição provisória de bens na sede da sociedade empresarial Telecomunicações S/A, a fim de garantir a efetividade do provimento final.

(D) A sentença arbitral proferida pela Corte Arbitral Alfa configura título executivo extrajudicial, cuja execução poderá ser proposta no foro do lugar onde deva ser cumprida a obrigação.

A: incorreta, pois a arbitragem é tranquilamente aceita no Brasil e, inclusive, expressamente mencionada no CPC, no artigo que trata do acesso à justiça (art. 3º, § 1º); B: incorreta, pois a existência de arbitragem acarreta a extinção do processo sem mérito (CPC, art. 485, VII); C: correta, pois o CPC prevê a carta arbitral como forma de cooperação entre judiciário e árbitro (art. 260, § 3º); D: incorreta, pois a sentença arbitral é título executivo judicial (CPC, art. 515, VII). Na verdade, para essa questão a resposta mais fácil era por exclusão, pois A, B e D estão claramente erradas.

Gabarito "C".

(OAB/FGV – 2022) Olívia e José foram casados por 15 anos e tiveram duas filhas, Maria Eduarda, com 9 anos, e Maria Luiza, com 6. A manutenção do casamento não é mais da vontade do casal, razão pela qual decidiram se divorciar, propondo Olívia ação judicial para tanto. Porém, preocupados em manter a harmonia da família, o casal entendeu que o melhor caminho para resolver as questões legais atinentes à guarda, à visitação e aos alimentos das filhas seria a mediação. Sobre a mediação judicial a ser realizada no presente caso, assinale a afirmativa correta.

(A) Os mediadores que atuarão no caso deverão estar inscritos em cadastro de tribunal de justiça ou de tribunal regional federal, que manterá o registro dos profissionais habilitados.

(B) A mediação, meio de solução da controvérsia escolhido por Olívia e José, deverá seguir exclusivamente as regras procedimentais previstas em lei.

(C) O mediador que atuar no caso fica impedido pelo prazo de 2 anos, contados do término da última audiência em que atuou, de assessorar, representar ou patrocinar qualquer das partes.

(D) A escolha da mediação por Olívia e José é correta, pois o mediador atuará nos casos em que não houver vínculo anterior entre as partes.

A: Correta, pois o Código prevê a existência de cadastro de mediadores (CPC, art. 167). B: Incorreta, considerando que o Código não prevê quais serão as regras procedimentais para a mediação, deixando isso para a livre autonomia dos interessados (CPC, art. 166, § 4º). C: incorreta, já que de fato o mediador ficará impedido de atuar, mas pelo prazo de *1 ano* (CPC, art. 172). D: Incorreta, pois o conciliador atua em casos nos quais não houver vínculo anterior; o mediador atua, preferencialmente, nos casos em que houver vínculo anterior entre as partes – como é a situação de direito de família (CPC, art.165, § 3º).

Gabarito "A".

(OAB/FGV – 2022) Ainda no início da fase de conhecimento de determinado processo, as partes e o magistrado, de comum acordo, resolvem fixar calendário para a prática de atos processuais. Estipulado que a realização da audiência ocorreria em determinada data, a parte ré não comparece e alega que não foi devidamente intimada para o ato, requerendo a designação de nova data. Nesse contexto você, como advogado(a), é procurado(a) pela parte ré, que busca avaliar as consequências de seu não comparecimento. Nesse sentido, é correto afirmar que

(A) o calendário não vincula o juiz, apenas as partes, as quais só podem requerer a modificação de datas se apresentada justa causa.

(B) o calendário processual pode ser imposto pelo magistrado em casos excepcionais, sem a necessidade de prévio acordo com as partes, com fundamento na importância do objeto dos autos.

(C) com exceção da audiência, dispensa-se a intimação das partes para a prática dos demais atos processuais cujas datas tiverem sido designadas no calendário.

(D) a ré não poderia deixar de comparecer à audiência, pois a modificação do calendário pelo juiz ou pelas partes somente é possível em casos excepcionais, devidamente justificados.

A: Incorreta, já que a calendarização (espécie de negócio jurídico processual), ainda que não comum no cotidiano forense, vincula as partes e o juiz (CPC, art. 191, § 1º); **B:** Incorreta, pois conforme previsão do art. 191 do CPC o calendário processual deverá ser fixado de comum acordo; **C:** Incorreta, considerando que, realizado o calendário, dispensa-se a intimação das partes para os atos, inclusive para a audiência (CPC, art. 191, § 2º); **D:** Correta, uma vez que, realizado o calendário, só se altera em casos excepcionais – o que não é a situação narrada no enunciado (CPC, 191, § 1º).
Gabarito "D".

(**OAB/FGV – 2019**) Um advogado, com estudos apurados em torno das regras do CPC, resolve entrar em contato com o patrono da parte adversa de um processo em que atua. Sua intenção é tentar um saneamento compartilhado do processo.

Diante disso, acerca das situações que autorizam a prática de negócios jurídicos processuais, assinale a afirmativa correta.

(A) As partes poderão apresentar ao juiz a delimitação consensual das questões de fato e de direito da demanda litigiosa.

(B) As partes não poderão, na fase de saneamento, definir a inversão consensual do ônus probatório, uma vez que a regra sobre produção de provas é matéria de ordem pública.

(C) As partes poderão abrir mão do princípio do contraditório consensualmente de forma integral, em prol do princípio da duração razoável do processo.

(D) As partes poderão afastar a audiência de instrução e julgamento, mesmo se houver provas orais a serem produzidas no feito e que sejam essenciais à solução da controvérsia.

A: Correta. No que se refere aos negócios jurídicos processuais (NJP – CPC, art. 190), a lei expressamente prevê que "As partes podem apresentar ao juiz, para homologação, delimitação consensual das questões de fato e de direito (...)" (CPC, art. 357, § 2º); **B:** Incorreta, considerando que é possível NJP quanto às provas (CPC, art. 373, § 3º); **C:** Incorreta, pois não é possível NJP acerca do contraditório (princípio processual), considerando não haver previsão nesse sentido no art. 190, *caput*, do CPC; **D:** Incorreta, porque não é possível afastar provas essenciais à solução da controvérsia por NJP, pois isso envolve a atuação do juiz e não das partes (CPC, art. 190).
Gabarito "A".

(**OAB/FGV – 2017**) Roberta ingressou com ação de reparação de danos em face de Carlos Daniel, cirurgião plástico, devido à sua insatisfação com o resultado do procedimento estético por ele realizado. Antes da citação do réu, Roberta, já acostumada com sua nova feição e considerando a opinião dos seus amigos (de que estaria mais bonita), troca de ideia e desiste da demanda proposta. A desistência foi homologada em juízo por sentença. Após seis meses, quando da total recuperação da cirurgia, Roberta percebeu que o resultado ficara completamente diferente do prometido, razão pela qual resolve ingressar novamente com a demanda.

A demanda de Roberta deverá ser:

(A) extinta sem resolução do mérito, por ferir a coisa julgada.

(B) extinta sem resolução do mérito, em razão da litispendência.

(C) distribuída por dependência.

(D) submetida à livre distribuição, pois se trata de nova demanda.

A: incorreta, pois a decisão sem mérito não é coberta pela coisa julgada, de modo que não impede a repropositura (CPC, art. 486); **B:** incorreta, pelo mesmo motivo exposto em "A"; **C:** correta, pois (i) cabe a repropositura da demanda (como já exposto em "A") e (ii) no caso de repropositura, existe a prevenção por parte do juiz, de modo que deve haver distribuição por dependência (CPC, art. 286, II); **D:** incorreta, considerando a alternativa "C".
Gabarito "C".

8. DIREITO ADMINISTRATIVO

Wander Garcia e Flávia Campos

1. PRINCÍPIOS ADMINISTRATIVOS

(Procurador – AL/PR – 2024 – FGV) Recentemente, o Supremo Tribunal Federal reconheceu a inconstitucionalidade de uma lei estadual que conferiu um bônus de 10% na nota dos candidatos a concurso público que residiam na localidade, entre outros fundamentos, pelo fato de que tal norma viola princípio expresso no Art. 37, *caput*, da CRFB/88, sendo correto afirmar que se trata do

(A) princípio da impessoalidade.
(B) princípio da legalidade.
(C) princípio da publicidade.
(D) princípio da segurança jurídica.
(E) princípio da indisponibilidade do interesse público.

No bojo da ADI, 7458, o Supremo Tribunal Federal declarou inconstitucional a concessão de bônus para candidatos a concurso público que residem na localidade, por violação aos princípios da impessoalidade e da igualdade. A lei estadual havia instituído um bônus de 10% na nota dos candidatos paraibanos residentes na Paraíba. Dessa forma, a alternativa correta é a letra A. **WG**
Gabarito "A".

(OAB/FGV – 2023) Ariquemes é servidor público federal e vem cumprindo diligentemente com as obrigações estabelecidas em lei para obter sua progressão funcional e assim aumentar sua remuneração. Os critérios para tanto estão estabelecidos em lei, são de caráter objetivo, mediante pontuação a ser adquirida pelo servidor, sendo certo que o provimento derivado em questão é ato vinculado.

O mencionado servidor acredita ter cumprido todos os requisitos estabelecidos na aludida lei, mas foi surpreendido com o indeferimento de sua progressão, sob o fundamento de que não alcançou a pontuação necessária.

Em razão disso, com fulcro na Lei nº 12.527/11, Ariquemes pleiteou acesso às informações que levaram a tal conclusão da Administração, que considera flagrantemente equivocada.

Contudo, o fornecimento dos dados foi negado sob o fundamento de que não há interesse público na respectiva divulgação.

Diante dessa situação hipotética, assinale a afirmativa correta.

(A) O preenchimento dos requisitos previstos em lei não confere a Ariquemes o direito subjetivo à progressão almejada.
(B) As informações pleiteadas constituem atos internos da Administração e, portanto, são informação reservada, protegida por sigilo.
(C) O fornecimento dos dados pessoais pretendido por Ariquemes submete-se à discricionariedade da Administração, que atuou nos limites da lei.
(D) Ariquemes tem direito ao acesso a tais dados, considerando que este direito compreende as atividades exercidas pelos órgãos, inclusive as relativas a sua organização e serviços.

A. Errada. Se os critérios são objetivos e estão previstos em lei, Ariquemes terá direito à progressão. "É ilegal o ato de não concessão de progressão funcional de servidor público, quando atendidos todos os requisitos legais (...)" (STJ, REsp 1878849). **B.** Errada, é considerada informação sigilosa "aquela submetida temporariamente à restrição de acesso público em razão de sua imprescindibilidade para a segurança da sociedade e do Estado", o que não é o caso da questão (art. 4º, III, Lei 12.527/11). **C.** Errada. A regra é que o Estado tem o dever de garantir o acesso à informação, salvo nas hipóteses de exceção previstas em lei (art. 5º, Lei 12.527/11). **D.** Certa. Art. 7º, V, Lei 12.527/11. **FC**
Gabarito "D".

(Analista Judiciário – TJ/AL – 2018 – FGV) Pelo princípio da motivação, o Administrador Público deve motivar as suas decisões, expondo os fundamentos de fato e de direito que embasaram a prática daquele ato administrativo.

Quando o agente público motiva seu ato mediante declaração de concordância com fundamentos de anteriores pareceres, informações, decisões ou propostas, como parte integrante do ato, de acordo com a jurisprudência e com a Lei Federal 9.784/99, sua conduta é:

(A) ilícita, devendo o ato ser invalidado porque o ordenamento jurídico exige motivação expressa e idônea específica para cada ato administrativo;
(B) ilícita, devendo o ato ser revogado porque o ordenamento jurídico exige motivação legítima, expressa e idônea para cada ato administrativo;
(C) ilícita, devendo o ato ser invalidado por ofensa aos princípios da administração pública da legalidade, da transparência e da finalidade;
(D) lícita, pois é possível a utilização da motivação aliunde dos atos administrativos, quando a motivação do ato remete a de ato anterior que embasa sua edição;
(E) lícita, pois a exigência de fundamentação não recai no campo da validade do ato administrativo, e sim no de sua eficácia, cabendo sua convalidação, com posterior complementação da motivação.

Trata-se da chamada motivação alliunde ou *per relationem*, ou seja, feita por referência, que se caracteriza pela motivação feita pela Administração Pública ao tomar uma decisão remetendo a fundamentação a outro documento. É prevista no Art. 50, § 1º, da Lei 9.874/1999. **FC**
Gabarito "D".

(Técnico – TJ/AL – 2018 – FGV) Determinado Secretário Municipal de Educação, no dia da inauguração de nova escola municipal, distribuiu boletim informativo custeado pelo poder público, com os seguintes dizeres no título da reportagem: "Secretário do povo, Rico Ricaço, presenteia a população com mais uma escola". Ao lado da reportagem, havia foto do Secretário fazendo com seus dedos o símbolo de coração utilizado por ele em suas campanhas eleitorais.

A conduta narrada feriu o princípio da administração pública da:

(A) economicidade, eis que é vedada a publicidade custeada pelo erário dos atos, programas, obras, serviços e campanhas dos órgãos públicos, ainda que tenha caráter educativo, informativo ou de orientação social;

(B) legalidade, pois a publicidade dos atos, programas, obras, serviços e campanhas dos órgãos públicos deve ser precedida de prévia autorização legislativa, vedada qualquer promoção pessoal que configure favorecimento pessoal para autoridades ou servidores públicos;

(C) moralidade, eis que a publicidade dos atos, programas, obras e serviços dos órgãos públicos, em que constarem nomes, símbolos ou imagens que caracterizem promoção pessoal de autoridades públicas, para ser legal deve ser custeada integralmente com recursos privados;

(D) publicidade, uma vez que a divulgação dos atos, programas, obras, serviços e campanhas dos órgãos públicos deve ser feita exclusivamente por meio de publicação dos respectivos atos no diário oficial, para impedir promoção pessoal da autoridade pública;

(E) impessoalidade, pois a publicidade em tela deveria ter caráter educativo, informativo ou de orientação social, dela não podendo constar nomes, símbolos ou imagens que caracterizem promoção pessoal de agentes públicos.

A: incorreta, o princípio da economicidade vem expressamente previsto no artigo 70 da CF/1988 e determina a relação e busca pela promoção de resultados esperados com o menor custo possível; **B:** incorreta, princípio previsto no Art. 37 CF/1988 e que estabelece que a Administração só pode fazer o que a lei permite. No caso, está incorreta a assertiva uma vez que não existe essa necessidade de autorização legislativa para a realização de atos de publicidade; **C:** incorreta, o princípio da moralidade pode ser conceituado como aquele que impõe obediência à ética da Administração, consistente no conjunto de preceitos da moral administrativa, como o dever de honestidade, lealdade, boa-fé e probidade. O princípio da moralidade está **previsto** expressamente no art. 37, **caput,** da CF; **D:** incorreta. Esse princípio pode ser conceituado como aquele que impõe ampla divulgação dos atos oficiais, para conhecimento público e início dos efeitos externos. O princípio da publicidade está previsto expressamente no art. 37, **caput**, da CF. O conceito apresentado revela que o princípio tem dois grandes sentidos: a) garantir que todos tenham conhecimento das coisas que acontecem na Administração Pública; b) garantir que os atos oficiais só tenham efeitos externos após sua publicação; **E:** correta, o princípio da impessoalidade impõe tratamento igualitário às pessoas, sem favoritismos ou perseguições, com respeito à finalidade legal a ser perseguida, bem como à ideia de que os atos dos agentes públicos devem ser imputados diretamente à Administração Pública e nunca à pessoa do agente. O princípio tem três comandos: a) impõe igualdade de tratamento; b) impõe respeito ao princípio da finalidade; c) impõe neutralidade do agente, que não pode fazer autopromoção. A assertiva trata do item c. Vejamos jurisprudência a respeito do tema: "O art. 37, **caput,** e seu § 1º, da CF, impedem que haja qualquer tipo de identificação entre a publicidade e os titulares dos cargos alcançando os partidos políticos a que pertençam. Com base nesse entendimento, a Turma negou provimento a recurso extraordinário interposto pelo Município de Porto Alegre contra acórdão do tribunal de justiça local que o condenara a abster-se da inclusão de determinado **slogan** na publicidade de seus atos, programas, obras, serviços e campanhas. Considerou-se que a referida regra constitucional objetiva assegurar a impessoalidade da divulgação dos atos governamentais, que devem voltar-se exclusivamente para o interesse social, sendo incompatível com a menção de nomes, símbolos ou imagens, aí incluídos **slogans** que caracterizem a promoção pessoal ou de servidores públicos. Asseverou-se que a possibilidade de vinculação do conteúdo da divulgação com o partido político a que pertença o titular do cargo público ofende o princípio da impessoalidade e desnatura o caráter educativo, informativo ou de orientação que constam do comando imposto na Constituição. RE 191668/RS, rel. Min. Menezes Direito, 15.4.2008. (Inform. STF 502)" WG

Gabarito "E".

2. PODERES ADMINISTRATIVOS

(ENAM – 2024 – FGV) Um determinado Município instituiu empresa pública, em regime não concorrencial, mediante autorização legislativa, para exercer poder de polícia de trânsito, inclusive quanto à aplicação de multas.

De acordo com a jurisprudência do STF a respeito do poder de polícia administrativa, assinale a afirmativa correta.

(A) A lei autorizadora é compatível com a ordem constitucional vigente, embora não seja possível a extensão dos privilégios da Fazenda Pública à empresa pública criada, tal como a concessão de imunidade tributária recíproca.

(B) A lei autorizadora não é compatível com a ordem constitucional vigente, pois há absoluta incompatibilidade entre o regime celetista existente nas estatais prestadoras de serviço público em regime de monopólio e o exercício de atividade de polícia administrativa pelos seus empregados.

(C) A lei autorizadora é compatível com a ordem constitucional vigente, com exceção da possibilidade de aplicação de sanção, que não pode ser delegada à empresa pública que atua em regime de Direito Privado.

(D) A lei autorizadora é compatível com a ordem constitucional vigente, que admite a delegação do poder de polícia administrativa a pessoas jurídicas de direito privado integrantes da Administração Pública indireta e prestadoras de serviço público, em regime não concorrencial.

(E) A lei autorizadora não é compatível com a ordem constitucional vigente, uma vez que as estatais prestadoras de serviço público de atuação própria do Estado não podem fazer uso do atributo da coercibilidade inerente ao exercício do poder de polícia, mesmo que atuem em regime não concorrencial.

O Supremo Tribunal Federal, ao apreciar o Tema 532 de repercussão geral (Informativo 996), estabeleceu que é possível a delegação do consentimento, da fiscalização e da sanção de polícia, através de lei, para pessoa jurídica de direito privado integrante da Administração Indireta, com capital social majoritariamente público, que preste exclusivamente serviço público próprio de Estado, em regime concorrencial. A: Incorreta. O art. 150, § 2º, CR/88 estabelece que a imunidade recíproca é extensiva às autarquias e às fundações instituídas e mantidas pelo poder público e à empresa pública prestadora de serviço postal, no que se refere ao patrimônio, à renda e aos serviços vinculados a suas finalidades essenciais ou às delas decorrentes. **B: Incorreta.** O STF entendeu que "o regime jurídico híbrido das estatais prestadoras de serviço público em regime de monopólio é plenamente compatível com a delegação" (Inf. 996, STF). **C: Incorreta.** Os atos de consentimento, de fiscalização e de aplicação de sanções podem ser delegados a estatais, se preenchidos os requisitos da decisão. A única fase do ciclo de polícia que, por sua natureza, é absolutamente indelegável é a ordem de polícia. **D: Correta.** A delegação não é possível para prestadoras de serviço público, apenas para pessoas jurídicas de direito privado prestadoras de serviço público. **E: Incorreta.** É possível a delegação se preenchidos os requisitos apontados pelo STF.

Gabarito "D".

(Juiz de Direito/AP – 2022 – FGV) A sociedade de economia mista Beta do Município X recebeu formalmente, por meio de lei específica, delegação do poder de polícia do Município para prestar serviço de policiamento do trânsito na cidade, inclusive para aplicar multa aos infratores. Sabe-se que a entidade Beta é uma empresa estatal municipal de capital majoritariamente público, que presta exclusivamente serviço público de atuação própria do poder público e em regime não concorrencial. Por entender que o Município X não poderia delegar o poder de polícia a pessoa jurídica de direito privado, o Ministério Público ajuizou ação civil pública pleiteando a declaração de nulidade da delegação e das multas aplicadas, assim como a assunção imediata do serviço pelo Município.

No caso em tela, de acordo com a atual jurisprudência do Supremo Tribunal Federal em tema de repercussão geral, a pretensão ministerial:

(A) não deve ser acolhida, pois é constitucional a delegação do poder de polícia na forma realizada, inclusive no que concerne à sanção de polícia;

(B) não deve ser acolhida, pois é constitucional a delegação do poder de polícia a qualquer pessoa jurídica de direito privado, desde que cumprido o único requisito que é a prévia autorização legal;

(C) deve ser acolhida, pois é inconstitucional a delegação do poder de polícia, em qualquer das fases de seu ciclo, a pessoa jurídica de direito privado integrante da administração indireta;

(D) deve ser acolhida parcialmente, pois é inconstitucional a delegação do poder de polícia, nas fases de seu ciclo de ordem de polícia e de sanção de polícia, a pessoa jurídica de direito privado integrante da administração indireta;

(E) deve ser acolhida parcialmente, pois, apesar de ser constitucional a delegação do poder de polícia para o serviço público de fiscalização de trânsito, é inconstitucional tal delegação no que concerne à aplicação de multa, que deve ser feita por pessoa jurídica de direito público.

A pretensão ministerial não deve ser acolhida, pois o STF expediu, em sede de repercussão geral, a seguinte tese: "É constitucional a delegação do poder de polícia, por meio de lei, a pessoas jurídicas de direito privado integrantes da Administração Pública indireta de capital social majoritariamente público que prestem exclusivamente serviço público de atuação própria do Estado e em regime não concorrencial." (RE 633.782/MG, Pleno, Rel. Min. Luiz Fux, DJe 25/11/2020). A Corte Suprema discutiu nesse recurso a aplicação de multa de trânsito por sociedade de economia mista, reconhecendo a possibilidade dessa prática. Observe-se que o STF, ao admitir a delegação, restringiu sua incidência a algumas fases do "ciclo de polícia", notadamente a fiscalização, o consentimento e a sanção de polícia. Correta a alternativa A.

Gabarito "A".

(Técnico – TJ/AL – 2018 – FGV) Em tema de poderes administrativos, a doutrina de Direito Administrativo ensina que os atos administrativos da delegação e da avocação são fundamentados na prerrogativa do agente público decorrente do poder:

(A) disciplinar, segundo o qual o agente público com competência pode expedir normas gerais e abstratas para viabilizar a aplicabilidade de lei preexistente;

(B) hierárquico, segundo o qual o agente público de hierarquia superior pode, na forma da lei, estender ou chamar para si, de forma temporária, competência para determinado ato;

(C) normativo, segundo o qual o agente público pode restringir liberdades individuais e propriedade privada em prol do interesse público coletivo;

(D) regulamentar, segundo o qual a autoridade pública competente deve expedir decretos autônomos para disciplinar o funcionamento orgânico da administração;

(E) de polícia, segundo o qual a autoridade pública tem a faculdade de estabelecer a competência dos servidores que lhe são vinculados, sob pena de uso das forças de segurança.

A: incorreta, poder disciplinar é a faculdade de punir internamente as infrações funcionais dos servidores e demais pessoas sujeitas à disciplina dos órgãos e serviços da Administração; **B:** correta, é o de que dispõe o Executivo para distribuir e escalonar as funções de seus órgãos, ordenar e rever a atuação de seus agentes, estabelecendo a relação de subordinação entre os servidores do seu quadro de pessoal; **C:** incorreta. O conceito dado refere-se ao poder de polícia. **D:** incorreta. O poder regulamentar consiste justamente em o Chefe do Executivo emitir regulamentos com vistas à operacionalização do cumprimento da lei e à sua finalidade precípua. É por isso que o exercício desse poder não pode inovar na ordem jurídica, ou seja, criar direitos ou obrigações novos. Esse poder tem por objetivo apenas regulamentar o que a lei estabeleceu, não podendo passar por cima dela; **E:** incorreta, dever-poder previsto em lei de limitar a propriedade ou a liberdade em prol do bem comum.

Gabarito "B".

(Analista Judiciário – TJ/PI – FGV – 2015) Em tema de poderes administrativos, são hipóteses de regular emprego do poder de polícia quando o agente público competente determina, observadas as formalidades legais, com a finalidade de coagir o infrator a cumprir a lei, a:

(A) demissão de servidor público estável ocupante de cargo efetivo, após processo administrativo disciplinar, pela prática de falta funcional;

(B) edição de um decreto, contendo atos normativos que regulamentem determinada lei sobre a imposição de penalidades administrativas;

(C) interdição de atividade privada irregular, a apreensão de mercadorias deterioradas ou a demolição de construção ilegal com risco iminente de desabamento;

(D) instauração de sindicância sumária para apurar o desaparecimento de armas de fogo e munições de dentro do departamento da Secretaria de Segurança Pública;

(E) remoção de agente da Defesa Civil da área operacional para área administrativa, diante de sua baixa produtividade evidenciada em relatório de atividades funcionais.

A: Incorreta. Nesse caso, temos hipótese de Poder Disciplinar, que é o responsável por apurar atos infracionais e aplicar sanções aos agentes públicos. **B:** Incorreta. A edição de decreto, para regulamentar o estabelecido em lei, é manifestação do poder regulamentar. **C:** Correta. Essa é uma hipótese de aplicação do Poder de Polícia, que é o responsável por frenar, condicionar, limitar os atos dos administrados, tendo em vista a finalidade ou interesse público ou da coletividade. Ao interditar um estabelecimento irregular, busca-se o impedimento dessa atividade em prol da segurança sanitária da coletividade (mercadorias deterioradas), e ainda, evitando o desmoronamento do estabelecimento, está-se evitando danos aos administrados (a segurança da população vizinha). **D:** Incorreta. Sindicância é ato de procedimento disciplinar, decorrente de Poder Disciplinar, portanto. **E:** Incorreta. A remoção de servidores públicos decorre de manifestação do poder hierárquico.

Gabarito "C".

3. ATO ADMINISTRATIVO

3.1. Conceitos, requisitos e atributos

(Procurador – AL/PR – 2024 – FGV) No exercício de suas atribuições no âmbito da Assembleia Legislativa do Estado do Paraná, Gabriela verificou que determinado ato administrativo concluiu o seu ciclo de formação, sendo certo que, apesar de possuir vício insanável, tal ato estava produzindo efeitos no ordenamento jurídico.

Considerando os planos da perfeição, validade e eficácia, é correto afirmar que o aludido ato administrativo é

(A) imperfeito, inválido e ineficaz.
(B) perfeito, inválido e eficaz.
(C) imperfeito, válido e eficaz.
(D) perfeito, válido e eficaz.
(E) imperfeito, válido e ineficaz.

A: Incorreta, pois um ato administrativo que possui vício insanável é considerado inválido, e não imperfeito. O termo "imperfeito" refere-se a um ato que ainda não completou seu ciclo de formação, o que não se aplica ao ato descrito, que já concluiu esse ciclo. Ademais, o ato está produzindo efeitos, portanto ele é eficaz. Portanto, não é correto classificá-lo como "imperfeito" e "ineficaz". **B:** Correta, pois um ato administrativo que possui vício insanável é considerado inválido. No entanto, como o ato já completou seu ciclo de formação e está produzindo efeitos, ele é considerado eficaz até que seja formalmente anulado. A classificação correta é "perfeito" (pois concluiu seu ciclo de formação), "inválido" (por possuir vício insanável), e "eficaz" (pois está produzindo efeitos no ordenamento jurídico). **C:** Incorreta, pois um ato administrativo que possui vício insanável não é válido. A validade é um dos requisitos para a eficácia do ato administrativo. Portanto, não pode ser considerado "válido" se possui vício insanável. **D:** Incorreta, pois um ato administrativo com vício insanável não pode ser considerado válido, independentemente de ser perfeito e eficaz. **E:** Incorreta, pois um ato administrativo que possui vício insanável não pode ser considerado "válido". Além disso, o termo "imperfeito" não se aplica a um ato que já completou seu ciclo de formação, e a eficácia é uma característica dos atos administrativos que estão produzindo efeitos, mesmo que sejam inválidos.

Gabarito "B".

3.2. Extinção do ato administrativo

(OAB/FGV – 2024) Há mais de dez anos o Município Delta trava uma batalha judicial com a sociedade empresária Ipsilone, em decorrência de uma construção irregular, que, apesar de não causar qualquer tipo de risco, não logrou obter a devida licença administrativa por violar formalmente as normas então vigentes, mas que trouxe diversos benefícios sociais e turísticos para a coletividade.

Em decorrência do clamor público, o prefeito do Município Delta determinou a realização de uma consulta pública, para viabilizar a celebração de um compromisso que encerrasse a situação jurídica contenciosa, com vistas a melhor atender ao interesse geral.

Em razão disso, os representantes da sociedade Ipsilone buscaram você, como advogado(a), com o objetivo de esclarecer se a conduta do prefeito está adequada ao ordenamento jurídico, notadamente no que concerne às normas de interpretação e aplicação do Direito Público.

Diante dessa situação hipotética, com base no texto da Lei de Introdução às normas do Direito Brasileiro, assinale a opção que apresenta, corretamente, sua orientação sobre a mencionada consulta.

(A) É vedado ao Município Delta realizar o almejado compromisso com a sociedade Ipsilone em decorrência do princípio da indisponibilidade do interesse público.
(B) O referido compromisso poderá conferir à sociedade Ipsilone a desoneração permanente de dever reconhecido por orientação geral, diante do princípio da supremacia do interesse público.
(C) O compromisso pretendido deve produzir efeitos a partir da respectiva formalização, antes mesmo de sua publicação oficial, à luz do princípio da transparência.
(D) O compromisso em questão deverá buscar solução jurídica proporcional, equânime, eficiente e compatível com os interesses gerais.

A Lei de Introdução às normas do Direito Brasileiro estabelece o seguinte: "Art. 26. *Para eliminar irregularidade, incerteza jurídica ou situação contenciosa na aplicação do direito público, inclusive no caso de expedição de licença, a autoridade administrativa poderá, após oitiva do órgão jurídico e, quando for o caso, após realização de consulta pública, e presentes razões de relevante interesse geral, celebrar compromisso com os interessados, observada a legislação aplicável, o qual só produzirá efeitos a partir de sua publicação oficial. § 1º O compromisso referido no caput deste artigo: I – buscará solução jurídica proporcional, equânime, eficiente e compatível com os interesses gerais; II – vetado; III – não poderá conferir desoneração permanente de dever ou condicionamento de direito reconhecidos por orientação geral;* (...)" (g.n.). **A:** incorreta, pois, nos termos do art. 26, *caput*, da Lei de Introdução às normas do Direito Brasileiro, cabe celebrar *compromisso* na situação contenciosa em tela, desde que presentes razões de relevante interesse geral, como ocorre no caso em questão. **B:** incorreta, pois, nos termos do art. 26, § 1º, III, da Lei de Introdução às normas do Direito Brasileiro, o referido compromisso não poderá conferir desoneração permanente de dever reconhecido por orientação geral. **C:** incorreta, pois, nos termos do art. 26, *caput*, da Lei de Introdução às normas do Direito Brasileiro, o compromisso só produzirá efeitos a partir de sua publicação oficial. **D:** correta, pois, nos exatos termos do art. 26, § 1º, I, da Lei de Introdução às normas do Direito Brasileiro.

Gabarito "D".

(Procurador – AL/PR – 2024 – FGV) No exercício de suas atribuições administrativas como Procurador da Assembleia Legislativa do Paraná, Victor verificou a necessidade de invalidar determinado ato administrativo que detém vício insanável, de modo que, para promover a adequada justificação da respectiva decisão, passou a perquirir as normas atinentes à motivação constantes do Decreto-Lei nº 4.657/42 (LINDB), introduzidas pela Lei nº 13.655/2018 e do respectivo Decreto regulamentador (Decreto nº 9.830/2019), vindo a concluir corretamente que

(A) nas hipóteses de vício insanável, a gravidade do vício, excepciona a necessidade de motivação.

(B) verificado o vício insanável, não há necessidade de indicar de modo expresso as consequências jurídicas e administrativas da invalidação.

(C) a constatação do vício insanável impõe a invalidação, não sendo possível restringir os efeitos da declaração no âmbito da motivação.

(D) como o vício insanável corresponde à violação ao ordenamento jurídico, a motivação da decisão de invalidação deve apontar apenas os fundamentos jurídicos, independentemente de ser cabível a contextualização dos fatos.

(E) é cabível a modulação dos efeitos na motivação da decisão de invalidação, que buscará a mitigação dos ônus ou das perdas dos administrados ou da Administração Pública que sejam anormais ou excessivos em função das peculiaridades do caso.

A: Incorreta, pois a gravidade do vício não isenta a necessidade de motivação. A motivação é sempre exigida na anulação de atos (art. 50, VIII, da Lei 9.784/99), para garantir a transparência e a justificativa adequada para a decisão administrativa. Não há nas leis citadas na questão e neste comentário uma exceção autorizando que, em casos de vícios insanáveis, a gravidade do vício retire o dever de motivação. **B:** Incorreta, pois é necessário indicar expressamente as consequências jurídicas e administrativas da invalidação (art. 21, *caput*, do Decreto-Lei nº 4.657/42 – LINDB). **C:** Incorreta, pois, nos termos do art. 4º, § 4º, do Decreto n. 9.830/2019, ao declarar a invalidade de atos administrativos, o decisor poderá, consideradas as consequências jurídicas e administrativas da decisão para a administração pública e para o administrado, "I – restringir os efeitos da declaração; ou II – decidir que sua eficácia se iniciará em momento posteriormente definido". **D:** Incorreta, pois a decisão de invalidação deverá indicar de modo expresso suas "consequências jurídicas e administrativas" (art. 21, *caput*, do Decreto-Lei nº 4.657/42 – LINDB)., assim como poderá "restringir os efeitos da declaração" ou "decidir que sua eficácia se iniciará em momento posteriormente definido" (art. 4º, § 4º, do Decreto n. 9.830/2019), sem prejuízo de outras regras previstas no mencionado decreto, como a modulação de efeitos da decisão. **E:** Correta, nos termos do art. 4º, § 5º, do Decreto n. 9.830/2019. Gabarito "E".

4. ORGANIZAÇÃO DA ADMINISTRAÇÃO PÚBLICA

(Juiz Federal – TRF/1 – 2023 – FGV) Uma empresa prestadora de serviços de transporte interestadual terrestre recebe autuação da agência reguladora Agência Nacional de Transportes Terrestres (ANTT) com identificação da infração e aplicação das sanções de multa e suspensão da atividade. Resolve então ajuizar ação questionando a resolução da agência que tipifica as condutas infracionais e prescreve as sanções correspondentes, por violação ao princípio constitucional da legalidade.

Sobre o poder regulador das agências no Brasil, é correto afirmar que:

(A) a decisão da agência reguladora (ANTT) pode ser revista em recurso hierárquico;

(B) a agência reguladora é autarquia especial e recebe da lei que a institui uma delegação para exercer seu poder de regulação;

(C) o principal papel das agências reguladoras é a gestão dos contratos de outorga de serviços públicos, sem atividade de regulação autônoma;

(D) as agências executivas são espécies de agências reguladoras que atuam em atividades típicas do Estado conforme definidas no contrato de gestão;

(E) conforme recente julgamento da ADI 5906, o Supremo Tribunal Federal entendeu pela impossibilidade de a agência reguladora definir em resolução as infrações e suas sanções.

A Agência Nacional de Transportes Terrestres (ANTT) é uma agência reguladora, que é uma autarquia em regime especial, criada para fiscalizar e regular os serviços de transporte terrestre. **A:** A alternativa foi considerada incorreta, pois está incompleta, pois não especifica qual recurso hierárquico está sendo questionado. Isso porque caberia o recurso hierárquico próprio, ou seja, dentro da própria entidade, mas não poderia ser admitido o recurso hierárquico impróprio, para outra pessoa jurídica. **B:** Correta. A agência reguladora é uma autarquia em regime especial, e pode receber a lei que a instituiu o poder de exercer seu poder de regulação. No mesmo sentido, o Supremo Tribunal Federal (ADI 5906, Rel. Min. Marco Aurélio, julg. 06/03/2023), que entendeu que as Agências Reguladoras, criadas como autarquias especiais pelo Poder Legislativo (CF, art. 37, XIX), recebem da lei que as instituem uma delegação para exercer seu poder normativo de regulação, competindo ao Congresso Nacional a fixação das finalidades, dos objetivos básicos e da estrutura das Agências, bem como a fiscalização de suas atividades. **C:** Incorreta. As agências reguladoras têm a função de regulação das atividades de sua área de atuação. **D:** Incorreta. Agências Executivas são autarquias ou fundações públicas comuns, que firmam com a Administração um contrato de gestão. As Agências Executivas não se confundem com Agências Reguladoras. **E:** Incorreta. O STF entendeu pela possibilidade de a agência reguladora definir em resolução as infrações e suas sanções. Gabarito "B".

(Juiz Federal – TRF/1 – 2023 – FGV) Um determinado ente da federação pretende criar, com autorização legal, nova pessoa jurídica para exercer atividade econômica em sentido estrito, mas pede um parecer à sua procuradoria sobre a melhor estrutura a adotar.

Nesse sentido, sobre as principais características das entidades que compõem a Administração Pública indireta, é correto afirmar que:

(A) a autarquia pode ter personalidade jurídica de direito público ou privado, de acordo com a sua área de atuação. São exemplos de autarquias a Comissão de Valores Mobiliários (CVM) e a Superintendência de Seguros Privados (Susep);

(B) a sociedade de economia mista é pessoa jurídica de direito privado e, portanto, pode exercer atividade econômica. A Caixa Econômica Federal é um exemplo de sociedade de economia mista;

(C) a expressão empresa estatal ou governamental é sinônimo da expressão jurídica empresa pública, podendo ser usados ambos os nomes para designar a pessoa jurídica de direito privado com capital inteiramente público;

(D) a empresa pública é pessoa jurídica de direito privado com capital inteiramente público e organização sob qualquer das formas admitidas em direito. O Banco Nacional de Desenvolvimento Econômico e Social (BNDES) é um exemplo de empresa pública;

(E) a autarquia que tenha personalidade jurídica de direito privado pode ter seus bens penhorados e perde a imunidade tributária.

A: Incorreta. CVM e Susep são, de fato, exemplos de autarquias, no entanto a autarquia sempre terá personalidade jurídica de direito público. **B:** Incorreta. A sociedade de economia mista é pessoa jurídica de direito privado, portanto pode exercer atividade econômica, no entanto, a Caixa Econômica Federal é exemplo de empresa pública. **C:** Incorreta. A expressão "empresa estatal" ou "empresa governamental" abarca tanto as empresas públicas quanto as sociedades de economia mista, em que a Administração detém todo ou parte do capital social. **D:** Correta. Empresa pública é pessoa jurídica de direito privado. Nos termos do art. 3º da Lei 13.303/16, o capital social da empresa pública é, em regra, integralmente detido pelo ente federativo. Excepcionalmente, desde que maioria do capital votante permaneça com o ente federativo, é possível a participação de outras pessoas jurídicas de direito público ou de entidades da Administração Indireta. **E:** Incorreta. A autarquia tem personalidade jurídica de direito público, seus bens não podem ser penhorados, e ela tem imunidade tributária nos termos do art. 150, § 2º, CR/88. Gabarito "D".

4.1. Conceitos básicos em matéria de organização administrativa

(Analista Judiciário – TJ/AL – 2018 – FGV) Os órgãos públicos são centros de competência especializada criados por lei, sem personalidade jurídica, com escopo de garantir maior eficiência no exercício de suas funções.

Nesse sentido, de acordo com a doutrina de Direito Administrativo e a jurisprudência do Superior Tribunal de Justiça, uma Câmara Municipal:

(A) apesar de não ter personalidade jurídica própria, goza de capacidade processual para demandar em juízo, defendendo seus direitos institucionais;

(B) apesar de não ter personalidade jurídica autônoma, goza de capacidade processual para demandar em juízo sobre qualquer assunto que seu Presidente decidir discricionariamente;

(C) ostenta personalidade jurídica de direito público, como integrante da Administração Direta, e possui capacidade processual para demandar em juízo na defesa de seus interesses;

(D) ostenta personalidade jurídica de direito público, como integrante da Administração Indireta, e possui capacidade processual para demandar em juízo na defesa de seus interesses;

(E) ostenta personalidade jurídica de direito público, como integrante da Administração Direta, e possui capacidade processual para demandar em juízo sobre qualquer assunto que seu Presidente decidir discricionariamente.

As câmaras municipais e assembleias legislativas têm apenas personalidade judiciária, e não jurídica. Assim, só podem participar de processo judicial na defesa de direitos institucionais próprios. Para o STJ (Súmula 525), como as casas legislativas são órgãos integrantes de entes políticos, têm capacidade processual limitada, podendo atuar apenas na defesa de interesses estritamente institucionais. Nos demais casos, cabe ao estado representar judicialmente a Assembleia Legislativa e, no caso das câmaras de vereadores, aos respectivos municípios. Gabarito "A".

4.2. Terceiro Setor

(Procurador – AL/PR – 2024 – FGV) Diante da necessidade de analisar algumas situações submetidas a sua apreciação enquanto Procurador da Assembleia Legislativa do Estado do Paraná, Ronaldo decidiu aprofundar os seus estudos em relação à organização administrativa e às peculiaridades atinentes ao terceiro setor, à luz da jurisprudência do Supremo Tribunal Federal, vindo a concluir corretamente que

(A) considerando a possibilidade de receberem verbas públicas, inclusive a destinação de verbas tributárias, a criação de quaisquer entidades do terceiro setor deve ser realizada mediante a respectiva autorização legislativa.

(B) nas hipóteses em que o erário tenha concorrido para custeio das respectivas atividades, é possível a responsabilização de seus representantes por ato de improbidade administrativa, ainda que tais entidades não integrem a Administração Indireta.

(C) o repasse de verbas públicas para tais entidades depende da realização de licitação, nos termos da Lei nº 14.133/2021 (Lei de Licitações), mormente para fins de formalização de termo de fomento e de termo de parceria.

(D) dentre as entidades do terceiro setor, os serviços sociais autônomos são, para todos os efeitos, equiparados às autarquias, sendo considerados, por conseguinte, entidades integrantes da Administração Indireta.

(E) no dispêndio de verbas provenientes do erário pelas entidades do terceiro setor, não há necessidade de se respeitar os princípios da moralidade e da impessoalidade, considerando que tais valores foram incorporados ao seu patrimônio.

A: Incorreta, pois a criação de entidades do terceiro setor não exige autorização legislativa apenas por receberem verbas públicas. O que se requer é a observância das normas pertinentes ao terceiro setor e à transparência na gestão dos recursos, mas a autorização legislativa não é uma exigência geral para todas as entidades do terceiro setor. **B:** Correta, pois mesmo que as entidades do terceiro setor não integrem a Administração Indireta, elas podem ser responsabilizadas por ato de improbidade administrativa se receberem verbas públicas. A jurisprudência do STF confirma que a responsabilidade por improbidade pode se estender a essas entidades quando há envolvimento de recursos públicos, conforme estabelecido na Lei nº 8.429/1992 (art. 2º, parágrafo único), conforme decidido por exemplo, na ADI 1923 (item 64). **C:** Incorreta, pois o repasse de verbas públicas para entidades do terceiro setor, como a formalização de termos de fomento e de parceria, não está sujeito à realização de licitação. Esses repasses são regulados por normas específicas para o terceiro setor, que incluem a formalização de termos de parceria e fomento, mas não requerem processo licitatório. Vide a respeito a ADI 1923 (itens 17, 32-34, e 44-56). **D:** Incorreta, pois os serviços sociais autônomos, embora desempenhem funções de interesse público, não são equiparados às autarquias e não integram a Administração Indireta. Eles têm uma natureza jurídica distinta e não são considerados parte da Administração Indireta. Uma organização social, por exemplo, "não é entidade da administração indireta, pois não se enquadra nem no conceito de empresa pública, de sociedade de economia mista, nem de fundações públicas, nem no de autarquias" (ADI 1923). **E:** Incorreta, pois, mesmo no dispêndio de verbas provenientes do erário, as entidades do terceiro setor devem respeitar os princípios da moralidade e da impessoalidade. Esses princípios são fundamentais para garantir a correta aplicação dos recursos públicos e a transparência na gestão, independentemente de as verbas terem sido incorporadas ao patrimônio da entidade. Nesse sentido, na ADI 1923 decidiu-se que "embora não façam formalmente licitação, tais entidades devem editar um regulamento próprio para contratações, fixando regras objetivas e impessoais para o dispêndio de recursos públicos".

Gabarito "B".

(Juiz de Direito/AP – 2022 – FGV) O Estado Alfa celebrou com uma organização da sociedade civil (OSC) uma espécie de parceria, mediante transferência voluntária de recursos para consecução de plano de trabalho proposto pelo poder público estadual, em regime de mútua cooperação, para a consecução de finalidades de interesse público e recíproco propostas pela Administração Pública, consistentes na promoção e divulgação do "Programa à Vítima e Testemunha Ameaçadas no Estado Alfa", garantindo, na forma da lei, às vítimas e às testemunhas, alimentação, saúde, moradia, educação e lazer, de maneira a promover a reinserção social dos sujeitos em proteção em um novo território fora do local de risco.

De acordo com a Lei nº 13.019/2014, no caso em tela, o instrumento adequado utilizado foi o:

(A) contrato de gestão, e o serviço firmado foi delegado à OSC, contratada mediante licitação;

(B) termo de colaboração, e a OSC foi selecionada por meio de chamamento público;

(C) termo de parceria, e a OSC foi selecionada mediante inexigibilidade de licitação;

(D) termo de fomento, e a OSC foi selecionada mediante contratação direta;

(E) acordo de cooperação, e deve haver prestação de contas sobre os recursos financeiros transferidos ao Tribunal de Contas.

A Lei 13.019/2014 estabelece o regime jurídico das parcerias entre a administração pública e as Organizações da Sociedade Civil (OSC). Trata-se do Marco Regulatório das Organizações da Sociedade Civil (MROSC). A norma disciplina três instrumentos para a formalização das parcerias: 1º) *termo de colaboração* (em há transferência de recursos financeiros; ademais, a proposta para a instituição da parceria é da Administração); 2º) *termo de fomento* (em que há transferência de recursos financeiros; além disso, a proposta para a instituição da parceria é da entidade civil); e 3º) *acordo de colaboração* (em que *não* há transferência de recursos financeiros). Advirta-se que o *contrato de gestão* não se aplica para as OSCs, e sim às Organizações Sociais (OSs), disciplinadas pela Lei 9.637/1998. Da mesma forma o *termo de parceria*, incidente no regime das Organizações da Sociedade Civil de Interesse Público (OSCIPs), regradas pela Lei 9.790/1999. Além disso, o instrumento de seleção estipulado pela Lei 13.019/2014 é, como regra, o *chamamento público*, e não a licitação. Diante dessas considerações, conclui-se: **A:** incorreta (o contrato de gestão não se aplica às OSCs, e sim às OSs; ademais, a parceria não se faz mediante licitação, e sim por chamamento público); **C:** incorreta (o termo de parceria não se aplica às OSCs, e sim às OSCIPs; além disso, a parceria não se faz mediante licitação ou sua inexigibilidade); **D:** incorreta (não se aplica o termo de fomento, pois, conforme o enunciado, a parceria foi proposta pelo Poder Público; ademais, a parceria não se faz mediante contratação direta); **E:** incorreta (não se aplica acordo de cooperação no caso presente, pois, segundo o enunciado, há transferência de recursos financeiros pela Administração estadual; com relação à prestação de contas, a OSC deve prestar contas ao Tribunal de Contas.

Gabarito "B".

5. SERVIDORES PÚBLICOS

5.1. Espécies de vínculos (cargo, emprego em função)

(Procurador – AL/PR – 2024 – FGV) O Município Delta, após o devido processo legislativo, fez editar uma Lei que criou 300 (trezentos) cargos em comissão, sem pormenorizar, contudo, as respectivas atribuições, em decorrência do objetivo de que os respectivos agentes desempenhassem atividades burocráticas, de apoio técnico e administrativo.

Tal norma especificou, ainda, o percentual dos cargos a serem preenchidos por servidores ocupantes de cargos efetivos e determinou que o regime próprio de previdência dos servidores será aplicável mesmo para aqueles que ocupem exclusivamente cargo em comissão, sendo certo que o número de cargos por ela criado corresponde a mais da metade dos efetivos existentes no âmbito do aludido ente federativo.

Diante dessa situação hipotética, à luz da jurisprudência do Supremo Tribunal Federal acerca do tema, é correto afirmar que

(A) é constitucional a criação de tais cargos em comissão sem pormenorizar as respectivas atribuições.

(B) é inconstitucional a determinação de que um percentual dos cargos em comissão será ocupado por servidores de cargos efetivos.

(C) é constitucional a utilização de tais cargos em comissão para desempenhar atividades burocráticas, de apoio técnico e administrativo.

(D) é inconstitucional a criação de cargos em comissão na proporção em que realizado, diante da violação ao princípio da proporcionalidade.

(E) é constitucional a submissão dos agentes ocupante de cargo exclusivamente em comissão ao regime próprio de previdência dos servidores.

No RE 1041210, foi fixada a seguinte tese: "a) A criação de cargos em comissão somente se justifica para o exercício de funções de direção, chefia e assessoramento, não se prestando ao desempenho de atividades burocráticas, técnicas ou operacionais; b) tal criação deve pressupor a necessária relação de confiança entre a autoridade nomeante e o servidor nomeado; c) o número de cargos comissionados criados deve guardar proporcionalidade com a necessidade que eles visam suprir e com o número de servidores ocupantes de cargos efetivos no ente federativo que os criar; e d) as atribuições dos cargos em comissão devem estar descritas, de forma clara e objetiva, na própria lei que os instituir". Dessa forma: **A:** Incorreta, pois, conforme item "d" da tese, "as atribuições dos cargos em comissão devem estar descritas, de forma clara e objetiva, na própria lei que os instituir". **B:** Incorreta, pois, o art. 37, V, da CF estabelece que os cargos em comissão deve sim ser preenchidos por servidores de carreira, ainda que observado os casos, condições e percentuais mínimos previstos em lei. **C:** Incorreta, pois, conforme o item "a" da tese, os cargos em comissão não se prestam ao desempenho de atividades burocráticas, técnicas ou operacionais, mas somente para o exercício de funções de direção, chefia e assessoramento. **D:** Correta, pois, conforme o item "c" da tese, é justamente ao contrário, para ser constitucional, o número de cargos comissionados criados deve sim guardar proporcionalidade com a necessidade que eles visam suprir, bem como com o número de servidores ocupantes de cargos efetivos no ente federativo que os criar. **E:** Incorreta, pois os ocupantes de cargo exclusivamente em comissão são submetidos ao Regime Geral de Previdência Social (art. 40, § 13, CF). WG

Gabarito "D."

5.2. Provimento

(OAB/FGV – 2024) Marcelo, servidor público federal estável, aposentou-se por invalidez. Meses depois, uma junta médica oficial declarou insubsistentes os motivos de sua aposentadoria.

Consoante a Lei nº 8.112/90, que dispõe sobre o regime jurídico dos servidores públicos civis da União, o retorno de Marcelo à atividade, por meio de provimento de cargo público derivado por reingresso, se dará pela

(A) reintegração, que se dará no cargo anteriormente ocupado ou no cargo resultante de sua transformação. Na hipótese de o cargo ter sido extinto, Marcelo ficará em disponibilidade.

(B) recondução, que ocorrerá no mesmo cargo de origem e, encontrando-se provido o cargo, Marcelo será aproveitado em outro.

(C) reversão, que se fará no mesmo cargo ou no cargo resultante de sua transformação e, encontrando-se provido o cargo, Marcelo exercerá suas atribuições como excedente, até a ocorrência de vaga.

(D) readaptação, que se realizará em cargo de atribuições afins ao cargo originário de Marcelo, respeitada a habilitação exigida, o nível de escolaridade e a equivalência de vencimento.

A Lei 8.112/1990 estabelece o seguinte: "Art. 25. Reversão é o retorno à atividade de servidor aposentado: I – por invalidez, quando junta médica oficial declarar insubsistentes os motivos da aposentadoria; (...) § 1º A reversão far-se-á no mesmo cargo ou no cargo resultante de sua transformação. (...) § 3º No caso do inciso I, encontrando-se provido o cargo, o servidor exercerá suas atribuições como excedente, até a ocorrência de vaga". (g.n.). **A:** incorreta, pois a reversão é a forma de provimento adequada, nos termos do art. 25, I, da Lei 8.112/1990. A reintegração é cabível quando a demissão de um servidor é invalidada, não guardando relação com aposentadoria por invalidez tornada insubsistente (art. 28, caput, da Lei 8.112/1990). **B:** incorreta, pois a reversão é a forma de provimento adequada, nos termos do art. 25, I, da Lei 8.112/1990. A recondução é cabível quando um servidor estável volta ao cargo anteriormente ocupado por não ter sido aprovada em um estágio probatório de um novo cargo ou por reintegração do anterior ocupante num cargo para onde ele tiver ido, não guardando relação com aposentadoria por invalidez tornada insubsistente (art. 29 da Lei 8.112/1990). **C:** correta, nos exatos termos do disposto no art. 25, I, e §§ 1º e 3º, da Lei 8.112/1990. **D:** A: incorreta, pois a reversão é a forma de provimento adequada, nos termos do art. 25, I, da Lei 8.112/1990. A readaptação é cabível quando um servidor, após passar a sofrer uma limitação na sua capacidade física ou mental, é investido em outro cargo compatível com a sua limitação, não guardando relação com aposentadoria por invalidez tornada insubsistente (art. 24, caput, da Lei 8.112/1990). WG

Gabarito "C."

5.3. Acessibilidade e concurso público

(OAB/FGV – 2024) Diante do grande déficit de servidores, o Estado Alfa realizou concurso público para o cargo da polícia penal, com previsão de cinquenta vagas. O respectivo edital previu o prazo de um ano para o certame, prorrogável por igual período, bem como a realização de exame psicotécnico, de caráter eliminatório, com base em previsão constante da lei e do edital. Após a homologação do certame, ficou constando que Eulália fora aprovada em quadragésimo lugar.

Durante o prazo de validade do concurso anterior, o Estado Alfa abriu novo concurso para o preenchimento de mais cinquenta vagas para o mesmo cargo, com as mesmas previsões editalícias mencionadas, no qual Carlos foi o primeiro colocado.

Recentemente, Carlos foi convocado para nomeação para o cargo em questão, enquanto, até a presente data, Eulália ainda não havia sido chamada, apesar de o seu certame ainda estar no prazo de validade.

Nesse contexto, Eulália buscou a sua assessoria jurídica para fins de esclarecer as suas dúvidas acerca da situação vivenciada, hipótese em que você informou corretamente o que se segue.

(A) Eulália não tem direito subjetivo de ser nomeada, considerando que a aprovação em concurso gera mera expectativa de direito.

(B) Os concursos em questão estão viciados, na medida em que é nula a previsão editalícia que exija exame psicotécnico de caráter eliminatório.

(C) A convocação de Carlos caracteriza a preterição do direito de Eulália, já que ela tem prioridade de ser chamada sobre novos concursados.

(D) O prazo de validade estabelecido para os mencionados concursos é inválido, pois a Constituição exige o período razoável de no mínimo dois anos, prorrogável por mais um ano.

A aprovação no concurso proporciona ao candidato mera expectativa de direito de ser nomeado, cabendo à administração a análise discricionária da conveniência ou não em nomear os candidatos aprovados. No entanto, caso a Administração Pública, no prazo de validade de um concurso já homologado, abra um novo concurso e venha a nomear um aprovado nesse novo concurso, um candidato do concurso anterior tem direito de ser nomeado, por ter prioridade de ser chamado sobre novos concursados. **A:** incorreta, pois a expectativa de direito se torna um direito subjetivo no momento em que a Administração preterir um candidato aprovado em concurso ainda em validade, nomeando um candidato aprovado num novo concurso. **B:** incorreta, pois, nos termos da Súmula 686 do STF e da Súmula Vinculante 44 do STF, o exame psicotécnico pode sim ser um requisito eliminatório (ou de "habilitação"), desde que haja lei estabelecendo isso, sendo que, na questão em análise, é mencionado que a lei prevê o exame psicotécnico. **C:** correta, pois a jurisprudência do STF reconhece o direito subjetivo à nomeação de um candidato aprovado em concurso anterior, caso haja nomeação de um candidato classificado em pior posição no certame deste ou caso haja nomeação de um candidato aprovado em concurso posterior, como é o caso da presente questão. **D:** incorreta, segundo o art. 37, III, da CF, "o prazo de validade do concurso público será de até dois anos, prorrogável uma vez, por igual período" (g.n.). Assim sendo, nada impede que um concurso tenha prazo de validade de 1 ano, já que prazo está contido no prazo máximo de 2 anos, valendo salientar que, nesse caso, a prorrogação, se houver, se dará por apenas mais 1 ano, já que deve ser "por igual período". WG

Gabarito "C."

(Juiz de Direito/AP – 2022 – FGV) Maria foi aprovada em concurso público para o cargo efetivo de analista processual do Estado Delta e classificada em quinto lugar. O edital do concurso ofereceu apenas quatro vagas, não obstante houvesse dez cargos efetivos vagos. O resultado final do concurso foi regularmente homologado e, durante o seu prazo de validade, que não foi prorrogado e acaba na próxima semana, o Estado Delta convocou e nomeou os quatro primeiros classificados. Maria logrou obter informações e documentos que comprovam, de forma cabal, que o Estado Delta recentemente nomeou, sem prévio concurso público, para cargo em comissão, três pessoas para exercerem exatamente as mesmas funções afetas ao cargo de analista processual, de necessidade permanente para o Estado, sendo que, para desempenho da mesma função, há ainda servidores temporários com prorrogações sucessivas de seus contratos de trabalho. Assim, Maria impetrou mandado de segurança, pleiteando sua convocação, nomeação e posse.

Consoante a atual jurisprudência do Supremo Tribunal Federal, a ordem deve ser:

(A) denegada, pois apenas convertem a mera expectativa de direito em direito subjetivo à nomeação os candidatos aprovados dentro do número de vagas oferecidas no edital do concurso público;

(B) denegada, pois apenas possuem direito subjetivo à nomeação os candidatos aprovados dentro do número de vagas e os que forem preteridos pela administração pública por burla à ordem de classificação;

(C) denegada, pois apenas possuem direito subjetivo à nomeação os candidatos aprovados dentro do número de vagas e aqueles que forem preteridos na ordem de classificação, bem como se houver abertura de novo concurso para o mesmo cargo, durante o prazo de validade do certame anterior;

(D) concedida, pois Maria passou a ter direito subjetivo à nomeação, na medida em que surgiram novas vagas durante o prazo de validade do certame, o que gera automaticamente o direito à nomeação dos candidatos aprovados fora das vagas previstas no edital do concurso anterior;

(E) concedida, pois Maria passou a ter direito subjetivo à nomeação, na medida em que foi preterida de forma arbitrária e imotivada por parte da administração pública, em comportamento expresso que revela a inequívoca necessidade de sua nomeação.

O tema da situação jurídica do aprovado em concurso público vem sendo objeto de relevantes decisões no âmbito dos Tribunais Superiores. O STF consolidou a posição pela qual o aprovado detém *direito subjetivo* à nomeação em três situações (RE 837.311/PI, Pleno, rel. min. Luiz Fux, DJe 18/04/16, Tema 784). São elas: 1ª) Quando a aprovação ocorrer dentro do número de vagas dentro do edital, salvo situações excepcionalíssimas que justifiquem soluções diferenciadas, devidamente motivadas de acordo com o interesse público; 2ª) Quando for verificada preterição na nomeação por não observância da ordem de classificação, nos termos da Súmula 15 do STF; 3ª) Quando surgirem novas vagas, ou for aberto novo concurso durante a validade do certame anterior, e ocorrer a preterição de candidatos aprovados foram do número das vagas previstas no edital de forma arbitrária e imotivada por parte da Administração Pública. A terceira hipótese é tratada no enunciado da questão: Maria foi aprovada fora do número de vagas e, durante o prazo de validade do concurso, sua nomeação foi preterida em razão de provimentos para cargos em comissão e de prorrogações sucessivas de contratações temporárias. Assim, a ordem do mandado de segurança deve ser concedida pelo juízo. Correta a alternativa E. Gabarito "E".

5.4. Estágio probatório e estabilidade

(OAB/FGV – 2024) Jamile, após aprovação em concurso público, foi investida em cargo efetivo na Secretaria de Administração do Estado Alfa, no qual alcançou a estabilidade.

No entanto, o mencionado ente federativo decidiu reformular o seu quadro de pessoal, de modo que, após o devido processo legislativo, fez publicar a Lei XYX que extinguiu a carreira e, consequentemente, o cargo efetivo ocupado por Jamile, e, em razão disso, ato contínuo, promoveu sua exoneração.

Diante dessa situação hipotética, à luz das disposições constitucionais acerca dos servidores públicos, assinale a afirmativa correta.

(A) Jamile não pode ser afetada pela alteração legislativa em comento, pois possui o direito adquirido de permanecer no cargo para o qual foi aprovada em concurso.

(B) O Estado Alfa deve promover o aproveitamento de Jamile em outro cargo, ainda que com atribuições e remuneração distintas daquele para o qual ela fora aprovada em concurso.

(C) A exoneração de Jamile revela-se adequada e pertinente, diante da extinção da carreira e do cargo efetivo que ocupava pela Lei XYZ.

(D) Jamile, em razão da extinção do cargo, deve ficar em disponibilidade, com remuneração proporcional ao tempo de serviço, até o seu adequado aproveitamento em outro cargo.

O artigo 41 da Constituição, ao regular as hipóteses em que um servidor estável perderá o cargo (§ 1º), estabelece três casos, quais seja, por sentença transitada em julgado, por processo disciplinar com ampla defesa e por avaliação insatisfatória de desempenho, na forma de lei complementar, assegurada ampla defesa. Quanto a hipótese de extinção ou declaração de desnecessidade do cargo de um servidor estável, a Constituição estabelece que este ficará em disponibilidade, com remuneração proporcional ao tempo de serviço, até o seu aproveitamento em outro cargo (art. 41, § 3º, CF). Esse outro cargo deve ter atribuições e vencimentos compatíveis com o anteriormente ocupado (art. 30 da Lei 8.112/90). **A**: incorreta, pois a Constituição estabelece que o servidor ficará em disponibilidade remunerada (art. 41, § 3º, CF), não havendo que se falar em direito adquirido de permanecer no cargo. **B**: incorreta, pois o aproveitamento em outro cargo deve se dar em cargo que tenha atribuições e vencimentos compatíveis com o cargo anteriormente ocupado (art. 30 da Lei 8.112/90). **C**: incorreta, pois a Constituição estabelece que o servidor ficará em disponibilidade remunerada (art. 41, § 3º, CF), não havendo que se falar em exoneração, que significa a ausência absoluta de vínculo. **D**: correta, pois a Constituição estabelece que nesse caso o servidor ficará em disponibilidade remunerada, até o aproveitamento em outro cargo (art. 41, § 3º, CF). Gabarito "D".

5.5. ResponsabilidadeS e deveres do servidor

(Juiz de Direito – TJ/SC – 2024 – FGV) José, servidor público do Estado Ômega, é namorado de Maria, que dá à luz gêmeos, filhos de José. Lamentavelmente, Maria falece no parto dos filhos do casal. José declara no registro civil a paternidade de ambas as crianças, e, munido das certidões de nascimento, requer o afastamento do serviço, sem prejuízo da remuneração, pelo prazo de 120 dias, à semelhança do que sucede com a licença-maternidade, prevista na legislação de regência.

O pedido de José:

(A) pode ser deferido, mas depende de juízo de conveniência e oportunidade do governador do Estado Ômega, que pode decidir no caso de omissão da lei;
(B) deve ser totalmente deferido, pois José tem o direito e o dever de prestar assistência às crianças recém-nascidas, cuja proteção integral deve ser assegurada;
(C) deve ser parcialmente deferido, pois José tem presunção de suficiência econômica, cabendo-lhe o afastamento, mas sem direito à remuneração no período correspondente;
(D) deve ser indeferido, pois não há regra na legislação de regência que assegure esse direito, que é restrito às mães, aplicando-se ao caso o princípio da legalidade estrita;
(E) pode ser deferido, mas depende de juízo de conveniência e oportunidade do chefe imediato de José, dado que o afastamento pode prejudicar a eficiência administrativa.

Conforme decidido pelo Supremo Tribunal Federal, "à luz do art. 227 da Constituição Federal, que confere proteção integral da criança com absoluta prioridade e do princípio da paternidade responsável, a licença-maternidade, prevista no art. 7º, XVIII, da CF/88 e regulamentada pelo art. 207 da Lei 8.112/1990, estende-se ao pai genitor monoparental." (Tema 1.182 de Repercussão Geral, STF). Assim, José tem direito ao prazo de 120 dias da licença maternidade. Gabarito "B".

(Juiz de Direito – TJ/SC – 2024 – FGV) Janaína é servidora pública do Município Delta e tem um filho com deficiência. Em razão dos cuidados que a condição do seu filho demanda, comprovada por junta médica oficial, Janaína requereu a seu chefe a redução da jornada de trabalho em 50%, sem prejuízo da remuneração. Como o Estatuto dos Servidores do Município Delta não admite a redução da jornada nessa hipótese, Janaína fundamentou seu pedido na legislação de regência dos servidores públicos federais, que contempla esse direito.

À luz da jurisprudência atual do Supremo Tribunal Federal, esse pedido deverá ser:

(A) indeferido, pois compete privativamente ao Município Delta legislar sobre o regime jurídico dos seus servidores públicos, sendo inconstitucional a aplicação da norma federal;
(B) indeferido, pois não é conveniente e oportuno ao Município Delta que Janaína passe a desempenhar suas funções com a jornada reduzida;
(C) indeferido, pois a redução da jornada em 50%, sem prejuízo da remuneração, viola a vedação ao enriquecimento sem causa e a isonomia;
(D) deferido em parte, pois a redução da jornada em 50%, sem prejuízo da remuneração, viola a proporcionalidade, sendo, no entanto, adequada essa redução em até 25%;
(E) integralmente deferido, pois a redução pleiteada não acarretará ônus desproporcional ou indevido ao município, devendo ser aplicada por analogia a norma federal.

O Supremo Tribunal Federal, ao julgar o Tema 1.097 de Repercussão Geral entendeu que "aos servidores públicos estaduais e municipais é aplicado, para todos os efeitos, o art. 98, §§ 2º e § 3º, da Lei 8.112/1990". Os referidos dispositivos do estatuto dos servidores públicos federais garantem horário especial ao servidor portador de deficiência, quando comprovada a necessidade por junta médica oficial, independentemente de compensação de horário, assim como para o servidor que tenha cônjuge, filho ou dependente com deficiência. **A:** Incorreta. O Município tem competência para legislar sobre o regime jurídico de seus servidores, no entanto, no caso de inexistência da previsão do horário especial para a servidora que tem um filho com deficiência, deve se aplicar o previsto na Lei 8.112/90, como determinado pelo STF. **B:** Incorreta, não se trata de questão de conveniência ou oportunidade, e sim de determinação legal, que deve ser cumprida pelo Município. **C:** Incorreta. O horário especial para a servidora que tem um filho com deficiência não caracteriza enriquecimento sem causa e não fere a isonomia. **D:** Incorreta. De acordo com a questão, o pedido de horário especial foi baseado em junta médica oficial. **E:** Correta, conforme entendimento já citado do STF. Gabarito "E".

(Juiz Federal – TRF/1 – 2023 – FGV) Após ser aprovada em concurso público, Fernanda foi nomeada e empossada como servidora pública federal, tendo entrado em exercício em 15/02/2022. No mês de março de 2023, Fernanda gozou trinta dias de férias, referentes a seu primeiro período aquisitivo de férias. No mês de junho de 2023, Fernanda requereu o gozo de mais trinta dias de férias para o mês seguinte, dentro do atual período aquisitivo ainda em curso. Apesar de reconhecer que não há necessidade de serviço e que não haveria qualquer prejuízo ao interesse público, a Administração Pública Federal indeferiu o pedido de férias de Fernanda para julho de 2023, alegando que seria necessário que a servidora completasse mais um período aquisitivo de doze meses, o que só ocorrerá em fevereiro de 2024.

Inconformada, Fernanda ajuizou ação judicial pretendendo gozar férias em julho de 2023. Atento à jurisprudência do Superior Tribunal de Justiça e aos termos da Lei nº 8.112/1990, o Juízo Federal decidiu que;

(A) não assiste razão a Fernanda, pois o gozo de cada período de férias somente pode ocorrer após ser cumprido integralmente o correlato período aquisitivo de doze meses de exercício, e o servidor não pode gozar de mais de trinta dias de férias por ano;
(B) não assiste razão a Fernanda, pois o gozo de cada período de férias somente pode ocorrer após ser cumprido integralmente o correlato período aquisitivo de doze meses de exercício, e o servidor não pode gozar de mais de sessenta dias de férias por ano;
(C) não assiste razão a Fernanda, pois o gozo de cada período de férias somente pode ocorrer após ser cumprido integralmente o correlato período aquisitivo de doze meses de exercício, embora não haja limitação para gozo de férias por ano, desde que haja dias disponíveis no banco de férias;
(D) assiste razão a Fernanda, porque, mesmo no curso do primeiro período aquisitivo de férias, isto é, nos primeiros doze meses de exercício, o servidor já tem

direito a gozar até sessenta dias de férias, com a devida compensação nos exercícios seguintes;

(E) assiste razão a Fernanda, porque é possível ao servidor que já usufruiu o primeiro período de férias, após cumprida a exigência de doze meses de exercício, usufruir as férias seguintes no mesmo ano civil, dentro do período aquisitivo ainda em curso.

O STJ, em julgamento de recurso repetitivo, estabeleceu a tese de que "é possível ao servidor que já usufruiu o primeiro período de férias, após cumprida a exigência de 12 (doze) meses de exercício, usufruir as férias seguintes no mesmo ano civil, dentro do período aquisitivo ainda em curso, nos termos do § 1º do art. 77 da Lei 8.112/1990" (REsp n. 1.954.503/PE). Assim, Fernanda tem direito de usufruir as férias seguintes no mesmo ano civil. Correta, portanto, a letra E.
Gabarito: E.

(Juiz Federal – TRF/1 – 2023 – FGV) No mês passado, o policial rodoviário federal João, por necessidade do serviço, trabalhou vários dias durante a madrugada e ultrapassou a carga horária ordinária de quarenta horas semanais. Sabe-se que a Lei federal nº 11.358/2006 dispõe que os policiais rodoviários federais são remunerados exclusivamente por subsídio, fixado em parcela única, vedado o acréscimo de qualquer gratificação, adicional, abono, prêmio, verba de representação ou outra espécie remuneratória, bem como que não são devidos a tais servidores o adicional noturno e o adicional pela prestação de serviço extraordinário.

De acordo com a jurisprudência do Supremo Tribunal Federal, no caso em tela, o policial rodoviário federal João:

(A) faz jus aos adicionais noturno e de hora extra, aplicando-se, por analogia, as normas que garantem tais direitos aos servidores públicos federais;

(B) faz jus aos adicionais noturno e de hora extra, aplicando-se, por analogia, as normas que garantem tais direitos aos trabalhadores em geral;

(C) não faz jus ao adicional noturno, mas tem direito à retribuição pelas horas extras realizadas que ultrapassaram a quantidade remunerada pela parcela única do subsídio;

(D) não faz jus aos adicionais noturno e de hora extra, diante da expressa vedação legal, pois não cabe ao Poder Judiciário, que não tem função legislativa, aumentar vencimentos de servidores públicos sob o fundamento de isonomia;

(E) não faz jus à retribuição pelas horas extras realizadas que ultrapassaram a quantidade remunerada pela parcela única do subsídio, devendo haver compensação de horário no próximo mês, mas tem direito ao adicional noturno que, por sua natureza, é insuscetível de compensação.

O Supremo Tribunal Federal estabeleceu que "é constitucional o regime de subsídios da carreira de policial rodoviário federal (Lei nº 11.358/2006) na parte em que veda o pagamento de adicional noturno e quaisquer outras gratificações ou adicionais, mas garante o direito à gratificação natalina, ao adicional de férias e ao abono de permanência. Contudo, deve ser afastada interpretação que impeça a remuneração desses policiais pelo desempenho de serviço extraordinário (horas extras) que não esteja compreendida no subsídio". (Inf. 1085, STF).
A: Incorreta. João não faz jus a adicional noturno, mas tem direito à retribuição pelas horas extras que ultrapassem a quantidade remunerada pela parcela única. **B:** Incorreta. João não faz jus a adicional noturno, mas tem direito à retribuição pelas horas extras que ultrapassem a quantidade remunerada pela parcela única. **C:** Correta. Informativo 1.085, STF. **D:** Incorreta. Faz jus ao pagamento das horas extras que ultrapassarem o valor remunerado pelo subsídio. **E:** Incorreta. Faz jus ao pagamento das horas extras que ultrapassarem o valor remunerado pelo subsídio.
Gabarito: C.

(Juiz de Direito/AP – 2022 – FGV) O Estado Gama, por meio de emenda constitucional, acresceu à sua Constituição Estadual norma instituindo o teto remuneratório dos servidores públicos estaduais limitado ao valor do subsídio mensal dos ministros do Supremo Tribunal Federal.

De acordo com a Constituição da República de 1988 e a jurisprudência do Supremo Tribunal Federal, a mencionada norma é:

(A) inconstitucional, pois a Constituição da República de 1988 dispõe que é facultado aos Estados fixar, em seu âmbito, mediante emenda às respectivas Constituições estaduais, o teto remuneratório dos servidores públicos estaduais do Judiciário, adotando, como limite único, o valor do subsídio mensal dos desembargadores dos respectivos Tribunais de Justiça, limitado a 95% do subsídio mensal dos ministros do Supremo Tribunal Federal;

(B) inconstitucional, pois a Constituição da República de 1988 dispõe que é facultado aos Estados fixar, em seu âmbito, mediante emenda às respectivas Constituições estaduais, o teto remuneratório dos servidores públicos estaduais, exceto no que se refere aos subsídios dos deputados estaduais, adotando, como limite único, o valor do subsídio mensal dos desembargadores dos respectivos Tribunais de Justiça, limitado a 90,25% do subsídio mensal dos ministros do Supremo Tribunal Federal;

(C) inconstitucional, pois a Constituição da República de 1988 dispõe que é obrigatório aos Estados fixar, em seu âmbito, mediante emenda às respectivas Constituições estaduais, o teto remuneratório dos servidores públicos estaduais, exceto no que se refere aos subsídios dos magistrados, adotando, como limite único, o valor do subsídio mensal dos desembargadores dos respectivos Tribunais de Justiça, limitado a 90,25% do subsídio mensal do governador do Estado;

(D) constitucional, pois reproduziu o texto da Constituição da República de 1988 que estabelece como limite para o teto da remuneração dos ocupantes de cargos, funções e empregos públicos da administração direta e indireta de qualquer dos Poderes da União, dos Estados, do Distrito Federal e dos Municípios, o subsídio mensal, em espécie, dos ministros do Supremo Tribunal Federal;

(E) constitucional, pois reproduziu o texto da Constituição da República de 1988 que estabelece como limite para o teto da remuneração dos ocupantes de cargos, funções e empregos públicos da administração direta, autárquica e fundacional, dos membros de qualquer dos Poderes da União, dos Estados, do Distrito Federal e dos Municípios, o subsídio mensal, em espécie, dos ministros do Supremo Tribunal Federal.

O limite remuneratório do funcionalismo público está disciplinado no art. 37, XI, da CF. Esse dispositivo prevê que, no âmbito dos Estados, aplica-se: ao Poder Executivo, o teto referente ao subsídio mensal do Governador; ao Poder Legislativo, o subsídio dos Desembargadores Estaduais; ao Poder Judiciário, o subsídio dos Desembargadores do Tribunal de Justiça, limitado a 90,25% do subsídio dos Ministros do STF. Ocorre que a própria CF, no § 12 do art. 37, faculta aos Estados, mediante emenda à Constituição do Estado, fixar um *limite único* a todos os Poderes, consistente no subsídio dos Desembargadores do respectivo Tribunal de Justiça (limitado a 90,25% do subsídio mensal dos Ministros do STF). Este dispositivo não se aplica aos subsídios dos Deputados Estaduais. Considerando que o enunciado da questão aponta a hipótese em que o Estado Gama, por meio de emenda constitucional, instituiu teto remuneratório único aos servidores estaduais, limitado ao valor do subsídio dos Ministros do STF, conclui-se que essa norma é inconstitucional, porquanto ofensiva ao art. 37, §12, da CF. Diante disso: **A:** incorreta (o limite do subsídio dos desembargadores dos Tribunais de Justiça não é de 95% do subsídio dos ministros do STF; e sim de 90,25%); **B:** correta (cf. art. 37, §12, da CF); **C:** incorreta (a adoção do limite único não é obrigatório, e sim facultativo; além disso, o art. 37, §12 excepciona a sua aplicação aos deputados estaduais, e não aos magistrados); **D** e **E:** incorretas (a norma é inconstitucional). WG

Gabarito "B".

5.6. Sistema Previdenciário

(Analista – TJ/SC – FGV – 2018) João, Oficial de Justiça do Tribunal de Justiça de Santa Catarina, se aposentou. Três meses depois, foi informado que o Tribunal de Contas Estadual não aprovou o ato administrativo de sua aposentadoria, eis que faltam dois meses para completar o tempo de contribuição necessário.

A interferência da Corte de Contas, no caso em tela, em tese, é:

(A) ilegítima, eis que o ato administrativo de aposentadoria é simples, e o Tribunal de Contas não tem competência para interferir em ato administrativo do Poder Judiciário;

(B) ilegítima, eis que o ato administrativo de aposentadoria é composto, sendo formado pela manifestação do Diretor de Recursos Humanos e Presidente do TJSC, sem controle pelo Tribunal de Contas;

(C) ilegítima, eis que o ato administrativo de aposentadoria é composto, e a apreciação da legalidade do ato de concessão inicial de aposentadoria do Tribunal de Contas imprescinde do contraditório e da ampla defesa;

(D) legítima, eis que o ato administrativo de aposentadoria é simples e deve ser praticado somente pelo agente público competente para tal, qual seja, o Presidente do Tribunal de Contas;

(E) legítima, eis que o ato administrativo de aposentadoria é complexo, e a apreciação da legalidade do ato de concessão inicial de aposentadoria do Tribunal de Contas prescinde do contraditório e da ampla defesa.

Temos aqui polêmico tema sobre a natureza do ato de registro da aposentadoria pelo Tribunal de Contas. Segundo o artigo 71 da CF/88, compete ao Tribunal de Contas apreciar, para fins de registro, a legalidade dos atos de admissão de pessoal, ressalvados para os cargos em comissão, bem como a das concessões de aposentadorias, reformas e pensões. Tal "apreciação, para fins de registro", consiste na verificação, sem caráter jurisdicional, da legalidade ou, num sentido mais amplo, da validade dos atos administrativos benéficos àqueles que são investidos em funções públicas, inativados ou pensionados pela Administração Pública. Pois bem. De acordo com a classificação ordinariamente feita pela maioria dos doutrinadores pátrios quanto à formação dos atos administrativos, podem eles ser simples, complexos e compostos. O ato complexo é o que se forma pela conjugação de vontades de mais de um órgão administrativo, isto é, tem-se o concurso de vontades de órgãos diferentes para a formação de um único ato. O ato composto, por sua vez, é o que resulta da vontade de um órgão, mas depende da verificação por parte de outro, para se tornar exequível. Partindo das definições acima exaradas, temos, portanto, que um ato administrativo complexo não se completa, não tem existência enquanto não se formarem as vontades dos órgãos de cujo concurso depende. Passado para o caso em tela – e segundo o entendimento do Supremo Tribunal Federal – a aposentadoria, pensão ou reforma sequer se configuram senão quando devidamente registradas pelos Tribunais de Contas. Em outras palavras, haveria um ato complexo e não composto, de sorte que, como o ato não teria se completado até então, não haveria necessidade de se salvaguardar a ampla defesa e o contraditório até então. Eis a dicção da Súmula Vinculante 3 do STF, a qual prevê que: "Nos processos perante o Tribunal de Contas da União asseguram-se o contraditório e a ampla defesa quando da decisão puder resultar anulação ou revogação de ato administrativo que beneficie o interessado, *excetuada a apreciação da legalidade do ato de concessão inicial de aposentadoria, reforma e pensão*". Importante ressaltar que o Supremo Tribunal Federal entende, atualmente, que o Tribunal de Contas deve apreciar a legalidade do ato de concessão inicial de aposentadoria, reforma ou pensão em um prazo de 5 anos: "Em atenção aos princípios da segurança jurídica e da confiança legítima, os Tribunais de Contas estão sujeitos ao prazo de cinco anos para o julgamento da legalidade do ato de concessão inicial de aposentadoria, reforma ou pensão, a contar da chegada do processo à respectiva Corte de Contas" (Informativo 967, STF). WG

Gabarito "E".

5.7. Infração disciplinar e processo administrativo

(OAB/FGV – 2024) Vicente, servidor público federal estável, praticou conduta que corresponde a crime, na forma da legislação penal, e se enquadra como falta funcional grave, passível de demissão.

Ao tomar conhecimento de tal situação, a Administração determinou a instauração de processo administrativo disciplinar, com a designação da Comissão processante, composta por três servidores ocupantes de cargos efetivos, sendo certo que um deles, Alípio, ainda não alcançou a estabilidade. Paralelamente, o Juízo criminal competente recebeu denúncia em desfavor de Vicente em razão dos mesmos fatos.

Considerando os dados apresentados, Vicente procurou você, como advogado(a), para esclarecer dúvidas acerca da mencionada situação. Assinale a opção que apresenta a orientação jurídica que, corretamente, você prestou.

(A) O processo administrativo disciplinar em face de Vicente não poderia ser instaurado, na medida em que a sua responsabilização deve se restringir à esfera criminal.

(B) A nomeação de Alípio para compor a comissão processante do processo administrativo disciplinar não é válida.

(C) O recebimento da denúncia em desfavor de Vicente suspende a apuração levada a efeito em sede de processo administrativo disciplinar.

(D) Eventual sentença absolutória na ação penal deverá repercutir em demissão de Vicente, ainda que fundada na ausência de provas.

A: incorreta, pois, nos termos do art. 125 da Lei 8.112/1990, "as sanções civis, penais e administrativas poderão cumular-se, sendo independentes entre si", portanto, havendo previsão de sanções disciplinares (que é um tipo de sanção administrativa) por ato que também constitui crime, as duas esferas (disciplinar e criminal) poderão aplicar sanções, por serem independentes entre si. **B:** correta, pois as comissões que conduzem os processos disciplinares devem ser compostas por servidores estáveis (art. 149, *caput*, da Lei 8.112/1990), sendo que no caso em tela um dos servidores não é estável, portanto, a comissão disciplinar não é válida. **C:** incorreta, pois não há previsão legal nesse sentido, devendo o processo disciplinar prosseguir, na esteira do art. 125 da Lei 8.112/1990, que estabelece que as instâncias penal e administrativa são independentes entre si. **D:** incorreta, pois a responsabilidade administrativa do servidor somente será afastada por uma absolvição criminal caso esta tenha sido motivada por negativa da existência do fato ou da autoria, não ocorrendo esse afastamento por mera absolvição por falta de provas. WG

Gabarito "B".

(Procurador – AL/PR – 2024 – FGV) Ao ser designada para compor Comissão processante no âmbito do processo administrativo disciplinar, Pamela, Procuradora da Assembleia Legislativa do Estado do Paraná, entendeu que era necessário rememorar as súmulas do Superior Tribunal de Justiça acerca do tema. Assinale a opção que indica entendimento sumulado aferido por Pamela na mencionada situação hipotética.

(A) O excesso para a conclusão do processo administrativo é causa de nulidade, independentemente da caracterização de prejuízo à defesa.

(B) É vedada a utilização de "prova emprestada" no processo administrativo disciplinar, nas hipóteses em que a autorização para a realização da prova se submeta à reserva de jurisdição criminal.

(C) Compete à autoridade administrativa aplicar a servidor público a pena de demissão em razão da prática de improbidade administrativa, independentemente de prévia condenação, por autoridade judiciária, à perda da função pública.

(D) O controle jurisdicional do processo administrativo disciplinar é amplo, sendo possível a incursão no mérito administrativo em qualquer hipótese, diante da amplitude do princípio da ampla defesa e do contraditório.

(E) Os prazos prescricionais previstos para o processo administrativo disciplinar iniciam-se da ocorrência do fato, interrompem-se com o primeiro ato de instauração válido, após o que tem início a prescrição intercorrente.

A: Incorreta, pois o excesso de prazo para a conclusão do processo administrativo disciplinar não é, automaticamente, causa de nulidade. A jurisprudência do Superior Tribunal de Justiça (STJ) determina que a nulidade por excesso de prazo ocorre somente se ficar demonstrado prejuízo à defesa do acusado. Isso está em conformidade com a Súmula 592 do STJ, que afirma que "O excesso de prazo para a conclusão do processo administrativo disciplinar só causa nulidade se houver demonstração de prejuízo à defesa". **B:** Incorreta, pois, segundo a Súmula 591 do STJ, "É permitida a 'prova emprestada' no processo administrativo disciplinar, desde que devidamente autorizada pelo juízo competente e respeitados o contraditório e a ampla defesa". **C:** Correta, pois a competência para aplicar a pena de demissão por improbidade administrativa é da autoridade administrativa, independentemente de prévia condenação judicial. O processo administrativo disciplinar pode levar à demissão com base em fatos apurados, conforme a Súmula 651 do STJ, que estabelece que "Compete à autoridade administrativa aplicar a servidor público a pena de demissão em razão da prática de improbidade administrativa, independentemente de prévia condenação, por autoridade judiciária, à perda da função pública". **D:** Incorreta, pois o controle jurisdicional do processo administrativo disciplinar não é amplo a ponto de permitir a incursão no mérito administrativo. O Judiciário pode revisar o processo apenas para garantir a observância dos princípios constitucionais de devido processo legal, ampla defesa e contraditório, mas não reexamina, em regra, o mérito das decisões administrativas. Isso está de acordo com a Súmula 665 do STJ, que afirma que "O controle jurisdicional do processo administrativo disciplinar restringe-se ao exame da regularidade do procedimento e da legalidade do ato, à luz dos princípios do contraditório, da ampla defesa e do devido processo legal, não sendo possível incursão no mérito administrativo, ressalvadas as hipóteses de flagrante ilegalidade, teratologia ou manifesta desproporcionalidade da sanção aplicada". **E:** Incorreta, pois os prazos prescricionais para o processo administrativo disciplinar não se iniciam com a ocorrência do fato, mas na data em que a autoridade "toma conhecimento do fato". A Súmula 635 do STJ estabelece que "Os prazos prescricionais previstos no art. 142 da Lei n. 8.112/1990 iniciam-se na data em que a autoridade competente para a abertura do procedimento administrativo toma conhecimento do fato, interrompem-se com o primeiro ato de instauração válido - sindicância de caráter punitivo ou processo disciplinar – e voltam a fluir por inteiro, após decorridos 140 dias desde a interrupção". WG

Gabarito "C".

(ENAM – 2024 – FGV) Carlos, servidor público efetivo federal, no exercício das funções, praticou ato de insubordinação grave em serviço, que foi categoricamente comprovado no curso de regular processo administrativo disciplinar (PAD), que ensejou a imposição de pena de demissão ao servidor. Inconformado, Carlos ajuíza ação judicial, pleiteando a reforma da decisão administrativa, a fim de que lhe seja aplicada penalidade disciplinar menos gravosa, haja vista que comprovou nunca ter sido anteriormente sancionado, nem mesmo respondido a PAD, além de que constam em sua folha de assentamento funcional dois elogios.

Com base na Lei nº 8.112/90 e na jurisprudência do Superior Tribunal de Justiça, o magistrado deve julgar a pretensão de Carlos

(A) procedente, porque, diante dos bons antecedentes e da ausência de reincidência, o Estatuto dos Servidores Públicos Civis da União prevê que a penalidade disciplinar cabível para o caso em tela é a advertência, que será aplicada pela Administração Pública por escrito e de forma reservada e, em razão disso, Fernando deve ser imediatamente reintegrado ao cargo.

(B) improcedente, haja vista que, apesar de o controle jurisdicional do PAD não se restringir ao exame da regularidade do procedimento e da legalidade do ato, sendo possível, em regra, incursão no mérito administrativo, por se tratar de direito administrativo sancionador, Fernando praticou ato de insubordinação grave em serviço que deve ser punido com demissão ou suspensão, conforme discricionariedade do administrador.

(C) procedente, uma vez que, na aplicação das penalidades, devem ser consideradas a natureza e a gravidade da infração cometida, os danos que dela provierem para o serviço público, as circunstâncias atenuantes e os antecedentes funcionais, de maneira que a sanção de demissão deve ser substituída pela suspensão por 90 (noventa) dias, após o que será o servidor reintegrado.

(D) improcedente, haja vista que, não obstante a autoridade administrativa possuir discricionariedade para aplicar ao servidor pena diversa de demissão quando caracterizadas as hipóteses legais dessa sanção de demissão mas houver atenuantes objetivas e subjetivas, o Poder Judiciário não pode se imiscuir no mérito administrativo, pois sua análise se restringe aos aspectos de legalidade do PAD, à luz dos princípios do contraditório, da ampla defesa e do devido processo legal.

(E) improcedente, pois a autoridade administrativa que impôs a sanção disciplinar agiu corretamente, uma vez que não dispõe de discricionariedade para aplicar ao servidor pena diversa de demissão quando caracterizadas as hipóteses legais dessa sanção.

O art. 132, VI, da Lei 8.112/90 estabelece que a penalidade de demissão deve ser aplicada no caso de insubordinação grave em serviço. Com relação à aplicação de demissão, a súmula 650 do STJ estabelece que "a autoridade administrativa não dispõe de discricionariedade para aplicar ao servidor pena diversa de demissão quando caraterizadas as hipóteses previstas no artigo 132 da Lei 8.112/1990". Assim, comprovada a insubordinação grave em serviço, deve ser aplicada a penalidade de demissão, sem nenhum grau de escolha para a autoridade competente para aplicar a penalidade. **A:** Incorreta. A penalidade prevista pela insubordinação grave em serviço é a demissão. **B:** Incorreta. A súmula 665, STJ prescreve que "o controle jurisdicional do processo administrativo disciplinar restringe-se ao exame da regularidade do procedimento e da legalidade do ato, à luz dos princípios do contraditório, da ampla defesa e do devido processo legal, não sendo possível incursão no mérito administrativo, ressalvadas as hipóteses de flagrante ilegalidade, teratologia ou manifesta desproporcionalidade da sanção aplicada". Assim, o Poder Judiciário não pode analisar o mérito. **C:** Incorreta, ainda que a Lei 8.112/90, no art. 128, estabeleça que na aplicação das penalidades serão consideradas a natureza e a gravidade da infração cometida, os danos que dela provierem para o serviço público, as circunstâncias agravantes ou atenuantes e os antecedentes funcionais, não existe discricionariedade nas hipóteses de demissão. **D:** Incorreta, a autoridade não tem liberdade para aplicar pena diversa da demissão nesse caso. **E:** Correta, conforme Súmula 650, STJ. FC

Gabarito: "E".

(Juiz Federal – TRF/1 – 2023 – FGV) Joaquim, servidor público federal ocupante de cargo efetivo na Autarquia Alfa, ao atender ao público em seu local de trabalho, colocava seu celular escondido abaixo da mesa, de maneira que filmava, por meio da câmera do telefone, as partes íntimas de cidadãs que buscavam atendimento na repartição, assim como de outras servidoras e funcionárias terceirizadas que precisavam com ele despachar algum expediente. Certo dia, sua colega de trabalho Maria percebeu a conduta de Joaquim, o filmou na execução do ato e comunicou ao órgão correcional competente. Foi instaurado processo administrativo disciplinar, no bojo do qual restou comprovada a conduta antes narrada.

Tendo em vista que a folha de assentamentos funcionais de Joaquim, até então, só contava com elogios, de acordo com a jurisprudência do Superior Tribunal de Justiça, a Joaquim deverá ser aplicada a sanção de:

(A) demissão, por conduta escandalosa na repartição;
(B) suspensão por até noventa dias, por incontinência pública na repartição;
(C) suspensão por até noventa dias, por coagir ou aliciar subordinados na repartição;
(D) suspensão por até noventa dias, por valer-se do cargo para lograr proveito pessoal, em detrimento da dignidade da função pública;
(E) demissão, apenas se Joaquim tiver sido condenado pelos mesmos fatos na esfera criminal; caso negativo, deverá ser sancionado com suspensão por até noventa dias, por ter procedido de forma desidiosa.

A: conduta de Joaquim se caracteriza como uma infração administrativa, por se tratar de conduta escandalosa, na repartição. O referido ato deve levar à hipótese de demissão, nos termos do art. 132, V, da Lei 8.112/90. A: Correta. Trata-se de conduta escandalosa na repartição, passível de demissão. **B:** Incorreta. A conduta escandalosa, assim como a incontinência pública, não leva à penalidade de suspensão, e sim de demissão. **C:** Incorreta. Não se trata de coagir ou aliciar subordinados na repartição, e sim conduta escandalosa. **D:** Incorreta. Não se trata de valer-se do cargo para lograr proveito pessoal, e sim conduta escandalosa. **E:** Incorreta. A condenação à pena de demissão de Joaquim na via administrativa não depende de condenação na esfera criminal, pois as esferas são independentes entre si, só cabendo absolvição na esfera administrativa quando se tratar de absolvição na esfera penal por negativa de autoria ou inexistência dos fatos (art. 126, Lei 8.112/90). FC

Gabarito: "A".

6. IMPROBIDADE ADMINISTRATIVA

(Procurador – AL/PR – 2024 – FGV) Considerando a orientação firmada pelo Supremo Tribunal Federal acerca da utilização da colaboração premiada, nos termos da Lei nº 12.850/2013, no âmbito civil, em ação civil pública por ato de improbidade administrativa movida pelo Ministério Público, na seara do microssistema legal de proteção ao patrimônio público e de combate à corrupção, é correto afirmar que deve ser observada a seguinte diretriz:

(A) é vedada a utilização da colaboração premiada em ação de improbidade administrativa movida pelo Ministério Público, restringindo-se os seus efeitos à esfera penal em que foi formalizada.
(B) as declarações do agente constantes da referida colaboração premiada são suficientes para iniciar a ação de improbidade pelos mesmos fatos, ainda que desacompanhadas de outros elementos de prova.
(C) é válida a determinação de ressarcimento ao erário, ainda que parcial, no bojo da aludida colaboração premiada, a impedir o ajuizamento da ação de improbidade acerca dos mesmos fatos.
(D) o Ministério Público não poderá negociar em torno do modo e das condições para o ressarcimento ao erário no bojo da colaboração premiada, em razão de se tratar de matéria a ser definida exclusivamente em sede de ação de improbidade.
(E) para que a colaboração premiada seja utilizada no âmbito da improbidade administrativa é necessário que o acordo seja celebrado com a interveniência da pessoa jurídica interessada, bem como devidamente homologado pela autoridade judicial.

De acordo com a decisão tomada pelo STF no ARE 1175650, foi fixada a tese de repercussão geral no sentido de que "É constitucional a utilização da colaboração premiada, nos termos da Lei 12.850/2013, no âmbito civil, em ação civil pública por ato de improbidade administrativa movida pelo Ministério Público, observando-se as seguintes diretrizes: (1) Realizado o acordo de colaboração premiada, serão remetidos ao juiz, para análise, o respectivo termo, as declarações do colaborador e cópia da investigação, devendo o juiz ouvir sigilosamente o colaborador, acompanhado de seu defensor, oportunidade em que analisará os seguintes aspectos na homologação: regularidade, legalidade e voluntariedade da manifestação de vontade, especialmente nos casos em que o colaborador está ou esteve sob efeito de medidas cautelares, nos termos dos §§ 6º e 7º do artigo 4º da referida Lei 12.850/2013. (2) As declarações do agente colaborador, desacompanhadas de outros elementos de prova, são insuficientes para o início da ação civil por ato de improbidade; (3) A obrigação de ressarcimento do dano causado ao erário pelo agente colaborador deve ser integral, não podendo ser objeto de transação ou acordo, sendo válida a negociação em torno do modo e das condições para a indenização; (4) O acordo de colaboração deve ser celebrado pelo Ministério Público, com a interveniência da pessoa jurídica interessada e devidamente homologado pela autoridade judicial; (5) Os acordos já firmados somente pelo Ministério Público ficam preservados até a data deste julgamento, desde que haja previsão de total ressarcimento do dano, tenham sido devidamente homologados em Juízo e regularmente cumpridos pelo beneficiado". Dessa forma:
A: Incorreta, pois a colaboração premiada pode, sim, ter efeitos na esfera civil, incluindo ações de improbidade administrativa, desde que observadas as diretrizes legais mencionadas na tese acima transcrita. **B:** Incorreta, pois as declarações do agente na colaboração premiada não são suficientes, por si só, para iniciar uma ação de improbidade administrativa. É necessário que essas declarações sejam acompanhadas de outros elementos de prova que comprovem a prática do ato de improbidade, na forma do item 2 da tese acima transcrita. **C** e **D:** Incorretas. A alternativa "C" está incorreta, pois a obrigação de ressarcimento do dano causado ao erário pelo agente colaborador deve ser integral, não podendo ser parcial, como mencionado, já que não podem ser objeto de transação ou acordo. O que se permite é apenas a negociação em torno do modo e das condições para a indenização (item 3 da tese acima transcrita), daí porque a alternativa "D" também está incorreta. **E:** Correta, nos exatos termos do item 4 da tese acima transcrita. WG

Gabarito: E.

(Procurador – AL/PR – 2024 – FGV) Felisberto, na qualidade de Secretário de esportes do Estado Ômega, dolosamente, em fevereiro de 2018, praticou a conduta de permitir a realização de despesas não autorizadas em lei ou regulamento, caracterizadora de ato de improbidade que causou efetiva e comprovada lesão ao erário, na forma do Art. 9º, IX, da Lei nº 8.429/92, com a redação conferida pela Lei nº 14.230/2021. A ação veiculando a respectiva pretensão punitiva foi ajuizada pelo ente federativo lesado em janeiro de 2024, enquanto ele ainda ocupava o aludido cargo ininterruptamente, sendo certo que houve pedido de indisponibilidade de bens no respectivo processo. Diante dessa situação hipotética, à luz da jurisprudência do Supremo Tribunal Federal é correto afirmar que

(A) o ente federativo lesado não possui legitimidade para o ajuizamento mencionada ação de improbidade, diante das alterações promovidas pelo novel diploma legal.

(B) o Secretário, enquanto agente político, deve responder por crime de responsabilidade, de modo que não está sujeito às penalidades da lei de improbidade, sob pena de *bis in idem*.

(C) a decretação da indisponibilidade de bens pleiteada sob a vigência da nova lei deve demonstrar a existência de perigo de dano irreparável ou de risco ao resultado útil do processo.

(D) por serem mais benéficos para o Secretário, os marcos temporais da prescrição estabelecidos pela alteração legislativa devem retroagir para beneficiá-lo.

(E) a determinação de aplicação dos princípios de direito administrativo sancionador prevista no novel diploma legal com relação à improbidade conferiu natureza penal aos ilícitos previstos na norma em questão.

No ARE 843989, o Supremo Tribunal Federal fixou as seguintes teses: 1) É necessária a comprovação de responsabilidade subjetiva para a tipificação dos atos de improbidade administrativa, exigindo-se nos artigos 9º, 10 e 11 da LIA a presença do elemento subjetivo dolo; 2) A norma benéfica da Lei 14.230/2021 revogação da modalidade culposa do ato de improbidade administrativa, é irretroativa, em virtude do artigo 5º, inciso XXXVI, da Constituição Federal, não tendo incidência em relação à eficácia da coisa julgada; nem tampouco durante o processo de execução das penas e seus incidentes; 3) A nova Lei 14.230/2021 aplica-se aos atos de improbidade administrativa culposos praticados na vigência do texto anterior, porém sem condenação transitada em julgado, em virtude da revogação expressa do tipo culposo, devendo o juízo competente analisar eventual dolo por parte do agente. 4) O novo regime prescricional previsto na Lei 14.230/2021 é irretroativo, aplicando-se os novos marcos temporais a partir da publicação da lei. Nas ADIs 7042 e 7043, o Supremo Tribunal Federal decidiu o seguinte: (a) declarar a inconstitucionalidade parcial, sem redução de texto, do *caput* e dos §§ 6º-A e 10-C do art. 17, assim como do *caput* e dos §§ 5º e 7º do art. 17-B, da Lei 8.429/1992, na redação dada pela Lei 14.230/2021, de modo a restabelecer a existência de legitimidade ativa concorrente e disjuntiva entre o Ministério Público e as pessoas jurídicas interessadas para a propositura da ação por ato de improbidade administrativa e para a celebração de acordos de não persecução civil; (b) declarar a inconstitucionalidade parcial, com redução de texto, do § 20 do art. 17 da Lei 8.429/1992, incluído pela Lei 14.230/2021, no sentido de que não existe "obrigatoriedade de defesa judicial"; havendo, porém, a possibilidade dos órgãos da Advocacia Pública autorizarem a realização dessa representação judicial, por parte da assessoria jurídica que emitiu o parecer atestando a legalidade prévia.

Na ADI 4295, já considerando o texto da Lei de Improbidade com a alteração dada pela Lei 14.230/21, que manteve (e deixou explícita) a submissão dos agentes políticos à sistemática de improbidade administrativa, o STF reiterou o entendimento de que os agentes políticos, com exceção do Presidente da República, encontram-se sujeitos a duplo regime sancionatório, de modo que se submetem tanto à responsabilização civil pelos atos de improbidade administrativa quanto à responsabilização político-administrativa por crimes de responsabilidade (Pet 3240, AgR/DF).

Dessa forma:
A: Incorreta, pois o ente federativo lesado possui legitimidade para ajuizar ações de improbidade administrativa, mesmo após as alterações promovidas pela Lei nº 14.230/2021, uma vez que o STF declarou a inconstitucionalidade do art. 17 da Lei nº 8.429/1992 (alterada) nesse ponto, restabelecendo a legitimidade ativa concorrente e disjuntiva entre o Ministério Público e as pessoas jurídicas interessadas (como é o caso do ente federativo lesado), para o ajuizamento da ação de improbidade. **B:** Incorreta, pois o Secretário, apesar de ser agente político, está sujeito às penalidades da Lei de Improbidade Administrativa, conforme o art. 2º, *caput*, da Lei nº 8.429/1992. A responsabilidade por improbidade não se confunde com a de crime de responsabilidade, evitando o *bis in idem*. Como se viu acima, na ADI 4295, o STF reiterou o entendimento de que os agentes políticos, com exceção do Presidente da República, encontram-se sujeitos a duplo regime sancionatório, de modo que se submetem tanto à responsabilização civil pelos atos de improbidade

administrativa quanto à responsabilização político-administrativa por crimes de responsabilidade (Pet 3240, AgR/DF). **C:** Correta, pois a decretação da indisponibilidade de bens, conforme a nova redação da Lei nº 8.429/1992, exige a demonstração de perigo de dano irreparável ou risco ao resultado útil do processo, conforme o art. 16, § 3º, da citada lei, com a redação dada pela Lei nº 14.230/2021. **D:** Incorreta, pois, nos termos do item 4 da tese mencionada, o novo regime prescricional previsto na Lei 14.230/2021 é irretroativo, aplicando-se os novos marcos temporais a partir da publicação da lei. **E:** Incorreta, pois a Lei nº 14.230/2021 não conferiu natureza penal aos ilícitos de improbidade administrativa. Os ilícitos previstos na Lei nº 8.429/1992 permanecem na esfera civil, daí porque inclusive houve proibição de retroação de efeitos em face de decisões transitadas em julgado, respeitando-se, em prejuízo, os princípios do direito administrativo sancionador, e não do direito penal. **WG**

Gabarito "C".

(ENAM – 2024 – FGV) Em 2020, Fernando foi condenado com trânsito em julgado por ato de improbidade administrativa que causou prejuízo ao erário, por ter culposamente permitido que a sociedade empresária Beta utilizasse bens e valores integrantes do acervo patrimonial do Município Alfa, sem a observância das formalidades legais ou regulamentares aplicáveis à espécie, na época em que Fernando exercia o cargo de Secretário Municipal de Administração. Atualmente, em sede de cumprimento de sentença, o Ministério Público está pleiteando o pagamento de multa civil a que Fernando fora condenado na ação de improbidade. A defesa de Fernando, no entanto, alegou na execução que, diante da reforma da Lei de Improbidade Administrativa pela Lei nº 14.230/21, a multa não mais é devida.

Diante da situação fática e jurídica narrada, alinhado ao entendimento do Supremo Tribunal Federal sobre o tema, o magistrado deve

(A) acatar a tese defensiva e extinguir a execução, diante da aplicação do princípio da retroatividade da lei mais benéfica para o réu em matéria de direito sancionador, haja vista que a Lei nº 14.230/2021 revogou todas as hipóteses de atos de improbidade administrativa culposos.

(B) acatar a tese defensiva e extinguir a execução, diante da aplicação dos princípios da isonomia e da segurança jurídica, pois a Lei nº 14.230/2021 revogou expressamente o tipo de ato de improbidade administrativa praticado por Fernando, aplicando-se, por analogia *in bonam partem*, o instituto da *abolitio criminis*.

(C) acatar a tese defensiva e extinguir a execução, haja vista que a Lei nº 14.230/2021, por possuir conteúdo de direito material em tema de direito sancionador, aplica-se retroativamente a todos os processos de conhecimento e de execução em curso que tenham por objeto responsabilização por ato de improbidade administrativa.

(D) rejeitar a tese defensiva e prosseguir a execução, pois a revogação da modalidade culposa do ato de improbidade administrativa, promovida pela Lei nº 14.230/2021, é irretroativa, de modo que os seus efeitos não têm incidência em relação à eficácia da coisa julgada, nem durante o processo de execução das penas e seus incidentes.

(E) rejeitar a tese defensiva e prosseguir a execução, pois não houve revogação do tipo e do elemento subjetivo da culpa no ato de improbidade administrativa praticado por Fernando, pois os dispositivos da Lei nº 14.230/2021 são objeto de interpretação conforme a Constituição, para manter a culpa na configuração dos atos ímprobos que causem prejuízo ao erário.

Fernando foi condenado pelo ato de improbidade administrativa que causou prejuízo ao erário de forma culposa. Com as alterações da Lei 8.429/92, realizadas pelas Lei 14.230/21, a modalidade culposa deixa de existir, sendo necessária a comprovação do dolo. No entanto, o Supremo Tribunal Federal, no Informativo 1065, analisou a aplicabilidade dessas alterações. De acordo com o STF, a revogação da modalidade culposa do ato de improbidade administrativa é irretroativa, com relação às decisões que tenham transitado em julgado. A norma mais benéfica, qual seja, a não aplicação da modalidade culposa, só retroage quando ainda não houve o trânsito em julgado da decisão, devendo, nesse caso, o juiz analisar o dolo ou a culpa por parte do agente. Ocorre que, no caso em tela, a decisão já transitou em julgado, não devendo retroagir para beneficiar Fernando. **A:** Incorreta. No caso em tela, a norma mais benéfica não retroage. **B:** Incorreta, a norma mais benéfica não retroage. **C:** Incorreta, a norma mais benéfica não retroage. **D:** Correta, conforme entendimento do STF acima. **E:** Incorreta. A Lei 14.230/21 revogou a modalidade culposa, tornando-se necessária a comprovação de responsabilidade subjetiva para a tipificação dos atos de improbidade administrativa, exigindo-se a comprovação do dolo. **FC**

Gabarito "D".

(Juiz de Direito – TJ/SC – 2024 – FGV) Em 8 de maio de 2020, o prefeito do Município de Arara Azul virou réu de ação de improbidade administrativa sob a acusação de prejuízo ao erário. Segundo reportagem investigativa amplamente divulgada em rede nacional, evidenciou-se desvio de verba pública que deveria ser direcionada à educação para as contas bancárias do prefeito. Tendo em vista as gravações telefônicas a que o repórter teve acesso, foi acolhido judicialmente o pedido do Ministério Público de indisponibilidade de bens. Com o advento da Lei nº 14.230/2021, que alterou a Lei de Improbidade Administrativa (Lei nº 8.429/1992), houve peticionamento para desbloqueio das contas bancárias do prefeito por excesso de cautela ao argumento de que a Lei nº 14.230/2021 retroagiria, o que foi negado pelo juiz da causa.

A respeito da decisão judicial denegatória do pedido de reconhecimento do excesso de cautela, é correto afirmar que:

(A) a decisão judicial é inválida se as contas do prefeito foram aprovadas pela Câmara Municipal;

(B) a decisão judicial é inválida, pois não houve a oitiva do prefeito sobre o bloqueio de suas contas bancárias após a petição inicial;

(C) a decisão judicial é inválida, pois seria devida a automática retroatividade da Lei nº 14.230/2021 na medida em que ainda não houve condenação transitada em julgado;

(D) a decisão judicial é válida, pois o bloqueio dos valores das contas bancárias do prefeito não poderia ser reapreciado no curso da ação de improbidade administrativa;

(E) o desbloqueio dos valores das contas bancárias do prefeito pode ser convencionado mediante a celebração de acordo de não persecução civil, condicionado à homologação judicial.

8. DIREITO ADMINISTRATIVO

A: Incorreta. A aplicação das sanções previstas na lei de improbidade administrativa independe da aprovação ou rejeição das contas pelo órgão de controle interno ou pelo Tribunal ou Conselho de Contas (art. 21, II, Lei 8.429/92). **B:** Incorreta. Apesar de o art. 16, § 3º, Lei 8.429/92 exigir a oitiva prévia do réu para a decretação da indisponibilidade, o § 4º do mesmo artigo possibilita a decretação da indisponibilidade sem a oitiva do réu sempre que o contraditório prévio puder comprovadamente frustrar a efetividade da medida ou houver outras circunstâncias que recomendem a proteção liminar, não podendo a urgência ser presumida. **C:** Incorreta. O Supremo Tribunal Federal entendeu que a retroatividade das alterações da Lei 14.230/2021 ocorrerá apenas com relação à revogação da conduta culposa, quando a ação ainda não transitou em julgado (Inf. 1.065, STF). A questão em análise não discute o elemento subjetivo do ato, portanto, não há como se afirmar que a decisão judicial seria inválida. Eventualmente, se no caso concreto o juiz concluísse que se tratasse de conduta culposa, a ação de improbidade por si só seria extinta, não apenas a decretação da indisponibilidade de bens. **D:** Incorreta. O art. 16, § 6º, Lei 8.429/92 possibilita a readequação da indisponibilidade durante a instrução do processo. **E:** Correta. A Lei 8.429/92 possibilita a celebração do acordo de não persecução civil, no art. 17-B. Nesse caso, havendo o acordo de não persecução civil, é possível que seja efetuado o desbloqueio dos valores das contas bancárias do prefeito. O art. 17-B, § 1º estabelece os requisitos cumulativos para a celebração do acordo, dentre eles, a homologação judicial. Gabarito "E".

(Juiz Federal – TRF/1 – 2023 – FGV) João, ex-secretário de saúde do Município X, é réu em ação de improbidade proposta pelo Ministério Público Federal em 2020. É acusado de ter se apropriado de valores desviados de contratação pública realizada em 2019, sem licitação e com preços acima da prática de mercado. Durante a fase de instrução, João requer ao juízo a adoção de diversas providências.

O entendimento correto a ser adotado pelo julgador, conforme orientação do Supremo Tribunal Federal na tese fixada no Tema 1.199, é:

(A) aplicar a prescrição intercorrente a contar da prática do ato tido como ímprobo, ou seja, 2019;

(B) que a Lei nº 14.230/2021 não se aplica ao caso concreto, uma vez que o ato tido como ímprobo foi praticado em 2019, antes da vigência da nova lei;

(C) como não há sentença condenatória transitada em julgado, incide a Lei nº 14.230/2021, cabendo ao juiz analisar a existência de dolo na conduta de João;

(D) como já foi recebida a inicial e juntada a contestação, opera-se a estabilidade da demanda, não sendo possível a aplicação da Lei nº 14.230/2021 ao caso apresentado;

(E) ser possível a condenação por ato de improbidade na modalidade culposa, uma vez que os atos tidos como ímprobos foram praticados em 2019, antes da vigência da Lei nº 14.230/2021.

João está respondendo por um ato de improbidade praticado em 2019, sendo que a ação de improbidade foi ajuizada em 2020. Com as alterações que a lei 8.429/92 sofreu, o prazo de prescrição para o ajuizado da ação passou a ser de 8 anos, contados a partir da ocorrência do fato ou, no caso de infrações permanentes, do dia em que cessou a permanência. No entanto, o Supremo Tribunal Federal entendeu, ao julgar o Tema 1.199 de Repercussão Geral, que o novo regime prescricional é irretroativo, só se aplicando aos atos praticados depois da lei. Outra alteração importante na Lei 8.429/92 foi a exigência de conduta dolosa para a responsabilização pelo ato de improbidade, a todas as espécies de atos. No entanto, o STF entendeu que a revogação da modalidade culposa não tem incidência em relação à eficácia da coisa julgada; nem tampouco durante o processo de execução das penas e seus incidentes. A revogação da modalidade culposa, segundo o STF, só se aplica para as ações de improbidade administrativa que ainda não transitaram em julgado, cabendo ao juiz analisar eventual dolo por parte do agente. **A:** Incorreta. A prescrição intercorrente foi inserida em 2021 no art. 23, § 8º, Lei 8.429/92, portanto, não retroage à ação de improbidade em que João responde, pois o ato ocorreu antes das alterações. **B:** Incorreta. Os atos praticados antes das alterações da Lei 8.429/92 continuam sendo considerados atos de improbidade administrativa, podendo ser aplicada, a não ser na questão do novo regime prescricional. **C:** Correta. Como a sentença ainda não transitou em julgado, cabe ao juiz analisar o eventual dolo do agente público, pois, caso não tenha o dolo, a ação deverá ser extinta. **D:** Incorreta. As alterações realizadas pela Lei 14.230/2021 só não se aplicam nas hipóteses em que o STF deixou clara a irretroatividade. **E:** Incorreta. Caso fique comprovado que a conduta foi culposa, a revogação da modalidade culposa deverá ser aplicada, visto que a ação ainda não transitou em julgado. Gabarito "C".

(Juiz Federal – TRF/1 – 2023 – FGV) O Ministério Público Federal (MPF) ajuizou, em junho de 2023, ação de improbidade administrativa em face do servidor público federal Antônio, imputando-lhe a conduta de ter recebido vantagem econômica consistente em dois milhões de reais no último ano, para tolerar, no exercício da função pública, a prática de narcotráfico. No bojo da inicial, o MPF veiculou pedido liminar de indisponibilidade de bens em face de Antônio.

No caso em tela, consoante dispõe a Lei nº 8.429/1992 (Lei de Improbidade Administrativa - LIA), com redação dada pela Reforma de 2021 da LIA:

(A) a decretação de indisponibilidade do bem de família do réu é vedada, salvo se comprovado que o imóvel seja fruto de vantagem patrimonial indevida, conforme descrito no Art. 9º da LIA;

(B) o pedido de indisponibilidade de bens do réu tem a finalidade de garantir a integral recomposição do erário pela prática dos atos tipificados nos Arts. 9º, 10 e 11, da LIA, mas não o acréscimo patrimonial resultante de enriquecimento ilícito;

(C) o pedido de indisponibilidade de bens não poderá, em qualquer caso, incluir a investigação, o exame e o bloqueio de bens, contas bancárias e aplicações financeiras mantidas pelos réus no exterior, resguardada a competência do Superior Tribunal de Justiça;

(D) o valor da indisponibilidade considerará a estimativa de dano indicada na petição inicial, não sendo permitida a sua substituição por caução idônea, por fiança bancária ou por seguro-garantia judicial, a requerimento dos réus;

(E) a ordem de indisponibilidade de bens deverá priorizar o bloqueio de contas bancárias, bens imóveis, veículos de via terrestre, bens móveis em geral, semoventes, navios e aeronaves, ações e quotas de sociedades simples e empresárias, pedras e metais preciosos.

A: Correta. O art. 16, § 14, Lei 8.429/92 prevê que "É vedada a decretação de indisponibilidade do bem de família do réu, salvo se comprovado que o imóvel seja fruto de vantagem patrimonial indevida, conforme descrito no art. 9º desta Lei". **B:** Incorreta. O art. 16, *caput*, Lei 8.429/92 estabelece que "na ação por improbidade administrativa poderá ser formulado, em caráter antecedente ou incidente, pedido de indisponibilidade de bens dos réus, a fim de garantir a integral recomposição do erário ou do acréscimo patrimonial resultante de enriquecimento ilícito". **C:** Incorreta. O art. 16, § 2º, Lei 8.429/92 prevê que "quando for o caso, o pedido de indisponibilidade de bens a que se refere o *caput* deste artigo incluirá a investigação, o exame e o bloqueio de bens, contas bancárias e aplicações financeiras mantidas pelo indiciado no exterior, nos termos da lei e dos tratados internacionais". **D:** Incorreta. Nos termos do art. 16, § 6º, Lei 8.429/92, "o valor da indisponibilidade considerará a estimativa de dano indicada na petição inicial, permitida a sua substituição por caução idônea, por fiança bancária ou por seguro-garantia judicial, a requerimento do réu, bem como a sua readequação durante a instrução do processo". **E:** Incorreta. O art. 16, § 11, Lei 8.429/92 estabelece a ordem de prioridade: "A ordem de indisponibilidade de bens deverá priorizar veículos de via terrestre, bens imóveis, bens móveis em geral, semoventes, navios e aeronaves, ações e quotas de sociedades simples e empresárias, pedras e metais preciosos e, apenas na inexistência desses, o bloqueio de contas bancárias, de forma a garantir a subsistência do acusado e a manutenção da atividade empresária ao longo do processo". Gabarito "A".

(OAB/FGV – 2023) No ano corrente, o Ministério Público ajuizou duas ações por improbidade administrativa distintas, uma em desfavor de Carlos, prefeito do Município *Alfa*, e, outra, em desfavor de Bruno, servidor do Município *Beta*.

Ambas as ações buscavam a aplicação de penalidade pela prática de atos de improbidade que violam princípios da Administração Pública, com a descrição objetiva dos fatos exigida em lei e apontando a lesividade relevante ao bem jurídico tutelado.

A primeira tem fundamento na negativa, pelo próprio prefeito, de publicidade aos atos oficiais, que não estavam protegidos por sigilo. A segunda ação foi proposta porque Bruno nomeou sua esposa para cargo administrativo em comissão a ele subordinado, no qual ela vinha laborando com afinco.

Diante dessa situação hipotética, considerando a atual redação da Lei nº 8.429/92, assinale a afirmativa correta.

(A) Revela-se pertinente o ajuizamento de ambas as ações, sendo imprescindível, em cada caso, a demonstração de dolo, bem como de que a conduta funcional de cada agente público tinha o fim de obter proveito ou benefício indevido para si ou para outra pessoa ou entidade.

(B) A ação ajuizada em desfavor de Carlos é pertinente, mas aquela em desfavor de Bruno não, considerando que, apesar de o nepotismo ser vedado pelo ordenamento, não há previsão no sentido de que sua prática caracteriza ato de improbidade administrativa.

(C) Apenas é pertinente a ação ajuizada em desfavor de Bruno, na medida em que a negativa de publicidade aos atos oficiais por Carlos não constitui uma ilegalidade passível de caracterizar ato de improbidade administrativa.

(D) Ambas as ações são despropositadas, pois, além da lesividade relevante ao bem jurídico tutelado, é imprescindível o reconhecimento de danos ao erário para a caracterização da improbidade administrativa, o que não ocorreu em nenhum dos casos.

A: Certa. O art. 11, IV e XI, Lei 8.429/92 enquadra as duas condutas descritas na questão; e o art. 11, § 1º exige que a conduta funcional de cada agente público deve ter o fim de obter proveito ou benefício indevido para si ou para outra pessoa ou entidade. **B:** Errada. O nepotismo está previsto no art. 11, XI, Lei 8.429/92. **C:** Errada. Negar publicidade aos atos oficiais, exceto em razão de sua imprescindibilidade para a segurança da sociedade e do Estado ou de outras hipóteses instituídas em lei é ato de improbidade previsto no art. 11, IV, Lei 8.429/92. **D:** Errada, os atos de improbidade que ferem princípios da Administração exigem lesividade relevante ao bem jurídico tutelado para serem passíveis de sancionamento e independem do reconhecimento da produção de danos ao erário e de enriquecimento ilícito dos agentes públicos (art. 11, § 4º, Lei 8.429/92). Gabarito "A".

(OAB/FGV – 2023) Fernanda foi aprovada em primeiro lugar em concurso público para o cargo de Auditor Fiscal da Secretaria de Fazenda do Estado Alfa. Ao ser convocada para investidura no cargo público, o departamento de recursos humanos da secretaria solicitou a Fernanda, entre outros documentos, cópia da sua última declaração de imposto sobre a renda e proventos de qualquer natureza apresentada à Secretaria Especial da Receita Federal do Brasil.

Com receio de ver violada sua privacidade e informações resguardadas pelo sigilo fiscal, Fernanda procurou você, como advogado(a), indagando sobre a obrigatoriedade da entrega da mencionada declaração.

Com base na atual redação da Lei de Improbidade Administrativa, assinale a opção que apresenta seu esclarecimento.

(A) A posse e o exercício do cargo ficam condicionados à apresentação da citada declaração de imposto sobre a renda, a fim de ser arquivada no serviço de pessoal competente.

(B) A nomeação e a posse não ficam condicionadas à apresentação da citada declaração de imposto sobre a renda, mas seus vencimentos apenas serão pagos com a entrega do documento.

(C) A nomeação, a posse e o exercício do cargo ficam condicionados à apresentação da citada declaração de imposto sobre a renda, mediante prévia quebra de sigilo fiscal por ordem judicial.

(D) A nomeação, a posse e o exercício do cargo não ficam condicionados à apresentação da citada declaração de imposto sobre a renda, mas Fernanda responderá por ato de improbidade administrativa se não entregar o documento em 30 (trinta) dias após a posse.

A: Certa. A posse e o exercício de agente público ficam condicionados à apresentação de declaração de imposto de renda e proventos de qualquer natureza, que tenha sido apresentada à Secretaria Especial da Receita Federal do Brasil, a fim de ser arquivada no serviço de pessoal competente (art. 13, Lei 8.429/92). **B**, **C** e **D**: Erradas. Será apenado com a pena de demissão, sem prejuízo de outras sanções cabíveis, o agente público que se recusar a prestar a declaração dos bens a que se refere o *caput* deste artigo dentro do prazo determinado ou que prestar declaração falsa (art. 13, §3º, Lei 8.429/92). Gabarito "A".

(Técnico – TJ/AL – 2018 – FGV – ADAPTADA) João, Técnico Judiciário do Tribunal de Justiça de Alagoas, lotado em determinada Vara Criminal, revelou, de forma dolosa, fato de que tinha ciência em razão das suas atribuições, consistente no teor do depoimento de determinada testemunha em ação penal de grande repercussão social que tramita em segredo de justiça, ainda em fase de instrução, propiciando beneficiamento por informação privilegiada.

De acordo com as disposições da Lei 8.429/92, João:

(A) não cometeu ato de improbidade administrativa, porque não houve efetivo prejuízo ao erário, mas deve responder em âmbito disciplinar;
(B) não cometeu ato de improbidade administrativa, porque está ausente o especial fim de agir do agente, consistente em seu enriquecimento ilícito;
(C) não cometeu ato de improbidade administrativa, porque não faz parte do Poder Executivo ou Legislativo, mas deve responder em âmbito disciplinar;
(D) cometeu ato de improbidade administrativa, sem prejuízo dos demais reflexos nas esferas criminal e administrativo-disciplinar;
(E) cometeu ato de improbidade administrativa, desde que se comprove nexo causal entre a conduta do servidor e efetivo dano ao erário.

Trata-se de ato de improbidade administrativa que atenta contra os princípios da Administração Pública, consistente em "revelar fato ou circunstância de que tem ciência em razão das atribuições e que deva permanecer em segredo, propiciando beneficiamento por informação privilegiada ou colocando em risco a segurança da sociedade e do Estado", nos termos do Art. 11, III da Lei 8.429/1992. **A:** Errada. A responsabilização por ato de improbidade que atenta contra os princípios da Administração não depende de prejuízo ao erário, conforme previsão no art. 11, § 4º, Lei 8.429/92: "Os atos de improbidade de que trata este artigo exigem lesividade relevante ao bem jurídico tutelado para serem passíveis de sancionamento e independem do reconhecimento da produção de danos ao erário e de enriquecimento ilícito dos agentes públicos". **B:** Errada. A responsabilização por atos que ferem princípios não dependem de enriquecimento ilícito, nos termos do art. 11, §4º, Lei 8.429/92. **C:** Errada. João é considerado agente público, nos termos do art. 2º da Lei 8.429/92. **D:** Certa. A responsabilização por ato de improbidade administrativa é independente das demais esferas. **E:** Errada. Não é necessário comprovar o efetivo dano ao erário no caso de atos de improbidade administrativa que fere princípios da Administração. Gabarito "D".

(Analista Judiciário – TJ/AL – 2018 – FGV - ADAPTADA) João, ocupante do cargo efetivo de Analista Judiciário, no exercício de suas funções, recebeu, para si, mensalmente, durante um ano, a quantia de mil reais em dinheiro, a título de presente de Márcio, que figura como réu em determinado processo que tramita na Vara onde João está lotado. Em contrapartida, o Analista Judiciário deixou de dar andamento ao processo que potencialmente poderia causar prejuízo econômico a Márcio.

No caso descrito, a ação civil pública por ato de improbidade administrativa:

(A) não pode ser ajuizada em face de nenhum personagem, eis que não houve danos ao erário, restando a responsabilização em âmbito disciplinar e criminal;
(B) não pode ser ajuizada em face de Márcio, porque não é agente público, mas deve ser promovida em desfavor do Analista Judiciário, por ofensa ao princípio da moralidade;
(C) deve ser ajuizada em face de ambos os personagens, eis que praticaram conjuntamente o ato ilícito, independentemente de ter ocorrido dano ao erário, e será processada e julgada originariamente no Tribunal de Justiça;
(D) deve ser ajuizada em face do agente público que praticou o ato ímprobo, por conduta dolosa, bem como do particular que induziu ou concorreu dolosamente na prática do ato, independentemente de ter ocorrido dano ao erário;
(E) deve ser ajuizada em face de ambos os personagens, eis que praticaram conjuntamente o ato ilícito, com domínio final do fato, e será processada e julgada na Vara Criminal competente.

A: Incorreta. A responsabilização por ato de improbidade administrativa que causa enriquecimento ilícito não depende de dano ao erário. **B:** Incorreta. Márcio, apesar de não ser agente público, pode responderá pelo ato de improbidade administrativa quando induz ou concorre dolosamente para a prática do ato (art. 3º, Lei 8.429/92). **C:** Incorreta. De acordo com o Supremo Tribunal Federal (Informativo 901, STF), as ações de improbidade devem ser ajuizadas em primeiro grau. **D:** Correta. Arts. 2º e 3º da Lei 8.429/92. **E:** Incorreta. A ação de improbidade administrativa não se confunde com ação penal. Gabarito "D".

(Analista – TJ/AM – 2013 – FGV - ADAPTADA) A Lei n.º 8.429/1992 dispõe a respeito dos atos de improbidade administrativa, sendo objeto de regramento constitucional. A esse respeito, assinale a alternativa que dispõe corretamente sobre a disciplina da *improbidade administrativa* no ordenamento jurídico brasileiro.

(A) Para se configurar o ato de improbidade administrativa é necessário que haja prejuízo ao erário público.
(B) A lei de improbidade administrativa apenas é aplicável aos agentes públicos, únicos que podem praticar ou concorrer para a prática do ato de improbidade administrativa.
(C) Uma vez transferido ao seu sucessor o patrimônio do agente público que tenha cometido ato de improbidade, a ação de ressarcimento fica prejudicada.
(D) Uma vez sancionado o agente público por ato de improbidade administrativa não poderá sofrer sanção penal pelo mesmo fato sob pena de *bis in idem*.
(E) Os atos que causem prejuízo ao erário exigem dolo para serem considerados atos de improbidade administrativa.

A: assertiva incorreta, pois há casos de enriquecimento ilícito (art. 9º da Lei 8.429/1992) e de violação a princípios da administração (art. 11 da Lei 8.429/1992) que não importam em prejuízo ao erário, que, segundo a própria lei, não é necessário para a configuração de ato de improbidade, salvo para a pena de ressarcimento (art. 21, I, da Lei 8.429/1992); **B:** assertiva incorreta, pois qualquer pessoa que, mesmo não sendo agente público, concorrer ou induzir dolosamente para a prática de um ato de improbidade, responderá nos termos da Lei 8.429/1992, nos termos do art. 3º da referida Lei; **C:** assertiva incorreta, pois "o sucessor ou o herdeiro daquele que causar dano ao erário ou que se enriquecer ilicitamente estão sujeitos apenas à obrigação de repará-lo até o limite do valor da herança ou do patrimônio transferido" (art. 8º, Lei 8.429/92); **D:** assertiva incorreta, pois a Constituição Federal, em seu art. 37, § 4º, estabelece que os atos de improbidade importarão nas sanções previstas no dispositivo, "sem prejuízo da ação penal cabível", deixando claro que as sanções de improbidade são independentes das sanções penais, como o art. 12, *caput*, da Lei 8.429/1992, que também deixa claro a independência das sanções civis e administrativas; **E:** assertiva correta, pois todos os atos de improbidade, inclusive os que causam prejuízo ao erário, dependem da comprovação de dolo (art. 10, *caput*, da Lei 8.429/1992). Gabarito "E".

7. INTERVENÇÃO NA PROPRIEDADE E NO DOMÍNIO ECONÔMICO

(Juiz de Direito/AP – 2022 – FGV) O Município Beta, após revisão de seu plano diretor com a oitiva da sociedade civil, por meio de diversas audiências públicas, concluiu que necessitava de áreas para a execução de programas e projetos habitacionais de interesse social. Dessa forma, foi editada lei municipal, baseada no citado plano diretor, delimitando as áreas em que incidirá direito de preempção, com prazo de vigência de quatro anos. O direito de preempção conferiu ao poder público municipal preferência para aquisição de imóvel urbano objeto de alienação onerosa entre particulares, naquela área especificada. Por entender que a citada lei municipal é inconstitucional por violar seu direito de propriedade, João alienou a Maria seu imóvel incluído na área prevista na lei, sem oportunizar ao município o direito de preferência. O Município Beta ajuizou ação pleiteando a invalidação do negócio jurídico celebrado entre João e Maria, requerendo que lhe sejam assegurados os direitos previstos no Estatuto da Cidade.

No caso em tela, o magistrado deve observar que a Lei nº 10.257/2001 dispõe que a alienação do imóvel de João a Maria é:

(A) válida e eficaz, haja vista que a lei municipal é materialmente inconstitucional por violar o direito de propriedade de João, na medida em que não especificou os proprietários de imóveis que serão desapropriados;

(B) válida e eficaz, haja vista que a lei municipal é formalmente inconstitucional por violar o direito de propriedade de João, visto que é competência legislativa dos Estados editar normas dispondo sobre esse tipo de limitação administrativa;

(C) nula de pleno direito, e o Município poderá adquirir o imóvel pelo seu valor venal previsto na base de cálculo do IPTU ou pelo valor da transação, se este for inferior àquele, pois o direito de preempção é uma espécie de limitação administrativa;

(D) válida e ineficaz, haja vista que o Município deverá comprovar, durante a fase de instrução probatória, a utilidade pública, a necessidade pública ou o interesse social para exercer seu direito de preferência, por meio da desapropriação;

(E) nula de pleno direito, e o Município poderá adquirir o imóvel pelo seu valor venal, a ser definido por perícia de avaliação judicial, assegurados o contraditório e a ampla defesa, pois o direito de preempção é uma espécie de desapropriação especial urbana.

O direito de preempção está disciplinado, na seara urbanística, no Estatuto da Cidade (Lei 10.257/2001) e confere ao Poder Público municipal preferência para aquisição de imóvel urbano objeto de alienação onerosa entre particulares (art. 25). Trata-se de uma forma legítima de intervenção do Estado na propriedade privada. Para tanto, lei municipal, baseada no plano diretor, deve delimitar as áreas em que incide o direito de preempção, com a fixação do prazo de vigência (não superior a cinco anos). No caso da questão sob análise, João não observou o direito de preempção, pois deveria ter notificado o Município sobre sua intenção de alienar o imóvel, para o que ente público manifestasse seu interesse em comprá-lo (art. 27). Nesse sentido, o negócio realizado entre João e Maria é considerada nulo de pleno direito (art. 27, § 5º), de modo que o Município poderá adquirir o imóvel pelo valor da base de cálculo do IPTU ou pelo valor da transação, se este for inferior àquele (art. 27, § 6º). Assim, correta a alternativa C. **FC**

Gabarito "C."

7.1. Desapropriação

(OAB/FGV – 2024) O Município Alfa fez editar um decreto expropriatório por utilidade pública do bem de propriedade de Constância, sob o fundamento de que o imóvel é necessário para a construção de uma escola.

Constância recusou-se a formalizar acordo na via administrativa, na medida em que tem robustas provas de que, na realidade, o objetivo da desapropriação é uma vingança pessoal de seu ex-cônjuge, Rosalvo, que é o atual prefeito do município, que subscreve o mencionado decreto. Diante da ausência de acordo, o Município ajuizou a respectiva ação de desapropriação.

Em razão disso, Constância procurou você, como advogado(a), a fim de elucidar questões atinentes ao problema por ela enfrentado.

Considerando estritamente os fatos narrados, assinale a afirmativa que apresenta, corretamente, sua orientação.

(A) A desapropriação não apresenta qualquer vício, considerando que o motivo invocado no decreto é válido, independentemente de Rosalvo ter dela se utilizado para fins de vingança.

(B) Em sede de contestação na ação de desapropriação, Constância pode invocar qualquer matéria de fato ou de direito, mediante a produção de provas que viabilizem ao Poder Judiciário a verificação da existência ou não da situação de utilidade pública invocada no decreto.

(C) A utilização da desapropriação por Rosalvo para se vingar da ex-cônjuge constitui desvio de finalidade, vício insanável que deverá ser alegado em ação própria, na medida em que a contestação na ação de desapropriação só pode versar sobre vício processual ou impugnação do preço.

(D) O município não poderia ter ajuizado a ação de desapropriação, na medida em que esta depende da realização de acordo na via administrativa para a consumação da perda da propriedade.

A: incorreta, pois quando o agente público pratica com ato com a finalidade de fazer vingança, e não com a finalidade prevista em lei para esse ato (no caso, o interesse público em desapropriar um imóvel para nele construir uma escola), tem-se o chamado "desvio de finalidade", vício insanável e que enseja o pedido de anulação do respectivo ato em ação própria; **B:** incorreta; de acordo com o art. 20 do Dec.-lei 3.365/1941, "a contestação **só** poderá versar sobre vício do processo judicial ou impugnação do preço; **qualquer outra questão** deverá ser decidida por ação direta" (g.n.); o caso em questão não é de vício do processo judicial, nem de impugnação de preço, mas de vício de direito substantivo, no caso, vício no ato administrativo (no decreto expropriatório); portanto, Constância deverá requerer a nulidade deste ato em ação própria, e não na ação de desapropriação; **C:** correta, pois Rosalvo praticou o ato com a finalidade real de fazer vingança, e não com a finalidade prevista em lei para esse ato (no caso, o interesse público em desapropriar um imóvel para nele construir uma escola), configurando o chamado "desvio de finalidade", vício insanável; no mais é correto dizer que o pedido de anulação do ato expropriatório deve ser feito em ação própria, uma vez que, nos termos do art. 20 do Dec.-lei 3.365/1941, na ação de desapropriação, "a contestação só poderá versar sobre vício do processo judicial ou impugnação do preço; **qualquer outra questão** deverá ser decidida por ação direta" (g.n.); **D**: incorreta, pois, não havendo o acordo, a lei determina que o ente expropriante ajuíze ação de desapropriação, a qual, nos casos de desapropriação por utilidade ou necessidade pública, deve ser aforada dentro de 5 anos da data da expedição do decreto expropriatório (arts. 10, *caput*, 10-A, § 3º, e 11 do Dec.-lei 3.365/1941). WG

Gabarito C.

(Procurador – AL/PR – 2024 – FGV) Em decorrência de suas peculiaridades, algumas modalidades de intervenção do Estado na propriedade são dotadas de autoexecutoriedade, em especial aquela em que a premência na adoção de determinada conduta é imposta por perigo iminente, em razão do que eventual indenização será ulterior, se houver dano, hipótese em que, inclusive, poderá ocorrer a supressão da propriedade, no caso de perecimento do bem.

Nesse contexto, assinale a opção que indica a modalidade de intervenção do Estado na propriedade que apresenta tais características.

(A) A desapropriação por necessidade pública.
(B) A requisição administrativa.
(C) O tombamento.
(D) A limitação administrativa.
(E) A servidão administrativa.

A: Incorreta, pois a desapropriação por necessidade pública não é caracterizada pela autoexecutoriedade, já que deverá ocorrer mediante um processo judicial caso não haja um acordo com o particular, o que é incompatível com a ideia de autoexecutoriedade. **B**: Correta, pois a requisição administrativa é a modalidade de intervenção do Estado na propriedade que possui autoexecutoriedade e permite a atuação imediata do Estado em situações de perigo iminente. A indenização é posterior, se houver dano, e pode ocorrer a supressão da propriedade se o bem perecer (art. 5º, XXV, da CF). **C**: Incorreta, pois o tombamento é uma modalidade de intervenção que visa proteger o patrimônio cultural e histórico, e não é caracterizado por autoexecutoriedade ou necessidade de ação imediata. O tombamento envolve um processo administrativo e não permite a supressão da propriedade. **D**: Incorreta, pois a limitação administrativa refere-se a restrições gerais impostas ao uso da propriedade para atender ao interesse público. Dessa forma, por incidir de modo geral sobre os administrados, não requer indenização, nem há possibilidade de supressão da propriedade. **E**: Incorreta, pois a servidão administrativa estabelece restrições ao uso da propriedade para fins de interesse público, o que a aproxima da requisição administrativa. Porém, a requisição ocorre quando há uma situação de iminente perigo público e de transitoriedade (por exemplo, requisitar um galpão privado, para abrigar pessoas em caso de enchentes), ao passo que a servidão ocorre por um interesse público mais duradouro, não relacionado a algo apenas urgente, perigoso e transitório (por exemplo, uma servidão para instalar torres de energia elétrica numa propriedade privada). Outra diferença é que a indenização na servidão é prévia, ao passo que na requisição é posterior. WG

Gabarito B.

(Juiz Federal – TRF/1 – 2023 – FGV) A União se apropriou do imóvel de Humberto no ano de 2012, sem observar as formalidades previstas em lei para a desapropriação, e nele imediatamente construiu um prédio que até hoje é sede de diversos órgãos públicos federais. Como já era aposentado e costumava viajar constantemente para o exterior, Humberto decidiu ajuizar ação indenizatória por desapropriação indireta somente agora no ano de 2023.

O Juízo Federal, observando a atual jurisprudência do Superior Tribunal de Justiça em tema de recurso repetitivo, decidiu que:

(A) já ocorreu a prescrição da pretensão de Humberto, pois se aplica o prazo de dez anos da usucapião extraordinária do Código Civil;
(B) não ocorreu a prescrição da pretensão de Humberto, pois se aplica o prazo de quinze anos da usucapião ordinária do Código Civil;
(C) não ocorreu a prescrição da pretensão de Humberto, pois se aplica o prazo de vinte anos da usucapião extraordinária do Código Civil;
(D) já ocorreu a prescrição da pretensão de Humberto, pois se aplica o prazo quinquenal de dívidas passivas de entes públicos previsto no Decreto nº 20.910/1932;
(E) não ocorreu a prescrição da pretensão de Humberto, pois é imprescritível o ressarcimento ao particular de atos dolosos do poder público, sob pena de locupletamento ilícito da União.

A conduta da União se caracteriza como desapropriação indireta, que ocorre nos termos do art. 35, Decreto-Lei 3.365/41, visto que os bens expropriados, uma vez incorporados à Fazenda Pública, não podem ser objeto de reivindicação, ainda que fundada em nulidade do processo de desapropriação. Qualquer ação, julgada procedente, resolver-se-á em perdas e danos. Assim, caberia a Humberto apenas o pedido de indenização. Nesse caso, conforme decidido pelo Superior Tribunal de Justiça (Tema Repetitivo 1.019), o prazo prescricional aplicável à desapropriação indireta, na hipótese em que o Poder Público tenha realizado obras no local ou atribuído natureza de utilidade pública ou de interesse social ao imóvel, é de 10 anos, conforme parágrafo único do art. 1.238 do CC. Tendo a apropriação do imóvel ocorrido em 2012, Humberto deveria ter ajuizado a ação pedindo a indenização até 2022. **A**: Correta. Humberto tinha 10 anos para sua pretensão, que é o prazo de usucapião extraordinária no Código Civil. Assim, já ocorreu a prescrição da pretensão. **B**: Incorreta, pois já ocorreu a prescrição e o prazo de é de 10 anos, da usucapião extraordinária do Código Civil. **C**: Incorreta, pois já ocorreu a prescrição e o prazo de é de 10 anos, da usucapião extraordinária do Código Civil. **D**: Incorreta, já passou o prazo prescricional, mas é de 10 anos e não quinquenal. **E**: Incorreta, pois já passou o prazo de prescrição. FC

Gabarito A.

(Juiz Federal – TRF/1 – 2023 – FGV) A União, por meio do Departamento Nacional de Infraestrutura de Transportes (DNIT), na busca da ampliação da malha viária, para promover o desenvolvimento social e econômico e a melhor integração entre duas regiões do país, pretende desapropriar propriedade particular.

Sobre os procedimentos a serem adotados pela autarquia, é correto afirmar que:

(A) a segunda fase do procedimento de desapropriação (fase executória) é sempre judicial pela necessidade de controle do valor da indenização que deve ser prévia, justa e em dinheiro;
(B) é cabível a imissão provisória na posse, caso requerida em até 120 dias da alegação de urgência e mediante o depósito da quantia fixada segundo o critério previsto em lei;
(C) tem-se na hipótese uma desapropriação por necessidade pública, com a final transferência do bem de propriedade do particular para o poder público;

(D) não incidem honorários advocatícios de sucumbência na ação de desapropriação dada a natureza dessa demanda judicial;

(E) proposta a ação de desapropriação, é cabível a imissão provisória na posse pelo DNIT, após a avaliação judicial do imóvel a ser expropriado.

A: Incorreta. A desapropriação ocorre com a fase declaratória e a fase executória. A fase executória pode se dar na via administrativa ou na via judicial. Isso porque é possível que seja realizado um acordo com o proprietário na própria via administrativa, não sendo necessária a ação judicial para discutir o valor da indenização. **B:** Correta. A imissão provisória na posse, prevista no art. 15 do Decreto-Lei 3.365/41, ocorre quando o expropriante alega urgência na posse do bem e deposita a quantia arbitrada com base no § 1º. Nesse caso, declarada a urgência, o expropriante deve requerer a imissão provisória dentro do prazo improrrogável de 120 dias, não podendo renovar a alegação de urgência. **C:** Incorreta. No caso em tela, trata-se de uma desapropriação para ampliação da malha viária, que se caracteriza como uma hipótese de desapropriação por utilidade pública, nos termos do art. 5º, "i", Decreto-Lei 3.365/41. **D:** Incorreta. A sentença que fixar o valor da indenização quando este for superior ao preço oferecido condenará o desapropriante a pagar honorários de advogado (art. 27, § 1º, Decreto-Lei 3.365/41). **E:** Incorreta. A imissão provisória na posse ocorre se preenchidos os requisitos do art. 15, Decreto-Lei 3.365/41. FC

Gabarito "B".

(Juiz de Direito/AP – 2022 – FGV) João é proprietário de imóvel rural que engloba grande área na cidade Alfa, interior do Estado. O imóvel de João, sem seu conhecimento, foi invadido por terceiras pessoas que passaram a cultivar plantas psicotrópicas (maconha) de forma ilícita. O Município Alfa ajuizou ação perante a Justiça Estadual visando à desapropriação confisco do imóvel de João.

No caso em tela, de acordo com o entendimento do Supremo Tribunal Federal, a expropriação prevista no Art. 243 da Constituição da República de 1988:

(A) pode ser afastada, desde que o proprietário João comprove que não incorreu em dolo ou culpa grave, pois possui responsabilidade subjetiva, vedada a inversão do ônus da prova, mas o Juízo deve extinguir o processo sem resolução do mérito pela ilegitimidade ativa do Município Alfa, pois a ação deve ser proposta pela União, na Justiça Federal;

(B) pode ser afastada, desde que o proprietário João comprove que não incorreu em dolo ou culpa grave, pois possui responsabilidade subjetiva, vedada a inversão do ônus da prova, mas o Juízo deve extinguir o processo sem resolução do mérito pela ilegitimidade ativa do Município Alfa, pois a ação deve ser proposta pelo Estado;

(C) não pode ser afastada, pois João possui responsabilidade objetiva, vedada a inversão do ônus da prova, e o Judiciário deve julgar procedente o pedido de desapropriação confisco, de maneira que o imóvel de João seja destinado à reforma agrária e a programas de habitação popular, sem qualquer indenização ao proprietário e sem prejuízo de outras sanções previstas em lei;

(D) pode ser afastada, desde que o proprietário João comprove que não incorreu em culpa, ainda que *in vigilando* ou *in eligendo*, pois possui responsabilidade subjetiva, com inversão do ônus da prova, mas o Juízo deve extinguir o processo sem resolução do mérito pela ilegitimidade ativa do Município Alfa, pois a ação deve ser proposta pela União, na Justiça Federal;

(E) não pode ser afastada, pois João possui responsabilidade objetiva, admitida a inversão do ônus da prova, e o Judiciário deve julgar procedente o pedido de desapropriação confisco, sendo que todo e qualquer bem de valor econômico apreendido em decorrência do tráfico ilícito de entorpecentes e drogas afins será confiscado e reverterá a fundo especial com destinação específica, na forma da lei.

A CF prevê espécies de desapropriações extraordinárias (também denominadas desapropriações-sanção). Uma delas é a desapropriação de propriedades rurais e urbanas onde forem localizadas culturas ilegais de plantas psicotrópicas ou a exploração de trabalho escravo (art. 243 da CF, cf. redação dada pela EC 81/2014). Patente o seu caráter sancionatório. A Carta Magna é expressa ao determinar que não é cabível indenização ao proprietário (desapropriação-confisco). A propriedade expropriada será destinada à reforma agrária e a programas de habitação popular. De acordo com a jurisprudência do STF, a expropriação prevista no art. 243 da Constituição Federal pode ser afastada, desde que o proprietário comprove que não incorreu em culpa, ainda que *in vigilando* ou *in elegendo* (RE 635.336/PE, Pleno, Rel. Min. Gilmar Mendes, DJe 14.09.2017 – Repercussão Geral – tema 399). Trata-se, logo, de uma responsabilidade subjetiva, com inversão de ônus da prova. Ademais, a competência para promover a expropriação é da União, o que atrai a competência da Justiça Federal. Assim, a ação de desapropriação-sancionatória promovida pelo Município deve ser extinta sem julgamento do mérito, por ilegitimidade ativa. Correta a alternativa D. FC

Gabarito "D".

7.2. Servidão administrativa

(OAB/FGV – 2023) O Município *Alfa*, observadas as cautelas legais, instituiu servidão administrativa sobre o imóvel de propriedade de Gabriel, com a finalidade de instalar postes e fios de energia elétrica, com escopo de regularizar o serviço de iluminação pública na localidade. Diante das circunstâncias do caso concreto, em especial pelo grande espaço cuja utilização é necessária para manutenção dos equipamentos instalados, verifica-se, de forma incontroversa, que Gabriel sofreu efetivo dano no direito de propriedade.

Para melhor compreender o regime jurídico próprio dessa modalidade de intervenção do Estado na propriedade e ficar ciente de seus direitos e obrigações, em especial em matéria de indenização, Gabriel contratou você, como advogado(a).

No caso em tela, atento às normas de regência, você orientou seu cliente no sentido de que a servidão administrativa instituída pelo Município *Alfa*,

(A) enseja o pagamento de indenização, se houver dano comprovado.

(B) ocorre com prazo determinado, podendo ser prorrogado mediante prévia indenização.

(C) ostenta natureza de direito pessoal da Administração Pública, que prescinde de registro no Cartório de Registro de Imóveis, e ocorre mediante indenização em títulos da dívida pública.

(D) tem por pressuposto a necessidade ou utilidade pública, ou por interesse social, e deve ocorrer mediante justa e prévia indenização em dinheiro.

A: Certa. Se a servidão administrativa acaba levando a um dano ao direito de propriedade, é cabível indenização. **B:** Errada. A servidão administrativa tem um caráter, em princípio, permanente, sendo possível sua extinção quando necessário, mas não tem caráter temporário. **C:** Errada. A servidão administrativa tem natureza de direito real, sendo necessário o registro no Cartório de Registro de Imóveis. A indenização, caso ocorra dano, não é mediante títulos da dívida pública. **D:** Errada. A indenização só ocorrerá quando houver dano.

Gabarito "A".

8. BENS PÚBLICOS

8.1. Conceito e Classificação dos bens públicos

(Procurador – AL/PR – 2024 – FGV) Ao perquirir os bens públicos que são de propriedade dos Estados da Federação, Maristela verificou que, entre eles, é correto indicar

(A) os potenciais de energia hidráulica.

(B) os terrenos de marinha e seus acrescidos.

(C) as terras devolutas não compreendidas entre as da União.

(D) as cavidades naturais subterrâneas e os sítios arqueológicos e pré-históricos.

(E) as praias marítimas; as ilhas oceânicas e as costeiras, excluídas, destas, as que contenham a sede de Municípios.

A: Incorreta, pois os potenciais de energia hidráulica são considerados bens da União e não dos Estados da Federação, conforme o art. 20, VIII da CRFB/88. **B:** Incorreta, pois os terrenos de marinha e seus acrescidos pertencem à União e não aos Estados, conforme o art. 20, VII, da CRFB/88. **C:** Correta, pois as terras devolutas não compreendidas entre as da União são bens dos Estados, conforme o art. 26, IV, da CRFB/88. **D:** Incorreta, pois as cavidades naturais subterrâneas e os sítios arqueológicos e pré-históricos são bens da União, de acordo com o art. 20, X, da CRFB/88. **E:** Incorreta, pois esses bens são de propriedade da União, conforme o art. 20, IV, da CRFB/88.

Gabarito "C".

9. RESPONSABILIDADE DO ESTADO

(Juiz de Direito – TJ/SC – 2024 – FGV) Marcos é jornalista, especializado em fotografar e filmar conflitos armados entre criminosos e policiais. Em uma operação realizada pela Polícia Militar do Estado Alfa, helicópteros daquela organização militar lançaram folhetos advertindo a população de uma determinada comunidade de que, dada a iminência de manifestações pela morte de um traficante, com possibilidade de tiroteios no local, os moradores da localidade deveriam evitar sair de suas casas. No folheto, lido por Marcos, havia expressa menção ao risco de criminosos utilizarem as pessoas como "escudos" humanos ou de elas serem alvejadas por criminosos. Marcos, filmando o início dos tiroteios, é alvejado por um criminoso e infelizmente sofre sequelas permanentes, razão pela qual ajuíza ação indenizatória contra o Estado Alfa.

À luz da jurisprudência do STF, o pedido de Marcos deve ser julgado:

(A) procedente, pois o Estado Alfa tem o dever universal de proteger as pessoas que possam ser vítimas de conflitos dessa natureza;

(B) procedente, pois se trata de conflito armado entre criminosos e policiais militares, tendo o estado assumido o risco de os disparos ferirem Marcos;

(C) procedente apenas na hipótese de Marcos comprovar que o disparo poderia ter sido evitado pela ação dos policiais militares;

(D) improcedente, pois o disparo partiu da arma de criminoso, o que afasta a responsabilidade objetiva do Estado Alfa;

(E) improcedente, pois Marcos descumpriu ostensiva e clara advertência quanto ao acesso a áreas definidas como de grave risco à sua integridade física.

O Supremo Tribunal Federal, ao analisar a responsabilidade civil do Estado no caso em que profissional da imprensa é ferido, entendeu que, em regra, o Estado responde civilmente por danos causados a profissional de imprensa ferido pela polícia, durante cobertura jornalística de manifestação popular, em virtude da teoria do risco administrativo. No entanto, a decisão ressalta a possibilidade de invocação da excludente de responsabilidade civil por culpa exclusiva da vítima, no caso em que o profissional de imprensa descumpra ostensiva e clara advertência sobre o acesso a áreas delimitadas em que haja grave risco à sua integridade física; ou participe do conflito com atos estranhos à atividade de cobertura jornalística (Tema 1.055, Repercussão Geral, STF). Assim, no caso em tela, houve claro e ostensivo aviso sobre o risco de tiroteio e de danos a quem estivesse no local, o que não foi respeitado por Marcos. Assim, o pedido de Marcos deve ser julgado improcedente, pois trata-se de um caso de fato exclusivo de terceiro, já que ele descumpriu ostensiva e clara advertência quanto ao acesso a áreas definidas como de grave risco à sua integridade física.

Gabarito "E".

(Juiz de Direito – TJ/SC – 2024 – FGV) Após a publicação da Norma de Referência ANA nº 02/2021 pela Agência Nacional de Águas (ANA), o prefeito do Município de Nova Lindares solicita à Procuradoria Jurídica a elaboração de parecer jurídico sobre o impacto dessa norma em contrato de programa vigente para prestação do serviço de saneamento básico na cidade. Particularmente, o prefeito tem interesse em receber orientação sobre a incidência do Art. 5º da Norma de Referência ANA nº 02/2021 sobre o contrato de programa, de seguinte redação: "[o]s aditivos aos contratos de programa e de concessão deverão prever metas finais e intermediárias de universalização". O parecer jurídico exarado pela Procuradoria do Município de Nova Lindares orientou o prefeito a imediatamente realizar aditivo ao contrato de programa para prever as metas finais e intermediárias de universalização, tendo em vista a vinculatividade da Norma de Referência ANA nº 02/2021.

A respeito dessa situação concreta, é correto afirmar que:

(A) o parecerista jamais poderia ser pessoalmente responsabilizado pelo seu parecer jurídico;

(B) o prefeito será responsabilizado solidariamente com o parecerista caso siga a recomendação, constante no parecer jurídico, que posteriormente se repute ilegal;

(C) o parecer jurídico confere boa orientação ao prefeito, que detém plena competência de aditar o contrato de programa de que é parte, ainda que integrado a consórcio público interfederativo;

(D) o termo aditivo ao contrato de programa para previsão de metas finais e intermediárias de universalização consiste em alteração qualitativa do contrato que deve ser motivada no âmbito de processo administrativo;

(E) o parecer jurídico confere boa orientação ao prefeito, pois as normas de referência editadas pela Agência Nacional de Águas têm efeito vinculante para garantia da uniformidade regulatória e universalização do serviço de saneamento básico.

A: Incorreta. O Supremo Tribunal Federal (MS 24.631/DF, Rel. Min. Joaquim Barbosa, j. 09/08/2007), ao analisar a responsabilidade do agente público e do parecerista, estabeleceu que deve ser analisada a natureza do parecer, para determinar a responsabilidade. Quando a consulta é facultativa, a autoridade não se vincula ao parecer proferido, sendo que seu poder de decisão não se altera pela manifestação do órgão consultivo, nesse caso, não há que se falar em responsabilidade civil do parecerista, salvo demonstração de dolo ou erro grosseiro, conforme estabelece no art. 28 do Decreto-Lei 4.657/1942 (Lei de Introdução às normas do Direito Brasileiro – LINDB). Assim, é possível que o parecerista seja responsabilizado, quando atuar com dolo ou erro grosseiro. **B:** Incorreta. Como o parecer é apenas opinativo, em regra, não há que se falar em responsabilidade do parecerista. **C:** Incorreta. Nos termos do art. 13 da Lei 11.107/05, o contrato de programa, firmando no âmbito de um consórcio público interfederativo, tem a função de constituir e regular as obrigações que um ente da Federação constituir para com outro ente da Federação ou para com consórcio público no âmbito de gestão associada. Sendo assim, não cabe ao Prefeito, unilateralmente, editar um termo aditivo no contrato de programa de um consórcio público interfederativo. **D:** Correta. O termo aditivo em questão é uma alteração qualitativa, portanto precisa ser motivada no âmbito de processo administrativo. **E:** Incorreta. As normas de referência da ANA, previstas no art. 4º-A da Lei 9.984/00 não têm caráter vinculante. **FC**

Gabarito "D".

(ENAM – 2024 – FGV) Caio adquire específico imóvel, para fins empresariais, situado no meio da Rua Júlio Cesar, no Município WXZ. A referida rua possui um grande movimento, o que potencializa os atos mercantis que passou a realizar em seu imóvel, por meio da sociedade empresária que criou. Passados três anos, sua atividade empresarial está obtendo um alto ganho financeiro. Neste momento, a Administração Pública Municipal, diante da necessidade de realizar uma obra emergencial, procede à ocupação temporária da área, fechando a entrada e a saída dos transeuntes, salvo os residentes. Essa situação perdura por oito meses e acarreta o estado de inviabilidade financeira para o estabelecimento empresarial de Caio.

Sobre essa situação, assinale a opção que melhor reflete o direito que a empresa criada por Caio teria em face do Poder Público municipal, segundo as regras brasileiras.

(A) A sociedade empresária apenas terá direito a ser indenizada se o tempo de realização da obra tiver ficado acima da média temporal para obras como a realizada, ciente de ser uma responsabilidade de natureza subjetiva.

(B) A sociedade empresária apenas terá direito a ser ressarcida se comprovar que o Município foi levado a realizar as obras por conta de uma situação emergencial cuja causa tenha ligação direta com uma conduta do próprio Município.

(C) O direito da sociedade empresária se restringir-se-á ao não pagamento de eventuais tributos municipais incidentes, pois a edilidade teria dado causa ao esvaziamento de sua atividade, não podendo cobrar tributos diante dessa situação.

(D) A sociedade empresária teria direito a ser ressarcida pelo atingimento econômico de suas atividades, de forma objetiva, pois a conduta do Município teve direta relação com a inviabilidade de bem prestar suas atividades empresariais.

(E) A sociedade empresária não terá direito a ser ressarcida pelo atingimento econômico de suas atividades, pois a situação ocorrida está dentro de um risco negocial, sendo previsível que o poder público possa ser levado à realização de obras que venham a interferir na circulação de vias públicas.

A responsabilidade civil do Estado, prevista no art. 37, § 6º, CR/88, é aplicada tanto para os danos causados por atos ilícitos quanto por danos causados por atos lícitos da Administração, visto que pode ocorrer que um ato lícito cause um dano ilícito, desproporcional, a uma pessoa ou a um grupo determinado de pessoas, ferindo o princípio da isonomia. Caberá, nesses casos, indenização com base na responsabilidade civil objetiva. **A:** Incorreta. A responsabilidade civil do Estado é objetiva, e não deve ser apenas com relação ao tempo que a obra tiver ficado acima da média para ser realizada. **B:** Incorreta. A indenização da sociedade empresária não depende de comprovação de que a obra emergencial ocorreu em virtude de conduta do próprio Município. **C:** Incorreta. Não se trata de não pagamento de tributos, e sim de indenização pelo dano causado. **D:** Correta, pois comprovada a ligação direta da obra realizada com a inviabilidade de prestação da atividade da sociedade empresária. **E:** Incorreta. Pois existe responsabilidade civil do Estado nesse caso. **FC**

Gabarito "D".

(ENAM – 2024 – FGV) Na capital do Estado Alfa, profissionais da área de saúde realizaram manifestação pública por melhores condições de trabalho e salariais. Criminosos se infiltraram no meio da passeata, para subtrair pertencentes dos manifestantes, em especial aparelhos celulares, ocasião em que a Polícia Militar chegou ao local para reprimir os delitos. Durante a atuação da polícia, Pedro, jornalista que cobria o evento, apesar de não ter descumprido ostensiva e clara advertência quanto ao acesso a áreas definidas como de grave risco a sua integridade física, acabou sendo lesionado por ter sido atingido pelo cassetete arremessado por um policial militar, em situação de evidente tumulto entre policiais e manifestantes.

Diante do documentado dano material que sofreu por ter seu braço quebrado, Pedro ajuizou ação indenizatória em face do Estado Alfa. Após o regular curso processual, o feito foi concluso para sentença e o magistrado, observando a jurisprudência do Supremo Tribunal Federal, deve julgar a pretensão indenizatória de Pedro

(A) procedente, diante da responsabilidade civil objetiva do Estado, não incidindo a excludente da responsabilidade da culpa exclusiva da vítima.

(B) procedente em parte, diante da responsabilidade civil subjetiva do Estado, incidindo a excludente da responsabilidade da culpa exclusiva da vítima apenas para fins de compensação no valor da indenização.

(C) improcedente, uma vez que, apesar da responsabilidade civil subjetiva do Estado, não ficou demonstrado abuso ou excesso na conduta policial.

(D) improcedente, uma vez que, apesar da responsabilidade civil objetiva do Estado, incide a excludente da responsabilidade do caso fortuito ou força maior.

(E) improcedente, uma vez que, apesar da responsabilidade civil objetiva do Estado, incide a excludente da responsabilidade da culpa exclusiva de terceiro.

O Supremo Tribunal Federal, em julgamento do Tema 1.055 de Repercussão Geral, fixou a seguinte tese: "É objetiva a responsabilidade civil do estado em relação ao profissional de imprensa ferido por agentes policiais durante a cobertura jornalística em manifestações em que haja tumulto ou conflito entre policiais e manifestantes. Cabe a excludente de responsabilidade da culpa exclusiva da vítima nas hipóteses em que o profissional de imprensa descumprir ostensiva e clara advertência sobre acesso a áreas delimitadas em que haja grave risco a sua integridade física". No caso da questão, resta claro que o jornalista não descumpriu ostensiva e clara advertência quanto ao acesso a áreas definidas como de grave risco a sua integridade física, não sendo possível, portanto, se alegar a culpa exclusiva da vítima. **A:** Correta. Não ocorreu, no caso em tela, hipótese de excludente de responsabilidade. **B:** Incorreta. O Estado responde de forma objetiva, e não subjetiva. E, ainda, não ficou comprovado o excludente de responsabilidade. **C:** Incorreta. O Estado responde de forma objetiva, mesmo que houvesse abuso ou excesso na conduta do policial. **D:** Incorreta. Não ocorreu hipótese de caso fortuito ou força maior. **E:** Incorreta. No caso em tela, não restou comprovada a culpa exclusiva da vítima. **Gabarito "A".**

(Juiz Federal – TRF/1 – 2023 – FGV) João sofreu um acidente de carro e foi levado ao hospital particular Alfa, que é credenciado junto ao Sistema Único de Saúde (SUS), para prestar atendimento gratuito à população em geral. Ocorre que, após aguardar atendimento de emergência por seis horas, pois o médico cirurgião ortopedista que estaria de plantão faltou ao trabalho, João acabou sendo operado por médico não especializado e, por erro médico, acabou ficando com paraplegia.

Inconformado, João ajuizou ação de indenização por danos morais contra o hospital particular e a União, argumentando que, apesar de o Hospital Alfa ser privado, o atendimento que recebeu foi realizado pelo SUS e, sendo a União a gestora nacional do SUS, deveria ser responsabilizada objetivamente pelos danos que sofreu.

Alinhado à jurisprudência do Superior Tribunal de Justiça, o Juízo Federal deve reconhecer a:

(A) legitimidade passiva da União, pelos princípios da universalidade e da solidariedade de acesso aos serviços de saúde em todos os níveis de assistência, conforme previsto na Lei nº 8.080/1990;

(B) ilegitimidade passiva da União, pois, de acordo com a descentralização das atribuições previstas na Lei nº 8.080/1990, a responsabilidade pela fiscalização dos hospitais credenciados ao SUS é do Município;

(C) ilegitimidade passiva da União, pois, de acordo com a descentralização das atribuições previstas na Lei nº 8.080/1990, a responsabilidade pela fiscalização dos hospitais credenciados ao SUS é do Estado-membro;

(D) ilegitimidade passiva da União, bem como de qualquer outro ente federativo, haja vista que a conduta que deu azo ao dano sofrido por João foi causada exclusivamente por hospital privado, sendo inaplicável a teoria do risco integral;

(E) legitimidade passiva da União, pois as ações e serviços de saúde, executados pelo SUS, seja diretamente, seja por participação complementar da iniciativa privada, são organizados de forma regionalizada e hierarquizada em níveis de complexidade crescente,

cabendo à União, por meio do Ministério da Saúde, a coordenação do SUS.

Nos termos do art. 18, XI, da Lei 8.080/1990, à direção municipal do SUS compete controlar e fiscalizar os procedimentos dos serviços privados de saúde. Assim, cabia ao Município fiscalizar o hospital privado credenciado ao SUS. Ainda, o Superior Tribunal de Justiça (REsp 1852416/SP, rel. Min. Benedito Gonçalves, julg. 23/03/21) entende que o município possui legitimidade passiva nas ações de indenização por falha em atendimento médico ocorrida em hospital privado credenciado ao SUS, sendo a responsabilidade, nesses casos, solidária. Assim, a União não deveria responder na ação de indenização. **A:** Incorreta. A União não deve ser parte na ação judicial. **B:** Correta. Trata-se de ilegitimidade passiva da União, pois a responsabilidade de fiscalização é do Município. **C:** Incorreta. Trata-se de ilegitimidade passiva da União, mas a responsabilidade de fiscalização não é do Estado, é do Município. **D:** Incorreta. Trata-se de ilegitimidade passiva da União, mas o Município responde. **E:** Incorreta. Não existe legitimidade passiva da União. **Gabarito "B".**

(OAB/FGV – 2023) Mateus e Geraldo foram presos em decorrência de sentença penal com trânsito em julgado, pelo crime de latrocínio. Ambos ficaram, inicialmente, na mesma cela prisional, em condições absolutamente precárias e insalubres, sendo certo que Geraldo evadiu-se da cadeia. Seis meses após a fuga, Geraldo praticou novo latrocínio, que levou Tânia a óbito.

Mateus, que ficou muito deprimido pelas condições degradantes do cárcere, cometeu suicídio, cortando seus pulsos com faca adquirida irregularmente de Rodrigo, agente penitenciário, fato que poderia ter sido evitado, portanto, se o Estado tivesse adotado precauções mínimas.

Diante das circunstâncias narradas, assinale a afirmativa correta.

(A) O Estado poderia ser civilmente responsabilizado pela morte de Tânia, pois tinha o dever de evitar a fuga de Geraldo, mas não pelo óbito de Mateus, em razão de fato exclusivo da vítima, tendo em conta a adoção da teoria do risco administrativo.

(B) Ambas as mortes acima descritas seriam passíveis de configurar a responsabilização civil do Estado, nos termos da Constituição, que adota expressamente a teoria do risco integral, nas situações relacionadas à segurança pública.

(C) Nenhum dos óbitos narrados pode caracterizar a responsabilização civil do Estado, na medida em que nas hipóteses de omissão do Estado deve ficar caracterizado o elemento culpa, imprescindível no âmbito da teoria do risco administrativo.

(D) O Estado poderia ser civilmente responsabilizado pela morte de Mateus, pois tinha o dever de proteger a incolumidade física de pessoa sob sua custódia, mas não pelo óbito de Tânia, na medida em que não há nexo de causalidade entre a fuga de Geraldo e o evento danoso.

O Estado não responde por danos causados pelo preso foragido, a não ser que se comprove o nexo direto entre o momento da fuga e o dano causado (RE 608880, STF), assim, não se responsabiliza pela morte de Tânia. O Estado responde de forma objetiva pela morte do preso no presídio em virtude da relação de custódia (RE 841526, STF), assim, deve se responsabilizar pela morte de Mateus. **A:** Errada. O Estado não se responsabiliza pela morte de Tânia, e se responsabiliza pela morte de Mateus. **B:** Errada. O Estado não se responsabiliza pela morte de Tânia. Além disso, a teoria adotada no Brasil, como regra, é a teoria do risco administrativo, inclusive na morte do preso no presídio. **C:** Errada. O Estado responde pela morte do preso no presídio, de forma objetiva. FC

Gabarito "D."

(Juiz de Direito/AP – 2022 – FGV) A sociedade empresária Alfa exerce a venda de produtos alimentícios em uma mercearia, com licença municipal específica para tal atividade. No entanto, os proprietários do comércio também desenvolviam comercialização de fogos de artifício, de forma absolutamente clandestina, pois sem a autorização do poder público. Durante as inspeções ordinárias, o poder público nunca encontrou indícios de venda de fogos de artifício, tampouco o fato foi alguma vez noticiado à municipalidade. Certo dia, grande explosão e incêndio ocorreram no comércio, causados pelos fogos de artifício, que atingiram a casa de João, morador vizinho à mercearia, que sofreu danos morais e materiais. João ajuizou ação indenizatória em face do Município, alegando que incide sua responsabilidade objetiva por omissão. No caso em tela, valendo-se da jurisprudência do Supremo Tribunal Federal, o magistrado deve julgar:

(A) procedente o pedido, pois se aplica a teoria do risco administrativo, de maneira que não é necessária a demonstração do dolo ou culpa do Município, sendo devida a indenização;

(B) procedente o pedido, pois, diante da omissão específica do Município, aplica-se a teoria do dano *in re ipsa*, devendo o poder público arcar com a indenização, desde que exista nexo causal entre o incêndio e os danos sofridos por João;

(C) procedente o pedido, diante da falha da Administração Municipal na fiscalização de atividade de risco, qual seja, o estabelecimento destinado a comércio de fogos de artifício, incidindo a responsabilidade civil objetiva;

(D) improcedente o pedido, pois, apesar de ser desnecessária a demonstração de violação de um dever jurídico específico de agir do Município, a responsabilidade civil originária é da sociedade empresária Alfa, de maneira que o Município responde de forma subsidiária, caso a responsável direta pelo dano seja insolvente;

(E) improcedente o pedido, pois, para que ficasse caracterizada a responsabilidade civil do Município, seria necessária a violação de um dever jurídico específico de agir, seja pela concessão de licença para funcionamento sem as cautelas legais, seja pelo conhecimento do poder público de eventuais irregularidades praticadas pelo particular, o que não é o caso.

No âmbito do RE 136.861/SP (Pleno, Rel. Min. Edson Fachin, Red. p/ Ac. Min. Alexandre de Moraes, DJe 22/01/2021), o STF definiu a seguinte tese de repercussão geral: "Para que fique caracterizada a responsabilidade civil do Estado por danos decorrentes do comércio de fogos de artifício, é necessário que exista a violação de um dever jurídico específico de agir, que ocorrerá quando for concedida a licença para funcionamento sem as cautelas legais ou quando for de conhecimento do poder público eventuais irregularidades praticadas pelo particular" Conforme consta no enunciado da questão, o Município concedeu a licença com as cautelas legais, exerceu a fiscalização ordinária sem a constatação da prática de ilegalidade, tampouco tomou conhecimento do exercício de comércio irregular. Nesse sentido, não houve a violação de um dever jurídico específico de agir, o que afasta a responsabilidade do ente público municipal, motivo pelo qual a ação deve ser julgada improcedente. **E:** correta. FC

Gabarito "E."

(Analista – TJ/SC – FGV – 2018) Imagine duas hipóteses em que um cidadão é vítima de roubo em via pública. O primeiro crime ocorre em uma rua deserta de madrugada, e o segundo, em rua movimentada, na parte da tarde, em frente à delegacia, onde havia policiais na entrada, que nada fizeram.

De acordo com jurisprudência e doutrina modernas, em tese, incide a responsabilidade civil:

(A) objetiva em ambas as hipóteses, e a omissão estatal acarreta o dever de indenizar o cidadão, sem necessidade de comprovação do elemento subjetivo do agente público;

(B) subjetiva em ambas as hipóteses, e a omissão estatal acarreta o dever de indenizar o cidadão, com necessidade de comprovação do elemento subjetivo do agente público;

(C) objetiva na segunda hipótese, e a omissão específica estatal acarreta o dever de indenizar o cidadão, sem necessidade de comprovação do elemento subjetivo do agente público;

(D) subjetiva na primeira hipótese, e a omissão genérica estatal acarreta o dever de indenizar o cidadão, sem necessidade de comprovação do elemento subjetivo do agente público;

(E) objetiva na primeira hipótese, e a omissão específica estatal acarreta o dever de indenizar o cidadão, sem necessidade de comprovação do elemento subjetivo do agente público.

A assertiva traz a questão da omissão estatal específica, que enseja a responsabilidade do Estado objetiva, e a omissão genérica, que enseja a responsabilidade na modalidade subjetiva, desde que efetivamente comprovada a culpabilidade estatal. Para caracterização dessa última, há que existir a omissão, o nexo causal entre essa omissão e o resultado danoso, o dano, a omissão no dever legal de agir e a culpabilidade. No caso da assertiva em tela, a primeira hipótese é omissão genérica que demanda a comprovação da culpabilidade e a segunda é omissão específica a ensejar a responsabilidade objetiva do Estado. WG

Gabarito "C."

10. LICITAÇÕES E CONTRATOS

10.1. Contratação direta

(OAB/FGV – 2024) O Município Delta procurou o Escritório Alfa com a intenção de contratá-lo para prestar serviços especializados de consultoria e auditoria financeira, de natureza predominantemente técnica, diante de sua notória especialização na área.

Na reunião realizada entre os representantes do escritório e do município, o Procurador do Município Delta consignou que, para formalizar o mencionado negócio jurídico, pretende formalizar uma contratação direta, ou seja, sem a necessidade de realizar uma licitação sob o regime jurídico da nova lei de licitações.

Sobre a hipótese, na qualidade de advogado(a) do Escritório Alfa, consoante dispõe a Lei nº 14.133/21, assinale a afirmativa correta.

(A) A licitação não é exigível, devendo ser considerada de notória especialização a sociedade empresária cujo conceito, decorrente de estudos, desempenho anterior, publicações, organização, equipe técnica ou outros requisitos relacionados às suas atividades, permita inferir que seu trabalho é essencial e reconhecidamente adequado à plena satisfação do objeto do contrato.

(B) A licitação na modalidade concurso é necessária, devendo ser considerada de notória especialização a sociedade empresária que possa prestar o serviço em situação emergencial para manter a continuidade do serviço público, observados os valores praticados pelo mercado.

(C) A licitação pode ser dispensada, devendo ser considerada de notória especialização a sociedade empresária apta a prestar serviços contratados pela Administração Pública para a manutenção da atividade administrativa, decorrentes de necessidades permanentes ou prolongadas.

(D) A licitação na modalidade diálogo competitivo é necessária, devendo ser considerada de notória especialização a sociedade empresária que tenha sido contratada anteriormente pelo poder público, com prestação de contas aprovada pelo Tribunal de Contas, permitindo inferir que seu trabalho é essencial e reconhecidamente adequado à plena satisfação do objeto do contrato.

Sobre o tema, a Lei Federal 14.133/2021 estabelece o seguinte: *"Art. 74. É inexigível a licitação quando inviável a competição, em especial nos casos de: (...) III – contratação dos seguintes serviços técnicos especializados de natureza predominantemente intelectual com profissionais ou empresas de notória especialização, vedada a inexigibilidade para serviços de publicidade e divulgação: (...) c) assessorias ou consultorias técnicas e auditorias financeiras ou tributárias (...) § 3º Para fins do disposto no inciso III do caput deste artigo, considera-se de notória especialização o profissional ou a empresa cujo conceito no campo de sua especialidade, decorrente de desempenho anterior, estudos, experiência, publicações, organização, aparelhamento, equipe técnica ou outros requisitos relacionados com suas atividades, permita inferir que o seu trabalho é essencial e reconhecidamente adequado à plena satisfação do objeto do contrato"*. (g.n.) **A**: correta, pois de fato é inexigível a licitação para contratar serviços técnicos especializados de natureza predominantemente intelectual nos casos previstos em lei, que incluem o caso trazido na presente questão, de consultorias e auditorias financeiras (art. 74, *caput* e inciso III, da Lei 14.133/2021. Ademais, a definição de notória especialização trazida na alternativa está em consonância com a definição trazida no art. 74, § 3º, da Lei 14.133/2021. **B** a **D**: incorretas, pois, ao invés de *necessária* (alternativas "b" e "d") ou *dispensada* (alternativa "c"), a licitação, no caso em tela, é, em verdade, *inexigível*, por se tratar de contratação de serviços técnicos especializados de natureza predominantemente intelectual num caso que a lei considera inexigível a licitação, como é a contratação de consultorias e auditorias financeiras (art. 74, *caput* e inciso III, da Lei 14.133/2021. Ademais, a definição de notória especialização trazida nas alternativas B a D não estão em consonância com a definição trazida no art. 74, § 3º, da Lei 14.133/2021. Gabarito: "A".

(Procurador – AL/PR – 2024 – FGV) Após a realização da devida fase preparatória da licitação, mediante o preenchimento dos requisitos estabelecidos na Lei nº 14.133/2021, foram encaminhadas para o respectivo órgão de assessoria jurídicas as seguintes situações:

I. alienação de bens imóveis adquiridos por dação em pagamento;
II. contratação de serviços comuns de engenharia, que tem por objeto ações, objetivamente padronizáveis em termos de desempenho e qualidade, de manutenção, de adequação e de adaptação de bens imóveis, com preservação das características originais dos bens;
III. locação de imóvel cujas características de instalações e de localização tornem necessária sua escolha.

Considerando as modalidades de licitação ou, eventualmente, a viabilidade de contratação direta em cada uma das situações, assinale a opção que elenca a adequada correlação.

(A) I. licitação dispensável – II. concorrência – III. pregão.
(B) I. leilão – II. licitação dispensável – III. concorrência.
(C) I. pregão – II. concorrência – III. licitação dispensável.
(D) I. licitação inexigível – II. pregão – III. licitação dispensável.
(E) I. leilão – II. pregão – III. licitação inexigível.

I: Alienação de bens imóveis adquiridos por dação em pagamento: A alienação de bens móveis em geral deve ser precedida de *leilão* nos termos do art. 76, I, da Lei nº 14.133/2021, inclusive se o imóvel foi adquirido por meio de dação em pagamento. Não se deve confundir essa situação com aquele em que é o poder público que irá fazer a dação em pagamento em favor de terceiros, caso em que a licitação é *dispensável* (art. 76, I, "a", da Lei nº 14.133/2021). II: Contratação de serviços comuns de engenharia: Para serviços comuns de engenharia, a modalidade adequada é o pregão, conforme o art. 29, parágrafo único, da Lei nº 14.133/2021. III: Locação de imóvel: Na locação de imóvel nessas específicas condições, a licitação é *inexigível* (art. 74, V, da Lei nº 14.133/2021). Conclusão: a alternativa "E" é a correta. Gabarito: "E".

(ENAM – 2024 – FGV) O Município Alfa instaurou processo administrativo visando à contratação que tem por objeto a coleta, o processamento e a comercialização de resíduos sólidos urbanos recicláveis ou reutilizáveis, em áreas com sistema de coleta seletiva de lixo. No curso do processo, restou identificada a Cooperativa Delta, formada exclusivamente de pessoas físicas de baixa renda reconhecidas pelo poder público como catadores de materiais recicláveis, com o uso de equipamentos compatíveis com as normas técnicas, ambientais e de saúde pública. Assim, a municipalidade está em vias de efetivar a contratação direta da Cooperativa Delta, sem prévio processo licitatório, mediante dispensa de licitação.

A sociedade empresária Beta, que atua no ramo de resíduos sólidos e possui um aterro sanitário legalizado, inclusive com a devida licença ambiental, pretende ser contratada para o mesmo objeto antes descrito e ajuizou ação judicial pleiteando, em sede de tutela de urgência inibitória, a proibição de contratação do serviço pretendido pelo Município Alfa sem prévia licitação.

Conclusos os autos, o magistrado, atento à Lei nº 14.133/21, deve

(A) deferir a liminar, pois a natureza do serviço a ser contratado pelo Município Alfa exige prévia licitação, cuja modalidade será determinada pelo valor estimado da contratação.

(B) deferir a liminar, pois a natureza do serviço a ser contratado pelo Município Alfa exige prévia licitação, na modalidade pregão, que é obrigatória para aquisição de serviços comuns, cujo critério de julgamento poderá ser o de menor preço ou o de maior desconto.

(C) deferir a liminar, pois a natureza do serviço a ser contratado pelo Município Alfa exige prévia licitação, na modalidade diálogo competitivo, em que a Administração Pública realiza diálogos com licitantes previamente selecionados mediante critérios objetivos, com o intuito de desenvolver uma ou mais alternativas capazes de atender às suas necessidades.

(D) indeferir a liminar, pois, não obstante a contratação pretendida pelo Município Alfa não ser possível mediante dispensa de licitação, é cabível, na hipótese, a contratação direta mediante inexigibilidade de licitação, bastando que a municipalidade convalide os atos administrativos já praticados.

(E) indeferir a liminar, pois a contratação pretendida pelo Município Alfa é possível mediante dispensa de licitação, por expressa previsão legal, desde que seja instruída com os documentos indicados na legislação de regência.

O art. 75, IV, "j", da Lei 14.133/21 estabelece que é dispensável a licitação para a contratação que tenha por objeto a coleta, processamento e comercialização de resíduos sólidos urbanos recicláveis ou reutilizáveis, em áreas com sistema de coleta seletiva de lixo, realizados por associações ou cooperativas formadas exclusivamente de pessoas físicas de baixa renda reconhecidas pelo poder público como catadores de materiais recicláveis, com o uso de equipamentos compatíveis com as normas técnicas, ambientais e de saúde pública. No caso em tela, a cooperativa Delta preenche todos os requisitos previstos em lei, podendo o Município Alfa realizar a contratação direta, desde que atendidas as exigências do art. 72 da mesma lei. **A:** Incorreta, pois trata-se de hipótese de licitação dispensável. Além disso, a Lei 14.133/21 não estabelece valores para a escolha da modalidade de licitação. **B:** Incorreta, pois trata-se de uma hipótese de licitação dispensável. **C:** Incorreta. Trata-se de licitação dispensável. **D:** Incorreta, trata-se de licitação dispensável e não inexigível. **E:** Correta. Trata-se de licitação dispensável, desde que seja instruída com os documentos exigidos no art. 72. 🅵🅲

Gabarito "E."

(Juiz de Direito – TJ/SC – 2024 – FGV) O Município de Praia Fina ineditamente estuda celebrar um contrato de parceria público-privada (PPP) de iluminação pública. Para tanto, contrata, sem licitação, renomado advogado privado, com diversas publicações no tema de concessões para auxiliar na modelagem jurídica das minutas do edital de licitação, do contrato de PPP e demais documentos relacionados. Com o objetivo de capacitar o seu corpo de servidores públicos para lidar com o futuro contrato de PPP de iluminação pública, o Município de Praia Fina também contrata sem licitação empresa de treinamento especializada em setor público para elaboração e fornecimento de curso sobre concessão de serviços públicos, conforme as necessidades do Município de Praia Fina.

Considerando o regime da Nova Lei de Licitações e Contratos Administrativos (Lei nº 14.133/2021), é correto afirmar que:

(A) a contratação direta do renomado advogado não poderia se verificar se o Município de Praia Fina dispusesse de Procuradoria Jurídica própria;

(B) nenhuma das contratações públicas mencionadas é válida, pois, em ambos os casos, deveria ter sido realizada licitação na modalidade técnica e preço;

(C) ambas as contratações públicas são juridicamente válidas, sendo exemplos de inexigibilidade de licitação, desde que devidamente precedidas de processo de contratação direta com justificativa de preço e motivação sobre a escolha dos contratados;

(D) enquanto a notória especialização do advogado renomado é objetivamente aferível, a empresa de treinamento presta serviço técnico especializado de natureza predominantemente intelectual sem notória especialização porque ela não é reconhecida de plano;

(E) a contratação direta de consultor jurídico é devida, por inexigibilidade de licitação, mas não é juridicamente viável a contratação da empresa de treinamento na medida em que outras empresas e instituições poderiam oferecer o curso de concessão aos servidores públicos do Município de Praia Fina.

A contratação, pelo Município, de renomado advogado privado, com diversas publicações no tema de concessões, para auxiliar na elaboração das minutas do edital de licitação, do contrato de PPP e dos demais documentos incide em uma hipótese de inexigibilidade de licitação, conforme estabelece o art. 74, III "e" da Lei 14.133/21, que estabelece que é inexigível a licitação quando inviável a competição, em especial nos casos de contratação de serviços técnicos especializados de natureza predominantemente intelectual, como o patrocínio ou defesa de causas judiciais ou administrativas com profissionais ou empresas de notória especialização. Ainda, o § 3º do art. 74, considera-se de notória especialização o profissional ou a empresa cujo conceito no campo de sua especialidade, decorrente de desempenho anterior, estudos, experiência, publicações, organização, aparelhamento, equipe técnica ou outros requisitos relacionados com suas atividades, permita inferir que o seu trabalho é essencial e reconhecidamente adequado à plena satisfação do objeto do contrato. Assim, a contratação do advogado renomado pode ser feita diretamente, por inexigibilidade de licitação. Ainda, a contratação de empresa de treinamento especializada em setor público para elaboração e fornecimento de curso sobre concessão de serviços públicos também se enquadra na hipótese de inexigibilidade de licitação para a contratação de serviços técnicos especializados com natureza predominantemente intelectual, com profissionais de notória especialização, visto o art. 74, III, "f" prevê o serviço de treinamento e aperfeiçoamento de pessoal. **A:** Incorreta, pois o fato de o Município dispor de Procuradoria Jurídica própria não impede a contratação de um profissional de notória especialização para uma situação específica. **B:** Incorreta. As contratações são válidas, com exposto. **C:** Correta. Arts. 72 e 74, Lei 14.133/21. **D:** Incorreta. O fato de a empresa ter conhecimento especializado demonstra sua notória especialização. **E:** Incorreta. A contratação da empresa especializada para capacitação se enquadra como hipótese de inexigibilidade de licitação. 🅵🅲

Gabarito "C."

(Juiz de Direito – AP – 2022 – FGV) O Estado Alfa realizou o chamado, pela nova Lei de Licitação (Lei nº 14.133/2021), procedimento de credenciamento, na medida em que realizou um processo administrativo de chamamento público, convocando interessados em prestar determinados serviços para que, preenchidos os requisitos necessários, se credenciassem no órgão para executar o objeto quando convocados.

Cumpridas todas as formalidades legais, na presente hipótese, de acordo com o citado diploma legal, em se tratando de caso de objeto que deva ser contratado por meio de credenciamento, a licitação é:

(A) inexigível, por expressa previsão legal;
(B) dispensável, por expressa previsão legal;
(C) obrigatória, na modalidade diálogo competitivo;
(D) obrigatória, na modalidade pregão;
(E) obrigatória, na modalidade leilão.

O credenciamento representa uma hipótese expressa de *inexigibilidade*, nos termos do art. 74, IV, da Lei 14.133/2021. Nesse sentido, o contrato é feito sem licitação. O credenciamento é definido o processo administrativo de chamamento público em que a Administração Pública convoca interessados em prestar serviços ou fornecer bens para que, preenchidos os requisitos necessários, se credenciem no órgão ou na entidade para executar o objeto quando convocados.

10.2. Modalidades de licitação

(OAB/FGV – 2023) A Secretaria de Fazenda do Estado Alfa acabou de adquirir novos computadores, que substituíram os antigos equipamentos que serviam aos agentes públicos lotados no órgão. Sendo assim, os antigos equipamentos, que ainda funcionam, estão sem qualquer utilidade na pasta, razão pela qual o Secretário de Fazenda instaurou processo administrativo, visando à sua alienação.

No bojo do citado processo, ficou consignada a existência de interesse público devidamente justificado para a alienação dos equipamentos, assim como já foi realizada sua avaliação.

A sociedade empresária Sigma possui interesse em adquirir os computadores e, em consulta a seu advogado, foi informada de que, consoante dispõe a Lei nº 14.133/21, a alienação desses bens da Secretaria de Fazenda do Estado Alfa, em regra,

(A) dependerá de licitação na modalidade leilão.
(B) exigirá autorização legislativa e dependerá de licitação na modalidade concorrência.
(C) será promovida mediante inexigibilidade de licitação, observados o interesse social e os critérios de oportunidade e conveniência.
(D) deverá ocorrer mediante prévia licitação, em modalidade compatível com o valor da avaliação dos equipamentos.

A: Certa. O leilão é a modalidade de licitação para alienação de bens imóveis ou de bens móveis inservíveis ou legalmente apreendidos a quem oferecer o maior lance (art. 6º, XL, Lei 14.133/21). **B:** Errada. A modalidade exigida é o leilão. **C:** Errada, não se enquadra em uma hipótese de inexigibilidade, que depende de uma inviabilidade de competição (art. 74, Lei 14.133/21). **D:** Errada. A modalidade deve ser o leilão.

Gabarito "A".

(OAB/FGV – 2023) O Município Ômega pretende alugar o imóvel de propriedade de João, pois suas características de instalações e de localização tornam necessária sua escolha, uma vez que se trata de um prédio de três andares situado ao lado do principal hospital municipal, que, após as necessárias adaptações e investimentos, poderá sediar a Secretaria Municipal de Saúde, cuja sede atual não mais comporta todos seus setores.

Desta forma, o Município Ômega instaurou processo administrativo, no bojo do qual já houve a certificação da inexistência de imóveis públicos vagos e disponíveis que atendam ao objeto pretendido, bem como foram juntadas informações com as justificativas que demonstram a singularidade do imóvel a ser locado pela Administração e que evidenciam vantagem para ela.

João, que tem interesse em alugar seu imóvel, foi procurado por agentes públicos da Secretaria Municipal de Saúde para assinar o contrato administrativo, que será firmado expressamente sob o regime jurídico da nova Lei de Licitações, mediante dispensa de licitação e com valor compatível com o preço de mercado.

Na qualidade de advogado(a) contratado por João, você lhe informou que, de acordo com a Lei nº 14.133/21, o contrato administrativo de locação

(A) pode ser assinado com fundamento na dispensa de licitação, desde que haja prévias avaliação do bem e autorização do Prefeito Municipal.
(B) deve ser assinado com fundamento na inexigibilidade de licitação, desde que haja prévias avaliação do bem e autorização legal da Câmara Municipal.
(C) pode ser assinado com fundamento na dispensa de licitação, com avaliação prévia do bem, do seu estado de conservação e estimativa dos custos de adaptações para atender às necessidades de utilização da Secretaria Municipal de Saúde.
(D) deve ser assinado com fundamento na inexigibilidade de licitação, com avaliação prévia do bem, do seu estado de conservação, dos custos de adaptações, quando imprescindíveis às necessidades de utilização, e do prazo de amortização dos investimentos.

A: Errada. Não se trata de dispensa de licitação, e sim de licitação inexigível. **B:** Errada. Trata-se de inexigibilidade de licitação, no entanto a lei não exige autorização legal da Câmara Municipal. **C:** Errada. Não se trata de dispensa de licitação, e sim de licitação inexigível. **D:** Certa. Art. 74, V e § 5º, Lei 14.133/21.

Gabarito "D".

(OAB/FGV – 2023) O pequeno Município *Alfa*, situado no interior do Estado *Beta*, enfrenta grave problema de abastecimento de água potável, pois não há fornecimento de água encanada para determinada região da cidade, por dificuldades técnicas.

Visando à resolução para a questão juntamente com a iniciativa privada, o Município *Alfa* pretende, mediante licitação, contratar objeto que envolva inovação tecnológica ou técnica, sendo imprescindível a adaptação de soluções disponíveis no mercado.

Atualmente, verifica-se a impossibilidade de as especificações técnicas serem definidas com precisão suficiente pela Administração, razão pela qual é preciso o prévio debate com o setor privado, para se definirem e se identificarem os meios e as alternativas que possam satisfazer as necessidades da administração municipal.

Ao tomar conhecimento de que o Município *Alfa* pretende realizar licitação nas condições narradas, com o intuito de desenvolver uma ou mais alternativas capazes de atender às suas necessidades da forma mais adequada, dada a complexidade da questão local de abastecimento de água, a sociedade empresária Delta se interessou em participar do certame.

Como advogado(a) da sociedade empresária, você informou à diretoria que, de acordo com a nova Lei de Licitações (Lei nº 14.133/21), a modalidade de licitação mais adequada diante da realidade fática descrita, é o(a)

(A) concorrência, que é mais abrangente, seja do ponto de vista do valor do contrato, seja por contemplar variados objetos.
(B) leilão, em que serão admitidos como licitantes todos os interessados que preencherem os requisitos objetivos estabelecidos.
(C) concurso, no qual o poder público municipal não poderá revelar a outros licitantes as soluções técnicas propostas por um concorrente.
(D) diálogo competitivo, em que os licitantes devem apresentar proposta final após o encerramento dos diálogos.

A: Errada. A modalidade concorrência deve ser utilizada para a contratação de bens e serviços especiais e de obras e serviços comuns e especiais de engenharia (art. 6º, XXXVIII, Lei 14.133/21). B. Errada. A modalidade leilão deve ser aplicada para alienação de bens imóveis ou de bens móveis inservíveis ou legalmente apreendidos a quem oferecer o maior lance (art. 6º, XL, Lei 14.133/21). C: Errada. A modalidade de licitação concurso deve ser utilizada para escolha de trabalho técnico, científico ou artístico, cujo critério de julgamento será o de melhor técnica ou conteúdo artístico, e para concessão de prêmio ou remuneração ao vencedor (art. 6º, XXXIX, Lei 14.133/21). D: Certa. Art. 6º, XLII e art. 32, Lei 14.133/21. **FC**

Gabarito "D".

(OAB/FGV – 2023) A União pretende realizar uma obra de grande vulto, com serviços de engenharia, mediante licitação na modalidade concorrência e no regime de contratação semi-integrada, na forma da Lei nº 14.133/2021, em relação à qual será necessária a realização de desapropriação.

Para tanto, fez publicar um edital que previu a responsabilidade do contratado pela realização da desapropriação, estabelecendo o responsável por cada fase do procedimento expropriatório e a estimativa do valor da respectiva indenização, a ser paga pelo contratado.

Além disso, o instrumento convocatório previu a distribuição objetiva dos riscos entre as partes, incluído o risco pela diferença entre o custo da desapropriação e a estimativa do valor a ser pago e pelos eventuais danos e prejuízos ocasionados por atraso na disponibilização dos bens expropriados.

A sociedade XPTO está muito interessada em participar da licitação, mas tem fundadas dúvidas acerca da validade das cláusulas editalícias relacionadas à desapropriação, razão pela qual consulta sua assessoria jurídica a respeito do tema.

Acerca dessa situação hipotética, assinale a afirmativa correta.

(A) O edital em questão não poderia prever que o contratado promovesse nenhuma das fases de procedimento de desapropriação autorizado pelo Poder Público.
(B) Quanto às fases do procedimento expropriatório, poderia ser conferida ao contratado, até mesmo, a possibilidade de editar o Decreto expropriatório.
(C) A cláusula que estabelece que o contratado será responsável pelo pagamento da indenização é nula, na medida em que tal montante deve ser necessariamente arcado pelo contratante.
(D) A repartição objetiva dos riscos deve ser respeitada, ainda que ocorra o atraso na conclusão da desapropriação por fato imprevisível.

A: Errada. O edital da licitação pode prever a responsabilidade do contratado pela realização da desapropriação autorizada pelo poder público (art. 25, § 5º, II, Lei 14.133/21). B: Errada. A edição do Decreto expropriatório não pode ser feita pelo contratado, sendo necessária a edição pela União, cabendo ao contratado apenas a execução da desapropriação, quando autorizado. C: Errada. No regime de contratação semi-integrada o edital e o contrato devem prever a responsabilidade pelo pagamento das indenizações devidas no caso de desapropriação (art. 46, § 4º, Lei 14.133/21). D: Certa. No regime de contratação semi-integrada o edital e o contrato devem prever a distribuição objetiva de riscos entre as partes, incluído o risco pela diferença entre o custo da desapropriação e a estimativa de valor e pelos eventuais danos e prejuízos ocasionados por atraso na disponibilização dos bens expropriados. **FC**

Gabarito "D".

10.3. Outros temas e temas combinados de contratos

(Juiz de Direito – TJ/SC – 2024 – FGV) A sociedade empresária Boa Obra Ltda. foi contratada verbalmente pelo Município de Para Lá do Brejo, sem qualquer processo licitatório, para construir uma escola municipal. O preço ajustado está rigorosamente em conformidade com o mercado, inexistindo qualquer superfaturamento. Ao final da obra, após a aceitação plena do edifício pelos servidores responsáveis pela fiscalização da obra, o município declara a nulidade do contrato e paga à sociedade empresária apenas o valor do material utilizado na obra.

À luz da legislação de regência, a conduta do Município de Para Lá do Brejo é:

(A) lícita, pois a declaração de nulidade do contrato impõe apenas a indenização pelo material utilizado na obra, sem a obrigação de pagar serviços de terceiros;
(B) lícita, pois embora a legislação de regência não restrinja a indenização ao material empregado na obra, o dever de cautela impede o pagamento dos demais itens;
(C) ilícita, pois o contrato nulo não cria direito em favor do contratado, cuja má-fé é presumida, de modo que não cabia ao município pagar sequer o valor do material;
(D) ilícita, pois a declaração de nulidade do contrato opera retroativamente e deve desconstituir os efeitos já produzidos, podendo a escola, inclusive, ser demolida;
(E) ilícita, pois a declaração de nulidade do contrato não afasta o direito à indenização por todas as perdas e danos do contratado, sob pena de enriquecimento sem causa.

Nos termos do art. 148 da Lei 14.133/21, "A declaração de nulidade do contrato administrativo requererá análise prévia do interesse público envolvido, na forma do art. 147 desta Lei, e operará retroativamente, impedindo os efeitos jurídicos que o contrato deveria produzir ordinariamente e desconstituindo os já produzidos". No entanto, como a obra do edifício já foi entregue, com aceitação dos servidores responsáveis, não é mais possível voltar à situação fática anterior. De acordo com o § 1º do art. 148, "caso não seja possível o retorno à situação fática anterior, a nulidade será resolvida pela indenização por perdas e danos, sem prejuízo da apuração de responsabilidade e aplicação das penalidades cabíveis". Assim, a conduta do Município é ilícita, pois ele deve indenizar todas as perdas e danos do contratado, pois, se não houver indenização, será hipótese de enriquecimento ilícito por parte da Administração Pública.

Gabarito "E".

(Juiz Federal – TRF/1 – 2023 – FGV) Entre os procedimentos auxiliares das licitações e das contratações regidas pela Lei nº 14.133/2021, destaca-se o credenciamento, que é o processo administrativo de chamamento público em que a Administração Pública convoca interessados em prestar serviços ou fornecer bens para que, preenchidos os requisitos necessários, se credenciem no órgão ou na entidade para executar o objeto quando convocados. Nesse contexto, de acordo com o citado diploma legal:

(A) a licitação é inexigível quando inviável a competição, em especial no caso de objetos que devam ou possam ser contratados por meio de credenciamento;

(B) o credenciamento é o procedimento técnico-administrativo para selecionar previamente licitantes que reúnam condições de habilitação para participar de futura licitação ou de licitação vinculada a programas de obras ou de serviços objetivamente definidos;

(C) os procedimentos de credenciamento serão definidos em regulamento, observadas algumas regras, como a que permite o cometimento a terceiros do objeto contratado sem autorização expressa da Administração, com escopo de fomentar o princípio da vantajosidade;

(D) o credenciamento não poderá ser usado na hipótese de contratação em mercados fluidos, caso em que a flutuação constante do valor da prestação e das condições de contratação inviabiliza a seleção de agente por meio de processo de licitação;

(E) o procedimento auxiliar específico adequado para a Administração solicitar à iniciativa privada, a proposituta e a realização de estudos, investigações, levantamentos e projetos de soluções inovadoras que contribuam com questões de relevância pública é o credenciamento a ser iniciado com a publicação de edital de chamamento público.

O credenciamento é um procedimento auxiliar previsto no art. 6º, XLIII, art. 78, I e art. 79 da Lei 14.133/21. **A:** Correta, pois o art. 74, IV, Lei 14.133/21 prevê que a licitação será inexigível quando o objeto possa ou deva ser contratado por meio de credenciamento, visto que é uma hipótese de inviabilidade de competição. **B:** Incorreta. O procedimento seletivo prévio à licitação, convocado por meio de edital, destinado à análise das condições de habilitação, total ou parcial, dos interessados ou do objeto, é a pré-qualificação (art. 6º, XLIV e art. 80, I, Lei 14.133/21) **C:** Incorreta. O art. 79, parágrafo único, V, da Lei 14.133/21 estabelece que os procedimentos de credenciamento serão definidos em regulamento, sendo que uma das regras que devem ser observadas é que não será permitido o cometimento a terceiros do objeto contratado sem autorização expressa da Administração. **D:** Incorreta. O art. 79, III, Lei 14.133/21 estabelece que uma das hipóteses do credenciamento é no caso de mercados fluidos, caso em que a flutuação constante do valor da prestação e das condições de contratação inviabiliza a seleção de agente por meio de processo de licitação. **E:** Incorreta. O procedimento auxiliar em que a Administração solicita à iniciativa privada a propositura e a realização de estudos, investigações, levantamentos e projetos de soluções inovadoras que contribuam com questões de relevância pública, na forma de regulamento, é o procedimento de manifestação de interesse (art. 81, Lei 14.133/21).

Gabarito "A".

11. SERVIÇO PÚBLICO, CONCESSÃO E PPP

11.1. Concessão de serviço público

(OAB/FGV – 2024) A sociedade empresária Sabiá tomou conhecimento de um edital de licitação elaborado pelo Município Alfa para promover a permissão de determinado serviço público de competência local, razão pela qual procura sua assessoria jurídica, a fim de dirimir algumas dúvidas acerca da mencionada modalidade de delegação.

Acerca das peculiaridades da permissão de serviços públicos, à luz do disposto na CRFB/88 e na Lei nº 8.987/95, assinale a afirmativa correta.

(A) A modalidade licitatória deverá ser necessariamente aquela designada como diálogo competitivo

(B) Não é necessária a realização de licitação para a formalização da delegação pretendida pelo Município Alfa.

(C) É necessária a constituição de uma sociedade de propósito específico para a formalização do respectivo contrato.

(D) A delegação pretendida poderá ser realizada para pessoa física ou jurídica que demonstre capacidade para a prestação do serviço por sua conta e risco.

O art. 2º, IV, da Lei 8.987/94, ao tratar da permissão de serviço público, estabelece que está é a (i) delegação, (ii) a título precário, (iii) mediante licitação, (iv) da prestação de serviços públicos, (v) feita pelo poder concedente à pessoa física ou jurídica que (vi) demonstre capacidade para seu desempenho, (vii) por sua conta e risco.

A: incorreta, pois a lei só obriga essa modalidade (diálogo competitivo) ou a modalidade concorrência, para os casos de concessão de serviço público (art. 2º, II e III, da Lei 8.987/94), e não de permissão de serviço público; **B:** incorreta, pois o art. 2º, IV, da Lei 8.987/94 impõe licitação no caso; **C:** incorreta, pois, na lei que regula as permissões de serviço público (Lei 8.987/94) não há previsão legal sobre a constituição desse tipo de sociedade para a formalização do respectivo contrato ou termo de permissão. Essa previsão encontra, todavia, no art. 9º da Lei 11.079/2004, que trata do instituto da parceria público-privada; **D:** correta, nos exatos termos do art. 2º, IV, da Lei 8.987/94.

Gabarito "D".

(ENAM – 2024 – FGV) O Supremo Tribunal Federal julgou, em 2022, a Ação Direta de Inconstitucionalidade 2946, proposta em relação ao Art. 27 da Lei nº 8987/1995, *in verbis*:

Art. 27. A transferência de concessão ou do controle societário da concessionária sem prévia anuência do poder concedente implicará a caducidade da concessão.

§ 1º Para fins de obtenção da anuência de que trata o *caput* deste artigo, o pretendente deverá:

I. – atender às exigências de capacidade técnica, idoneidade financeira e regularidade jurídica e fiscal necessárias à assunção do serviço; e

II. – comprometer-se a cumprir todas as cláusulas do contrato em vigor."

Discutia-se se este artigo é compatível com o Art. 175 da Constituição Federal, a seguir.

"Art. 175. Incumbe ao Poder Público, na forma da lei, diretamente ou sob regime de concessão ou permissão, sempre através de licitação, a prestação de serviços públicos.

Parágrafo único. A lei disporá sobre:

I. – o regime das empresas concessionárias e permissionárias de serviços públicos, o caráter especial de seu contrato e de sua prorrogação, bem como as condições de caducidade, fiscalização e rescisão da concessão ou permissão;
II. – os direitos dos usuários;
III. – política tarifária;
IV. – a obrigação de manter serviço adequado.

No voto do relator, que obteve a adesão da maioria do STF, lê-se o seguinte:

É a proposta mais vantajosa que, *prima facie*, vincula a Administração. Mantidos seus termos, não se pode afirmar que a modificação do particular contratado implica, automática e necessariamente, burla à regra da obrigatoriedade de licitação ou ofensa aos princípios constitucionais correlatos, mormente nos casos de concessão, dada a natureza incompleta e dinâmica desses contratos e a necessidade de se zelar pela continuidade da prestação adequada dos serviços públicos.

Assinale a opção que traduz a ideia expressa pelo Tribunal no trecho destacado.

(A) Contratos de concessão têm natureza incompleta, dinâmica, especial, personalíssima e contínua.
(B) A transferência de concessão é viável se houver continuidade da prestação adequada dos serviços públicos, mas deve ser feita sempre por meio de licitação.
(C) Na concessão, o principal para a Administração Pública é a manutenção das condições contratuais obtidas na licitação e a continuidade adequada dos serviços, e não o interesse da concessionária vencedora.
(D) A competência do poder concedente para anuir com a transferência da concessão está sujeita a caducidade, salvo se os termos da proposta mais vantajosa na licitação não tiverem sido mantidos.
(E) Em virtude do princípio da continuidade dos serviços públicos, a Administração Pública deve necessariamente rescindir a concessão se a concessionária não tiver condições de manter a prestação adequada.

O Supremo Tribunal Federal, ao julgar a ADI 2946, estabeleceu que transferência da concessão ou do controle societário da concessionária, sem necessidade de licitação, desde que tenha o consentimento do poder concedente, não viola a CR/88. **A:** Incorreta. O contrato de concessão, de acordo com o STF, tem natureza incompleta, dinâmica, especial e contínua, mas não tem que ter caráter personalíssimo, pois a "concepção de que os contratos administrativos ostentam caráter personalíssimo ou natureza *intuitu personae* reflete uma transposição mecânica do direito administrativo francês anterior ou, quando menos, traduz um regime jurídico não mais existente. **B:** Incorreta. A transferência é viável se houver continuidade da prestação dos serviços públicos, e não depende de licitação. **C:** Correta. Conforme entendimento do STF na ADI 2946. **D:** Incorreta. A caducidade não influi na competência do poder concedente para anuir com a transferências, mas sim com a extinção do contrato de concessão. **E:** Incorreta, pois, nos termos da decisão do STF, caso a concessionária não tenha condições de manter a prestação adequada, a transferência da concessão pode ser a solução para garantir a continuidade do serviço público. Gabarito "C".

(OAB/FGV – 2023) Após inúmeras tentativas de obter transparência e sanar constantes problemas na prestação de determinado serviço público federal junto à concessionária, Felipe decidiu apresentar manifestação perante a Ouvidoria da Administração Pública, para informar e buscar solução para recorrentes vícios que comprometem a realização adequada da atividade, o que considera violar os princípios da regularidade, continuidade e efetividade.

Sobre a hipótese narrada, considerando os direitos dos usuários de serviços públicos, assinale a afirmativa correta.

(A) A Administração não pode exigir a apresentação de motivos determinantes da manifestação de Felipe perante a Ouvidoria.
(B) Felipe não pode provocar a via administrativa por meio de manifestação, considerando que o serviço público é atividade econômica submetida à livre-iniciativa.
(C) A manifestação de Felipe é inócua, na medida em que a Administração não pode exigir da concessionária o respeito aos princípios que ele considera violados.
(D) A Administração deve recusar o recebimento da manifestação de Felipe, caso sua identificação não atenda às exigências determinadas pelo órgão, mesmo que estas possam vir a inviabilizar a sua manifestação.

A: Certa. São vedadas quaisquer exigências relativas aos motivos determinantes da apresentação de manifestações perante a ouvidoria (art. 10, § 2º, Lei 13.460/2017). **B:** Errada: Para garantir seus direitos, o usuário poderá apresentar manifestações perante a administração pública acerca da prestação de serviços públicos (art. 9º, Lei 13.460/2017). **C:** Errada. Toda concessão ou permissão pressupõe a prestação de serviço adequado ao pleno atendimento dos usuários, conforme estabelecido nesta Lei, nas normas pertinentes e no respectivo contrato (art. 6º, Lei 8.987/95). **D:** Errada. A identificação do requerente não conterá exigências que inviabilizem sua manifestação (art. 10, § 1º, Lei 13.460/2017). Gabarito "A".

(Técnico – TJ/AL – 2018 – FGV) Autoridade municipal competente praticou ato administrativo de autorização para que certo particular exercesse comércio ambulante em local predeterminado. Inconformada, a associação de lojistas locais ingressou com medida judicial, pleiteando a revogação do ato administrativo de autorização.

O pleito do empresariado local:

(A) merece prosperar, pois ao Poder Judiciário cabe o exame de mérito e legalidade dos atos administrativos discricionários, pelo princípio do amplo acesso à justiça;
(B) merece prosperar, pois o Poder Judiciário deve revogar os atos administrativos vinculados que se revelem inoportunos ou inconvenientes, pelo princípio da inafastabilidade do controle jurisdicional;
(C) merece prosperar, pois o Poder Judiciário deve revogar os atos administrativos vinculados que se revelem inoportunos ou inconvenientes, no regular exercício do controle externo da atividade administrativa;
(D) não merece prosperar, pois ao Poder Judiciário não cabe juízo de valor sobre a legalidade e o mérito dos atos administrativos discricionários, em razão do princípio da separação dos poderes;

(E) não merece prosperar, pois ao Poder Judiciário, em regra, não cabe juízo de valor sobre o mérito dos atos administrativos discricionários, podendo apenas invalidá-los por vício de legalidade.

Autorização de serviço público é ato unilateral, precário e discricionário através do qual a Administração Pública consente na sua execução por um particular para atender a interesses coletivos instáveis ou emergência transitória. A revogação é ato privativo do Poder Executivo, não cabível ao Poder Judiciário, pois se trata do desfazimento de ato lícito e perfeito por razões de conveniência e oportunidade da Administração Pública, razão pela qual produz efeitos *ex nunc*, ou seja, sem retroagir ao momento de produção e formação do ato. Note-se que a Administração Pública tem, nesse ponto, poderes de invalidação mais amplos que os do Poder Judiciário: ela tanto pode revogar um ato legítimo e eficaz por não ser mais conveniente sua existência (revogação), como deve anular os atos administrativos ilegítimos ou ilegais. O Poder Judiciário, de outra banda, não pode revogar os atos administrativos do Poder Executivo, mas tão somente anulá-los, quando eivados de vícios que afetem sua legalidade, nos termos da Súmula 473 STF.

Gabarito "E".

11.2. Parceria público-privada (PPP)

(OAB/FGV – 2023) Diante da necessidade de vultosos investimentos em infraestrutura e para atrair a iniciativa privada, a União divulgou, pelos meios de comunicação, que pretende realizar uma parceria público-privada, na modalidade concessão patrocinada, salientando que já ficou caracterizado que cerca de 75% (setenta e cinco por cento) da remuneração do parceiro privado deverá ser paga pela Administração.

Tal notícia despertou o interesse da sociedade Considera, que procurou a sua assessoria jurídica acerca da contratação pretendida.

Diante dessa situação hipotética, assinale a alternativa correta, à luz da Lei nº 11.079/2004.

(A) A concessão patrocinada pretendida depende de autorização legislativa específica.
(B) Acaso vença a licitação, a própria sociedade Considera poderá formalizar o respectivo contrato administrativo para implantar e gerir o objeto da parceria.
(C) A contraprestação da União no contrato em questão deverá ser realizada exclusivamente por ordem bancária.
(D) Não é possível que a União preste garantia das obrigações pecuniárias contraídas pela Administração Pública.

A: Certa. Art. 10, § 3º, Lei 11.079/04. As concessões patrocinadas em que mais de 70% (setenta por cento) da remuneração do parceiro privado for paga pela Administração Pública dependerão de autorização legislativa específica. **B:** Errada. Tem que constituir uma sociedade de propósitos específicos (SPE). Art. 9º, Lei 11.079/04. **C:** Errada. Pode ser em uma das hipóteses do art. 6º, Lei 11.079/04. **D:** Errada. A lei prevê as formas de garantias (art. 8º, Lei 11.079/04).

Gabarito "A".

(OAB/FGV – 2023) O Estado Delta, com o fim de combater grave crise no sistema carcerário, realizou os estudos pertinentes para contratar uma concessão administrativa, de modo a delegar os serviços de determinado presídio, abarcando as atividades de limpeza e manutenção predial (incluindo reformas), bem como o fornecimento de alimentação e de vestuário para os detentos, sem que haja, portanto, a possibilidade de cobrança de tarifas dos usuários.

Acerca da situação descrita, assinale a afirmativa correta.

(A) O Estado Delta, para a finalidade almejada, deveria fazer uso da concessão patrocinada.
(B) O contrato poderá ter, no máximo, prazo de validade de dois anos.
(C) O objeto do contrato poderia abarcar, também, as principais atividades atinentes aos serviços de segurança pública.
(D) O objeto do contrato é possível, pois não abarca apenas o fornecimento de mão de obra.

A: Errada, pois na concessão patrocinada haveria cobrança de tarifa do preso, o que não é o caso. **B:** Errado. Os contratos de parceria público-privada devem ter o prazo mínimo de 5 (cinco) e máximo de 35 (trinta e cinto) anos, incluindo eventuais prorrogações (art. 2º, § 4º e art. 5º, I, Lei 11.079/04). **C:** Errada. A segurança pública não deve ser delegada nesse caso. **D:** Certa. Trata-se de concessão administrativa (Art. 2º, § 2º, Lei 11.079/04).

Gabarito "D".

12. CONTROLE DA ADMINISTRAÇÃO

(OAB/FGV – 2024) Evandro Santos, prefeito do município Gama, tem dúvidas acerca da operacionalização do controle externo do julgamento das contas que deve anualmente prestar ao Legislativo. Em razão disso, questionou sua assessoria jurídica acerca dos trâmites necessários para tanto.

Sobre a situação hipotética apresentada, assinale a opção que apresenta a resposta correta a ser dada pela assessoria jurídica.

(A) O julgamento das contas será realizado exclusivamente pela Corte de Contas competente.
(B) As contas anuais serão prestadas e julgadas exclusivamente pela Câmara Municipal, independentemente da atuação da Corte de Contas.
(C) O julgamento das contas anuais caberá à Assembleia Legislativa do Estado a que pertence o município Gama.
(D) O julgamento das contas dependerá da elaboração de parecer prévio da Corte de Contas competente, cuja conclusão só deixará de prevalecer por decisão de dois terços dos membros da Câmara Municipal.

A e B: incorretas, pois o julgamento é realizado mediante parecer prévio pela Corte de Contas competente, podendo o Poder Legislativo Municipal não acolher o parecer, mediante decisão de dois terços dos membros da Câmara Municipal. Assim, é incorreto dizer que o julgamento é feito exclusivamente tanto pela Corte de Contas competente quanto pela Câmara Municipal (art. 31, § 2º, da CF); **C:** incorreta, o julgamento é realizado por atuação conjunta da Corte de Contas competente e da Câmara Municipal de Gama (Poder Legislativo Municipal), não tendo a Assembleia Legislativa do Estado (Poder Legislativo Estadual) competência para esse julgamento; **D:** correta, nos exatos termos do art. 31, § 2º, da CF).

Gabarito "D".

(Procurador – AL/PR – 2024 – FGV) Existem competências atribuídas para as Casas Legislativas, a partir das atribuições delineadas para o Congresso Nacional na CRFB/88, que guardam estreita relação com a atividade de fiscalização e controle da atividade administrativa exercida pelo

Poder Executivo, que deve ser levada a efeito pelo Poder Legislativo.

Entre as referidas competências, é correto destacar

(A) a revogação de atos administrativos discricionários do Poder Executivo.
(B) a homologação da sustação de contratos administrativos, que deve ser realizada diretamente pelo respectivo Tribunal de Contas.
(C) a sustação de qualquer ato normativo editado pelo Poder Executivo.
(D) o julgamento anual das contas do Chefe do Poder Executivo, mediante parecer do respectivo Tribunal de Contas.
(E) a suspensão das licitações em curso realizadas pelo Poder Executivo, para a apuração de eventuais irregularidades.

A: Incorreta, pois a revogação de atos administrativos discricionários do Poder Executivo não é competência do Poder Legislativo. Essa atribuição está dentro do âmbito administrativo do Poder Executivo, conforme os princípios da autotutela administrativa. A função do Legislativo é mais voltada para a fiscalização e controle, e não para a revogação direta de atos administrativos. **B:** Incorreta, pois a homologação da sustação de contratos administrativos não é competência do Tribunal de Contas. O Tribunal de Contas pode recomendar a sustação, mas a decisão final e a homologação dessa sustação devem ser feitas pelo Poder Legislativo, conforme o art. 71, X e § 1º, da CF. **C:** Incorreta, pois o Poder Legislativo não tem competência para sustar qualquer ato normativo editado pelo Poder Executivo de forma indiscriminada. A sustação de atos normativos só é possível em casos específicos, como nos atos que extrapolam o poder regulamentar ou os limites da delegação legislativa (art. 49, V, da CF). **D:** Correta, pois o julgamento anual das contas do Chefe do Poder Executivo é de competência do Poder Legislativo, com parecer do Tribunal de Contas. Essa competência está prevista no art. 49, IX, c/c art. 71, I, ambos da CF, que estabelecem que o Congresso Nacional deve julgar as contas anuais do Presidente da República, com base no parecer do Tribunal de Contas da União. **E:** Incorreta, pois, além da própria administração pública que promove a licitação, apenas um juiz do Tribunal de Contas podem suspender uma licitação, nesse último caso com fundamento no art. 71, X, da CF. Vale lembrar que se a licitação já foi realizada e se tem um contrato, aí sim, após o Tribunal de Contas recomendar a sustação, o Poder Legislativo pode homologar essa sustação (do contrato!), nos termos do art. 71, X e p. 1º, da CF. WG

Gabarito "D".

(Procurador – AL/PR – 2024 – FGV) No exercício de suas atribuições atinentes ao controle interno, Cristovam, servidor público estável do Estado do Paraná, deparou-se com diversas situações em que acredita ser imperiosa a anulação de diversos atos administrativos, eivados de vícios gravíssimos e insanáveis, os quais foram praticados há algum tempo.

Nesse contexto, à luz do entendimento do Supremo Tribunal Federal com relação aos limites à anulação, no âmbito da autotutela, é correto afirmar que

(A) é imprescritível para a Administração Pública o direito de anular os atos eivados de vícios insanáveis, independentemente de ampla defesa e contraditório nas situações em que os vícios forem gravíssimos, tal como ocorre com as situações de manifesta inconstitucionalidade e aquelas em que comprovada a má-fé do beneficiário do ato.

(B) decai em cinco anos o direito da Administração de anular os atos eivados de vícios insanáveis, inclusive nas hipóteses em que o beneficiário do ato está de má-fé, salvo as situações de flagrante inconstitucionalidade, em relação as quais não há necessidade de se observar a ampla defesa e o contraditório.
(C) prescreve em cinco anos o direito da Administração de anular os atos eivados de vícios insanáveis, independentemente da boa-fé do beneficiário, inclusive nas hipóteses de flagrante inconstitucionalidade, não sendo necessário respeitar a ampla defesa e contraditório para tanto, ainda que o ato surta efeitos na esfera jurídica de terceiros.
(D) decai em cinco anos o direito da Administração de anular os atos eivados de vícios insanáveis, salvo comprovada má-fé do beneficiário do ato e as situações de flagrante inconstitucionalidade, devendo ser respeitada a ampla defesa e contraditório para fins de anulação, quando o ato surte efeitos na esfera jurídica de terceiros.
(E) a anulação dos atos administrativos eivados de vícios insanáveis pode ser realizada a qualquer tempo, na medida em que dos nulos não se originam direitos, mas é necessário respeitar a ampla defesa e o contraditório para tanto, quando o ato surtir efeitos na esfera jurídica de terceiros.

A: Incorreta, pois a anulação dos atos administrativos eivados de vícios insanáveis não é imprescritível. Há um prazo de decadência de cinco anos para a anulação desses atos, conforme previsto no artigo 54 da Lei n.º 9.784/1999, salvo comprovada má-fé. No mais, a ampla defesa e o contraditório devem ser respeitados quando o ato já tiver efeitos na esfera jurídica de terceiros. **B:** Incorreta, pois a Administração Pública tem um prazo de decadência de cinco anos para anular atos administrativos eivados de vícios insanáveis, mas o artigo 54 da Lei n.º 9.784/1999 ressalvado os casos de má-fé. No mais, a ampla defesa e o contraditório não são dispensáveis mesmo em casos de flagrante inconstitucionalidade. **C:** Incorreta, pois a prescrição para a anulação de atos eivados de vícios insanáveis é de cinco anos, mas só nos casos de boa-fé, já que a lei ressalva os casos de má-fé, que terão assim prazo diferenciado. O STF tem afirmado que a ampla defesa e o contraditório são necessários quando o ato já afetou a esfera jurídica de terceiros. **D:** Correta, pois a Administração Pública tem o prazo de decadência de cinco anos para anular atos administrativos eivados de vícios insanáveis, salvo comprovada má-fé (art. 54 da Lei n.º 9.784/1999). Ademais, mesmo em casos de flagrante inconstitucionalidade, é necessário respeitar a ampla defesa e o contraditório quando o ato tiver efeitos na esfera jurídica de terceiros. **E:** Incorreta, pois a anulação dos atos administrativos eivados de vícios insanáveis deve respeitar o prazo de 5 anos previsto na Lei n.º 9.784/1999, salvo comprovada má-fé. WG

Gabarito "D".

(Juiz de Direito – TJ/SC – 2024 – FGV) Maria, cidadã do Município de Horto Grande, passou por consulta médica em hospital público e, para tratar de sua moléstia, fora-lhe prescrito o medicamento JJY. Porém, ao comparecer ao posto de saúde, não conseguiu obter o remédio, que estava em falta. Após indagar ao servidor público que atendia na unidade, foi informada de que o Município de Horto Grande e região passava por uma fase de desabastecimento de diversos medicamentos pela escassez de matéria-prima de fabricação dos mesmos. Relatórios acadêmicos apontam problemas na construção de uma política pública efetiva de produção de medicamentos e insumos básicos para a saúde. Hoje, há grande dependência da importação na cadeia de produção de medicamentos. Assistida pela Defensoria Pública, Maria ingressou com ação judicial para acesso ao medicamento.

Considerando o caso narrado, é correto afirmar que:

(A) para resolver o caso de Maria, seria suficiente que o juiz determinasse a realização de imediata licitação para aquisição do medicamento JJY;

(B) antes do ajuizamento da ação junto ao Poder Judiciário, Maria deveria ter formulado denúncia junto à Administração Pública do Município de Horto Grande e esgotado a esfera administrativa;

(C) ao decidir o caso de Maria, o juiz deve atentar aos obstáculos e às dificuldades reais do gestor e às exigências das políticas públicas a seu cargo, de modo que o juiz incorreria em indevida usurpação de competência se, após análise dos fatos, decidisse conceder direito à saúde;

(D) para sanar situações como essa, a política pública de produção de medicamentos e insumos básicos para a saúde deve ser objeto de avaliação e indicação clara dos resultados alcançados, inclusive por meio do monitoramento dos estoques, que pode ser objeto de controle judicial;

(E) para evitar o desabastecimento de medicamentos, o Poder Judiciário pode revisar o planejamento público a partir da ação judicial de Maria, independentemente do exame do correspondente processo administrativo e da motivação sob pena de perecimento do direito dos cidadãos brasileiros.

A: Incorreta. O Poder Judiciário não pode determinar diretamente a realização de licitação pelo Poder Executivo, sob pena de ferir o princípio da separação dos poderes. **B:** Incorreta. Maria não tinha a obrigatoriedade de esgotar a via administrativa para procurar a tutela do Poder Judiciário, sob pena de se ferir o princípio da inafastabilidade da jurisdição. **C:** Incorreta. De fato, o art. 22 do Decreto-lei 4.657/1942 (Lei de Introdução às normas do Direito Brasileiro – LINDB) prevê na interpretação de normas sobre gestão pública, serão considerados os obstáculos e as dificuldades reais do gestor e as exigências das políticas públicas a seu cargo, no entanto, o próprio artigo garante que essa atuação deve ocorrer sem prejuízo dos direitos dos administrados. Além disso, o Supremo Tribunal Federal (Tema 698 de Repercussão Geral, STF) entendeu que "a intervenção do Poder Judiciário em políticas públicas voltadas à realização de direitos fundamentais, em caso de ausência ou deficiência grave do serviço, não viola o princípio da separação dos Poderes". **D:** Correta. O STF, ainda no julgamento do Tema 698 de Repercussão Geral do STF, estabeleceu que "a decisão judicial, como regra, em lugar de determinar medidas pontuais, deve apontar as finalidades a serem alcançadas e determinar à Administração Pública que apresente um plano e/ou os meios adequados para alcançar o resultado". Em outra decisão do Supremo Tribunal Federal (RE 429903, rel. Min. Ricardo Lewandowski, j. 25/06/2014), afirmou-se que não ocorreria ofensa ao princípio da separação dos poderes a atuação do Poder Judiciário na determinação de manutenção de estoque de medicamentos. **E:** Incorreta, pois não é possível que o Poder Judiciário revise o planejamento público a partir da ação judicial de Maria, pois cabe ao Judiciário apenas analisar a legalidade da atuação.

Gabarito "D".

(Juiz de Direito – TJ/SC – 2024 – FGV) João, juiz de direito do Estado Beta, requereu sua aposentadoria em 09/10/2018. Autuado o requerimento, o pedido é deferido pelo presidente do Tribunal de Justiça do Estado Beta, que envia o ato de aposentadoria ao Tribunal de Contas do mesmo estado, tendo o processo chegado à Corte de Contas em 20/10/2018. Em 30/11/2023, o Tribunal de Contas nega o registro da aposentadoria de João, sob o fundamento de que teriam sido incluídas vantagens indevidas nos proventos.

No caso em apreço, quanto (i) ao limite temporal e (ii) ao controle jurisdicional, a decisão do Tribunal de Contas:

(A) (i) não se sujeita a limite temporal; (ii) pode ser revista em controle jurisdicional;

(B) (i) não se sujeita a limite temporal; (ii) não pode ser revista em controle jurisdicional;

(C) (i) sujeita-se a limite temporal, que, no caso, foi excedido; (ii) pode ser revista em controle jurisdicional;

(D) (i) sujeita-se a limite temporal, que, no caso, foi excedido; (ii) não pode ser revista em controle jurisdicional;

(E) (i) sujeita-se a limite temporal, mas o prazo ainda está em curso; (ii) pode ser revista em controle jurisdicional.

O Supremo Tribunal Federal entendeu que "Em atenção aos princípios da segurança jurídica e da confiança legítima, os Tribunais de Contas estão sujeitos ao prazo de 5 anos para o julgamento da legalidade do ato de concessão inicial de aposentadoria, reforma ou pensão, a contar da chegada do processo à respectiva Corte de Contas" (Tema 455 de Repercussão Geral, STF). Assim, se o ato de aposentadoria de João chegou ao Tribunal de Contas em 20/10/2018, o julgamento de legalidade só poderia ser feito até 20/10/2018. No entanto, nos termos da questão, o Tribunal de Contas só negou o registro da aposentadoria em 30/11/2023, o que demonstra que o limite temporal foi excedido. Assim, a atuação do Tribunal de Contas fora do prazo fere os princípios da segurança jurídica e da confiança legítima, o que justifica o controle de legalidade pelo Poder Judiciário.

Gabarito "C".

(ENAM – 2024 – FGV) Objetivando estabelecer a segurança nas relações jurídicas, ao retirar a possibilidade de situações financeiras perdurarem por tempo indeterminado, o Decreto Lei nº 20.910/1932 estabeleceu regras sobre prazos prescricionais quanto a direito ou ação contra a Fazenda federal, estadual ou municipal.

Sobre as regras mencionadas nessa legislação, assinale a afirmativa correta.

(A) A citação inicial interrompe a prescrição, mesmo quando, por qualquer motivo, o processo tenha sido anulado.

(B) O direito à reclamação administrativa que não tiver prazo fixado em disposição de lei especial prescreve em três anos, a contar do conhecimento do ato ou fato apontado pelo particular prejudicado.

(C) A prescrição interrompida recomeça a correr, por dois anos e meio, a partir do ato interruptivo, mas não poderá ficar reduzida aquém de cinco anos, mesmo que o ato interruptivo se dê durante a primeira metade do prazo.

(D) A prescrição somente poderá ser interrompida duas vezes, quando se trata de ação objetivando reparação material; já quando a pretensão versar sobre reparação moral, ela será interrompida sempre, segundo os regramentos da legislação civil.

(E) Não corre a prescrição durante a demora do procedimento que está voltado a analisar ou estudar a pretensão deduzida no âmbito administrativo, salvo se esta versar sobre reparação material, quando o prazo prescricional retomará o seu curso após o primeiro ano, sem a decisão administrativa.

A: Incorreta. O art. 7º prevê que "a citação inicial não interrompe a prescrição quando, por qualquer motivo, o processo tenha sido anulado". **B:** Incorreta. O art. 6º estabelece que "o direito à reclamação administrativa, que não tiver prazo fixado em disposição de lei para ser formulada, prescreve em um ano a contar da data do ato ou fato do qual a mesma se originar". **C:** Correta. Nos termos do art. 1º, o prazo de prescrição é de 5 anos. E o art. 9º prevê que "a prescrição interrompida recomeça a correr, pela metade do prazo, da data do ato que a interrompeu ou do último ato ou termo do respectivo processo". Assim, a prescrição recomeça a correr por dois anos e meio. **D:** Incorreta. O art. 8º estabelece que "a prescrição somente poderá ser interrompida uma vez". **E:** Incorreta. O art. 4º, prevê que "não corre a prescrição durante a demora que, no estudo, ao reconhecimento ou no pagamento da dívida, considerada líquida, tiverem as repartições ou funcionários encarregados de estudar e apurá-la". FC

Gabarito "C".

(ENAM – 2024 – FGV) O Plenário do Supremo Tribunal Federal (STF), no julgamento do Recurso Extraordinário RE 684612, com repercussão geral (Tema 698), fixou parâmetros para nortear decisões judiciais.

A respeito do recente posicionamento do STF em repercussão geral sobre os parâmetros do controle jurisdicional de políticas públicas voltadas à realização de direitos fundamentais, assinale a afirmativa correta.

(A) A decisão judicial, como regra, deverá determinar medidas claras, objetivas e pontuais a serem realizadas pelo gestor público para a implementação dos direitos fundamentais.

(B) A decisão judicial, prioritariamente, deve se limitar a apontar as finalidades a serem alcançadas e determinar que a Administração Pública apresente um plano ou os meios adequados para alcançar tal resultado.

(C) A intervenção do Poder Judiciário em políticas públicas voltadas à realização de direitos fundamentais, mesmo em caso de deficiência grave ou ausência do serviço, viola o princípio da separação dos poderes.

(D) A atuação judicial deve ser pautada por critérios de razoabilidade e eficiência e deve desenvolver e apresentar o plano concreto a ser cumprido pela administração para alcançar o resultado.

(E) A decisão judicial não deve trazer qualquer tipo de determinação ao gestor público, sob pena de interferir na discricionariedade administrativa na tomada de decisão sobre as políticas públicas a serem implementadas.

O Supremo Tribunal Federal, em julgamento do Tema 698 de repercussão geral, analisou os limites do Poder Judiciário para determinar obrigações de fazer ao Estado, consistentes na realização de concursos públicos, contratação de servidores e execução de obras que atendam o direito social da saúde, ao qual a Constituição da República garante especial proteção. Sobre o tema, o STF estabeleceu que: 1. A intervenção do Poder Judiciário em políticas públicas voltadas à realização de direitos fundamentais, em caso de ausência ou deficiência grave do serviço, não viola o princípio da separação dos poderes. 2. A decisão judicial, como regra, em lugar de determinar medidas pontuais, deve apontar as finalidades a serem alcançadas e determinar à Administração Pública que apresente um plano e/ou os meios adequados para alcançar o resultado. 3. No caso de serviços de saúde, o déficit de profissionais pode ser suprido por concurso público ou, por exemplo, pelo remanejamento de recursos humanos e pela contratação de organizações sociais (OS) e organizações da sociedade civil de interesse público (OSCIP).
A: Incorreta. O STF entendeu que o Poder Judiciário não deve apontar medidas pontuais, e sim apontar as finalidades a serem alcançadas e determinar a apresentação de um plano e/ou meios adequados para alcançar o resultado. **B:** Correta. O Judiciário deve apontar as finalidades e determinar a apresentação de como a Administração visa alcançar a finalidade. **C:** Incorreta. A intervenção, nesses casos, não viola o princípio da separação dos poderes. **D:** Incorreta. Não é o Poder Judiciário que deve apresentar o plano concreto, e sim a Administração. **E:** Incorreto. O Judiciário pode determinar a apresentação de planos e/ ou meios para alcançar o resultado. FC

Gabarito "B".

(Juiz Federal – TRF/1 – 2023 – FGV) Sentença proferida pela Vara Federal condenou a União e o Estado de Goiás ao fornecimento de medicamento oncológico de alto custo. Foi apresentado laudo fundamentado elaborado pelo médico do paciente, justificando a imprescindibilidade e a necessidade do medicamento, bem como a inexistência de outro, com eficácia, fornecido pelo SUS. Foi comprovada a impossibilidade de o autor arcar com o custo do medicamento, que está registrado na Anvisa. O Estado de Goiás apela, alegando sua ilegitimidade passiva, por se tratar de medicamento de alto custo a ser fornecido pela União apenas. A União apela sob o fundamento de que o medicamento não consta da lista do SUS.

Considerando o caso hipotético, é correto afirmar que:

(A) deve ser provido o recurso do Estado de Goiás, conforme entendimento fixado no Tema 793, pelo STF, e negado provimento ao recurso da União, em conformidade com o STJ, que em sede de repetitivo fixou os parâmetros para o fornecimento de medicamentos pelo Estado e não há necessidade de que ele conste da lista do SUS;

(B) devem ser providos ambos os recursos conforme teses fixadas pelo STF sobre a solidariedade entre os entes da federação e ainda os parâmetros para o fornecimento de medicamentos conforme repetitivo julgado pelo STJ;

(C) deve ser negado provimento a ambos os recursos, considerando que a sentença está de acordo com o entendimento do STF sobre a solidariedade entre os entes federativos e, conforme repetitivo do STJ, todos os parâmetros para que haja o dever de o Estado de fornecer medicamentos estão presentes;

(D) deve ser negado provimento ao recurso do Estado de Goiás, conforme entendimento fixado no Tema 793, pelo STF, e deve ser provido o recurso da União, já que a sentença não observou os requisitos necessários ao dever de fornecer medicamentos pelo Estado, dentre eles a inclusão do medicamento em lista do SUS;

(E) os recursos não devem ser conhecidos por violarem tese de repercussão geral fixada pelo STF.

Conforme entendimento do Supremo Tribunal Federal, ao julgar o Tema 793 de Repercussão Geral, os entes da federação, em decorrência da competência comum, são solidariamente responsáveis nas demandas prestacionais na área da saúde, e diante dos critérios constitucionais de descentralização e hierarquização, compete à autoridade judicial direcionar o cumprimento conforme as regras de repartição de competências e determinar o ressarcimento a quem suportou o ônus financeiro. Além disso, o Superior Tribunal de Justiça, ao julgar o Tema Repetitivo 106, estabeleceu que a concessão dos medicamentos não incorporados em atos normativos do SUS exige a presença cumulativa dos seguintes requisitos: i) Comprovação, por meio de laudo médico fundamentado e circunstanciado expedido por médico que assiste o paciente, da imprescindibilidade ou necessidade do medicamento, assim como da ineficácia, para o tratamento da moléstia, dos fármacos fornecidos pelo SUS; ii) incapacidade financeira de arcar com o custo do medicamento prescrito; iii) existência de registro do medicamento na ANVISA, observados os usos autorizados pela agência. **A:** Incorreta, pois o recurso do Estado de Goiás não deve ser provido, visto que o Estado e a União são solidariamente responsáveis. **B:** Incorreta. Os recursos do Estado de Goiás e da União não devem ser providos. **C:** Correta. O recurso do Estado de Goiás deve ser negado, visto que o STF estabeleceu a responsabilidade solidária em fornecer o medicamento. O recurso da União deve ser negado, pois todos os requisitos para a concessão do medicamento, ainda que não conste da lista do SUS, estão presentes. **D:** Incorreta. O recurso da União deve ser negado, pois o medicamento não precisa constar da lista do SUS. **E:** Incorreta, pois o recurso da União viola tema de recurso repetitivo do STJ, e não tese de repercussão geral fixada pelo STF.

Gabarito "C".

13. PROCESSO ADMINISTRATIVO

(OAB/FGV – 2023) No ano de 2020, o Município Alfa, por meio da Secretaria Municipal de Saúde, realizou concurso público para o cargo de médico. Não obstante a inexistência de previsão legal, no curso do certame, a Secretaria de Saúde incluiu como fase do concurso exame psicotécnico e eliminou diversos candidatos. O candidato Antônio apresentou os requerimentos administrativos cabíveis para tentar reverter a decisão, mas não obteve êxito.

Assim sendo, Antônio ajuizou reclamação constitucional junto ao Supremo Tribunal Federal, julgada procedente com base na Súmula Vinculante nº 44, do STF, que dispõe "Só por lei se pode sujeitar a exame psicotécnico a habilitação de candidato a cargo público", tendo a Suprema Corte dado ciência à autoridade prolatora do ato ilegal e ao órgão competente para o julgamento do recurso.

No ano de 2022, a Secretaria Municipal de Saúde publicou edital de novo concurso público, agora para o cargo de enfermeiro. Mantida a inexistência de lei prevendo o exame psicotécnico, mais uma vez, o Município Alfa incluiu o mencionado exame em fase do concurso e o mesmo Secretário Municipal eliminou do certame a candidata Maria.

Na qualidade de advogado(a) de Maria, com base na Lei nº 9.784/99, integralmente aplicável ao Município Alfa por força de lei local, você deve

(A) impetrar mandado de segurança, observado o prazo decadencial de 180 (cento e oitenta dias), pleiteando a anulação de todo concurso, em razão de descumprimento de súmula vinculante do STF.

(B) ajuizar ação popular, requerendo a nomeação de Maria e a condenação do Secretário Municipal de Saúde por crime de responsabilidade, pela inobservância reiterada de súmula vinculante do STF.

(C) propor ação anulatória do ato de eliminação de Maria e de afastamento cautelar do Secretário Municipal de Saúde, pelo prazo de um ano, como medida punitiva pelas ilegalidades praticadas que afrontaram o interesse público.

(D) manejar pedido de reconsideração ao Secretário de Saúde, lhe alertando de que, em razão do julgamento de anterior reclamação pelo STF em caso semelhante, deve adequar sua decisão ao julgado da Suprema Corte, sob pena de responsabilização pessoal nas esferas cível, administrativa e penal.

A: Errada. O prazo do mandado de segurança é de 120 dias (art. 23, Lei 12.016/2009). **B:** Errada. Não se trata de crime de responsabilidade. **C:** Errada. Não existe previsão para o afastamento nos moldes descritos na alternativa. **D:** Certa. Art. 56, Lei 9.784/99, que determina que "das decisões administrativas cabe recurso, em face de razões de legalidade e de mérito. § 3º Se o recorrente alegar que a decisão administrativa contraria enunciado da súmula vinculante, caberá à autoridade prolatora da decisão impugnada, se não a reconsiderar, explicitar, antes de encaminhar o recurso à autoridade superior, as razões da aplicabilidade ou inaplicabilidade da súmula, conforme o caso".

Gabarito "D".

(OAB/FGV – 2023) Josias e Januário são servidores públicos federais de alta hierarquia e estavam conversando sobre os problemas inerentes ao exercício de suas atribuições. Enquanto Josias está extremamente exacerbado de trabalho e precisa delegar algumas de suas atribuições, para não comprometer o funcionamento da atividade administrativa, Januário entende ser necessário avocar competência atribuída a órgão hierarquicamente inferior, por questões excepcionais que são de extrema relevância para o interesse público.

Considerando as circunstâncias narradas, em consonância com a Lei nº 9.784/99, assinale a afirmativa correta.

(A) Josias poderá delegar verbalmente parcela de sua competência, considerando que esta é renunciável por servidor de alta hierarquia.

(B) Eventual delegação de competência por parte de Josias não poderá ser revogada após a sua formalização.

(C) A delegação de competência por Josias só pode ser realizada para órgão que lhe seja hierarquicamente inferior.

(D) A avocação temporária de competência por Januário será permitida em caráter excepcional e por motivos relevantes devidamente justificados.

A: Errada. O ato de delegação e sua revogação deverão ser publicados no meio oficial (art. 14, Lei 9.784/99), pois a competência é irrenunciável (art. 11, Lei 9.784/99). **B:** Errada. O ato de delegação é revogável a qualquer tempo pela autoridade delegante (art. 14, § 2º, Lei 9.784/99). **C.** Errada. A delegação não depende de relação hierárquica (art. 12, Lei 9.784/99). **D:** Certa. Art. 12, Lei 9.784/99.

Gabarito "D".

(OAB/FGV – 2023) Com o intuito de tomar providências em relação à determinada política pública, no âmbito da Administração Pública Federal, foi determinado que os Ministérios Alfa, Beta e Gama, promovessem uma decisão coordenada, diante da justificável relevância da matéria.

A Associação Dabliu, que atua na área de interesse coletivo, almeja habilitar-se como ouvinte do processo decisório, bem como ter direito de voz durante a reunião concernente aos respectivos trabalhos, designada para a próxima quarta-feira.

Diante dessa situação hipotética e das normas relativas à decisão coordenada na Lei nº 9.784/99, assinale a afirmativa correta.

(A) A Associação Dabliu não poderá habilitar-se a participar da decisão coordenada, ainda que na qualidade de ouvinte.

(B) A participação dos Ministérios Alfa, Beta e Gama na decisão coordenada em questão independe de intimação.

(C) O eventual dissenso do Ministério Alfa quanto à solução do objeto da decisão coordenada não precisa ser manifestado durante a reunião.

(D) A decisão prolatada por autoridade competente, que defira a participação da Associação Dabliu na reunião, com direito a voz, é irrecorrível.

A. Errada. Poderão habilitar-se a participar da decisão coordenada, na qualidade de ouvintes, os interessados de que trata o art. 9º da Lei 9.784/99 (art. 49-B, Lei 9.784/99). **B.** Errada. Os participantes da decisão coordenada deverão ser intimados na forma do art. 26 da Lei 9.784/99 (art. 49-D, Lei 9.784/99). **C:** Errada. Eventual dissenso na solução do objeto da decisão coordenada deverá ser manifestado durante as reuniões, de forma fundamentada, acompanhado das propostas de solução e de alteração necessárias para a resolução da questão (art. 49-F, Lei 9.784/99). **D:** Certa. A participação na reunião, que poderá incluir direito a voz, será deferida por decisão irrecorrível da autoridade responsável pela convocação da decisão coordenada (art. 49-B, parágrafo único, Lei 9.784/99). **FC**

Gabarito "D."

(Técnico – TJ/AL – 2018 – FGV) Os atos administrativos devem ser precedidos de um processo formal que justifica sua prática e serve de base para sua legitimidade, documentando todas as etapas até a formação válida da atuação da Administração Pública.

Nesse contexto, a Lei nº 9.784/99 estabelece que, nos processos administrativos, será observado, entre outros, o critério de:

(A) obrigatoriedade de defesa técnica por advogado no processo administrativo disciplinar, sob pena de nulidade absoluta por violação à Constituição da República de 1988;

(B) interpretação da norma administrativa da forma que melhor garanta o atendimento do fim público a que se dirige, permitida aplicação retroativa de nova interpretação;

(C) impulsão procedimental pelos interessados, vedada a atuação de ofício pela própria Administração Pública;

(D) divulgação oficial dos atos administrativos, vedada qualquer hipótese de sigilo;

(E) proibição de cobrança de despesas processuais, ressalvadas as previstas em lei.

A: incorreta. "A falta de defesa técnica por advogado no processo administrativo disciplinar não ofende a Constituição" – Sumula Vinculante 5 STF; **B:** incorreta, é vedada a aplicação retroativa de nova interpretação de norma administrativa de modo que melhor atenda ao fim público a que se dirige – Art. 2º, parágrafo único, XIII da Lei 9.784/1999; **C:** incorreta –"impulsão, de ofício, do processo administrativo, sem prejuízo da atuação dos interessados" – Art. 2º da Lei 9.784/1999; **D:** incorreta, "divulgação oficial dos atos administrativos, ressalvadas as hipóteses de sigilo previstas na Constituição" – Art. 2º da Lei 9.784/1999;**E:** correta – Art. 2º da Lei 9.784/1999. **WG**

Gabarito "E."

---

14. LEI ANTICORRUPÇÃO

(OAB/FGV – 2024) O Ministério Público Federal ajuizou ação buscando a responsabilização judicial da Sociedade Empresária Delta pela prática de atos lesivos à Administração Pública que atentaram contra o patrimônio público nacional.

Na inicial, imputa-se à citada pessoa jurídica a prática de atos que dificultaram atividade de fiscalização de órgãos públicos federais e intervieram na atuação desses órgãos, inclusive no âmbito de órgãos de fiscalização do sistema financeiro nacional.

A diretoria da Sociedade Empresária Delta, preocupada com eventual possibilidade de sanção judicial de dissolução compulsória da pessoa jurídica, contratou você como advogado(a) especializado na matéria.

Diante das circunstâncias do caso concreto e com base na Lei Anticorrupção (Lei nº 12.846/2013), sobre a dissolução compulsória da pessoa jurídica assinale a afirmativa correta.

(A) Não é sanção prevista pela prática de atos lesivos à Administração Pública, mas pode ser aplicada em eventual ação de improbidade administrativa

(B) É medida extrema que somente pode ser decretada pelo Supremo Tribunal Federal, quando houver risco concreto de comprometimento do sistema financeiro nacional ou da soberania nacional.

(C) Não existe no ordenamento jurídico brasileiro, em razão da função social da sociedade empresária e da livre concorrência, e a sanção máxima aplicável seria a suspensão ou interdição parcial de suas atividades.

(D) É determinada quando for comprovado que a personalidade jurídica foi utilizada de forma habitual para facilitar ou promover a prática de atos ilícitos, ou foi constituída para ocultar ou dissimular interesses ilícitos ou a identidade dos beneficiários dos atos praticados.

A e C: incorretas, pois, pela prática de certos atos lesivos à administração pública (art. 5º da Lei nº 12.846/2013), é cabível, mediante ação judicial, buscar a aplicação da sanção de dissolução compulsória da pessoa jurídica (art. 19, III, da Lei nº 12.846/2013). **B:** incorreta, pois ao regulamentar a ação judicial cabível para aplicar essa ação (art. 19, *caput* e inciso III, da Lei nº 12.846/2013), a lei não estabeleceu o Supremo Tribunal Federal como único órgão do Poder Judiciário competente para aplicação dessa sanção; **D:** correta, pois essa é justamente a redação do art. 19, § 1º, da Lei nº 12.846/2013. **WG**

Gabarito "D."

(Procurador – AL/PR – 2024 – FGV) Após as devidas apurações na esfera administrativa, verificou-se que a sociedade Divergente foi constituída como uma sociedade de fachada (paper company), para fins de dificultar a investigação e fiscalização dos agentes competentes, com o objetivo de promover a sonegação fiscal de grupo empresarial, a caracterizar ato lesivo à Administração Pública Estadual.

Diante dessa situação hipotética, considerando o disposto na Lei nº 12.846/2013, é correto afirmar que

(A) não é possível a responsabilização administrativa da sociedade Divergente sem a caracterização do elemento subjetivo.

(B) do processo administrativo de responsabilização poderá resultar a penalidade de dissolução compulsória da sociedade Divergente.
(C) a responsabilização judicial da sociedade Divergente depende de prévia apuração dos fatos em processo administrativo de responsabilização.
(D) a responsabilização da sociedade Divergente não exclui a responsabilidade individual de seus dirigentes ou administradores, na medida de sua culpabilidade.
(E) a personalidade jurídica da sociedade Divergente poderá ser desconsiderada, mas os efeitos das sanções não poderão ser estendidos a seus administradores e sócios com poderes de administração.

A: Incorreta, pois a responsabilização administrativa da sociedade Divergente não exige a caracterização do elemento subjetivo (dolo ou culpa). A Lei nº 12.846/2013 (Lei Anticorrupção) prevê a responsabilidade objetiva das pessoas jurídicas pela prática de atos contra a administração pública, não só no âmbito civil, como também no âmbito administrativo (art. 2º). Em sendo a responsabilidade objetiva, não é necessária a caracterização do elemento subjetivo. B: Incorreta, pois não é possível, por meio de mero processo administrativo, aplicar a penalidade de dissolução compulsória da sociedade Divergente. O art. 19, caput e inciso III, requer ação judicial para a aplicação dessa sanção. C: Incorreta, pois a responsabilização judicial pode acontecer também quando constatada a omissão das autoridades administrativas competentes para promover, por meio de processo administrativo, a responsabilização de uma pessoa jurídica infratora (art. 20 da Lei nº 12.846/2013). D: Correta, pois a responsabilização da sociedade Divergente não exclui a responsabilidade individual de seus dirigentes ou administradores, na medida de sua culpabilidade (art. 3º, caput e § 2º, da Lei nº 12.846/2013). E: Incorreta, pois a desconsideração da personalidade jurídica da sociedade Divergente pode sim estender os efeitos das sanções aos administradores e sócios com poderes de administração, observados o contraditório e a ampla defesa (art. 14 da Lei nº 12.846/2013). WG

Gabarito "D".

(ENAM – 2024 – FGV) Há uma década, foi editada lei que pretende resguardar as várias administrações contra atos que possam ser qualificados como "de corrupção". Trata-se da Lei nº 12.846, de agosto de 2013, que objetiva proteger tanto administrações públicas nacionais quanto estrangeiras em face de atos praticados por pessoas jurídicas que atentem contra os seus respectivos patrimônios, ou que comprometam princípios, entre outras situações.

Sobre a legislação mencionada, assinale a afirmativa correta.

(A) Sempre que a pessoa jurídica for responsabilizada, os seus dirigentes ou administradores o serão de forma objetiva.
(B) A responsabilização da pessoa jurídica exclui a responsabilidade individual de seus dirigentes ou administradores.
(C) As pessoas jurídicas serão responsabilizadas objetivamente, nos âmbitos administrativo e civil, pelos atos previstos na mencionada lei.
(D) A pessoa jurídica apenas poderá ser responsabilizada se houver a responsabilização individual de seus dirigentes ou administradores.
(E) Caso haja fusão ou incorporação da empresa, a responsabilidade da sucessora continuará ampla e gerará a responsabilidade direta dos seus dirigentes ou administradores objetivamente.

A: Incorreta. O art. 3º da Lei 12.846/2013 estabelece que "a responsabilização da pessoa jurídica não exclui a responsabilidade individual de seus dirigentes ou administradores ou de qualquer pessoa natural, autora, coautora ou partícipe do ato ilícito". No entanto, o art. 3º, § 2º, Lei 12.846/2013 prevê que "os dirigentes ou administradores somente serão responsabilizados por atos ilícitos na medida da sua culpabilidade", assim, a responsabilização não é objetiva, pois ocorrerá na medida da sua culpabilidade. B: Incorreta. O art. 3º, caput, Lei 12.846/2013 prevê a possibilidade de responsabilização dos seus dirigentes ou administradores. C: Correta. O art. 2º, Lei 12.846/2013 estabelece que "as pessoas jurídicas serão responsabilizadas objetivamente, nos âmbitos administrativo e civil, pelos atos lesivos previstos nesta Lei praticados em seu interesse ou benefício, exclusivo ou não". D: Incorreta. O art. 3º, § 1º estabelece que "a pessoa jurídica será responsabilizada independentemente da responsabilização individual das pessoas naturais referidas no caput". E: Incorreta. O art. 4º, caput, estabelece que "subsiste a responsabilidade da pessoa jurídica na hipótese de alteração contratual, transformação, incorporação, fusão ou cisão societária". No entanto, o § 1º esclarece que "nas hipóteses de fusão e incorporação, a responsabilidade da sucessora será restrita à obrigação de pagamento de multa e reparação integral do dano causado, até o limite do patrimônio transferido, não lhe sendo aplicáveis as demais sanções previstas nesta Lei decorrentes de atos e fatos ocorridos antes da data da fusão ou incorporação, exceto no caso de simulação ou evidente intuito de fraude, devidamente comprovados". FC

Gabarito "C".

(OAB/FGV – 2023) A sociedade empresária Alfa praticou ato lesivo à administração pública do Estado Beta, pois, em matéria de licitações e contratos, obteve vantagem indevida, de modo fraudulento, em sucessivas prorrogações de contrato administrativo, sem autorização legal, no ato convocatório da licitação pública ou no respectivo instrumento contratual.

Com a devida orientação de seu advogado, visando obter isenção de sanções que provavelmente lhe seriam aplicadas, a sociedade empresária firmou com o Estado Beta acordo de leniência.

No caso em tela, nos termos da chamada Lei Anticorrupção (Lei nº 12.846/13), a celebração do citado acordo isentará a sociedade empresária Alfa da proibição de receber incentivos, subsídios, subvenções, doações ou empréstimos na forma prevista na lei, bem como da sanção de

(A) multa civil, e reduzirá à metade a obrigação de ressarcimento dos danos ao erário.
(B) obrigação de ressarcimento ao erário e da medida de suspensão ou interdição parcial de suas atividades.
(C) publicação extraordinária da decisão condenatória e reduzirá, em até 2/3 (dois terços), o valor da multa aplicável.
(D) multa administrativa, e condicionará a manutenção das atividades da pessoa jurídica à adoção de programa de integridade, no prazo de 90 (noventa) dias da assinatura do acordo.

A celebração do acordo de leniência isentará a pessoa jurídica das sanções de publicação extraordinária da decisão condenatória e proibição de receber incentivos, subsídios, subvenções, doações ou empréstimos de órgãos ou entidades públicas e de instituições financeiras públicas ou controladas pelo poder público, pelo prazo mínimo de 1 (um) e máximo de 5 (cinco) anos. Ainda, reduzirá em até 2/3 (dois terços) o valor da multa aplicável (art. 16, § 2º, Lei 12.846/2013). FC

Gabarito "C".

9. Direito Tributário

Felipe Pelegrini Bertelli Passos, Luciana Batista Santos e Robinson Sakiyama Barreirinhas

1. COMPETÊNCIA TRIBUTÁRIA

(OAB/FGV– 2024) Foi criado o Território Federal Alfa no Brasil, com a determinação de que, por sua extensão, deveria ser dividido em municípios. À luz do texto da Constituição Federal de 1988, sobre a cobrança de impostos nesse novo Território Federal, assinale a afirmativa correta.

(A) Os impostos federais e municipais devem ser cobrados, mas os estaduais não, porque o Território não é Estado-membro.
(B) Os impostos federais e estaduais cobrados pertencerão à União, enquanto os impostos municipais pertencerão a cada um dos Municípios em que está dividido o Território.
(C) Os impostos federais cobrados pertencerão à União, mas os impostos estaduais e municipais pertencerão a cada um dos Municípios em que está dividido o Território.
(D) Os impostos cobrados, seja os federais, seja os estaduais, seja os municipais, pertencerão à União.

A: incorreta, pois a competência para instituir os impostos estaduais em Território Federal pertencerá à União, conforme art. 147 da CF; **B:** correta. De acordo com o art. 147 da Constituição Federal, se houver a criação de Território Federal (art. 18, § 2º, da CF), a União acumulará a competência para instituir os impostos federais e os estaduais. Também competirá à União os impostos municipais, se o Território Federal não for dividido em Municípios. Mas no caso de território federal dividido em Municípios, como no caso da questão analisada, cada um deles detém competência tributária para instituir seus próprios impostos; **C:** incorreta, pois a competência para instituir os impostos estaduais em Território Federal pertencerá à União, conforme art. 147 da CF e **D:** incorreta, pois a competência para os impostos municipais é exclusiva do Município, visto que o Território Federal Alfa é dividido em municípios – art. 147 da CF.

Gabarito "B".

(OAB/FGV– 2024) O Município Alfa pretende firmar convênio com a União para fiscalizar e arrecadar diretamente o Imposto sobre a Propriedade Territorial Rural (ITR) dos imóveis rurais situados em seu território.
Acerca dessa pretensão municipal, assinale a afirmativa correta.

(A) Tal convênio, caso firmado, configura um exemplo de transferência de competência tributária plena da União para o Município.
(B) Caso firme tal convênio, o Município Alfa terá direito a ficar com 100% do ITR arrecadado referente aos imóveis rurais situados em seu território.
(C) Tal convênio é legalmente vedado por configurar delegação de capacidade tributária ativa.
(D) O Município Alfa pode receber delegação para arrecadar o tributo, mas sua fiscalização é privativa de agentes da Administração Tributária Federal.

A: incorreta. A competência tributária é o poder de legislar sobre tributos (instituir, alterar, extinguir) atribuído pela CF às pessoas políticas que compõem a federação (União, Estados, Distrito Federal e Municípios). A competência tributária é indelegável, salvo atribuição das funções de arrecadar ou fiscalizar tributos, ou de executar leis, serviços, atos ou decisões administrativas em matéria tributária, conferida por uma pessoa jurídica de direito público a outra, nos termos do § 3º do art. 18 da Constituição (art. 7º do CTN). Assim, enquanto o poder de legislar é indelegável, a capacidade ativa (funções de arrecadar ou fiscalizar tributos) pode ser delegada. Nos termos da CF, o ITR é da competência da União (art. 153, VI) e, portanto, o poder de legislar sobre esse imposto não pode ser delegado ao Município ou a outro ente. Mas a CF prevê que o ITR será fiscalizado e cobrado pelos Municípios que assim optarem, na forma da lei, desde que não implique redução do imposto ou qualquer outra forma de renúncia fiscal (art. 153, § 4º, III). Concluindo, na questão proposta, tal convênio, caso firmado, configura um exemplo de transferência de capacidade ativa, e não de competência, da União para o Município; **B:** correta, pois com a fiscalização e cobrança do ITR, o Município passa a ficar com a totalidade do ITR arrecadado – art. 158, II, *in fine*, da CF. Se a própria União exercer a cobrança e a arrecadação, ela fica com 50% da receita auferida e a outra metade pertence ao Município (ou Distrito Federal) em que o imóvel rural está localizado (não há partilha com o Estado); **C:** incorreta, pois tal convênio para transferência da capacidade ativa é permitido, nos termos da lei, conforme comentários à letra A (art. 153, § 4º, III, da CF) e **D:** incorreta, pois com a transferência da capacidade ativa, a fiscalização será exercida pelo Município.

Gabarito "B".

(Procurador – AGE/MG – 2022 – FGV) Servidor público do Estado de Santa Catarina ingressa com ação de repetição de indébito tributário, pedindo a restituição de valores que entende indevidamente retidos na fonte, referentes a Imposto sobre a Renda de Pessoa Física (IRPF). Diante desse cenário e à luz da jurisprudência dos Tribunais Superiores, é correto afirmar que:

(A) legitimados passivos nessa ação, em litisconsórcio passivo necessário, serão a União e o Estado de Santa Catarina;
(B) legitimados passivos nessa ação, em litisconsórcio passivo facultativo, poderão ser a União ou o Estado de Santa Catarina;
(C) legitimado passivo nessa ação será apenas a União;
(D) legitimado passivo nessa ação será apenas o Estado de Santa Catarina;
(E) legitimado passivo nessa ação será a União, que poderá denunciar a lide ao Estado de Santa Catarina.

O imposto sobre a renda e proventos de qualquer natureza pertence à competência tributária da União. Porém, a Constituição Federal reparte a receita do imposto sobre a renda com Estados, Distrito Federal e Municípios tendo por base o federalismo cooperativo entre os entes. Segundo a CF/88, pertencem aos Estados e ao Distrito Federal o produto da arrecadação do imposto da União sobre renda e proventos de qualquer natureza, incidente na fonte, sobre rendimentos pagos, a qualquer título, por eles, suas autarquias e pelas fundações que instituírem e mantiverem (art. 157, I, da CF/88). Por isso, segundo o STJ, os

Estados e o Distrito Federal são partes legítimas na ação de restituição de imposto retido na fonte proposta por seus servidores (Súmula 447) porque possuem a capacidade ativa em relação ao citado imposto, ou seja, o poder de arrecadação. No mesmo sentido, o STF (Tema 364 da Repercussão Geral) "É dos Estados e Distrito Federal a titularidade do que arrecadado, considerado Imposto de Renda, incidente na fonte, sobre rendimentos pagos, a qualquer título, por si, autarquias e fundações que instituírem e mantiverem". Por fim, sendo as unidades federativas destinatárias do tributo retido, cumpre reconhecer-lhes a capacidade ativa para arrecadar o imposto. Por esse motivo, na linha de precedente da Corte, cabe à Justiça comum estadual julgar controvérsia envolvendo Imposto de Renda retido na fonte, na forma do art. 157, I, da CF, ante a ausência do interesse da União sobre ação de repetição de indébito relativa ao tributo (STF Tema 572 da Repercussão Geral). Por todo o exposto, correta a alternativa D e incorretas as demais. Completando o assunto, verificar também que, segundo o STF (Tema 1130) pertence ao Município, aos Estados e ao Distrito Federal a titularidade das receitas arrecadadas a título de imposto de renda retido na fonte incidente sobre valores pagos por eles, suas autarquias e fundações a pessoas físicas ou jurídicas contratadas para a prestação de bens ou serviços, conforme disposto nos arts. 158, I, e 157, I, da Constituição Federal. Finalizando, destaca-se tese fixada pelo STF sobre repetição do indébito (Tema 1262 da Repercussão Geral): Não se mostra admissível a restituição administrativa do indébito reconhecido na via judicial, sendo indispensável a observância do regime constitucional de precatórios, nos termos do art. 100 da Constituição Federal. Ainda sobre repetição do indébito e precatório, importante relembrar a Súmula 461 do STJ: o contribuinte pode optar por receber, por meio de precatório ou por compensação, o indébito tributário certificado por sentença declaratória transitada em julgado.

Gabarito "D".

(OAB/FGV – 2016) Determinado ente da Federação instituiu um tributo incidente sobre a folha de salários e demais rendimentos do trabalho pagos ou creditados, a qualquer título, à pessoa física que preste serviço a empregador privado, ainda que sem vínculo empregatício, com o objetivo de financiar a seguridade social. Em sintonia com a CRFB/88, assinale a opção que indica o ente da federação competente para a instituição do tributo descrito e o nome do tributo em questão.

(A) Estados-membros e o Distrito Federal. Contribuição previdenciária.
(B) União. Contribuição social.
(C) União. Imposto sobre a renda.
(D) Todos os entes da Federação. Contribuições sociais.

A: incorreta, pois os Estados-membros não têm competência para instituição de contribuição previdenciária relativa ao trabalho privado, mas apenas para a contribuição cobrada de seus servidores – art. 149, § 1º, da CF; **B**: correta, pois somente a União tem competência para instituição de contribuição previdenciária relativa ao trabalho privado, nos termos do art. 149, caput, da CF c/c art. 195, I, 'a', da CF; **C**: incorreta, pois não se trata de simples tributação sobre a renda, já que qualificada pela finalidade de financiar a seguridade social (previdência dos trabalhadores), o que a define como contribuição previdenciária – art. 149 da CF c/c art. 195, I, 'a', da CF; **D**: incorreta, pois a competência é privativa da União, conforme comentários anteriores.

Gabarito "B".

2. PRINCÍPIOS TRIBUTÁRIOS

A Reforma Tributária (EC 132/2023) passou a prever expressamente que o Sistema Tributário Nacional deve observar os princípios da simplicidade, da transparência, da justiça tributária, da cooperação e da defesa do meio ambiente. Além disso, as alterações na legislação tributária buscarão atenuar efeitos regressivos (art. 145, §§ 3º e 4º).

Considerando que um dos objetivos almejados pela Reforma Tributária é reduzir a complexidade do sistema, o princípio da simplicidade busca desburocratizar as relações entre Fisco e contribuinte para que as obrigações tributárias sejam satisfeitas e fiscalizadas da maneira mais prática possível.

O princípio da transparência já encontrava ressonância no art. 150, § 5º, da CF ao predizer que os consumidores deveriam ser esclarecidos acerca dos impostos que incidem sobre mercadorias e serviços. A previsão expressa, a partir da EC 132/2023, tem por meta que tanto o sujeito passivo quanto o Fisco sejam transparentes na condução de suas atividades e que o sistema tributário se torne mais compreensível e claro para a população.

A justiça tributária é valor que já orienta o sistema a partir do art. 150, II, da CF e do art. 145, § 1º, da CF tendo por escopo tributar cada um na medida da sua capacidade de pagar tributos sem comprometimento do custeio de suas necessidades básicas, a fim de garantir a dignidade da pessoa humana, e o incentivo ao crescimento econômico. Portanto, a carga tributária deve ser distribuída de forma justa, conforme a real capacidade contributiva. Tal princípio também orienta a nova diretriz expressa no art. 145, § 4º, da CF no sentido de que as alterações na legislação tributária buscarão atenuar efeitos regressivos da tributação. Isso porque o sistema tributário nacional, delineado na redação original da Constituição Federal de 1988, concentra sua incidência sobre o consumo de bens e serviços, permitindo que o ônus tributário recaia sobre o consumidor final (tributação indireta). Assim, o sistema vigente acabava por onerar quem detém menor capacidade contributiva. A Reforma Tributária deseja atenuar tal efeito regressivo promovendo justiça tributária.

A defesa do meio ambiente reforça o caráter extrafiscal que a tributação pode assumir para promover valores almejados pela Constituição Federal. Portanto, são legítimas, por exemplo, a previsão de um imposto federal sobre a produção, extração, comercialização ou importação de bens e serviços prejudiciais ao meio ambiente (art. 153, VIII, da CF). Nesse sentido, verificar também o art. 43, § 4º, da CF e art. 225, § 1º, VIII, da CF, alterados pela EC 132/2023.

(OAB/FGV – 2023) A *Sociedade Empresária ABC Ltda.* adquiriu no exterior um lote de dez mil unidades de um determinado perfume francês. Antes da chegada das mercadorias ao porto, foi publicado no Diário Oficial da União, em 20/04/2023, um decreto editado pelo Poder Executivo Federal majorando imediatamente a alíquota do Imposto sobre a Importação de perfumes de 20% para 30%, prevendo expressamente sua vigência e produção de efeitos a partir da data de sua publicação. Em 30/04/2023, as mercadorias finalmente chegam ao porto no Brasil, devendo agora a empresa realizar o desembaraço aduaneiro.

Preocupada com possível prejuízo decorrente do aumento inesperado do custo da mercadoria devido à elevação do imposto de importação, a sociedade empresária procura você, como advogado(a), indagando sobre a validade daquele decreto.

Diante deste cenário, assinale a afirmativa correta.

(A) A elevação desta alíquota por decreto violou o princípio da legalidade tributária.

(B) O prazo previsto para produção de efeitos da elevação de alíquota violou o princípio da anterioridade tributária nonagesimal.

(C) Embora tal imposto seja classificado como extrafiscal, deve obediência ao princípio da anterioridade tributária anual.

(D) A majoração dessa alíquota e a sua produção de efeitos imediata são válidas.

A: incorreta, pois o imposto de importação, tributo da competência da União, é exceção ao princípio da legalidade tributária e, por isso, a alíquota pode ser elevada por decreto do Poder Executivo Federal, dentro dos limites e condições fixados em lei, nos termos do art. 153, § 1°, da CF; **B e C**: incorretas, pois a alteração de alíquotas do imposto de importação é exceção ao princípio da anterioridade anual e nonagesimal – art. 150, § 1°, da CF; **D**: correta, conforme comentários anteriores (art. 153, § 1°, da CF e art. 150, § 1°, da CF). Gabarito "D".

(OAB/FGV – 2023) O Estado *Alfa* alterou, por meio de lei, a contribuição social para custeio do regime próprio de previdência social, cobrada dos seus servidores ativos, dos aposentados e dos pensionistas.

José e Márcio são servidores públicos do mesmo órgão estadual, ganhando cada um, respectivamente, a remuneração mensal de 15 mil reais e 10 mil reais.

José, ao notar que a alíquota incidente sobre sua remuneração era de 16,5%, ao passo que para Márcio a alíquota era de 14,5%, ficou indignado e, em relação a essa situação diferenciada, resolve contratar você, como advogado(a), para um eventual questionamento judicial.

A respeito da posição de José, assinale a afirmativa correta.

(A) Nenhum tributo incidente sobre a renda ou proventos poderá ter alíquotas progressivas, sob pena de violar a capacidade contributiva.

(B) É vedada a adoção de alíquotas progressivas para esta espécie de contribuição social, em respeito ao princípio da capacidade contributiva.

(C) A progressividade tributária deve ser obrigatoriamente adotada para todos os tributos estaduais, nos termos da CRFB/88, garantindo-se efetividade ao princípio da capacidade contributiva.

(D) Esta espécie de contribuição social poderá ter alíquotas progressivas de acordo com o valor da base de contribuição.

A: incorreta, pois há disposição constitucional expressa impondo a progressividade no caso do imposto sobre a renda (art. 153, § 2°, da CF) justamente em razão do princípio da capacidade contributiva (art. 145, § 1°, da CF). Assim, quanto maior for a base de cálculo (no caso, a renda), maior deverá ser a alíquota para que aquele que demonstra possuir maior riqueza (por ter uma renda maior) suporte uma tributação mais elevada; **B**: incorreta, pois há disposição constitucional expressa determinando que a União, os Estados, o Distrito Federal e os Municípios instituam, por meio de lei, contribuições para custeio de regime próprio de previdência social, cobradas dos servidores ativos, dos aposentados e dos pensionistas, que poderão ter alíquotas progressivas de acordo com o valor da base de contribuição ou dos proventos de aposentadoria e de pensões art. 149, § 1°, da CF; **C**: incorreta, pois a CF não determina que a progressividade tributária deve ser obrigatoriamente adotada para todos os tributos estaduais, conforme visto, no comentário anterior, em relação à contribuição social descrita no enunciado em relação à qual há permissão (e não obrigatoriedade) de adoção de alíquota progressiva. Cabe ainda citar que o ITCMD, imposto estadual, conforme entendimento do Supremo Tribunal Federal, poderia ser progressivo, atendendo, assim, ao princípio da capacidade contributiva (RE 562.045/RS – Repercussão Geral). Mas com a Reforma Tributária, introduzida pela EC 132/2023, houve a inclusão do inciso VI ao § 1° do art. 155 da CF, prevendo expressamente que o ITCMD será progressivo em razão do valor do quinhão, do legado ou da doação. Em relação ao IPVA, imposto estadual, a CF já estabelecia que este tributo poderia ter alíquotas diferenciadas em função do tipo e utilização do veículo automotor (art. 155, § 6°, II, da CF). Porém, a Reforma Tributária, introduzida pela EC 132/2023, também trouxe a previsão de que o IPVA poderá ter alíquotas diferenciadas em função do valor e do impacto ambiental do veículo automotor, além da faculdade de diferenciação da tributação em função do tipo e da utilização que já estava expressa. Quanto ao ICMS, a CF dispõe que este tributo poderá ser seletivo, em função da essencialidade das mercadorias e dos serviços (art. 155, § 2°, III, da CF); **D**: correta, conforme comentários anteriores, pois a CF permite que esta espécie de contribuição social tenha alíquotas progressivas de acordo com o valor da base de contribuição – art. 149, § 1°, da CF. Gabarito "D".

(OAB/FGV – 2020) Em 10/11/2020, foi publicada lei ordinária federal que majorava a alíquota de contribuição previdenciária a ser cobrada do empregador, incidente sobre a folha de salários e demais rendimentos do trabalho pagos ou creditados, a qualquer título, à pessoa física que lhe preste serviço, mesmo sem vínculo empregatício.

Diante desse cenário, a nova alíquota poderá ser aplicada

(A) a partir da data da publicação da lei.

(B) noventa dias a contar da data da publicação da lei.

(C) a partir do primeiro dia do exercício financeiro seguinte.

(D) a partir de noventa dias contados do primeiro dia do exercício financeiro seguinte.

A: incorreta, pois a majoração de contribuição social destinada ao custeio da seguridade social sujeita-se à anterioridade nonagesimal – art. 195, § 6°, da CF; **B**: correta, conforme comentário anterior; **C**: incorreta, pois as contribuições sociais não se sujeitam à anterioridade anual – art. 195, § 6°, *in fine*, da CF; **D**: incorreta, pois a anterioridade nonagesimal aplicável às contribuições sociais destinadas ao custeio da seguridade social não é computada cumulativamente com a anterioridade anual, ou seja, os noventa dias são contados a partir da publicação da lei que instituiu ou majorou esse tipo de contribuição social – art. 195, § 6°, da CF. Gabarito "B".

(OAB/FGV – 2019) A União, por meio de lei ordinária, instituiu nova contribuição social (nova fonte de custeio) para financiamento da seguridade social. Para tanto, adotou, além da não cumulatividade, fato gerador e base de cálculo distintos dos discriminados na Constituição da República.

A referida lei foi publicada em 1° de outubro de 2018, com entrada em vigor em 1° de fevereiro de 2019, determinando, como data de vencimento da contribuição, o dia 1° de março de 2019.

A pessoa jurídica XYZ não realizou o pagamento, razão pela qual, em 10 de março de 2019, foi aconselhada, por seu(sua) advogado(a), a propor uma ação Declaratória de Inexistência de Relação Jurídica, em face da União.

Assinale a opção que indica o fundamento que poderá ser alegado para contestar a nova contribuição.

(A) Ela somente poderia ser instituída por meio de Lei Complementar.
(B) Ela violou o princípio da anterioridade anual.
(C) Ela violou o princípio da anterioridade nonagesimal.
(D) Ela somente poderia ser instituída por Emenda Constitucional.

A: correta, pois outra contribuição social destinada ao custeio da seguridade social diferente daquelas previstas expressamente nas alíneas do art. 195, I, da CF (incidentes sobre folha de salários, receita, lucro etc.) somente podem ser instituídas por lei complementar federal, observadas as demais condições previstas no § 4º desse art. 195, c/c art. 154, I, da CF; B: incorreta, pois as contribuições sociais destinadas ao custeio da seguridade social sujeitam-se apenas à anterioridade nonagesimal, não à anual – art. 195, § 6º, da CF; C: incorreta, pois entre a publicação e o início da vigência decorreram mais que 90 dias – art. 195, § 6º, da CF; D: incorreta, pois a competência tributária é exercida por meio de lei do ente competente, no caso lei complementar federal – art. 195, § 4º, c/c art. 154, I, da CF.
Gabarito "A".

(OAB/FGV – 2014) Visando a proteger a indústria de tecnologia da informação, o governo federal baixou medida, mediante decreto, em que majora de 15% para 20% a alíquota do Imposto sobre a Importação de Produtos Estrangeiros para monitores de vídeo procedentes do exterior, limites esses que foram previstos em lei. A respeito da modificação de alíquota do Imposto de Importação, assinale a afirmativa correta.

(A) Deve observar a reserva de lei complementar.
(B) Deve ser promovida por lei ordinária.
(C) Deve observar o princípio da irretroatividade.
(D) Deve observar o princípio da anterioridade.

A: incorreta, pois a alíquota do II pode ser modificada por simples lei ordinária ou, ainda, majorada e reduzida por norma infralegal, dentro dos limites e condições fixados em lei, nos termos do art. 153, § 1º, da CF; B: incorreta, pois é possível a alteração da alíquota por norma infralegal, conforme comentário à alternativa "A"; C: correta, pois esse princípio é absoluto em relação às alíquotas dos tributos, ou seja, não há exceção ao princípio da irretroatividade em relação às alíquotas (nem mesmo para o caso de sua redução, salvo disposição legal em contrário para beneficiar o sujeito passivo, devendo ser aplicada sempre a alíquota vigente à época do fato gerador, exceto no caso de remissão, que é instituto diverso (perdão do crédito tributário) e abrange apenas os débitos ainda não pagos) – art. 150, III, a, da CF; D: incorreta, pois a alteração de alíquotas do II é exceção ao princípio da anterioridade anual e nonagesimal – art. 150, § 1º, da CF.
Gabarito "C".

(OAB/FGV – 2013) A respeito dos Princípios Tributários Expressos e Implícitos, à luz da Constituição da República de 1988, assinale a opção **incorreta**.

(A) É vedado à União instituir isenções de tributos de competência dos Estados, do Distrito Federal e dos Municípios.
(B) O princípio da irretroatividade veda a cobrança de tributos em relação a fatos geradores ocorridos antes do início da vigência da lei que os houver instituído ou aumentado.
(C) É vedado aos Estados, ao Distrito Federal e aos Municípios estabelecer diferença tributária entre bens e serviços, de qualquer natureza, em razão de sua procedência ou destino.
(D) Pelo princípio da anterioridade, para que os tributos possam ser cobrados a cada exercício, é necessária a prévia autorização na lei orçamentária.

A: correta, sendo vedação expressa pelo art. 151, III, da CF que garante a privatividade da competência tributária. Ressalte-se que a única exceção atualmente em vigor é a possibilidade de isenção do ISSQN na exportação instituída por lei complementar federal, nos termos do art. 156, §3º, II, da CF (isenção heterônoma); B: correta, descrevendo o princípio da irretroatividade – art. 150, III, a, da CF; C: correta, sendo o princípio descrito no art. 152 da CF; D: incorreta, devendo ser assinalada. Inexistindo no sistema tributário atual o que antigamente os autores denominavam princípio da anualidade (necessidade de previsão na lei orçamentária anual para que o tributo pudesse ser exigido no ano seguinte).
Gabarito "D".

(OAB/FGV – 2012) Determinado Município, mediante edição do Decreto n. "X", publicado em 12/11/2011, estabeleceu isenção do IPTU outorgada pessoalmente aos contribuintes com comprovada deficiência física, cujos requisitos para gozo do benefício fiscal estariam previstos no respectivo Decreto Municipal.

Com base no caso apresentado, assinale a afirmativa correta.

(A) O decreto conforma-se com a ordem jurídica tributária em vigor.
(B) O decreto é inconstitucional, visto ferir o princípio da isonomia.
(C) O decreto é inconstitucional, eis que somente a lei poderia criar esta isenção.
(D) O decreto é ilegal, pois a isenção não foi atribuída por lei complementar.

A isenção, somente pode ser concedida por lei específica, no caso, lei ordinária municipal, nos termos do art. 150, § 6º, da CF, de modo que o decreto é claramente inconstitucional, por ofensa ao princípio da legalidade. A: incorreta, conforme comentários iniciais; B: incorreta, pois houve violação ao princípio da legalidade, e não da isonomia (em tese, os deficientes podem ser beneficiados por isenção, já que se encontram em situação de vulnerabilidade, desfavorável em relação à maioria dos contribuintes); C: correta, conforme comentários iniciais; D: incorreta, pois se trata de inconstitucionalidade, e não ilegalidade. Ademais, bastaria, no caso, lei ordinária municipal específica para a concessão do benefício fiscal (art. 150, § 6º, da CF).
Gabarito "C".

(OAB/FGV – 2010) Consoante o princípio tributário da reserva legal, é vedado à União, aos Estados, ao DF e aos Municípios exigir ou aumentar tributo sem lei que o estabeleça. Todavia, admite-se, constitucionalmente, que

(A) a União e os Estados criem ou aumentem tributo por meio de decreto.
(B) a União aumente determinados tributos por meio de decreto.
(C) a União crie ou aumente tributo por meio de decreto.
(D) os Estados aumentem tributo por meio de decreto.

A: incorreta, pois as únicas exceções ao princípio da legalidade estrita são relativas a tributos federais (admite-se a alteração de alíquotas por norma infralegal – II, IE, IPI, IOF e CIDE sobre combustíveis – art. 153, §1º da CF e art. 177, § 4º, I, *b*, da CF) e restabelecimento das alíquotas do ICMS sobre combustíveis e lubrificantes (alteração por convênio entre Estados e DF - art. 155, § 4º, IV da CF); **B:** correta, conforme comentário à alternativa "A"; **C:** incorreta, pois a instituição (criação) do tributo deverá ser sempre feita por meio de lei. O que se admite é a alteração das alíquotas de determinados tributos federais e do ICMS no caso citado nos comentários à alternativa "A" por norma infralegal; **D:** incorreta, conforme comentário à alternativa "A".

Gabarito "B".

3. IMUNIDADES

(OAB/FGV– 2024) A sociedade empresária Books & Books Ltda., verificando a queda na receita de venda de livros impressos e o fechamento de inúmeras outras livrarias locais, decide alterar seu negócio para importação e comercialização no mercado interno de livros eletrônicos acompanhados dos respectivos aparelhos exclusivamente leitores.

Diante desse cenário, assinale a afirmativa correta.

(A) A importação de tais livros eletrônicos e seus respectivos aparelhos leitores por Books & Books Ltda. fica imune da incidência do Imposto de Importação.

(B) A comercialização no mercado interno de tais livros eletrônicos por Books & Books Ltda. é imune da incidência de Imposto sobre Circulação de Mercadorias, mas não é imune da incidência deste tributo estadual na comercialização de seus respectivos aparelhos leitores.

(C) Embora tais livros eletrônicos e seus respectivos aparelhos leitores importados e comercializados no mercado interno por Books & Books Ltda. sejam equiparados a livros, o Imposto de Importação e o Imposto sobre Circulação de Mercadorias, por serem tributos indiretos, não podem ser alcançados por essa imunidade.

(D) Os livros eletrônicos e seus respectivos aparelhos leitores importados e comercializados por Books & Books Ltda. não podem ser equiparados a livros, razão pela qual não incide qualquer imunidade sobre a importação ou a comercialização deles no mercado interno.

A: correta. A CF prevê ser vedado à União, aos Estados, ao Distrito Federal e aos Municípios instituir impostos sobre livros, jornais, periódicos e o papel destinado à sua impressão (art. 150, VI, 'd', da CF). Tal imunidade é uma limitação constitucional ao poder de tributar dos entes federativos e abrange os impostos incidentes sobre a importação, produção e circulação dos citados bens visando fomentar a cultura, a educação e a livre manifestação do pensamento. Segundo o STF, a imunidade tributária constante do art. 150, VI, d, da CF/88 aplica-se à importação e comercialização, no mercado interno, do livro eletrônico (e-book) e dos suportes exclusivamente utilizados para fixá-los, como leitores de livros eletrônicos (e-readers), ainda que possuam funcionalidades acessórias (Súmula Vinculante 57); **B, C e D:** incorretas, nos termos do comentários à letra A e da Súmula Vinculante 57 do STF.

Gabarito "A".

(Procurador – AL/PR – 2024 – FGV) Por preencher os requisitos legais, determinada entidade beneficente de assistência social, requereu à Receita Federal a declaração de imunidade da contribuição ao PIS, o que foi negado no âmbito do processo administrativo. Durante o curso do prazo recursal administrativo, a entidade ajuizou ação declaratória de imunidade.

Sobre a hipótese, considerando que os pressupostos processuais para o ajuizamento da ação e as condições da ação foram preenchidos, assinale a afirmativa correta.

(A) A ação não deve ser conhecida, pois não houve esgotamento da via administrativa.

(B) O pedido deve ser julgado improcedente, pois a imunidade constitucional abrange apenas os impostos, não se aplicando às contribuições sociais.

(C) O pedido deve ser julgado improcedente, pois as entidades beneficentes de assistência social não são beneficiárias da imunidade constitucional.

(D) O pedido deve ser julgado procedente para reconhecer a imunidade tributária, sendo que a decisão produz efeitos *ex nunc*.

(E) O pedido deve ser julgado procedente para reconhecer a imunidade tributária, sendo que a decisão produz efeitos *ex tunc*, retroagindo ao momento em que preenchidos os requisitos legais para a concessão do benefício.

E: correta. As entidades beneficentes de assistência social sem fins lucrativos podem gozar da imunidade relativa aos impostos (art. 150, VI, *c*, da CF) e às contribuições sociais destinadas ao custeio da seguridade social (art. 195, § 7º, da CF), como é o caso do PIS, desde que atendam aos requisitos legais, de modo que a alternativa "E" é a correta. A decisão produz efeitos *ex tunc*, nos termos da Súmula 612 do STJ: o certificado de entidade beneficente de assistência social (CEBAS), no prazo de sua validade, possui natureza declaratória para fins tributários, retroagindo seus efeitos à data em que demonstrado o cumprimento dos requisitos estabelecidos por lei complementar para a fruição da imunidade. **A:** incorreta, pois o esgotamento da via administrativa não é pré-requisito para o ajuizamento da ação declaratória de imunidade, no âmbito tributário, devido ao direito fundamental de acesso ao Poder Judiciário (art. 5º, XXXV, da CF); **B, C e D:** incorretas, conforme comentários à alternativa E.

Gabarito "E".

(Juiz Federal – TRF/1 – 2023 – FGV) As imunidades tributárias estabelecidas na Constituição Federal de 1988 representam uma forma de estimular atividades e atos que são reputados pelo constituinte como de grande relevância para a sociedade brasileira.

Acerca da visão dos tribunais superiores sobre as imunidades, é correto afirmar que:

(A) a imunidade tributária subjetiva aplica-se a seus beneficiários tanto na posição de contribuinte de direito como na de contribuinte de fato;

(B) a imunidade de ICMS relativa às mercadorias destinadas à exportação se estende à comercialização de embalagens fabricadas para produtos destinados à exportação;

(C) as imunidades de contribuições sociais e de intervenção no domínio econômico sobre as receitas decorrentes de exportação não são aplicáveis às empresas optantes pelo Simples Nacional;

(D) a imunidade tributária recíproca reconhecida à Empresa Brasileira de Correios e Telégrafos (ECT) alcança o Imposto sobre a Propriedade Predial e

Territorial Urbana (IPTU) incidente sobre imóveis por ela locados, afetados ao serviço postal;

(E) o certificado de entidade beneficente de assistência social, no prazo de sua validade, possui natureza meramente declaratória para fins tributários, retroagindo seus efeitos à data em que demonstrado o cumprimento dos requisitos estabelecidos por lei complementar para a fruição da imunidade.

A: incorreta. Aplicado tão somente aos contribuintes de direito, conforme determinou o STF no julgamento do RE 608872, em repercussão geral – Tema 342; **B:** incorreta. O STF, no julgamento do RE 754917, em sede de repercussão geral – Tema 475, determinou que a imunidade não alcança operações anteriores à exportação; **C:** incorreta. As imunidades são aplicáveis às empresas do Simples Nacional, conforme decidiu o STF no julgamento do RE 598468, em sede de repercussão geral – Tema 207; **D:** incorreta. A imunidade tributária recíproca reconhecida à Empresa Brasileira de Correios e Telégrafos — ECT alcança o IPTU incidente **sobre imóveis de sua propriedade**, e não sobre imóveis pertencentes a particulares que atuam como locadores de imóveis para a citada empresa pública. Cumpre salientar que a Reforma Tributária (EC 132/2023) passou a prever expressamente a imunidade da EBCT em relação aos impostos sobre o patrimônio, a renda e os serviços no art. 150, § 2º, da CF/88, na linha do entendimento que já era adotado pelo STF (Repercussão Geral – Tema 235): A vedação do inciso VI, "a", é extensiva às autarquias e às fundações instituídas e mantidas pelo poder público e à empresa pública prestadora de serviço postal, no que se refere ao patrimônio, à renda e aos serviços vinculados a suas finalidades essenciais ou às delas decorrentes; **E:** correta. Por força da Súmula 612 do STJ: "O certificado de entidade beneficente de assistência social (Cebas), no prazo de sua validade, possui natureza declaratória para fins tributários, retroagindo seus efeitos à data em que demonstrado o cumprimento dos requisitos estabelecidos por lei complementar para a fruição da imunidade". Gabarito "E".

(OAB/FGV – 2023) Um grupo de empresários da área têxtil decidiu criar um sindicato dos empregadores daquele setor, para fins de representação e defesa dos interesses da categoria econômica.

Na assembleia geral ordinária constitutiva da instituição e para elaboração do estatuto social, surgiu a dúvida a respeito da possibilidade de obtenção da imunidade tributária sobre o patrimônio, renda ou serviços das entidades sindicais. Presente uma equipe de advogados, estes são incitados a se manifestarem a respeito.

Diante desse cenário, assinale a afirmativa correta.

(A) Não há previsão constitucional para imunidade tributária de impostos de sindicato de empregadores.

(B) O setor têxtil se trata de categoria econômica que não permite o enquadramento na imunidade tributária de impostos dos sindicatos.

(C) Tal sindicato faz jus à imunidade tributária de impostos, desde que exerça suas atividades sem finalidade lucrativa e atenda ao requisito de não distribuição de qualquer parcela do seu patrimônio ou renda.

(D) Desde que os recursos provenientes das contribuições associativas sejam aplicados exclusivamente na sua área de atuação e vinculados a suas finalidades essenciais, tal sindicato poderá gozar da imunidade tributária de impostos.

A: correta, pois a CF (art. 150, VI, 'c') prevê imunidade tributária em relação a impostos sobre patrimônio, renda ou serviços somente das entidades sindicais dos trabalhadores e não dos empregadores. Cabe ressaltar que a imunidade compreende somente o patrimônio, a renda e os serviços, relacionados com as finalidades essenciais da entidade sindical dos trabalhadores (art. 150, § 4º, da CF); **B, C e D:** incorretas, conforme comentário anterior. Gabarito "A".

(Juiz de Direito/AP – 2022 – FGV) O Município X, situado no Estado Y, resolveu renovar a frota de automóveis que utiliza em sua fiscalização ambiental, adquirindo, para tanto, novos veículos mediante alienação fiduciária em garantia ao Banco Lucro 100 S/A. O Estado Y então pretende cobrar IPVA desses automóveis, invocando dispositivo expresso de sua legislação estadual de que, em se tratando de alienação fiduciária em garantia, o devedor fiduciário responde solidariamente com o proprietário pelo pagamento do IPVA.

À luz da Constituição da República de 1988 e do entendimento dominante do Supremo Tribunal Federal, o Estado Y:

(A) poderá cobrar tal IPVA tanto do Município X como do Banco Lucro 100 S/A;

(B) poderá cobrar tal IPVA do Município X, mas não do Banco Lucro 100 S/A;

(C) poderá cobrar tal IPVA conjuntamente e pró-rata do Município X e do Banco Lucro 100 S/A;

(D) não poderá cobrar tal IPVA do Município X, mas sim do Banco Lucro 100 S/A;

(E) não poderá cobrar IPVA nem do Município X nem do Banco Lucro 100 S/A.

O STF entende que a alienação fiduciária em garantia de veículo automotor adquirido por ente político não afasta a imunidade tributária recíproca – ver. STF: Repercussão Geral – Tema 685 – Não incide IPVA sobre veículo automotor adquirido, mediante alienação fiduciária, por pessoa jurídica de direito público. Por essa razão, a alternativa "E" é a correta. Gabarito "E".

(Procurador – PGE/SC – 2022 – FGV) No mesmo dia, foram protocolizados junto à Secretaria da Fazenda do Estado Alfa dois requerimentos de reconhecimento de imunidade tributária de IPVA referentes a veículos licenciados no território estadual. O primeiro se referia a veículos de propriedade de uma entidade maçônica usados em suas atividades essenciais, por alegação de que configuraria entidade religiosa. O segundo se referia aos veículos de propriedade da Empresa Brasileira de Correios e Telégrafos (EBCT) também usados em suas atividades essenciais, por alegação de que configuraria empresa estatal beneficiária de imunidade tributária recíproca, ainda que exercesse algumas atividades com o intuito de lucro e em regime de livre concorrência.

Diante desse cenário e à luz da jurisprudência dos Tribunais Superiores, o Fisco estadual deve:

(A) reconhecer a imunidade tributária religiosa quanto aos veículos da entidade maçônica e a imunidade tributária recíproca quanto aos veículos da EBCT;

(B) negar reconhecimento à imunidade tributária religiosa quanto aos veículos da entidade maçônica, mas reconhecer a imunidade tributária recíproca quanto aos veículos da EBCT;

(C) reconhecer a imunidade tributária religiosa quanto aos veículos da entidade maçônica, mas negar reco-

nhecimento à imunidade tributária recíproca quanto aos veículos da EBCT;
(D) reconhecer a imunidade tributária religiosa quanto aos veículos da entidade maçônica, mas apenas reconhecer a imunidade tributária recíproca quanto aos veículos da EBCT usados em atividades exclusivamente exercidas em regime de monopólio;
(E) negar reconhecimento tanto à imunidade tributária religiosa dos veículos da entidade maçônica como à imunidade tributária recíproca dos veículos da EBCT.

A Constituição Federal garante imunidade para as entidades religiosas e templos de qualquer culto, inclusive suas organizações assistenciais e beneficentes, em relação aos impostos sobre o patrimônio, a renda e os serviços, relacionados com as finalidades essenciais de tais entidades (art. 150, VI, 'b' c/c § 4º). Porém, segundo o STF, a entidade maçônica não se equipara a entidade religiosa para fins de imunidade tributária, pois a maçonaria seria uma ideologia de vida e não uma religião (RE 562351). Em relação à Empresa Brasileira de Correios e Telégrafos (EBCT), o STF entende pela sua imunidade ampla, devido aos relevantes serviços públicos prestados visando a garantir a efetivação do direito à comunicação e a integração do território nacional, nos seguintes termos (Repercussão Geral – Tema 235): "*Os serviços prestados pela Empresa Brasileira de Correios e Telégrafos – ECT, inclusive aqueles em que a empresa não age em regime de monopólio, estão abrangidos pela imunidade tributária recíproca (CF, art. 150, VI, 'a' e §§ 2º e 3º)*". Especificamente em relação ao IPVA quanto aos veículos da EBCT, também já se manifestou o STF favoravelmente à imunidade (ACO 789). Cumpre salientar que a Reforma Tributária (EC 132/2023) passou a prever expressamente a imunidade da EBCT em relação aos impostos sobre o patrimônio, a renda e os serviços no art. 150, § 2º, da CF/88: *A vedação do inciso VI, "a", é extensiva às autarquias e às fundações instituídas e mantidas pelo poder público e à empresa pública prestadora de serviço postal, no que se refere ao patrimônio, à renda e aos serviços vinculados a suas finalidades essenciais ou às delas decorrentes*. Por todo o exposto, correta a alternativa B, que nega imunidade aos veículos da entidade maçônica e assegura a imunidade para os veículos da EBCT, e incorretas as demais. Ainda sobre a imunidade da EBCT, conferir as teses fixadas pelo STF nos temas 402 e 644 da Repercussão Geral. Gabarito "B".

(OAB/FGV – 2019) O Estado Y lavrou auto de infração em face da pessoa jurídica PJ para cobrança de créditos de Impostos sobre a Circulação de Mercadorias e Prestação de Serviços (ICMS), decorrentes da produção e venda de livros eletrônicos. Adicionalmente aos créditos de ICMS, o Estado Y cobrou o pagamento de multa em decorrência do descumprimento de obrigação acessória legalmente prevista.
Tendo isso em vista, assinale a afirmativa correta.
(A) Há imunidade tributária em relação aos livros eletrônicos; por outro lado, é incorreta a cobrança da multa pelo descumprimento da obrigação acessória.
(B) Há imunidade tributária em relação aos livros eletrônicos; no entanto, tendo em vista a previsão legal, é correta a cobrança de multa pelo descumprimento da obrigação acessória.
(C) É correta a cobrança do ICMS, uma vez que a imunidade tributária somente abrange o papel destinado à impressão de livros, jornais e periódicos; da mesma forma, é correta a cobrança de multa pelo descumprimento da obrigação acessória, em vista da previsão legal.
(D) É correta a cobrança do ICMS, uma vez que a imunidade tributária somente abrange o papel destinado à impressão de livros, jornais e periódicos; no entanto, é incorreta a cobrança da multa pelo descumprimento da obrigação acessória.

A: incorreta. De fato, há imunidade tributária em relação ao livro eletrônico – art. 150, VI, *d*, da CF e Súmula Vinculante 57/STF: "A imunidade tributária constante do art. 150, VI, d, da CF/88 aplica-se à importação e comercialização, no mercado interno, do livro eletrônico (e-book) e dos suportes exclusivamente utilizados para fixá-los, como leitores de livros eletrônicos (e-readers), ainda que possuam funcionalidades acessórias. Entretanto, a exigência de obrigação acessória é, em princípio, devida, já que não afastada pela imunidade – art. 194, parágrafo único, do CTN; **B**: correta, conforme comentário anterior; **C** e **D**: incorretas, pois a imunidade não se refere apenas ao papel, mas ao próprio livro, nos termos do art. 150, VI, *d*, da CF. Ademais, o STF já fixou o entendimento de que a imunidade abrange o livro eletrônico, inclusive os suportes exclusivamente utilizados para fixá-lo – Súmula Vinculante 57/STF. Gabarito "B".

4. DEFINIÇÃO DE TRIBUTO E ESPÉCIES TRIBUTÁRIAS

(OAB/FGV– 2024) Lei Ordinária do Município Alfa, publicada no Diário Oficial Municipal em 30/09/2020, instituiu uma Taxa de Fiscalização de Estabelecimentos Comerciais – TFEC, incidente sobre o setor de materiais de construção.

Sua produção de efeitos se deu a partir de 01/01/2021, com a finalidade de aferir o cumprimento das normas de segurança e urbanização local e a taxa passou a ser cobrada por meio de alíquotas específicas, fixadas no valor de R$ 150,00 para empresas com capital social de até R$ 100.000,00, de R$ 300,00 para empresas com capital social de até R$ 500.000,00 e de R$ 1.500,00 para empresas com capital social superior a R$ 500.000,00. A associação dos empresários daquele setor empresarial pretende questionar essa cobrança.

Diante desse cenário, a cobrança da referida taxa

(A) é legal e constitucional, por estar dentro da competência tributária do respectivo município, fundada no seu regular poder de polícia.
(B) não respeita o princípio da anterioridade, sendo inconstitucional nesse aspecto.
(C) é devida por atender aos princípios da progressividade e da capacidade contributiva, ao cobrar maior valor sobre a empresa com maior capital social e cobrar menor valor sobre a empresa com menor capital social.
(D) é ilegal por ser calculada com base no capital social das empresas.

A: incorreta, pois a taxa é espécie de tributo com fato gerador vinculado a atividade estatal (art. 145, II, da CF e art. 77 do CTN) e, por isso, diferencia-se do imposto que é tributo cuja obrigação tem por fato gerador uma situação independente de qualquer atividade estatal específica, relativa ao contribuinte (art. 16). Por conseguinte, a taxa não pode ter base de cálculo ou fato gerador idênticos aos que correspondam a imposto nem ser calculada em função do capital das empresas (art. 77, parágrafo único, do CTN e art. 145, § 2º, da CF). Isso porque a base de cálculo da taxa deve refletir o custo da atuação estatal. Assim, apesar de o Município ter competência para instituir taxa fundada no seu regular poder de polícia (art. 78 do CTN), a Taxa de Fiscalização de Estabelecimentos Comerciais – TFEC instituída não poderia ter por base de cálculo o capital social das empresas por ser aspecto que não guarda relação com o custo da atividade estatal; **B:** incorreta, pois não houve violação ao princípio da anterioridade anual e nonagesimal (art. 150, III, 'b' e 'c' da CF) tendo em vista que a lei foi publicada em 30/09/2020 para produzir efeitos a partir de 01/01/2021, ou seja, no exercício seguinte, observado o prazo mínimo de 90 (noventa) dias; **C:** incorreta, pois, conforme comentários a letra A, a TFEC instituída não poderia ter por base de cálculo o capital social das empresas por ser aspecto que não guarda relação com o custo da atividade fiscalizatória municipal. Ressalte-se que os princípios da progressividade e da capacidade contributiva (art. 145, § 2º, da CF) podem ser aplicados às taxas, segundo o STF e **D:** correta, conforme comentários à letra A. Importante destacar que, segundo o STF (Súmula Vinculante 29), é constitucional a adoção, no cálculo do valor de taxa, de um ou mais elementos da base de cálculo própria de determinado imposto, desde que não haja integral identidade entre uma base e outra. Mas, frise-se, na taxa em questão a base de cálculo escolhida não guardava qualquer pertinência com o custo da atividade fiscalizatória municipal, sendo expressamente vedada pelo CTN (art. 77, parágrafo único). Gabarito "D".

(OAB/FGV– 2024) Determinado país declarou guerra ao Brasil. Para fazer frente aos gastos com o esforço de guerra, a União resolveu criar, por lei federal ordinária, um imposto extraordinário de guerra, com a mesma hipótese de incidência do Imposto sobre a Transmissão Causa Mortis e Doações.

A alíquota fixada pela lei federal era de 1% sobre o valor da doação ou do montante transmitido causa mortis.

Sobre esse imposto extraordinário, assinale a afirmativa correta.

(A) Não pode ser criado, pois viola a competência tributária dos Estados e do Distrito Federal.

(B) Como apresenta hipótese de incidência idêntica à do imposto estadual, somente poderia ser criado por lei complementar.

(C) Configura hipótese de bitributação ilegal, razão pela qual não poderia ser admitido.

(D) É válido, mas deve ser suprimido, gradativamente, cessadas as causas de sua criação.

A: incorreta, pois, de acordo com a CF (art. 154, II), compete à União, na iminência ou no caso de guerra externa, instituir impostos extraordinários, compreendidos ou não em sua competência tributária, os quais serão suprimidos, gradativamente, cessadas as causas de sua criação. Ou seja, a CF não definiu o fato gerador do imposto extraordinário de guerra (apenas a hipótese que dá ensejo à sua criação – guerra externa ou sua iminência), mas permitiu que o legislador federal possa escolher qualquer fato gerador, inclusive algum já previsto dentre aqueles da competência da própria União (*bis in idem* – o mesmo ente tributando mais de uma vez o mesmo fato gerador) ou dos Estados, Distrito Federal ou Municípios (bitributação – entes distintos tributando mais de uma vez o mesmo fato gerador). Por isso, na questão analisada, a instituição do imposto extraordinário de guerra, com a mesma hipótese de incidência do Imposto sobre a Transmissão Causa Mortis e Doações, será um caso de bitributação admitido pela CF e não haverá violação à competência tributária dos Estados e do Distrito Federal; **B:** incorreta, pois a CF não exige, em nenhuma hipótese, lei complementar para a instituição do imposto extraordinário de guerra, podendo ser criado por lei ordinária ou por medida provisória; **C:** incorreta, conforme comentários à letra A, visto que a CF admite a bitributação ou o bis in idem e **D:** correta, conforme comentários à letra A. O imposto extraordinário de guerra é temporário, devendo ser suprimido, gradativamente, cessadas as causas de sua criação, no prazo máximo de cinco anos, contados da celebração da paz (art. 76 do CTN c/c art. 154, II, da CF). Gabarito "D".

(Juiz Federal – TRF/1 – 2023 – FGV) A Lei federal nº X alterou a legislação vigente, afeta à contribuição destinada ao Serviço Brasileiro de Apoio às Micro e Pequenas Empresas. A alteração consistiu na modificação do conceito de contribuinte, o que faria com que a sociedade empresária Alfa passasse a figurar como sujeito passivo da obrigação tributária principal. Como Alfa tinha sido severamente afetada por uma crise econômica que alcançou, de maneira acentuada, sua área de atuação, seus dirigentes ficaram irresignados com o surgimento de mais uma despesa mensal.

Ao consultarem sua assessoria jurídica a respeito da compatibilidade da Lei federal nº X com a ordem constitucional, foi corretamente informado aos dirigentes que esse diploma normativo é:

(A) inconstitucional, pois a contribuição de intervenção no domínio econômico está sujeita à generalidade das limitações constitucionais ao poder de tributar.

(B) constitucional, pois trata-se de contribuição social, o que afasta a necessidade de lei complementar para dispor sobre fato gerador, base de cálculo e contribuinte.

(C) inconstitucional, pois as contribuições sociais afetas ao sistema S não podem apresentar distinções entre os contribuintes, sob pena de afronta à isonomia.

(D) inconstitucional, pois, embora tenha introduzido alterações por meio de lei ordinária, deveria ter sido veiculado, em razão da matéria versada, sob a forma de lei complementar.

(E) constitucional, pois, como a contribuição de intervenção no domínio econômico não tem a natureza jurídica de imposto, a matéria disciplinada pela Lei federal nº X não precisa ser veiculada em lei complementar.

A Lei Federal é constitucional, visto que a CIDE não necessita de edição de lei complementar para ser instituída. Isso porque o STF decidiu (Tema 227), em repercussão geral, no RE 635682 que "a contribuição destinada ao Serviço Brasileiro de Apoio às Micro e Pequenas Empresas – Sebrae possui natureza de contribuição de intervenção no domínio econômico e não necessita de edição de lei complementar para ser instituída". Ressalte-se que somente em relação aos impostos discriminados na Constituição Federal há a necessidade de lei complementar de normas gerais para dispor sobre fato gerador, base de cálculo e contribuinte (art. 146, III, 'a', da CF). Gabarito "E".

(Juiz de Direito/AP – 2022 – FGV) José recebeu carnê de pagamento de contribuição de melhoria do Município Alfa referente à obra pública municipal que valorizou seu imóvel rural. Verificou que, no carnê, havia também a discriminação de pequeno valor de cobrança de taxa relativa ao custo de expedição do carnê, nos termos de nova lei municipal criadora dessa taxa.

A respeito desse cenário e à luz do entendimento dominante do Supremo Tribunal Federal, é correto afirmar que:

(A) a expedição de carnê de pagamento de tal tributo não pode ser remunerada por taxa;

(B) a expedição de carnê de pagamento de tal tributo pode ser remunerada por taxa, em razão de configurar serviço público específico e divisível;

(C) a expedição de carnê de pagamento de tal tributo pode ser remunerada por taxa, em razão de configurar exercício do poder de polícia;
(D) o Município Alfa não detém competência tributária para instituir tal contribuição de melhoria;
(E) o Município Alfa não pode instituir tal contribuição de melhoria referente a imóvel localizado em área rural.

A: correta, pois taxas somente podem ser instituídas em relação a serviços públicos específicos e divisíveis, efetivos ou potenciais ou exercício de poder de polícia, nos termos no art. 145, II, da CF, sendo que emissão de carnê não se enquadra nessas hipóteses. Por isso, o STF reafirmou seu entendimento contrário à cobrança de taxas para emissão de carnês de recolhimento de tributos tendo em vista não existir contraprestação ao contribuinte que justifique tal exação – ver RE 789.218; **B e C:** incorretas, conforme comentário anterior; **D:** incorreta, pois o município tem competência para instituir contribuição de melhoria em relação às obras que realize, desde que impliquem valorização imobiliária – art. 145, III, da CF; **E:** incorreta, pois a contribuição de melhoria não tem limitação em relação à região urbana ou rural do município – art. 145, III, da CF. Gabarito "A".

(OAB/FGV – 2023) Diante da calamidade pública decretada pela União, por força da pandemia da "Gripe-22XY", foi editada a Lei Ordinária Federal nº XX/2022, de 01/05/2022, estabelecendo sua vigência e eficácia imediata, instituindo empréstimo compulsório para atender a despesas extraordinárias na área sanitária para enfrentamento da pandemia.

Diante desse cenário, a instituição e a cobrança do empréstimo compulsório

(A) podem ser feitas, por cumprir o requisito constitucional de ser voltada a "atender a despesas extraordinárias, decorrentes de calamidade pública".
(B) são válidas, por atenderem ao princípio da legalidade tributária.
(C) desrespeitam o princípio da anterioridade tributária nonagesimal.
(D) violou a exigência de ser veiculada mediante Lei Complementar.

A e B: incorretas. A União tem competência para a instituição de empréstimo compulsório (competência privativa da União), nos termos do art. 148, I, da CF, para atender a despesas extraordinárias, decorrentes de calamidade pública. Porém, é inconstitucional sua instituição por lei ordinária federal, pois a CF exige a edição de lei complementar para a criação de tal tributo. Ressalte-se que a exigência de lei complementar é exceção à regra que os tributos são instituídos por lei ordinária. A previsão de lei complementar para a instituição de tributo é prevista expressamente apenas para: o empréstimo compulsório (art. 148 da CF), o imposto da competência residual da União (art. 154, I, da CF), o imposto sobre grandes fortunas (art. 153, VII, da CF) e as outras fontes de custeio da seguridade social, além contribuições sociais previstas na CF (art. 195, § 4º, da CF). Em relação a estes 04 (quatro) tributos da competência da União não é possível, portanto, a instituição por lei ordinária, por medida provisória (art. 62, § 1º, III, da CF) ou por lei delegada (art. 68, § 1º, da CF). A Reforma Tributária (EC 132/2023) trouxe a previsão de novos tributos a serem instituídos por Lei Complementar, de acordo com os prazos e condições nela previstos: IBS – Art. 156-A da CF/88 (Imposto sobre bens e serviços); CBS – Art. 195, V, da CF/88 (Contribuição sobre bens e serviços) e Imposto Seletivo – Art. 153, VIII, da CF/88; **C:** incorreta. O empréstimo compulsório instituído para atender a despesas extraordinárias, decorrentes de calamidade pública, de guerra externa ou sua iminência não se submete ao princípio da anterioridade, quer anual, quer nonagesimal (art. 150, § 1º, da CF); **D:** correta, conforme comentários anteriores. Gabarito "D".

(OAB/FGV – 2023) João e José constituíram uma sociedade empresária por quotas de responsabilidade limitada com capital social de R$ 50.000,00, sem optarem pelo regime tributário do Simples Nacional, para formalmente exercerem a atividade de comércio varejista de fogos de artifício (considerada atividade de alto risco e periculosidade), sendo ambos residentes e domiciliados no Distrito Federal, mesmo local onde será instalado seu estabelecimento.

Surpreendidos com a exigência do pagamento de uma Taxa de Licenciamento e Alvará calculada em função do capital social da sociedade empresária, indagam a você, como advogado(a), se a referida taxa é realmente devida.

Diante deste cenário, a referida taxa, tal como prevista,

(A) não é devida, pois o Distrito Federal não possui competência tributária para a sua cobrança.
(B) não é devida, pois não poderia ser calculada em função do capital social da empresa.
(C) é devida, por ter como fato gerador o exercício regular do poder de polícia distrital sobre atividades econômicas exercidas em seu território, especialmente as de alto risco e periculosidade.
(D) é devida, por ter como fato gerador a utilização efetiva de serviço público, específico e divisível, prestado ao contribuinte.

A: incorreta, pois o Distrito Federal tem competência tributária para instituir taxa em razão do poder de polícia (art. 145, II, da CF), ou seja, pela fiscalização exercida sobre atividade que é considerada de alto risco e periculosidade a fim de resguardar o interesse público concernente à segurança (art. 78 do CTN); **B:** correta, pois a taxa não pode ter base de cálculo própria de imposto, conforme art. 145, § 2º, da CF. Isso porque a taxa é espécie tributária que tem por fato gerador atividade estatal: exercício do poder de polícia ou utilização, efetiva ou potencial, de serviços públicos específicos e divisíveis, prestados ao contribuinte ou postos a sua disposição. Assim, a taxa deve ser calculada em função do custo da atividade estatal descrita como seu fato gerador. No caso descrito, a taxa foi calculada em função do capital social da sociedade empresária, o que é inconstitucional, pois tal critério não guarda qualquer relação com o custo do exercício do poder de polícia distrital. Nesse mesmo sentido, o art. 77, § único, do CTN dispõe expressamente que a taxa não pode ter base de cálculo ou fato gerador idênticos aos que correspondam a imposto nem ser calculada em função do capital das empresas. É importante ressaltar, entretanto, que o STF faz uma leitura do dispositivo constitucional mais flexível, sem, contudo, legitimar à cobrança de taxa com base unicamente em critério adequado ao cálculo de imposto como ocorre com a taxa citada no enunciado – Súmula Vinculante 29/STF ("É constitucional a adoção, no cálculo do valor de taxa, de um ou mais elementos da base de cálculo própria de determinado imposto, desde que não haja integral identidade entre uma base e outra"); **C:** incorreta, apesar do fato gerador ser o exercício do poder de polícia, a taxa não é devida por ter base de cálculo própria de imposto, o que é vedado pela Constituição Federal (art. 145, § 2º, da CF), conforme comentário anterior; **D:** incorreta, não é devida, conforme comentários anteriores. Porém, ainda que a citada taxa fosse devida, o fato gerador não seria a utilização efetiva de serviço público, específico e divisível, prestado ao contribuinte, mas sim o exercício do poder de polícia distrital sobre atividades econômicas exercidas em seu território, especialmente as de alto risco e periculosidade. Gabarito "B".

(OAB/FGV – 2017) Por meio da Lei Ordinária nº 123, a União instituiu contribuição não cumulativa destinada a garantir a expansão da seguridade social, utilizando, para tanto, fato gerador e base de cálculo distintos dos discriminados na Constituição da República. A referida lei foi publicada em 1º de setembro de 2015, com entrada em vigor em 2 de janeiro de 2016, determinando o dia 1º de fevereiro do mesmo ano como data de pagamento.

Por considerar indevida a contribuição criada pela União, a pessoa jurídica A, atuante no ramo de supermercados, não realizou o seu pagamento, razão pela qual, em 5 de julho de 2016, foi lavrado auto de infração para a sua cobrança.

Considerando a situação em comento, assinale a opção que indica o argumento que poderá ser alegado pela contribuinte para impugnar a referida cobrança.

(A) A nova contribuição viola o princípio da anterioridade nonagesimal.
(B) A nova contribuição viola o princípio da anterioridade anual.
(C) A nova contribuição somente poderia ser instituída por meio de lei complementar.
(D) A Constituição da República veda a instituição de contribuições não cumulativas.

A: incorreta, pois a Lei 123 observou o prazo de 90 dias entre sua publicação e a entrada em vigor – art. 150, III, *c*, da CF; **B:** incorreta, pois as contribuições sociais destinadas ao custeio da seguridade social não se sujeitam à anterioridade anual, apenas à nonagesimal – art. 195, § 6º, *in fine*, da CF. Ademais, o tributo instituído pela Lei 123 somente será exigido no exercício seguinte ao de sua publicação – art. 150, III, *b*, da CF; **C:** correta, já que qualquer nova contribuição social destinada ao custeio da seguridade social, não prevista expressamente na Constituição, somente poderá ser instituída por lei complementar federal – art. 195, § 4º, da CF; **D:** incorreta, pois a vedação é de contribuições cumulativas – art. 195, § 4º, c/c art. 154, I, da CF. **LB**

Gabarito "C."

5. LEGISLAÇÃO TRIBUTÁRIA – FONTES

(Juiz Federal – TRF/1 – 2023 – FGV) No Brasil, pode-se falar na existência de uma "Constituição Orçamentária", isto é, um conjunto de princípios e regras presentes em nossa atual Constituição Federal versando sobre os mais diversos aspectos do orçamento público.

Acerca dessa temática, dentre as opções abaixo, a única que configura exceção às proibições constitucionais em matéria orçamentária é:

(A) a concessão ou utilização de créditos ilimitados.
(B) o início de programas ou projetos não incluídos na lei orçamentária anual.
(C) a realização de despesas ou a assunção de obrigações diretas que excedam os créditos orçamentários ou adicionais.
(D) a concessão de empréstimos, pelo Governo Federal e suas instituições financeiras, para pagamento de despesas com pessoal ativo, inativo e pensionista dos Estados, do Distrito Federal e dos Municípios.
(E) a transposição de recursos de uma categoria de programação para outra, no âmbito das atividades de ciência, tecnologia e inovação, com o fim de viabilizar os resultados de projetos restritos a essas funções, mediante ato do Poder Executivo, sem prévia autorização legislativa.

A: incorreta. Vedação trazida pelo art. 167, VII, da CF; **B:** incorreta. Vedação trazida pelo art. 167, I, da CF; **C:** incorreta. Vedação trazida pelo art. 167, II, da CF; **D:** incorreta. Vedação trazida pelo art. 167, X, da CF; **E:** correta. Nos termos do art. 167, § 5º, da CF: "A transposição, o remanejamento ou a transferência de recursos de uma categoria de programação para outra poderão ser admitidos, no âmbito das atividades de ciência, tecnologia e inovação, com o objetivo de viabilizar os resultados de projetos restritos a essas funções, mediante ato do Poder Executivo, sem necessidade da prévia autorização legislativa prevista no inciso VI deste artigo". **FP**

Gabarito "E."

(Juiz Federal – TRF/1 – 2023 – FGV) O Brasil firmou tratado internacional com um país estrangeiro em 2022 prevendo a concessão de isenção de ICMS nas importações de determinado produto (com o compromisso de devida reciprocidade do Estado estrangeiro). O referido tratado foi assinado pelo presidente da República, depois aprovado por decreto legislativo no Congresso Nacional e, por fim, promulgado como Decreto federal. O Estado Alfa, contudo, ingressou com medida judicial alegando que a União estava prejudicando sua arrecadação interna de ICMS com tal isenção e que, além disso, estava a conceder benefício tributário de ICMS sem a devida deliberação prévia e autorização dos Estados e do Distrito Federal.

Diante desse cenário e à luz do entendimento dos tribunais superiores, é correto afirmar que:

(A) tal isenção pode ser concedida, uma vez que não configura desoneração dada pela União como pessoa jurídica de direito público interno, mas sim pela República Federativa do Brasil no âmbito de suas relações internacionais.
(B) esta isenção se configura como heterônoma, embora seja expressamente permitida pela literalidade do texto constitucional como exceção às limitações constitucionais do poder de tributar da União.
(C) a promulgação do tratado internacional sob a espécie normativa de Decreto federal viola a previsão constitucional de que os benefícios fiscais de qualquer tipo necessitam ser veiculados por meio de lei específica do ente federado competente para concedê-los.
(D) embora ausente o convênio autorizativo no âmbito do Conselho Nacional de Política Fazendária, essa concessão irregular poderia ser posteriormente sanada por novo convênio celebrado com voto de ao menos 2/3 dos Estados e do Distrito Federal no âmbito do referido Conselho.
(E) especificamente em relação à concessão de benefícios fiscais de ICMS, não basta que haja lei ou tratado concedendo-os, sendo necessário, sob pena de inconstitucionalidade, convênio autorizativo celebrado por voto da unanimidade dos Estados e do Distrito Federal no âmbito do Conselho Nacional de Política Fazendária.

A alternativa correta é a letra A. Prevê o art. 98 do CTN que "os tratados e as convenções internacionais revogam ou modificam a legislação tributária interna, e serão observados pela que lhes sobrevenha". Para reforço do tema, *vide* julgado RE 229096, do STF: "No direito internacional apenas a República Federativa do Brasil tem competência para firmar tratados (art. 52, § 2º, da Constituição da República), dela não dispõe a União, os Estados membros ou os Municípios. O Presidente da República não subscreve tratados como Chefe de Governo, mas como Chefe de Estado, o que descaracteriza a existência de uma isenção heterônoma, vedada pelo art. 151, inc. III, da Constituição". As demais alternativas, por decorrência, devem ser assinaladas como incorretas. **Gabarito: A.**

(Juiz Federal – TRF/1 – 2023 – FGV) ABC Ltda., sociedade empresarial contribuinte de Imposto sobre Produtos Industrializados (IPI), protocolou consulta tributária perante o Fisco federal acerca de um tema envolvendo isenção de IPI e o respectivo creditamento. A solução de consulta tributária foi desfavorável aos interesses da consulente. Contudo, dez dias após ser notificada da decisão de consulta, o advogado de ABC Ltda. verificou que consulta relativa à mesma matéria, fundada em idêntica norma jurídica, foi solucionada em sentido diametralmente oposto em consulta de outra sociedade atuante no mesmo ramo de atividade.

Diante desse cenário, é correto afirmar que:

(A) não cabe recurso nem pedido de reconsideração da solução da consulta, mesmo quando identificada divergência.

(B) em razão da divergência, caberia excepcionalmente recurso de agravo interno, com possibilidade de juízo de retratação.

(C) admite-se o pedido de reconsideração por simples petição à autoridade fiscal que prolatou a decisão de consulta.

(D) caberia recurso de ofício, a ser interposto dentro do prazo de trinta dias pelo consulente.

(E) para haver apreciação de tal divergência em via administrativa, caberia a interposição de recurso especial, sem efeito suspensivo.

O gabarito é a letra E. Prevê o art. 48, § 5º, da Lei 9.430/96, nos casos de divergência de conclusões entre as soluções de consultas relativas a uma mesma matéria que o recurso cabível será o recurso especial, sem a aplicação de efeito suspensivo. Por decorrência, as demais questões ficam prejudicadas e devem ser indicadas como incorretas. **Gabarito: E.**

(OAB/FGV – 2020) Uma lei ordinária federal tratava de direitos do beneficiário de pensão previdenciária e também previa norma que ampliava, para 10 anos, o prazo decadencial para o lançamento dos créditos tributários referentes a uma contribuição previdenciária federal.

A respeito da ampliação de prazo, assinale a afirmativa correta.

(A) É inválida, pois, em razão do caráter nacional das contribuições previdenciárias federais, somente poderia ser veiculada por Resolução do Senado Federal.

(B) É inválida, pois somente poderia ser veiculada por Lei Complementar.

(C) É válida, pois o CTN prevê a possibilidade de que o prazo geral de 5 anos, nele previsto para a Fazenda Pública constituir o crédito tributário, seja ampliado por meio de Lei Ordinária Específica.

(D) É válida, por existir expressa previsão constitucional, específica para contribuições de seguridade social, autorizando a alteração de prazo de constituição do crédito tributário por Lei Ordinária.

O STF de fato declarou inconstitucionais os arts. 45 e 46 da Lei 8.212/1991 que tratavam de prazos decadencial e prescricional em matéria tributária. O entendimento é que decadência e prescrição se referem a normas gerais de direito tributário e, como tais, devem ser veiculadas por lei complementar federal (jamais por lei ordinária) – ver art. 146, III, b, da CF e Súmula Vinculante 8. Por essa razão, a alternativa "B" é a correta. **Gabarito: B.**

(OAB/FGV – 2014) José recebeu auto de infração pelo inadimplemento de determinado tributo instituído por lei ordinária. José contesta a exigência fiscal sob o argumento, correto, de que o tributo em questão deveria ter sido instituído por lei complementar.

A partir da hipótese apresentada, assinale a opção que indica o tributo exigido no referido auto de infração.

(A) Contribuição de Interesse de Categoria Profissional.

(B) Contribuição de Melhoria.

(C) Contribuição de Intervenção no Domínio Econômico.

(D) Empréstimo Compulsório.

Pela descrição da banca, como se afirma que o entendimento de José está correto, deveremos buscar entre as alternativas aquela que indica tributo cuja instituição exige lei complementar. Só pode ser tributo da competência federal (somente a União detém competência tributária que exige lei complementar, todos os outros entes podem instituir quaisquer de seus tributos por simples lei ordinária), o que já exclui a alternativa "B", pois a contribuição de melhoria é da competência comum de todos os entes. **A:** incorreta, pois as contribuições do art. 149 da CF não exigem lei complementar para sua instituição, com exceção de outras contribuições sociais destinadas ao custeio da seguridade social não especificadas pelo próprio texto constitucional – art. 195, § 4º, da CF; **B:** incorreta, pois as contribuições de melhoria podem ser instituídas por simples lei ordinária do ente competente, que realiza a obra de que decorre a valorização imobiliária – art. 145, III, da CF; **C:** incorreta, pois as CIDE podem ser instituídas por lei ordinária – art. 149 da CF; **D:** correta, pois os empréstimos compulsórios somente podem ser instituídos por lei complementar federal – art. 148 da CF. Cumpre ressaltar que a Reforma Tributária (EC 132/2023) trouxe a previsão de novos tributos a serem instituídos por Lei Complementar, de acordo com os prazos e condições nela previstos: IBS – Art. 156-A da CF/88 (Imposto sobre bens e serviços); CBS – Art. 195, V, da CF/88 (Contribuição sobre bens e serviços) e Imposto Seletivo – Art. 153, VIII, da CF/88. **Gabarito: D.**

(OAB/FGV – 2013) Suponha que determinada Medida Provisória editada pela Presidenta da República, em 29/09/2012, estabeleça, entre outras providências, o aumento para as diversas faixas de alíquotas previstas na legislação aplicável ao imposto de renda das pessoas físicas.

Nesse caso, com base no sistema tributário nacional, tal Medida Provisória

(A) não violaria o princípio da legalidade e produzirá efeitos a partir da data de sua publicação.

(B) violaria o princípio da legalidade, por ser incompatível como processo legislativo previsto na Constituição Federal/88.

(C) não violaria o princípio da legalidade e produzirá efeitos a partir de 90 (noventa) dias contados a partir da data de sua publicação.

(D) não violaria o princípio da legalidade e só produzirá efeitos a partir do primeiro dia do exercício financeiro subsequente à data de sua conversão em lei.

A medida provisória é veículo adequado para alteração da legislação tributária, em substituição a leis ordinárias, com as ressalvas do art. 62, § 2°, da CF, ou seja, no caso da majoração do IR (art. 153, III, da CF), somente produzirá efeitos no exercício seguinte, desde que seja convertida em lei até o último dia daquele em que foi editada. Ressalte-se que o IR é exceção à anterioridade nonagesimal, mas não à anterioridade anual (art. 150, § 1°, da CF) Por essa razão, a alternativa "D" é a correta.
Gabarito "D".

(OAB/FGV – 2010) Em Direito Tributário, cumpre à lei ordinária:

(A) estabelecer a cominação ou dispensa de penalidades para as ações ou omissões contrárias a seus dispositivos.
(B) estabelecer a forma e as condições como isenções, incentivos e benefícios fiscais serão concedidos em matéria de ISS.
(C) estabelecer normas gerais em matéria tributária, especialmente sobre adequado tratamento tributário ao ato cooperativo praticado pelas sociedades cooperativas.
(D) estabelecer normas gerais em matéria tributária, especialmente sobre a definição de tratamento diferenciado e favorecido para as microempresas e empresas de pequeno porte.

A: correta, pois a cominação ou a dispensa de penalidades devem ser veiculadas por lei ordinária do ente competente para exigir o tributo – art. 97, V e VI, do CTN; **B:** incorreta, pois cabe à lei complementar federal regular a forma e as condições como isenções, incentivos e benefícios fiscais relativos ao ISS serão concedidos e revogados – art. 156, § 3°, III, da CF. A LC 116/2003 estabelece normas gerais sobre o ISSQN, tais como fato gerador, base de cálculo e alíquotas mínima e máxima, além de listar dos serviços sujeitos à tributação pelos Municípios e DF; **C e D:** assertivas incorretas, já que as normas gerais em matéria tributária, especialmente aquelas listadas no art. 146, III, da CF, são veiculadas por lei complementar federal.
Gabarito "A".

(FGV – 2010) Assinale a alternativa correta.

(A) Somente a lei pode estabelecer a cominação de penalidades para as ações ou omissões contrárias a seus dispositivos, ou para outras infrações nela definidas, bem como as hipóteses de exclusão, suspensão e extinção de créditos tributários, sendo que a dispensa ou redução de penalidades pode ser feita por ato do Chefe do Executivo.
(B) Equipara-se à majoração do tributo a modificação da sua base de cálculo, que importe em torná-lo mais oneroso, caracterizando-se igualmente como aumento de tributo, para os fins do disposto no art. 97, inciso II, CTN, a atualização do valor monetário da respectiva base de cálculo.
(C) Nos termos do artigo 96 do Código Tributário Nacional, a expressão "legislação tributária" compreende as leis, os tratados e as convenções internacionais, os decretos e as normas complementares que versem, no todo ou em parte, sobre tributos e relações jurídicas a eles pertinentes.

(D) Nos termos do artigo 98 do Código Tributário Nacional, os tratados e as convenções internacionais revogam ou modificam a legislação tributária interna, mas não precisam ser observados pela que lhes sobrevenha.
(E) São normas complementares das leis, dos tratados e das convenções internacionais e dos decretos os atos normativos expedidos pelas autoridades administrativas, as decisões dos órgãos singulares ou coletivos de jurisdição administrativa, a que a lei atribua eficácia normativa e os convênios que entre si celebrem a União e os Estados, excluídos o Distrito Federal e os Municípios.

A: incorreta. O princípio da legalidade abrange a fixação de penalidades e eventuais dispensas ou reduções. Assim, a assertiva é incorreta no que se refere à possibilidade de criação de normas sobre dispensa ou redução de penalidades pelo Chefe do Poder Executivo (art. 97, VI, do CTN); **B:** incorreta, pois a simples atualização monetária, desde que dentro do limite dos índices oficiais de inflação, não significa aumento real do tributo, de modo que pode ser veiculada por norma infralegal – art. 97, § 2°, do CTN e Súmula 160 do STJ; **C:** correta, pois é isso que dispõe o art. 96 do CTN; **D:** incorreta, pois os tratados internacionais devem ser observados pela legislação interna superveniente, nos termos do art. 98 do CTN, o que torna a assertiva incorreta; **E:** incorreta, pois os convênios firmados pelo Distrito Federal e pelos Municípios não são excluídos do conceito de normas complementares – art. 100, IV, do CTN.
Gabarito "C".

6. VIGÊNCIA, APLICAÇÃO, INTERPRETAÇÃO E INTEGRAÇÃO

(OAB/FGV – 2016) Determinado Estado da Federação publicou, em julho de 2015, a Lei n° 123/2015, que majorou o valor das multas e das alíquotas de ICMS. Em fevereiro de 2016, em procedimento de fiscalização, aquele Estado constatou que determinado contribuinte, em operações realizadas em outubro de 2014, não recolheu o ICMS devido. Por conta disso, foi efetuado o lançamento tributário contra o contribuinte, exigindo-lhe o ICMS não pago e a multa decorrente do inadimplemento.

O lançamento em questão só estará correto se:

(A) as multas e alíquotas forem as previstas na Lei n° 123/2015.
(B) as alíquotas forem as previstas na Lei n° 123/2015 e as multas forem aquelas previstas na lei vigente ao tempo do fato gerador.
(C) as multas e as alíquotas forem as previstas na lei vigente ao tempo do fato gerador.
(D) as multas forem as previstas na Lei n° 123/2015 e as alíquotas forem aquelas previstas na lei vigente ao tempo do fato gerador.

A: incorreta, pois as multas e as alíquotas serão exigidas em conformidade com a lei vigente à época do fato gerador, ou seja, aquela vigente em outubro de 2014 – art. 144 do CTN. A retroatividade ocorre apenas em relação à penalidade pecuniária, e somente quando mais benéfica ao infrator (*lex mitior*) – art. 106, II, *c*, do CTN, o que não é caso; **B:** incorreta, pois a lei aplicável em relação ao aumento da alíquota do imposto jamais retroage – art. 150, III, *a*, da CF; **C:** correta, conforme comentário à primeira alternativa; **D:** incorreta, pois a retroatividade

da multa ocorre apenas quando há redução, jamais para prejudicar o infrator – art. 106, II, *c*, do CTN.
Gabarito "C".

(OAB/FGV – 2015) Antônio, prestador de serviço de manutenção e reparo de instrumentos musicais, sujeito à incidência do Imposto Sobre Serviços (ISS), deixou de recolher o tributo incidente sobre fato gerador consumado em janeiro de 2013 (quando a alíquota do ISS era de 5% sobre o total auferido pelos serviços prestados e a multa pelo inadimplemento do tributo era de 25% sobre o ISS devido e não recolhido). Em 30 de agosto de 2013, o Município credor aprovou lei que:

(a) reduziu para 2% a alíquota do ISS sobre a atividade de manutenção e reparo de instrumentos musicais; e
(b) reduziu a multa pelo inadimplemento do imposto incidente nessa mesma atividade, que passou a ser de 10% sobre o ISS devido e não recolhido. Em fevereiro de 2014, o Município X promoveu o lançamento do imposto, exigindo do contribuinte o montante de R$ 25.000,00 – sendo R$ 20.000,00 de imposto (5% sobre R$ 400.000,00, valor dos serviços prestados) e R$ 5.000,00 a título de multa pela falta de pagamento (25% do imposto devido).

Sobre a hipótese apresentada, assinale a afirmativa correta.

(A) O lançamento está correto em relação ao imposto e à multa.
(B) O lançamento está incorreto tanto em relação ao imposto (que deveria observar a nova alíquota de 2%) quanto em relação à multa (que deveria ser de 10% sobre o ISS devido e não recolhido).
(C) O lançamento está correto em relação à multa, mas incorreto em relação ao imposto (que deveria observar a nova alíquota de 2%).
(D) O lançamento está correto em relação ao imposto, mas incorreto em relação à multa (que deveria ser de 10% sobre o ISS devido e não recolhido).

A retroatividade da norma tributária mais benéfica ao contribuinte (*lex mitior*) refere-se apenas à penalidade pecuniária (multa) – art. 106, II, *c*, do CTN. Assim, a alíquota do imposto (principal) é sempre aquela prevista na lei vigente à época do fato gerador, que é de 5% nessa situação relatada, exceto se a lei expressamente indicasse sua retroatividade para beneficiar o contribuinte com um perdão parcial do crédito tributário. Já o percentual da multa é o mais benéfico ao infrator, no caso, a de 10%. Por essa razão, a alternativa "D" é a correta.
Gabarito "D".

(OAB/FGV – 2011) No exercício de 1995, um contribuinte deixou de recolher determinado tributo. Na ocasião, a lei impunha a multa moratória de 30% do valor do débito. Em 1997, houve alteração legislativa, que reduziu a multa moratória para 20%. O contribuinte recebeu, em 1998, notificação para pagamento do débito, acrescido da multa moratória de 30%.

A exigência está

(A) correta, pois o princípio da irretroatividade veda a aplicação retroagente da lei tributária.
(B) errada, pois a aplicação retroativa da lei é regra geral no direito tributário.
(C) correta, pois aplica-se a lei vigente à época de ocorrência do fato gerador.
(D) errada, pois aplica-se retroativamente a lei que defina penalidade menos severa ao contribuinte.

A redução da penalidade pecuniária é aplicada retroativamente em favor do infrator (*lex mitior*), considerando não se tratar de ato definitivamente julgado – art. 106, II, 'c' do CTN. Assim, o contribuinte deverá recolher tributo acrescido da multa menor, fixada em 20%. Por essa razão, a alternativa "D" é a correta.
Gabarito "D".

7. FATO GERADOR E OBRIGAÇÃO TRIBUTÁRIA

(Procurador – AGE/MG – 2022 – FGV) O nosso ordenamento jurídico-tributário prevê que autoridade administrativa poderá desconsiderar atos ou negócios jurídicos praticados com a finalidade de dissimular a ocorrência do fato gerador do tributo ou a natureza dos elementos constitutivos da obrigação tributária. Sobre a norma, e de acordo com jurisprudência do STF, assinale a afirmativa correta.

Alternativas

(A) A norma viola os princípios constitucionais da legalidade, da estrita legalidade e da tipicidade.
(B) A norma é inconstitucional, pois combate o planejamento tributário lícito, ainda que as operações menos onerosas tenham sido realizadas dentro da lei.
(C) A desconsideração de negócios ou atos jurídicos é de competência exclusiva de um magistrado, em razão do princípio da reserva de jurisdição, o qual se destina a resguardar os direitos e garantias fundamentais dos cidadãos.
(D) A referida norma é autoaplicável, não dependendo de regulamentação por lei ordinária.
(E) A norma não viola a Constituição e está limitada aos atos ou negócios jurídicos praticados ilicitamente pelo contribuinte com intenção única de diminuir ou eliminar a obrigação tributária.

Conforme o art. 116, parágrafo único, do CTN: *A autoridade administrativa poderá desconsiderar atos ou negócios jurídicos praticados com a finalidade de dissimular a ocorrência do fato gerador do tributo ou a natureza dos elementos constitutivos da obrigação tributária, observados os procedimentos a serem estabelecidos em lei ordinária. (Incluído pela LC nº 104, de 2001)*. Dissimular é ocultar a ocorrência do fato gerador. Caso haja dissimulação, a autoridade administrativa deve desconsiderar os atos ou negócios praticados com essa finalidade e cobrar o tributo devido. Portanto, a norma pretende combater a evasão fiscal, que é ilícita, e não a elisão fiscal ou planejamento tributário que busca reduzir a carga tributária por meios lícitos. O STF declarou a constitucionalidade do parágrafo único do art. 116 do CTN, incluído pela LC 104/2001, nos seguintes termos: *"Não viola o texto constitucional a previsão contida no parágrafo único do art. 116 do Código Tributário Nacional. Essa previsão legal não constitui ofensa aos princípios constitucionais da legalidade, da estrita legalidade e da tipicidade tributária, e da separação dos Poderes. Em verdade, ela confere máxima efetividade a esses preceitos, objetivando, primordialmente, combater a evasão fiscal, sem que isso represente permissão para a autoridade fiscal de cobrar tributo por analogia ou fora das hipóteses descritas em lei, mediante interpretação econômica"* (ADI 2446). Portanto, a resposta correta é a assertiva E.
Gabarito "E".

(OAB/FGV – 2013) Em procedimento de fiscalização, a Secretaria da Receita Federal do Brasil identificou lucro não declarado por três sociedades empresárias, que o obtiveram em conluio, fruto do tráfico de entorpecentes.

Sobre a hipótese sugerida, assinale a afirmativa correta.

(A) O imposto sobre a renda é devido face ao princípio da interpretação objetiva do fato gerador, também conhecido como o princípio do pecúnia *non olet*.
(B) Não caberá tributação e, sim, confisco da respectiva renda.
(C) Não caberá tributo, uma vez que tributo não é sanção de ato ilícito.
(D) Caberá aplicação de multa fiscal pela não declaração de lucro, ficando afastada a incidência do tributo, sem prejuízo da punição na esfera penal.

A: correta, sendo esse um exemplo clássico do *non olet*,, segundo o art. 118 do CTN; **B, C e D:** incorretas, conforme comentário à alternativa "A". Interessa à tributação o lucro, o acréscimo patrimonial que efetivamente ocorreu (= fato gerador do IR). Discutir como esse acréscimo ocorreu foge à análise do fato gerador tributário, em princípio. **LB**
Gabarito "A".

(OAB/Exame Unificado – 2011.2) A obrigação tributária principal tem por objeto

(A) o pagamento de tributo ou penalidade pecuniária.
(B) a inscrição da pessoa jurídica junto ao Cadastro Nacional de Pessoa Jurídica – CNPJ.
(C) a prestação de informações tributárias perante a autoridade fiscal competente.
(D) a escrituração de livros contábeis.

Nos termos do art. 113, § 1º, do CTN, a obrigação principal tem por objeto o pagamento de tributo ou de penalidade pecuniária (alternativa "A"), ou seja, sua prestação é sempre pecuniária. As demais alternativas ("B", "C" e "D") descrevem prestações não pecuniárias (inscrição, informação, escrituração) que são, portanto, objeto de obrigações acessórias (art. 113, §2º, do CTN). **LB**
Gabarito "A".

(OAB/FGV – 2010) Um fiscal federal, em processo de auditoria, verificou que uma empresa estava em dívida para com o Fisco em relação ao imposto de renda. Ao autuar a empresa para pagamento do imposto, o fiscal impôs-lhe, ainda, uma multa por atraso no pagamento e outra, por não ter entregado a declaração anual de rendimentos da pessoa jurídica. Nessa situação hipotética,

(A) todas as obrigações são consideradas principais.
(B) a obrigação de pagar o imposto de renda é considerada principal; a de pagar as multas, não.
(C) a obrigação de pagar o imposto de renda e a de pagar a multa de mora são consideradas principais; a de pagar a multa por atraso na entrega da declaração, não.
(D) a obrigação de pagar o imposto de renda e a de pagar a multa por atraso na entrega da declaração são consideradas principais; a de pagar a multa de mora, não.

A: correta, pois toda obrigação de natureza tributária que tenha por objeto a entrega de dinheiro ao Fisco (tributo ou multa) é considerada obrigação tributária *principal*, nos termos do art. 113, § 1º, do CTN, que determina que "a obrigação principal (...) tem por objeto o pagamento de *tributo ou penalidade pecuniária* e extingue-se juntamente com o crédito dela decorrente"; **B, C e D:** incorretas, pois o pagamento de multa de qualquer espécie (= penalidade pecuniária) é, também, objeto da obrigação tributária *principal*. **LB**
Gabarito "A".

8. LANÇAMENTO E CRÉDITO TRIBUTÁRIO

(OAB/FGV– 2024) O Estado Alfa acabou de implantar um novo sistema on-line para o lançamento do Imposto sobre a Transmissão Causa Mortis e Doação – ITCMD, veiculando também em lei estadual o modo como o preenchimento da declaração deve ser feito e entregue pelo sujeito passivo tributário por meio da Internet.

Segundo essa lei, caberia ao sujeito passivo preencher a declaração, indicando os fatos geradores, as bases de cálculo e as alíquotas aplicáveis, resultando, ao final, no valor a ser pago, devendo também o sujeito passivo gerar a guia de pagamento pela internet e pagá-la.

O Fisco estadual teria prazo decadencial para analisar a declaração entregue e o respectivo pagamento por parte do sujeito passivo. Assinale a opção que indica, corretamente, a modalidade de lançamento do ITCMD nesse Estado.

(A) Lançamento por declaração.
(B) Lançamento por arbitramento.
(C) Lançamento por homologação.
(D) Lançamento de ofício.

A: incorreta, pois nos tributos sujeitos a lançamento por declaração (art. 147 do CTN) cabe ao sujeito passivo ou terceiro, na forma da legislação tributária, apenas prestar à autoridade administrativa informações sobre matéria de fato. Competirá ao Fisco, com base nessas informações, fazer o cálculo do crédito tributário e notificar o sujeito passivo para efetuar o pagamento; **B:** incorreta, pois o arbitramento é uma técnica de apuração do crédito tributário (art. 148 do CTN), utilizada pelo Fisco, quando há *omissão* ou *não mereçam fé* os documentos, declarações ou esclarecimentos prestados pelo sujeito passivo. Nesse caso, a autoridade lançadora, mediante processo regular, arbitrará aquele valor ou preço de bens, direitos, serviços ou atos jurídicos, ressalvada, em caso de contestação, avaliação contraditória, administrativa ou judicial; **C:** correta, pois o lançamento por homologação (art. 150 do CTN) é aquele em que a legislação impõe que cabe ao próprio sujeito passivo verificar a ocorrência do fato gerador, calcular o tributo devido e, antes de qualquer atuação do Fisco, recolher o valor do crédito tributário correspondente. Competirá à autoridade administrativa, observado o prazo decadencial, homologar a atividade do sujeito passivo, expressa ou tacitamente, ou efetuar o lançamento de ofício, caso não ocorra o pagamento, nem qualquer declaração do sujeito passivo confessando o débito (art. 149 do CTN c/c Súmula 436 do STJ); e **D:** incorreta, pois o lançamento de ofício é a modalidade em que o Fisco lança diretamente, verificando a ocorrência do fato gerador, determinando a matéria tributável, calculando o montante do tributo, identificando o sujeito passivo e aplicando a penalidade, nas hipóteses descritas no art. 149 do CTN. Não há, nesse caso, participação direta do sujeito passivo. **LB**
Gabarito "C".

(FGV – 2010) Com relação ao *crédito tributário*, assinale a afirmativa incorreta.

(A) Deve ser inscrito na Dívida Ativa do Estado, se não pago no prazo legal.
(B) Tem sua exigibilidade suspensa no caso de o contribuinte efetuar o depósito do seu montante integral.

(C) Prefere a qualquer outro crédito, à exceção dos de origem trabalhista e de outros em processo de falência.
(D) Extingue-se no prazo de 5 (cinco) anos contados da data da ocorrência do fato gerador.
(E) Não se extingue com a morte do contribuinte devedor.

A: correta, nos termos do art. 201 do CTN; B: correta, conforme o art. 151, II, do CTN; C: correta, nos termos do art. 186 do CTN; D: incorreta, devendo ser assinalada, pois o crédito tributário extingue-se em 5 (cinco) anos, pela prescrição, após sua constituição definitiva (= lançamento definitivo), nos termos do art. 174 do CTN; E: correta, pois em caso de morte há responsabilidade por sucessão dos herdeiros e legatários – art. 131, II, do CTN. Gabarito "D".

(FGV – 2010) Correlacione a coluna da direita com o que pede na coluna da esquerda.
1. Modalidade de lançamento tributário.
2. Ação judicial da Fazenda Pública face ao contribuinte.
3. Norma complementar das leis e dos decretos.
4. Modalidade de extinção da punibilidade por infração tributária.

( ) execução fiscal
( ) denúncia espontânea
( ) por homologação
( ) resolução editada pelo Secretário da Fazenda

Assinale a alternativa que apresenta a ordem correta, de cima para baixo, da correlação das colunas:

(A) 2, 4, 1 e 3.
(B) 2, 4, 3 e 1.
(C) 1, 2, 4 e 3.
(D) 4, 2, 1 e 3.
(E) 2, 1, 4 e 3.

O gabarito fica assim:
1. Modalidade de lançamento tributário – por homologação (há também os lançamentos por declaração e de ofício – arts. 148 147, 149 e 150 do CTN).
2. Ação judicial da Fazenda Pública face ao contribuinte – execução fiscal (Lei 6.830/1980).
3. Norma complementar das leis e dos decretos – resolução editada pelo Secretário da Fazenda (as normas complementares estão listadas no art. 100 do CTN).
4. Modalidade de extinção da punibilidade por infração tributária – denúncia espontânea (art. 138 do CTN). Gabarito "A".

9. SUJEIÇÃO PASSIVA, RESPONSABILIDADE, CAPACIDADE E DOMICÍLIO

(Procurador – AL/PR – 2024 – FGV) João alienou veículo a Maria, deixando, no entanto, de comunicar a venda do bem ao Departamento Estadual de Trânsito – DETRAN do Estado competente. A Fazenda Estadual, por sua vez, realizou a cobrança do Imposto sobre a Propriedade de Veículo Automotor – IPVA devido após a alienação do bem, em face do João e da Maria.

Sobre a hipótese, assinale a afirmativa correta.

(A) João é responsável solidário pelo pagamento do IPVA, conforme previsão do Código de Trânsito Brasileiro, pois a alienação do bem não foi comunicada, no prazo legal, ao órgão de trânsito.

(B) Somente pode ser imputado a João a responsabilidade solidária pelo pagamento do IPVA se houver previsão em lei específica estadual para disciplinar, no âmbito de suas competências, a sujeição passiva do IPVA e a solidariedade pelo pagamento do imposto.

(C) O Estado deve inicialmente cobrar de Maria o IPVA, pois João é responsável subsidiário pelo pagamento do imposto, conforme previsão do Código de Trânsito Brasileiro, já que a alienação do bem não foi comunicada, no prazo legal.

(D) A cobrança do IPVA somente pode ocorrer em face de Maria, que é a contribuinte do IPVA, independente de previsão em lei estadual que discipline de forma diversa a sujeição passiva do IPVA e a responsabilidade tributária pelo pagamento do imposto, conforme previsto no Código Tributário Nacional.

(E) O Estado deve inicialmente cobrar de Maria o IPVA, pois João é responsável pelo pagamento do imposto, conforme previsão do Código Civil Brasileiro, já que a alienação do bem não foi comunicada, a qualquer prazo.

A: incorreto, pois o Código de Trânsito Brasileiro (art. 134) prevê que, se o vendedor não fizer a comunicação ao DETRAN, poderá ser responsabilizado solidariamente pelas penalidades impostas e suas reincidências até a data da comunicação. Ou seja, a responsabilidade do antigo proprietário é em relação à penalidade (multa) e não ao tributo (IPVA). Nesse sentido, Súmula 585 do STJ: "A responsabilidade solidária do ex-proprietário, prevista no art. 134 do Código de Trânsito Brasileiro – CTB, não abrange o IPVA incidente sobre o veículo automotor, no que se refere ao período posterior à sua alienação"; B: correta, de acordo com tese fixada pelo STJ: Havendo previsão em lei estadual, admite-se a responsabilidade solidária de ex-proprietário de veículo automotor pelo pagamento do Imposto sobre a Propriedade de Veículos Automotores – IPVA, em razão de omissão na comunicação da alienação ao órgão de trânsito local, excepcionando-se o entendimento da Súmula n. 585/STJ (Tema Repetitivo 1118); C, D e E: incorretas, conforme comentários anteriores. Gabarito "B".

(Juiz de Direito – TJ/SC – 2024 – FGV) João era sócio da empresa Alfa Ltda. que foi dissolvida irregularmente, razão pela qual a Fazenda Pública requereu sua inclusão no polo passivo na qualidade de responsável tributário em razão de atos praticados com excesso de poderes. Ao ser citado em execução, doa seu único bem familiar, um apartamento de cinco quartos em um bairro de classe média alta, para seus três filhos, José, Antônio e Maria em quotas-partes iguais.

Segundo recente entendimento dos Tribunais Superiores, a respeito da operação, é correto afirmar que:

(A) a doação é fraude à execução ainda que realizada anteriormente à citação.
(B) a doação simultânea aos três filhos descaracteriza a impenhorabilidade característica do bem de família.
(C) a impenhorabilidade do único bem familiar não é oponível à Fazenda Pública, tratando-se de bem luxuoso.
(D) a doação é válida, contudo, é hipótese de fraude à execução se caracterizada a insolvência de João.
(E) a transferência é imune aos efeitos da execução, não havendo que se falar em fraude à execução.

A: incorreta. Pelos argumentos expostos, não é considerada fraude; B: incorreta. Inexiste previsão a tal exceção; C: incorreta. Não se faz distinção sobre o poder valorativo do bem para fins de aplicação do bem de família (Lei 8.009/1990); **D:** incorreta. Inexiste previsão para isso; **E:** correta. Segundo a jurisprudência do STJ, mesmo que o devedor aliene imóvel residencial de sua família, deve ser mantida a cláusula de impenhorabilidade, visto que o imóvel em questão seria imune aos efeitos da execução, não havendo que se falar em fraude à execução. *Vide* AgInt no AREsp 2.174.427. FP

Gabarito "E".

(OAB/FGV – 2023) João e José receberam um imóvel residencial situado no Município *Alfa* por herança de seus pais. Em janeiro de 2017, com autorização de José (menor de idade), seu irmão e tutor João (maior de idade), assina como único locador um contrato de aluguel do referido imóvel com Joaquim, com prazo determinado de 3 (três) anos, constando cláusula expressa de que o locatário será o único responsável pelo pagamento de todos os impostos e taxas do imóvel locado, exonerando o locador de tal obrigação. Em dezembro de 2021, João e José são surpreendidos com uma ação de execução fiscal movida em face de ambos pelo Município *Alfa* para cobrança do IPTU do imóvel locado referente a todo o exercício fiscal de 2018.

Diante desse cenário e à luz do Código Tributário Nacional, a ação de execução fiscal

(A) somente poderia ter sido ajuizada em face de Joaquim, único devedor do IPTU, conforme cláusula expressa contratual.

(B) somente poderia ter sido ajuizada em face de João, único que figurou no contrato como locador e dotado de capacidade tributária e processual.

(C) foi corretamente ajuizada, uma vez que João e José respondem pelo tributo devido, ainda que este último seja menor de idade.

(D) não podia ter sido ajuizada por já estar o crédito tributário prescrito.

A: incorreta, pois a sujeição passiva tributária é definida pela lei e não pelo contrato entre as partes, conforme art. 123 do CTN. Embora o acordo estabeleça obrigação entre as partes (ou seja, o locador poderá cobrar eventual débito do locatário Joaquim no âmbito cível), tal pacto é inoponível contra o fisco municipal. Assim, o locatário não é contribuinte (porque não é proprietário do imóvel, conforme art. 34 do CTN) e não é responsável tributário (porque o dever de pagar o IPTU, no caso, decorre apenas do contrato e não da lei tributária). Nesse sentido, a Súmula 614/STJ: "O locatário não possui legitimidade ativa para discutir a relação jurídico-tributária de IPTU e de taxas referentes ao imóvel alugado nem para repetir indébito desses tributos". Portanto, a ação de execução fiscal poderia ser movida contra João e José (proprietários do imóvel) e não contra Joaquim (locatário); **B:** incorreta, pois a capacidade de ser sujeito passivo da obrigação tributária independe da capacidade civil das pessoas naturais, conforme art. 126, I, do CTN. Portanto, José é também contribuinte do IPTU, por ser proprietário do bem imóvel, apesar de ser absolutamente incapaz no âmbito civil (art. 3º do Código Civil). Ademais, conforme comentário anterior, a sujeição passiva tributária é definida pela lei e não pelo contrato entre as partes, conforme art. 123 do CTN; **C:** correta, conforme comentários anteriores – artigos 34, 123 e 126, I, do CTN; **D:** incorreta, pois o crédito tributário não está prescrito, tendo em vista que a execução fiscal foi ajuizada em dezembro de 2021, dentro, portanto, do prazo de 05 (cinco) anos (art. 174 do CTN) a contar do dia seguinte à data estipulada para o vencimento da cobrança do tributo cujo fato gerador ocorreu em 2018 (Tema Repetitivo 980 – STJ). Cumpre relembrar que, segundo o Superior Tribunal de Justiça, a remessa ao endereço do contribuinte do carnê de pagamento do Imposto Predial e Territorial Urbano (IPTU) é suficiente para notificá-lo do lançamento tributário (Súmula 397 do STJ). LB

Gabarito "C".

(OAB/FGV – 2023) Lucas, menor de oito anos de idade, é proprietário de um imóvel (recebido por herança de seu avô), o qual foi alugado por seus pais, João e Maria, representando-o. Contudo, o Imposto sobre a Propriedade Territorial Urbana (IPTU) referente a este imóvel não está sendo pago pelo locatário, conforme havia sido pactuado no contrato de locação.

Em razão do inadimplemento, foi enviada notificação de lançamento do crédito tributário em nome de Lucas como devedor do tributo, para seu domicílio tributário, a fim de que pagasse o débito. A notificação foi recebida via Correios por seus pais, que residem junto com seu filho. Os pais, por entenderem que esta obrigação era do locatário, recusam-se a pagar. O Fisco Municipal está agora a cobrar judicialmente o valor da dívida de IPTU.

Diante desse cenário e à luz do Código Tributário Nacional, assinale a afirmativa correta.

(A) Lucas, embora absolutamente incapaz, pode figurar como contribuinte devedor do IPTU, inclusive podendo constar seu nome na notificação de lançamento do crédito tributário.

(B) Em razão da menoridade de Lucas, apenas seus pais serão considerados contribuintes deste IPTU.

(C) Lucas e seus pais são contribuintes do IPTU, mas os bens dos pais devem ser executados antes dos bens de Lucas.

(D) Lucas é o contribuinte do IPTU, sendo o locatário o responsável tributário pelo pagamento do mesmo.

A: correta, pois a capacidade de ser sujeito passivo da obrigação tributária independe da capacidade civil das pessoas naturais, conforme art. 126, I, do CTN. Portanto, Lucas é contribuinte do IPTU por ser proprietário do bem imóvel (art. 34 do CTN), apesar de ser absolutamente incapaz no âmbito civil (art. 3º do Código Civil); **B:** incorreta, pois Lucas detém capacidade passiva tributária, conforme comentário anterior. Segundo o CTN, nos casos de impossibilidade de exigência do cumprimento da obrigação principal pelo contribuinte, respondem solidariamente com este nos atos em que intervierem ou pelas omissões de que forem responsáveis os pais pelos tributos devidos pelos filhos menores (art. 134, I, do CTN). Assim, seus pais podem ser responsáveis tributários, mas não contribuintes por não terem realizado o fato gerador do IPTU, visto que não são proprietários do imóvel; **C:** incorreta, conforme comentário anterior. Ressalte-se que se Lucas e seus pais fossem proprietários do imóvel, ou seja, contribuintes, haveria entre eles o vínculo da solidariedade que não comporta benefício de ordem no momento da execução da dívida tributária, conforme art. 124, §único, do CTN; **D:** incorreta, pois a sujeição passiva tributária é definida pela lei e não pelo contrato entre as partes, conforme art. 123 do CTN. Embora o acordo estabeleça obrigação entre as partes (ou seja, o locador poderá cobrar eventual débito dos locatários no âmbito cível), tal pacto é inoponível contra o fisco. Assim, os locatários não são contribuintes (porque não são proprietários do imóvel) e não são responsáveis tributários (porque o dever de pagar o IPTU, no caso, decorre apenas do contrato e não da lei tributária). Nesse sentido, a Súmula 614/STJ: "O locatário não possui legitimidade ativa para discutir a relação jurídico-tributária de IPTU e de taxas referentes ao imóvel alugado nem para repetir indébito desses tributos". LB

Gabarito "A".

(OAB/FGV – 2020) *Panificadora Pães Fofos Ltda.*, tendo como sócio-administrador José, alienou seu fundo de comércio à *Panificadora Flor de Lisboa Ltda.*, deixando de atuar comercialmente. Contudo, 9 meses após a alienação do fundo de comércio, a *Panificadora Pães Fofos Ltda.*

alugou um novo ponto comercial e retornou às atividades de panificação.

Diante desse cenário, assinale a afirmativa correta.

(A) A *Panificadora Flor de Lisboa Ltda.* responde, integralmente, pelos tributos relativos ao fundo adquirido, devidos até à data do ato de aquisição.
(B) Ambas as panificadoras respondem, solidariamente, pelos tributos relativos ao fundo adquirido, devidos até à data do ato de aquisição.
(C) A *Panificadora Pães Fofos Ltda.* responde, subsidiariamente, pelos tributos relativos ao fundo adquirido, devidos até à data do ato de aquisição.
(D) A *Panificadora Pães Fofos Ltda.* e José, seu sócio-administrador, respondem, subsidiariamente, pelos tributos relativos ao fundo adquirido, devidos até à data do ato de aquisição.

A: correta, pois o adquirente do fundo de comércio ou estabelecimento, que prossegue na exploração da atividade empresarial do alienante, responde integralmente pelos débitos tributários deixados pelo alienante. A responsabilidade é integral, sendo subsidiária apenas se o alienante prosseguir na exploração da mesma ou de outra atividade comercial, industrial ou profissional, imediatamente ou em até seis meses contados da alienação – art. 133, I e II, do CTN; **B:** incorreta, pois, na terminologia do CTN, a responsabilidade do adquirente é integral, conforme comentário anterior; **C:** incorreta, pois, pela terminologia do CTN, é o adquirente que responde integralmente pelo débito, o que exclui a figura da subsidiariedade. De fato, a responsabilidade do adquirente é integral, e não simplesmente subsidiária, já que o alienante só retornou à mesma atividade empresarial após o prazo de seis meses contados da alienação – art. 133 do CTN. Vide, entretanto, nossa observação à primeira alternativa; **D:** incorreta, conforme comentário anterior. Ademais, a aquisição do fundo de comércio não implica, por si, responsabilidade do sócio administrador do alienante ou do adquirente. Note que, embora o dispositivo legal refira-se a "tributos", a jurisprudência (Súmula 554 do STJ) é pacífica no sentido de que a responsabilidade do art. 133 do CTN refere-se a todo o crédito tributário (tributo e penalidade pecuniária). Obs.: se a questão tratasse da alienação judicial na falência ou na recuperação judicial, deveriam ser observadas as regras previstas nos parágrafos 1° e 2° do art. 133 do CTN. **Gabarito A.**

(OAB/Exame Unificado – 2017.3) Considere que Luís é um andarilho civilmente capaz que não elegeu nenhum lugar como seu domicílio tributário, não tem domicílio civil, nem residência fixa, e não desempenha habitualmente atividades em endereço certo.

A partir da hipótese apresentada, de acordo com o Código Tributário Nacional e no silêncio de legislação específica, assinale a afirmativa correta.

(A) Luís nunca terá domicílio tributário.
(B) O domicílio tributário de Luís será o lugar da situação de seus bens ou da ocorrência do fato gerador.
(C) O domicílio tributário de Luís será, necessariamente, a sede da entidade tributante.
(D) O domicílio tributário de Luís será a residência de seus parentes mais próximos ou o lugar da situação dos bens de Luís.

A: incorreta, pois não existe essa possibilidade, já que o art. 127 do CTN traz regras subsidiárias para definição do domicílio tributário para todos os contribuintes ou responsáveis tributários; **B:** correta, nos termos do art. 127, § 1°, do CTN; **C:** incorreta, pois o local da sede da entidade tributante não é o fator determinante para definição do domicílio tributário, nos termos do art. 127 do CTN; **D:** incorreta, pois o local de residência de parentes do contribuinte ou do responsável tributário é irrelevante para a definição do domicílio tributário – art. 127 do CTN. **Gabarito B.**

(OAB/FGV – 2013) Pedro adquire imóvel de João, que o alugava anteriormente a uma sociedade empresária. Sobre esse imóvel estavam pendentes de pagamento os seguintes tributos: o IPTU, a Contribuição de Melhoria, a Taxa de Coleta Domiciliar de Lixo e a Taxa de Inspeção Sanitária devida pelo exercício do poder de polícia, em função da atividade ali desenvolvida.

Com relação à responsabilidade tributária, assinale a afirmativa correta.

(A) Pedro só se torna responsável tributário do IPTU, da Taxa de Coleta Domiciliar de Lixo e da Contribuição de Melhoria, permanecendo João como sujeito passivo da Taxa de Inspeção Sanitária.
(B) Pedro só se torna responsável tributário do IPTU e da Taxa de Coleta Domiciliar de Lixo, permanecendo João como sujeito passivo da Taxa de Inspeção Sanitária e da Contribuição de Melhoria.
(C) Pedro é o responsável tributário de todos os tributos, devido à sucessão imobiliária.
(D) João continua sendo o sujeito passivo de todos os tributos, muito embora o imóvel tenha sido adquirido por Pedro.

Nos termos do art. 130 do CTN, os créditos tributários relativos a impostos cujo fato gerador seja a propriedade, o domínio útil ou a posse de bens imóveis, e bem assim os relativos a taxas pela prestação de serviços referentes a tais bens, ou a contribuições de melhoria, sub-rogam-se na pessoa dos respectivos adquirentes. No caso, o IPTU é imposto relativo à propriedade do imóvel, a taxa se refere a serviço relacionado ao imóvel e a contribuição de melhoria a valorização imobiliária atinente ao mesmo bem, de modo que são os tributos cuja responsabilidade recai sobre o adquirente Pedro. A taxa de fiscalização, devida pelo exercício do poder de polícia, não está abrangida pelo art. 130 do CTN (somente a taxa devida pela prestação de serviço público, conforme a literalidade do artigo). Por essas razões, a alternativa "A" é a correta. **Gabarito A.**

(OAB/Exame Unificado – 2012.1) Determinada pessoa física adquire de outra um estabelecimento comercial e segue na exploração de suas atividades, cessando ao vendedor toda a atividade empresarial. Nesse caso, em relação aos tributos devidos pelo estabelecimento comercial até a data da aquisição do referido negócio jurídico, o novo adquirente responde

(A) pela metade dos tributos.
(B) subsidiariamente pela integralidade dos tributos.
(C) integralmente por todos os tributos.
(D) solidariamente, com o antigo proprietário, por todos os tributos.

O adquirente de estabelecimento empresarial que segue na exploração da atividade torna-se responsável pelos créditos tributários inadimplidos deixados pelo alienante, na forma do art. 133, *caput*, do CTN. Essa responsabilidade do adquirente é: (i) integral, caso o alienante cesse a exploração de qualquer atividade empresarial, ou (ii) subsidiária, caso o alienante prossiga a exploração de qualquer atividade empresarial (ainda que em outro ramo) ou retorne à exploração de atividade empresarial dentro de 6 meses contados da alienação – art. 133, I e II, do CTN.

No caso, como o vendedor do estabelecimento abandonou a atividade empresarial, o adquirente responde integralmente pelos débitos deixados, razão pela qual a alternativa "C" é a correta. Note que, embora o dispositivo legal refira-se a "tributos", a jurisprudência (Súmula 554 do STJ) é pacífica no sentido de que a responsabilidade do art. 133 do CTN refere-se a todo o crédito tributário (tributo e penalidade pecuniária). Obs.: se a questão tratasse da alienação judicial na falência ou na recuperação judicial, deveriam ser observadas as regras previstas nos parágrafos 1º e 2º do art. 133 do CTN.

Gabarito "C".

(OAB/FGV – 2010) Pizza Aqui Ltda., empresa do ramo dos restaurantes, adquiriu o estabelecimento empresarial Pizza Já Ltda., continuando a exploração deste estabelecimento, porém sob razão social diferente – Pizza Aqui Ltda. Neste caso, é correto afirmar que:

(A) a Pizza Aqui responde solidariamente pelos tributos devidos pela Pizza Já, até a data do ato de aquisição do estabelecimento empresarial, se a Pizza Já cessar a exploração da atividade.

(B) caso a Pizza Já prossiga na exploração da mesma atividade dentro de 6 (seis) meses contados da data de alienação, a Pizza Aqui responde subsidiariamente pelos tributos devidos pela Pizza Já Ltda. até a data do ato de aquisição do estabelecimento.

(C) caso a Pizza Já mude de ramo de comércio dentro de 6 (seis) meses contados da data de alienação, então a Pizza Aqui será integralmente responsável pelos tributos devidos pela Pizza Já até a data do ato de aquisição desta.

(D) caso o negócio jurídico não fosse a aquisição, mas a incorporação da Pizza Já pela Pizza Aqui, esta última estaria isenta de qualquer responsabilidade referente aos tributos devidos pela Pizza Já até a data da incorporação.

A: assertiva incorreta, pois se o alienante (Pizza Já Ltda.) cessar a exploração de atividade empresarial, o adquirente do estabelecimento (Pizza Aqui Ltda.) responde **integralmente** pelos débitos tributários anteriores – art. 133, I, do CTN. Perceba que o CTN utiliza o termo "integralmente" e não "solidariamente"; **B**: correta, pois reflete precisamente o disposto no art. 133, II, do CTN; **C**: incorreta, pois a responsabilidade subsidiária (não integral) do adquirente do estabelecimento (Pizza Aqui Ltda.) ocorre quando o alienante (Pizza Já Ltda.) prossegue na atividade empresarial, ainda que em outro ramo de comércio, indústria ou profissão, no prazo de 6 meses contados da alienação – art. 133, II, do CTN. Note que, embora o dispositivo legal refira-se a "tributos", a jurisprudência (Súmula 554 do STJ) é pacífica no sentido de que a responsabilidade do art. 133 do CTN refere-se a todo o crédito tributário (tributo e penalidade pecuniária); **D**: incorreta, pois, em caso de incorporação, a sociedade resultante (Pizza Aqui Ltda.) responde por todos os débitos tributários da incorporada (Pizza Já Ltda.) – art. 132 do CTN. Obs.: se a questão tratasse da alienação judicial na falência ou na recuperação judicial, deveriam ser observadas as regras previstas nos parágrafos 1º e 2º do art. 133 do CTN.

Gabarito "B".

(FGV – 2011) Flávia, Telma e Beatriz constituíram a sociedade Trio Maravilha Ltda. para operar no ramo de prestação de serviços de beleza, mas se abstiveram de inscrever o contrato social no registro competente. Mesmo assim, começaram a vender seus produtos na praça, sem o recolhimento do ISS. Diante dessa situação fática, é possível afirmar que

(A) em matéria tributária, assim como em matéria cível, a solidariedade passiva pode ocorrer em virtude de lei ou de acordo de vontades.

(B) caso o Fisco exigisse o pagamento integral da dívida somente de Beatriz, a sócia com menor patrimônio, esta poderia invocar o benefício de ordem para redirecionar a cobrança para Flávia, detentora da maioria das quotas da sociedade.

(C) caso Telma fosse beneficiada com isenção pessoal concedida pelo Fisco, esta seria extensível às demais sócias, por força da solidariedade tributária legal.

(D) se Flávia fosse citada em execução fiscal, a interrupção da prescrição atingiria todas as sócias da empresa.

(E) o eventual pagamento total do tributo devido por Telma não aproveitaria nem a Flávia nem a Beatriz, caso o contrato social assim determinasse.

A: incorreta, pois, diferentemente do que ocorre no âmbito privado, a solidariedade tributária jamais decorre de acordo de vontades – arts. 123 e 124, II, do CTN. Ressalte-se que a sujeição passiva tributária independe de ter sido efetuada a inscrição do contrato social no registro competente (art. 126, III, do CTN); **B**: incorreta, pois a solidariedade tributária não comporta benefício de ordem – art. 124, parágrafo único, do CTN; **C**: incorreta, pois a isenção ou a remissão concedida pessoalmente a um dos obrigados não aproveita aos demais, cuja solidariedade subsiste em relação ao saldo – art. 125, II, do CTN; **D**: correta, pois a interrupção da prescrição em favor ou contra um dos obrigados favorece ou prejudica os demais – art. 125, III, do CTN; **E**: incorreta, pois o pagamento realizado por um dos obrigados solidários aproveita aos demais, sendo irrelevante eventual disposição contratual em contrário, que não pode ser oposta contra o Fisco – arts. 125, I, e 123 do CTN.

Gabarito "D".

(FGV – 2010) O parágrafo 7º do artigo 150 da Constituição Federal, ao prever que "*a lei poderá atribuir a sujeito passivo de obrigação tributária a condição de responsável pelo pagamento de imposto ou contribuição, cujo fato gerador deva ocorrer posteriormente, assegurada a imediata e preferencial restituição da quantia paga, caso não se realize o fato gerador presumido*", acabou instituindo o que a doutrina denomina "*substituição tributária para frente*". Em relação a esse instituto, examine as afirmativas a seguir.

I. Denomina-se substituto tributário aquele sujeito em nome de quem é feito o recolhimento antecipado e que deverá promover a operação futura.

II. Em que pese o fato de a substituição tributária para frente viabilizar a tributação antes mesmo da ocorrência do fato gerador, razão pela qual sofreu severas críticas doutrinárias, o Supremo Tribunal Federal declarou a constitucionalidade dessa sistemática de instituição e cobrança de tributos.

III. De acordo com a jurisprudência pacífica do STF, caso o evento futuro não ocorra, ou ocorra com base de cálculo menor do que aquela sobre a qual foi feita a antecipação do recolhimento, é necessária a imediata e preferencial restituição do excesso recolhido.

Assinale:

(A) se somente as afirmativas I e II forem verdadeiras.

(B) se todas as afirmativas forem verdadeiras.

(C) se somente as afirmativas I e III forem verdadeiras.

(D) se somente a afirmativa III for verdadeira.

(E) se somente a afirmativa II for verdadeira.

I: incorreta, pois a assertiva descreve o substituído. Substituto, na substituição tributária "para frente" ou prospectiva, é quem efetivamente recolhe o tributo relativo à operação a ser realizada por outro; **II:** correta, pois o STF ratificou a validade do instituto mesmo antes da inclusão do § 7º ao art. 150 da CF; **III:** ATENÇÃO. Essa assertiva era incorreta, à luz da jurisprudência dominante quando desse concurso público. À época, o STF entedia que a substituição tributária para a frente gerava presunção absoluta, de forma que, se ocorrida a operação, independente do valor, não haveria direito à restituição, assim como não haveria dever de complementação (STF, RE 266.602-5/MG, Pleno, j. 14.09.2006, rel. Min. Ellen Gracie, *DJ* 02.02.2007). Ocorre que em outubro de 2016 o Pleno do STF modificou esse entendimento, fixando nova tese no RE 593.849/MG em repercussão geral, reconhecendo o direito à restituição também no caso de o fato gerador ocorrer por valor inferior ao presumido e que servira de base de cálculo para o tributo recolhido na sistemática de substituição tributária "para frente".

Gabarito "E".

(FGV – 2010) Assinale a alternativa correta.

(A) A capacidade tributária passiva depende da capacidade civil das pessoas naturais.

(B) Na falta de eleição, pelo contribuinte ou responsável, de domicílio tributário, na forma da legislação aplicável, considera-se como tal o local em que tenha ocorrido o fato gerador do tributo.

(C) O sujeito passivo da obrigação principal diz-se responsável quando tenha relação pessoal e direta com a situação que constitua o respectivo fato gerador.

(D) Havendo solidariedade tributária, e salvo disposição de lei em contrário, a isenção do crédito exonera a todos os obrigados, salvo se outorgada pessoalmente a um deles, subsistindo, nesse caso, a solidariedade quanto aos demais pelo saldo do tributo.

(E) O Código Tributário Nacional veda expressamente a possibilidade de que as convenções particulares relativas à responsabilidade pelo pagamento de tributos possam ser opostas à Fazenda Pública para modificar a definição legal do sujeito passivo das obrigações tributárias.

A: incorreta, pois a capacidade tributária passiva independe da capacidade civil – art. 126, I, do CTN; **B:** incorreta, já que a adoção do local do fato gerador, como critério para identificação do domicílio, ocorre apenas se não forem aplicáveis as regras dos incisos I a III do art. 127 do CTN; **C:** incorreta, pois a assertiva descreve o contribuinte, não o responsável tributário – art. 121, parágrafo único, I, do CTN; **D:** correta, pois reflete o disposto no art. 125, II, do CTN; **E:** incorreta, já que o art. 123 do CTN ressalva a possibilidade de disposição de lei em contrário.

Gabarito "D".

(FGV – 2010) Analise as afirmativas a seguir:

I. Nos termos expressos do artigo 138 do Código Tributário Nacional, a responsabilidade por infrações é excluída pela denúncia espontânea da infração acompanhada do pagamento do tributo devido e dos juros de mora. Por esse motivo, a autoridade administrativa que proceder ou presidir a quaisquer diligências de fiscalização lavrará os termos necessários para que se documente o início do procedimento, sempre que possível, em um dos livros fiscais exibidos ou, quando necessário, em separado, quando entregará, à pessoa sujeita à fiscalização, cópia autenticada do documento.

II. Inexiste, no ordenamento jurídico brasileiro, hipóteses de recuperação da espontaneidade, consubstanciada na possibilidade de reaquisição do direito de pagamento do tributo sem as penalidades cabíveis, caso transcorrido um determinado prazo entre o início do procedimento de fiscalização e um dado ato expresso, por parte do Fisco, que caracterize o prosseguimento dos trabalhos.

III. Estão sujeitos à fiscalização tributária ou previdenciária quaisquer livros comerciais, limitado o exame aos pontos objeto da investigação.

Assinale:

(A) se todas as afirmativas estiverem corretas.

(B) se somente a afirmativa II estiver correta.

(C) se somente as afirmativas I e II estiverem corretas.

(D) se somente as afirmativas II e III estiverem corretas.

(E) se somente as afirmativas I e III estiverem corretas.

I: correta, muito embora a lavratura do termo de início da fiscalização não sirva exclusivamente para fixar os limites temporais da denúncia espontânea – arts. 138 e 196 do CTN; **II:** embora essa recuperação da espontaneidade não esteja prevista no CTN, nada impede que a legislação específica do ente tributante normatize a situação, o que torna a assertiva incorreta; **III:** correta, conforme o art. 195 do CTN e Súmula 439/STF ("Estão sujeitos à fiscalização tributária ou previdenciária quaisquer livros comerciais, limitado o exame aos pontos objeto da investigação").

Gabarito "E".

(FGV – 2010) Assinale a alternativa correta.

(A) Conforme o art. 135, CTN, são pessoalmente responsáveis pelos créditos correspondentes a obrigações tributárias resultantes de atos praticados com excesso de poderes ou infração de lei, contrato social ou estatutos, as pessoas referidas no artigo 134, os mandatários, prepostos e empregados e os diretores, gerentes ou representantes de pessoas jurídicas de direito privado.

(B) A pessoa jurídica de direito privado que adquirir de outra, por qualquer título, fundo de comércio ou estabelecimento comercial, industrial ou profissional, e continuar a respectiva exploração, responde pelos tributos, relativos ao fundo ou estabelecimento adquirido, devidos até a data do ato, integralmente ou subsidiariamente, se o alienante cessar a exploração do comércio, indústria ou atividade.

(C) Em caso de extinção de pessoas jurídicas de direito privado, quando a exploração da respectiva atividade seja continuada por qualquer sócio remanescente, ou seu espólio, os mesmos serão responsáveis pelos tributos devidos até a data da extinção se a exploração persistir unicamente sob a mesma razão social.

(D) Se for difícil exigir o cumprimento da obrigação principal pelo contribuinte, os pais, tutores e curadores respondem solidariamente com seus filhos menores, tutelados ou curatelados, nos atos em que intervierem ou pelas omissões de que forem responsáveis, exceto os administradores de bens de terceiros, em relação aos tributos devidos por estes.

(E) Da leitura do artigo 136, CTN, é correto afirmar que, salvo disposição de lei em contrário, a responsabilidade por infrações da legislação tributária depende sempre da intenção do agente ou do responsável e da efetividade, natureza e extensão dos efeitos do ato.

A: a assertiva descreve corretamente o disposto no art. 135 do CTN; **B:** incorreta, pois caso o alienante cesse a exploração do comércio, indústria ou atividade, não retornando dentro de 6 (seis) meses, a responsabilidade do adquirente é integral (e não subsidiária) – art. 133, I, do CTN; **C:** incorreta, pois o fato de a exploração persistir unicamente sob a mesma razão social é irrelevante para configurar a responsabilidade do art. 132, parágrafo único, do CTN; **D:** há dois erros na assertiva. A responsabilidade do art. 134 do CTN ocorre apenas quando for impossível a exigência do cumprimento da obrigação principal pelo contribuinte (e não simplesmente quando for difícil). Ademais, os administradores de bens de terceiros também se sujeitam a essa norma – art. 134, III, do CTN. Ressalte-se ainda que apesar da literalidade do dispositivo falar em solidariedade, trata-se. na verdade, de responsabilidade subsidiária, considerando que somente sendo impossível exigir a obrigação tributária do contribuinte, serão acionados os responsáveis, nas hipóteses descritas no dispositivo (STJ) **E:** é o oposto, pois salvo disposição de lei em contrário, a responsabilidade por infrações da legislação tributária **independe** da intenção do agente ou do responsável e da efetividade, natureza e extensão dos efeitos do ato, nos termos do art. 136 do CTN.

Gabarito "A".

10. SUSPENSÃO, EXTINÇÃO E EXCLUSÃO DO CRÉDITO

(OAB/FGV– 2024) Para conter a escalada de preços dos combustíveis que vem afetando a economia nacional, a equipe econômica do governo federal estuda a possibilidade de conceder, mediante lei complementar editada exclusivamente para tal fim, uma isenção temporária de um ano sobre todos os tributos federais e estaduais incidentes sobre os combustíveis (petróleo e derivados), atendendo aos requisitos das leis orçamentárias.

Diante desse cenário, assinale a afirmativa correta.

(A) A concessão de tal isenção, mediante lei complementar, de caráter nacional, exclusivamente para este fim é admitida pela Constituição Federal.

(B) Sendo tal benefício fiscal apenas temporário, pode ser excepcionalmente admitido por ter, como causa, uma situação extraordinária de interesse nacional.

(C) Tal lei afronta a Constituição Federal ao atingir tributos de competência estadual.

(D) A competência tributária é privativa da Agência Nacional de Petróleo (ANP) quanto à tributação de combustíveis, e tal lei acaba por violá-la.

C: correta. A isenção é benefício fiscal que exclui o crédito tributário (art. 175, I, do CTN). De acordo com a CF (art. 151, III), é vedado à União instituir isenções de tributos da competência dos Estados, do Distrito Federal ou dos Municípios. Ressalte-se que a única exceção atualmente em vigor é a possibilidade de isenção do imposto sobre serviços de qualquer natureza (ISSQN), de competência dos Municípios e do Distrito Federal, na exportação instituída por lei complementar federal, nos termos do art. 156, § 3º, II, da CF (isenção heterônoma). Portanto, tal lei afronta a Constituição Federal ao atingir tributos de competência estadual, sendo a letra C a alternativa correta. Cabe ressaltar que em relação ao ICMS, imposto da competência dos Estados e do Distrito Federal, a concessão de tal benefício fiscal (isenção) dependeria de prévia autorização dos entes competentes, por meio de convênio celebrado no âmbito do Conselho Nacional de Política Fazendária (CONFAZ), nos termos do art. 155, § 2º, XII, *g*, da CF; **A, B e D:** incorretas, conforme comentários à letra C.

Gabarito "C".

(Procurador – AL/PR – 2024 – FGV) Em relação à compensação de débitos tributários, avalie se as afirmativas a seguir são verdadeiras (V) ou falsas (F).

( ) A vedação prevista no CTN da compensação mediante o aproveitamento de tributo, objeto de contestação judicial pelo sujeito passivo, antes do trânsito em julgado da respectiva decisão judicial, não se aplica às hipóteses de reconhecida inconstitucionalidade do tributo indevidamente recolhido.

( ) É incabível mandado de segurança para convalidar a compensação tributária realizada pelo contribuinte.

( ) A previsão legal de multa isolada incidente sobre a negativa de homologação de compensação tributária viola a Constituição Federal.

As afirmativas são, respectivamente,

(A) F – V – V.

(B) V – F – V.

(C) V – V – F.

(D) F – F – V.

(E) V – F – F.

1ª afirmativa: incorreta, conforme tese fixada pelo STJ (Tema Repetitivo 346): nos termos do art. 170-A do CTN, 'é vedada a compensação mediante o aproveitamento de tributo, objeto de contestação judicial pelo sujeito passivo, antes do trânsito em julgado da respectiva decisão judicial', vedação que se aplica inclusive às hipóteses de reconhecida inconstitucionalidade do tributo indevidamente recolhido. Ressalte-se, contudo, que, também segundo o STJ, tal vedação não se aplica a ações judiciais propostas em data anterior à vigência do art. 170-A do CTN, introduzido pela LC 104/2001 (Tema Repetitivo 345); **2ª afirmativa:** correta, de acordo com a Súmula 460 do STJ: É incabível o mandado de segurança para convalidar a compensação tributária realizada pelo contribuinte. Sobre mandado de segurança e compensação tributária, verificar teses fixadas pelo STJ no Tema Repetitivo 118; **3ª afirmativa:** correto, conforme tese fixada pelo STF (Tema 736): "É inconstitucional a multa isolada prevista em lei para incidir diante da mera negativa de homologação de compensação tributária por não consistir em ato ilícito com aptidão para propiciar automática penalidade pecuniária".

Gabarito "A".

(Juiz de Direito – TJ/SP – 2023 – VUNESP) O depósito do montante integral do tributo, para suspensão da exigibilidade do tributo nos termos do artigo 151, II, do Código Tributário Nacional:

(A) pode ser realizado em dinheiro, títulos da dívida pública ou bens livres e desembaraçados, mediante termo nos autos, administrativos ou judiciais.

(B) trata-se de uma forma de garantir o Juízo, como condição prévia indispensável para a concessão de medida liminar em processo judicial.

(C) é considerado integral quando correspondente ao valor que o contribuinte defende ser devido, mesmo nas hipóteses em que o fisco exige valor superior a este.

(D) constitui-se em faculdade que a lei coloca à disposição do contribuinte, que caso vencido ao final terá o débito extinto por sua conversão em renda.

A: incorreta. Há uma mistura entre institutos do CTN e a Súmula 112 do STJ; **B:** incorreta. A medida liminar não está condicionada a qualquer garantia para sua concessão, e sim por meio do preenchimento de requisitos elencados na lei; **C:** incorreta. O depósito, para garantir seus regulares efeitos, deve ser integral e em dinheiro, conforme a Súmula 112 do STJ; **D:** correta. Trata-se de faculdade do contribuinte que, se for derrotado na demanda, o valor depositado será convertido em renda e o tributo extinto pelo pagamento, nos termos do art. 156, VI, CTN.
Gabarito "D".

(OAB/FGV – 2023) A *Sociedade Empresária Aguardente 100%* Ltda., fabricante de bebidas destiladas, por meio de sua advogada Sophia, protocolou perante a Secretaria Especial da Receita Federal do Brasil, ainda dentro do prazo legal para pagamento, consulta referente à necessidade de recolhimento de Imposto sobre Produtos Industrializados (IPI) acerca de operação específica por ela desempenhada.

Escoado o prazo original para pagamento e ainda não decidida a consulta, à luz do Código Tributário Nacional (CTN) assinale a afirmativa correta.

(A) *Aguardente 100%* Ltda. poderá ter cobrados contra si juros de mora que correm mesmo na pendência da consulta tributária.

(B) Por ocasião da decisão final da consulta, o Fisco federal poderá impor multa tributária caso a solução de consulta seja contrária aos interesses de *Aguardente 100% Ltda.*

(C) A obrigação tributária a ser cumprida por *Aguardente 100% Ltda.*, por ter sido objeto de consulta, não poderá ser acrescida de juros de mora e nem poderá ser imposta multa tributária à empresa.

(D) Podem ser aplicadas contra *Aguardente 100% Ltda.* medidas de garantia previstas no CTN ou em lei tributária na pendência da consulta tributária.

A e B: incorretas, pois juros de mora e penalidades não são aplicados na pendência de consulta formulada pelo devedor dentro do prazo legal para pagamento do crédito tributário – art. 161, § 2º, do CTN; **C:** correta, conforme comentário anterior – art. 161, § 2º, do CTN; **D:** incorreta, pois medidas de garantia previstas no CTN ou em lei tributária não são aplicadas na pendência de consulta formulada pelo devedor dentro do prazo legal para pagamento do crédito tributário – art. 161, § 2º, do CTN.
Gabarito "C".

(PROCURADOR – AGE/MG – 2022 – FGV) EM RELAÇÃO À SUSPENSÃO DA EXIGIBILIDADE DO CRÉDITO, ANALISE AS AFIRMATIVAS A SEGUIR.

I. O contribuinte pode substituir o depósito do montante integral do débito em fase de execução fiscal por fiança bancária para suspensão da exigibilidade do crédito tributário.

II. A adesão a programa de parcelamento tributário é hipótese de suspensão da exigibilidade do crédito, interrompendo o prazo prescricional, por constituir reconhecimento inequívoco do débito pelo contribuinte.

III. A concessão de medida liminar em ação anulatória ostenta o efeito de suspender a exigibilidade do crédito.

Está correto o que se afirma em

(A) I, apenas.

(B) II, apenas.

(C) I e III, apenas.

(D) II e III, apenas.

(E) I, II e III.

I: incorreta. O Código Tributário Nacional, lei complementar de normas gerais em matéria tributária (art. 146, III, da CF/88), prevê, em rol taxativo, as causas de suspensão da exigibilidade do crédito tributário, dentre elas o depósito do montante integral (art. 151, II). De cordo com o STJ, o depósito somente suspende a exigibilidade do crédito tributário se for integral e em dinheiro (Súmula 112). Portanto, fiança bancária e seguro garantia não equivalem a depósito integral para fins de suspensão da exigibilidade do crédito tributário (STJ – Tema Repetitivo 378). Apesar de não serem equivalentes ao deposito em dinheiro, a fiança bancária e o seguro garantia são admitidos como formas de garantir a execução fiscal (art. 9º, II, da Lei 6.830/80). Assim, se a execução fiscal estiver garantida pela fiança bancária ou pelo seguro garantia, no valor integral atualizado do crédito, será possível ao devedor obter a Certidão de Regularidade Fiscal (certidão positiva de débito com efeito de negativa), na forma do artigo 205 c/c artigo 206 do CTN; **II:** correta. O parcelamento é causa de suspensão da exigibilidade do crédito tributário (art. 151, VI, do CTN). Ademais, ao aderir ao programa de parcelamento ocorre a interrupção do prazo prescricional, pois há um ato inequívoco do devedor que importa em reconhecimento do débito (art. 174, parágrafo único, do CTN). Por isso, segundo o STJ, a adesão a programa de parcelamento tributário é causa de suspensão da exigibilidade do crédito (art. 151, VI, do CTN) e interrompe o prazo prescricional, por constituir reconhecimento inequívoco do débito, nos termos do art. 174, parágrafo único, IV, do CTN, voltando a correr o prazo, por inteiro, a partir do inadimplemento da última parcela pelo contribuinte (REsp n. 1.742.611/RJ); **III:** correta. Ressalte-se que, nos termos do CTN, a simples impetração de mandado de segurança ou o ajuizamento de ação ordinária *não* suspende a exigibilidade do crédito tributário. Para isso, é necessário que o juiz defira *liminar* ou conceda tutela provisória, segundo o CPC/2015 (o CTN fala em *antecipação da tutela, terminologia utilizada no CPC/1973*), que são modalidades de suspensão previstas no CTN (art. 151, V). Inclusive, segundo o STJ (Tema Repetitivo 264), a mera discussão judicial da dívida, sem garantia idônea ou suspensão da exigibilidade do crédito, nos termos do art. 151 do CTN, não obsta a inclusão do nome do devedor no CADIN. Por todo o exposto, estão corretas apenas as alternativas II e III e a resposta é a letra D. Sobre o local onde deverá ser proposta a execução fiscal, importante tese foi fixada pelo STF (Tema 1204 da Repercussão Geral) ao interpretar o art. 46, § 5º, do Código de Processo Civil, que prevê a possibilidade de a execução fiscal ser proposta no foro de domicílio do réu, no de sua residência ou no lugar onde for encontrado, nas hipóteses em que essa norma imponha o ajuizamento e reprocessamento da ação executiva em outro Estado da Federação: "A aplicação do art. 46, § 5º, do CPC deve ficar restrita aos limites do território de cada ente subnacional ou ao local de ocorrência do fato gerador".
Gabarito "D".

(OAB/FGV – 2020) Lei municipal específica instituiu contribuição de melhoria para custeio de pavimentação asfáltica integralmente custeada pelo ente público na Rua ABC, localizada no Município X. Finalizada a obra e seguido o devido procedimento previsto na legislação para cálculo e cobrança deste tributo, Lucas, proprietário de imóvel substancialmente valorizado em decorrência da obra, recebeu notificação, em 01/06/2021, para pagamento do tributo até 30/06/2021. Contudo, nem pagou nem impugnou o débito tributário.

Diante desse cenário, assinale a afirmativa correta.

(A) O prazo decadencial para constituição deste crédito tributário se encerra em cinco anos contados a partir da data de 01/06/2021.

(B) O prazo decadencial para constituição deste crédito tributário se encerra em cinco anos contados a partir da data de 30/06/2021.

(C) O prazo prescricional para cobrança deste crédito tributário se encerra em cinco anos contados a partir da data de 01/06/2021.

(D) O prazo prescricional para cobrança deste crédito tributário se encerra em cinco anos contados a partir da data de 30/06/2021.

A e B: incorretas, pois o crédito já foi constituído, o que é pressuposto para a notificação do contribuinte. Assim, não há falar em prazo decadencial para a constituição do crédito – art. 173 do CTN; C: incorreta, pois o prazo prescricional quinquenal para a cobrança se inicia a partir do vencimento, ou seja, em 30/06/2021, data em que o lançamento se tornou definitivo, pois Lucas nem pagou nem impugnou o débito tributário – art. 174 do CTN; D: correta, conforme comentário anterior. Gabarito "D".

(OAB/Exame Unificado – 2019.2) A Fazenda Pública apurou que fato gerador, ocorrido em 12/10/2007, referente a um imposto sujeito a lançamento por declaração, não havia sido comunicado pelo contribuinte ao Fisco. Por isso, efetuou o lançamento de ofício do tributo em 05/11/2012, tendo sido o contribuinte notificado desse lançamento em 09/11/2012, para pagamento em 30 dias. Não sendo a dívida paga, nem tendo o contribuinte impugnado o lançamento, a Fazenda Pública inscreveu, em 05/10/2017, o débito em dívida ativa, tendo ajuizado a ação de execução fiscal em 08/01/2018.

Diante desse cenário, assinale a afirmativa correta.

(A) A cobrança é indevida, pois o crédito tributário foi extinto pelo decurso do prazo decadencial.

(B) A cobrança é indevida, pois já teria se consumado o prazo prescricional para propor a ação de execução fiscal.

(C) A cobrança é devida, pois a inscrição em dívida ativa do crédito tributário, em 05/10/2017, suspendeu, por 180 dias, a contagem do prazo prescricional para propositura da ação de execução fiscal.

(D) A cobrança é devida, pois não transcorreram mais de 10 anos entre a ocorrência do fato gerador (12/10/2007) e a inscrição em dívida ativa do crédito tributário (05/10/2017).

A: incorreta, pois o prazo decadencial quinquenal (= de 5 anos) no caso de tributo lançado por declaração inicia-se a partir do primeiro dia do exercício seguinte ao que o lançamento poderia ter sido efetuado (art. 173, I, do CTN), no caso, em 01/01/2008, de modo que terminaria apenas em 01/01/2013. Como o lançamento foi realizado e concluído (com a notificação) antes disso, em 09/11/2012, não houve decadência – ver Súmula 622/STJ; B: correta, pois o prazo prescricional é de 5 anos a partir do lançamento, mais especificamente, a partir do vencimento, já que somente aí nasce o direito de o fisco executar a dívida (= *actio nata*) – art. 174 do CTN. Importante destacar que a suspensão de 180 dias do prazo prescricional, prevista no art. 2º, § 3º, da Lei 6.830/1980, não se aplica para créditos tributários, já que a matéria (prescrição tributária) somente pode ser regulada por lei complementar federal – art. 146, III, *b*, da CF. Como o vencimento se deu em 09/12/2012, a execução fiscal deveria ter sido iniciada até 09/12/2017; C: incorreta, pois a suspensão de 180 dias do prazo prescricional, prevista no art.

2º, § 3º, da Lei 6.830/1980, não se aplica para créditos tributários, já que a matéria (prescrição tributária) somente pode ser regulada por lei complementar federal – art. 146, III, *b*, da CF – Ver AI no Ag 1.037.765/SP-STJ; D: incorreta, pois o prazo prescricional (para cobrança) é de 5 anos contados do lançamento definitivo até o início da execução fiscal (e não da inscrição em dívida ativa) – art. 174 do CTN. Gabarito "B".

(OAB/Exame Unificado – 2018.3) A sociedade empresária ABC, atuante na área de prestação de serviços de limpeza, em dificuldades financeiras, não estava conseguindo realizar o pagamento dos tributos federais. Diante disso, ela se ofereceu à Administração Pública Federal para realizar o pagamento dos tributos mediante prestação direta de serviços de limpeza em prédios públicos ou, alternativamente, transferir para o Fisco um imóvel de sua propriedade.

A respeito desse cenário, assinale a afirmativa correta.

(A) As propostas são inadmissíveis, pois os tributos somente podem ser pagos em dinheiro.

(B) As propostas são admissíveis, em razão do princípio da menor onerosidade para o devedor (*favor debitoris*).

(C) A proposta de transferência de imóvel do contribuinte para a Fazenda Pública Federal para pagamento de tributo é admissível por expressa permissão legal.

(D) A proposta de prestação direta de serviços para pagamento de tributo é admissível, em circunstâncias excepcionais, como forma subsidiária de garantia do recebimento do crédito pela Fazenda Pública.

A: incorreta, pois é possível a dação de bens imóveis em pagamento, como modalidade de extinção do crédito tributário – art. 156, XI, do CTN; B: incorreta, pois a prestação de serviços não é modalidade de extinção do crédito (art. 156 do CTN). Ademais, implicaria violação do dever de a administração licitar para adquirir bens e serviços, ressalvadas as exceções descritas na Lei 14.133/2021; C: correta, conforme o art. 156, XI, do CTN; D: incorreta, pois somente a dação de bens imóveis em pagamento é admitida como modalidade de extinção do crédito art. 156 do CTN. Gabarito "C".

(OAB/Exame Unificado – 2018.1) João, no final de janeiro de 2016, foi citado em execução fiscal, proposta no início do mesmo mês, para pagamento de valores do Imposto sobre a Propriedade Predial e Territorial Urbana (IPTU) referente aos anos de 2009 e 2010. Sabe-se que o IPTU em referência aos dois exercícios foi lançado e notificado ao sujeito passivo, respectivamente, em janeiro de 2009 e em janeiro de 2010. Após a ciência dos lançamentos, João não tomou qualquer providência em relação aos débitos. O município não adotou qualquer medida judicial entre a notificação dos lançamentos ao sujeito passivo e o ajuizamento da execução fiscal.

Com base na hipótese apresentada, assinale a opção que indica o argumento apto a afastar a exigência fiscal.

(A) O crédito tributário está extinto em virtude de decadência.

(B) O crédito tributário está extinto em virtude de parcelamento.

(C) A exigibilidade do crédito tributário está suspensa em virtude de compensação.

(D) O crédito tributário está extinto em virtude de prescrição.

A: incorreta, pois a decadência se refere ao direito de o fisco lançar o tributo, não de cobrar (executar) o crédito – art. 173 do CTN. Houve o lançamento do IPTU pelo envio do carnê ao endereço do contribuinte (Súmula 397 do STJ); **B:** incorreta, pois não há notícia de parcelamento e, ademais, o parcelamento é modalidade de suspensão do crédito, não de extinção – art. 151, VI, do CTN; **C:** incorreta, pois não há notícia de compensação e, ademais, a compensação é modalidade de extinção do crédito, não de suspensão – art. 156, II, do CTN; **D:** correta, pois o prazo prescricional para a cobrança do crédito é de 5 anos contados da constituição definitiva, de modo que em janeiro de 2015 prescreveram aqueles relativos ao último lançamento (o de 2010) – art. 174, I, do CTN. Gabarito "D".

(OAB/Exame Unificado – 2017.3) O Município X, graças a uma lei municipal publicada no ano de 2014, concedeu isenção de IPTU aos proprietários de imóveis cujas áreas não ultrapassem 70m².

João possui um imóvel nessa condição e procura seus serviços, como advogado(a), para saber se deve pagar a taxa de coleta de resíduos sólidos urbanos, instituída pelo município por meio de lei publicada em junho de 2017, a ser exigida a partir do exercício financeiro seguinte.

Diante desse quadro fático, assinale a afirmativa correta.

(A) João não deve pagar a taxa de coleta, uma vez que a isenção do IPTU se aplica a qualquer outro tributo.

(B) João não deve pagar a taxa de coleta, porque, sendo a lei instituidora da taxa posterior à lei que concedeu a isenção, por esta é abrangida, ficando João desobrigado do IPTU e da taxa.

(C) João deve pagar a taxa de coleta, porque a isenção só é extensiva às contribuições de melhoria instituídas pelo município.

(D) João deve pagar a taxa de coleta, porque, salvo disposição de lei em contrário, a isenção não é extensiva às taxas.

A: incorreta, pois a isenção não admite interpretação extensiva, devendo ser interpretada literalmente, nos termos do art. 111, II, do CTN. Ademais, afastando qualquer dúvida, o art. 177, I, do CTN deixa claro que, salvo disposição legal em contrário, a isenção não é extensiva às taxas e às contribuições de melhoria. O CTN também estabelece que, salvo disposição de lei em contrário, a isenção não é extensiva aos tributos instituídos posteriormente à sua concessão (art. 173, II, do CTN); **B:** incorreta, conforme comentário anterior; **C:** incorreta, pois a isenção não se estende, tampouco, às contribuições de melhoria, conforme comentário à primeira alternativa; **D:** correta – arts. 111, II e 177, I e II, do CTN. Gabarito "D".

(OAB/Exame Unificado – 2015.1) A União concedeu isenção, pelo prazo de cinco anos, da Contribuição para o Financiamento da Seguridade Social (COFINS) para as indústrias de veículos automotores terrestres que cumprissem determinadas condições. Sobre a isenção tributária, é possível afirmar que

(A) as indústrias de aviação podem requerer a fruição do benefício, pois a norma que concede isenção deve ser interpretada extensivamente.

(B) a União poderá, a qualquer tempo, revogar ou modificar a isenção concedida.

(C) a isenção da COFINS pode ser concedida mediante decreto, desde que a norma seja específica.

(D) as indústrias de veículos automotores terrestres não estão dispensadas do cumprimento das obrigações acessórias, pois elas são independentes da existência da obrigação principal.

A: incorreta, pois as normas que fixam benefícios ficais, incluindo as isenções, devem ser interpretadas estritamente, ou, na terminologia do art. 111, II, do CTN, literalmente, jamais extensivamente; **B:** incorreta, pois a isenção concedida por prazo certo e em função de determinadas condições não pode ser revogada ou modificada por lei em prejuízo do contribuinte que preencha tais condições no prazo assinalado, conforme o art. 178 do CTN; **C:** incorreta, pois a isenção depende de lei específica para ser criada, nos termos do art. 150, § 6º, da CF; **D:** correta, pois a obrigação acessória independe da existência de obrigação principal, conforme o art. 175, parágrafo único, do CTN. Gabarito "D".

(OAB/Exame Unificado – 2012.1) A expiração do prazo legal para lançamento de um tributo, sem que a autoridade administrativa fiscal competente o tenha constituído, caracteriza hipótese de

(A) remissão.
(B) prescrição.
(C) decadência.
(D) transação.

A extinção do direito de o Fisco constituir o crédito tributário é a decadência – art. 173 do CTN. A perda do direito de cobrar é a prescrição que, no direito tributário, extingue também o próprio crédito (a prescrição, como a decadência, é modalidade de extinção do crédito tributário - art. 156, V, do CTN) – art. 174 do CTN. **A:** incorreta, pois remissão é o perdão do crédito tributário, de modo a extingui-lo – art. 156, IV, do CTN; **B:** incorreta, pois a prescrição refere-se à perda do direito de cobrar o tributo – art. 174 do CTN; **C:** correta, conforme comentário inicial – art. 173 do CTN; **D:** incorreta, pois a transação é modalidade de extinção do crédito tributário por meio de concessões mútuas e solução de litígio, na forma da lei autorizativa – arts. 156, III, e 171 do CTN. Gabarito "C".

(FGV – 2011) Em relação à prescrição e decadência no âmbito tributário, é correto afirmar que

(A) o despacho do juiz que ordenar a citação do réu em ação de execução fiscal não tem o condão de suspender ou interromper o prazo prescricional, uma vez que, em relação aos prazos, estes serão sempre mais benéficos ao contribuinte.

(B) a decadência se refere ao prazo de 2 (dois) anos de que a administração pública dispõe para o lançamento do crédito tributário, a partir da ocorrência do fato gerador da obrigação principal.

(C) a decadência é fenômeno que atinge a obrigação tributária, não permitindo a sua constituição, ao passo que a prescrição alcança o crédito tributável tornando-o inexequível.

(D) o direito de pleitear a restituição de tributos obedece ao prazo prescricional de 2 (dois) anos a contar da data do pagamento espontâneo do tributo pago indevidamente ou a maior.

(E) a ação para a cobrança do crédito tributário prescreve em 3 (três) anos, contados da data de sua constituição definitiva.

A: incorreta, pois o despacho do juiz que ordena a citação do réu na execução fiscal é causa de interrupção do prazo prescricional – art.

174, parágrafo único, I, do CTN; **B:** incorreta, pois o prazo decadência para o lançamento é de 5 anos, contados na forma do art. 173 do CTN (lançamento por declaração e de ofício) ou na forma do art. 150, § 4º, do CTN para os tributos sujeitos a lançamento por homologação; **C:** a assertiva é correta, por exclusão das demais. Importante notar, entretanto, que o CTN indica tanto a prescrição quanto a decadência como modalidades de extinção do crédito tributário – art. 156, V, do CTN; **D:** incorreta, pois o prazo prescricional para a repetição de indébito é de 5 anos, em regra, nos termos do art. 168 do CTN, com a exceção do art. 169 do CTN (prazo de 2 anos, no caso de decisão administrativa que denegue a devolução); **E:** incorreta, pois o prazo prescricional para a cobrança do crédito é de 5 anos, contados da constituição definitiva, conforme o art. 174 do CTN.

Gabarito "C".

11. REPARTIÇÃO DE RECEITAS TRIBUTÁRIAS E FINANÇAS

(OAB/FGV – 2010) Acerca da disciplina constitucional da repartição das receitas tributárias, assinale a opção correta.

(A) Ao DF cabe metade da arrecadação do imposto que a União instituir no exercício de sua competência residual ou extraordinária.
(B) Cabe aos Municípios, em qualquer hipótese, a integralidade do imposto sobre a propriedade territorial rural.
(C) Aos Municípios pertence a integralidade do produto da arrecadação do imposto de renda incidente na fonte sobre os rendimentos pagos, a qualquer título, por eles.
(D) A União deve repassar aos Estados 25% do produto da arrecadação do IPI.

A: incorreta. De acordo com o art. 157 da CF, "Pertencem aos Estados e ao Distrito Federal: (...) II – vinte por cento do produto da arrecadação do imposto que a União instituir no exercício da competência que lhe é atribuída pelo art. 154, I"; **B:** incorreta. Conforme dispõe o art. 158 da CF, "Pertencem aos Municípios: (...) II – cinquenta por cento do produto da arrecadação do imposto da União sobre a propriedade territorial rural, relativamente aos imóveis neles situados, cabendo a totalidade na hipótese da opção a que se refere o art. 153, § 4º, III" (será fiscalizado e cobrado pelos Municípios que assim optarem, na forma da lei, desde que não implique redução do imposto ou qualquer outra forma de renúncia fiscal); **C:** correta. De acordo com o art. 158 da CF, "Pertencem aos Municípios: I – o produto da arrecadação do imposto da União sobre renda e proventos de qualquer natureza, incidente na fonte, sobre rendimentos pagos, a qualquer título, por eles, suas autarquias e pelas fundações que instituírem e mantiverem"; **D:** incorreta. De acordo com o disposto no art. 159 da CF, "A União entregará: I – do produto da arrecadação dos impostos sobre renda e proventos de qualquer natureza e sobre produtos industrializados 50% (cinquenta por cento), na seguinte forma: (...) II – do produto da arrecadação do imposto sobre produtos industrializados, dez por cento aos Estados e ao Distrito Federal, proporcionalmente ao valor das respectivas exportações de produtos industrializados". ATENÇÃO: o percentual do art. 159, I, da CF, de distribuição de parcela do IR e do IPI, foi aumentado de 48% para 49% pela EC 84/2014 e, posteriormente, para os atuais 50% pela EC 112/2021.Ressalte-se que a Reforma Tributária (EC 132/2023) prevê que haverá repartição da receita do imposto seletivo (art. 153, VIII, da CF) que será cobrado, a partir de 2027 (art. 126, I, 'b', do ADCT), nos termos do art. 159, I e II da CF.

Gabarito "C".

(FGV – 2011) Considere que, por força de variações climáticas ocorridas em diversas regiões do Brasil, haja um desabastecimento do mercado interno em relação ao fornecimento de produtos da cesta básica, tais como feijão, arroz e açúcar. À vista disso, caso o Poder Executivo, mediante decreto, venha a estipular alíquota zero para o Imposto de Importação – II, Imposto sobre Produtos Industrializados – IPI e Imposto sobre Operações Financeiras – IOF a incidir sobre tais produtos no ato da importação, tal renúncia de receita, à luz da LC 101/2000,

(A) deverá estar acompanhada da estimativa do impacto orçamentário-financeiro no exercício em que deva iniciar e nos dois exercícios seguintes.
(B) deverá estar acompanhada de estimativa do impacto orçamentário-financeiro no exercício em que deva iniciar e no exercício seguinte.
(C) deverá estar acompanhada de estimativa do impacto orçamentário-financeiro no exercício em que deva iniciar e nos três exercícios seguintes.
(D) não deverá estar acompanhada de medidas de compensação, porém deverá estar acompanhada de estimativa do impacto orçamentário-financeiro no exercício em que deva iniciar e nos dois exercícios seguintes.
(E) não deverá estar acompanhada da estimativa do impacto orçamentário-financeiro no exercício em que deva iniciar e nos dois exercícios seguintes, nem observará qualquer outra medida de compensação de tributos ou exigências previstas na referida lei.

As alterações das alíquotas do II, IE, IPI e IOF por ato infralegal (art. 153, § 1º, da CF) não implicam necessidade de estimativa do impacto orçamentário-financeiro, de medidas de compensação ou de outras previstas no art. 14 da Lei de Responsabilidade Fiscal (LC 101/2000). A alternativa "E" é a melhor, por exclusão das demais, mas não é exata, pois nada impede que a redução das alíquotas seja acompanhada da estimativa de impacto ou de medidas de compensação, por opção do Executivo (a assertiva afirma que "não deverá ser acompanhada (...), nem observará", o que é inexato).

Gabarito "E".

12. IMPOSTOS E CONTRIBUIÇÕES EM ESPÉCIE

A Reforma Tributária, promulgada com a EC 132 em 20.12.2023, introduziu a primeira profunda alteração no sistema tributário nacional, após a Constituição Federal de 1988. O objetivo é promover a simplificação da cobrança de tributos sobre o consumo para incentivar o crescimento econômico, acabar com a guerra fiscal entre os entes federativos e dar mais transparência à carga tributária paga pelos consumidores.

A principal alteração na competência tributária dos Estados, DF e Municípios será a substituição do ICMS e do ISSQN pelo Imposto sobre Bens e Serviços (IBS – art. 156-A, da CF/88). É prevista uma longa transição para que sejam implementadas tais inovações, que serão iniciadas em 2026 (com o início da incidência do IBS) e finalizadas somente em 2033 (com a extinção do ICMS e do ISSQN), nos termos dos artigos 125 e 127 a 129 do ADCT. Há ainda a previsão de instituição de uma Contribuição transitória sobre produtos primários e semielaborados, nos termos do art. 136 do ADCT.

No âmbito federal, a Contribuição Sobre Bens e Serviços (CBS – art. 195, V, da CF/88), nos termos de lei complementar, irá, a partir de 2027, unificar e *substituir* os seguintes tributos da União sobre o consumo: PIS, COFINS e Contribuição do importador – art. 195, I, 'b' e IV, da CF/88, nos termos do art. 126, I, 'a' e II do ADCT. Será cobrado um Imposto Seletivo (art. 153, VIII, da CF/88), a partir de 2027, que incidirá sobre a produção, extração, comercialização ou importação de bens e serviços prejudiciais à saúde ou ao meio ambiente, nos termos de lei complementar (art. 126, I, 'b', do ADCT). Além disso, o IPI, a partir de 2027, terá suas alíquotas reduzidas a zero, exceto em relação ao produtos que tenham industrialização incentivada na Zona Franca de Manaus, conforme critérios estabelecidos em lei complementar (art. 126, III, do ADCT). Por fim, o IOF (imposto sobre operações de crédito, câmbio e seguro, ou relativas a títulos ou valores mobiliários) deixará de incidir nas operações de seguro a partir de 2027 (art. 3º c/c art. 23, I, da EC 132/2023). Os serviços financeiros não sujeitos ao IOF terão um regime específico de tributação, nos termos de lei complementar (art. 156-A, § 6º, II, da CF/88).

(OAB/FGV– 2024) Um deputado estadual desejava conceder benefício fiscal na modalidade de crédito presumido de ICMS em favor de bares e restaurantes situados no Estado Alfa, de modo a fomentar esse setor comercial. Por isso, propôs projeto de lei com esse fim, o qual foi aprovado por maioria simples na Assembleia Legislativa e sancionado pelo governador.

Acerca desse cenário, assinale a afirmativa correta.

(A) Tal projeto de lei deveria ter sido aprovado por maioria absoluta, e não por maioria simples, na Assembleia Legislativa.

(B) A iniciativa desse projeto de lei era privativa do governador.

(C) A concessão de tal benefício fiscal na modalidade de crédito presumido dependeria de prévia autorização, por meio de convênio celebrado no âmbito do Conselho Nacional de Política Fazendária.

(D) O governador poderia ter concedido tal benefício fiscal na modalidade de crédito presumido por decreto, não sendo necessária a aprovação de lei estadual nesse sentido.

A: incorreta. Apesar de o ICMS ser tributo da competência dos Estados e DF, a concessão de benefícios fiscais tem regulação nacional, de modo a tentar minorar os efeitos da guerra fiscal (Estados que concedem benefícios agressivos para atrair empresas para seus territórios). Nesse sentido, o art. 155, § 2º, XII, *g*, da CF dispõe que lei complementar federal regula a forma como, mediante deliberação dos Estados e do Distrito Federal, isenções, incentivos e benefícios fiscais serão concedidos e revogados. Atualmente, é a LC 24/1975. Assim, não basta lei estadual para conceder o benefício, sendo necessário convênio, celebrado no âmbito do Conselho Nacional de Política Fazendária (CONFAZ), decorrente de deliberação dos Estados e DF; **B**: incorreta, pois não há iniciativa privativa do governador na matéria pois a concessão do citado benefício, em relação ao ICMS, depende de convênio interestadual, nos termos de lei complementar (art. 155, § 2º, XII, *g*, da CF); **C**: correta, conforme comentários à letra A visto que a concessão do citado benefício, em relação ao ICMS, depende de convenio interestadual, nos termos de lei complementar (art. 155, § 2º, XII, *g*, da CF) e **D**: incorreta, conforme comentários às letras A e B. Cumpre salientar que, de acordo com a LC 24/75 (art. 4º), após a deliberação dos Estados e DF no âmbito do CONFAZ, dentro do prazo de 15 (quinze) dias contados da publicação dos convênios no Diário Oficial da União, e independentemente de qualquer outra comunicação, o Poder Executivo de cada Unidade da Federação publicará decreto ratificando ou não os convênios celebrados, considerando-se ratificação tácita dos convênios a falta de manifestação no prazo assinalado neste artigo. Gabarito "C".

(OAB/FGV– 2024) João e José decidem constituir uma sociedade empresária, denominada Informática ABC Ltda., especializada na prestação de serviços na área de informática. João integralizou 50% do capital social da sociedade com dinheiro, e José integralizou os seus 50% com um imóvel de sua propriedade localizado no Município Alfa, a ser utilizado como sede da empresa. Dois anos depois do início das atividades da sociedade empresária, José recebe uma notificação da Secretaria de Fazenda do Município Alfa, por falta de pagamento do Imposto sobre a Transmissão de Bens Imóveis (ITBI), devido no ato da integralização do capital social da empresa, por ser ele, segundo a legislação local, o contribuinte deste imposto.

Diante desse cenário, assinale a afirmativa correta.

(A) José é responsável solidário pelo recolhimento do ITBI incidente sobre essa transmissão.

(B) As empresas do setor de informática, por expressa disposição de lei complementar nacional, estão isentas do pagamento de ITBI.

(C) É devida a cobrança do ITBI, uma vez que houve a transmissão da propriedade do imóvel de José para a empresa Informática ABC Ltda. no ato da integralização do capital social.

(D) O ITBI não incide sobre a transmissão de bens incorporados ao patrimônio de Informática ABC Ltda., em realização de capital.

A: incorreta. Ao tratar do ITBI, imposto de competência dos Municípios e do Distrito Federal, a CF prevê imunidade na situação descrita na questão, nos termos seguintes (art. 156, §2º, I): o ITBI não incide sobre a transmissão de bens ou direitos incorporados ao patrimônio de pessoa jurídica em realização de capital, nem sobre a transmissão de bens ou direitos decorrente de fusão, incorporação, cisão ou extinção de pessoa jurídica, salvo se, nesses casos, a atividade preponderante do adquirente for a compra e venda desses bens ou direitos, locação de bens imóveis ou arrendamento mercantil. Portanto, o ITBI não será devido e José não é contribuinte, nem responsável tributário pelo recolhimento do imposto; **B**: incorreta, pois há imunidade (limitação constitucional ao poder de tributar) no caso descrito, conforme art. 156, § 2º, I, da CF e não isenção que é benefício fiscal concedido por lei infraconstitucional; **C**: incorreta, pois não há incidência do ITBI em virtude da imunidade (limitação constitucional ao poder de tributar) no caso descrito, conforme art. 156, § 2º, I, da CF; e **D**: correta, nos termos dos comentários à letra A. Ressalte-se que somente incidirá o ITBI sobre transmissão de bens incorporados ao patrimônio de pessoa jurídica em realização de capital quando a atividade preponderante do adquirente for a compra e venda desses bens ou direitos, locação de bens imóveis ou arrendamento mercantil, o que não é o caso da sociedade empresária Informática ABC Ltda., especializada na prestação de serviços na área de informática. Gabarito "D".

(Juiz de Direito – TJ/SC – 2024 – FGV) A Consultoria Alfa Ltda., situada no Município X, contribuinte de ISS, presta serviços para todo o Brasil, mas sua principal clientela fica localizada no Município Y, contíguo ao território do Município X.

Dada a boa reputação da Consultoria Alfa Ltda. e o seu domínio do mercado do Município Y, este instituiu uma lei local determinando que todo prestador de serviços, como os da Consultoria Alfa Ltda., ainda que sediado em outro município, fica obrigado a proceder à inscrição no cadastro de sua Secretaria Municipal de Finanças, conforme o regulamento, sob pena de o tomador ser compelido a reter o valor do tributo.

A respeito do caso descrito, é correto afirmar que

(A) lei do Município Y que determine inscrição em cadastro de prestador não localizado em seu território viola critério espacial e de sujeição passiva do tributo.

(B) como local do tomador do serviço, pode o Município Y instituir obrigação acessória sobre qualquer prestador que realize o fato gerado em seu território.

(C) o interesse na arrecadação e na fiscalização tributária legitima o Município Y a instituir a obrigação de tal cadastro, dado que tem como objeto o dever de informar.

(D) a competência para cobrar o ISS pelos serviços prestados pela Consultoria Alfa Ltda. é do município do local da prestação dos serviços.

(E) é válida a imposição de cadastro pelo Município Y, uma vez que as obrigações acessórias são autônomas à regra matriz de incidência tributária.

A: correta. O STF no Tema 1020 (Repercussão Geral) decidiu que "é incompatível com a Constituição Federal disposição normativa a prever a obrigatoriedade de cadastro, em órgão da Administração municipal, de prestador de serviços não estabelecido no território do Município e imposição ao tomador da retenção do Imposto Sobre Serviços – ISS quando descumprida a obrigação acessória". **B**, **C**, **D** e **E**: incorretas, pois vão na contramão do entendimento do STF, razão pela qual estão incorretas. **FP**
Gabarito "A".

(OAB/FGV – 2023) No ano de 2022, os sindicatos de enfermeiros e de médicos do Estado Alfa firmaram convenção coletiva de trabalho (CCT) com os hospitais daquele estado para que a remuneração paga pelo trabalho realizado nos plantões em final de semana passasse a ter a nomenclatura de "indenização de plantões". Assim, não seria mais necessária a retenção na fonte do respectivo Imposto sobre a Renda de Pessoa Física (IRPF) quanto a esta parcela, aumentando, como consequência, o valor líquido de salário que os médicos e enfermeiros receberiam mensalmente.

O médico João, que sempre cumpriu corretamente suas obrigações tributárias, preocupado com o decidido naquela CCT, procura o seu advogado para emitir um parecer sobre aquela situação.

Diante desse cenário, à luz do Código Tributário Nacional, assinale a afirmativa correta.

(A) Em razão da natureza indenizatória que esta verba passou a ter, o IRPF não incide sobre tal parcela.

(B) Embora não tenha caráter indenizatório, sobre tal parcela não haverá incidência de IRPF por se tratar de uma decisão tomada em convenção coletiva de trabalho (CCT).

(C) Uma vez que se trata de classificação de verbas estabelecida por convenção coletiva de trabalho (CCT), que tem força de lei, haverá hipótese de isenção tributária de IRPF, a qual não se confunde com a não incidência.

(D) Deverá ser retido na fonte o IRPF sobre as verbas com a nova denominação "indenização de plantões", pois a incidência do imposto sobre a renda independe da denominação do rendimento.

A: incorreta, pois o valor recebido por João não tem caráter indenizatório (compensação pela perda de um direito), mas sim remuneratório, ou seja, é renda advinda do trabalho prestado aos hospitais do Estado Alfa, sendo passível, portanto, de incidência do IRPF, conforme art. 43, I, do CTN. **B:** incorreta, pois a natureza jurídica específica do tributo é determinada pelo fato gerador da respectiva obrigação previsto em lei tributária (art. 4º do CTN c/c art.150, I, da CF). Assim, as convenções particulares, firmadas no âmbito trabalhista, no sentido de alterar a nomenclatura do produto do trabalho para "indenização de plantões", são irrelevantes para alterar a caracterização do fato gerador e o sujeito passivo da obrigação tributária definidos na lei tributária (art. 123 do CTN); **C:** incorreta, pois a isenção, causa de exclusão do crédito tributário, só pode ser feita por lei específica tributária, conforme art. 150, § 6º, da CF e artigo 97, VI, do CTN c/c art. 176, *caput*, do CTN. Portanto, não basta a previsão em convenção coletiva de trabalho que tem força de lei no âmbito laboral, sendo necessária lei federal específica sobre o tema, aprovada no Congresso Nacional, pois o IRPF é imposto da competência da União (art. 153, III, da CF); **D:**correta, conforme comentários anteriores. **LB**
Gabarito "D".

(OAB/FGV – 2023) O Governador do Estado *Alfa*, diante da grande quantidade de bicicletas elétricas circulando em seu território, e visando aumentar a arrecadação, oficiou à sua Secretaria da Fazenda para adotar alguma forma de cobrança quanto a tais veículos. Esta, por sua vez, orientou seus fiscais a cobrar o Imposto sobre Propriedade de Veículos Automotores (IPVA), aplicando a incidência deste imposto, por analogia, às bicicletas elétricas, ainda que não classificadas como veículos automotores propriamente ditos pela legislação de trânsito pertinente.

O sindicato dos lojistas do setor o(a) consulta, como advogado(a), a respeito desta incidência.

Diante desse cenário, assinale a afirmativa correta.

(A) É válida a exigência deste imposto, uma vez que as bicicletas elétricas se enquadram no conceito de veículo automotor por analogia.

(B) Está dentro da competência estadual a tributação sobre a propriedade de bicicletas elétricas.

(C) Tal tributação por analogia envolvendo bicicletas elétricas é vedada no ordenamento jurídico nacional.

(D) A exigência deste imposto sobre bicicletas elétricas dependeria da edição de um decreto, cuja competência é privativa do Governador.

A: incorreta, pois as bicicletas elétricas não se enquadram no conceito de veículo automotor. Isso porque o Código de Trânsito Brasileiro define , em seu anexo I, o conceito de veículo automotor, nos seguintes termos: VEÍCULO AUTOMOTOR – veículo a motor de propulsão a combustão, elétrica ou híbrida que circula por seus próprios meios e que serve normalmente para o transporte viário de pessoas e coisas ou para a tração viária de veículos utilizados para o transporte de pessoas e coisas, compreendidos na definição os veículos conectados a uma linha elétrica e que não circulam sobre trilhos (ônibus elétrico). O CTB ainda define bicicleta da seguinte forma: BICICLETA – veículo de propulsão humana, dotado de duas rodas, não sendo, para efeito deste Código, similar à motocicleta, motoneta e ciclomotor. Ressalte-se que motocicleta, motoneta e ciclomotor são também classificados pelo CTB que os elenca dentre os veículos automotores. Em relação à bicicleta elétrica, há Resolução do CONSELHO NACIONAL DE TRÂNSITO (CONTRAN) Nº 996/2023 estabelecendo seu conceito como veículo de propulsão humana, com duas rodas, dotado das características previstas no art. 2º, III, alíneas 'a' a 'd'. A citada Resolução ainda determina que a bicicleta elétrica se equipara à bicicleta. (art. 2º, § 1º). Por todo o exposto, verifica-se que as bicicletas elétricas não se enquadram no conceito de veículo automotor. Ademais, o Código Tributário Nacional estabelece que o emprego da analogia não poderá resultar na exigência de tributo não previsto em lei (art. 108, § 1º, do CTN). **B**: incorreta, pois há disposição constitucional expressa determinando que os Estados e o Distrito Federal podem tributar a propriedade de veículo automotor (art. 155, III, da CF). Porém, conforme visto nos comentários da alternativa A, as bicicletas elétricas não se enquadram no conceito de veículo automotor; **C**: correta, conforme comentários anteriores (art. 108, § 1º, do CTN); **D**: incorreta, pois não pode haver instituição de tributo por Decreto, segundo o princípio da legalidade tributária (art. 150, I, da CF).

Gabarito 'C'.

(Procurador – PGE/SC – 2022 – FGV) Acerca do Imposto Estadual sobre a Propriedade de Veículos Automotores (IPVA) e à luz da jurisprudência dos Tribunais Superiores, analise as afirmativas a seguir, considerando V para a(s) verdadeira(s) e F para a(s) falsa(s).

( ) Os Estados exercem a competência legislativa plena acerca do IPVA até que sobrevenha lei federal contendo normas gerais sobre o IPVA.

( ) Pertence ao Município 50% do produto da arrecadação do IPVA de veículos licenciados em seu território.

( ) A cientificação do contribuinte para o recolhimento do IPVA não pode ser realizada pela publicação de calendário de pagamento com instruções para o seu recolhimento.

A sequência correta é:

(A) V, V e V;
(B) V, V e F;
(C) F, V e V;
(D) F, V e F;
(E) F, F e F.

Verdadeira a primeira afirmativa porque ainda não foi editada a lei complementar de normas gerais sobre IPVA disciplinando as matérias descritas no art. 146, III, a, da CF/88 (fato gerador, base de cálculo e contribuinte). Por conseguinte, os Estados têm exercido a competência legislativa plena acerca do IPVA até que sobrevenha lei federal contendo normas gerais sobre o IPVA, nos termos do art. 24, §§ 1º a 4º da CF/88, Verdadeira a segunda afirmativa porque, segundo a repartição de receitas tributárias estabelecida na Constituição Federal, pertencem aos Municípios 50% (cinquenta por cento) do produto da arrecadação do imposto do Estado sobre a propriedade de veículos automotores licenciados em seus territórios e, em relação a veículos aquáticos e aéreos, cujos proprietários sejam domiciliados em seus territórios (art. 158, III, da CF/88); Falsa a última afirmativa porque, segundo o STJ a cientificação do contribuinte para o recolhimento do IPVA pode ser realizada pela publicação de calendário de pagamento com instruções para o seu recolhimento (REsp 1320825/RJ). Por todo o exposto, a sequência correta é a prevista na Letra B (V, V e F).

Gabarito 'B'.

(Juiz de Direito/AP – 2022 – FGV) Gustavo, com pais já falecidos, solteiro e sem filhos, lavrou, em agosto de 2021, escritura pública de doação de um de seus imóveis situado em Laranjal do Jari (AP) em favor de seu irmão Mário. Gustavo e Mário são domiciliados em Santarém (PA).

À luz da Constituição da República de 1988, da Lei estadual nº 400/1997 e do entendimento dominante do Superior Tribunal de Justiça, o Imposto sobre a Transmissão *Causa Mortis* e Doações (ITCD) incidente sobre tal doação é devido ao:

(A) Pará, com fato gerador na lavratura da escritura de doação, com alíquota inferior àquela incidente sobre a transmissão *causa mortis*;
(B) Pará, com fato gerador na lavratura da escritura de doação, com alíquota igual àquela incidente sobre a transmissão *causa mortis*;
(C) Pará, com fato gerador no registro da escritura, com alíquota igual àquela incidente sobre a transmissão *causa mortis*;
(D) Amapá, com fato gerador no registro da escritura, com alíquota inferior àquela incidente sobre a transmissão *causa mortis*;
(E) Amapá, com fato gerador na lavratura da escritura de doação, com alíquota igual àquela incidente sobre a transmissão *causa mortis*.

Comentário: No caso de bens imóveis, o ITCMD será sempre devido ao Estado em que localizado o bem, no caso, ao Estado do Amapá – art. 155, § 1º, I, da CF. O fato gerador se dá na transcrição da doação no registro de imóveis, quando se dá efetivamente a transmissão (fato gerador do tributo), conforme a legislação cível. A alíquota aplicável é a prevista na lei estadual, no caso, inferior à da transmissão *causa mortis* – art. 78 da Lei 400/1997 do AP. Importante destacar que no caso de transmissão de bens móveis, títulos e créditos em virtude de sucessão *causa mortis*, o ITCMD será devido ao Estado (ou DF) onde era domiciliado o *de cujus*, conforme alteração promovida pela Reforma Tributária introduzida pela EC 132/2023. A redação anterior previa que o ITCMD competia ao Estado ou ao DF onde se processasse o inventário ou arrolamento ou onde o doador tivesse domicílio. A citada alteração promovida pela EC 132/2023 aplica-se às sucessões abertas a partir da data de sua publicação (20.12.2023).

Gabarito 'D'.

(Juiz de Direito/AP – 2022 – FGV) João, em dezembro de 2021, possuidor com *animus domini* desde janeiro de 2018 de imóvel de propriedade de Maria, deseja dela comprar o referido bem. Ao emitir certidão de quitação de IPTU, percebe que há valores desse tributo, referentes aos anos de 2013 e 2014, que não foram pagos nem impugnados. Na escritura pública de compra e venda, Maria concede a João desconto no preço de aquisição, condicionado a que ele realize o pagamento da dívida de IPTU. João adere a parcelamento tributário da dívida e efetua o pagamento da 1ª parcela, levando a escritura pública a registro.

À luz da literalidade do Código Tributário Nacional e do entendimento dominante do Superior Tribunal de Justiça, é correto afirmar que:

(A) João, na condição de possuidor com *animus domini*, não pode ser contribuinte de IPTU;
(B) o desconto no valor da compra e venda concedido por Maria impede João de discutir judicialmente tal dívida de IPTU;
(C) é possível cobrar de João essa dívida de IPTU, por ser ele o adquirente do imóvel;
(D) a cláusula do contrato de compra e venda que transfere a responsabilidade pelo pagamento da dívida de IPTU a João é oponível ao Fisco;

(E) o pagamento parcelado do tributo foi indevido, pois a dívida já se encontrava prescrita.

A: incorreta pois o possuidor com *animus domini* ou *ad usucapionem* pode ser contribuinte do IPTU – art. 34 do CTN; B: incorreta, pois o acordo entre particulares não afeta a sujeição passiva, nem eventual direito a repetição tributária – art. 123 do CTN; C: correta, pois o adquirente do imóvel é responsável tributário em relação aos tributos incidentes sobre o imóvel anteriores à aquisição – art. 130 do CTN; D: incorreta, pois, salvo disposições de lei em contrário, as convenções particulares, relativas à responsabilidade pelo pagamento de tributos, não podem ser opostas à Fazenda Pública, para modificar a definição legal do sujeito passivo das obrigações tributárias correspondentes – art. 123 do CTN; E: correta, pois o prazo prescricional para cobrança de tributos lançados de ofício é de 5 anos contados da notificação do lançamento, sendo certo que a prescrição extingue o crédito tributário (não apenas o direito de o fisco cobrar) – art. 174 do CTN. RB

Gabarito "E".

(OAB/Exame Unificado – 2019.3) Projeto de Resolução do Senado Federal pretende fixar nacionalmente as alíquotas mínimas do Imposto sobre a Propriedade de Veículos Automotores (IPVA), tributo de competência estadual.

Um Senador, membro da Comissão de Constituição, Justiça e Cidadania do Senado Federal, que terá de elaborar parecer sobre o tema, consulta você sobre sua opinião jurídica acerca desse projeto de Resolução.

Diante desse cenário, assinale a afirmativa correta.

(A) O Senado, por ser órgão do Poder Legislativo da União, não possui competência constitucional para, por Resolução, dispor sobre o tema, por se tratar de ingerência indevida da União na autonomia dos Estados.

(B) É lícito ao Senado instituir a referida Resolução, pois existe autorização expressa na Constituição para tal fixação por Resolução do Senado.

(C) A fixação de alíquota mínima de tributo, por mera Resolução do Senado, viola o princípio da legalidade tributária.

(D) Resolução do Senado poderia tratar do tema, desde que ratificada por ao menos dois terços dos membros do Conselho Nacional de Política Fazendária (CONFAZ).

De fato, compete ao Senado Federal fixar as alíquotas mínimas do IPVA estadual, por força do art. 155, § 6º, I, da CF. Essa competência constitucional busca minorar a guerra fiscal entre Estados e DF (há casos de locadoras de veículos e outras empresas que costumam "emplacar" seus veículos em Estados com alíquota menor, ainda que seus negócios se concentrem em outras localidades). De acordo com o STF (Repercussão Geral – Tema 708), a Constituição Federal autoriza a cobrança do Imposto sobre a Propriedade de Veículos Automotores (IPVA) somente pelo Estado em que o contribuinte mantém sua sede ou domicílio tributário. LB

Gabarito "B".

(OAB/Exame Unificado – 2017.2) O laboratório de análises clínicas X realizou a importação de equipamento eletrônico necessário para a realização de alguns exames. Por ocasião do desembaraço aduaneiro, foi – lhe exigido o pagamento de Imposto sobre Produtos Industrializados (IPI), cuja base de cálculo correspondia a 150% do preço corrente do equipamento no mercado atacadista da praça do remetente, acrescido do Imposto de Importação (II), das taxas exigidas para a entrada do produto no país e dos encargos cambiais efetivamente pagos pelo laboratório.

Sobre a exigência feita, assinale a afirmativa correta.

(A) É ilegal, pois, além dos acréscimos, a base de cálculo está sendo de 150% do preço corrente do equipamento no mercado atacadista da praça do remetente.

(B) É ilegal, pois a base de cálculo está incluindo o montante correspondente ao imposto de importação.

(C) É ilegal, pois a base de cálculo está incluindo o montante correspondente às taxas exigidas para a entrada do produto no país.

(D) É ilegal, pois a base de cálculo está incluindo o montante correspondente aos encargos cambiais efetivamente pagos pelo laboratório.

A: correta, pois a base de cálculo do IPI no desembaraço aduaneiro é o valor normal do produto (jamais 150% do preço corrente), acrescido dos impostos, taxas e encargos previstos no art. 47, I, do CTN; B, C e D: incorretas, pois, no imposto de importação, as taxas exigidas para entrada no país e os encargos cambiais compõem a base de cálculo do IPI, nos termos do art. 47, I, do CTN. LB

Gabarito "A".

(OAB/Exame Unificado – 2012.2) A respeito dos impostos, assinale a afirmativa correta.

(A) O Imposto de Transmissão *Causa Mortis* e Doação (ITCMD) de quaisquer bens e direitos terá suas alíquotas máximas fixadas pelos Estados competentes para a sua instituição.

(B) As alíquotas máximas e mínimas do Imposto sobre Serviços de Qualquer Natureza (ISS) deverão ser fixados por lei complementar nacional.

(C) O Imposto sobre Operações relativas à Circulação de Mercadorias e Prestação de Serviços de Transporte Interestadual e Intermunicipal e de Comunicação (ICMS) incidirá sobre as operações que destinem mercadorias e serviços ao exterior.

(D) A União Federal deverá instituir, mediante lei complementar, na iminência ou no caso de guerra externa, impostos extraordinários, compreendidos ou não em sua competência tributária, os quais serão suprimidos, gradativamente, cessadas as causas de sua criação.

A: incorreta, pois as alíquotas máximas do ITCMD são fixadas pelo Senado Federal (atualmente, 8%) – art. 155, § 1º, IV, da CF. Cumpre destacar que com a Reforma Tributária, introduzida pela EC 132/2023, houve a inclusão do inciso VI ao § 1º do art. 155 da CF prevendo expressamente que o ITCMD será progressivo em razão do valor do quinhão, do legado ou da doação; B: correta, conforme o art. 156, § 3º, I, da CF. A lei complementar em questão tem, de fato, natureza nacional, aplicando-se a todos os Municípios brasileiros, além do Distrito Federal. Atualmente, a alíquota máxima é de 5% e a alíquota mínima é de 2%, conforme o art. 8º, II e 8º-A da LC 116/2003. C: incorreta, pois as exportações são imunes em relação ao ICMS, a exemplo do que o ocorre quanto ao IPI – arts. 155, § 2º, X, *a*, e art. 153, § 3º, III, da CF. Nesse caso, há aproveitamento do ICMS cobrado nas operações anteriores (mas não alcança as operações ou prestações anteriores à exportação – Tese de Repercussão Geral 475-STF – por outro lado, ver a Súmula 649/STJ: "Não incide ICMS sobre o serviço de transporte interestadual de mercadorias destinadas ao exterior"); D: incorreta, por duas razões. Em primeiro lugar, a competência tributária é facultativa, de modo que a União poderá instituir o imposto extraordinário, sendo incorreta a utilização do termo "deverá". Em segundo lugar, o exercício

dessa competência se dá por simples lei ordinária federal, sendo desnecessária lei complementar – art. 154, II, da CF e art. 76 do CTN.
Gabarito "B".

(OAB/Exame Unificado – 2011.1) O Imposto sobre Operações Relativas à Circulação de Mercadorias e sobre a Prestação de Serviços de Transporte Interestadual e Intermunicipal e de Comunicação tem seus princípios delineados na Constituição, que é complementada pela LC 87/1996, com as alterações posteriores. A respeito desse imposto é correto afirmar que

(A) ele incide sobre operações que destinem a outros Estados petróleo, inclusive lubrificantes, combustíveis líquidos e gasosos dele derivados, e energia elétrica, assim como nas prestações de serviço de radiodifusão sonora e de sons e imagens de recepção livre e gratuita.

(B) é autorizada a sua cobrança sobre bens importados do exterior por pessoa física que tenha intuito de comercializá-los, mas é vedada a sua incidência quando esses bens, importados do exterior, são destinados ao consumo próprio da pessoa natural.

(C) suas alíquotas aplicáveis às operações e prestações interestaduais e de exportação são estabelecidas por meio de resolução do Senado Federal, por iniciativa do seu Presidente ou de um terço dos Senadores da casa, com aprovação dada pela maioria absoluta de seus membros.

(D) ele tem função precipuamente fiscal, podendo ser seletivo em função da essencialidade, incide sobre o valor agregado, em obediência ao princípio da não cumulatividade, mas não incide sobre o ouro, quando definido em lei como ativo financeiro.

A: incorreta, pois há imunidade sobre essas operações – art. 155, § 2º, X, *b* e *d*, da CF; **B:** incorreta, pois o ICMS incide sobre as importações, ainda quando realizadas por quem não seja contribuinte habitual do imposto, qualquer que seja a finalidade da mercadoria (mesmo que o bem seja destinado a consumo do próprio importador, portanto) – art. 155, § 2º, IX, *a*, da CF; **C:** incorreta, pois a iniciativa dessa Resolução do Senado é de iniciativa do Presidente da República (e não do Senado, como consta da assertiva) ou de um terço dos Senadores – art. 155, § 2º, IV, da CF. É importante salientar que, atualmente, todas as exportações são imunes ao ICMS, de modo que o Senado não mais deverá fixar alíquotas relativas a essas operações – art. 155, § 2º, X, *a*, da CF. Nesse caso, há aproveitamento do ICMS cobrado nas operações anteriores (mas não alcança as operações ou prestações anteriores à exportação – Tese de Repercussão Geral 475-STF – por outro lado, ver a Súmula 649/STJ: "Não incide ICMS sobre o serviço de transporte interestadual de mercadorias destinadas ao exterior"). Também é importante lembrar que, a partir da EC 87/2015, todas as operações interestaduais, inclusive para consumidores finais não contribuintes do ICMS, sujeitam-se à alíquota interestadual, menor que a interna, nos termos do art. 155, § 2º, VII e VIII, da CF e do art. 99 do ADCT. Importante destacar a seguinte tese fixada pelo STF sobre o DIFAL (Tema 1.093 da repercussão geral): "A cobrança do diferencial de alíquota alusivo ao ICMS, conforme introduzido pela Emenda Constitucional nº 87/2015, pressupõe edição de lei complementar veiculando normas gerais". Ainda segundo o STF a LC 190, publicada em janeiro de 2022, observado, quanto à produção de efeitos, o prazo de 90 dias, ao regulamentar o DIFAL, não instituiu nem majorou tributo e, por isso mesmo, não atrai a incidência das regras relativas à anterioridade (ADI 7066); **D:** correta. A função do ICMS é primordialmente fiscal (= arrecadatória), muito embora possa ter alíquotas seletivas segundo a essencialidade da mercadoria ou do serviço – art. 155, § 2º, III, da CF (função extrafiscal). Atenção para o entendimento firmado pelo STF no **Tema 745** – Adotada pelo legislador estadual a técnica da seletividade em relação ao Imposto sobre Circulação de Mercadorias e Serviços (ICMS), discrepam do figurino constitucional alíquotas sobre as operações de energia elétrica e serviços de telecomunicação em patamar superior ao das operações em geral, considerada a essencialidade dos bens e serviços. Modulação: efeitos a partir do exercício financeiro de 2024, ficando ressalvadas as ações ajuizadas até 5/2/21. Ademais, a não cumulatividade implica cobrança do imposto descrita por muitos como sendo sobre o valor agregado (embora, a rigor, o cálculo seja meramente contábil). Finalmente, a imunidade relativa ao ouro ativo financeiro ou instrumento cambial é prevista no art. 155, § 2º, X, *c*, da CF.
Gabarito "D".

(FGV – 2011) Constitui(em) fato gerador do ICMS

(A) as operações com livros, jornais, periódicos e o papel destinado à sua impressão.

(B) a entrada de bem importado do exterior por pessoa física.

(C) as operações de qualquer natureza de que decorra a transferência de bens móveis salvados de sinistro para companhias seguradoras.

(D) as operações interestaduais relativas a energia elétrica e petróleo, inclusive lubrificantes e combustíveis líquidos e gasosos dele derivados, quando destinados à industrialização ou à comercialização.

(E) as operações de qualquer natureza de que decorra a transferência de propriedade de estabelecimento industrial, comercial ou outra espécie.

A: incorreta, pois essas operações são imunes – art. 150, VI, *d*, da CF. Ver ainda Súmula Vinculante 57: A imunidade tributária constante do art. 150, VI, d, da CF/88 aplica-se à importação e comercialização, no mercado interno, do livro eletrônico (e-book) e dos suportes exclusivamente utilizados para fixá-los, como leitores de livros eletrônicos (e-readers), ainda que possuam funcionalidades acessórias; **B:** correta, pois a entrada de mercadoria importada é fato gerador do ICMS, mesmo quando promovida por pessoa física, qualquer que seja a finalidade – art. 155, § 2º, IX, *a*, da CF. Ver ainda Súmula Vinculante 48: Na entrada de mercadoria importada do exterior, é legítima a cobrança do ICMS por ocasião do desembaraço aduaneiro; **C:** incorreta, pois não incide ICMS na hipótese, conforme o art. 3º, IX, da LC 87/1996. Ver Súmula Vinculante 32: O ICMS não incide sobre alienação de salvados de sinistro pelas seguradoras; **D:** incorreta, pois não incide ICMS nessas operações interestaduais, nos termos do art. 155, § 2º, X, *b*, da CF e art. 2º, § 1º, III, da LC 87/1996; **E:** incorreta, pois não incide ICMS nesse caso – art. 3º, VI, da LC 87/1996.
Gabarito "B".

(FGV – 2010) Com relação ao ICMS, analise as afirmativas a seguir.

I. Para a legislação do ICMS "estabelecimento" corresponde ao local, privado ou público, edificado ou não, próprio ou de terceiro, onde pessoas físicas ou jurídicas exerçam suas atividades em caráter temporário ou permanente.

II. Para a legislação vigente cada estabelecimento do mesmo titular é considerado autônomo.

III. Caso não seja possível determinar o local do estabelecimento, considera-se como tal, o local em que tenha sido efetuada a operação ou prestação.

Assinale:

(A) se somente as afirmativas II e III estiverem corretas.

(B) se somente as afirmativas I e III estiverem corretas.

(C) se somente as afirmativas I e II estiverem corretas.
(D) se somente a afirmativa I estiver correta.
(E) se todas as afirmativas estiverem corretas.

I: correta, pois é a definição de estabelecimento, conforme o art. 11, § 3º, da LC 87/1996; **II:** correta, nos termos do art. 11, § 3º, II, da LC 87/1996. O Poder Judiciário, entretanto, vem rejeitando a tributação sobre a circulação de mercadorias entre estabelecimentos do mesmo contribuinte – Súmula 166/STJ ("Não constitui fato gerador do ICMS o simples deslocamento de mercadoria de um para outro estabelecimento do mesmo contribuinte") e STF – ARE 1255885 – Tema 1099 da Repercussão Geral – Tese: Não incide ICMS no deslocamento de bens de um estabelecimento para outro do mesmo contribuinte localizados em estados distintos, visto não haver a transferência da titularidade ou a realização de ato de mercancia. **III:** correta, nos termos do art. 11, § 3º, I, da LC 87/1996. Gabarito "E."

(FGV – 2010) Com relação aos tributos de competência dos Estados é correto afirmar que:

(A) o ICMS deverá ser seletivo em função da essencialidade das mercadorias e dos serviços.
(B) o ITCMD terá a competência para sua instituição regulada por lei complementar, caso o doador tenha domicílio ou residência no exterior.
(C) o ICMS será não cumulativo, compensando-se o que for devido em cada operação relativa à circulação de mercadorias ou prestação de serviços com o montante cobrado nas anteriores pelo mesmo ou outro Estado ou pelo Distrito Federal, sendo que, em casos de isenção ou não incidência, salvo determinação em contrário da legislação, não ocorrerá a anulação do crédito relativo às operações anteriores.
(D) em razão de expressa disposição constitucional e atendimento ao princípio da capacidade contributiva, o IPVA não poderá ter alíquotas diferenciadas em função do tipo e utilização dos veículos.
(E) o ITCMD terá suas alíquotas máximas fixadas por resolução do Confaz.

A: incorreta, pois o ICMS **poderá** ser seletivo (é possibilidade, e não imposição constitucional, diferentemente do que ocorre com o IPI) – art. 155, § 2º, III, da CF. Atenção para o entendimento firmado pelo STF no **Tema 745** – Adotada pelo legislador estadual a técnica da seletividade em relação ao Imposto sobre Circulação de Mercadorias e Serviços (ICMS), discrepam do figurino constitucional alíquotas sobre as operações de energia elétrica e serviços de telecomunicação em patamar superior ao das operações em geral, considerada a essencialidade dos bens e serviços. Modulação: efeitos a partir do exercício financeiro de 2024, ficando ressalvadas as ações ajuizadas até 5/2/21; **B:** correta, conforme o art. 155, § 1º, III, a, da CF e Tese de repercussão geral 825/STF. Ressalte-se que, enquanto não editada a citada lei complementar, a EC 132/2023 (Reforma Tributária) estabeleceu no art. 16 as regras aplicáveis quanto à sujeição ativa do ITCMD nas hipóteses referidas no inciso III do § 1º do art. 155 da Constituição Federal de 1988; **C:** incorreta em sua parte final, pois, salvo disposição em contrário, a isenção ou a não incidência **não implicará** crédito para compensação com o montante devido nas operações ou prestações seguintes e eventual crédito anterior deverá ser estornado (em caso de isenção parcial, a anulação do crédito será proporcional) – art. 155, § 2º, II, da CF; **D:** incorreta, pois o art. 155, § 6º, II, da CF prevê expressamente a possibilidade de o IPVA ter alíquotas diferenciadas em função do tipo e da utilização do veículo e, com a redação dada pela EC 132/2023 (Reforma Tributária), também em função do valor e do impacto ambiental; **E:** incorreta, pois as alíquotas máximas do ITCMD serão fixadas pelo Senado Federal – art.

155, § 1º, IV, da CF. Cumpre destacar que com a Reforma Tributária, introduzida pela EC 132/2023, houve a inclusão do inciso VI ao § 1º do art. 155 da CF prevendo expressamente que o ITCMD será progressivo em razão do valor do quinhão, do legado ou da doação. Gabarito "B."

(FGV – 2010) Assinale a alternativa correta.

(A) É facultado ao Senado Federal estabelecer alíquotas mínimas nas operações internas do ICMS, mediante resolução de iniciativa de um terço e aprovada pela maioria absoluta de seus membros e fixar alíquotas máximas nas mesmas operações para resolver conflito específico que envolva interesse de Estados, mediante resolução de iniciativa da maioria absoluta e aprovada igualmente pela maioria absoluta de seus membros.
(B) Salvo deliberação em contrário dos Estados e do Distrito Federal, nos termos do disposto no artigo 155, § 2º, XII, "g", CF, as alíquotas internas, nas operações relativas à circulação de mercadorias e nas prestações de serviços, não poderão ser inferiores às previstas para as operações interestaduais, nem superiores às alíquotas de exportação.
(C) No que concerne ao ICMS, é correto afirmar que, conforme a CF, resolução do Senado Federal, de iniciativa do Presidente da República ou de um terço dos Senadores, aprovada pela maioria absoluta de seus membros, estabelecerá as alíquotas aplicáveis às operações e prestações, interestaduais e de exportação.
(D) O ICMS não incidirá, conforme a CF, sobre operações que destinem a outros Estados petróleo, inclusive lubrificantes, combustíveis líquidos e gasosos dele derivados, e energia elétrica, sobre o ouro, nas hipóteses definidas no art. 153, § 5º, CF, e nas prestações de serviço de comunicação nas modalidades de radiodifusão sonora e de sons e imagens de recepção gratuita ou paga.
(E) Cabe à lei complementar definir os contribuintes do ICMS, dispor sobre substituição tributária e disciplinar o regime de compensação do imposto; quanto à previsão de casos de manutenção de crédito, relativamente à remessa para outro Estado e exportação para o exterior, de serviços e de mercadorias, pode ser fixada por lei ordinária.

A: incorreta, pois a faculdade de o Senado Federal fixar alíquotas máximas nas operações internas é exercida mediante resolução de iniciativa da maioria absoluta e aprovada por **dois terços** de seus membros (a aprovação exige maioria qualificada, portanto, e não apenas maioria absoluta) – art. 155, § 2º, V, b, da CF; **B:** incorreta, já que a restrição em relação às alíquotas internas (que não podem, em regra, ser inferiores às alíquotas interestaduais) não tem relação com supostas alíquotas de exportação, até porque, atualmente, o ICMS não incide sobre essas operações – art. 155, § 2º, VI c/c art. 155, § 2º, X. 'a', da CF; **C:** correta, pois, de fato, é isso que o art. 155, § 2º, IV, da CF dispõe. É interessante notar, entretanto, que atualmente o ICMS não incide sobre exportações – art. 155, § 2º, X, a, da CF. Também é importante lembrar que, a partir da EC 87/2015, todas as operações interestaduais, inclusive para consumidores finais não contribuintes do ICMS, sujeitam-se à alíquota interestadual, menor que a interna, nos termos do art. 155, § 2º, VII, e do art. 99 do ADCT. Importante destacar a seguinte tese fixada pelo STF sobre o DIFAL (Tema 1.093 da repercussão geral): "A cobrança do diferencial de alíquota alusivo ao ICMS, conforme introduzido pela Emenda Constitucional nº 87/2015, pressupõe edição de lei complementar veiculando normas gerais". Ainda segundo o STF a LC 190, publicada em janeiro de 2022, observado, quanto à produção de efeitos, o prazo de 90 dias, ao regulamentar o DIFAL, não instituiu nem majorou tributo e, por isso mesmo, não atrai a incidência das regras relativas à anterioridade (ADI 7066); **D**: incorreta, pois a imunidade prevista no art. 155, § 2º, X, *d*, da CF inclui, apenas, os serviços de radiodifusão sonora e de sons e imagens de recepção **livre e gratuita**. A assertiva é errada, já que se refere também aos serviços pagos; **E**: incorreta porque as hipóteses de manutenção de crédito, relativamente à remessa para outro Estado e exportação para o exterior, de serviços e de mercadorias também são previstas por lei complementar (não por simples lei ordinária).

Gabarito "C".

13. GARANTIAS E PRIVILÉGIOS DO CRÉDITO

(Juiz de Direito/AP – 2022 – FGV) José, profissional liberal, enfrenta três execuções fiscais distintas por dívidas tributárias de Imposto de Renda de Pessoa Física, IPVA devido ao Estado X e ISS devido ao Município Y. Contudo, a parcela de seu patrimônio que pode responder pelas dívidas tributárias não é suficiente para solver todos os débitos.

Num concurso entre União, Estado X e Município Y na cobrança judicial de seus créditos tributários, à luz do entendimento dominante do Supremo Tribunal Federal:

(A) o crédito da União tem preferência sobre o crédito do Estado X e este, por sua vez, tem preferência sobre o crédito do Município Y;

(B) o crédito da União tem preferência sobre o crédito dos demais entes federados, mas não há preferência entre o crédito do Estado X e o crédito do Município Y;

(C) o crédito da União não tem preferência sobre o crédito do Estado X e este, por sua vez, não tem preferência sobre o crédito do Município Y;

(D) o crédito da União não tem preferência sobre o crédito do Estado X, mas este tem preferência sobre o crédito do Município Y;

(E) o crédito da União não tem preferência sobre o crédito do Município Y, mas este tem preferência sobre o crédito do Estado X.

A, B, D e E: incorretas, pois o STF entendeu que a ordem de preferência no caso do concurso de credores prevista no art. 187, parágrafo único, do CTN e no art. 29, parágrafo único, da Lei 6.830/1980, não foi recepcionada pela atual CF, revogando a Súmula 563/STF – ver ADPF 357; **C**: correta, conforme comentário anterior.

Gabarito "C".

(OAB/Exame Unificado – 2020.2) A sociedade empresária Quitutes da Vó Ltda. teve sua falência decretada, tendo dívidas de obrigação tributária principal relativas a tributos e multas, dívida de R$ 300.000,00 decorrente de acidente de trabalho, bem como dívidas civis com garantia real.

Diante desse cenário, assinale a afirmativa correta.

(A) O crédito tributário de obrigação principal tem preferência sobre as dívidas civis com garantia real.

(B) A dívida decorrente de acidente de trabalho tem preferência sobre o crédito tributário de obrigação principal.

(C) O crédito tributário decorrente de multas tem preferência sobre a dívida de R$ 300.000,00 decorrente de acidente de trabalho.

(D) O crédito relativo às multas tem preferência sobre o crédito tributário de obrigação principal.

A: incorreta, pois os créditos com garantia real preferem aos tributários – art. 186, p. único, I, do CTN e art. 83 da Lei de Recuperação e Falência – LF (Lei 11.101/2005); **B**: correta, art. 186, *caput*, do CTN e art. 83 da LF; **C**: incorreta, pois o crédito tributário decorrente de multa prefere apenas aos créditos subordinados – art. 186, III, do CTN e art. 83 da LF; **D**: incorreta, pois as multas preferem apenas aos créditos subordinados, conforme comentário anterior.

Gabarito "B".

14. ADMINISTRAÇÃO TRIBUTÁRIA, FISCALIZAÇÃO E PROCESSO ADMINISTRATIVO FISCAL

(Juiz de Direito/AP – 2022 – FGV) A empresa Modas 100% Ltda., sediada em Macapá (AP), foi autuada referente a débitos não declarados nem pagos de ICMS devido ao Estado do Amapá, em valor total (principal com multa) de R$ 50.000,00. A empresa impugnou administrativamente tal lançamento, mas não obteve êxito no julgamento de 1ª instância. Diante desse cenário e à luz da Lei estadual nº 400/1997, a empresa poderá interpor recurso voluntário:

(A) ao Conselho Estadual de Recursos Fiscais, com efeito suspensivo, dentro de 30 dias seguidos à ciência da decisão de 1ª instância;

(B) ao Conselho Estadual de Recursos Fiscais, com efeito suspensivo, dentro de 15 dias seguidos à ciência da decisão de 1ª instância;

(C) ao Conselho Estadual de Recursos Fiscais, sem efeito suspensivo, dentro de 15 dias seguidos à ciência da decisão de 1ª instância;

(D) à Junta de Julgamento do Processo Administrativo Fiscal, com efeito suspensivo, dentro de 30 dias seguidos à ciência da decisão de 1ª instância;

(E) à Junta de Julgamento do Processo Administrativo Fiscal, sem efeito suspensivo, dentro de 15 dias seguidos à ciência da decisão de 1ª instância.

Embora o prazo de recurso administrativo na esfera tributária, que tem sempre efeito suspensivo (art. 151, III, do CTN), seja usualmente de 30 dias, é essencial consultar a lei estadual ou municipal correspondente. No caso do Amapá, o prazo para recurso à segunda instância administrativa é realmente de 30 dias, com efeito suspensivo (não poderia deixar de ser, por imposição do CTN) – art. 205 da Lei 400/1997 do AP – e o órgão competente é denominado Conselho Estadual de Recursos Fiscais – arts. 197, II, e 208 da mesma Lei. Por essas razões, a alternativa "A" é a correta.

Gabarito "A".

(FGV – 2011) Carlos, proprietário de apartamento em zona urbana de grande município, furtou-se ao pagamento do IPTU nos anos de 2008 e 2009. A Secretaria Municipal de Fazenda efetuou o lançamento e notificou-o do crédito em aberto em 2010. Nessa situação fictícia, é correto afirmar que

(A) caso o apartamento de Carlos seja registrado como bem de família, a impenhorabilidade é oponível nos casos de execução fiscal. Assim, o Fisco deve dirigir a execução a qualquer outro bem do patrimônio disponível de Carlos.

(B) no momento da notificação oficial até a sentença final em sede de execução fiscal, Carlos pode alienar o apartamento em questão, uma vez que a fraude contra a Fazenda somente se configura se a alienação ocorrer após o trânsito em julgado da sentença de execução.

(C) na hipótese de Carlos vender o seu apartamento antes do lançamento, o adquirente de boa-fé jamais responderia perante o Fisco pelas eventuais dívidas do apartamento antes da sua aquisição.

(D) caso Carlos possuísse dívidas de natureza civil, ainda que constituídas antes da notificação do crédito em aberto em virtude do não pagamento do IPTU, o crédito tributário, mesmo assim, teria preferência sobre aquelas.

(E) a notificação seria inócua, uma vez que haveria ocorrido a prescrição.

A: incorreta, pois a impenhorabilidade dos bens de família não afasta a cobrança de impostos, predial ou territorial, taxas e contribuições devidas em função do imóvel familiar – art. 3º, IV, da Lei 8.009/1990 e art. 184 do CTN; B: incorreta, pois se presume fraudulenta a alienação de bens a partir da inscrição do débito em dívida ativa, desde que o devedor não reserve bens suficientes para o pagamento – art. 185 do CTN; C: incorreta, pois a responsabilidade do adquirente refere-se aos tributos lançados ou não – arts. 129 e 130 do CTN. A responsabilidade do adquirente em relação aos fatos geradores anteriores à transação somente seria afastada se constasse do título translativo a prova da quitação dos tributos – art. 130, *caput*, *in fine*, do CTN; D: correta, pois o crédito tributário prefere a quaisquer outros, exceto os decorrentes da legislação do trabalho ou do acidente de trabalho – art. 186 do CTN. Importante notar que há regras específicas para o caso de falência – art. 186, parágrafo único, do CTN; E: incorreta, pois a prescrição ocorre somente após 5 anos contados da constituição definitiva do crédito (lançamento definitivo) – art. 174, *caput*, do CTN. Gabarito "D".

(FGV – 2010) Com relação à dívida ativa tributária, é INCORRETO afirmar que

(A) o controle da legalidade da inscrição em dívida ativa é a derradeira oportunidade que a Administração tem de rever os requisitos dos atos praticados no processo administrativo de cobrança, ocasião em que ainda pode modificá-los.

(B) somente se admite a inscrição de débito em dívida ativa após o decurso do prazo fixado para pagamento, pela lei ou por decisão final proferida em processo administrativo.

(C) provém de crédito de igual natureza.

(D) as informações relativas a inscrições na dívida ativa da Fazenda Pública podem ser divulgadas, sem que isso configure violação ao sigilo fiscal.

(E) uma vez inscrito o débito em dívida ativa, tem-se que o título representativo desta goza de presunção de liquidez e certeza.

A: incorreta, devendo ser assinalada, pois a Administração tem o poder-dever de revisar o lançamento, nas hipóteses do art. 149 do CTN, até o término do prazo decadencial, conforme dispõe o parágrafo único desse dispositivo legal; B: correta, conforme o art. 201 do CTN; C: correta, pois a dívida ativa tributária refere-se a créditos de natureza tributária – art. 201 do CTN. Importante notar que existe a dívida ativa não tributária, relativa, como diz o nome, a créditos de natureza não tributária – art. 2º da Lei 6.830/1980; D: correta, já que não há sigilo fiscal em relação à inscrição em dívida ativa – art. 198, § 3º, II, do CTN; E: correta, nos termos do art. 204 do CTN. A presunção é relativa e pode ser ilidida por prova inequívoca, a cargo do sujeito passivo ou do terceiro a que aproveite. Gabarito "A".

(FGV – 2010) Em relação à dívida ativa, assinale a afirmativa incorreta.

(A) Presume-se fraudulenta a alienação ou oneração de bens ou rendas, ou seu começo, por sujeito passivo em débito para com a Fazenda Pública, por crédito tributário regularmente inscrito como dívida ativa, exceção feita à hipótese de terem sido reservados, pelo devedor, bens ou rendas suficientes ao total pagamento do débito.

(B) A ação para cobrança do crédito tributário prescreve em cinco anos, contados de sua constituição definitiva, assim entendido como a data de sua inscrição em dívida ativa.

(C) Não é vedada a divulgação, por parte da Fazenda Pública ou de seus servidores, de informações relativas a inscrições em dívida ativa da Fazenda Pública.

(D) O termo de inscrição em dívida ativa, autenticado pela autoridade competente, indicará obrigatoriamente a origem e natureza do crédito, mencionada especificamente a disposição da lei em que seja fundado.

(E) A dívida regularmente inscrita goza da presunção de certeza e liquidez e tem o efeito de prova pré-constituída.

A: correta, pois reflete o disposto no art. 185 do CTN; B: incorreta, devendo ser assinalada, pois a inscrição em dívida ativa não indica o momento da constituição definitiva do crédito tributário. A constituição definitiva se dá com a notificação do lançamento ou, caso haja recurso do sujeito passivo contra o lançamento, no momento da decisão administrativa definitiva – ver a Súmula Vinculante 24/STF ("Não se tipifica crime material contra a ordem tributária, previsto no art. 1º, incisos I a IV, da Lei 8.137/90, antes do lançamento definitivo do tributo") que, apesar de tratar de crimes tributários, adota o entendimento de que a constituição definitiva do crédito se dá ao final do processo administrativo em que se discute o lançamento. É preciso ainda aguardar o prazo concedido para pagamento, nos termos da Súmula 622 do STJ: A notificação do auto de infração faz cessar a contagem da decadência para a constituição do crédito tributário; exaurida a instância administrativa com o decurso do prazo para a impugnação ou com a notificação de seu julgamento definitivo e esgotado o prazo concedido pela Administração para o pagamento voluntário, inicia-se o prazo prescricional para a cobrança judicial.; C: correta, pois não há sigilo fiscal em relação à inscrição em dívida ativa – art. 198, § 3º, II, do CTN; D: correta, em conformidade com o art. 202, III, do CTN; E: correta, pois a presunção *iuris tantum* (relativa) consta do art. 204 do CTN, podendo ser afastada por prova inequívoca a cargo do sujeito passivo ou de terceiro interessado (parágrafo único do dispositivo legal). Gabarito "B".

15. DÍVIDA ATIVA, INSCRIÇÃO, CERTIDÕES

(Juiz de Direito – TJ/SC – 2024 – FGV) O Estado de Santa Catarina, além dos seus impostos, tem direito a receber valores referentes a outros impostos da União Federal. Dessa forma, cabem ao estado:

(A) 22,5% através do Fundo de Participação dos Estados e Distrito Federal do imposto sobre produtos industrializados;

(B) 25% no caso de um imposto novo criado pela União através de lei complementar;

(C) 50% por cento do produto da arrecadação do imposto da União sobre a propriedade territorial rural, relativamente aos imóveis neles situados;

(D) 10% do produto da arrecadação do imposto sobre produtos industrializados proporcionalmente ao valor das respectivas exportações de produtos industrializados;

(E) 20% do produto da arrecadação do imposto sobre produtos industrializados proporcionalmente ao valor das respectivas exportações de produtos industrializados.

A: incorreta. 21,5%, conforme , art. 159, I, a, CF; **B:** incorreta. 20%, nos termos do art. 157, II, CF, para criação de novo imposto residual; **C:** incorreta. Quem recebe é o município onde está situado o imóvel, no montante de 50%, nos termos do art. 158, II, CF; **D:** correta. O tema repartição de receitas tributárias está elencado na Constituição Federal dentre os arts. 157 a 162. O gabarito é a letra D, compondo 10% de repasse do IPI a título das respectivas exportações de produtos industrializados, nos termos do art. 159, II, da CF. Ressalte-se que a Reforma Tributária (EC 132/2023) prevê que haverá também repartição da receita do imposto seletivo (art. 153, VIII, da CF) que será cobrado, a partir de 2027 (art. 126, I, 'b', do ADCT), nos termos do art. 159, I e II da CF; **E:** incorreta, por força do gabarito oficial, que é de 10%. Gabarito "D".

(Juiz Federal – TRF/1 – 2023 – FGV) A repartição de receitas tributárias "corresponde a um conjunto de transferências financeiras entre as unidades da federação, originárias do que estas arrecadam a título de tributos, por força das normas constitucionais que determinam a repartição das receitas tributárias [...] a fim de se estabelecer um maior equilíbrio financeiro entre as unidades da federação e garantir as suas respectivas autonomias política, administrativa e financeira" (ABRAHAM, Marcus. *Curso de direito tributário brasileiro*, 2023).

Acerca desse relevante instituto constitucionalmente previsto, é correto afirmar que:

(A) a União entregará, do produto da arrecadação da Cide-Combustíveis, 50% para os Estados e o Distrito Federal;

(B) pertencem aos Estados e ao Distrito Federal 40% do produto da arrecadação do imposto que a União instituir no exercício de sua competência residual;

(C) pertencem aos Municípios 50% do produto da arrecadação do imposto do Estado sobre operações relativas à circulação de mercadorias e sobre prestações de serviços de transporte interestadual e intermunicipal e de comunicação;

(D) pertence às empresas públicas que atuam em regime de monopólio a integralidade do produto da arrecadação do imposto da União sobre renda e proventos de qualquer natureza, incidente na fonte, sobre rendimentos pagos, a qualquer título, por elas;

(E) a União também entregará, do produto da arrecadação dos impostos sobre renda e proventos de qualquer natureza e sobre produtos industrializados, 3% ao Fundo de Participação dos Municípios, em três parcelas de 1% cada, a serem pagas no primeiro decêndio dos meses de julho, setembro e dezembro de cada ano.

A: incorreta. O percentual correto é de 29%, nos termos do art. 159, III, da CF/88; **B:** incorreta. O percentual correto é de 20%, nos termos do art. 157, II, da CF/88; **C:** incorreta. O percentual correto é de 25%, nos termos do art. 158, IV, da CF/88; **D:** incorreta. Não há previsão para distribuição a estatais, pois a distribuição é feita somente para Entes da Administração Direta, conforme se extrai do julgamento RE 1293453, STF, em sede de percussão geral (Tema 1130); **E:** correta, nos moldes do art. 159, I, "d", "e" e "f" da Constituição Federal. Ressalte-se que a Reforma Tributária (EC 132/2023) prevê que haverá repartição da receita do imposto seletivo (art. 153, VIII, da CF) que será cobrado, a partir de 2027 (art. 126, I, 'b', do ADCT), nos termos do art. 159, I e II da CF. Gabarito "E".

(Juiz de Direito/AP – 2022 – FGV) A empresa 123 Camisetas Ltda., sediada no Amapá e atuante no ramo varejista de venda de camisetas, deixou de atualizar dentro do prazo exigido em Resolução do Secretário do Estado de Fazenda certos dados cadastrais referentes ao ICMS. A empresa possui também um débito tributário estadual em fase de execução fiscal, na qual realizou o depósito do montante integral em dinheiro.

Pendente ainda a atualização dos dados cadastrais, e à luz da Lei estadual nº 400/1997, poderá ser fornecida:

(A) Certidão Positiva de Tributos Estaduais em relação à empresa quanto à existência de tal débito tributário estadual;

(B) Certidão Negativa de Tributos Estaduais em relação à empresa quanto à existência de tal débito tributário estadual;

(C) Certidão Positiva com Efeitos de Negativa de Tributos Estaduais consistindo exclusivamente do demonstrativo das pendências da empresa relativas a irregularidades quanto à apresentação de dados cadastrais;

(D) Certidão Positiva de Tributos Estaduais consistindo exclusivamente do demonstrativo das pendências da empresa relativas a irregularidades quanto à apresentação de dados cadastrais;

(E) Certidão Negativa de Tributos Estaduais consistindo exclusivamente do demonstrativo das pendências da empresa relativas a irregularidades referentes à apresentação de dados cadastrais.

A, B e E: incorretas, pois a empresa tem direito a certidão positiva com efeito de negativa em relação aos tributos garantidos na execução, não a certidão negativa ou simplesmente positiva – art. 206 do CTN; **C:** incorreta, pois a empresa não está regular em relação à obrigação acessória de apresentação dos dados cadastrais, inexistindo a possibilidade de certidão positiva com efeito de negativa nesse caso; **D:** correta, conforme comentários anteriores. Gabarito "D".

(OAB/FGV – 2023) O Estado *Alfa* notificou João em 05/05/2022 para, no prazo legal de 30 dias, pagar ou impugnar sua dívida de IPVA referente aos anos de 2020 e 2021. Este, por sua vez, quedou-se inerte e deixou transcorrer o referido prazo sem nada fazer. Logo em seguida, em 15/06/2022, a Secretaria de Fazenda do Estado *Alfa*, nos termos da legislação, encaminhou a Certidão de Dívida Ativa (CDA) devidamente inscrita em seus registros para o Cartório de Protesto de Títulos local, que expediu intimação ao devedor para pagamento da obrigação tributária, com os acréscimos legais e emolumentos cartorários.

João, preocupado com as repercussões decorrentes do protesto extrajudicial da CDA em seu nome, sobretudo em relação aos órgãos de proteção ao crédito, como o Serasa e o Serviço de Proteção ao Crédito – SPC, consulta você, como advogado(a).

Diante desse cenário, assinale a afirmativa correta.

(A) Tal protesto viola o sigilo fiscal do contribuinte e cria um dano ao seu nome, honra e imagem.

(B) Por não se tratar de um ato de natureza tributária, tal protesto será admissível apenas para a cobrança da dívida não tributária.

(C) Ao possuir previsão legal expressa, não se consubstanciando em uma sanção ilegítima, o ato de protesto é válido.

(D) Embora se admita tal protesto, não se autoriza a inserção do nome de João nos cadastros de órgãos de proteção ao crédito.

A e B: incorretas, pois o Superior Tribunal de Justiça já firmou a tese, em recurso especial repetitivo, no sentido de que a Fazenda Pública possui interesse e pode efetivar o protesto da CDA na forma do artigo 1°, parágrafo único, da Lei 9.492/1997, que rege o protesto de títulos e outros documentos de dívida: Incluem-se entre os títulos sujeitos a protesto as certidões de dívida ativa da União, dos Estados, do Distrito Federal, dos Municípios e das respectivas autarquias e fundações públicas (Tema 777); **C**: correta, conforme comentário anterior; **D**: incorreta. A Certidão de Dívida Ativa (CDA) da Fazenda Pública é título executivo extrajudicial, conforme art. 784, IX, do Código de Processo Civil (CPC). Por conseguinte, é possível que o juiz, a requerimento da parte, determine a inclusão do nome do executado em cadastros de inadimplentes (art. 782, § 3°, do CPC). A citada norma não faz qualquer restrição quanto à sua utilização na execução fiscal.
Gabarito "C."

(OAB/FGV – 2023) A sociedade empresária ABCJ Ltda., surpreendida com a notificação de um auto de infração da Secretaria da Fazenda do Município Alfa cobrando o Imposto sobre Serviços (ISS) dos anos de 2020 a 2022, e diante da urgência em obter certidões para participar de uma concorrência para a contratação de serviços de limpeza no hospital municipal, ajuizou uma ação anulatória e requereu uma tutela antecipada para suspender a exigibilidade do crédito tributário, que foi deferida pelo juiz.

Como não possuía qualquer outro débito perante a Fazenda Municipal, requereu àquela repartição administrativa uma certidão fiscal.

Diante desse cenário, assinale a afirmativa correta.

(A) A obtenção da decisão judicial suspendendo a exigibilidade do crédito tributário em cobrança não tem efeito na esfera administrativa tributária e por isso a sociedade empresária não terá direito à certidão pretendida.

(B) Com a decisão que suspendeu a exigibilidade do crédito tributário, a sociedade empresária terá direito a obter uma Certidão Negativa (CN).

(C) Não possuindo qualquer outro débito perante a Fazenda Municipal e graças à decisão que suspendeu a exigibilidade do crédito tributário, a sociedade empresária terá direito a uma Certidão Positiva com Efeitos de Negativa (CEPEN).

(D) Para obter a certidão fiscal pretendida, a sociedade empresária terá que depositar judicialmente o montante em cobrança, independentemente da referida decisão obtida.

A: incorreta, pois a suspensão da exigibilidade do crédito tributário permite que a sociedade empresária obtenha certidão positiva de débito com efeito de negativa, nos termos do art. 205 c/c art. 206 do CTN o que lhe permitirá participar da concorrência para a contratação de serviços de limpeza no hospital municipal; **B**: incorreta, pois a certidão que poderá ser concedida é a positiva com efeito de negativa e não a certidão negativa, tendo em vista que para a Fazenda Pública há crédito tributário de ISS em aberto, apesar de estar com a exigibilidade suspensa; **C**: correta, conforme comentário anterior – art. 205 c/c art. 206 do CTN; **D**: incorreta, pois a concessão da antecipação de tutela é causa suficiente para suspender a exigibilidade do crédito tributário (art. 151, V, do CTN), possibilitando a expedição da Certidão Positiva com Efeitos de Negativa (CEPEN). Não há exigência pela lei de que a autora faça o depósito judicial para obter a certidão de regularidade fiscal pleiteada. O depósito do montante integral não pode ser exigido como requisito de admissibilidade de recurso administrativo ou de ação judicial em que se pretende discutir o crédito tributário (Súmulas Vinculantes 21 e 28).
Gabarito "C".

16. AÇÕES TRIBUTÁRIAS

(OAB/FGV– 2024) Em 2022, a Organização Religiosa ABC recebeu em doação lojas que pretende alugar para destinar a renda obtida com os aluguéis ao pagamento de auxílio ministerial para a subsistência de seus ministros religiosos e suas famílias.

Temendo que o Fisco municipal, já em janeiro de 2023, venha a fazer o lançamento dos IPTUs referentes a tais lojas, a Organização Religiosa ABC procurou você, como advogado(a), nesse mesmo mês de janeiro de 2023, para que seja promovida medida judicial a fim de que o Fisco se abstenha de fazer tal lançamento, sabendo que terá de ser produzida prova nos autos – por perito contábil indicado pelo Juízo – acerca da destinação que se pretende dar a esses aluguéis.

Diante desse cenário, assinale a opção que indica a ação a ser proposta.

(A) Mandado de Segurança Preventivo.
(B) Medida Cautelar Fiscal.
(C) Ação Anulatória.
(D) Ação Declaratória.

A: incorreta, pois a questão esclarece que terá de ser produzida prova nos autos. Assim, não será possível utilizar o mandado de segurança que não admite dilação probatória pois a prova deve ser pré-constituída; **B**: incorreta, pois a medida cautelar fiscal é ação que só pode ser intentada pela Fazenda Pública contra o sujeito passivo de crédito tributário ou não tributário, nas hipóteses descritas na Lei 8.397/1992; **C**: incorreta, pois a ação anulatória visa desconstituir um ato administrativo e, no caso, não houve ainda lançamento contra o sujeito passivo; e **D**: correta, pois a ação declaratória terá por objetivo, no caso, declarar a inexistência de relação jurídica tributária entre a Organização Religiosa ABC e o Fisco municipal, em relação ao IPTU, com base na imunidade prevista no art. 150, VI, 'b' e § 4° da CF. Isso porque se a renda obtida com os aluguéis dos imóveis doados será revertida para as finalidades da entidade religiosa deve ser reconhecida a imunidade do IPTU com base na jurisprudência do STF que aplica as mesmas razões de decidir expressas na Súmula Vinculante n° 52. Ressalte-se que na data prevista na questão (janeiro de 2023) o citado artigo constitucional referia-se literalmente aos templos de qualquer culto ao tratar da imunidade.

Porém, a jurisprudência já entendia pela aplicação da imunidade à entidade religiosa e não apenas ao local físico de prática da atividade religiosa (templo). Mas a Reforma Tributária (EC 132/2023) alterou tal dispositivo para estender a imunidade expressamente para as entidades religiosas, inclusive suas organizações assistenciais e beneficentes, em relação ao patrimônio, à renda e aos serviços, vinculados com as finalidades essenciais das entidades mencionadas. Finalizando, cumpre relembrar que ainda que a entidade religiosa fosse locatária do imóvel (e não proprietária), haveria imunidade quanto ao IPTU, nos termos do art. 156, § 1º-A da CF.

Gabarito "D".

(Juiz Federal – TRF/1 – 2023 – FGV) Uma hipotética Lei federal ordinária nº XXX, publicada em 10/02/2019, determinou que prescreveria em três anos a ação anulatória da decisão administrativa que denegasse a restituição do indébito tributário, e que os efeitos dessa lei se produziriam imediatamente na data de sua publicação. João, após o trâmite do processo administrativo tributário em que requeria restituição de imposto de renda do ano-base de 2019, teve decisão administrativa negando a restituição, a ele notificada em 10/03/2021. Contudo, somente em 10/06/2023 procurou um advogado para ingressar com a referida ação anulatória desta decisão administrativa.

Diante desse cenário, é correto afirmar que:

(A) o prazo prescricional tributário para a propositura de tal ação anulatória é de cinco anos, o qual não poderia ter sido alterado por mera lei ordinária;

(B) quando procurou o advogado, tal ação anulatória já teria sido alcançada pela prescrição, pois seu prazo é de dois anos, não podendo ser alterado por mera lei ordinária;

(C) o prazo prescricional quinquenal, no caso, conta-se de 01/01/2021, primeiro dia do exercício seguinte àquele em que foi entregue a declaração de imposto de renda do ano-base de 2019;

(D) por se tratar de restituição do indébito tributário quanto a imposto de renda, é possível que tal lei alterasse o prazo quinquenal da prescrição tributária aplicável à prescrição da cobrança de tributos federais;

(E) em razão do princípio da anterioridade tributária, como esta lei diminuiu o prazo prescricional previsto no Código Tributário Nacional, não poderia ter efeitos imediatos, devendo aguardar o exercício financeiro seguinte.

A, C e D: incorretas, pois versam sobre prazo quinquenal; B: correta. De acordo com o art. 169 do CTN, a ação anulatória de decisão administrativa que denega a restituição possui prazo prescricional de 2 anos; E: incorreta, visto que prescrição não pode ser tratada por lei ordinária, e sim por lei complementar. Vide art. 146, III, "b", da CF e STF, RE 556664.

Gabarito "B".

(Juiz de Direito/AP – 2022 – FGV) José teve o único imóvel de sua propriedade, em que reside, penhorado por ordem judicial, em execução fiscal ajuizada em 2021 referente a dívidas de IPTU incidentes sobre tal imóvel. Passados 60 dias da intimação da penhora, José encontra enfim os comprovantes de pagamento dos IPTUs referentes aos anos de 2018 e 2019 que estavam sendo cobrados, e deseja apresentá-los em juízo.

Diante desse cenário, José poderá apresentar:

(A) embargos à execução fiscal, em razão de a execução já estar garantida pela penhora;

(B) embargos à execução fiscal, por se tratar do único imóvel de sua propriedade, em que reside;

(C) exceção de pré-executividade, por se tratar do único imóvel de sua propriedade, em que reside;

(D) exceção de pré-executividade, pois o pagamento pode ser comprovado documentalmente de plano;

(E) agravo de instrumento, pela presença de *fumus boni iuris* e *periculum in mora*, por se tratar do único imóvel de sua propriedade, em que reside, e que está penhorado.

Comentário: Embora já tenha transcorrido o prazo para apresentação dos embargos à execução fiscal (30 dias da intimação da penhora – art. 16, III, da Lei 6.830/1980), é sempre possível apresentar exceção de pré-executividade nos casos em que a alegação possa ser comprovada de plano (sem necessidade de dilação probatória), isto é, prova pré-constituída em matéria de ordem pública – Súmula 393/STJ. Por essa razão, a alternativa "D" é a correta. Importante também anotar que o imóvel do contribuinte poderia ter sido penhorado, apesar de ser bem de família – art. 1º da Lei 8.009/1990, pois a dívida é relativa a IPTU incidente sobre o imóvel (art. 3º, IV, da Lei 8.009/90).

Gabarito "D".

(OAB/FGV – 2023) Depois de citado em Ação de Execução Fiscal movida pelo Estado Alfa, João não pagou o crédito tributário constante da Certidão de Dívida Ativa no valor de R$ 100.000,00 e nem ofereceu voluntariamente qualquer bem para garantir a execução.

Em seguida, foi decretada e cumprida a penhora *on line* em dinheiro do valor total cobrado, que foi encontrado em uma de suas contas bancárias, constrição realizada através do SISBAJUD.

João, por seu advogado(a), pretende oferecer em sua defesa os Embargos do Devedor, dentro do prazo legal. Para tal, ele terá 30 (trinta) dias para oferecer os Embargos do Devedor, contados

(A) da sua citação para oferecer os Embargos do Devedor.

(B) do despacho do juiz que deferiu a inicial da ação de execução fiscal.

(C) da efetiva intimação da penhora.

(D) da juntada aos autos do mandado de intimação da penhora devidamente cumprido.

A e B: incorretas, pois a Lei de Execução Fiscal (Lei nº 6.830/80) expressamente dispõe que o executado oferecerá embargos, no prazo de 30 (trinta) dias, contados da intimação da penhora (art. 16, III, da Lei 6.830/80); C: correta, conforme comentário anterior – art. 16, III, da Lei 6.830/80; D: incorreta, conforme comentário anterior.

Gabarito "C".

(OAB/FGV – 2023) A instituição assistencial sem fins lucrativos Quero-Te-Bem, apesar de atender há muitos anos a todos os requisitos legais e constitucionais para ter direito ao seu enquadramento como detentora da imunidade tributária de impostos das entidades beneficentes de assistência social (Art. 150, inciso VI, alínea c, da CRFB/88), foi surpreendida, em dezembro de 2022, com uma notificação de lançamento tributário referente ao Imposto sobre a Renda de Pessoa Jurídica (IRPJ) dos anos de 2018 a 2021.

Ao consultar seu advogado, este solicita todos os livros contábeis, documentos societários e demais certidões, todos desde a sua constituição, a fim de desconstituir judicialmente a cobrança, com o auxílio de parecer de empresa de auditoria e de perito judicial a serem indicados e produzidos como meios de provas no processo.

Diante desse cenário, assinale a opção que indica a medida judicial cabível.

(A) Mandado de Segurança repressivo.
(B) Ação Anulatória de Débito Fiscal.
(C) Ação Declaratória de inexistência de relação jurídico-tributária.
(D) Medida Cautelar Fiscal.

A: incorreta, pois há necessidade de realização de provas durante o processo, o que impede a utilização do Mandado de Segurança que requer, para sua impetração, prova **pré-constituída** do direito líquido e certo que se quer ver declarado, apta a permitir o exame da pretensão; **B**: correta, pois se já houve lançamento tributário deve ser utilizada ação que permita a anulação de tal ato administrativo, caso julgada procedente. Ademais, a Ação Anulatória de Débito Fiscal é ação ordinária que admite dilação probatória; **C**: incorreta, pois se já houve lançamento tributário não é possível utilizar a Ação Declaratória de inexistência de relação jurídico-tributária a fim de desconstituir judicialmente a cobrança por ser inapta a invalidar tal ato administrativo; **D**: incorreta, pois a Medida Cautelar Fiscal, regida pela Lei 8.397/1992, é ação privativa do Fisco com o intuito de garantir que um tributo seja recebido. LB

Gabarito "B".

---

17. SIMPLES NACIONAL – MICROEMPRESAS E EMPRESAS DE PEQUENO PORTE

(Juiz de Direito – TJ/SC – 2024 – FGV) A sociedade Doces XXX Ltda., localizada no Estado Alfa, é conhecida por seus doces derivados de queijo. Sabendo que o Estado Beta possui uma indústria queijeira famosa pela qualidade, resolve comprar sua matéria-prima de fornecedores do Estado Beta.

Considerando que a Doces XXX Ltda. é optante do Simples, a respeito do recolhimento do ICMS, é correto afirmar que:

(A) em razão do tratamento favorecido às empresas de pequeno porte pela Constituição Federal, não se admite a cobrança de diferencial de alíquota de ICMS pelo Estado Alfa da sociedade Doces XXX Ltda. por ser ela optante do Simples.
(B) a sociedade Doces XXX Ltda. é substituta tributária de seus fornecedores queijeiros por se tratar de empresa optante do Simples, cabendo a ela o recolhimento do ICMS ao Estado Beta.
(C) para a cobrança do diferencial de alíquota de ICMS pelo Estado Alfa, basta a previsão na legislação estadual sem necessidade de lei específica nos casos de sociedade optante do Simples.
(D) a sociedade Doces XXX Ltda. terá que recolher o diferencial de alíquota de ICMS ao Estado Alfa, desde que haja lei estadual específica determinando, mesmo sendo optante do Simples.
(E) a existência de lei complementar federal autorizando a cobrança de diferencial de alíquota de ICMS permite o Estado Beta a autuar a sociedade Doces XXX Ltda. em caso de não recolhimento.

O gabarito é a letra D. O tema foi analisado por duas teses fixadas no STF (Tema 1284 e 517, respectivamente): "A cobrança do ICMS-DIFAL de empresas optantes do Simples Nacional deve ter fundamento em lei estadual em sentido estrito" e "É constitucional a imposição tributária de diferencial de alíquota do ICMS pelo Estado de destino na entrada de mercadoria em seu território devido por sociedade empresária aderente ao Simples Nacional, independentemente da posição desta na cadeia produtiva ou da possibilidade de compensação dos créditos". As demais alternativas fogem demais ao entendimento sedimentado no STF, de modo que A, B, C e D estão incorretas. FP

Gabarito "D".

18. OUTRAS MATÉRIAS E MATÉRIAS E COMBINADAS

(Juiz de Direito – TJ/SC – 2024 – FGV) Josué recebe pensão por morte de sua esposa Marília desde 2015, no valor atual de R$ 6.000,00, sendo que, em 2022, descobriu ser cardiopata grave. Trabalha como comentarista esportivo num canal no YouTube, onde faz suas participações da sua casa, ganhando um valor bem superior ao que ganharia se fosse aposentado. Marília recebia sua aposentadoria do INSS como trabalhadora da iniciativa privada.

Quanto à incidência de Imposto de Renda das Pessoas Físicas (IRPF) e à contribuição previdenciária dos valores recebidos por Josué, é correto afirmar que:

(A) haverá incidência de IRPF e contribuição previdenciária sobre os valores recebidos do seu trabalho, e estará isento do IRPF e imune da contribuição previdenciária em relação à pensão por morte recebida.
(B) a isenção do IRPF não se aplica ao pensionista que continua trabalhando, devendo pagar o referido imposto sobre o salário e a pensão por morte e contribuição previdenciária sobre o seu salário, estando isento na pensão.
(C) haverá incidência de IRPF e contribuição previdenciária sobre os valores recebidos do seu trabalho, e estará isento do IRPF da contribuição previdenciária em relação à pensão por morte recebida.
(D) estará isento do IRPF quanto ao seu salário e à pensão por morte e deve pagar contribuição previdenciária sobre o seu salário, estando imune na pensão.
(E) a isenção do IRPF não se aplica ao pensionista que continua trabalhando, devendo pagar o referido imposto sobre o salário e a pensão por morte e contribuição previdenciária sobre o seu salário, estando imune na pensão.

O gabarito é a letra A. Entretanto, discordamos dessa posição. No nosso entendimento, a alternativa E está correta. A: incorreta. O STJ no Tema Repetitivo nº 1037 determinou que: "Não se aplica a isenção do imposto de renda prevista no inciso XIV do artigo 6º da Lei n. 7.713/1988 (seja na redação da Lei nº 11.052/2004 ou nas versões anteriores) aos rendimentos de portador de moléstia grave que se encontre no exercício de atividade laboral". Assim, Josué não é beneficiário de isenção de imposto de renda; **B**: incorreta. Por ser hipótese de não incidência constitucionalmente estabelecida, Josué é imune à incidência de contribuição previdenciária sobre os proventos recebidos a título de pensão concedida pelo RGPS, mas deverá recolher a contribuição calculada sobre o salário. "Art. 195. A seguridade social será financiada por toda a sociedade, de forma direta e indireta, nos termos da lei, mediante recursos provenientes dos orçamentos da União, dos Estados, do Distrito Federal e dos

Municípios, e das seguintes contribuições sociais: II – do trabalhador e dos demais segurados da previdência social, podendo ser adotadas alíquotas progressivas de acordo com o valor do salário de contribuição, não incidindo contribuição sobre aposentadoria e pensão concedidas pelo Regime Geral de Previdência Social"; **C:** incorreta. A despeito da redação ruim da alternativa, não haverá isenção do IRPF, conforme comentários à alternativa A e Josué é imune à incidência de contribuição previdenciária sobre os proventos recebidos a título de pensão concedida pelo RGPS, conforme comentários à alternativa B; **D:** incorreta. Não haverá isenção de IRPF, quer quanto ao salário, quer quanto à pensão, conforme comentários à alternativa A; **E:** correta. Isso porque Josué não é beneficiário de isenção de imposto de renda, devendo recolher os valores sobre o recebimento dos salários e da pensão, conforme comentários à alternativa A e é imune à incidência de contribuição previdenciária sobre os proventos recebidos a título de pensão concedida pelo RGPS, mas deverá recolher a contribuição calculada sobre o salário.

Gabarito "A".

(Juiz Federal – TRF/1 – 2023 – FGV) A Zona Franca de Manaus, localizada no Estado do Amazonas, sobre o qual o TRF1 exerce jurisdição, é um relevante polo de desenvolvimento regional, sobretudo em razão dos incentivos fiscais conferidos àqueles que ali instalam seus empreendimentos.

Acerca dessa zona especial e sua relação com a tributação, é correto afirmar que:

(A) o benefício fiscal do Reintegra não alcança as operações de venda de mercadorias de origem nacional para a Zona Franca de Manaus, por não se tratar de reexportação para o estrangeiro.

(B) o direito ao creditamento de IPI na entrada de insumos, matéria-prima e material de embalagem, adquiridos junto à Zona Franca de Manaus sob o regime da isenção, fica condicionado à posterior exportação para o estrangeiro dos bens beneficiados pelo creditamento.

(C) quando do advento da Constituição Federal de 1988, os bens de informática, inclusive os produzidos na Zona Franca de Manaus, não foram abrangidos pelos benefícios fiscais desta zona especial.

(D) a determinação expressa de manutenção do conjunto de incentivos fiscais referentes à Zona Franca de Manaus, extraídos da legislação pré-constitucional, exige a incidência do ICMS sobre as operações de saída de mercadorias para essa área de livre comércio.

(E) a Superintendência da Zona Franca de Manaus (Suframa) exerce atividade afeta ao Estado e pode, em razão de sua fiscalização, cobrar taxas, cuja instituição, por expressa exceção constitucional prevista no Ato das Disposições Constitucionais Transitórias, pode ser feita por meio de Portaria da Suframa.

A: incorreta. Incongruência com o disposto na Súmula 640 do STJ; **B:** incorreta. O STF, em sede de repercussão geral – Tema 322, fixou entendimento no RE 592891 acerca do creditamento de IPI na entrada de insumos, matéria-prima e material de embalagem adquiridos juntos à Zona Franca de Manaus sob o regime da isenção; **C:** correta. O STF, no julgamento da ADI 2399, determinou que os bens de informática não foram abrangidos pelos benefícios fiscais da Zona Franca de Manaus; **D:** incorreta. O STF no julgamento da ADI 310 determinou "A determinação expressa de manutenção do conjunto de incentivos fiscais referentes à Zona Franca de Manaus, extraídos, obviamente, da legislação pré-constitucional, exige a não incidência do ICMS sobre as operações de saída de mercadorias para aquela área de livre comércio, sob pena de se proceder a uma redução do quadro fiscal expressamente mantido por dispositivo constitucional específico e transitório"; **E:** incorreta. Não é possível que a SUFRAMA cobre taxas, nos moldes do julgamento do STF, em sede de repercussão geral, do ARE 957650.

Gabarito "C".

(Juiz de Direito/AP – 2022 – FGV) Em 2021, foi submetido à Assembleia Legislativa do Estado X um projeto de lei ordinária estadual, sem qualquer anexo, contando com apenas dois artigos. Tais artigos alteravam dispositivos da Lei Complementar estadual que institui o Imposto sobre a Propriedade de Veículos Automotores (IPVA). A primeira alteração concedia isenção de IPVA a pessoas com deficiências e a segunda alteração ampliava o prazo de recolhimento desse tributo.

Caso aprovada a proposta, o dispositivo da lei estadual que concede tal isenção será:

(A) inconstitucional, já que essa lei ordinária não poderia alterar uma lei complementar;

(B) inconstitucional, já que essa lei não está acompanhada da estimativa do seu impacto orçamentário e financeiro;

(C) inconstitucional, por não se tratar de uma lei específica que regule exclusivamente a isenção;

(D) constitucional, por ser lei específica que regula o IPVA;

(E) constitucional, já que tal isenção pode ser concedida mediante lei ordinária.

A: incorreta, pois a lei complementar que instituiu o tributo é apenas formalmente complementar, sendo materialmente lei ordinária (pois exige-se simples lei ordinária estadual para isso). Assim, essa lei materialmente ordinária pode ser alterada por lei ordinária estadual; **B:** correta, pois os projetos de lei que concedem benefícios fiscais, como isenção, devem estar acompanhados de estimativa do impacto orçamentário-financeiro no exercício em que deva iniciar sua vigência e nos dois seguintes – art. 14 da LRF; **C:** incorreta, pois a lei que concede benefício fiscal pode regular também o correspondente tributo, nos termos do art. 150, § 6º, da CF. O que não se admite é lei que trate de benefício fiscal e, ao mesmo tempo, matérias estranhas ao tributo correspondente; **D** e **E:** incorretas, conforme comentário à alternativa "B".

Gabarito "B".

10. Direito do Trabalho

Hermes Cramacon

1. CONTRATO DE TRABALHO

(OAB/FGV – 2024) Antônio Valente é seu cliente por conta de uma reclamação trabalhista ajuizada anteriormente, na qual vocês se sagraram vitoriosos. Agora, trabalhando para outro empregador, Antônio Valente viu a possibilidade de passar a exercer suas atividades em teletrabalho, mas sem saber exatamente o que configuraria essa modalidade. Antes de se candidatar à vaga, Antônio resolveu consultar você a respeito do tema. Assinale a opção que apresenta, corretamente, sua orientação.

(A) O teletrabalho pode ser pactuado, tácita ou expressamente, entre empregado e empregador, não necessitando constar do instrumento individual de contrato de trabalho.
(B) O trabalho em regime de teletrabalho não pressupõe a prestação dos serviços por jornada, por produção ou por tarefa.
(C) O teletrabalho será descaracterizado, caso o empregado, habitualmente, tenha que comparecer às dependências do empregador e o empregado retornará ao sistema de trabalho presencial.
(D) O teletrabalho se dá, total ou parcialmente, fora das dependências do empregador, não se configurando como trabalho externo, pressupondo a utilização de tecnologias de comunicação e informação.

A: incorreta, pois nos termos do art. 75-C da CLT a prestação de serviços na modalidade de teletrabalho deverá constar expressamente do instrumento de contrato individual de trabalho. B: incorreta, pois nos termos do art. 75-B, § 2º, da CLT o empregado submetido ao regime de teletrabalho ou trabalho remoto poderá prestar serviços por jornada ou por produção ou tarefa. C: incorreta, pois nos termos do art. 75-B da CLT será considerado a prestação de serviços fora das dependências do empregador, de maneira preponderante ou não. D: correta, pois nos termos do art. 75-B da CLT considera-se teletrabalho ou trabalho remoto a prestação de serviços fora das dependências do empregador, de maneira preponderante ou não, com a utilização de tecnologias de informação e de comunicação, que, por sua natureza, não configure trabalho externo.
Gabarito "D".

(OAB/FGV – 2024) Em 2024, uma companhia imobiliária contratou Olívia como estagiária. Olívia foi designada para trabalhar em regime de teletrabalho (trabalho em domicílio, home office) na confecção de planilhas de locatários inadimplentes, que, em seguida, são enviadas ao setor jurídico da sociedade empresária. Considerando os fatos e o que dispõe a CLT, assinale a afirmativa correta.

(A) O regime de teletrabalho é incompatível com o estágio, por frustrar o seu objetivo principal que é a vivência prática das rotinas.
(B) Havendo autorização prévia do Juiz do Trabalho, é possível, em caráter excepcional, o regime de teletrabalho no estágio.
(C) Somente se estivesse na cota de estagiário com deficiência, ela poderia trabalhar em regime de teletrabalho.
(D) Se for conveniente para as partes, o regime de teletrabalho pode ser adotado nos contratos de estágio.

A: incorreta, pois o art. 75-B, § 6º, da CLT permite o regime de teletrabalho ao estagiário. B: incorreta, pois não há necessidade de autorização do Juiz do Trabalho para a adoção do regime de teletrabalho ao estagiário. C: incorreta, pois a lei não faz tal exigência. D: correta, nos termos do art. 75-B, § 6º, da CLT fica permitida a adoção do regime de teletrabalho ou trabalho remoto para estagiários e aprendizes.
Gabarito "D".

(OAB/FGV – 2024) A empresa de trabalho temporário Sempre Alerta Ltda. terceirizará o serviço de limpeza da sociedade empresária Extintores Infalíveis Ltda., nela alocando 10 (dez) auxiliares de limpeza que se revezarão em turnos de 12 x 36 horas. No contrato apresentado, que vigora a partir de janeiro de 2024, por 180 dias, e é regido pela Lei nº 6.019/74, existe cláusula de reserva que proíbe a contratação de qualquer auxiliar pela empresa tomadora ao fim do prazo em que ele tenha sido colocado à sua disposição. Considerando os fatos e a norma de regência, assinale a afirmativa correta.

(A) A cláusula de reserva é válida, se ambas as partes a aceitarem.
(B) Para a validade da cláusula de reserva, é necessária a chancela do sindicato de classe dos empregadores.
(C) A inserção da cláusula de reserva é possível, desde que prevista em acordo coletivo de trabalho.
(D) A cláusula de reserva é nula de pleno direito.

Nos termos do art. 11, parágrafo único, da Lei 6.019/74 será nula de pleno direito qualquer cláusula de reserva, proibindo a contratação do trabalhador pela empresa tomadora ou cliente ao fim do prazo em que tenha sido colocado à sua disposição pela empresa de trabalho temporário.
Gabarito "D".

(OAB/FGV – 2023) Sílvio Luiz foi convidado pelo seu empregador para ocupar interinamente o cargo de supervisor administrativo; sendo certo que, em caso de vacância do cargo, este seria preenchido por Sílvio Luiz. Diante desta situação, você foi consultado, como advogado(a) do empregado, para saber acerca dos seus direitos na hipótese.

Sobre o caso apresentado, de acordo com o texto em vigor da CLT e a jurisprudência consolidada do TST, assinale a afirmativa correta.

(A) Caso não haja a vacância e cessada a interinidade do cargo, Sílvio Luiz terá que ser desligado da empresa por motivo econômico, o que afasta o pagamento da

multa de 40%, pois a alteração contratual de reversão será ilícita e autorizada a dispensa na hipótese por justo motivo.
(B) Sílvio Luiz, no caso de vacância definitiva do cargo, passará a ocupá-lo e terá necessariamente direito ao salário do seu antecessor.
(C) Sendo a hipótese de férias do efetivo supervisor administrativo que ensejou o trabalho interino de Sílvio Luiz no cargo, este último não faz jus ao mesmo salário do substituído no período.
(D) Considerando que o exercício do cargo será interino, não havendo a vacância posterior, Sílvio Luiz terá garantido o retorno ao seu cargo anterior e a contagem de tempo de serviço no cargo ocupado temporariamente.

Nos termos do art. 450 da CLT ao empregado chamado a ocupar, em comissão, interinamente, ou em substituição eventual ou temporária, cargo diverso do que exercer na empresa, serão garantidas a contagem do tempo naquele serviço, bem como volta ao cargo anterior. Nessa linha, de acordo com a súmula 159, I, do TST enquanto perdurar a substituição que não tenha caráter meramente eventual, inclusive nas férias, o empregado substituto fará jus ao salário contratual do substituído. Já o inciso II da súmula 159 TST ensina que vago o cargo em definitivo, o empregado que passa a ocupá-lo não tem direito a salário igual ao do antecessor.
Gabarito "D".

(OAB/FGV – 2022) Lúcio Lima foi contratado para trabalhar em uma empresa no ramo da construção civil. Seu empregador descumpriu inúmeros direitos trabalhistas, e, notadamente, deixou de pagar as verbas rescisórias. No período, Lúcio Lima prestou serviços em um contrato de subempreitada, já que seu empregador fora contratado pelo empreiteiro principal para realizar determinada obra de reforma.
Diante desse cenário, Lúcio Lima contratou você, como advogado(a), para ajuizar uma reclamação trabalhista. Sobre a hipótese, segundo o texto legal da CLT em vigor, assinale a afirmativa correta.
(A) Cabe ação em face de ambas as sociedades empresárias, que figurarão no polo passivo da demanda.
(B) Trata-se de grupo econômico, o que induz obrigatoriamente à responsabilidade solidária de ambas as sociedades empresárias.
(C) Cabe apenas ação em face do efetivo empregador, já que não se trata de terceirização de mão de obra.
(D) A subempreitada é atividade ilícita por terceirizar atividade fim, razão pela qual se opera a sucessão de empregadores, configurando-se fraude.

A: opção correta. Isso porque, nos termos do art. 455 da CLT nos contratos de subempreitada responderá o subempreiteiro pelas obrigações derivadas do contrato de trabalho que celebrar, cabendo, todavia, aos empregados, o direito de reclamação contra o empreiteiro principal pelo inadimplemento daquelas obrigações por parte do primeiro. Todavia, a OJ 191 da SDI 1 do TST ensina que diante da inexistência de previsão legal específica, o contrato de empreitada de construção civil entre o dono da obra e o empreiteiro não enseja responsabilidade solidária ou subsidiária nas obrigações trabalhistas contraídas pelo empreiteiro, salvo sendo o dono da obra uma empresa construtora ou incorporadora. B: incorreta, pois não se trata de grupo econômico, cujo conceito vem esculpido no art. 2º, § 2º, da CLT; C: incorreta, pois a ação poderá ser proposta em face de ambas as sociedades, art. 455 da CLT e OJ 191 SDI 1 do TST. D: incorreta, pois o contrato de subempreitada não é ilícito, art. 455 CLT.
Gabarito "A".

(OAB/FGV – 2022) Pedro Paulo joga futebol em um clube de sua cidade, que é classificado como formador, e possui com o referido clube um contrato de formação. Recentemente, recebeu uma proposta para assinar seu primeiro contrato profissional. Sabedor de que não há nenhum outro clube interessado em assinar um primeiro contrato especial de trabalho desportivo como profissional, Pedro Paulo consultou você, como advogado(a), para saber acerca da duração do referido contrato. Diante disso, observada a Lei Geral do Desporto, assinale a afirmativa correta.
(A) O contrato poderá ter prazo indeterminado.
(B) O contrato poderá ter duração máxima de cinco anos.
(C) O contrato poderá ter duração máxima de três anos.
(D) Não há prazo máximo estipulado, desde que seja por prazo determinado.

Nos termos do art. 29 da Lei 9.615/98 a entidade de prática desportiva formadora do atleta terá o direito de assinar com ele, a partir de 16 (dezesseis) anos de idade, o primeiro contrato especial de trabalho desportivo, cujo prazo não poderá ser superior a 5 (cinco) anos.
Gabarito "B".

(OAB/FGV – 2022) A churrascaria *Boi Gordo* tem movimento variado ao longo dos diversos meses do ano. A variação também ocorre em algumas semanas, razão pela qual decidiu contratar alguns empregados por meio do chamado contrato intermitente. Diante disso, esses pretensos empregados ficaram com dúvidas e consultaram você, como advogado(a), para esclarecer algumas questões. Assinale a opção que indica, corretamente, o esclarecimento prestado.
(A) O tempo de resposta do empregado em relação à convocação para algum trabalho é de um dia útil para responder ao chamado, e o silêncio gera presunção de recusa.
(B) O empregador poderá convocar o empregado de um dia para o outro, sendo a antecedência de um dia útil, portanto.
(C) Para o empregado existe um limite de recusas por mês. Extrapolado o número de três recusas no mês, considerar-se-á rompido o contrato.
(D) O contrato intermitente pode ser tácito ou expresso, verbal ou escrito.

A: opção correta, pois reflete a disposição do art. 452-A, § 2º, CLT. B: opção incorreta, pois recebida a convocação, o empregado terá o prazo de um dia útil para responder ao chamado, art. 452-A, § 2º, CLT. C: opção incorreta, pois não há limite de recusas. Importante lembrar que a recusa da oferta não descaracteriza a subordinação para fins do contrato de trabalho intermitente, nos termos do art. 452-A, § 3º, CLT. D: opção incorreta, pois nos termos do art. 452-A da CLT o contrato de trabalho intermitente deve ser celebrado por escrito e deve conter especificamente o valor da hora de trabalho, que não pode ser inferior ao valor horário do salário-mínimo ou àquele devido aos demais empregados do estabelecimento que exerçam a mesma função em contrato intermitente ou não.
Gabarito "A".

(OAB/FGV – 2021) Júlia é analista de sistemas de uma empresa de tecnologia e solicitou ao empregador trabalhar remotamente. Sobre a pretensão de Júlia, observados os termos da CLT, assinale a afirmativa correta.
(A) O teletrabalho só pode ser assim considerado se a prestação de serviços for totalmente fora das dependências da empresa.

(B) O ajuste entre Júlia e seu empregador poderá ser tácito, assim como ocorre com o próprio contrato de trabalho.

(C) O computador e demais utilidades que se fizerem necessárias para o trabalho remoto de Júlia não integrarão sua remuneração.

(D) O ajuste entre as partes para o trabalho remoto deverá ser por mútuo consentimento, assim como o retorno ao trabalho presencial.

A: incorreta, pois nos termos do art. 75-B da CLT considera-se teletrabalho ou trabalho remoto a prestação de serviços fora das dependências do empregador, de maneira preponderante ou não, com a utilização de tecnologias de informação e de comunicação, que, por sua natureza, não configure trabalho externo. Vale dizer, ainda, que nos termos do § 1º, do art. 75-B da CLT o comparecimento, ainda que de modo habitual, às dependências do empregador para a realização de atividades específicas que exijam a presença do empregado no estabelecimento não descaracteriza o regime de teletrabalho ou trabalho remoto. **B:** Incorreta, pois nos termos do art. 75-C, § 1º, da CLT poderá ser realizada a alteração entre regime presencial e de teletrabalho desde que haja mútuo acordo entre as partes, registrado em aditivo contratual. **C:** correta, pois nos termos do art. 75-D, parágrafo único, da CLT as utilidades necessárias ao trabalho não integram a remuneração do empregado. **D:** incorreta, pois nos termos do art. 75-C da CLT a prestação de serviços na modalidade de teletrabalho deverá constar expressamente do instrumento de contrato individual de trabalho. Com relação à alteração de regime presencial para o teletrabalho e de teletrabalho para presencial, a lei exige aditivo contratual, art. 75-C, §§ 1º e 2º, da CLT.
Gabarito "C".

(OAB/FGV – 2020) Luiz e Selma são casados e trabalham para o mesmo empregador. Ambos são teletrabalhadores, tendo o empregador montado um *home office* no apartamento do casal, de onde eles trabalham na recepção e no tratamento de dados informatizados.

Para a impressão dos dados que serão objeto de análise, o casal necessitará de algumas resmas de papel, assim como de *toner* para a impressora que utilizarão.

Assinale a opção que indica quem deverá arcar com esses gastos, de acordo com a CLT.

(A) Cada parte deverá arcar com 50% desse gasto.
(B) A empresa deverá arcar com o gasto porque é seu o risco do negócio.
(C) A responsabilidade por esse gasto deverá ser prevista em contrato escrito.
(D) O casal deverá arcar com o gasto, pois não há como o empregador fiscalizar se o material será utilizado apenas no trabalho.

As disposições relativas à responsabilidade pela aquisição, manutenção ou fornecimento dos equipamentos tecnológicos e da infraestrutura necessária e adequada à prestação do trabalho remoto, bem como ao reembolso de despesas arcadas pelo empregado, serão previstas em contrato escrito, nos termos do art. 75-D da CLT.
Gabarito "C".

(OAB/FGV – 2020) Renato é um empregado doméstico que atua como caseiro no sítio de lazer do seu empregador. Contudo, a CTPS de Renato foi assinada como sendo operador de máquinas da empresa de titularidade do seu empregador. Renato tem receio de que, no futuro, não possa comprovar experiência na função de empregado doméstico e, por isso, intenciona ajuizar reclamação trabalhista para regularizar a situação.

Considerando a situação narrada e o entendimento consolidado do TST, assinale a afirmativa correta.

(A) Caso comprove que, de fato, é doméstico, Renato conseguirá a retificação na CTPS, pois as anotações nela lançadas têm presunção relativa.
(B) Somente o salário poderia ser objeto de demanda judicial para se comprovar que o empregado recebia valor superior ao anotado, sendo que a alteração na função não é prevista, e a demanda não terá sucesso.
(C) Caso Renato comprove que é doméstico, o pedido será julgado procedente, mas a alteração será feita com modulação de efeitos, com retificação da data da sentença em diante.
(D) Renato não terá sucesso na sua reclamação trabalhista, porque a anotação feita na carteira profissional tem presunção absoluta.

Nos termos da súmula 12 do TST as anotações apostas pelo empregador na carteira profissional do empregado não geram presunção "juris et de jure", ou seja, absoluta, mas apenas "juris tantum", ou seja, relativa. Assim, em uma eventual reclamação trabalhista, uma vez comprovada suas alegações, a CPTS poderá ser retificada.
Gabarito "A".

(OAB/FGV – 2020) Gervásia é empregada na Lanchonete Pará desde fevereiro de 2018, exercendo a função de atendente e recebendo o valor correspondente a um salário mínimo por mês. Acerca da cláusula compromissória de arbitragem que o empregador pretende inserir no contrato da empregada, de acordo com a CLT, assinale a afirmativa correta.

(A) A inserção não é possível, porque, no Direito do Trabalho, não cabe arbitragem em lides individuais.
(B) A cláusula compromissória de arbitragem não poderá ser inserida no contrato citado, em razão do salário recebido pela empregada.
(C) Não há mais óbice à inserção de cláusula compromissória de arbitragem nos contratos de trabalho, inclusive no de Gervásia.
(D) A cláusula de arbitragem pode ser inserida em todos os contratos de trabalho, sendo admitida de forma expressa ou tácita.

Nos termos do art. 507-A da CLT, inserido pela Lei 13.467/2017, apenas nos contratos individuais de trabalho cuja remuneração seja superior a duas vezes o limite máximo estabelecido para os benefícios do Regime Geral de Previdência Social (em outubro/2020 – R$ 12.202,12), poderá ser pactuada cláusula compromissória de arbitragem, desde que por iniciativa do empregado ou mediante a sua concordância expressa, nos termos previstos na Lei 9.307/96.
Gabarito "B".

(OAB/FGV – 2019) Rogério foi admitido, em 08/12/2017, em uma locadora de automóveis, como responsável pelo setor de contratos, razão pela qual não necessitava comparecer diariamente à empresa, pois as locações eram feitas on-line. Rogério comparecia à locadora uma vez por semana para conferir e assinar as notas de devolução dos automóveis.

Assim, Rogério trabalhava em sua residência, com todo o equipamento fornecido pelo empregador, sendo que seu contrato de trabalho previa expressamente o trabalho remoto a distância e as atividades desempenhadas.

Após um ano trabalhando desse modo, o empregador entendeu que Rogério deveria trabalhar nas dependências da empresa. A decisão foi comunicada a Rogério, por meio de termo aditivo ao contrato de trabalho assinado por ele, com 30 dias de antecedência.

Ao ser dispensado em momento posterior, Rogério procurou você, como advogado(a), indagando sobre possível ação trabalhista por causa desta situação.

Sobre a hipótese de ajuizamento, ou não, da referida ação, assinale a afirmativa correta.

(A) Não se tratando da modalidade de teletrabalho, deverá ser requerida a desconsideração do trabalho em domicílio, já que havia comparecimento semanal nas dependências do empregador.

(B) Não deverá ser requerido o pagamento de horas extras pelo trabalho sem limite de horário, dado o trabalho em domicílio, porém poderá ser requerido trabalho extraordinário em virtude das ausências de intervalo de 11h entre os dias de trabalho, bem como o intervalo para repouso e alimentação.

(C) Em vista da modalidade de teletrabalho, a narrativa não demonstra qualquer irregularidade a ser requerida em eventual demanda trabalhista.

(D) Deverá ser requerido que os valores correspondentes aos equipamentos usados para o trabalho em domicílio sejam considerados salário-utilidade.

A: incorreta, pois se trata da modalidade teletrabalho, previsto nos arts. 75-A a 75-E da CLT; **B:** opção incorreta, pois os empregados em teletrabalho estão excluídos do regime de duração do trabalho, conforme art. 62, III, da CLT; **C:** correta, pois se trata da modalidade teletrabalho, previsto nos arts. 75-A a 75-E da CLT. Nessa modalidade de contrato poderá ser realizada a alteração do regime de teletrabalho para o presencial por determinação do empregador, garantido prazo de transição mínimo de quinze dias, com correspondente registro em aditivo contratual, na forma do art. 75-C, § 2º, da CLT. **D:** incorreta, pois os equipamentos utilizados não são considerados salário-utilidade, art. 75-D, parágrafo único, da CLT.
Gabarito "C".

(OAB/FGV – 2018) Uma sociedade empresária do ramo de informática, visando à redução de custos, decidiu colocar metade de seus funcionários em teletrabalho, com possibilidade de revogação, caso não desse certo. Sobre o regime de teletrabalho, com base na legislação trabalhista em vigor, assinale a afirmativa correta.

(A) Poderá ser realizada a alteração do regime de teletrabalho para o presencial por determinação do empregador, garantido o prazo de transição mínimo de 15 dias, com correspondente registro em aditivo contratual.

(B) Os materiais fornecidos pelo empregador para a realização do teletrabalho representam utilidades e integram a remuneração do empregado.

(C) A jornada do empregado em teletrabalho que exceder o limite constitucional será paga como hora extra.

(D) A empresa pode implementar, por vontade própria, o teletrabalho, sendo desnecessária a concordância expressa do empregado, já que seria mais vantajoso para ele.

A: correta, pois reflete a disposição do art. 75-C, § 2º, da CLT; **B:** incorreta, pois as utilidades mencionadas no enunciado não integram a remuneração do empregado, na forma do art. 75-D, parágrafo único, da CLT; **C:** incorreta, pois os empregados em regime de teletrabalho não estão sujeitos às normas de duração do trabalho, nos termos do art. 62, III, da CLT; **D:** incorreta, pois nos termos do art. 75-C da CLT a prestação de serviços na modalidade de teletrabalho deverá constar expressamente do contrato individual de trabalho, que especificará as atividades que serão realizadas pelo empregado. Já o § 1º do mesmo dispositivo ensina que poderá ser realizada a alteração entre regime presencial e de teletrabalho desde que haja mútuo acordo entre as partes, registrado em aditivo contratual.
Gabarito "A".

(OAB/FGV – 2018) Paulo é policial militar da ativa da Brigada Militar do Rio Grande do Sul. Como policial militar, trabalha em regime de escala 24h x 72h. Nos dias em que não tem plantão no quartel, atua como segurança em uma joalheria de um shopping center, onde tem que trabalhar três dias por semana, não pode se fazer substituir por ninguém, recebe remuneração fixa mensal e tem que cumprir uma rotina de 8 horas a cada dia laborado. Os comandos do trabalho lhe são repassados pelo gerente-geral da loja, sendo que ainda ajuda nas arrumações de estoque, na conferência de mercadorias e em algumas outras funções internas. Paulo não teve a CTPS anotada pela joalheria.

Diante dessa situação, à luz das normas da CLT e da jurisprudência consolidada do TST, assinale a afirmativa correta.

(A) Estão preenchidos os requisitos da relação de emprego, razão pela qual Paulo tem vínculo empregatício com a joalheria, independentemente do fato de ser policial militar da ativa, e de sofrer eventual punição disciplinar administrativa prevista no estatuto do Policial Militar.

(B) Estão preenchidos os requisitos da relação de emprego, mas Paulo não poderá ter vínculo empregatício com a joalheria, em razão da punição disciplinar administrativa prevista no estatuto do Policial Militar.

(C) Não estão presentes os requisitos da relação de emprego, uma vez que Paulo poderá ser requisitado pela Brigada Militar e não poderá trabalhar nesse dia para a joalheria.

(D) Estão preenchidos os requisitos da relação de emprego, sendo indiferente à relação de emprego uma eventual punição disciplinar administrativa prevista no estatuto do Policial Militar, mas Paulo não pode ter vínculo empregatício com a joalheria tendo em vista que a função pública exige dedicação exclusiva.

"A" é a assertiva correta. Isso porque todos os requisitos da relação de emprego, quais sejam, subordinação, onerosidade, pessoalidade, pessoa física, não eventualidade (habitualidade) estão presentes, razão pela qual deve ser reconhecida a relação de emprego. Desta forma, nos termos da súmula 386 do TST, preenchidos os requisitos do art. 3º da CLT, é legítimo o reconhecimento de relação de emprego entre policial militar e empresa privada, independentemente do eventual cabimento de penalidade disciplinar prevista no Estatuto do Policial Militar.
Gabarito "A".

(OAB/FGV – 2017) Carlos, professor de educação física e fisioterapeuta, trabalhou para a Academia Boa Forma S/A, que assinou sua CTPS. Cumpria jornada de segunda a sexta-feira, das 7h às 16h, com uma hora de intervalo para almoço. Ao longo da jornada de trabalho, ele ministrava quatro aulas de ginástica com 50 minutos de duração cada, e, também, fazia atendimentos fisioterápicos previamente marcados pelos alunos da Academia, na sociedade empresária Siga em Boa Forma Ltda., do mesmo grupo econômico da Academia, sem ter sua CTPS anotada. Dispensado, Carlos pretende ajuizar ação trabalhista.

Diante disso, em relação ao vínculo de emprego de Carlos assinale a afirmativa correta.

(A) O caso gera a duplicidade de contratos de emprego, sendo as empresas responsáveis solidárias dos débitos trabalhistas.

(B) O caso gera a duplicidade de contratos de emprego, sendo as empresas responsáveis subsidiárias dos débitos trabalhistas.

(C) O caso gera duplicidade de contratos de emprego, cada empresa com sua responsabilidade.

(D) O caso não gera coexistência de mais de um contrato de trabalho.

"D" é a assertiva correta. Isso porque, nos termos da súmula 129 do TST, a prestação de serviços a mais de uma empresa do mesmo grupo econômico, durante a mesma jornada de trabalho, não caracteriza a coexistência de mais de um contrato de trabalho, salvo ajuste em contrário.
Gabarito "D".

2. SUJEITOS DA RELAÇÃO DE TRABALHO – MODALIDADES ESPECIAIS DE TRABALHADORES

(OAB/FGV – 2023) Francisco é caseiro desde 2019 em uma chácara localizada em área urbana, cujo proprietário aluga o imóvel por temporada por meio de um *site* especializado neste tipo de negociação. Francisco tem a incumbência de manter limpa a casa, receber os locatários e atender às eventuais necessidades no tocante ao conforto e à segurança. Além disso, de 2ª feira a sábado, Francisco faz a manutenção geral do local, independentemente de estar locado, para que a aparência esteja sempre impecável e, assim, os hóspedes recomendem a estadia na chácara a outros candidatos.

Diante desta situação e das normas de regência, assinale a opção que indica a categoria profissional de Francisco.

(A) Trabalhador intermitente.
(B) Empregado doméstico.
(C) Empregado rural.
(D) Empregado comum.

A: incorreta, pois nos termos do art. 443, § 3°, da CLT considera-se como intermitente o contrato de trabalho no qual a prestação de serviços, com subordinação, não é contínua, ocorrendo com alternância de períodos de prestação de serviços e de inatividade, determinados em horas, dias ou meses, independentemente do tipo de atividade do empregado e do empregador, exceto para os aeronautas, regidos por legislação própria. B: incorreta, pois nos termos do art. 1°, da LC 150/2015 empregado doméstico é aquele que presta serviços de forma contínua, subordinada, onerosa e pessoal e de finalidade não lucrativa à pessoa ou à família, no âmbito residencial destas, por mais de 2 (dois) dias por semana. Como o proprietário da casa exerce uma atividade lucrativa (aluga o imóvel por temporada por meio de um site especializado) não pode ser considerado empregado doméstico. C:

incorreta, pois nos termos do art. 2° da Lei 5.889/1973, empregado rural é toda pessoa física que, em propriedade rural ou prédio rústico, presta serviços de natureza não eventual a empregador rural, sob a dependência deste e mediante salário. D: correta, pois por não se enquadrar como outro tipo especial de empregado, será considerado nos termos do art. 3°, da CLT empregado comum.
Gabarito "D".

(OAB/FGV – 2020) Carlos foi contratado como estagiário, em 2018, por uma indústria automobilística, pelo prazo de dois anos. Todas as exigências legais foram atendidas, e o estágio era remunerado. Após um ano de vigência do contrato, ele procura você, como advogado(a), para saber se terá direito a férias nos 12 meses seguintes.

Sobre a situação narrada, de acordo com a Lei de regência, assinale a afirmativa correta.

(A) Não haverá direito a qualquer paralisação, porque somente o empregado tem direito a férias.

(B) O estagiário tem direito a férias normais acrescidas do terço constitucional.

(C) Uma vez que a Lei é omissa a respeito, caberá ao empregador conceder, ou não, algum período de descanso a Carlos.

(D) Carlos terá direito a um recesso remunerado de 30 dias, mas sem direito ao acréscimo de 1/3(um terço).

O estagiário é regulado pela Lei 11.788/2008. De acordo com o art. 13 da lei não se fala em férias, mas sim um período de recesso. Por não se tratar de férias propriamente ditas, não há pagamento do acréscimo de 1/3. Assim, nos termos do art. 13 da Lei 11.788/2008 é assegurado ao estagiário, sempre que o estágio tenha duração igual ou superior a 1 (um) ano, período de recesso de 30 (trinta) dias, a ser gozado preferencialmente durante suas férias escolares. Porém, nos termos do § 1° do próprio art. 13 o recesso apenas deverá ser remunerado quando o estagiário receber bolsa ou outra forma de contraprestação. Assim, como o estágio de Carlos era remunerado, fará jus ao recesso remunerado, sem o acréscimo de 1/3.
Gabarito "D".

(OAB/FGV – 2020) Paulo trabalhou para a *Editora Livro Legal Ltda.* de 10/12/2017 a 30/08/2018 sem receber as verbas rescisórias ao final do contrato, sob a alegação de dificuldades financeiras da empregadora. Em razão disso, ele pretende ajuizar ação trabalhista e procurou você, como advogado(a). Sabe-se que a empregadora de Paulo estava sob o controle e a direção da sócia majoritária, a *Editora Mundial Ltda.* Assinale a afirmativa que melhor atende à necessidade e à segurança de satisfazer o crédito do seu cliente.

(A) Poderá incluir a sociedade empresária controladora no polo passivo da demanda, e esta responderá solidariamente com a empregadora, pois se trata de grupo econômico.

(B) Poderá incluir a sociedade empresária controladora no polo passivo da demanda, e esta responderá subsidiariamente com a empregadora, pois se trata de grupo econômico.

(C) Não há relação de responsabilização entre as sociedades empresárias, uma vez que possuem personalidades jurídicas distintas, o que afasta a caracterização de grupo econômico.

(D) Não se trata de grupo econômico, porque a mera identidade de sócios não o caracteriza; portanto, descabe a responsabilização da segunda sociedade empresária.

Considera-se grupo de empresas sempre que uma ou mais empresas, tendo, embora, cada uma delas, personalidade jurídica própria, estiverem sob a direção, controle ou administração de outra, ou ainda quando, mesmo guardando cada uma sua autonomia, integrem grupo econômico, serão responsáveis solidariamente pelas obrigações decorrentes da relação de emprego. É a teoria do empregador único, na qual a empresa principal e cada uma das subordinadas serão solidariamente responsáveis, para os efeitos da relação de emprego, nos exatos termos do art. 2º, § 2º, da CLT. De acordo com a nova disposição consolidada para a caracterização do grupo econômico, não basta a mera identidade de sócios. A nova regra requer a comunhão de interesses, demonstração de interesse integrado e atuação conjunta das empresas que pertençam ao mesmo grupo econômico. Dessa forma, para que fique constatado grupo econômico, com a consequente responsabilidade solidária entre as empresas, os empregados deverão comprovar que, de fato, as empresas possuem interesse comum e atuação conjunta.
Gabarito "A".

(OAB/FGV – 2018) Paula trabalha na residência de Sílvia três vezes na semana como passadeira. Em geral, comparece às segundas, quartas e sextas, mas, se necessário, mediante comunicação prévia, comparece em outro dia da semana, exceto sábados, domingos e feriados. A CTPS não foi assinada e o pagamento é por dia de trabalho. Quando Paula não comparece, não recebe o pagamento e não sofre punição, mas Sílvia costuma sempre pedir que a ausência seja previamente comunicada.

Paula procura você, como advogado(a), com dúvida acerca da sua situação jurídica. À luz da legislação específica em vigor, assinale a opção que contempla a situação de Paula.

(A) Paula é diarista, pois trabalha apenas 3 vezes na semana.
(B) Paula é autônoma, porque gerencia seu próprio trabalho, dias e horários.
(C) Paula é empregada eventual.
(D) Paula é empregada doméstica.

"D" é a opção correta, pois Paula é considerada empregada doméstica que, nos termos do art. 1º da Lei Complementar 150/2015, é aquela pessoa que presta serviços de forma contínua, subordinada, onerosa e pessoal e de finalidade não lucrativa à pessoa ou à família, no âmbito residencial destas, por mais de 2 (dois) dias por semana que ensina. Paula não pode ser considerada empregada eventual, pois há habitualidade em sua prestação de serviços, qual seja, de 3 vezes por semana. Também não será considerada autônoma (vide art. 442-B da CLT), na medida em que na relação existente mostra-se presente a subordinação.
Gabarito "D".

(OAB/FGV – 2017) Suely trabalha na casa de Rogério como cuidadora de seu pai, pessoa de idade avançada e enferma, comparecendo de segunda a sexta-feira, das 8:00 às 17:00 h, com intervalo de uma hora para refeição. De acordo com o caso narrado e a legislação de regência, assinale a afirmativa correta.

(A) O controle escrito não é necessário, porque menos de 10 empregados trabalham na residência de Rogério.
(B) A lei de regência prevê que as partes podem acertar, por escrito, a isenção de marcação da jornada normal, assinalando apenas a eventual hora extra.
(C) A Lei é omissa a respeito, daí por que a existência de controle deve ser acertada entre as partes envolvidas no momento da contratação.
(D) Rogério deve, por força de Lei, manter controle escrito dos horários de entrada e saída da empregada doméstica.

"D" é a resposta correta. O enunciado trata de uma típica relação de empregado doméstico, regulado pela Lei Complementar 150/2015. Assim, determina o art. 12 da citada lei que é obrigatório o registro do horário de trabalho do empregado doméstico por qualquer meio manual, mecânico ou eletrônico, desde que idôneo. Desta forma, por força de lei, o empregador deverá manter controle escrito dos horários de entrada e saída da empregada doméstica.
Gabarito "D".

3. REMUNERAÇÃO E SALÁRIO

(OAB/FGV – 2023) Você, como advogado, trabalha no setor de recursos humanos de uma grande empresa multinacional. Como o gerente do setor está de férias, e é ele, na condição de gerente, que defere ou indefere as licenças reivindicadas pelos funcionários, a secretária do setor, agora, lhe indagou sobre as solicitações de quatro funcionários: o primeiro está com o contrato suspenso por doença, em gozo de benefício previdenciário de auxílio doença comum e requer pagamento de salário; o segundo requereu o abono de um dia de trabalho, em razão de doação de sangue; o terceiro formulou requerimento de dispensa para ser ouvido como testemunha na Justiça do Trabalho em audiência presencial e, o quarto e último, aduziu que o primo faleceu e requereu a dispensa do dia de trabalho.

Sobre as solicitações, considerando o teor da legislação trabalhista em vigor, assinale a afirmativa correta.

(A) Na hipótese de falecimento do primo, sendo parente do funcionário, a dispensa ao trabalho é devida por um dia.
(B) Em caso de doação de sangue voluntária, devidamente comprovada, o empregado tem direito a um dia de licença remunerada a cada 12 meses.
(C) O empregado em gozo de auxílio doença tem direito a receber a complementação salarial da diferença entre o benefício previdenciário e o salário.
(D) A ausência ao trabalho para comparecimento em juízo refere-se tão somente aos casos de o empregado ser parte na demanda, mas não para servir como testemunha.

A: incorreto, pois nos termos do art. 473 da CLT, não há hipótese de falta justificada em caso de falecimento de primo. **B:** correta, pois reflete a disposição do art. 473, IV, da CLT. **C:** incorreto, pois não há previsão legal para percepção de complementação salarial. No entanto, se convenção ou acordo coletivo trouxerem tal direito, o empregado terá direito a essa diferença. **D:** incorreto, pois nos termos do art. 822 da CLT as testemunhas não poderão sofrer qualquer desconto pelas faltas ao serviço, ocasionadas pelo seu comparecimento para depor, quando devidamente arroladas ou convocadas.
Gabarito "B".

(OAB/FGV – 2022) A partir de 2021, uma determinada sociedade empresária passou a oferecer aos seus empregados, gratuitamente, plano de saúde em grupo como forma de fidelizar a sua mão de obra e para que o empregado se sinta valorizado. O plano oferece uma boa rede credenciada e internação, se necessária, em enfermaria. Tanto o empregado quanto os seus dependentes são beneficiários. Todos os empregados se interessaram pelo plano e assinaram o documento respectivo de adesão.

Em relação a essa vantagem, de acordo com a CLT, assinale a afirmativa correta.

(A) O benefício não é considerado salário utilidade e, assim, não haverá qualquer reflexo.
(B) O plano, por se tratar de salário in natura, vai integrar o salário dos empregados pelo seu valor real.
(C) O valor do plano deverá ser integrado ao salário dos empregados pela metade do seu valor de mercado.
(D) O valor relativo ao empregado não será integrado ao salário, mas o valor referente aos dependentes refletirá nos demais direitos do trabalhador.

Nos termos do art. 458, § 2º, IV, da CLT não serão considerados como salário a assistência médica, hospitalar e odontológica, prestada diretamente ou mediante seguro-saúde.
Gabarito "A".

(OAB/FGV – 2021) Na reclamação trabalhista movida por Paulo contra a sociedade empresária Moda Legal Ltda., o juiz prolator da sentença reconheceu que o autor tinha direito ao pagamento das comissões, que foram prometidas mas jamais honradas, mas indeferiu o pedido de integração das referidas comissões em outras parcelas (13º salário, férias e FGTS) diante da sua natureza indenizatória. Considerando a situação de fato e a previsão legal, assinale a afirmativa correta.

(A) Correta a decisão, porque todas as verbas que são deferidas numa reclamação trabalhista possuem natureza indenizatória.
(B) Errada a decisão que indeferiu a integração, porque comissão tem natureza jurídica salarial, daí repercute em outras parcelas.
(C) Correta a decisão, pois num contrato de trabalho as partes podem atribuir a natureza das parcelas desde que haja acordo escrito neste sentido assinado pelo empregado.
(D) A decisão está parcialmente correta, porque a CLT determina que, no caso de reconhecimento judicial de comissões, metade delas terá natureza salarial.

A: incorreta, pois há verbas que possuem natureza salarial, como por exemplo as comissões e verbas de natureza indenizatória, como o pagamento de horas suprimidas no intervalo intrajornada (art. 71, § 4º, CLT). B: correta, pois nos termos do art. 457, § 1º, da CLT as comissões pagas pelo empregador integram o salário do empregado. C: a decisão está incorreta, pois as partes não podem dispor sobre a natureza da verba. D: incorreta, pois não há tal previsão legal, vide art. 457, § 1º, CLT.
Gabarito "B".

(OAB/FGV – 2020) Um grupo de investidores está estimando custos para montar empresas em diversos ramos. Por isso, procuraram você, como advogado(a), para serem informados sobre os custos dos adicionais de periculosidade e insalubridade nas folhas de pagamento.

Sobre a orientação dada, de acordo com o texto da CLT, assinale a afirmativa correta.

(A) O adicional de insalubridade varia entre os graus mínimo, médio e máximo sobre o salário mínimo; o de periculosidade tem percentual fixo: 30% do salário básico do empregado.
(B) Os adicionais de periculosidade e insalubridade variam entre os graus mínimo, médio e máximo, sendo, respectivamente, de 10%, 20% e 30% do salário dos empregados.
(C) As atividades com inflamáveis, explosivos e energia elétrica são consideradas as de maior risco, com um adicional de 50% sobre as remunerações dos empregados.
(D) O direito do empregado ao adicional de insalubridade ou periculosidade só pode cessar com a mudança de função ou por determinação judicial.

A: correto, pois reflete a disposição dos arts. 192 e 193, § 1º, CLT. B: incorreto, pois somente o adicional de insalubridade varia entre os graus mínimo, médio e máximo, art. 192 da CLT. O adicional de periculosidade é fixo em 30 % sobre o salário básico do empregado, ou seja, sobre o salário sem os acréscimos resultantes de gratificações, prêmios ou participações nos lucros da empresa, art. 193, § 1º, CLT C: incorreta, pois as atividades com inflamáveis, explosivos e energia elétrica são consideradas perigosas (art. 193, I, CLT), com adicional de 30% sobre o salário, art. 193, § 1º, CLT. D: incorreto, pois nos termos do art. 191 da CLT a eliminação ou a neutralização da insalubridade ocorrerá: I: com a adoção de medidas que conservem o ambiente de trabalho dentro dos limites de tolerância e II: com a utilização de equipamentos de proteção individual ao trabalhador, que diminuam a intensidade do agente agressivo a limites de tolerância.
Gabarito "A".

(OAB/FGV – 2020) Desde abril de 2019, Denilson é empregado em uma indústria de cosméticos, com carteira profissional assinada. No último contracheque de Denilson verifica-se o pagamento das seguintes parcelas: abono, prêmio, comissão e diária para viagem.

Considerando essa situação, assinale a opção que indica a verba que, de acordo com a CLT, integra o salário e constitui base de incidência de encargo trabalhista.

(A) Abono.
(B) Prêmio.
(C) Comissão.
(D) Diária para viagem.

A: incorreta, pois a verba denominada abono não integra o salário do empregado, não se incorporam ao contrato de trabalho e não constituem base de incidência de qualquer encargo trabalhista e previdenciário, art. 457, § 2º, CLT. B: incorreto, pois prêmios não integram o salário do empregado, não se incorporam ao contrato de trabalho e não constituem base de incidência de qualquer encargo trabalhista e previdenciário, art. 457, § 2º, CLT. C: correta, pois nos termos do art. 457, § 1º, CLT integram o salário a importância fixa estipulada, as gratificações legais e as comissões pagas pelo empregador. D: incorreta, pois as diárias para viagens não integram o salário do empregado, não se incorporam ao contrato de trabalho e não constituem base de incidência de qualquer encargo trabalhista e previdenciário, art. 457, § 2º, CLT.
Gabarito "C".

(OAB/FGV – 2020) Regina foi admitida pela sociedade empresária Calçados Macios Ltda., em abril de 2020, para exercer a função de estoquista. No processo de admissão, foi ofertado a Regina um plano de previdência privada, parcialmente patrocinado pelo empregador. Uma vez que as condições pareceram vantajosas, Regina aderiu formalmente ao plano em questão. No primeiro contra-cheque, Regina, verificou que, na parte de descontos, havia subtrações a título de INSS e de previdência privada.

Assinale a opção que indica, de acordo com a CLT, a natureza jurídica desses descontos.

(A) Ambos são descontos legais.
(B) INSS é desconto legal e previdência privada, contratual.
(C) Ambos são descontos contratuais.
(D) INSS é desconto contratual e previdência privada, legal.

Nos termos do art. 462 da CLT ao empregador é vedado efetuar qualquer desconto nos salários do empregado, salvo quando este resultar de adiantamentos, de dispositivos de lei ou de contrato coletivo. Os descontos referentes ao INSS são descontos legais, veja arts. 22, 23 e 24 da Lei 8212/1991. O desconto de previdência privado é contratual. Nesse sentido a súmula 342 do TST Descontos salariais efetuados pelo empregador, com a autorização prévia e por escrito do empregado, para ser integrado em planos de assistência odontológica, médico-hospitalar, de seguro, de previdência privada, ou de entidade cooperativa, cultural ou recreativo-associativa de seus trabalhadores, em seu benefício e de seus dependentes, não afrontam o disposto no art. 462 da CLT, salvo se ficar demonstrada a existência de coação ou de outro defeito que vicie o ato jurídico.
Gabarito "B".

(OAB/FGV – 2019) Edimilson é vigia noturno em um condomínio residencial de apartamentos. Paulo é vigilante armado de uma agência bancária. Letícia é motociclista de entregas de uma empresa de logística. Avalie os três casos apresentados e, observadas as regras da CLT, assinale a afirmativa correta.

(A) Paulo e Letícia exercem atividade perigosa e fazem jus ao adicional de periculosidade. A atividade de Edimilson não é considerada perigosa, e, por isso, ele não deve receber adicional.
(B) Considerando que os três empregados não lidam com explosivos e inflamáveis, salvo por disposição em norma coletiva, nenhum deles terá direito ao recebimento de adicional de periculosidade.
(C) Os três empregados fazem jus ao adicional de periculosidade, pois as profissões de Edimilson e Paulo estão sujeitas ao risco de violência física e, a de Letícia, a risco de vida.
(D) Apenas Paulo e Edimilson têm direito ao adicional de periculosidade por conta do risco de violência física.

Edmilson, por ser vigia noturno de um condomínio não exerce atividade perigosa, tendo em vista a falta de previsão legal, art. 193 da CLT. A função por ele exercida não se confunde com a dos vigilantes prevista na Lei 7.102/83. Já Paulo por ser vigilante armado, aplica-se a Lei 7.102/83, sendo considerado trabalho perigoso, pois está exposto a risco permanente de roubos ou de outras espécies de violência física, art. 193, II, CLT. O trabalho de motocicleta exercido por Letícia, nos termos do art. 193, § 4º, da CLT também é considerado perigoso. Assim, somente Paulo e Letícia, por exercerem trabalhos perigosos, possuem direito ao adicional de 30% sobre o salário, sem os acréscimos, conforme art. 193, § 1º, CLT.
Gabarito "A".

(OAB/FGV – 2019) Em uma grande empresa que atua na prestação de serviços de telemarketing e possui 250 funcionários, trabalham as empregadas listadas a seguir:

Alice, que foi contratada a título de experiência, e, um pouco antes do término do seu contrato, engravidou;

Sofia, que foi contratada a título temporário, e, pouco antes do termo final de seu contrato, sofreu um acidente do trabalho;

Larissa, que foi indicada pelo empregador para compor a CIPA da empresa;

Maria Eduarda, que foi eleita para a comissão de representantes dos empregados, na forma da CLT alterada pela Lei nº 13.467/17 (reforma trabalhista).

Diante das normas vigentes e do entendimento consolidado do TST, assinale a opção que indica as empregadas que terão garantia no emprego.

(A) Sofia e Larissa, somente.
(B) Alice e Maria Eduarda, somente.
(C) Alice, Sofia e Maria Eduarda, somente.
(D) Alice, Sofia, Larissa e Maria Eduarda.

"C" é a alternativa correta. Isso porque Alice possui a garantia de emprego da gestante, prevista no art. 10, II, b, do ADCT, mesmo na hipótese de admissão mediante contrato por tempo determinado, súmula 244, III, TST. Sofia possui a estabilidade por acidente do trabalho, prevista no art. 118 da Lei 8.213/1991, ainda que submetida a contrato de trabalho por tempo determinado, súmula 378, III, do TST. Larissa, contudo, não possui garantia de emprego, pois, nos termos do art. 165 da CLT, somente os titulares da representação dos empregados nas CIPA (s) não poderão sofrer despedida arbitrária, gozando da garantia provisória de emprego decorrente de acidente de trabalho. Isso porque ela foi indicada pelo empregador e não eleita pelos empregados. Por último, Maria Eduarda possui a garantia de emprego prevista no art. 510-D, § 3º, da CLT.
Gabarito "C".

(OAB/FGV – 2018) Em 2018, um sindicato de empregados acertou, em acordo coletivo com uma sociedade empresária, a redução geral dos salários de seus empregados em 15% durante 1 ano.

Nesse caso, conforme dispõe a CLT,

(A) uma contrapartida de qualquer natureza será obrigatória e deverá ser acertada com a sociedade empresária.
(B) a contrapartida será a garantia no emprego a todos os empregados envolvidos durante a vigência do acordo coletivo.
(C) a existência de alguma vantagem para os trabalhadores para validar o acordo coletivo será desnecessária.
(D) a norma em questão será nula, porque a redução geral de salário somente pode ser acertada por convenção coletiva de trabalho.

"B" é a assertiva correta. A redução de salários é permitida por convenção coletiva ou acordo coletivo de trabalho, nos termos do art. 7º, VI, da CF. Desta forma, o art. 611-A, § 3º, da CLT ensina que caso seja pactuada cláusula que reduza o salário ou a jornada, a convenção coletiva ou acordo coletivo de trabalho deverão prever a proteção dos empregados contra dispensa imotivada durante o prazo de vigência do instrumento coletivo. Importante lembrar que a inexistência de expressa indicação de contrapartidas recíprocas em convenção coletiva ou acordo coletivo de trabalho não ensejará sua nulidade por não caracterizar um vício do negócio jurídico, na forma do art. 611-A, § 2º, da CLT.
Gabarito "B".

(OAB/FGV – 2018) Jorge era caixa bancário e trabalhava para o Banco Múltiplo S/A. Recebia salário fixo de R$ 4.000,00 mensais. Além disso, recebia comissão de 3% sobre cada seguro de carro, vida e previdência oferecido e aceito pelos clientes do Banco, o que fazia concomitantemente com suas atividades de caixa, computando-se o desempenho para suas metas e da agência. Os produtos em referência não eram do banco, mas, sim, da Seguradora Múltiplo S/A, empresa do mesmo grupo econômico do empregador de Jorge.

Diante disso, observando o entendimento jurisprudencial consolidado do TST, bem como as disposições da CLT, assinale a afirmativa correta.

(A) Os valores recebidos a título de comissão não devem integrar a remuneração de Jorge, por se tratar de liberalidade.

(B) Os valores recebidos a título de comissão não devem integrar a remuneração de Jorge, porque relacionados a produtos de terceiros.

(C) Os valores recebidos a título de comissão devem integrar a remuneração de Jorge.

(D) Os valores recebidos a título de comissão não devem integrar a remuneração de Jorge, uma vez que ocorreram dentro do horário normal de trabalho, para o qual Jorge já é remunerado pelo banco.

"C" é a afirmativa correta. Isso porque, nos termos do art. 457, § 1°, da CLT, integram o salário a importância fixa estipulada, as gratificações legais e as comissões pagas pelo empregador. Devemos entender que as comissões eram pagas pelo mesmo empregador, na medida em que as empresas pertencem ao mesmo grupo econômico, disposto no art. 2°, § 2°, da CLT que dispõe: "Sempre que uma ou mais empresas, tendo, embora, cada uma delas, personalidade jurídica própria, estiverem sob a direção, controle ou administração de outra, ou ainda quando, mesmo guardando cada uma sua autonomia, integrem grupo econômico, serão responsáveis solidariamente pelas obrigações decorrentes da relação de emprego."
Gabarito "C".

(OAB/FGV – 2017) Solange é comissária de bordo em uma grande empresa de transporte aéreo e ajuizou reclamação trabalhista postulando adicional de periculosidade, alegando que permanecia em área de risco durante o abastecimento das aeronaves porque ele era feito com a tripulação a bordo. Iracema, vizinha de Solange, trabalha em uma unidade fabril recebendo adicional de insalubridade, mas, após cinco anos, sua atividade foi retirada da lista de atividades insalubres, por ato da autoridade competente.

Sobre as duas situações, segundo a norma de regência e o entendimento consolidado do TST, assinale a afirmativa correta.

(A) Solange não tem direito ao adicional de periculosidade e Iracema perderá o direito ao adicional de insalubridade.

(B) Solange tem direito ao adicional de periculosidade e Iracema manterá o adicional de insalubridade por ter direito adquirido.

(C) Solange não tem direito ao adicional de periculosidade e Iracema manterá o direito ao adicional de insalubridade.

(D) Solange tem direito ao adicional de periculosidade e Iracema perderá o direito ao adicional de insalubridade.

"A" é a assertiva correta. Isso porque, nos termos da súmula 447 do TST, os tripulantes e demais empregados em serviços auxiliares de transporte aéreo que, no momento do abastecimento da aeronave, permanecem a bordo não têm direito ao adicional de periculosidade a que aludem o art. 193 da CLT e o Anexo 2, item 1, "c", da NR 16 do MTE. Por essa razão Solange não faz jus à percepção de adicional de insalubridade. Já Iracema perderá o adicional de insalubridade, na medida em que nos termos do art. 190 da CLT será o Ministério do Trabalho que aprovará o quadro das atividades e operações insalubres e adotará normas sobre os critérios de caracterização da insalubridade, os limites de tolerância aos agentes agressivos, meios de proteção e o tempo máximo de exposição do empregado a esses agentes.
Gabarito "A".

(OAB/FGV – 2017) Um grupo econômico é formado pelas sociedades empresárias X, Y e Z. Com a crise econômica que assolou o país, todas as empresas do grupo procuraram formas de reduzir o custo de mão de obra. Para evitar dispensas, a sociedade empresária X acertou a redução de 10% dos salários dos seus empregados por convenção coletiva; Y acertou a mesma redução em acordo coletivo; e Z fez a mesma redução, por acordo individual escrito com os empregados.

Diante da situação retratada e da norma de regência, assinale a afirmativa correta.

(A) As empresas estão erradas, porque o salário é irredutível, conforme previsto na Constituição da República.

(B) Não se pode acertar redução de salário por acordo coletivo nem por acordo individual, razão pela qual as empresas Y e Z estão erradas.

(C) A empresa Z não acertou a redução salarial na forma da lei, tornando-a inválida.

(D) As reduções salariais em todas as empresas do grupo foram negociadas e, em razão disso, são válidas.

"C" é a resposta correta. Isso porque, nos termos do art. 7°, VI, da CF, a redução do salário é vedada, salvo se feita por negociação coletiva, ou seja, acordo coletivo ou convenção coletiva de trabalho. Assim, é inválido o acordo individual para redução salarial pactuado pela empresa Z.
Gabarito "C".

(OAB/FGV – 2017) Lino trabalha como diagramador na sociedade empresária XYZ Ltda., localizada em um grande centro urbano, e recebe do empregador, além do salário, moradia e plano de assistência odontológica, graciosamente. Sobre o caso narrado, de acordo com a CLT, assinale a afirmativa correta.

(A) Ambos os benefícios serão incorporados ao salário de Lino.

(B) Somente o benefício da habitação será integrado ao salário de Lino.

(C) Nenhum dos benefícios será incorporado ao salário de Lino.

(D) Somente o benefício do plano de assistência odontológica será integrado ao salário de Lino.

"B" é a resposta correta. Isso porque, nos termos do art. 458, § 2°, IV, da CLT, o plano de assistência odontológica não será considerado salário utilidade. No entanto, a moradia, em conformidade com o art. 458, "caput", da CLT é uma utilidade compreendida no salário.
Gabarito "B".

(OAB/FGV – 2016) Flávio trabalhou na sociedade empresária Sul Minas Ltda., e recebia R$ 1.500,00 mensais. Além disso, desfrutava de plano de saúde custeado integralmente pela empregadora, no valor de R$ 500,00. Em sede de ação trabalhista, Flávio pede a integração do valor à sua remuneração.

Com base na hipótese apresentada, na qualidade de advogado da sociedade empresária, assinale a afirmativa correta.

(A) A contestação deverá aduzir apenas que o plano de saúde não tem caráter de contraprestação, sendo concedido como ferramenta de trabalho, por isso não integra a remuneração.

(B) A contestação deverá sustentar a inexistência de caráter remuneratório do benefício, o que está expressamente previsto em lei.

(C) A contestação deverá alegar que as verbas rescisórias foram pagas observando o reflexo do valor do plano de saúde.

(D) A contestação deverá alegar apenas que a possibilidade de o empregado continuar com o plano de saúde após a ruptura do contrato retira do mesmo o caráter remuneratório.

"B" é a opção correta. Isso porque, é expresso no art. 458, § 2º, IV, da CLT que a assistência médica, hospitalar prestada diretamente ou mediante seguro-saúde, não possui natureza salarial.

Gabarito "B".

4. JORNADA DE TRABALHO – DURAÇÃO DO TRABALHO

(OAB/FGV – 2023) Em determinada sociedade empresária trabalham, entre outras, as seguintes pessoas: José, que é teletrabalhador e recebe salário por produção; Vanilda, que trabalha externamente sem que o empregador consiga controlar o seu horário, situação que foi anotada em sua CTPS e na ficha de registro de empregados; Regina, que exerce a função de gerente, comanda um grupo de 45 pessoas, é dispensada da marcação de ponto e recebe salário de R$ 8.000,00 acrescido de gratificação de função e R$ 4.000,00.

De acordo com a CLT, em relação ao direito a horas extras, assinale a afirmativa correta.

(A) Somente José terá direito a horas extras, caso ultrapasse a jornada constitucional.

(B) Nenhum dos empregados indicados no enunciado terá direito a horas extras.

(C) Vanilda e Regina terão direito a horas extras, caso ultrapassem a jornada constitucional.

(D) José e Regina terão direito a horas extras, caso ultrapassem a jornada constitucional.

José que é teletrabalhador por produção está excluído do regime de duração de trabalho e, portanto, não terá direito às horas extras, na forma do art. 62, III, da CLT. Vanilda é considerada trabalhadora externa e por possuir tal condição inclusive com anotação em CTPS está excluída do regime de duração de trabalho e, portanto, não terá direito às horas extras, na forma do art. 62, I, da CLT. Por fim, Regina, que exerce a função de gerente, está excluída do regime de duração de trabalho e, portanto, não terá direito às horas extras, na forma do art. 62, II, da CLT.

Gabarito "B".

(OAB/FGV – 2023) Você advoga para uma rede de farmácias e recebeu uma petição inicial de reclamação trabalhista para elaborar defesa acerca de pedido de tempo despendido com troca de uniforme. No caso, alega o autor que levava cerca de 20 minutos para vestir o uniforme, composto por calça social comum, camisa social simples e sapato comum, só podendo registrar o ponto já uniformizado. Afirma, ainda, que levava o uniforme diariamente para casa para higienizá-lo, podendo chegar às dependências do empregador já uniformizado.

Sobre a hipótese apresentada, observadas as normas da CLT, assinale a opção que você apresentaria em defesa de sua cliente.

(A) O tempo despendido para a troca de uniforme sempre será computado na duração do trabalho, pois o empregado já se encontra nas dependências do empregador. Já o tempo despendido na higienização não deve ser computado.

(B) Inexistindo obrigatoriedade de troca de uniforme nas dependências do empregador, o tempo despendido não é computado na jornada de trabalho. Tampouco deve ser computado o tempo de higienização.

(C) O tempo despendido na troca de uniforme, assim como o gasto na higienização do mesmo, são computados na jornada de trabalho, pois estão relacionados diretamente com a função desempenhada e a obrigatoriedade de trabalhar com o uniforme.

(D) O tempo despendido na higienização do uniforme deverá ser computado na duração do trabalho, pois reduz o intervalo mínimo entre duas jornadas. Já a troca de uniforme comum não deve ser computado, porque não há obrigatoriedade de troca na empresa.

A: incorreta, pois a troca de uniforme somente será considerada tempo à disposição do empregador caso seja obrigatória na empresa, art. 4º, § 2º, VIII, CLT. **B**: correta, pois nos termos do art. 4º, VIII, da CLT, não será considerado tempo à disposição do empregador quando a troca de uniforme não for obrigatória na empresa. **C**: incorreta, pois não há obrigatoriedade de troca e higienização na empresa. Vide comentários anteriores. **D**: incorreta, pois o tempo gasto na higienização do uniforme não é considerado tempo à disposição do empregador, art. 4º CLT. Isso porque, nos termos do art. 456-A, parágrafo único, CLT a higienização do uniforme é de responsabilidade do empregado, salvo nas hipóteses em que forem necessários procedimentos ou produtos diferentes dos utilizados para a higienização das vestimentas de uso comum.

Gabarito "B".

(OAB/FGV – 2023) Rachel foi contratada como empregada em 2019 por uma sociedade empresária fabricante de automóveis. Ocorre que a fábrica fica em um lugar longínquo, não servido por transporte público regular, e por isso a sociedade empresária disponibiliza um ônibus para buscar os empregados pela manhã e deixá-los em casa, ao final da jornada. Raquel gasta diariamente, em média, 50 minutos para chegar ao emprego e outros 50 minutos para retorno.

Considerando esses fatos e o que dispõe a CLT, assinale a afirmativa correta.

(A) Os 50 minutos gastos na ida e os 50 minutos gastos na volta devem ser pagos como horas extras, na condição de hora *in itinere*.

(B) O tempo despendido pelo empregado desde sua residência até o posto de trabalho e para seu retorno não será computado na jornada de trabalho.

(C) O tempo gasto no transporte deverá ser pago porque será computado na jornada de trabalho, mas sem adicional.

(D) O juiz, no caso concreto, após a análise da geografia do local, deverá decidir se o tempo gasto no transporte deverá, ou não, ser quitado como hora extra.

Nos termos do art. 58, § 2º, da CLT o tempo despendido pelo empregado desde a sua residência até a efetiva ocupação do posto de trabalho e para o seu retorno, caminhando ou por qualquer meio de transporte, inclusive o fornecido pelo empregador, não será computado na jornada de trabalho, por não ser tempo à disposição do empregador. Vale dizer que após a Reforma Trabalhista (Lei 13.467/2017) a súmula 90 do TST perdeu sua aplicabilidade.
Gabarito "B".

(OAB/FGV – 2023) Sabrina era empregada de um grande escritório de contabilidade desde 2021, e sempre chegava ao local de trabalho com 5 minutos de antecedência em relação ao horário contratual para trocar a roupa e colocar o uniforme da sociedade empresária. O empregador permitia que o empregado chegasse uniformizado, mas Sabrina achava melhor trocar a roupa na empresa por questão de segurança. Da mesma forma, após terminar o horário contratual, Sabrina permanecia mais 5 minutos no emprego para tirar o uniforme e colocar a sua roupa pessoal.

Sabrina foi dispensada em fevereiro de 2023 e ajuizou reclamação trabalhista postulando 10 minutos diários de horas extras relativas às trocas de roupa.

Sobre a hipótese apresentada, diante do que dispõe a CLT, assinale a afirmativa correta.

(A) Sabrina está correta na postulação e, caso comprovada, ensejará o pagamento de horas extras.

(B) A sociedade empresária deverá pagar metade do período como hora extra, uma vez que o excesso era de 10 minutos diários e o objetivo era a troca de uniforme.

(C) Sabrina terá direito ao pagamento dos 10 minutos diários, mas não do adicional de 50%.

(D) Sabrina está errada, pois esse período não será descontado nem computado como jornada extraordinária.

Nos termos do art. 58, § 1º, da CLT não serão descontadas nem computadas como jornada extraordinária as variações de horário no registro de ponto não excedentes de cinco minutos, observado o limite máximo de dez minutos diários. Ademais, não serão considerados tempo à disposição do empregador troca de roupa ou uniforme, quando não houver obrigatoriedade de realizar a troca na empresa.
Gabarito "D".

(OAB/FGV – 2023) A sociedade empresária Soluções Perfeitas Ltda. pretende implantar banco de horas com compensação das eventuais horas extras cumpridas em até 2 meses e, caso não compensadas, com pagamento ao empregado com adicional legal.

Considerando esses fatos e o que dispõe a CLT, assinale a afirmativa correta.

(A) A instituição do banco de horas depende de norma coletiva para sua validade, porque a compensação será superior a 30 dias.

(B) O banco de horas poderá ser pactuado por acordo individual escrito, porque a compensação será feita em menos de 6 meses.

(C) O banco de horas é proibido por Lei, independentemente do tempo previsto para compensação das horas.

(D) O banco de horas pode ser feito por acordo individual ou coletivo independentemente do tempo para compensação, desde que seja pago o adicional legal para as horas não compensadas.

A: incorreta, pois somente dependerá de norma coletiva a compensação superior a seis meses, art. 59, §§ 2º e 5º da CLT. **B:** correta, pois nos termos do art. 59, § 5º, CLT o banco de horas poderá ser pactuado por acordo individual escrito, desde que a compensação ocorra no período máximo de seis meses. **C:** incorreta, pois o banco de horas está previsto na CLT no art. 59, §§ 2º, 5º e 6º, da CLT. **D:** incorreta, pois nos termos do art. 59 § 6º, CLT é lícito o regime de compensação de jornada estabelecido por acordo individual, tácito ou escrito, para a compensação no mesmo mês. Para as compensações no período de até 6 meses há obrigatoriedade de acordo individual escrito, art. 59, § 5º, CLT. Já para as compensações superiores a 6 meses até 1 ano deve haver acordo ou convenção coletiva, art. 59, § 2º, CLT. Nessas hipóteses poderá ser dispensado o acréscimo de salário.
Gabarito "B".

(OAB/FGV – 2022) Gael foi contratado pela *Sociedade Empresária Aldeia da Pipoca Ltda.* em fevereiro de 2022 como cozinheiro. No contrato de trabalho de Gael, há uma cláusula prevendo que a jornada de trabalho será de 8 horas diárias de 2ª a 6ª feira, com intervalo de 1 hora, e de 4 horas aos sábados, sem intervalo. Na mesma cláusula, há previsão de que, havendo realização de horas extras, elas irão automaticamente para um banco de horas e deverão ser compensadas em até 5 meses. Em conversas informais com os colegas, Gael ficou sabendo que não existe nenhuma previsão de banco de horas em norma coletiva da sua categoria profissional.

Considerando a situação retratada e os termos da CLT, assinale a afirmativa correta.

(A) Trata-se de cláusula nula, porque a instituição do banco de horas precisa ser feita em convenção coletiva de trabalho.

(B) É possível a pactuação individual do banco de horas desde que a compensação seja feita em até 12 meses.

(C) A cláusula é válida, porque a compensação ocorrerá em menos de 6 meses, cabendo acerto individual com o empregado para a instituição do banco de horas.

(D) Trata-se de cláusula nula, porque a instituição do banco de horas precisa ser feita em acordo coletivo de trabalho.

No presente caso as horas extras trabalhadas em excesso deverão ser compensadas em até 5 meses. Sendo assim, dispõe o art. 59, § 5º, da CLT que poderá ser pactuado por acordo individual escrito, desde que a compensação ocorra no período máximo de seis meses. Dessa forma, a cláusula se mostra plenamente válida.
Gabarito "C".

(OAB/FGV – 2022) Rogéria trabalha como eletricista na companhia de energia elétrica da sua cidade, cumprindo jornada diária de 6 horas, de 2ª a 6ª feira, com intervalo de 1 hora para refeição. Em um sábado por mês, Rogéria precisa permanecer na sede da companhia por 12 horas para atender imediatamente a eventuais emergências (queda de energia, estouro de transformador ou outras urgências). Para isso, a empresa mantém um local reservado com cama, armário e espaço de lazer, até porque não se sabe se haverá, de fato, algum chamado. De acordo com a CLT, assinale a opção que indica a denominação desse período no qual Rogéria permanecerá na empresa aguardando eventual convocação para o trabalho e como esse tempo será remunerado.

(A) Sobreaviso; será pago na razão de 1/3 do salário normal.
(B) Prontidão; será pago na razão de 2/3 do salário-hora normal.
(C) Hora extra; será pago com adicional de 50%.
(D) Etapa; será pago com adicional de 100%.

O período é considerado como de prontidão que caracteriza-se pelo fato de o empregado permanecer, fora de seu horário habitual de trabalho, nas dependências do empregador ou em local por ele determinado, aguardando ordens de serviço, em local destinado para descanso. Vale dizer que com relação aos ferroviários, nos termos do art. 244, § 3°, da CLT considera-se de "prontidão" o empregado que ficar nas dependências da estrada, aguardando ordens. A escala de prontidão será, no máximo, de doze horas. As horas de prontidão serão, para todos os efeitos, contadas à razão de 2/3 (dois terços) do salário-hora normal. Já o "sobreaviso" nos termos da súmula 428, item II, do TST considera-se o empregado que, à distância e submetido a controle patronal por instrumentos telemáticos ou informatizados, permanecer em regime de plantão ou equivalente, aguardando a qualquer momento o chamado para o serviço durante o período de descanso. Vale dizer que em relação aos ferroviários a CLT ensina em seu art. 244, § 4° Considera-se de "sobreaviso" o empregado efetivo, que permanecer em sua própria casa, aguardando a qualquer momento o chamado para o serviço. Cada escala de "sobreaviso" será, no máximo, de vinte e quatro horas, As horas de "sobreaviso", para todos os efeitos, serão contadas à razão de 1/3 (um terço) do salário normal.
Gabarito "B".

(OAB/FGV – 2021) Rita trabalha, desde a contratação, das 22h às 5h, como recepcionista em um hospital. Tendo surgido uma vaga no horário diurno, a empresa pretende transferir Rita para o horário diurno. Diante disso, de acordo com o entendimento consolidado da jurisprudência do TST, assinale a afirmativa correta.

(A) A alteração do turno de trabalho do empregado é vedada, pois implica redução remuneratória pela perda do respectivo adicional.
(B) A alteração do turno noturno para o diurno é lícita, mesmo com a supressão do adicional noturno.
(C) A alteração de turno depende do poder diretivo do empregador, mas o adicional noturno não pode ser suprimido.
(D) A alteração do turno de trabalho será lícita, desde que haja a incorporação definitiva do adicional ao salário de Rita.

O adicional pago ao empregado em labor noturno denomina-se "salário-condição", ou seja, tal parcela integra o salário do empregado, mas não se incorpora de maneira definitiva. Nessa linha, a súmula 265 do TST ensina que a transferência para o período diurno de trabalho implica a perda do direito ao adicional noturno.
Gabarito "B".

(OAB/FGV – 2021) Milton possui uma fábrica de massas que conta com 23 (vinte e três) empregados. Em fevereiro de 2021, Milton conversou individualmente com cada empregado e propôs, para trazer maior agilidade, que dali em diante cada qual passasse a marcar ponto por exceção, ou seja, só marcaria a eventual hora extra realizada. Assim, caso a jornada fosse cumprida dentro das 8 (oito) horas diárias, não haveria necessidade de marcação. Diante da concordância, foi feito um termo individual para cada empregado, que foi assinado.

Sobre a hipótese apresentada, de acordo com o disposto na CLT, assinale a afirmativa correta.

(A) O acordo é inválido, porque somente poderia ser feito por norma coletiva, e não individual.
(B) O acerto é válido, porque o registro de ponto por exceção à jornada regular de trabalho pode ser feito por meio de acordo individual.
(C) A alteração, para ter validade, depende da homologação do Poder Judiciário, por meio de uma homologação de acordo extrajudicial.
(D) Para o acerto da marcação por exceção, é obrigatória a criação de uma comissão de empregados, que irá negociar com o empregador, e, em contrapartida, a empresa deve conceder alguma vantagem.

A: incorreta, pois nos termos do art. 74, § 4°, da CLT a utilização de registro de ponto por exceção poderá ser acordada mediante acordo individual escrito, convenção coletiva ou acordo coletivo de trabalho. **B:** correta, pois nos termos do art. 74, § 4°, da CLT a utilização de registro de ponto por exceção poderá ser acordada mediante acordo individual escrito. **C:** incorreta, não há tal exigência legal, vide art. 74, § 4°, CLT. **D:** incorreta, não há tal exigência legal, vide art. 74, § 4°, CLT.
Gabarito "B".

(OAB/FGV – 2021) Determinada sociedade empresária propôs, em 2022, a um grupo de candidatos a emprego, um contrato de trabalho no qual a duração máxima seria de 30 (trinta) horas semanais, sem a possibilidade de horas extras. Como alternativa, propôs um contrato com duração de 26 (vinte e seis) horas semanais, com a possibilidade de, no máximo, 6 (seis) horas extras semanais. Um dos candidatos consultou você, na qualidade de advogado(a), sobre os contratos de trabalho oferecidos. Assinale a opção que apresenta, corretamente, sua resposta.

(A) Os dois casos apresentam contratos de trabalho em regime de tempo parcial.
(B) No primeiro caso, trata-se de contrato de trabalho em regime de tempo parcial; no segundo, trata-se de contrato de trabalho comum, dada a impossibilidade de horas extras nessa modalidade contratual.
(C) Os dois casos não são contratos em regime de tempo parcial, já que o primeiro excede o tempo total de horas semanais e, o segundo, contém horas extras, o que não é cabível.
(D) Não se trata de contrato por tempo parcial, pois, na hipótese, admite-se tempo inferior ao limite máximo, quando na modalidade de regime por tempo parcial os contratos só poderão ter 30 (trinta) ou 26 (vinte e seis) horas.

Previsto no art. 58-A da CLT, o regime de tempo parcial é aquele cuja duração não exceda a 30 horas semanais, sem a possibilidade de horas suplementares semanais, ou, ainda, aquele cuja duração não exceda a 26 horas semanais, com a possibilidade de acréscimo de até seis horas suplementares semanais. Dessa forma, ambos os contratos propostos se mostram legítimos contratos de trabalho por tempo parcial.

Gabarito "A".

(OAB/FGV – 2019) Fábio trabalha em uma mineradora como auxiliar administrativo. A sociedade empresária, espontaneamente, sem qualquer previsão em norma coletiva, fornece ônibus para o deslocamento dos funcionários para o trabalho, já que ela se situa em local cujo transporte público modal passa apenas em alguns horários, de forma regular, porém insuficiente para a demanda. O fornecimento do transporte pela empresa é gratuito, e Fábio despende cerca de uma hora para ir e uma hora para voltar do trabalho no referido transporte. Além do tempo de deslocamento, Fábio trabalha em uma jornada de 8 horas, com uma hora de pausa para repouso e alimentação.

Insatisfeito, ele procura você, como advogado(a), a fim de saber se possui algum direito a reclamar perante a Justiça do Trabalho.

Considerando que Fábio foi contratado em dezembro de 2017, bem como a legislação em vigor, assinale a afirmativa correta.

(A) Fábio faz jus a duas horas extras diárias, em razão do tempo despendido no transporte.

(B) Fábio não faz jus às horas extras, pois o transporte fornecido era gratuito.

(C) Fábio faz jus às horas extras, porque o transporte público era insuficiente, sujeitando o trabalhador aos horários estipulados pelo empregador.

(D) Fábio não faz jus a horas extras, porque o tempo de transporte não é considerado tempo à disposição do empregador.

"D" é a resposta correta. Isso porque o enunciado trata do instituto denominado horas in itinere, sobre o qual o art. 58, § 2º, da CLT dispõe que o tempo gasto pelo empregado desde a sua residência até a efetiva ocupação do posto de trabalho e para o seu retorno, caminhando ou por qualquer meio de transporte, inclusive o fornecido pelo empregador, não será computado na jornada de trabalho, por não ser tempo à disposição do empregador. Por essa razão Fábio não fará jus ao pedido de horas extras.

Gabarito "D".

(OAB/FGV – 2019) Você, como advogado(a), foi procurado por Pedro para ajuizar ação trabalhista em face da ex--empregadora deste. Pedro lhe disse que após encerrar o expediente e registrar o efetivo horário de saída do trabalho, ficava na empresa em razão de eventuais tiroteios que ocorriam na região. Nos meses de verão, ocasionalmente, permanecia na empresa para esperar o escoamento da água decorrente das fortes chuvas. Diariamente, após o expediente, havia culto ecumênico de participação voluntária e, dada sua atividade em setor de contaminação radioativa, era obrigado a trocar de uniforme na empresa, o que levava cerca de 20 minutos.

Considerando o labor de Pedro, de 10/12/2017 a 20/09/2018, e a atual legislação em vigor, assinale a afirmativa correta.

(A) Apenas o período de troca de uniforme deve ser requerido como horário extraordinário.

(B) Todo o tempo que Pedro ficava na empresa gera hora extraordinária, devendo ser pleiteado como tal em sede de ação trabalhista.

(C) Nenhuma das hipóteses gera labor extraordinário.

(D) Como apenas a questão religiosa era voluntária, somente essa não gera horário extraordinário.

A: correta. Nos termos do art. 4º, § 2º, VIII, da CLT, a troca de uniforme não será considerada como tempo à disposição quando não for obrigatório seu uso. Assim, sendo obrigatória a troca, será considerada como tempo à disposição do empregador, devendo ser computado na jornada de trabalho do empregado; **B:** incorreta, pois o tempo que permanecia na empresa por conta dos tiroteios, chuvas e culto, na forma do art. 4º, § 2º e inciso I, da CLT não é considerado tempo à disposição do empregador; **C:** incorreta, pois a troca de uniforme irá gerar labor extraordinário, art. 4º, § 2º, VIII, da CLT; **D:** incorreta, pois a permanência por escolha própria nas dependências da empresa para atividade religiosa não é considerada tempo à disposição, art. 4º, § 2º, I, da CLT.

Gabarito "A".

(OAB/FGV – 2019) Rita de Cássia é enfermeira em um hospital desde 10/01/2018, no qual trabalha em regime de escala de 12x36 horas, no horário das 7.00 às 19.00 horas. Tal escala encontra-se prevista na convenção coletiva da categoria da empregada. Alguns plantões cumpridos por Rita de Cássia coincidiram com domingos e outros, com feriados. Em razão disso, a empregada solicitou ao seu gestor que as horas cumpridas nesses plantões fossem pagas em dobro.

Sobre a pretensão da empregada, diante do que preconiza a CLT, assinale a afirmativa correta.

(A) Ela fará jus ao pagamento com adicional de 100% apenas nos feriados.

(B) Ela não terá direito ao pagamento em dobro nem nos domingos nem nos feriados.

(C) Ela terá direito ao pagamento em dobro da escala que coincidir com o domingo.

(D) Ela receberá em dobro as horas trabalhadas nos domingos e feriados.

"B" é a opção correta. Nos termos do art. 59-A da CLT, mediante acordo individual escrito, convenção coletiva ou acordo coletivo de trabalho, é permitido às partes estabelecer horário de trabalho de 12 horas seguidas por 36 horas ininterruptas de descanso, devendo ser observados ou indenizados os intervalos para repouso e alimentação. Contudo, o parágrafo único do mesmo dispositivo legal ensina que a remuneração mensal pactuada pelo horário acima estabelecido já abrange os pagamentos devidos pelo descanso semanal remunerado e pelo descanso em feriados, sendo considerados compensados os feriados e as prorrogações de trabalho noturno. Importante notar que o enunciado indicou a data de "10/01/2018", devendo, portanto, ser aplicadas as regras estabelecidas pela nova legislação trabalhista, Lei 13.467/2017.

Gabarito "B".

(OAB/FGV – 2018) Renato trabalha na empresa Ramos Santos Ltda. exercendo a função de técnico de manutenção. De segunda a sexta-feira, ele trabalha das 8h às 17h, com uma hora de almoço, e, aos sábados, das 8h às 12h, sem intervalo.

Ocorre que, por reivindicação de alguns funcionários, a empresa instituiu um culto ecumênico toda sexta-feira, ao final do expediente, cujo comparecimento é facultativo. O culto ocorre das 17h às 18h, e Renato passou a frequentá-lo.

Diante dessa situação, na hipótese de você ser procurado como advogado(a) em consulta formulada por Renato sobre jornada extraordinária, considerando o enunciado e a legislação trabalhista em vigor, assinale a afirmativa correta.

(A) Renato não faz jus a qualquer valor de horas extras.
(B) Renato tem direito a uma hora extra semanal, pois o culto foi instituído pela empregadora.
(C) Renato tem direito a uma hora extra diária, de segunda a sexta-feira, em razão do horário de trabalho das 8h às 17h.
(D) Renato tem direito a nove horas extras semanais, sendo cinco de segunda a sexta-feira e mais as 4 aos sábados.

"A" é a opção correta. Isso porque, nos termos do art. 4º, § 2º, I, da CLT o exercício de práticas religiosas por escolha própria do empregado não se considera tempo à disposição do empregador, não sendo computado como período extraordinário o que exceder a jornada normal, ainda que ultrapasse o limite de cinco minutos previsto no § 1º do art. 58 da CLT.
Gabarito "A".

(OAB/FGV – 2018) Felisberto foi contratado como técnico pela sociedade empresária Montagens Rápidas Ltda., em janeiro de 2018, recebendo salário correspondente ao mínimo legal. Ele não está muito satisfeito, mas espera, no futuro, galgar degraus dentro da empresa. O empregado em questão trabalha na seguinte jornada: de segunda a sexta-feira, das 10h às 19h48min com intervalo de uma hora para refeição, tendo assinado acordo particular por ocasião da admissão para não trabalhar aos sábados e trabalhar mais 48 minutos de segunda a sexta-feira.

Com base na situação retratada e na Lei, considerando que a norma coletiva da categoria de Felisberto é silente a respeito, assinale a afirmativa correta.

(A) Há direito ao pagamento de horas extras, porque a compensação de horas teria de ser feita por acordo coletivo ou convenção coletiva, não se admitindo acordo particular para tal fim.
(B) Não existe direito ao pagamento de sobrejornada, porque as partes podem estipular qualquer quantidade de jornada, independentemente de limites.
(C) A Lei é omissa a respeito da forma pela qual a compensação de horas deva ser realizada, razão pela qual caberá ao juiz, valendo-se de bom senso e razoabilidade, julgar por equidade.
(D) A situação não gera direito a horas extras, porque é possível estipular compensação semanal de horas, inclusive por acordo particular, como foi o caso.

"D" é a afirmativa correta. Isso porque no caso em análise há compensação de jornada de trabalho, que encontra-se previsto no art. 59, § 2º, da CLT e nada mais é que a compensação do excesso de horas trabalhadas em um dia com a correspondente diminuição em outro dia. Em outras palavras, o trabalhador labora mais em alguns dias para descansar em outro. No caso em debate, a compensação é feita no período de uma semana. Nessa linha, ensina o art. 59, § 6º, da CLT que caso o excesso de horas trabalhadas em um dia for compensado pela correspondente diminuição em outro dia, de maneira que a compensação ocorra no mesmo mês, o regime de compensação de jornada poderá ser estabelecido por acordo individual, tácito ou escrito.
Gabarito "D".

(OAB/FGV – 2018) Lúcio foi dispensado do emprego, no qual trabalhou de 17/11/2017 a 20/03/2018, por seu empregador. Na sociedade empresária em que trabalhou, Lúcio batia o cartão de ponto apenas no início e no fim da jornada efetiva de trabalho, sem considerar o tempo de café da manhã, de troca de uniforme (que consistia em vestir um jaleco branco e tênis comum, que ficavam na posse do empregado) e o tempo em que jogava pingue-pongue após almoçar, já que o fazia em 15 minutos, e poderia ficar jogando até o término do intervalo integral. Você foi procurado por Lúcio para, como advogado, ingressar com ação pleiteando horas extras pelo tempo indicado no enunciado não constante dos controles de horário.

Sobre o caso, à luz da CLT, assinale a afirmativa correta.

(A) Lúcio não faz jus às horas extras pelas atividades indicadas, pois as mesmas não constituem tempo à disposição do empregador.
(B) Lúcio faz jus às horas extras pelas atividades indicadas, pois as mesmas constituem tempo à disposição do empregador, já que Lúcio estava nas dependências da empresa.
(C) Apenas o tempo de alimentação e café da manhã devem ser considerados como tempo à disposição, já que o outro representa lazer do empregado.
(D) Apenas o tempo em que ficava jogando poderá ser pretendido como hora extra, pois Lúcio não desfrutava integralmente da pausa alimentar.

"A" é a assertiva correta. Isso porque, nos termos do art. 4º, da CLT considera-se como de serviço efetivo o período em que o empregado esteja à disposição do empregador, aguardando ou executando ordens, salvo disposição especial expressamente consignada. Nessa linha, o § 2º do mesmo dispositivo legal, especificamente nos incisos II, III, V e VIII ensina que tais práticas não se consideram tempo à disposição do empregador e não serão computadas como período extraordinário o que exceder a jornada normal.
Gabarito "A".

(OAB/FGV – 2018) Jorge trabalhou para a Sapataria Bico Fino Ltda., de 16/11/2017 a 20/03/2018. Na ocasião realizava jornada das 9h às 18h, com 15 minutos de intervalo. Ao ser dispensado ajuizou ação trabalhista, reclamando o pagamento de uma hora integral pela ausência do intervalo, além dos reflexos disso nas demais parcelas intercorrentes do contrato de trabalho.

Diante disso, e considerando o texto da CLT, assinale a afirmativa correta.

(A) Jorge faz jus a 45 minutos acrescidos de 50%, porém sem os reflexos, dada a natureza jurídica indenizatória da parcela.
(B) Jorge faz jus a 45 minutos acrescidos de 50%, além dos reflexos, dada a natureza jurídica salarial da parcela.
(C) Jorge faz jus a uma hora integral acrescida de 50%, porém sem os reflexos, dada a natureza jurídica indenizatória da parcela.
(D) Jorge faz jus a uma hora integral acrescida de 50%, porém sem os reflexos, dada a natureza jurídica salarial da parcela.

"A" é a afirmativa correta. Isso porque, nos termos do art. 71, § 4º, da CLT a não concessão ou a concessão parcial do intervalo intrajornada mínimo, para repouso e alimentação, a empregados urbanos e rurais implica o pagamento, de natureza indenizatória, apenas do período suprimido, com acréscimo de 50% (cinquenta por cento) sobre o valor da remuneração da hora normal de trabalho.

Gabarito "A".

(OAB/FGV – 2016) Maria trabalha como soldadora em uma empresa há 7 anos. Sua jornada contratual deveria ser de segunda a sexta-feira, das 9 às 18h, com intervalo de uma hora para refeição e, aos sábados, das 8 às 12h. Nos últimos 3 anos, no entanto, o empregador vem exigindo de Maria a realização de uma hora extra diária, pois realizou um grande negócio de exportação e precisa cumprir rigorosamente os prazos fixados. Findo o contrato de exportação, o empregador determinou que Maria retornasse à sua jornada contratual original.

Nesse caso, considerando o entendimento consolidado do TST, assinale a afirmativa correta.

(A) As horas extras se incorporaram ao salário de Maria e dela não podem ser retiradas, sendo vedada a alteração maléfica.

(B) O empregador deverá pagar a Maria uma indenização de 1 mês de horas extras por cada ano de horas extras trabalhadas e, assim, suprimir o pagamento da sobrejornada.

(C) O empregador deverá conceder uma indenização à empregada pelo prejuízo financeiro, que deverá ser arbitrada de comum acordo entre as partes e homologada no sindicato.

(D) Maria terá de continuar a trabalhar em regime de horas extras, pois não se admite a novação objetiva na relação de emprego.

"B" é a alternativa correta. Isso porque, nos termos da súmula 291 do TST a supressão total ou parcial, pelo empregador, de serviço suplementar prestado com habitualidade, durante pelo menos 1 (um) ano, assegura ao empregado o direito à indenização correspondente ao valor de 1 (um) mês das horas suprimidas, total ou parcialmente, para cada ano ou fração igual ou superior a seis meses de prestação de serviço acima da jornada normal. O cálculo observará a média das horas suplementares nos últimos 12 (doze) meses anteriores à mudança, multiplicada pelo valor da hora extra do dia da supressão.

Gabarito "B".

(OAB/FGV – 2016) Pedro é empregado rural na Fazenda Granja Nova. Sua jornada é de segunda a sexta-feira, das 21 às 5h, com intervalo de uma hora para refeição.

Considerando o caso retratado, assinale a afirmativa correta.

(A) A hora noturna de Pedro será computada como tendo 60 minutos.

(B) A hora noturna rural é reduzida, sendo de 52 minutos e 30 segundos.

(C) A hora noturna de Pedro será acrescida de 20%.

(D) Não há previsão de redução de hora noturna nem de adicional noturno para o rural.

A: opção correta, pois no âmbito rural não se aplica a regra da hora fictamente reduzida prevista no art. 73, § 3º, CLT. Isso porque o trabalho noturno no âmbito rural contempla adicional de 25%, ou seja, superior ao adicional de 20% atribuído aos trabalhadores urbanos regidos pela CLT. O adicional noturno de 25% conferido aos rurícolas, em percentual superior, visa compensar a inexistência de direito à hora noturna disposta no art. 73, § 1º, da CLT. **B:** opção incorreta, pois como vimos no comentário anterior ao rural não se aplica a hora fictamente reduzida prevista no art. 73, § 1º, da CLT. **C:** opção incorreta, pois o trabalho noturno no âmbito rural assegura a percepção de adicional de 25%, nos termos do art. 7º, parágrafo único, da Lei 5.889/1973. **D:** opção incorreta, pois embora não haja previsão de redução de hora noturna para o rural, há previsão de adicional noturno no art. 7º, parágrafo único, da Lei 5.889/1973.

Gabarito "A".

5. ALTERAÇÃO, SUSPENSÃO E INTERRUPÇÃO DO CONTRATO DE TRABALHO – FÉRIAS

(OAB/FGV – 2024) Pedro e Vitor trabalham na mesma sociedade empresária. Em 2023, Pedro foi convocado para prestar serviço militar obrigatório e Vitor sofreu um grave acidente de trabalho, que exigiu seu afastamento do emprego por um ano.

Sobre o tempo de serviço dos dois empregados, considerando os fatos narrados e o que dispõe a CLT, assinale a afirmativa correta.

(A) Ambos os empregados terão computado o tempo de afastamento na contagem de tempo de serviço para efeito de indenização.

(B) Somente Pedro terá computado o tempo de serviço militar na contagem de tempo de serviço para efeito de indenização.

(C) Nenhum dos empregados terá computado o tempo de afastamento na contagem de tempo de serviço para efeito de indenização.

(D) Apenas Vitor terá computado o tempo de serviço militar na contagem de tempo de serviço para efeito de indenização.

Nos termos do art. 4º, § 1º, da CLT computar-se-ão, na contagem de tempo de serviço, para efeito de indenização e estabilidade, os períodos em que o empregado estiver afastado do trabalho prestando serviço militar e por motivo de acidente do trabalho. Ademais, nos termos da súmula 463 do STF para efeito de indenização e estabilidade, conta-se o tempo em que o empregado esteve afastado, em serviço militar obrigatório, mesmo anteriormente à Lei nº 4.072, de 1.06.62.

Gabarito "A".

(Procurador – AL/PR – 2024 – FGV) Iralton, Regina e Carla são amigos de infância, e coincidentemente trabalham na mesma empresa em Londrina/PR. Na trajetória acadêmica de cada um, Iralton deixou o colégio após o ensino médio, Regina finalizou uma graduação e Carla foi além, obtendo título num mestrado concluído com sucesso. Os amigos ocupam cargos diferentes na empresa, sendo que Carla recebe salário mensal de R$32.000,00.

É chegado o momento de fruir férias. Iralton, que é pai de uma estudante de 15 (quinze) anos, requereu em março o adiantamento da 1ª parcela do 13º salário para receber junto com suas férias; Regina, cujo esposo trabalha na mesma empresa mas em outro setor, requereu a conversão de 1/3 das férias em pecúnia dez dias antes do início delas; Carla não gozará férias porque ocupa um cargo estratégico, de grande relevância, e acertou em acordo particular com o empregador que aproveitará férias a cada 2 (dois) anos mas, em compensação, poderá escolher uma passagem aérea internacional de ida e volta, na classe executiva, que será paga pela empresa.

Considerando as situações desses empregados e a norma de regência das férias, assinale a afirmativa correta.

(A) O acerto feito por Carla é ilegal, Iralton terá o direito potestativo de aproveitar férias juntamente com as férias escolares de sua filha e Regina poderá ter o pedido de conversão das férias negado.

(B) É direito de Iralton receber a 1ª parcela do 13º salário juntamente com as férias, Regina terá o direito potestativo de converter parte das férias em dinheiro e o acerto de Carla é lícito por se tratar de alto empregado, sendo preservado o direito a receber 1/3 nos anos em que não aproveitar férias.

(C) O pedido de conversão de parte das férias em dinheiro deveria ser feito por Regina até 30 (trinta) dias antes do seu início, Iralton terá direito de receber as férias em dobro se o pagamento não ocorrer até 2 (dois) dias do início das férias e o acordo individual com Carla é lícito diante do salário por ela recebido e porque possui nível superior completo.

(D) Não existe previsão legal de adiantamento da 1ª parcela do 13º salário para quitação juntamente com as férias como desejado por Iralton, a negociação de Carla é válida porque o direito às férias não foi integralmente suprimido e Regina somente poderá fruir férias com o marido no caso delas serem coletivas.

(E) Regina poderá fruir férias na mesma oportunidade que o esposo se isso não causar prejuízo à empresa, Iralton poderá ter o pedido de adiantamento negado porque intempestivo e o acerto de Carla é irregular.

A: incorreta, pois Iralton não terá o direito potestativo de gozar as férias juntamente com as férias escolares de sua filha, pois nos termos do art. 136, § 2º, da CLT o empregado estudante, menor de 18 (dezoito) anos, terá direito a fazer coincidir suas férias com as férias escolares. **B:** incorreta, pois nos termos do art. 2º, §2º, da Lei 4.749/64 o adiantamento do 13º salário será pago ao ensejo das férias do empregado, sempre que este o requerer no mês de janeiro do correspondente ano. Regina não terá direito à conversão, pois para converter 1/3 das férias em pecúnia deveria ter sido feito até 15 (quinze) dias antes do término do período aquisitivo e não antes do início do período de férias. O acerto de Carla é ilegal, pois as férias devem ser gozadas no período de 12 (doze) meses subsequentes à data em que o empregado tiver adquirido o direito, independente de possuir nível superior. **C:** incorreta, pois Regina não terá direito à conversão, pois para converter 1/3 das férias em pecúnia deveria ter sido feito até 15 (quinze) dias antes do término do período aquisitivo e não antes do início do período de férias. Iralton não terá direito de receber as férias em dobro pelo fato de o pagamento não ocorrer até 2 (dois) dias do início das férias, pois a Súmula 450 do TST, que previa tal direito, foi declarada inconstitucional pelo STF no julgamento da ADPF 501. O acerto de Carla é ilegal. **D:** incorreta, pois há previsão do art. 2º, § 2º, da Lei 4.749/65 para o adiantamento do 13º salário será pago ao ensejo das férias do empregado, sempre que este o requerer no mês de janeiro do correspondente ano. O acerto de Carla é ilegal. Regina poderá gozar das férias juntamente com seu esposo, na forma do art. 136, § 1º, da CLT. **E:** correta, pois nos termos do art. 136, § 1º, da CLT os membros de uma família, que trabalharem no mesmo estabelecimento ou empresa, terão direito a gozar férias no mesmo período, se assim o desejarem e se disto não resultar prejuízo para o serviço. O pedido de Iralton é intempestivo, pois deveria ter sido feito em janeiro, nos termos do art. 2º, § 2º, da Lei 4.749/64. O acerto de Carla é irregular, pois pois as férias devem ser gozadas no período de 12 (doze) meses subsequentes à data em que o empregado tiver adquirido o direito, independente de possuir nível superior, art. 134 da CLT.

Gabarito "E"

(OAB/FGV – 2023) Uma família, composta de pai, mãe e uma filha, respectivamente Jorge, Paula e Rita, trabalha na mesma sociedade empresária como funcionários do departamento de produção. Rita tem 16 anos de idade, estuda na parte da manhã em uma escola vizinha ao local de trabalho, e está cursando o primeiro ano do ensino médio. Os pais são responsáveis pelo setor de qualidade, que não conta com nenhum outro funcionário. Os três procuraram você, como advogado(a), porque desejam fazer coincidir as férias escolares de Rita, no mês de julho, com as férias de Jorge e Paula, a fim de viabilizar uma viagem familiar. Entretanto, o empregador indeferiu o requerimento das férias de Jorge e Paula, tendo deferido apenas o de Rita.

Sobre o direito às férias, assinale a afirmativa correta.

(A) Cabe o ajuizamento de reclamação trabalhista requerendo que o juiz marque as férias dos 3 membros da mesma família, pois Rita tem direito às férias no período escolar e deverá ser acompanhada pelos pais.

(B) Cabe aos empregados a designação do período de férias, inexistindo direito ao empregador de indeferi-las.

(C) Os três poderão gozar férias juntos, mas Rita não tem direito de requerer férias concomitantemente com o período de férias escolares.

(D) Rita tem direito a fazer coincidir suas férias no emprego com as férias escolares e seus pais terão direito a gozar férias no mesmo período, desde que isso não resulte prejuízo para o serviço, causa do indeferimento pelo empregador.

Nos termos do art. 136, § 1º, CLT Os membros de uma família, que trabalharem no mesmo estabelecimento ou empresa, terão direito a gozar férias no mesmo período, se assim o desejarem e se disto não resultar prejuízo para o serviço. Como os pais são os únicos responsáveis pelo setor de qualidade, que não conta com nenhum outro funcionário, haveria prejuízo ao empregador, sendo lícito o indeferimento do pedido de férias efetuado pela Família.

Gabarito "D"

(OAB/FGV – 2023) João Luiz trabalha desde os 18 anos no Banco Dinheiro Futuro S/A. Começou como caixa em 1990. Devido ao seu desempenho brilhante, agora, no dia 30/05/2022, foi eleito diretor. Em razão dessa nova condição, consultou você, na qualidade de advogado(a), acerca dos desdobramentos jurídicos relacionados ao seu contrato de trabalho.

Sobre a hipótese, considerando o teor das normas trabalhistas em vigor e o entendimento jurisprudencial consolidado do TST, assinale a afirmativa correta.

(A) O empregado eleito para ocupar cargo de diretor tem o respectivo contrato de trabalho suspenso, não se computando o tempo de serviço deste período, salvo se permanecer a subordinação jurídica inerente à relação de emprego.

(B) Com a eleição do empregado para o cargo de diretor, o respectivo contrato de trabalho será extinto com o pagamento dos direitos rescisórios pertinentes.

(C) A eleição de empregado para o cargo de diretor não induz suspensão ou interrupção do contrato de trabalho, uma vez que se considera promoção, podendo haver a reversão ao cargo efetivo após o término do mandato.

(D) O contrato de trabalho ficará interrompido, já que permanecem as obrigações de pagamento de remuneração, contagem do tempo de serviço e de recolhimento do FGTS.

A: correta, pois nos termos da súmula 269 do TST o empregado eleito para ocupar cargo de diretor tem o respectivo contrato de trabalho suspenso, não se computando o tempo de serviço desse período, salvo se permanecer a subordinação jurídica inerente à relação de emprego. **B:** incorreta, pois o contrato será suspenso, vide súmula 269 TST. **C:** incorreta, pois o contrato estará suspenso, súmula 269 TST. **D:** incorreta, pois não há cômputo do tempo de serviço, súmula 269 TST.

Gabarito "A".

(OAB/FGV – 2023) Pedro é empregado em uma indústria farmacêutica, atuando como propagandista. Desejoso de lutar por melhores condições para os brasileiros, Pedro se filiou a um partido político e lançou sua candidatura a deputado federal. Em razão disso, Pedro requereu ao empregador uma licença remunerada por 30 dias para poder se dedicar à campanha eleitoral e aumentar suas chances de ser eleito, já informando que, no caso de indeferimento, irá judicializar a questão.

Sobre o caso apresentado, sabendo-se que a norma coletiva da categoria de Pedro nada diz a respeito dessa situação, assinale a afirmativa correta.

(A) Pedro não poderá exigir a interrupção do seu contrato porque não há tal previsão na CLT.
(B) A pretensão de Pedro somente teria cabimento se a campanha fosse para cargo político estadual ou municipal, não prevalecendo se for federal.
(C) O contrato de trabalho de Pedro ficará automaticamente suspenso a partir do lançamento da candidatura.
(D) Pedro poderá ser dispensado por justa causa, pelo fato de concorrer às eleições sem comunicar previamente o empregador.

A: correta, pois não há previsão em lei para licença remunerada para concorrer a cargo político. Vide art. 473 CLT. **B:** incorreta, idem A. **C:** incorreta, pois o lançamento da candidatura não irá interferir no contrato de Pedro, seja para suspensão ou interrupção. Em se tratando de servidor público há a possibilidade de licença, vide art. 86 da Lei 8.112/1990. **D:** incorreta, pois as hipóteses de justa causa estão tipificadas no art. 482 da CLT, não havendo como hipótese o fato de concorrer às eleições.

Gabarito "A".

(OAB/FGV – 2022) A sociedade empresária *Mangiare Bene*, do ramo de serviços de alimentação, tem um plano de expansão em que pretende assumir as atividades de outros restaurantes, passando a deter a maioria do capital social destes. Preocupada com os contratos de trabalho dos futuros empregados, ela consulta você, na condição de advogado(a). Em relação à consulta feita, considerando a CLT em vigor, assinale a afirmativa correta.

(A) A mudança na propriedade ou na estrutura jurídica da sociedade não afetará os contratos de trabalho dos respectivos empregados, mas, em caso de sucessão de empregadores, as obrigações trabalhistas, inclusive as contraídas à época em que os empregados trabalhavam para a empresa sucedida, são de responsabilidade do sucessor.
(B) A mudança na propriedade ou na estrutura jurídica da empresa não afetará os contratos de trabalho dos respectivos empregados, mas, operando-se a sucessão de empregadores, as obrigações trabalhistas contraídas à época em que os empregados trabalhavam para a empresa sucedida serão de responsabilidade desta; já as obrigações trabalhistas posteriores à sucessão são de responsabilidade do sucessor.
(C) Em caso de comprovação de fraude na sucessão de empregadores, a empresa sucessora responde como devedora principal, e a sucedida responderá subsidiariamente.
(D) Em caso de sucessão trabalhista, esta implicará novação dos contratos de trabalho dos empregados admitidos antes da sucessão, de modo que poderão ocorrer alterações contratuais pelo atual empregador por se entender como novo contrato, respeitado apenas o tempo de serviço.

A: correta, pois reflete a disposição dos arts. 448 e 448-A da CLT. **B:** incorreta, pois nos termos dos arts. 448 e 448-A da CLT todas as obrigações serão de responsabilidade do sucessor. **C:** incorreta, pois nos termos do art. 448-A, parágrafo único, da CLT a empresa sucedida responderá solidariamente com a sucessora quando ficar comprovada fraude na transferência. **D:** incorreta, pois a mudança na propriedade ou na estrutura jurídica da empresa não afetará os contratos de trabalho dos respectivos empregados, art. 448 da CLT.

Gabarito "A".

(OAB/FGV – 2022) Sua cliente é uma empresa do setor calçadista com sede em Sapiranga, no Rio Grande do Sul, e lhe procurou indagando acerca da possibilidade de transferir alguns empregados para outras localidades. Diante disso, considerando o texto da CLT em vigor e o entendimento jurisprudencial consolidado do TST, assinale a afirmativa correta.

(A) O empregado com contrato de trabalho no qual consta cláusula expressa de transferência decorrente de comprovada real necessidade de serviço obrigatoriamente deve aquiescer com a transferência, sendo tal concordância requisito indispensável para a validade da transferência.
(B) Apenas serão consideradas transferências aquelas que acarretarem, necessariamente, a mudança de domicílio do empregado.
(C) Em caso de necessidade de serviço, o empregador será livre para transferir o empregado provisoriamente, desde que com a aquiescência deste, sendo desnecessário o pagamento de qualquer outra vantagem ou benefício ao empregado, exceto a ajuda de custo para a mudança.
(D) Havendo transferência provisória com o pagamento do respectivo adicional, as despesas resultantes da transferência serão do empregado, uma vez que já indenizada a transferência pelo adicional respectivo.

A: incorreta, pois havendo cláusula expressa de transferência e real necessidade do empregador, não é necessária a concordância do empregado, art. 469, § 1º, CLT. Veja também súmula 43 do TST. **B:** correta, pois reflete a disposição legal do art. 469, *caput*, da CLT. **C:** incorreta, pois nos termos da OJ 113 da SDI 1 do TST em se tratando de transferência provisória será devido adicional de transferência. **D:** incorreta, pois nos termos do art. 470 da CLT as despesas resultantes da transferência correrão por conta do empregador.

Gabarito "B".

(OAB/FGV – 2021) Eduarda é auditora contábil e trabalha na sociedade empresarial Calculadora Certa Ltda., exercendo sua atividade junto aos vários clientes do seu empregador. Por necessidade de serviço, e tendo em vista a previsão expressa em seu contrato de trabalho, Eduarda será transferida por 4 (quatro) meses para um distante Estado da Federação, pois realizará a auditoria física no maior cliente do seu empregador. Considerando essa situação e os termos da CLT, assinale a afirmativa correta.

(A) A transferência é nula, porque o empregado tem a expectativa de permanecer em um só lugar.
(B) A empregada pode ser transferida e receberá um adicional de 10% (dez por cento), que será incorporado ao seu salário mesmo após o retorno.
(C) A transferência somente será possível se houver prévia autorização judicial e, caso permitida, Eduarda fará jus a um adicional mínimo de 50% (cinquenta por cento).
(D) Eduarda poderá ser transferida e terá direito a um adicional não inferior a 25% (vinte e cinco por cento) sobre seu salário, enquanto estiver na outra localidade.

A transferência é lícita, tendo em vista a previsão contratual e a necessidade do serviço, art. 469, § 1º, CLT e súmula 43 do TST. É devido, ainda, adicional de transferência, pois o fato de existir previsão de transferência no contrato de trabalho não exclui o direito ao adicional, pois o pressuposto legal apto a legitimar a percepção do adicional é a transferência provisória, nos termos da OJ 113 da SDI 1 do TST.
„Gabarito "D".

(OAB/FGV – 2020) Bruno era empregado em uma sociedade empresária, na qual atuava como teleoperador de vendas *on-line* de livros e artigos religiosos, usando, em sua estação de trabalho, computador e *headset*. Em determinado dia, o sistema de câmeras internas flagrou Bruno acessando, pelo computador, um *site* pornográfico por 30 minutos, durante o horário de expediente. Esse fato foi levado à direção no dia seguinte, que, indignada, puniu Bruno com suspensão por 40 dias, apesar de ele nunca ter tido qualquer deslize funcional anterior.
Diante da situação apresentada e dos termos da CLT, assinale a afirmativa correta.

(A) A punição, tal qual aplicada pela empresa, importa na rescisão injusta do contrato de trabalho.
(B) A punição é compatível com a gravidade da falta, devendo Bruno retornar ao emprego após os 40 dias de suspensão.
(C) A empresa deveria dispensar Bruno por justa causa, porque pornografia é crime, e, como não o fez, considera-se perdoada a falta.
(D) A empresa errou, porque, sendo a primeira falta praticada pelo empregado, a Lei determina que se aplique a pena de advertência.

A suspensão do empregado não pode ser superior a 30 dias. Assim, nos termos do art. 474 da CLT a suspensão do empregado por mais de 30 (trinta) dias consecutivos importa na rescisão injusta do contrato de trabalho.
„Gabarito "A".

(OAB/FGV – 2019) João e Maria são casados e trabalham na mesma empresa, localizada em Fortaleza/CE. Maria ocupa cargo de confiança e, por absoluta necessidade do serviço, será transferida para Porto Alegre/RS, lá devendo fixar residência, em razão da distância.
Diante da situação retratada e da legislação em vigor, assinale a afirmativa correta.

(A) A transferência não poderá ser realizada, porque o núcleo familiar seria desfeito, daí ser vedada por Lei.
(B) A transferência poderá ser realizada, mas, como o casal ficará separado, isso deverá durar, no máximo, 1 ano.
(C) João terá direito, pela CLT, a ser transferido para o mesmo local da esposa e, com isso, manter a família unida.
(D) Não há óbice para a transferência, que poderá ser realizada sem que haja obrigação de a empresa transferir João.

A: incorreta, pois por possuir cargo de confiança e necessidade de serviço a alteração poderá ser feita, art. 469, § 1º, CLT. **B:** incorreta, pois não há tal previsão na lei. Veja art. 469 da CLT. **C:** incorreta, pois a alteração do local de trabalho é permitida no caso em análise. **D:** correta, pois nos termos do art. 469, § 1º, da CLT a alteração do local de trabalho é permitida.
„Gabarito "D".

(OAB/FGV – 2020) Enzo é professor de Matemática em uma escola particular, em que é empregado há 8 anos. Após 2 anos de namoro e 1 ano de noivado, irá se casar com Carla, advogada, empregada em um escritório de advocacia há 5 anos.
Sobre o direito à licença pelo casamento, de acordo com a CLT, assinale a afirmativa correta.

(A) O casal poderá faltar aos seus empregos respectivos por até 3 dias úteis para as núpcias.
(B) Carla, por ser advogada, terá afastamento de 5 dias e Enzo, por ser professor, poderá faltar por 2 dias corridos.
(C) Enzo poderá faltar ao serviço por 9 dias, enquanto Carla poderá se ausentar por 3 dias consecutivos.
(D) Não há previsão específica, devendo ser acertado o período de afastamento com o empregador, observado o limite de 10 dias.

Por se professor Enzo terá 9 dias de licença remunerada por conta do matrimônio, nos termos do art. 320 da CLT. Já Carla, por ser advogada terá direito a 3 dias consecutivos de licença remunerada em razão do casamento, art. 473, II, CLT.
„Gabarito "C".

(OAB/FGV – 2017) Célio e Paulo eram funcionários da sociedade empresária Minério Ltda. e trabalhavam no município do Rio de Janeiro. Por necessidade de serviço, eles foram deslocados para trabalhar em outros municípios. Célio continuou morando no mesmo lugar, porque o município em que passou a laborar era contíguo ao Rio de Janeiro. Paulo, no entanto, mudou-se definitivamente, com toda a família, para o município em que passou a trabalhar, distante 350 km do Rio de Janeiro. Dois anos depois, ambos foram dispensados. A sociedade empresária nada pagou aos funcionários quando das transferências de locais de trabalho, salvo a despesa com a mudança de Paulo. Ambos ajuizaram ações trabalhistas.
A partir da hipótese sugerida, assinale a afirmativa correta.

(A) Célio e Paulo não têm direito ao adicional de transferência.
(B) Apenas Paulo tem direito ao adicional de transferência.
(C) Apenas Célio tem direito ao adicional de transferência.
(D) Ambos têm direito ao adicional de transferência.

A: é a opção correta. Célio não terá direito ao adicional de transferência na medida em que não se considera transferência aquela que não acarrete mudança no domicílio do obreiro, art. 469, parte final, da CLT. Célio terá direito a suplemento salarial correspondente ao acréscimo da despesa de transporte, nos termos da súmula 29 do TST. Paulo não terá direito ao adicional de transferência na medida em que sua transferência foi definitiva o que não acarreta direito a tal adicional. Somente a transferência provisória é que assegura ao empregado o adicional de transferência, nos termos do art. 469, § 3º, da CLT e da OJ 113 da SDI 1 do TST. Gabarito "A".

(OAB/FGV – 2016) Paula e Joyce são empregadas de uma mesma sociedade empresária. O irmão de Paula faleceu e o empregador não autorizou sua ausência ao trabalho. Vinte dias depois, Joyce se casou e o empregador também não autorizou sua ausência ao trabalho em nenhum dia.

Como advogado(a) das empregadas, você deverá requerer:

(A) em ambos os casos, a ausência ao trabalho por três dias consecutivos.
(B) um dia de ausência ao trabalho para Paula e de três dias para Joyce.
(C) a ausência ao trabalho por dois dias consecutivos, no caso de Paula e, de até três dias, para Joyce.
(D) a ausência ao trabalho por dois úteis dias no caso de Paula e, de até três dias úteis, para Joyce.

"C" é a resposta correta. Isso porque, por conta do falecimento de seu irmão, Paula poderia deixar de comparecer ao serviço sem prejuízo do salário por 2 dias, conforme art. 473, I, da CLT. Já Joyce poderia deixar de comparecer ao serviço sem prejuízo do salário por 3 dias em virtude de seu casamento, nos termos do art. 473, II, da CLT. Gabarito "C".

(OAB/FGV – 2016) Após ter sofrido um acidente do trabalho reconhecido pela empresa, que emitiu a competente CAT, um empregado afastou-se do serviço e passou a receber auxílio-doença acidentário.

Sobre a situação descrita, em relação ao período no qual o empregado recebeu benefício previdenciário, assinale a afirmativa correta.

(A) A situação retrata caso de suspensão contratual e a empresa ficará desobrigada de depositar o FGTS na conta vinculada do trabalhador.
(B) Ocorrerá interrupção contratual e a empresa continua com a obrigação de depositar o FGTS para o empregado junto à CEF.
(C) Ter-se-á suspensão contratual e a empresa continuará obrigada a depositar o FGTS na conta vinculada do trabalhador.
(D) Haverá interrupção contratual e a empresa estará dispensada de depositar o FGTS na conta vinculada do trabalhador.

"C" é a opção correta. Note que o enunciado da questão aponta no sentido de que o empregado foi afastado e passou a receber o auxílio-doença acidentário, benefício previdenciário pago ao segurado que se afastar por mais de 15 dias de seu trabalho em razão de acidente do trabalho, art. 59 da Lei 8.213/1991. Em outras palavras, a partir do 16º dia de afastamento o empregado passa a receber citado benefício (art. 60 da Lei 8.213/1991) e consequentemente, deixa de receber o salário pela empresa. Esse período é considerado como tempo de trabalho, sendo devido o FGTS, art. 15, § 5º, da Lei 8.036/1990. Assim, entende a corrente majoritária ser hipótese de suspensão do contrato, pois a principal obrigação da empresa está suspensa. Gabarito "C".

6. TÉRMINO DO CONTRATO DE TRABALHO

(Procurador – AL/PR – 2024 – FGV) Geovane trabalhava há 6 meses na empresa Soluções de Informática Ltda., localizada em Maringá/PR, quando recebeu aviso-prévio em 2023 para ser trabalhado em razão da drástica redução de clientes, exigindo a diminuição do quadro de empregados. Contudo, no 20º dia do aviso o empregador soube que vencera uma grande licitação, e em razão disso o trabalho de Geovane seria necessário, daí porque a empresa apresentou uma retratação do aviso-prévio. Geovane nada disse, mas continuou trabalhando na empresa. Três meses depois foi a vez de Geovane pedir demissão porque desejava estudar para um concurso público, informando que indenizaria o aviso-prévio. Dez dias depois Geovane foi à empresa e se disse arrependido da decisão, pedindo a retratação do seu aviso-prévio, que foi expressamente aceita pelo empregador. Dois meses depois, em razão de uma divergência pontual, as partes resolveram, de comum acordo, realizar o distrato do pacto laboral, com aviso-prévio trabalhado, que foi cumprido.

Considerando esses fatos e o que prevê a CLT, assinale a afirmativa correta.

(A) Pela Lei somente pode haver uma retratação por contrato de trabalho, e ela precisa ser expressa, não se admitindo a forma tácita.
(B) Em razão da natureza jurídica da extinção, Geovane receberá metade do aviso-prévio, indenização de 20% sobre o FGTS e não terá direito a seguro-desemprego.
(C) O ex-empregado poderá sacar até 80% do FGTS depositado e não haverá necessidade de homologação da ruptura contratual.
(D) Somente a 2ª retratação foi válida porque a 1ª não teve a aquiescência do empregado, havendo juridicamente a formalização de dois contratos de trabalho, sendo que na ruptura Geovane terá direito à metade dos proporcionais de 13º salário e férias.
(E) Geovane terá direito ao aviso-prévio integral e as verbas deverão ser pagas até cinco dias contados a partir do término do contrato, sob pena de multa.

A: incorreta, pois não há limitação de retratação de aviso- prévio, art. 489 da CLT. **B:** incorreta, pois tendo em vista que o aviso- prévio foi trabalhado, o pagamento deve ser integral. Somente em se tratando de aviso- prévio indenizado o pagamento seria pela metade, art. 484-A, I, a, da CLT. **C:** correta, pois reflete a disposição do art. 484-A, § 1º, da CLT. **D:** incorreta, pois nos termos do art. 489, parágrafo único, da CLT não há necessidade de aquiescência, pois continuando a prestação depois de expirado o prazo, o contrato continuará a vigorar, como se o aviso prévio não tivesse sido dado. **E:** incorreta, pois embora tenha direito ao aviso- prévio integral, as verbas devem ser pagas no prazo de 10 dias, art. 477, § 6º, da CLT. Gabarito "C".

(OAB/FGV – 2023) Vladimir, formado em Educação Física, 28 anos de idade, era instrutor em uma academia de ginástica há 1 ano, com a CTPS devidamente assinada. Ao ser comunicado pelo empregador de sua dispensa sem justa causa, com aviso prévio que deveria ser trabalhado, Vladimir foi tomado de intensa emoção e teve um ataque cardíaco fulminante, vindo a óbito.

De acordo com a situação retratada e a norma de regência, assinale a afirmativa correta.

(A) A sociedade empresária será condenada pelo acidente do trabalho sofrido, mas não haverá indenização pela extinção do contrato porque o aviso prévio não foi cumprido.

(B) As verbas devidas serão pagas, em quotas iguais, aos dependentes de Vladimir habilitados perante a Previdência Social e, na falta, aos sucessores previstos na lei civil.

(C) Não haverá responsabilidade civil do empregador por se tratar de caso fortuito e a Lei determina, no caso de morte suspeita, a consignação em pagamento dos valores devidos.

(D) A morte do empregado extingue o contrato de trabalho e a indenização a ser paga será a metade do que é devido pela dispensa sem justa causa.

A: incorreta, pois não será considerado acidente do trabalho ou equiparado, nos termos dos arts. 20 e 21 da Lei 8.213/1991. **B:** correta, pois nos termos do art. 1º da Lei 6.858/1980 os valores devidos pelos empregadores aos empregados e os montantes das contas individuais do Fundo de Garantia do Tempo de Serviço e do Fundo de Participação PIS-PASEP, não recebidos em vida pelos respectivos titulares, serão pagos, em quotas iguais, aos dependentes habilitados perante a Previdência Social ou na forma da legislação específica dos servidores civis e militares, e, na sua falta, aos sucessores previstos na lei civil, indicados em alvará judicial, independentemente de inventário ou arrolamento. **C:** incorreta, pois os valores deverão ser pagos aos dependentes, art. 1º da Lei 6.858/1980. **D:** incorreta, pois embora o contrato seja extinto, a totalidade dos valores devidos deverão ser pagos aos dependentes na forma do art. 1º da Lei 6.858/1980.
Gabarito "B".

(OAB/FGV – 2020) Suelen trabalhava na *Churrascaria Boi Mal Passado Ltda.* como auxiliar de cozinha, recebendo salário fixo de R$ 1.500,00 (um mil e quinhentos reais) mensais. Por encontrar-se em dificuldade financeira, Suelen pediu ao seu empregador um empréstimo de R$ 4.500,00 (quatro mil e quinhentos reais) para ser descontado em parcelas de R$ 500,00 (quinhentos reais) ao longo do tempo. Sensibilizado com a situação da empregada, a sociedade empresária fez o empréstimo solicitado, mas 1 mês após Suelen pediu demissão, sem ter pago qualquer parcela do empréstimo.

Considerando a situação de fato, a previsão da CLT e que a empresa elaborará o termo de rescisão do contrato de trabalho (TRCT), assinale a afirmativa correta.

(A) A sociedade empresária poderá descontar todo o resíduo do empréstimo do TRCT.

(B) A sociedade empresária poderá, no máximo, descontar no TRCT o valor de R$ 1.500,00 (um mil e quinhentos reais).

(C) Não pode haver qualquer desconto no TRCT, porque o empréstimo tem a natureza de contrato civil, de modo que sociedade empresária deverá cobrá-lo na justiça comum.

(D) Por Lei, a sociedade empresária tem direito de descontar no TRCT o dobro da remuneração do empregado por eventual dívida dele.

Nos termos do art. 477, § 5º, da CLT qualquer compensação no pagamento das verbas rescisórias não poderá exceder o equivalente a um mês de remuneração do empregado.
Gabarito "B".

(OAB/FGV – 2020) Walmir foi empregado da sociedade empresária *Lanchonete Chapa Quente Ltda.*, na qual atuou como atendente por um ano e três meses, sendo dispensado sem justa causa em julho de 2021. A sociedade empresária procura você, como advogado(a), para saber o modo de pagamento dos direitos devidos a Walmir.

De acordo com o que dispõe a CLT, sabendo-se que a norma coletiva nada dispõe a respeito, assinale a afirmativa correta.

(A) Uma vez que o contrato vigorou por mais de um ano, deve ser feita a homologação perante o sindicato de classe do empregado ou perante o Ministério do Trabalho.

(B) O pagamento poderá ocorrer na própria empresa, pois não há mais necessidade de homologação da rescisão contratual pelo sindicato profissional ou pelo Ministério do Trabalho.

(C) Não havendo discórdia sobre o valor devido a Walmir, deverá ser apresentada uma homologação de acordo extrajudicial na Justiça do Trabalho, com assinatura de advogado comum.

(D) A sociedade empresária, ao optar por fazer o pagamento em suas próprias instalações, deverá obrigatoriamente depositar o valor na conta do trabalhador para ter a prova futura do adimplemento.

A legislação trabalhista em vigor não exige homologação da rescisão contratual perante o sindicato de classe. Tal exigência estava prevista no art. 477, § 1º, da CLT, dispositivo legal este revogado pela reforma trabalhista da Lei 13.467/2017.
Gabarito "B".

(OAB/FGV – 2020) Uma indústria de chocolates constatou que precisava de mais trabalhadores para produzir ovos de Páscoa e, em razão disso, contratou vários trabalhadores temporários, pelo prazo de 30 dias, por meio de uma empresa de trabalho temporário. Maria era uma dessas trabalhadoras temporárias. Ocorre que a empresa contratada (a empresa de trabalho temporário) teve a falência decretada pela Justiça e não pagou nada a esses trabalhadores temporários.

Maria procura você, como advogado(a), para saber se a indústria de chocolates, tomadora do serviço, teria alguma responsabilidade.

Sobre a hipótese, de acordo com a norma de regência, assinale a afirmativa correta.

(A) A indústria de chocolates contratante terá responsabilidade solidária.

(B) Não haverá qualquer tipo de responsabilidade da contratante, porque a terceirização foi lícita.

(C) A então contratante se tornará empregadora dos trabalhadores temporários em razão da falência da empresa contratada.

(D) A indústria de chocolates contratante terá responsabilidade subsidiária se isso estiver previsto no contrato que entabulou com a empresa prestadora dos serviços.

Nos termos do art. 16 da Lei 6.019/74 no caso de falência da empresa de trabalho temporário, a empresa tomadora ou cliente é solidariamente responsável pelo recolhimento das contribuições previdenciárias, no tocante ao tempo em que o trabalhador esteve sob suas ordens, assim como em referência ao mesmo período, pela remuneração e indenização.
Gabarito "A".

(OAB/FGV – 2020) Eduardo e Carla são empregados do Supermercado Praiano Ltda., exercendo a função de caixa. Após 10 meses de vigência do contrato, ambos receberam aviso-prévio em setembro de 2019, para ser cumprido com trabalho. Contudo, 17 dias após, o Supermercado resolveu reconsiderar a sua decisão e manter Eduardo e Carla no seu quadro de empregados. Ocorre que ambos não desejam prosseguir, porque, nesse período, distribuíram seus currículos e conseguiram a promessa de outras colocações num concorrente do Supermercado Praiano, com salário um pouco superior.

Diante da situação posta e dos termos da CLT, assinale a afirmativa correta.

(A) Os empregados não são obrigados a aceitar a retratação, que só gera efeito se houver consenso entre empregado e empregador.
(B) Os empregados são obrigados a aceitá-la, uma vez que a retratação foi feita pelo empregador ainda no período do aviso-prévio.
(C) A retratação deve ser obrigatoriamente aceita pela parte contrária se o aviso-prévio for trabalhado, e, se for indenizado, há necessidade de concordância das partes.
(D) O empregador jamais poderia ter feito isso, porque a CLT não prevê a possibilidade de reconsideração de aviso-prévio, que se torna irreversível a partir da concessão.

É possível a reconsideração do aviso-prévio. Isso porque, dado o aviso-prévio, a rescisão torna-se efetiva depois de expirado o respectivo prazo. Isso possibilita à parte notificante reconsiderar o ato, antes de seu termo. Porém, é facultado à outra parte aceitar ou não o pedido de reconsideração, ou seja, deve haver o consentimento da parte notificada do aviso-prévio, art. 489 da CLT.
Gabarito "A".

(OAB/FGV – 2019) Gerson Filho é motorista rodoviário e trabalha na sociedade empresária Viação Canela de Ouro Ltda. No dia 20 de agosto de 2018, ele se envolveu em grave acidente automobilístico, sendo, ao final da investigação, verificado que Gerson foi o responsável pelo sinistro, tendo atuado com dolo no evento danoso. Em razão disso, teve a perda da sua habilitação determinada pela autoridade competente.

O empregador procura você, como advogado(a), afirmando que não há vaga disponível para Gerson em outra atividade na empresa e desejando saber o que deverá fazer para solucionar a questão da maneira mais econômica e em obediência às normas de regência.

Diante desta situação e dos termos da CLT, assinale a afirmativa correta.

(A) O contrato de Gerson deverá ser suspenso.
(B) O empregador deverá interromper o contrato de Gerson.
(C) O contrato do empregado deverá ser rompido por justa causa.
(D) A empresa deverá dispensar Gerson sem justa causa.

"C" é a opção correta. O contrato deverá ser rompido por justa causa do empregado, na forma do art. 482, alínea m, da CLT, pois a perda da habilitação necessária para sua profissão se deu por conduta dolosa do empregado.
Gabarito "C".

(OAB/FGV – 2019) A sociedade empresária Beta Ltda. está passando por grave crise econômica e financeira e, em razão disso, resolveu reduzir drasticamente suas atividades, encerrando unidades e terceirizando grande parte dos seus serviços. Por conta disso, a empresa, que possuía 500 empregados, dispensou 450 deles no dia 23 de janeiro de 2018.

Diante do caso apresentado e dos preceitos da CLT, assinale a afirmativa correta.

(A) Trata-se de dispensa em massa, sendo nula porque não autorizada em norma coletiva.
(B) Equivocou-se a empresa, porque para realizar a dispensa coletiva ela é obrigada a oferecer antes adesão ao Programa de Demissão Voluntária (PDV).
(C) A ordem de antiguidade obrigatoriamente deve ser respeitada, pelo que os 50 empregados mais antigos não poderão ser dispensados.
(D) A dispensa ocorreu validamente, pois a dispensa coletiva é equiparada à dispensa individual.

"D" é a opção correta. A demissão tratada na questão de fato é uma demissão em massa. Ocorre que, nos termos do art. 477-A da CLT, as dispensas imotivadas individuais, plúrimas ou coletivas equiparam-se para todos os fins, não havendo necessidade de autorização prévia de entidade sindical ou de celebração de convenção coletiva ou acordo coletivo de trabalho para sua efetivação.
Gabarito "D".

(OAB/FGV – 2018) Gilda e Renan são empregados da sociedade empresária Alfa Calçados Ltda. há 8 meses, mas, em razão da crise econômica no setor, o empregador resolveu dispensá-los em outubro de 2018. Nesse sentido, concedeu aviso prévio indenizado de 30 dias a Gilda e aviso prévio trabalhado de 30 dias a Renan.

Em relação ao prazo máximo, previsto na CLT, para pagamento das verbas devidas pela extinção, assinale a afirmativa correta.

(A) Ambos os empregados receberão em até 10 dias contados do término do aviso prévio.
(B) Gilda receberá até o 10º dia do término do aviso e Renan, até o 1º dia útil seguinte ao término do aviso prévio.
(C) Gilda e Renan receberão seus créditos em até 10 dias contados da concessão do aviso prévio.
(D) Gilda receberá até o 1º dia útil seguinte ao término do aviso prévio e Renan, até o 10º dia do término do aviso.

"A" é a opção correta. Isso porque, nos termos do art. 477, § 6º, da CLT, de acordo com a redação dada pela Lei 13.467/2017 (reforma trabalhista), independente da forma de aviso prévio, seja trabalhado ou indenizado, o prazo para pagamento das verbas rescisórias se dará em 10 dias contados da extinção do contrato de trabalho, ou seja, do término do aviso prévio.

Gabarito "A".

(OAB/FGV – 2018) Ferdinando trabalha na sociedade empresária Alfa S.A. há 4 anos, mas anda desestimulado com o emprego e deseja dar um novo rumo à sua vida, retornando, em tempo integral, aos estudos para tentar uma outra carreira profissional.

Imbuído desta intenção, Ferdinando procurou seu chefe, em 08/03/2018, e apresentou uma proposta para, de comum acordo, ser dispensado da empresa, com formulação de um distrato.

Diante do caso apresentado e dos termos da CLT, assinale a afirmativa correta.

(A) A realização da extinção contratual por vontade mútua é viável, mas a indenização será reduzida pela metade e o empregado não receberá seguro desemprego.
(B) A ruptura contratual por consenso pode ser feita, mas depende de homologação judicial ou do sindicato de classe do empregado.
(C) O contrato não pode ser extinto por acordo entre as partes, já que falta previsão legal para tanto, cabendo ao empregado pedir demissão ou o empregador o dispensar sem justa causa.
(D) O caso pode ser considerado desídia por parte do empregado, gerando então a dispensa por justa causa, sem direito a qualquer indenização.

A: correta, pois, nos termos do art. 484-A da CLT, o contrato de trabalho poderá ser extinto por acordo entre empregado e empregador, sendo certo que a indenização sobre o FGTS será devida pela metade, na forma do art. 484-A, I, b, da CLT e o empregado não receberá o seguro-desemprego, nos termos do art. 484-A, § 2º, da CLT; **B:** incorreta, pois o distrato não depende de homologação judicial. **C:** incorreta, pois há previsão no art. 484-A da CLT acerca da extinção do contrato por acordo entre empregado e empregador; **D:** opção incorreta, pois desídia consiste no comportamento relaxado do empregado na prestação de seu labor, capaz de ocasionar a falta grave, na forma do art. 482, e, da CLT.

Gabarito "A".

(OAB/FGV – 2017) João era proprietário de uma padaria em uma rua movimentada do centro da cidade. Em razão de obras municipais, a referida rua foi interditada para veículos e pedestres. Por conta disso, dada a ausência de movimento, João foi obrigado a extinguir seu estabelecimento comercial, implicando a paralisação definitiva do trabalho.

Acerca da indenização dos empregados pela extinção da empresa, à luz da CLT, assinale a afirmativa correta.

(A) Caberá indenização ao empregado, a ser paga pelo Município.
(B) Caberá indenização ao empregado, a ser paga pela União.
(C) Caberá indenização ao empregado, a ser paga pelo empregador, sem possibilidade de ressarcimento.
(D) Tratando-se de motivo de força maior, não há pagamento de indenização.

"A" é a resposta correta. A questão trata do denominado *factum principis*, previsto no art. 486 da CLT, que consiste em uma modalidade de extinção do contrato de trabalho por ato da autoridade pública, federal, estadual ou municipal, inclusive de autarquias, que, por via administrativa ou legislativa, impossibilita a continuação da atividade da empresa temporária ou definitivamente. Em outras palavras, é um ato do governo que torna impossível a execução do contrato de trabalho. Assim, ensina o art. 486 da CLT que, no caso de paralisação temporária ou definitiva do trabalho, motivada por ato de autoridade municipal, estadual ou federal, ou pela promulgação de lei ou resolução que impossibilite a continuação da atividade, prevalecerá o pagamento da indenização, que ficará a cargo do governo responsável. HC

Gabarito "A".

7. ESTABILIDADE

(OAB/FGV – 2024) Roberta é estagiária numa fábrica de tecelagem, mesmo lugar onde Rogéria atua como aprendiz e que Fabiane trabalha como subgerente. No ano de 2024, as três trabalhadoras engravidaram. O empregador consultou você, como advogado(a), sobre a possibilidade de dispensar essas trabalhadoras sem justa causa, porque os sócios decidiram investir em máquinas modernas, automatizadas, e dispensar 50% da mão de obra.

Considerando os fatos narrados e a norma de regência, assinale a opção que apresenta a orientação correta que você prestou.

(A) Apenas Fabiane possui garantia no emprego.
(B) Somente Rogéria e Fabiane possuem garantia no emprego.
(C) Roberta, Rogéria e Fabiane não poderão ser dispensadas em razão da garantia no emprego oriunda da gravidez.
(D) Todas as trabalhadoras citadas poderão ser dispensadas sem justa causa em razão da força maior apresentada pela empresa.

Somente Rogéria e Fabiane possuem a garantia de emprego prevista no art. 10, II, b, do ADCT que é assegurada a empregada gestante, desde a confirmação da gravidez até cinco meses após o parto. Roberta, por ser estagiária, não é considerada "empregada" e por essa razão não possui a garantia de emprego.

Gabarito "B".

(OAB/FGV – 2024) Paulo trabalha desde 2022 na sociedade empresária Auditorias Fidedignas Ltda. como auditor. A empresa possui plano permanente de capacitação e, por isso, Paulo viaja com frequência para realizar cursos de auditoria em todo o país e se manter sempre atualizado. Em uma dessas viagens, Paulo estava no hotel tomando banho e abruptamente, sem motivo aparente, o vidro temperado do banheiro estourou, quebrando-se em vários pedaços, sendo que alguns deles atingiram e cortaram Paulo. Em virtude disso, o empregado precisou se afastar do serviço por 12 dias, findos os quais retornou ao trabalho e reassumiu suas atividades normais.

Diante da situação apresentada e da legislação em vigor, assinale a afirmativa correta.

(A) Uma vez que Paulo não estava trabalhando, o evento não é acidente do trabalho, daí porque ele não terá a garantia no emprego por 12 meses.
(B) O evento pode ser considerado acidente do trabalho e, por isso, o empregado terá estabilidade no emprego por 12 meses a partir do retorno.

(C) Trata-se de acidente do trabalho por equiparação, mas Paulo não terá estabilidade quando retornar.

(D) Não se trata de acidente do trabalho, mas, tendo ocorrido o sinistro, Paulo terá a garantia no emprego por um ano.

Nos termos do art. 21, IV, c, da Lei 8.213/1991 equiparam-se ao acidente do trabalho o acidente sofrido pelo segurado ainda que fora do local e horário de trabalho em viagem a serviço da empresa, inclusive para estudo quando financiada por esta dentro de seus planos para melhor capacitação da mão de obra, independentemente do meio de locomoção utilizado, inclusive veículo de propriedade do segurado. Todavia, não terá estabilidade no empregado, tendo em vista que ficou afastada por apenas 12 dias. Isso porque, nos termos da súmula 378, II, do TST são pressupostos para a concessão da estabilidade o afastamento superior a 15 dias e a consequente percepção do auxílio-doença acidentário, salvo se constatada, após a despedida, doença profissional que guarde relação de causalidade com a execução do contrato de emprego.

Gabarito "C".

(Procurador – AL/PR – 2024 – FGV) Na sociedade empresária Construção Forte Ltda., que possui 150 empregados e está localizada em Cascavel/PR, a mestre de obras Cassiana foi eleita membro de conselho fiscal do sindicato de classe representativo da categoria dos empregados; já Ademar foi nomeado delegado sindical da mesma entidade e José foi eleito informalmente pelos colegas de trabalho como um dos integrantes de uma comissão de 2 empregados que tem por objetivo promover o entendimento direto com o empregador.

De acordo com a CLT e o entendimento consolidado do TST, assinale a afirmativa correta.

(A) Ademar, Cassiana e José poderão ser dispensados sem justa causa porque não possuem estabilidade ou qualquer garantia.

(B) Cassiana e Ademar somente poderão ser dispensados por justa causa, desde que apurado previamente em inquérito judicial.

(C) Cassiana e José não poderão ser dispensados da empresa sem justa causa, e se isso ocorrer poderão requerer a reintegração aos quadros da empresa.

(D) José, Ademar e Cassiana não poderão ser dispensados sem justa causa porque têm garantia no emprego enquanto estiverem no exercício do mandato ou delegação de poder.

(E) José não poderá sofrer despedida arbitrária, entendendo-se como tal a que não se fundar em motivo disciplinar, técnico, econômico ou financeiro.

A: correta, pois Cassiana que foi eleita membro do conselho fiscal do sindicato e Ademar que foi nomeado delegado sindical não possuem a garantia de emprego, nos termos das OJs 365 e 369 da SDI 1 do TST e, portanto, podem ser dis pensados sem justa causa. **B:** incorreta, pois por não possuírem garantia de emprego não necessitam de inquérito judicial para apuração de falta grave para serem dispensados. **C:** incorreta, pois José não possui garantia de emprego, na medida em que a comissão de representação dos empregados deve ser instituída nas empresas com mais de 200 empregados, art. 510-A da CLT. Ademais, a eleição não pode ser informal, devendo respeitar as regras impostas pelo art. 510-C e seus parágrafos, da CLT. **D:** incorreta, pois nenhum dos empregados possuem possui garantia de emprego. **E:** incorreta, pois por não possuir garantia de emprego, José **poderá ser dispensado** arbitrariamente.

Gabarito "A".

(OAB/FGV – 2023) Determinada sociedade empresária possui cerca de 100 funcionários e, em razão de mudança na direção, decidiu realizar algumas dispensas. Ocorre que alguns dos funcionários indicados para a dispensa são detentores de garantias no emprego, sendo uma em decorrência de gestação; outra por ser dirigente sindical; outro por ser membro da Comissão Interna de Prevenção de Acidentes (CIPA) eleito pelos empregados. Além desses casos existe um quarto funcionário, que informou não poder ser dispensado por também ser membro da CIPA, indicado pelo próprio empregador.

Diante disso, a sociedade empresária consultou você, como advogado(a), para saber os períodos e as possibilidades de dispensa.

A esse respeito, assinale a afirmativa correta.

(A) Todas as modalidades de estabilidade ou garantia de emprego possuem a mesma duração.

(B) A estabilidade gestante dá-se da confirmação da gravidez até cinco meses após o parto; a do membro da CIPA eleito pelos empregados, dá-se do registro da candidatura até um ano após o término do mandato, assim como a do dirigente sindical.

(C) Os empregados representantes da CIPA, seja o eleito pelos empregados, seja o indicado como um representante do empregador, têm garantia no emprego até um ano após o término do mandato.

(D) O conhecimento por parte do empregador do estado gravídico da empregada gestante é requisito para o reconhecimento da estabilidade.

A: incorreta, pois as modalidades indicadas no enunciado não possuem o mesmo período de garantia de emprego. Veja comentários alternativa B. **B:** correta, pois nos termos do art. 10, II, b, ADCT o período de estabilidade da gestante se dá desde a confirmação da gravidez até cinco meses após o parto; a estabilidade do eleito membro da CIPA se dá desde o registro de sua candidatura até um ano após o final de seu mandato, art. 10, II, a, ADCT; o dirigente sindical se dá a partir do momento do registro de sua candidatura a cargo de direção ou representação de entidade sindical ou de associação profissional, até 1 (um) ano após o final do seu mandato, caso seja eleito inclusive como suplente. **C:** incorreta, pois nos termos do art. 164, § 2º e art. 165 da CLT somente os empregados eleitos possuem a garantia de emprego. **D:** incorreto, pois nos termos da súmula 244, I, do TST o desconhecimento do estado gravídico pelo empregador não afasta o direito ao pagamento da indenização decorrente da estabilidade.

Gabarito "B".

(OAB/FGV – 2022) Sheila e Irene foram admitidas em uma empresa de material de construção, sendo Sheila mediante contrato de experiência por 90 dias e Irene, contratada por prazo indeterminado. Ocorre que, 60 dias após o início do trabalho, o empregador resolveu dispensar ambas as empregadas porque elas não mostraram o perfil esperado, dispondo-se a pagar todas as indenizações e multas previstas em Lei para extinguir os contratos. No momento da comunicação do desligamento, ambas as empregadas informaram que estavam grávidas com 1 mês de gestação, mostrando os respectivos laudos de ultrassonografia. Considerando a situação de fato, a previsão legal e o entendimento consolidado do TST, assinale a afirmativa correta.

(A) As duas empregadas poderão ser dispensadas.

(B) Somente Sheila poderá ser desligada porque o seu contrato é a termo.

(C) Sheila e Irene não poderão ser desligadas em virtude da gravidez.

(D) Apenas Irene poderá ser desligada, desde que haja autorização judicial.

Irene, contratada por prazo indeterminado tem sua garantia de emprego prevista no art. 10, inciso II, "b", do Ato das Disposições Constitucionais Transitórias. Esse direito é assegurado a toda empregada gestante, inclusive a empregada doméstica, desde a confirmação da gravidez até 5 meses após o parto. Sheila, contratada por meio de contrato de experiência, que é considerado um contrato com prazo determinado (art. 443, § 2º, c, CLT) também possui garantia de emprego prevista no art. 10, inciso II, "b", do Ato das Disposições Constitucionais Transitórias, de acordo com o entendimento disposto na súmula 244, III, TST.

Gabarito "C".

(OAB/FGV – 2020) Jorge e Manoel integram a Comissão Interna de Prevenção de Acidentes (CIPA) da empresa na qual trabalham. Jorge é representante do empregador e Manoel, representante dos empregados. Durante a vigência dos seus mandatos, ambos foram dispensados, sem justa causa, na mesma semana, recebendo aviso-prévio indenizado.

Considerando a situação de fato e a previsão da CLT, assinale a afirmativa correta.

(A) Não há empecilho à dispensa de Jorge, mas Manoel tem garantia no emprego e não poderia ser desligado sem justa causa.

(B) Ambos os empregados podem ser dispensados, porque o empregador concedeu aviso-prévio indenizado.

(C) Jorge, por ser representante do empregador junto à CIPA e dele ter confiança, não poderá ser dispensado, exceto por justa causa.

(D) Nenhum empregado integrante da CIPA pode ser dispensado sem justa causa durante o mandato e até 1 ano após.

A garantia de emprego para o representante dos empregados da CIPA está prevista no art. 10, II, a, ADCT. Por ser Jorge representante da CIPA indicado pelo empregador, não goza de tal garantia de emprego, que é devida somente ao empregado eleito pelos empregados, ou seja, representante dos empregados na CIPA, como é o caso de Manoel.

Gabarito "A".

(OAB/FGV – 2019) Em uma grande empresa que atua na prestação de serviços de telemarketing e possui 250 funcionários, trabalham as empregadas listadas a seguir:

Alice, que foi contratada a título de experiência, e, um pouco antes do término do seu contrato, engravidou;

Sofia, que foi contratada a título temporário, e, pouco antes do termo final de seu contrato, sofreu um acidente do trabalho;

Larissa, que foi indicada pelo empregador para compor a CIPA da empresa;

Maria Eduarda, que foi eleita para a comissão de representantes dos empregados, na forma da CLT alterada pela Lei nº 13.467/17 (reforma trabalhista).

Diante das normas vigentes e do entendimento consolidado do TST, assinale a opção que indica as empregadas que terão garantia no emprego.

(A) Sofia e Larissa, somente.

(B) Alice e Maria Eduarda, somente.

(C) Alice, Sofia e Maria Eduarda, somente.

(D) Alice, Sofia, Larissa e Maria Eduarda.

"C" é a alternativa correta. Isso porque Alice possui a garantia de emprego da gestante, prevista no art. 10, II, b, do ADCT, mesmo na hipótese de admissão mediante contrato por tempo determinado, súmula 244, III, TST. Sofia possui a estabilidade por acidente do trabalho, prevista no art. 118 da Lei 8.213/1991, ainda que submetida a contrato de trabalho por tempo determinado, súmula 378, III, do TST. Larissa, contudo, não possui garantia de emprego, pois, nos termos do art. 165 da CLT, somente os titulares da representação dos empregados nas CIPA (s) não poderão sofrer despedida arbitrária, gozando da garantia provisória de emprego decorrente de acidente de trabalho. Isso porque ela foi indicada pelo empregador e não eleita pelos empregados. Por último, Maria Eduarda possui garantia de emprego prevista no art. 510-D, § 3º, da CLT.

Gabarito "C".

(OAB/FGV – 2018) Em março de 2015, Lívia foi contratada por um estabelecimento comercial para exercer a função de caixa, cumprindo jornada de segunda-feira a sábado das 8h às 18h, com intervalo de 30 minutos para refeição. Em 10 de março de 2017, Lívia foi dispensada sem justa causa, com aviso prévio indenizado, afastando-se de imediato. Em 30 de março de 2017, Lívia registrou sua candidatura a dirigente sindical e, em 8 de abril de 2017, foi eleita vice-presidente do sindicato dos comerciários da sua região.

Diante desse fato, Lívia ponderou com a direção da empresa que não seria possível a sua dispensa, mas o empregador insistiu na manutenção da dispensa afirmando que o aviso prévio não poderia ser considerado para fins de garantia no emprego.

Sobre a hipótese narrada, de acordo com a CLT e com o entendimento consolidado do TST, assinale a afirmativa correta.

(A) O período do aviso prévio é integrado ao contrato para todos os fins, daí porque Lívia, que foi eleita enquanto o pacto laboral estava em vigor, não poderá ser dispensada sem justa causa.

(B) Não se computa o aviso prévio para fins de tempo de serviço nem anotação na CTPS do empregado e, em razão disso, Lívia não terá direito à estabilidade oriunda da eleição para dirigente sindical.

(C) O aviso prévio é computado para todos os fins, mas, como a candidatura da empregada ocorreu no decorrer do aviso prévio, Lívia não terá garantia no emprego.

(D) A Lei e a jurisprudência não tratam dessa situação especial, razão pela qual caberá ao magistrado, no caso concreto, decidir se o aviso prévio será computado ao contrato.

"C" é a assertiva correta. Isso porque o aviso-prévio é computado como tempo de trabalho, independentemente se for indenizado ou trabalhado. Convém ressaltar que deve haver a projeção do período de aviso-prévio no contrato de trabalho, hipótese em que a data de saída a ser anotada na CTPS deve corresponder à do término do prazo do aviso-prévio, ainda que indenizado e/ou proporcional, em conformidade com a Orientação Jurisprudencial 82 da SDI do TST. Contudo, o registro da candidatura do empregado a cargo de dirigente sindical durante o período de aviso-prévio não lhe assegura a estabilidade no emprego, em razão de ser inaplicável a regra contida no § 3º do art. 543 da CLT, a teor da Súmula 369, item V, do TST.

Gabarito "C".

8. NORMAS DE PROTEÇÃO DO TRABALHO – TRABALHO DO MENOR - TRABALHO DA MULHER

(OAB/FGV – 2019) Vera Lúcia tem 17 anos e foi contratada como atendente em uma loja de conveniência, trabalhando em escala de 12x36 horas, no horário de 19 às 7h, com pausa alimentar de 1 hora. Essa escala é prevista no acordo coletivo assinado pela loja com o sindicato de classe, em vigor. A empregada teve a CTPS assinada e tem, como atribuições, auxiliar os clientes, receber o pagamento das compras e dar o troco quando necessário.

Diante do quadro apresentado e das normas legais, assinale a afirmativa correta.

(A) A hipótese trata de trabalho proibido.
(B) O contrato é plenamente válido.
(C) A situação retrata caso de atividade com objeto ilícito.
(D) Por ter 17 anos, Vera Lúcia fica impedida de trabalhar em escala 12x36 horas, devendo ser alterada a jornada.

A hipótese narrada trata da figura do trabalho proibido. Isso porque, nos termos do art. 7º, XXXIII, da CF é proibido o trabalho noturno (aquele desempenhado entre as 22h de um dia até as 5 h do dia seguinte – art. 73, § 2º, da CLT) aos menores de idade. Vale dizer que trabalho proibido é aquele que, por motivos vários, a lei impede que seja exercido por determinadas pessoas ou em determinadas circunstâncias. Já o trabalho ilícito é aquele não permitido porque seu objeto consiste na prestação de atividades criminosas e/ou contravencionais. Nele não se cogita vínculo de emprego, pois o respectivo negócio jurídico é destituído de validade.
Gabarito "A".

(OAB/FGV – 2020) Rafaela trabalha em uma empresa de calçados. Apesar de sua formação como estoquista, foi preterida em uma vaga para tal por ser mulher, o que seria uma promoção e geraria aumento salarial. Um mês depois, a empresa exigiu que todas as funcionárias do sexo feminino apresentassem atestado médico de gravidez. Rafaela, 4 meses após esse fato, engravidou e, após apresentação de atestado médico, teve a jornada reduzida em duas horas, por se tratar de uma gestação delicada, o que acarretou a redução salarial proporcional. Sete meses após o parto, Rafaela foi dispensada.

Como advogado(a) de Rafaela, de acordo com a legislação trabalhista em vigor, assinale a opção que contém todas as violações aos direitos trabalhistas de Rafaela.

(A) Recusa, fundamentada no sexo, da promoção para a função de estoquista.
(B) Recusa, fundamentada no sexo, da promoção para a função de estoquista, exigência de atestado de gravidez e redução salarial.
(C) Recusa, fundamentada no sexo, da promoção para a função de estoquista, exigência de atestado de gravidez, redução salarial e dispensa dentro do período de estabilidade gestante.
(D) Dispensa dentro do período de estabilidade gestante.

O primeiro direito violado foi a recusa da promoção fundamentada no sexo. Isso porque, nos termos do art. 373-A, II, da CLT é vedado recusar emprego, promoção ou motivar a dispensa do trabalho em razão de sexo, idade, cor, situação familiar ou estado de gravidez, salvo quando a natureza da atividade seja notória e publicamente incompatível. O segundo direito violado foi a exigência de atestado médico, na medida em que o art. 373-A, IV, da CLT ensina ser vedado exigir atestado ou exame, de qualquer natureza, para comprovação de esterilidade ou gravidez, na admissão ou permanência no emprego. O terceiro direito violado foi a redução salarial. Isso porque, nos termos do art. 377 da CLT a adoção de medidas de proteção ao trabalho das mulheres é considerada de ordem pública, não justificando, em hipótese alguma, a redução de salário. Há de se ressaltar que no presente caso o direito a estabilidade provisória desde a confirmação da gravidez até 5 meses após o parto (art. 10, II, b, ADCT) foi respeitado.
Gabarito "B".

9. DIREITO COLETIVO DO TRABALHO

(OAB/FGV – 2024) Os sindicatos de classe de uma determinada categoria elaboraram uma convenção coletiva normatizando o pagamento do adicional de penosidade. A norma previa vigência de 2 (dois) anos, com término em outubro de 2023.

Considerando esses fatos e o que dispõe a CLT, assinale a afirmativa correta.

(A) Mesmo com a vigência encerrada, os trabalhadores que recebiam o adicional possuem direito adquirido, e o pagamento deve prosseguir.
(B) Ao término da vigência da norma coletiva, caso ela não seja renovada, os trabalhadores perderão o direito ao adicional.
(C) Os trabalhadores que já recebiam o adicional continuarão com o direito se isso for homologado pelo Ministério do Trabalho.
(D) A vantagem se incorpora ao contrato de trabalho dos empregados ativos, e os admitidos posteriormente ao dies ad quem da norma coletiva não a receberão.

A vantagem recebida não será incorporada de forma definitiva ao contrato de trabalho, e não gera direito adquirido, sendo certo que ao término da vigência da norma coletiva, caso ela não seja renovada, os trabalhadores perderão o direito ao adicional. Isso porque, nos termos do art. 614, § 3º, da CLT é vedada a ultratividade da norma coletiva.
Gabarito "B".

(OAB/FGV – 2023) Um sindicato de categoria profissional, após ser procurado por uma sociedade empresária e seguir os trâmites legais, pretende assinar com ela um acordo coletivo que, entre outras cláusulas, fixa redução em 20% da jornada e 20% do salário durante 1 ano para todos os empregados.

Em relação a esse acordo coletivo, considerando a previsão da CLT, assinale a afirmativa correta.

(A) O acordo coletivo deverá prever a proteção dos empregados contra dispensa imotivada durante o prazo de vigência do instrumento coletivo.
(B) O acordo coletivo será nulo porque deveria ser pactuado por, no mínimo, 2 anos.
(C) O acordo coletivo será inconstitucional, porque não pode haver redução do salário, haja vista o prejuízo direto que isso causa ao trabalhador.
(D) A redução da jornada e do salário somente seria válida se fosse prevista em convenção coletiva, pois essa previsão é vedada pela CLT no acordo coletivo.

A: correta. Nos termos do art. 611-A, § 3º, CLT se for pactuada cláusula que reduza o salário ou a jornada, a convenção coletiva ou o acordo coletivo de trabalho deverão prever a proteção dos empregados contra dispensa imotivada durante o prazo de vigência do instrumento coletivo. **B:** incorreta, pois poderá ser pactuado por no máximo 2 anos, art. 614, § 3º, CLT. **C:** incorreta, pois nos termos do art. 7º, VI, CF, é direito de todo trabalhador a irredutibilidade do salário, salvo o disposto em convenção ou acordo coletivo. **D:** incorreta, pois nos termos do art. 611-A, § 3º, da CLT poderá ser por acordo ou convenção coletiva de trabalho.

Gabarito "A".

(OAB/FGV – 2019) O sindicato dos empregados X entabulou com o sindicato dos empregadores Y, uma convenção coletiva de trabalho para vigorar de julho de 2019 a junho de 2021. Nela ficou acertado que a jornada seria marcada pelos trabalhadores por meio de um aplicativo desenvolvido pelos sindicatos; que haveria instituição de banco de horas anual; que, nas jornadas de trabalho de até 7 horas diárias, haveria intervalo para refeição de 20 minutos; e que a participação nos lucros seria dividida em 4 parcelas anuais.

Considerando o teor da norma coletiva e suas cláusulas, e considerando o disposto na CLT, assinale a afirmativa correta.

(A) A convenção é nula quanto à participação nos lucros, que não pode ser dividida em mais de 2 parcelas anuais.

(B) É nula a fixação de pausa alimentar inferior a 30 minutos para jornadas superiores a 6 horas, mesmo que por norma coletiva.

(C) Inválida a cláusula referente à modalidade de registro da jornada de trabalho, que não pode ser feito por meio de um aplicativo.

(D) Inválido o banco de horas estipulado, pois, em norma coletiva, ele somente pode ser realizado para compensação semestral.

A pactuação de jornada marcada pelos trabalhadores por meio de um aplicativo é considerada válida, art. 611-A, I, da CLT; a instituição de banco de horas anual é considerada válida, art. 611-A, II, CLT; intervalo para refeição de 20 minutos nas jornadas de trabalho de até 7 horas diárias se mostra inválido, tendo em vista que para ter validade deve respeitado o limite mínimo de trinta minutos para jornadas superiores a seis horas; a participação nos lucros seria dividida em 4 parcelas anuais é válido, art. 611-A, XV, CLT.

Gabarito "B".

(OAB/FGV – 2019) Os empregados de uma sociedade empresária do setor metalúrgico atuavam em turnos ininterruptos de revezamento, cumprindo jornada de 6 horas diárias, conforme previsto na Constituição Federal, observado o regular intervalo.

O sindicato dos empregados, provocado pela sociedade empresária, convocou assembleia no ano de 2018, e, após debate e votação, aprovou acordo coletivo para que a jornada passasse a ser de 8 horas diárias, com o respectivo acréscimo salarial, observado o regular intervalo, mas sem que houvesse qualquer vantagem adicional para os trabalhadores.

Diante da situação apresentada e de acordo com a previsão da CLT, assinale a afirmativa correta.

(A) É nulo o acordo coletivo em questão, e caberá ao interessado nessa declaração ajuizar ação de cumprimento.

(B) A validade de tal estipulação, por não prever benefício para os trabalhadores, depende de homologação da Justiça do Trabalho.

(C) É obrigatório que a contrapartida seja a estabilidade de todos os funcionários na vigência do acordo coletivo.

(D) O acordo coletivo é válido, porque sua estipulação não depende da indicação de vantagem adicional para os empregados.

"D" é a opção correta. Isso porque, nos termos do art. 611-A, § 1º, da CLT a inexistência de expressa indicação de contrapartidas recíprocas em convenção coletiva ou acordo coletivo de trabalho não ensejará sua nulidade por não caracterizar um vício do negócio jurídico. Importante lembrar que, se for pactuada cláusula que reduza o salário ou a jornada, a convenção coletiva ou o acordo coletivo de trabalho deverão prever a proteção dos empregados contra dispensa imotivada durante o prazo de vigência do instrumento coletivo, art. 611-A, § 3º, da CLT.

Gabarito "D".

(OAB/FGV – 2019) A sociedade empresária Ômega Ltda. deseja reduzir em 20% o seu quadro de pessoal, motivo pelo qual realizou um acordo coletivo com o sindicato de classe dos seus empregados, prevendo um Programa de Demissão Incentivada (PDI), com vantagens econômicas para aqueles que a ele aderissem.

Gilberto, empregado da empresa havia 15 anos, aderiu ao referido Programa em 12/10/2018, recebeu a indenização prometida sem fazer qualquer ressalva e, três meses depois, ajuizou reclamação trabalhista contra o ex-empregador. Diante da situação apresentada e dos termos da CLT, assinale a afirmativa correta.

(A) A adesão ao Programa de Demissão Incentivada (PDI) não impede a busca, com sucesso, por direitos lesados.

(B) A quitação plena e irrevogável pela adesão ao Programa de Demissão Incentivada (PDI) somente ocorreria se isso fosse acertado em convenção coletiva, mas não em acordo coletivo.

(C) O empregado não terá sucesso na ação, pois conferiu quitação plena.

(D) A demanda não terá sucesso, exceto se Gilberto previamente devolver em juízo o valor recebido pela adesão ao Programa de Demissão Incentivada (PDI).

"C" é a alternativa correta. Isso porque nos termos do art. 477-B da CLT o Plano de Demissão Voluntária ou Incentivada, seja para dispensa individual, plúrima ou coletiva, previsto em convenção coletiva ou acordo coletivo de trabalho, enseja quitação plena e irrevogável dos direitos decorrentes da relação empregatícia, salvo disposição em contrário estipulada entre as partes. Como no acordo não houve disposição em contrário das partes, ou seja, não houve qualquer ressalva das partes, Gilberto não teria sucesso na demanda.

Gabarito "C".

(OAB/FGV – 2018) O sindicato dos empregados em tinturaria de determinado município celebrou, em 2018, acordo coletivo com uma tinturaria, no qual, reconhecendo-se a condição financeira difícil da empresa, aceitou a redução do percentual de FGTS para 3% durante 2 anos.

Sobre o caso apresentado, de acordo com a previsão da CLT, assinale a afirmativa correta.

(A) É válido o acerto realizado porque fruto de negociação coletiva, ao qual a reforma trabalhista conferiu força legal.

(B) Somente se houver homologação do acordo coletivo pela Justiça do Trabalho é que ele terá validade em relação ao FGTS.

(C) A cláusula normativa em questão é nula, porque constitui objeto ilícito negociar percentual de FGTS.

(D) A negociação acerca do FGTS exigiria que, ao menos, fosse pago metade do valor devido, o que não aconteceu no caso apresentado.

"C" é a opção correta. Isso porque, nos termos do art. 611-B, III, da CLT constitui objeto ilícito de convenção coletiva ou de acordo coletivo de trabalho, exclusivamente, a supressão ou a redução do valor dos depósitos mensais e da indenização rescisória do Fundo de Garantia do Tempo de Serviço (FGTS).

Gabarito "C".

(OAB/FGV – 2018) Em determinada localidade, existe a seguinte situação: a convenção coletiva da categoria para o período 2018/2019 prevê o pagamento de adicional de 70% sobre as horas extras realizadas de segunda-feira a sábado. Ocorre que a sociedade empresária Beta havia assinado um acordo coletivo para o mesmo período, porém alguns dias antes, prevendo o pagamento dessas horas extras com adicional de 60%.

De acordo com a CLT, assinale a opção que indica o adicional que deverá prevalecer.

(A) Prevalecerá o adicional de 70%, por ser mais benéfico aos empregados.

(B) Diante da controvérsia, valerá o adicional de 50% previsto na Constituição Federal.

(C) Deverá ser respeitada a média entre os adicionais previstos em ambas as normas coletivas, ou seja, 65%.

(D) Valerá o adicional de 60% previsto em acordo coletivo, que prevalece sobre a convenção.

"D" é a opção correta. Isso porque nos termos do art. 620 da CLT as condições estabelecidas em acordo coletivo de trabalho **sempre** prevalecerão sobre as estipuladas em convenção coletiva de trabalho.

Gabarito "D".

(OAB/FGV – 2017) Uma instituição bancária construiu uma escola para que os filhos dos seus empregados pudessem estudar. A escola tem a infraestrutura necessária, e o banco contratou as professoras que irão dar as aulas nos primeiros anos do Ensino Fundamental. Não existe controvérsia entre empregador e empregadas acerca do enquadramento sindical.

Diante dessa situação, assinale a afirmativa correta.

(A) Sendo o empregador das professoras um banco, elas são bancárias e estão vinculadas à convenção coletiva dessa categoria profissional.

(B) O professor integra categoria conexa, cabendo às professoras definir a que sindicatos pretendem se filiar.

(C) Uma vez que a atividade desenvolvida pelas professoras não é bancária, caberá à Justiça do Trabalho definir as regras que deverão permear os seus contratos.

(D) As professoras não são bancárias, porque integram categoria diferenciada.

"D" é a assertiva correta. Isso porque a Seção de Dissídios Individuais (SDI1) do Tribunal Superior do Trabalho (TST) afirmou o entendimento de que professor é categoria diferenciada, não importando onde a sua função é exercida, a nomenclatura constante de sua CTPS e se possui título e registro no MEC. Ver julgamento no TST RR -10-4600-06-2010.5.17.08. Veja também ADI 3772 STF.

Gabarito "D".

(OAB/FGV – 2017) Na convenção coletiva de determinada categoria, ficou estipulado que o adicional de periculosidade seria pago na razão de 15% sobre o salário-base, pois, comprovadamente, os trabalhadores permaneciam em situação de risco durante metade da jornada cumprida. Sobre a cláusula em questão, assinale a afirmativa correta.

(A) A cláusula não é válida, pois se trata de norma de ordem pública.

(B) A validade da cláusula depende de homologação judicial.

(C) A cláusula é válida, porque a Constituição da República garante eficácia aos acordos e às convenções coletivas.

(D) A legalidade da cláusula será avaliada pelo juiz, porque a Lei e o TST são silentes a respeito.

"A" é a opção correta. Isso porque, nos termos da súmula 364, II, TST, não é válida a cláusula de acordo ou convenção coletiva de trabalho fixando o adicional de periculosidade em percentual inferior ao estabelecido em lei e proporcional ao tempo de exposição ao risco, pois tal parcela constitui medida de higiene, saúde e segurança do trabalho, garantida por norma de ordem pública. Ademais, nos termos do art. 611-B, XVIII, da CLT constitui objeto ilícito de convenção coletiva ou de acordo coletivo de trabalho, a supressão ou a redução do adicional de remuneração para as atividades penosas, insalubres ou perigosas.

Gabarito "A".

10. FGTS

(OAB/FGV – 2024) Alexandre, Reginaldo e Maurício eram empregados da mesma sociedade empresária, mas em períodos distintos. Alexandre pediu demissão após 2 (dois) anos de trabalho, pois já estava cansado de trabalhar para o mesmo empregador e já era idoso contando com 71 (setenta e um) anos de idade. Reginaldo se aposentou após 3 (três) anos, pois já contava com idade e tempo de serviço anterior, apesar de ter 62 (sessenta e dois) anos. Maurício foi dispensado sem justa causa, após quatro meses, mesmo sendo jovem e contando com 25 (vinte e cinco) anos de idade. Os três consultaram você, como advogado(a), acerca da possibilidade de levantamento imediato dos valores depositados a título de FGTS dos contratos terminados.

Observando a legislação em vigor e adstrito aos dados do enunciado, assinale a afirmativa que apresenta, corretamente, sua orientação.

(A) Os três poderão receber, imediatamente, os valores do FGTS.

(B) Alexandre e Maurício não poderão receber os valores imediatamente, pois um pediu demissão e o outro teve contrato inferior a seis meses.

(C) Apenas Alexandre não poderá movimentar sua conta vinculada e receber os valores imediatamente.

(D) Apenas Maurício, por haver sido dispensado sem justa causa, tem direito ao recebimento imediato do FGTS.

Os 3 trabalhadores poderão levantar os valores de FGTS. O art. 20 da Lei 8.036/1990 elenca as situações em que a conta vinculada do trabalhador no FGTS poderá ser movimentada. Alexandre, apesar de ter pedido demissão possui 71 anos de idade e por esse motivo poderá movimentar a conta de FGTS, nos termos do art. 20, XV, da Lei 8.036/1990 que ensina que a conta poderá ser movimentada quando o trabalhador tiver idade igual ou superior a setenta anos. Reginaldo, por ter se aposentado, poderá movimentar a conta de FGTS em conformidade com o art. 20, III, da Lei 8.036/1990 que dispõe que a conta poderá ser movimentada na hipótese de aposentadoria concedida pela Previdência Social. Já Maurício, por ter sido dispensado sem justa causa, poderá movimentar a conta em conformidade com o art. 20, I, da Lei 8.036/1190 que permite a movimentação em caso de despedida sem justa causa, inclusive a indireta, de culpa recíproca e de força maior.

Gabarito "A".

(OAB/FGV – 2023) Plínio Salgado ficou afastado do trabalho por 8 meses em benefício previdenciário decorrente de doença ocupacional relacionada ao trabalho. Ao retornar após a alta médica, foi informado que não teria direito ao gozo de férias, pois necessitaria cumprir mais um ano de trabalho, bem como seu FGTS deixou de ser depositado, já que não houve trabalho. Além disso, seu salário permaneceu congelado, por não haver trabalho, não lhe sendo devidas as diferenças salariais decorrentes do aumento espontâneo concedido pelo empregador aos empregados que estavam ativos.

Na qualidade de advogado(a) de Plínio, assinale a opção que, corretamente, contempla os efetivos direitos de seu cliente.

(A) Plínio apenas faz jus aos depósitos do FGTS do período de afastamento, bem como ao reajuste salarial concedido pelo empregador.

(B) Plínio faz jus aos depósitos do FGTS do período de afastamento, bem como ao reajuste salarial concedido pelo empregador e ao cômputo do período de afastamento no período aquisitivo de férias.

(C) Plínio não tem direito ao reajuste salarial, pois não houve contraprestação no período do aumento espontâneo, não se tratando de norma coletiva.

(D) Plínio não tem direito aos valores do FGTS do período, pois em gozo do benefício previdenciário não há cômputo do tempo de serviço.

Nos termos do art. 15, § 5º, da Lei 8.036/1990, o depósito é obrigatório nos casos de afastamento para prestação do serviço militar obrigatório e licença por acidente do trabalho. Com relação ao reajuste salarial concedido pelo empregador é importante lembrar que nos termos do art. 471 da CLT, ao empregado afastado do emprego, são asseguradas, por ocasião de sua volta, todas as vantagens que, em sua ausência, tenham sido atribuídas à categoria a que pertencia na empresa. Já no que diz respeito às férias, vale lembrar que nos termos do art. 133, IV, da CLT não terá direito a férias o empregado que, no curso do período aquisitivo tiver percebido da Previdência Social prestações de acidente de trabalho ou de auxílio-doença por mais de 6 (seis) meses, embora descontínuos.

Gabarito "A".

(OAB/FGV – 2023) Anne é diretora não empregada de uma grande multinacional. Ela tem contraprestação pecuniária elevada e algumas vantagens pelo cargo que ocupa como, por exemplo, veículo com motorista e o aluguel de uma espaçosa residência. Na última assembleia, no entanto, Anne levou a debate sua pretensão de receber mensalmente FGTS em conta vinculada.

Sobre a pretensão de Anne, de acordo com a lei de regência, assinale a afirmativa correta.

(A) A pretensão é inviável, porque Anne não tem o contrato regido pela CLT e, assim, não pode ter FGTS.

(B) Se a sociedade empresária desejar, poderá equiparar, para fins de FGTS, o diretor não empregado aos demais trabalhadores.

(C) A Lei permite atender ao pedido, mas Anne terá creditada metade do percentual do FGTS de um empregado regular.

(D) Para ter direito ao FGTS, Anne terá que renunciar ao cargo que ocupa e passar a ser diretora empregada.

A: incorreta, pois embora seja diretora não empregada, a empresa poderá equiparar seus diretores não empregados aos demais trabalhadores sujeitos ao regime do FGTS, hipótese em que Anne terá direito ao FGTS, nos termos do art. 16 da Lei 8.036/1990. **B:** correta, pois reflete a disposição do art. 16 da Lei 8.036/1990 que assim dispõe: "Para efeito desta lei, as empresas sujeitas ao regime da legislação trabalhista poderão equiparar seus diretores não empregados aos demais trabalhadores sujeitos ao regime do FGTS. Considera-se diretor aquele que exerça cargo de administração previsto em lei, estatuto ou contrato social, independente da denominação do cargo." Ademais, a Lei 6.919/1981 faculta a extensão do regime do Fundo de Garantia do Tempo de Serviço a diretores não empregados. **C:** incorreta, pois nos termos do art. 1º, § 1º, da Lei 6.919/1981 as empresas que exercerem tal equiparação ficarão obrigadas a depositar, até o último dia de expediente bancário do primeiro decêndio de cada mês, em nome de cada um dos Diretores abrangidos pela decisão, importância correspondente a 8% (oito por cento) da remuneração paga ou devida no mês anterior, ou seja, a mesma aos demais empregados, art. 15 da Lei 8.036/1990. **D:** incorreta, pois não há necessidade de renúncia para ter direito ao FGTS. Vide comentários anteriores.

Gabarito "B".

(OAB/FGV – 2017) Os irmãos Pedro e Júlio Cesar foram contratados como empregados pela sociedade empresária Arco Doce S/A e lá permaneceram por dois anos. Como foram aprovados em diferentes concursos públicos da administração direta, eles pediram demissão e, agora, com a possibilidade concedida pelo Governo, dirigiram-se à Caixa Econômica Federal (CEF) para sacar o FGTS.

Na agência da CEF foram informados que só havia o depósito de FGTS de 1 ano, motivo por que procuraram o contador da Arco Doce para uma explicação. O contador informou que não havia o depósito porque, no último ano, Pedro afastara-se para prestar serviço militar obrigatório e Júlio Cesar afastara – se pelo INSS, recebendo auxílio-doença comum (código B-31). Diante desses fatos, confirmados pelos ex-empregados, o contador ponderou que não havia obrigação de a empresa depositar o FGTS durante 1 ano para ambos.

Sobre a questão retratada e de acordo com a legislação em vigor, assinale a afirmativa correta.

(A) A sociedade empresária tem razão na justificativa de Júlio Cesar, mas está errada em relação a Pedro.

(B) A sociedade empresária está errada em relação a ambos os empregados.

(C) No que tange a Pedro, a sociedade empresária está certa, mas, no tocante a Julio Cesar, não tem razão.

(D) A pessoa jurídica está correta em relação a Pedro e a Júlio Cesar.

"A" é a opção correta. Isso porque nos termos do art. 15, § 5º da Lei 8036/1990 é obrigatório o depósito de FGTS nos casos de afastamento para prestação do serviço militar obrigatório e licença por acidente do

trabalho. Por se tratar de auxílio doença comum, os depósitos de FGTS não são devidos a Julio César.
Gabarito "A".

(OAB/FGV – 2017) Um aprendiz de marcenaria procura um advogado para se inteirar sobre o FGTS que vem sendo depositado mensalmente pelo empregador na sua conta vinculada junto à CEF, na razão de 2% do salário, e cujo valor é descontado juntamente com o INSS. Com relação ao desconto do FGTS, assinale a afirmativa correta.

(A) O FGTS deveria ser depositado na ordem de 8% e não poderia ser descontado.
(B) A empresa, por se tratar de aprendiz, somente poderia descontar metade do FGTS depositado.
(C) A empresa está equivocada em relação ao desconto, pois o FGTS é obrigação do empregador.
(D) A conduta da empresa é regular, tanto em relação ao percentual quanto ao desconto.

"C" é a opção correta. Isso porque, nos termos do art. 15, § 7º, da Lei 8036/1990, os contratos de aprendizagem terão a alíquota reduzida para 2%. Esse valor não pode ser descontado do valor do salário do obreiro.
Gabarito "C".

11. TEMAS COMBINADOS

(OAB/FGV – 2024) Constantino é empregado em uma indústria de fabricação de móveis. O empregador ficou ciente de que o Ministério Público Estadual apresentou denúncia contra Constantino pela prática de fato típico, antijurídico e culpável, praticado durante uma assembleia de condomínio contra um morador do mesmo prédio. A denúncia foi recebida pelo juiz criminal e o processo penal teve início. A sociedade empresária consulta você, como advogado(a), para saber que efeito jurídico essa situação terá no contrato de trabalho.

De acordo com a legislação em vigor, assinale a afirmativa que, corretamente, apresenta sua resposta.

(A) O contrato de trabalho de Constantino ficará suspenso pelo recebimento da denúncia.
(B) O recebimento da denúncia é falta grave que automaticamente ensejará a extinção do contrato por justa causa.
(C) Nenhuma consequência haverá no contrato de trabalho, porque a presunção é de inocência.
(D) O contrato de trabalho ficará interrompido e Constantino será considerado licenciado até o término da ação penal.

A: incorreta, pois tal hipótese não é tratada como causa de suspensão do contrato de trabalho. B: incorreta, pois nos termos do art. 482 da CLT não se trata de hipótese de falta grave. C: correta, pois nos termos do art. 482, d, da CLT somente a condenação criminal do empregado, passada em julgado, caso não tenha havido suspensão da execução da pena, constitui hipótese de justa causa. Por esse motivo, o recebimento da denúncia pelo juiz criminal e o início do processo penal não gera consequência ao contrato de trabalho. D: incorreta, pois não se trata de hipótese de interrupção do contrato de trabalho.
Gabarito "C".

(OAB/FGV – 2024) Reinaldo, trabalhador rural, atua na Fazenda Boa Esperança como tratorista desde 1990. Em janeiro de 2021, o empregador de Reinaldo o dispensou sem justa causa, sendo que o ex-empregado ajuizou reclamação trabalhista em novembro de 2023.

Sobre a situação apresentada, nos termos da Constituição Federal, assinale a afirmativa correta.

(A) A prescrição para o trabalhador rural só tem início após uma prestação de contas, que não foi feita, razão pela qual não existe prescrição total.
(B) Como forma de proteção especial ao empregado rural, a lei garante que a ação possa ser proposta em até 5 (cinco) anos da extinção do contrato.
(C) Caso o reclamado suscite em defesa a prescrição extintiva, o juiz deverá acolhê-la.
(D) Somente se as verbas da extinção forem quitadas no sindicato de classe rural é que a prescrição bimestral terá início.

A: incorreta, pois nos termos do art. 7º, XXIX, da CF e art. 11 da CLT a prescrição tem início com o término do contrato de trabalho. B: incorreta, pois nos termos do art. 7º, XXIX, da CF e art. 11 da CLT a ação deve ser proposta no prazo de 2 anos contados da data da extinção do contrato. C: correta, pois tendo em vista que o término do contrato ocorreu em janeiro de 2021 e Reinaldo ingressou com reclamação trabalhista em novembro de 2023 a ação está prescrita e uma vez suscitada pelo reclamado deverá ser acolhida, nos termos do art. 7º, XXIX, da CF e art. 11 da CLT. D: incorreta, pois nos termos do art. 7º, XXIX, da CF e art. 11 da CLT a prescrição tem início com o término do contrato de trabalho.
Gabarito "C".

(OAB/FGV – 2022) João da Silva se submeteu, em novembro de 2021, a um processo seletivo para ingresso em um banco privado. Meses depois, recebeu um *e-mail* do banco informando que ele havia sido selecionado para a vaga. O *e-mail* solicitava a apresentação na sede do banco em 5 dias, com a carteira de trabalho e demais documentos pessoais, e, por causa disso, João da Silva recusou a participação em outros dois processos seletivos para os quais foi chamado, resolvendo focar as energias no futuro emprego no banco. Ocorre que, no dia em que se apresentou no banco, o gerente do setor de Recursos Humanos pediu desculpas e alegou ter havido um engano: segundo ele, o selecionado foi realmente João da Silva, mas um homônimo, e, por descuido do setor, enviaram a informação da aprovação para o *e-mail* errado. Nenhum documento foi exibido a João da Silva, sendo que o gerente renovou o pedido de desculpas e desejou boa sorte a João da Silva. Diante dos fatos narrados e das normas de regência, assinale a afirmativa correta.

(A) Nada há a fazer, pois a empresa se justificou, pediu desculpas e não houve prejuízo a João da Silva.
(B) O banco deverá ser obrigado a contratar João da Silva, em razão da promessa constante do e-mail.
(C) A situação envolve dano pré-contratual, de competência da Justiça do Trabalho.
(D) Uma vez que não houve contrato formalizado, a eventual responsabilidade civil deverá ser analisada pela Justiça Comum.

A preservação dos direitos do trabalhador deve ser efetivada não apenas na fase contratual, mas também antes da celebração do contrato de trabalho, ou seja, na fase pré-contratual. Desta forma, há direito de indenização por danos morais nos termos do art. 5º, X, CF.
Gabarito "C".

(OAB/FGV – 2022) A sociedade empresária *Transportes Canela Ltda.*, que realiza transporte rodoviário de passageiros, abriu processo seletivo para a contratação de motoristas profissionais e despachantes. Interessados nos cargos ofertados, Sérgio se apresentou como candidato ao cargo de motorista e Bárbara, ao cargo de despachante. A sociedade exigiu de ambos a realização de exame toxicológico para detecção de drogas ilícitas como condição para a admissão.

Considerando a situação de fato e a previsão legal, assinale a afirmativa correta.

(A) Em hipótese alguma, o exame poderia ser feito, uma vez que viola a intimidade dos trabalhadores.
(B) O exame pode ser feito em ambos os empregados, desde que haja prévia autorização judicial.
(C) O exame seria válido para Sérgio por expressa previsão legal, mas seria ilegal para Bárbara.
(D) É possível o exame em Bárbara se houver fundada desconfiança da empresa, mas, para Sérgio, não pode ser realizado.

Poderá ser exigido apenas exame de Sérgio. Isso porque, nos termos do art. 168, § 6º, da CLT serão exigidos exames toxicológicos, previamente à admissão e por ocasião do desligamento, quando se tratar de motorista profissional, assegurados o direito à contraprova em caso de resultado positivo e a confidencialidade dos resultados dos respectivos exames. Ademais, o art. 235-B, VII, da CLT ensina que é dever do motorista profissional submeter-se a exames toxicológicos com janela de detecção mínima de 90 (noventa) dias e a programa de controle de uso de droga e de bebida alcoólica, instituído pelo empregador, com sua ampla ciência, pelo menos uma vez a cada 2 (dois) anos e 6 (seis) meses. Já com relação a Bárbara, em razão do cargo que exercerá não há exigência legal do exame.
Gabarito "C".

(OAB/FGV – 2022) Paulo Sampaio foi chamado para uma entrevista de emprego em uma empresa de tecnologia. Sabendo que, se contratado, desenvolverá projetos de aplicativos para smartphones, dentre outras invenções, resolveu consultar você, como advogado (a), para saber sobre a propriedade intelectual sobre tais invenções, sendo certo que não foi tratada nenhuma condição contratual até agora. Diante disso, de acordo com a redação da CLT em vigor, assinale a afirmativa correta.

(A) Na qualidade de empregado, toda a propriedade sobre as invenções será do empregador.
(B) No curso do contrato de trabalho, as invenções realizadas pessoalmente pelo empregado, mas com utilização de equipamentos fornecidos pelo empregador, serão de propriedade comum, em partes iguais, salvo se o contrato de trabalho tiver por objeto pesquisa científica.
(C) O empregador poderá explorar a invenção a qualquer tempo sem limitação de prazo após a concessão da patente, uma vez que se trata de contrato de trabalho.
(D) A propriedade do invento deverá ser dividida proporcionalmente após a apuração da contribuição do empregado e o investimento em equipamentos feito pelo empregador.

Nos termos do art. 454 da CLT na vigência do contrato de trabalho, as invenções do empregado, quando decorrentes de sua contribuição pessoal e da instalação ou equipamento fornecidos pelo empregador, serão de propriedade comum, em partes iguais, salvo se o contrato de trabalho tiver por objeto, implícita ou explicitamente, pesquisa científica. Vale dizer que ao empregador caberá a exploração do invento, ficando obrigado a promovê-la no prazo de um ano da data da concessão da patente, sob pena de reverter em favor do empregado da plena propriedade desse invento, é o que dispõe o parágrafo único do art. 454 da CLT.
Gabarito "B".

(OAB/FGV – 2019) Uma indústria de calçados, que se dedica à exportação, possui 75 empregados. No último ano, Davi foi aposentado por invalidez, Heitor pediu demissão do emprego, Lorenzo foi dispensado por justa causa e Laura rompeu o contrato por acordo com o empregador, aproveitando-se da nova modalidade de ruptura trazida pela Lei 13.467/17 (Reforma Trabalhista).

De acordo com a norma de regência, assinale a opção que indica, em razão dos eventos relatados, quem tem direito ao saque do FGTS.

(A) Davi e Laura, somente.
(B) Todos poderão sacar o FGTS.
(C) Laura, somente.
(D) Davi, Heitor e Lorenzo, somente.

Davi, por ter sido aposentado por invalidez poderá movimentar sua conta, art. 20, III, da Lei 8.036/90; Heitor, por ter pedido demissão não poderá movimentar sua conta, pois o art. 20, I, da Lei 8.036/90 não prevê essa modalidade de rescisão como hipótese para movimentação da conta FGTS. O mesmo pode ser dito com relação a Lorenzo, dispensado por justa causa. Já Laura, que optou pelo distrato, art. 484-A da CLT, poderá movimentar a conta de FGTS na forma do art. 20 I-A, da Lei 8.036/90.
Gabarito "A".

(OAB/FGV – 2019) Reinaldo é empregado da padaria Cruz de Prata Ltda., na qual exerce a função de auxiliar de padeiro, com jornada de segunda a sexta-feira, das 12h às 17h, e pausa alimentar de 15 minutos. Aproxima-se o final do ano, e Reinaldo aguarda ansiosamente pelo pagamento do 13º salário, pois pretende utilizá-lo para comprar uma televisão.

A respeito do 13º salário, assinale a afirmativa correta.

(A) Com a reforma da CLT, a gratificação natalina poderá ser paga em até três vezes, desde que haja concordância do empregado.
(B) A gratificação natalina deve ser paga em duas parcelas, sendo a primeira entre os meses de fevereiro e novembro e a segunda, até o dia 20 de dezembro de cada ano.
(C) Atualmente é possível negociar a supressão do 13º salário em convenção coletiva de trabalho.
(D) O empregado tem direito a receber a primeira parcela do 13º salário juntamente com as férias, desde que a requeira no mês de março.

A: incorreta, pois a reforma trabalhista não cuidou do pagamento de 13º salário. **B:** correta, pois admite-se o pagamento em duas parcelas. Isso porque, nos termos do art. 1º da Lei 4.749/65 o 13º salário será pago pelo empregador até o dia 20 de dezembro de cada ano, compensada a importância que, a título de adiantamento, realizar. Contudo, nos termos do art. 2º da mesma lei, entre os meses de fevereiro e novembro de cada ano, o empregador pagará, como adiantamento da gratificação referida no artigo precedente, de uma só vez, metade do salário recebido pelo respectivo empregado no mês anterior. **C:** incorreta, pois nos termos

do art. 611-B, V, da CLT é vedado. **D:** incorreta, pois nos termos do art. 2º da Lei 4.749/65, o pagamento deverá ocorrer entre os meses de fevereiro e novembro de cada ano.
Gabarito "B".

(OAB/FGV – 2019) Determinada sociedade empresária ampliou os benefícios de seus empregados para fidelizá-los e evidenciar sua responsabilidade social. Dentre outras medidas, aderiu voluntariamente ao programa de empresa cidadã e, assim, aumentou o período de licença maternidade e o de licença paternidade de seus empregados.

Marcondes, empregado da referida empresa, que será pai em breve, requereu ao setor de recursos humanos a ampliação do seu período de licença paternidade, e agora deseja saber quanto tempo ficará afastado.

Assinale a opção que, de acordo com a Lei, indica o período total da licença paternidade que Marcondes aproveitará.

(A) 5 dias.
(B) 10 dias.
(C) 15 dias.
(D) 20 dias.

"D" é a opção correta. Isso porque, nos termos do art. 1º, II, da Lei 11.770/2008 para os empregados da empresa que aderir ao programa Empresa Cidadã, a licença-paternidade de 5 dias prevista no art. 10, § 1º, do ADCT será prorrogada por mais 15 dias, totalizando 20 dias de licença-paternidade.
Gabarito "D".

(OAB/FGV – 2019) Alaor, insatisfeito com o pequeno lucro do restaurante do qual era sócio, retirou-se da sociedade empresária e averbou, na respectiva junta comercial, novo contrato social, onde constava sua retirada.

O empresário, 36 meses após esse fato, foi surpreendido com sua citação em uma reclamação trabalhista ajuizada dias antes.

Sobre a hipótese apresentada, considerando a atual redação da CLT, assinale a afirmativa correta.

(A) Alaor responde solidariamente pelos débitos da sociedade na ação trabalhista em referência.
(B) Alaor responde subsidiariamente pelos débitos da sociedade na ação trabalhista em referência.
(C) Alaor não mais responde, na ação trabalhista em referência, pelos débitos da sociedade.
(D) No caso, primeiro responde a empresa devedora, depois, os sócios atuais e, em seguida, os sócios retirantes, que é o caso de Alaor.

"C" é a opção correta. Isso porque nos termos do art. 10-A da CLT o sócio retirante responde subsidiariamente pelas obrigações trabalhistas da sociedade relativas ao período em que figurou como sócio, somente em ações ajuizadas até dois anos depois de averbada a modificação do contrato. Assim, por conta da reclamação trabalhista ter sido ajuizada 36 meses após sua retirada, Alaor não mais responde pelas dívidas da sociedade.
Gabarito "C".

(OAB/FGV – 2018) Lucas trabalhava em uma empresa estatal, cuja norma interna regulamentar previa a necessidade de sindicância administrativa para apuração de falta e aplicação de suspensão. Após quatro anos de contrato sem qualquer intercorrência, em determinada semana, Lucas faltou sem qualquer comunicação ou justificativa por dois dias consecutivos. Diante disso, logo após o seu retorno ao trabalho, seu superior hierárquico aplicou a pena de suspensão por três dias.

Na qualidade de advogado de Lucas, que tem interesse em manter o emprego, você deverá requerer

(A) a rescisão indireta do contrato por punição excessiva.
(B) a nulidade da punição, pois não foi observada a norma regulamentar da empresa.
(C) a conversão da suspensão em advertência.
(D) a ausência de nexo de causalidade e o decurso de tempo entre a punição e a falta.

A: incorreta, pois a rescisão indireta do contrato, art. 483 da CLT colocaria fim ao contrato de trabalho, não atendendo a necessidade do empregado; **B:** correta, pois como não foi observada a norma regulamentar interna, de observância obrigatória, que determinava a sindicância administrativa prévia, deve ser pleiteada sua nulidade; **C:** incorreta, pois não há previsão na lei acerca de advertência; **D:** incorreta, pois a punição foi imposta logo após o cometimento das faltas.
Gabarito "B".

(OAB/FGV – 2018) Considerando a grave crise financeira que o país atravessa, a fim de evitar a dispensa de alguns funcionários, a metalúrgica Multiforte Ltda. pretende suspender sua produção por um mês. O Sindicato dos Empregados da indústria metalúrgica contratou você para, como advogado, buscar a solução para o caso. Segundo o texto da CLT, assinale a opção que apresenta a solução de acordo mais favorável aos interesses dos empregados.

(A) Implementar a suspensão dos contratos de trabalho dos empregados por 30 dias, por meio de acordo individual de trabalho.
(B) Conceder férias coletivas de 30 dias.
(C) Promover o lockout.
(D) Implementar a suspensão dos contratos de trabalho dos empregados por 30 dias, por meio de acordo coletivo de trabalho.

"B" é a afirmativa correta. Isso porque não é interessante para o empregado a suspensão do contrato de trabalho, na medida em que nesta as obrigações contratuais são suspensas por ambos os contratantes, ou seja, empregado e empregador, sem romper a relação de emprego. Assim, o trabalhador não presta serviços ao empregador que, em contrapartida, não pagará a esse obreiro seu salário. O *lockout* que consiste na paralisação das atividades por iniciativa do empregador, com o objetivo de frustrar a negociação ou dificultar o atendimento de reivindicações dos respectivos empregados, é pratica expressamente proibida na ordem jurídica brasileira no art. 17 da Lei de Greve (Lei 7.783/1989). Desta forma, a solução mais favorável aos empregados é a concessão de férias coletivas, na forma dos arts. 139 e seguintes da CLT.
Gabarito "B".

(OAB/FGV – 2018) Jerônimo Fernandes Silva foi admitido pela sociedade empresária Usina Açúcar Feliz S.A. em 12 de fevereiro de 2018 para exercer a função de gerente regional, recebendo salário de R$ 22.000,00 mensais. Jerônimo cuida de toda a Usina, analisando os contratos de venda dos produtos fabricados, comprando insumos e materiais, além de gerenciar os 80 empregados que a sociedade empresária possui. A sociedade empresária pretende inserir cláusula compromissória de arbitragem no contrato de trabalho.

Diante da situação retratada e dos preceitos da CLT, assinale a afirmativa correta.

(A) A cláusula compromissória de arbitragem pode ser estipulada no momento da contratação, desde que o empregado manifeste concordância expressa.
(B) A cláusula compromissória de arbitragem é viável, se o empregado for portador de diploma de nível superior.
(C) Não cabe arbitragem nas lides trabalhistas individuais, pelo que nula eventual estipulação nesse sentido.
(D) É possível a estipulação de cláusula compromissória de arbitragem, desde que isso seja homologado pelo sindicato de classe.

"A" é a assertiva correta. Isso porque, nos termos do art. 507-A da CLT, nos contratos individuais de trabalho cuja remuneração seja superior a duas vezes o limite máximo estabelecido para os benefícios do Regime Geral de Previdência Social, poderá ser pactuada cláusula compromissória de arbitragem, desde que por iniciativa do empregado ou mediante a sua concordância expressa, nos termos previstos na Lei 9.307/1996.

Gabarito "A".

(OAB/FGV – 2017) Sílvio é empregado da sociedade empresária Onda Azul Ltda. e, em determinado dia, no horário de almoço, ao se dirigir a um restaurante para fazer sua refeição, foi atropelado por um veículo, sofrendo lesões que o afastaram do serviço por 30 dias, inclusive com recebimento de benefício previdenciário.

Diante da situação apresentada, assinale a afirmativa correta.

(A) O fato não caracteriza acidente do trabalho, porque não aconteceu na empresa nem em deslocamento a serviço.
(B) O fato caracteriza acidente do trabalho, e, ao retornar, Sílvio tem garantia no emprego de 12 meses.
(C) A Lei é omissa a respeito, daí porque caberá ao juiz, no caso concreto, dizer se o evento foi acidente de trabalho.
(D) A empresa será obrigada a ressarcir o empregado, porque tem o dever de fornecer alimentação.

"B" é a assertiva correta. Isso porque, conforme dispõe o art. 19 da Lei 8.213/1991, "acidente de trabalho é o que ocorre pelo exercício do trabalho a serviço da empresa ou pelo exercício do trabalho dos segurados referidos no inciso VII do art. 11 desta lei, provocando lesão corporal ou perturbação funcional que cause a morte ou a perda ou redução, permanente ou temporária, da capacidade para o trabalho". Nessa linha, a Lei 8.213/1991, em seu art. 118, assegura estabilidade no emprego ao trabalhador que sofrer acidente de trabalho pelo prazo mínimo de doze meses após o afastamento pela Previdência Social.

Gabarito "B".

(OAB/FGV – 2017) Um representante comercial ajuíza ação na Justiça do Trabalho pedindo a devolução de descontos. Ele explica que sua comissão sobre as vendas é de 5%, mas que pode optar pelo percentual de 10%, desde que se comprometa a pagar o valor da venda, caso o comprador fique inadimplente. Alega que sempre fez a opção pelos 10%, e que, nos casos de inadimplência, teve de pagar o valor do negócio para depois tentar reaver a quantia do comprador, o que caracterizaria transferência do risco da atividade econômica. Diante do caso apresentado e da lei de regência, assinale a afirmativa correta.

(A) A prática é válida porque o representante não é empregado nos moldes da CLT, além de ter sido uma opção por ele tomada.
(B) O caso traduz um *truck system*, sendo que a lei limita o prejuízo do representante comercial a 50% da venda não paga.
(C) A norma de regência é omissa a respeito desta situação, razão pela qual é válida, na medida em que se trata de relação de direito privado.
(D) A situação caracteriza a cláusula *del credere*, vedada pela Lei de Representação Comercial.

"D" é a opção correta. Isso porque a profissão de representante comercial está regulada pela Lei 4.886/1965 que ensina em seu art. 43 ser vedada, no contrato de representação comercial, a inclusão de cláusula *del credere*, entendida como aquela que possibilita o desconto de valores de comissões ou vendas do representante comercial na hipótese da venda ou da transação ser cancelada ou desfeita. Essa cláusula é nula, pois passa ao trabalhador os riscos da atividade (princípio da alteridade), o que é vedado em nosso sistema.

Gabarito "D".

11. Direito Processual do Trabalho

Hermes Cramacon

1. COMPETÊNCIA DA JUSTIÇA DO TRABALHO

(OAB/FGV – 2024) Jeferson trabalhou em São Paulo de 2018 a 2023, quando foi dispensado sem justa causa e voltou para sua cidade de origem, Fortaleza/CE. Entendendo ter realizado sobrejornada sem receber, Jeferson contratou um advogado na sua cidade que ajuizou reclamação trabalhista distribuída a uma das Varas de Fortaleza/CE requerendo o pagamento de horas extras. A ex-empregadora foi citada para a audiência, que ocorrerá em quatro meses, mas pretende deslocar o feito para São Paulo, pois foi o único local da prestação de serviços e onde o autor foi contratado. Para tanto, a ex-empregadora o(a) contratou como advogado(a).

Na qualidade de advogado(a) da sociedade empresária, considerando os fatos e o que dispõe a CLT, assinale a afirmativa correta.

(A) A sociedade empresária poderá apresentar a exceção de incompetência territorial até a audiência.

(B) A sociedade empresária deve apresentar a exceção de incompetência territorial em até dez dias corridos, contados da citação.

(C) A sociedade empresária deverá apresentar a exceção de incompetência territorial em cinco dias úteis, contados da citação.

(D) Não se poderá apresentar exceção de incompetência territorial, porque a ação pode ser ajuizada no domicílio do autor, ainda que não coincida com o local da prestação dos serviços.

A: incorreta, pois a exceção deverá ser apresentada o prazo de 5 (cinco) dias a contar da notificação e não até a audiência, na forma do art. 800 da CLT. **B**: incorreta, pois o prazo é de 5 dias, nos termos do art. 800 da CLT. **C**: correta, pois nos termos do art. 800 da CLT deverá ser apresentada exceção de incompetência territorial no prazo de 5 (cinco) dias a contar da notificação, antes da audiência. **D**: incorreta, pois a competência territorial vem disposta no art. 651 da CLT que ensina ser competente o local da prestação de serviços.
Gabarito "C".

(OAB/FGV – 2022) Seu escritório atua exclusivamente na área trabalhista e participará de uma licitação a ser realizada por uma grande empresa pública para escolha de escritórios de advocacia das mais diversas áreas de atuação. Assim sendo, a fim de elaborar a proposta a ser enviada para licitação, você foi incumbido de indicar quais processos seriam da competência da Justiça do Trabalho. Diante disso, considerando o entendimento jurisprudencial consolidado do TST, bem como a Constituição da República Federativa do Brasil, são da competência da Justiça do Trabalho.

(A) as ações relativas às penalidades administrativas impostas aos empregadores pelos órgãos de fiscalização das relações de trabalho.

(B) as causas que envolvam servidores públicos estatutários e os entes de direito público interno.

(C) os conflitos de competência instaurados entre juízes do trabalho e juízes de direito da justiça comum estadual.

(D) as ações que visem a determinar o recolhimento de todas as contribuições previdenciárias oriundas da relação de emprego.

A: correta, pois reflete a disposição do art. 114, VII, da CF. **B**: incorreta, pois em razão da decisão proferida na ADI 3395 tais causas serão de competência da Justiça Comum Estadual ou Federal, a depender do tipo de servidor. Nessa linha são as súmulas 137 e 218 do STJ. **C**: incorreta, pois conflitos serão resolvidos pelo STJ quando suscitado entre Vara de Trabalho e Juiz de Direito não investido na jurisdição trabalhista, em conformidade com o art. 105, I, "d", da CF. **D**: incorreta. O recolhimento de tais contribuições não é de competência da Justiça do Trabalho. Ressalta-se que nos termos da Súmula Vinculante 53 do STF a competência da Justiça do Trabalho prevista no art. 114, VIII, da Constituição Federal alcança a execução de ofício das contribuições previdenciárias relativas ao objeto da condenação constante das sentenças que proferir e acordos por ela homologados.
Gabarito "A".

(OAB/FGV – 2019) Considere as situações a seguir.

I. Victor é um artista mirim e precisa de autorização judicial para poder participar de uma peça cinematográfica como ator coadjuvante.

II. A empresa FFX Ltda. foi multada por um auditor fiscal do trabalho e deseja anular judicialmente o auto de infração, alegando vícios e nulidades.

III. O empregado Regis teve concedido pelo INSS auxílio-doença comum, mas entende que deveria receber auxílio-doença acidentário, daí porque pretende a conversão judicial do benefício.

IV. Jonilson, advogado, foi contratado por um cliente para o ajuizamento de uma ação de despejo, mas esse cliente não pagou os honorários contratuais que haviam sido acertados.

Diante da norma de regência acerca da competência, assinale a opção que indica quem deverá ajuizar ação na Justiça do Trabalho para ver seu pleito atendido.

(A) Victor e Jonilson

(B) Regis e a empresa FFX Ltda.

(C) Victor e Regis

(D) Apenas a empresa FFX Ltda.

I: incorreta. Nos termos do art. 406 da CLT a competência para autorização do trabalho do menor é da Justiça Comum Estadual, especificamente do Juiz da Infância e Juventude; **II**: correta, nos termos do art. 114, VII, da CF; **III**: incorreta, pois, nos termos do art. 109, I, da CF, a competência para ações acidentárias será da Justiça Comum Estadual; **IV**: opção incorreta, pois a relação entre o advogado e seu cliente é regida pelo Código Civil. Não se trata de uma relação de trabalho, mas sim de uma relação de natureza civil, o que afasta a

competência da Justiça do Trabalho, determinando a competência da Justiça Comum Estadual.
Gabarito "D".

2. ATOS, TERMOS E PRAZOS PROCESSUAIS

(OAB/FGV – 2024) Pedro é advogado e sua audiência está marcada para as 17 horas, mas ele está preocupado, porque já são 16h30, sua audiência não foi apregoada e ele viu, pela pauta, que ainda há três processos complexos de instrução para serem apreciados pelo magistrado que são anteriores ao seu, sendo certo que o início da pauta de audiências se deu às 14 horas.
Considerando os fatos narrados e o que dispõe a CLT, assinale a afirmativa correta.
(A) A audiência de Pedro ocorrerá independentemente do horário em que as anteriores terminarem.
(B) Cada juiz determina o horário de término de suas audiências.
(C) As audiências devem ocorrer até as 18 horas, salvo situação urgente.
(D) As audiências devem ser paralisadas às 17h30.

A: incorreta, pois as audiências ocorrerão entre 8 (oito) e 18 (dezoito) horas, na forma do art. 813 da CLT. **B:** incorreta, pois o Juiz não determina o horário de término da audiência. **C:** correta, pois nos termos do art. 813 da CLT as audiências dos órgãos da Justiça do Trabalho serão públicas e realizar-se-ão na sede do Juízo ou Tribunal em dias úteis previamente fixados, entre 8 (oito) e 18 (dezoito) horas, não podendo ultrapassar 5 (cinco) horas seguidas, salvo quando houver matéria urgente. **D:** incorreta, pois as audiências ocorrerão até as 18 (dezoito) horas, na forma do art. 813 da CLT.
Gabarito "C".

(OAB/FGV – 2024) Em determinada reclamação trabalhista, com a presença das partes e dos advogados, ocorreu a 1ª audiência apenas para a tentativa de conciliação, que não teve sucesso. Então, o juiz recebeu a defesa e deferiu as provas testemunhais e os depoimentos pessoais recíprocos, sob pena de confissão, designando a data da instrução. Chegado o dia da audiência de instrução, as partes foram apregoadas e nenhuma delas estava presente, não havendo qualquer justificativa para as ausências.
Assinale a opção que indica o que deve ocorrer com esse processo.
(A) O juiz deverá designar nova audiência.
(B) O juiz deve aplicar a confissão somente em desfavor do autor.
(C) O magistrado julgará de acordo com a distribuição do ônus da prova.
(D) O processo será arquivado.

A: incorreta, pois nos termos do art. 844, § 1º, da CLT somente seria redesignada audiência caso houvesse motivo relevante. **B:** incorreta, pois nos termos da súmula 74, I, TST a confissão seria aplicada para ambas as partes. **C:** correta, pois havendo a ausência de ambas as partes, deve o juiz julgar o feito de acordo com elementos existentes no processo, apreciando a demanda de acordo com o ônus de prova de cada parte, ou seja, ao reclamante, quanto ao fato constitutivo de seu direito (art. 818, I, CLT) e ao reclamado, quanto à existência de fato impeditivo, modificativo ou extintivo do direito do reclamante (art. 818, II, CLT). **D:** incorreta, pois conforme explicação da assertiva C o processo não seria arquivado. Ademais, nos termos da súmula 9 do TST, a ausência do reclamante, quando adiada a instrução após contestada a ação em audiência, não importa arquivamento do processo.
Gabarito "C".

(OAB/FGV – 2024) Em sede de reclamação trabalhista na qual você advoga para o empregado, foi celebrado acordo entre as partes ainda na fase de conhecimento, antes da prolação da sentença. Na petição de lavra conjunta entre os advogados das partes nada constou acerca das custas processuais. Seu cliente é beneficiário da gratuidade de justiça, conforme decisão constante do processo desde o início. Sobre as custas processuais, considerando o silêncio das partes e havendo acordo, segundo o texto da CLT, assinale a afirmativa correta.
(A) As custas deverão incidir em 2% sobre o valor do acordo e serão divididas em frações iguais pelas partes, sendo que, no caso de seu cliente, não haverá o pagamento por força da gratuidade de justiça.
(B) As custas deverão incidir em 10% sobre o valor do acordo e serão integralmente recolhidas pela parte ré.
(C) As custas deverão incidir em 2% sobre o valor do acordo e ficarão integralmente sob responsabilidade da parte autora que, na hipótese, está dispensada do recolhimento por força da gratuidade de justiça.
(D) As custas deverão incidir em 5% sobre o valor da causa, já que não houve prolação de sentença, e serão rateadas igualmente pelas partes, dispensado o autor do recolhimento pela gratuidade de justiça.

A: correta, pois nos termos do art. 789, § 3º, da CLT sempre que houver acordo, se de outra forma não for convencionado, o pagamento das custas caberá em partes iguais aos litigantes. Todavia, nos termos do art. 790-A da CLT os beneficiários de justiça gratuita são isentos do pagamento de custas. Assim, tendo em vista ser beneficiário da justiça gratuita, o reclamante estará dispensado do recolhimento da parte que lhe cabe. **B:** incorreta, pois nos termos do art. 789, I, da CLT o valor das custas é de 2% do valor do acordo. **C:** incorreta, pois nos termos do art. 789, § 3º, da CLT sempre que houver acordo, se de outra forma não for convencionado, o pagamento das custas caberá em partes iguais aos litigantes. **D:** incorreta, pois nos termos do art. 789, I, da CLT o valor das custas é de 2% sobre o valor do acordo.
Gabarito "A".

(OAB/FGV – 2021) Em 7 de fevereiro de 2022 (uma segunda-feira), Carlos ajuizou reclamação trabalhista pelo rito ordinário contra a Sociedade Empresária Calçados Ícaro Ltda., postulando vários direitos que afirma terem sido lesados ao longo dos 3 (três) anos nos quais trabalhou na empresa. A Vara para a qual o processo foi sorteado é extremamente organizada, tendo comprovadamente ocorrido a citação em 9 de fevereiro (quarta-feira) e designada a audiência uma para o dia 11 de fevereiro (sexta-feira). Todos os dias da referida semana são úteis. Diante dos fatos e do que dispõe a CLT, assinale a afirmativa correta.
(A) A audiência deve ser remarcada, se houver pedido do reclamado, porque não se observou prazo mínimo de 5 (cinco) dias úteis contados da citação.
(B) A Justiça do Trabalho deve primar pela celeridade, daí porque a designação de audiência breve é válida, pois respeitado o prazo legal de 48 (quarenta e oito) horas.
(C) Inválida a data marcada para a audiência porque a Lei determina um interregno mínimo de 8 (oito) dias úteis contados da citação.

(D) Se a audiência fosse na modalidade presencial não seria válida pelo curto espaço para deslocamento, mas se fosse telepresencial seria válida.

Nos termos do art. 841, *caput*, parte final, da CLT, entre a data do recebimento da notificação pela reclamada e a data designada para a audiência, seja ela presencial ou telepresencial, deverá ser obedecido o prazo mínimo de 5 (cinco) dias, sob pena de nulidade.

Gabarito "A".

(OAB/FGV – 2020) Maurício ajuizou reclamação trabalhista, em agosto de 2021, contra a sua ex-empregadora, a sociedade empresária *Sorvetes Glacial Ltda.*, postulando o pagamento de horas extras e verbas resilitórias. No dia da audiência inaugural, feito o pregão com pontualidade, o autor compareceu acompanhado de seu advogado, estando ainda presente o advogado da empresa, mas ausente o preposto. O advogado do réu requereu que se aguardasse o prazo de 15 minutos, mas diante da negativa do advogado do autor, que não concordou em aguardar, teve início a audiência. O advogado do autor requereu a aplicação da revelia e o advogado do réu informou que havia protocolizado defesa com documentos pelo processo judicial eletrônico (PJe), requerendo que fossem recebidos.

Diante da situação e dos termos da CLT, assinale a afirmativa correta.

(A) Deverá ser aplicada a revelia em razão da ausência do preposto e desprezada a defesa.

(B) Há nulidade do ato porque a CLT determina que se aguarde a parte até 15 minutos após o horário designado.

(C) Sendo a CLT omissa a respeito, caberá ao juiz definir se haverá revelia ou remarcação da audiência.

(D) A defesa e os documentos apresentados devem ser aceitos.

Nos termos do art. 844, § 5º, da CLT ainda que ausente o reclamado, presente o advogado na audiência, serão aceitos a contestação e os documentos eventualmente apresentados.

Gabarito "D".

(OAB/FGV – 2018) Em sede de reclamação trabalhista, o autor forneceu o endereço da ré na inicial, para o qual foi expedida notificação citatória. Decorridos cinco dias da expedição da citação, não tendo havido qualquer comunicado ao juízo, houve a realização da audiência, à qual apenas compareceu o autor e seu advogado, o qual requereu a aplicação da revelia e confissão da sociedade empresária-ré. O juiz indagou ao advogado do autor o fundamento para o requerimento, já que não havia nenhuma referência à citação no processo, além da expedição da notificação.

Diante disso, na qualidade de advogado do autor, à luz do texto legal da CLT, assinale a opção correta.

(A) Presume-se recebida a notificação 48h após ser postada, sendo o não recebimento ônus de prova do destinatário.

(B) A mera ausência do réu, independentemente de citado ou não, enseja revelia e confissão.

(C) Descabe o requerimento de revelia e confissão se não há confirmação no processo do recebimento da notificação citatória.

(D) O recebimento da notificação é presunção absoluta; logo, são cabíveis de plano a revelia e a confissão.

A: correta, pois reflete a disposição da súmula 16 do TST, que dispõe: "Presume-se recebida a notificação 48 (quarenta e oito) horas depois de sua postagem. O seu não recebimento ou a entrega após o decurso desse prazo constitui ônus de prova do destinatário."; **B:** incorreta, pois somente a ausência da reclamada devidamente citada/notificada implicaria os efeitos da revelia; **C:** incorreta, pois há na jurisprudência (súmula 16 do TST) matéria relativa à presunção de recebimento da notificação; **D:** incorreta, pois o recebimento ou não da notificação é de presunção relativa, na medida em que pode ser ilidida por prova em contrário. Veja súmula 122 do TST.

Gabarito "A".

3. PARTES E PROCURADORES

(OAB/FGV – 2020) Você foi contratado(a) para atuar nas seguintes ações trabalhistas: (i) uma ação de cumprimento, como advogado da parte autora; (ii) uma reclamação plúrima, também como advogado da parte autora; (iii) uma reclamação trabalhista movida por João, ex-empregado de uma empresa, autor da ação; (iv) uma reclamação trabalhista, por uma sociedade empresária, ré na ação.

Sobre essas ações, de acordo com a legislação trabalhista em vigor, assinale a afirmativa correta.

(A) Tanto na ação de cumprimento como na ação plúrima, todos os empregados autores deverão obrigatoriamente estar presentes. O mesmo deve ocorrer com João. Já a sociedade empresária poderá se fazer representar por preposto não empregado da ré.

(B) O sindicato de classe da categoria poderá representar os empregados nas ações plúrima e de cumprimento. João deverá estar presente, em qualquer hipótese, de forma obrigatória. A sociedade empresária tem que se fazer representar por preposto, que não precisa ser empregado da ré.

(C) Nas ações plúrima e de cumprimento, a parte autora poderá se fazer representar pelo Sindicato da categoria. João deverá estar presente, mas, por doença ou motivo ponderoso comprovado, poderá se fazer representar por empregado da mesma profissão ou pelo seu sindicato. Na ação em face da sociedade empresária, o preposto não precisará ser empregado da ré.

(D) O sindicato da categoria poderá representar os empregados nas ações plúrima e de cumprimento. João deverá estar presente, mas, por doença ou motivo ponderoso comprovado, poderá se fazer representar por empregado da mesma profissão ou pelo seu sindicato. Na ação em face da sociedade empresária, o preposto deverá, obrigatoriamente, ser empregado da ré.

Nos termos do art. 843, parte final, da CLT nos casos de Reclamatórias Plúrimas ou nas Ações de Cumprimento, quando os empregados poderão fazer-se representar pelo Sindicato de sua categoria. Já na ação movida por João por ser ele o Autor da ação (reclamante) deve ele estar presente, podendo ser fazer-se representar por outro empregado que pertença à mesma profissão, ou pelo seu sindicato. Se por doença ou qualquer outro motivo poderoso, devidamente comprovado, não for possível ao empregado comparecer pessoalmente à audiência, art. 843,

§ 2º, da CLT. Importante lembrar que nessa hipótese a representação por outro empregado ou sindicato apenas evitará o arquivamento do processo. Já na reclamação trabalhista em patrocínio da Reclamada, nos termos do art. 843, § 3º, da CLT o preposto não precisa ser empregado da parte reclamada.

Gabarito "C".

(OAB/FGV – 2018) Silvio contratou você como advogado para ajuizar ação trabalhista em face do empregador. Entretanto, na audiência, o juiz constatou que não havia procuração nos autos. Diante disso, você requereu fosse efetivado registro em ata de audiência no qual Silvio o constituía como procurador. Silvio anuiu com o requerimento.

Com base na hipótese narrada, nos termos da CLT, assinale a afirmativa correta.

(A) O mandato, no caso, é válido e os poderes são apenas para o foro em geral.

(B) O mandato, no caso, é inválido, e seria necessário e obrigatório o requerimento de prazo para juntada de procuração.

(C) O mandato, no caso, é válido e os poderes são para o foro em geral, bem como os especiais, dentre eles os poderes para transigir.

(D) O mandato é válido apenas para a representação na audiência, devendo os demais atos serem regularizados e juntada a procuração para atos futuros.

"A" é a assertiva correta. Na Justiça do Trabalho admite-se o mandato tácito ou *apud acta*, ou seja, mandato constituído na própria ata de audiência, a requerimento do advogado com anuência da parte, na forma do art. 791, § 3º, da CLT: *"§ 3º A constituição de procurador com poderes para o foro em geral poderá ser efetivada, mediante simples registro em ata de audiência, a requerimento verbal do advogado interessado, com anuência da parte representada."*. Importante ressaltar, contudo, que, nos termos da Orientação Jurisprudencial 200 da SDI 1 do TST, é inválido o substabelecimento de advogado investido de mandato tácito.

Gabarito "A".

(OAB/FGV – 2017) Rita é engenheira e trabalhou na empresa Irmãos Construtores Ltda. por 3 anos. Ao ser dispensada, ajuizou ação trabalhista em face da ex-empregadora. Como tinha experiência na área de recursos humanos de empregos anteriores, decidiu ela própria fazer sua defesa jurídica, não buscando, portanto, a assistência de advogado ou sindicato. Elaborou a petição inicial, compareceu à audiência e formulou perguntas para testemunhas e para a parte ré. Ao término da instrução o juiz prolatou sentença de improcedência do petitório de Rita, a qual, inconformada, interpôs recurso ordinário, que teve provimento negado, sendo mantida a sentença de primeiro grau. Ainda inconformada, adotando o mesmo sistema, entendendo ter havido violação literal de dispositivo constitucional tanto na sentença de primeiro grau como no acórdão, Rita, da mesma forma e desacompanhada de advogado, interpõe o competente recurso de revista para o TST.

Com base na jurisprudência consolidada do TST acerca da postulação em causa própria, assinale a afirmativa correta.

(A) O recurso deverá ser conhecido e provido.

(B) O recurso deveria ser endereçado ao STF, em razão da alegada violação constitucional.

(C) Não cabe mais recurso do julgado.

(D) O recurso deverá ter o seguimento negado por irregularidade de representação.

"D" é a opção correta. Isso porque o *jus postulandi* previsto no art. 791 da CLT, que permite aos empregados e aos empregadores reclamar pessoalmente perante a Justiça do Trabalho e acompanhar as suas reclamações até o final, é limitado nas hipóteses trazidas pela súmula 425 do TST, que não permite o uso do *jus postulandi* nos recursos de competência do TST, como é o caso do recurso de revista interposto por Rita. Vale dizer que também não é permitido o uso do *jus postulandi* em ação cautelar, ação rescisória e mandado de segurança. Por fim, não se admite o jus postulandi para o processo de homologação de acordo extrajudicial, art. 855-B da CLT. **HC**

Gabarito "D".

4. RECLAMAÇÃO TRABALHISTA E RESPOSTAS DA RECLAMADA

(OAB/FGV – 2023) John estava empregado em uma sociedade empresária de óleo e gás, mas foi injustamente dispensado por justa causa, com base em uma falsa acusação de consumo de álcool a bordo da plataforma, no dia 20/03/2023. Você, como advogado de John, ajuizou reclamação trabalhista e a única testemunha do seu cliente não fala ou entende português, apenas inglês. Você a arrolou como testemunha, e já requereu e obteve o benefício da gratuidade de justiça.

Sobre seu requerimento para a produção da prova, assinale a afirmativa correta.

(A) Você deverá requerer ao juiz um intérprete, que será custeado pela ré, se sucumbente no objeto da prova, ou pela União, se você for a parte sucumbente.

(B) Deverá ser requerido ao juiz um intérprete, que, independentemente da gratuidade de justiça, deverá ser custeado pela parte a quem o depoimento interessar.

(C) Considerando que seu cliente fala inglês, ele poderá servir de intérprete pelo princípio da economia processual.

(D) A gratuidade de justiça não alcança o intérprete, sendo apenas para custas e perícias judiciais, logo a parte autora deverá custear a despesa processual.

Nos termos do art. 819 da CLT, o depoimento das partes e testemunhas que não souberem falar a língua nacional será feito por meio de intérprete nomeado pelo juiz ou presidente. Contudo, nos termos do art. 819, § 2º, da CLT § 2º tais despesas correrão por conta da parte sucumbente, salvo se beneficiária de justiça gratuita.

Gabarito "A".

(OAB/FGV – 2023) Em uma reclamação trabalhista na qual o reclamante postula apenas o pagamento das verbas devidas pela extinção do contrato, a sociedade empresária alegou em sua defesa que nada seria devido porque o ex-empregado praticou uma falta grave e, por isso, foi dispensado por justa causa. Na audiência de instrução, cada parte conduziu duas testemunhas e, após ouvir os depoimentos pessoais, e considerando a tese da contestação, o juiz decidiu ouvir primeiramente as testemunhas do reclamado e após as do reclamante.

Diante dos fatos e da previsão contida na CLT, assinale a afirmativa correta.

(A) Errou o juiz, pois de acordo com a CLT as testemunhas do reclamante devem ser ouvidas antes daquelas conduzidas pelo reclamado, haja vista o direito de defesa.
(B) Uma vez que a CLT não dispõe sobre a ordem de produção das provas, fica a critério do magistrado a definição, inclusive a ordem de produção da prova oral e a quantidade de testemunhas admitidas.
(C) O juiz tem o poder de alterar a ordem de realização das provas, inclusive a oitiva das testemunhas, tendo em vista as alegações das partes e adequando-as às necessidades do conflito.
(D) A forma realizada pelo magistrado nulificou a produção das provas e a sentença, que poderá ser anulada para que a instrução seja refeita com renovação das provas na ordem correta.

A CLT não traça uma ordem de oitiva de testemunhas. Determina o art. 848 da CLT que, após a tentativa de conciliação, o juiz do Trabalho ouvirá as partes, as testemunhas, o perito e o assistente técnico, se houver. Contudo, os Juízes do Trabalho terão ampla liberdade na direção do processo, sendo aplicável nos termos do art. 818, § 1º, da CLT poderá o juízo atribuir o ônus da prova de modo diverso (ônus dinâmico da prova), desde que o faça por decisão fundamentada, caso em que deverá dar à parte a oportunidade de se desincumbir do ônus que lhe foi atribuído. Vale dizer que tal decisão deverá ser proferida antes da abertura da instrução e, a requerimento da parte e implicará o adiamento da audiência e possibilitará provar os fatos por qualquer meio em direito admitido, art. 818, § 2º, CLT. Essa decisão, ainda, não poderá gerar situação em que a desincumbência do encargo pela parte seja impossível ou excessivamente difícil, art. 818, § 3º, CLT.
Gabarito "C".

(OAB/FGV – 2023) Pedro Arnaldo ajuizou reclamação trabalhista em face da ex-empregadora. No dia da audiência, rejeitada a possibilidade de acordo, o feito foi contestado. A parte ré, porém, requereu o adiamento em razão da ausência de uma testemunha, que estava intimada regularmente. Na audiência seguinte Pedro Arnaldo, sem qualquer justificativa, não compareceu.

Diante disso, nos termos da CLT e do entendimento jurisprudencial consolidado do TST, assinale a afirmativa correta.
(A) A ausência do reclamante, quando adiada a instrução após contestada a ação em audiência, não importa arquivamento do processo.
(B) A ausência do reclamante importará no arquivamento do feito na hipótese.
(C) O feito deverá ser novamente adiado para o comparecimento do reclamante, que não deu causa ao adiamento anterior.
(D) Ausente o interesse de agir, o feito deverá ser extinto sem resolução do mérito.

Nos termos da súmula 9 do TST a ausência do reclamante, quando adiada a instrução após contestada a ação em audiência, não importa arquivamento do processo.
Gabarito "A".

(OAB/FGV – 2023) Leonardo Pereira e *Panificação Pão Fresquinho Ltda.* decidiram, amigavelmente, encerrar a relação de emprego mantida entre eles. Porém, as verbas rescisórias não eram incontroversas, uma vez que discutiam diferenças de horas extras e reflexos; trabalho em feriados e reflexos; intervalo para alimentação e descanso; além de adicional de insalubridade. Sendo assim, após muito conversarem, chegaram a um bom termo. Contudo, para segurança jurídica de ambos, gostariam que a avença fosse chancelada pela Justiça do Trabalho.

Para isso, de acordo com o texto da CLT em vigor, as partes deverão
(A) fazer uso do *jus postulandi* e ajuizar uma reclamação trabalhista do empregado em face do empregador com todos os pedidos, e, no dia designado para a audiência, deverão comparecer e celebrar o acordo.
(B) fazer uso do *jus postulandi* e dar entrada no processo de homologação de transação extrajudicial em petição conjunta e aguardar a homologação do juiz.
(C) estar representadas por advogados independentes que darão entrada em petição conjunta do processo de homologação de transação extrajudicial.
(D) estar representadas por advogado, que poderá ser comum a ambas, e darão entrada em petição conjunta do processo de homologação de transação extrajudicial.

Nos termos do art. 855-B da CLT, o processo de homologação de acordo extrajudicial terá início por petição conjunta, sendo obrigatória a representação das partes por advogado, ou seja, não se aplica o *jus postulandi* das partes previsto no art. 791 da CLT. Ademais, determina o § 1º do art. 855-B da CLT que as partes não poderão ser representadas por advogado comum.
Gabarito "C".

(OAB/FGV – 2023) Você advoga para um ex-empregado, em sede de reclamação trabalhista em face de uma sociedade empresária, e também em face dos sócios desta. O curso processual vem sendo bastante conturbado. A parte ré deduziu fatos manifesta e notoriamente inverídicos em juízo; ela vem utilizando meios e modos de retardar o desfecho processual, arrolando testemunhas que não são localizadas, requerendo a substituição de testemunhas e provocando adiamentos desnecessários de audiências, no intuito de suscitar eventual futura nulidade. Seu cliente perguntou se as condutas poderiam ensejar o requerimento e consequente condenação em litigância de má-fé, em razão de considerar que tais condutas representam procedimento contrário à boa ordem processual.

Nesse sentido, de acordo com o texto da CLT, assinale a afirmativa correta.
(A) Não é vedado a parte promover incidentes processuais sem fundamento, com intuito de retardar o andamento processual, já que o amplo direito de defesa é assegurado constitucionalmente.
(B) Os valores da multa de litigância de má-fé sempre incidem sobre o valor da causa, ainda que irrisório o valor, pois existem as demais reparações previstas na lei.
(C) Não constitui conduta passível de litigância de má-fé a parte formular alegações em sede de contestação contrárias a texto expresso de lei, pois cabe ao juiz rechaçar a alegação.
(D) As condutas ensejam litigância de má-fé e têm previsão legal, sendo passíveis de multa superior a 1% e inferior a 10% sobre o valor corrigido da causa, entre outras penalidades.

A atitude da ré apontada no enunciado como deduzir fatos manifesta e notoriamente inverídicos em juízo, se utilizando de meios e modos de retardar o desfecho processual demonstram condutas que ensejam litigância de má-fé e têm previsão legal no art. 793-B e seus incisos da CLT.

Gabarito "D".

(OAB/FGV – 2023) Pedro, Luzia e Rogério são empregados da sociedade empresária ABC e ajuizaram reclamação trabalhista individual contra ela. Pedro tem 55 anos de idade e postula na sua ação horas extras; Luzia tem 42 anos de idade e em sua ação requer o pagamento de 2 períodos de férias vencidas; Rogério tem 34 anos de idade e, na sua demanda, postula o pagamento dos salários retidos dos últimos 2 meses de trabalho.

Em razão do alto salário que os três empregados recebiam, todas as ações tramitam pelo rito ordinário. A respeito dessas reclamações trabalhistas, assinale a opção que indica, de acordo com a CLT, a(as) que terá(ão) preferência na tramitação processual.

(A) A de Rogério.
(B) A de Luzia.
(C) A de Pedro.
(D) A de Luzia e a de Pedro.

A ação de Rogério terá prioridade na tramitação. Isso porque, nos termos do art. 652, parágrafo único, da CLT terão preferência para julgamento os dissídios sobre pagamento de salário e aqueles que derivarem da falência do empregador, podendo o juiz do Trabalho, a pedido do interessado, constituir processo em separado, sempre que a reclamação também versar sobre outros assuntos.

Gabarito "A".

(OAB/FGV – 2022) Amanda ajuizou reclamação trabalhista contra a *Sociedade Empresária Brinquedos Infantis Ltda.*, na qual atuou como caixa durante 7 meses. A reclamada foi citada e apresentou defesa sem sigilo no sistema Pje, com os documentos correspondentes, 2 dias antes da audiência. No dia da audiência, feito o pregão, a juíza tentou a conciliação entre as partes, sem sucesso. Então, recebeu formalmente a defesa e deu vista à advogada da autora. Após analisar a contestação em mesa, a advogada de Amanda pediu a palavra pela ordem e requereu a desistência da reclamação trabalhista, com o que não concordou o advogado da reclamada. Considerando a situação e as normas previstas na CLT, assinale a afirmativa correta.

(A) A desistência pode ser homologada, porque requerida antes do início da instrução.
(B) O requerimento deve ser homologado pelo magistrado, uma vez que a desistência jamais depende da concordância do reclamado.
(C) A desistência não poderá ser homologada, porque tendo a contestação sido oferecida, a desistência depende da concordância do reclamado.
(D) O requerimento não pode ser atendido, porque tanto a desistência quanto a renúncia dependem de aquiescência do reclamado se a defesa tiver sido apresentada sem sigilo.

Oferecida a contestação, ainda que eletronicamente, o reclamante não poderá, sem o consentimento do reclamado, desistir da ação, nos termos do art. 841, § 3º, da CLT. Dessa forma, o encaminhamento da contestação pelo PJe, antes da audiência inaugural, "com sigilo", não impede a desistência unilateral do reclamante. Por outro lado, se a contestação foi encaminhada pelo PJe "sem sigilo", a desistência da reclamação somente será possível com o consentimento da reclamada.

Gabarito "C".

(OAB/FGV – 2020) Melissa era uma empregada terceirizada do setor de limpeza que atuou durante todo o seu contrato em uma sociedade de economia mista federal, que era a tomadora dos serviços (contratante).

Após ter sido dispensada e não ter recebido nem mesmo as verbas resilitórias, Melissa ajuizou reclamação trabalhista contra o ex-empregador e contra a sociedade de economia mista federal, requerendo desta a responsabilidade subsidiária por ser tomadora dos serviços. O volume dos pedidos de Melissa alcança o valor de R$ 17.000,00.

Considerando os fatos narrados, assinale a afirmativa correta.

(A) A ação tramitará pelo procedimento sumaríssimo, de modo que Melissa poderá conduzir, no máximo, duas testemunhas.
(B) Diante do valor dos pedidos formulados, a reclamação deverá se submeter ao rito sumário e, da decisão que vier a ser proferida, não caberá recurso.
(C) A reclamação adotará o rito especial misto e será possível a citação por edital caso o ex-empregador não seja localizado na fase de conhecimento.
(D) A demanda observará rito ordinário, independentemente do valor do pedido de Melissa, pois um dos réus é ente público.

A: correto, pois nos termos do art. 852-A da CLT as causas cujo valor não ultrapassarem 40 salários-mínimos seguirão o procedimento sumaríssimo, em que se permite conduzir duas testemunhas, art. 852-H, § 2º do CLT. Vale lembrar que sociedade de economia mista pode figurar no polo passivo da demanda. Somente estão excluídas do rito sumaríssimo as demandas em que é parte a Administração Pública direta, autárquica e fundacional, art. 852-A, parágrafo único, CLT. **B:** incorreto, pois o rito sumário será adotado para as causas cujo valor seja de até dois salários mínimos, art. 2º, §§ 2º e 3º, da Lei 5.584/70. **D:** incorreto, pois estão excluídas do rito sumaríssimo as demandas em que é parte a Administração Pública direta, autárquica e fundacional, art. 852-A, parágrafo único, CLT.

Gabarito "A".

(OAB/FGV – 2019) Em sede de reclamação trabalhista proposta por Sávio, os pedidos liquidados somaram valor inferior a 40 salários mínimos nacionais. A ação foi movida em face do ex-empregador e da União, em razão de alegação de responsabilidade subsidiária. Sobre o caso apresentado, assinale a opção que indica o procedimento a ser seguido.

(A) A ação correrá sob o rito sumaríssimo, pois cabível o rito especial para qualquer parte na Justiça do Trabalho, desde que o valor da causa seja compatível.
(B) A ação correrá sob o rito ordinário, porque, em que pese o valor da causa, figura ente de direito público no polo passivo.
(C) A ação correrá no rito ordinário, mas, caso a primeira ré não seja encontrada, não será possível realizar a citação por edital, em vista de a segunda ré ser a União.
(D) A ação correrá no rito sumaríssimo, e, em caso de prova testemunhal, cada parte terá direito a ouvir até três testemunhas.

O rito a ser seguido é o ordinário. Ainda que o valor dos pedidos seja inferior a 40 salários mínimos, não pode ser observado o procedimento sumaríssimo tendo em vista que o art. 852-A, parágrafo único exclui do procedimento sumaríssimo as demandas em que é parte a Administração Pública direta, autárquica e fundacional. Importante lembrar que nos termos do art. 852-H, § 2º, CLT cada parte terá direito a ouvir até duas testemunhas. Importante lembrar, também, que no procedimento sumaríssimo não se admite a citação por edital, art. 852-B, II, CLT.

Gabarito "B".

(OAB/FGV – 2018) Seu escritório foi contratado pela empresa Alumínio Brilhante Ltda. para assisti-la juridicamente em uma audiência. Você foi designado(a) para a audiência. Forneceram-lhe cópia da defesa e dos documentos, e afirmaram que tudo já havia sido juntado aos autos do processo eletrônico. Na hora da audiência, tendo sido aberta esta, bem como os autos eletrônicos do processo, o juiz constatou que a defesa não estava nos autos, mas apenas os documentos.

Diante disso, o juiz facultou-lhe a opção de apresentar defesa. Nos exatos termos previstos na CLT, você deverá

(A) entregar a cópia escrita que está em sua posse.
(B) aduzir defesa oral em 20 minutos.
(C) requerer o adiamento da audiência para posterior entrega da defesa.
(D) requerer a digitalização da sua defesa para a juntada no processo.

"B" é a opção correta. Isso porque, nos termos do art. 847 da CLT não havendo acordo, o reclamado terá vinte minutos para aduzir sua defesa.

Gabarito "B".

(OAB/FGV – 2017) Rodolfo Alencar ajuizou reclamação trabalhista em desfavor da sociedade empresária Sabonete Silvestre Ltda. Em síntese, ele afirma que cumpria longa jornada de trabalho, mas que não recebia as horas extras integralmente. A defesa nega o fato e advoga que toda a sobrejornada foi escorreitamente paga, nada mais sendo devido ao reclamante no particular. Na audiência designada, cada parte conduziu duas testemunhas, que começaram a ser ouvidas pelo juiz, começando pelas do autor. Após o magistrado fazer as perguntas que desejava, abriu oportunidade para que os advogados fizessem indagações, e o patrono do autor passou a fazer suas perguntas diretamente à testemunha, contra o que se opôs o juiz, afirmando que as perguntas deveriam ser feitas a ele, que, em seguida, perguntaria à testemunha.

Diante do incidente instalado e de acordo com o regramento da CLT, assinale a afirmativa correta.

(A) Correto o advogado, pois, de acordo com o CPC, o advogado fará perguntas diretamente à testemunha.
(B) A CLT não tem dispositivo próprio, daí porque poderia ser admitido tanto o sistema direto quanto o indireto.
(C) A CLT determina que o sistema seja híbrido, intercalando perguntas feitas diretamente pelo advogado, com indagações realizadas pelo juiz.
(D) Correto o magistrado, pois a CLT determina que o sistema seja indireto ou presidencial.

"D" é a opção correta. As partes e testemunhas serão inquiridas pelo Juiz, podendo ser reinquiridas, por seu intermédio, a requerimento das partes, seus representantes ou advogados. Não se aplica ao Processo do Trabalho a norma do art. 459 do CPC/2015 no que permite a inquirição direta das testemunhas pela parte, pois a CLT possui regramento específico em seu art. 820, nos termos do art. 11 da IN 39 do TST.

Gabarito "D".

(OAB/FGV – 2017) Reinaldo, Wilma e Teodoro trabalharam no restaurante Fino Paladar Ltda. Todos procuraram o mesmo advogado para apresentar reclamação trabalhista: Reinaldo diz que não recebeu horas extras, Wilma informa que não recebeu as verbas resilitórias e Teodoro diz que não recebeu a participação nos lucros. Diante da situação retratada, e de acordo com a CLT, assinale a afirmativa correta.

(A) Não é possível o ajuizamento de reclamação plúrima, porque os pedidos são distintos.
(B) A CLT não traz os requisitos para o litisconsórcio ativo e, por isso, ficará a critério do juiz aceitar o ingresso conjunto.
(C) Cabe manejo da reclamação plúrima, porque o empregador é o mesmo.
(D) No caso apresentado, caberá o ajuizamento de dissídio coletivo.

A: correta, pois, nos termos do art. 842 da CLT, sendo várias as reclamações e havendo identidade de matéria, poderão ser acumuladas num só processo, se se tratar de empregados da mesma empresa ou estabelecimento; B: incorreta, pois a CLT prevê no citado dispositivo legal a possibilidade de litisconsórcio sempre que houver identidade de matérias; C: incorreta, pois, por serem matérias distintas, não é possível o manejo de reclamação plúrima; D: opção incorreta, pois, nos termos do art. 857 da CLT, a representação para instaurar a instância em dissídio coletivo constitui prerrogativa das associações sindicais.

Gabarito "A".

(OAB/FGV – 2017) Lucas é vigilante. Nessa condição, trabalhou como terceirizado durante um ano em um estabelecimento comercial privado e, a seguir, em um órgão estadual da administração direta, no qual permaneceu por dois anos. Dispensado, ajuizou ação contra o ex-empregador e contra os dois tomadores dos seus serviços (a empresa privada e o Estado), pleiteando o pagamento de horas extras durante todo o período contratual e a responsabilidade subsidiária dos tomadores nos respectivos períodos em que receberam o serviço. A sentença julgou procedente o pedido e os réus pretendem recorrer.

Em relação às custas, com base nos ditames da CLT, assinale a afirmativa correta.

(A) Cada réu deverá recolher 1/3 das custas.
(B) Havendo participação do Estado, ninguém pagará custas.
(C) Somente o Estado ficará dispensado das custas.
(D) Cada réu deverá recolher a integralidade das custas.

"C" é a resposta correta. Isso porque nos dissídios individuais, ainda que propostos perante a Justiça Estadual no exercício da jurisdição trabalhista (art. 112 da CF), as custas relativas ao processo de conhecimento sempre serão no importe de 2% (dois por cento). Ademais, nos termos do art. 790-A da CLT, além dos beneficiários da justiça gratuita – Lei 1.060/1950 –, são isentos do pagamento de custas a União, os Estados, o Distrito Federal, os Municípios e respectivas autarquias e fundações públicas federais, estaduais ou municipais que não explorem atividade econômica e o Ministério Público do Trabalho. A massa falida também ficará isenta, conforme súmula 86 TST.

Gabarito "C".

(OAB/FGV – 2017) A sociedade empresária Sanear Conservação e Limpeza Ltda. ajuizou ação de consignação em pagamento em face do ex-empregado Pedro Braga, afirmando que ele se negava a receber as verbas resilitórias a que faria jus. Citado, Pedro Braga apresentou resposta sob a forma de contestação e reconvenção, postulando diversos direitos alegadamente lesados e incluindo no polo passivo a sociedade empresária Réptil Imobiliária, tomadora dos serviços terceirizados do empregado, requerendo dela a responsabilidade subsidiária.

Diante da situação retratada e da norma de regência, assinale a afirmativa correta.

(A) Não é possível, em sede de reconvenção, ajuizar ação contra quem não é parte na lide principal.

(B) A pretensão de Pedro somente se viabilizará se a sociedade empresária Réptil Imobiliária concordar em figurar na reconvenção.

(C) Não há óbice a se incluir na reconvenção pessoa que não figure na lide original.

(D) A Lei processual é omissa a respeito; assim ficará a critério do juiz aceitar a inclusão da sociedade empresária Réptil Imobiliária.

"C" é a resposta correta. Isso porque a reconvenção (art. 343 CPC/2015) possui natureza jurídica de ação do reclamado (reconvinte) contra o reclamante (reconvindo). Para ser admitida deve preencher os seguintes requisitos: *a)* o juízo da causa principal deve ser competente para apreciar, além da ação principal, a própria reconvenção; *b)* compatibilidade entre os procedimentos aplicáveis à ação principal e à reconvenção (art. 327, § 1º, III, do CPC/2015); *c)* pendência da ação principal; *d)* conexão entre as ações, ou seja, quando lhes for comum o objeto ou a causa de pedir (art. 55 do CPC/2015). Assim, por possuir natureza jurídica de ação, não há qualquer impedimento para que se inclua na reconvenção pessoa que não figure na lide original, desde que preenchidos os requisitos estudados. **HC**

Gabarito "C".

5. PROCEDIMENTO SUMARÍSSIMO

(OAB/FGV – 2018) Juca ajuizou ação trabalhista em face da sua ex-empregadora, empresa privada do ramo de mineração. Paulo também ajuizou ação, mas em face de seu ex-empregador, uma empresa de prestação de serviços, e do Município de Nova Iguaçu, no Rio de Janeiro, para quem prestou serviços, requerendo a responsabilização subsidiária. Os respectivos advogados atribuíram o valor correspondente a 20 salários mínimos à causa de Juca e de 15 salários mínimos à causa de Paulo.

Diante disso, assinale a afirmativa correta.

(A) A causa de Juca correrá sob o procedimento sumaríssimo e a de Paulo, sob o ordinário.

(B) Ambas as causas correrão sob o procedimento sumaríssimo.

(C) Ambas as causas correrão sob o procedimento ordinário.

(D) A causa de Juca correrá sob o procedimento ordinário e a de Paulo, sob o sumaríssimo.

"A" é a opção correta. Isso porque, embora ambas as ações possuam valor da causa de 20 salários mínimos, o que a princípio poderia levar a pensar em ajuizar a ação pelo procedimento sumaríssimo, a ação de Paulo não poderá tramitar pelo procedimento sumaríssimo tendo em vista ser proposta contra o Município, ou seja, administração pública direta, o que, nos termos do art. 852-A, parágrafo único, da CLT afasta a possibilidade da tramitação pelo procedimento sumaríssimo, devendo seguir o procedimento comum/ordinário.

Gabarito "A".

6. RECURSOS

(OAB/FGV – 2024) Em sede de reclamação trabalhista, a decisão deferindo horas extras para o autor transitou em julgado. Após a liquidação de sentença e fixado o débito em R$ 10.000,00, a sociedade empresária que é ré foi intimada a pagar. Ocorre que, você, advogado(a) da sociedade empresária ré, entendeu que os valores estavam incorretos. Seu cliente teve um veículo penhorado para garantir a execução. Você apresentou embargos à execução tempestivamente, contestados pela parte contrária. O juiz julgou improcedente sua alegação e manteve o valor. Seu cliente lhe perguntou se haveria mais alguma medida para discutir o valor.

Admitindo que você foi notificado da decisão na data de ontem e que ela não contém nenhum vício processual formal, assinale a opção que indica o recurso cabível.

(A) Agravo de Instrumento.

(B) Agravo de Petição.

(C) Ordinário.

(D) Recurso de Revista.

A: incorreta, pois nos termos do art. 897, b, da CLT o agravo de instrumento é o recurso cabível contra os despachos que denegarem a interposição de recursos. **B:** correta, pois nos termos do art. 897, a, da CLT o agravo de petição é o recurso cabível contra as decisões do Juiz ou Presidente, nas execuções. **C:** incorreta, pois o recurso ordinário é o recurso cabível das decisões definitivas ou terminativas das Varas e Juízos, no prazo de 8 (oito) dias, na forma do art. 895, I, da CLT ou das decisões definitivas ou terminativas dos Tribunais Regionais, em processos de sua competência originária, no prazo de 8 (oito) dias, quer nos dissídios individuais, quer nos dissídios coletivos, na forma do art. 895, II, da CLT. **D:** incorreta, pois o recurso de revista é o recurso cabível para Turma do Tribunal Superior do Trabalho das decisões proferidas em grau de recurso ordinário, em dissídio individual, pelos Tribunais Regionais do Trabalho.

Gabarito "B".

(OAB/FGV – 2024) Pietro está sendo executado na Justiça do Trabalho e, em seu processo, o juiz acionou todas as ferramentas tecnológicas disponíveis para tentar apreender dinheiro ou bens, mas não teve sucesso. Como última e radical tentativa de coerção, o exequente requereu a suspensão do passaporte de Pietro, o que foi deferido pelo magistrado e cumprido.

Inconformado, Pietro o contratou como advogado(a) e você impetrou habeas corpus para garantir o direito de locomoção do seu cliente, comprovando que ele adquiriu passagem aérea para uma viagem ao exterior, mas que estava impossibilitado de deixar o território nacional. Em decisão colegiada, o TRT negou, no mérito, o salvo conduto a Pietro, e, em razão disso, você pretende recorrer da decisão. Assinale a opção que indica a medida judicial correta que você deverá apresentar e para que órgão.

(A) Recurso Ordinário para o TST.

(B) Agravo de Petição para o STJ.

(C) Recurso de Revista para o TST.

(D) Agravo de Instrumento para o TRT da Região.

A: correta, pois tendo em vista que o *Habeas Corpus* foi impetrado originariamente no TRT, pois foi impetrado contra ato do Juiz do Trabalho, na forma do art. 895, II, da CLT caberá recurso ordinário para o TST, das decisões definitivas ou terminativas dos Tribunais Regionais, em processos de sua competência originária, no prazo de 8 (oito) dias, quer nos dissídios individuais, quer nos dissídios coletivos, na forma do art. 895, II, da CLT. **B:** incorreta, pois não há previsão legal de agravo de petição ao STJ, art. 897, a, da CLT. **C:** incorreta, pois o recurso de revista é o recurso cabível para Turma do Tribunal Superior do Trabalho das decisões proferidas em grau de recurso ordinário, em dissídio individual, pelos Tribunais Regionais do Trabalho. **D:** incorreta, pois nos termos do art. 897, b, da CLT o agravo de instrumento é o recurso cabível contra os despachos que denegarem a interposição de recursos.
Gabarito: A.

(OAB/FGV – 2024) Você é advogado de um trabalhador em sede de reclamação trabalhista. Em que pese o direito de seu cliente ser constitucionalmente assegurado, pois se trata de férias não gozadas um ano após o período aquisitivo, que tampouco foram indenizadas, a sentença de primeiro grau considerou o pedido improcedente. Do mesmo modo o recurso pertinente contra essa decisão também teve o provimento negado. Diante disso, considerando a decisão contrária ao dispositivo constitucional, você interpôs o recurso cabível, que não foi admitido sob a alegação de que não preenchia os pressupostos para tanto.

Diante disso, assinale a afirmativa que apresenta, corretamente, a medida a ser adotada no interesse do seu cliente, sendo certo que as decisões não contêm nenhum vício de dúvida, omissão, obscuridade ou contradição.

(A) Recurso de Revista.
(B) Agravo de Instrumento.
(C) Recurso Extraordinário.
(D) Agravo de Petição.

A: incorreta, pois o recurso de revista é o recurso cabível para Turma do Tribunal Superior do Trabalho das decisões proferidas em grau de recurso ordinário, em dissídio individual, pelos Tribunais Regionais do Trabalho. **B:** correta, pois nos termos do art. 897, b, da CLT, o agravo de instrumento é o recurso cabível contra os despachos que denegarem a interposição de recursos. **C:** incorreta, pois o recurso extraordinário é cabível contra decisões que afrontam a Constituição Federal, art. 102, III, CF. **D:** incorreta, pois nos termos do art. 897, a, da CLT o agravo de petição é o recurso cabível contra as decisões do Juiz ou Presidente, nas execuções.
Gabarito: B.

(OAB/FGV – 2023) De uma sentença trabalhista, que julgou o pedido procedente em parte, somente o reclamante recorreu. No prazo de 8 dias da intimação acerca do recurso, a sociedade empresária apresentou contrarrazões ao recurso ordinário e recurso ordinário adesivo.

Do recurso adesivo, o juiz concedeu vista ao reclamante, que se manifestou desistindo do recurso principal.

Diante do caso retratado e dos termos da legislação em vigor, assinale a afirmativa correta.

(A) Não existe previsão de recurso adesivo na CLT e, por isso, ele não pode ser interposto na Justiça do Trabalho.
(B) O recurso adesivo pode ser manejado na seara trabalhista, e, com a desistência do recurso principal, o adesivo será admitido e apreciado pelo TRT.

(C) O recurso adesivo, com a desistência do recurso principal, não poderá ser conhecido, ocorrendo assim o trânsito em julgado da sentença.
(D) A desistência do recurso principal dependerá de concordância da parte contrária, porque isso pode gerar consequência ao recurso adesivo.

A: incorreta, pois embora não haja previsão expressa na CLT o recurso adesivo é compatível com o processo do trabalho e cabe, no prazo de 8 (oito) dias, nas hipóteses de interposição de recurso ordinário, de agravo de petição, de revista e de embargos, sendo desnecessário que a matéria nele veiculada esteja relacionada com a do recurso interposto pela parte contrária, nos termos da súmula 283 do TST. **B:** incorreta, pois havendo desistência do recurso principal o recurso adesivo não será apreciado, vide art. 997, § 2º, CPC. **C:** correta, pois nos termos do art. 997, § 2º, III, do CPC o recurso adesivo não será conhecido, se houver desistência do recurso principal ou se for ele considerado inadmissível. **D:** incorreta, pois nos termos do art. 998 do CPC O recorrente poderá, a qualquer tempo, sem a anuência do recorrido ou dos litisconsortes, desistir do recurso.
Gabarito: C.

(OAB/FGV – 2023) Depois de fracassar a tentativa pacífica de negociação para realizar uma convenção coletiva de âmbito municipal, o sindicato dos empregados ajuizou dissídio coletivo que, depois de regularmente processado nos moldes da Lei, recebeu sua sentença normativa. Ocorre que o sindicato dos empregadores não concorda com algumas das cláusulas fixadas, e pretende recorrer da decisão.

Diante da situação retratada e dos termos da CLT, assinale a afirmativa correta.

(A) Caberá recurso ordinário para o TST.
(B) Por se tratar de sentença normativa, é irrecorrível.
(C) Caberá recurso de revista para o TST.
(D) Caberá recurso ordinário para o TRT.

A: correta, pois será cabível recurso ordinário ao TST, na forma do art. 895, II, da CLT. **B:** incorreta, pois admite-se a interposição de recurso ordinário ao TST. **C:** incorreta, pois não será cabível interposição de recurso de revista, art. 896 da CLT, recurso cabível das decisões proferidas em grau de recurso ordinário, em dissídio individual. **D:** incorreta, pois tendo em vista que o dissídio coletivo é de competência originária do TRT, o recurso ordinário interposto será apreciado pelo TST, art. 895, II, CLT.
Gabarito: A.

(OAB/FGV – 2023) Natália ajuizou reclamação trabalhista contra o ex-empregador e a ação adotou o rito sumaríssimo. Natália teve procedência parcial do seu pedido, tendo havido recurso do ex-empregador. O TRT local manteve a sentença, mas, na ótica da sociedade empresária, a decisão violou frontalmente uma orientação jurisprudencial (OJ) do TST, daí porque interpôs recurso de revista para tentar revertê-la sob esse fundamento.

Diante do fato apresentado e das normas previstas na CLT, assinale a afirmativa correta.

(A) O recurso de revista não será admitido, porque não houve violação de Súmula do TST, de Súmula vinculante do STF e nem violação direta da Constituição Federal.
(B) O recurso em exame será admitido, porque cabe ao TST manter a autoridade da sua jurisprudência contra decisões que a violem.

(C) O recurso de revista não será admitido, porque ele só tem cabimento para as causas que tramitam pelo procedimento ordinário, o que não é a hipótese.

(D) O recurso de revista, no caso apresentado, sempre será admitido se houver alegação de violação às Súmulas e às orientações jurisprudenciais do TST, bem como violação de Lei Federal.

Nos termos do art. 896, § 9°, da CLT nas causas sujeitas ao procedimento sumaríssimo, somente será admitido recurso de revista por contrariedade a súmula de jurisprudência uniforme do Tribunal Superior do Trabalho ou a súmula vinculante do Supremo Tribunal Federal e por violação direta da Constituição Federal. Ademais, nos termos da súmula 442 do TST nas causas sujeitas ao procedimento sumaríssimo, a admissibilidade de recurso de revista está limitada à demonstração de violação direta a dispositivo da Constituição Federal ou contrariedade a Súmula do Tribunal Superior do Trabalho, não se admitindo o recurso por contrariedade a Orientação Jurisprudencial.
Gabarito "A".

(OAB/FGV – 2022) Após a admissão e o julgamento de um recurso de revista, um motorista por aplicativo, que requereu vínculo empregatício com uma plataforma, teve o seu pedido julgado improcedente por uma das turmas do Tribunal competente. Na mesma semana, outro recurso de revista foi julgado de forma diametralmente oposta por outra turma do mesmo Tribunal, reconhecendo o vínculo de emprego. Diante desta contradição nos julgamentos, assinale a opção que indica o recurso cabível para uniformizar o entendimento desse Tribunal e em que órgão ele será apreciado.

(A) Embargos, para a Seção de Dissídios Individuais do TST.

(B) Recurso Ordinário, a ser julgado pelo órgão Pleno do TRT da Região.

(C) Embargos de Declaração, a ser apreciado pelo STF.

(D) Conflito Negativo de Competência, para o órgão especial do STJ.

A: opção correta, nos termos do art. 894, II, da CLT, caberá embargos, por divergência jurisprudencial, das decisões entre as Turmas do Tribunal Superior do Trabalho ou, ainda, se forem contrárias a súmula ou orientação jurisprudencial do Tribunal Superior do Trabalho ou súmula vinculante do Supremo Tribunal Federal, em dissídios individuais, no prazo de 8 (oito) dias. **B:** incorreta, pois o recurso ordinário é cabível, no prazo de 8 dias, contra decisões definitivas ou terminativas das Varas do Trabalho, art. 895, I, da CLT ou contra decisões definitivas ou terminativas dos Tribunais Regionais, em processos de sua competência originária, art. 895, II, CLT. **C:** incorreta, pois embargos de declaração é o recurso cabível contra decisões que contenham omissão, obscuridade ou contradição ou ainda para corrigir erro material, art. 897-A e § 1°, da CLT. **D:** incorreta, pois o conflito negativo ocorre quando dois órgãos judiciais se dizem incompetentes, denominado conflito negativo de competência, art. 804, *b*, CLT.
Gabarito "A".

(OAB/FGV – 2022) Na audiência de uma reclamação trabalhista, estando as partes presentes e assistidas por seus respectivos advogados, foi homologado pelo juiz um acordo no valor de R$ 50.000,00 (cinquenta mil reais), tendo sido atribuído ao valor a natureza indenizatória, com as parcelas devidamente identificadas. O reclamante e o INSS, cinco dias após, interpuseram recurso ordinário contra a decisão de homologação do acordo – o reclamante, dizendo-se arrependido quanto ao valor, afirmando que teria direito a uma quantia muito superior; já o INSS, insurgindo-se contra a indicação de todo o valor acordado como tendo natureza indenizatória, prejudicando a autarquia previdenciária no tocante ao recolhimento da cota previdenciária. Diante do caso apresentado e nos termos da CLT, assinale a afirmativa correta.

(A) Tanto o reclamante quanto o INSS podem recorrer da decisão homologatória, e seus recursos terão o mérito apreciado.

(B) No caso, somente o reclamante poderá recorrer, porque o INSS não tem legitimidade para recorrer de recursos, já que não foi parte.

(C) Somente o INSS pode recorrer, porque, para o reclamante, o acordo valerá como decisão irrecorrível.

(D) Nenhuma das partes nem o INSS podem recorrer contra o acordo, porque a homologação na Justiça do Trabalho é soberana.

Uma vez celebrado o acordo, será lavrado o termo de conciliação, que é considerado título executivo judicial, nos termos do art. 831, parágrafo único, da CLT. Essa decisão transita em julgado imediatamente para as partes, não ensejando, portanto, a interposição de recurso por estas. Porém, a lei admite a interposição de recurso ordinário pelo INSS apenas com relação às contribuições devidas.
Gabarito "C".

(OAB/FGV – 2022) No bojo de uma execução trabalhista, o juízo, a requerimento da exequente, utilizou todas as ferramentas tecnológicas disponíveis para tentar apreender dinheiro ou bens do executado, não tendo sucesso. O juízo, também a requerimento da exequente, deferiu a instauração do incidente de desconsideração da personalidade jurídica (IDPJ) em face dos sócios, que foram citados e se manifestaram. Diante dos argumentos apresentados, o IDPJ foi julgado improcedente, isentando os sócios de qualquer responsabilidade. Considerando a situação de fato e a previsão legal, assinale a afirmativa correta.

(A) A exequente poderá interpor recurso de agravo de petição.

(B) Não caberá recurso da decisão em referência por ser interlocutória.

(C) Caberá à exequente, se desejar, interpor recurso ordinário.

(D) A exequente poderá interpor agravo de instrumento.

A: correta, pois o art. 855-A, § 1°, II, da CLT ensina que a decisão interlocutória que acolher ou rejeitar o incidente de desconsideração da personalidade jurídica, na fase de execução de sentença, é recorrível via agravo de petição. **B:** incorreta, pois o art. 855-A, § 1°, II, da CLT ensina que a decisão interlocutória que acolher ou rejeitar o incidente de desconsideração da personalidade jurídica, na fase de execução de sentença, é recorrível via agravo de petição. Todavia, a mesma decisão não é recorrível se proferida na fase de conhecimento, art. 855-A, § 1°, I, da CLT. **C:** incorreta, pois o recurso ordinário é cabível nas hipóteses elencadas nos incisos I e II do art. 895 da CLT. **D:** incorreta, pois agravo de instrumento é cabível contra despachos que denegarem a interposição de recursos, art. 897, *b*, CLT.
Gabarito "A".

(OAB/FGV – 2021) Beatriz foi empregada de uma entidade filantrópica por 2 (dois) anos e 3 (três) meses. Terminada a relação de emprego no final de 2021, Beatriz ajuizou reclamação trabalhista 1 (um) mês após, pelo procedimento sumaríssimo, postulando diversos direitos supostamente lesados, além de honorários advocatícios. Regularmente contestado e instruído, o pedido foi julgado procedente em parte, sendo que a ex-empregadora recorreu da sentença no prazo legal juntando o recolhimento das custas. Sobre essa hipótese, de acordo com o que dispõe a CLT, assinale a afirmativa correta.

(A) O recurso terá o seguimento negado de plano, já que a ex-empregadora não efetuou o depósito recursal.
(B) O juiz deverá conceder prazo para que a recorrente sane o vício e efetue o recolhimento do depósito recursal, sob pena de deserção.
(C) O recurso terá seguimento normal e será apreciado desde que a recorrente recolha metade do depósito recursal até a apreciação do recurso pelo Relator.
(D) O recurso está com o preparo adequado porque, diante da natureza jurídica da ex-empregadora, ela é isenta do depósito recursal.

Nos termos do art. 899, § 10, da CLT assim como os beneficiários da justiça gratuita e as empresas em recuperação judicial, as entidades filantrópicas estão isentas do recolhimento do depósito recursal.
Gabarito "D".

(OAB/FGV – 2021) Numa reclamação trabalhista que se encontra na fase de execução e diante da extrema complexidade dos cálculos, o juiz determinou a liquidação a cargo de um perito judicial. Apresentado o laudo, em que pese ambas as partes discordarem das contas apresentadas pelo especialista, elas foram homologadas pelo juiz. A sociedade empresária garantiu o juízo e ajuizou embargos à execução, enquanto o exequente apresentou impugnação à sentença de liquidação. O juiz julgou improcedentes ambas as ações, mantendo a homologação já feita. Somente a sociedade empresária interpôs agravo de petição no prazo legal. Sobre o caso, considerando os fatos narrados e o entendimento consolidado do TST, assinale a afirmativa correta.

(A) No prazo de contrarrazões, o exequente poderá, querendo, interpor agravo de petição de forma adesiva.
(B) O recurso adesivo não é aceito na Justiça do Trabalho porque a CLT é omissa a respeito.
(C) Caberá ao exequente apenas apresentar contrarrazões, pois o recurso adesivo só tem cabimento para os recursos ordinário e de revista.
(D) Agravo de petição adesivo é aceito na seara trabalhista, sendo necessário que a matéria nele veiculada esteja relacionada com a do recurso interposto pela parte contrária.

Não há previsão do recurso adesivo na CLT, sendo aplicado subsidiariamente o art. 997 do CPC/2015, por força do art. 769 da CLT e art. 15 CPC/2015. O TST por meio da Súmula 283 entendeu que o recurso adesivo é compatível com o processo do trabalho e cabe, no prazo de 8 (oito) dias, nas hipóteses de interposição de recurso ordinário, de agravo de petição, de revista e de embargos, sendo desnecessário que a matéria nele veiculada esteja relacionada com a do recurso interposto pela parte contrária.
Gabarito "A".

(OAB/FGV – 2021) Plínio Barbosa ajuizou uma reclamação trabalhista em face de seu empregador. O valor da causa era de 30 (trinta) salários-mínimos, com valor vigente na data do ajuizamento da ação. O pedido único da ação está baseado em entendimento sumulado pelo TST, cabendo aplicação literal da Súmula. Ainda assim, o juiz de primeiro grau julgou improcedente o pedido. Você, na qualidade de advogado(a) de Plínio, apresentou o recurso cabível, mas o TRT respectivo manteve a decisão, sem que houvesse no acórdão dúvida, contradição, obscuridade ou contradição. Considerando que a decisão do TRT foi publicada numa segunda-feira, assinale a opção que indica a medida judicial que você adotaria para o caso.

(A) Não cabe mais qualquer recurso em razão do tipo de procedimento da ação.
(B) Caberá recurso de agravo de instrumento.
(C) Caberá recurso de agravo de petição.
(D) Caberá recurso de revista.

A: incorreta. Veja resposta D. B: incorreta, pois o agravo de instrumento é cabível contra despachos que denegarem a interposição de recursos, art. 897, b, CLT. C: incorreta, pois nos termos do art. 897, a, da CLT o agravo de petição é cabível contra as decisões do Juiz, nas execuções. D: correta, pois tendo em vista que em decorrência do valor da causa a reclamação trabalhista tramitava pelo procedimento sumaríssimo, art. 852-A da CLT. Desta forma, nos termos do art. 896, § 9º da CLT que admite nas causas sujeitas ao procedimento sumaríssimo recurso de revista por contrariedade a súmula de jurisprudência uniforme do Tribunal Superior do Trabalho e, ainda, por contrariedade à súmula vinculante do Supremo Tribunal Federal e por violação direta da Constituição Federal.
Gabarito "D".

(OAB/FGV – 2020) A sociedade empresária *Refeições Tempero de Casa Ltda.* é ré em uma reclamação trabalhista movida por sua ex-empregada Rosângela, que lá atuou como cozinheira. Após devidamente contestada e instruída, foi prolatada sentença, em outubro de 2021, julgando os pedidos procedentes em parte. Ocorre que no mesmo dia da publicação da sentença, a sociedade empresária teve sua recuperação judicial deferida pela justiça estadual. Nada foi decidido a respeito de gratuidade de justiça para a sociedade empresária. Diante da situação apresentada, da previsão contida na CLT e considerando que a sociedade pretende recorrer da sentença, assinale a afirmativa correta.

(A) Com a recuperação judicial deferida, a sociedade empresária fica dispensada de efetuar qualquer preparo para recorrer.
(B) A sociedade empresária terá de recolher as custas, mas não precisará efetuar o depósito recursal para recorrer.
(C) Como a sociedade empresária não teve a falência decretada, mas sim a recuperação judicial deferida, efetuará normalmente o preparo.
(D) A sociedade empresária, diante da recuperação judicial deferida, pagará metade das custas e do depósito recursal.

No processo do trabalho para a reclamada interpor recurso, sob pena de inadmissibilidade do recurso por deserção, deverá efetuar o preparo, ou seja, recolhimento de custas e depósito recursal. Com relação ao recolhimento de custas, nos termos do art. 789, § 1º, da CLT no caso de recurso, as custas serão pagas e comprovado o recolhimento dentro do prazo recursal. As hipóteses de isenção de custas estão dispostas no art. 790-A da CLT e não contempla as empresas em recuperação judicial. Já com relação ao depósito recursal, há no art. 899, § 10, da CLT as empresas em recuperação judicial são isentas do recolhimento. Assim, A sociedade empresária terá de recolher as custas, mas não precisará efetuar o depósito recursal para recorrer.
Gabarito "B".

(OAB/FGV – 2020) Uma sociedade de economia mista do Estado do Maranhão, após devidamente citada em reclamação trabalhista de um empregado, apresentou defesa e produziu provas em juízo, mas foi condenada na sentença. Assinale a opção que, de acordo com a CLT, indica o prazo que a empresa em questão possui para recorrer ao TRT.

(A) 8 dias úteis.
(B) 16 dias úteis.
(C) 8 dias corridos.
(D) 16 dias corridos.

À Sociedade de Economia Mista não se aplicam os privilégios do prazo em dobro, que se aplicam para a União Federal, aos Estados, Municípios, Distrito Federal e Autarquias ou Fundações de direito público que não explorem atividade econômica, art. 1º, III, Decreto-Lei 779/69 e art. 183 do CPC. Portanto, a Sociedade de Economia Mista deve interpor recurso no prazo de 8 dias úteis, art. 775 CLT e art. 895, I, CLT.
Gabarito "A".

(OAB/FGV – 2020) Renata, professora de Artes, lecionou na *Escola do Futuro*. Em sede de reclamação trabalhista, um de seus pedidos foi julgado improcedente, sendo certo que o que você pleiteava, na qualidade de advogado(a) de Renata, estava fundamentado na aplicação incontroversa de súmula do TST a respeito da matéria. Ainda assim, o TRT respectivo, ao julgar seu recurso, manteve a decisão de primeira instância. Considerando que a referida decisão não deixou margem à oposição de embargos de declaração, assinale a opção que indica a medida jurídica a ser adotada.

(A) Interposição de agravo de instrumento.
(B) Interposição de agravo de petição.
(C) Ajuizamento de ação rescisória.
(D) Interposição de recurso de revista.

A: incorreto, pois o agravo de instrumento é o recurso cabível dos despachos que denegarem a interposição de recursos, art. 897, *b*, CLT. B: incorreto, pois o agravo de petição é o recurso cabível contra decisões na fase de execução, art. 897, *a*, CLT. C: incorreto, pois a ação rescisória é uma ação que objetiva o desfazimento de coisa julgada, art. 836 CLT e arts. 966 e seguintes do CPC. D: correta, pois recurso de revista é aquele cabível contra decisões proferidas em grau de recurso ordinário, em dissídio individual, pelos Tribunais Regionais do Trabalho, quando contrariarem súmula de jurisprudência uniforme do TST, art. 896, *a*, CLT.
Gabarito "D".

(OAB/FGV – 2020) No decorrer de uma execução trabalhista, não se conseguiu penhorar nenhum bem da empresa executada nem reter qualquer numerário dela em ativos financeiros. Então, o exequente instaurou um incidente de desconsideração de personalidade jurídica para direcionar a execução em face de um sócio. O referido sócio foi citado e, no prazo de 15 dias, manifestou-se contrariamente à sua execução.

Submetida a manifestação ao contraditório e não havendo outras provas a produzir, o juiz julgou procedente o incidente e incluiu o sócio no polo passivo da execução na condição de executado, sendo, então, publicada essa decisão.

Considerando a situação retratada e os ditames da CLT, assinale a afirmativa correta.

(A) Por ser interlocutória, essa decisão é irrecorrível, devendo o sócio se submeter ao comando e pagar a dívida.
(B) O sócio em questão poderá recorrer da decisão independentemente de garantia do juízo.
(C) Sendo a Lei omissa a respeito, caberá ao juiz definir se a decisão do incidente poderá ser objeto de recurso e se será necessário garantir o juízo.
(D) O sócio poderá recorrer da decisão, mas terá de garantir o juízo em 50%.

Embora a decisão proferida seja considerada uma decisão interlocutória (art. 203, § 2º, CPC), não se aplica o princípio da irrecorribilidade imediata das decisões interlocutória, prevista no art. 893, § 1º, da CLT, pois nos termos do art. 855-A, § 1º, II, da CLT é cabível o recurso de agravo de petição, independente da garantia de juízo.
Gabarito "B".

(OAB/FGV – 2020) Helena ajuizou reclamação trabalhista, na qual requereu o pagamento do 13º salário integral do último ano trabalhado, no valor de R$ 1.300,00, indicando o referido valor à causa. A sociedade empresária alegou, em defesa, a quitação regular de tal verba, mas não fez prova documental ou testemunhal desse fato. Em razão disso, o pedido foi julgado procedente, tendo o juiz proferido sentença líquida cujo valor, já incluídos juros e correção monetária, passou a ser de R$ 1.345,00. Sobre esse caso, de acordo com as leis de regência, assinale a afirmativa correta.

(A) A sociedade empresária poderá interpor recurso de apelação no prazo de 15 dias.
(B) O recurso não será admitido, haja vista o valor da condenação e a matéria tratada.
(C) O juiz deverá submeter a decisão ao duplo grau de jurisdição obrigatório, uma vez que a condenação é inferior a 5 salários mínimos.
(D) A sociedade empresária poderá interpor recurso ordinário contra a sentença, mas deverá comprovar o recolhimento de custas e o depósito recursal.

A: incorreto, inexiste no processo do trabalho o recurso de apelação, art. 893 da CLT. B: correto. Isso porque, em razão do valor da causa fixado ser abaixo de 2 salários mínimos, a ação tramitou pelo procedimento sumário, previsto no art. 2º, §§ 2º e 3º da Lei 5.584/70. Nesse procedimento somente é cabível recurso extraordinário ao STF no prazo de 15 dias, se versarem sobre matéria constitucional. C: incorreto, pois no caso em tela não há duplo grau de jurisdição obrigatório, art. 496 CPC. D: incorreto, pois no procedimento sumário, não é cabível recurso ordinário, art. 2º, §4º, da Lei 5.584/70.
Gabarito "B".

(OAB/FGV – 2020) Em setembro de 2019, durante a audiência de um caso que envolvia apenas pedido de adicional de insalubridade, o Juiz do Trabalho determinou a realização de perícia e que a reclamada antecipasse os honorários periciais. Inconformada com essa decisão, a sociedade empresária impetrou mandado de segurança contra esse ato judicial, mas o TRT, em decisão colegiada, não concedeu a segurança. Caso a sociedade empresária pretenda recorrer dessa decisão, assinale a opção que indica a medida recursal da qual deverá se valer.

(A) Agravo de Instrumento.
(B) Recurso Ordinário.
(C) Agravo de Petição.
(D) Recurso de Revista.

A: incorreta, pois nos termos do art. 897, *b*, da CLT o agravo de instrumento será cabível, no prazo de 8 dias, para impugnar os despachos proferidos pelo juízo *a quo* no 1º juízo de admissibilidade recursal que negarem seguimento a recursos. **B:** correta, pois no caso em tela, por se tratar de competência originária, o Mandado de Segurança foi impetrado no TRT. Assim, nos termos do art. 895, II, da CLT, o recurso cabível é o Recurso Ordinário no prazo de 8 dias. **C:** incorreta, pois previsto no art. 897, "a", da CLT, o agravo de petição é o recurso cabível, no prazo de 8 dias, em face das decisões do Juiz do Trabalho proferidas na fase de execução de sentença. **D:** incorreta, pois nos termos do art. 896 da CLT cabe, no prazo de 8 dias, Recurso de Revista para Turma do Tribunal Superior do Trabalho das decisões proferidas em grau de recurso ordinário, em dissídio individual, pelos Tribunais Regionais do Trabalho.
Gabarito "B".

(OAB/FGV – 2020) Heloísa era empregada doméstica e ajuizou, em julho de 2019, ação contra sua ex-empregadora, Selma Reis. Após regularmente instruída, foi prolatada sentença julgando o pedido procedente em parte. A sentença foi proferida de forma líquida, apurando o valor devido de R$ 9.000,00 (nove mil reais) e custas de R$ 180,00 (cento e oitenta reais). A ex-empregadora, não se conformando com a decisão, pretende dela recorrer.

Indique a opção que corresponde ao preparo que a ex-empregadora deverá realizar para viabilizar o seu recurso, sabendo-se que ela não requereu gratuidade de justiça porque tem boas condições financeiras.

(A) Tratando-se de empregador doméstico, só haverá necessidade de recolher as custas.
(B) Deverá recolher integralmente as custas e o depósito recursal.
(C) Por ser empregador doméstico, basta efetuar o recolhimento do depósito recursal.
(D) Deverá recolher as custas integralmente e metade do depósito recursal.

Nos termos do art. 899, § 9º, da CLT o valor do depósito recursal será reduzido pela metade para entidades sem fins lucrativos, empregadores domésticos, microempreendedores individuais, microempresas e empresas de pequeno porte. Contudo, não há isenção parcial ou total para o empregador doméstico com relação às custas processuais, art. 789, § 1º, CLT. Importante notar que o enunciado é expresso no sentido de que a parte não requereu os benefícios da justiça gratuita.
Gabarito "D".

(OAB/FGV – 2019) Considere as quatro situações jurídicas a seguir.

(I) A Instituição ABCD é uma entidade sem fins lucrativos.
(II) Rosemary é uma empregadora doméstica.
(III) O Instituto Sonhar é uma entidade filantrópica.
(IV) Mariana é uma microempreendedora individual.

Considere que todas essas pessoas são empregadoras e têm reclamações trabalhistas ajuizadas contra si e que nenhuma delas comprovou ter as condições para ser beneficiária de justiça gratuita.

Assinale a opção que indica, nos termos da CLT, quem estará isento de efetuar o depósito recursal para recorrer de uma sentença desfavorável proferida por uma Vara da Justiça do Trabalho.

(A) A Instituição ABCD e o Instituto Sonhar, somente.
(B) Todos estarão dispensados
(C) Instituto Sonhar, somente.
(D) Mariana e Rosemary, somente.

Somente o Instituto Sonhar, por se tratar de uma entidade filantrópica será isenta do recolhimento de depósito recursal nos termos do art. 899, § 10, da CLT. As entidades sem fins lucrativos, os empregadores domésticos e o microempreendedor individual, possuem apenas a redução em 50% do valor referente ao depósito recursal, na forma do art. 899, § 9º, CLT.
Gabarito "C".

(OAB/FGV – 2019) Wilma foi dispensada sem justa causa e recebeu a indenização correspondente do ex-empregador. Ela, no entanto, alega ter direito a uma equiparação salarial com um colega que realizava as mesmas atividades. Em razão disso, Wilma procura você, como advogado(a), e, com sua assessoria, dá início a um acordo extrajudicial com o ex-empregador. O acordo é materializado em documento, especificando o valor e a identificação da parcela, sendo assinado pelas partes e seus respectivos advogados, e levado à Justiça do Trabalho para homologação. Contudo, a juíza do caso nega-se a homologar o acordo, argumentando que ele seria lesivo à trabalhadora, proferindo decisão nesse sentido. Diante disso, e de acordo com a norma legal, assinale a opção que indica a medida processual adequada para buscar a reforma da decisão proferida.

(A) Não há medida cabível, por se tratar de decisão interlocutória.
(B) Recurso Ordinário.
(C) Mandado de Segurança.
(D) Novo pedido de homologação de acordo extrajudicial idêntico, mas agora dirigido para outra Vara.

O processo de jurisdição voluntária para homologação de acordo extrajudicial está previsto no art. 855-B ao art. 855-E da CLT. No caso, o processo de homologação foi apresentado dentro dos ditames da Lei, portanto, válido e apto. Pois bem, nos termos do art. 855-D da CLT no prazo de 15 dias a contar da distribuição da petição, o juiz analisará o acordo, designará audiência se entender necessário e proferirá SENTENÇA. Por ter sido proferida uma sentença, nos termos do art. 895, I, da CLT é cabível a interposição de Recurso Ordinário. Importante ressaltar que pelo fato de existir um recurso cabível, não se admite a impetração de Mandado de Segurança.
Gabarito "B".

(OAB/FGV – 2019) Augusto foi empregado de uma lavanderia por 2 anos, tendo sido desligado em setembro de 2018. Após receber as verbas da ruptura, procurou um advogado com a intenção de ajuizar reclamação trabalhista para postular horas extras não recebidas durante o pacto laboral. Após entrevista e colheita de todas as informações, o advogado de Augusto entrou em contato com a ex-empregadora na tentativa de formular um acordo, que, após debatido e negociado, teve sucesso e foi reduzido a termo. Então, as partes ajuizaram uma homologação de acordo extrajudicial na Justiça do Trabalho, em petição conjunta assinada pelo advogado de cada requerente, mas que não foi homologado pelo juiz, por este entender que o valor da conciliação era desfavorável ao trabalhador. Desse modo, o magistrado extinguiu o feito sem resolução do mérito.

Diante da situação e dos termos da CLT, assinale a afirmativa correta.

(A) Agiu corretamente o juiz, porque não há previsão desse tipo de demanda na Justiça do Trabalho.
(B) As partes poderão interpor recurso ordinário da decisão que negou a homologação desejada.
(C) Augusto e seu ex-empregador deverão propor novamente a ação, que deverá ser levada à livre distribuição para outro juízo.
(D) Nada poderá ser feito na ação proposta, porque o juiz não é obrigado a homologar acordo.

A: incorreta, pois o processo de homologação de acordo extrajudicial está previsto nos arts. 855-B a 855-E da CLT; **B:** correta, pois, nos termos do art. 855-D da CLT, a decisão proferida se denomina sentença, ato impugnável via recurso ordinário, nos termos do art. 895, I, da CLT; **C:** incorreta, pois a propositura de nova ação não se mostra viável, tendo em vista o ato ser impugnável via recurso ordinário, art. 895, I, da CLT; **D:** incorreta, pois embora o juiz não seja obrigado a homologar acordo (súmula 418 do TST), o ato do Juiz por possuir conteúdo de sentença é impugnável via recurso ordinário, art. 895, I, da CLT.

Gabarito "B".

(OAB/FGV – 2019) Em março de 2019, durante uma audiência trabalhista que envolvia a sociedade empresária ABC S/A, o juiz indagou à pessoa que se apresentou como preposto se ela era empregada da empresa, recebendo como resposta que não. O juiz, então, manifestou seu entendimento de que uma sociedade anônima deveria, obrigatoriamente, fazer-se representar por empregado, concluindo que a sociedade empresária não estava adequadamente representada. Decretou, então, a revelia, excluiu a defesa protocolizada e sentenciou o feito na própria audiência, julgando os pedidos inteiramente procedentes.

Diante desse quadro e do que prevê a CLT, assinale a afirmativa correta.

(A) Nada há a ser feito, porque uma S/A, por exceção, precisa conduzir um empregado para representá-la.
(B) O advogado da ré deverá interpor recurso ordinário no prazo de 8 dias, buscando anular a sentença, pois o preposto não precisa ser empregado da reclamada.
(C) O advogado da ré deverá impetrar mandado de segurança, porque a exigência de que o preposto seja empregado, por não ser prevista em Lei, violou direito líquido e certo da empresa.
(D) Uma vez que a CLT faculta ao juiz aceitar ou não como preposto pessoa que não seja empregada, o advogado deverá formular um pedido de reconsideração judicial.

"B" é a opção correta. Inicialmente, cumpre apontar que, de acordo com o enunciado, o Juiz proferiu uma sentença (art. 203, § 1º, CPC), ato impugnável mediante recurso ordinário, na forma do art. 895, I, da CLT, no prazo de 8 dias. Com isso, mostra-se inviável a impetração de Mandado de Segurança. No recurso ordinário a parte deverá pugnar pela nulidade da sentença, na medida em que, conforme o art. 843, § 1º, da CLT, é facultado ao empregador fazer-se substituir por preposto que tenha conhecimento do fato, e cujas declarações obrigarão o proponente. O § 4º do mesmo art. 843 da CLT determina que o preposto não precisa ser empregado da parte reclamada.

Gabarito "B".

(OAB/FGV – 2019) Prolatada a sentença em uma reclamação trabalhista, o autor opõe embargos de declaração no 3º dia contado da publicação e afirma que existe erro material no julgado, pois o número do processo encontra-se equivocado, assim como o nome das partes. Diante da situação retratada e dos termos da CLT, assinale a afirmativa correta.

(A) O juiz não precisará dar vista dos embargos à parte contrária, diante da natureza do erro.
(B) A Lei é omissa a respeito, daí porque o juiz usará da equidade para ver se é o caso de conferir vista à parte adversa.
(C) Havendo, no caso em exame, possibilidade de efeito modificativo do julgado, a parte contrária poderá se manifestar em 8 dias.
(D) Independentemente do recurso e seu efeito perante o julgado, é direito da parte contrária se manifestar sobre os embargos em 10 dias.

"A" é a opção correta. Isso porque, os embargos de declaração (art. 897-A da CLT) somente serão levados ao contraditório em caso de possibilidade de modificação no julgado. Nesse sentido o art. 897-A, 2º, da CLT ensina que eventual efeito modificativo dos embargos de declaração somente poderá ocorrer em virtude da correção de vício na decisão embargada e desde que ouvida a parte contrária, no prazo de 5 (cinco) dias.

Gabarito "A".

(OAB/FGV – 2019) No curso de uma ação trabalhista que se encontra em fase de execução de sentença, a executada, citada para pagar e garantir o juízo, apresentou exceção de pré-executividade almejando a nulidade de todos os atos, uma vez que não havia sido regularmente citada.

Após regular trâmite, o juiz julgou procedente a exceção de pré-executividade e anulou todos os atos processuais praticados desde a citação, concedendo ainda prazo para a reclamada contestar a reclamação trabalhista.

Sobre a hipótese, assinale a opção que indica o recurso cabível, a ser manejado pelo exequente, contra a decisão da exceção de pré-executividade.

(A) Apelação.
(B) Recurso Ordinário.
(C) Agravo de Instrumento.
(D) Agravo de Petição.

"D" é a opção correta. Nos termos do art. 897, alínea a, da CLT das decisões na execução caberá a interposição de agravo de petição, no prazo de 8 dias.

Gabarito "D".

(OAB/FGV – 2019) Francisco trabalhou em favor de uma empresa em Goiânia/GO. Após ser dispensado, mudou-se para São Paulo e neste Estado ajuizou reclamação trabalhista contra o ex-empregador. Este, após citado em Goiânia/GO, apresentou petição de exceção de incompetência territorial logo no segundo dia.

Em razão disso, o juiz suspendeu o processo e conferiu vista ao excepto. Em seguida, proferiu decisão acolhendo a exceção e determinando a remessa dos autos ao juízo distribuidor de Goiânia/GO, local onde os serviços de Francisco foram prestados e que, no entendimento do magistrado, seria o juízo competente para julgar a reclamação trabalhista.

Diante da situação retratada e do entendimento consolidado do TST, assinale a afirmativa correta.

(A) O reclamante nada poderá fazer por se tratar de decisão interlocutória.
(B) Francisco poderá interpor de imediato Recurso Ordinário no prazo de 8 dias.
(C) Sendo as decisões interlocutórias irrecorríveis, Pedro deverá impetrar Mandado de Segurança.
(D) O recurso cabível para tentar reverter a decisão é o Agravo de Petição.

"B" é a opção correta. Entende o TST que tal decisão possui natureza de decisão interlocutória terminativa de feito e, por meio da Súmula 214, item "c", sustenta que a decisão que acolhe exceção de incompetência territorial, com a remessa dos autos para Tribunal Regional distinto daquele a que se vincula o juízo excepcionado, consoante o disposto no art. 799, § 2º, da CLT é impugnável via recurso ordinário, art. 895, I, da CLT).
Gabarito "B".

(OAB/FGV – 2018) Vando ajuizou reclamação trabalhista em desfavor da sociedade empresária Cetro Dourado Ltda., na qual trabalhou por 5 anos e 3 meses, na condição de vigia noturno. A sociedade empresária não compareceu à audiência, daí porque o pedido foi julgado procedente à sua revelia. Contudo, a sociedade empresária interpôs recurso ordinário no prazo legal e efetuou o recolhimento das custas e do depósito recursal, mas com valor inferior ao devido (R$ 10,00 a menos nas custas e R$ 500,00 a menos no depósito recursal). Com base na situação retratada, na lei e no entendimento consolidado do TST, assinale a afirmativa correta.

(A) O recurso não pode ser conhecido, porque houve revelia; assim, a sociedade empresária fica juridicamente impedida de recorrer.
(B) Na Justiça do Trabalho, não existe possibilidade de se sanar vício referente à diferença no preparo, motivo pelo qual o recurso será considerado deserto.
(C) O juiz deverá assinalar prazo de 5 dias para que a sociedade empresária efetue o recolhimento da diferença das custas e do depósito recursal, sob pena de deserção.
(D) Em tese, seria possível que a sociedade empresária recolhesse a diferença das custas, mas não há previsão jurisprudencial de prazo para complementar o depósito recursal.

"C" é a resposta correta. Isso porque a OJ 140 da SDI 1 do TST entende que em caso de recolhimento insuficiente das custas processuais ou do depósito recursal somente haverá deserção do recurso se, concedido o prazo de 5 (cinco) dias previsto no § 2º do art. 1.007 do CPC de 2015, o recorrente não complementar e comprovar o valor devido.
Gabarito "C".

(OAB/FGV – 2018) Em sede de reclamações trabalhista duas sociedades empresárias foram condenadas em primeira instância. A Massa Falida da Calçados Sola Dura Ltda. e a Institutos de Seguros Privados do Brasil, sociedade empresária em liquidação extrajudicial.

Acerca do depósito recursal, na qualidade de advogado das empresas você deverá

(A) deixar de recolher o depósito recursal e custas nos dois casos, já que se trata de massa falida de empresa em liquidação extrajudicial.
(B) deixar de recolher o depósito recursal e as custas no caso da massa falida, mas recolher ambos para a empresa em liquidação extrajudicial.
(C) recolher nos dois casos o depósito recursal e as custas, sob pena de deserção.
(D) deixar de recolher o depósito recursal no caso da massa falida, mas recolher ambos para a empresa em liquidação extrajudicial e as custas para a massa falida.

"B" é a assertiva correta. Nos termos da súmula 86 do TST, não ocorre deserção de recurso da massa falida por falta de pagamento de custas ou de depósito do valor da condenação. Esse privilégio, todavia, não se aplica à empresa em liquidação extrajudicial.
Gabarito "B".

(OAB/FGV – 2018) Em determinada Vara do Trabalho foi prolatada uma sentença que, após publicada, não foi objeto de recurso por nenhum dos litigantes. Quinze meses depois, uma das partes ajuizou ação rescisória perante o Tribunal Regional do Trabalho local, tendo o acórdão julgado improcedente o pedido da rescisória. Ainda inconformada, a parte deseja que o TST aprecie a demanda. Assinale a opção que indica, na hipótese, o recurso cabível para o Tribunal Superior do Trabalho.

(A) Recurso Ordinário.
(B) Recurso de Revista.
(C) Recurso Especial.
(D) Agravo de Instrumento.

A: correta. Nos termos do art. 895, II, da CLT caberá recurso ordinário ao TST das decisões definitivas ou terminativas dos Tribunais Regionais, em processos de sua competência originária (como é o caso da ação rescisória), no prazo de 8 (oito) dias, quer nos dissídios individuais, quer nos dissídios coletivos; B: incorreta. Não é possível a interposição de recurso de revista, na medida em que cabe Recurso de Revista para Turma do Tribunal Superior do Trabalho das decisões proferidas em grau de recurso ordinário, em dissídio individual, pelos Tribunais Regionais do Trabalho, art. 896 da CLT; C: incorreta, pois não há previsão legal na seara trabalhista acerca do recurso especial, veja art. 893 da CLT; D: incorreta, pois o agravo de instrumento é o recurso cabível contra a decisão que nega seguimento a recurso, art. 897, b, da CLT.
Gabarito "A".

(OAB/FGV – 2017) Contra ato de Juiz do Trabalho que determinou a antecipação de honorários periciais do seu cliente, mesmo não tendo ele condições financeiras para arcar com esse custo, você, na defesa dos interesses do cliente, impetrou mandado de segurança contra o ato judicial, mas, por unanimidade, não teve a segurança concedida. De acordo com a CLT, assinale a opção que indica o procedimento a ser adotado para tentar reverter a decisão.

(A) Interpor Recurso Ordinário para o TST.
(B) Interpor Agravo de Instrumento para o STF.
(C) Interpor Agravo Interno para o próprio TRT.
(D) Nada mais pode ser feito, porque se trata de decisão irrecorrível.

"A" é a opção correta. Nos termos da OJ 98 da SDI 2 do TST, é ilegal a exigência de depósito prévio para custeio dos honorários periciais, dada a incompatibilidade com o processo do trabalho, sendo cabível o mandado de segurança visando à realização da perícia, independentemente do depósito. Com isso, contra a decisão que denegou a ordem, nos termos do art. 895, II, da CLT caberá recurso ordinário ao TST das decisões definitivas ou terminativas dos Tribunais Regionais, em processos de sua competência originária (como é o caso do Mandado de Segurança em debate), no prazo de 8 (oito) dias, quer nos dissídios individuais, quer nos dissídios coletivos. Veja o art. 18 da Lei 12.016/2009 com as adaptações ao processo do trabalho.

Gabarito "A".

7. EXECUÇÃO

(OAB/FGV – 2024) Em determinada reclamação trabalhista, o recurso ordinário interposto pela ex-empregadora encontra-se pendente de julgamento e alcança todo o objeto da condenação. Para agilizar o procedimento, o reclamante iniciou a execução provisória do julgado, apresentando os cálculos de liquidação pertinentes, que foram submetidos à análise do adversário, da contadoria do juízo e, depois, homologados por serem reputados corretos. O juiz concedeu 48 horas para que a sociedade empresária depositasse a quantia nos autos, o que foi cumprido. Logo depois o exequente peticionou a liberação do valor homologado a seu favor. Diante desses fatos e do disposto na CLT, assinale a afirmativa correta.

(A) Inviável a pretensão, porque a execução provisória fica limitada ao bloqueio ou à penhora.
(B) É possível a liberação, desde que o trabalhador assine um termo de compromisso garantindo que devolverá a quantia caso a decisão seja revertida pelo Tribunal.
(C) Tendo o crédito trabalhista natureza alimentar, o juiz poderá liberar o valor sem qualquer condição.
(D) Na Justiça do Trabalho, como regra, os recursos têm efeito suspensivo, de modo que não é possível a execução provisória, havendo evidente falha do juiz.

A: correta, pois nos termos do art. 899 da CLT é permitida a execução provisória até a penhora. **B:** incorreta, pois nos termos do art. 899 da CLT é permitida a execução provisória até a penhora. **C:** incorreta, pois ainda que o crédito trabalhista possua natureza alimentar, nos termos do art. 899 da CLT é permitida a execução provisória até a penhora. **D:** incorreta, pois nos termos do art. 899 da CLT os recursos serão interpostos por simples petição e terão efeito meramente devolutivo, permitida a execução provisória até a penhora.

Gabarito "A".

(OAB/FGV – 2024) Você advoga para o empregado, credor em uma reclamação trabalhista cuja decisão transitou em julgado. A liquidação de sentença foi promovida e, após manifestações das partes, foi homologado o cálculo da parte ré. Você continua entendendo que há erro nos cálculos homologados e pretende continuar a discutir a matéria.

Diante disso, assinale a opção que apresenta a medida a ser adotada no interesse do seu cliente.

(A) Deverá ser apresentado embargos à execução no prazo de cinco dias independentemente da garantia da execução ou da penhora.
(B) Não cabe qualquer medida, uma vez que se operou a preclusão, pois já houve manifestação sobre a conta de liquidação.
(C) Na sua manifestação, a ser feita em dez dias após a garantia do juízo, não há restrição de matéria, podendo ser discutido não só os cálculos, mas também a sentença de conhecimento.
(D) Após a garantia da execução ou penhorados os bens, você poderá apresentar impugnação à sentença de liquidação em cinco dias.

A: incorreta, pois para a apresentação de embargos à execução é necessária a garantia do juízo, na forma do art. 884 da CLT. **B:** incorreta, pois a medida cabível é a impugnação, nos termos da parte final do art. 884 da CLT. Ademais, não houve manifestação quanto a homologação de cálculos. **C:** incorreta, pois nos termos do art. 879, § 1º, da CLT na liquidação, não se poderá modificar, ou inovar, a sentença liquidanda nem discutir matéria pertinente à causa principal. **D:** correta, pois nos termos do art. 884 da CLT garantida a execução ou penhorados os bens, no prazo de 5 (cinco) dias a medida processual a ser apresentada pelo executado (devedor) será os embargos à execução. Já o exequente (credor) poderá no prazo de 5 (cinco) dias apresentar impugnação.

Gabarito "D".

(OAB/FGV – 2023) O Município de Sete Lagoas/MG foi condenado de forma subsidiária numa reclamação trabalhista envolvendo terceirização. Sendo infrutífera a execução contra o prestador dos serviços, a execução foi direcionada em desfavor do Município, que pretende ajuizar embargos à execução questionando os cálculos.

Sobre o caso, de acordo com a Lei de Regência, assinale a afirmativa correta.

(A) Será obrigatório garantir o juízo, porque não há privilégios na Justiça do Trabalho.
(B) É desnecessária a garantia do juízo diante da natureza jurídica do executado.
(C) Para serem admitidos os embargos, o Município deverá depositar metade do valor exequendo.
(D) O juízo precisa ser garantido com seguro fiança judicial para não abalar as finanças do ente público.

A: incorreta, pois nos termos do art. 910 do CPC a Fazenda Pública poderá oferecer embargos à execução independente de garantia do juízo. **B:** correta, pois em se tratando de ente público não há necessidade de garantia de juízo, vide art. 910 CPC. **C:** incorreta, vide comentários das alternativas A e B. **D:** incorreta, pois a Fazenda Pública não necessita garantir o juízo para propor embargos à execução, vide art. 910 CPC.

Gabarito "B".

(OAB/FGV – 2023) Tomás teve o pedido de sua reclamação trabalhista julgado procedente em parte. Com o trânsito em julgado, adveio a fase executória e o juiz lhe conferiu prazo para apresentar os cálculos atualizados, o que foi feito. Desse cálculo, a executada foi intimada a se manifestar, mas quedou-se inerte. Em seguida, após ratificação pelo calculista da Vara, o juiz homologou o cálculo de Tomás e citou o executado para pagamento. O executado apresentou guia de depósito do valor homologado e, 5 dias após, ajuizou embargos à execução, questionando os cálculos homologados, entendendo que estavam majorados. Diante da situação retratada e da previsão da CLT, assinale a

afirmativa correta.

(A) Os embargos não serão apreciados porque intempestivos, já que o prazo é de 3 dias úteis.

(B) Cabíveis embargos à execução no prazo de até 5 dias úteis após a garantia do juízo, daí, o mérito dele será apreciado.
(C) Há preclusão porque a empresa silenciou acerca dos cálculos, logo o mérito dos embargos não será apreciado.
(D) Os embargos são tempestivos, não há preclusão mas faltou realizar o preparo com acréscimo de 30%, daí o mérito não será apreciado.

A: incorreta, pois o prazo para embargos à execução é de 5 dias, art. 884 da CLT. B: incorreta, pois embora o prazo seja de 5 dias, art. 884 da CLT no presente caso o mérito não será apreciado. Vide comentário alternativa C. C: correta, pois tendo o Juiz do Trabalho aberto prazo para impugnação aos cálculos e a parte deixado de se manifestar a matéria estará preclusa, na forma do art. 879, § 2º, da CLT que dispõe que: "Elaborada a conta e tornada líquida, o juízo deverá abrir às partes prazo comum de oito dias para impugnação fundamentada com a indicação dos itens e valores objeto da discordância, sob pena de preclusão." D: incorreta, pois há preclusão. Vale lembrar que não há exigência de acréscimo de 30%.
Gabarito "C".

(OAB/FGV – 2022) Numa execução trabalhista, o juiz homologou os cálculos do exequente, declarando devido o valor de R$ 30.000,00. Instado a pagar voluntariamente a dívida, o executado quedou-se inerte e, após requerimento do exequente, o juiz acionou o convênio com o Banco Central para bloqueio do numerário nos ativos financeiros da empresa. A ferramenta de bloqueio conseguiu, após várias tentativas, capturar R$ 20.000,00 das contas do executado. Diante dessa situação e das disposições da CLT, assinale a afirmativa correta.

(A) A empresa poderá, de plano, ajuizar embargos à execução, que serão apreciados, porque não é necessária a garantia do juízo.
(B) O executado ainda não poderá ajuizar embargos à execução e, se o fizer, não serão apreciados, porque o juízo não se encontra integralmente garantido.
(C) Os embargos à execução podem ser ajuizados e apreciados, porque já se conseguiu apreender mais da metade do valor exequendo, que é o requisito previsto na CLT.
(D) A empresa não poderá embargar a execução, porque não existe tal previsão na CLT.

A: incorreta, pois o art. 884 da CLT exige prévia garantia do juízo para o ajuizamento dos embargos à execução. B: correta, pois nos termos do art. 884 da CLT há de existir a garantia total do juízo para ajuizamento dos embargos à execução. Vale lembrar que a súmula 128 do TST exige a complementação da garantia caso haja aumento da condenação, demonstrando a necessidade de garantia integral do juízo. C: incorreta, veja respostas A e B. D: incorreta, pois os embargos à execução estão previstos no art. 884 da CLT.
Gabarito "B".

(OAB/FGV – 2022) Em determinada reclamação trabalhista, que se encontra na fase de execução, não foram localizados bens da sociedade empresária executada, motivando o credor a instaurar o incidente de desconsideração de personalidade jurídica (IDPJ), para direcionar a execução contra os sócios atuais da empresa. Os sócios foram, então, citados para manifestação. Diante da situação retratada e da previsão da CLT, assinale a afirmativa correta.

(A) É desnecessária a garantia do juízo para que a manifestação do sócio seja apreciada.
(B) A CLT determina que haja a garantia do juízo, mas com fiança bancária ou seguro garantia judicial.
(C) A Lei determina que haja a garantia do juízo em 50% para que a manifestação do sócio seja analisada.
(D) Será necessário garantir o juízo com bens ou dinheiro para o sócio ter a sua manifestação apreciada.

É desnecessária a garantia do juízo quando se discute a desconsideração da personalidade jurídica, na fase de execução, nos termos do art. 855-A, § 1º, II, da CLT.
Gabarito "A".

(OAB/FGV – 2022) As entidades, mesmo as filantrópicas, podem ser empregadoras e, portanto, reclamadas na Justiça do Trabalho. A entidade filantrópica *Beta* foi condenada em uma reclamação trabalhista movida por uma ex-empregada e, após transitado em julgado e apurado o valor em liquidação, que seguiu todos os trâmites de regência, o juiz homologou o crédito do exequente no valor de R$ 25.000,00 (vinte e cinco mil reais). A ex-empregadora entende que o valor está em desacordo com a coisa julgada, pois, nas suas contas, o valor devido é bem menor, algo em torno de 50% do que foi homologado e cobrado. Sobre o caso, diante do que dispõe a CLT, assinale a afirmativa correta.

(A) Para ajuizar embargos à execução, a entidade, por ser filantrópica, não precisará garantir o juízo.
(B) Por ser entidade filantrópica, a Lei expressamente proíbe o ajuizamento de embargos à execução.
(C) É possível o ajuizamento dos embargos, desde que a entidade filantrópica deposite nos autos os R$ 25.000,00 (vinte e cinco mil reais).
(D) Os embargos somente poderão ser apreciados se a entidade depositar o valor que reconhece ser devido.

Nos termos do art. 884, § 6º, da CLT a exigência da garantia ou penhora para apresentar embargos à execução não se aplica às entidades filantrópicas e/ou àqueles que compõem ou compuseram a diretoria dessas instituições.
Gabarito "A".

(OAB/FGV – 2021) Ramon conseguiu, em uma reclamação trabalhista, a sentença de procedência parcial dos seus pedidos, sendo condenado o ex-empregador a pagar vários direitos, mediante condenação subsidiária da União como tomadora dos serviços. A sentença transitou em julgado nestes termos, houve liquidação regular e foi homologado o valor da dívida em R$ 15.000,00 (quinze mil reais), conforme cálculos apresentados pelo exequente. Ramon tentou executar por várias formas o ex-empregador, sem sucesso, e então requereu ao juiz o direcionamento da execução em face da União, que foi citada, mas discordou dos cálculos apresentados, reputando-os majorados. Diante da situação apresentada e dos termos da legislação em vigor, assinale a afirmativa correta.

(A) Caberá à União depositar o valor da dívida e, então, no prazo legal, ajuizar embargos à execução.
(B) Se a União não depositar voluntariamente a quantia, terá bens penhorados no valor da dívida e, após, poderá ajuizar embargos à execução.

(C) A Lei prevê que sendo o ente público o devedor, ainda que subsidiário, bastará depositar metade do valor homologado para ajuizar embargos à execução.

(D) É desnecessária a garantia do juízo para a União ajuizar embargos à execução.

Nos termos do art. 535 do CPC a Fazenda Pública não é intimada para garantir o juízo, mas sim para apresentar embargos à execução. Assim, não há exigência legal para que a Fazenda Pública (a União, Estados, Distrito Federal, Municípios, autarquias e as fundações públicas) garanta o juízo para apresentação de embargos à execução.
Gabarito "D".

(OAB/FGV – 2020) Após ser alvo de um inquérito civil junto ao Ministério Público do Trabalho – MPT, tendo sido investigada pela prática de suposta irregularidade, a sociedade empresária Vida Global assinou um Termo de Ajuste de Conduta (TAC) com o MPT para sanar o problema e evitar a judicialização daquela situação, o que poderia abalar sua credibilidade perante os investidores nacionais e estrangeiros.

Ocorre que a sociedade empresária não cumpriu o que foi estipulado no TAC, seja no tocante à obrigação de fazer, seja no pagamento de multa pelo dano moral coletivo.

Diante dessa situação, e de acordo com os termos da CLT, assinale a afirmativa correta.

(A) O parquet deverá propor execução de título judicial.
(B) O MPT deverá ajuizar execução de título extrajudicial.
(C) A ação própria para a cobrança será o inquérito judicial.
(D) O MPT deverá propor reclamação trabalhista pelo rito ordinário.

Os termos de ajuste de conduta firmados perante o Ministério Público do Trabalho constituem título executivo extrajudicial e, portanto, serão executados mediante Processo de Execução na forma dos arts. 876 e seguintes da CLT.
Gabarito "B".

(OAB/FGV – 2020) A sociedade empresária de transportes Mundo Pequeno Ltda. foi condenada ao pagamento de horas extras e diferença salarial na ação movida por Mauro Duarte, seu ex-empregado.

Após o trânsito em julgado e apuração do valor devido, a executada foi citada para efetuar o pagamento de R$ 120.000,00. Ocorre que a sociedade empresária pretende apresentar embargos à execução, pois entende que o valor homologado é superior ao devido, mas não tem o dinheiro disponível para depositar nos autos.

Sobre o caso relatado, de acordo com o que está previsto na CLT, assinale a afirmativa correta.

(A) Na Justiça do Trabalho não é necessário garantir o juízo para ajuizar embargos à execução.
(B) A sociedade empresária poderá apresentar seguro-garantia judicial para então apresentar embargos à execução.
(C) A sociedade empresária poderá assinar uma nota promissória judicial e, com isso, ter direito a ajuizar embargos de devedor.
(D) Se for comprovada a situação de necessidade, a sociedade empresária, depositando 50% do valor da dívida, poderá embargar.

A: incorreto, pois somente após a garantia do juízo poderá opor embargos à execução, art. 884 da CLT. B: correta, pois nos termos do art. 882 da CLT o executado que não pagar a importância reclamada poderá garantir a execução mediante depósito da quantia correspondente, atualizada e acrescida das despesas processuais, apresentação de seguro-garantia judicial ou nomeação de bens à penhora, observada a ordem preferencial estabelecida no art. 835 do CPC. C: incorreta, pois inexiste tal previsão legal. Veja art. 882 da CLT. D: incorreta, pois o depósito deve ser integral, art. 884 da CLT.
Gabarito "B".

(OAB/FGV – 2020) Após tentar executar judicialmente seu ex-empregador (a empresa Tecidos Suaves Ltda.) sem sucesso, o credor trabalhista Rodrigo instaurou o incidente de desconsideração de personalidade jurídica, objetivando direcionar a execução contra os sócios da empresa, o que foi aceito pelo magistrado. De acordo com a CLT, assinale a opção que indica o ato seguinte.

(A) O sócio será citado por oficial de justiça para pagar a dívida em 48 horas.
(B) O sócio será citado para manifestar-se e requerer as provas cabíveis no prazo de 15 dias.
(C) O juiz determinará de plano o bloqueio de bens e valores do sócio, posto que desnecessária a sua citação ou intimação.
(D) Será conferida vista prévia ao Ministério Público do Trabalho, para que o parquet diga se concorda com a desconsideração pretendida.

De acordo com o art. 855-A da CLT, o incidente de desconsideração da personalidade jurídica regulado no CPC/2015 (arts. 133 a 137) será aplicável ao Processo do Trabalho, com as adaptações pertinentes ao processo trabalhista. Assim, nos termos do art. 135 do CPC instaurado o incidente, o sócio ou a pessoa jurídica será citado para manifestar-se e requerer as provas cabíveis no prazo de 15 (quinze) dias.
Gabarito "B".

(OAB/FGV – 2019) O juiz, em sede de execução trabalhista, intimou a parte para cumprir despacho, determinando que o exequente desse seguimento à execução, indicando os meios de prosseguimento na execução, já que não foram encontrados bens no patrimônio do réu.

Com fundamento na legislação vigente, assinale a afirmativa correta.

(A) O processo ficará parado aguardando a manifestação do exequente por período indefinido de tempo.
(B) A declaração de prescrição somente poderá ocorrer por requerimento da parte contrária.
(C) A prescrição intercorrente ocorrerá após dois anos, se a parte não cumprir com o comando judicial.
(D) O juiz deverá intimar novamente a parte, a fim de dar início ao curso do prazo prescricional.

A: incorreta, pois sofrerá os efeitos da prescrição intercorrente no prazo de 2 anos, art. 11-A da CLT. B: incorreta, pois nos termos do art. 11-A, § 2º, da CLT, a declaração da prescrição intercorrente pode ser requerida ou declarada de ofício em qualquer grau de jurisdição. C: correta, pois nos termos do art. 11-A e seu § 1º a fluência do prazo prescricional intercorrente de 2 anos inicia-se quando o exequente deixa de cumprir determinação judicial no curso da execução. D: incorreta, pois nos termos do art. 11-A, § 1º, da CLT, a fluência do prazo prescricional intercorrente inicia-se quando o exequente deixa de cumprir determinação judicial no curso da execução. O texto de lei não traz a obrigatoriedade de nova intimação.
Gabarito "C".

(OAB/FGV – 2019) No decorrer de uma reclamação trabalhista, que transitou em julgado e que se encontra na fase executória, o juiz intimou o autor a apresentar os cálculos de liquidação respectivos, o que foi feito. Então, o juiz determinou que o cálculo fosse levado ao setor de Contadoria da Vara para conferência, tendo o calculista confirmado que os cálculos estavam adequados e em consonância com a coisa julgada. Diante disso, o juiz homologou a conta e determinou que o executado depositasse voluntariamente a quantia, sob pena de execução forçada.

Diante dessa narrativa e dos termos da CLT, assinale a afirmativa correta.

(A) Equivocou-se o juiz, porque ele não poderia homologar o cálculo sem antes conceder vista ao executado pelo prazo de 8 dias.
(B) Correta a atitude do magistrado, porque as contas foram conferidas e foi impressa celeridade ao processo do trabalho, observando a duração razoável do processo.
(C) A Lei não fixa a dinâmica específica para a liquidação, daí porque cada juiz tem liberdade para criar a forma que melhor atenda aos anseios da justiça.
(D) O juiz deveria conceder vista dos cálculos ao executado e ao INSS pelo prazo de 5 dias úteis, pelo que o procedimento adotado está errado.

A: correta. Nos termos do art. 879, § 2º, da CLT elaborada a conta e tornada líquida, antes da homologação, o juízo deverá abrir às partes prazo comum de 8 dias para impugnação fundamentada com a indicação dos itens e valores objeto da discordância, sob pena de preclusão. **B:** incorreta, pois não foi observada a previsão legal disposta no art. 879, § 2º, CLT. **C:** incorreta, pois o art. 879, § 2º, CLT impõe a forma de atuação do Juiz ao indicar que as partes DEVERÃO ser intimadas. **D:** incorreta, pois a obrigatoriedade da vista dos cálculos para as partes está no art. 879, § 2º, CLT. Já para o INSS a previsão legal está no art. 879, § 3º, CLT.

Gabarito "A".

(OAB/FGV – 2019) Em sede de impugnação à sentença de liquidação, o juiz julgou improcedente o pedido, ocorrendo o mesmo em relação aos embargos à execução ajuizados pela executada. A princípio, você, na qualidade de advogado(a) da executada, entendeu por bem não apresentar recurso. Contudo, foi apresentado o recurso cabível pelo exequente.

Diante disso, assinale a afirmativa correta.

(A) A parte exequente interpôs agravo de petição, e a executada poderá interpor agravo de petição na modalidade de recurso adesivo.
(B) Ambas as partes poderiam interpor agravo de petição na hipótese, porém não mais existe essa possibilidade para a executada, pois esta não apresentou o recurso no prazo próprio.
(C) A parte autora interpôs recurso de revista, e não resta recurso para a parte executada.
(D) A parte autora apresentou recurso ordinário, e a executada poderá apresentar agravo de petição.

"A" é a opção correta. O recurso adesivo será cabível das decisões de procedência parcial, ou seja, quando houver sucumbência recíproca. Deverá ser interposto perante a autoridade competente para admitir o recurso principal, no mesmo prazo das contrarrazões ao recurso principal e ficará vinculado ao seu recebimento. Não há previsão do recurso adesivo na CLT, sendo aplicado subsidiariamente o art. 997 do CPC/2015, por força do art. 769 da CLT e art. 15 CPC/2015. Por meio da Súmula 283 o TST entendeu que o recurso adesivo é compatível com o processo do trabalho e cabe, no prazo de 8 (oito) dias, nas hipóteses de interposição de recurso ordinário, de agravo de petição, de revista e de embargos, sendo desnecessário que a matéria nele veiculada esteja relacionada com a do recurso interposto pela parte contrária.

Gabarito "A".

(OAB/FGV – 2018) Uma entidade filantrópica foi condenada em reclamação trabalhista movida por uma ex-empregada, em fevereiro de 2018. A sentença transitou em julgado e agora se encontra na fase de execução. Apresentados os cálculos e conferida vista à executada, o juiz homologou a conta apresentada pela exequente.

Em relação à pretensão da entidade de ajuizar embargos de devedor para questionar a decisão homologatória, assinale a afirmativa correta.

(A) Não há necessidade de garantia do juízo, no caso apresentado, para o ajuizamento de embargos de devedor.
(B) Se a executada deseja questionar os cálculos, deverá garantir o juízo com dinheiro ou bens e, então, ajuizar embargos de devedor.
(C) A executada, por ser filantrópica, poderá ajuizar embargos à execução, desde que garanta a dívida em 50%.
(D) A entidade filantrópica não tem finalidade lucrativa, daí por que não pode ser empregadora, de modo que a execução contra ela não se justifica, e ela poderá ajuizar embargos a qualquer momento.

"A" é a assertiva correta. Isso porque, nos termos do art. 884, § 6º, da CLT a exigência da garantia ou penhora não se aplica às entidades filantrópicas e/ou àqueles que compõem ou compuseram a diretoria dessas instituições.

Gabarito "A".

(OAB/FGV – 2018) Em reclamação trabalhista já na fase de execução, o juiz determinou que o autor apresentasse os cálculos de liquidação, determinação esta que foi cumprida pelo exequente em fevereiro de 2018. Então, o calculista do juízo analisou as contas e entendeu que elas estavam corretas, pelo que o juiz homologou os cálculos ofertados e determinou a citação do executado para pagamento em 48 horas, sob pena de execução.

Considerando a narrativa apresentada e os termos da CLT, assinale a afirmativa correta.

(A) Agiu corretamente o juiz, porque as contas foram atestadas pelo calculista como corretas.
(B) Equivocou-se o magistrado, porque deveria obrigatoriamente conferir vista dos cálculos ao executado.
(C) Uma vez que o juiz do Trabalho tem amplo poder de direção e controle do processo, sua decisão está amparada na norma cogente.
(D) O juiz tem a faculdade de abrir vista ao executado por 10 dias, mas não obrigação de fazê-lo.

"B" é a assertiva correta. Nos termos do art. 879, § 2º, da CLT elaborada a conta e tornada líquida, o juízo deverá abrir às partes prazo comum

de oito dias para impugnação fundamentada com a indicação dos itens e valores objeto da discordância, sob pena de preclusão. Nota-se, portanto, que o magistrado está obrigado, ou seja, tem o dever de intimar as partes para manifestação acerca dos cálculos homologados.
Gabarito "B".

(OAB/FGV – 2017) Em sede de processo trabalhista, após o trânsito em julgado da sentença e elaborada a conta de liquidação, foi aberto prazo de 10 dias para que as partes se manifestassem sobre a mesma. Contudo, o réu não se manifestou, e o autor concordou com a conta do juízo, que foi homologada. Considerada essa hipótese, em sede de embargos à execução do réu, interposto 05 dias após a garantia do juízo, este pretende discutir a conta de liquidação, aduzindo incorreção nos valores.

Você, como advogado(a) do autor deverá, em resposta,

(A) suscitar a preclusão do direito aos embargos à execução e expor as razões pelas quais entende pela validade dos cálculos do juízo.
(B) suscitar apenas que a conta está correta.
(C) suscitar a intempestividade dos embargos.
(D) suscitar apenas que a conta está correta e requerer o levantamento dos valores incontroversos.

"A" é a opção correta. Isso porque, nos termos do art. 879, § 2º, da CLT, elaborada a conta e tornada líquida, o juízo deverá abrir às partes prazo comum de oito dias para impugnação fundamentada com a indicação dos itens e valores objeto da discordância, sob pena de preclusão. Desta forma, não impugnando os cálculos nesse momento processual a parte não poderá fazê-lo em outro momento processual, como nos embargos à execução.
Gabarito "A".

(OAB/FGV – 2017) A sociedade empresária Arco Íris Limpeza Ltda. foi citada para pagar o valor de uma dívida trabalhista homologada pelo juiz e, sem apresentar guia de pagamento ou arrolar bens, apresentou embargos de devedor, nos quais aponta diversas inconsistências nos cálculos. Diante disso, de acordo com a CLT, assinale a afirmativa correta.

(A) A Justiça do Trabalho passou a adotar o sistema do CPC, pelo qual não há necessidade de garantir o juízo para embargar, de modo que os embargos serão apreciados.
(B) A CLT prevê que, para o ajuizamento de embargos de devedor, é necessário garantir o juízo com 50% do valor da dívida exequenda, o que não aconteceu na espécie.
(C) Sem a garantia do juízo, o executado não poderá ajuizar embargos de devedor, de modo que as matérias por ele trazidas não serão apreciadas naquele momento.
(D) A CLT determina quem, havendo ajuizamento de embargos de devedor, o executado é obrigado a declarar, o valor que entende devido e a depositar essa quantia à disposição do juízo.

"C" é a opção correta. Isso porque o sistema do CPC/2015, pelo qual não há necessidade de garantir o juízo para embargar, não é aplicável ao processo do trabalho. O processo do trabalho possui regras próprias sobre os embargos à execução prevista no art. 884 da CLT. Desta forma, não se aplica ao caso em debate a regra disposta no art. 889 da CLT, que prevê a aplicação subsidiária do CPC/2015 ao processo do trabalho na fase de execução. Assim, nos termos do art. 884 da CLT, somente após a garantia do juízo, por meio de depósito da quantia executada, indicação de bens à penhora ou por penhora dos bens, o executado poderá apresentar embargos à execução.[1]
Gabarito "C".

(OAB/FGV – 2017) Expedida carta precatória executória numa demanda trabalhista, o juízo deprecante cita o devedor para pagamento, mas ele permanece inerte. Então, o oficial de justiça retorna e penhora um dos imóveis do executado, avaliando-o e garantindo o juízo. Imediatamente o executado ajuíza embargos de devedor, alegando que o bem penhorado foi subavaliado, apresentando a documentação que entende provar que o valor de mercado do bem é muito superior àquele lançado no auto pelo oficial de justiça.

Sobre a hipótese apresentada, de acordo com a legislação em vigor e o entendimento consolidado do TST, assinale a opção que, justificadamente, indica o juízo competente para apreciar os embargos.

(A) O juízo deprecante é competente, pois dele se origina a execução.
(B) O julgamento poderá competir aos juízos deprecante ou ao deprecado, porque a Lei não traz previsão.
(C) O juízo deprecado será competente, porque a matéria se refere a suposto vício na penhora.
(D) A Lei e a jurisprudência são omissas a respeito, daí porque a parte poderá escolher qual dos juízos apreciará os embargos.

"C" é a opção correta. Isso porque nos termos do art. 914, § 2º do CPC/2015, aplicado subsidiariamente ao processo do trabalho por força do art. 889 da CLT, na execução por carta, os embargos serão oferecidos no juízo deprecante ou no juízo deprecado, mas a competência para julgá-los é do juízo deprecante, salvo se versarem unicamente sobre vícios ou defeitos da penhora, da avaliação ou da alienação dos bens efetuadas no juízo deprecado, quando a competência será do juízo deprecado.
Gabarito "C".

(OAB/FGV – 2017) Em reclamação trabalhista que se encontra na fase de execução, o executado apresentou exceção de pré-executividade. Após ser conferida vista à parte contrária, o juiz julgou-a procedente e reconheceu a nulidade da citação e de todos os atos subsequentes, determinando nova citação para que o réu pudesse contestar a demanda.

Considerando essa situação e o que dispõe a CLT, assinale a opção que indica o recurso que o exequente deverá apresentar para tentar reverter a decisão.

(A) Apelação.
(B) Agravo de Petição.
(C) Recurso de Revista.
(D) Recurso Ordinário.

A: incorreta, pois no processo do trabalho não há previsão legal de apelação; **B:** correta, pois, previsto no art. 897, *a*, da CLT, o agravo de petição é o recurso cabível, no prazo de 8 (oito) dias, em face das decisões do Juiz do Trabalho proferidas na fase de execução de sentença; **C:** incorreta, pois, previsto no art. 896 da CLT, recurso de revista é um recurso de natureza

---

1. A Lei 13.467/2017 (Reforma Trabalhista) inseriu no art. 884 da CLT o § 6º para dispor que a exigência da garantia ou penhora não se aplica às entidades filantrópicas e/ou àqueles que compõem ou compuseram a diretoria dessas instituições.

extraordinária que visa a atacar decisões proferidas pelos TRTs em dissídios individuais em grau de recurso ordinário; **D:** incorreta, pois previsto no art. 895 da CLT, o recurso ordinário é cabível contra sentenças proferidas pelo Juiz do Trabalho e, também contra acórdãos proferidos pelos TRTs em sua competência originária, tanto nos dissídios individuais, em ação rescisória, por exemplo, como nos dissídios coletivos.

Gabarito "B".

8. AÇÕES ESPECIAIS

(OAB/FGV – 2023) Foi proferida uma sentença normativa em dissídio coletivo envolvendo os sindicatos de determinada categoria. Na decisão transitada em julgado foi determinada a entrega mensal de ticket refeição e ticket alimentação no valor de R$ 150,00 cada. Ocorre que uma das sociedades empresárias vinculadas ao sindicato da categoria econômica não está cumprindo a sentença normativa, que se encontra em vigor.

De acordo com a CLT, para que a cláusula normativa seja observada, o sindicato deve se valer de uma ação

(A) monitória.
(B) de execução de título extrajudicial.
(C) civil coletiva.
(D) de cumprimento.

A: incorreta, pois a ação monitória é aquela a ser proposta por aquele que afirmar, com base em prova escrita sem eficácia de título executivo, ter direito de exigir do devedor capaz. **B:** incorreta, pois a execução de título extrajudicial é uma ação judicial que objetiva o recebimento de valores oriundos de algum título de crédito com eficácia executiva que não foi cumprido pelo devedor, como por exemplo, um cheque, **C:** incorreta, pois as ações coletivas são propostas quando existe um dano que prejudica um conjunto de pessoas ou mesmo a sociedade, vide Lei 7.347/85. **D:** correta, prevista no art. 872 da CLT trata-se de uma ação de conhecimento que poderá ser proposta pelo sindicato profissional ou pelos próprios trabalhadores interessados, perante a Vara do Trabalho (1° grau) que objetiva o cumprimento das cláusulas dispostas em acordos coletivos, convenções coletivas e sentenças normativas.

Gabarito "D".

(OAB/FGV – 2023) Uma sociedade empresária de grande porte, condenada na Justiça do Trabalho, verificando a nulidade de sua citação em uma reclamação trabalhista que se encontra na fase executória, pretende ajuizar ação rescisória. Seus advogados se dedicaram à peça e agora chegou o momento do ajuizamento da ação.

Em relação a custas e depósito prévio, de acordo com a CLT, assinale a afirmativa correta.

(A) Nas ações rescisórias, não há custas no depósito prévio.
(B) A sociedade empresária sujeita-se ao depósito prévio de 20% (vinte por cento) do valor da causa.
(C) Não haverá necessidade de qualquer preparo porque, estando a causa na fase de execução, não cabe ação rescisória.
(D) Devem ser recolhidas custas no importe de 2% sobre o valor da condenação.

Nos termos do art. 836 da CLT o ajuizamento de ação rescisória está sujeito ao depósito prévio de 20% (vinte por cento) do valor da causa, salvo prova de miserabilidade jurídica do autor.

Gabarito "B".

(OAB/FGV – 2022) Jeane era cuidadora de Dulce, uma senhora de idade que veio a falecer. A família de Dulce providenciou o pagamento das verbas devidas pela extinção do contrato, mas, logo após, Jeane ajuizou ação contra o espólio, postulando o pagamento, em dobro, de 3 (três) períodos de férias alegadamente não quitadas. Designada audiência, a inventariante do espólio informou que não tinha qualquer documento de pagamento de Jeane, pois era a falecida quem guardava e organizava toda a documentação. Por não ter provas, a inventariante concordou em realizar um acordo no valor de R$ 6.000,00 (seis mil reais), pagos no ato, por transferência PIR, e homologado de imediato pelo juiz. Passados 7 (sete) dias da audiência, quando fazia a arrumação das coisas deixadas por Dulce para destinar à doação, a inventariante encontrou, no fundo de uma gaveta, os recibos de pagamento das 3 (três) férias que Jeane reclamava, devidamente assinadas pela então empregada. Diante da situação retratada, da previsão na CLT e do entendimento consolidado do TST, assinale a afirmativa correta.

(A) Nada poderá ser feito pela inventariante, porque o acordo homologado faz coisa julgada material.
(B) A parte interessada poderá interpor recurso ordinário contra a decisão homologatória.
(C) A inventariante poderá ajuizar ação rescisória para desconstituir o acordo.
(D) Deverá ser ajuizada ação de cobrança contra Jeane para reaver o valor pago.

A: incorreto, pois poderá ajuizar ação rescisória, súmula 259 do TST. **B:** incorreta, pois nos termos do art. 831, parágrafo único, da CLT a decisão que homologa o acordo é irrecorrível para as partes. **C:** correta, pois nos termos da súmula 259 do TST Só por ação rescisória é impugnável o termo de conciliação previsto no parágrafo único do art. 831 da CLT. **D:** incorreta. Veja resposta C.

Gabarito "C".

(OAB/FGV – 2020) Renata, professora de Artes, lecionou na *Escola do Futuro*. Em sede de reclamação trabalhista, um de seus pedidos foi julgado improcedente, sendo certo que o que você pleiteava, na qualidade de advogado(a) de Renata, estava fundamentado na aplicação incontroversa de súmula do TST a respeito da matéria. Ainda assim, o TRT respectivo, ao julgar seu recurso, manteve a decisão de primeira instância. Considerando que a referida decisão não deixou margem à oposição de embargos de declaração, assinale a opção que indica a medida jurídica a ser adotada.

(A) Interposição de agravo de instrumento.
(B) Interposição de agravo de petição.
(C) Ajuizamento de ação rescisória.
(D) Interposição de recurso de revista.

A: incorreto, pois o agravo de instrumento é o recurso cabível dos despachos que denegarem a interposição de recursos, art. 897, *b*, CLT. **B:** incorreto, pois o agravo de petição é o recurso cabível contra decisões na fase de execução, art. 897, *a*, CLT. **C:** incorreto, pois a ação rescisória é uma ação que objetiva o desfazimento de coisa julgada, art. 836 CLT e arts. 966 e seguintes do CPC. **D:** correta, pois recurso de revista e aquele cabível contra decisões proferidas em grau de recurso ordinário, em dissídio individual, pelos Tribunais Regionais do Trabalho, quando contrariarem súmula de jurisprudência uniforme do TST, art. 896, *a*, CLT.

Gabarito "D".

(OAB/FGV – 2018) Em uma reclamação trabalhista, o autor afirmou ter sido vítima de discriminação estética, pois fora dispensado pelo ex-empregador por não ter querido raspar o próprio bigode. Requereu, na petição inicial, tutela de urgência para ser imediatamente reintegrado em razão de prática discriminatória. O juiz, não convencido da tese de discriminação, indeferiu a tutela de urgência e determinou a designação de audiência, com a respectiva citação. Como advogado(a) do autor, assinale a opção que contém, de acordo com a Lei e o entendimento consolidado do TST, a medida judicial a ser manejada para reverter a situação e conseguir a tutela de urgência desejada.

A) Interpor recurso ordinário seguido de medida cautelar.
B) Nada poderá ser feito, por tratar-se de decisão interlocutória, que é irrecorrível na Justiça do Trabalho.
C) Impetrar mandado de segurança.
D) Interpor agravo de instrumento.

A: incorreta, pois, por ser uma decisão interlocutória, não caberá recurso ordinário, que caberia somente se tratasse de uma sentença (vide súmula 414, I, do TST); **B:** incorreta, pois embora se trate de uma decisão interlocutória e por consequência não caiba recurso algum, poderá a parte interessada impetrar Mandado de Segurança; **C:** correta, nos termos da súmula 414, II, do TST no caso de a tutela provisória haver sido concedida ou indeferida antes da sentença (decisão interlocutória), cabe mandado de segurança, em face da inexistência de recurso próprio; D: incorreta, pois na Justiça do Trabalho o agravo de instrumento não é utilizado para atacar decisões interlocutórias, mas sim dos despachos que denegarem a interposição de recursos, na forma do art. 897, alínea b, da CLT.
Gabarito "C".

(OAB/FGV – 2019) Em uma greve ocorrida há dois dias dentro de uma indústria metalúrgica, o dirigente sindical, que é empregado da referida empresa, agrediu fisicamente o diretor com tapas e socos, sendo a agressão gravada pelo sistema de segurança existente no local. O dono da empresa, diante dessa prática, pretende dispensar o empregado por justa causa. Em razão disso, ele procura você, como advogado(a), no dia seguinte aos fatos narrados, para obter sua orientação. De acordo com o disposto na CLT, assinale a opção que apresenta sua recomendação jurídica e a respectiva justificativa.

(A) Dispensar imediatamente o empregado por justa causa e ajuizar ação de consignação em pagamento dos créditos porventura devidos.
(B) Apresentar notícia-crime e solicitar da autoridade policial autorização para dispensar o empregado por justa causa.
(C) Suspender o empregado e, em até 30 dias, ajuizar inquérito para apuração de falta grave.
(D) Não fazer nada, porque a justa causa teria de ser aplicada no dia dos fatos, ocorrendo então perdão tácito.

"C" é a opção correta. Por ser dirigente sindical o empregado possui garantia de emprego (art. 8º, VIII, da CF e art. 543, § 3º, da CLT). Por essa razão não pode ser dispensado salvo por cometimento de falta grave. Contudo, no caso do dirigente sindical, a dispensa por falta grave deve ser precedida de inquérito Judicial para apuração de falta grave na forma dos arts. 853 a 855 da CLT. Nessa linha, determina o art. 494 da CLT que o empregado estável que cometer falta grave poderá ser suspenso de suas atividades, mas a dispensa apenas será válida após o processamento do inquérito judicial que apurará a prática daquela pelo empregado. O art. 853 da CLT ensina que o inquérito deverá ser proposto no prazo decadencial de 30 (trinta) dias, contados da data da suspensão do empregado ou caso não haja suspensão 30 dias contados do cometimento da falta grave.
Gabarito "C".

(OAB/FGV – 2018) Uma sociedade empresária ajuizou ação de consignação em pagamento em face do seu ex-empregado, com o objetivo de realizar o depósito das verbas resilitórias devidas ao trabalhador e obter quitação judicial da obrigação. No dia designado para a audiência una, a empresa não compareceu nem se justificou, estando presente o ex-empregado. Indique, de acordo com a CLT, o instituto jurídico que ocorrerá em relação ao processo.

(A) Revelia.
(B) Remarcação da audiência.
(C) Arquivamento.
(D) Confissão ficta.

"C" é a assertiva correta. Nos termos do art. 844 da CLT, o não comparecimento do consignante acarretará no arquivamento do processo.
Gabarito "C".

(OAB/FGV – 2018) Gustavo foi empregado da empresa Pizzaria Massa Deliciosa. Após a extinção do seu contrato, ocorrida em julho de 2018, as partes dialogaram e confeccionaram um termo de acordo extrajudicial, que levaram à Justiça do Trabalho para homologação. O acordo em questão foi assinado pelas partes e por um advogado, que era comum às partes.
Considerando o caso narrado, segundo os ditames da CLT, assinale a afirmativa correta.

(A) Viável a homologação do acordo extrajudicial, porque fruto de manifestação de vontade das partes envolvidas.
(B) Não será possível a homologação, porque empregado e empregador não podem ter advogado comum.
(C) Impossível a pretensão, porque, na Justiça do Trabalho, não existe procedimento especial de jurisdição voluntária, mas apenas contenciosa.
(D) Para a validade do acordo proposto, seria necessário que o empregado ganhasse mais de duas vezes o teto da Previdência Social.

"B" é a assertiva correta. Nos termos do art. 855-B da CLT, o processo de homologação de acordo extrajudicial terá início por petição conjunta, sendo obrigatória a representação das partes por advogado. O § 1º do mesmo dispositivo legal determina que as partes não poderão ser representadas por advogado comum. Entretanto, faculta-se ao trabalhador ser assistido pelo advogado do sindicato de sua categoria.
Gabarito "B".

9. TEMAS COMBINADOS

(OAB/FGV – 2024) Tereza ajuizou reclamação trabalhista contra o seu ex-empregador, que foi julgada totalmente procedente, com a concessão de 10% de honorários advocatícios sucumbenciais. Transitado em julgado sem interposição de recurso, o juiz determinou que o calculista da Vara calculasse o valor da dívida. As partes verificaram as contas elaboradas, sem haver discordância. Ocorre que, dez dias depois, sem que o executado ainda tivesse sido citado para pagar a dívida, você, como advogado(a) de Tereza, revisitou os cálculos de liquidação da Contadoria e notou que, por falha involuntária, os honorários advocatícios sucumbenciais não haviam sido incluídos na conta, e que o prazo para impugnação da sentença de liquidação já havia transcorrido. Sobre os honorários advocatícios, considerando os fatos narrados e o que dispõe a CLT, assinale a afirmativa correta.

(A) O advogado de Tereza perdeu o direito aos honorários.
(B) O causídico ainda poderá perseguir os honorários, mas deverá fazê-lo em ação própria.
(C) Os honorários poderão ser incluídos na conta, se houver concordância expressa do executado.
(D) Os honorários, por se tratar de erro material de cálculo, poderão ser incluídos na conta, mesmo após o prazo para impugnação.

A ausência de indicação dos valores relativos aos honorários advocatícios sucumbenciais na conta de liquidação trata-se de erro material, pois não implica em alteração do conteúdo do provimento jurisdicional e por esse motivo poderá ser corrigido a qualquer tempo pelo Juiz, Tribunal ou a requerimento da parte interessada, na forma do art. 494 do CPC.
Gabarito "D".

(OAB/FGV – 2023) Determinada sociedade empresária, sua cliente, recebeu a visita de fiscais do trabalho, os quais apontaram haver irregularidades quanto às condições de trabalho de alguns empregados, bem como entenderam irregular, no dia, estarem nas dependências da empresa pessoas prestadoras de serviço por intermédio de MEI – Micro Empreendedor Individual. Diante disso, foram lavrados dois autos de infração aplicando multas severas, sendo concedido prazo de 30 dias para pagamento, sob pena de fechamento do estabelecimento. Não foi facultado à sua cliente nenhum direito à ampla defesa, sendo certo que, de fato, nada foi verificado pelos fiscais. A sociedade empresária tem a documentação de todas as condições de trabalho e alega que os prestadores de serviço são autônomos.

Assinale a opção que indica a medida juridicamente cabível que melhor atenda, com urgência, aos interesses da sua cliente de sustar os autos de infração.

(A) Mandado de Segurança na Justiça do Trabalho.
(B) Agravo de Petição na Justiça do Trabalho.
(C) Mandado de Segurança na Justiça Federal.
(D) Agravo de Instrumento na Justiça do Trabalho.

A: correta, pois a parte interessada deverá impetrar Mandado de Segurança na Justiça do Trabalho sempre que o ato questionado envolver matéria sujeita jurisdição trabalhista, art. 114, IV, da CF. B: incorreta, pois o agravo de petição é o recurso cabível das decisões na fase de execução, art. 897, a, CLT. C: incorreta, pois deverá ser impetrado na Justiça do Trabalho, art. 114, IV, da CF. D: incorreta, pois o agravo de instrumento é o recurso cabível dos despachos que denegarem a interposição de recursos, art. 897, b, da CLT.
Gabarito "A".

(OAB/FGV – 2023) Arthur ajuizou reclamação trabalhista em face de seu ex-empregador - – a sociedade empresária Alfa -, –, e dos 3 sócios dela, valendo-se do incidente de desconsideração da personalidade jurídica (IDPJ) na fase de cognição. Argumentou na petição inicial que assim procedeu para que, em havendo sucesso na pretensão, os sócios já constem do título executivo judicial, o que abreviaria a futura execução.

Diante da situação retratada e da previsão contida na CLT, assinale a afirmativa correta.

(A) O incidente de desconsideração da personalidade jurídica (IDPJ), na Justiça do Trabalho, somente pode ser feito na fase de execução.
(B) O incidente de desconsideração da personalidade jurídica (IDPJ), na seara trabalhista, pode ser feito na fase de conhecimento ou de execução.
(C) O incidente de desconsideração da personalidade jurídica (IDPJ) na fase de conhecimento dependerá da concordância dos sócios.
(D) A opção pelo incidente de desconsideração da personalidade jurídica (IDPJ), por exigência expressa da CLT, deve ter, na fase de conhecimento, sua necessidade provada por documentos.

O incidente de desconsideração da personalidade jurídica (IDPJ) está previsto no art. 855-A da CLT, sendo aplicável os arts. 133 a 137 do CPC, sendo certo que na seara trabalhista, de acordo com o art. 134 do CPC o incidente de desconsideração é cabível em todas as fases do processo de conhecimento e na execução. Importante destacar que nos termos do art. 855-A, § 1º, I, da CLT da decisão interlocutória que acolher ou rejeitar o incidente na fase de cognição, não cabe recurso de imediato. Já na fase de execução art. 855-A, § 1º, II, da CLT, cabe agravo de petição, independentemente de garantia do juízo e em incidente instaurado originariamente no tribunal, caberá cabe agravo interno, art. 855-A, § 1º, III, CLT.
Gabarito "B".

(OAB/FGV – 2022) Josimeri trabalhou em uma sociedade empresária de produtos químicos de 1990 a 1992. Em 2022, ajuizou reclamação trabalhista contra o ex-empregador, requerendo a entrega do Perfil Profissiográfico Previdenciário (PPP) para que pudesse requerer aposentadoria especial junto ao INSS. Devidamente citada, sociedade empresária suscitou em defesa prescrição total (extintiva).

Diante da situação retratada e da previsão da CLT, assinale a afirmativa correta.

(A) Não há prescrição a declarar, porque a ação tem por objeto anotação para fins de prova junto à Previdência Social.
(B) Houve prescrição, porque o pedido foi formulado muito após o prazo de 2 anos contados do término do contrato.
(C) A prescrição para entrega do PPP é trintenária, tal qual a do FGTS, motivo pelo qual não há prescrição na hipótese.
(D) A CLT é omissa acerca da imprescritibilidade de ações, cabendo ao juiz, em cada caso, por equidade, aplicá-la ou não.

Nos termos do art. 11, § 1º, da CLT as regras de prescrição bienal e quinquenal dispostas no art. 11, caput, da CLT não se aplicam às ações que tenham por objeto anotações para fins de prova junto à Previdência Social. Vale dizer que ao FGTS aplica-se a prescrição quinquenal ou bienal, conforme o caso, na forma do entendimento disposto na súmula 362 do TST.
Gabarito "A".

(OAB/FGV – 2020) José da Silva, que trabalhou em determinada sociedade empresária de 20/11/2018 a 30/04/2019, recebeu, apenas parcialmente, as verbas rescisórias, não tendo recebido algumas horas extras e reflexos. A sociedade empresária pretende pagar ao ex-empregado o que entende devido, mas também quer evitar uma possível ação trabalhista. Sobre a hipótese, na qualidade de advogado(a) da sociedade empresária, assinale a afirmativa correta.

(A) Deverá ser indicado e custeado um advogado para o empregado, a fim de que seja ajuizada uma ação para, então, comparecerem para um acordo, que já estará previamente entabulado no valor pretendido pela empresa.

(B) Deverá ser instaurado um processo de homologação de acordo extrajudicial, proposto em petição conjunta, mas com cada parte representada obrigatoriamente por advogado diferente.

(C) Deverá ser instaurado um processo de homologação de acordo extrajudicial, proposto em petição conjunta, mas cada parte poderá ser representada por advogado, ou não, já que, na Justiça do Trabalho, vigora o *jus postulandi*.

(D) Deverá ser instaurado um processo de homologação de acordo extrajudicial, proposto em petição conjunta, mas com advogado único representando ambas as partes, por se tratar de acordo extrajudicial.

Os arts. 855-B ao 855-E da CLT cuidam do procedimento para homologação de acordo extrajudicial. Assim, o art. 855-B da CLT dispõe sobre o processo para homologação de acordo extrajudicial. Referido dispositivo ensina que o processo de homologação de acordo extrajudicial terá início por petição conjunta, sendo obrigatória a representação das partes por advogado, sendo certo que as partes não poderão ser representadas por advogado comum, ou seja, devem estar assistidas por advogados diferentes, um representando o empregado e outro o empregador. Note que nesse processo, as partes não poderão fazer uso do *jus postulandi* previsto no art. 791 da CLT. Contudo, é facultado ao trabalhador ser assistido pelo advogado do sindicato de sua categoria.
Gabarito "B".

(OAB/FGV – 2019) O réu, em sede de reclamação trabalhista, ajuizada em 20/04/2018, apresentou defesa no processo eletrônico, a qual não foi oferecida sob sigilo. Feito o pregão, logo após a abertura da audiência, a parte autora manifestou interesse em desistir da ação. Sobre a desistência da ação pela parte autora, assinale a afirmativa correta.

(A) O juiz deverá, imediatamente, homologar a desistência.

(B) Não é possível desistir da ação após a propositura desta.

(C) Oferecida a contestação, ainda que eletronicamente, o reclamante não poderá, sem o consentimento do reclamado, desistir da ação.

(D) O oferecimento da defesa pelo réu em nada se relaciona à questão da desistência de pedidos ou da demanda.

"C" é a opção correta. Isso porque, oferecida a contestação, ainda que eletronicamente, o reclamante não poderá, sem o consentimento do reclamado, desistir da ação, nos termos do art. 841, § 3º, da CLT. O encaminhamento da contestação pelo PJe, antes da audiência inaugural, "com sigilo", não impede a desistência unilateral do reclamante. Por outro lado, se a contestação foi encaminhada pelo PJe "sem sigilo", a desistência da reclamação somente será possível com o consentimento da reclamada.
Gabarito "C".

(OAB/FGV – 2019) Uma sociedade empresária consultou você, como advogado(a), para encontrar uma maneira de, periodicamente, firmar com seus empregados uma quitação de direitos, de modo a prevenir conflitos trabalhistas.

Diante disso, na qualidade de advogado(a) da empresa, assinale a opção que indica a solução proposta.

(A) Poderá ser firmado termo de quitação anual de obrigações trabalhistas, perante o sindicato da categoria dos empregados.

(B) Os termos de quitação firmados entre empregados e empregadores nada valem, apenas sendo válidos os acordos judiciais; logo, a empresa nada pode fazer.

(C) Poderá ser firmado termo anual de quitação de obrigações trabalhistas no sindicato profissional ou no sindicato patronal.

(D) Basta firmar termo de quitação anual das obrigações trabalhistas por mútuo consentimento.

"A" é a opção correta. Isso porque, nos termos do art. 507-B da CLT é facultado a empregados e empregadores, na vigência ou não do contrato de emprego, firmar o termo de quitação anual de obrigações trabalhistas, perante o sindicato dos empregados da categoria. Esse termo deverá discriminar as obrigações de dar e fazer cumpridas mensalmente e a quitação anual dada pelo empregado, com eficácia liberatória das parcelas nele especificadas, na forma do parágrafo único do art. 507-B da CLT.
Gabarito "A".

(OAB/FGV – 2018) A sociedade empresária Alfa S. A. está sendo executada na Justiça do Trabalho e, em 13/03/2018, recebeu citação para pagamento da dívida que possui em relação a um processo. Mesmo citada, a sociedade empresária permaneceu inerte, pelo que, no 10º dia contado da citação, o juízo iniciou, a requerimento do exequente a tentativa de bloqueio pelo sistema Bacen-Jud e, paralelamente, inscreveu o nome do executado no Banco Nacional de Devedores Trabalhistas (BNDT).

Diante da situação apresentada e dos termos da CLT, assinale a afirmativa correta.

(A) A atitude do magistrado está correta, eis que não houve o pagamento voluntário da dívida no prazo legal, sendo a inserção imediata no BNDT uma adequada medida coercitiva judicial.

(B) A Lei deixa ao arbítrio do juiz determinar a partir de quando o nome do devedor deve ser inserido em cadastro restritivo de crédito, inclusive no BNDT.

(C) A Justiça do Trabalho não atua mais com inserção e retirada do nome de devedores no BNDT, pelo que a atitude do magistrado é inócua e contrária às regras da CLT.

(D) A decisão que determinou a inserção do nome do devedor no BNDT está equivocada, porque somente poderia ocorrer 45 dias depois de ele não pagar, nem garantir o juízo.

"D" é a opção correta. Isso porque, mesmo tendo a empresa se mostrado inerte, nos termos do art. 883-A da CLT a decisão judicial transitada em julgado somente poderá ser levada a protesto, gerar inscrição do nome do executado em órgãos de proteção ao crédito ou no Banco Nacional de Devedores Trabalhistas (BNDT), nos termos da lei, depois de transcorrido o prazo de quarenta e cinco dias a contar da citação do executado, se não houver garantia do juízo.

Gabarito "D".

(OAB/FGV – 2018) Jéssica trabalhou na sociedade empresária Móveis Perfeitos Ltda. por 4 (quatro) anos, quando foi dispensada sem justa causa, sem receber as verbas resilitórias. Em razão disso, ajuizou reclamação trabalhista pelo rito ordinário postulando os direitos relativos à sua saída, além de horas extras, equiparação salarial, adicional de insalubridade e indenização por dano moral porque foi privada da indenização que serviria para pagar as suas contas regulares. Na audiência designada, após feito o pregão, a sociedade empresária informou, e comprovou documentalmente, que conseguira no mês anterior a sua recuperação judicial, motivo pelo qual requereu a suspensão da reclamação trabalhista por 180 dias, conforme previsto em Lei, sob pena de o prosseguimento acarretar a nulidade do feito.

Diante da situação concreta e dos termos da legislação em vigor, assinale a afirmativa correta.

(A) A sociedade empresária está correta, porque, em havendo concessão de recuperação judicial, a Lei determina a suspensão de todas as ações.

(B) A Lei não traz nenhuma previsão a respeito, daí porque ficará a critério do prudente arbítrio do juiz deferir a suspensão processual requerida.

(C) A sociedade empresária está equivocada, pois a suspensão da reclamação trabalhista somente ocorreria na fase executória, o que não é o caso.

(D) O Juiz do Trabalho, tendo sido deferida a recuperação judicial, deve suspender o processo, declarar sua incompetência e enviar os autos à Justiça Estadual.

"C" é a assertiva correta. Nota-se que os créditos trabalhistas na fase de conhecimento não estão liquidados, o que será feito posteriormente na fase de execução, iniciando-se com a liquidação dos valores. Desta forma, a suspensão do processo na fase de conhecimento não se mostra possível, sendo permitida, contudo na fase de execução. Nesse sentido dispõe o art. 6º, § 1º, da Lei 11.101/2005 que terá prosseguimento no juízo no qual estiver se processando a ação que demandar quantia ilíquida.

Gabarito "C".

(OAB/FGV – 2017) Um empregado de 65 anos foi admitido em 10/05/2011 e dispensado em 10/01/2013. Ajuizou reclamação trabalhista em 05/12/2016, postulando horas extras e informando, na petição inicial, que não haveria prescrição porque apresentara protesto judicial quanto às horas extras em 04/06/2015, conforme documentos que juntou aos autos.

Diante da situação retratada, considerando a Lei e o entendimento consolidado do TST, assinale a afirmativa correta.

(A) A prescrição ocorreu graças ao decurso do tempo e à inércia do titular.

(B) A prescrição foi interrompida com o ajuizamento do protesto.

(C) A prescrição ocorreu, porque não cabe protesto judicial na seara trabalhista.

(D) A prescrição não corre para os empregados maiores de 60 anos.

"A" é a afirmativa correta. Isso porque, embora haja previsão na OJ 392 da SDI 1 do TST, que dispõe que O protesto judicial é medida aplicável no processo do trabalho, por força do art. 769 da CLT e do art. 15 do CPC de 2015, o ajuizamento da ação, por si só, interrompe o prazo prescricional, em razão da inaplicabilidade do § 2º do art. 240 do CPC de 2015 (§ 2º do art. 219 do CPC de 1973), incompatível com o disposto no art. 841 da CLT. Ocorre que o protesto judicial foi apresentado em data superior a 2 anos do término da prestação de serviços, portanto a matéria já se encontrava prescrita, na forma do art. 7º, XXIX, da CF e art. 11 da CLT.

Gabarito "A".

(OAB/FGV – 2017) Rômulo ajuizou ação trabalhista em face de sua ex-empregadora, a empresa Análise Eletrônica Ltda. Dentre outros pedidos, pretendeu indenização por horas extras trabalhadas e não pagas, férias vencidas não gozadas, nem pagas, e adicional de periculosidade. Na audiência, foi requerida e deferida a perícia, a qual foi custeada por Rômulo, que se sagrou vitorioso no respectivo pedido. Contudo, os pedidos de horas extras e férias foram julgados improcedentes. Rômulo também indicou e custeou assistente técnico, que cobrou o mesmo valor de honorários que o perito do juízo. Observados os dados acima e o disposto na CLT, na qualidade de advogado(a) que irá orientar Rômulo acerca do custeio dos honorários periciais e do assistente técnico, assinale a afirmativa correta.

(A) Tendo Rômulo sido vitorioso no objeto da perícia, não há que se falar em pagamento de honorários periciais e do assistente técnico, pois a ré os custeará.

(B) Independentemente do resultado no objeto da perícia, como ao final o rol de pedidos foi parcialmente procedente, Rômulo custeará os honorários periciais e do assistente técnico.

(C) Em virtude da aplicação do princípio da celeridade, descabe a indicação de assistente técnico no processo do trabalho, não cabendo a aplicação subsidiária do CPC nesse mister.

(D) Tendo Rômulo sido vitorioso no objeto da perícia, os honorários periciais serão custeados pela parte sucumbente no seu objeto, porém os honorários do assistente técnico serão de responsabilidade da parte que o indicou.

"D" é a opção correta. Isso porque nos termos do art. 790-B da CLT a responsabilidade pelo pagamento dos honorários periciais é da parte sucumbente na pretensão objeto da perícia, salvo se beneficiária da justiça gratuita, hipótese em que a responsabilidade será da União, nos termos da súmula 457 do TST.[2] No entanto, com relação aos honorários do assistente do perito, ensina a súmula 341 do TST que a indicação do perito assistente é faculdade da parte, a qual deve responder pelos respectivos honorários, ainda que vencedora no objeto da perícia.

Gabarito "D".

---

2. A Lei 13.467/2017 (Reforma Trabalhista) modificou a redação do art. 790-B da CLT para dispor que a responsabilidade pelo pagamento dos honorários periciais é da parte sucumbente na pretensão objeto da perícia, ainda que beneficiária da justiça gratuita. A redação do "caput" e do § 4º do art. 790-B da CLT é objeto da ADI 5766 ainda não apreciada pelo STF até o término dessa edição.

(OAB/FGV – 2017) Cristóvão trabalhava na sociedade empresária Solventes Químicos S/A como motorista de empilhadeira. Ocorre que, em uma viagem de lazer feita nas férias, Cristóvão sofreu um acidente automobilístico e veio a óbito. Cristóvão deixou viúva, com quem era casado há 28 anos pelo regime da comunhão parcial de bens, e cinco filhos, sendo três deles maiores de 21 anos e capazes, e dois menores de 21 anos. Diante da tragédia ocorrida, a sociedade empresária calculou as verbas devidas em razão da extinção contratual decorrente da morte e pretende efetuar o pagamento a quem de direito.

De acordo com a legislação de regência, assinale a opção que contempla os beneficiários dessa verba.

(A) Somente a esposa e os filhos menores, por serem dependentes previdenciários passíveis de habilitação junto ao INSS, dividirão igualmente a verba decorrente do contrato de trabalho.
(B) A viúva e todos os filhos são sucessores, motivo pelo qual a verba deverá ser rateada igualmente entre todos, conferindo-se isonomia.
(C) A viúva, por ser herdeira e meeira, ficará com 50% da indenização pela ruptura do contrato de trabalho, dividindo-se o restante, igualmente, entre os filhos.
(D) A Lei não é clara sobre quem deve receber a indenização, razão pela qual caberá ao juiz, no caso concreto e verificando a necessidade de cada herdeiro, fazer a divisão justa e equânime.

"A" é a opção correta. Ocorrendo morte do empregado, são devidos pelo empregador o saldo de salário, 13º salário proporcional, férias vencidas, mais 1/3, se houver e férias proporcionais. Nos termos do art. 1º da Lei 6.858/1980, os valores devidos pelos empregadores aos empregados e os montantes das contas individuais do Fundo de Garantia do Tempo de Serviço e do Fundo de Participação PIS-PASEP, não recebidos em vida pelos respectivos titulares, serão pagos, em quotas iguais, aos dependentes habilitados perante a Previdência Social. Importante notar que os filhos do casal não eram menores de 18 anos, hipótese em que as quotas atribuídas a menores ficariam depositadas em caderneta de poupança, rendendo juros e correção monetária, e só serão disponíveis após o menor completar 18 (dezoito) anos, salvo autorização do juiz para aquisição de imóvel destinado à residência do menor e de sua família ou para dispêndio necessário à subsistência e educação do menor. HC

Gabarito "A".

(OAB/FGV – 2017) Jorge foi dispensado e, no dia designado para homologação da ruptura contratual, a empresa informou que não tinha dinheiro para pagar a indenização. O TRCT estava preenchido, com o valor total de R$ 5.000,00 que Jorge deveria receber. Diante da situação narrada pela empresa e da extrema necessidade de Jorge, o sindicato concordou em fazer a homologação apenas para liberar o FGTS e permitir o acesso ao seguro-desemprego, lançando no TRCT um carimbo de que nada havia sido pago. Jorge, então, ajuizou ação monitória na Justiça do Trabalho, cobrando a dívida de R$ 5.000,00.

Sobre a situação narrada, assinale a afirmativa correta.

(A) O comportamento de Jorge é viável, sendo que, nesse caso, o juiz expedirá mandado de pagamento, nos moldes do CPC.
(B) Na Justiça do Trabalho, a ação monitória somente é possível em causas de até dois salários mínimos, sendo que da sentença não caberá recurso, o que não é a hipótese retratada.
(C) Jorge deveria ajuizar ação de execução de título extrajudicial, que é a natureza jurídica do TRCT preenchido, mas não quitado.
(D) Jorge agiu mal, porque não cabe ação monitória na Justiça do Trabalho, em razão da incompatibilidade de procedimentos.

A: correta, pois, prevista no art. 700, "caput" e incisos do CPC/2015, aplicados ao processo do trabalho por força do art. 769 da CLT e art. 15 CPC/2015, a ação monitória compete àquele que afirmar, com base em prova escrita sem eficácia de título executivo, ter direito de exigir do devedor capaz, pagamento de quantia em dinheiro, entrega de coisa fungível ou infungível ou de determinado bem móvel ou imóvel ou, ainda, o adimplemento de obrigação de fazer ou de não fazer. A competência material da ação monitória da Justiça do Trabalho será fixada caso o documento escrito emitido seja decorrente da relação de trabalho, nos termos do art. 114 da CF; **B:** incorreta, pois não há regramento permitindo a ação monitória somente em causas cujo valor não supere 2 salários mínimos; **C:** incorreta, pois o termo de acordo extrajudicial firmado entre empregado e empregador não está inserido no rol dos títulos executivos previstos no art. 876 da CLT e por essa razão não pode ser executado na Justiça do Trabalho; **D:** opção incorreta, pois a ação monitória é compatível com o processo do trabalho e será perfeitamente admitida, arts. 769 da CLT e art. 15 CPC/2015. HC

Gabarito "A".

12. Direito Ambiental

Rodrigo Bordalo e Wander Garcia

1. INTRODUÇÃO E PRINCÍPIOS DO DIREITO AMBIENTAL

(OAB/FGV – 2023) A sociedade empresária *Alfa* requereu licença ambiental para empreendimento consistente em indústria de cimento que gera materiais particulados, que se instalaria em determinada zona industrial já saturada. Durante o processo de licenciamento ambiental, restou comprovado que o projeto apresentado comprometeria a capacidade de suporte da área, causando grave poluição atmosférica.

Diante dos riscos e impactos já de antemão conhecidos, o órgão ambiental licenciador indeferiu o pedido de licença.

Assinale a opção que indica o princípio específico que embasou a decisão de negar a licença ambiental.

(A) Precaução, que requer certeza científica conclusiva e segura sobre os impactos ambientais.
(B) Prevenção, em que o risco é previamente conhecido e existe certeza a respeito da sua ocorrência.
(C) Desenvolvimento sustentável, que se relaciona à informação científica inconclusiva quanto aos danos ambientais a serem causados.
(D) Poluidor-pagador, que evidenciou que o perigo de dano ambiental era certo com elementos seguros para concluir que a atividade é efetivamente perigosa.

No caso hipotético apresentado, os riscos e os impactos ambientais já foram de antemão *conhecidos*, havendo, portanto, uma *certeza* quanto à sua ocorrência caso o empreendimento fosse implantado. Essas são as informações importantes para se chegar à alternativa correta da questão, que é a B. **A:** incorreta (o princípio da *precaução* está relacionado à *incerteza* científica quanto aos impactos ambientais de uma atividade, o que gera um *desconhecimento* quantos aos respectivos riscos). **B:** correta (princípio da prevenção = certeza científica e riscos conhecidos). **C:** incorreta (o princípio do desenvolvimento sustentável está relacionado a uma necessária compatibilização entre, de um lado, o desenvolvimento econômico e social e, de outro, a proteção ao meio ambiente). **D:** incorreta (o princípio do poluidor-pagador significa que o degradador do meio ambiente assume a obrigação de reparar os danos causados).
Gabarito "B".

(OAB/FGV – 2021) Determinado empreendedor requereu ao órgão ambiental competente licença ambiental para indústria geradora de significativa poluição atmosférica, que seria instalada em zona industrial que, contudo, já está saturada. Após a análise técnica necessária, feita com base nos riscos e impactos já de antemão conhecidos em razão de certeza científica, concluiu-se que os impactos negativos decorrentes da atividade não poderiam sequer ser mitigados a contento, diante da sinergia e cumulatividades com as atividades das demais fábricas já existentes na localidade. Assim, o órgão ambiental indeferiu o pedido de licença, com objetivo de impedir a ocorrência de danos ambientais, já que sabidamente a atividade comprometeria a capacidade de suporte dos ecossistemas locais. Assinale a opção que indica o princípio de Direito Ambiental em que a decisão de indeferimento do pedido de licença está fundada específica e diretamente.

(A) Princípio da precaução, eis que a operação do empreendimento pretendido causa riscos hipotéticos que devem ser evitados.
(B) Princípio da prevenção, eis que a operação do empreendimento pretendido causa perigo certo, com riscos previamente conhecidos.
(C) Princípio do poluidor-pagador, eis que a operação do empreendimento pretendido está condicionada à adoção das cautelas ambientais cabíveis para mitigar e reparar os danos ambientais.
(D) Princípio da responsabilidade ambiental objetiva, eis que a operação do empreendimento pretendido está condicionada ao prévio depósito de caução para garantir o pagamento de eventuais danos ambientais.

A: incorreta, pois o princípio da precaução incide em caso de *dúvida científica* sobre o perigo de lesão ao meio ambiente, que não é o caso, já que o enunciado fala em "certeza científica" do dano ambiental; **B:** correta, pois em havendo *certeza científica* dos riscos ambientais (expressão que consta do enunciado da questão), o princípio aplicável é o da prevenção; **C:** incorreta, pois o caso é de indeferimento da licença, e não de deferimento dela mediante adoção de medidas mitigadoras; **D:** incorreta, pois esse princípio incide quando se está diante de um dano ambiental já configurado, impondo a responsabilização civil com vistas à reparação desse dano; no caso em tela, o empreendedor ainda não causou dano algum, já que ainda está numa fase preliminar, na qual pede uma licença ambiental para iniciar a sua atividade.
Gabarito "B".

2. DIREITO AMBIENTAL NA CONSTITUIÇÃO FEDERAL

(OAB/FGV – 2021) A Constituição da República dispõe que *são reconhecidos aos índios sua organização social, costumes, línguas, crenças e tradições, e os direitos originários sobre as terras que tradicionalmente ocupam.*

Do ponto de vista histórico e cultural, percebe-se que a comunidade indígena está intimamente ligada ao meio ambiente, inclusive colaborando em sua defesa e preservação.

Nesse contexto, de acordo com o texto constitucional, a pesquisa e a lavra das riquezas minerais em terras indígenas

(A) só podem ser efetivadas com autorização de todos os órgãos que integram o SISNAMA (Sistema Nacional do Meio Ambiente), na forma da lei.

(B) só podem ser efetivadas com autorização do Congresso Nacional, ouvidas as comunidades afetadas, ficando-lhes assegurada participação nos resultados da lavra, na forma da lei.
(C) não podem ser efetivadas em qualquer hipótese, eis que são terras inalienáveis e indisponíveis, e devem ser exploradas nos limites de atividades de subsistência para os índios.
(D) não podem ser efetivadas em qualquer hipótese, diante de expressa vedação constitucional, para não descaracterizar a área de relevante interesse social.

A: incorreta, pois depende de autorização do Congresso Nacional, ouvidas as comunidades afetadas (art. 231, p. 3º, da CF); **B:** correta, nos exatos termos do art. 231, p. 3º, da CF ("O aproveitamento dos recursos hídricos, incluídos os potenciais energéticos, a pesquisa e a lavra das riquezas minerais em terras indígenas só podem ser efetivados com autorização do Congresso Nacional, ouvidas as comunidades afetadas, ficando-lhes assegurada participação nos resultados da lavra, na forma da lei"); **C e D:** incorretas, pois a Constituição autoriza essa pesquisa e lavra mediante a autorização do Congresso Nacional, ouvidas as comunidades afetadas, não havendo essa restrição acerca da subsistência dos índios, que, ressalte-se, terão direito a uma participação no resultado da lavra (art. 231, p. 3º, da CF).
Gabarito "B"

3. MEIO AMBIENTE CULTURAL

(OAB/FGV – 2016) Pedro, em visita a determinado Município do interior do Estado do Rio de Janeiro, decide pichar e deteriorar a fachada de uma Igreja local tombada, por seu valor histórico e cultural, pelo Instituto Estadual do Patrimônio Histórico-Cultural – INEPAC, autarquia estadual. Considerando o caso em tela, assinale a afirmativa correta.

(A) Pedro será responsabilizado apenas administrativamente, com pena de multa, uma vez que os bens integrantes do patrimônio cultural brasileiro não se sujeitam, para fins de tutela, ao regime de responsabilidade civil ambiental, que trata somente do meio ambiente natural.
(B) Pedro será responsabilizado administrativa e penalmente, não podendo ser responsabilizado civilmente, pois o dano, além de não poder ser considerado de natureza ambiental, não pode ser objeto de simultânea recuperação e indenização.
(C) Pedro, por ter causado danos ao meio ambiente cultural, poderá ser responsabilizado administrativa, penal e civilmente, sendo admissível o manejo de ação civil pública pelo Ministério Público, demandando a condenação em dinheiro e o cumprimento de obrigação de fazer.
(D) Pedro, além de responder administrativa e penalmente, será solidariamente responsável com o INEPAC pela recuperação e indenização do dano, sendo certo que ambos responderão de forma subjetiva, havendo necessidade de inequívoca demonstração de dolo ou culpa por parte de Pedro e dos servidores públicos responsáveis.

A: incorreta, pois o meio ambiente é um interesse difuso protegido administrativa, civil e penalmente em suas várias facetas, aí incluído o meio ambiente cultural; **B:** incorreta, pois no plano civil se busca a reparação do meio ambiente lesado, o que deve se dar de forma específica, ou seja, buscando o retorno do bem ao estado anterior, cabendo, quando for o caso, outros tipos de reparação, como a compensação ambiental e a indenização; **C:** correta, pois o meio ambiente é um interesse difuso protegido administrativa, civil e penalmente em suas várias facetas, aí incluído o meio ambiente cultural; no plano civil há de se buscar primariamente o retorno do bem ao estado anterior, cabendo condenação em obrigação de fazer, conforme mencionado na alternativa, e também em dinheiro, quando for o caso (art. 3º da Lei 7.347/1985); **D:** incorreta, pois o causador do dano ambiental (no caso, Pedro) responde modo objetivo (art. 14, § 1º, da Lei 6.938/1981), sendo que a responsabilidade subjetiva em matéria ambiental somente é discutida quando se trata de omissão estatal do dever de fiscalização.
Gabarito "C"

4. COMPETÊNCIA EM MATÉRIA AMBIENTAL

(Procurador – AL/PR – 2024 – FGV) O modelo federativo ecológico referente ao domínio e competência sobre os recursos hídricos apresenta um quadro normativo especializado e complexo, estabelecendo uma conexão intrínseca com a Constituição Federal e as legislações ambientais federais e estaduais.

Considerando as determinações constitucionais e legais, sobre a dominialidade e a competência das águas no Brasil, assinale a afirmativa correta.

(A) A competência privativa da União para legislar sobre águas, energia e recursos minerais impede que os Estados sejam autorizados a legislar sobre essas questões específicas.
(B) Incluem-se entre os bens do Estado as águas subterrâneas presentes em seu território, mesmo as que banhem mais de um estado.
(C) É de titularidade expressa dos Estados os lagos, na proporção correspondente à extensão presente em seus territórios.
(D) É de competência privativa da União registrar, acompanhar e fiscalizar as concessões de direitos de pesquisa e exploração de recursos hídricos e minerais em todo o território nacional.
(E) Os rios que atravessam mais de um estado são de propriedade dos estados pelos quais fluem, na proporção correspondente à extensão que percorrem em seus territórios.

A: incorreta (a competência privativa da União para legislar sobre águas, energia e recursos minerais – art. 22, IV, CF – *não* impede que os Estados sejam autorizados a legislar sobre essas questões específicas; assim já decidiu o STF na ADI 3.336: "Embora a União detenha a competência exclusiva (...) para legislar sobre águas (art. 22, IV, da CF/88), não se há de olvidar que aos estados-membros compete, de forma concorrente, legislar sobre proteção ao meio ambiente (art. 24, VI e VIII, CF), o que inclui, evidentemente, a proteção dos recursos hídricos"). **B:** correta (art. 26, I, CF). **C:** incorreta (pertencem à União os lagos que banhem mais de um Estado ou sirvam de limites com outros países, cf. art. 20, III, CF). **D:** incorreta (é competência comum da União, dos Estados, do Distrito Federal e dos Municípios registrar, acompanhar e fiscalizar as concessões de direitos de pesquisa e exploração de recursos hídricos e minerais em todo o território nacional, cf. art. 23, XI, CF). **E:** incorreta (os rios que atravessam mais de um Estado são de propriedade da União, cf. art. 20, III, CF). **RB**
Gabarito "B"

(Juiz de Direito – TJ/SC – 2024 – FGV) O Estado Alfa editou lei estadual dispondo que a lavra de recursos minerais, sob qualquer regime de exploração e aproveitamento, respeitada a legislação federal pertinente e demais atos e normas específicos de atribuição da União, dependerá, observadas as demais disposições legais, de indenização monetária pelos danos causados ao meio ambiente, independentemente da obrigação de reparar o dano.

Em ação judicial ambiental em que litigam o empreendedor Beta e o Estado Alfa, o magistrado foi instado a declarar a inconstitucionalidade, *incidenter tantum*, da norma acima citada, que estabelece a obrigação de indenização monetária pelos danos causados ao meio ambiente em relação à exploração e ao aproveitamento de lavra de recursos minerais.

O juiz de direito, seguindo jurisprudência do Supremo Tribunal Federal, deve considerar a citada norma estadual:

(A) constitucional, porque a Carta Magna estabelece que as atividades minerais, independentemente de serem consideradas lesivas ao meio ambiente, sujeitarão os empreendedores, pessoas físicas ou jurídicas, a sanções administrativas, sem prejuízo da obrigação de reparar os danos causados;

(B) constitucional, porque a instituição de indenização monetária pelas atividades minerárias realizadas no Estado-membro é compatível com a Constituição, dentro de suas engrenagens e dos deveres fundamentais ambientais que revestem a tutela ecológica efetiva adequada e tempestiva;

(C) inconstitucional, porque o texto da Constituição Federal dispõe que constituem monopólio da União a pesquisa e a lavra das jazidas de minério, petróleo e gás natural e outros hidrocarbonetos fluidos, de acordo com o respectivo regulamento;

(D) inconstitucional, porque as jazidas, em lavra ou não, e demais recursos minerais e os potenciais de energia hidráulica constituem propriedade distinta da do solo, para efeito de exploração ou aproveitamento, e pertencem à União;

(E) inconstitucional, porque não pode o Estado Alfa legislar sobre bens minerais de propriedade da União, e a competência outorgada pela Constituição aos estados para legislar de forma concorrente sobre responsabilidade por dano ambiental não lhes autoriza a criar ou disciplinar aspectos civis ou criminais do dano ambiental.

O STF, no âmbito da ADI 4.031/PA, decidiu que é *constitucional* norma estadual que, independentemente da obrigação de reparar o dano, condicione a exploração de recursos minerais ao pagamento de indenização monetária pelos danos causados ao meio ambiente (Informativo STF n. 1.110). Assim, correta a alternativa **B**. Alternativa **A** incorreta: as atividades minerais *consideradas lesivas* sujeitarão os infratores às várias formas de responsabilidade ambiental (art. 225, §3º, CF). Incorretas as alternativas **C**, **D** e **E**, que apontam a inconstitucionalidade da norma estadual.

Gabarito "B".

(Juiz Federal – TRF/1 – 2023 – FGV) O Supremo Tribunal Federal, em importante julgado sobre Direito Ambiental, analisou a constitucionalidade de dispositivos da Lei Complementar nº 140/2011, que fixa normas para cooperação entre a União, os Estados, o Distrito Federal e os Municípios nas ações administrativas decorrentes do exercício da competência comum relativas à proteção das paisagens naturais notáveis, à proteção do meio ambiente, ao combate à poluição em qualquer de suas formas e à preservação das florestas, da fauna e da flora.

De acordo com o Supremo Tribunal Federal:

(A) é inconstitucional norma que prevê que, inexistindo órgão ambiental capacitado ou conselho de meio ambiente no Estado, a União deve desempenhar as ações administrativas estaduais até a sua criação;

(B) é inconstitucional norma que prevê a delegação de atribuições de um ente federativo a outro ou delegação da execução de ações administrativas de um ente federativo a outro, respeitados os requisitos previstos na citada lei complementar;

(C) é inconstitucional norma que prevê que, inexistindo órgão ambiental capacitado ou conselho de meio ambiente no Município, o Estado deve desempenhar as ações administrativas municipais até a sua criação;

(D) deve ser objeto de interpretação conforme a Constituição da República de 1988 a norma que prevê como ação administrativa da União aprovar o manejo e a supressão de vegetação, de florestas e formações sucessoras em: (i) florestas públicas federais, terras devolutas federais ou unidades de conservação instituídas pela União, de maneira a serem incluídas as APAs; (ii) atividades ou empreendimentos licenciados ambientalmente pela União, de maneira a excluir aqueles meramente autorizados pela União, que devem ficar a cargo do Estado ou Distrito Federal;

(E) deve ser objeto de interpretação conforme a Constituição da República de 1988 a norma que prevê que a renovação de licenças ambientais deve ser requerida com antecedência mínima de cento e vinte dias da expiração de seu prazo de validade, fixado na respectiva licença, ficando este automaticamente prorrogado até a manifestação definitiva do órgão ambiental competente, de maneira que a omissão ou mora administrativa imotivada e desproporcional na manifestação definitiva sobre os pedidos de renovação de licenças ambientais instaura a competência supletiva dos demais entes federados nas ações administrativas de licenciamento e na autorização ambiental, como previsto no Art. 15 da citada lei complementar.

O STF pronunciou-se sobre a Lei Complementar 140/2011 no âmbito da ADI 4757. **A:** incorreta (é constitucional a norma que prevê a atuação supletiva da União, nos termos do art. 15, I, da LC 140/2011). **B:** incorreta (é constitucional a norma que prevê a delegação de atribuições). **C:** incorreta (é constitucional a norma que prevê a atuação supletiva do Estado, nos termos do art. 15, II, da LC 140/2011). **D:** incorreta (é constitucional a norma que define a competência da União para aprovar o manejo e a supressão de vegetação, de florestas e formações sucessoras nos casos previstos no art. 7º, XV, "a" e "b", da LC 140/2011). **E:** correta (o STF deu interpretação conforme ao § 4º do art. 14 da LC 140/2011 para estabelecer que a omissão ou mora administrativa imotivada e desproporcional na manifestação definitiva sobre os pedidos de renovação de licenças ambientais instaura a competência supletiva dos demais entes federados nas ações administrativas de licenciamento e na autorização ambiental, como previsto no art. 15).

Gabarito "E".

(OAB/FGV – 2023) Tramita na Câmara do Município *Alfa* projeto de lei que dispõe sobre proteção ao meio ambiente no âmbito de seu território, observado o interesse local.

Sabe-se que o projeto de lei está harmônico com a disciplina legislativa estadual e federal atualmente vigente.

No caso em tela, em matéria de competência legislativa ambiental, de acordo com a CRFB/88, é correto afirmar que o projeto de lei, em tese,

(A) ofende a Carta Magna, porque compete à União legislar privativamente sobre proteção ao meio ambiente, observadas as premissas constitucionais.

(B) é incompatível com a Carta Magna, porque compete à União, aos Estados e ao Distrito Federal legislar privativamente sobre proteção ao meio ambiente.

(C) não viola a Carta Magna, porque o Município possui competência suplementar à da União e à dos Estados para legislar sobre proteção ao meio ambiente, no limite do seu interesse local e desde que tal regramento seja harmônico com a disciplina estabelecida pelos demais entes federados.

(D) não afronta a Carta Magna, porque o Município possui competência concorrente e não suplementar com a União e os Estados para legislar sobre proteção ao meio ambiente, de maneira que pode dispor de forma diversa e menos protetiva ao ambiente do que a disciplina estadual.

A competência legislativa em matéria ambiental é concorrente (art. 24, VI, CF), de modo que a União detém competência para estabelecer as normas gerais e os Estados-membros (e o Distrito Federal) podem suplementar as normas gerais. Ademais, o Município também pode legislar sobre meio ambiente, com base no art. 30, II, da CF, que lhes confere "suplementar a legislação federal e a estadual no que couber", em relação aos assuntos de interesse local (art. 30, I). Evidentemente, conforme já apreciou o Supremo Tribunal Federal, "o município é competente para legislar sobre meio ambiente com a União e o Estado no limite do seu interesse local e desde que tal regramento seja harmônico com a disciplina estabelecida pelos demais entes federativos" (RE 586.224, Pleno, rel. Min. Luiz Fux, julgamento em 5/03/15). Desse modo, está correta a alternativa C.
Gabarito "C".

(Juiz de Direito/AP – 2022 – FGV) Com o objetivo de incentivar o desenvolvimento econômico estadual, o governador do Estado X propõe projeto de lei de regulamentação de atividade garimpeira e de exploração mineral, simplificando o licenciamento ambiental, tornando-o de fase única.

Sobre o caso, é correto afirmar que a lei é inconstitucional:

(A) por vício de iniciativa, tendo em vista que a iniciativa de lei de licenciamento ambiental é de competência exclusiva da Câmara dos Deputados;

(B) por vício de competência, tendo em vista que compete privativamente à União legislar sobre jazidas, minas, outros recursos minerais e metalurgia;

(C) tendo em vista que atividade garimpeira e de exploração mineral exige licença prévia, licença de fixação, licença de instalação, licença de operação e licença de controle ambiental;

(D) tendo em vista que novas atividades garimpeiras e de exploração mineral são vedadas no Brasil, sendo permitidas apenas as já existentes;

(E) tendo em vista que apenas são permitidas atividades garimpeiras e de exploração mineral em território indígena, com prévia aprovação da Funai.

A competência legislativa em matéria ambiental é, como regra, concorrente (art. 24, VI, CF). Assim, a União detém a atribuição para expedir normas gerais, podendo os Estados e o DF suplementá-las. No entanto, há competências para legislar que são *privativas da União*, nos termos do art. 22 da CF. Isso ocorre, entre outros, com o tema de "jazidas, minas, outros recursos minerais e metalurgia" (inciso XII do art. 22). Assim já decidiu o STF: "Compete privativamente à União legislar sobre jazidas, minas, outros recursos minerais e metalurgia (art. 22, XII, da CF), em razão do que incorre em inconstitucionalidade norma estadual que, a pretexto de regulamentar licenciamento ambiental, regulamenta aspectos da própria atividade de lavra garimpeira." (ADI 6.672/RR, Pleno, Rel. Min. Alexandre de Moraes, DJe 22.09.2021). Nesse sentido, correta a alternativa B.
Gabarito "B".

(OAB/FGV – 2020) O Estado Z promulga lei autorizando a supressão de vegetação em Área de Preservação Permanente para pequenas construções. A área máxima para supressão, segundo a lei, é de 100 metros quadrados quando utilizados para lazer e de 500 metros quadrados quando utilizados para fins comerciais.

Sobre a referida lei, assinale a afirmativa correta.

(A) A lei é válida, uma vez que é competência privativa dos Estados legislar sobre as Áreas de Preservação Permanente inseridas em seu território.

(B) A lei é válida apenas com relação à utilização com finalidade de lazer, uma vez que é vedada a exploração comercial em Área de Preservação Permanente.

(C) A lei é inconstitucional, uma vez que compete aos Municípios legislar sobre impactos ambientais de âmbito local.

(D) A lei é inconstitucional, uma vez que é competência da União dispor sobre normas gerais sobre proteção do meio ambiente.

A: incorreta, pois a competência para legislar sobre meio ambiente é *concorrente* da União, dos Estados e do DF (art. 26, VI, da CF), e não *privativa* dos Estados; **B e C:** incorretas, pois, no âmbito da competência concorrente da União, dos Estados e do DF (art. 26, VI, da CF), compete à União dispor sobre *normas gerais* de proteção do meio ambiente (art. 24, § 1º, da CF), e o tema em questão (permissão de supressão para obras de pequeno porte) é um tema de norma geral e não de norma local estadual ou municipal; **D:** correta, pois, de fato, compete à União dispor sobre *normas gerais* de proteção do meio ambiente (art. 24, § 1º, da CF), e o tema em questão (permissão de supressão para obras de pequeno porte) é um tema de norma geral (ou seja, que deve estar unificado em todo o país), e não de norma local estadual ou municipal.
Gabarito "D".

5. INSTRUMENTOS DE PROTEÇÃO E PROMOÇÃO DO MEIO AMBIENTE

(OAB/FGV – 2019) Pedro, proprietário de fazenda com grande diversidade florestal, decide preservar os recursos ambientais nela existentes, limitando, de forma perpétua, o uso de parcela de sua propriedade por parte de outros possuidores a qualquer título, o que realiza por meio de instrumento particular, averbado na matrícula do imóvel no registro de imóveis competente. Assinale a opção que indica o instrumento jurídico a que se refere o caso descrito.

(A) Zoneamento Ambiental.
(B) Servidão Ambiental.
(C) Área Ambiental Restrita.
(D) Área de Relevante Interesse Ecológico.

A: incorreta, pois o zoneamento ambiental diz respeito a um regramento geral que recai para todas as propriedades que estejam numa dada zona, e o caso em questão diz respeito a uma restrição numa propriedade específica; **B:** correta; a Lei 6.938/81, em seu artigo 9º-A, regula o instituto da servidão ambiental; o caso trazido no enunciado se enquadra perfeitamente nesse instituto, uma vez que fala de um proprietário privado de um imóvel, de um instrumento particular criador da servidão, da averbação deste no Registro do Imóvel e de uma restrição de forma perpétua do uso da propriedade, todos itens previstos na regulamentação citada; ; **C:** incorreta, pois o instituto da "Área de Relevante Interesse Ecológico" é uma unidade de conservação, e, como tal, deve ser criada pelo Poder Público (art. 22, *caput*, da Lei 9.985/00), e não pelo particular como trazido pelo enunciado da questão.
Gabarito "B".

(OAB/FGV – 2018) Tendo em vista a elevação da temperatura do meio ambiente urbano, bem como a elevação do nível dos oceanos, a União deverá implementar e estruturar um mercado de carbono, em que serão negociados títulos mobiliários representativos de emissões de gases de efeito estufa evitadas. Sobre o caso, assinale a afirmativa correta.

(A) É possível a criação de mercado de carbono, tendo como atores, exclusivamente, a União, os Estados, os Municípios e o Distrito Federal.
(B) Não é constitucional a criação de mercado de carbono no Brasil, tendo em vista a natureza indisponível e inalienável de bens ambientais.
(C) A criação de mercado de carbono é válida, inclusive sendo operacionalizado em bolsa de valores aberta a atores privados.
(D) A implementação de mercado de carbono pela União é cogente, tendo o Brasil a obrigação de reduzir a emissão de gases de efeito estufa, estabelecida em compromissos internacionais.

A: incorreta; há dois tipos de mercado de carbono, o regulamentado e o voluntário; o voluntário independe de regulamentação estatal e de uma entidade chancelada em tratados internacionais, e é baseado em certificações internacionais confiáveis; **B:** incorreta; a criação desse mercado é constitucional, pois o objetivo aqui é reduzir as emissões de gases de efeito estufa, algo que certamente atende aos ditames constitucionais; **C:** correta; de fato, há dois mercados hoje, o regulamentado e voluntário; no Brasil ainda não há um marco regulatório desse mercado, mas os atores privados já vêm comercializando créditos de carbono há muito tempo; **D:** incorreta; os países desenvolvidos aderentes dos pactos respectivos têm metas de redução da emissão desses gases e são grandes clientes das empresas e entidades brasileiras que geram economia desses gases e, assim, recebem créditos de carbono para vender para atores desses países que precisam reduzir a emissão ou aumentar seus créditos para tanto.
Gabarito "C".

6. LICENCIAMENTO AMBIENTAL E EIA/RIMA

(OAB/FGV – 2024) A Sociedade Divergente, após os procedimentos pertinentes, obteve a licença de operação para as atividades lesivas ao meio ambiente que exerce pelo prazo de dez anos. Para tanto, vem cumprindo todas as condicionantes da licença ambiental, inclusive medidas mitigadoras e compensatórias, então determinadas pelo órgão competente.

Dois anos depois da concessão da mencionada licença de operação, houve um grande avanço tecnológico, que viabiliza a drástica redução das externalidades negativas do empreendimento em questão. Por isso, foi editada uma lei que passou a exigir o emprego da nova técnica, inclusive, para as atividades já licenciadas.

Em razão disso, os representantes da mencionada pessoa jurídica consultaram a sua assessoria jurídica para dirimir as dúvidas relacionadas aos efeitos do mencionado Diploma Legal superveniente na licença regularmente obtida em momento anterior, situação em que você esclareceu, corretamente, que a exigência da nova técnica

(A) poderá condicionar apenas os empreendimentos que não tenham obtido a licença de instalação ou a de operação, não podendo, em nenhuma hipótese, afetar aquelas que tenham sido validamente concedidas.
(B) importará na anulação automática da licença de operação anteriormente concedida, independentemente de motivação do respectivo órgão competente, por se tratar de medida mais protetiva ao meio ambiente.
(C) não poderá ser aplicada em nenhuma situação em que a licença ambiental tenha sido deferida de forma válida, seja ela prévia, de instalação ou de operação, de modo que somente pode condicionar os empreendimentos que ainda não iniciaram o licenciamento ambiental.
(D) é passível de ser exigida mesmo para as situações em que há licença de operação válida, pois o órgão ambiental competente, mediante decisão motivada poderá modificar as condicionantes, suspender ou cancelar licença expedida, quando ocorrer inadequação às normas legais.

A Resolução CONAMA n. 237/1997 dispõe sobre o licenciamento ambiental. Nos termos de seu art. 19, I, o "órgão ambiental competente, mediante decisão motivada, poderá modificar os condicionantes e as medidas de controle e adequação, suspender ou cancelar uma licença expedida, quando ocorrer: I – violação ou inadequação de quaisquer condicionantes ou normas legais". A e C: incorretas (o órgão ambiental poderá exigir a nova técnica para as licenças ambientais validamente concedidas – seja ela uma licença prévia, de instalação ou de operação). **B:** incorreta (a superveniência do diploma legal não implica a anulação automática da licença de operação, já que os seus condicionantes podem ser modificados à luz da nova lei). **D:** correta (cf. art. 19, I, da Resolução CONAMA n. 237/1997). RB
Gabarito "D".

(OAB/FGV – 2024) A sociedade empresária Gama requereu licença ambiental para empreender um aterro sanitário. O processo de licenciamento ambiental tramita no órgão licenciador competente.

No curso do procedimento, observadas as cautelas legais necessárias, o licenciador deferiu licença na fase inicial do planejamento do empreendimento, aprovando sua localização e concepção, atestando a viabilidade ambiental e estabelecendo os requisitos básicos e condicionantes a serem atendidos nas próximas fases de sua implementação. Registre-se que tal licença foi deferida isoladamente, diante da natureza, das características e da fase do empreendimento.

O caso em tela, de acordo com a Resolução CONAMA nº 237/1997, trata de licença

(A) prévia, que será sucedida, na próxima etapa do licenciamento, pela licença de instalação, que autorizará a instalação do empreendimento de acordo com as especificações constantes dos planos, programas e projetos aprovados.
(B) de instalação, que será sucedida, na próxima etapa do licenciamento, pela licença de operação, que autorizará a operação da atividade ou do empreendimento, após a verificação do efetivo cumprimento do que consta das licenças anteriores, com as medidas de controle ambiental e os condicionantes determinados para a operação.
(C) de funcionamento, que foi precedida pela licença ambiental simplificada, que autorizará o início dos estudos ambientais, em especial, a elaboração do estudo prévio de impacto ambiental e seu correlato relatório de impacto ambiental.
(D) de operação, que foi precedida pela licença de instalação, que autorizará a execução das medidas mitigatórias previstas no estudo de impacto ambiental e a instalação do empreendimento de acordo com as especificações constantes dos planos, programas e projetos aprovados.

A Resolução CONAMA n. 237/1997 dispõe sobre o licenciamento ambiental e prevê 3 (três) tipos de licença (art. 8º). A primeira é a *licença prévia* (LP), concedida na fase inicial do planejamento do empreendimento ou atividade aprovando sua localização e concepção, atestando a viabilidade ambiental e estabelecendo os requisitos básicos e condicionantes a serem atendidos nas próximas fases de sua implementação. A segunda, a *licença de instalação* (LI), que autoriza a instalação do empreendimento ou atividade de acordo com as especificações constantes dos planos, programas e projetos aprovados, incluindo as medidas de controle ambiental e demais condicionantes. A terceira, a *licença de operação* (LO), que autoriza a operação da atividade ou empreendimento, após a verificação do efetivo cumprimento do que consta das licenças anteriores. Nesse sentido, a licença objeto do enunciado da questão representa a *licença prévia* (alternativa A correta). Por exclusão, as alternativas B e D estão incorretas. Já a alternativa C está incorreta, pois a licença ambiental de funcionamento não encontra previsão na Resolução CONAMA n. 237/1997. RB

Gabarito "A".

(Procurador – AL/PR – 2024 – FGV) Na Política Nacional de Recursos Hídricos, a cobrança pelo uso da água foi estabelecida como um instrumento destinado, entre outras finalidades, a angariar recursos para o financiamento de projetos e obras que promovam, de maneira considerada benéfica à coletividade, melhorias na qualidade, quantidade e regime de vazão de corpos d'água.

O estado X não implementou a cobrança, mas desenvolveu o Pagamento por Serviços Ambientais (PSA), outro instrumento econômico capaz de viabilizar a preservação da bacia hidrográfica em termos de qualidade, quantidade e o regime de vazão da água.

Sobre o PSA, assinale a afirmativa correta.

(A) O pagador de serviços ambientais é a pessoa física ou jurídica, de direito público ou privado, ou grupo familiar ou comunitário que, preenchidos os critérios de elegibilidade, mantém, recupera ou melhora as condições ambientais dos ecossistemas.
(B) O provedor de serviços ambientais é o poder público, a organização da sociedade civil ou agente privado, pessoa física ou jurídica, de âmbito nacional ou internacional, que provê o pagamento dos serviços ambientais.
(C) Os serviços ecossistêmicos são atividades individuais ou coletivas que favorecem a manutenção, a recuperação ou a melhoria dos serviços de provisão, suporte, regulação e culturais.
(D) São modalidades de pagamento por serviços ambientais, entre outras: a prestação de melhorias sociais a comunidades rurais e urbanas e a compensação vinculada a certificado de redução de emissões por desmatamento e degradação.
(E) Os serviços ambientais são benefícios relevantes para a sociedade gerados pelos ecossistemas, em termos de manutenção, recuperação ou melhoria das condições ambientais, sem influência da intervenção humana.

A Lei federal n. 14.119/2021 disciplina a Política Nacional de Pagamento por Serviços Ambientais. **A:** incorreta (o pagador de serviços ambientais é o poder público, organização da sociedade civil ou agente privado, pessoa física ou jurídica, de âmbito nacional ou internacional, que provê o pagamento dos serviços ambientais, cf. art. 2º, V). **B:** incorreta (o provedor de serviços ambientais é a pessoa física ou jurídica, de direito público ou privado, ou grupo familiar ou comunitário que, preenchidos os critérios de elegibilidade, mantém, recupera ou melhora as condições ambientais dos ecossistemas, cf. art. 2º, VI). Notar que os conceitos das alternativas A e B estão invertidos. **C:** incorreta (os serviços ecossistêmicos são benefícios relevantes para a sociedade gerados pelos ecossistemas, em termos de manutenção, recuperação ou melhoria das condições ambientais, cf. art. 2º, II). **D:** correta (art. 3º). **E:** incorreta (os serviços ambientais são atividades individuais ou coletivas que favorecem a manutenção, a recuperação ou a melhoria dos serviços ecossistêmicos, cf. art. 2º, III). Notar que os conceitos das alternativas C e E estão invertidos. RB

Gabarito "D".

(OAB/FGV – 2022) Após regular processo administrativo de licenciamento ambiental, o Estado Alfa, por meio de seu órgão ambiental competente, deferiu licença de operação para a sociedade empresária Gama realizar atividade de frigorífico e abatedouro de bovinos.

Durante o prazo de validade da licença, no entanto, a sociedade empresária *Gama* descumpriu algumas condicionantes da licença relacionadas ao tratamento dos efluentes industriais, praticando infração ambiental. Diante da inércia fiscalizatória do órgão licenciador, o município onde o empreendimento está instalado, por meio de seu órgão ambiental competente, exerceu o poder de polícia e lavrou auto de infração em desfavor da sociedade empresária *Gama*.

No caso em tela, a conduta do município é

(A) lícita, pois, apesar de competir, em regra, ao órgão estadual lavrar auto de infração ambiental, o município pode lavrar o auto e, caso o órgão estadual também o lavre, prevalecerá o que foi lavrado primeiro.
(B) lícita, pois, apesar de competir, em regra, ao órgão estadual licenciador lavrar auto de infração ambiental, o município atuou legitimamente, diante da inércia do órgão estadual.

(C) ilícita, pois compete privativamente ao órgão estadual responsável pelo licenciamento da atividade lavrar auto de infração ambiental, vedada a atuação do município.

(D) ilícita, pois, apesar de competir, em regra, ao órgão estadual licenciador lavrar auto de infração ambiental, em caso de sua inércia, apenas a União poderia suplementar a atividade de fiscalização ambiental.

A: incorreta, pois, de acordo com o disposto no art. 17, § 3º, da Lei Complementar 140/11, numa situação dessas prevalecerá o auto de infração ambiental lavrado por órgão que detenha a atribuição de licenciamento ou autorização, no caso o lavrado pelo Estado, mesmo que tenha sido feito após o auto lavrado pelo município; **B:** correta; a princípio compete ao órgão ambiental responsável pelo licenciamento ou autorização lavrar o auto de infração ambiental correspondente (art. 17, *caput*, da Lei Complementar 140/11); porém, essa mesma lei admite que os demais entes federativos têm atribuição comum de fiscalização da conformidade de empreendimentos e atividades com a legislação ambiental em vigor, de maneira que o Município poderia atuar no caso em caso de inércia do Estado (art. 17, § 3º, da Lei Complementar 140/11); de qualquer maneira, vale ressaltar que nesse caso prevalecerá o auto de infração ambiental lavrado por órgão que detenha a atribuição de licenciamento ou autorização; **C** e **D:** incorretas; pois, em caso de inércia do Estado, os demais entes federativos têm atribuição comum de fiscalização da conformidade de empreendimentos e atividades com a legislação ambiental em vigor, de maneira que não só a União, mas também o Município poderiam atuar no caso em caso de inércia do Estado (art. 17, § 3º, da Lei Complementar 140/11).

Gabarito "B".

(OAB/FGV – 2020) A sociedade empresária Alfa opera, com regular licença ambiental expedida pelo órgão federal competente, empreendimento da área de refino de petróleo que está instalado nos limites do território do Estado da Federação Beta e localizado no interior de unidade de conservação instituída pela União. Durante o prazo de validade da licença de operação, o órgão federal competente, com a aquiescência do órgão estadual competente do Estado Beta, deseja delegar a execução de ações administrativas a ele atribuídas, consistente na fiscalização do cumprimento de condicionantes da licença ambiental para o Estado Beta.

Sobre a delegação pretendida pelo órgão federal, consoante dispõe a Lei Complementar nº 140/2011, assinale a afirmativa correta.

(A) É possível, desde que o Estado Beta disponha de órgão ambiental capacitado a executar as ações administrativas a serem delegadas e de conselho de meio ambiente.

(B) É possível, desde que haja prévia manifestação dos conselhos nacional e estadual do meio ambiente, do Ministério Público e homologação judicial.

(C) Não é possível, eis que a competência para licenciamento ambiental é definida por critérios objetivos estabelecidos na legislação, sendo vedada a delegação de competência do poder de polícia ambiental.

(D) Não é possível, eis que a delegação de ações administrativas somente é permitida quando realizada do Município para Estado ou União, ou de Estado para União, vedada a delegação de atribuição ambiental federal.

A: correta, pois, de acordo com o art. 5º da Lei Complementar 140/2011, "O ente federativo poderá delegar, mediante convênio, a execução de ações administrativas a ele atribuídas nesta Lei Complementar, desde que o ente destinatário da delegação disponha de órgão ambiental capacitado a executar as ações administrativas a serem delegadas e de conselho de meio ambiente"; no caso em questão a alternativa deixa claro que esses dois órgãos existem (órgão local capacitado + conselho local de meio ambiente), então é possível a delegação; **B:** incorreta, pois a Lei Complementar não exige nada disso, mas sim um convênio entre os entes e a presença no órgão delegatário de órgãos técnicos preparados para essa atividade e de um conselho de meio ambiente (art. 5º da LC 140/11); **C:** incorreta, pois o art. 5º da LC 140/11 admite a delegação nesse caso; **D:** incorreta, pois a LC 140/11 não traz faz essa restrição quando dispõe sobre essa delegação (art. 5º da LC, 140/11).

Gabarito "A".

(OAB/FGV – 2020) Efeito Estufa Ltda., sociedade empresária que atua no processamento de alimentos, pretende instalar nova unidade produtiva na área urbana do Município de Ar Puro, inserida no Estado Y. Para esse fim, verificou que a autoridade competente para realizar o licenciamento ambiental será a do próprio Município de Ar Puro. Sobre o caso, assinale a opção que indica quem deve realizar o estudo de impacto ambiental.

(A) O Município de Ar Puro.

(B) O Estado Y.

(C) O IBAMA.

(D) Profissionais legalmente habilitados, às expensas do empreendedor.

De acordo com a Resolução CONAMA 237/97, os estudos necessários ao processo de licenciamento serão feitos por "profissionais legalmente habilitados, às expensas do empreendedor" (art. 11, "caput"). Assim, a alternativa "d" é a correta.

Gabarito "D".

(OAB/FGV – 2019) A sociedade empresária Foice Ltda., dá início à construção de galpão de armazenamento de ferro-velho. Com isso, dá início a Estudo de Impacto Ambiental – EIA. No curso do EIA, verificou-se que a construção atingiria área verde da Comunidade de Flores, de modo que 60 (sessenta) cidadãos da referida Comunidade solicitaram à autoridade competente que fosse realizada, no âmbito do EIA, audiência pública. Sobre a situação, assinale a afirmativa correta.

(A) A audiência pública não é necessária, uma vez que apenas deve ser instalada quando houver solicitação do Ministério Público.

(B) A audiência pública não é necessária, uma vez que apenas deve ser instalada quando houver solicitação de associação civil legalmente constituída há pelo menos 1 (um) ano.

(C) A audiência pública é necessária, e, caso não realizada, a eventual licença ambiental concedida não terá validade.

(D) A audiência pública é necessária, salvo quando celebrado Termo de Ajustamento de Conduta com o Ministério Público.

A e B: incorretas, pois se 50 ou mais cidadãos (ou uma entidade civil ou o Ministério Público) solicitarem a audiência, ela deve ser realizada, nos termos do art. 2º da Resolução Conama 09/87; **C:** correta, nos termos dos art. 2º, *caput* e § 2º, da Resolução Conama 09/87, que trata da legitimidade do cidadão para requerer a audiência (caso 50 ou mais cidadãos a solicitem) e da invalidade da licença concedida caso esta seja outorgada sem que haja audiência pública, nos casos em que esta tiver sido devidamente requerida ou se tratar de imposição legal; **D:** incorreta, pois o fato de haver termo de ajustamento de conduta com o Ministério Público não tira a legitimidade do cidadão e de outras entidades de solicitar audiência pública no caso.

Gabarito "C".

(OAB/FGV – 2017) A sociedade empresária Asfalto Joia S/A, vencedora de licitação realizada pela União, irá construir uma rodovia com quatro pistas de rolamento, ligando cinco estados da Federação. Sobre o licenciamento ambiental e o estudo de impacto ambiental dessa obra, assinale a afirmativa correta.

(A) Em caso de instalação de obra ou atividade potencialmente causadora de significativa degradação do meio ambiente, é exigível a realização de Estudo prévio de Impacto Ambiental (EIA), sem o qual não é possível se licenciar nesta hipótese.

(B) O licenciamento ambiental dessa obra é facultativo, podendo ser realizado com outros estudos ambientais diferentes do Estudo prévio de Impacto Ambiental (EIA), visto que ela se realiza em mais de uma unidade da Federação.

(C) O Relatório de Impacto Ambiental (RIMA), gerado no âmbito do Estudo prévio de Impacto Ambiental (EIA), deve ser apresentado com rigor científico e linguagem técnica, a fim de permitir, quando da sua divulgação, a informação adequada para o público externo.

(D) Qualquer atividade ou obra, para ser instalada, dependerá da realização de Estudo prévio de Impacto Ambiental (EIA), ainda que não seja potencialmente causadora de significativa degradação ambiental.

A: correta (art. 225, § 1º, IV, da CF); **B:** incorreta, pois uma rodovia com quatro pistas de rolamento e que liga cinco estados da Federação certamente é obra que causa significativo impacto ambiental, impondo assim EIA, na forma do art. 225, § 1º, IV, da CF; nesse sentido, a Resolução CONAMA 1/1986 estabelece a obrigatoriedade do EIA/RIMA para estradas de rodagem com duas ou mais faixas de rolamento (art. 2º, I); **C:** incorreta. O relatório deve ser apresentado de forma acessível e adequada a sua compreensão, com informações em linguagem acessível (art. 9º, parágrafo único, da Resolução CONAMA 1/1986); **D:** incorreta, pois a CF só exige EIA para obra ou atividades que possam causar significativa degradação ambiental (art. 225, § 1º, IV, da CF). WG

Gabarito "A".

(OAB/FGV – 2016) A sociedade empresária Xique-Xique S.A. pretende instalar uma unidade industrial metalúrgica de grande porte em uma determinada cidade. Ela possui outras unidades industriais do mesmo porte em outras localidades. Sobre o licenciamento ambiental dessa iniciativa, assinale a afirmativa correta.

(A) Como a sociedade empresária já possui outras unidades industriais do mesmo porte e da mesma natureza, não será necessário outro licenciamento ambiental para a nova atividade utilizadora de recursos ambientais, se efetiva ou potencialmente poluidora.

(B) Para uma nova atividade industrial utilizadora de recursos ambientais, se efetiva ou potencialmente poluidora, é necessária a obtenção da licença ambiental, por meio do procedimento administrativo denominado licenciamento ambiental.

(C) Se a sociedade empresária já possui outras unidades industriais do mesmo porte, poderá ser exigido outro licenciamento ambiental para a nova atividade utilizadora de recursos ambientais, se efetiva ou potencialmente poluidora, mas será dispensada a realização de qualquer estudo ambiental, inclusive o de impacto ambiental, no processo de licenciamento.

(D) A sociedade empresária só necessitará do alvará da prefeitura municipal autorizando seu funcionamento, sendo incabível a exigência de licenciamento ambiental para atividades de metalurgia.

A: incorreta, pois cada nova atividade que possa causar dano ambiental depende de prévio licenciamento ambiental (art. 2º, "caput", da Resolução CONAMA 237/1997); **B:** correta (art. 2º, "caput", da Resolução CONAMA 237/1997); **C:** incorreta, pois cada nova atividade que possa causar significativo impacto ambiental depende de prévio EIA/RIMA (art. 225, § 1º, IV, da CF); **D:** incorreta, pois, em sendo uma unidade industrial metalúrgica capaz de causa impacto ambiental, de rigor o licenciamento ambiental (art. 2º, "caput", da Resolução CONAMA 237/1997). WG

Gabarito "B".

7. UNIDADES DE CONSERVAÇÃO

(OAB/FGV – 2024) Município Alfa criou regularmente uma Unidade de Conservação (UC), por meio de decreto do Prefeito. Três anos depois, mediante a realização de novos estudos técnicos e de consulta pública, o chefe do Executivo municipal se convenceu de que deveria reduzir os limites geográficos da Unidade de Conservação.

Sabendo que o Prefeito está prestes a assinar novo decreto promovendo a supressão e a desafetação de uma parte dessa Unidade de Conservação, um grupo de ambientalistas procurou você como advogado(a).

Nesse contexto, assinale a opção que apresenta, corretamente, sua orientação acerca do novo decreto.

(A) O decreto em questão não pode ser considerado válido, pois quaisquer alterações na UC devem ser precedidas de autorização dos órgãos ambientais estadual e federal.

(B) Não há qualquer mácula no aludido decreto, uma vez que foram realizados novos estudos técnicos e consulta pública, que são imprescindíveis para quaisquer alterações na UC.

(C) É inviável a alteração pretendida por decreto, haja vista que a desafetação ou redução dos limites de uma Unidade de Conservação só pode ser feita mediante lei específica.

(D) O decreto em análise está em consonância com o ordenamento jurídico, na medida em que, se a criação da UC se deu por tal via, sua redução pode ser realizada pelo mesmo instrumento normativo.

A Lei n. 9.985/2000 dispõe sobre o Sistema Nacional das Unidades de Conservação (SNUC). As unidades de conservação são *criadas* por "ato do Poder Público" (art. 22, "caput"), como, por exemplo, um decreto ou uma lei. No entanto, a *desafetação* ou *redução dos limites* de uma unidade de conservação somente pode ser feita mediante lei específica (art. 22, § 7º). **A:** incorreta (a alteração da UC não está condicionada à autorização dos órgãos ambientais estadual e federal). **B** e **D:** incorretas (o decreto é inviável, pois a redução dos limites geográficos da UC depende de lei específica, não podendo ser feita por decreto, mesmo que haja novos estudos técnicos e consulta pública). **C:** correta (cf. art. 22, § 7º, da Lei do SNUC).

Gabarito "C".

(Juiz Federal – TRF/1 – 2023 – FGV) A União criou uma unidade de conservação Alfa (UC Alfa) do grupo das Unidades de Proteção Integral, que tem como objetivo a preservação da natureza e a realização de pesquisas científicas. Sabe-se que a UC Alfa é de posse e domínio públicos, sendo que as áreas particulares incluídas em seus limites serão desapropriadas, de acordo com o que dispõe a lei. Ademais, é proibida a visitação pública à UC Alfa, exceto quando com objetivo educacional, de acordo com o que dispuser o Plano de Manejo da unidade ou regulamento específico.

Diante da narrativa acima e consoante dispõe a Lei nº 9.985/2000, a UC Alfa é um(a):

(A) Estação Ecológica, e a pesquisa científica depende de autorização prévia do órgão responsável pela administração da unidade e está sujeita às condições e restrições por este estabelecidas, bem como àquelas previstas em regulamento;

(B) Reserva Biológica, e a pesquisa científica depende de autorização prévia do órgão responsável pela administração da unidade ou do Instituto Brasileiro do Meio Ambiente e dos Recursos Naturais Renováveis (Ibama);

(C) Parque Nacional, e a pesquisa científica depende de autorização prévia do órgão responsável pela administração da unidade ou do Instituto Chico Mendes de Conservação da Biodiversidade (ICMBio);

(D) Refúgio de Vida Silvestre, e a pesquisa científica depende de autorização prévia do órgão responsável pela administração da unidade ou do Instituto Chico Mendes de Conservação da Biodiversidade (ICMBio);

(E) Área de Relevante Interesse Ecológico, e a pesquisa científica depende de autorização prévia do órgão responsável pela administração da unidade e está sujeita às condições e restrições por este estabelecidas, bem como àquelas previstas em regulamento.

As unidades de conservação do grupo de Proteção Integral são compostas por cinco categorias (art. 8º da Lei 9.985/2000): (i) Estação Ecológica; (ii) Reserva Biológica; (iii) Parque Nacional; (iv) Monumento Natural; (v) Refúgio da Vida Silvestre. Os respectivos regimes e características estão dispostas nos artigos 9º (Estação Ecológica), 10 (Reserva Biológica), 11 (Parque Nacional), 12 (Monumento Natural) e 13 (Refúgio da Vida Silvestre) da mesma lei. A Estação Ecológica tem como objetivo a preservação da natureza e a realização de pesquisas científicas. A pesquisa científica depende de autorização prévia do órgão responsável pela administração da unidade e está sujeita às condições e restrições por este estabelecidas, bem como àquelas previstas em regulamento. É proibida a visitação pública, exceto quando com objetivo educacional, de acordo com o que dispuser o Plano de Manejo da unidade ou regulamento específico. Assim, a alternativa **A** está correta. **B:** incorreta (na Reserva Biológica, a pesquisa científica depende de autorização prévia do órgão responsável pela administração da unidade). **C:** incorreta (no Parque Nacional, a pesquisa científica depende de autorização prévia do órgão responsável pela administração da unidade). **D:** incorreta (no Refúgio da Vida Silvestre, a pesquisa científica depende de autorização prévia do órgão responsável pela administração da unidade). **E:** incorreto (a Área de Relevante Interesse Ecológico é unidade de conservação do grupo de Uso Sustentável, e não do grupo de Proteção Integral).

Gabarito "A".

(Juiz de Direito/AP – 2022 – FGV) Tendo em vista a grande especulação imobiliária do Município X, o prefeito decide reduzir a área de determinada Unidade de Conservação, para permitir a construção de novas unidades imobiliárias.

Sobre o caso, é correto afirmar que o prefeito:

(A) não pode mudar as dimensões da Unidade de Conservação por decreto, o que apenas pode ser feito por lei específica;

(B) pode reduzir as dimensões da Unidade de Conservação caso ela tenha sido criada por decreto do chefe do Poder Executivo municipal;

(C) apenas pode alterar as dimensões da Unidade de Conservação caso ela tenha sido criada após 05 de outubro de 1988;

(D) pode reduzir as dimensões da Unidade de Conservação caso não haja derrubada de vegetação nativa e não atinja área de proteção integral;

(E) não pode alterar a área da Unidade de Conservação, o que depende de estudo prévio de impacto ambiental e de licenciamento ambiental.

A redução da área de uma Unidade de Conservação (UC) somente pode ser feita por *lei específica*, não se admitindo o decreto para tanto (mesmo que a UC tenha sido criada por decreto). É o que se extrai do art. 225, § 1º, III, CF e do art. 22, § 7º, da Lei 9.985/2000 (Lei do Sistema Nacional das Unidades de Conservação), que assim dispõe: "A desafetação ou redução dos limites de uma unidade de conservação só pode ser feita mediante lei específica." Nesse sentido já decidiu o STF: "a Constituição, portanto, permite a alteração e até mesmo a supressão de espaços territoriais especialmente protegidos, desde que por meio de lei formal, ainda que a referida proteção tenha sido conferida por ato infralegal. Trata-se de um mecanismo de reforço institucional da proteção ao meio ambiente, já que retira da discricionariedade do Poder Executivo a redução dos espaços ambientais protegidos, exigindo-se para tanto deliberação parlamentar, sujeita a maior controle social" (RE-AgR 519.778/RN, 1ª Turma, Rel. Min. Roberto Barroso, DJe 01.08.2014). Assim, correta a alternativa A.

Gabarito "A".

(OAB/FGV – 2022) A sociedade empresária *Gama* requereu licença ambiental para empreendimento da área de petróleo e gás natural, com significativo impacto ambiental, assim considerado pelo órgão ambiental competente, com fundamento no estudo de impacto ambiental e respectivo relatório – EIA/RIMA, apresentados pelo próprio empreendedor no curso do processo de licenciamento.

Preenchidos os requisitos legais, o órgão ambiental concedeu a licença ambiental com uma série de condicionantes, entre elas, a obrigação do empreendedor de apoiar a implantação e a manutenção de determinada unidade de conservação do grupo de proteção integral. Para tanto, observado o grau de impacto ambiental causado pelo empreendimento licenciado e, de acordo com critérios técnicos, legais e jurisprudenciais, foi regularmente arbitrado pelo órgão licenciador o montante de dez milhões de reais a ser destinado pelo empreendedor para tal finalidade.

No caso em tela, de acordo com a Lei nº 9.985/00, a condicionante descrita é uma obrigação que visa à

(A) mitigação ambiental.

(B) compensação ambiental.

(C) punição por dano ambiental.
(D) inibição por dano ambiental.

A, C e D: incorretas, pois as condicionantes mencionadas no enunciado da questão estão regulamentadas no art. 36 da Lei 9.985/00, sendo que o p. 3º deste dispositivo estabelece que a natureza dessas medidas é de uma "compensação" ambiental; **B:** correta, pois as condicionantes mencionadas no enunciado da questão estão regulamentadas no art. 36 da Lei 9.985/00, sendo que o p. 3º deste dispositivo estabelece que a natureza dessas medidas é de uma "compensação" ambiental.

Gabarito "B".

(OAB/FGV – 2021) Há grande interesse das sociedades empresárias do setor petrolífero na exploração de áreas localizadas no mar. Nessas áreas, segundo grupos ambientalistas, foi constatada a presença de rara e sensível formação de recifes costeiros. Sobre a hipótese, assinale a opção que indica a medida adequada que o Poder Público deve tomar para manter a área preservada.

(A) Criar uma Reserva Legal.
(B) Criar um Parque Nacional Marinho.
(C) Autorizar a criação de uma Zona de Amortecimento.
(D) Estabelecer uma Área de Indisponibilidade da Zona Costeira.

A: incorreta, por vários motivos; primeiro porque a reserva legal é uma reserva que não é propriamente criada, mas sim imposta diretamente pela lei (art. 12, *caput*, da Lei 12.651/12); segundo porque a reserva legal é um instrumento voltado aos imóveis rurais em geral, e não exatamente à formação vegetal marítima; e terceiro porque a reserva legal protege apenas uma fração da propriedade (por exemplo, 20% dela – art. 12, II, da Lei 12.651/12), o que não traria a proteção esperada no caso em análise; **B:** correta; há previsão legal expressa para a criação de um Parque Nacional para a preservação de ecossistemas naturais de grande relevância ecológica e beleza cênica (art. 11, *caput*, da Lei 9.985/00), como parece ser o caso; outro ponto importante é que o mar é considerado uma área pública, e o Parque Nacional é um tipo de unidade de conservação específica voltada para as áreas públicas (art. 11, § 1º, da Lei 9.985/00); **C:** incorreta, pois a zona de amortecimento é uma zona criada no **entorno** de uma unidade de conservação, com o objetivo de restringir atividades humanas (art. 2º, XVIII, da Lei 9.985/00) para minimizar os impactos negativos sobre a unidade, e, no caso em tela, a ideia é preservar **por inteiro** essas formações, daí porque é necessário criar uma específica unidade de conservação para tanto, sem prejuízo de uma zona de amortecimento adicional à unidade criada; e; **D:** incorreta, pois não existe uma tipo de unidade de conservação com esse nome destinada a proteger as formações mencionadas no enunciado da questão.

Gabarito "B".

(OAB/FGV – 2019) O Ministro do Meio Ambiente recomenda ao Presidente da República a criação de uma Unidade de Conservação em área que possui relevante ecossistema aquático e grande diversidade biológica. Porém, em razão da grave crise financeira, o Presidente pretende que a União não seja compelida a pagar indenização aos proprietários dos imóveis inseridos na área da Unidade de Conservação a ser criada. Considerando o caso, assinale a opção que indica a Unidade de Conservação que deverá ser criada.

(A) Estação Ecológica.
(B) Reserva Biológica.
(C) Parque Nacional.
(D) Área de Proteção Ambiental.

A: incorreta, pois a Estação Ecológica depende de desapropriação de áreas e, portanto, de pagamento de indenização aos proprietários dos imóveis (art. 9º, § 1º, da Lei 9.985/00); **B:** incorreta, pois a Reserva Biológica depende de desapropriação de áreas e, portanto, de pagamento de indenização aos proprietários dos imóveis (art. 10, § 1º, da Lei 9.985/00); **C:** incorreta, pois o Parque Nacional depende de desapropriação de áreas e, portanto, de pagamento de indenização aos proprietários dos imóveis (art. 11, § 1º, da Lei 9.985/00); **D:** correta, pois uma Área de Proteção Ambiental, por ser uma mera limitação administrativa que pode ser instituída em área particular, não importa, em regra, em pagamento de indenização aos proprietários dos imóveis, por não inviabilizar o uso da propriedade nos limites legais (art. 15 da Lei 9.985/00).

Gabarito "D".

(OAB/FGV – 2016) Paulo é proprietário de um grande terreno no qual pretende instalar um loteamento, já devidamente aprovado pelo Poder Público. Contudo, antes que Paulo iniciasse a instalação do projeto, sua propriedade foi integralmente incluída nos limites de um Parque Nacional. Considerando as normas que regem o Sistema Nacional de Unidades de Conservação – SNUC, é correto afirmar que

(A) Paulo deverá aguardar a elaboração do plano de manejo do parque para verificar a viabilidade de seu empreendimento.
(B) Paulo poderá ajuizar ação com o objetivo de ser indenizado pelo lucro cessante decorrente da inviabilidade do empreendimento.
(C) Caso seu terreno não seja desapropriado, Paulo poderá ajuizar ação de desapropriação indireta em face da União.
(D) Paulo não poderá implementar seu loteamento, mas poderá explorar o ecoturismo na área com cobrança de visitação.

A: incorreta, pois o Parque Nacional é um tipo de Unidade de Proteção Integral, unidade essa que só admite o uso indireto do imóvel, ressalvadas as poucas exceções legais (art. 7º, § 1º, da Lei 9.985/2000), exceções essas que, por sinal, não se aplicam ao Parque Nacional; dessa forma, de nada vai adiantar Paulo aguardar o plano de manejo, pois este não deverá autorizar o uso do bem; **B:** incorreta, pois, caso o Poder Público não ingresse com ação desapropriação do imóvel, Paulo deverá ajuizar ação de desapropriação indireta, cujo foco é a indenização pela perda da propriedade; **C:** correta, já que esse tipo de unidade de conservação impõe a desapropriação do imóvel (art. 11, § 1º, da Lei 9.985/2000); **D:** incorreta, esse tipo de unidade de conservação impõe a desapropriação do imóvel pelo Poder Público, de modo que Paulo não poderá explorar qualquer tipo de negócio no local, aí incluído o ecoturismo (art. 11, § 1º, da Lei 9.985/2000).

Gabarito "C".

8. PROTEÇÃO DA FLORA. CÓDIGO FLORESTAL. MATA ATLÂNTICA

(OAB/FGV – 2019) Renato, proprietário de terra rural inserida no Município X, pretende promover a queimada da vegetação existente para o cultivo de cana-de-açúcar. Assim, consulta seu advogado, indagando sobre a possibilidade da realização da queimada. Sobre o caso narrado, assinale a afirmativa correta.

(A) A queimada poderá ser autorizada pelo órgão estadual ambiental competente do SISNAMA, caso as peculiaridades dos locais justifiquem o emprego do fogo em práticas agropastoris ou florestais.

(B) A queimada poderá ser autorizada pelo órgão municipal ambiental competente, após audiência pública realizada pelo Município X no âmbito do SISNAMA.
(C) A queimada não pode ser realizada, constituindo, ainda, ato tipificado como crime ambiental caso a área esteja inserida em Unidade de Conservação.
(D) A queimada não dependerá de autorização, caso Renato comprove a manutenção da área mínima de cobertura de vegetação nativa, a título de reserva legal.

A: correta, nos termos do art. 38, I, da Lei 12.651/12 (Código Florestal); **B:** incorreta, pois o órgão competente para essa autorização é o estadual e o uso do fogo é a princípio proibido (não bastando fazer uma audiência pública), ressalvadas as poucas situações previstas no art. 38 da Lei 12.651/12; **C:** incorreta; geralmente, a queimada é proibida, mas há exceções na lei e uma delas é justamente a trazida na alternativa "a" da questão (art. 38 da Lei 12.651/12); **D:** incorreta, pois a regra é a proibição do uso do fogo em vegetações, salvo nas exceções trazidas no art. 38 da Lei 12.651/12, não havendo como exceção uma regra que permite o fogo diretamente desde que se mantenha o mínimo de cobertura vegetal a título de reserva legal.

Gabarito 'A'.

(OAB/FGV – 2019) Em 2017, Maria adquire de Eduarda um terreno inserido em área de Unidade de Conservação de Proteção Integral. Em 2018, Maria descobre, por meio de documentos e fotos antigas, que Eduarda promoveu desmatamento irregular no imóvel. Sobre a responsabilidade civil ambiental, assinale a afirmativa correta.

(A) Maria responde civilmente pela recomposição ambiental, ainda que tenha agido de boa-fé ao adquirir o terreno.
(B) Maria não pode responder pela aplicação de multa ambiental, tendo em vista o princípio da intranscendência da pena.
(C) Eduarda não pode responder pela recomposição ambiental, mas apenas pela multa ambiental, tendo em vista a propriedade ter sido transmitida.
(D) Maria responde nas esferas administrativa, civil e penal solidariamente com Eduarda, tendo em vista o princípio da reparação integral do dano ambiental.

A: correta, pois a responsabilidade no caso é *propter rem*, aderindo àquele que adquiriu a coisa sobre a qual houve o dano ambiental; ou seja, essa obrigação "tem natureza real e é transmitida ao sucessor no caso de transferência de domínio ou posse do imóvel rural" (art. 7º, § 2º, da Lei 12.651/12), daí porque Maria responde civilmente; vale salientar que o STJ editou a Súmula 623 no mesmo sentido, qual seja, a de "as obrigações ambientais possuem natureza *propter rem*, sendo admissível cobrá-las do proprietário ou possuidor atual e/ou dos anteriores, à escolha do credor"; **B e C:** incorretas, pois a obrigação de recomposição em questão é de natureza real e atinge novos proprietários, como é o caso de Maria (art. 7º, § 2º, da Lei 12.651/12); se Maria não atender ao dever de recomposição, que já nasce para ela no momento em que se torna proprietária do imóvel, imediatamente já estará sujeita às multas correspondentes; **D:** incorreta, pois o princípio da reparação integral do dano ambiental diz respeito à esfera civil, não à esfera penal ou administrativas, ainda que nessas duas esferas se possa discutir a reparação ambiental; na esfera penal Maria só responderá se também praticar um crime ambiental, valendo salientar que não há que se falar em responsabilidade solidária em matéria de responsabilidade penal, pois não é possível acionar um só dos "devedores penais" solidários, sendo de rigor acionar todos os que cometerem o crime ambiental.

Gabarito 'A'.

(OAB/FGV – 2018) Gabriela, pequena produtora rural que desenvolve atividade pecuária, é avisada por seu vizinho sobre necessidade de registrar seu imóvel rural no Cadastro Ambiental Rural (CAR), sob pena de perder a propriedade do bem. Sobre a hipótese, assinale a afirmativa correta.

(A) Gabriela não tem a obrigação de registrar o imóvel no CAR por ser pequena produtora rural.
(B) Gabriela tem a obrigação de registrar o imóvel no CAR, sob pena de perder a propriedade do bem, que apenas poderá ser reavida por ação judicial.
(C) Gabriela tem a obrigação de registrar o imóvel no CAR; o registro não será considerado título para fins de reconhecimento do direito de propriedade ou posse.
(D) Gabriela tem a obrigação de registrar o imóvel no CAR; o registro autoriza procedimento simplificado para concessão de licença ambiental.

A: incorreta, pois o Código Florestal prevê que todas as propriedades rurais devem ser objeto de inscrição no Cadastro Ambiental Rural (art. 29, *caput*, da Lei 12.651/2012); **B:** incorreta, pois a lei não prevê a perda do imóvel como sanção pelo não cadastramento do imóvel no CAR (vide arts. 29 e 30 da Lei 12.651/2012); **C:** correta, nos termos da obrigação prevista para todos os imóveis rurais no art. 29, *caput*, da Lei 12.651/2012, bem como nos termos do § 2º do art. 29 da Lei 12.651/2012, que estabelece que o registro não será considerado título para fins do reconhecimento do direito de propriedade ou posse; **D:** incorreta. De fato, Gabriela tem a obrigação de registrar o imóvel no CAR (art. 29, *caput*, da Lei 12.651/2012), porém, o registro não autoriza procedimento simplificado para concessão de licença ambiental, mas, ao contrário, acaba por se tornar um requisito para a concessão de licença ambiental, como no caso previsto no art. 4º, § 6º, IV, da Lei 12.651/2012.

Gabarito 'C'.

(OAB/FGV – 2016) O Governo Federal, tendo em vista a grande dificuldade em conter o desmatamento irregular em florestas públicas, iniciou procedimento de concessão florestal para que particulares possam explorar produtos e serviços florestais. Sobre o caso, assinale a afirmativa correta.

(A) Essa concessão é antijurídica, uma vez que o dever de tutela do meio ambiente ecologicamente equilibrado é intransferível e inalienável.
(B) Essa concessão, que tem como objeto o manejo florestal sustentável, deve ser precedida de licitação na modalidade de concorrência.
(C) Essa concessão somente é possível para fins de exploração de recursos minerais pelo concessionário.
(D) Essa concessão somente incide sobre florestas públicas estaduais e, por isso, a competência para sua delegação é exclusiva dos Estados, o que torna ilegal sua implementação pelo IBAMA.

A: incorreta, pois a Lei 11.284/2006 disciplina a figura da concessão florestal, que consiste na delegação onerosa, feito pelo poder concedente (Administração), do direito de praticar atividades de manejo florestal sustentável, de restauração florestal e de exploração de produtos e serviços em unidade de manejo (art. 3º, VII, da Lei 11.284/2006); **B:** correta (art. 3º, VII, c/c art. 13, § 1º, da Lei 11.284/2006); **C:** incorreta, pois essa concessão tem em mira, na verdade, "o direito de praticar manejo florestal sustentável para exploração de produtos e serviços numa unidade de manejo" (art. 3º, VII, da Lei 11.284/2006), sendo que é inclusive vedada a outorga da exploração de recursos minerais no âmbito da concessão florestal (art. 16, § 1º, IV, da Lei 11.284/2006); **D:** incorreta, pois a Lei 11.284/2006 trata das florestas públicas em geral, incluindo as federais, estaduais e municipais, sendo que cada esfera cuidará da respectiva concessão. 🆁🅱

Gabarito "B".

9. RESPONSABILIDADE CIVIL AMBIENTAL

(Juiz de Direito – TJ/SC – 2024 – FGV) A sociedade empresária Delta, empreendedora do ramo de indústria de fertilizantes, deixou vazar para as águas do Rio X milhares de litros de amônia, o que resultou em dano ambiental, provocando a morte de peixes, crustáceos e moluscos, bem como a consequente quebra da cadeia alimentar do ecossistema fluvial local.

João, pescador profissional com o devido registro, que exerce há anos suas atividades laborativas no Rio X, ajuizou ação de indenização por danos morais e materiais em face da sociedade empresária Delta, pois ficou impedido de exercer a pesca por seis meses, em razão da poluição.

O processo judicial seguiu regularmente seu trâmite e está concluso para sentença. Observando a jurisprudência do Superior Tribunal de Justiça, o magistrado deve aplicar a responsabilidade civil ambiental objetiva, informada pela teoria do risco:

(A) social, sendo admitidas as excludentes de responsabilidade previstas na legislação, como o caso fortuito, a força maior, o fato de terceiro ou a culpa exclusiva da vítima, e o valor a ser arbitrado como dano moral deverá incluir o caráter pedagógico, punitivo, preventivo e reparatório;

(B) social, não sendo admitidas as excludentes de responsabilidade previstas na legislação, como o caso fortuito, a força maior, o fato de terceiro ou a culpa exclusiva da vítima, e o valor a ser arbitrado como dano moral não deverá incluir o caráter pedagógico, punitivo e compensatório;

(C) ambiental, sendo admitidas como excludentes de responsabilidade apenas o fato de terceiro e a culpa exclusiva da vítima, e o valor a ser arbitrado como dano moral deverá incluir o caráter pedagógico, punitivo, preventivo e reparatório;

(D) integral, não sendo admitidas as excludentes de responsabilidade previstas na legislação, como o caso fortuito, a força maior, o fato de terceiro ou a culpa exclusiva da vítima, mas o valor a ser arbitrado como dano moral ambiental não deverá incluir o caráter punitivo (*punitive damages*), pois a punição ambiental é função que incumbe ao direito penal e administrativo ambiental;

(E) integral, sendo admitidas as excludentes de responsabilidade previstas na legislação, como o caso fortuito, a força maior, o fato de terceiro ou a culpa exclusiva da vítima, e o valor a ser arbitrado como dano moral deverá incluir o caráter punitivo, em razão do sistema da tríplice responsabilidade adotado no ordenamento jurídico brasileiro.

O STJ fixou a tese jurídica segundo a qual a responsabilidade civil ambiental é objetiva, informada pela *teoria do risco integral*, sendo descabida a invocação de excludentes de responsabilidade civil (caso fortuito, força maior, fato de terceiro ou culpa exclusiva da vítima),

caso para afastar a obrigação de indenizar (Tema Repetitivo 707). Além disso, no dano moral ambiental a função preventiva essencial da responsabilidade civil é a eliminação de fatores capazes de produzir riscos intoleráveis, visto que a função punitiva cabe ao direito penal e administrativo (REsp 1.354.536/SE, Rel. Min. Luís Felipe Salomão, julg. em 26/3/2014 – Informativa n. 538). Assim, correta a alternativa D. 🆁🅱

Gabarito "D".

(Juiz de Direito – TJ/SC – 2024 – FGV) Em matéria de responsabilidade por dano ambiental, analise as afirmativas a seguir.

I. Os danos ambientais definitivos apenas se verificam, e são indenizáveis em pecúnia, se a reparação integral da área degradada não for possível em tempo razoável, após o cumprimento das obrigações de fazer. Seu marco inicial é o término das ações de restauração do meio ambiente.

II. O marco inicial do dano ambiental intercorrente é a própria lesão ambiental. Seu marco final é o da reparação da área, seja por restauração *in natura*, seja por compensação indenizatória do dano residual, se a restauração não for viável.

III. O cumprimento da obrigação de reparar integralmente o dano ambiental (*in natura* ou pecuniariamente) afasta a obrigação de indenizar os danos ambientais interinos.

Considerando a jurisprudência do Superior Tribunal de Justiça, está correto o que se afirma em:

(A) somente II;

(B) somente III;

(C) somente I e II;

(D) somente II e III;

(E) I, II e III.

A questão explora o Acórdão do STJ prolatado no REsp 1.845.200/SC (2ª Turma, Rel. Min. Og Fernandes, DJe 6/09/2022). Seguem alguns trechos da ementa: "1. Os danos ambientais interinos (também ditos intercorrentes, transitórios, temporários, provisórios ou intermediários) não se confundem com os danos ambientais definitivos (residuais, perenes ou permanentes). 2. Os danos definitivos somente se verificam, e são indenizáveis em pecúnia, se a reparação integral da área degradada não for possível em tempo razoável, após o cumprimento das obrigações de fazer. Seu marco inicial, portanto, é o término das ações de restauração do meio ambiente. 3. O marco inicial do dano intercorrente, a seu turno, é a própria lesão ambiental. Seu marco final é o da reparação da área, seja por restauração *in natura*, seja por compensação indenizatória do dano residual, se a restauração não for viável. 4. O dano residual compensa a natureza pela impossibilidade de retorná-la ao estado anterior à lesão. O dano intercorrente compensa a natureza pelos prejuízos causados entre o ato degradante e sua reparação. 5. O poluidor deve não só devolver a natureza a seu estado anterior, mas reparar os prejuízos experimentados no interregno, pela indisponibilidade dos serviços e recursos ambientais nesse período." Assim, item I: correto (tópico 2 da ementa); item II: correto (tópico 3 da ementa); item III: incorreto (tópico 5 da ementa – a responsabilidade civil em relação aos danos ambientais interinos e definitivos é cumulativa). Ou seja, somente I e II estão corretos (alternativa C). 🆁🅱

Gabarito "C".

(Juiz Federal – TRF/1 – 2023 – FGV) João praticou ato ilícito, causando severos danos ambientais no interior de determinada unidade de conservação de proteção integral federal. Não obstante ter ciência dos fatos, o órgão federal responsável pela fiscalização da área não tomou qualquer providência.

O Ministério Público Federal, então, ajuizou ação civil pública contra o particular e o poder público federal, em litisconsórcio passivo, pleiteando que ambos fossem condenados a reparar os danos ao meio ambiente.

Consoante jurisprudência do Superior Tribunal de Justiça, no caso em tela, a responsabilidade civil ambiental é:

(A) objetiva, de maneira que não é necessária a comprovação de terem agido João e o poder público com dolo ou culpa, bastando a comprovação do ato lícito ou ilícito que tenha causado dano ambiental no interior da unidade de conservação federal, com a demonstração do necessário nexo de causalidade, bem como subsidiária, não havendo que se falar em responsabilidade solidária;

(B) objetiva para o particular João e subjetiva para o poder público, bem como subsidiária, de maneira que o poder público somente pode ser chamado a arcar com a obrigação de reparação dos danos ambientais se restar comprovado o exaurimento patrimonial ou insolvência de João, degradador original, direto ou material (devedor principal);

(C) solidária, não havendo que se falar em execução subsidiária, que significa que ambos os réus devem ser chamados para reparar o dano ambiental o mais rápido possível, para reduzir os chamados danos ambientais residuais, mas o poder público, caso tenha qualquer despesa para a reparação do dano, deve acionar João, degradador original, direto ou material (devedor principal), em ação de regresso;

(D) solidária e de execução subsidiária, que significa que o poder público integra o título executivo sob a condição de, como devedor-reserva, só ser convocado a quitar a dívida se João, degradador original, direto ou material (devedor principal), não o fizer, seja por total ou parcial exaurimento patrimonial ou insolvência, seja por impossibilidade ou incapacidade, inclusive técnica, de cumprimento da prestação judicialmente imposta, assegurado o direito de regresso;

(E) objetiva para o particular João e subjetiva para o poder público, bem como solidária, pois o dever-poder de controle e fiscalização ambiental, além de inerente ao exercício do poder de polícia da União, provém diretamente do marco constitucional de garantia dos processos ecológicos essenciais, de maneira que a execução do futuro título judicial deve ser imediata em face de ambos os réus, de forma que a coletividade obtenha a reparação ambiental o mais rápido possível, para diminuir o tempo dos danos ambientais interinos.

De acordo com a Súmula 652 do STJ, a responsabilidade civil da Administração Pública por danos ao meio ambiente, decorrente de sua omissão no dever de fiscalização, é de caráter solidário, mas de execução subsidiária. A responsabilidade solidária e de execução subsidiária significa, segundo o STJ (REsp 1071741/SP), "que o Estado integra o título executivo sob a condição de, como devedor-reserva, só ser convocado a quitar a dívida se o degradador original, direto ou material (= devedor principal) não o fizer, seja por total ou parcial exaurimento patrimonial ou insolvência, seja por impossibilidade ou incapacidade, inclusive técnica, de cumprimento da prestação judicialmente imposta, assegurado, sempre, o direito de regresso (art. 934 do Código Civil)". Gabarito "D".

(Juiz de Direito/AP – 2022 – FGV) A sociedade Alfa Ltda., após obter licença ambiental para construção de estacionamento em área inserida em Estação Ecológica, é processada em ação civil pública, em razão do dano ambiental causado. O autor da ação comprova erro na concessão da licença, tendo em vista que é vedada a construção dentro da referida Unidade de Conservação.

Em defesa, a sociedade Alfa Ltda. alega que realizou a construção amparada em licença ambiental presumidamente válida.

Sobre o caso, é correto afirmar que a ação deve ser:

(A) rejeitada e a licença ambiental mantida, em respeito ao princípio da segurança jurídica e da proteção da confiança;

(B) rejeitada e a licença ambiental mantida, com a imputação de responsabilidade integral à autoridade que concedeu a licença indevidamente;

(C) acolhida em parte, para que a licença seja concedida, mas limitada temporalmente, até que o réu possa ser ressarcido dos investimentos efetivamente realizados;

(D) acolhida para a anulação da licença ambiental, mas não para a reparação da lesão ambiental, tendo em vista que o dano foi causado por fato de terceiro, no caso, a concessão da licença de forma errada;

(E) acolhida, tendo em vista que os danos ambientais são regidos pelo modelo da responsabilidade objetiva e pela teoria do risco integral.

Comentário: no âmbito da responsabilidade civil ambiental, vige a aplicação da responsabilidade *objetiva*, ou seja, independe da comprovação de dolo ou culpa (art. 14, § 1º, da Lei 6.938/1981). De modo específico, incide a *teoria do risco integral*, pela qual não são admitidas excludentes de responsabilidade (como o caso fortuito ou força maior e o fato exclusivo de terceiro). Nesse sentido o entendimento consolidado do STJ: "É firme a jurisprudência do STJ no sentido de que, nos danos ambientais, incide a teoria do risco integral, advindo daí o caráter objetivo da responsabilidade, com expressa previsão constitucional (art. 225, § 3º, da CF) e legal (art. 14, § 1º, da Lei n. 6.938/1981), sendo, por conseguinte, descabida a alegação de excludentes de responsabilidade, bastando, para tanto, a ocorrência de resultado prejudicial ao homem e ao ambiente advinda de uma ação ou omissão do responsável." Desse modo, a ação civil pública tratada no enunciado da questão deve ser acolhida, sendo irrelevante o fato de a licença ambiental concedida pela sociedade Alfa Ltda. ter sido expedida erroneamente. Alternativa E correta. Gabarito "E".

(OAB/FGV – 2022) A sociedade empresária *Beta* atua no ramo de produção de produtos agrotóxicos, com regular licença ambiental, e vem cumprindo satisfatoriamente todas as condicionantes da licença. Ocorre que, por um acidente causado pela queda de um raio em uma das caldeiras de produção, houve vazamento de material tóxico, que causou grave contaminação do solo, subsolo e lençol freático.

Não obstante a sociedade empresária tenha adotado, de plano, algumas medidas iniciais para mitigar e remediar parte dos impactos, fato é que ainda subsiste considerável passivo ambiental a ser remediado.

Tendo em vista que a sociedade empresária Beta parou de atender às determinações administrativas do órgão ambiental competente, o Ministério Público ajuizou ação civil pública visando à remediação ambiental da área.

Na qualidade de advogado(a) da sociedade empresária Beta, para que seu cliente decida se irá ou não celebrar acordo judicial com o MP, você lhe informou que, no caso em tela, a responsabilidade civil por danos ambiental é

(A) afastada, haja vista que a atividade desenvolvida pelo empreendedor era lícita e estava devidamente licenciada.
(B) afastada, pois se rompeu o nexo de causalidade, diante da ocorrência de força maior.
(C) subjetiva e, por isso, diante da ausência de dolo ou culpa por prepostos da sociedade empresária, não há que se falar em obrigação de reparar o dano.
(D) objetiva e está fundada na teoria do risco integral, de maneira que não se aplicam as excludentes do dever de reparar o dano do caso fortuito e força maior.

A e C: incorretas, pois a responsabilidade civil por danos ambientais é objetiva, não importando portanto se a conduta da empresa era lícita ou não, ou se era culposa ou não; **B:** incorreta, pois a responsabilidade civil ambiental é objetiva e, por se adotar a teoria do risco integral, não há que se falar em excludente de responsabilidade, tal como a força maior; **D:** correta, pois a responsabilidade civil ambiental é objetiva e, pelo fato de o STF ter adotado a teoria do risco integral, não há que se falar em excludente de responsabilidade, tal como a força maior ou o caso fortuito; confira: "A responsabilidade por dano ambiental é objetiva, informada pela teoria do risco integral, sendo o nexo de causalidade o fator aglutinante que permite que o risco se integre na unidade do ato, sendo descabida a invocação, pela empresa responsável pelo dano ambiental, de excludentes de responsabilidade civil para afastar sua obrigação de indenizar" (Tese julgada sob o rito do art. 543-C do CPC/1973, TEMA 681 e 707, letra a). Gabarito "D".

(OAB/FGV – 2019) Em decorrência de grave dano ambiental em uma Unidade de Conservação, devido ao rompimento de barragem de contenção de sedimentos minerais, a Defensoria Pública estadual ingressa com Ação Civil Pública em face do causador do dano. Sobre a hipótese, assinale a afirmativa correta.

(A) A Ação Civil Pública não deve prosseguir, uma vez que a Defensoria Pública não é legitimada a propor a referida ação judicial.
(B) A Defensoria Pública pode pedir a recomposição do meio ambiente cumulativamente ao pedido de indenizar, sem que isso configure *bis in idem*.
(C) Tendo em vista que a conduta configura crime ambiental, a ação penal deve anteceder a Ação Civil Pública, vinculando o resultado desta.
(D) A Ação Civil Pública não deve prosseguir, uma vez que apenas o IBAMA possui competência para propor Ação Civil Pública quando o dano ambiental é causado em Unidade de Conservação.

A: incorreta, pois a Defensoria Pública é legitimada para essa ação civil pública, nos termos do art. 5º, II, da Lei 7.347/85; **B:** correta; segundo o STJ, "A cumulação de obrigação de fazer, não fazer e pagar não configura *bis in idem*, porquanto a indenização, em vez de considerar lesão específica já ecologicamente restaurada ou a ser restaurada, põe o foco em parcela do dano que, embora causada pelo mesmo comportamento pretérito do agente, apresenta efeitos deletérios de cunho futuro, irreparável ou intangível" (RE 1.198.727-MG); no mesmo sentido a Súmula 629 do STJ: "Quanto ao dano ambiental, é admitida a condenação do réu à obrigação de fazer ou à de não fazer cumulada com a de indenizar"; **C:** incorreta, pois as instâncias civil e penal são independentes entre si, sem contar que os critérios de responsabilização de uma são diferentes dos da outra; **D:** incorreta, pois a legitimidade para ação civil pública ambiental é ampla e legitimados como a Defensoria e Ministério Público, por exemplo, são universais. Gabarito "B".

(OAB/FGV – 2018) Configurada a violação aos dispositivos da Lei do Sistema Nacional de Unidades de Conservação, especificamente sobre a restauração e recuperação de ecossistema degradado, o Estado Z promove ação civil pública em face de Josemar, causador do dano. Em sua defesa judicial, Josemar não nega a degradação, mas alega o direito subjetivo de celebração de Termo de Ajustamento de Conduta (TAC), com a possibilidade de transacionar sobre o conteúdo das normas sobre restauração e recuperação. Sobre a hipótese, assinale a afirmativa correta.

(A) Josemar não possui direito subjetivo à celebração do TAC, que, caso celebrado, não pode dispor sobre o conteúdo da norma violada, mas sobre a forma de seu cumprimento.
(B) O TAC não pode ser celebrado, uma vez que a ação civil pública foi proposta pelo Estado, e não pelo Ministério Público.
(C) Josemar possui direito subjetivo a celebrar o TAC, sob pena de violação ao princípio da isonomia, mas sem que haja possibilidade de flexibilizar o conteúdo das normas violadas.
(D) Josemar possui direito subjetivo a celebrar o TAC nos termos pretendidos, valendo o termo como título executivo extrajudicial, apto a extinguir a ação civil pública por perda de objeto.

A: correta; de acordo o art. 79-A, *caput*, da Lei 9.605/1998, os órgãos do SISNAMA ficam autorizados (e não "obrigados") a celebrar um TAC com as pessoas responsáveis pela degradação ambiental; ademais, o TAC, de fato, não pode transacionar sobre o conteúdo da norma violada, mas apenas permitir que o causador do dano possa promover as necessárias correções de suas atividades, para o atendimento das exigências impostas pelas autoridades ambientais competentes (art. 79-A, § 1º, da Lei 9.605/1998); **B:** incorreta, pois o Estado, como órgão integrante do SISNAMA (art. 6º, *caput*, da Lei 6.938/1981), pode celebrar TAC (art. 79-A, *caput*, da Lei 9.605/1998); **C e D:** incorretas, pois de acordo o art. 79-A, *caput*, da Lei 9.605/1998, os órgãos do SISNAMA ficam autorizados (e não "obrigados") a celebrar um TAC com as pessoas responsáveis pela degradação ambiental, de modo que Josemar não tem direito subjetivo ao acordo, mas mera expectativa de direito em fazê-lo. Gabarito "A".

(OAB/FGV – 2017) Tendo em vista a infestação de percevejo-castanho-da-raiz, praga que causa imensos danos à sua lavoura de soja, Nelson, produtor rural, desenvolveu e produziu de forma artesanal, em sua fazenda, agrotóxico que combate a aludida praga. Mesmo sem registro formal, Nelson continuou a usar o produto por meses, o que ocasionou grave intoxicação em Beto, lavrador da fazenda, que trabalhava sem qualquer equipamento de proteção. Sobre a hipótese, assinale a afirmativa correta.

(A) Não há qualquer responsabilidade de Nelson, que não produziu o agrotóxico de forma comercial, mas para uso próprio.
(B) Nelson somente responde civilmente pelos danos causados, pelo não fornecimento de equipamentos de proteção a Beto.
(C) Nelson responde civil e criminalmente pelos danos causados, ainda que não tenha produzido o agrotóxico com finalidade comercial.

(D) Nelson somente responde administrativamente perante o Poder Público pela utilização de agrotóxico sem registro formal.

A: incorreta, pois se aplica ao caso a responsabilidade civil pela teoria do risco proveito, mais especificamente a responsabilidade objetiva prevista no art. 927, parágrafo único, do Código Civil; **B:** incorreta, pois no caso tem-se responsabilidade objetiva de Nelson por desenvolver atividade de risco que lhe causa proveito, sendo que mesmo que tivesse fornecido equipamentos de proteção responderia da mesma forma, nos termos do art. 927, parágrafo único, do Código Civil; **C:** correta, pois se aplica ao caso a responsabilidade civil pela teoria do risco proveito, mais especificamente a responsabilidade objetiva prevista no art. 927, parágrafo único, do Código Civil; a responsabilidade penal, mesmo que no caso concreto dependa da existência do elementos subjetivo culposo, também se aplicará porque houve conduta culposa de Nelson ao não fornecer equipamentos de segurança para Beto; **D:** incorreta, pois a responsabilidade civil objetiva está configurada na forma do art. 927, parágrafo único, do CC e a responsabilidade penal pela lesão causada em Beto em atitude no mínimo culposa de Nelson ao não fornecer equipamento de segurança. Gabarito "C".

(OAB/FGV – 2016) No curso de obra pública de construção de represa para fins de geração de energia hidrelétrica em rio que corta dois estados da Federação, a associação privada Sorrio propõe ação civil pública buscando a reconstituição do ambiente ao *status quo* anterior ao do início da construção, por supostos danos ao meio ambiente. Considerando a hipótese, assinale a afirmativa correta.

(A) Caso a associação Sorrio abandone a ação, o Ministério Público ou outro legitimado assumirá a titularidade ativa.

(B) Caso haja inquérito civil público em curso, proposto pelo Ministério Público, a ação civil pública será suspensa pelo prazo de até 1 (um) ano.

(C) Como o bem público objeto da tutela judicial está localizado em mais de um estado da federação, a legitimidade ativa exclusiva para propositura da ação civil pública é do Ministério Público Federal.

(D) Caso o pedido seja julgado improcedente por insuficiência de provas, não será possível a propositura de nova demanda com o mesmo pedido.

A: correta (art. 5º, § 3º, da Lei 7.347/1985); **B:** incorreta, pois a existência de inquérito civil em curso não é causa prevista em lei para impedir ou suspender uma ação civil pública promovida por um outro legitimado ativo para esse tipo de ação; **C:** incorreta, pois não há essa exclusividade, podendo outros legitimados ativos previstos em lei (como associações) e até mesmo os ministérios públicos dos estados respectivos promoverem a ação, sem prejuízo de, no último caso, o Ministério Público Federal ser chamado a se manifestar na ação respectiva e até mesmo ter interesse em assumir o polo ativo da demanda; **D:** incorreta, pois nesse específico caso (improcedência por falta de provas) não se forma a coisa julgada material, mas apenas a formal, sendo possível o ajuizamento de ação no futuro, desde que embasada em nova prova (art. 16 da Lei 7.347/1985). Gabarito "A".

10. RESPONSABILIDADE ADMINISTRATIVA AMBIENTAL

(Juiz Federal – TRF/1 – 2023 – FGV) A sociedade empresária Alfa realizava transporte de substância perigosa na costa brasileira, quando bateu na estrutura base de um farol, causando poluição no mar pelo lançamento da substância que transportava e de óleo em águas sob jurisdição nacional. O Ibama autuou a sociedade empresária Alfa por infração administrativa, aplicando-lhe a correlata sanção, por ter deixado de adotar medidas para conter, mitigar e minorar o dano ambiental após o acidente, com base na Lei nº 9.605/1998. Por sua vez, a Capitania dos Portos multou a sociedade empresária, por ter lançado ao mar substâncias proibidas pela legislação que rege a matéria, com fulcro na Lei nº 9.966/2000.

Inconformada, a sociedade empresária Alfa ajuizou ação judicial pleiteando a nulidade de ambas as sanções, por ofensa ao princípio do *non bis in idem*.

De acordo com a jurisprudência do Superior Tribunal de Justiça e observando as leis acima citadas, o Juízo Federal deve julgar a pretensão:

(A) improcedente, porque a competência da Capitania dos Portos não exclui, mas complementa, a legitimidade fiscalizatória e sancionadora do Ibama, e o fundamento fático-jurídico das sanções aplicadas é diverso;

(B) parcialmente procedente, declarando a nulidade da última sanção administrativa aplicada, devendo eventual passivo ambiental ser objeto de composição ou ação judicial com base na responsabilidade civil ambiental;

(C) parcialmente procedente, declarando a nulidade da sanção administrativa aplicada pela Capitania dos Portos, haja vista que, em nível federal, o órgão competente para proceder à imposição de penalidade por infração administrativa é o Ibama;

(D) parcialmente procedente, declarando a nulidade da sanção administrativa aplicada pelo Ibama, haja vista que a Lei nº 9.966/2000 é expressa ao afirmar que a aplicação das penas previstas nesta lei, por serem mais gravosas, prevalecem sobre as sanções administrativas da Lei nº 9.605/1998, sem prejuízo de eventual responsabilidade civil e criminal;

(E) procedente, porque a responsabilidade administrativa ambiental tem natureza subjetiva, ao contrário da responsabilidade civil ambiental, que é objetiva, de maneira que ambas as sanções devem ser invalidadas, sendo instaurado um novo e único processo administrativo, com observância do contraditório e da ampla defesa.

O STJ decidiu, no âmbito do AgInt no REsp 2.032.619/PR, que a multa aplicada pela Capitania dos Portos, em decorrência de derramamento de óleo, *não exclui* a possibilidade de aplicação de multa pelo IBAMA. Inexiste *bis in idem* nesse contexto, pois a atuação da Capitania dos Portos não exclui, mas complementa, a atuação de fiscalização e de repressão dos órgãos de proteção ambiental. Assim, correta a alternativa A. Gabarito "A".

11. RESPONSABILIDADE PENAL AMBIENTAL

(OAB/FGV – 2023) O engenheiro ambiental João foi contratado pelo empreendedor Alfa para coordenar uma equipe multidisciplinar durante a elaboração de estudo de impacto ambiental (EIA), referente a empreendimento que causará relevantes impactos ambientais. João também foi contratado para representar o empreendedor junto ao órgão ambiental licenciador, inclusive recebendo procuração para impulsionar o processo administrativo de requerimento de licença.

Com intuito de esconder os reais impactos ambientais do empreendimento, e sem que os demais profissionais que participaram dos estudos do EIA tivessem ciência, João, de forma dolosa, elaborou e apresentou, no licenciamento ambiental, estudo de impacto ambiental parcialmente enganoso, por omissão.

Diante da conduta de João, foi emitida licença ambiental sem as devidas condicionantes, de maneira que houve dano significativo ao meio ambiente, em decorrência do uso da informação incompleta e enganosa por ele apresentada ao órgão ambiental.

De acordo com a Lei nº 9.605/98, em matéria de responsabilidade penal, assinale a afirmativa correta.

(A) João não praticou crime ambiental, pois não existe crime ambiental omissivo, mas deve ser responsabilizado na esfera ambiental, em âmbito cível e administrativo.

(B) João não realizou conduta que configure crime ambiental, pois não é o empreendedor, que deve responder, como pessoa jurídica, nas esfera criminal, cível e administrativa.

(C) João cometeu crime ambiental, e a pena deve ser aumentada, porque houve dano significativo ao meio ambiente, em decorrência do uso da informação incompleta e enganosa por ele apresentada ao órgão ambiental.

(D) João incorreu em crime ambiental, e a pena deve ser diminuída, porque o responsável pela elaboração e apresentação do EIA não é o empreendedor e sim, o profissional técnico.

Representa crime ambiental elaborar ou apresentar, no licenciamento ambiental, ou no relatório ambiental total ou parcialmente falso ou enganoso (crime tipificado no art. 69-A da Lei n. 9.605/1998). Nesse sentido, João cometeu referido delito penal (alterativa A e B incorretas). Além disso, a pena deve ser aumentada, pois houve dano significativo ao meio ambiente, em decorrência do uso da informação falsa, incompleta ou enganosa (§ 2º do mesmo art. 69-A). Assim, está correta a alternativa C e incorreta a D. **RB**

Gabarito "C".

(OAB/FGV – 2022) Pedro, proprietário de imóvel localizado em área rural, com vontade livre e consciente, executou extração de recursos minerais, consistentes em saibro, sem a competente autorização, permissão, concessão ou licença e vendeu o material para uma fábrica de cerâmica.

O Ministério Público, por meio de seu órgão de execução com atribuição em tutela coletiva, visando à reparação dos danos ambientais causados, ajuizou ação civil pública em face de Pedro, no bojo da qual foi realizada perícia ambiental. Posteriormente, em razão da mesma extração mineral ilegal, o Ministério Público ofereceu denúncia criminal, deflagrando novo processo, agora em ação penal, e pretende aproveitar, como prova emprestada no processo penal, a perícia produzida no âmbito da ação civil pública. No caso em tela, de acordo com a Lei nº 9.605/98, a perícia produzida no juízo cível

(A) poderá ser aproveitada no processo penal, instaurando-se o contraditório.

(B) não poderá ser utilizada, em razão da independência das instâncias criminal, cível e administrativa.

(C) não poderá ser aproveitada no processo criminal, eis que é imprescindível um laudo pericial produzido pela Polícia Federal, para fins de configuração da existência material do delito.

(D) poderá ser aproveitada na ação penal, mas apenas pode subsistir uma condenação judicial final, para evitar o *bis in idem*.

A: correta, nos exatos termos do art. 19, p. ún., da Lei 9.605/98 ("A perícia produzida no inquérito civil ou no juízo cível poderá ser aproveitada no processo penal, instaurando-se o contraditório"); **B** e **C**: incorretas, pois o art. 19, p. ún., da Lei 9.605/98 admite que a perícia produzida no juízo cível seja aproveitada no processo criminal, estabelecendo como único requisito a instauração de contraditório ("A perícia produzida no inquérito civil ou no juízo cível poderá ser aproveitada no processo penal, instaurando-se o contraditório"); **D**: incorreta, pois a autorização dada no art. 19, p. ún, da Lei 9.605/98 não traz essa restrição, sem contar que as instâncias civil, administrativa e penal são independentes entre si.

Gabarito "A".

(OAB/FGV – 2020) Seguindo plano de expansão de seu parque industrial para a produção de bebidas, o conselho de administração da sociedade empresária Frescor S/A autoriza a destruição de parte de floresta inserida em Área de Preservação Permanente, medida que se consuma na implantação de nova fábrica. Sobre responsabilidade ambiental, tendo como referência a hipótese narrada, assinale a afirmativa correta.

(A) Frescor S/A responde civil e administrativamente, sendo excluída a responsabilidade penal por ter a decisão sido tomada por órgão colegiado da sociedade.

(B) Frescor S/A responde civil e administrativamente, uma vez que não há tipificação criminal para casos de destruição de Área de Preservação Permanente, mas apenas de Unidades de Conservação.

(C) Frescor S/A responde civil, administrativa e penalmente, sendo a ação penal pública, condicionada à prévia apuração pela autoridade ambiental competente.

(D) Frescor S/A responde civil, administrativa e penalmente, sendo agravante da pena a intenção de obtenção de vantagem pecuniária.

A: incorreta, pois, de acordo com o art. 3º, *caput*, da Lei 9.605/98, em matéria de Direito Ambiental "As pessoas jurídicas serão responsabilizadas administrativa, civil e penalmente"; ou seja, a responsabilização da pessoa jurídica é possível nas três áreas citadas; o mesmo dispositivo estabelece como requisito para a responsabilização da pessoa jurídica por uma infração que esta "seja cometida por decisão de seu representante legal ou contratual, ou de seu órgão colegiado, no interesse ou benefício da sua entidade"; no caso em tela, a infração foi cometida por decisão do conselho de administração da sociedade (ou seja, por um órgão colegiado da pessoa jurídica) e em benefício desta (já que se deu para a expansão de seu parque industrial), portanto, cabe a responsabilidade penal no caso e a alternativa está incorreta; **B**: incorreta, pois o art. 38 da Lei 9.605/98 tipifica criminalmente sim a destruição de áreas de preservação permanente; **C**: incorreta, pois, de acordo com o art. 26 da Lei 9.605/98, "Nas infrações penais previstas nesta Lei, a ação penal é pública incondicionada"; **D**: correta, nos termos do art. 3º, *caput* (responsabilidade penal da pessoa jurídica por decisão do conselho de administração) cumulado com o artigo 38 (tipificação

12. ESTATUTO DA CIDADE

(OAB/FGV – 2023) Diante do crescimento desordenado de determinado bairro da zona sul da cidade Alfa, a associação de moradores local vem realizando reuniões periódicas para traçar o diagnóstico urbanístico atual e verificar as medidas que podem ser adotadas.

Durante as reuniões, a citada associação verificou que tal expansão urbana causou adensamento populacional, geração de tráfego e demanda por transporte público, desvalorização imobiliária e insuficiência dos equipamentos urbanos e comunitários, sem qualquer planejamento do Município, sobretudo em matéria de meio ambiente artificial.

Contratado como advogado(a) da associação de moradores, você informou que, em tema de instrumentos da política urbana, o Estatuto da Cidade (Lei nº 10.257/2001) prevê que lei municipal definirá os empreendimentos e atividades

(A) privados em área urbana, que dependerão de elaboração de estudo prévio de impacto ambiental (EIA) para obter quaisquer licenças ou autorizações de construção, ampliação ou funcionamento, a cargo do Poder Público municipal, excluída a exigência de EIA quando o empreendedor for ente público.

(B) licitamente instalados no âmbito municipal, desde que compatíveis com o plano diretor, que é parte integrante do processo de planejamento municipal, não podendo o plano plurianual, as diretrizes orçamentárias e o orçamento anual incorporar as diretrizes e as prioridades nele contidas.

(C) legalmente licenciados no âmbito municipal, desde que compatíveis com o plano diretor, cuja elaboração prescindirá de promoção de audiências públicas e debates com a participação da população e de associações representativas dos vários segmentos da comunidade.

(D) privados ou públicos em área urbana, que dependerão de elaboração de estudo prévio de impacto de vizinhança (EIV) para obter as licenças ou autorizações de construção, ampliação ou funcionamento, a cargo do Poder Público municipal.

Entre os instrumentos de política urbana previstos no Estatuto da Cidade (Lei n. 10.257/2001) está o estudo prévio de impacto de vizinhança (EIV). De acordo com o seu art. 36, lei municipal definirá os empreendimentos e atividades privados ou públicos em área urbana que dependerão de elaboração de estudo prévio de impacto de vizinhança (EIV) para obter as licenças ou autorizações de construção, ampliação ou funcionamento a cargo do Poder Público municipal. Nesse sentido, correta a alternativa D. Além disso: **A**: incorreta (o estudo prévio de impacto ambiental – EIA, que não confunde com o EIV, se aplica para obra ou atividade potencialmente causadora de significativa degradação do meio ambiente, cf. art. 225, § 1º, IV, CF); **B**: incorreta (o plano diretor é parte integrante do processo de planejamento municipal, devendo o plano plurianual, as diretrizes orçamentárias e o orçamento anual incorporar as diretrizes e as prioridades nele contidas, cf. art. 40, § 1º, da Lei n. 10.257/2001); **C**: incorreta (no processo de elaboração do plano diretor deverá ser garantida a promoção de audiências públicas e debates com a participação da população e de associações representativas dos vários segmentos da comunidade, cf. art. 40, § 4º, I, da Lei n. 10.257/2001). Gabarito "D".

(OAB/Exame Unificado – 2017.2) A Lei Federal nº 123, de iniciativa parlamentar, estabelece regras gerais acerca do parcelamento do solo urbano. Em seguida, a Lei Municipal nº 147 fixa área que será objeto do parcelamento, em função da subutilização de imóveis. Inconformado com a nova regra, que atinge seu imóvel, Carlos procura seu advogado para que o oriente sobre uma possível irregularidade nas novas regras. Considerando a hipótese, acerca da Lei Federal nº 123, assinale a afirmativa correta.

(A) É formalmente inconstitucional, uma vez que é competência dos municípios legislar sobre política urbana.

(B) É formalmente inconstitucional, uma vez que a competência para iniciativa de leis sobre política urbana é privativa do Presidente da República.

(C) Não possui vício de competência, já que a Lei Municipal nº 147 é inconstitucional, sendo da competência exclusiva da União legislar sobre política urbana.

(D) Não possui vício de competência, assim como a Lei Municipal nº 147, sendo ainda de competência dos municípios a execução da política urbana.

A: incorreta, pois o art. 182, § 1º, I, da CF prevê que essa exigência municipal de parcelamento do solo tem que ser "nos termos de lei federal", de modo que a Lei Federal 123 não é formalmente inconstitucional; **B**: incorreta, pois nem o art. 182, § 1º, I, da CF, nem qualquer outro artigo da CF estabelecem que iniciativa de lei federal que trate de parcelamento do solo no caso é privativa do Presidente da República, aplicando-se, assim, a regra de iniciativa concorrente de leis federais prevista no art. 61, "caput", da CF; **C**: incorreta, pois a Lei Municipal 123, que fixa as **áreas** que podem ser objeto de parcelamento, foi criada de acordo com a CF, que estabelece que "é facultado ao Poder Público Municipal" estabelecer as áreas incluídas no plano diretor que estarão sujeitas a esse parcelamento regulado em lei federal; **D**: correta, pois o art. 182, § 1º, I, da CF prevê que essa exigência municipal de parcelamento do solo tem que ser "nos termos de lei federal", e também estabelece que "é facultado ao Poder Público Municipal" estabelecer as áreas incluídas no plano diretor que estarão sujeitas a esse parcelamento regulado em lei federal. Gabarito "D".

(OAB/FGV – 2016) O prefeito do Município Alfa, que conta hoje com 30 (trinta) mil habitantes e tem mais de 30% de sua área constituída por cobertura vegetal, consulta o Procurador Geral do Município para verificar a necessidade de edição de Plano Diretor, em atendimento às disposições constitucionais e ao Estatuto da Cidade (Lei nº 10.257/01). Sobre o caso, assinale a afirmativa correta.

(A) O Plano Diretor não é necessário, tendo em vista a área de cobertura vegetal existente no Município Alfa, devendo este ser substituído por Estudo Prévio de Impacto Ambiental (EIA).

(B) O Plano Diretor não será necessário, tendo em vista que todos os municípios com mais de 20 (vinte) mil habitantes estão automaticamente inseridos em "aglomerações urbanas", que, por previsão legal, são excluídas da necessidade de elaboração de Plano Diretor.

(C) Será necessária a edição de Plano Diretor, aprovado por lei municipal, que abrangerá todo o território do Município Alfa, em razão do seu número de habitantes.

(D) O Plano Diretor será necessário na abrangência da região urbana do município, regendo, no que tange à área de cobertura vegetal, as normas da Política Nacional do Meio Ambiente.

A e B: incorretas, pois o plano diretor é obrigatório para cidades com mais de 20 mil habitantes (art. 182, § 1º, da CF; art. 41, I, da Lei 10.257/2001); **C:** correta, pois o plano diretor é obrigatório para cidades com mais de 20 mil habitantes (art. 182, § 1º, da CF; art. 41, I, da Lei 10.257/2001); **D:** incorreta, pois o plano diretor deverá englobar a área do Município com um todo e não só a área urbana (art. 40, § 2º, da Lei 10.257/2001).
Gabarito "C".

13. SANEAMENTO BÁSICO

(OAB/FGV – 2018) Ao estabelecer a estrutura de remuneração e de cobrança de tarifas relativas à prestação de serviço de limpeza urbana, a autoridade considera contraprestações variadas para os bairros X e Y, tendo em vista o nível de renda da população da área atendida. Sobre a hipótese, assinale a afirmativa correta, considerando a Lei da Política Nacional de Saneamento Básico.

(A) A estrutura de remuneração está correta, sendo obrigatória a concessão de isenção de tarifa aos moradores que recebem até um salário mínimo.

(B) A estrutura de remuneração, com base em subsídios para atender usuários e localidades de baixa renda, pode ser estabelecida.

(C) A política de remuneração proposta não é válida, uma vez que qualquer distinção tarifária deve ter relação direta com o peso ou o volume médio coletado.

(D) A política de remuneração não é válida, sendo certo que somente é possível estabelecer diferenciação tarifária considerando o caráter urbano ou rural da área de limpeza.

A: incorreta, pois a lei permite a adoção de subsídios tarifários para os usuários que não tenham capacidade de pagamento suficiente para cobrir o custo integral dos serviços (art. 29, § 2º, da Lei 11.445/2007, cf. redação dada pela Lei 14.026/2020), não havendo previsão de isenção de tarifa para esse caso; **B:** correta, pois, nos termos do § 2º do art. 29 da Lei 11.445/2007; **C e D:** incorretas, pois na estrutura legal de remuneração e de cobrança de tarifas de saneamento básico há previsão de outros critérios, como o da capacidade de pagamento dos consumidores (vide o art. 30 da Lei 11.445/2007). RB
Gabarito "B".

14. RESÍDUOS SÓLIDOS

(OAB/FGV – 2023) A sociedade empresária Alfa é fabricante e comerciante de pilhas e baterias. Em matéria de responsabilidade compartilhada pelo ciclo de vida dos produtos, com base na Política Nacional de Resíduos Sólidos, a autoridade competente vem cobrando da sociedade empresária que promova o retorno dos produtos após o uso pelo consumidor, de forma independente do serviço público de limpeza urbana e de manejo dos resíduos sólidos.

O sócio administrador da sociedade empresária Alfa entendeu que a responsabilidade pela destinação final das pilhas e baterias deve ser exclusivamente do consumidor final, razão pela qual contratou você, como advogado(a), para prestar consultoria jurídica.

Levando em conta o que dispõe a Lei nº 12.305/2010, você informou a seu cliente que, no caso em tela, de fato, ele está obrigado a

(A) estruturar e implementar sistema de logística reversa.

(B) instituir o sistema de coleta seletiva no âmbito do Município onde está instalada a sede social da sociedade empresária.

(C) contratar cooperativas de catadores de materiais reutilizáveis e recicláveis para recolher os produtos.

(D) recomprar os produtos usados, não podendo disponibilizar postos de entrega de resíduos reutilizáveis e recicláveis.

Entre os instrumentos disciplinados pela Lei n. 12.305/2010 (Lei da Política Nacional de Resíduos Sólidos), encontra-se o *sistema de logística reversa*. Conforme ensina Rodrigo Bordalo, "trata-se de mecanismo que responsabiliza os empreendedores pelos produtos já utilizados. Assim, são eles obrigados a implementar sistemas visando ao retorno de tais bens após o uso pelo consumidor. É o que se verifica, por exemplo, em relação ao uso de pilhas e pneus, cuja destinação final representa obrigação do fabricante e do comerciante. Este sistema detém relação com o tema da responsabilidade pós-consumo" (*Manual de direito ambiental*, 2.ed., 2019, editora Foco, p. 138). Assim, correta a alternativa A. RB
Gabarito "A".

(OAB/FGV – 2018) Os Municípios ABC e XYZ estabeleceram uma solução consorciada intermunicipal para a gestão de resíduos sólidos. Nesse sentido, celebraram um consórcio para estabelecer as obrigações e os procedimentos operacionais relativos aos resíduos sólidos de serviços de saúde, gerados por ambos os municípios. Sobre a validade do plano intermunicipal de resíduos sólidos, assinale a afirmativa correta.

(A) Não é válido, uma vez que os resíduos de serviços de saúde não fazem parte da Política Nacional de Resíduos Sólidos, sendo disciplinados por lei específica.

(B) É válido, sendo que os Municípios ABC e XYZ terão prioridade em financiamentos de entidades federais de crédito para o manejo dos resíduos sólidos.

(C) É válido, devendo o consórcio ser formalizado por meio de sociedade de propósito específico com a forma de sociedade anônima.

(D) É válido, tendo como conteúdo mínimo a aplicação de 1% (um por cento) da receita corrente líquida de cada município consorciado.

A: incorreta, pois os resíduos de serviços de saúde estão sim contemplados na Política Nacional de Resíduos Sólidos, nos termos do art. 13, I, "g", da Lei 12.305/2010; **B:** correta, nos termos do art. 45 da Lei 12.305/2010; **C:** incorreta; nos termos do art. 45 da Lei 12.305/2010, os consórcios em questão devem ser constituídos segundo o disposto na Lei de Consórcios Públicos (Lei 11.107/2005), que prevê a adoção da figura jurídica do consórcio público e não de sociedade de propósito específico; **D:** incorreta, pois não há previsão desta obrigação na Lei da Política Nacional de Resíduos Sólidos (Lei 12.305/2010).
Gabarito "B".

(OAB/Exame Unificado – 2017.3) Bolão Ltda., sociedade empresária, pretende iniciar atividade de distribuição de pneus no mercado brasileiro. Para isso, contrata uma consultoria para, dentre outros elementos, avaliar sua responsabilidade pela destinação final dos pneus que pretende comercializar. Sobre o caso, assinale a afirmativa correta.

(A) A destinação final dos pneus será de responsabilidade do consumidor final, no âmbito do serviço de regular limpeza urbana.

(B) A sociedade empresária será responsável pelo retorno dos produtos após o uso pelo consumidor, de forma independente do serviço público de limpeza urbana.

(C) A destinação final dos pneus, de responsabilidade solidária do distribuidor e do consumidor final, se dará no âmbito do serviço público de limpeza urbana.

(D) Previamente à distribuição de pneus, a sociedade empresária deve celebrar convênio com o produtor, para estabelecer, proporcionalmente, as responsabilidades na destinação final dos pneus.

A, C e D: incorretas, pois a Lei 12.305/2010 estabelece que são obrigados a estruturar e implementar sistemas de logística reversa, mediante retorno dos produtos após o uso pelo consumidor, de forma independente do serviço público de limpeza urbana e de manejo dos resíduos sólidos, os fabricantes, importadores, distribuidores e comerciantes de pneu (art. 33, I, da Lei 12.305/2010); B: correta, nos termos da obrigação prevista no art. 33, I, da Lei 12.305/2010.

Gabarito "B".

(OAB/Exame Unificado – 2017.2) O Município de Fernandópolis, que já possui aterro sanitário, passa por uma grave crise econômica. Diante disso, o prefeito solicita auxílio financeiro do Governo Federal para implantar a coleta seletiva de resíduos sólidos, que contará com a participação de associação de catadores de materiais recicláveis. Sobre o auxílio financeiro tratado, assinale a afirmativa correta.

(A) Não será possível o auxílio financeiro, sob pena de violação ao princípio da isonomia com relação aos demais entes da Federação.

(B) Não será possível o auxílio financeiro, uma vez que a coleta seletiva de resíduos sólidos do Município de Fernandópolis está sendo realizada parcialmente por associação privada.

(C) O auxílio financeiro é possível, desde que o Município possua até 20 mil habitantes ou seja integrante de área de especial interesse turístico.

(D) O auxílio financeiro é possível, desde que o Município elabore plano municipal de gestão integrada de resíduos sólidos.

A: incorreta, pois o art. 18, "caput", da Lei 12.305/2010 prevê a possibilidade de ajuda financeira aos Municípios que cumprirem os requisitos legais; B: incorreta, pois o art. 18, § 1º, II, da Lei 12.305/2010, estabelece que serão priorizados no acesso aos recursos da União os Municípios que implantarem a coleta seletiva com a participação de cooperativas ou de outras formas de associação de catadores de materiais recicláveis; C: incorreta, pois o art. 18 da Lei 12.305/2010 não estabelece esses dois requisitos para que haja o auxílio financeiro da União; D: correta, pois o art. 18, "caput", da Lei 12.305/2010 exige que os Municípios (e do DF) elaborem plano municipal de gestão integrada de resíduos sólidos para terem acesso a recursos da União.

Gabarito "D".

15. RECURSOS HÍDRICOS

(OAB/FGV – 2024) Gentil realiza atividade de agricultura familiar, tem um aviário e cria alguns animais, notadamente para a produção de leite. A pequena propriedade rural de Gentil vem sendo drasticamente afetada pelas alterações do entorno, de modo que o acesso à água, que já foi abundante, resta cada vez mais comprometido, configurando o contexto chamado de escassez hídrica.

Em razão disso, Gentil consultou você, como advogado(a) especializado(a) em Direito Ambiental, acerca da existência e do delineamento de uma Política Nacional de Recursos Hídricos, até mesmo para viabilizar o acesso à água fora dos limites de sua propriedade.

Com relação aos fundamentos da mencionada Política, na forma prevista na Lei nº 9.433/1997, você informou a Gentil que a legislação em vigor lhe confere o direito de continuar com suas atividades, com base na seguinte afirmativa:

(A) A água é um bem privado, de modo que pertence aos proprietários das terras em que se situam, que podem explorá-las economicamente sem autorização do Poder Público.

(B) A água, por ser um recurso ilimitado, não possui valor econômico, de modo que deve ser utilizada por todos os interessados de comum acordo.

(C) O uso prioritário dos recursos hídricos, em situações de escassez, é para o consumo humano e a dessedentação de animais.

(D) A gestão de recursos hídricos é centralizada em âmbito federal, de modo que não pode contar com a participação dos usuários e das comunidades, que, entretanto, têm o direito de exercer atividades econômicas com a utilização da água.

A: incorreta (a água é um bem de domínio público, cf. art. 1º, I, da Lei n. 9.433/1997). B: incorreta (a água é um recurso natural limitado, dotado de valor econômico, cf. art. 1º, II). C: correta (cf. art. 1º, III). D: incorreta (a gestão dos recursos hídricos deve ser descentralizada e contar com a participação do Poder Público, dos usuários e das comunidades, cf. art. 1º, VI, da Lei n. 9.433/1997).

Gabarito "C".

(Juiz Federal – TRF/1 – 2023 – FGV) A Lei nº 11.445/2007 estabelece as diretrizes nacionais para o saneamento básico, compreendido como o conjunto de serviços públicos, infraestruturas e instalações operacionais de abastecimento de água potável, esgotamento sanitário, limpeza urbana e manejo de resíduos sólidos, bem como drenagem e manejo das águas pluviais urbanas.

Nesse contexto, de acordo com o citado diploma legal, com redação dada pelo chamado novo marco legal do saneamento básico, em matéria do exercício da titularidade do serviço:

(A) a formalização de consórcios intermunicipais de saneamento básico, exclusivamente composto de Municípios que poderão prestar o serviço aos seus consorciados diretamente, pela instituição de sociedade de economia mista intermunicipal, é permitida, mediante prévia autorização do Conama;

(B) o titular dos serviços públicos de saneamento básico deverá definir a entidade responsável pela regulação e fiscalização desses serviços, somente quando se tratar de modalidade de sua prestação por pessoa jurídica de direito privado, mediante delegação do serviço;

(C) os chefes dos Poderes Executivos da União, dos Estados, do Distrito Federal e dos Municípios poderão formalizar a gestão associada para o exercício de funções relativas aos serviços públicos de saneamento básico, ficando dispensada, em caso de convênio de cooperação, a necessidade de autorização legal;

(D) a adesão dos titulares dos serviços públicos de saneamento de interesse local às estruturas das formas de prestação regionalizada é obrigatória, quando houver no Município em atividade vazadouros conhecidos como "lixões" não licenciados ambientalmente;

(E) no caso de prestação regionalizada dos serviços de saneamento, as responsabilidades administrativa, civil e penal não podem ser aplicadas aos titulares dos serviços públicos de saneamento, devendo incidir sobre a nova pessoa jurídica de direito público formalizada.

A: incorreta (os consórcios intermunicipais poderão prestar o serviço aos seus consorciados diretamente, pela instituição de *autarquia* intermunicipal, cf. art. 8º, § 1º, inciso I). **B:** incorreta (o titular dos serviços públicos de saneamento básico deverá definir a entidade responsável pela regulação e fiscalização desses serviços, *independentemente da modalidade de sua prestação*, cf. art. 8º, § 5º). **C:** correta (art. 8º, § 4º). **D:** incorreta (é *facultativa* a adesão dos titulares dos serviços públicos de saneamento de interesse local às estruturas das formas de prestação regionalizada, cf. art. 8º-A). **E:** incorreta (no caso de prestação regionalizada dos serviços de saneamento, as responsabilidades administrativa, civil e penal são exclusivamente aplicadas aos titulares dos serviços públicos de saneamento, cf. art. 8º-B). RB
Gabarito "C".

(OAB/FGV – 2023) O condomínio residencial *Alfa Orquídeas* é constituído por diversos blocos, com médio núcleo populacional, e está localizado em zona urbana do Município *Beta*, situado no Estado *Gama*.

Diante da inexistência de rede canalizada para distribuição e abastecimento de água potável na localidade, desde a recente construção do condomínio, os condôminos fazem uso de caminhões pipas. Seja pelo alto custo, seja pela escassez dos caminhões pipas, os condôminos aprovaram, por unanimidade em assembleia, que o condomínio iria proceder à construção de um poço semiartesiano, para extração de água de um aquífero subterrâneo existente no local, para fins de consumo final. Sabe-se que o citado aquífero não é de domínio da União, que não tem qualquer tipo de interesse na questão.

Para agir dentro da legalidade, antes da construção do poço, o síndico do condomínio residencial *Alfa Orquídeas* deve requerer

(A) licença ambiental ao Instituto Brasileiro do Meio Ambiente e dos Recursos Naturais Renováveis (Ibama).

(B) licença ambiental ao órgão ambiental do Município *Beta*.

(C) licença de uso de recursos hídricos ao Município *Beta*.

(D) outorga de uso de recursos hídricos ao Estado *Gama*.

A disciplina dos recursos hídricos está prevista na Lei n. 9.433/1997, que instituiu a Política Nacional de Recurso Hídricos. Entre os instrumentos previstos, encontra-se a *outorga de uso de recursos hídricos*, necessária para a extração de água de aquífero subterrâneo (art. 12, II, da Lei n. 9.433/1997). Considerando que o aquífero discriminado na questão não é de domínio da União, conclui-se que se trata de bem do Estado Gama (conforme estabelece o art. 26, I, da CF). Desse modo, ante da construção do poço, o síndico do condomínio deve requerer outorga de uso de recursos hídricos ao Estado Gama. Correta a alternativa D. RB
Gabarito "D".

(OAB/FGV – 2018) A União edita o Decreto nº 123, que fixa as regras pelas quais serão outorgados direitos de uso dos recursos hídricos existentes em seu território, garantindo que seja assegurado o controle quantitativo e qualitativo dos usos da água. Determinada sociedade empresária, especializada nos serviços de saneamento básico, interessada na outorga dos recursos hídricos, consulta seu advogado para analisar a possibilidade de assumir a prestação do serviço. Desse modo, de acordo com a Lei da Política Nacional de Recursos Hídricos, assinale a opção que indica o uso de recursos hídricos que pode ser objeto da referida outorga pela União.

(A) O lançamento de esgotos em corpo de água que separe dois Estados da Federação, com o fim de sua diluição.

(B) A captação da água de um lago localizado em terreno municipal.

(C) A extração da água de um rio que banhe apenas um Estado.

(D) O uso de recursos hídricos para a satisfação das necessidades de pequenos núcleos populacionais, distribuídos pelo meio rural.

A: correta; considerando que, nesse caso, está-se diante de bem pertencente à União, já que o corpo d'água passa por dois Estados da Federação, ela é a competente para a outorga, nos termos do art. 14 da Lei 9.433/97; **B:** incorreta, pois nesse caso se tem um bem municipal, cabendo ao Município a outorga, nos termos do art. 14 Lei 9.433/97; **C:** incorreta, pois nesse caso se tem um bem estadual, cabendo ao Estado correspondente a outorga, nos termos do art. 14 Lei 9.433/97; **D:** incorreta, pois nesse caso não será necessário o ato de outorga, em função do baixo impacto do uso, nos termos do art. 12, § 1º, I, da Lei 9.433/97.
Gabarito "A".

16. OUTROS TEMAS E TEMAS COMBINADOS

(Procurador – AL/PR – 2024 – FGV) A Ação Climática é o décimo terceiro objetivo da lista de Objetivos de Desenvolvimento Sustentável (ODS), contidos na Agenda 2030. Isto significa que medidas urgentes para combater as alterações climáticas e os seus impactos devem ser adotadas até o ano de 2030. No âmbito do estado do Paraná, desde o ano de 2012, a Política Estadual de Mudanças Climáticas foi constituída com o objetivo de formalizar o compromisso do Estado do Paraná em se preparar para os desafios decorrentes das mudanças climáticas.

Sobre esta Política, assinale a afirmativa correta.

(A) O Fundo Estadual do Meio Ambiente (FEMA) e o Fundo Estadual de Recursos Hídricos (FRHI/PR) são instrumentos da Política Estadual de Mudanças Climáticas.

(B) A Comunicação Estadual sobre Mudança do Clima é composta pelo Inventário Estadual de emissões por fontes e setores de emissão e remoção de gases de efeito estufa e pelo Comitê Intersecretarial de Mudanças Climáticas.

(C) A Lei nº 17.133/2012 estabelece que o Plano Estadual sobre Mudança do Clima norteará a elaboração da Política Estadual sobre Mudança do Clima, bem como outros programas, projetos e ações relacionados, direta ou indiretamente, à mudança do clima.

(D) A Política Estadual de Mudanças Climáticas prevê expressamente o mecanismo de perdas e danos para que as regiões do estado que sofram danos humanos e materiais em decorrência das causas adversas do aquecimento global possam ser compensadas ou indenizadas pelos causadores da alteração climática.

(E) O Plano para Ações Emergenciais – PAE com avaliação de vulnerabilidades e necessidades de adaptação aos impactos adversos causados por eventos climáticos extremos deve ser publicado anualmente, conforme determina a Política Estadual de Mudanças Climáticas.

Trata-se de questão que explora legislação do Estado do Paraná (Lei n. 17.133/2012, que institui a Política Estadual de Mudanças Climáticas). **A:** correta (art. 6º, inciso II). **B:** incorreta (o conteúdo da Comunicação Estadual é o seguinte, nos termos do art. 14: Inventário Estadual de emissão e remoção de gases de efeito estufa; Plano para Ações Emergenciais e Planos de Ação Específicos). **C:** incorreta (a *Política* Estadual sobre Mudança do Clima norteará a elaboração do *Plano* Estadual sobre Mudança do Clima, cf. art. 1º, parágrafo único). **D:** incorreta (a Lei n. 17.133/2021 não prevê expressamente o mecanismo de perdas e danos). **E:** incorreta (o Plano para Ações Emergenciais integra o conteúdo da Comunicação Estadual, a qual deverá ser realizada de cinco em cinco anos, cf. art. 14).

Gabarito: A.

(Juiz Federal – TRF/1 – 2023 – FGV) De acordo com a jurisprudência do Superior Tribunal de Justiça, o direito de acesso à informação no Direito Ambiental brasileiro compreende, entre outros, o direito a requerer a produção de informação ambiental não disponível para a Administração Pública, que consiste na chamada transparência:

(A) ativa, caso em que se presume a obrigação do Estado em favor da transparência ambiental, sendo ônus da Administração justificar seu descumprimento, com base no enquadramento da informação nas razões legais e taxativas de sigilo, sempre sujeita a controle judicial;

(B) passiva, caso em que se presume a obrigação do Estado em favor da transparência ambiental, sendo ônus da Administração justificar seu descumprimento, com base na demonstração das razões administrativas adequadas para a opção de não publicar, sempre sujeita a controle judicial;

(C) reativa, caso em que se presume a obrigação do Estado em favor da transparência ambiental, sendo ônus da Administração justificar seu descumprimento, com base na irrazoabilidade da pretensão de produção da informação inexistente, sempre sujeita a controle judicial;

(D) ativa, caso em que há presunção relativa da obrigação do Estado em favor da transparência ambiental, sendo ônus do administrado demonstrar a relevância social ou ambiental de sua pretensão de produção da informação inexistente, sendo cabível recurso administrativo impróprio, sem prejuízo do controle judicial;

(E) progressiva, caso em que há presunção relativa da obrigação do Estado em favor da transparência ambiental, sendo ônus do administrado demonstrar a relevância social ou ambiental de sua pretensão de produção da informação inexistente, sendo cabível recurso administrativo próprio, sem prejuízo do controle judicial.

Segundo o STJ, no âmbito do REsp 1.857.098/MS (IAC 13), o "direito de acesso à informação no Direito Ambiental brasileiro compreende: i) o dever de publicação, na internet, dos documentos ambientais detidos pela Administração não sujeitos a sigilo (transparência ativa); ii) o direito de qualquer pessoa e entidade de requerer acesso a informações ambientais específicas não publicadas (transparência passiva); e iii) direito a requerer a produção de informação ambiental não disponível para a Administração (*transparência reativa*)". Além disso, ainda de acordo com o STJ, "presume-se a obrigação do Estado em favor da transparência ambiental, sendo ônus da administração justificar seu descumprimento, sempre sujeita a controle judicial, nos seguintes termos: i) na transparência ativa, demonstrando razões administrativas adequadas para a opção de não publicar; ii) na transparência passiva, de enquadramento da informação nas razões legais e taxativas de sigilo; e iii) na *transparência ambiental reativa*, da irrazoabilidade da pretensão de produção da informação inexistente". Desse modo, correta a alternativa C.

Gabarito: C.

(Juiz Federal – TRF/1 – 2023 – FGV) Tema atualmente muito debatido no Direito Ambiental são as mudanças climáticas, que consistem nas transformações de longo prazo nos padrões de temperatura e clima. As consequências socioambientais das mudanças no clima são diversas e afetam toda a população mundial, causando impactos como o aumento da temperatura global do planeta, o derretimento das geleiras polares, tempestades mais intensas e períodos de seca mais frequentes, além da possibilidade de aumento nos casos de doenças transmitidas por vetores e enfermidades infecciosas.

Atento à questão climática, o Brasil criou o Fundo Nacional sobre Mudança do Clima (FNMC), por meio da Lei nº 12.114/2009, que estabelece que:

(A) dotações consignadas na lei orçamentária anual da União e em seus créditos adicionais não constituem recursos do FNMC;

(B) até 10% dos recursos do FNMC podem ser aplicados anualmente no pagamento ao agente financeiro e em despesas relativas à administração do Fundo e à gestão e utilização dos recursos;

(C) cabe ao Ministério do Meio Ambiente definir, mensalmente, a proporção de recursos a serem aplicados em cada uma das modalidades de apoio financeiro com recursos financeiros do FNMC;

(D) a aplicação dos recursos não poderá ser destinada à atividade de sistemas agroflorestais que contribuam para a redução de desmatamento e a absorção de carbono por sumidouros e para geração de renda;

(E) os recursos do FNMC serão aplicados em apoio financeiro, não reembolsável, a projetos relativos à mitigação da mudança do clima ou à adaptação à mudança do clima e aos seus efeitos, aprovados pelo Comitê Gestor do FNMC, conforme diretrizes previamente estabelecidas pelo Comitê.

A: incorreta (dotações consignadas na lei orçamentária anual da União e em seus créditos adicionais constituem recursos do FNMC, cf. art. 3º, II). **B:** incorreta (cf. art. 5º, § 3º, até 2% dos recursos do FNMC podem ser aplicados anualmente no pagamento ao agente financeiro e em despesas relativas à administração do Fundo e à gestão e utilização dos recursos). **C:** incorreta (cabe ao Comitê Gestor do FNMC realizar tal definição, cf. art. 5º, § 1º). **D:** incorreta (cf. art. 5º, § 4º, XII, a aplicação dos recursos poderá ser destinada à atividade de sistemas agroflorestais que contribuam para a redução de desmatamento e a absorção de carbono por sumidouros e para geração de renda). **E:** correta (art. 5º, II).

Gabarito "E".

13. Direito da Criança e do Adolescente

Eduardo Dompieri

1. DIREITOS FUNDAMENTAIS. DIREITO À CONVIVÊNCIA FAMILIAR E COMUNITÁRIA

(OAB/FGV – 2024) Rafael e Marta se casaram. Rafael tem dois filhos do relacionamento anterior, ambas crianças com idade inferior a 5 anos. A genitora das crianças teve decretada a perda do poder familiar em processo regular, com trânsito em julgado.

Marta, então, em processo igualmente regular, adota os filhos de Rafael, passando em julgado também a decisão que lhe conferiu a maternidade.

Marta e Rafael não conseguem manter um relacionamento saudável em razão do comportamento agressivo de Rafael, e, por isso, depois de alguns anos, eles se divorciam. No curso do processo, Marta demonstrou a impossibilidade da guarda compartilhada e obteve, judicialmente, a fixação da guarda unilateral das crianças, com direito a convívio semanal deferido a Rafael.

Indignado, Rafael procura sua orientação como advogado(a), sob o argumento de que a adoção deve ser desfeita ou, ao menos, considerada sua paternidade biológica para fins de guarda.

Sobre o caso, assinale a afirmativa que apresenta, corretamente, sua orientação.

(A) A guarda unilateral do adotante é inadmitida em casos de adoção, devendo ser pretendida a revisão da decisão para fixação da guarda compartilhada.

(B) A adoção deve ser anulada judicialmente em caso de divórcio, pois este significa a quebra do vínculo que deu origem à filiação por adoção retornando a guarda, bem como todo o poder familiar, ao genitor biológico.

(C) Ainda que a adoção seja indissolúvel, o vínculo biológico deve, de fato, ter precedência sobre a filiação originada pela adoção para fins de definição da guarda.

(D) A adoção atribui a condição plena de filho ao adotado e de mãe à adotante, sendo completamente irrelevante essa origem da filiação como *elemento* influenciador do modelo de guarda.

A hipótese narrada no enunciado corresponde à chamada adoção unilateral: prevista no art. 41, § 1º, do ECA, *é aquela em que permanecem os vínculos de filiação com apenas um dos pais biológicos* (um dos cônjuges ou conviventes adota o filho do outro). Ademais, a adoção, seja qual for a sua modalidade, é plena, o que significa dizer que o adotado adquire a mesma condição dos filhos biológicos, com os mesmos direitos e deveres, inclusive sucessórios, desligando-se de qualquer vínculo com pais e parentes, salvo os impedimentos matrimoniais, que são preservados – art. 41, *caput*, do ECA.

Gabarito "D".

(Juiz de Direito – TJ/SC – 2024 – FGV) Bárbara tem a sua prisão preventiva decretada em razão da prática de crime de homicídio contra o ex-companheiro, que era genitor da criança Heitor, de 2 anos, filho da detenta. A defesa técnica de Bárbara requer a substituição da prisão preventiva pela domiciliar, alegando que Bárbara é genitora de Heitor e responsável pelos cuidados de seu filho.

Considerando o disposto na Lei nº 13.257/2016 (Marco Legal da Primeira Infância), é correto afirmar que:

(A) a substituição da prisão preventiva pela domiciliar somente é aplicável a gestantes, não se estendendo o benefício a mulheres que já tenham filhos;

(B) o juiz da Infância e da Juventude será competente para a concessão do benefício de substituição da pena, por se tratar de requerimento formulado com fulcro na Lei nº 13.257/2016 (Marco Legal da Primeira Infância);

(C) é requisito legal para a concessão do benefício a realização de estudo, pela equipe técnica do juízo, comprovando a existência de vínculos afetivos entre a detenta e o seu filho;

(D) a prisão domiciliar só será deferida a mulheres com filhos com deficiência e idade inferior a 12 anos;

(E) a substituição de pena requerida não é cabível, pois Bárbara praticou crime com violência ou grave ameaça à pessoa, não fazendo jus à prisão domiciliar.

Quanto ao tema *substituição da prisão preventiva pela domiciliar*, valem alguns esclarecimentos preliminares, dada a relevância do tema e sua recorrência em provas de concursos. A *prisão preventiva* poderá ser substituída pela *prisão domiciliar* nas hipóteses elencadas no art. 318 do CPP, a saber: agente maior de 80 anos (inciso I); agente extremamente debilitado por motivo de doença grave (inciso II); quando o agente for imprescindível aos cuidados de pessoa com menos de 6 (seis) anos ou com deficiência (inciso III); quando se tratar de gestante, pouco importando em que mês da gestação a gravidez se encontre (inciso IV – cuja redação foi alterada pela Lei 13.257/2016); quando se tratar de mulher com filho de até 12 anos de idade incompletos (inciso V – cuja redação foi determinada pela Lei 13.257/2016); homem, caso seja o único responsável pelos cuidados do filho de até 12 anos de idade incompletos (inciso VI – cuja redação foi determinada pela Lei 13.257/2016). A Lei 13.769/2018, que, entre outras alterações, inseriu no CPP o art. 318-A, estabelece a substituição da prisão preventiva por prisão domiciliar da mulher gestante, mãe ou responsável por crianças ou pessoas com deficiência. Como bem sabemos, a 2ª turma do STF, ao julgar o HC coletivo 143.641, assegurou a conversão da prisão preventiva em domiciliar a todas as presas provisórias do país que sejam gestantes, puérperas ou mães de crianças e deficientes sob sua guarda. Perceba, dessa forma, que o legislador, ao inserir o art. 318-A do CPP, nada mais fez do que contemplar, no texto legal, entendimento consolidado no *habeas corpus* coletivo a que fizemos referência. Também em consonância com o que ficou decidido no julgamento do HC, o legislador impôs dois requisitos: que não tenha sido cometido crime com grave ameaça ou violência contra a pessoa (art. 318-A, I); que não tenha sido cometido contra o filho ou dependente (art. 318-A, II). Por tudo que foi dito, Bárbara, por ter contra si decretada prisão preventiva em razão da prática de crime com violência contra a pessoa (homicídio doloso em face de seu ex-companheiro), não poderá obter a substituição de sua custódia por prisão domiciliar.

Gabarito "E".

(Juiz de Direito – TJ/SC – 2024 – FGV) Fabrícia e Márcio são brasileiros e residem na cidade de Paris, na França, há quinze anos, realizando viagens ao Brasil ao final de cada ano, para visitar seus parentes no Natal. Após diversas tentativas não exitosas de filiação biológica, o casal decide se habilitar à adoção de criança brasileira, tendo em vista o forte vínculo existente com o Brasil, apesar de possuírem residência habitual na França. O casal protocoliza procedimento de habilitação à adoção na comarca onde residem os seus parentes no Brasil, tendo como objetivo adotar uma criança com até 10 anos de idade, sem comorbidades.

Considerando o disposto na Lei nº 8.069/1990 (ECA), é correto afirmar que a adoção pretendida por Fabrícia e Márcio é:

(A) nacional, pois o casal é brasileiro e viaja frequentemente ao país para as festas de final de ano;
(B) nacional, com preferência em relação a pessoas ou casais estrangeiros, nos casos de adoção de criança brasileira;
(C) internacional, pois o casal, apesar de ser detentor de nacionalidade brasileira, possui residência habitual na França;
(D) nacional, pois o critério definidor da natureza da adoção decorre da nacionalidade da criança pretendida, que é brasileira, no caso narrado;
(E) internacional, com preferência de Fabrícia e Márcio em relação aos adotantes habilitados residentes no Brasil com perfil compatível com a criança ou adolescente, após consulta ao Sistema Nacional de Adoção e Acolhimento (SNA).

A adoção pretendida pelo casal de brasileiros deve obedecer às regras estabelecidas para a adoção internacional (arts. 51 e 52 do ECA), assim entendida aquela *em que o pretendente tem residência habitual em país-parte da Convenção de Haia e deseja adotar criança em outro país-parte da mesma Convenção* (art. 51, caput, do ECA, cuja redação foi modificada por força da Lei 13.509/2017). Isso porque o critério empregado é o local de domicílio dos postulantes, e não a nacionalidade destes. Assim, brasileiros residentes no exterior, como é o caso aqui tratado, submetem-se às regras da adoção internacional, embora tenham primazia diante dos estrangeiros. Tratando-se, assim, de adoção internacional, impõe-se seja obedecido o procedimento previsto no art. 52 do ECA. ED

Gabarito "C."

(Juiz de Direito – TJ/SC – 2024 – FGV) Em razão de violações de direitos causadas pelos genitores, o juiz da Infância e da Juventude aplica a Samantha, criança de 8 anos, medida protetiva de acolhimento familiar. Após a realização de estudos social e psicológico pela equipe do juízo e do serviço de acolhimento, as referidas equipes técnicas entendem que Samantha deve ser reintegrada a sua tia paterna, que se disponibiliza a exercer a guarda da sobrinha e com quem a criança mantém fortes vínculos afetivos. O magistrado determina a reintegração familiar e concede a guarda provisória de Samantha à tia, além de determinar a inclusão da criança em programa de apadrinhamento afetivo desenvolvido por organização da sociedade civil que presta atendimento a criança e adolescente existente no município.

Considerando o disposto na Lei nº 8.069/1990 (ECA), é correto afirmar que:

(A) é vedado a pessoas jurídicas o apadrinhamento de criança ou adolescente a fim de colaborar para o seu desenvolvimento;
(B) os programas ou serviços de apadrinhamento de crianças e adolescentes somente podem ser executados pelo Poder Judiciário;
(C) a criança não se adequa ao perfil prioritário de inserção em programa de apadrinhamento afetivo, em razão da reintegração à família extensa;
(D) pessoas maiores de 18 anos podem ser padrinhos ou madrinhas, desde que estejam inscritas nos cadastros de adoção e cumpram os requisitos exigidos pelo programa de apadrinhamento de que fazem parte;
(E) a criança e o adolescente que se encontram em serviço de acolhimento familiar não poderão participar de programa de apadrinhamento, em razão da incompatibilidade do apadrinhamento com essa modalidade de acolhimento.

O chamado programa de apadrinhamento, inovação introduzida por meio da Lei 13.509/2017, que inseriu no ECA o art. 19-B, consiste em proporcionar à criança e ao adolescente sob acolhimento institucional ou familiar a oportunidade de estabelecer vínculos externos à instituição para fins de convivência familiar e comunitária e colaboração com o seu desenvolvimento sob os aspectos social, moral, físico, cognitivo, educacional e financeiro (§ 1º). Podem figurar como padrinho tanto a pessoa física quanto a jurídica, tal como estabelece o art. 19-B, § 3º, do ECA. Terão prioridade para o apadrinhamento crianças e adolescentes com remota possibilidade de reinserção familiar ou colocação em família adotiva (art. 19-B, § 4º, do ECA). Por conta da reintegração de Samantha à sua família extensa, com a concessão de sua guarda à sua tia, inviável a sua inclusão em programa de apadrinhamento, que somente pode se dar se se tratar de criança ou adolescente sob acolhimento institucional ou familiar. ED

Gabarito "C."

(Juiz de Direito – TJ/SC – 2024 – FGV) Beatriz e Lauro são habilitados à adoção e iniciam a aproximação com duas crianças destituídas do poder familiar por sentença transitada em julgado que se encontram em acolhimento institucional, Kayla, de 5 anos, e Brayan, de 7 anos. O casal propõe ação de adoção, sendo exitoso o estágio de convivência. Nos estudos técnicos realizados pela equipe do juízo, Beatriz e Lauro reafirmam o desejo de adotar os irmãos, restando comprovado o forte vínculo afetivo estabelecido entre as crianças e os requerentes. O magistrado designa audiência de instrução e julgamento, sendo informado de que Lauro faleceu em razão de um infarto.

Considerando o disposto na Lei nº 8.069/1990 (ECA), é correto afirmar que:

(A) em razão do falecimento do requerente antes de prolatada a sentença, o pedido deverá ser julgado procedente apenas em relação à Beatriz;
(B) a alteração da situação fática decorrente do falecimento de Lauro exigirá a realização de novos estudos técnicos e a renovação da habilitação à adoção requerida por Beatriz;
(C) o falecimento do requerente tem como efeito prático o reinício do estágio de convivência, por expressa previsão legal e pelo prazo de até noventa dias;
(D) o pedido poderá ser julgado procedente em relação a ambos os requerentes, diante da inequívoca manifestação da vontade de Lauro de adotar as crianças;

(E) verifica-se a ocorrência da impossibilidade jurídica do pedido de adoção formulado por requerente que vem a falecer no curso do processo, sendo nula eventual sentença de procedência.

Cuida-se da chamada adoção *post mortem*, que é aquela em que o adotante, tendo manifestado de forma inequívoca sua vontade no sentido de adotar, vem a falecer no curso do processo, desde que ainda não prolatada a sentença – art. 42, § 6º, do ECA. Neste caso, a adoção será deferida.
Gabarito "D".

(Juiz de Direito/AP – 2022 – FGV) Jennifer dá à luz uma criança do sexo masculino e, após o parto, ela e o seu companheiro informam à assistente social do Hospital das Clínicas que desejam entregar a criança em adoção. Gisele, enfermeira, se oferece para adotar a criança e a leva para a sua casa, com a anuência de Jennifer, do genitor e da família extensa. O caso é noticiado pelo hospital ao Conselho Tutelar e ao Ministério Público, que propõe ação com pedido cautelar de busca e apreensão da criança. O magistrado indefere o pedido, entendendo que é cabível a adoção consensual nessa hipótese.

Considerando o disposto na Lei nº 8.069/1990 (ECA), a decisão está:

(A) correta, pois a entrega da criança a Gisele conta com a anuência dos pais e da família extensa, havendo previsão legal no ECA para a realização da adoção consensual nessa hipótese;

(B) incorreta, pois a criança não se encontra disponível para adoção, sendo necessária a propositura de ação de destituição familiar em face dos pais;

(C) correta, pois o consentimento dos pais afasta a necessidade de consulta de habilitados no Sistema Nacional de Adoção e Acolhimento (SNA);

(D) incorreta, pois a hipótese narrada não se enquadra nas exceções à adoção por pessoa não cadastrada previamente no Sistema Nacional de Adoção e Acolhimento (SNA);

(E) correta, pois o Sistema Nacional de Adoção e Acolhimento (SNA) é cadastro de habilitados à adoção, não havendo obrigatoriedade legal de observância da ordem cronológica para deferimento do pedido de adoção.

Por força do que dispõe o art. 13, § 1º, do ECA, ante a manifestação de interesse da gestante ou mãe no sentido de entregar o filho para adoção, deverá ela ser obrigatoriamente encaminhada, sem constrangimento, à Justiça da Infância e Juventude, onde serão adotadas as providências cabíveis (art. 19-A, ECA). As hipóteses de exceção à adoção por pessoa não cadastrada previamente no Sistema Nacional de Adoção e Acolhimento estão elencadas no art. 50, § 13, do ECA, entre as quais não está a narrada no enunciado. Conferir: *Somente poderá ser deferida adoção em favor de candidato domiciliado no Brasil não cadastrado previamente nos termos desta Lei quando: I – se tratar de pedido de adoção unilateral; II – for formulada por parente com o qual a criança ou adolescente mantenha vínculos de afinidade e afetividade; III – oriundo o pedido de quem detém a tutela ou guarda legal de criança maior de 3 (três) anos ou adolescente, desde que o lapso de tempo de convivência comprove a fixação de laços de afinidade e afetividade, e não seja constatada a ocorrência de má-fé ou qualquer das situações previstas nos arts. 237 ou 238 desta Lei.*
Gabarito "D".

(Juiz de Direito/AP – 2022 – FGV) Stephany, criança de 9 anos, aparece na escola com hematomas pelo corpo e corrimento vaginal e revela para sua professora do ensino fundamental, Carolina, que sofreu abuso sexual praticado pelo seu padrasto, Ernesto. Após conversar com a mãe e o padrasto, que desmentem a criança, Carolina relata os fatos à diretora da escola, Margarida, que se abstém de noticiar a violação de direitos ao órgão com atribuição.

Considerando o disposto na Lei nº 8.069/1990 (ECA), é correto afirmar que a diretora:

(A) praticou crime previsto no ECA e deveria ter noticiado o fato ao juiz da Infância e Juventude, conforme previsão legal;

(B) praticou infração administrativa prevista no ECA e deveria ter noticiado o fato ao Conselho Tutelar, conforme previsão legal;

(C) praticou crime previsto no ECA e deveria ter noticiado o fato ao promotor de justiça, conforme previsão legal;

(D) praticou infração administrativa prevista no ECA e deveria ter noticiado o fato ao Conselho Municipal de Direitos da Criança e do Adolescente, conforme previsão legal;

(E) não praticou crime ou infração administrativa previstos no ECA, na medida em que, após a apuração dos fatos, não restou comprovado o abuso.

No caso narrado no enunciado, Margarida, na qualidade de diretora da escola e, portanto, responsável pelo estabelecimento de ensino no qual estuda Stephany, em face da forte suspeita de abuso por esta sofrido pelo seu padrasto (revelação feita pela criança, hematomas pelo corpo e corrimento vaginal), deveria levar o fato ao conhecimento do Conselho Tutelar, nos termos do art. 56, I, do ECA. Diante da sua omissão, visto que deixou de comunicar o fato que chegou ao seu conhecimento ao Conselho Tutelar, Margarida deverá ser responsabilizada pela infração administrativa definida no art. 245 do ECA, pelo que ficará sujeita à pena de multa de três a vinte salários de referência, que será aplicada em dobro em caso de reincidência: *deixar o médico, professor ou responsável por estabelecimento de atenção à saúde e de ensino fundamental, pré-escola ou creche, de comunicar à autoridade competente os casos de que tenha conhecimento, envolvendo suspeita ou confirmação de maus-tratos contra criança ou adolescente.*
Gabarito "B".

2. ATO INFRACIONAL – DIREITO MATERIAL

(OAB/FGV – 2024) Rafael, de 16 anos, foi apreendido após invadir uma loja de cosméticos e, mediante o emprego de arma de fogo, subtrair os pertences do caixa. Devidamente processado, o juízo da infância aplicou a medida de semiliberdade ao adolescente, tendo ocorrido o trânsito em julgado.

Depois de dois meses de cumprimento da medida, Laura, mãe de Rafael, procura você, como advogado(a), buscando sua orientação acerca da possibilidade de o adolescente realizar atividades externas, considerando que foi inaugurado estabelecimento que oferece diversos cursos profissionalizantes em local próximo à unidade socioeducativa.

Sobre o caso narrado, levando em conta o Estatuto da Criança e do Adolescente, assinale a orientação que, corretamente, você deu a Laura.

(A) No regime de semiliberdade é possível realizar atividades externas, desde que haja autorização do juízo

competente para a execução da medida socioeducativa.
(B) A semiliberdade só admite atividades externas após um ano de cumprimento da medida. Dessa forma, por ora, Rafael não poderá ser incluído no curso profissionalizante almejado.
(C) É possível que Rafael realize atividades externas, independentemente de autorização judicial.
(D) Durante a semiliberdade é inviável a realização de atividades externas, pois elas são cabíveis apenas nas medidas socioeducativas de liberdade assistida e de prestação de serviços à comunidade.

Prevista no art. 112, V, do ECA, é espécie de medida socioeducativa privativa da liberdade. Situa-se entre a internação, a mais severa de todas, e as medidas em meio aberto. Diferentemente da internação, a inserção em regime de semiliberdade (art. 120 do ECA) permite ao adolescente a realização de atividades externas, independentemente de autorização judicial. É obrigatória a escolarização e a profissionalização, devendo, sempre que possível, ser utilizados os recursos existentes na comunidade. A exemplo da internação, esta medida não comporta prazo determinado, sendo, pois, seu prazo máximo de três anos, devendo a sua manutenção ser avaliada no máximo a cada seis meses, já que se deve aplicar, no que couber, as disposições relativas à internação. No mais, pode ser determinada desde o início ou como forma de transição para o meio aberto. **Gabarito "C".**

(Juiz de Direito – TJ/SC – 2024 – FGV) Jefferson, adolescente de 17 anos, pratica ato infracional análogo a furto, sendo-lhe aplicada a medida socioeducativa de prestação de serviços à comunidade pelo prazo de três meses, a ser cumprida em instituição de longa permanência para idosos. Jefferson recusa-se a desempenhar as atividades que lhe são delegadas na instituição, sendo o fato comunicado à Vara da Infância e da Juventude.

Considerando o disposto na Lei nº 8.069/1990 (ECA) e na Constituição Federal de 1988, é correto afirmar que:

(A) o magistrado deverá determinar que Jefferson retorne ao local e desempenhe as atividades de forma coercitiva, visando dar cumprimento à sentença;
(B) a medida socioeducativa de prestação de serviços à comunidade possui prazo mínimo de seis meses, razão pela qual a sentença mencionada é nula;
(C) considerando a vedação constitucional de trabalho forçado, poderá o magistrado substituir a medida socioeducativa aplicada por outra em meio aberto;
(D) a medida de prestação de serviços à comunidade possui natureza jurídica de medida em meio fechado, no caso mencionado, por ser cumprida em instituição asilar;
(E) o adolescente em cumprimento da medida de prestação de serviços à comunidade faz jus à remuneração financeira (bolsa), cuja finalidade é a sua profissionalização e inserção no mercado de trabalho.

A: incorreta, tendo em conta o teor do art. 43 da Lei 12.594/2012 (Sinase); **B:** incorreta. A prestação de serviços à comunidade (art. 112, III, do ECA) consiste na realização de tarefas gratuitas de interesse geral, por período não excedente a seis meses (aqui está o erro da assertiva), junto a entidades assistenciais, hospitais, escolas e outros estabelecimentos congêneres, bem como em programas comunitários e governamentais (art. 117, *caput*, do ECA). As tarefas serão atribuídas conforme as aptidões do adolescente, devendo ser cumpridas durante a jornada máxima de oito horas semanais, aos sábados, domingos e feriados ou em dias úteis, de modo a não prejudicar a frequência à escola ou à jornada normal de trabalho; **C:** correta, pois em conformidade com o art. 112, § 2º, do ECA: Em hipótese alguma e sob pretexto algum, será admitida a prestação de trabalho forçado (conforme art. 5º, XLVII, c, da CF); **D:** incorreta. Trata-se de medida socioeducativa em meio aberto; **E:** incorreta. A prestação de serviços à comunidade (art. 117 do ECA) consiste na realização de tarefas gratuitas de interesse geral. **Gabarito "C".**

(Juiz de Direito/AP – 2022 – FGV) Wesley, adolescente de 16 anos, pratica ato infracional análogo a crime de roubo com emprego de arma de fogo. Concluída a instrução processual, o juiz da Vara da Infância e Juventude profere sentença aplicando a medida socioeducativa de internação, pelo prazo de seis meses. Decorridos três meses do início de cumprimento da medida, a Direção do programa de atendimento requer a substituição por semiliberdade, com fulcro na avaliação contida no plano individual de atendimento, que noticia o adequado cumprimento da medida de internação pelo adolescente. O promotor de justiça manifesta-se contrariamente ao pedido, entendendo que a gravidade do ato infracional e os antecedentes do adolescente impedem a substituição da medida, antes do prazo de reavaliação obrigatória, independentemente do parecer favorável no plano individualizado de atendimento.

Considerando o disposto na Lei nº 12.594/2012, é correto afirmar que:

(A) a reavaliação da manutenção, da substituição ou da suspensão das medidas de privação da liberdade somente pode ser solicitada após o decurso do prazo de seis meses;
(B) a gravidade do ato infracional e os antecedentes são fatores que, por si só, impedem a substituição da medida por outra menos grave;
(C) a Direção do programa de atendimento não poderá solicitar a reavaliação da medida a qualquer tempo, sendo legitimados o defensor, o Ministério Público, ou o adolescente e seus pais ou responsável;
(D) o desempenho adequado do adolescente com base no seu plano individual de atendimento não justifica a reavaliação da medida antes do prazo mínimo de seis meses;
(E) a autoridade judiciária poderá indeferir o pedido de reavaliação da manutenção, da substituição ou da suspensão das medidas, se entender insuficiente a motivação.

A: incorreta, já que tal reavaliação pode ser solicitada a qualquer tempo, a pedido da direção do programa de atendimento, do defensor, do MP, do próprio adolescente bem como de seus pais ou responsável, nos termos do que estabelece o art. 43, *caput*, da Lei 12.594/2012 (Sinase); **B:** incorreta, pois não reflete o disposto no art. 42, § 2º, da Lei 12.594/2012, que assim dispõe: A gravidade do ato infracional, os antecedentes e o tempo de duração da medida não são fatores que, por si, justifiquem a não substituição da medida por outra menos grave; **C:** incorreta. Vide comentário à alternativa "A"; **D:** incorreta, pois, a teor do art. 43, § 1º, I, da Lei 12.594/2012, o desempenho adequado do adolescente com base no seu plano individual de atendimento justifica, sim, a reavaliação da medida antes do prazo mínimo de seis meses; **E:** correta, pois em consonância com a regra presente no art. 43, § 2º, da Lei 12.594/2012. **Gabarito "E".**

3. CONSELHO TUTELAR

(Juiz de Direito/AP – 2022 – FGV) Famosa dupla sertaneja realizará show em ginásio no Município de Santana. Os organizadores do evento requerem alvará judicial para entrada e permanência de adolescentes desacompanhados dos pais ou responsável, a partir de 16 anos de idade, sendo o pedido deferido pelo juiz da Infância e Juventude. O magistrado determina que a fiscalização do evento seja realizada pelo Conselho Tutelar do Município. Durante o show, Adriana, conselheira tutelar, encontra Edson, adolescente de 13 anos, no interior do ginásio, desacompanhado dos pais ou responsável, consumindo bebida alcoólica, razão pela qual lavra auto de infração. Adriana conduz Edson à delegacia para a confecção de registro de ocorrência, alegando que o adolescente praticou ato infracional.

Considerando o disposto na Lei nº 8.069/1990 (ECA), é correto afirmar que:

(A) o Conselho Tutelar possui atribuição para a fiscalização de eventos e do cumprimento da decisão judicial que concedeu o alvará, conforme previsto no rol do Art. 136 do ECA;

(B) o consumo de bebida alcoólica por adolescente configura ato infracional análogo a crime, estando sujeito à aplicação de medidas socioeducativas;

(C) o Conselho Tutelar não possui atribuição legal para a lavratura de auto de infração em face do organizador do evento;

(D) a venda ou fornecimento de bebida alcoólica a criança ou adolescente configura infração administrativa prevista no ECA;

(E) o ECA veda a concessão de alvará judicial para a entrada de criança ou adolescente desacompanhado em evento onde seja comercializada bebida alcoólica.

A: incorreta. As atribuições do Conselho Tutelar estão elencadas no art. 136 do ECA, entre as quais não está aquela voltada à fiscalização de eventos e ao cumprimento da decisão judicial que concede alvará; **B:** incorreta. Não configura ato infracional, na medida em que a conduta consistente em consumir bebida alcoólica é atípica (não constitui infração penal). O que constitui crime (art. 243, ECA) é a conduta de vender, fornecer, servir, ministrar ou entregar à criança ou a adolescente bebida alcoólica; **C:** correta, tendo em conta o disposto no art. 136 do ECA, que contempla as atribuições do Conselho Tutelar. A propósito desse tema, importante que se diga que a recente Lei 14.344/2022 inseriu, no art. 136 do ECA, outras atribuições ao Conselho Tutelar (incluiu os incisos XIII a XX), todas voltadas à prevenção e ao enfrentamento da violência doméstica e familiar contra a criança e o adolescente; **D:** incorreta. Isso porque a venda ou fornecimento de bebida alcoólica a criança ou adolescente configura o crime do art. 243 do ECA. Não se trata, portanto, de infração administrativa; **E:** incorreta. Trata-se de vedação não contida no ECA. Gabarito "C".

4. ACESSO À JUSTIÇA

(OAB/FGV – 2024) Márcio, adolescente com 16 anos, foi apreendido em flagrante na prática de ato infracional análogo ao roubo qualificado por emprego de arma de fogo. Foi, de plano, colocado em internação provisória, durante o curso do processo.

Depois de todo o trâmite processual, que foi absolutamente regular e escorreito, a autoridade judiciária reconheceu na sentença que não havia prova da existência do ato infracional imputado originariamente, o que ocasionou a absolvição de Márcio, sendo certo que a decisão foi omissa em relação à soltura do adolescente. Entretanto, o fato de a sentença estar baseada na inexistência de provas e no reconhecimento da sua própria falibilidade, fundamento basilar da própria existência da recorribilidade das decisões judiciais, postergou para o trânsito em julgado a liberação do adolescente.

Acerca da situação narrada, assinale a afirmativa correta.

(A) A sentença mostra plena correção, adequada ao ordenamento jurídico processual e às disposições do Estatuto da Criança e do Adolescente.

(B) A manutenção da internação até o trânsito em julgado é medida irregular, devendo Márcio ser posto em liberdade, imediatamente, quando da prolação da sentença.

(C) A colocação do adolescente internado em liberdade deve ser imediata apenas no caso de a sentença reconhecer a inexistência do fato análogo ao crime, não havendo falha na decisão de manter sua internação.

(D) A colocação do adolescente internado em liberdade deve ser imediata somente na hipótese de a sentença reconhecer que o adolescente não praticou ou concorreu para a prática do fato análogo ao crime, estando correta a decisão.

Na hipótese narrada no enunciado, é de rigor que Márcio, ante a sua absolvição, seja incontinenti colocado em liberdade, tal como estabelece o art. 189 do ECA: *A autoridade judiciária não aplicará qualquer medida, desde que reconheça na sentença: I – estar provada a inexistência do fato; II – não haver prova da existência do fato; III – não constituir o fato ato infracional; IV – não existir prova de ter o adolescente concorrido para o ato infracional. Parágrafo único. Na hipótese deste artigo, estando o adolescente internado, será imediatamente colocado em liberdade.* Gabarito "B".

(Juiz de Direito – TJ/SC – 2024 – FGV) Laura, criança de 10 anos, é vítima de crime de estupro de vulnerável praticado pelo companheiro de sua avó, Jeremias. Durante audiência criminal para a coleta de seu depoimento especial, em rito cautelar de antecipação de prova, Laura demonstra grande temor ao ter ciência de que Jeremias encontra-se na sala de audiências, assistindo ao seu depoimento em tempo real, por transmissão de áudio e vídeo. Margareth, psicóloga do Tribunal de Justiça que se encontra na sala de depoimento especial com a criança, comunica ao juiz que se faz necessário o afastamento do imputado da sala de audiências, diante da reação da criança, contando tal manifestação da profissional especializada com a anuência do membro do Ministério Público. O advogado constituído por Jeremias se opõe ao pedido, invocando violação ao princípio do contraditório e da ampla defesa, caso seja autorizado o afastamento de seu cliente da sala de audiências.

Considerando o disposto na Lei nº 13.431/2017, é correto afirmar que:

(A) Margareth não pode se manifestar acerca do afastamento do imputado da sala de audiências, na medida em que não é parte processual, sendo a comunicação ao magistrado incabível;

(B) a previsão legal para o afastamento do imputado da sala de audiências inexiste, considerando que ele não se encontra no mesmo ambiente físico que Laura, *in casu*, a sala de depoimento especial;

(C) o depoimento especial de Laura é incabível pelo rito cautelar de antecipação de prova, na hipótese narrada, uma vez que a criança tem mais de 7 anos de idade;

(D) Jeremias poderá ser afastado da sala de audiências, na medida em que a sua presença pode prejudicar o depoimento especial da criança;

(E) o procedimento narrado consiste na escuta especializada, cujo escopo é a proteção social da criança e a produção de provas para a instrução criminal.

No caso narrado no enunciado, é de rigor que Margareth, psicóloga do Tribunal de Justiça que se encontra na sala de depoimento especial com Laura, leve o fato ao conhecimento do magistrado que preside a audiência, que determinará, se o caso, o afastamento do imputado da sala de audiências, conforme estabelece o art. 12, § 3º, da Lei 13.431/2017: "O profissional especializado comunicará ao juiz se verificar que a presença, na sala de audiência, do autor da violência pode prejudicar o depoimento especial ou colocar o depoente em situação de risco, caso em que, fazendo constar em termo, será autorizado o afastamento do imputado". ED

Gabarito "D".

(Juiz de Direito/AP – 2022 – FGV) Joseane, adolescente de 12 anos, é vítima de estupro praticado por seu padrasto, Francisco. Após análise do inquérito policial, o Ministério Público oferece denúncia em face de Francisco, requerendo, em sede de produção antecipada de prova, o depoimento especial da adolescente. Na data da audiência, a profissional especializada que participa do ato processual na sala de depoimento especial lê a denúncia para a adolescente, questionando-a sobre a veracidade dos fatos. Joseane informa à profissional especializada que se sente intimidada ao saber que o padrasto está presente na sala de audiências e, em virtude disso, permanece calada. O magistrado suspende o ato processual e Joseane manifesta o desejo de prestar depoimento diretamente ao juiz, sem a presença do réu na sala de audiências.

Considerando os fatos narrados e o disposto na Lei nº 13.431/2017, é correto afirmar que:

(A) o depoimento especial seguirá o rito cautelar de antecipação de prova somente nos casos de crianças com idade inferior a 7 anos, não sendo aplicável à adolescente Joseane;

(B) a leitura da denúncia e de outras peças processuais para a adolescente pode ser autorizada pelo magistrado, ouvido o Ministério Público;

(C) a profissional especializada deverá comunicar ao juiz que a presença do réu pode prejudicar o depoimento especial, sendo possível que o magistrado o afaste;

(D) é vedado pela Lei nº 13.431/2017 que a adolescente preste depoimento diretamente ao magistrado, se assim entender, razão pela qual o requerimento deve ser indeferido;

(E) a Lei nº 13.431/2017 não autoriza o afastamento do réu da sala de audiências em qualquer hipótese, em observância aos princípios do contraditório e da ampla defesa.

A: incorreta, já que, segundo estabelece o art. 4º, § 1º, da Lei 13.431/2017, *a criança e o adolescente serão ouvidos sobre a situação de violência por meio de escuta especializada e depoimento especial*; **B:** incorreta. Por força do que dispõe o art. 12, I, da Lei 13.431/2017, é vedada a leitura da denúncia ou outras peças processuais no depoimento especial; **C:** correta, porquanto reflete o disposto no art. 12, § 3º, da Lei 13.431/2017, que autoriza o juiz, ante a comunicação do profissional especializado de que a presença do réu, na sala de audiência, pode prejudicar o depoimento especial, a determinar o afastamento deste; **D:** incorreta, pois não corresponde à regra presente no art. 12, § 1º, da Lei 13.431/2017, que confere à vítima ou testemunha o direito de prestar depoimento diretamente ao juiz; **E:** incorreta. Vide comentário à alternativa "C". ED

Gabarito "C".

5. TEMAS COMBINADOS E OUTROS TEMAS

(Juiz de Direito/AP – 2022 – FGV) O promotor de justiça da Infância e Juventude de Macapá recebe denúncia anônima, através do serviço "Disque 100", noticiando que Josenildo, dirigente da entidade de acolhimento institucional do município, tem se apropriado indevidamente de itens alimentícios encaminhados pela Prefeitura para as crianças e adolescentes em acolhimento. Após a confirmação da ocorrência dos fatos, o promotor de justiça ajuíza representação para apuração de irregularidade em entidade de atendimento não governamental, em conformidade com o rito procedimental previsto na Lei nº 8.069/1990 para essa hipótese. Após regular citação, o dirigente continua a se apropriar dos alimentos, levando-os para a sua casa, e deixando os acolhidos sem proteína em sua alimentação diária. Em virtude disso, o promotor de justiça requer o afastamento provisório do dirigente da entidade de acolhimento.

Considerando o disposto na Lei nº 8.069/1990 (ECA), é correto afirmar que:

(A) em virtude do princípio da celeridade processual, o ECA não prevê a realização de audiência de instrução e julgamento para o procedimento de apuração de irregularidades em entidades;

(B) caso defira o pedido de afastamento provisório do dirigente, o magistrado deverá nomear diretamente interventor para gerir a entidade, dentre as pessoas de conduta ilibada na comarca;

(C) não há previsão legal para afastamento provisório do dirigente da entidade, antes de concluída a instrução do procedimento;

(D) antes de aplicar qualquer das medidas, a autoridade judiciária poderá fixar prazo para a remoção das irregularidades verificadas;

(E) caso julgado procedente o pedido, será aplicável ao dirigente da entidade a pena privativa de liberdade, a ser fixada em consonância com a gravidade de sua conduta, conforme previsão do ECA.

A: incorreta. Se entender necessário, poderá o juiz, no procedimento de apuração de irregularidade em entidade de atendimento, designar audiência de instrução e julgamento, do que as partes serão intimadas (art. 193, *caput*, do ECA); **B:** incorreta. Na hipótese de ser determinado o afastamento provisório do dirigente da entidade, deverá o magistrado oficiar à autoridade administrativa imediatamente superior ao afastado, marcando prazo para a substituição (art. 193, § 2º, do ECA); **C:** incorreta, pois não reflete o disposto no art. 191, parágrafo único, do ECA, que autoriza o juiz, na hipótese de o motivo ser grave, a decretar liminarmente o afastamento provisório do dirigente da entidade; **D:** correta (art. 193, § 3º, do ECA); **E:** incorreta, já que não há previsão de pena privativa de liberdade. Segundo o art. 193, § 4º, do ECA, *a multa e a advertência serão impostas ao dirigente da entidade ou programa de atendimento*. ED

Gabarito "D".

14. DIREITO PENAL

Eduardo Dompieri e Patricia Bergamasco

1. CONCEITO, FONTES E PRINCÍPIOS DO DIREITO PENAL

(OAB/FGV – 2024) A família de Luís procura você, como advogado(a), explicando que existe uma lei nova, mais benéfica, que se aplica ao caso do seu parente. Você, ao estudar o caso, descobriu que já havia trânsito em julgado da condenação e que a lei era realmente mais benéfica.

Nessa hipótese, você deve

(A) propor ação de revisão criminal, para que possa ser aplicada a lei mais benéfica.

(B) informar à família que, como existiu trânsito em julgado, a nova lei, mais benéfica, não se aplica.

(C) peticionar ao Juiz da Vara de Execuções Penais, requerendo a aplicação da nova lei, mais benéfica.

(D) propor *habeas corpus* perante o Supremo Tribunal Federal para aplicação da nova lei, mais benéfica.

O enunciado retrata típica hipótese de *novatio legis in mellius* (art. 2º, parágrafo único, do CP), que ocorre sempre que uma lei nova, embora não descriminalize a conduta, favorece, de alguma forma, o agente, por exemplo cominando pena menos severa, em qualidade ou quantidade. Foi exatamente o que se deu no caso narrado no enunciado. Com efeito, o delito pelo qual Luís foi acusado e, ao final, condenado em sentença que passou em julgado ganhou tratamento diverso, em razão do advento de lei nova que tornou a resposta penal mais branda em relação à lei em vigor ao tempo em que foi condenado. A *novatio legis in mellius* pode ser arguida e reconhecida a qualquer tempo, mesmo no curso da execução da pena. Segundo disposto no art. 66, I, da LEP e entendimento firmado na Súmula 611, do STF, com o advento do trânsito em julgado da sentença condenatória, a aplicação da lei mais benigna caberá ao juízo da execução; caberia ao juízo processante (de conhecimento) se a lei penal mais favorável ao agente entrasse em vigor no curso da instrução e antes do trânsito em julgado; se tal ocorrer em grau de recurso, ao tribunal competente caberá o reconhecimento da *lex mitior*. **ED**

Gabarito: C.

(Analista Judiciário – TJ/AL – 2018 – FGV) No dia 02.01.2018, Jéssica, nascida em 03.01.2000, realiza disparos de arma de fogo contra Ana, sua inimiga, em Santa Luzia do Norte, mas terceiros que presenciaram os fatos socorrem Ana e a levam para o hospital em Maceió. Após três dias internada, Ana vem a falecer, ainda no hospital, em virtude exclusivamente das lesões causadas pelos disparos de Jéssica.

Com base na situação narrada, é correto afirmar que Jéssica:

(A) não poderá ser responsabilizada criminalmente, já que o Código Penal adota a Teoria da Atividade para definir o momento do crime e a Teoria da Ubiquidade para definir o lugar;

(B) poderá ser responsabilizada criminalmente, já que o Código Penal adota a Teoria do Resultado para definir o momento do crime e a Teoria da Atividade para definir o lugar;

(C) poderá ser responsabilizada criminalmente, já que o Código Penal adota a Teoria da Ubiquidade para definir o momento do crime e a Teoria da Atividade para definir o lugar;

(D) não poderá ser responsabilizada criminalmente, já que o Código Penal adota a Teoria da Atividade para definir o momento do crime e apenas a Teoria do Resultado para definir o lugar;

(E) poderá ser responsabilizada criminalmente, já que o Código Penal adota a Teoria do Resultado para definir o momento do crime e a Teoria da Ubiquidade para definir o lugar.

Segundo consta do enunciado, Jéssica, um dia antes de atingir a maioridade, investiu contra sua inimiga Ana, alvejando-a com disparos de arma de fogo. Socorrida por pessoas que a tudo assistiram, Ana permanece hospitalizada por três dias e, não resistindo aos ferimentos provocados por Jéssica, vem a falecer. Temos, portanto, que a conduta levada a efeito por Jéssica (disparos de arma de fogo) verificou-se ao tempo em que ela ainda era inimputável (17 anos); posteriormente, quando já contava com 18 anos, a vítima contra a qual Jéssica investiu vem a falecer (o resultado foi produzido quando ela já era maior). A questão que aqui se coloca é saber se Jéssica deve ser responsabilizada na qualidade de imputável ou como inimputável. Para os efeitos do ECA (Estatuto da Criança e do Adolescente), deve ser considerada a idade do adolescente à data da conduta (ação ou omissão). Assim, se a prática da conduta se deu a poucos dias de o adolescente atingir a maioridade (o disparo de uma arma de fogo) e o resultado foi produzido quando o agente completou 18 anos (morte da vítima), valerá, aqui, a data do fato e não a do resultado, de forma que o agente ficará sujeito a uma medida socioeducativa, isto é, não responderá criminalmente. Incorporou-se, portanto, a teoria da atividade, consagrada no art. 4º do Código Penal, segundo a qual se considera praticado o crime no momento da ação ou omissão (conduta), ainda que outro seja o do resultado. É o que estabelece o art. 104, parágrafo único, do ECA. Aplicando tal regra ao caso narrado no enunciado, forçoso concluir que Jéssica deve ser responsabilizada como menor (cometeu ato infracional), sujeitando-se, portanto, à imposição de medidas socioeducativas. Ademais disso, em matéria de lugar do crime, o legislador adotou, no CP, a teoria mista ou da ubiquidade, segundo a qual se considera praticado o crime no lugar onde ocorreu a ação ou omissão, no todo ou em parte, bem como onde se produziu ou deveria produzir-se o resultado (art. 6º do CP). **ED**

Gabarito: A.

(Técnico – TJ/AL – 2018 – FGV) Disposições constitucionais e disposições legais tratam do tema aplicação da lei penal no tempo, sendo certo que existem peculiaridades aplicáveis às normas de natureza penal.

Sobre o tema, é correto afirmar que:

(A) a lei penal posterior mais favorável possui efeitos retroativos, sendo aplicável aos fatos anteriores, desde que até o trânsito em julgado da ação penal;

(B) a *abolitio criminis* é causa de extinção da punibilidade, fazendo cessar os efeitos penais e civis da condenação;

(C) a lei penal excepcional, ainda que mais gravosa, possui ultratividade em relação aos fatos praticados durante sua vigência;

(D) os tipos penais temporários poderão ser criados através de medida provisória;

(E) a combinação de leis favoráveis, de acordo com a atual jurisprudência do Superior Tribunal de Justiça, é admitida no momento da aplicação da pena.

A: incorreta. A lei penal, em regra, não retroage. Isso porque os fatos ocorridos sob a égide de determinada lei devem por ela ser regidos. Sucede que essa regra comporta exceção. Refiro-me à hipótese em que a lei nova é mais favorável ao agente do que aquela em vigor ao tempo em que a conduta foi praticada, seja porque deixou de considerar determinada conduta como infração penal (*abolitio criminis*), seja porque, de qualquer outra forma, revelou-se mais benéfica do que a lei anterior. Neste caso, embora o fato tenha se dado sob o império de determinada lei, certo é que o advento de lei nova mais favorável fará com que esta retroaja e atinja fatos ocorridos antes de ela (lei nova mais benéfica) entrar em vigor, alcançado, inclusive, fatos decididos por sentença irrecorrível (aqui está o erro da assertiva). Tal fenômeno, que constitui garantia de índole constitucional, denomina-se retroatividade da lei penal mais benéfica e está contido no art. 2º, *caput* e parágrafo único, do CP e art. 5º, XL, da CF; **B:** incorreta. Ocorre a *abolitio criminis* (art. 2º, *caput* do CP) sempre que uma lei nova deixa de considerar crime determinado fato até então criminoso. É, por força do que dispõe o art. 107, III, do CP, causa de extinção da punibilidade, que pode ser arguida e reconhecida a qualquer tempo, mesmo no curso da execução da pena. Além disso, tem o condão de fazer cessar a execução e os efeitos penais da sentença condenatória. Os efeitos extrapenais, no entanto, subsistem (art. 2º, "*caput*", do CP). Em outras palavras – e aqui está a incorreção da alternativa, os efeitos civis da condenação, porque têm natureza extrapenal, permanecem; **C:** correta. Lei excepcional (art. 3º do CP) é aquela destinada a vigorar durante períodos de anormalidade (calamidade, guerra etc.). Mesmo depois de revogada, continua a produzir efeitos em relação aos fatos ocorridos durante a sua época de vigência. As leis excepcionais e temporárias têm ultratividade, isto é, aplicam-se ao fato cometido sob sua vigência, mesmo após a revogação pelo decurso do tempo ou pela superação do estado excepcional. Constitui, pois, exceção ao *princípio da retroatividade benéfica*; **D:** incorreta. A *medida provisória*, por imposição de índole constitucional (art. 62, § 1º, I, b), não pode veicular matéria penal, ainda que se trate de lei penal temporária/excepcional. Isso porque o *princípio da legalidade*, *estrita legalidade* ou *reserva legal* (arts. 1º do CP e 5º, XXXIX, da CF) estabelece que os tipos penais incriminadores só podem ser concebidos por lei em sentido estrito, ficando afastada, assim, a possibilidade de a lei penal ser criada por outras formas legislativas que não a lei em sentido formal, como, por exemplo, a medida provisória; **E:** incorreta. No que toca à viabilidade de o magistrado proceder à combinação de leis, quando da aplicação da pena, o STJ, consolidando o entendimento segundo o qual é vedada tal combinação, editou a Súmula 501, que, embora se refira ao crime de tráfico, também terá incidência no âmbito de outros delitos: "É cabível a aplicação retroativa da Lei 11.343/2006, desde que o resultado da incidência das suas disposições, na íntegra, seja mais favorável ao réu do que o advindo da aplicação da Lei 6.368/1976, sendo vedada a combinação de leis". ED

Gabarito "C".

(Técnico – TJ/AL – 2018 – FGV) Arlindo desferiu diversos golpes de faca no peito de Tom, sendo que, desde o início dos atos executórios, tinha a intenção de, com seus golpes, causar a morte do seu desafeto. No início, os primeiros golpes de faca causaram lesões leves em Tom. Na quarta facada, porém, as lesões se tornaram graves, e os últimos golpes de faca foram suficientes para alcançar o resultado morte pretendido.

Arlindo, para conseguir o resultado final mais grave, praticou vários atos com crescentes violações ao bem jurídico, mas responderá apenas por um crime de homicídio por força do princípio da:

(A) subsidiariedade, por se tratar de progressão criminosa;

(B) alternatividade, por se tratar de crime progressivo;

(C) consunção, por se tratar de progressão criminosa;

(D) especialidade, por se tratar de progressão criminosa;

(E) consunção, por se tratar de crime progressivo.

É do enunciado que Arlindo, com o propósito, *desde o início*, de matar Tom, seu desafeto, desfere contra este, de forma progressiva e com crescentes violações ao bem jurídico, várias facadas na região do peito, o que, ao final, acaba por provocar a sua morte. O que mais importa, para nós, é atentar para o fato de que o objetivo de Arlindo era o mesmo do começo ao fim de sua ação. Ou seja, ele deu início ao *iter criminis* imbuído do objetivo de matar Tom e, ao final, manteve tal desiderato (não houve, no curso da execução do crime, mudança de dolo). Isso nos permite concluir que o enunciado retrata típico caso de *crime progressivo*, que constitui hipótese de incidência do princípio da consunção e tem como consequência a absorção dos crimes de lesão corporal (facadas) pelo crime-fim, o homicídio consumado.

Dica: não confundir *crime progressivo* com *progressão criminosa*. Nos dois casos, o princípio a ser aplicado é o mesmo: o da *consunção*. No *crime progressivo* (tratado no enunciado), temos que o agente, almejando desde o início resultado mais gravoso, pratica diversos atos, com violação crescente e sucessiva ao bem jurídico sob tutela. Perceba que, neste caso, conforme já ponderamos acima, não há alteração no *animus* do agente. Ele inicia e termina o *iter criminis* imbuído do mesmo objetivo. No caso da *progressão criminosa*, o agente, num primeiro momento, pretende a produção de determinado resultado, mas, ao alcançá-lo, muda seu intento e pratica nova conduta, gerando um resultado mais grave. Aqui, há mudança de *animus* no curso do *iter criminis*. Seria o caso se Arlindo, ao dar início à execução do crime, quisesse, no lugar de matar seu desafeto, apenas feri-lo e, ao final da execução do delito, mudando seus planos, passasse a agir com o propósito de matá-lo. Neste exemplo, houve mudança de dolo, isto é, o agente, num primeiro momento, queria provocar lesão; após, já no curso da execução do delito, mudou seu intento e passou a objetivar a morte da vítima. Neste caso, tal como no crime progressivo, as lesões anteriores serão absorvidas pelo crime-fim: o homicídio, por incidência do postulado da consunção. ED

Gabarito "E".

(Técnico – TJ/AL – 2018 – FGV) Paulo, funcionário público do governo brasileiro, quando em serviço no exterior, vem a praticar um crime contra a administração pública. Descoberto o fato, foi absolvido no país em que o fato foi praticado.

Diante desse quadro, é correto afirmar que Paulo:

(A) não poderá ser julgado de acordo com a lei penal brasileira por já ter sido absolvido no estrangeiro;

(B) somente poderá ser julgado de acordo com a legislação penal brasileira se entrar no território nacional;

(C) não poderá ter contra si aplicada a lei penal brasileira porque o fato não ocorreu no território nacional;

(D) poderá, por força do princípio da defesa real ou proteção, ser julgado de acordo com a lei penal brasileira;

(E) poderá, com fundamento no princípio da representação, ser julgado de acordo com a lei penal brasileira.

A solução desta questão deve ser extraída do art. 7º, I, *c*, do CP, que prevê a aplicação da lei brasileira a crimes cometidos no estrangeiro, contra a administração pública, por quem está a seu serviço, é a hipótese de extraterritorialidade incondicionada, o que significa que o agente é punido segundo a lei brasileira, ainda que absolvido ou condenado no estrangeiro (§ 1º). Utilizou-se aqui o princípio da defesa ou da proteção, em que pune-se o agente criminoso em razão do interesse nacional do bem jurídico atingido pelo delito.

Gabarito "D".

(Técnico – TJ/AL – 2018 – FGV) Julia, primária e de bons antecedentes, verificando a facilidade de acesso a determinados bens de uma banca de jornal, subtrai duas revistas de moda, totalizando o valor inicial do prejuízo em R$15,00 (quinze reais). Após ser presa em flagrante, é denunciada pela prática do crime de furto simples, vindo, porém, a ser absolvida sumariamente em razão do princípio da insignificância.

De acordo com a situação narrada, o magistrado, ao reconhecer o princípio da insignificância, optou por absolver Julia em razão da:

(A) atipicidade da conduta;
(B) causa legal de exclusão da ilicitude;
(C) causa de exclusão da culpabilidade;
(D) causa supralegal de exclusão da ilicitude;
(E) extinção da punibilidade.

Segundo a doutrina de Mirabete: "Sendo o crime uma ofensa a um interesse dirigido a um bem jurídico relevante, preocupa-se a doutrina em estabelecer um princípio para excluir do direito penal certas lesões insignificantes". O *princípio da insignificância* funciona como *causa supralegal de exclusão da tipicidade* material, atuando como instrumento de interpretação restritiva do tipo penal. Nesse sentido: STF, HC 99207, j. em 24-11-2009. Segundo entendimento jurisprudencial consagrado, são requisitos necessários ao reconhecimento do princípio da insignificância: *mínima ofensividade da conduta*; *ausência de periculosidade social da ação*; reduzidíssimo grau de reprovabilidade do comportamento do agente; e *inexpressividade da lesão jurídica causada* (STF, HC 98.152-MG, 2ª T., rel. Min. Celso de Mello, 19.05.2009). Na doutrina: "Acentua-se que na aplicação do princípio da insignificância devem ser considerados somente os aspectos objetivos do fato, excluindo-se outros de caráter subjetivo (antecedentes, personalidade, motivação etc.), os quais estariam vinculados à culpabilidade. Ou o fato praticado pelo agente, objetivamente e em si mesmo considerado, é contrário ao Ordenamento Penal ou não é. **Parte da jurisprudência, porém, inclina-se para a consideração também de critérios subjetivos. A controvérsia tem se evidenciado, sobretudo, nos casos de maus antecedentes, reincidência, habitualidade ou prática reiterada de delitos que individualmente seriam considerados de bagatela, mas em seu conjunto apontam para um maior grau de reprovabilidade ou de periculosidade social"** (Mirabete, Julio Fabbrini e Fabbrini, Renato Nascimento. *Manual de Direito Penal*, parte geral, 36ª ed., 2024, Foco, item 3.2.13).

Gabarito "A".

2. APLICAÇÃO DA LEI NO TEMPO

(Juiz de Direito/AP – 2022 – FGV) Sobre o chamado "direito penal transitório", houve quebra do princípio da continuidade normativo-típica, com a consequente *abolitio criminis* por meio da revogação de um tipo penal no caso de:

(A) apropriação indébita previdenciária;
(B) crimes contra a honra praticados por meio da imprensa;
(C) rapto violento ou mediante fraude;
(D) crimes contra a propriedade industrial;
(E) roubo majorado pelo emprego de arma branca.

Com o advento da Lei 13.654/2018, o art. 157, § 2º, I, do CP, que impunha aumento de pena no caso de a violência ou ameaça, no crime de roubo, ser exercida com emprego de *arma*, foi revogado. Em relação à incidência desta causa de aumento, a jurisprudência havia consolidado o entendimento segundo o qual o termo *arma* tinha acepção ampla, ou seja, estavam inseridas no seu conceito tanto as armas *próprias*, como, por excelência, a de fogo, quanto as *impróprias* (faca, punhal, foice etc.). Além de revogar o dispositivo acima, a Lei 13.654/2018 promoveu a inclusão da mesma causa de aumento de pena (emprego de arma) no art. 157, § 2º-A, I, do CP. Até aí, nenhum problema. Como bem sabemos, o deslocamento de determinado comportamento típico de um para outro dispositivo, por força da regra da continuidade típico-normativa, não tem o condão de descriminalizar a conduta. Sucede que a Lei 13.654/2018, ao deslocar esta causa de aumento do art. 157, § 2º, I, do CP para o art. 157, § 2º-A, I, também do CP, limitou o alcance do termo *arma*, já que passou a referir-se tão somente à arma de *fogo*, do que se conclui que somente incorrerá nesta causa de aumento o agente que se valer, para a prática do roubo, de arma de fogo (revólver, pistola, fuzil etc.); a partir da entrada em vigor desta lei, portanto, se o agente utilizasse, para o cometimento deste delito, arma branca, o roubo seria simples, já que, repita-se, a nova redação do dispositivo especificou que tipo de arma é apta a configurar o aumento: arma de fogo. Como se pode ver, houve a quebra do princípio da continuidade normativo-típica no que toca ao roubo praticado com o emprego de arma branca. Outro detalhe: pela redação anterior, o agente que fizesse uso de arma (de fogo ou branca) estaria sujeito a um aumento de pena da ordem de um terço até metade; a partir de agora, se utilizar arma (necessariamente de fogo), sujeitar-se-á a um incremento de dois terços. Desnecessário dizer que tal inovação não poderá retroagir e atingir fatos ocorridos antes da entrada em vigor desta lei, já que constitui *lex gravior*. De outro lado, essa mesma norma que excluiu a arma que não seja de fogo deverá retroagir para beneficiar o agente (*novatio legis in mellius*) que praticou o crime de roubo com emprego de arma branca antes de ela entrar em vigor. Este quadro, que acima explicitamos, perdurou até o dia 23 de janeiro de 2020, data em que entrou em vigor a Lei 13.964/2019 (pacote anticrime). Duas modificações foram promovidas por esta lei nas majorantes do crime de roubo. Em primeiro lugar, foi reinserida a causa de aumento na hipótese de o agente se valer, para a prática do crime de roubo, de arma branca (inserção do inciso VII no § 2º do art. 157 do CP). Lembremos que, com a edição da Lei 13.654/2018, o emprego de arma branca, no roubo, deixou de configurar causa de aumento. Pois bem. Além disso, a Lei 13.964/2019 introduziu no art. 157 do CP o § 2º-B, que estabelece nova causa de aumento de pena para o roubo, quando a violência ou grave ameaça for exercida com emprego de arma de fogo de uso restrito ou proibido. Neste caso, a pena prevista no *caput* será aplicada em dobro. Em resumo, com a entrada em vigor da Lei Anticrime, passamos a ter o seguinte quadro: violência/grave ameaça exercida com emprego de arma branca (art. 157, § 2º, VII, CP): aumento de pena da ordem de um terço até metade; violência/grave ameaça exercida com emprego de arma de fogo, desde que não seja de uso restrito ou proibido (art. 157, § 2º-A, I, CP): a pena será aumentada de dois terços; violência/grave ameaça exercida com emprego de arma de fogo de uso restrito ou proibido (art. 157, § 2º-B, CP): a pena será aplicada em dobro.

Gabarito "E".

3. APLICAÇÃO DA LEI NO ESPAÇO

(ENAM – 2024.1) Pierre, cidadão estrangeiro, praticou o delito de estupro em face da brasileira Marina, maior e capaz. O crime foi praticado em Estado estrangeiro, onde há incriminação da conduta, tal como ocorre no Brasil. Passado algum tempo, como o autor do fato e a vítima retornaram ao Brasil, o Ministério Público ajuizou ação penal pública incondicionada em face de Pierre, como incurso nas penas do delito de estupro.

Sobre o caso narrado, assinale a afirmativa correta.

(A) Há o preenchimento das condições de aplicação da lei penal brasileira ao fato ocorrido no exterior; porém, a ação penal depende de representação da vítima.

(B) Há o preenchimento integral das condições de aplicação da lei penal brasileira ao fato ocorrido no exterior, sendo viável a responsabilização do autor do fato.

(C) Não há o preenchimento das condições de aplicação da lei penal brasileira, pois ausente requisição do Ministro da Justiça.

(D) Não há o preenchimento das condições de aplicação da lei penal brasileira, pois o autor do fato é estrangeiro, e a nacionalidade da vítima é indiferente à extraterritorialidade da lei penal brasileira.

(E) A aplicação da lei penal brasileira ao fato independe de qualquer condição, por se tratar de crime praticado mediante violência.

Cuida-se de hipótese de extraterritorialidade, já que incidirá a lei brasileira a fato ocorrido fora do território nacional. A extraterritorialidade da lei penal pode ser de duas espécies, a saber: *incondicionada*, quando a aplicação da lei não depender de nenhuma condição. São as hipóteses previstas no art. 7º, I, do CP; *condicionada*: quando a aplicação da lei brasileira depender de determinada condição. São as hipóteses elencadas no art. 7º, II, do CP. Da mesma forma, também estará sujeita a certas condições, nos termos do art. 7º, § 3º, do CP, a hipótese de crime praticado por estrangeiro, contra brasileiro fora do Brasil. Neste caso, além das condições do inciso II, também é necessário que haja requisição do Ministro da Justiça, de acordo com o teor do art. 7º, § 3º, *b*, do CP, hipótese chamada pela doutrina de extraterritorialidade hipercondicionada. Ausente a requisição, o Ministério Público, titular da ação penal, não poderá promovê-la em face do autor do delito. **ED**

Gabarito "C".

(ENAM – 2024.1) Bernardo, cidadão português, tripulante de um navio da marinha mercante brasileira, que partira de Santos e navega pelo Oceano Atlântico, em alto-mar, com destino ao porto de Roterdã, na Holanda, agride um outro tripulante, de nacionalidade peruana, desferindo-lhe socos, que o ferem levemente.

Diante do caso narrado, assinale a alternativa correta.

(A) não se aplica a Bernardo a legislação penal brasileira, pois o crime ocorreu no estrangeiro.

(B) aplica-se a Bernardo a legislação penal brasileira, pois o local onde ocorreu o crime é considerado território nacional por extensão.

(C) pode ser aplicada a Bernardo a legislação penal brasileira, pois, embora o crime tenha ocorrido no estrangeiro, trata-se de hipótese de extraterritorialidade condicionada da lei penal brasileira, à luz do princípio da defesa.

(D) aplica-se a Bernardo a legislação penal brasileira, pois, embora o crime tenha ocorrido no estrangeiro, trata-se de hipótese de extraterritorialidade incondicionada da lei penal brasileira, à luz do princípio da representação.

(E) pode ser aplicada a Bernardo a legislação penal brasileira, pois, embora o crime tenha ocorrido no estrangeiro, trata-se de hipótese de extraterritorialidade condicionada da lei penal brasileira, à luz do princípio da representação.

A solução desta questão deve ser extraída do art. 5º, § 1º, do CP: "Para os efeitos penais, consideram-se como extensão do território nacional as embarcações e aeronaves brasileiras, de natureza pública ou a serviço do governo brasileiro onde quer que se encontrem, bem como as aeronaves e as embarcações brasileiras, mercantes ou de propriedade privada, que se achem, respectivamente, no espaço aéreo correspondente ou em alto-mar". Para melhor compreensão, transcrevemos um trecho da doutrina de Mirabete: "Pelo § 1º do art. 5º, são também consideradas território nacional as embarcações e aeronaves brasileiras, mercantes ou de propriedade privada que se acham em alto-mar (partes do mar que não são águas interiores ou mar territorial estrangeiro) ou o estejam sobrevoando. Nessa hipótese, prevalece a denominada "lei da bandeira" ou "princípio do pavilhão", que considera as embarcações e aeronaves como extensões do território do país em que se acham matriculadas" (Mirabete, Julio Fabbrini e Fabbrini, Renato Nascimento. *Manual de Direito Penal*, parte geral, 36ª ed., 2024, Foco, item 2.5.4). **ED**

Gabarito "B".

4. CLASSIFICAÇÃO DOS CRIMES

(Juiz de Direito – TJ/SC – 2024 – FGV) A doutrina classifica os delitos em diversas categorias. Considerando algumas das classificações existentes, a alternativa que prevê delito de mera atividade, delito de lesão, delito plurissubjetivo e delito pluriofensivo, respectivamente, é:

(A) violação de domicílio, furto, rixa e roubo;

(B) injúria, dano, associação criminosa e estelionato;

(C) assédio sexual, incêndio, apropriação indébita e roubo;

(D) desobediência, omissão de socorro, tráfico de pessoas e perseguição;

(E) ato obsceno, lesão corporal, constituição de milícia privada e autoaborto.

Diz-se que o crime de violação de domicílio, previsto no art. 150 do CP, é de mera atividade ou mera conduta (porque não se exige a ocorrência do resultado naturalístico) porquanto a consumação é alcançada com o efetivo ingresso em domicílio alheio ou a permanência do agente que toma ciência de que dali deve se retirar, sendo desnecessário qualquer resultado danoso, sendo suficiente o perigo presumido na conduta do agente. São exemplos de crime de mera conduta o ato obsceno (art. 233), a omissão de notificação de doença (art. 269), a condescendência criminosa (art. 320) e a maioria das contravenções. O crime de furto é classificado como de lesão ou dano, porque pressupõe efetivo dano ao bem jurídico visado, o desfalque patrimonial. São outros exemplos de crime de dano lesão à vida no homicídio, lesão à honra na injúria. A rixa é delito plurissubjetivo (coletivo de concurso necessário), na medida em que somente restará configurado quando praticada a conduta criminosa por três ou mais pessoas. O próprio tipo penal exige a pluralidade de participantes. Além da rixa (art. 137, *caput*, CP), são exemplos de crimes plurissubjetivos a associação criminosa (art. 288, *caput*, CP) e associação para o tráfico de drogas (art. 35 da Lei 11.343/2006). Como se pode ver, são crimes de concurso necessário. Se não houver o número mínimo de agentes exigido por lei, não há crime. Por fim, diz-se que o crime de roubo é classificado como pluriofensivo (plurissubsistente) é composto por vários atos, porque são atingidos, a um só tempo, bem jurídicos diversos: no roubo, além do patrimônio, a integridade física e a liberdade da vítima. **ED**

Gabarito "A".

(Analista – TJ/SC – FGV – 2018) Durante uma discussão entre Carla e Luana, que eram amigas, Carla desfere, com intenção de causar lesão leve, um tapa na face de Luana, que a havia ofendido. Ocorre que, de maneira totalmente surpreendente, Luana vem a falecer no dia seguinte, em virtude do tapa recebido e da lesão causada, pois rompeu-se um desconhecido coágulo sanguíneo na cabeça, mesmo diante do fraco golpe. Na semana seguinte, a família de Luana, revoltada, procura a Delegacia, narra o ocorrido e afirma ter interesse em ver Carla processada criminalmente.

Confirmados os fatos, assim como a intenção de Carla, o Ministério Público poderá imputar a Carla a prática do(s) crime(s) de:

(A) lesão corporal leve dolosa e homicídio culposo;
(B) lesão corporal seguida de morte;
(C) lesão corporal leve;
(D) homicídio doloso;
(E) homicídio culposo.

Carla deverá ser responsabilizada pelo crime que quis praticar: lesão corporal de natureza leve (art. 129, *caput*, CP). O rompimento do coágulo sanguíneo existente na cabeça de Luana constitui causa preexistente relativamente independente. O enunciado não deixa dúvidas de que a agressora não tinha conhecimento da existência desta causa preexistente. Não é o caso de imputar a Carla o crime de lesão corporal seguida de morte, delito preterdoloso, já que a morte de Luana, tal como ocorreu, era absolutamente imprevisível. Como bem sabemos, no crime de lesão corporal seguida de morte, o resultado letal deve ocorrer a título de culpa. Da mesma forma, não é o caso de atribuir a Carla o cometimento do crime de homicídio culposo, já que o resultado morte não era previsível. A previsibilidade objetiva constitui requisito do delito culposo. Menos ainda é o caso de imputar a Carla o crime de homicídio doloso, pois, pelo que consta do enunciado, em momento algum ela desejou a morte da vítima. Seu intento era tão somente lesioná-la.
Gabarito "C".

5. FATO TÍPICO E TIPO PENAL

(OAB/FGV – 2024) Gabriel flagrou Júlia, sua namorada, em um momento íntimo com Pedro. Alucinado, Gabriel efetuou disparos de arma de fogo contra ambos, com a intenção de matá-los, mas errou a pontaria. Pedro, assustado com os tiros, saiu correndo do local e, na fuga, tropeçou em uma reentrância do piso, desequilibrou-se e bateu com a cabeça no solo, fato relativamente independente que, por si só, causou o resultado morte.

Gabriel aproximou-se de Júlia ainda com munição em sua arma, porém, ao vê-la assustada, desistiu de prosseguir com seu intento original. Gabriel abraçou Júlia, que, na sequência, sofreu um fulminante ataque cardíaco, vindo a falecer. Gabriel foi denunciado pelo homicídio doloso de Pedro e Júlia.

Na condição de advogado(a) de defesa de Gabriel, você deve alegar que

(A) houve desistência voluntária em relação a ambas as vítimas, cabendo a responsabilização apenas pelos disparos de arma de fogo.
(B) houve fato superveniente que, por si só, ocasionou o resultado, de forma que a ação de Gabriel configurou apenas duas tentativas de homicídio.
(C) houve ruptura do nexo causal em razão de fato superveniente que, por si só, causou o resultado, de forma a excluir a tipicidade de todos os atos praticados por Gabriel.
(D) houve ruptura do nexo causal em relação à morte de Pedro, subsistindo a tentativa de homicídio; em relação à Júlia, houve desistência voluntária, configurando apenas disparo de arma de fogo.

Quanto a Pedro, Gabriel deve responder pelo crime de tentativa de homicídio, já que a morte não pode ser a ele atribuída, na medida em que tal consequência constitui causa superveniente relativamente independente, disposto no art. 13, § 1º, CP: "a superveniência de causa relativamente independente exclui a imputação quando, por si só, produziu o resultado; os fatos anteriores, entretanto, imputam-se a quem os praticou". A causa superveniente é aquela que acontece imediatamente após a ação ou omissão e interfere no evento para que venha ele acontecer de modo diverso, em condição diferente. Já em relação a Júlia, Gabriel, que ainda contava com meios para alcançar seu intento (morte de Júlia), uma vez que sua arma estava municiada, ao dela se aproximar, vendo-a assustada, desistiu de prosseguir no intento de eliminar a vida de sua namorada, devendo, por isso, responder tão somente pelo ato então praticado, qual seja, disparo de arma de fogo (art. 15, 1ª parte, do CP). Na *desistência voluntária*, temos que o agente, após dar início à execução do crime e antes de alcançar a consumação, interrompe, por ato voluntário, o processo executório, deixando de praticar os demais atos subsequentes necessários a atingir a consumação. Tema bastante cobrado em provas de concursos em geral é a distinção entre a desistência voluntária e o arrependimento eficaz, ambos institutos previstos no art. 15 do CP. Na desistência voluntária (art. 15, primeira parte, do CP), como dito antes, o agente, em crime já iniciado, embora disponha de meios para chegar à consumação, acha por bem interromper a execução. Ele, de forma voluntária, desiste de prosseguir no *iter criminis* (conduta negativa, omissão). No *arrependimento eficaz* (art. 15, segunda parte, do CP), a situação é diferente. O agente, em crime cuja execução também já se iniciou, esgotou os meios que reputou suficientes para atingir seu objetivo e impede que o resultado se produza. Ainda assim, o crime não se consumou. Diante disso, ele, agente, por vontade própria, passa a agir para evitar o resultado (conduta positiva). Tanto na *desistência voluntária* quanto no *arrependimento eficaz* o agente responderá somente pelos atos que praticou.
Gabarito "D".

(OAB/FGV – 2024) Júlio desferiu um tapa no rosto de Jacinto, que foi projetado contra um poste em que havia um fio de alta tensão exposto, algo que não foi visto nem poderia ser imaginado por Júlio, pois já era noite e havia pouca iluminação. Jacinto recebeu uma forte descarga elétrica, que foi causa suficiente de sua morte.

Sobre a responsabilidade de Júlio pelo resultado morte, assinale a afirmativa correta.

(A) Júlio deve responder pelo homicídio doloso de Jacinto, tendo em vista que o resultado morte não teria ocorrido se não fosse a agressão dolosa.
(B) A descarga elétrica é uma concausa superveniente relativamente independente que, por si só, produziu o resultado morte, devendo Júlio responder por lesão corporal.
(C) Júlio agiu com dolo no delito antecedente e culpa no consequente, devendo responder por delito preterdoloso de lesão corporal seguida de morte.
(D) A descarga elétrica pode ser imputada a Júlio, ante a violação objetiva de um dever de cuidado, devendo Júlio ser responsabilizado por homicídio culposo.

Júlio deverá ser responsabilizado pelo crime que quis praticar: lesão corporal de natureza leve (art. 129, *caput*, CP). A descarga elétrica impingida a Jacinto, que o levou à morte, constitui causa superveniente relativamente independente. O enunciado não deixa dúvidas de que o agressor não tinha conhecimento da existência do fio de alta tensão, que, embora estivesse exposto, não tinha como ser notado, já que era noite e a iluminação no local era deficiente. Não é o caso de imputar a Júlio o crime de lesão corporal seguida de morte (dolo no antecedente e culpa no consequente), delito preterdoloso, já que a morte de Jacinto, tal como ocorreu, era absolutamente imprevisível. Como bem sabemos, no crime de lesão corporal seguida de morte, o resultado letal deve ocorrer a título de culpa. Da mesma forma, não é o caso de atribuir a Júlio o cometimento do crime de homicídio culposo, já que o resultado morte não era previsível. A previsibilidade objetiva constitui requisito do delito culposo. Menos ainda é o caso de imputar-lhe o crime de homicídio doloso, pois, pelo que consta do enunciado, em momento algum ela desejou a morte da vítima. Seu intento era tão somente agredi-la. **ED**

Gabarito "B".

(Juiz de Direito – TJ/SC – 2024 – FGV) Kátia, namorada de Lizandra, em um restaurante, inconformada com o anúncio desta de que deseja pôr fim ao relacionamento amoroso, desfere-lhe facadas, com o intuito de matá-la, deixando em seguida o local. Socorrida por terceiros, Lizandra é hospitalizada, vindo o enfermeiro Miguel, por descuido, a trocar a medicação prescrita à paciente, aplicando-lhe substância diversa, que lhe provoca a morte, por choque anafilático.

Diante do caso narrado, Kátia deverá responder por:

(A) feminicídio e Miguel, por homicídio culposo;
(B) tentativa de feminicídio e Miguel, por homicídio culposo;
(C) tentativa de feminicídio e Miguel, por homicídio doloso;
(D) lesão corporal qualificada e Miguel, por homicídio doloso;
(E) lesão corporal qualificada e Miguel, por homicídio culposo.

Kátia, inconformada com o fim do relacionamento que mantinha com Lizendra e agindo com *animus necandi*, contra esta desfere diversas facadas, deixando, em seguida, o local. Ferida, Lizandra foi socorrida e internada em hospital. Até aqui, temos que a conduta de Kátia configura o crime de tentativa de feminicídio. Sucede que, uma vez no hospital, local em que se encontrava tão somente em razão do crime de que foi vítima, Lizandra vem a falecer, não em consequência dos ferimentos que lhe causaram as facadas desferidas por Kátia, mas em razão de choque anafilático decorrente da troca de medicamentos realizada, por descuido, pelo enfermeiro Miguel. O choque anafilático do qual decorreu a morte de Lizandra constitui causa superveniente relativamente independente que, por si só, gerou o resultado. O nexo causal, nos termos do art. 13, § 1º, do CP, é interrompido (há imprevisibilidade). Kátia, por isso, responderá por feminicídio na forma tentada; já Miguel, por ter agido de forma descuidada (culpa - imperícia), será responsabilizado pelo crime de homicídio culposo. As chamadas *causas supervenientes relativamente independentes* excluem a imputação, desde que sejam aptas, por si sós, a produzir o resultado; os fatos anteriores, no entanto, serão imputados a quem os praticou (art. 13, § 1º, do CP). Exemplo clássico e sempre lembrado pela doutrina é aquele em que a vítima de tentativa de homicídio é socorrida e levada ao hospital e, ali estando, vem a falecer, não em razão dos ferimentos que experimentou, mas por conta de incêndio ocorrido na enfermaria do hospital. Este evento (incêndio) do qual decorreu a morte da vítima constitui causa superveniente relativamente independente que, por si só, gerou o resultado. O nexo causal, nos termos do art. 13, § 1º, do CP, é interrompido (há imprevisibilidade). O agente, por isso, responderá por homicídio na forma tentada (e não na modalidade consumada). Perceba que, neste caso, fala-se de causa *relativamente* independente porque, não fosse a tentativa de homicídio, o ofendido não seria, por óbvio, hospitalizado e não seria, por consequência, vítima do incêndio que produziu, de fato, a sua morte. **ED**

Gabarito "B".

(Juiz de Direito/AP – 2022 – FGV) Veículos autônomos são aqueles motorizados cujo movimento no trânsito é, de diversas formas, determinado por algoritmo pré-programado, e não por pessoa sentada ao volante. Por trás de uma máquina autônoma, há uma pessoa física que, de alguma forma, interferiu em seu funcionamento, normalmente pela programação e inserção de dados. Assim, em relação à imputação subjetiva do resultado, se reconhece a possibilidade de ocorrência de crime doloso ou culposo.

Nas hipóteses de punibilidade culposa, é correto afirmar que:

(A) quem introduz no mundo um agente inteligente, com capacidade de aprendizagem conforme as informações sejam inseridas, pode negar sua responsabilidade pelos danos causados por reações equivocadas não previsíveis;
(B) os robôs com inteligência artificial são agentes morais genuínos e sua programação interna funciona segundo um sistema de "méritos" e "deméritos" para certas decisões que eles tomam;
(C) os denominados "algoritmos de acidente", aqueles que selecionam vítimas em casos de inevitável colisão no tráfego dos carros autônomos, geram responsabilidade penal pela morte decorrente de atropelamento;
(D) os robôs com inteligência artificial são máquinas que completam suas tarefas conforme sua programação, que equivale à autodeterminação humana sobre razões morais;
(E) a possibilidade de programar o veículo para escolher uma vida para sacrificar, com o intuito de salvar outras, quando o acidente for inevitável, atrai a incidência do estado de necessidade, excluindo a responsabilidade do programador.

A: incorreta. Aquele que introduz uma máquina com inteligência artificial não pode negar sua responsabilidade pelos danos causados por reações equivocadas não previsíveis. Responderá o agente responsável pela introdução da máquina por crime culposo; **B**: incorreta. Diferentemente dos seres humanos, os robôs não são agentes morais genuínos e não tomam decisões; **C**: correta. Mesmo que haja programação para selecionar a "melhor" vítima, é de rigor, em caso de acidente (morte decorrente de atropelamento), a imputação de responsabilidade a título de culpa ao programador; **D**: incorreta. Robôs são desprovidos de autodeterminação, que é inerente ao ser humano; **E**: incorreta, na medida em que não se pode atribuir às máquinas a realização de um juízo moral de sacrifício de bens jurídicos. **ED**

Gabarito "C".

6. CRIMES DOLOSOS, CULPOSOS E PRETERDOLOSOS

(Analista – TJ/SC – FGV – 2018) Flavio, pretendendo matar seu pai Leonel, de 59 anos, realiza disparos de arma de fogo contra homem que estava na varanda da residência do genitor, causando a morte deste. Flavio, então, deixa o local satisfeito, por acreditar ter concluído seu intento delitivo, mas vem a descobrir que matara um amigo de seu pai, Vitor, de 70 anos, que, de costas, era com ele parecido.

A Flavio poderá ser imputada a prática do crime de homicídio doloso, com erro:

(A) sobre a pessoa, considerando a agravante de crime contra ascendente, mas não a causa de aumento em razão da idade da vítima;

(B) sobre a pessoa, considerando a causa de aumento em razão da idade da vítima, mas não a agravante de crime contra ascendente;

(C) de execução, considerando a agravante de crime contra ascendente, mas não a causa de aumento em razão da idade da vítima;

(D) de execução, considerando a agravante de crime contra ascendente e a causa de aumento em razão da idade da vítima;

(E) de execução, considerando a causa de aumento da idade da vítima, mas não a agravante de crime contra ascendente.

Flavio, que pretendia matar seu pai, Leonel, atira, em ledo engano, contra outra pessoa, pensando tratar-se de seu genitor, vítima contra a qual queria, desde o início, investir. Flávio incorreu em erro sobre a pessoa: queria atingir "A", mas, por equívoco, acaba por atingir "B". Neste caso, à luz do que dispõe o art. 20, § 3º, do CP, devem-se levar em consideração as condições ou qualidades pessoais da vítima que o agente pretendia atingir (pai), e não as daquela que efetivamente foi atingida (amigo do pai). Dessa forma, no caso acima narrado, as condições que devem ser levadas em conta são as do pai de Flávio, porquanto era esta vítima que ele queria atingir. Bem por isso, deverá ser considerada a agravante de crime contra ascendente, e desconsiderada a causa de aumento em razão da idade da vítima. Gabarito "A".

(Técnico – TJ/AL – 2018 – FGV) Leandro, pretendendo causar a morte de José, o empurra do alto de uma escada, caindo a vítima desacordada. Supondo já ter alcançado o resultado desejado, Leandro pratica nova ação, dessa vez realiza disparo de arma de fogo contra José, pois, acreditando que ele já estaria morto, desejava simular um ato de assalto. Ocorre que somente na segunda ocasião Leandro obteve o que pretendia desde o início, já que, diferentemente do que pensara, José não estava morto quando foram efetuados os disparos.

Em análise da situação narrada, prevalece o entendimento de que Leandro deve responder apenas por um crime de homicídio consumado, e não por um crime tentado e outro consumado em concurso, em razão da aplicação do instituto do:

(A) crime preterdoloso;
(B) dolo eventual;
(C) dolo alternativo;
(D) dolo geral;
(E) dolo de 2º grau.

O enunciado descreve típica hipótese de erro sobre o nexo causal, também chamado de erro sucessivo, dolo geral ou *aberratio causae*, e verifica-se quando o agente, imaginado já ter alcançado determinado resultado com um comportamento inicial (neste caso, empurrando a vítima da escada), vem a praticar nova conduta (vítima, ainda viva, é baleada), esta sim a causa efetiva da consumação (ferimento de arma de fogo). Trata-se de um erro irrelevante para o Direito Penal, porquanto de natureza acidental, devendo o agente ser responsabilizado pelo resultado pretendido de início, que, é importante que se diga, corresponde ao efetivamente atingido. Deverá ser responsabilizado, portanto, por um único crime de homicídio doloso, na modalidade consumada. Gabarito "D".

7. TENTATIVA, CONSUMAÇÃO, DESISTÊNCIA, ARREPENDIMENTO E CRIME IMPOSSÍVEL

(OAB/FGV – 2024) Arthur resolveu furtar os cabos de eletricidade da linha férrea de sua cidade, a fim de revender o cobre, clandestinamente. Contudo, após iniciar o corte para retirar os fios de cobre, foi surpreendido pelo trem, que o atropelou, vindo a sofrer a amputação dos membros inferiores. Arthur foi denunciado como incurso nas penas do delito de furto.

Sobre o caso, assinale a afirmativa que apresenta a linha de defesa correta.

(A) Deve ser reconhecida a tentativa, com a correspondente diminuição da pena, já que o delito não chegou a se consumar.

(B) Pode ser reduzida a pena diante do arrependimento posterior, uma vez que, em razão do fato, Arthur perdeu os dois membros inferiores.

(C) Arthur deve ser absolvido, pois está-se diante de crime impossível, por absoluta ineficácia do meio.

(D) Arthur pode ser beneficiado com o perdão judicial, diante do sofrimento que lhe foi imposto pelas consequências do delito.

Segundo consta do enunciado, Arthur, imbuído do propósito de subtrair fios de cobre, que seriam posteriormente vendidos, é surpreendido, ao dar início à ação delituosa, pela passagem do trem, sendo por este atropelado, do que resultou a amputação de seus membros inferiores. Devemos, de plano, descartar a ocorrência do arrependimento posterior, que somente terá lugar, nos termos do art. 16 do CP, na hipótese de o delito ter se consumado. Além disso, não se trata de crime impossível (art. 17, CP), que pressupõe que o resultado não possa ser atingido por absoluta ineficácia do meio empregado ou em razão da impropriedade absoluta do objeto contra o qual recai a conduta. Pelo que consta do enunciado, Arthur deu início ao corte dos fios, sendo o meio empregado, portanto, eficaz a atingir a consumação (que não foi implementada por circunstâncias alheias à sua vontade). O perdão judicial, tal como dispõe o art. 121, § 5º, do CP, somente tem incidência nos crimes de homicídio culposo e lesão corporal culposa, quando as consequências de tais delitos forem tão intensas ao agente que a punição se revele desnecessária. Por fim, por tudo que foi ponderado, deve ser reconhecida a ocorrência do crime de furto na modalidade tentada, na medida em que restou claro que Arthur, ao dar início ao cometimento do crime (iniciou o corte dos cabos), deixou de atingir a consumação por circunstâncias alheias à sua vontade (atropelamento do qual foi vítima). Gabarito "A".

(Juiz de Direito/AP – 2022 – FGV) Sobre os institutos da desistência voluntária, do arrependimento eficaz e do arrependimento posterior, é correto afirmar que:

(A) a não consumação, por circunstâncias alheias à vontade do agente, é compatível com a desistência voluntária;

(B) o reconhecimento da desistência voluntária dispensa o exame do *iter criminis*;

(C) as circunstâncias inerentes à vontade do agente são irrelevantes para a configuração da desistência voluntária;

(D) o arrependimento eficaz e a desistência voluntária somente são aplicáveis a delito que não tenha sido consumado;

(E) o reconhecimento da desistência voluntária dispensa o exame do elemento subjetivo da conduta.

A: incorreta, já que, havendo início de execução, a não consumação, por circunstâncias alheias à vontade do agente, é compatível com a tentativa. Na desistência voluntária (art. 15, primeira parte, do CP), temos que o agente, após dar início à execução do crime e antes de alcançar a consumação, interrompe, por ato voluntário, o processo executório, deixando de praticar os demais atos subsequentes necessários a atingir a consumação. Tema bastante cobrado em provas de concursos em geral é a distinção entre a desistência voluntária e o arrependimento eficaz, ambos institutos previstos no art. 15 do CP. Na desistência voluntária (art. 15, primeira parte, do CP), como dito antes, o agente, em crime já iniciado, embora disponha de meios para chegar à consumação, acha por bem interromper a execução. Ele, de forma voluntária, desiste de prosseguir no *iter criminis* (conduta negativa, omissão). No *arrependimento eficaz* (art. 15, segunda parte, do CP), a situação é diferente. O agente, em crime cuja execução também já se iniciou, esgotou os meios que reputou suficientes para atingir seu objetivo. Ainda assim, o crime não se consumou. Diante disso, ele, agente, por vontade própria, passa a agir para evitar o resultado (conduta positiva), isto é, impede que o resultado se produza. Tanto na *desistência voluntária* quanto no *arrependimento eficaz* o agente responderá somente pelos atos que praticou; **B:** incorreta. Antes de mais nada, devemos entender o *iter criminis* como o caminho percorrido pelo agente na prática criminosa, desde o momento da ideia de sua realização até a realização da consumação, sendo composto pela fase interna (cogitação) e de uma fase externa (atos preparatórios, atos de execução e consumação). Dito isso, forçoso concluir que o reconhecimento da desistência voluntária passa necessariamente pelo exame do *iter criminis*, já que é de rigor analisar, para o seu reconhecimento, se houve início de execução e ausência de consumação por vontade própria do agente (voluntariedade); **C:** incorreta. Somente fará jus ao reconhecimento da desistência voluntária o agente que tenha desistido (circunstância inerente à sua vontade), de forma voluntária (por vontade própria), de prosseguir na execução de crime; **D:** correta. De fato, a ausência de consumação é pressuposto à incidência da desistência voluntária e do arrependimento eficaz. Cuidado: no arrependimento posterior (art. 16, CP), diferentemente, há necessidade de o crime se consumar, cometidos sem violência ou grave ameaça à pessoa, reparado o dano ou restituída a coisa, até o recebimento da denúncia ou da queixa, por ato voluntário do agente; **E:** incorreta, na medida em que o reconhecimento da desistência voluntária (*tentativa qualificada*) não dispensa o exame do elemento subjetivo da conduta. Conferir o seguinte julgado: "2. Para reconhecer a desistência voluntária, exige-se examinar o iter criminis e o elemento subjetivo da conduta, a fim de avaliar se os atos executórios foram iniciados e se a consumação não ocorreu por circunstância inerente à vontade do agente, tarefa indissociável do arcabouço probatório." (STJ, AgRg no AREsp 1214790/CE, Rel. Ministro RIBEIRO DANTAS, QUINTA TURMA, julgado em 17/05/2018, DJe 23/05/2018). ED

Gabarito "D".

(Técnico – TJ/AL – 2018 – FGV) João, funcionário público de determinado cartório de Tribunal de Justiça, após apropriar-se de objeto que tinha a posse em razão do cargo que ocupava, é convencido por sua esposa a devolvê-lo no dia seguinte, o que vem a fazer, comunicando o fato ao seu superior, que adota as medidas penais pertinentes.

Diante desse quadro, é correto afirmar que:

(A) houve arrependimento eficaz, sendo o comportamento de João penalmente impunível;

(B) houve desistência voluntária, sendo o comportamento de João penalmente impunível;

(C) deverá João responder pelo crime de peculato tentado;

(D) deverá João responder pelo crime de peculato consumado, com a redução de pena pelo arrependimento posterior;

(E) deverá João responder pelo crime de peculato consumado, sem qualquer redução de pena.

Antes de mais nada, façamos a adequação típica da conduta descrita no enunciado. Segundo consta, João, funcionário público de determinado cartório de Tribunal de Justiça, apropriou-se de objeto que tinha a posse em razão do cargo que ocupava e, no dia seguinte, convencido por sua esposa, acabou por devolvê-lo, comunicando o fato ao seu superior, que adotou as medidas penais pertinentes. A conduta de João se amolda, à perfeição, ao tipo penal do art. 312, caput, do CP (peculato – modalidade apropriação). Isso porque, tendo a posse de determinado bem em razão do cargo que ocupa, João passou a se portar como se dono fosse. Em outras palavras, o agente, nesta modalidade de peculato, faz sua a coisa que pertence a outra pessoa e cuja posse detém por força do cargo que ocupa. A consumação desta modalidade de peculato ocorre no momento em que o agente passa a se comportar como se dono fosse da coisa, isto é, no exato instante em que ele inverte o ânimo que tem sobre o objeto material do delito. No caso narrado na medida, resta claro que o delito alcançou seu momento consumativo. Dito isso, passemos à análise das alternativas. **A** e **B:** incorretas. Tendo em conta que o delito cuja prática foi atribuída a João alcançou a sua consumação, não há que se falar em *arrependimento eficaz* tampouco em *desistência voluntária*, na medida em que tais institutos pressupõem ausência de consumação, entre outros requisitos (art. 15, CP). Conforme já dissemos, o crime praticado por João se consumou; **C:** incorreta, na medida em que o delito de peculato se consumou; **D:** correta. O *arrependimento posterior* (art. 16, CP), diferentemente do *arrependimento eficaz* e da *desistência voluntária*, tem como pressuposto que o crime tenha se consumado. Além disso, estabelece o art. 16 do CP outros requisitos, a saber: que o crime não tenha sido cometido com violência ou grave ameaça à pessoa; que o dano tenha sido reparado ou a coisa restituída até o recebimento da denúncia; e que tal se dê por ato voluntário do agente. Perceba que João preenche todos os requisitos necessários ao reconhecimento do arrependimento posterior, fazendo jus, portanto, a uma redução da pena da ordem de um a dois terços; **E:** incorreta, em vista do que acima foi ponderado.

Dica: tema bastante cobrado em provas de concursos em geral é a distinção entre a desistência voluntária e o arrependimento eficaz, ambos institutos previstos no art. 15 do CP. Na desistência voluntária (art. 15, primeira parte, do CP), o agente, em crime já iniciado, embora disponha de meios para chegar à consumação, acha por bem interromper a execução. Ele, de forma voluntária, desiste de prosseguir no *iter criminis* (conduta negativa, omissão). No *arrependimento eficaz* (art. 15, segunda parte, do CP), a situação é diferente. O agente, em crime cuja execução também já se iniciou, esgotou os meios que reputou suficientes para atingir seu objetivo. Ainda assim, o crime não se consumou. Diante disso, ele, agente, por vontade própria, passa a agir para evitar o resultado (conduta positiva). Tanto na *desistência voluntária* quanto no *arrependimento eficaz* o agente responderá somente pelos atos que praticou. ED

Gabarito "D".

8. ANTIJURIDICIDADE E CAUSAS EXCLUDENTES

(Juiz Federal – TRF/1 – 2023 – FGV) Guilherme, com a intenção de socorrer seu filho, Rodrigo, utiliza, sem consentimento, o carro de seu vizinho, Douglas, para levar Rodrigo ao hospital. A ação de Guilherme é considerada:

(A) criminosa em qualquer hipótese;
(B) lícita, acobertada pelo exercício regular de um direito;
(C) lícita, acobertada pela excludente do estado de necessidade agressivo;
(D) criminosa, se não houver a devolução dos valores equivalentes ao consumo do combustível do veículo;
(E) lícita, acobertada pela excludente da legítima defesa de terceiros.

Não há que se falar em legítima defesa, causa excludente de ilicitude que pressupõe uma reação a uma agressão injusta, o que não se deu na hipótese narrada no enunciado. Também não se trata da excludente do exercício regular de direito (art. 23, III, do CP), que pressupõe que o agente pratique determinado fato, ainda que típico, mas desde que o ordenamento jurídico não o proíba ou o permita a praticá-lo. O enunciado contempla hipótese de *estado de necessidade*, excludente de ilicitude prevista no art. 24 do CP, que dispõe: "considera-se em estado de necessidade quem pratica o fato para salvar de perigo atual, que não provocou por sua vontade, nem podia de outro modo evitar, direito próprio ou alheio, cujo sacrifício, nas circunstâncias, não era razoável exigir-se." "O estado de necessidade pressupõe um *conflito* entre titulares de *interesses lícitos*, legítimos, em que um pode perecer licitamente para que outro sobreviva"(Mirabete e Fabbrini. *Manual de Direito Penal*, parte geral, 37ª ed., 2025, Foco, item 4.2.1). Dessa forma, corresponde à situação em que o agente, com vistas a preservar um bem jurídico próprio ou de terceiro (vida/saúde do seu filho), sacrifica outro bem jurídico (posse/propriedade do veículo subtraído). São seus requisitos: existência de um perigo atual e inevitável; o perigo deve representar uma ameaça a direito próprio ou alheio; a situação de perigo não pode ter sido gerada voluntariamente pelo agente; inexistência do dever imposto por lei de enfrentar o perigo; o conhecimento da situação de fato justificante; a inexigibilidade do sacrifício do bem ameaçado. Por fim, o estado de necessidade *agressivo* ocorre quando há lesão ao bem jurídico de alguém que não provocou a situação de risco. ED
Gabarito "C".

9. CONCURSO DE PESSOAS

(Técnico – TJ/AL – 2018 – FGV) No Direito Penal, a doutrina costuma reconhecer o concurso de pessoas quando a infração penal é cometida por mais de uma pessoa, podendo a cooperação ocorrer através de coautoria ou participação.

Sobre o tema, de acordo com o Código Penal, é correto afirmar que:

(A) o auxílio material é punível se o crime chegar, ao menos, a ser cogitado;
(B) as circunstâncias de caráter pessoal, diante de sua natureza, não se comunicam, ainda que elementares do crime;
(C) em sendo de menor importância a participação ou coautoria, a pena poderá ser reduzida de um sexto a um terço;
(D) a teoria sobre concurso de agentes adotada pela legislação penal brasileira, em regra, é a dualista;
(E) se algum dos concorrentes quis participar de crime menos grave, ser-lhe-á aplicada a pena deste.

A: incorreta. Se o crime permaneceu na esfera da cogitação, que constitui a primeira fase do *iter criminis* e é impunível, não haverá punição àquele que houver prestado auxílio. Na dicção do art. 31 do CP, *o ajuste, a determinação ou a instigação e o auxílio, salvo disposição expressa em contrário, não são puníveis, se o crime não chega, pelo menos, a ser tentado.* A contrário sensu, o auxílio material será punido se houver início de execução (delito chega à tentativa); **B**: incorreta, dado que as circunstâncias e as condições de caráter pessoal não se comunicam, salvo quando elementares do crime (art. 30, CP). Também ocorre no crime de feminicídio, previsto no § 3º do art. 121-A do CP, que determina: "comunicam-se ao coautor ou partícipe as circunstâncias pessoais elementares do crime previstas no § 1º deste artigo"; **C**: incorreta. Esta causa de diminuição de pena, prevista no art. 29, § 1º, do CP, somente é aplicável ao *partícipe* (o *coautor* não foi contemplado); **D**: incorreta. Adotamos, como regra, a *teoria monista* (unitária ou monística), segundo a qual há, no crime praticado em concurso de várias pessoas, um só crime, único e indivisível. Assim, todos os agentes por ele responderão na medida de sua culpabilidade (art. 29, CP). A *teoria dualista*, por sua vez, sustenta haver um crime em relação aos autores e outro em relação aos partícipes. Há também a *teoria pluralista*, adotada pelo Código Penal como exceção, para a qual, na hipótese de haver vários agentes envolvidos, cada um responde por um delito, autônomo. Exemplo: a gestante que permite em si mesma a prática de aborto responde nos moldes do art. 124 do CP, ao passo que o agente que nela promover a interrupção da gravidez será responsabilizado pelo crime do art. 126 do CP, e não como coautor do crime capitulado no art. 124, CP; **E**: correta, pois reflete o disposto no art. 29, § 2º, do CP (cooperação dolosamente distinta), segundo o qual *se algum dos concorrentes quis participar de crime menos grave, ser-lhe-á aplicada a pena deste; essa pena será aumentada até a ½ (metade), na hipótese de ter sido previsível o resultado mais grave.* ED
Gabarito "E".

10. CULPABILIDADE E CAUSAS EXCLUDENTES

(Técnico – TJ/AL – 2018 – FGV) Pablo, funcionário público do Tribunal de Justiça, tem a responsabilidade de registrar em um livro próprio do cartório os procedimentos que estão há mais de dez dias conclusos, permitindo o controle dos prazos por parte de advogados. Por determinação do juiz responsável, que queria evitar que terceiros soubessem de sua demora, Pablo deixa de lançar diversos processos que estavam conclusos para sentença há vários meses.

Considerando apenas as informações narradas, descoberto o fato, é correto afirmar que Pablo:

(A) não praticou crime, porque agiu em estrita obediência a ordem de superior hierárquico;
(B) não praticou crime, porque agiu em estrito cumprimento de dever legal;
(C) deverá responder pelo crime de prevaricação;
(D) deverá responder pelo crime de falsidade ideológica;
(E) não praticou crime, porque agiu no exercício regular de direito.

Tanto o magistrado que determinou a conduta omissiva quanto Pablo, que a cumpriu, deverão ser responsabilizados pelo cometimento do crime de falsidade ideológica, previsto no art. 299 do CP. "Distingue-se o falso ideológico do material porque neste o agente imita a verdade, através de contrafação ou alteração, enquanto naquele o documento é perfeito em seus requisitos extrínsecos, em sua forma, e emana realmente da pessoa que nele figura como seu autor ou signatário, mas é falso no seu conteúdo, no seu teor, no que diz ou encerra. Uma coisa é criar materialmente o documento ou parte dele, outra é declarar um juízo inverídico em lugar da verdade em documento que, materialmente, é verdadeiro." (Mirabete e Fabbrini. Manual de Direito Penal, volume 3, 34ª ed., 2025, Foco, item 11.4.1). Isso porque omitiram, em documento público, informação que dele devia constar, com o objetivo, neste caso, de alterar a verdade sobre fato juridicamente relevante. Não há que se falar em obediência hierárquica (art. 22, CP), já que a ordem proferida pelo juiz não pode ser considerada como *não manifestamente ilegal*. Cuida-se de ordem, sim, flagrantemente ilegal. No estrito cumprimento de dever legal (art. 23, III do CP) o funcionário ou agente público age por ordem da lei, não é o caso do enunciado. No crime de prevaricação (art. 319 do CP) o agente retarda ou deixa de praticar, indevidamente, ato de ofício, ou pratica o ato contra disposição expressa de lei, para satisfazer interesse ou sentimento pessoal. A conduta do agente, também, não se amolda ao exercício regular de direito (art. 23, III) porque qualquer pessoa poderá exercer um direito, é previsão constitucional que ninguém será obrigado a fazer ou deixar de fazer alguma coisa senão em virtude de lei (art. 5º, inciso II, da CF). PB/ED

Gabarito "D".

(Técnico – TJ/AL – 2018 – FGV) Gabriel, 25 anos, desferiu, de maneira imotivada, diversos golpes de madeira na cabeça de Fábio, seu irmão mais novo. Após ser denunciado pelo crime de lesão corporal gravíssima, foi realizado exame de insanidade mental, constatando-se que, no momento da agressão, Gabriel, em razão de desenvolvimento mental incompleto, não era inteiramente capaz de entender o caráter ilícito do fato.

Diante da conclusão do laudo pericial, deverá ser reconhecida a:

(A) inimputabilidade do agente, afastando-se a culpabilidade;
(B) semi-imputabilidade do agente, afastando-se a culpabilidade;
(C) inimputabilidade do agente, afastando-se a tipicidade;
(D) semi-imputabilidade do agente, que poderá funcionar como causa de redução de pena;
(E) semi-imputabilidade do agente, afastando-se a tipicidade.

Somente seria considerado inimputável, com o consequente afastamento da culpabilidade, se, ao tempo da conduta, Gabriel fosse inteiramente incapaz de entender o caráter ilícito do fato ou de determinar-se de acordo com tal entendimento (art. 26, *caput*, CP). Pelo que consta do enunciado, Gabriel, ao tentar contra a vida do irmão, não era, segundo apontou a perícia médica a que foi submetido, inteiramente capaz de entender o caráter ilícito do fato, sendo considerado, portanto, semi-imputável (art. 26, parágrafo único, CP), o que poderá levar a uma redução de pena da ordem de um a dois terços. ED

Gabarito "D".

11. PENA E MEDIDA DE SEGURANÇA

(Juiz de Direito/AP – 2022 – FGV) Sobre os delitos praticados durante a pandemia do coronavírus, no que concerne à dosimetria, é correto afirmar que a agravante prevista no Art. 61, inciso II, alínea "j", do Código Penal ("em ocasião de incêndio, naufrágio, inundação ou qualquer calamidade pública, ou de desgraça particular do ofendido"):

(A) incide durante todo o período em que for reconhecida a existência da pandemia, independentemente do nexo de causalidade;
(B) incide durante todo o período em que for reconhecida a existência da pandemia, dependendo do nexo de causalidade;
(C) incide enquanto for reconhecida a existência da pandemia, independentemente do nexo de causalidade;
(D) incide enquanto for reconhecida a existência da pandemia, dependendo do nexo de causalidade;
(E) não deve incidir, em razão da inconstitucionalidade das agravantes de perigo abstrato.

Conferir o seguinte julgado, que impõe como necessária, a incidência da agravante do art. 61, II, j, do CP, a existência de nexo de causalidade entre a pandemia e a conduta do agente: "*HABEAS CORPUS* IMPETRADO EM SUBSTITUIÇÃO A RECURSO PRÓPRIO. NÃO CABIMENTO. IMPROPRIEDADE DA VIA ELEITA. ROUBO MAJORADO TENTADO. DOSIMETRIA. SEGUNDA FASE. REINCIDÊNCIA ESPECÍFICA. FRAÇÃO DE AUMENTO SUPERIOR A 1/6. DESPROPORCIONALIDADE. PRECEDENTES. DECOTE DA INCIDÊNCIA DA AGRAVANTE DA CALAMIDADE PÚBLICA. POSSIBILIDADE. INEXISTÊNCIA DE NEXO DE CAUSALIDADE ENTRE A PANDEMIA E A CONDUTA DO PACIENTE. PRECEDENTES. NOVA DOSIMETRIA REALIZADA. AGRAVO REGIMENTAL NÃO PROVIDO. – O Código Penal não estabelece limites mínimo e máximo de aumento de pena a serem aplicados em razão de circunstâncias agravantes ou atenuantes, cabendo à prudência do magistrado fixar o patamar necessário, dentro de parâmetros razoáveis e proporcionais, com a devida fundamentação. – Ademais, a jurisprudência deste Superior Tribunal firmou entendimento no sentido de que o incremento da pena em fração superior a 1/6, em virtude da agravante da reincidência, demanda fundamentação específica. Precedentes. – As instâncias de origem apresentaram fundamentação peculiar para o incremento da pena em fração superior a 1/6, qual seja, o fato de a reincidência do paciente ser específica. Entretanto, no julgamento do HC n. 365.963/SP (Relator Ministro FELIX FISCHER, DJe 23/11/2017) a Terceira Seção desta Corte pacificou entendimento no sentido de que a reincidência, seja ela específica ou não, deve ser compensada integralmente com a atenuante da confissão, demonstrando, assim, que não foi ofertado maior desvalor à conduta do réu que ostente outra condenação pelo mesmo delito. Precedentes. Desse modo, revela-se excessiva e desproporcional a adoção da fração de 1/4 para agravar a sanção do paciente pela agravante da reincidência, pois lastreada apenas no fato de ela ser específica, razão pela qual o quantum de aumento deve ser reduzido para a usual fração de 1/6. Em relação à agravante prevista no art. 61, II, "j", do Código Penal, verifica-se que a sanção do paciente foi novamente exasperada em 1/6, porque os fatos foram cometidos durante a pandemia do coronavírus, estado esse de calamidade pública; Todavia, entendo que deve ser afastada a referida agravante, pois sua incidência pressupõe a existência de situação concreta dando conta de que o paciente se prevaleceu da pandemia para a prática delitiva. Precedentes. *In casu*, não ficou demonstrado o nexo de causalidade entre a pandemia e a conduta do paciente, razão pela qual essa agravante deve ser decotada. Agravo regimental não provido" (STJ, AgRg no HC 677.124/SP, Rel. Ministro REYNALDO SOARES DA FONSECA, QUINTA TURMA, julgado em 03/08/2021, DJe 10/08/2021). ED

Gabarito "B".

(Juiz de Direito/AP – 2022 – FGV) Quando o Tribunal de Justiça, em julgamento de apelação criminal exclusiva da defesa, afasta uma circunstância judicial negativa do Art. 59 do Código Penal, reconhecida no édito condenatório de primeiro grau, deve:

(A) manter a pena final inalterada;
(B) reduzir ao mínimo legal a pena-base;
(C) devolver ao primeiro grau para nova sentença;
(D) compensar o valor final nas demais fases;
(E) reduzir proporcionalmente a pena-base.

Na hipótese de o tribunal, ao julgar recurso exclusivo da defesa, excluir circunstância judicial (art. 59, CP) equivocadamente valorada na sentença de primeiro grau, deverá, por via de consequência, promover a redução proporcional da pena imposta. Na jurisprudência: "I – A Terceira Seção desta Corte Superior, no julgamento dos EDv nos EREsp

n. 1826799/RS, firmou o entendimento de que "é imperiosa a redução proporcional da pena-base quando o Tribunal de origem, em recurso exclusivo da defesa, afastar uma circunstância judicial negativa do art. 59 do CP reconhecida no édito condenatório". II – No presente caso, as instâncias ordinárias fixaram a pena-base do crime de homicídio qualificado em 18 anos de reclusão em virtude da valoração negativa de cinco circunstâncias judiciais: circunstâncias do crime, consequências do crime, culpabilidade, personalidade e conduta social. Proporcionalmente, a pena-base foi aumentada, para cada um dos vetores, em 1 ano, 2 meses e 12 dias de reclusão. Desse modo, mantida somente a valoração negativa das circunstâncias do crime, é o caso de elevar a pena-base somente para 13 anos, 2 meses e 12 dias de reclusão, haja vista a pena mínima de 12 anos de reclusão cominada abstratamente ao delito de homicídio qualificado. III – Com relação à pena-base do crime de ocultação de cadáver, a decisão agravada deve ser mantida por seus próprios fundamentos. O excerto extraído do acórdão recorrido demonstrou que as instâncias ordinárias apresentaram elementos concretos não somente para a valoração negativa das circunstâncias do crime e da culpabilidade, senão também para a exasperação da pena-base em patamar superior a um sexto para cada vetorial. Agravo regimental parcialmente provido para redimensionar a pena do crime de homicídio qualificado para 13 anos, 2 meses e 12 dias de reclusão." (STJ, AgRg no HC 698.743/RJ, Rel. Ministro JESUÍNO RISSATO (DESEMBARGADOR CONVOCADO DO TJDFT), QUINTA TURMA, julgado em 08/02/2022, DJe 15/02/2022).

(Juiz de Direito/AP – 2022 – FGV) A individualização da pena é submetida aos elementos de convicção judiciais acerca das circunstâncias do crime.

A jurisprudência e a doutrina passaram a reconhecer, como regra, como critério ideal para individualização da reprimenda-base o aumento:

(A) na fração de 1/4 por cada circunstância;
(B) na fração de 1/6 por cada circunstância;
(C) na fração de 1/8 por cada circunstância;
(D) no *quantum* determinado de seis meses;
(E) no *quantum* determinado de oito meses.

Sobre este tema, conferir o seguinte julgado do STJ: "(...) 2. Diante do silêncio do legislador, a jurisprudência e a doutrina passaram a reconhecer como critério ideal para individualização da reprimenda-base o aumento na fração de 1/8 por cada circunstância judicial negativamente valorada, a incidir sobre o intervalo de pena abstratamente estabelecido no preceito secundário do tipo penal incriminador. 3. Tratando-se de patamar meramente norteador, que busca apenas garantir a segurança jurídica e a proporcionalidade do aumento da pena, é facultado ao juiz, no exercício de sua discricionariedade motivada, adotar *quantum* de incremento diverso diante das peculiaridades do caso concreto e do maior desvalor do agir do réu. 4. Considerando as penas mínima e máxima abstratamente cominadas ao delito do artigo 171, *caput*, do Código Penal (1 a 5 anos de reclusão), chega-se ao incremento de cerca de 6 meses por cada vetorial desabonadora. Na hipótese, tendo sido reconhecida uma circunstância judicial como desfavorável, tem-se que a pena-base, majorada em 6 meses acima do mínimo legal, foi fixada de acordo com o princípio da legalidade e pautada por critérios de proporcionalidade e razoabilidade, não merecendo, portanto, qualquer reparo, porquanto foi obedecido o critério de 1/8. 5. Agravo regimental não provido." (AgRg no HC 660.056/SC, Rel. Ministro RIBEIRO DANTAS, QUINTA TURMA, julgado em 28/09/2021, DJe 04/10/2021). Em decisão recente, a 5ª Turma do STJ aplicou o critério de 1/6: "(...) 4. Contudo, verifico a possibilidade de ajustar as penas-bases para um patamar intermediário. Com efeito, a sentença condenatória, ao realizar a dosimetria na primeira fase, não explicitou o critério utilizado, elevando a pena mínima em 6 meses para cada circunstância judicial negativa. O Tribunal de origem, por seu turno, aplicou a fração de 1/8 entre o mínimo e o máximo, o que ensejou um aumento de 1 ano e 9 meses sobre a pena mínima, ou seja, mais que o triplo. – Nessa linha de intelecção, com o objetivo de evitar dosimetrias tão díspares, mister se faz a utilização de outro patamar de aumento, também previsto na jurisprudência desta Corte Superior, com o objetivo de trazer maior razoabilidade para a aplicação da pena no caso concreto. Nessa linha de intelecção, considero ser a hipótese de aplicar a fração de 1/6 sobre a pena mínima, para chegar à pena que seja necessária e suficiente para a reprovação e prevenção" (AgRg no AREsp 2615085-GO, j. em 30-10-2024, DJe de 5-11-2024). Vale citar, para complementação do estudo, a seguinte tese do STJ: "É obrigatória a redução proporcional da pena-base quando o tribunal de segunda instância, em recurso exclusivo da defesa, afastar circunstância judicial negativa reconhecida na sentença. Todavia, não implicam 'reformatio in pejus' a mera correção da classificação de um fato já valorado negativamente pela sentença para enquadrá-lo como outra circunstância judicial, nem o simples reforço de fundamentação para manter a valoração negativa de circunstância já reputada desfavorável na sentença" (REsp 2058971-MG, j. em 28-8-2024, DJe de 12-9-2024 – Tema repetitivo 1214).

(Analista – TJ/SC – FGV – 2018) Juarez, 72 anos de idade, primário e de bons antecedentes, em situação de desespero, praticou um crime de roubo simples, não restando o delito consumado por circunstâncias alheias à vontade do agente. Considerando as circunstâncias do fato e o *iter criminis* percorrido, foi aplicada pena de 2 anos e 8 meses de reclusão.

Considerando as informações narradas, no momento da aplicação da pena:

(A) não poderá ser reconhecida a substituição da pena privativa de liberdade por restritiva de direitos e nem suspensão condicional da pena, mas poderá ser fixado regime aberto, apesar de o crime envolver violência ou grave ameaça à pessoa;
(B) não poderá ser reconhecida a substituição da pena privativa de liberdade por restritiva de direitos e nem suspensão condicional da pena, mas caberá concessão, imediata, de prisão albergue domiciliar;
(C) poderá ser substituída a pena privativa de liberdade por duas restritivas de direito e, em caso de descumprimento, a pena deve ser cumprida em regime inicial aberto;
(D) poderá ser substituída a pena privativa de liberdade por duas restritivas de direito e, em caso de descumprimento, a pena deve ser cumprida em regime inicial semiaberto;
(E) não poderá ser substituída a pena privativa de liberdade por restritiva de direitos, mas caberá suspensão condicional da pena.

Não cabe a substituição da pena privativa de liberdade por restritiva de direitos. Com efeito, a despeito de a pena aplicada (2 anos e 8 meses de reclusão) ser inferior a 4 anos, o crime pelo qual foi condenado Juarez (art. 157, *caput*, do CP) tem como meio de execução o emprego de violência ou grave ameaça, o que afasta a incidência do benefício da substituição, tal como dispõe o art. 44, I, do CP. Poderá ser concedido a Juarez o *sursis* etário (suspensão condicional da pena), previsto no art. 77, § 2º, do CP, já que conta com mais de 70 anos e a pena que lhe foi impingida não é superior a 4 anos, estando presentes os demais requisitos. Quanto ao regime inicial de cumprimento da pena, será o aberto, conforme estabelece o art. 33, § 2º, *c*, do CP, já que se trata de condenado não reincidente cuja pena aplicada não é superior a 4 anos.

12. AÇÃO PENAL

(OAB/FGV – 2024) Francisco e seu filho Alfredo depredaram o carro de Terezinha, o que motivou o ajuizamento de queixa-crime em face de Francisco e Alfredo, dentro do prazo decadencial, pelo crime de dano qualificado por motivo egoístico, disposto no Art. 163, inciso IV, do CP.

No curso da ação penal, Francisco e Terezinha começaram a ter um relacionamento amoroso. Terezinha perdoou expressamente Francisco nos autos da queixa-crime. Intimado, Francisco aceitou o perdão da ofendida, o Juízo declarou a extinção da punibilidade em face de Francisco, mas, determinou o seguimento da ação penal em relação a Alfredo.

Diante do caso narrado, assinale a opção que apresenta, corretamente, os princípios que você, como advogado(a) de Alfredo, deve alegar no interesse de seu cliente.

(A) Da indivisibilidade e da disponibilidade.
(B) Da divisibilidade e da intranscendência das penas.
(C) Da legalidade e da presunção de inocência.
(D) Do *ne bis in idem* e da individualização das penas.

A ação penal privativa do ofendido é informada pelos princípios da *indivisibilidade*, *oportunidade* e *disponibilidade*. Pelo postulado da *indivisibilidade*, consagrado no art. 48 do CPP, não é dado ao ofendido escolher contra quem a ação será ajuizada. Assim, não poderá a vítima processar, por meio de queixa-crime, o ofensor "A" e poupar o ofensor "B". A violação a tal princípio acarreta a extinção da punibilidade pela renúncia (art. 107, V, do CP). Agora, se a ação já tiver sido proposta, como é o caso narrado no enunciado, é vedado ao querelante, com supedâneo no mesmo postulado, dela desistir (conceder o perdão) em relação a somente um dos querelados (art. 51, CPP). É dizer: ou desiste da ação contra todos ou não desiste. Na hipótese do enunciado, temos que Terezinha, após o ajuizamento da ação, ofereceu perdão a Francisco, desculpando-o pelo ocorrido. Por se tratar de ato bilateral, a extinção da punibilidade somente será alcançada se o pedido (de perdão) for aceito pelo querelado; o perdão, se concedido a um dos querelados, a todos se estende, mas somente produzirá o efeito de extinguir a punibilidade daqueles que o aceitarem (art. 51 do CPP). Dessa forma, é correto afirmar-se que o perdão oferecido a Francisco por Terezinha será estendido a Alfredo, que poderá aceitá-lo, levando à extinção da punibilidade (art. 107, VI, do CP). A ação privativa do ofendido também é regida pelo princípio da *oportunidade* (conveniência), segundo o qual o ofendido tem a *faculdade*, não a obrigação, de promover a ação, bem como tem ele, ofendido, a prerrogativa de prosseguir ou não até o término do processo (disponibilidade). **ED**
Gabarito "A".

13. EXTINÇÃO DA PUNIBILIDADE – PRESCRIÇÃO

(OAB/FGV – 2024) Enzo completou neste mês 18 anos de idade, sendo certo que, na sua infância, foi vítima de estupro de vulnerável (pena: de 8 a 15 anos de reclusão).

Considerando que já se passaram 11 anos desde a data do fato, ocorrido em 2013, sem que tenha sido instaurado qualquer inquérito ou investigação, e que o autor do fato já completou 70 anos de idade, Enzo indagou a você, como advogado(a), se ainda seria possível iniciar a persecução penal.

Nesse caso, como advogado(a) de Enzo, assinale a alternativa que, corretamente, orienta a vítima.

(A) O crime de estupro de vulnerável é imprescritível.
(B) O delito está prescrito, ante a redução do prazo prescricional em função da idade do autor do fato.
(C) O prazo de prescrição do delito começou a correr quando Enzo completou 18 anos, não se tendo ultimado até o momento.
(D) O prazo de prescrição aplicável ao caso é de 20 anos, contado da data do fato, não tendo ocorrido a prescrição.

O marco inicial para contagem do prazo prescricional é representado, em regra, pelo dia em que é alcançada a consumação do delito. É o que estabelece o art. 111, III, do CP. Em consonância com o disposto no inciso V deste mesmo dispositivo, que estabelece hipótese de exceção, o termo inicial da prescrição da pretensão punitiva nos crimes contra a dignidade sexual ou que envolvam violência contra a criança e o adolescente corresponde ao dia em que a vítima atinge 18 anos de idade, salvo se a esse tempo já houver sido proposta a ação penal. Dessa forma, o interregno prescricional referente ao crime que vitimou Enzo somente começou a correr no momento em que este alcançou a maioridade, de forma que a extinção da punibilidade pela prescrição ainda não foi implementada. **PB**
Gabarito "C".

(ENAM – 2024.1) Sobre a extinção da punibilidade pela prescrição, analise as afirmativas a seguir.

I. O período de suspensão do prazo prescricional é regulado pelo máximo da pena cominada.

II. Transitada em julgado a sentença condenatória, a multa será executada perante o juiz da execução penal, aplicáveis as normas relativas à dívida ativa da Fazenda Pública e do Código Tributário Nacional no que concerne aos prazos e às causas interruptivas e suspensivas da prescrição.

III. Quando o agente, mediante mais de uma ação ou omissão, pratica dois ou mais crimes da mesma espécie e, pelas condições de tempo, lugar, maneira de execução e outras semelhantes, devem os subsequentes ser havidos como continuação do primeiro, aplicar-se-á a pena de um só dos crimes, se idênticas, ou a mais grave, se diversas, aumentada, em qualquer caso, de 1/6 a 2/3, regulando-se a prescrição pela pena imposta na sentença, não se computando o acréscimo decorrente da continuação.

IV. O prazo para a prescrição da pretensão executória somente começa a correr no dia em que a sentença condenatória transita em julgado para ambas as partes, exceto para os processos com trânsito em julgado para a acusação ocorridos até 11/11/2020, em que a prescrição ainda não tenha sido analisada.

Está correto o que se afirma em

(A) I, II e III, apenas.
(B) I, II e IV, apenas.
(C) I, III e IV, apenas.
(D) II, III e IV, apenas.
(E) I, II, III e IV.

I: correta, pois em consonância com o entendimento consolidado na Súmula 415 do STJ; **II**: incorreta (ao contrário do que afirma o gabarito), pois não corresponde ao que estabelece o art. 51 do CP; **III**: correta, pois reflete o entendimento sufragado na Súmula 497 do STF, que assim dispõe: "Quando se tratar de crime continuado, a prescrição regula-se pela pena imposta na sentença, não se computando o acréscimo decorrente da continuação"; **IV**: correta. Conferir: "o STF declarou a não recepção pela Constituição Federal da locução "para a acusação", contida art. 112, inciso I (primeira parte), do Código Penal, conferindo-lhe interpretação conforme a Constituição no sentido de que a prescrição começa a correr do dia em que transita em julgado a sentença condenatória para ambas as partes. Modulação dos efeitos. Esse entendimento se aplica aos casos em que: i) a pena não foi declarada extinta pela prescrição; e ii) cujo trânsito em julgado para a acusação tenha ocorrido após 12/11/2020" (STF, Plenário, ARE 848.107/DF, Rel. Min. Dias Toffoli, j. 1º.07.2023).

(Analista Judiciário – TJ/AL – 2018 – FGV) De maneira geral, a doutrina define prescrição como a perda do direito do Estado de punir ou de executar determinada pena em razão da inércia estatal com o decurso do tempo. Tradicionalmente, o instituto é classificado em prescrição da pretensão punitiva e prescrição da pretensão executória.

Sobre essa causa de extinção da punibilidade, é correto afirmar que:

(A) a idade do réu, seja qual for, não é relevante para fins de definição do prazo prescricional;

(B) o oferecimento da denúncia é a primeira causa de interrupção do prazo prescricional;

(C) a reincidência do agente é relevante para a definição do prazo prescricional da pretensão executória, mas não do prazo da prescrição da pretensão punitiva pela pena em abstrato;

(D) o reconhecimento da prescrição, seja da pretensão punitiva seja da pretensão executória, afasta todos os efeitos penais e extrapenais da condenação;

(E) o prazo prescricional se inicia, no crime de bigamia, na data da constituição do segundo casamento, ainda que o fato se torne conhecido para terceiros em outro momento.

A: incorreta, na medida em que a menoridade relativa e a senilidade constituem fatores que conduzem à redução da metade do lapso prescricional, conforme estabelece o art. 115 do CP; **B:** incorreta. Isso porque a primeira causa de interrupção do prazo prescricional é o *recebimento* da denúncia, e não o seu *oferecimento* (art. 117, I, CP); **C:** correta, já que a reincidência constitui marco interruptivo da pretensão executória (art. 117, VI, do CP), não havendo repercussão no contexto da prescrição da pretensão punitiva. Tal entendimento encontra-se consolidado na Súmula 220, do STJ, que tem o seguinte verbete: "A reincidência não influi no prazo da prescrição da pretensão punitiva"; **D:** incorreta. O reconhecimento da prescrição da pretensão punitiva, por ocorrer antes de a sentença transitar em julgado, afasta todos os efeitos de eventual sentença condenatória (penais e extrapenais). Diferentemente, a prescrição da pretensão executória somente alcança o efeito principal da condenação, isto é, a pena imposta. Remanescem, pois, os efeitos secundários da condenação, como a reincidência, a obrigação de reparar o dano etc. Na jurisprudência: "A Corte Especial deste Superior Tribunal de Justiça, por ocasião do julgamento da APn 688/RO, pacificou o entendimento de que a extinção da punibilidade do agente, pelo reconhecimento da prescrição da pretensão punitiva, anula os efeitos penais e extrapenais da condenação, afastando o interesse na interposição de recurso" (AgRg no REsp 1517471/RS, Rel. Ministra Maria Thereza De Assis Moura, Sexta Turma, julgado em 03/04/2018, DJe 09/04/2018); **E:** incorreta, pois contraria o disposto no art. 111, IV, do CP, segundo o qual, nos crimes de bigamia e nos de falsificação ou alteração de assentamento de registro civil, a prescrição tem como marco inicial a data em que o fato se tornou conhecido.

14. CRIMES CONTRA O PATRIMÔNIO

(OAB/FGV – 2024) Amanda, maior e capaz, e Fernando, menor púbere, ingressaram em um supermercado com a intenção de furtar mercadorias. Assim, percorreram os corredores do supermercado, logrando coletar cerca de R$2.000,00 em mercadorias.

A ação delituosa levantou a suspeita dos seguranças, que perceberam a ação de ambos pelas câmeras de vigilância do supermercado. Por isso, quando Amanda e Fernando se dirigiam à saída do estabelecimento, foram abordados pelos vigilantes, ainda dentro do supermercado, momento em que lograram realizar a prisão em flagrante de Amanda, que foi, então, denunciada por furto qualificado pelo concurso de agentes em concurso formal com o delito de corrupção de menores.

Na qualidade de advogado(a) de Amanda, assinale a opção que apresenta a tese de Direito Penal que, corretamente, deve ser sustentada em seu favor.

(A) A incidência da causa de diminuição de pena da tentativa.

(B) A incidência do princípio da insignificância, excluindo a tipicidade material do fato.

(C) A absorção do delito de corrupção de menores pela qualificadora do concurso de pessoas.

(D) A tese de atipicidade da conduta, ante a impossibilidade material de consumação do crime.

A: correta. A jurisprudência consagrou o entendimento segundo o qual o crime de furto alcança a consumação no momento em que o agente tem a posse tranquila da *res*, ainda que por pouco tempo. Nas palavras de Julio Fabbrini Mirabete e Renato N. Fabbrini, *configura a tentativa a conduta do agente que esconde sob suas roupas a coisa que quer subtrair e é detido ao tentar passar pelo caixa do supermercado. A adoção de monitoramento eletrônico ou a presença de "seguranças", por si só, não torna impossível a configuração do crime de furto (Súmula 567 do STJ) (Manual de Direito Penal – Parte Especial Arts. 121 a 234-B do CP.* 37ª ed., SP: Editora Foco. Item 10.1.8. P. 239); **B:** incorreta, já que, neste caso, não terá incidência o princípio da insignificância, uma vez que o valor atribuído às mercadorias subtraídas é superior a 10% do salário mínimo. Consagrando tal entendimento, o STJ, em edição de n. 221 da ferramenta *Jurisprudência em Teses*, publicou, sobre este tema, a seguinte tese: *2) A lesão jurídica resultante do crime de furto, em regra, não pode ser considerada insignificante quando o valor dos bens subtraídos for superior a 10% do salário mínimo vigente à época dos fatos*; **C:** incorreta, já que, segundo tem entendido o STJ, deve ser reconhecido, neste caso, em regra, o concurso formal perfeito entre os crimes patrimoniais e a corrupção de menores. Conferir: "II – Caracteriza-se o concurso formal perfeito quando o agente comete duas ou mais infrações penais mediante uma só ação ou omissão. Por sua vez, incide o concurso formal imperfeito quando, através de uma única conduta dolosa, os delitos concorrentes resultam de desígnios autônomos. III – *In casu*, não havendo fundamentação apta a demonstrar a ocorrência de desígnios autônomos entre os crimes de receptação e corrupção de menores, cabível a incidência do concurso formal perfeito, caso em que se aplica a pena mais grave aumentada de 1/6 (um sexto) até 1/2 (metade), por expressa disposição legal (art. 70, primeira parte, do Código Penal). *Habeas corpus* não conhecido. Ordem concedida de ofício para, cassando o v. acórdão atacado, restabelecer a r. sentença de primeiro grau, reconhecendo a existência de concurso formal próprio entre os delitos de receptação e corrupção de menores." (HC n. 375.108/RJ, relator Ministro Felix Fischer, Quinta Turma, julgado em 28/3/2017, DJe de 3/4/2017.) e no mesmo sentido: "(...) X – Por fim, não configura *bis in idem* a condenação pelo crime de corrupção de menores e a incidência da causa de aumento de pena do roubo praticado em concurso de agentes, porque as duas condutas são autônomas e alcançam bens jurídicos distintos, não havendo que se falar em consunção (HC n. 485.817/SP, Quinta Turma, Rel. Min. Felix Fischer, DJe de 19/2/2019)" (AgRg no HC 822709-SP, j. em 13-11-2023, DJe de 30-11-2023); **D:** incorreta. Em sentido contrário o STJ editou a Súmula n. 567: "Sistema de vigilância realizado por monitoramento eletrônico ou por existência de segurança no interior de estabelecimento comercial, por si só, não torna impossível a configuração do crime de furto". Nesse sentido: STF, HC 110.975-RS, 1ª T., rel. Min. Cármen Lúcia, 22-5-2012, DJe de 1º-8-2012. PB/ED

Gabarito "A".

(OAB/FGV – 2024) Joaquim dirigia-se a uma agência bancária para sacar o valor de sua aposentadoria. Todavia, às 10h, ao se aproximar do estabelecimento, foi abordado por Gilson que, com emprego de arma de fogo, ordenou que Joaquim entrasse em seu carro. Em seguida, Gilson conduziu o veículo até um motel e, mediante ameaça de morte, exigiu que a vítima transferisse valores para a conta bancária de Gilson, por meio de operações via PIX e TED, sendo certo que houve restrição da liberdade da vítima por tempo relevante, condição necessária para obtenção da vantagem de R$ 12.000,00 (doze mil reais) efetivamente auferida em desfavor de Joaquim, após o que Gilson liberou a vítima.

Diante do cenário descrito, assinale a opção que indica o(s) crime(s) praticados por Gilson.

(A) Roubo circunstanciado pelo emprego de arma de fogo.
(B) Extorsão mediante sequestro.
(C) Sequestro ou cárcere privado.
(D) Extorsão mediante restrição da liberdade da vítima.

A hipótese narrada no enunciado corresponde ao que a doutrina convencionou chamar de sequestro-relâmpago, que, é importante que se diga, suscitava na doutrina e na jurisprudência, no que se refere à sua tipificação, grande controvérsia. Atualmente, com o advento da Lei 11.923/2009, que introduziu o § 3º no art. 158 do CP, o delito de extorsão será qualificado quando praticado mediante a restrição da liberdade da vítima, desde que tal condição seja necessária à obtenção da vantagem econômica. "Exige-se, portanto, para a configuração do sequestro relâmpago, que a vítima sofra limitação em sua liberdade de locomoção em decorrência de ato do agente e que essa restrição se constitua em meio necessário à obtenção da vantagem econômica" (Mirabete e Fabbrini. Manual de Direito Penal, volume 2. 36ª ed., ed. Foco, 2024, item 11.2.8).No crime de roubo majorado pela restrição da liberdade da vítima (art. 157, § 2º, V, CP), o comportamento ou colaboração da vítima é absolutamente dispensável para que o agente consiga alcançar seu intento, qual seja, o de subtrair coisa alheia móvel, diversamente do que ocorre na extorsão (art. 158, CP), que, de fato, exige que a vítima, após ser constrangida pelo agente, mediante grave ameaça ou violência, pratique determinado comportamento, sem o qual a obtenção da vantagem não poderá ser alcançada pelo extorsionário. No caso narrado no enunciado, fica claro que o agente contou com a colaboração ativa da vítima, que, constrangida e temendo por sua vida, transferiu valores para a conta bancária de Gilson, por meio de operações via PIX e TED. Não devemos confundir o crime de extorsão mediante a restrição da liberdade da vítima (art. 158, § 3º), com o crime de extorsão mediante sequestro (art. 159), configurando-se o último um meio para a obtenção da vantagem econômica a privação de liberdade de uma pessoa. O crime de sequestro e cárcere privado, capitulado no art. 148 do CP, tutela a liberdade física da vítima, em especial a liberdade de locomoção e movimento, a vontade dirigida a ilegítima privação ou restrição à liberdade alheia nenhuma repercussão tendo no patrimônio do sujeito passivo. PB

Gabarito "D".

(ENAM – 2024.1) Ricardo, com a intenção de ter um carro, apresentou-se como manobrista na frente de um restaurante e, assim, logrou iludir Carolina, que lhe entregou as chaves de seu veículo, pensando que este seria estacionado em segurança. Em seguida, Ricardo se apossou do veículo de Carolina.

Assinale a opção que indica, corretamente, o crime praticado por Ricardo.

(A) Estelionato.
(B) Apropriação indébita.
(C) Furto mediante fraude.
(D) Furto mediante abuso de confiança.
(E) Apropriação de coisa havida por erro.

A questão exige que o candidato saiba a distinção entre os crimes de furto mediante fraude, estelionato e apropriação indébita, que, a depender do caso concreto, é bastante tênue. A solução deve ser extraída do significado que é conferido à ação nuclear de cada delito. Vejamos. No crime capitulado no art. 171 do CP (estelionato), a vítima, ludibriada, induzida em erro pelo agente, a este entrega o objeto material do delito. No caso retratado no enunciado, Carolina, proprietária do veículo, somente fez a sua entrega a Ricardo porque, induzida em erro por este, pensou tratar-se do manobrista. Depois de adquirir a posse do veículo, passou a agir como se dono dele fosse. Ocorre, a rigor, uma inversão da posse. Importante notar que não houve subtração do bem, razão pela qual não há que se falar na prática do crime de furto mediante fraude, em que o engodo é empregado com o fito de viabilizar a subtração do bem. Aqui não houve subtração (significa tirar, apossar-se), já que o veículo foi entregue a João pelo proprietário. Da mesma forma, não houve crime de apropriação indébita – art. 168, CP –, visto que, neste, o dolo é subsequente à posse (o agente tem a posse ou detenção da coisa proveniente de um título legítimo); no estelionato é antecedente. Ademais, os outros requisitos do crime do art. 171 do CP se fazem presentes, a saber: emprego de ardil ou outro meio fraudulento, obtenção de vantagem ilícita e prejuízo alheio. Embora isto não tenha repercussão na resolução desta questão, é importante que se diga que a ação penal, no crime de estelionato, em face da inclusão do § 5º ao art. 171 do CP, promovida pelo pacote anticrime (Lei 13.964/2019), passa a ser, em regra, pública condicionada à representação do ofendido. Antes disso, era incondicionada ED

Gabarito "A".

(ENAM – 2024.1) Alberto, mágico profissional, em uma relojoaria, pede ao vendedor para ver um relógio suíço, de elevado valor. O vendedor atende a seu pedido, e Alberto coloca o relógio em seu pulso, sob o pretexto de querer ver se o acessório fica bem em seu braço. Ato contínuo, ele distrai o vendedor, tirando-lhe a atenção, momento em que, valendo-se da ligeireza de seus movimentos, retira rapidamente o relógio do pulso, substituindo-o por uma cópia idêntica, que traz em seu bolso, e a entrega ao vendedor, que nada percebe. Alberto, então, agradece a atenção, pergunta quanto custa o relógio e, depois de afirmar que vai pensar um pouco mais, deixa a loja, levando consigo a peça.

Diante do caso narrado, Alberto deverá responder por

(A) estelionato.
(B) furto simples.
(C) furto qualificado.
(D) apropriação indébita simples.
(E) apropriação indébita qualificada.

Não devemos confundir o crime de *furto mediante fraude* (art. 155, § 4º, II, do CP) com o de *estelionato*, este previsto no art. 171, *caput*, do CP. Naquele, a fraude é aplicada com o propósito de iludir a vigilância da vítima, para, assim, viabilizar a subtração da *res*. No estelionato, a situação é outra. A vítima, ludibriada, entrega ao agente a coisa. A fraude é anterior ao apossamento e inexiste subtração. Na hipótese narrada no enunciado, temos que Alberto, ao distrair o vendedor, tirando-lhe a atenção, faz com que a vigilância por ele exercida diminua, viabilizando a subtração do bem. Dessa forma, possível afirmar que o crime cometido por Alberto é o do art. 155, § 4º, II, do CP – *furto mediante fraude*. Conferir: "Agravo regimental no agravo em recurso especial. Furto qualificado. Desclassificação para estelionato simples. Pretensão que demanda reexame probatório. Incidência da Súmula n. 7/STJ. 1. 'O furto mediante fraude não se confunde com o estelionato. A distinção se faz primordialmente com a análise do elemento comum da fraude que, no furto, é utilizada pelo agente com o fim de burlar a vigilância da vítima que, desatenta, tem seu bem subtraído, sem que se aperceba; no estelionato, a fraude é usada como meio de obter o consentimento da vítima que, iludida, entrega voluntariamente o bem ao agente. (REsp n. 1.412.971/PE, relatora Ministra Laurita Vaz, Quinta Turma, julgado em 7/11/2013, DJe de 25/11/2013)' (AgRg no AgRg no AREsp n. 2.026.865/SP, relator Ministro Joel Ilan Paciornik, Quinta Turma, julgado em 9/8/2022, DJe de 15/8/2022.) 2. No caso, a inversão do acórdão recorrido, de modo a desclassificar o crime de furto qualificado praticado mediante fraude, para o delito de estelionato simples, demandaria amplo reexame fático-probatório, providência incabível na via do recurso especial, conforme a Súmula n. 7/STJ. 3. Agravo regimental improvido" (STJ, AgRg no AREsp n. 2.249.989/MA, Rel. Min. Jesuíno Rissato (Desembargador Convocado do TJDFT), 6ª Turma, j. 20.02.2024, *DJe* 23.02.2024).

Gabarito "C".

(Juiz de Direito/AP – 2022 – FGV) Determinada investigação foi instaurada para apurar fraude, ocorrida em 02 de julho de 2020, em Macapá, na obtenção de auxílio emergencial concedido pelo Governo Federal, por meio da Caixa Econômica Federal, em decorrência da pandemia da Covid-19. Jack declarou na investigação que realizou depósito em sua conta do "ComércioRemunerado", no valor de R$ 600,00 e depois percebeu que aquela quantia foi transferida para Russel, sendo que não foi Jack quem realizou a operação financeira nem a autorizou. Russel assinalou que a aludida quantia foi realmente transferida para sua conta no "ComércioRemunerado" e foi declarada como pagamento de conserto de motocicleta, para enganar os órgãos competentes e conseguir a antecipação do auxílio emergencial. Disse que foi Fênix, proprietária de uma loja de manutenção de telefones celulares, quem lhe propôs a prática de tais condutas, acrescentando que seria um procedimento legal, e ainda ofereceu R$ 50,00 para cada antecipação passada em sua máquina do "ComércioRemunerado", sendo que Jack praticou a conduta quatro vezes. Disse ainda que o dinheiro entrava em sua conta no "ComércioRemunerado" e era transferido para a conta de Fênix. O auxílio emergencial era disponibilizado pela União, por meio da Caixa Econômica Federal. O crime supostamente praticado nesse caso é o de:

(A) estelionato;
(B) furto mediante fraude;
(C) apropriação indébita;
(D) apropriação indébita previdenciária;
(E) peculato.

De antemão, registre-se que a redação do enunciado é confusa e truncada. Segundo consta, o valor recebido por Jack em sua conta no "ComércioRemunerado" a título de auxílio emergencial foi transferido, à sua revelia (ele não realizou a transferência tampouco a autorizou), para a conta de titularidade de Russel, também no "ComércioRemunerado", o qual, por sua vez, admitiu haver realizado a transferência de forma fraudulenta, usando como justificativa o pagamento de conserto de uma motocicleta. Disse que o dinheiro entrava em sua conta no "ComércioRemunerado" e era transferido para a conta de Fênix, pessoa que teria lhe proposto tal prática, que lhe renderia a importância de R$ 50,00 para cada antecipação passada em sua máquina do "ComércioRemunerado". Esta questão, ao que parece, foi extraída de um precedente do STJ, no qual se discutia a competência para o julgamento do feito. Consta do julgado que, pelo fato de a vítima não haver sido induzida a erro tampouco haver entregado espontaneamente a importância, o crime em que teria incorrido o agente é o de furto mediante fraude, e não estelionato. Senão vejamos: "1. O presente conflito de competência deve ser conhecido, por se tratar de incidente instaurado entre juízos vinculados a Tribunais distintos, nos termos do art. 105, inciso I, alínea *d* da Constituição Federal – CF. 2. O núcleo da controvérsia consiste em definir o Juízo competente no âmbito de inquérito policial instaurado para investigar A suposta conduta de desvio de valores relativos ao auxílio emergencial pago durante a pandemia do Covid-19. 3. No caso concreto não se identifica ofensa direta à Caixa Econômica Federal – CEF ou à União, uma vez que não há qualquer notícia de que a beneficiária tenha empregado fraude para o recebimento do seu auxílio. Em outras palavras, houve ingresso lícito no programa referente ao auxílio emergencial e transferência lícita da conta da Caixa Econômica Federal para a conta do Mercado Pago, ambas de titularidade da beneficiária do auxílio. 4. O procedimento investigatório revela transferência fraudulenta de valores entre contas do Mercado Pago de titularidade da vítima e do agente delituoso, ou seja, a vítima não foi induzida a erro e tampouco entregou espontaneamente o numerário, de tal forma que o atual estágio das investigações indica suposta prática de furto mediante fraude. 'Para que se configure o delito de estelionato (art. 171 do Código Penal), é necessário que o Agente, induza ou mantenha a Vítima em erro, mediante artifício, ardil, ou qualquer outro meio fraudulento, de maneira que esta lhe entregue voluntariamente o bem ou a vantagem. Se não houve voluntariedade na entrega, o delito praticado é o de furto mediante fraude eletrônica (art. 155, § 4.º-B, do mesmo Estatuto)' (CC 181.538/SP, Rel. Ministra LAURITA VAZ, TERCEIRA SEÇÃO, DJe 1º/9/2021). 5. O agente delituoso ao transferir para si os valores pertencentes à vítima não fraudou eletronicamente o sistema de segurança da Caixa Econômica Federal, mas apenas o sistema de segurança do Mercado Pago, instituição privada para a qual o numerário foi transferido por livre vontade da vítima. Neste contexto, sem fraude ao sistema de segurança da instituição financeira federal não há de se falar em competência da Justiça Federal. Precedente: CC 149.752/PI, Rel. Ministro REYNALDO SOARES DA FONSECA, TERCEIRA SEÇÃO, DJe 1º/2/2017. 6. O ilustre Ministro Felix Fisher no julgamento do CC 177.398/RS (DJe 12/2/2021), em situação análoga ao caso concreto, firmou a competência da Justiça Estadual ao fundamento de que a vítima do delito patrimonial havia transferido valores provenientes de auxílio emergencial, por livre opção, ao sistema de pagamento virtual conhecido como PICPAY para somente depois sofrer o prejuízo advindo do crime. 7. No caso ora em análise, em que houve violação ao sistema de segurança de instituição privada, qual seja, o Mercado Pago, sem qualquer fraude ou violação de segurança direcionada à Caixa Econômica Federal, o prejuízo ficou adstrito à instituição privada e particulares, não se identificando situação prevista no art. 109, inciso I, da Constituição Federal. 8. Competência da Justiça Estadual." (STJ, CC 182.940/SP, Rel. Ministro JOEL ILAN PACIORNIK, TERCEIRA SEÇÃO, julgado em 27/10/2021, DJe 03/11/2021).

Gabarito "B".

(Analista Judiciário – TJ/AL – 2018 – FGV) Com muitos processos conclusos para sentença, juiz de determinada Vara Criminal solicita que seu secretário analise uma ação penal em que se imputa a Jorge a prática de crime de roubo majorado, em fase de sentença, fazendo resumo dos fatos e destacando os aspectos relevantes para fins de aplicação da pena. Nos autos do processo consta que o denunciado i) tinha 20 anos na data dos fatos; ii) possuía condenação cujo trânsito em julgado ocorreu antes da prática do delito ora julgado; iii) confessou os fatos durante seu interrogatório; iv) empregou arma branca e agiu em concurso de agentes com outro indivíduo não identificado quando da subtração da coisa alheia. Com base nos dados acima descritos, o secretário deverá destacar, em seu resumo, de acordo com a jurisprudência dos Tribunais Superiores, que:

(A) existem duas atenuantes da pena, logo a pena intermediária poderá ser aplicada abaixo do mínimo penal;
(B) existem duas causas de aumento de pena, de modo que a pena poderá ser aumentada em patamar acima do mínimo previsto em razão apenas da quantidade de majorantes;
(C) não devem ser reconhecidas causas de aumento, já que não houve emprego de arma de fogo e o coautor não foi identificado;
(D) poderá haver compensação da agravante da reincidência com a atenuante da menoridade relativa ou atenuante da confissão espontânea;
(E) não deve ser reconhecida a causa de aumento do emprego de arma, mas deve a pena ser majorada em razão do concurso de agentes.

A: incorreta, pois, nos termos da Súmula 231 do STJ, *a incidência da circunstância atenuante não pode conduzir à redução da pena abaixo do mínimo legal*; **B**: incorreta. Nos termos da Súmula 443 do STJ, *o aumento na terceira fase de aplicação da pena no crime de roubo circunstanciado exige fundamentação concreta, não sendo suficiente para a sua exasperação a mera indicação do número de majorantes*; **C**: incorreta. Com o advento da Lei 13.654/2018, o art. 157, § 2º, I, do CP, que impunha aumento de pena no caso de a violência ou ameaça, no crime de roubo, ser exercida com emprego de *arma*, foi revogado. Em relação à incidência desta causa de aumento, a jurisprudência havia consolidado o entendimento segundo o qual o termo *arma* tem acepção ampla, ou seja, estão inseridas no seu conceito tanto as armas *próprias*, como, por excelência, a de fogo, quanto as *impróprias* (faca, punhal, foice etc.). Pois bem. Além de revogar o dispositivo acima, esta mesma lei promoveu a inclusão da mesma causa de aumento (emprego de arma) no § 2º-A, I, do CP. Até aí, nenhum problema. Como bem sabemos, o deslocamento de determinado comportamento típico de um para outro dispositivo, por força da regra da continuidade típico-normativa, não tem o condão de descriminalizar a conduta. Sucede que a Lei 13.654/2018, ao deslocar esta causa de aumento do art. 157, § 2º, I, do CP para o art. 157, § 2º-A, I, também do CP, limitou o alcance do termo *arma*, já que passou a se referir tão somente à arma de *fogo*, do que se conclui que somente incorrerá nesta causa de aumento o agente que se valer, para a prática do roubo, de arma de fogo (revólver, pistola, fuzil etc.); portanto, se o agente utilizar, para o cometimento deste delito, arma branca, o roubo será simples, já que, repita-se, a nova redação do dispositivo especificou que tipo de arma é apta a configurar o aumento: arma de fogo. Outro detalhe: pela redação anterior, o agente que fizesse uso de arma (de fogo ou branca) estaria sujeito a um aumento de pena da ordem de um terço até metade; a partir de agora, se utilizar arma (necessariamente de fogo), sujeitar-se-á a um incremento da ordem de dois terços. Desnecessário dizer que tal inovação não poderá retroagir e atingir fatos ocorridos antes da entrada em vigor desta lei, já que constitui *lex gravior*. De outro lado, essa mesma norma que excluiu a arma que não seja de fogo deverá retroagir para beneficiar o agente (*novatio legis in mellius*) que praticou o crime de roubo com emprego de arma branca antes de ela entrar em vigor. Pois bem. Ao que parece, o examinador não levou em consideração esta modificação legislativa. Pela legislação anterior, o emprego de arma branca configurava causa de aumento (art. 157, § 2º, I, CP). Seja como for, a alternativa estaria errada de qualquer maneira, na medida em que o fato de o comparsa não haver sido identificado não elide o reconhecimento da causa de aumento prevista no art. 157, § 2º, II, do CP. Em resumo, temos que, pela legislação anterior (antes de a Lei 13.654/2018 haver revogado o art. 157, § 2º, I, do CP e incluído o art. 157, § 2º-A, I, do CP), o emprego de arma branca tinha se ser reconhecido como causa de aumento no roubo. Neste caso, a assertiva conteria dois erros. Se levarmos em consideração a legislação posterior (Lei 13.654/2018), a primeira parte da assertiva, que se refere ao emprego de arma, estaria correta; a segunda parte, que se refere ao concurso de agentes, está errada de qualquer forma, já que a não identificação do comparsa não obsta, antes ou mesmo depois da referida legislação, o reconhecimento da causa de aumento. Este quadro, que acima explicitamos, perdurou até o dia 23 de janeiro de 2020, data em que entrou em vigor a Lei 13.964/2019 (pacote anticrime). Duas modificações foram promovidas por esta lei nas majorantes do crime de roubo. Em primeiro lugar, foi reinserida a causa de aumento na hipótese de o agente se valer, para a prática do crime de roubo, de arma branca (inserção do inciso VII no § 2º do art. 157 do CP). Lembremos que, com a edição da Lei 13.654/2018, o emprego de arma branca, no roubo, deixou de configurar causa de aumento. Pois bem. Além disso, a Lei 13.964/2019 introduziu no art. 157 do CP o § 2º-B, que estabelece nova causa de aumento de pena para o roubo, quando a violência ou grave ameaça for exercida com emprego de arma de fogo de uso restrito ou proibido. Neste caso, a pena prevista no *caput* será aplicada em dobro. Em resumo, a partir de 23 de janeiro de 2020, teremos o seguinte: violência/grave ameaça exercida com emprego de arma branca (art. 157, § 2º, VII, CP): aumento de pena da ordem de um terço até metade; violência/grave ameaça exercida com emprego de arma de fogo, desde que não seja de uso restrito ou proibido (art. 157, § 2º-A, I, CP): a pena será aumentada de dois terços; violência/grave ameaça exercida com emprego de arma de fogo de uso restrito ou proibido (art. 157, § 2º-B, CP): a pena será aplicada em dobro; **D**: correta. O STJ consolidou o entendimento segundo o qual é possível a compensação da reincidência com a confissão. Confira-se: "Agravo regimental no *habeas corpus*. Roubo majorado. 1. Dosimetria da pena. Confissão. Reincidência. Concurso. Compensação. Cabimento. Precedente da terceira seção do STJ. 2. Presença de majorantes. Fixação da fração de aumento acima do mínimo legal. Critério meramente matemático. Súmula 443 do STJ. Flagrante ilegalidade. 3. Agravo regimental desprovido. 1. Esta Corte Superior pacificou entendimento, quando do julgamento do EREsp nº 1.154.752/RS pela Terceira Seção, de que a agravante da reincidência pode ser compensada com a atenuante da confissão espontânea, devendo o julgador atentar para as singularidades do caso concreto. 2. A Eg. Quinta Turma deste Colendo STJ firmou orientação no sentido da possibilidade da compensação total quando o réu possui uma só condenação transitada em julgado, como na hipótese. (...)" (STJ, AgRg no HC 211528/RJ, 5ª Turma, j. 18.02.2014, rel. Min. Moura Ribeiro, *DJe* 21.02.2014). De igual forma, é admitida a compensação entre a reincidência e a menoridade; **E**: incorreta, tendo em conta que o examinador não levou em consideração a alteração legislativa promovida pela Lei 13.654/2018. Se tivesse levado, a assertiva estaria correta, pelas razões que já expusemos acima. ED

Gabarito "D".

15. CRIMES CONTRA A DIGNIDADE SEXUAL

(ENAM – 2024.1) Caio, para excitar sua libido, tem relações sexuais com sua namorada na presença de uma vizinha, de 13 anos de idade, a quem havia pago a importância de R$ 100,00 para que ela assistisse ao ato.

Diante do caso narrado, Caio deverá responder pelo crime de:

(A) assédio sexual.
(B) corrupção de menores.
(C) estupro de vulnerável.
(D) satisfação de lascívia mediante presença de criança ou adolescente.
(E) favorecimento da prostituição ou de outra forma de exploração de criança ou adolescente ou de vulnerável.

A conduta descrita no enunciado corresponde ao crime definido no art. 218-A do CP, que assim dispõe: "Praticar, na presença de alguém menor de 14 (catorze) anos, ou induzi-lo a presenciar, conjunção carnal ou outro ato libidinoso, a fim de satisfazer lascívia própria ou de outrem". ED
Gabarito "D".

(Juiz de Direito – TJ/SC – 2024 – FGV) Bianca é acordada de madrugada por ruídos provenientes do quarto de sua filha de 12 anos de idade. Deslocando-se ao cômodo de onde provinham os ruídos, surpreende a menor tendo relações sexuais com o padrasto. Após assistir ao fato por alguns segundos, sem tomar qualquer medida em relação ao que presenciava, a mãe retorna para sua cama.

Diante do caso narrado, é correto afirmar que Bianca:

(A) deverá responder pelo crime de omissão de socorro.
(B) deverá responder pelo crime de estupro de vulnerável, sem a incidência de qualquer causa de aumento de pena.
(C) deverá responder pelo crime de estupro de vulnerável, com a incidência da causa de aumento de pena decorrente do concurso de pessoas.
(D) não deverá responder por crime algum, pois não concorreu para o estupro de vulnerável cometido pelo padrasto da vítima.
(E) deverá responder pelo crime de estupro de vulnerável, com a incidência da causa de aumento de pena decorrente de ser genitora da vítima.

Bianca, por ser mãe da menor de 12 anos, tem o dever jurídico, imposto pelo art. 13, § 2º, do CP, de protegê-la e mantê-la a salvo de todo e qualquer perigo. Assim, tinha, no caso descrito no enunciado, a obrigação de intervir e fazer cessar a agressão sexual perpetrada contra a sua filha pelo padrasto desta. Fala-se, aqui, em crime *omissivo impróprio* (comissivo por omissão), já que a genitora, podendo agir, omitiu-se e, com isso, contribuiu para o crime de estupro praticado por seu marido/companheiro contra a sua filha, pelo qual, bem por isso, deverá, juntamente com este (concurso de pessoas), responder – neste caso, estupro de vulnerável (art. 217-A, CP). Perceba que esta modalidade de crime omissivo pressupõe, à sua consumação, a produção de resultado naturalístico (conjunção carnal), o que não ocorre no chamado crime *omissivo puro*, cuja consumação se dá com a mera abstenção do agente, independentemente de qualquer resultado. Outra coisa: o tipo penal, na *omissão imprópria*, descreve uma conduta comissiva (estupro, neste caso), que, diante da ocorrência de uma das hipóteses previstas no art. 13, § 2º, do CP, ensejará a responsabilidade do agente; já na omissão própria o tipo penal contempla uma conduta omissiva. É bom que se diga, ademais, que, em razão da idade da vítima, que contava com doze anos, sendo, por isso, vulnerável, pouco importa se consentiu ou não para o ato sexual. A propósito, no que concerne ao estupro de vulnerável, previsto no art. 217-A do CP, a Lei 13.718/2018, ao inserir o § 5º nesse dispositivo legal, consagra o entendimento adotado pela Súmula 593, do STJ, no sentido de que o consentimento e a experiência sexual anterior são irrelevantes à configuração do crime de estupro de vulnerável. ED
Gabarito "C".

(Juiz de Direito – TJ/SC – 2024 – FGV) Ilmar, de 20 anos de idade, namorado de Jorgina, de 13 anos de idade, vai com ela ao cinema e, durante a projeção do filme, aproveitando-se da escuridão e do fato de a sala estar quase vazia, pede-lhe que faça sexo oral com ele, vindo ela a praticá-lo. Porém, o casal é surpreendido durante o ato por um segurança do estabelecimento, que aciona a polícia.

Diante do caso narrado, Ilmar deverá responder por:

(A) ato obsceno.
(B) importunação sexual.
(C) estupro de vulnerável.
(D) ato obsceno e importunação sexual.
(E) ato obsceno e estupro de vulnerável.

A conduta consistente em praticar sexo oral com uma adolescente de 13 anos constitui ato libidinoso. Deve o agente que assim agir, portanto, responder pelo crime de estupro de vulnerável na modalidade consumada (art. 217-A do CP). A conduta incriminada neste dispositivo é a de ter conjunção carnal ou praticar ato libidinoso diverso com pessoa menor de 14 anos, sendo este o caso do enunciado. Como se pode ver, é suficiente que a vítima seja menor de 14 anos, pouco importando que o ato tenha sido consentido, já que, neste caso, eventual anuência da ofendida nenhuma validade tem. Ou seja, o emprego de violência ou grave ameaça, no contexto do estupro de vulnerável, é dispensável. A propósito, no que concerne ao estupro de vulnerável, a Lei 13.718/2018, ao inserir o § 5º nesse dispositivo legal, consagra o entendimento adotado pela Súmula 593, do STJ, no sentido de que o consentimento e a experiência sexual anterior são irrelevantes à configuração do crime de estupro de vulnerável. Conferir o seguinte julgado: "2. Considerar como ato libidinoso diverso da conjunção carnal somente as hipóteses em que há introdução do membro viril nas cavidades oral, vaginal ou anal da vítima não corresponde ao entendimento do legislador, tampouco ao da doutrina e da jurisprudência, acerca do tema. 3. Ficou consignado no acórdão recorrido que "o réu levou a vítima até um quarto, despiu-se e, enquanto retirava as roupas da adolescente, passou as mãos em seu corpo. Ato contínuo, deitou-se em uma cama, momento em que a menor vestiu-se rapidamente e fugiu do local". 4. Nega-se vigência ao art. 214, c/c o art. 224, "a" (redação anterior à Lei 12.015/2009), quando, diante de atos lascivos, diversos da conjunção carnal e atentatórios à liberdade sexual da criança, se reconhece a tentativa do delito, ao fundamento de que "o acusado deixou de praticar atos considerados mais invasivos por circunstâncias alheias à sua vontade". 5. A proteção integral à criança, em especial no que se refere às agressões sexuais, é preocupação constante de nosso Estado, constitucionalmente garantida (art. 227, *caput*, c/c o § 4º da Constituição da República), e de instrumentos internacionais. 6. Deve ser restabelecida a condenação do recorrido, concretizada no mínimo patamar legal então vigente, e ser determinado ao Juízo das Execuções, de ofício, que analise o eventual cabimento da fixação de regime inicial diverso do fechado para o cumprimento da reprimenda, porquanto ausente a vedação do § 1º do art. 2º da Lei 8.072/1990, na redação dada pela Lei 11.464/2007. 7. Recurso especial provido para reconhecer a consumação do crime e restabelecer a condenação penal. Ordem concedida, de ofício, para que o Juízo das Execuções analise a possibilidade de fixar ao recorrido regime prisional inicial diverso do fechado, à luz do disposto no art. 33 do Código Penal" (STJ, REsp 1309394/RS, Rel. Min. Rogerio Schietti Cruz, 6ª Turma, j. 05.02.2015, *DJe* 20.02.2015); e conferir o tema repetitivo 1121 do STJ: "Presente o dolo específico de satisfazer à lascívia, própria ou de terceiro, a prática de ato libidinoso com menor de 14 anos configura o crime de estupro de vulnerável (art. 217-A do CP), independentemente da ligeireza ou da superficialidade da conduta, não sendo possível a desclassificação para o delito de importunação sexual (art. 215-A do CP)". Ademais, considerando que o crime contra a dignidade sexual foi praticado em local aberto ao público (sala de cinema), incidirá o agente nas penas do delito de ato obsceno, previsto no art. 233 do CP, em concurso formal com o crime de estupro de vulnerável. PB/ED
Gabarito "E".

(Juiz de Direito – TJ/SC – 2024 – FGV) Diana, mãe da jovem Efigênia, de 18 anos de idade, ganha da filha, como presente de aniversário, um automóvel zero km, com pleno conhecimento de que o dinheiro utilizado na compra do veículo foi obtido pela filha com seu trabalho como prostituta.

Diante do caso narrado, Diana:

(A) não cometeu crime.
(B) cometeu o crime de rufianismo.
(C) cometeu o crime de receptação.
(D) cometeu o crime de favorecimento da prostituição.
(E) cometeu o crime de lavagem de capitais, juntamente com Efigênia.

Não há que se falar em cometimento de crime por parte de Diana, que ganhou de sua filha, Efigênia, maior com 18 anos, um veículo comprado com o trabalho desta como prostituta. O crime de rufianismo, definido no art. 230 do CP, pressupõe que o agente explore quem exerce a prostituição, participando de forma direta dos lucros ou se fazendo sustentar, não sendo este o caso de Diana, que se limitou a receber um presente dado por sua filha. De igual forma, Diana não incorreu no crime de receptação, já que o veículo não é produto de crime. Ao que consta, foi adquirido de forma lícita por Efigênia, com os ganhos de seu trabalho. Vale lembrar que o ato de prostituir-se não configura delito algum. Por fim, o crime de favorecimento da prostituição ou outra forma de exploração sexual, capitulado no art. 228 do CP, consiste na conduta do agente que induz ou atrai alguém à prostituição ou outra forma de exploração sexual, ou que facilita, impede ou dificulta que alguém a abandone, o que não se verifica no comportamento de Diana. **ED**

Gabarito: "A".

16. CRIMES CONTRA A FÉ PÚBLICA

(Procurador – AL/PR – 2024 – FGV) Tício, agente público no âmbito do Estado Alfa, descobre que o seu genitor faleceu, deixando um testamento particular sobre a parte dos bens que poderia legalmente dispor. Ao tomar ciência sobre o conteúdo da disposição de última vontade, o indivíduo se frustra sobremaneira, pois não foi citado, em momento algum, pelo seu ascendente.

Nesse contexto, Tício, em um dia de folga, resolve, por conta própria, falsificar, no todo, o testamento particular. Nada obstante, dois meses depois, os fatos foram descobertos, dando ensejo à deflagração de um inquérito policial para apurar o delito perpetrado.

Nesse cenário, considerando as disposições do Código Penal, é correto afirmar que Tício responderá pelo crime de

(A) falsificação de documento particular, com a incidência de causa de aumento de pena, por se tratar de agente público.
(B) falsificação de documento público, com a incidência de causa de aumento de pena, por se tratar de agente público.
(C) falsificação de documento particular, sem a incidência de causa de aumento de pena.
(D) falsificação de documento público, sem a incidência de causa de aumento de pena.
(E) falsidade ideológica, sem a incidência de causa de aumento de pena.

A: errada. No art. 298 do CP, ainda que a referência do tipo penal seja o documento particular, haverá a lesão a fé pública. É crime comum, pode ser praticado por qualquer pessoa. A definição de documento particular é aquele escrito ou assinado por qualquer pessoa, sem a intervenção de funcionário público ou de alguém que tenha fé pública, no exercício de suas funções. A conduta típica é a falsificação (criar materialmente, fabricar, formar, contrafazer) do documento, no todo ou em parte ou a alteração (modificar, adulterar) do verdadeiro. Equipara-se ao documento particular o *cartão de crédito ou de débito* (parágrafo único). E, por fim, não há previsão de causa de aumento de pena no art. 298 do CP. **B:** errada. Somente haverá a incidência da causa de aumento de pena (um sexto) no crime de falsificação de documento público se o funcionário público comete o crime prevalecendo-se do seu cargo (§ 1º), o que não ocorreu, de acordo com o enunciado da questão. **C:** errada. Vide comentário à assertiva A. **D:** correta. No art. 297 tutela-se a fé pública, em relação aos documentos públicos e aos que lhe são equiparados por força da lei penal. É crime comum, pode ser praticado por qualquer pessoa. As condutas descritas no tipo penal são *falsificar* (criar materialmente, fabricar) e *alterar* (modificar, adulterar) o documento verdadeiro. O agente produz o escrito integralmente ou insere palavras nos espaços em branco ou modifica. Público é o documento expedido na forma estabelecida em lei, por funcionário público no exercício de suas funções. De acordo com o enunciado, o documento falsificado por Tício foi o testamento de seu genitor e, conforme redação do § 2º, para os efeitos penais, equipara-se a documento público o testamento particular (equipara-se também, o emanado de entidade paraestatal, o título ao portador ou transmissível por endosso, as ações de sociedade comercial, os livros mercantis). **E:** errada. A falsificação ideológica está prevista no art. 299 do CP. Neste tipo penal o documento é perfeito em seus requisitos extrínsecos, em sua forma, e origina-se da pessoa que é realmente autor ou signatário, mas o seu conteúdo, seu teor é falso. Na falsidade material existe uma alteração, é forjado ou criado documento falso no todo ou em parte. O dispositivo tutela os documentos públicos e particulares, e prevê penas mais rigorosas para os públicos. É crime comum, pode ser praticado por qualquer pessoa. As condutas típicas são omitir, significa deixar de mencionar fato que era obrigado a constar do documento; inserir (colocar, introduzir, intercalar, incluir, por ato próprio) a declaração falsa ou diversa da que devia ser escrita; e fazer inserir declaração falsa ou diversa, o agente criminoso se utiliza de terceiro, para incluir a declaração falsa ou diversa que deveria constar do documento. Há previsão da causa de aumento de pena de um sexto, se o agente é funcionário público e comete o crime prevalecendo-se do seu cargo e a segunda ocorre quando a falsificação ou alteração diz respeito a assentamento de registro civil (as inscrições de nascimentos, casamentos, óbitos, emancipações, interdições, sentenças declaratórias de ausência, incluindo-se as averbações, na Lei nº 6.015/1973). **PB**

Gabarito: "D".

(ENAM – 2024.1) Elmo, preso em flagrante por crime de descaminho, ao ser apresentado à autoridade policial para a lavratura do auto de prisão em flagrante, identifica-se como sendo seu irmão gêmeo, com o escopo de ocultar suas extensas anotações criminais.

Diante do caso narrado, assinale a opção que corresponde ao fato.

(A) Fato atípico.
(B) Fato típico, porém lícito.
(C) Crime de falsa identidade.
(D) Crime de fraude processual.
(E) Crime de falsidade ideológica.

Segundo STF e STJ, aquele que atribui a si identidade falsa com o escopo de furtar-se à responsabilidade criminal deve responder pelo crime de falsa identidade (art. 307, CP). A propósito, o STJ, consolidando tal entendimento, editou a Súmula 522: "A conduta de atribuir-se falsa identidade perante autoridade policial é típica, ainda que em situação

de alegada autodefesa". Também nesse sentido, o STF: "Direito penal. Agravo regimental em recurso extraordinário com agravo. Crime de falsa identidade. Art. 307 do Código Penal. Alegação de autodefesa. Impossibilidade. Tipicidade configurada. 1. O Plenário Virtual do Supremo Tribunal Federal, no julgamento do RE 640.139, Rel. Min. Dias Toffoli, decidiu que o princípio constitucional da autodefesa não alcança aquele que atribui falsa identidade perante autoridade policial com o intuito de ocultar maus antecedentes. Na ocasião, reconheceu-se a existência de repercussão geral da questão constitucional suscitada e, no mérito, reafirmou a jurisprudência dominante sobre a matéria. 2. Agravo regimental a que se nega provimento" (ARE 870572 AgR, 1ª Turma, Rel. Min. Roberto Barroso, j. 23.06.2015, DJe 05.08.2015, publ. 06.08.2015).
Gabarito "C".

(Técnico – TJ/AL – 2018 – FGV) Ronaldo, que exercia função pública apenas temporariamente, sem receber remuneração, exige R$ 1.000,00 para dar prioridade na prática de ato de ofício que era de sua responsabilidade. Apesar da exigência, o fato vem a ser descoberto antes do pagamento da vantagem indevida e antes mesmo da prática com prioridade do ato de ofício.

Diante da descoberta dos fatos nos termos narrados, a conduta de Ronaldo configura:

(A) corrupção passiva, devendo a pena ser aplicada considerando a modalidade tentada do delito;
(B) concussão, devendo a pena ser aplicada considerando a modalidade consumada do delito;
(C) corrupção passiva, devendo a pena ser aplicada considerando a modalidade consumada do delito;
(D) concussão, devendo a pena ser aplicada considerando a modalidade tentada do delito;
(E) atipicidade em relação aos crimes contra a Administração Pública, tendo em vista que o agente não pode ser considerado funcionário público para fins penais.

Há, no caso narrado no enunciado, três pontos a considerar. Em primeiro lugar, temos que Ronaldo, embora exerça função pública em caráter temporário e sem perceber remuneração por isso, é considerado, para os fins penais, funcionário público, tal como estabelece o art. 327, caput, do CP. Fica afastada, portanto, a assertiva "E". Dito isso, passemos à análise do delito em que incorreu Ronaldo. Segundo consta, ele teria exigido a importância de R$ 1.000,00 para dar prioridade à prática de ato de ofício que era de sua responsabilidade. Neste caso, o verbo exigir, empregado no enunciado, é fundamental e decisivo na tipificação da conduta atribuída a Ronaldo. Com efeito, o agente que exige, para si ou para outrem, em razão da função que exerce, vantagem indevida será responsabilizado pelo crime de concussão, capitulado no art. 316, caput, do CP. Este delito, que é próprio (somente pode ser praticado pelo funcionário público), pressupõe que o agente exija, que tem o sentido de impor à vítima a obtenção de vantagem indevida. É dizer, o ofendido, intimidado e temendo represália por parte do funcionário, acaba por ceder e a este entrega a vantagem indevida. E é aqui que este delito se distingue do crime de corrupção passiva, que, embora também seja próprio, tem como conduta nuclear o verbo solicitar (ou receber ou aceitar promessa de) vantagem indevida, que tem o sentido de pedir, requerer, diferente, portanto, da conduta consistente em exigir do crime de concussão. Restariam, assim, as alternativas "B" e "D". Há um último aspecto a ser analisado, que diz respeito ao momento consumativo do crime narrado no enunciado. De acordo com doutrina e jurisprudência, o crime de concussão, em que incorreu Ronaldo, é considerado formal, de sorte que a sua consumação será alcançada com a mera exigência da vantagem indevida, pouco importando se esta foi ou não entregue pela vítima. É por essa razão que a conduta narrada no enunciado corresponde ao delito de concussão consumada. A entrega da vantagem indevida ao funcionário público, se ocorrer, configura mero exaurimento do crime, que nada mais é do que o desdobramento típico ocorrido após a consumação. Perceba que esta característica do crime de concussão é comum ao delito de corrupção passiva.
Gabarito "B".

17. CRIMES CONTRA A ADMINISTRAÇÃO PÚBLICA

(OAB/FGV – 2024) Antônio, funcionário público, foi designado como servidor responsável por conduzir a licitação de um Hospital Público que desejava adquirir 100.000 (cem mil) doses de um determinado medicamento.

Patrícia, funcionária da sociedade empresária Medicante Ltda., descobre o contato de Antônio e, de seu celular pessoal, manda um áudio no qual se oferece para dividir sua comissão com o funcionário público caso a sua empresa fosse a vencedora. O valor da comissão de Patrícia era de R$50.000,00 (cinquenta mil reais), em caso de vitória na licitação.

Antônio, indignado com a proposta de Patrícia, encaminha os fatos aos seus superiores que enviam Notícia de Crime à autoridade policial com atribuição para investigar os fatos.

Tomando por base o fato de não ter havido o pagamento do valor oferecido, assinale a opção que indica o crime pelo qual Patrícia poderá ser responsabilizada.

(A) Corrupção passiva tentada, na medida em que o crime é material, sendo necessário o efetivo pagamento da vantagem indevida para o crime ser consumado.
(B) Corrupção passiva consumada, na medida em que o crime é formal, bastando o oferecimento da vantagem ilícita ao servidor público para a sua consumação.
(C) Corrupção ativa tentada, na medida em que o crime é material, sendo necessário o efetivo pagamento da vantagem indevida para o crime ser consumado.
(D) Corrupção ativa consumada, na medida em que o crime é formal, bastando o oferecimento da vantagem ilícita ao servidor público para a sua consumação.

Não há que se falar em crime de corrupção passiva, razão pela qual ficam de plano excluídas as alternativas "A" e "B". Isso porque o crime de corrupção passiva é próprio do funcionário público. Poderia em tese ser praticado por Antônio, caso houvesse aceitado a proposta formulada por Patrícia. Como não aceitou (indignado, levou o fato ao conhecimento de seus superiores), não responderá por nenhum crime. Considerando que Patrícia ofereceu vantagem indevida a funcionário público para que este pratique ato de ofício, deverá ser responsabilizada pelo crime de corrupção ativa (art. 333, CP). Este delito, por ser formal, alcança a sua consumação com a mera oferta/promessa da vantagem indevida, independente de sua efetiva entrega (resultado naturalístico). Dessa forma, forçoso concluir que Patrícia cometeu o crime de corrupção ativa consumada.
Gabarito "D".

(Procurador – AL/PR – 2024 – FGV) O juízo da 1ª Vara Criminal da Comarca Alfa iniciou o julgamento, em sessão plenária, de um homicídio triplamente qualificado que marcou sobremaneira a diminuta municipalidade. Durante os debates entre a acusação e a defesa, Tício percebeu que a família da ofendida estava muito receosa com o deslinde da relação processual. Em assim sendo, o indivíduo se aproximou da genitora da vítima e, após se apresentar, afirmou ser muito próximo do jurado João, integrante do Conselho de Sentença. Em seguida, Tício solicitou a entrega de R$ 1.000,00, a pretexto de influir no seu voto por ocasião da quesitação, afirmando que ele e João dividiriam este valor.

Nesse cenário, considerando as disposições do Código Penal, é correto afirmar que Tício responderá pelo crime de

(A) exploração de prestígio com a incidência de uma causa de aumento de pena, pois o agente alegou que o dinheiro também se destinava ao jurado.

(B) tráfico de influência com a incidência de uma causa de aumento de pena, pois o agente alegou que o dinheiro também se destinava ao jurado.

(C) tráfico de influência qualificado, pois o agente alegou que o dinheiro também se destinava ao jurado.

(D) advocacia administrativa, sem qualificadoras ou causas de aumento de pena.

(E) exploração de prestígio, sem qualificadoras ou causas de aumento de pena.

A: correta. O fato narrado no enunciado corresponde à descrição típica do art. 357 do CP (exploração de prestígio). É crime comum, pode ser praticado por qualquer pessoa. As modalidades de conduta são solicitar (pedir, requerer, buscar, rogar) e receber (ação de obter, aceitar, entrar na posse) e, portanto, de ação múltipla ou de conteúdo variado. O agente solicita ou recebe a vantagem a *pretexto* de influir no servidor da justiça, iludindo o interessado. O crime em questão é uma espécie de estelionato, em que a vítima é também a pessoa que, iludida pelo agente, é lesada em seu patrimônio. As pessoas enumeradas no artigo, junto às quais o agente afirma ter influência, são: o *juiz*, o *jurado*, o *órgão do Ministério Público*, o *funcionário de justiça*, o *perito*, o *tradutor*, o *intérprete* e a *testemunha*. O crime se consuma com o recebimento da vantagem ou com a simples solicitação, ainda que não aceita, neste último caso, é crime formal, independendo a consumação do resultado lesivo. Se o agente alega ou insinua que o dinheiro ou utilidade também se destina a qualquer das pessoas referidas acima, a pena é aumentada de um terço (parágrafo único). **B:** errada. No crime de tráfico de influência (art. 332 do CP) o agente solicita vantagem a alguém, alegando gozar de influência junto à Administração para influir em ato praticado por *funcionário público*, no exercício da sua função. É crime comum, pode ser praticado por qualquer pessoa. É crime de ação múltipla ou de conteúdo variado, uma vez que o tipo penal contempla, além do verbo solicitar (usado no enunciado), várias outras condutas como exigir (ordenar, reclamar imperiosamente, impor), cobrar (pedir pagamento) e obter (receber, conseguir, adquirir), vantagem ou promessa de vantagem. Este crime muito se assemelha ao estelionato, ou melhor, constitui uma modalidade específica de estelionato, em que o sujeito ativo vende a falsa ideia de que fará uso de sua influência para obter, em favor da vítima, benefício junto à Administração. A vítima é levada a engano pelo ardil aplicado pelo sujeito, que, ludibriado, entrega-lhe a vantagem perseguida. Aplicando-se ao caso o princípio da especialidade (*Mirabete e Fabbrini*, Manual de Direito Penal, volume 3, 34º ed., editora Foco, item, 15.5.2). Se o agente alega ou insinua que o dinheiro ou utilidade também se destina ao funcionário público, a pena é aumentada da metade (parágrafo único). Atenção às seguintes denominações doutrinárias que já foram cobradas em concurso público: *venditio fumi* (venda de fumaça) ou *millantato credito* (influência jactanciosa). **C:** errada. Não há previsão de qualificadora no crime de tráfico de influência. **D:** errada. O delito de advocacia administrativa (art. 321 do CP) é um crime funcional com a seguinte redação: "Patrocinar, direta ou indiretamente, interesse privado perante a administração pública, valendo-se da qualidade de funcionário". No enunciado da questão não há a conduta típica *patrocinar* que caracteriza crime de advocacia administrativa. Ademais, aquele que solicitou a vantagem (Tício) não é funcionário público, assim considerado quem exerce cargo, emprego ou função pública, portanto, a conduta descrita no enunciado não corresponde ao tipo penal do crime de advocacia administrativa. **E:** errada. Não há previsão de qualificadora no crime de exploração de prestígio. Somente há previsão de causa de aumento de pena no patamar de um terço, se o agente alega ou insinua que o dinheiro ou utilidade também se destina a qualquer das pessoas referidas no *caput* do art. 357. **Gabarito "A."**

(ENAM – 2024.1) Sobre o crime de corrupção passiva, analise as afirmativas a seguir.

I. Quem trabalha com carteira assinada em uma sociedade empresária privada conveniada para execução de serviços típicos de administração pública responde por corrupção passiva caso receba vantagens indevidas para a prática de atos relacionados às suas funções.

II. O médico não concursado, que presta serviços pelo SUS, responde por corrupção passiva se receber vantagens indevidas para acelerar o atendimento de um paciente.

III. A relação da conduta com um ato de ofício é elemento do tipo na corrupção ativa, mas não da corrupção passiva em seu tipo fundamental.

Está correto o que se afirma em

(A) I, apenas.
(B) I e II, apenas.
(C) I e III, apenas.
(D) II e III, apenas.
(E) I, II e III.

I: correta. Adota-se, na lei penal, um conceito amplo de funcionário público, previsto nos termos do art. 327, § 1º, do CP: "equipara-se a funcionário público quem exerce cargo, emprego ou função em entidade paraestatal, e quem trabalha para empresa prestadora de serviço contratada ou conveniada para a execução de atividade típica da Administração Pública"; **II:** correta. O fato do médico, ainda que não concursado, mas que presta serviços pelo SUS, é considerado, para os fins penais, funcionário público. Dessa forma, se ele, médico, receber vantagem indevida para acelerar o atendimento de um paciente terá incorrido nas penas do crime de corrupção passiva, delito próprio do *intraneus*; **III:** correta. A corrupção passiva (art. 317, CP) é crime que se consuma com a mera solicitação ou aceitação de promessa de vantagem indevida, ou mesmo com o recebimento desta, não sendo imprescindível, para sua configuração, que o funcionário público retarde, deixe de praticar ou pratique ato de ofício com infração a dever funcional. Apenas a corrupção passiva privilegiada (art. 317, § 2º, CP), que se verifica quando o agente pratica, deixa de praticar ou retarda ato de ofício, com infração a dever funcional, cedendo a pedido ou influência de outrem, depende, para sua consumação, que o agente, tal como exige o tipo penal, pratique, deixe de praticar ou retarde ato de ofício. Já na corrupção ativa, as condutas de oferecer e prometer almejam exatamente que o funcionário público pratique, omita ou retarde ato de ofício. Em outras palavras, cuida-se de elementar do tipo. **Gabarito "E."**

(ENAM – 2024.1) João foi acusado de corrupção ativa em transação internacional porque deu, em outro país, vantagem indevida a funcionário público estrangeiro para a prática de ato de ofício relacionado a transação comercial internacional.

Sobre a hipótese, assinale a afirmativa **incorreta**.

(A) João praticou crime de corrupção ativa em transação internacional, porque o delito, ao contrário do que ocorre na corrupção prevista no Art. 333 do

CP, abrange a conduta de dar ou pagar a vantagem indevida, não se limitando ao mero oferecimento ou à mera promessa do benefício.

(B) A caracterização da corrupção ativa internacional não prescinde da descrição de um ato de ofício, porque tal elemento está previsto expressamente no tipo penal que descreve o crime específico.

(C) É possível a aplicação da lei penal nacional ao caso, mesmo que o crime tenha sido praticado fora do território nacional, desde que cumpridos os requisitos do Art. 7º, § 2º, do CP.

(D) A pena será aumentada da terça parte se João ocupa cargo em comissão ou de função de direção ou assessoramento de órgão da administração direta, sociedade de economia mista, empresa pública ou fundação instituída pelo poder público do país estrangeiro.

(E) A prescrição da pretensão punitiva começa a correr na data da entrega da vantagem, ainda que seja constatada a oferta ou a promessa do mesmo benefício em momento anterior.

Para fins penal, a lei conceitua o funcionário público estrangeiro no art. 337-D do CP: "Considera-se funcionário público estrangeiro, para os efeitos penais, quem, ainda que transitoriamente ou sem remuneração, exerce cargo, emprego ou função pública em entidades estatais ou em representações diplomáticas de país estrangeiro". Assim entendeu o legislador possibilitar uma melhor proteção às transações comerciais internacionais em eventual ofensa aos interesses da Administração Pública estrangeira. **A:** correta. Conduta descrita no art. 337-B do CP; **B:** correta. Conforme descrição típica contida no art. 337-B do CP, que faz referência expressa a *ato de ofício*; **C:** correta. De acordo com o art. 7º, § 2º, do CP, crimes que ficam sujeitos à lei brasileira, embora cometidos no estrangeiro, porém, dependem de certas condições para punição no território nacional (extraterritorialidade condicionada); **D:** incorreta. Não há essa previsão de causa de aumento de pena nos crimes do Capítulo II-A. Causa de aumento de pena semelhante está prevista no § 2º do art. 327, o qual não menciona o funcionário público estrangeiro; **E:** correta. Conferir: "Consoante entendimento firmado pela Corte Especial (APn 827/DF), o enfeixamento de diversas condutas de corrupção, perpetradas em um mesmo contexto delitivo, na figura de um crime único não afasta a situação de que, a cada novo recebimento de vantagem indevida, houve nova agressão ao bem jurídico tutelado e, por conseguinte, renovou-se o momento consumativo do delito" (AgRg no HC 535.709/PR). PB/ED

Gabarito "D".

(Juiz de Direito – TJ/SC – 2024 – FGV) Alberto, servidor lotado na área de recursos humanos da Câmara Municipal de Blumenau, com livre acesso aos dados cadastrais a partir dos quais é gerada a folha de pagamento do referido ente público, neles insere informações de pessoa que não exercia qualquer atividade laborativa na Casa Legislativa, com o propósito de ficar com a remuneração destinada a tal pessoa, que sequer tinha conhecimento do fato.

Diante do caso narrado, Alberto:

(A) não cometeu qualquer crime.

(B) cometeu o crime de inserção de dados falsos em sistema de informações e, caso restitua voluntariamente ao erário todos os valores recebidos indevidamente, antes do recebimento da denúncia, deverá ter a pena reduzida.

(C) cometeu o crime de peculato impróprio e, caso restitua voluntariamente ao erário todos os valores recebidos indevidamente, antes da sentença irrecorrível, deverá o juiz declarar extinta a punibilidade do fato.

(D) cometeu o crime de inserção de dados falsos em sistema de informações e, caso restitua voluntariamente ao erário todos os valores recebidos indevidamente, antes da sentença irrecorrível, deverá o juiz declarar extinta a punibilidade do fato.

(E) cometeu o crime de estelionato, com pena aumentada, por ter sido o crime cometido em detrimento de entidade de direito público e, caso restitua voluntariamente ao erário todos os valores recebidos indevidamente, antes do recebimento da denúncia, deverá ter a pena reduzida.

Alberto deverá ser responsabilizado pelo crime do art. 313-A do CP, já que inseriu dados falsos em sistema de informação com o propósito de obter para si vantagem indevida. A norma penal protege a regularidade dos sistemas informatizados ou bancos de dados da Administração Pública. As condutas definidas no tipo são inserir (acrescentar) dados falsos no sistema ou alterar (modificar) a autenticidade deles ou excluir indevidamente dados do sistema ou do banco de dados. Por fim, exige-se a finalidade específica do agente criminoso em obter vantagem indevida para si ou para outrem ou para causar dano à Administração Pública. Considerando que o crime narrado no enunciado alcançou sua consumação, uma vez restituídos voluntariamente ao erário todos os valores recebidos indevidamente, antes do recebimento da denúncia, deverá o agente ter a pena reduzida de um a dois terços, nos termos do art. 16 do CP (arrependimento posterior). PB

Gabarito "B".

18. OUTROS CRIMES DO CÓDIGO PENAL

(Procurador – AL/PR – 2024 – FGV) Após dois anos de investigação ininterrupta, a Polícia Civil do Estado Alfa logrou localizar, no interior do Estado do Paraná, Tício, líder individual de uma grande organização criminosa. Ao representar pela decretação da prisão preventiva do investigado, o Delegado de Polícia alegou e demonstrou que a organização criminosa é especializada no roubo de mercadorias em todos os portos da região Sul do Brasil, empregando, na atividade ilícita, adolescentes escolhidos pela liderança. A autoridade policial afirmou e comprovou, ainda, que a investigação é árdua, pois parte do produto da infração penal destina-se ao exterior.

Nesse cenário, considerando as disposições da Lei nº 12.850/2013, é correto afirmar que Tício responderá pelo crime de organização criminosa com

(A) uma agravante (exercício do comando individual do grupo criminoso) e com duas causas de aumento de pena (participação de adolescentes e destinação de parte do produto da infração penal ao exterior).

(B) com três causas de aumento de pena (exercício do comando individual do grupo criminoso, participação de adolescentes e destinação de parte do produto da infração penal ao exterior), sem agravantes.

(C) com três agravantes (exercício do comando individual do grupo criminoso, participação de adolescentes e destinação de parte do produto da infração penal ao exterior), sem causas de aumento de pena.

(D) duas agravantes (participação de adolescentes e destinação de parte do produto da infração penal ao exterior) e com uma causa de aumento de pena (exercício do comando individual do grupo criminoso).

(E) com duas causas de aumento de pena (exercício do comando individual do grupo criminoso e participação de adolescentes), sem agravantes.

Segundo estabelece o art. 2º, § 3º da Lei nº 12.850/2013, o exercício do comando individual do grupo criminoso prevê uma agravante genérica. Já a participação de adolescentes e a destinação de parte do produto da infração penal ao exterior, são causas aumento de pena (1/6 a 2/3) previstas, respectivamente, no § 4º, incisos I e III.
Gabarito "A".

19. CRIMES RELATIVOS A DROGAS

(Juiz Federal – TRF/1 – 2023 – FGV) Gustavo e André foram presos em flagrante no aeroporto de Belém/PA ao tentarem embarcar para Milão com 10 kg de cocaína. Ambos confessaram o fato e afirmaram que foram contratados por uma pessoa, que não souberam identificar, mediante pagamento de dez mil dólares americanos. Na dosimetria da pena, o juiz, na fixação das penas, considerará:

(A) com preponderância sobre o previsto no art. 59 do Código Penal, a natureza e a quantidade da substância ou produto, a personalidade e a conduta social do agente.

(B) com observância do previsto no art. 59 do Código Penal, a natureza e a quantidade da substância ou produto, a personalidade e o local da prática do crime.

(C) com preponderância sobre o previsto no art. 59 do Código Penal, a natureza e a quantidade da substância ou produto, os motivos e a internacionalidade do ato.

(D) com subordinação ao previsto no art. 59 do Código Penal, a natureza da substância ou produto, a reincidência e a conduta social do agente.

(E) com preponderância sobre o previsto no art. 59 do Código Penal, o envolvimento com organizações criminosas ou a utilização de menores na prática de infração.

Nos termos do art. 42 da Lei nº 11.343/2006, o juiz, na fixação das penas, considerará, com preponderância sobre o previsto no art. 59 do Código Penal, a natureza e a quantidade da substância ou do produto, a personalidade e a conduta social do agente.
Gabarito "A".

(Juiz de Direito/AP – 2022 – FGV) A prisão do agente em local conhecido por venda de drogas:

(A) faz incidir causa de aumento de pena;
(B) faz incidir agravante genérica;
(C) faz incidir agravante específica;
(D) impõe a exasperação da pena-base;
(E) não afasta a possibilidade de aplicação de tráfico privilegiado.

Conferir o seguinte julgado, segundo o qual a prisão em flagrante do agente em local conhecido por venda de drogas não leva necessariamente à conclusão de que haveria dedicação a atividades criminosas e, por conseguinte, impediria o reconhecimento da modalidade privilegiada de tráfico: "6. Diante da não expressiva quantidade de drogas apreendidas, o fato de que a prisão do Agravante ocorreu em local conhecido como ponto de tráfico, também não autoriza, por si só, a conclusão no sentido de que haveria dedicação às atividades criminosas." (STJ, HC 803.750/PR, Rel. Ministra LAURITA VAZ, SEXTA TURMA, julgado em 16/03/2021, DJe 25/03/2021), no mesmo sentido: HC 920438-RJ, j. em 8-10-2024, DJe de 11-11-2024.
Gabarito "E".

(Analista Judiciário – TJ/AL – 2018 – FGV) Luiz, primário e de bons antecedentes, sem qualquer envolvimento pretérito com crime, não mais aguentando ver seu filho chorar e pedir a compra de um videogame que todos os colegas da escola tinham, aceita transportar, mediante recebimento de valores, por solicitação de seu cunhado, 30g de maconha para determinado endereço de município vizinho ao que residia, no mesmo Estado da Federação. Durante o transporte, antes mesmo de ultrapassar o limite do município em que residia, vem a ser preso em flagrante. Durante a instrução, todos os fatos acima narrados são confirmados, inclusive a intenção de transportar as drogas para outro município.

Considerando apenas as informações expostas, no momento da sentença:

(A) poderá Luiz ser absolvido em razão da excludente da culpabilidade da inexigibilidade de conduta diversa;

(B) poderá ser aplicada a causa de diminuição do tráfico privilegiado, inclusive sendo possível a substituição da pena privativa de liberdade por restritiva de direitos;

(C) não poderá ser aplicada a causa de diminuição de pena do tráfico privilegiado, já que incompatível com a causa de aumento do tráfico intermunicipal, que deve ser reconhecida;

(D) não poderá ser reconhecida a causa de aumento do tráfico intermunicipal prevista na Lei nº 11.343/06, pois não houve efetiva transposição da fronteira, mas poderá ser reconhecida a causa de diminuição do tráfico privilegiado;

(E) poderão ser reconhecidas a causa de aumento do tráfico intermunicipal, ainda que não tenha sido ultrapassada a fronteira do município, e a causa de diminuição do tráfico privilegiado.

A: incorreta. A *inexigibilidade de conduta diversa* constitui um dos elementos da culpabilidade. Funda-se no princípio de que somente devem ser punidas as condutas que podem ser evitadas. Dessa forma, se, no caso concreto, não era possível exigir do agente conduta diferente da que adotou, ficará excluída a sua culpabilidade. Não é este o caso do enunciado. Com efeito, Luiz, por maior e mais nobre que fosse a sua vontade de ver o desejo de seu filho atendido, tinha como escolher trilhar outro caminho no lugar de ingressar no mundo do crime; **B:** correta. Pela narrativa contida no enunciado, possível concluir pela existência dos requisitos necessários ao reconhecimento da causa de diminuição de pena do art. 33, § 4º, da Lei 11.343/2006, a saber: ser o réu primário; ostentar bons antecedentes; não se dedicar a atividades criminosas; e não ser membro de facção criminosa. A substituição da pena privativa de liberdade por restritiva de direitos era vedada, a teor do art. 33, § 4º, da Lei de Drogas, para o crime de tráfico. Sucede que o STF, no julgamento do HC 97.256/RS, declarou, incidentalmente, a inconstitucionalidade dessa vedação. Posteriormente, o Senado Federal, por meio da Resolução 5/2012, suspendeu a execução da expressão "vedada a conversão em penas restritivas de direito", presente no art. 33, § 4º, da Lei 11.343/2006. Portanto, nada impede, atualmente, que o juiz autorize a substituição da pena privativa de liberdade por restritiva de direitos no crime de tráfico bem assim a fixação de regime aberto, desde que preenchidos os requisitos legais; **C:** incorreta. O fato de o tráfico ser efetuado entre municípios de um mesmo estado da federação (tráfico intermunicipal) não constitui causa de aumento de pena. O que há é o aumento de pena na hipótese de o tráfico ser internacional (art. 40, I, da Lei 11.343/2006) ou interestadual (art. 40, V, da Lei 11.343/2006); **D** e **E**: incorretas. Vide comentário anterior.

Gabarito "B".

(Analista – TJ/SC – FGV – 2018) Em inovação legislativa, a Lei nº 11.343/06, em seu art. 33, § 4º, trouxe a figura do tráfico privilegiado, em especial para mitigar a severa punição do tráfico de drogas para o chamado "traficante de primeira viagem".

Sobre as previsões da Lei nº 11.343/06 sobre o tema e de acordo com a jurisprudência dos Tribunais Superiores, é correto afirmar que:

(A) a condenação por tráfico, ainda que privilegiado e com pena inferior a 4 anos, não permite a substituição da pena privativa de liberdade por restritiva de direitos;

(B) o benefício do tráfico privilegiado poderá ser aplicado ainda que o agente seja, também, condenado pelo crime de associação para o tráfico;

(C) a quantidade de drogas poderá ser considerada no momento da aplicação da pena base, mas não a natureza do material apreendido;

(D) o regime inicial de cumprimento de pena, diante do tráfico privilegiado, deverá ser necessariamente o fechado;

(E) o tráfico privilegiado poderá ser reconhecido mesmo diante da figura do tráfico majorado.

A: incorreta. A substituição da pena privativa de liberdade por restritiva de direitos era vedada, a teor do art. 33, § 4º, da Lei de Drogas, para o crime de tráfico. O STF, ao julgar o HC 97.256/RS, declarou, incidentalmente, a inconstitucionalidade dessa vedação. Posteriormente, o Senado Federal, por meio da Resolução 5/2012, suspendeu a execução da expressão "vedada a conversão em penas restritivas de direito", presente no art. 33, § 4º, da Lei 11.343/2006. Portanto, nada impede, atualmente, que o juiz autorize a substituição da pena privativa de liberdade por restritiva de direitos no crime de tráfico bem assim a fixação de regime aberto, desde que preenchidos os requisitos legais; **B:** incorreta. A condenação simultânea pelo cometimento dos crimes de associação para o tráfico (art. 35, Lei 11.343/2006) e tráfico de drogas elide o reconhecimento do privilégio contido no art. 33, § 4º, Lei 11.343/2006, porquanto resta evidenciada, neste caso, a dedicação do agente a atividades criminosas ou a sua participação em organização criminosa. Nesse sentido: "(...) Além disso, tem-se que a condenação pelo crime de associação para o tráfico, por si só, já tem o condão de inviabilizar a aplicação do redutor previsto no art. 33, § 4º, da Lei Antidrogas, pois essa circunstância impede que o agente preencha os requisitos legais para a aplicação da minorante" (AgInt no AREsp 1290627/SP, Rel. Ministro Ribeiro Dantas, Quinta Turma, julgado em 24/09/2019, DJe 30/09/2019), no mesmo sentido STF: "(...) 3. A condenação pelo crime de associação para o tráfico (art. 35 da Lei n. 11.343/2006) é fundamento apto a afastar o benefício do tráfico privilegiado. 4. Agravo interno desprovido" HC 234383 AgR-SC, j. em 5-6-2024, DJe de 6-6-2024; **C:** incorreta, pois contraria o disposto no art. 42 da Lei de Drogas, que dispõe que o magistrado levará em conta, na fixação das penas, com preponderância sobre o art. 59 do CP, a natureza e a quantidade da substância apreendida, e, também a personalidade e a conduta social do agente; **D:** incorreta. Ao julgar o HC 111.840/ES, em 2012, o STF declarou a inconstitucionalidade incidental da obrigatoriedade do regime inicialmente fechado previsto para os crimes hediondos e assemelhados. Conferir: "O STF, no julgamento do HC n. 111.840/ES, declarou inconstitucionalidade do § 1º do art. 2º da Lei n. 8.072/90, com a redação que lhe foi dada pela Lei n. 11.464/07, afastando, dessa forma, a obrigatoriedade do regime inicial fechado para os condenados por crimes hediondos e equiparados. Assim, o regime prisional deverá ser fixado em obediência ao que dispõe o art. 33, §§ 2º e 3º, e art. 59, ambos do Código Penal – CP" (HC 515.261/SP, Rel. Ministro Joel Ilan Paciornik, Quinta Turma, julgado em 25/06/2019, DJe 05/08/2019)."; **E:** correta. De fato, podem coexistir o tráfico privilegiado (art. 33, § 4º, da Lei 11.343/2006) com o majorado (art. 40, Lei 11.343/2006); há decisões no STJ reconhecendo na dosimetria na pena a figura do tráfico de drogas com a causa de diminuição de pena, mesmo que reconhecida alguma das majorantes do art. 40, conferir: AgRg no HC 935450-BA, j. em 23-9-2024, DJe de 26-9-2024.

Gabarito "E".

20. VIOLÊNCIA DOMÉSTICA

(OAB/FGV – 2024) Paulo é investigado em um Inquérito Policial pelos crimes de ameaça e lesão corporal em face de sua esposa, Maria. Ao longo da investigação, foi decretada medida protetiva de afastamento de 1.000m em relação à vítima.

Posteriormente, movido por ciúmes em razão de uma mensagem de Maria a um amigo, Paulo foi ao encontro dela com o intuito de questioná-la sobre o fato, violando a medida protetiva da qual já havia sido regularmente intimado.

Tendo em vista o que preconiza a Lei nº 11.340/2006, está correto afirmar que Paulo

(A) praticou um crime de ação penal pública incondicionada.

(B) está incurso nas penas de um crime inafiançável.

(C) cometeu uma contravenção penal que comporta o oferecimento de proposta de suspensão condicional do processo.

(D) pode ser submetido a um decreto de prisão preventiva em seu desfavor, mas não cometeu crime.

Com o advento da Lei 13.641/2018, foi inserido na Lei Maria da Penha o art. 24-A, que contempla, como crime, a conduta do agente que descumpre decisão judicial que defere medida protetiva de urgência prevista em lei. Posteriormente, a Lei 14.994/2024 as penas foram majoradas para 2 a 5 anos de reclusão. Reza o § 1º desse dispositivo que "a configuração do crime independe da competência civil ou criminal do juiz que deferiu as medidas". Tal crime é de ação penal pública incondicionada. A fiança no crime de descumprimento de medidas protetivas de urgência somente poderá concedida pela autoridade judicial (§ 2º).

Gabarito "A".

(Juiz de Direito – TJ/SC – 2024 – FGV) Giles, ex-namorado de Hildebranda, ao tomar conhecimento de que ela está em um novo relacionamento amoroso, movido pelo ciúme, decide dar-lhe uma surra e, para tanto, convida-a a ir ao seu apartamento, sob o pretexto de que gostaria de lhe devolver alguns pertences pessoais, deixados por ela no imóvel. Acreditando na sinceridade do convite, Hildebranda comparece ao local, onde Giles a agride, desferindo-lhe socos no rosto. Ela vem então a ser hospitalizada, em decorrência dos ferimentos sofridos, sobrevindo alta médica dois dias depois.

Diante do caso narrado, Giles deverá responder por:

(A) lesão corporal grave, com incidência das circunstâncias agravantes da dissimulação e das consequências do crime (hospitalização da vítima).

(B) lesão corporal leve, com incidência das circunstâncias agravantes da dissimulação e de ter sido o crime

cometido com violência contra a mulher, na forma da lei específica.
(C) lesão corporal qualificada pela violência doméstica, sopesando-se em desfavor do réu as circunstâncias judiciais da dissimulação e das consequências do crime (hospitalização da vítima).
(D) lesão corporal qualificada pela violência doméstica, sopesando-se em desfavor do réu a circunstância judicial das consequências do crime (hospitalização da vítima), com incidência da circunstância agravante da dissimulação.
(E) lesão corporal grave, com a pena aumentada pela violência doméstica, sopesando-se em desfavor do réu a circunstância judicial das consequências do crime (hospitalização da vítima), com incidência das circunstâncias agravantes da dissimulação e de ter sido o crime cometido com violência contra a mulher, na forma da lei específica.

Cuida-se do crime de lesão corporal qualificada pela violência doméstica, tipificado no art. 129, § 13, do CP, se a lesão for praticada contra a mulher, por razões da condição do sexo feminino, isto é, em situação de violência doméstica e família ou menosprezo ou discriminação à condição de mulher (art. 121-A, § 1º, II). Ademais, deverá ser sopesado em desfavor do agente a circunstância judicial das consequências do crime (hospitalização da vítima), na primeira fase da dosimetria da pena conforme determina o art. 59 do CP. Por fim, incidindo a agravante genérica prevista no art. 61, II, *c*, do CP ("ter o agente cometido o crime à traição, de emboscada ou mediante dissimulação, ou outro recurso que dificultou ou tornou impossível a defesa do ofendido"). PB
Gabarito "D".

21. OUTROS CRIMES DA LEGISLAÇÃO EXTRAVAGANTE

(OAB/FGV – 2024) O médico João dos Santos, durante a realização de uma cirurgia na perna de um paciente, cometeu um erro que acabou provocando a necessária amputação do membro do paciente. A pena cominada à lesão corporal culposa é de dois meses a um ano, à lesão corporal grave é de um a cinco anos e à lesão corporal gravíssima, de dois a oito anos.

Sobre a atuação do médico João Santos, assinale a afirmativa correta.

(A) Ele cometeu o crime de lesão corporal culposa, devendo sua conduta ser julgada perante o Juizado Especial Criminal, o que, pela pena abstratamente cominada, torna aplicáveis, em tese, as medidas despenalizadoras da Lei nº 9.099/95.
(B) Ele, apesar de não ter atuado com dolo, cometeu o crime de lesão corporal gravíssima em razão da perda de membro do paciente, não fazendo jus a nenhuma das medidas despenalizadoras da Lei nº 9.099/95, devendo o caso ser julgado perante a Vara Criminal.
(C) Ele, apesar de não ter atuado com dolo, cometeu o crime de lesão corporal grave em razão da inutilização do membro e, apesar de ser julgado perante a Vara Criminal, fará jus à suspensão condicional do processo, medida despenalizadora prevista na Lei nº 9.099/95.
(D) Ele cometeu o crime de lesão corporal gravíssima em razão da perda de membro do paciente, apesar de não ter atuado com dolo, e, em função da pena cominada ao delito, fará jus à suspensão condicional do processo, medida despenalizadora prevista na Lei nº 9.099/95.

Pelo que consta do enunciado, o crime praticado pelo médico João dos Santos foi culposo. Ou seja, ele não agiu com dolo direto tampouco eventual. Considerando que, no Código Penal, a classificação das lesões corporais em leve, grave e gravíssima somente tem incidência no contexto da lesão dolosa (não se aplica, portanto, na hipótese de a lesão ser culposa), João dos Santos, que agiu com culpa, deverá ser responsabilizado por lesão corporal culposa, delito cuja pena cominada é de 2 meses a 1 razão pela qual o julgamento caberá ao Juizado Especial Criminal, em que serão aplicadas, em tese, as medidas despenalizadoras da Lei nº 9.099/95. ED
Gabarito "A".

(ENAM – 2024.1) Alfredo é intolerante em relação aos integrantes de uma determinada religião. Decidido a gerar medo generalizado nos fiéis, Alfredo dirigiu-se ao principal templo daquela instituição religiosa em seu Município e, durante um culto lotado, Alfredo colocou um artefato explosivo de grande impacto na porta de entrada. O artefato, porém, não explodiu.

Assinale a opção que indica, com base na hipótese narrada, o crime praticado por Alfredo.

(A) Terrorismo.
(B) Genocídio.
(C) Perigo para a vida ou a saúde de outrem.
(D) Explosão.
(E) Injúria qualificada por preconceito religioso.

Alfredo deverá ser responsabilizado por crime de terrorismo, o qual é definido no art. 2º da Lei 13.260/2016: "o terrorismo consiste na prática por um ou mais indivíduos dos atos previstos neste artigo, por razões de xenofobia, discriminação ou preconceito de raça, cor, etnia e religião, quando cometidos com a finalidade de provocar terror social ou generalizado, expondo a perigo pessoa, patrimônio, a paz pública ou a incolumidade pública", tratando-se de uma norma penal explicativa. Terrorismo é crime de perigo concreto, uma vez que exige-se a comprovação do dano; pode ser praticado por um ou mais indivíduos; é crime plurissubsistente, composto de vários atos que integram a conduta, podendo ser separadas; o agente tem a especial finalidade de agir para provocar terror social ou generalizado, expondo a perigo pessoa, patrimônio, a paz pública ou a incolumidade pública, gerando um medo extremado a um número indeterminado de pessoas; somente é punido a título de dolo; é crime equiparado ao hediondo. PB/ED
Gabarito "A".

(Juiz de Direito/AP – 2022 – FGV) Quanto à valorização artificial de bens ou falsa especulação com ativos (*reverse flips*), no crime de lavagem de capitais, é correto afirmar que:

(A) o lavador adquire o bem por valor bastante inferior ao valor de mercado, registrando no instrumento do negócio jurídico um valor nominal igual ao da aquisição, pagando a diferença informalmente;
(B) após a compra, o lavador deve realizar benfeitorias no bem, o revender a terceiro, registrando no instrumento do negócio jurídico valor fictício, atenuando o valor do tributo correspondente devido;
(C) o lavador adquire o bem por valor bastante superior ao valor de mercado, registrando no instrumento do negócio jurídico um valor nominal igual ao da aqui-

sição, recebendo a diferença em relação ao valor real informalmente;

(D) após a compra, o lavador, realizando ou não benfeitorias no bem, o revende a terceiro, registrando no instrumento do negócio jurídico seu valor superior, visando regularizar o valor negociado informalmente;

(E) o lavador adquire o bem pelo seu valor de mercado, registrando no instrumento do negócio jurídico um valor nominal inferior ao da aquisição, pagando a diferença informalmente.

Reverse flips constitui uma técnica empregada para a prática do crime de lavagem de dinheiro consistente na simulação de valorização ou de lucro obtido com a venda de bens, que podem ser móveis ou imóveis. O bem é adquirido pelo seu valor de mercado, mas, no instrumento do negócio jurídico (contrato ou escritura), é registrado um valor nominal inferior, para, posteriormente, o agente vender esse bem pelo mesmo valor que o adquiriu (de mercado), com a declaração do valor real, de forma a gerar um "lucro" com a diferença entre o que foi declarado na compra e o que obteve posteriormente com a venda. Trata-se, como se pode ver, de uma valorização artificial de bens. ED

Gabarito "E".

(Analista – TJ/SC – FGV – 2018) Em cumprimento de mandado de busca e apreensão no local de trabalho de João, que era um estabelecimento comercial de sua propriedade e de sociedade em que figurava como administrador e principal sócio, foram apreendidas duas armas de fogo, de calibre permitido, com numeração aparente, devidamente municiadas. João esclareceu que tinha as armas para defesa pessoal, apesar de não possuir autorização e nem registro das mesmas.

Diante disso, foi denunciado pela prática de dois crimes de porte de arma de fogo de uso permitido (art. 14 da Lei nº 10.826/03), em concurso material.

No momento de aplicar a sentença, o juiz deverá reconhecer que:

(A) ocorreram dois crimes de posse de arma de fogo de uso permitido (art. 12 da Lei nº 10.826/03) em concurso material;
(B) ocorreram dois crimes de posse de arma de fogo de uso permitido (art. 12 da Lei nº 10.826/03) em concurso formal;
(C) ocorreram dois crimes de porte de arma de fogo de uso permitido em concurso formal;
(D) ocorreu crime único de porte de arma de fogo de uso permitido, afastando-se o concurso de delitos;
(E) ocorreu crime único de posse de arma de fogo de uso permitido (art. 12, Lei nº 10.826/03), afastando-se o concurso de delitos.

Desde que no mesmo contexto fático, deve ser reconhecido crime único. Nesse sentido: "A jurisprudência desta Corte consolidou-se no sentido da existência de um delito único quando apreendidas mais de uma arma, munição, acessório ou explosivo em posse do mesmo agente, dentro do mesmo contexto fático, não havendo que se falar em concurso material ou formal entre as condutas, pois se vislumbra uma só lesão de um mesmo bem tutelado" (HC 362.157/RJ, Rel. Ministro Reynaldo Soares Da Fonseca, Quinta Turma, julgado em 18/05/2017, DJe 23/05/2017). ED

Gabarito "E".

22. TEMAS COMBINADOS DE DIREITO PENAL

(Analista Judiciário – TJ/AL – 2018 – FGV) Valter, 30 anos, foi denunciado pela prática de crime de estupro de vulnerável (Art. 217-A, § 1º do CP – pena: 8 a 15 anos de reclusão) e corrupção de menores (Art. 244-B, Lei nº 8.069/90 – pena: 1 a 4 anos de reclusão) em concurso formal de delitos, pois, segundo consta da denúncia, na companhia de seu sobrinho de 16 anos, teria praticado conjunção carnal com vítima de 22 anos que possuía deficiência mental e não podia oferecer resistência. Consta do procedimento a informação de que o adolescente responderia a outra ação socioeducativa pela suposta prática de ato infracional. Os fatos são integralmente confirmados durante a instrução, de modo que o Ministério Público requer a condenação nos termos da denúncia. A defesa, porém, requer a absolvição do crime de corrupção de menores e aplicação da pena mínima do estupro.

Considerando as informações narradas e que não há circunstância a justificar a aplicação da pena de qualquer dos crimes, em caso de condenação, acima do mínimo legal, no momento da sentença:

(A) não deverá ser reconhecida a corrupção de menores, diante do passado infracional do adolescente, afastando-se o concurso de crimes;
(B) deverá ser reconhecida a corrupção de menores, não havendo, porém, quaisquer consequências na aplicação da pena, já que o crime de estupro é mais grave;
(C) não deverá ser reconhecida a corrupção de menores, que resta configurada quando o agente pratica crime com menor de 14 anos, afastando-se o concurso de crimes;
(D) deverá ser reconhecida a corrupção de menores e, aplicando-se a pena mínima do crime de estupro de vulnerável, diante do concurso formal, deverá, no caso, ser aplicada a regra da exasperação;
(E) deverá ser reconhecida a corrupção de menores e, aplicando-se a pena mínima do crime de estupro de vulnerável, diante do concurso formal, deverá, no caso, ser aplicada a regra da cumulação de penas.

Pelo relato apresentado no enunciado, parece não haver qualquer dúvida de que tio e sobrinho cometeram o crime de estupro de vulnerável, uma vez que praticaram conjunção carnal com vítima de 22 anos que, pelo fato de ser deficiente mental, não podia oferecer resistência. A questão que aqui se coloca é saber se Valter, na hipótese narrada no enunciado, praticou o crime de corrupção de menores (art. 244-B, Lei 8.069/1990), já que, segundo consta, o adolescente responde a outra ação socioeducativa pela prática de ato infracional, o que, em princípio, o tornaria corrompido. No que concerne a este crime, delito atualmente previsto no 244-B do ECA, é prevalente o entendimento segundo o qual se trata de crime *formal*. O fato é que há, tanto na doutrina quanto na jurisprudência, duas correntes quanto ao momento consumativo do crime de corrupção de menores. Para parte da doutrina e também para o STJ, o crime em questão é *formal*, consumando-se independentemente da efetiva corrupção da vítima. Nesse sentido: "(...) A Terceira Seção do Superior Tribunal de Justiça, ao apreciar o Recurso Especial 1.127.954/DF, representativo de controvérsia, pacificou seu entendimento no sentido de que o crime de corrupção de menores – antes previsto no art. 1º da Lei 2.252/1954, e hoje inscrito no art. 244-B do Estatuto da Criança e do Adolescente

– é delito formal, não exigindo, para sua configuração, prova de que o inimputável tenha sido corrompido, bastando que tenha participado da prática delituosa" (AgRg no REsp 1371397/DF, 6ª T., j. 04.06.2013, rel. Min. Assusete Magalhães, *DJe* 17.06.2013). Consolidando tal entendimento, o STJ editou a Súmula 500, a seguir transcrita: "A configuração do crime previsto no art. 244-B do Estatuto da Criança e do Adolescente independe da prova da efetiva corrupção do menor, por se tratar de delito formal". Uma segunda corrente sustenta que o crime do art. 244-B do ECA é *material*, sendo imprescindível, à sua consumação, a ocorrência do resultado naturalístico, isto é, a efetiva corrupção do menor. Dessa forma, forçoso concluir que Valter cometeu os crimes de estupro de vulnerável e corrupção de menores, pouco importando o fato de seu sobrinho já ostentar anotações pela prática de outros atos infracionais. A segunda questão que se coloca é quanto ao tipo de concurso formal que deve ser reconhecido. Considerando que as penas dos crimes em que incorreu Valter deverão ser aplicadas no patamar mínimo, há de incidir a regra da cumulação material das penas, tal como estabelece o art. 70, parágrafo único, do CP, e não a exasperação da pena (art. 70, *caput*, primeira parte, CP), uma vez que mais benéfico ao agente. Este é o chamado concurso formal próprio ou perfeito. Agora, se se entender que o concurso a ser reconhecido é o formal impróprio ou imperfeito, caracterizado pela presença de desígnios autônomos, as penas deverão ser somadas, adotando-se o critério do cúmulo material. Em qualquer hipótese, como se pode ver, impõe-se a somatória das penas. **ED**

Gabarito: "E".

15. DIREITO PROCESSUAL PENAL

Eduardo Dompieri e Patricia Bergamasco

1. FONTES, PRINCÍPIOS GERAIS E INTERPRETAÇÃO

(OAB/FGV – 2024) A República Federativa Alfa reconhece o Poder Judiciário como um dos poderes independentes da República. Em Alfa há um órgão de acusação independente e diferente do Judiciário, responsável por formular acusações criminais, tendo a iniciativa probatória.

Em Alfa, um acusado seria um sujeito de direitos no âmbito do processo penal, e os princípios democráticos do processo penal, tais como o princípio do Juiz Natural e da presunção de inocência, são reconhecidos.

A partir dos dados fornecidos, o país Alfa adota o sistema processual com traços mais marcantes do sistema

(A) acusatório.
(B) inquisitivo.
(C) misto.
(D) consensual.

Acusatório é o sistema processual adotado pela República Federativa Alfa, que apresenta as seguintes características: nítida separação nas funções de acusar, julgar e defender, o que torna imprescindível que essas funções sejam desempenhadas por pessoas distintas; o processo é público e contraditório; há imparcialidade do órgão julgador, que detém a gestão da prova (na qualidade de juiz-espectador), e a ampla defesa é assegurada. No Brasil, a opção pelo sistema de perfil acusatório foi explicitada com a inserção do art. 3º-A no Código de Processo Penal pela Lei 13.964/2019 (Pacote Anticrime). Segundo este dispositivo, "o processo penal terá estrutura acusatória, vedadas a iniciativa do juiz na fase de investigação e a substituição da atuação probatória do órgão de acusação". Até então, o sistema acusatório, embora amplamente acolhido pela comunidade jurídica, não era contemplado em lei. No *sistema inquisitivo*, que deve ser entendido como a antítese do acusatório, as funções de acusar, defender e julgar reúnem-se em uma única pessoa. É possível, nesse sistema, portanto, que o juiz investigue, acuse e julgue. Além disso, o processo é sigiloso e nele não vige o contraditório. No *sistema misto*, por fim, há uma fase inicial inquisitiva, ao final da qual tem início uma etapa em que são asseguradas todas as garantias inerentes ao acusatório.

Gabarito "A".

2. INQUÉRITO POLICIAL

(Técnico – TJ/AL – 2018 – FGV) Enquanto organizava procedimentos que se encontravam no cartório de determinada Vara Criminal do Tribunal de Justiça de Alagoas, o servidor identifica que há um inquérito em que foram realizadas diversas diligências para apurar crime de ação penal pública, mas não foi obtida justa causa para o oferecimento de denúncia, razão pela qual o Delegado de Polícia elaborou relatório final opinando pelo arquivamento. Verificada tal situação e com base nas previsões do Código de Processo Penal, caberá ao:

(A) juiz realizar diretamente o arquivamento, tendo em vista que já houve representação nesse sentido por parte da autoridade policial, cabendo contra a decisão recurso em sentido estrito;
(B) Ministério Público realizar diretamente o arquivamento, caso concorde com a conclusão do relatório da autoridade policial, independentemente de controle judicial;
(C) delegado de polícia, em caso de concordância do juiz, realizar diretamente o arquivamento após retorno do inquérito policial para delegacia;
(D) Ministério Público promover pelo arquivamento, cabendo ao juiz analisar a homologação em respeito ao princípio da obrigatoriedade;
(E) juiz promover pelo arquivamento, podendo o promotor de justiça requerer o encaminhamento dos autos ao Procurador-Geral de Justiça em caso de discordância, em controle ao princípio da obrigatoriedade.

A iniciativa de promoção de arquivamento de inquérito policial incumbe com exclusividade ao representante do MP, titular que é da ação penal pública. Assim, é vedado ao delegado de polícia, ao concluir as investigações do inquérito policial, promover o seu arquivamento (art. 17, CPP); deverá, isto sim, fazê-lo chegar ao MP, a quem incumbirá, se o caso, requerer o arquivamento do feito (art. 28, CPP). Tampouco é dado ao juiz tomar a iniciativa de arquivar autos de inquérito; dependerá, para tanto, de requerimento do MP. É possível que o juiz discorde do pedido de arquivamento de inquérito policial formulado pelo promotor; se isso acontecer, deverá, ante o que estabelece o art. 28 do CPP, fazer a remessa dos autos ao procurador-geral, que é quem tem atribuição para proceder a nova análise do pedido de arquivamento feito pelo membro do *parquet*. A partir daí, pode o procurador-geral, ante a provocação do magistrado, insistir no pedido de arquivamento do inquérito, ratificando posicionamento firmado pelo promotor, caso em que o juiz ficará obrigado, por imposição do art. 28 do CPP, a determiná-lo; se, de outro lado, o procurador-geral entender que é o caso de *oferecimento de denúncia*, poderá ele mesmo fazê-lo ou designar outro promotor para que o faça. Tal incumbência, frise-se, não poderá recair sobre o mesmo promotor, o que implicaria violação à sua livre convicção. Cuidado: com o advento da Lei 13.964/2019 (posterior à elaboração desta questão), que alterou o art. 28, *caput*, do CPP, o juiz deixa de atuar no procedimento de arquivamento do IP. Agora, a decisão é do Ministério Público, que, depois de analisar o inquérito e concluir pela inexistência de elementos mínimos a sustentar a acusação, determinará seu arquivamento, submetendo tal decisão à instância superior dentro do próprio MP. A norma foi objeto de Ação Declaratória de Inconstitucionalidade, já julgada pelo STF, que determinou: "(...) (a) A nova sistemática do arquivamento de inquéritos, de maneira louvável, criou mecanismo de controle e transparência da investigação pelas vítimas de delitos de ação penal pública. Com efeito, a partir da redação dada ao artigo 28 do Código de Processo Penal pela Lei 13.964/2019, passa a ser obrigatória a comunicação da decisão de arquivamento à vítima (comunicação que, em caso de crimes vagos, será feita aos procuradores e representantes legais dos órgãos lesados), bem como ao investigado e à autoridade policial, antes do encaminhamento aos autos, para fins de homologação, para a instância de revisão ministerial. (b) Por outro lado, ao excluir qualquer possibilidade de controle judicial sobre o ato de arquivamento da investigação, a nova redação violou o princípio da inafastabilidade da jurisdição, nos termos do artigo 5º, inciso XXXV, da Constituição. (c) Há manifesta incoerência interna da lei, porquanto, no artigo 3º-B, determinou-se, expressamente, que o juízo competente seja informado da instauração de qualquer investigação criminal. Como consectário lógico, se a instauração do inquérito deve ser cientificada ao juízo competente, também o arquivamento dos autos precisa ser-lhe comunicado, não apenas para a conclusão das formalidades necessárias à baixa definitiva dos autos na secretaria do juízo, mas também para verificação de manifestas ilegalidades ou, ainda, de manifesta atipicidade do fato, a determinar decisão judicial com arquivamento definitivo da investigação.(...) Por todo o exposto, conferiu-se interpretação conforme a Constituição ao artigo 28, caput, para assentar que, ao se manifestar pelo arquivamento do inquérito policial ou de quaisquer elementos informativos da mesma natureza, o órgão do Ministério Público submeterá sua manifestação ao juiz competente e comunicará à vítima, ao investigado e à autoridade policial, podendo encaminhar os autos para o Procurador-Geral ou para a instância de revisão ministerial, quando houver, para fins de homologação, na forma da lei, vencido, em parte, o Ministro Alexandre de Moraes, que incluía a revisão automática em outras hipóteses. Ao mesmo tempo, assentou-se a interpretação conforme do artigo 28, § 1º, para assentar que, além da vítima ou de seu representante legal, a autoridade judicial competente também poderá submeter a matéria à revisão da instância competente do órgão ministerial, caso verifique patente ilegalidade ou teratologia no ato do arquivamento" (ADI 6298, j. em 24-8-2023, DJe de 19-12-2023); PB/ED

Gabarito "D".

3. AÇÃO PENAL, SUSPENSÃO CONDICIONAL DO PROCESSO E AÇÃO CIVIL

(OAB/FGV – 2024) Célio, inconformado com o término de seu casamento de 10 anos com sua esposa Natália, passou a persegui-la em seus locais habituais de lazer e trabalho, além de mandar e-mails por meio de contas em nome de terceiros.

Inconformada com esses fatos, Natália procurou a Delegacia da Mulher e relatou os fatos, tendo o policial civil enquadrado a conduta no crime de perseguição, previsto no Art. 147-A do Código Penal.

Ao tomar conhecimento da acusação, Célio autorizou seu advogado a entrar em contato com a advogada de Natália para tentar algum acordo com a vítima. Depois da negociação dos profissionais, Natália decidiu não prosseguir com a acusação.

Acerca dos fatos narrados, assinale a afirmativa correta.

(A) Natália não poderá se retratar da representação, em razão de o crime imputado ser de ação penal pública incondicionada.
(B) Natália poderá se retratar da representação a qualquer momento, desde que antes do trânsito em julgado.
(C) Natália poderá se retratar da representação, desde que o faça antes do oferecimento da denúncia, em audiência especialmente designada para este fim, com a presença do Ministério Público.
(D) Natália poderá renunciar à representação, desde que o faça antes do recebimento da denúncia e em audiência perante o Juiz e o membro do Ministério Público.

A Lei 14.132/2021 introduziu no art. 147-A do CP o chamado crime de perseguição, mundialmente conhecido como stalking. O núcleo do tipo, representado pelo verbo perseguir, encerra a ideia de uma conduta que revela, por parte do agente, um comportamento obsessivo e insistente dirigido a pessoa determinada. O dispositivo exige que a perseguição se dê de forma reiterada, isto é, constante e habitual; do contrário, não há que se falar na configuração deste delito. Disso se infere que o agente que, numa única oportunidade, aborda a vítima de forma inconveniente não poderá ser responsabilizado, já que, como dito, o tipo penal pressupõe habitualidade na sua execução. É o caso do homem que, inconformado com a rejeição da mulher que conhecera em uma festa, passa a persegui-la de forma insistente e reiterada, quer enviando-lhe mensagens de texto por meio de aplicativos, quer abordando a vítima no trabalho, na sua residência ou em via pública. Trata-se, como se pode ver, de uma intromissão reiterada e indesejada na vida privada da vítima, que se sente acuada e abalada psicologicamente. Também é típico exemplo de stalking a conduta do ex-namorado/ex-marido que, diante da recusa da vítima em manter o relacionamento, passa a ameaçá-la de morte, restringir sua liberdade de locomoção, com abordagens indesejadas e inconvenientes, ou, de qualquer outra forma (este crime é de forma livre), perturbar sua esfera de liberdade. Nos dois exemplos acima, colocamos, como sujeito passivo do crime, a mulher. Embora isso seja bem mais comum, certo é que como tal pode figurar tanto esta quanto o homem. Quanto ao sujeito ativo do crime, pode ser tanto o homem quanto a mulher (é crime comum). O § 1º do dispositivo contempla causas de aumento de pena, a incidir nas hipóteses em que o crime é praticado: I – contra criança, adolescente ou idoso; II – contra mulher por razões da condição de sexo feminino, nos termos do § 2º-A do art. 121 deste Código; III – mediante concurso de 2 (duas) ou mais pessoas ou com o emprego de arma. Estabelece o § 2º deste art. 147-A que as penas serão aplicadas sem prejuízo das correspondentes à violência. A ação penal é pública condicionada à representação da vítima (art. 147-A, § 3º, CP). Considerando que se trata de hipótese de incidência da Lei Maria da Penha, certo é que, por força do que dispõe o art. 16 desta Lei, Natália poderá renunciar à representação, desde que antes do recebimento da denúncia e em audiência perante o Juiz e o membro do Ministério Público. ED

Gabarito "D".

(OAB/FGV – 2024) Luís Vicente, secretário de fazenda do Município Alfa, foi ofendido por Iório, secretário de fazenda do Estado Beta, que, durante discurso na tribuna da Câmara dos Vereadores, afirmou que "Luís Vicente comete peculato, desviando recursos do caixa municipal em proveito próprio e de seus familiares!"

Luís Vicente procurou você, como advogado(a), para que você o oriente sobre a medida cabível para responsabilizar Iório pela ofensa à sua honra.

Nesse contexto, é correto afirmar que Luís Vicente

(A) só pode ajuizar uma queixa-crime em face de Iório, pois o delito contra a honra desafia ação penal privada.
(B) pode oferecer representação contra Iório ao Ministério Público, pois sua qualidade de servidor público impõe a ação penal pública na defesa de sua honra.
(C) pode optar entre ajuizar queixa-crime em face de Iório ou oferecer representação ao Ministério Público.
(D) não pode fazer nada a respeito, diante da imunidade material de Iório, pela sua qualidade de ocupante de cargo político.

Segundo consta, Luís Vicente, na condição de secretário de fazenda do Município Alfa, é ofendido por Iório, secretário de fazenda do Estado Beta, que, durante discurso na tribuna da Câmara dos Vereadores, atribuiu àquele a prática de peculato, o que configura o crime de calúnia, previsto no art. 138 do CP. A ação penal, nos crimes contra a honra, é, em regra, privativa do ofendido, em conformidade com o art. 145 do CP.

Agora, se se tratar de crime perpetrado contra a honra de funcionário público em razão de suas funções, como é o caso narrado no enunciado, a ação penal será *pública condicionada à representação do ofendido*, nos termos do disposto no art. 145, parágrafo único, do CP. Ocorre, no entanto, que o STF, por meio da Súmula 714, firmou entendimento no sentido de que, nesses casos, a legitimidade é concorrente entre o ofendido (mediante queixa) e o Ministério Público (ação pública condicionada à representação do ofendido). Dessa forma, no caso do enunciado, por se tratar de crime de calúnia praticado contra a honra de servidor público no exercício de suas funções, Luís Vicente poderá optar entre ajuizar queixa-crime ou oferecer representação contra Iório, incidindo a Súmula 714, do STF: *é concorrente a legitimidade do ofendido, mediante queixa, e do Ministério Público, condicionada à representação do ofendido, para a ação penal por crime contra a honra de servidor público em razão do exercício de suas funções.* ED

Gabarito "C".

(Juiz de Direito – TJ/SC – 2024 – FGV) Miguel, empresário, foi difamado por Carlos, que lhe imputou fato ofensivo à sua reputação, por meio de palavras.

Nessa hipótese, o inquérito policial destinado à investigação do referido delito, deverá ser iniciado:

(A) por requisição do juiz;
(B) de ofício pela autoridade policial;
(C) mediante requerimento de Miguel;
(D) por requisição do ministro da Justiça;
(E) por requisição do Ministério Público.

No crime de difamação art. 139 do Código Penal, a ação penal somente se procede mediante queixa, de acordo com o teor do art. 145 do CP, assim é indispensável que o ofendido formule requerimento nesse sentido (art. 5º, § 4º do CPP). PB

Gabarito "C".

(Juiz de Direito – TJ/SC – 2024 – FGV) Em crime de promoção de publicidade enganosa, em razão de não ter sido oferecida a denúncia no prazo legal, a Associação Estadual de Defesa dos Consumidores ajuizou ação penal subsidiária. Contudo, no decorrer do processo, apesar de intimada várias vezes, deixou de promover o andamento do feito, por sessenta dias seguidos, demonstrando inequívoca negligência.

Nessa hipótese, é correto afirmar que:

(A) deverá o Ministério Público retomar a ação como parte principal;
(B) deverá o feito ser extinto sem resolução do mérito, em razão da ocorrência da perempção;
(C) deverá o feito ser extinto sem resolução do mérito, em razão da ilegitimidade da Associação;
(D) deverá o juiz nomear a Defensoria Pública como assistente qualificada para retomar o feito;
(E) deverá o feito ser extinto sem resolução do mérito, em razão da decadência do direito de queixa subsidiária.

Conforme o enunciado, a questão trata sobre ação penal subsidiária da pública, que tem previsão constitucional no art. 5º, LIX ("será admitida ação privada nos crimes de ação pública, se esta não for intentada no prazo legal") e no CPP no art. 29, "será admitida ação privada nos crimes de ação pública, se esta não for intentada no prazo legal, cabendo ao Ministério Público aditar a queixa, repudiá-la e oferecer denúncia substitutiva, intervir em todos os termos do processo, fornecer elementos de prova, interpor recurso e, a todo tempo, no caso de negligência do querelante, retomar a ação como parte principal". Portanto, nessa hipótese em que o MP permanece inerte poderá, a qualquer tempo, retomar a ação como parte principal. O ofendido passa a ter legitimidade para agir na ação penal. Atenção: se o promotor decide pelo arquivamento do inquérito policial, não há a possibilidade da ação penal subsidiária da pública, uma vez que não foi caracterizada a inércia. PB

Gabarito "A".

(Juiz de Direito – TJ/SC – 2024 – FGV) Maria praticou crime de lesão corporal leve contra Aline, sendo o caso encaminhado de imediato ao Juizado Especial Criminal. Na audiência preliminar, que ocorreu três meses após o fato, não houve composição civil dos danos, e a ofendida Aline não exerceu o direito de representação verbal.

Diante desse cenário, é correto afirmar que o juiz:

(A) deverá extinguir o feito sem exame do mérito em razão da decadência do direito de representação;
(B) deverá extinguir o feito sem exame do mérito em razão da caracterização do perdão tácito da ofendida;
(C) deverá extinguir o feito sem exame do mérito em razão da renúncia expressa ao direito de representação;
(D) não deverá extinguir o feito, devendo o Ministério Público oferecer acordo de não persecução penal a Maria;
(E) não deverá extinguir o feito, pois a representação poderá ser exercida dentro do prazo de seis meses da data em que Aline soube quem foi o autor do crime.

De acordo com art. 38 do CPP: "salvo disposição em contrário, o ofendido, ou seu representante legal, decairá no direito de queixa ou de representação, se não o exercer dentro do prazo de seis meses, contado do dia em que vier a saber quem é o autor do crime", portanto, não é motivo para extinção do feito, uma vez que não foi decorrido o prazo de 6 meses para a vítima se manifestar sobre o interesse em que a ação seja instaurada, autorizando a persecução penal. Conforme entendimento dos tribunais superiores a representação do ofendido não exige forma especial. Conferir os seguintes julgados: STF: "Agravo regimental no recurso ordinário em *habeas corpus*. Processual penal. Estelionato. Necessidade de representação do ofendido. Lavratura do boletim de ocorrência, oitiva da vítima pela autoridade policial e na audiência de instrução e julgamento antes do início da vigência da Lei n. 13.964/2019: inequívoca manifestação de interesse do ofendido na apuração dos fatos criminosos. Representação que prescinde de formalidade. Precedentes. Ausência de constrangimento ilegal. Agravo regimental desprovido" (RHC 228859 AgR-MS, j. em 22-8-2023, DJe de 24-8-2023). STJ: "(...) 2. Ocorre que, na hipótese dos autos, a mencionada condição específica de procedibilidade, que não exige maiores formalidades, está suficientemente demonstrada com o registro do boletim de ocorrência e com as firmes declarações da vítima no sentido de processar os ora agravantes. Precedentes" (AgRg no HC 767286-SP, j. em 27-5-2024, DJe de 12-6-2024). PB

Gabarito "E".

(Juiz Federal – TRF/1 – 2023 – FGV) Mateus oferece queixa-crime contra João, alegando, supostamente, que o querelado, juntamente com Tiago, teria feito postagens nas redes sociais, afirmando ser o querelante corrupto e fraudador de licitações.

Diante da hipótese narrada, é correto afirmar que o crime praticado é o de:

(A) injúria, e a queixa-crime deverá ser rejeitada ante o princípio da indivisibilidade, embora sem que haja a extinção da punibilidade de João;
(B) calúnia, e a queixa-crime deverá ser rejeitada ante o princípio da indivisibilidade, embora sem que haja a extinção da punibilidade de João;

(C) injúria, e João deverá ter extinta a sua punibilidade, ante a aplicação do princípio da indivisibilidade;
(D) calúnia, e João deverá ter extinta a sua punibilidade, ante a aplicação do princípio da indivisibilidade;
(E) injúria, e a queixa-crime deverá ser rejeitada, com possibilidade de futuro ajuizamento contra Tiago.

O princípio da indivisibilidade está previsto no art. 48 do CPP: "a queixa contra qualquer dos autores do crime obrigará ao processo de todos, e o Ministério Público velará pela sua indivisibilidade", portanto, o ofendido não pode optar pela queixa e deixa de incluir na peça todos os coautores ou partícipes do fato criminoso. Assim, a exclusão de um dos coautores ou partícipes constitui renúncia implícita ao direito de queixa, uma vez que "a renúncia ao exercício do direito de queixa, em relação a um dos autores do crime, a todos se estenderá (art. 49 do CPP). A consequência, de acordo com o art. 107, V, do CP, é a extinção da punibilidade dos acusados. A conduta delitiva imputada a João e Tiago é a injúria, (art. 139 do CP), "injuriar alguém, de acordo com a conduta típica, é ofender a honra subjetiva do sujeito passivo, atingindo seus atributos morais (dignidade) ou físicos, intelectuais e sociais (decoro). Atinge-se a dignidade de alguém ao se dizer que é ladrão, estelionatário etc. e o decoro ao se afirmar que é estúpido, ignorante, grosseiro etc. Na injúria, não há imputação de fatos precisos e determinados como na calúnia e na difamação. Refere-se ela à manifestação de menosprezo, ao conceito depreciativo; mencionam-se vícios ou defeitos do sujeito passivo, ou mesmo fatos vagos e imprecisos desabonadores que não chegam a integrar outro crime contra a honra" (Mirabete e Fabbrini, *Manual de Direito Penal*, volume 2, 36ª edição, 2024, Foco, item 8.3.5). PB
Gabarito "C."

(Juiz de Direito/AP – 2022 – FGV) À luz do princípio da obrigatoriedade da ação penal pública, o Ministério Público tem o poder-dever de oferecer a denúncia, quando reunidos os requisitos e condições que determinem autoria, coautoria ou participação e existência de uma infração penal. Essa obrigatoriedade persiste mesmo com o exercício da ação penal. Assim, abre-se ao titular da ação penal pública um poder-dever de aditar a denúncia quando reunidos elementos de prova ou de informação que indiquem uma divergência com a proposição inicial.

No que concerne ao aditamento da denúncia, é correto afirmar que:

(A) o recebimento do aditamento da denúncia, que traz modificação fática substancial, enseja a interrupção da prescrição;
(B) o recebimento do aditamento da denúncia, para inclusão de corréu, constitui causa interruptiva da prescrição para os demais imputados;
(C) o recebimento da denúncia, na sua versão original, pode ser considerado termo inicial para efeito de contagem prescricional relativamente aos imputados incluídos posteriormente por aditamento;
(D) admite-se o aditamento da denúncia a qualquer tempo, enquanto não transitado em julgado o processo, desde que observados o contraditório e a ampla defesa;
(E) constitui requisito para o oferecimento de aditamento da denúncia a existência de novas provas, desde que até o final da instrução probatória.

A: correta. O aditamento significa acrescentar algum fato, agente ou elementos novos, uma vez que as partes não tinham conhecimento no momento do oferecimento denúncia ou queixa. Se o aditamento for para incluir fato novo na denúncia ou queixa, a interrupção da prescrição ocorre na data que o aditamento for recebido pelo juiz. Conferir: "Agravo regimental no *habeas corpus*. Furto. Estelionato. Aditamento da denúncia. Alteração substancial. Inclusão de crime novo. Recebimento do aditamento da inicial. Interrupção da prescrição. Agravo regimental não provido. 1. Segundo a orientação desta Corte Superior, caso haja alteração substancial na denúncia, o seu recebimento configurará marco interruptivo da prescrição. 2. A inclusão de fato típico não narrado anteriormente na inicial acusatória, com circunstâncias e elementares que lhe são próprias, é apta a configurar alteração substancial da denúncia. 3. No caso em exame, a agravante foi inicialmente denunciada pelo furto de R$ 171.757,83 pertencentes à pessoa jurídica para a qual trabalhava. Em seguida, o Ministério Público aditou a inicial acusatória, a fim de acrescentar o crime de estelionato – consistente na obtenção de vantagem econômica ilícita para a agente e para seu genitor, em prejuízo alheio, ao manter em erro funcionários de pessoa jurídica, por meio fraudulento – e da conduta de falsidade ideológica (a qual foi absorvida pelo delito tipificado no art. 171 do CP). Houve, portanto, alteração substancial na denúncia, referente à inclusão de fatos típicos supostamente praticados pela acusada, com circunstâncias não descritas na inicial. Desse modo, deve ser mantida a conclusão de que o recebimento do aditamento da exordial interrompe a contagem da prescrição da pretensão punitiva" (STJ: AgRg no HC 738411-ES, j. em 27-9-2022, DJe de 7-10-2022); **B:** incorreta. Somente alcança o corréu incluído; **C:** incorreta. Neste caso, será considerado, como termo inicial, a data do recebimento do aditamento; **D e E:** incorretas. A teor do art. 569 do CPP, o aditamento poderá ocorrer a qualquer tempo, antes da sentença final. PB/ED
Gabarito "A."

(Analista Judiciário – TJ/AL – 2018 – FGV) Foi instaurado inquérito policial para apurar a suposta prática de crime de estelionato, figurando Valéria como vítima e Júlio César como indiciado. Após a realização de diversas diligências e a apresentação de relatório conclusivo por parte da autoridade policial, o Ministério Público analisou os elementos informativos e encaminhou ao Judiciário promoção de arquivamento, entendendo pela inexistência de justa causa. Ao tomar conhecimento, Valéria fica revoltada com a conduta do órgão ministerial, pois está convicta de que Júlio César seria o autor do delito. Diante disso, apresenta queixa, iniciando ação penal privada subsidiária da pública.

Quando iniciada a análise da ação penal privada subsidiária da pública, deverá o órgão do Poder Judiciário competente:

(A) receber a inicial acusatória e, caso o ofendido deixe de promover o andamento do processo por 30 dias seguidos, deverá ser reconhecida a peremção;
(B) não receber a inicial acusatória, tendo em vista que não houve omissão do Ministério Público a justificar a ação penal privada subsidiária da pública;
(C) receber a inicial acusatória, passando o ofendido a figurar como parte do processo, não podendo o Ministério Público aditar a queixa oferecida;
(D) receber a inicial acusatória, podendo o Ministério Público oferecer denúncia substitutiva da queixa, fornecer elementos de prova e interpor recursos;
(E) não receber a inicial acusatória, pois não há previsão do instituto da ação penal privada subsidiária da pública na Constituição da República de 1988, não sendo a previsão do Código de Processo Penal recepcionada.

Um dos temas mais recorrentes em provas de concursos públicos é a chamada ação penal privada subsidiária da pública, em especial o pressuposto ao seu ajuizamento. Segundo posicionamento doutrinário e jurisprudencial pacífico, a propositura da ação penal privada subsidiária da pública, à luz do que estabelecem os arts. 5º, LIX, da CF, 100, § 3º, do CP e 29 do CPP, tem como pressuposto a ocorrência de desídia do membro do Ministério Público, que deixa de promover a ação penal dentro do prazo estabelecido em lei. Bem por isso, não há que se falar nesta modalidade de ação privada na hipótese de o representante do MP promover o arquivamento dos autos de inquérito policial, e bem assim quando requerer o retorno dos autos de inquérito à Delegacia de Polícia para a realização de diligências complementares. Não há, nestes dois casos, inércia por parte do representante do *parquet*. Conferir o magistério de Guilherme de Souza Nucci: "(...) é inaceitável que o ofendido, porque o inquérito foi arquivado, a requerimento do Ministério Público, ingresse com ação penal privada subsidiária da pública. A titularidade da ação penal não é, nesse caso, da vítima e a ação privada, nos termos do art. 29, somente é admissível quando o órgão acusatório estatal deixa de intentar a ação penal, no prazo legal, mas não quando age, pedindo o arquivamento. Há, pois, diferença substancial entre não agir e manifestar-se pelo arquivamento, por crer inexistir fundamento para a ação penal" (*Código de Processo Penal Comentado*, 17ª ed., p. 146). Na jurisprudência: "(...) 1. A jurisprudência deste Sodalício firmou-se no sentido de ser possível a ação penal subsidiária da pública quando restar configurada inércia do Ministério Público, não sendo cabível nas hipóteses de arquivamento de inquérito policial promovido pelo membro do Parquet e acolhido pelo juiz. 2. No caso concreto, não houve desídia do órgão acusador que, conforme reconhecido pelo Tribunal de Justiça do Estado de São Paulo, propôs o arquivamento do inquérito policial, entendendo não haver condições de procedibilidade para o oferecimento da denúncia em razão da inexistência de relevância jurídica na conduta investigada" (STJ: AgRg no REsp 1508560-SP, j. em 6-11-2018, DJe de 22-11-2018).

Gabarito "B".

(Analista – TJ/SC – FGV – 2018) O Código de Processo Penal prevê uma série de institutos aplicáveis às ações penais de natureza privada.

Sobre tais institutos, é correto afirmar que:

(A) a renúncia ao exercício do direito de queixa ocorre antes do oferecimento da inicial acusatória, mas deverá ser expressa, seja através de declaração do ofendido seja por procurador com poderes especiais;

(B) o perdão do ofendido oferecido a um dos querelados poderá a todos aproveitar, podendo, porém, ser recusado pelo beneficiário, ocasião em que não produzirá efeitos em relação a quem recusou;

(C) a renúncia ao exercício do direito de queixa ocorre após o oferecimento da inicial acusatória, gerando extinção da punibilidade em relação a todos os querelados;

(D) a decadência ocorrerá se o ofendido não oferecer queixa no prazo de 06 meses a contar da data dos fatos, sendo irrelevante a data da descoberta da autoria;

(E) a peremção ocorre quando o querelante deixa de comparecer a atos processuais para os quais foi intimado, ainda que de maneira justificada.

A: incorreta. A renúncia consiste na desistência do direito de ação, por parte da vítima, em processar seu agressor, ocorre sempre antes do início da ação penal privada (antes do recebimento da queixa), conforme arts. 57 do CPP e 104 do CP. Comporta tanto a modalidade expressa quanto a tácita. É ato unilateral, uma vez que, para produzir efeitos, não depende de aceitação do autor do crime; **B:** correta. O *perdão* constitui ato por meio do qual o querelante desiste de prosseguir na ação penal privada, desculpando o ofensor. Portanto, pressupõe-se que a ação penal tenha se iniciado. Somente produzirá efeitos, com a extinção da punibilidade, em relação ao querelado que o aceitar, trata-se, portanto, de ato bilateral, na forma estatuída no art. 51 do CPP. Caberá o perdão até o trânsito em julgado da sentença; **C:** incorreta. Conforme já ponderado acima, a renúncia somente terá lugar antes do início da ação penal privada. Após a propositura da queixa-crime, poderão ocorrer apenas a peremção e o perdão do ofendido; **D:** incorreta. O marco inicial, na contagem do prazo decadencial, é representado pelo dia em que o ofendido vem a saber quem é o seu ofensor (art. 38, *caput*, do CPP); **E:** incorreta. A peremção é a perda do direito de prosseguir na ação privada em decorrência da inércia ou negligência do ofendido. Estará perempta a ação se presentes uma das hipóteses previstas no art. 60 CPP. A assertiva contraria o disposto no art. 60, III, do CPP, que estabelece que somente a ausência injustificada poderá dar azo à configuração da peremção.

Gabarito "B".

(Técnico – TJ/AL – 2018 – FGV) Guilherme Nucci define ação penal como "o direito do Estado-acusação ou da vítima de ingressar em juízo, solicitando a prestação jurisdicional, representada pela aplicação das normas de direito penal ao caso concreto". Tradicionalmente, a doutrina classifica as ações penais como públicas e privadas, que possuem diferentes tratamentos a partir de sua natureza.

Assim, de acordo com as previsões do Código de Processo Penal e da doutrina, são aplicáveis às ações penais de natureza privada os princípios da:

(A) conveniência, indisponibilidade e indivisibilidade;

(B) conveniência, indisponibilidade e divisibilidade;

(C) oportunidade, disponibilidade e indivisibilidade;

(D) oportunidade, disponibilidade e divisibilidade;

(E) obrigatoriedade, disponibilidade e divisibilidade.

A ação penal privativa do ofendido é informada pelos princípios da *indivisibilidade*, *oportunidade* e *disponibilidade*. Pelo postulado da *indivisibilidade*, consagrado no art. 48 do CPP, não é dado ao ofendido escolher contra quem a ação será ajuizada. Assim, não poderá o ofendido processar, por meio de queixa-crime, o ofensor "A" e poupar o "B". Se decidir renunciar ao direito de processar um dos ofensores, deverá fazer o mesmo em relação ao outro (art. 49, CPP). A violação a tal princípio acarreta a extinção da punibilidade pela renúncia (art. 107, V, do CP). A ação privativa do ofendido também é regida pelo princípio da *oportunidade* (conveniência), segundo o qual o ofendido tem a *faculdade*, não a obrigação, de promover a ação, bem como tem ele, ofendido, a prerrogativa de prosseguir ou não até o término do processo (disponibilidade). Por fim, a *ação penal privada* é informada pelo *princípio da disponibilidade*, na medida em que pode o seu titular desistir de prosseguir na demanda por ele ajuizada bem assim do recurso que houver interposto.

Gabarito "C".

4. JURISDIÇÃO E COMPETÊNCIA; CONEXÃO E CONTINÊNCIA

(Juiz Federal – TRF/1 – 2023 – FGV) Ronald, prefeito da cidade de Castanhal/PA, é acusado pela prática de lesões corporais graves contra Fernando, deputado federal, dentro de um avião que estava em solo no aeroporto de Guarulhos/SP. O motivo do crime está relacionado a questões político-partidárias.

De acordo com a jurisprudência atual do Supremo Tribunal Federal, a competência para julgamento de Ronald será do:

(A) Tribunal Regional Federal da 1ª Região;
(B) Tribunal Regional Federal da 3ª Região;
(C) Tribunal de Justiça do Pará;
(D) Tribunal Regional Eleitoral de São Paulo;
(E) Tribunal de Justiça de São Paulo.

De acordo com o enunciado Ronald, praticou um crime comum, de lesão corporal grave, contra um deputado federal, por motivação política. Dispõe o art. 109, IX, da CF que "aos juízes federais compete processar e julgar: (...) IX – os crimes cometidos a bordo de navios ou aeronaves, ressalvada a competência da Justiça Militar", o crime aconteceu dentro de uma aeronave, porém, em solo no aeroporto. Nesse sentido entende o STJ: "(...) 2. A norma constitucional dispõe que compete aos juízes federais processar e julgar crimes cometidos a bordo de aeronaves, ressalvada a competência da Justiça Militar (art. 109, IX). Na hipótese, pretendeu-se subtrair patrimônio localizado no interior de avião, local em que o piloto foi gravemente lesionado. O veículo aéreo se encontrava em operação de taxiamento (rolagem), no solo do aeródromo, quando foi alvejado. O resultado lesivo das condutas empreendidas pelos réus – afetação tanto à incolumidade física de membro da tripulação quanto, ainda que tentada, ao patrimônio da transportadora de valores – ocorreu a bordo da aeronave, circunstância que atrai a competência da Justiça Federal para processar e julgar a demanda" (RHC 113405-PE, j. em 4-8-2020, DJe de 14-8-2020). **Gabarito "A".**

(Juiz de Direito/AP – 2022 – FGV) Determinada investigação foi instaurada para apurar estelionato consistente em fraude, ocorrido em 02 de julho de 2020, em Macapá, na obtenção de auxílio emergencial concedido pelo Governo Federal, por meio da Caixa Econômica Federal, em decorrência da pandemia do Covid-19. Jack declarou na investigação que realizou depósito em sua conta do "ComércioRemunerado", no valor de R$ 600,00 e depois percebeu que aquela quantia foi transferida para Russel, sendo que não foi Jack quem realizou a operação financeira nem a autorizou. Russel assinalou que a aludida quantia foi realmente transferida para sua conta no "ComércioRemunerado" e foi declarada como pagamento de conserto de motocicleta, para enganar os órgãos competentes e conseguir a antecipação do auxílio emergencial. Disse que foi Fênix, proprietário de uma loja de manutenção de telefones celulares, quem lhe propôs a prática de tais condutas, acrescentando que seria um procedimento legal, e ainda ofereceu R$ 50,00 para cada antecipação passada em sua máquina do "ComércioRemunerado", sendo que Jack praticou a conduta quatro vezes. Disse ainda que o dinheiro entrava em sua conta no "ComércioRemunerado" e era transferido para a conta de Fênix. O auxílio emergencial era disponibilizado pela União, por meio da Caixa Econômica Federal. A competência para o processo e julgamento do presente caso é do(a):

(A) Justiça Federal em primeiro grau;
(B) Justiça Federal em segundo grau;
(C) Justiça Estadual em primeiro grau;
(D) Justiça Estadual em segundo grau;
(E) Superior Tribunal de Justiça.

Esta questão, ao que parece, foi extraída de um precedente do STJ, no qual se discutia a competência para o julgamento do feito. Consta do julgado que, pelo fato de a vítima não haver sido induzida a erro tampouco haver entregado espontaneamente a importância, o crime em que teria incorrido o agente é o de furto mediante fraude, e não estelionato. À míngua de lesão à Caixa Econômica Federal, a competência para o julgamento é da Justiça Estadual de primeira instância. Senão vejamos: "1. O presente conflito de competência deve ser conhecido, por se tratar de incidente instaurado entre juízos vinculados a Tribunais distintos, nos termos do art. 105, inciso I, alínea d da Constituição Federal. 2. O núcleo da controvérsia consiste em definir o Juízo competente no âmbito de inquérito policial instaurado para investigar a suposta conduta de desvio de valores relativos ao auxílio emergencial pago durante a pandemia do Covid-19. 3. No caso concreto não se identifica ofensa direta à Caixa Econômica Federal ou à União, uma vez que não há qualquer notícia de que a beneficiária tenha empregado fraude para o recebimento do seu auxílio. Em outras palavras, houve ingresso lícito no programa referente ao auxílio emergencial e transferência lícita da conta da Caixa Econômica Federal para a conta do Mercado Pago, ambas de titularidade da beneficiária do auxílio. 4. O procedimento investigatório revela transferência fraudulenta de valores entre contas do Mercado Pago de titularidade da vítima e do agente delituoso, ou seja, a vítima não foi induzida a erro e tampouco entregou espontaneamente o numerário, de tal forma que o atual estágio das investigações indica suposta prática de furto mediante fraude. "'Para que se configure o delito de estelionato (art. 171 do Código Penal), é necessário que o Agente, induza ou mantenha a Vítima em erro, mediante artifício, ardil, ou qualquer outro meio fraudulento, de maneira que esta lhe entregue voluntariamente o bem ou a vantagem. Se não houve voluntariedade na entrega, o delito praticado é o de furto mediante fraude eletrônica (art. 155, § 4.º-B, do mesmo Estatuto)')' (CC 181.538/SP, Rel. Ministra LAURITA VAZ, TERCEIRA SEÇÃO, DJe 1º/9/2021). 5. O agente delituoso ao transferir para si os valores pertencentes à vítima não fraudou eletronicamente o sistema de segurança da Caixa Econômica Federal, mas apenas o sistema de segurança do Mercado Pago, instituição privada para a qual o numerário foi transferido por livre vontade da vítima. Neste contexto, sem fraude ao sistema de segurança da instituição financeira federal não há de se falar em competência da Justiça Federal. Precedente: CC 149.752/PI, Rel. Ministro REYNALDO SOARES DA FONSECA, TERCEIRA SEÇÃO, DJe 1º/2/2017. 6. O ilustre Ministro Felix Fisher no julgamento do CC 177.398/RS (DJe 12/2/2021), em situação análoga ao caso concreto, *firmou a competência da Justiça Estadual ao fundamento de que a vítima do delito patrimonial havia transferido valores provenientes de auxílio emergencial, por livre opção, ao sistema de pagamento virtual conhecido como PICPAY para somente depois sofrer o prejuízo advindo do crime.* 7. No caso ora em análise, em que houve violação ao sistema de segurança de instituição privada, qual seja, o Mercado Pago, sem qualquer fraude ou violação de segurança direcionada à Caixa Econômica Federal, o prejuízo ficou adstrito à instituição privada e particulares, não se identificando situação prevista no art. 109, inciso I, da Constituição Federal. 8. Competência da Justiça Estadual." (STJ, CC 182.940/SP, Rel. Ministro JOEL ILAN PACIORNIK, TERCEIRA SEÇÃO, julgado em 27/10/2021, DJe 03/11/2021). **Gabarito "C".**

(Analista Judiciário – TJ/AL – 2018 – FGV) Desembargador do Tribunal de Justiça do Estado de São Paulo ofereceu queixa-crime em face de João, perante Vara Criminal da Comarca de Maceió, imputando-lhe a prática do crime de calúnia com causa de aumento, já que João teria lhe imputado, nesta comarca, falsamente, fato definido como crime de ação penal pública, para demonstrar que o crime efetivamente foi praticado pelo Desembargador, na presença de diversas pessoas. Ao tomar conhecimento da queixa, João, querelado, apresenta exceção da verdade, que é recebida e processada pelo órgão competente.

Considerando apenas as informações narradas no enunciado, o julgamento da exceção da verdade será de competência do(a):

(A) Supremo Tribunal Federal;
(B) Superior Tribunal de Justiça;

(C) Tribunal de Justiça do Estado de São Paulo;
(D) Tribunal de Justiça do Estado de Alagoas;
(E) Vara Criminal da Comarca de Maceió.

Segundo estabelece o art. 85 do CPP, nos crimes contra a honra que comportam exceção da verdade, na hipótese de esta ser ajuizada em face de querelante que goze de foro por prerrogativa de função, como é o caso de desembargador, o julgamento da exceção caberá ao Tribunal, neste caso o STJ, e não ao juízo de primeira instância no qual tramita a ação. Tão logo seja julgada a exceção pelo tribunal no qual o querelante goza de foro especial, os autos são devolvidos ao juízo de origem, no qual o feito terá prosseguimento. Ou seja, caberá ao tribunal, neste caso o STJ, tão somente a apreciação e julgamento da exceção. Importante que se diga, ademais, que o julgamento pela instância superior se restringe à exceção da verdade no contexto do crime de calúnia. Cabe ao juízo comum decidir sobre a admissibilidade ou processar a exceção da verdade e remetê-la para instância superior para julgamento. Conferir: STJ, HC 311623-RS, j. em 10-3-2015, DJe de 17-3-2015. **ED**
Gabarito "B".

(Analista – TJ/SC – FGV – 2018) Vânia, analista judiciária que trabalhava com a juíza do Tribunal do Júri do Tribunal de Justiça de Florianópolis, recebeu, para análise, duas ações penais logo após o oferecimento da denúncia por parte do Ministério Público. Na primeira, imputava-se o crime de infanticídio à Defensora Pública Estadual Ana, que teria praticado o fato em Florianópolis. Na segunda, imputava-se o crime de homicídio doloso qualificado ao juiz de direito Tício, delito esse que seria relacionado ao cargo. Tício atuava junto ao Tribunal de Justiça de Santa Catarina, na Comarca de Blumenau/SC, mas o fato teria ocorrido no Paraná. Ao receber os procedimentos, Vânia verifica que a Constituição Estadual do Estado de Santa Catarina prevê foro por prerrogativa de função aos Defensores Públicos do Estado, que devem ser julgados pelo Tribunal de Justiça de Santa Catarina.

Com base na situação hipotética narrada, ao analisar o procedimento, Vânia deveria verificar que o juízo em que atuava:

(A) não era competente para processar ambas as ações penais, pois deveria a denúncia em desfavor de Ana ser oferecida perante o Tribunal de Justiça de Santa Catarina, e a denúncia em desfavor de Tício, perante o Tribunal de Justiça do Paraná;
(B) era competente para processamento da ação penal em desfavor de Ana, mas não em desfavor de Tício, que deveria ter sido denunciado perante o Tribunal de Justiça de Santa Catarina;
(C) era competente para processamento da ação penal em desfavor de Ana, mas não em desfavor de Tício, que deveria ter sido denunciado perante o Tribunal de Justiça do Paraná;
(D) não era competente para processar ambas as ações penais, pois deveriam as denúncias ser oferecidas perante o Tribunal de Justiça do Estado de Santa Catarina;
(E) era competente para processar as duas ações penais propostas em desfavor de Ana e Tício.

No caso da defensora pública, à qual se imputa o cometimento do crime de infanticídio (crime contra a vida previsto no art. 123 do CP), fato este ocorrido em Florianópolis, a solução, no que concerne à competência para o seu julgamento, deve ser extraída da Súmula Vinculante 45, a seguir transcrita: "A competência constitucional do Tribunal do Júri prevalece sobre o foro por prerrogativa de função estabelecido exclusivamente pela Constituição estadual". Devemos ter em mente que, ainda que não houvesse tal entendimento (firmado por meio da Súmula Vinculante 45), a competência, tendo em conta o teor da decisão tomada no julgamento de questão de ordem da ação penal 937, pelo STF, que restringiu o alcance do foro especial, seria, da mesma forma, do Tribunal Popular (da comarca de Florianópolis). Mesmo porque o crime pelo qual foi denunciada nenhuma relação tem com o cargo que ocupa. Nesse sentido, decidiu o STF: "Ação direta de inconstitucionalidade. Constituição do Estado do Piauí. Foro por prerrogativa de função ao Defensor Público-Geral do Estado, ao Delegado-Geral da Polícia Civil e aos integrantes das carreiras de Procurador do Estado e de Defensor Público do Estado. Interpretação restritiva do foro por prerrogativa de função. Inadmissibilidade de extensão das hipóteses definidas na própria Constituição da República. Simetria direta. Precedentes. Procedência. 1. A regra é que todos os cidadãos sejam julgados inicialmente perante juízes de primeiro grau, em consonância com o princípio republicano (art. 1º, caput, CF), o princípio da isonomia (art. 5º, caput, CF) e o princípio do juiz natural (art. 5º, LIII, CF). Somente em hipóteses extraordinárias e de modo excepcional se admite o estabelecimento de normas diversas, com a fixação de foro por prerrogativa de função. 2. O foro por prerrogativa de função só encontra razão de ser na proteção à dignidade do cargo, e não à pessoa que o ocupa, o que impele a interpretação restritiva do instituto, tendo em vista sua excepcionalidade e em prestígio aos princípios republicano (art. 1º, caput, CF) e da isonomia (art. 5º, caput, CF). 3. A Constituição da República já disciplinou de forma minudente e detalhada as hipóteses de prerrogativa de foro, a evidenciar sua exaustão e, em consequência, a impossibilidade de ampliação de seu alcance pelo poder constituinte decorrente, apenas quando a própria Carta Política estabelece simetria direta mostra-se legítimo à Constituição estadual conceder prerrogativa de foro. 4. Ação direta inconstitucionalidade conhecida. Pedido julgado procedente com efeitos *ex nunc*" (ADI 6504, j. em 25-10-2021, DJe de 5-11-2021), no mesmo sentido ADI 6510-MG. Já no que se refere ao magistrado, denunciado pela prática do delito de homicídio doloso qualificado, deverá ser processado pelo tribunal ao qual está vinculado (Tribunal de Justiça de Santa Catarina), ainda que o delito tenha ocorrido em outra unidade da Federação. Atenção aos julgados do STJ sobre foro por prerrogativa de função em relação a magistrados e membros do Ministério Público: "(...) 1. O precedente estabelecido pelo Supremo Tribunal Federal no julgamento da QO na AP 937/RJ não deliberou expressamente sobre o foro para processo e julgamento de magistrados e membros do Ministério Público, limitando-se a estabelecer tese em relação ao foro por prerrogativa de função de autoridades indicadas na Constituição Federal que ocupam cargo eletivo. A interpretação se corrobora tanto pelo fato de que, na Questão de Ordem no Inquérito 4.703-DF, Primeira Turma, Rel. Ministro Luiz Fux, os eminentes Ministros Luís Roberto Barroso e Alexandre de Moraes ressalvaram a pendência deliberativa da questão, em relação aos magistrados e membros do Ministério Público (CF/88, art. 96, III), quanto pelo fato de que a Suprema Corte, em 28/5/2021, nos autos do ARE 1.223.589/DF, de Relatoria do Ministro Marco Aurélio, por unanimidade, afirmou que a questão ora em debate possui envergadura constitucional, reconhecendo a necessidade de se analisar, com repercussão geral (Tema 1.147), a possibilidade de o STJ, com amparo no artigo 105, inciso I, alínea "a", da CF, processar e julgar Desembargador por crime comum, ainda que sem relação com o cargo". **PB/ED**
Gabarito "B".

(Técnico – TJ/AL – 2018 – FGV) Paulo pretende oferecer queixa-crime em face de Lucas em razão da prática de crime de calúnia majorada, não sendo, assim, infração de menor potencial ofensivo. Procura, então, seu advogado e narra que Lucas o ofendeu através de uma carta, que foi escrita na cidade A, mas só chegou ao conhecimento da vítima e de terceiros o seu conteúdo quando lida na cidade B. Por outro lado, Paulo esclarece que atualmente está residindo na cidade C, enquanto Lucas reside na cidade D.

Considerando as regras de competência previstas no Código de Processo Penal, é correto afirmar que:

(A) a Comarca A é competente para julgamento, tendo em vista que o Código de Processo Penal adota a Teoria da Atividade para definir a competência territorial para julgamento;

(B) a queixa poderá ser oferecida perante a Vara Criminal da Comarca D, ainda que conhecido o local da infração;

(C) a queixa poderá ser oferecida perante a Vara Criminal da Comarca C, ainda que conhecido o local da infração;

(D) a queixa somente poderia ser oferecida perante a Vara Criminal da Comarca C se desconhecido o local da infração;

(E) o primeiro critério a ser observado para definir a competência sempre é o da prevenção.

Ainda que conhecido o lugar que se consumou a infração, o querelante, na ação penal privada exclusiva, poderá preferir o foro de domicílio ou da residência do réu – art. 73 do CPP, que, no caso narrado no enunciado, corresponde à Comarca "D", local de residência de Lucas. ED

Gabarito "B".

5. QUESTÕES E PROCESSOS INCIDENTES

(Técnico – TJ/AL – 2018 – FGV) Tício é funcionário auxiliar da justiça de certo cartório de Vara Criminal. Ao atuar em determinado procedimento, verifica que Mévio, que é seu credor em razão de empréstimo, figura como réu na ação penal.

Identificada tal situação, é correto afirmar que Tício:

(A) não poderá participar da ação penal em razão da causa de suspeição prevista no Código de Processo Penal, tendo em vista que as prescrições sobre suspeição dos juízes estendem-se aos serventuários e funcionários da justiça;

(B) poderá participar da ação penal, tendo em vista que ser credor da parte não configura causa de impedimento e nem suspeição do magistrado a ser estendida ao funcionário auxiliar da justiça;

(C) não poderá participar da ação penal em razão da causa de impedimento prevista no Código de Processo Penal, tendo em vista que as prescrições sobre impedimento dos juízes estendem-se aos serventuários e funcionários da justiça;

(D) poderá participar da ação penal, tendo em vista que as prescrições sobre suspeição e impedimento dos juízes não se aplicam aos serventuários e funcionários da justiça;

(E) poderá participar da ação penal, tendo em vista que ser credor da parte é causa de impedimento e apenas as prescrições sobre suspeição dos juízes, de acordo com o Código de Processo Penal, aplicam-se aos funcionários da justiça.

Impedimentos são causas objetivas relacionadas a *fatos internos ao processo* e prejudicam a imparcialidade do juiz (art. 252 do CPP). A suspeição são circunstâncias subjetivas relacionadas a *fatos externos ao processo*, causas de incapacidade subjetiva do juiz e que prejudicam a sua imparcialidade (art. 254 do CPP). A solução desta questão deve ser extraída do art. 254, V, que constitui hipótese de suspeição se o magistrado for credor ou devedor, tutor ou curador, de qualquer das partes e, conjuntamente, com o art. 274, do CPP, prevendo que as hipóteses sobre suspeição dos juízes *estendem-se aos serventuários e funcionários da justiça*, no que lhes for aplicável. ED

Gabarito "A".

(Técnico – TJ/AL – 2018 – FGV) Após denúncia em face de Nilton, sua defesa técnica apresentou exceção de suspeição do magistrado, bem como exceção de coisa julgada, tudo no prazo para apresentar resposta à acusação.

Para o correto processamento das exceções apresentadas, o serventuário do cartório deverá ter conhecimento de que o Código de Processo Penal prevê que:

(A) a exceção de coisa julgada precede a qualquer outra, inclusive a de suspeição;

(B) as exceções são processadas em autos apartados, suspendendo, em regra, de imediato o andamento da ação penal;

(C) as exceções são processadas junto aos autos principais, não suspendendo, em regra, de imediato o andamento da ação penal;

(D) a exceção de suspeição precede a qualquer outra, salvo quando fundada em motivo superveniente;

(E) as exceções são processadas em autos principais e suspenderão, em regra, o andamento da ação penal.

A: incorreta, já que contraria o disposto no art. 96 do CPP, segundo o qual *a arguição de suspeição precederá a qualquer outra, salvo quando fundada em motivo superveniente*; **B e C**: incorretas, pois não refletem o disposto no art. 111 do CPP, que assim dispõe: *as exceções serão processadas em autos apartados e não suspenderão, em regra, o andamento da ação penal*; **D**: correta. Vide comentário à assertiva "A"; **E**: incorreta, pois não corresponde ao disposto no art. 111 do CPP. ED

Gabarito "D".

6. PROVAS

(OAB/FGV – 2024) Depois do recebimento de denúncia anônima, a delegacia iniciou a verificação preliminar de informações e colheu indícios de que Juca desenvolvia atividades ilícitas de telecomunicações (pena: detenção, 2 a 4 anos).

A fim de melhor apurar os fatos, foi instaurado inquérito policial e o delegado de polícia representou pela interceptação das comunicações telefônicas de Juca, o que foi deferido pelo Juiz.

A fim de anular as provas colhidas a partir da interceptação telefônica, você, na condição de advogado(a) de defesa de Juca, deve alegar que

(A) não é cabível a interceptação quando o ilícito apurado for punível com pena de detenção.

(B) a pena mínima de 2 (dois) anos não autoriza o deferimento de interceptação.

(C) o delegado de polícia não é legitimado a representar pela interceptação telefônica.

(D) a ausência de contraditório, antes do deferimento da interceptação, é causa de nulidade.

A apuração do fato narrado no enunciado não comporta a decretação de interceptação telefônica. Isso porque o crime pelo qual está sendo investigado Juca prevê pena de detenção, e o art. 2º, III, da Lei 9.296/1996 não admite interceptação telefônica se o fato constituir infração penal punida, no máximo, com detenção. **ED**
Gabarito "A".

(Juiz Federal – TRF/1 – 2023 – FGV) A teoria dos *standards* de prova foi desenvolvida visando definir quando uma hipótese fática pode ser considerada provada.

Considerando as disposições constitucionais e legais, bem como a jurisprudência dos Tribunais Superiores acerca do tema, é correto afirmar que:

(A) o Código de Processo Penal brasileiro expressamente adotou o standard para além da dúvida razoável como requisito para a condenação;
(B) a jurisprudência do Supremo Tribunal Federal e do Superior Tribunal de Justiça já utilizou expressamente a teoria dos *standards* de prova, mesmo sem previsão expressa no ordenamento jurídico brasileiro;
(C) a jurisprudência do Supremo Tribunal Federal adota a Inferência para Melhor Explicação (IME) como *standard* para a condenação;
(D) o *standard* de prova para além da dúvida razoável deve ser aplicado em todas as fases do procedimento, inclusive no recebimento da denúncia e na pronúncia no Tribunal do Júri;
(E) é pacífico na jurisprudência e na doutrina que nos crimes em que existe dificuldade probatória deve ser rebaixado o *standard* de prova.

Conforme entendimento do STJ: "(...) 1. Exige-se, em termos de *standard* probatório para busca pessoal ou veicular sem mandado judicial, a existência de fundada suspeita (justa causa) – baseada em um juízo de probabilidade, descrita com a maior precisão possível, aferida de modo objetivo e devidamente justificada pelos indícios e circunstâncias do caso concreto – de que o indivíduo esteja na posse de drogas, armas ou de outros objetos ou papéis que constituam corpo de delito, evidenciando-se a urgência de se executar a diligência. 3. Não satisfazem a exigência legal, por si sós, meras informações de fonte não identificada (e.g. denúncias anônimas) ou intuições e impressões subjetivas, intangíveis e não demonstráveis de maneira clara e concreta, apoiadas, por exemplo, exclusivamente, no tirocínio policial. Ante a ausência de descrição concreta e precisa, pautada em elementos objetivos, a classificação subjetiva de determinada atitude ou aparência como suspeita, ou de certa reação ou expressão corporal como nervosa, não preenche o *standard* probatório de "fundada suspeita" exigido pelo art. 244 do CPP. 4. O fato de haverem sido encontrados objetos ilícitos – independentemente da quantidade – após a revista não convalida a ilegalidade prévia, pois é necessário que o elemento "fundada suspeita de posse de corpo de delito" seja aferido com base no que se tinha antes da diligência. Se não havia fundada suspeita de que a pessoa estava na posse de arma proibida, droga ou de objetos ou papéis que constituam corpo de delito, não há como se admitir que a mera descoberta casual de situação de flagrância, posterior à revista do indivíduo, justifique a medida" (RHC 158580-BA, j. em 19-4-2022, DJe de 25-4-2022), STJ: "Se, por um lado, o *standard* probatório exigido para a condenação é baseado em juízo de certeza que exclua qualquer dúvida razoável quanto à autoria delitiva, por outro lado, para o início de uma investigação, exige-se um juízo de mera possibilidade. A justa causa para o oferecimento da denúncia, a seu turno, situa-se entre esses dois *standards* e é baseada em um juízo de probabilidade de que o acusado seja o autor ou partícipe do delito. (HC 734.709-RJ, j. em 7-6-2022, *DJe* de 10-6-2022). **PB**
Gabarito "B".

(Juiz de Direito/AP – 2022 – FGV) O Superior Tribunal de Justiça tem entendido, quanto ao ingresso forçado em domicílio, que não é suficiente apenas a ocorrência de crime permanente, sendo necessárias fundadas razões de que um delito está sendo cometido, para assim justificar a entrada na residência do agente, ou, ainda, a autorização para que os policiais entrem no domicílio.

Segundo a nova orientação jurisprudencial, a comprovação dessa autorização, com prova da voluntariedade do consentimento, constitui:

(A) interesse processual do acusado;
(B) interesse processual da acusação;
(C) faculdade da acusação;
(D) faculdade do acusado;
(E) ônus da acusação.

O ônus é aquilo que se tornou incumbência, dever, encargo, obrigação ou seja, o ônus da acusação é o ônus probatório de atribuição da acusação. Conferir o seguinte julgado do STJ quanto ao ônus, que recai sobre a acusação, de comprovar a higidez da autorização concedida pelo morador para que policiais ingressem no seu domicílio em caso de cometimento de crime permanente, a exemplo o tráfico de drogas: "(...) *habeas corpus*. tráfico de drogas. sentença. nulidade. ingresso de policiais no domicílio do acusado. ausência de justa causa ou de autorização judicial. comprometimento da materialidade delitiva. apreensão de grande quantidade de droga (37,717 kg de maconha, 2,268 kg de cocaína e 10,532 kg de crack). ônus da prova. estado acusador. Provas obtidas eivadas de vício. Constrangimento ilegal manifesto. 1. Esta Corte Superior tem entendido, quanto ao ingresso forçado em domicílio, que não é suficiente apenas a ocorrência de crime permanente, sendo necessárias fundadas razões de que um delito está sendo cometido, para assim justificar a entrada na residência do agente, ou, ainda, autorização para que os policiais entrem no domicílio. 2. Segundo a nova orientação jurisprudencial, o ônus de comprovar a higidez dessa autorização, com prova da voluntariedade do consentimento, recai sobre o estado acusador. 3. Ao que se observa, o fato de o indivíduo correr com uma mochila nas costas, mesmo após evadir-se da presença policial, não configura a fundada razão da ocorrência de crime (estado de flagrância) que justifique afastar a garantia da inviolabilidade do domicílio, estabelecida no art. 5º, XI, da Constituição Federal. 4. Ordem concedida para reconhecer a nulidade do flagrante em razão da invasão de domicílio e, por conseguinte, das provas obtidas em decorrência do ato." (HC 668.062-RS, j. em 21/09/2021, DJe 27/09/2021). Em outro julgado: (...) "I – O Supremo Tribunal Federal, no julgamento do Recurso Extraordinário n. 603.616/RO, no qual se enfrentou o Tema 280 de Repercussão Geral, fixou o entendimento de que "a entrada forçada em domicílio sem mandado judicial só é lícita, mesmo em período noturno, quando amparada em fundadas razões, devidamente justificadas *a posteriori*, que indiquem que dentro da casa ocorre situação de flagrante delito, sob pena de responsabilidade disciplinar, civil e penal do agente ou da autoridade, e de nulidade dos atos praticados". II – No julgamento do HC n. 598.051/SP, em 2/3/2021, pela Sexta Turma desta Corte Superior, assentou-se que não houve a concessão de salvo-conduto a todas as condenações por tráfico ilícito de drogas praticadas em domicílio, devendo-se analisar, caso a caso, as circunstâncias de cada prisão em flagrante (HC n. 598.051/SP, Sexta Turma, Rel. Min. Rogério Schietti Cruz, DJe de 15/3/2021). III – Nessa linha, o Superior Tribunal de Justiça compreende que é possível o ingresso de policiais em domicílio, mesmo sem mandado judicial ou consentimento do morador, caso haja fundadas razões da ocorrência da prática de crime no local, à luz do artigo 240 do Código de Processo Penal. IV – Na hipótese, conforme consignado na decisão agravada, diante da dinâmica fática apresentada, verifica-se que havia fundadas razões da ocorrência de crime permanente no domicílio do acusado, aptas ao embasamento do ingresso domiciliar por parte dos policiais (AgRg no HC 791065- SP, j. em 2-9-2024, DJe de 6-9-2024). **PB**
Gabarito "E".

(**Analista Judiciário – TJ/AL – 2018 – FGV**) Carlos conduzia seu veículo automotor de maneira tranquila, quando foi parado em uma operação que verificava a condução de veículo automotor em via pública sob a influência de álcool. Apesar de estar totalmente consciente de seus atos, Carlos havia ingerido 07 (sete) latas de cerveja, razão pela qual temia que o teste do "bafômetro" identificasse percentual acima do permitido em lei.

De acordo com a jurisprudência majoritária dos Tribunais Superiores, Carlos:

(A) não é obrigado a realizar o exame, que exige um comportamento positivo seu, respeitando-se a regra de que ninguém é obrigado a produzir prova contra si, diferentemente do que ocorreria se fosse necessária apenas cooperação passiva;

(B) é obrigado a realizar o exame, tendo em vista que esse é indispensável para a configuração do tipo, sempre podendo o resultado ser utilizado como meio de prova;

(C) não é obrigado a realizar o exame, pois ninguém é obrigado a produzir prova contra si, seja através de cooperação ativa seja com cooperação passiva, como no caso de ato de reconhecimento de pessoa;

(D) é obrigado a realizar o exame, ainda que este seja desnecessário para a configuração do tipo, que pode ser demonstrado por outros meios de prova;

(E) é obrigado a realizar o exame, mas seu resultado poderá ou não ser utilizado como meio de prova de acordo com a vontade de Carlos, já que ninguém é obrigado a produzir prova contra si.

O princípio do *nemo tenetur se detegere* (ninguém é obrigado a produzir prova contra si mesmo) engloba o direito do acusado de não ser obrigado a praticar qualquer comportamento ativo, mas não inclui comportamentos passivos, como, por exemplo, sujeitar-se ao reconhecimento pessoal. Em outras palavras, quando a produção da prova que se pretende obter implicar um comportamento positivo do investigado/acusado (bafômetro, reconstituição de crime, exame grafotécnico, entre outros), é de rigor o seu consentimento. Os arts. 165-A e 277, § 3º, do CTB, tiveram a sua constitucionalidade questionada perante o STF, uma vez que estabelecem penalidades ao condutor que se recusa a se submeter ao teste, exame clínico, perícia ou outro procedimento que permita certificar influência de álcool ou outra substância psicoativa. O STF fixou a seguinte tese: "Não viola a Constituição a previsão legal de imposição das sanções administrativas ao condutor de veículo automotor que se recuse à realização dos testes, exames clínicos ou perícias voltados a aferir a influência de álcool ou outra substância psicoativa. (art. 165-A e art. 277, §§ 2º e 3º, todos do Código de Trânsito Brasileiro, na redação dada pela Lei 13.281/2016)". Outra decisão importante foi sobre a determinação da condução coercitiva de investigados ou réus para serem interrogados em procedimentos criminais. Diante da incompatibilidade da natureza jurídica com as disposições constitucionais, o STF, entendeu que a expressão "para o interrogatório" prevista no art. 260, do CPP, não foi recepcionada pela Constituição Federal. Assim, não sendo possível a decretação da condução coercitiva dos interrogados e dos réus à presença da autoridade policial e judicial. "(...) Arguição julgada procedente, para declarar a incompatibilidade com a Constituição Federal da condução coercitiva de investigados ou de réus para interrogatório, tendo em vista que o imputado não é legalmente obrigado a participar do ato, e pronunciar a não recepção da expressão 'para o interrogatório', constante do art. 260 do CPP" (ADPF 395-DF e ADPF 444-DF, Rel. Min. Gilmar Mendes, j. em 14-6-2018, DJe de 25-5-2019). **PB/ED**

Gabarito "A".

(**Analista Judiciário – TJ/AL – 2018 – FGV**) Tadeu figura como acusado em ação penal em que se investiga a prática do crime de tráfico de drogas, respondendo ao processo na condição de preso. Entendendo existir fundada suspeita de que Tadeu integre organização criminosa e que haveria risco de fuga em seu deslocamento, para prevenir a segurança pública, o magistrado determinou, de ofício, a realização do interrogatório do réu por videoconferência. Tadeu, então, indaga seu advogado sobre a validade da decisão.

Com base nas informações expostas, o advogado de Tadeu deverá esclarecer que:

(A) o interrogatório por videoconferência, atualmente, é a regra no processo penal, respeitando-se a garantia da ordem pública;

(B) o interrogatório por videoconferência não é admitido pela legislação penal, em respeito ao direito de presença, mas tão só a oitiva de testemunhas sem a presença do acusado;

(C) o interrogatório por videoconferência poderia ser determinado em decisão fundamentada do juiz após requerimento das partes, mas não de ofício;

(D) as partes deverão ser intimadas da decisão que determinar o interrogatório por videoconferência com antecedência mínima de 10 dias;

(E) a decisão que determinar a realização de interrogatório por videoconferência poderá ser impugnada através de recurso em sentido estrito no prazo de 05 dias.

A: incorreta. Ao contrário do afirmado, o interrogatório por videoconferência constitui, atualmente, providência de caráter excepcional, da qual o juiz somente poderá lançar mão diante da presença de uma das hipóteses elencadas no art. 185, § 2º, do CPP; **B**: incorreta, já que o art. 185, § 2º, do CPP prevê a possibilidade de o interrogatório do réu preso ser realizado por meio de sistema de videoconferência, sem que isso implique violação a garantias constitucionais, desde que, como já dissemos, tal providência seja fundamentada em uma das hipóteses legais; **C**: incorreta, já que tal providência pode ser determinada de ofício pelo juiz, tal como estabelece o art. 185, § 2º, do CPP; **D**: correta, pois em conformidade com o art. 185, § 3º, do CPP; **E**: incorreta. Não há previsão de recurso. Contra a decisão que determinar a realização de interrogatório por videoconferência fora dos parâmetros estabelecidos em lei poderá ser impetrado *habeas corpus*. **ED**

Gabarito "D".

(**Analista – TJ/SC – FGV – 2018**) Em determinada data, Glaucia ingressou em estabelecimento comercial, após arrombar a fechadura da porta, para subtrair diversos bens, Descobertos os fatos, foi denunciada pelo crime de furto qualificado pelo rompimento de obstáculo.

Considerando que a infração deixou vestígios, o reconhecimento da qualificadora:

(A) poderia ser obtido a partir da produção de provas de qualquer natureza, tendo em vista que adotado pelo Direito Processual Penal brasileiro o princípio do livre convencimento motivado;

(B) dependeria de laudo pericial direto e, ainda que tivessem desaparecidos os vestígios, o exame indireto não seria suficiente;

(C) exigiria exame de corpo de delito, que poderia ser direto ou indireto, ainda que realizado por um perito, mas a confissão não seria suficiente;

(D) dependeria de realização de exame pericial, que poderia, porém, ser suprido pela confissão do réu;

(E) exigiria realização de exame pericial, exame esse que deveria ser realizado por dois peritos oficiais.

Segundo estabelece o art. 158 do CPP, nas infrações que deixam vestígios, é de rigor a realização do exame de corpo de delito, direto ou indireto, cuja falta, no entanto, não pode ser suprida pela confissão do acusado. Diante do desaparecimento dos vestígios do delito, deve-se recorrer à fórmula contida no art. 167 do CPP, que autoriza que, neste caso, a prova testemunhal poderá suprir tal ausência. Supondo, por exemplo, que o agente, no furto qualificado pelo rompimento de obstáculo, faça desaparecer os vestígios do crime, com o fim de dificultar a sua identificação, poderá a prova da qualificadora ser produzida por meio do depoimento de testemunhas. No mais, a redação anterior do art. 159 do CPP estabelecia que a perícia fosse realizada por *dois* profissionais. Atualmente, com a modificação a que foi submetido este dispositivo (pela Lei 11.690/2008), a perícia será levada a efeito por *um* perito oficial portador de diploma de curso superior. À falta deste, determina o § 1º do art. 159 que o exame seja feito por duas pessoas idôneas, detentoras de diploma de curso superior preferencialmente na área específica, dentre aquelas que tiverem habilitação técnica relacionada com a natureza do exame.

Gabarito "C".

(Técnico – TJ/AL – 2018 – FGV) Lucas caminhava pela rua, por volta de 7 horas, quando foi abordado por Pedro, que, mediante grave ameaça com emprego de simulacro de arma de fogo, subtraiu seu aparelho celular. Em seguida, Pedro entregou o simulacro de arma de fogo para seu irmão, que coincidentemente passava pela localidade, e pediu para que ele guardasse o objeto em sua residência. Diante disso, o irmão de Pedro guardou o simulacro em sua casa e depois foi para o trabalho. Por outro lado, ainda pouco tempo após o crime, policiais militares passaram pela localidade, de modo que Lucas apontou para Pedro como o autor do fato. Os policiais abordaram Pedro e realizaram busca em seu corpo, vindo a ser localizado o celular subtraído. Chegando na Delegacia, ao tomar conhecimento dos fatos, o Delegado determina que os policiais compareçam à residência do irmão de Pedro para apreender o instrumento do crime, o que efetivamente fazem os agentes da lei por volta de 16 horas.

Considerando apenas a situação narrada, é correto afirmar que a busca:

(A) pessoal realizada em Pedro foi válida, assim como a busca domiciliar para apreensão do instrumento do crime, independentemente de mandado de busca e apreensão;

(B) pessoal realizada em Pedro e a busca na residência de seu irmão foram inválidas, pois ambas dependiam de mandado de busca e apreensão;

(C) pessoal realizada em Pedro foi válida, independentemente de mandado, diferentemente do que ocorreu na busca na residência do irmão do autor do fato, que foi inválida por depender de mandado de busca e apreensão;

(D) domiciliar no imóvel do irmão de Pedro foi válida, pois prescinde de mandado de busca e apreensão, diferentemente da busca pessoal em Pedro, que foi inválida;

(E) domiciliar no imóvel do irmão de Pedro foi inválida, pois, apesar de prescindir de mandado de busca e apreensão, foi realizada em período noturno, diferentemente da busca pessoal em Pedro, que foi válida.

A busca pessoal realizada em Pedro, com o qual foi localizado o produto do crime, um celular, deve ser considerada lícita, porquanto feita nos termos do art. 240, § 2º, do CPP, mesmo porque Pedro se encontrava em situação de flagrante delito. Já a diligência de busca e apreensão determinada pela autoridade policial e realizada na casa do irmão de Pedro deve ser considerada ilegal, por patente violação ao art. 5º, XI, da CF. Com efeito, é imprescindível que a medida de busca e apreensão, quando não realizada pessoalmente pelo juiz, seja por ele determinada. Nesse sentido, o STF fixou a seguinte tese: "A entrada forçada em domicílio sem mandado judicial só é lícita, mesmo em período noturno, quando amparada em fundadas razões, devidamente justificadas *a posteriori*, que indiquem que dentro da casa ocorre situação de flagrante delito, sob pena de responsabilidade disciplinar, civil e penal do agente ou da autoridade, e de nulidade dos atos praticados" (RE 603616 – tema 280).

Gabarito "C".

7. PRISÃO, MEDIDAS CAUTELARES E LIBERDADE PROVISÓRIA

(OAB/FGV – 2024) Ricardo é policial civil e disparou seis vezes, com intenção de matar, contra Marilene, sua ex-amante, que veio a óbito. Diversos transeuntes testemunharam os fatos, inclusive o delegado de polícia que trabalha com Ricardo, que estava de plantão no momento e imediatamente realizou a prisão em flagrante do acusado e apreendeu sua pistola, lavrando o auto de prisão em flagrante pela prática do crime de feminicídio.

Diante do caso narrado, sobre a lavratura do flagrante assinale a opção correta.

(A) É o caso de flagrante impróprio e facultativo e o delegado pode prender Ricardo, ou, por critério de conveniência e oportunidade, postergar o flagrante.

(B) É o caso de flagrante presumido, pois Ricardo estava com a arma na mão.

(C) É o caso de flagrante próprio e obrigatório, e o delegado deve prender Ricardo.

(D) O flagrante é ilegal e o delegado não poderia prender Ricardo por trabalharem juntos.

Pelo que é possível inferir do enunciado, a prisão de Ricardo se deu logo em seguida à execução do crime de feminicídio contra sua ex-amante. Cuida-se do chamado flagrante próprio, real ou perfeito, em que o agente é surpreendido no momento em que comete o crime ou quando acaba de cometê-lo – art. 302, I e II, do CPP. No chamado flagrante impróprio, imperfeito ou quase flagrante, o sujeito é perseguido, logo em seguida à prática criminosa, em situação que faça presumir ser o autor da infração (art. 302, III). Ficto ou presumido, por sua vez, é a modalidade de flagrante (art. 302, IV) em que o agente é encontrado, depois do crime, na posse de instrumentos, armas, objetos ou papéis em circunstâncias que revelem ser ele o autor da infração penal. De se ver que, nesta modalidade de flagrante, inexiste perseguição, como ocorre no flagrante impróprio. Por fim, diferido ou retardado é o flagrante em que a lei confere à autoridade policial, para o fim de tornar mais eficaz a colheita de provas e o fornecimento de informações, a faculdade de retardar a prisão daqueles que se acham em situação de flagrante. Além de próprio, a hipótese narrada no enunciado constitui modalidade obrigatória de flagrante, em que a autoridade policial e seus agentes, a teor do que dispõe o art. 301 do CPP, *devem* prender quem quer que se encontre em situação de flagrante. Agora, qualquer pessoa do povo *poderá* fazer o mesmo, isto é, proceder à prisão em flagrante daquele que se encontre nessa situação. Este é o chamado *flagrante facultativo*. Assim, a prisão (em flagrante, qualquer que seja a sua modalidade) não constitui ato privativo da autoridade policial e de seus agentes. ED

Gabarito "C".

(OAB/FGV – 2024) Vanessa, primária e sem antecedentes, grávida de seis meses, foi presa em flagrante no aeroporto no momento em que embarcava com destino à Espanha de posse de 10kg de substância entorpecente (cocaína). Vanessa foi autuada pela prática do crime de tráfico internacional de drogas (Art. 33, *caput*, c/c. Art. 40, inciso I, ambos da Lei nº 11.343/06).

Sobre a possibilidade de prisão domiciliar em favor de Vanessa, assinale a afirmativa correta.

(A) A quantidade de drogas apreendidas e a transnacionalidade do delito obstam a concessão de prisão domiciliar.

(B) O pedido de prisão domiciliar é injustificável, tendo em vista que Vanessa ainda está no sexto mês de gestação.

(C) A natureza não violenta do delito imputado e a gestação de Vanessa autorizam a concessão de prisão domiciliar.

(D) Apenas se houver comprovação de gravidez de risco haverá previsão legal que justifique a concessão de prisão domiciliar.

Levando-se em conta que Vanessa, primária e sem antecedentes, encontra-se grávida (art. 318, IV, do CPP) e que o crime pelo qual foi autuada em flagrante (tráfico internacional de drogas), embora equiparado a hediondo, é desprovido de violência ou grave ameaça contra a pessoa (art. 318-A, I CPP), nada impede que o magistrado autorize que ela cumpra prisão domiciliar. Quanto a este tema, dada a sua relevância e a frequência com que é cobrado em provas da OAB, valem algumas observações. O juiz poderá, em vista do que estabelece o art. 318 do CPP, substituir a prisão preventiva pela domiciliar nas seguintes hipóteses: agente que contar com mais de 80 (oitenta) anos (inciso I); agente extremamente debilitado por motivo de doença grave (inciso II); quando o agente for imprescindível aos cuidados de pessoa com menos de 6 (seis) anos ou com deficiência (inciso III); quando se tratar de gestante (inciso IV – cuja redação foi alterada pela Lei 13.257/2016); quando se tratar de mulher com filho de até 12 anos de idade incompletos (inciso V – cuja redação foi determinada pela Lei 13.257/2016); homem, caso seja o único responsável pelos cuidados do filho de até 12 anos de idade incompletos (inciso VI – cuja redação foi determinada pela Lei 13.257/2016). São várias as situações, portanto, em que a substituição será autorizada. Perceba que o caso de Vanessa está inserido no art. 318, IV, do CPP, segundo o qual a substituição poderá ser realizada independente do mês de gestação em que se encontre a presa. Basta, portanto, que a mulher esteja grávida. ED

Gabarito "C".

(ENAM – 2024.1) João da Silva vai à agência bancária obter o levantamento de conta de FGTS de terceiro, usando documento falso. Desconfiado da veracidade do documento, o gerente da agência pede a João que retorne em algumas horas, quando o dinheiro já estará disponível em sua conta. João retorna no horário combinado e, no momento em que efetua o saque, é preso por policiais militares acionados pelo gerente da agência após proceder à checagem da autenticidade do referido documento e confirmar sua falsidade.

Considerando essa narrativa, assinale a afirmativa correta.

(A) A prisão em flagrante é ilegal, pois se trata de flagrante provocado.

(B) A prisão em flagrante é legal, pois se trata de ação controlada.

(C) A prisão em flagrante é legal, pois se trata de flagrante diferido.

(D) A prisão em flagrante é legal, pois se trata de flagrante preparado.

(E) A prisão em flagrante é legal, pois se trata de flagrante esperado.

A: incorreta. No flagrante provocado (preparado, crime de ensaio, delito de experiência, delito putativo por obra do agente provocador) o agente é induzindo à prática do crime por terceiro ou pela polícia. Nessa hipótese há o crime impossível, porque o agente não dispõe de meios necessário para conseguir a consumação ou é impróprio o objeto material. Nesse sentido, é o teor da Súmula 145 do STF: Não há crime, quando a preparação do flagrante pela polícia torna impossível a sua consumação. Se caraterizado o flagrante provocado, a prisão de João da Silva seria ilegal; **B:** incorreta. A ação controlada consiste em retardar a intervenção policial ou administrativa relativa à ação praticada por organização criminosa ou a ela vinculada, desde que mantida sob observação e acompanhamento para que a medida legal se concretize no momento mais eficaz à formação de provas e obtenção de informações, com previsão legal na Lei 12.850/2013. Esse retardamento da ação policial ou administrativa será previamente comunicada ao juiz competente que, se for o caso, estabelecerá os seus limites e comunicará ao Ministério Público (art. 8º, § 1º). De acordo com o caso narrado no enunciado, não se trata de ação controlada; **C** e **D**: erradas. Vide comentário à assertiva A; **E:** correta. No flagrante esperado não há induzimento ou provocação para a prática do crime, o terceiro ou a autoridade policial aguarda o momento do cometimento do delito para efetuar a prisão em flagrante. ED

Gabarito "E".

(Juiz de Direito – TJ/SC – 2024 – FGV) O Ministério Público ofereceu denúncia contra Robério em razão da prática do crime de homicídio culposo e requereu a prisão preventiva do acusado, pelo fato de ostentar outras condenações por delitos culposos em sua folha de antecedentes criminais, bem como por não possuir ele residência fixa na comarca.

Analisando o pleito ministerial, é correto afirmar que o juiz:

(A) não poderá decretar a prisão preventiva do acusado, que não é cabível, mas poderá decretar medida cautelar diversa da prisão;

(B) poderá decretar a prisão preventiva do acusado com vistas à garantia da ordem pública evidenciada pelos antecedentes do acusado;

(C) não poderá decretar a prisão preventiva do acusado, que não é cabível, mas poderá substituí-la pela prisão temporária;

(D) poderá decretar a prisão preventiva do acusado para assegurar a aplicação da lei penal, pelo fato de ele não possuir residência fixa na comarca;

(E) poderá decretar a prisão preventiva do acusado por conveniência da instrução criminal, a fim de garantir que as testemunhas possam depor livremente.

A: correta. Os requisitos para a decretação da prisão preventiva estão elencados no art. 312 do CPP, que são: garantia da ordem pública, da ordem econômica, por conveniência da instrução criminal ou para assegurar a aplicação da lei penal (*periculum libertatis*), quando houver prova da existência do crime e indício suficiente de autoria e de perigo gerado pelo estado de liberdade do imputado (*fumus comissi delicti*), em caso de descumprimento de qualquer das obrigações impostas por força de outras medidas cautelares. Ainda, deverá se observar no art. 313 outros requisitos: crimes dolosos punidos com pena privativa de liberdade máxima superior a 4 anos; se tiver sido condenado por outro crime doloso, em sentença transitada em julgado; e o crime envolver violência doméstica e familiar contra a mulher, criança, adolescente, idoso, enfermo ou pessoa com deficiência, para garantir a execução das medidas protetivas de urgência e, também será admitida a prisão preventiva caso houver dúvida sobre a identidade civil da pessoa ou quando esta não fornecer elementos suficientes para esclarecê-la. O fato, por si só do agente não possuir residência fixa não é fundamentação suficiente para decretar a prisão preventiva, por isso cabe a aplicação de medida cautelar diversa da prisão prevista no art. 319 do CPP; **B:** errada. Vide comentários à assertiva A; **C:** errada. A prisão temporária será decretada somente na fase do inquérito policial, quando imprescindível para as investigações do inquérito policial. **D:** errada. Vide comentário à assertiva A; **E:** errada. Não é requisito para a decretação da prisão preventiva humilhação, temor, ou sério constrangimento causado pela presença do réu, vide art. 217 do CPP. 🔲

Gabarito "A".

(Juiz de Direito – TJ/SC – 2024 – FGV) Márcio, com extensa folha de antecedentes criminais, foi denunciado pelo Ministério Público em razão da prática do crime de constituir organização criminosa e de vários crimes de estelionato, tendo sido requerida a sua prisão preventiva. Contudo, não foi encontrado para ser citado, tendo o juiz determinado a sua citação por edital. Após a citação editalícia, Márcio não compareceu em juízo, mas constituiu advogado nos autos.

Nessa hipótese, é correto afirmar que:

(A) serão suspensos o curso do processo e do prazo prescricional, e o juiz poderá decretar a prisão preventiva de Márcio;

(B) não será suspenso o curso do processo, mas apenas do prazo prescricional, e o juiz não poderá decretar a prisão preventiva de Márcio;

(C) não serão suspensos o curso do processo e do prazo prescricional, e o juiz poderá decretar a prisão preventiva de Márcio;

(D) será suspenso o curso do processo e interrompido o prazo prescricional, e o juiz poderá decretar a prisão preventiva de Márcio;

(E) serão interrompidos o curso do processo e do prazo prescricional, e o juiz não poderá decretar a prisão preventiva de Márcio.

Determina o art. 366 do CPP que: se o acusado, citado por edital, não comparecer, nem constituir advogado, ficarão suspensos o processo e o curso do prazo prescricional, podendo o juiz determinar a produção antecipada das provas consideradas urgentes e, se for o caso, decretar prisão preventiva, nos termos do disposto no art. 312 do CP. Conforme o enunciado, Márcio mesmo citado por edital, constituiu advogado para sua defesa nos autos, portanto, seguirá a ação penal seu trâmite normal, não serão suspensos o curso do processo nem o prazo prescricional e, caso presentes os requisitos dos arts. 312 e 313 do CPP, o juiz decretará a prisão preventiva. 🔲

Gabarito "C".

(Analista Judiciário – TJ/AL – 2018 – FGV) Carla foi presa em flagrante pela prática de crime de estelionato (pena: 1 a 5 anos de reclusão e multa), sendo verificado na Delegacia que ela teria diversas condenações definitivas pela prática de crimes da mesma natureza. Encaminhada para audiência de custódia, após manifestação do Ministério Público, foi a prisão em flagrante convertida em preventiva. Com o oferecimento da denúncia, foi realizado laudo pericial em que os peritos concluíram pela semi-imputabilidade da acusada, bem como o risco de reiteração delitiva. Foi, ainda, constatado que Carla encontrava-se com três meses de gravidez.

Considerando as informações narradas e as previsões do Código de Processo Penal sobre o tema "Prisões e Medidas Cautelares", é correto afirmar que:

(A) a autoridade policial poderia ter arbitrado fiança em sede policial;

(B) as medidas cautelares alternativas dependem de requerimento das partes, não podendo ser aplicadas de ofício, sob pena de violação do princípio da inércia;

(C) a prisão domiciliar em substituição à prisão preventiva poderá ser aplicada pelo magistrado, apesar de Carla ainda estar no terceiro mês de gestação;

(D) o magistrado poderá substituir a prisão preventiva pela medida cautelar de internação provisória, tendo em vista que há laudo constatando a semi-imputabilidade e o risco de reiteração;

(E) a prisão preventiva decretada deve ser relaxada, uma vez que o ato "audiência de custódia" não está previsto no código de Processo Penal, não admitindo o Supremo Tribunal Federal sua realização.

A: incorreta. Não poderia o delegado ter arbitrado fiança em favor de Carla, na medida em que, à luz do que dispõe o art. 322, caput, do CPP, a autoridade policial somente está credenciada a conceder fiança nos casos de infração penal cuja pena máxima cominada não seja superior a 4 anos. A pena máxima cominada ao estelionato é de 5 anos; **B:** incorreta. Atenção: a prova foi aplicada antes das alterações da Lei 13.964/2019 nos arts. 282, § 2º, do CPP e art. 311 do CPP, que agora vedam a atuação de ofício do juiz na decretação de medidas cautelares de natureza pessoal, como a prisão processual, ainda que no curso da ação penal; **C:** correta. O juiz poderá, em vista do que estabelece o art. 318 do CPP, substituir a prisão preventiva pela domiciliar nas seguintes hipóteses: agente que contar com mais de 80 (oitenta) anos (inciso I); agente extremamente debilitado por motivo de doença grave (inciso II); quando o agente for imprescindível aos cuidados de pessoa com menos de 6 (seis) anos ou com deficiência (inciso III); quando se tratar de gestante (inciso IV – cuja redação foi alterada pela Lei 13.257/2016); quando se tratar de mulher com filho de até 12 anos de idade incompletos (inciso V – cuja redação foi determinada pela Lei 13.257/2016); homem, caso seja o único responsável pelos cuidados do filho de até 12 anos de idade incompletos (inciso VI – cuja redação foi determinada pela Lei 13.257/2016). São várias as situações, portanto, em que a substituição será autorizada. Perceba que o caso de Carla está inserido no art. 318, IV, do CPP, segundo o qual a substituição poderá ser realizada independente do mês de gestação em que se encontre a presa. Basta, portanto, que a mulher esteja grávida. Quanto a este tema, importante tecer algumas ponderações, tendo em vista o advento da Lei 13.769/2018, que, entre outras coisas, inseriu no CPP o art. 318-A, que estabelece a substituição da prisão preventiva por prisão domiciliar da mulher gestante, mãe ou responsável por crianças ou pessoas com deficiência. Além disso, disciplina o regime de cumprimento de pena privativa de liberdade de condenadas na mesma situação, com alteração da Lei de Crimes Hediondos e da Lei de Execução Penal. Como bem sabemos, a 2ª turma do STF, ao julgar o HC coletivo 143.641, assegurou a conversão da prisão preventiva em domiciliar a todas as presas provisórias do país que sejam gestantes, puérperas ou mães de crianças e deficientes sob sua guarda. Perceba, dessa forma, que o legislador, ao inserir o art. 318-A do CPP, nada mais fez do que contemplar, no texto legal, o entendimento consolidado no *habeas corpus* coletivo a que fizemos referência. Também em consonância com o que ficou decidido no julgamento do HC, o legislador impôs dois requisitos: que não tenha sido cometido crime com grave ameaça ou violência contra a pessoa; que não tenha sido cometido contra o filho ou dependente. O art. 318-B, também inserido por meio da Lei 13.769/2018, prevê a possibilidade de aplicação concomitante da prisão domiciliar e das medidas alternativas previstas no art. 319 do CPP, na esteira do decidido no HC 143.641. Para além da inserção desses dois dispositivos legais no CPP, a Lei 13.769/2018 promoveu alterações na LEP. Perceba, pois, que os arts. 318, 318-A e 318-B tratam da concessão da prisão domiciliar no contexto da prisão preventiva, que constitui modalidade de prisão provisória. Pressupõe-se, aqui, portanto, ausência de condenação definitiva. Após o trânsito em julgado da condenação, a prisão domiciliar passa a ser disciplinada pela Lei de Execução Penal. Neste caso, temos que a Lei 13.769/2018 inseriu no art. 112 da LEP o § 3º, que estabelece fração diferenciada de cumprimento de pena para que a mulher gestante ou que for mãe ou responsável por crianças ou pessoas com deficiência possa alcançar o regime mais brando. Para tanto, a reeducanda deve reunir diferentes requisitos cumulativos, além de ter cumprido um oitavo da pena que lhe foi imposta. Também incluído pela Lei 13.769/2018, o § 4º do art. 112 da LEP estabelece que a prática de novo crime doloso ou falta grave acarretará a revogação do benefício. Por fim, mesmo na hipótese de condenada por crime hediondo, esses requisitos do § 3º eram exigidos, de acordo com o art. 2º, § 2º, da Lei nº 8.072/1990. "A revogação do § 2º pela Lei nº 13.964, de 24-12-2019, não alterou a disciplina da matéria. Assim, a gestante, mãe ou responsável por crianças ou pessoas com deficiência terá direito à progressão de regime após o cumprimento de 1/8 da pena no regime anterior, ainda que condenada por crime hediondo, desde que não cometido com violência o grave ameaça a pessoa, e satisfaça os demais requisitos previstos no § 3º do art. 112 da LEP" (Mirabete e Fabbrini, Execução Penal, 17ª edição, 2024, Foco, item 112.3); **D:** incorreta. A internação provisória, prevista no art. 319, VII, do CPP, pressupõe que o crime imputado ao agente tenha sido cometido com violência ou grave ameaça, não sendo este o caso do estelionato, delito cuja prática é atribuída a Carla; **E:** incorreta. Embora a audiência de custódia não era prevista de forma expressa, no Código de Processo penal, a Convenção Americana sobre Direitos Humanos (Pacto de San José da Costa Rica), incorporada ao ordenamento jurídico brasileiro, em seu art. 7º (5), assim estabelece: Toda pessoa presa, detida ou retida deve ser conduzida, sem demora, à presença de um juiz ou outra autoridade autorizada por lei a exercer funções judiciais (...)". O Conselho Nacional de Justiça, em parceria com o Tribunal de Justiça de São Paulo e também com o Ministério da Justiça, lançou e implementou o projeto "audiência de custódia", cujo propósito é assegurar ao preso o direito de ser apresentado, de forma rápida, a um juiz de direito, ao qual caberá analisar, entre outros aspectos, a legalidade da prisão em flagrante e também a necessidade de a mesma ser convertida em prisão preventiva. O CNJ, por meio da Resolução 213/2015, disciplinou as audiências de custódia em todo o território nacional. Quanto à manifestação, do STF, sobre a constitucionalidade da audiência de custódia, vide ADI 5.240. Atenção: posteriormente à elaboração desta questão, a Lei 13.964/2019, conhecida como Pacote Anticrime, contemplou a audiência de custódia, inserindo-a no art. 310 do CPP. Segundo estabelece a nova redação do *caput* do art. 310 do CPP, "após receber o auto de prisão em flagrante, no prazo máximo de 24 (vinte e quatro) horas após a realização da prisão, o juiz deverá promover audiência de custódia com a presença do acusado, seu advogado constituído ou membro da Defensoria Pública e o membro do Ministério Público, e, nessa audiência, o juiz deverá, fundamentadamente: (...)". Posteriormente a isso, o Congresso Nacional, ao apreciar os vetos impostos pelo presidente da República ao PL 6.341/2019 (que deu origem à Lei 13.964/2019), rejeitou (derrubou) vários deles (na verdade, 16 dos 24 vetos). Em relação à audiência de custódia, o art. 3º-B, § 1º, do CPP tem a seguinte redação: "o preso em flagrante ou por força de mandado de prisão provisória será encaminhado à presença do juiz de garantias no prazo de 24 (vinte e quatro) horas, momento em que se realizará audiência com a presença do Ministério Público e da Defensoria Pública ou de advogado constituído, vedado o emprego de videoconferência". ED

Gabarito "C".

(**Analista – TJ/SC – FGV – 2018**) Durante investigação pela prática de crime hediondo, após receber os autos, o Ministério Público requer ao Poder Judiciário devolução do inquérito à Delegacia pelo prazo de 30 dias para prosseguir nas investigações, atendendo à única solicitação apresentada pela autoridade policial. O juiz, contudo, decide decretar a prisão preventiva de José e a prisão temporária de Maria, dois dos indiciados no procedimento. Os dois presos procuram seus advogados, esclarecendo que ambos têm 30 anos, são primários, Maria não tem filhos e José tem um filho de 9 anos, dividindo o sustento do menino com a mãe da criança.

O advogado de Maria e José deverá esclarecer que:

(A) a prisão de Maria é ilegal e a de José é legal, havendo previsão de substituição da prisão preventiva por domiciliar no caso de José em razão da idade de seu filho;

(B) a prisão de Maria é ilegal e a de José é legal, não havendo previsão de substituição da prisão preventiva por domiciliar no caso de José em razão da idade de seu filho;

(C) a prisão de ambos os indiciados é legal, havendo previsão de substituição da prisão preventiva por domiciliar no caso de José em razão da idade de seu filho;

(D) a prisão de Maria é legal e a de José ilegal;

(E) a prisão de ambos os indiciados é ilegal.

As duas prisões, porque decretadas de ofício pelo magistrado, devem ser consideradas ilegais. Devemos ter em mente, antes de mais nada, que, na hipótese acima narrada, tanto a prisão temporária quanto a preventiva foram decretadas no curso das investigações do inquérito policial. Não havia, até aquele momento, ação penal em curso. Tratemos, por primeiro, da iniciativa para a decretação da custódia temporária, tema bastante recorrente em concursos públicos em geral. Caberá ao juiz decretar esta modalidade de prisão provisória, e somente poderá fazê-lo a requerimento do MP ou em face de representação da autoridade policial. Ou seja, é imprescindível que haja provocação do MP ou do delegado. No caso acima narrado, o juiz a decretou de ofício, o que está em desacordo com o que estabelecem os art. arts. 1º, I, e 2º, *caput*, da Lei 7.960/1989. No caso da prisão preventiva, o juiz, ao tempo em que esta questão foi elaborada, podia agir de ofício, decretando esta modalidade de custódia provisória, desde que na fase de instrução processual (ação penal). Hodiernamente, dadas as modificações operadas no art. 311 do CPP pela Lei 13.964/2019, está o juiz impedido de agir de ofício na decretação da prisão preventiva, quer no curso das investigações, quer durante a ação penal. Nesse sentido entendeu o STF no HC 188.888-MG, "(...) impossibilidade, de outro lado, da decretação "ex officio" de prisão preventiva em qualquer situação (em juízo ou no curso de investigação penal), inclusive no contexto de audiência de custódia (ou de apresentação), sem que se registre, mesmo na hipótese da conversão a que se refere o art. 310, II, do CPP, prévia, necessária e indispensável provocação do Ministério Público ou da Autoridade Policial – recente inovação Legislativa introduzida pela Lei nº 13.964/2019 ("Lei Anticrime"), que alterou os arts. 282, §§ 2º e 4º, e 311 do Código de Processo Penal, suprimindo ao magistrado a possibilidade de ordenar, "sponte sua", a imposição de prisão preventiva – não realização, no caso, da audiência de custódia (ou de apresentação) – inadmissibilidade de presumir-se implícita, no auto de prisão em flagrante, a existência de pedido de conversão em prisão preventiva – conversão, de ofício, mesmo assim, da prisão em flagrante do ora paciente em prisão preventiva – impossibilidade de tal ato, quer em face da ilegalidade dessa decisão, quer, ainda, em razão de ofensa a um direito básico, qual seja o de realização da audiência de custódia, que traduz prerrogativa insuprimível assegurada a qualquer pessoa pelo ordenamento doméstico e por convenções Internacionais de direitos humanos". PB/ED

Gabarito "E".

8. SUJEITOS PROCESSUAIS, CITAÇÃO, INTIMAÇÃO E PRAZOS

(Juiz de Direito/AP – 2022 – FGV) A intimação de réu solto assistido pela Defensoria Pública ou patrocinado por advogado dativo, quanto à sentença penal condenatória, deve ocorrer:

(A) por publicação no órgão da imprensa oficial;
(B) por meio eletrônico;
(C) pessoalmente;
(D) na pessoa do seu patrono;
(E) em audiência.

A intimação do réu preso será pessoal (art. 392, I do CPP); se o réu estiver solto, a intimação será pessoal ou basta a intimação do defensor, desde que constituído (art. 392, II do CPP). Contudo, conforme entendimento do STJ: "(...) 1. Segundo entendimento jurisprudencial consolidado no âmbito desta Corte Superior, é dispensável a intimação pessoal do réu solto, sendo suficiente a comunicação pelo órgão oficial de imprensa, no caso de estar assistido por advogado constituído, ou pessoal, nos casos de patrocínio pela Defensoria Pública ou por defensor dativo. A intimação pessoal somente é exigida da sentença que condena o réu preso, conforme o art. art. 392, inciso I, do Código de Processo Penal" (AgRg no HC 717898-ES). PB/ED

Gabarito "C".

(Técnico – TJ/AL – 2018 – FGV) Após comparecer em todos os endereços registrados em nome de Caio para citação e não o localizar e nem obter informações sobre seu paradeiro, o oficial de justiça certifica que o acusado se encontra em local incerto e não sabido. Verificada a veracidade do teor da certidão, deverá ser buscada a citação de Caio, de acordo com o Código de Processo Penal e com a jurisprudência do Supremo Tribunal Federal:

(A) com hora certa, desde que o oficial de justiça tenha comparecido ao menos três vezes no endereço do denunciado;
(B) por edital, devendo conter nesse, necessariamente, o nome do réu, o nome do promotor responsável pela denúncia e do juiz que a determinar, sob pena de nulidade;
(C) por edital, e, caso não compareça após o prazo fixado em tal modalidade de citação, ficará suspenso o curso do processo e do prazo prescricional, ainda que o acusado constitua advogado para essa ação penal;
(D) por edital, não havendo nulidade se houver indicação do dispositivo da lei penal correspondente à inicial acusatória, embora não haja transcrição da denúncia ou resumo dos fatos em que se baseia;
(E) por carta com aviso de recebimento, devendo o processo prosseguir caso, ainda assim, o acusado não compareça e nem constitua advogado.

A: incorreta. O enunciado não descreve hipótese de citação por hora certa, já que não há indício de que o denunciado se oculta para o fim de inviabilizar a sua citação (art. 362, CPP). A propósito disso, o STF, ao julgar o RE 635.145, reconheceu, em votação unânime, a constitucionalidade da citação por hora certa no processo penal, rechaçando a tese segundo a qual esta modalidade de citação ficta ofende os postulados da ampla defesa e do contraditório; **B:** incorreta, já que o *nome do promotor* não constitui requisito do edital de citação, tal como determina o art. 365 do CPP; **C:** incorreta. Na hipótese de o réu não ser encontrado, deverá o juiz determinar a sua citação por edital, depois de esgotados os meios disponíveis para a sua localização. Se o réu, depois de citado por edital, não comparecer tampouco constituir defensor (aqui está o erro da assertiva), o processo e o prazo prescricional ficarão, em vista da disciplina estabelecida no art. 366 do CPP, suspensos; **D:** correta, pois retrata o entendimento firmado por meio da Súmula 366, do STF: "Não é nula a citação por edital que indica o dispositivo da lei penal, embora não transcreva a denúncia ou queixa, ou não resuma os fatos em que se baseia"; **E:** incorreta. Diferentemente do que se dá no processo civil, não há, no processo penal, citação por meio de carta. ED

Gabarito "D".

9. PROCESSOS E PROCEDIMENTOS; SENTENÇA, PRECLUSÃO E COISA JULGADA.

(Procurador – AL/PR – 2024 – FGV) Lucas, juiz titular da 1ª Vara Criminal da Comarca Alfa, pronunciou Tício pela suposta prática do crime de homicídio qualificado, submetendo-o a julgamento pelo Conselho de Sentença, observado o procedimento bifásico inerente ao Tribunal do Júri.

Durante os debates que ocorreram na sessão plenária, o Ministério Público requereu a condenação do acusado, na forma da pronúncia, enquanto a defesa técnica pugnou pela absolvição do réu por insuficiência probatória, buscando, subsidiariamente, o reconhecimento de uma causa de diminuição de pena. Findo os debates entre a acusação e a defesa, o juiz presidente passou a redigir os quesitos que seriam entregues aos jurados para fins de votação.

Nesse cenário, considerando as disposições do Código de Processo Penal, é correto afirmar que os quesitos deverão ser formulados na seguinte ordem, indagando sobre

(A) a materialidade do fato; autoria ou participação; se o acusado deve ser absolvido; se existe causa de diminuição de pena alegada pela defesa; e se existe circunstância qualificadora reconhecida na pronúncia.
(B) a autoria ou participação; materialidade do fato; se o acusado deve ser absolvido; se existe causa de diminuição de pena alegada pela defesa; e se existe circunstância qualificadora reconhecida na pronúncia.
(C) se o acusado deve ser absolvido; materialidade do fato; autoria ou participação; se existe causa de diminuição de pena alegada pela defesa; e se existe circunstância qualificadora reconhecida na pronúncia.
(D) a materialidade do fato; autoria ou participação; se o acusado deve ser absolvido; se existe circunstância

qualificadora reconhecida na pronúncia; e se existe causa de diminuição de pena alegada pela defesa.

(E) a autoria ou participação; materialidade do fato; se o acusado deve ser absolvido; se existe circunstância qualificadora reconhecida na pronúncia; e se existe causa de diminuição de pena alegada pela defesa.

A assertiva correta descreve os incisos do art. 483 do CPP que dispõe: "Os quesitos serão formulados na seguinte ordem, indagando sobre: I – a materialidade do fato; II – a autoria ou participação; III – se o acusado deve ser absolvido; IV – se existe causa de diminuição de pena alegada pela defesa; V – se existe circunstância qualificadora ou causa de aumento de pena reconhecidas na pronúncia ou em decisões posteriores que julgaram admissível a acusação". **PB**
Gabarito "A".

(Juiz de Direito – TJ/SC – 2024 – FGV) O Ministério Público denunciou Fabrício pela prática do crime de furto qualificado pela fraude. Após regular instrução, o juiz, ao prolatar a sentença, sem modificar a descrição do fato contida na denúncia, atribuiu-lhe definição jurídica diversa, entendendo cuidar-se do crime de estelionato, e instou o Ministério Público a manifestar-se sobre o cabimento de suspensão condicional do processo ao acusado. Contudo, o Ministério Público, que não recorreu da sentença, recusou-se a oferecer ao acusado a suspensão condicional do processo, pois insistiu na capitulação originária constante da denúncia.

Diante dessa situação, é correto afirmar que o juiz:

(A) não pode, em razão do princípio acusatório, atribuir ao fato definição jurídica diversa, não podendo instar o Ministério Público a se manifestar sobre a suspensão condicional do processo;

(B) pode atribuir ao fato definição jurídica diversa e, diante da recusa do Ministério Público em propor a suspensão condicional do processo, deverá remeter os autos ao procurador-geral de Justiça;

(C) não pode, em razão do princípio acusatório, atribuir ao fato definição jurídica diversa, mas poderá oferecer de ofício ao acusado a suspensão condicional do processo;

(D) pode atribuir ao fato definição jurídica diversa, e poderá oferecer de ofício ao acusado a suspensão condicional do processo;

(E) não pode, em razão do princípio acusatório, atribuir ao fato definição jurídica diversa, mas, diante da recusa em propor a suspensão condicional do processo, deverá remeter os autos ao procurador-geral de justiça.

O enunciado da questão trata sobre *emendatio libelli*, e de acordo com a redação o art. 383 do CPP: "o juiz, sem modificar a descrição do fato contida na denúncia ou queixa, poderá atribuir-lhe definição jurídica diversa, ainda que, em consequência, tenha de aplicar pena mais grave". Definição jurídica é a classificação do crime, subsunção de um fato à descrição de determinado dispositivo legal, a *emendatio libelli* pode ocorrer porque o acusado se defende do fato criminoso que lhe é imputado e não dos artigos de lei. O § 1º prevê que se, em consequência de definição jurídica diversa, houver possibilidade de proposta de suspensão condicional do processo, o juiz procederá de acordo com o disposto na lei. Nesse sentido, o STF editou a Súmula 696: "reunidos os pressupostos legais permissivos da suspensão condicional do processo, mas se recusando o Promotor de Justiça a propô-la, o Juiz, dissentindo, remeterá a questão ao Procurador-Geral, aplicando-se por analogia o art. 28 do Código de Processo Penal". **PB**
Gabarito "B".

(Juiz de Direito/AP – 2022 – FGV) No que tange à oitiva das testemunhas arroladas pela acusação em audiência de instrução e julgamento, na forma do Art. 212 do Código de Processo Penal, é correto afirmar que:

(A) a nulidade pela alteração da ordem de inquirição deve indicar o prejuízo gerado;

(B) é possível ao juiz formular perguntas de forma detalhada, após as partes;

(C) a ordem de inquirição pode ser alterada no caso de ausência momentânea de uma das partes;

(D) havendo atuação comedida, o juiz pode iniciar a inquirição da testemunha;

(E) o juiz pode intervir, a qualquer momento, diante de ilegalidade na condução do depoimento.

A: incorreta, segundo a organizadora. A nosso ver, a assertiva retrata a atual jurisprudência do STJ. Senão vejamos. Com as mudanças implementadas no art. 212 do CPP pela Lei de Reforma 11.690/2008, o *sistema presidencialista*, pelo qual a testemunha, depois de inquirida pelo juiz, respondia, por intermédio deste, às perguntas formuladas pelas partes, deu lugar ao chamado sistema *cross examination*, atualmente em vigor, segundo o qual as partes passam a dirigir suas indagações às testemunhas sem a intermediação do magistrado, de forma direta, vedados os questionamentos que puderem induzir a resposta, não tiverem relação com a causa ou importarem na resposta de outra já respondida. Ao final da inquirição, se ainda remanescer algum ponto não esclarecido, poderá o juiz complementá-la, formulando à testemunha novas perguntas (art. 212, parágrafo único, do CPP). É por essa razão que se diz que a atividade do juiz é complementar, remanescente à das partes. Pois bem. Surgiu então a questão atinente à consequência que poderia advir da inversão desta ordem. Prevalece hoje o entendimento no sentido de que é relativa a nulidade decorrente do fato de o juiz, no lugar de formular seus questionamentos ao término da oitiva da testemunha, fazê-lo no começo do depoimento, antes, portanto, das perguntas elaboradas pelas partes. E sendo relativa esta nulidade, o seu reconhecimento somente se dará com a arguição oportuna pelo interessado (não pode o juiz decretá-la de ofício), que, se assim não fizer, sujeitar-se-á à preclusão. No STJ: *Conforme a orientação deste Superior Tribunal de Justiça, a inquirição das testemunhas pelo juiz antes que seja oportunizada a formulação das perguntas às partes, com a inversão da ordem prevista no art. 212 do Código de Processo Penal, constitui nulidade relativa* (HC 237.782, Rel. Min. Laurita Vaz, DJe de 21.08.2014). No mesmo sentido: "AGRAVO REGIMENTAL NO HABEAS CORPUS. PROCESSUAL PENAL. HOMICÍDIO QUALIFICADO. PRONÚNCIA. SUPOSTAS NULIDADES NÃO CONFIGURADAS. AUSÊNCIA DE COMPROVAÇÃO DE PREJUÍZO. PRINCÍPIO PAS DE NULLITÉ SANS GRIEF. AGRAVO DESPROVIDO. 1. A "declaração de nulidade exige a comprovação de prejuízo, em consonância com o princípio *pas de nullité sans grief*, consagrado no art. 563 do CPP e no enunciado n. 523 da Súmula do STF" (AgRg no HC 613.170/SC, Rel. Ministro FELIX FISCHER, QUINTA TURMA, julgado em 27/10/2020, DJe 12/11/2020), o que não ocorreu na presente hipótese. 2. Ao contrário do que alega a Defesa, o entendimento do Tribunal de origem está de acordo com a jurisprudência desta Corte, no sentido de que "[n]ão é possível anular o processo, por ofensa ao art. 212 do Código de Processo Penal, quando não verificado prejuízo concreto advindo da forma como foi realizada a inquirição das testemunhas" (AgRg no HC 465.846/SP, Rel. Ministro NEFI CORDEIRO, SEXTA TURMA, julgado em 14/05/2019, DJe 23/05/2019). 3. Agravo regimental desprovido." (STJ, AgRg no HC 524.283/MG, Rel. Ministra LAURITA VAZ, SEXTA TURMA, julgado em 09/02/2021, DJe 22/02/2021); **B:** incorreta. A partir da Reforma Processual de 2008, que alterou substancialmente o art. 212

do CPP, o juiz perdeu o protagonismo na inquirição das testemunhas; deverá adotar, isto sim, uma postura mais comedida, limitando-se a complementar a inquirição. Ou seja, caberá às partes produzir a prova testemunhal, questionando, de forma direta, o depoente, sempre sob a supervisão do magistrado; somente ao final é que o juiz poderá formular perguntas pertinentes a pontos relevantes não esclarecidos. Trata-se, como se pode ver, de função complementar às partes; **C** e **D:** incorretas. Hipóteses não contempladas em lei; **E:** correta. A despeito de a atividade probatória do juiz ter caráter complementar, como acima já dissemos, é fato que cabe ao magistrado controlar e fiscalizar a atuação das partes, impondo-lhes os limites estabelecidos em lei, de forma a resguardar a higidez da prova. Dessa forma, o juiz deverá intervir ante a ilegalidade na condução do depoimento.
Gabarito "E".

(Analista Judiciário – TJ/AL – 2018 – FGV) David, reincidente, foi denunciado pela prática de crime de furto qualificado. No curso da instrução, uma testemunha afirma que David tinha a posse regular e anterior daquele bem que teria sido subtraído, razão pela qual o Ministério Público, ao final da produção probatória, adita a denúncia, altera os fatos narrados e imputa ao réu a prática do crime de apropriação indébita. Após ratificação das provas, o Ministério Público apresentou alegações finais, requerendo a condenação do réu nas sanções do delito de apropriação indébita. O magistrado, porém, ao analisar as provas, conclui que, na verdade, o crime praticado foi de furto qualificado, conforme descrito na denúncia antes do aditamento.

Diante da hipótese narrada, o juiz, de imediato:

(A) poderá condenar o réu pela prática do crime de furto qualificado, aplicando o instituto da *mutatio libelli*;

(B) poderá condenar o réu pela prática do crime de furto qualificado, aplicando o instituto da *emendatio libelli*;

(C) não poderá condenar o réu pela prática do crime de furto qualificado, pois o Ministério Público aditou a denúncia, de modo que ocorreu *mutatio libelli*;

(D) não poderá condenar o réu pela prática do crime de furto qualificado, pois o Ministério Público aditou a denúncia, de modo que ocorreu *emendatio libelli*;

(E) poderá encaminhar os autos ao Ministério Público, determinando que ele realize aditamento da denúncia no prazo de 05 dias, sob pena de conferir nova capitulação jurídica.

O acusado, no processo penal, defende-se dos fatos a ele imputados, e não da definição jurídica que é atribuída ao crime na peça acusatória, denúncia ou queixa. Pouco importa, pois, a classificação legal operada pelo titular da ação penal na exordial. É nesse sentido que reza o art. 383 do CPP (*emendatio libelli*). Note que o fato, na *emendatio libelli*, permanece inalterado, sem prejuízo, por isso mesmo, para a defesa. A mudança, aqui, incide na classificação da conduta, levada a efeito pela acusação, no ato da propositura da ação, e retificada pelo juiz, de ofício, no momento da sentença. Diferentemente do que se dá na *emendatio libelli*, em que é alterada tão somente a capitulação legal atribuída pelo titular da ação, na *mutatio libelli* os fatos são objeto de alteração no curso da instrução, razão por que é de rigor que o juiz determine a notificação do MP para que este proceda ao aditamento da denúncia, com manifestação da defesa e oportunidade para que as partes produzam provas, respeitando-se, dessa forma, o contraditório. Este, portanto, é o cenário da *mutatio libelli*, presente no art. 384 do CPP. Pois bem. Na hipótese narrada no enunciado, é evidente que houve alteração no quadro probatório. Isso porque o depoimento da testemunha ouvida no curso da instrução alterou os fatos narrados na inicial, ensejando nova capitulação jurídica. É caso de *mutatio libelli*, em que se impõe as providências previstas no art. 384 do CPP. Houve, portanto, segundo o enunciado, aditamento da denúncia em razão da *mutatio libelli*. Neste caso, deve prevalecer a narrativa referente ao fato novo (superveniente), sendo vedado ao juiz condenar o acusado com base no fato originário (art. 384, § 4º, parte final).
Gabarito "C".

10. PROCESSO DOS CRIMES DA COMPETÊNCIA DO JÚRI

(OAB/FGV – 2024) Roberto Jorge, após regular pronúncia, foi levado a Júri, ocasião em que foi mantido algemado durante toda a sessão de julgamento, com a justificativa de ser pessoa de índole perigosa, já que responde à acusação por crime doloso contra a vida. A defesa técnica impugnou, sem sucesso, a determinação do Juízo.

O Ministério Público, em plenário, postulou a condenação do acusado, asseverando que sua periculosidade fica comprovada pela necessidade do uso de algemas durante o julgamento.

Roberto Jorge foi condenado pelo Conselho de Sentença, tendo sido aplicada pena privativa de liberdade de 15 (quinze) anos de reclusão. Você, como advogado(a) de Roberto Jorge, interpôs apelação criminal.

Assinale a afirmativa que apresenta, corretamente, o objetivo da sua demanda.

(A) Postular a reforma da sentença, com a absolvição do acusado, pois este foi prejudicado no julgamento em razão do uso arbitrário de algemas.

(B) Arguir a nulidade posterior à pronúncia, em razão da manutenção do réu algemado, sem necessidade concreta, e da referência a este fato pelo órgão do Ministério Público.

(C) Arguir a nulidade da sessão de julgamento, em razão da manutenção do réu algemado; a manifestação do Ministério Público, contudo, não é vedada pela lei processual.

(D) Postular a redução das penas aplicadas pelo Juiz-Presidente, pois o uso de algemas e sua menção como argumento de autoridade não caracterizam nenhuma nulidade.

A solução desta questão deve ser extraída do art. 474, § 3º, do CPP, que assim dispõe: *Não se permitirá o uso de algemas no acusado durante o período em que permanecer no plenário do júri, salvo se absolutamente necessário à ordem dos trabalhos, à segurança das testemunhas ou à garantia da integridade física dos presentes*. Pelo dispositivo legal transcrito, fica evidente que o emprego de algemas durante o julgamento perante o Tribunal do Júri deve ser justificado por necessidade concreta, como risco de fuga ou de perigo à integridade física dos presentes, em consonância com a Súmula Vinculante 11. O simples fato de se tratar de pessoa de índole perigosa não justifica a manutenção no uso de algemas.
Gabarito "B".

(Juiz de Direito/AP – 2022 – FGV) Em relação ao procedimento dos crimes dolosos contra a vida, é correto afirmar que é:

(A) inadmissível a pronúncia do réu, sem qualquer lastro probatório produzido em juízo, fundamentada exclusivamente em elementos informativos colhidos na fase inquisitorial;

(B) admissível a pronúncia do réu, sem qualquer lastro probatório produzido em juízo, fundamentada exclusivamente em elementos informativos colhidos na fase inquisitorial;

(C) inadmissível a pronúncia do réu, com lastro probatório produzido em juízo, fundamentada supletivamente em elementos informativos colhidos na fase inquisitorial;

(D) admissível a pronúncia do réu, sem qualquer lastro probatório produzido em juízo, desde que haja pedido de produção de provas em plenário;

(E) inadmissível a pronúncia do réu, com lastro probatório produzido em juízo, sem que haja a reprodução perante o Conselho de Sentença.

Prevalece na jurisprudência o entendimento no sentido de que os elementos de informação colhidos na fase investigativa não podem subsidiar, de forma exclusiva, a decisão de pronúncia, que deverá, dessa forma, conter lastro probatório produzido em juízo, sob o crivo do contraditório. Nada impede que a pronúncia seja baseada em elementos produzidos na fase extrajudicial; o que não se admite é que tais elementos funcionem como suporte único da decisão, que deverá basear-se, como já dito, em provas colhidas em juízo. Nesse sentido: No STF: "O sistema jurídico-constitucional brasileiro não admite nem tolera a possibilidade de prolação de decisão de pronúncia com apoio exclusivo em elementos de informação produzidos, única e unilateralmente, na fase de inquérito policial ou de procedimento de investigação criminal instaurado pelo Ministério Público, sob pena de frontal violação aos postulados fundamentais que asseguram a qualquer acusado o direito ao contraditório e à plenitude de defesa. Doutrina. Precedentes. – Os subsídios ministrados pelos procedimentos inquisitivos estatais não bastam, enquanto isoladamente considerados, para legitimar a decisão de pronúncia e a consequente submissão do acusado ao Plenário do Tribunal do Júri. – O processo penal qualifica-se como instrumento de salvaguarda da liberdade jurídica das pessoas sob persecução criminal. Doutrina. Precedentes. – A regra 'in dubio pro societate' – repelida pelo modelo constitucional que consagra o processo penal de perfil democrático – revela-se incompatível com a presunção de inocência, que, ao longo de seu virtuoso itinerário histórico, tem prevalecido no contexto das sociedades civilizadas como valor fundamental e exigência básica de respeito à dignidade da pessoa humana" (HC 180.144, 2ª T, rel. Min. Celso de Mello, julgado em 10/10/2020, publicado em 22/10/2020, e ARE 1067392, j. em 26-3-2019, DJe de 2-7-2020, no STJ: REsp 2091667–DF, j. em 25-9-2023, Dje de 3-10-2023). **PB/ED**

Gabarito "A".

11. NULIDADES

(Juiz Federal – TRF/1 – 2023 – FGV) Adriano foi absolvido em julgamento no Tribunal do Júri. No plenário, de modo inequívoco, existiu a quebra da incomunicabilidade dos jurados. O Ministério Público recorreu, sustentando, exclusivamente, que a decisão era manifestamente contrária à prova dos autos.

No julgamento da apelação, o Tribunal:

(A) não pode, neste caso específico, reconhecer, de ofício, a quebra da incomunicabilidade dos jurados;

(B) pode reconhecer, de ofício, qualquer nulidade absoluta, pois nesse tema não se aplica a proibição de *reformatio in pejus*;

(C) pode reconhecer, de ofício, a quebra da incomunicabilidade dos jurados por se tratar de matéria constitucional, bem como pelo efeito translativo do recurso, determinando a realização de um novo júri;

(D) pode reconhecer, de ofício, a quebra da incomunicabilidade dos jurados por se tratar de matéria constitucional, bem como pelo efeito translativo do recurso, e, em observância ao princípio da duração razoável do processo, já julgar o réu Adriano;

(E) não pode reconhecer, de ofício, a quebra da incomunicabilidade dos jurados porque seria indispensável que o Ministério Público tivesse consignado em ata o pedido de nulidade antes da prolação da sentença pelo juiz.

A: correta. As nulidades que tenham prejudicado a acusação, ainda que absolutas, só podem ser reconhecidas pelo tribunal se invocadas pela própria acusação. De acordo com a redação do art. 571, VIII, do CPP: "As nulidades deverão ser arguidas: as do julgamento em plenário, em audiência ou em sessão do tribunal, logo depois de ocorrerem". Nesse sentido é a Súmula 160 do STF: "É nula a decisão do Tribunal que acolhe, contra o réu, nulidade não arguida no recurso da acusação, ressalvados os casos de recurso de ofício"; **B:** errada. Assertiva contrária a Súmula 160 do STF: "É nula a decisão do Tribunal que acolhe, contra o réu, nulidade não arguida no recurso da acusação, ressalvados os casos de recurso de ofício". Assim, as nulidades que tenham prejudicado a acusação, ainda que absolutas, só podem ser reconhecidas pelo tribunal se invocadas pela própria acusação; **C:** errada. A incomunicabilidade dos jurados é prevista no § 1º do art. 466 do CPP, "juiz presidente também advertirá os jurados de que, uma vez sorteados, não poderão comunicar-se entre si e com outrem, nem manifestar sua opinião sobre o processo, sob pena de exclusão do Conselho e multa, na forma do § 2º do art. 436 do CPP"; **D:** errada. Vide comentários às assertivas B e C. O efeito translativo do recurso significa que se devolve ao tribunal para analisar qualquer matéria em favor ou contra as partes, como no recurso de ofício, o tribunal analisará toda a matéria discutida em 1ª instância; **E:** errada. Considerada errada pela banca. Vide comentários à assertiva A. **PB**

Gabarito "A".

(Técnico – TJ/AL – 2018 – FGV) O Código de Processo Penal, em seus artigos 563 e seguintes, disciplina o tema "as Nulidades", sendo certo que o diploma legal confere tratamento próprio de acordo com as peculiaridades do processo penal brasileiro.

Sobre o tema, com base nas previsões do Código de Processo Penal, é correto afirmar que:

(A) o ato deverá ser declarado nulo quando verificada a existência de nulidade, independentemente de resultar prejuízo para acusação ou defesa;

(B) a nulidade de intimação estará sanada quando o interessado comparecer e indicar ter conhecimento do ato, que poderá ser adiado pelo juiz quando verificado que a irregularidade poderá prejudicar direito da parte;

(C) a nulidade, sempre que gerar prejuízo, poderá ser arguida por qualquer das partes, ainda que tenha sido aquela que a arguiu a dar causa ao ato nulo;

(D) o reconhecimento de incompetência do juízo, em regra, anula, de imediato, tanto os atos decisórios quanto os despachos e demais atos sem conteúdo decisório;

(E) a nulidade, mesmo diante de ato que não tenha influído na apuração da verdade substancial ou na decisão da causa, deverá ser reconhecida quando houver desrespeito à formalidade do ato.

A: incorreta. A assertiva contraria o disposto no art. 563 do CPP, segundo o qual *nenhum ato será declarado nulo, se da nulidade não resultar prejuízo para acusação ou para a defesa*; **B:** correta. A assertiva corresponde o que dispõe o art. 570 do CPP; **C:** incorreta. É defeso à parte arguir nulidade a que ela própria deu causa ou para a qual tenha concorrido, ou, ainda, que diga respeito a formalidade cuja observância somente à parte contrária interesse, conforme o teor do art. 565, CPP; **D:** incorreta. A assertiva não reflete o disposto no art. 567 do CPP; **E:** incorreta. A assertiva não corresponde ao que estabelece o art. 566 do CPP.

Gabarito "B".

12. RECURSOS

(Juiz de Direito – TJ/SC – 2024 – FGV) Após regular instrução criminal, Jobson foi condenado pelo Tribunal do Júri a uma pena de oito anos de reclusão em regime fechado pela prática do crime de homicídio qualificado tentado contra Hildemar, não tendo este se habilitado como assistente nos autos. O Ministério Público interpôs recurso de apelação em face de todo o conteúdo impugnável da sentença.

Diante desse cenário, é correto afirmar que Hildemar:

(A) não poderá interpor recurso de apelação pelo fato de não ter se habilitado como assistente de acusação durante a instrução;

(B) não poderá recorrer, pois a vítima não tem legitimidade para se opor à soberania dos veredictos do Tribunal do Júri;

(C) não poderá recorrer, pois o Ministério Público interpôs recurso de apelação em face de todo o conteúdo impugnável da sentença;

(D) poderá interpor recurso de apelação, mas este somente será conhecido se não for conhecido o recurso do Ministério Público;

(E) poderá interpor recurso de apelação, mas este somente será conhecido caso o Ministério Público desista do recurso que tenha interposto.

De acordo com o enunciado da questão, o Ministério Público interpôs o recurso de apelação contestando a matéria impugnável, nessa hipótese, segundo a redação do art. 598 do CPP: "nos crimes de competência do Tribunal do Júri, ou do juiz singular, se da sentença *não for interposta apelação pelo Ministério Público no prazo legal*, o ofendido ou qualquer das pessoas enumeradas no art. 31, ainda que não se tenha habilitado como assistente, poderá interpor apelação, que não terá, porém, efeito suspensivo" (grifo nosso). No mesmo sentido é o entendimento do STJ: "(...) 1. O assistente de acusação tem legitimidade para recorrer nos casos de absolvição, impronúncia e extinção da punibilidade (arts. 584, § 1°, e 598 do Código de Processo Penal), em caráter supletivo, ou seja, somente quando o Ministério Público abstiver-se de fazê-lo, como no caso, ou, ainda, quando o seu recurso for parcial, não abrangendo a totalidade das questões discutidas" (HC 580662-MG, j. em 22-3-2022, DJe de 29-3-2022).

Gabarito "C".

(Juiz de Direito/AP – 2022 – FGV) Nos processos envolvendo pluralidade de réus ou de fatos imputados, o juízo progressivo de admissibilidade da imputação pode resultar no acolhimento parcial da pretensão acusatória, comportando uma única demanda múltiplos resultados: recebimento da denúncia em relação à parte dos réus ou dos fatos, rejeição da denúncia em relação à parte dos réus ou dos fatos e/ou absolvição sumária em relação à parte dos réus ou dos fatos.

No caso de absolvição sumária parcial, seja em relação a um crime, seja em relação a um acusado, com base no Art. 397, inciso III, do Código de Processo Penal, será cabível:

(A) apelação, com interposição em primeiro grau e apresentação das razões diretamente no tribunal;

(B) recurso em sentido estrito, com interposição em primeiro grau e apresentação das razões diretamente no tribunal;

(C) apelação, com a formação de instrumento por meio da extração de traslado dos autos;

(D) recurso em sentido estrito, com a formação de instrumento por meio da extração de traslado dos autos;

(E) correição parcial, com reprodução integral dos autos para instruir o recurso.

Segundo o inciso III do art. 397 do CPP: "(...) que o fato narrado evidentemente não constitui crime"; O recurso de apelação é cabível na hipótese de absolvição sumária de acordo com o teor do art. 416 o CPP: "contra a sentença de impronúncia ou de absolvição sumária caberá apelação". A solução da questão tem previsão o art. 603 do CPP que dispõe: "a apelação subirá nos autos originais e, a não ser no Distrito Federal e nas comarcas que forem sede de Tribunal de Apelação, ficará em cartório traslado dos termos essenciais do processo referidos no art. 564, n. III". Por sim, o inciso III do art. 397 do CPP, determina que: III – que o fato narrado evidentemente não constitui crime;

Atenção: a banca considerou a assertiva A como incorreta, entretanto, o art. 600, § 4°, prevê a possibilidade de interposição da apelação ao juiz de 1° grau e das razões ao juízo *ad quem*: "se o apelante declarar, na petição ou no termo, ao interpor a apelação, que deseja arrazoar na superior instância serão os autos remetidos ao tribunal *ad quem* onde será aberta vista às partes, observados os prazos legais, notificadas as partes pela publicação oficial".

Gabarito "C".

(Analista Judiciário – TJ/AL – 2018 – FGV) Na mesma data, o juiz presidente do Tribunal do Júri publicou três decisões em processos distintos em que se apurava a prática de crimes dolosos contra a vida: na primeira, onde Romeu figurava como denunciado, foi proferida decisão de impronúncia, tendo em vista que o juiz entendeu não haver indícios suficientes de autoria; na segunda, onde Otelo figurava como acusado, foi proferida sentença de absolvição sumária, entendendo o magistrado restar provada a inexistência do fato; na terceira, figurando William como réu, houve decisão de pronúncia.

Intimado, o advogado de William demonstrou seu inconformismo com a decisão. Por sua vez, o Ministério Público também optou por recorrer das decisões de absolvição sumária e impronúncia.

Considerando as situações narradas, o advogado de William deverá apresentar:

(A) recurso em sentido estrito, enquanto o Ministério Público deve apresentar apelação contra a decisão de absolvição sumária de Otelo e recurso em sentido estrito contra a decisão de impronúncia de Romeu;

(B) recurso em sentido estrito, enquanto o Ministério Público deve apresentar recurso em sentido estrito contra a decisão de absolvição sumária de Otelo e apelação contra a decisão de impronúncia de Romeu;

(C) recurso de apelação, enquanto o Ministério Público deve apresentar apelação contra a decisão de absolvição sumária de Otelo e recurso em sentido estrito contra a decisão de impronúncia de Romeu;

(D) recurso de apelação, assim como o Ministério Público, que deve apresentar recursos de apelação contra as decisões de absolvição sumária de Otelo e de impronúncia de Romeu;

(E) recurso em sentido estrito, enquanto o Ministério Público deve apresentar recursos de apelação contra as decisões de absolvição sumária de Otelo e de impronúncia de Romeu.

O recurso de apelação é cabível na hipótese de absolvição sumária de acordo com o teor do art. 416 o CPP: "contra a sentença de impronúncia ou de absolvição sumária caberá apelação", portanto, deverá o Ministério Público interpor recurso de apelação; da decisão de pronúncia caberá recurso em sentido estrito, nos termos do art. 581, IV, do CPP, recurso que deverá ser interposto pelo advogado de William. ED

Gabarito "E."

(Analista – TJ/SC – FGV – 2018) Após regular reconhecimento de falta grave, o juiz da Vara de Execuções Penais determinou a regressão de regime de cumprimento de pena, a perda de 1/3 dos dias remidos e o reinício da contagem do prazo para concessão de indulto.

Da decisão do juiz, caberá:

(A) recurso em sentido estrito, pois não cabe reinício da contagem do prazo para concessão de indulto, apesar de ser admitida perda de parte dos dias remidos e regressão de regime;

(B) agravo, pois não cabe, em razão do reconhecimento de falta grave, regressão de regime, em que pese seja admitida perda de parte dos dias remidos e reinício do prazo do indulto;

(C) agravo, pois não cabe reinício da contagem do prazo para concessão de indulto, apesar de ser admitida perda de parte dos dias remidos e regressão de regime;

(D) recurso em sentido estrito, tendo em vista que não se admite perda de parte dos dias remidos e nem reinício da contagem do prazo para concessão de indulto;

(E) agravo, tendo em vista que não se admite perda de parte dos dias remidos e nem reinício da contagem do prazo para concessão de indulto.

É o caso de interposição de recurso de agravo em execução, nos termos do art. 197 da LEP, por meio do qual deverá ser combatida a decisão que estabeleceu o reinício da contagem do prazo para concessão de indulto. É este o entendimento firmado por meio da Súmula 535, do STJ: "a prática de falta grave não interrompe o prazo para fim de comutação de pena ou indulto". Já a perda de parte dos dias remidos, na hipótese de cometimento de falta grave, está prevista no art. 127 da LEP, que estabelece que o juiz poderá, em casos assim, revogar até um terço do tempo remido. No que toca à falta grave, o seu cometimento implica, entre outras consequências, a regressão de regime de cumprimento de pena, tal como previsto no art. 118, I, da LEP. ED

Gabarito "C."

13. HABEAS CORPUS, MANDADO DE SEGURANÇA E REVISÃO CRIMINAL

(Analista – TJ/SC – FGV – 2018) Mário, condenado definitivamente pela prática de crime de furto qualificado, após o cumprimento da pena, apresenta revisão criminal, sem assistência de advogado, sob o argumento de que a decisão se baseou em documento comprovadamente falso.

O analista judiciário, ao receber e analisar o pedido de revisão, deverá concluir que a medida:

(A) é cabível, e eventual absolvição imporá o reestabelecimento de todos os direitos perdidos em razão da condenação;

(B) não é cabível, uma vez que não mais persiste o interesse diante do cumprimento integral da pena imposta;

(C) não é cabível, tendo em vista que a falsidade de prova testemunhal não é fundamento idôneo a justificá-la;

(D) não é cabível, tendo em vista que Mário não estava representado por advogado legalmente habilitado;

(E) é cabível, admitindo, durante o processamento da revisão, a produção de todos os meios de prova.

A: correta, pois reflete o que dispõe o art. 627 do CPP; B: incorreta. Transitada em julgado a sentença penal condenatória, a revisão pode ser requerida a qualquer tempo, antes ou depois de extinta a pena (art. 622, caput, do CPP). Ensina Guilherme de Souza Nucci, ao discorrer sobre a revisão criminal após o cumprimento da pena, que: "é admissível, tendo em vista o nítido interesse do condenado em obter um decreto absolutório, que pode livrá-lo de incômodo antecedente criminal (...)" (Código de Processo Penal Comentado, 17ª ed., p. 1446); C: incorreta, uma vez que contraria o disposto no art. 621, II, do CPP; D: incorreta, pois contraria o disposto no art. 623 do CPP, que estabelece que a revisão poderá ser pedida pelo próprio réu ou por procurador legalmente habilitado ou, no caso de morte do condenado, pelo cônjuge, ascendente, descendente ou irmão. Admite-se, pois, que o próprio condenado ajuíze a ação revisional, ainda que não se faça representar por advogado; E: incorreta, já que, para a obtenção de prova nova, é de rigor o ajuizamento da chamada *justificação criminal*, cujo propósito é servir de base para futura e eventual revisão criminal a ser proposta. Conferir: "O pleito do recorrente não se insere dentre as hipóteses taxativas do art. 621 do Código de Processo Penal. De fato, concluiu-se que a pretensão aqui formulada, na verdade, pretende a reanálise do mérito da ação principal, já transitada em julgado, providência que não se coaduna com o instituto da revisão criminal. As testemunhas listadas no rol do pedido de justificação criminal já haviam sido ouvidas no curso da instrução criminal, de modo que o pedido de reinquirição não se amolda ao conceito de prova nova, exigido para o conhecimento da revisão criminal, conforme o art. 621, inciso III, do Código de Processo Penal. 3. A justificação criminal se destina à obtenção de provas novas com o objetivo de subsidiar revisão criminal, não sendo o meio jurídico adequado para nova oitiva de testemunhas cujos depoimentos já tiverem sido colhidos no curso da ação penal que se busca anular" (RHC 101.478/RJ, Rel. Ministro Reynaldo Soares Da Fonseca, Quinta Turma, julgado em 19/03/2019, DJe 09/04/2019). ED

Gabarito "A."

14. EXECUÇÃO PENAL

(OAB/FGV – 2024) Denis cumpria pena em regime fechado, após ser definitivamente condenado, quando ocorreu um movimento de subversão da ordem e disciplina dentro do ambiente carcerário.

No inquérito disciplinar consta que cerca de cem presos rebelados incendiaram colchões e tentaram fugir, permanecendo a situação de rebelião por cerca de cinco dias, até que eficaz ação da polícia penal cessou o movimento. Todos os cem presos da ala em que Denis cumpre pena foram indiciados no âmbito disciplinar, indistintamente e sem individualização de condutas.

Considerando o caso narrado, assinale o princípio de Direito Penal a ser utilizado pela defesa a fim de evitar a condenação de Denis.

(A) O princípio da isonomia, pelo qual deve ser garantida idêntica sanção penal a todos os presos envolvidos na rebelião.
(B) O princípio da lesividade, que impede a punição pela falta grave quando esta não foi efetivamente consumada.
(C) O princípio da culpabilidade, que demanda que haja identificação individualizada da responsabilidade penal de cada um dos envolvidos.
(D) O princípio da legalidade, pelo qual se exige que haja prévia disposição legal, de forma estrita e escrita, da falta disciplinar de natureza grave.

Em consonância com a jurisprudência atualmente consagrada nos tribunais superiores, é vedada, com supedâneo no princípio da culpabilidade, a aplicação de sanções de caráter coletivo, no âmbito da execução penal, nos casos de depredação do patrimônio público quando não for possível, pelas circunstâncias, identificar os autores dos crimes. Conferir: "EXECUÇÃO PENAL. *HABEAS CORPUS*. IMPETRAÇÃO SUBSTITUTIVA DE RECURSO ESPECIAL. IMPROPRIEDADE DA VIA ELEITA. FALTA GRAVE. HOMOLOGAÇÃO. AUSÊNCIA DE INDIVIDUALIZAÇÃO DO COMPORTAMENTO. SANÇÃO COLETIVA. ILEGALIDADE. RECONHECIMENTO. *WRIT* NÃO CONHECIDO. ORDEM CONCEDIDA DE OFÍCIO. 1. O Supremo Tribunal Federal, por sua Primeira Turma, e este Superior Tribunal de Justiça, por sua Terceira Seção, diante da utilização crescente e sucessiva do habeas corpus, passaram a restringir a sua admissibilidade quando o ato ilegal for passível de impugnação pela via recursal própria, sem olvidar a possibilidade de concessão da ordem, de ofício, nos casos de flagrante ilegalidade. 2. "É ilegal a aplicação de sanção de caráter coletivo, no âmbito da execução penal, diante de depredação de bem público quando, havendo vários detentos num ambiente, não for possível precisar de quem seria a responsabilidade pelo ilícito. O princípio da culpabilidade irradia-se pela execução penal, quando do reconhecimento da prática de falta grave, que, à evidência, culmina por impactar o *status libertatis* do condenado" (HC-292.869/SP. Relatora Ministra MARIA THEREZA DE ASSIS MOURA. SEXTA TURMA, Dje 29/10/2014) 3. *In casu*, o agredido identificou os colegas detentos que teriam participado da agressão, mas não há nada nos documentos encaminhados para apuração da falta grave que descreva a conduta individualizada do paciente. 4. *Writ* não conhecido. Ordem concedida de ofício para anular o reconhecimento de falta grave e seus consectários legais." (STJ, HC n. 365.825/SP, relator Ministro Reynaldo Soares da Fonseca, Quinta Turma, julgado em 16/3/2017, DJe de 27/3/2017).

Gabarito "C".

(OAB/FGV – 2024) Juliano foi definitivamente condenado à pena de 8 (oito) anos de reclusão, em regime inicial fechado. Após 2 (dois) anos de cumprimento da pena, foi detectado que Juliano passou a ter uma doença mental grave, tornando-o inteiramente incapaz de compreender o caráter ilícito dos fatos pelos quais havia sido condenado.

Neste caso, como advogado(a) de Juliano, você deverá

(A) postular ao Juiz da Execução Penal a conversão da pena em medida de segurança.
(B) ajuizar uma ação de revisão criminal, postulando a substituição da pena privativa de liberdade por medida de segurança.
(C) suscitar incidente de insanidade mental do acusado, a fim de apurar a integridade mental de Juliano ao tempo da ação criminosa.
(D) solicitar que Juliano seja colocado em prisão-albergue domiciliar, como medida substitutiva do encarceramento.

Há que se distinguir, aqui, duas situações. Em se tratando de doença mental de caráter *transitório*, com perspectiva, portanto, de cura, não há por que converter a pena privativa de liberdade em medida de segurança. Aplica-se, neste caso, o art. 41 do CP, que estabelece que o sentenciado será transferido para hospital de custódia e tratamento e ali permanecerá até o seu restabelecimento. De outro lado, se se tratar de doença mental de caráter *permanente*, como é o caso narrado no enunciado, deverá o juiz, em obediência ao que estabelece o art. 183 da LEP, converter a pena privativa de liberdade em medida de segurança, já que não existe, ao menos naquele momento, perspectiva de melhora da saúde mental do condenado.

Gabarito "A".

(Juiz Federal – TRF/1 – 2023 – FGV) Boi da Comuna, líder de organização criminosa no Estado do Rio de Janeiro, foi transferido por decisão fundamental de juiz estadual para a Penitenciária Federal de Porto Velho. O juiz federal corregedor da Penitenciária Federal, ao analisar a transferência, determinou o retorno do preso ao sistema estadual, em razão de o apenado não mais exercer liderança na organização criminosa, bem como por não subsistir risco de seu retorno ao sistema penitenciário estadual.

Diante da hipótese narrada, com fundamento na jurisprudência do Superior Tribunal de Justiça, a decisão do juiz federal corregedor foi:

(A) incorreta, uma vez que não cabe ao juízo federal discutir as razões do juízo estadual, quando este solicita a transferência de preso para estabelecimento prisional;
(B) incorreta, já que o juízo federal não deve estabelecer juízo quanto à legalidade da transferência, devendo apenas analisar as questões referentes à execução da pena;
(C) incorreta, uma vez que somente poderia determinar o retorno do preso se enfrentasse todas as questões que fundamentaram a decisão do juiz estadual;
(D) correta, tendo em vista que compete ao juízo federal apreciar a legalidade e o mérito da transferência de presos para o sistema penitenciário federal;
(E) correta, tendo em vista que o sistema penitenciário federal é excepcional e a ausência de risco de retorno ao sistema penitenciário estadual é motivação idônea para a não aceitação do preso.

Conforme entendimento do STJ, não compete ao juiz do federal, corregedor de Penitenciária Federal, exercer juízo de valor sobre a fundamentação do juiz de direito estadual sobre a decisão de manutenção de preso no sistema penitenciário de federal. STJ: "(...) 1. Segundo a jurisprudência do Superior Tribunal de Justiça, não cabe à Justiça Federal discutir os motivos declinados pelo Juízo que solicita a transferência ou a permanência de preso em estabelecimento prisional de segurança máxima, pois este é o único habilitado a declarar a excepcionalidade da medida. 2. À luz dos fatos declinados pelo Juízo suscitante em 17/08/2023, a permanência do Apenado em presídio federal de segurança máxima é medida que se impõe, pois a necessidade de resguardar a segurança pública foi devidamente ressaltada. De fato não poderia o Juízo Federal, unilateralmente, substituindo-se àquele, rediscutir as razões que justificaram a necessidade da medida" (AgRg no CC 199369-PA, j. em 28-2-2024, DJe de 5-3-2024), no mesmo sentido CC 190601-PA, j. em 28-9-2022, DJe de 30-9-2022; e AgRg no CC 160.401-PR, j. em 10-4-2019.

Gabarito "A".

(Juiz de Direito/AP – 2022 – FGV) Na hipótese de agente que tem contra si condenação definitiva a cinco anos de reclusão em regime fechado e mandado de prisão pendente de cumprimento, o pedido de antecipação da expedição da sua guia de recolhimento ou expedição de carta de execução de sentença deve ser:

(A) deferido, visando possibilitar a análise de pedido de progressão de regime ou de prisão domiciliar pelo Juízo competente;
(B) indeferido, pois a expedição tem como pressuposto o cumprimento do mandado de prisão;
(C) indeferido, pois a expedição tem como pressuposto o início do cumprimento da pena privativa de liberdade;
(D) indeferido, por permitir a administração, à distância, da execução da própria pena;
(E) deferido, permitindo o cômputo de prazos aquisitivos de benefícios executórios a seu favor.

O art. 105 da Lei 7.210/1984 dispõe: "transitando em julgado a sentença que aplicar pena privativa de liberdade, se o réu estiver ou vier a ser preso, o Juiz ordenará a expedição de guia de recolhimento para a execução". De acordo com a doutrina de Mirabete: "Quem determina a expedição da guia de recolhimento é o juiz da sentença depois que transitar em julgado a decisão, pois antes disso não se aperfeiçoou o título executivo. A execução da pena requer que se tenha constituída a coisa julgada, pois só assim ganha a sentença sua força executória" (Mirabete e Fabbrini, *Execução Penal*, 17ª edição, 2024, Foco, item 105.4). Sobre este tema, conferir o seguinte julgado do STJ: Agravo regimental no *habeas corpus*. Trânsito em julgado da condenação. Expedição da guia de recolhimento definitiva. Prévio cumprimento do mandado de prisão. Ilegalidade não configurada. Agravo não provido. 1. O posicionamento atual desta Corte Superior a respeito do tema é de ausência de ilegalidade em se condicionar a expedição da guia de execução definitiva ao cumprimento de mandado de prisão decorrente do trânsito em julgado da condenação. Essa regra é relativizada quando fica demonstrado que o réu teria direito a benefícios que tornariam sua execução mais branda, como progressão de regime ou prisão domiciliar. 2. Na hipótese, embora a defesa afirme que o réu está atualmente em livramento condicional, em decorrência da execução provisória da reprimenda imposta, não instruiu o feito com nenhum documento que comprove o alegado, circunstância que impossibilita o acolhimento do pleito. 3. Agravo não provido" (AgRg no HC 730188-SP, j. em 5-4-2022, DJe de 12-4-2022), no mesmo sentido STJ, HC 599.475/SP, j. em 22/09/2020, DJe 29/09/2020. **PB/ED**
Gabarito "A".

15. LEGISLAÇÃO EXTRAVAGANTE E TEMAS COMBINADOS

(OAB/FGV – 2024) Marilda, após ter sido regularmente processada, foi condenada, pelo Juízo originariamente competente, pela prática de desacato (pena: de seis meses a dois anos).

Marilda procura você, como advogado(a), porque deseja recorrer da condenação.

Sobre a hipótese, assinale a opção que apresenta, corretamente, o recurso cabível.

(A) Apelação, juntamente com as razões, no prazo de dez dias.
(B) Apelação, no prazo de cinco dias, e as razões poderão ser juntadas no prazo de oito dias.
(C) Recurso inominado, juntamente com as razões, no prazo de dez dias.
(D) Apelação, no prazo de cinco dias, e as razões poderão ser juntadas no prazo de três dias.

O art. 82, *caput* e § 1º, da Lei 9.099/1995 estabelece que, no procedimento sumaríssimo (voltado ao processamento das infrações penais de menor potencial ofensivo), da decisão que rejeitar a denúncia ou a queixa e a sentença caberá recurso de apelação, a ser interposto, por petição escrita, no prazo de dez dias, da qual deverão constar as razões e o pedido. O julgamento deste recurso caberá a uma turma composta de três juízes em exercício no primeiro grau de jurisdição, reunidos na sede do Juizado. **ED**
Gabarito "A".

(Juiz de Direito – TJ/SC – 2024 – FGV) Ronaldo, Roberto, Renato e Rogério são investigados em inquérito policial em razão dos crimes de constituir organização criminosa para a prática de delitos de extorsão, de roubo e de estelionato. Ronaldo, líder da organização, resolve colaborar e inicia tratativas com o Ministério Público.

Diante desse cenário, e considerando as normas que regem o acordo de colaboração premiada, é correto afirmar que:

(A) o juiz poderá reduzir até a metade a pena de Ronaldo, ou admitir a progressão de regime ainda que ausentes os requisitos objetivos, se a colaboração for posterior à sentença;
(B) o Ministério Público poderá ter o prazo para oferecimento de denúncia suspenso por até oito meses, prorrogáveis por igual período, interrompendo-se o prazo prescricional;
(C) o juiz, ao analisar o acordo de colaboração, poderá admitir cláusula que preveja a renúncia ao direito de impugnar a decisão homologatória;
(D) o Ministério Público poderá deixar de oferecer denúncia contra Ronaldo, se a proposta de acordo referir-se à infração de cuja existência não tenha prévio conhecimento;
(E) o juiz poderá participar das negociações realizadas entre as partes para a formalização do acordo de colaboração, se o prêmio envolver o perdão judicial.

A: correta. Assertiva está de acordo com a redação do § 5º do art. 4º da Lei 12.850/2013: "se a colaboração for posterior à sentença, a pena poderá ser reduzida até a metade ou será admitida a progressão de regime ainda que ausentes os requisitos objetivos"; **B:** errada. O prazo correto para suspender o oferecimento da denúncia é por até 6 meses, de acordo com o § 3º do art. 4º da Lei 12.850/2013, que dispõe: "o prazo para oferecimento de denúncia ou o processo, relativos ao colaborador, poderá ser suspenso por até 6 (seis) meses, prorrogáveis por igual período, até que sejam cumpridas as medidas de colaboração, suspendendo-se o respectivo prazo prescricional"; **C:** errada. De acordo com a redação do § 7º-B do art. 4º: "são nulas de pleno direito as previsões de renúncia ao direito de impugnar a decisão homologatória"; **D:** errada. A assertiva está errada, uma vez que, a norma prevê dois requisitos cumulativos, para o membro do MP deixar de oferecer a denúncia para o réu colaborador, que o acordo de colaboração referir-se a infração de cuja existência não tenha prévio conhecimento e *também* for ele líder da organização criminosa, conforme disposição expressa no inciso I, § 4º do art. 4º; **E:** errada. De acordo com o teor do § 6º do art. 4º da Lei 12.850/2013, "*o juiz não participará das negociações realizadas entre as partes para a formalização do acordo de colaboração*, que ocorrerá entre o delegado de polícia, o investigado e o defensor, com a manifestação do Ministério Público, ou, conforme o caso, entre o Ministério Público e o investigado ou acusado e seu defensor" (grifo nosso). O acordo será remetido para o juiz para análise da regularidade, adequação dos benefícios pactuados, adequação dos resultados da colaboração, voluntariedade da manifestação de vontade (§ 7º). **PB**

Gabarito "A".

(Juiz de Direito – TJ/SC – 2024 – FGV) Cristiana foi agredida por seu marido Átila, que também a ameaçou, prevalecendo-se este das relações domésticas e de coabitação, tendo causado na ofendida lesões corporais de natureza leve. Em razão disso, foi instaurado inquérito policial, que constatou as agressões e a ameaça.

Levando-se em conta esse panorama, é correto afirmar que:

(A) o juiz poderá propor a Átila transação penal, se o Ministério Público não o fizer de maneira fundamentada;

(B) o Ministério Público poderá decretar medida protetiva de urgência, comunicando de imediato ao juiz;

(C) o juiz poderá decretar a prisão temporária de Átila a requerimento da defesa técnica de Cristiana;

(D) o Ministério Público poderá propor a Átila acordo de não persecução penal, se este não for reincidente específico;

(E) o juiz poderá conceder medida protetiva de urgência, a requerimento de Cristiana, independentemente de manifestação do Ministério Público.

A: errada. De acordo com o teor da Súmula 536 do STJ, "a suspensão condicional do processo e a transação penal não se aplicam na hipótese de delitos sujeitos ao rito da Lei Maria da Penha"; **B**: errada. O sistema acusatório é o expressamente acolhido, seja constitucionalmente (art. 5º, LV) ou na lei processual penal (art. 3º-A), ou seja, as funções de acusar, defender, e julgar são atribuídas a pessoas distintas e, não é dado ao juiz iniciar o processo (*ne procedat judez ex officio*). Na Lei 11.340/2006, no art. 19, determina o requerimento do MP ou da ofendida, "as medidas protetivas de urgência poderão ser concedidas pelo juiz, a requerimento do Ministério Público ou a pedido da ofendida"; **C**: errada. Conforme estabelecido no art. 20 da Lei 11.340/2006, "em qualquer fase do inquérito policial ou da instrução criminal, *caberá a prisão preventiva do agressor*, decretada pelo juiz, de ofício, a requerimento do Ministério Público ou mediante representação da autoridade policial" (grifo nosso); **D**: errada. O acordo de não persecução penal não é admitido nos crimes praticados no âmbito de violência doméstica ou familiar (art. 28-A, § 2º, IV do CPP); **E**: correta. Assertiva está em conformidade com o disposto no art. 19, §§ 3º e 4º da Lei 11.340; "poderá o juiz, a requerimento do Ministério Público ou a *pedido da ofendida*, conceder novas medidas protetivas de urgência ou rever aquelas já concedidas, se entender necessário à proteção da ofendida, de seus familiares e de seu patrimônio, ouvido o Ministério Público"; "as medidas protetivas de urgência serão concedidas em juízo de cognição sumária a partir do depoimento da ofendida perante a autoridade policial ou da apresentação de suas alegações escritas e poderão ser indeferidas no caso de avaliação pela autoridade de inexistência de risco à integridade física, psicológica, sexual, patrimonial ou moral da ofendida ou de seus dependentes", nesse caso basta o depoimento da vítima perante a autoridade policial ou da apresentação de suas alegações escritas. **PB**

Gabarito "E".

(Juiz de Direito/AP – 2022 – FGV) Nas hipóteses de colaboração premiada, a combinação das Leis nº 9.807/1999 e 11.343/2006, permite a concessão da seguinte sanção premial não originariamente prevista na Lei de Drogas:

(A) diminuição de pena;

(B) progressão de regime;

(C) fixação de regime inicial mais benéfico;

(D) improcessabilidade;

(E) perdão judicial.

Segundo entendimento firmado no STJ, é possível a concessão do perdão judicial no tráfico de drogas, apesar de não previsto na Lei 11.343/2006 (Lei de Drogas), desde que presentes os requisitos contemplados no art. 13 da Lei 9.807/1999. Conferir: "A jurisprudência deste Sodalício firmou o entendimento de que é cabível o instituto do perdão judicial no tráfico de drogas, desde que preenchidos os requisitos do artigo 13 da Lei n. 9.807/99, o que não se deu na hipótese, bem como de que afastar a conclusão a que chegou o Tribunal recorrido na hipótese implicaria em revolver matéria fática, descabida na seara do Recurso Especial." (AgRg nos EDcl no REsp 1873472/PR, Rel. Ministro REYNALDO SOARES DA FONSECA, QUINTA TURMA, julgado em 26/10/2021, DJe 03/11/2021). **ED**

Gabarito "E".

(Analista Judiciário – TJ/AL – 2018 – FGV) A Lei n. 12.850, publicada em 02 de agosto de 2013, trouxe uma série de inovações legislativas ao disciplinar sobre a definição do crime de organização criminosa e sobre investigação penal e meios de obtenção de provas. Um dos institutos previstos na lei mais controvertidos e estudados pela doutrina e jurisprudência é o da colaboração premiada.

De acordo com as previsões dessa lei, é correto afirmar que:

(A) o juiz não poderá recusar homologação à proposta que não atender aos requisitos legais, ou adequá-la ao caso concreto;

(B) o colaborador, nos depoimentos que prestar, renunciará, na presença da defesa técnica, ao direito ao silêncio e estará sujeito ao compromisso legal de dizer a verdade;

(C) as declarações do colaborador, como meio de obtenção de prova que são, poderão servir como fundamento único para justificar uma condenação;

(D) a colaboração premiada poderá ser realizada posteriormente à sentença, podendo ser acordada redução da pena em até 2/3 ou concessão de livramento condicional independentemente da pena cumprida;

(E) a negociação do acordo de colaboração premiada, em respeito aos princípios da ampla defesa e paridade de armas, contará com a participação do acusado, de seu defensor, do Ministério Público e do juiz competente para julgamento.

A: incorreta, pois contraria o disposto no art. 4º, § 8º, da Lei 12.850/2013, cuja redação foi alterada pela Lei 13.964/2019, que estabelece que é dado ao juiz, sim, recusar homologação à proposta que não atender aos requisitos legais, devolvendo-se às partes para as adequações necessárias; **B**: correta, porque corresponde ao que estabelece o art. 4º, § 14, da Lei 12.850/2013; **C**: incorreta, pois não reflete o disposto no art. 4º, § 16, da Lei 12.850/2013. A Lei 13.964/2019 alterou a redação do art. 4º, § 16 da Lei 12.850/2013, ampliando o leque de decisões que não podem ser proferidas tendo como fundamento único a declaração do colaborador. Com isso, fica o juiz impedido de, com base nas declarações do colaborador, proferir sentença condenatória (vedação que já existia); decretar medidas reais ou pessoais (inciso I, incluído pela Lei 13.964/2019); e proferir decisão de recebimento de denúncia ou queixa (inciso II, incluído pela Lei 13.964/2019); **D**: incorreta, pois contraria o disposto no art. 4º, § 5º, da Lei 12.850/2013; **E**: incorreta, pois contraria o disposto no art. 4º, § 6º, da Lei 12.850/2013, que veda a participação do juiz na negociação do acordo de colaboração premiada. **ED**

Gabarito "B".

(Analista Judiciário – TJ/AL – 2018 – FGV) A Lei nº 7.210/84 trata da matéria Execução Penal, afastando-se, assim, a maioria das previsões sobre o tema trazidas pelo Código de Processo Penal.

Sobre as previsões da Lei de Execução Penal e a jurisprudência majoritária dos Tribunais Superiores sobre o tema, é correto afirmar que:

(A) a execução penal é procedimento administrativo, de modo que não está sujeita ao princípio da legalidade;
(B) a prática de falta grave permite ao magistrado a revogação de todos os dias de pena remidos;
(C) o recurso de agravo é o cabível contra as decisões da execução, admitindo ao juízo *a quo* o exercício do juízo de retratação;
(D) a regressão de regime cautelar, diante da prática de novo crime doloso, nunca será admitida;
(E) a prática de falta grave interrompe o prazo de contagem do livramento condicional.

A: incorreta. Conforme a doutrina de Mirabete: "O art. 2º, *caput*, da Lei de Execução Penal, ao dispor que a jurisdição penal no processo de execução será exercida 'na conformidade desta lei e do Código de Processo Penal', consagra expressamente o princípio da legalidade na execução penal. Segundo consta da exposição de motivos, aliás, o princípio da legalidade "domina o corpo e o espírito do Projeto, de forma a impedir que o excesso ou o desvio da execução comprometam a dignidade e a humanidade do Direito Penal" (Mirabete e Fabbrini, *Execução Penal*, 17ª edição, 2024, Foco, item 2.1); **B:** incorreta. Em vista das alterações implementadas na LEP pela Lei 12.433/11, estabeleceu-se, no caso de cometimento de falta grave, uma proporção máxima em relação à qual poderá se dar a perda dos dias remidos. Assim, diante da prática de falta grave, poderá o juiz, em vista da nova redação do art. 127 da LEP, revogar no máximo 1/3 do tempo remido, devendo a contagem recomeçar a partir da data da infração disciplinar. Antes disso, o condenado perdia os dias remidos na sua totalidade; **C:** correta. De fato, tal como estabelece o art. 197 da LEP, as decisões proferidas em sede de execução penal comportam a interposição do recurso de agravo, cujo rito a ser seguido é o do recurso em sentido estrito, que prevê, em seu art. 589, *caput*, do CPP, o efeito regressivo (possibilidade de o juiz retratar-se); **D:** incorreta. A assertiva não corresponde ao que estabelece o art. 118, I, da LEP, que prevê a possibilidade de o reeducando, diante do cometimento de fato definido como crime doloso, regredir de regime de cumprimento de pena; **E:** incorreta. A assertiva contraria o entendimento sedimentado na Súmula 441, do STJ: *A falta grave não interrompe o prazo para a obtenção de livramento condicional*. A Lei 13.964/2019, posterior à aplicação desta prova, introduziu novo requisito para a concessão do livramento condicional, inserido no inciso III do art. 83 do Código Penal, exige que o sentenciado não tenha cometido falta grave nos últimos 12 meses. De acordo com a doutrina de Mirabete: "(...) o cometimento de falta grave, de acordo com a melhor doutrina e vencedora corrente jurisprudencial, não é causa interruptiva do tempo de cumprimento de pena necessário para a concessão do livramento condicional. No entanto, trouxe a referida lei para o deferimento do favor legal o requisito subjetivo adicional de que não tenha o sentenciado cometido falta grave no período de um ano que antecede a decisão. Cumpre observar, porém, que de acordo com tese firmada no STJ, a valoração do requisito subjetivo para concessão do livramento condicional – bom comportamento durante a execução da pena (art. 83, inciso III, alínea "a", do Código Penal) – deve considerar todo o histórico prisional, não se limitando ao período de 12 meses referido na alínea "b" do mesmo inciso III do art. 83 do Código Penal" (Mirabete, Julio Fabbrini e Fabbrini, Renato Nascimento. Execução Penal, 17ª edição, 2024, Foco, item 131.3). Para complementar o estudo conferir a seguinte decisão do STJ, REsp 1970217-MG, j. em 24-5-2023, DJe de 1º-6-2023, tema repetitivo 1161. **ED**

Gabarito "C".

(Analista – TJ/SC – FGV – 2018) Lauro foi denunciado pela prática do crime de lesão corporal leve praticada no contexto de violência doméstica e familiar contra a mulher (art. 129, § 9º, CP – pena: 3 meses a 3 anos de reclusão). Antes do recebimento da denúncia, veio a ser denunciado em outra ação penal, dessa vez pelo crime de ameaça, também praticado no contexto da Lei nº 11.340/06, após a vítima ter comparecido à Delegacia, narrado o ato e afirmado que desejava ver Lauro processado, nos termos exigidos pelo Código Penal para responsabilização criminal, pleiteando medidas de urgência. Após o oferecimento das denúncias, mas antes do recebimento, a companheira de Lauro, Joana, suposta vítima, comparece ao cartório do Juizado de Violência Doméstica e Familiar contra a Mulher, informando não mais ter interesse em ver Lauro responsabilizado criminalmente pelos fatos.

Diante da informação de Joana, o servidor poderá esclarecer que a vontade da vítima:

(A) não poderá ensejar retratação da representação em relação a ambos os delitos, tendo em vista que, por serem praticados em contexto de violência doméstica e familiar contra a mulher, a responsabilização penal independe da vontade da ofendida;
(B) poderá justificar a retratação da representação em relação a ambos os delitos, mas tal retratação deverá ocorrer em audiência especial, na presença do magistrado, ouvido o Ministério Público;
(C) não poderá ensejar retratação da representação em relação a ambos os delitos, tendo em vista que, ainda que a vontade da ofendida possa ser relevante, já houve oferecimento das denúncias;
(D) poderá justificar retratação da representação em relação ao crime de ameaça, observadas as exigências legais em audiência especial, mas não do crime de lesão corporal;
(E) poderá justificar a retratação da representação em relação a ambos os delitos, sendo válida, para tanto, mera declaração da ofendida nos autos.

Posteriormente à aplicação desta prova, entrou em vigor a Lei 14.994/2024, que entre outras disposições, alterou as penas do § 9º do art. 129 do CP, sendo majoradas para 2 a 5 anos de reclusão. Em relação à ação penal nos crimes envolvendo violência doméstica e familiar contra a mulher, o STF entendeu que a ação penal será sempre incondicionada (ADI 4424) e, nesse sentido, o STJ editou a súmula 542 que dispõe: "a ação penal relativa ao crime de lesão corporal resultante de violência doméstica contra a mulher é pública incondicionada"; A Lei 14.994/2024, também, inseriu o § 2º ao art. 147 para determinar que nos casos de crime de ameaça cometido contra a mulher por razões da condição do sexo feminino a ação penal será incondicionada. Ao tempo da aplicação da prova, poderia a ofendida, desde que em audiência especialmente designada para esse fim e até o recebimento da denúncia, renunciar à representação formulada (art. 16 da Lei 11.340/2006). Atualmente a resposta correta seria a letra A. **PB/ED**

Gabarito "D".

(Técnico – TJ/AL – 2018 – FGV) O processo perante o Juizado Especial Criminal é marcado pelo princípio da oralidade, informalidade, celeridade e economia processual, de modo que a Lei nº 9.099/95, que trata do tema no âmbito estadual, trouxe um procedimento próprio, conhecido como sumaríssimo.

De acordo com as previsões da Lei n° 9.099/95, em respeito ao princípio da:

(A) economia processual, a competência do Juizado Especial Criminal é definida pelo local da consumação do crime, ainda que outro seja o local de sua prática;
(B) celeridade, a citação a ser realizada no Juizado Especial Criminal poderá ser pessoal ou fictícia através de edital, esta no caso de o acusado não ser localizado;
(C) economia processual, dos atos praticados em audiência considerar-se-ão desde logo cientes as partes e interessados, mas não os advogados constituídos e defensores, que têm a prerrogativa de intimação pessoal;
(D) oralidade, serão objeto de registro escrito exclusivamente os atos havidos como essenciais, como denúncia, alegações finais e sentença, que devem, em regra, ser integralmente transcritos;
(E) celeridade, a prática de atos processuais em outras comarcas poderá ser solicitada por qualquer meio hábil de comunicação.

A: incorreta. O art. 63 da Lei 9.099/1995 estabelece que a competência do Juizado Especial Criminal será determinada em razão do lugar em que foi *praticada* a infração penal. Surgiram, assim, três teorias a respeito do juiz competente para o julgamento da causa: (i) teoria da atividade: é competente o juiz do local onde se verificou a ação ou omissão; (ii) teoria do resultado: a ação deve ser julgada no local onde se produziu o resultado; (iii) e teoria da ubiquidade: são considerados competentes tanto o juiz do local em que se deu a ação ou omissão quanto aquele do lugar em que se produziu o resultado. Na doutrina e na jurisprudência, predominam as teorias da atividade e da ubiquidade; **B:** incorreta. O art. 66, parágrafo único, da Lei 9.099/1995 estabelece que, no âmbito do procedimento sumaríssimo, não localizado o acusado para ser citado pessoalmente, as peças serão encaminhadas ao juízo comum para prosseguimento, no qual se observará o procedimento sumário, art. 538 do CPP, e se procederá, se necessário for, à citação por hora certa ou por edital, dada a incompatibilidade dessas modalidades de citação ficta com a celeridade imanente ao procedimento adotado na Lei 9.099/1995; **C:** incorreta. A assertiva contraria o disposto no art. 67, parágrafo único, da Lei 9.099/1995, que assim dispõe: *dos atos praticados em audiência considerar-se-ão desde logo cientes as partes, os interessados e defensores*; **D:** incorreta. Assertiva contraria o disposto no art. 81, § 2°, Lei 9.099/1995; **E:** correta. De acordo com o disposto no art. 65, § 2°, da Lei 9.099/1995. **Gabarito: E**

16. TEMAS COMBINADOS E OUTROS TEMAS

(Juiz de Direito – TJ/SC – 2024 – FGV) Ofélia, vítima de crime contra a dignidade sexual que a deixou traumatizada, necessitando de tratamento, foi ouvida em juízo e confirmou a ofensa causada por Rafael, o acusado, que respondia ao processo em liberdade. Contudo, Ofélia não se habilitou como assistente de acusação na ação penal.

Nesse particular, é correto afirmar que:

(A) o juiz poderá encaminhar a ofendida para tratamento psicossocial às expensas do acusado;
(B) o juiz não poderá determinar o segredo de justiça em relação aos dados e depoimentos da ofendida;
(C) a ofendida poderá requerer ao juiz a prisão preventiva do acusado, se não o fizer o Ministério Público;
(D) o juiz não poderá permitir que a ofendida seja ouvida em juízo na ausência do acusado;
(E) a ofendida poderá formular perguntas quando do interrogatório do acusado.

A: correta. De acordo com o art. 201, § 5° do CPP, se o juiz entender necessário, poderá encaminhar o ofendido para atendimento multidisciplinar, especialmente nas áreas psicossocial, de assistência jurídica e de saúde, a expensas do ofensor ou do Estado; **B:** errada. Conforme a redação do § 6° do art. 201, o juiz tomará as providências necessárias à preservação da intimidade, vida privada, honra e imagem do ofendido, podendo, inclusive, determinar o segredo de justiça em relação aos dados, depoimentos e outras informações constantes dos autos a seu respeito para evitar sua exposição aos meios de comunicação; **C:** errada. O juiz somente poderá decretar da prisão preventiva, a requerimento do Ministério Público, do querelante ou do assistente, ou por representação da autoridade policial, de acordo com o art. 311 do CPP. No caso, Ofélia é a vítima, poderá ser assistente da acusação, de acordo com o art. 268 do CPP, precisará estar habilitada; **D:** errada. De acordo com o disposto no art. 217 do CPP: "se o juiz verificar que a presença do réu poderá causar humilhação, temor, ou sério constrangimento à testemunha ou ao ofendido, de modo que prejudique a verdade do depoimento, fará a inquirição por videoconferência e, somente na impossibilidade dessa forma, determinará a retirada do réu, prosseguindo na inquirição, com a presença do seu defensor"; **E:** errada. A vítima poderá formular as perguntas se estiver habilitada para atuar nos autos (art. 268 do CPP). **Gabarito: A**

(Juiz Federal – TRF/1 – 2023 – FGV) O avanço tecnológico apresentou novos desafios no campo probatório do direito processual penal, ensejando, com isso, colisão entre os interesses públicos envolvidos na investigação e julgamento de processos criminais e direitos fundamentais individuais.

Sobre o tema, e levando-se em consideração a jurisprudência nacional e internacional acerca da matéria, é correto afirmar que:

(A) o Superior Tribunal de Justiça já considerou válida a utilização da *geofencing* como técnica de investigação criminal, com atingimento de dados telemáticos de pessoas não identificadas;
(B) a Corte Europeia de Direitos Humanos já julgou válida a possibilidade de juízes robôs efetuarem julgamento de causas de menor complexidade;
(C) não há riscos da predição de decisões judiciais por algoritmos, uma vez que não existe discriminação algorítmica;
(D) a Corte Interamericana de Direitos Humanos já validou o reconhecimento facial em larga escala realizado por câmeras de alta precisão colocadas em vias públicas;
(E) os princípios da legalidade digital e da ética digital reconhecem a inexistência de risco para o processo penal com a substituição do juiz humano por algoritmos.

A: correta. Conforme entendimento do STJ: "(...) 1. Os direitos à vida privada e à intimidade fazem parte do núcleo de direitos relacionados às liberdades individuais, sendo, portanto, protegidos em diversos países e em praticamente todos os documentos importantes de tutela dos direitos humanos. No Brasil, a Constituição Federal, no art. 5°, X, estabelece que: "são invioláveis a intimidade, a vida privada, a honra e a imagem das pessoas, assegurado o direito a indenização pelo dano material ou moral decorrente de sua violação". A ideia de sigilo expressa verdadeiro direito da personalidade, notadamente porque se traduz em garantia constitucional de inviolabilidade dos dados e informações inerentes à pessoa, advindas também de suas relações no âmbito digital. 2. Mesmo com tal característica, o direito ao sigilo não possui, na compreensão da jurisprudência pátria, dimensão absoluta. De fato, embora deva ser preservado na sua essência, este Superior Tribunal de Justiça, assim como a Suprema Corte, entende que é possível afastar sua proteção quando presentes circunstâncias que denotem a existência de interesse público relevante, invariavelmente por meio de decisão proferida por autoridade judicial competente, suficientemente fundamentada, na qual se justifique a necessidade da medida para fins de investigação criminal ou de instrução processual criminal, sempre lastreada em indícios que devem ser, em tese, suficientes à configuração de suposta ocorrência de crime sujeito à ação penal pública. 3. Na espécie, a ordem judicial direcionou-se a dados estáticos (registros), relacionados à identificação de usuários em determinada localização geográfica que, de alguma forma, possam ter algum ponto em comum com os fatos objeto de investigação por crimes de homicídio" (RMS 61302-RJ, j. em 26-8-2020, DJe de 4-9-2020); **B**: errada. Não há previsão na Carta Europeia de Ética sobre o Uso da Inteligência Artificial: "O presente anexo da Carta analisa as diferentes utilizações da IA nos sistemas europeus e incentiva, em graus diferentes, a sua aplicação à luz dos princípios e valores estabelecidos na Carta de Ética. A utilização da autoaprendizagem para constituir motores de busca para a melhoria da jurisprudência é uma oportunidade a ser aproveitada por todos os profissionais do direito. Devem ser considerados pedidos adicionais (elaboração de tabelas, apoio a medidas alternativas de resolução de litígios etc.), mas deve ter-se o devido cuidado (em especial, a qualidade da fonte de dados e não o tratamento em massa de todo o litígio em questão). Outras aplicações ("justiça preditiva") deveriam ser atribuídas ao domínio da investigação e desenvolvimento futuro (em consulta com os profissionais do direito, a fim de garantir a sua plena adequação às necessidades reais) antes de se contemplar uma utilização significativa na esfera pública"; **C**: errada. Conforme exposto na Carta Europeia de Ética sobre o Uso da Inteligência Artificial em Sistemas Judiciais e seu ambiente: "Utilização de algoritmos em matéria penal para traçar o perfil dos indivíduos: as experiências noutros países (COMPAS nos Estados Unidos e HART no Reino Unido) foram criticadas pelas ONG (ver trabalhos da ProPublica nos Estados Unidos e da Big Brother Watch no Reino Unido). *Devido às limitações da metodologia utilizada, esta abordagem puramente estatística conduziu a um resultado errado*: a constatação de que alguns indivíduos afro-americanos estão mais frequentemente envolvidos em atos criminosos levou a um fator de risco mais elevado para toda a população afro-americana. Assim, mesmo para delitos menores, esses sistemas têm ponderado negativamente os arguidos afro-americanos, com o resultado de aumentar injustamente o quantum das suas sentenças. Esta abordagem, que tem efeitos discriminatórios e deterministas, deve ser substituída por uma que respeite mais as normas europeias em matéria de sanções penais e que ofereça ao indivíduo a possibilidade de reabilitação e reintegração. Se os sistemas algorítmicos conseguirem ajudar a melhorar a recolha de informações para os serviços de liberdade condicional, por exemplo, e permitirem que as informações relevantes sejam recolhidas mais rapidamente para posterior tratamento humano, então será definitivamente possível progredir (em especial nos procedimentos acelerados). Qualquer outra utilização é propensa a preconceitos que entram em conflito com certos princípios fundamentais nacionais e supranacionais"; **D**: errada. Não há decisão sobre esse tema específico na Corte Interamericana de Direitos Humanos; **E**: errada. Vide comentários às questões anteriores. Gabarito "A".

(Juiz Federal – TRF/1 – 2023 – FGV) Levando-se em conta os princípios constitucionais que regem o processo penal brasileiro, corresponde ao que a doutrina brasileira nomeou de "garantismo penal integral":

(A) a prevalência do direito das vítimas sobre os direitos fundamentais do réu;

(B) o processo penal ter como exclusiva função servir de proteção ao réu contra abusos do Estado;

(C) uma oposição à teoria do garantismo desenvolvida por Ferrajoli, que defende o abolicionismo penal;

(D) os princípios penais e processuais penais serem interpretados de modo a favorecer a condenação de culpados, mesmo que exista violação de direitos fundamentais;

(E) o reconhecimento de que no processo penal deve existir o equilíbrio entre os direitos fundamentais do réu e da vítima, bem como os interesses da sociedade.

A teoria do garantismo penal para Luigi Ferrajoli, consiste em um conjunto de princípios com o propósito de garantir, no curso do processo penal, os direitos do acusado. Para Ferrajoli há 3 acepções de garantismo. A primeira é um modelo normativo de direito, a vinculação do Poder Público ao Estado de Direito, como uma técnica de tutela que deveria ser capaz de minimizar a violência e de maximizar a liberdade e num plano jurídico a garantia dos direitos do cidadão. Em segundo lugar, estabelece-se a teoria jurídica uma distinção entre vigência e validade, o juiz não deve aplicar as leis que, não sejam válidas por serem incompatíveis com o ordenamento constitucional, embora sejam elas vigentes. Na terceira acepção, vê-se a necessidade de que o ponto de vista interno, o jurídico, se adeque ao ponto de vista externo, ético-político. O garantismo integral expande essa ideia para abranger também os bens jurídicos protegidos pelo Direito Penal, como o direito da vítima. O garantismo penal integral é uma teoria criada por Douglas Fischer, membro do Ministério Público Federal, nesse sentido: "Há muito defendo o que denominei de GARANTISMO "PENAL INTEGRAL", que nada mais é – e nenhuma "novidade" inclusive no STF – do que o EQUILÍBRIO entre GARANTISMO POSITIVO x GARANTISMO NEGATIVO. (...) A compreensão de que o garantismo deveria proteger exclusivamente direitos fundamentais de primeira geração tem gerado, em nossa compreensão, verdadeira desproteção sistêmica. É dizer: sem racionalidade (para não dizer sem fundamentação), protegem-se exclusivamente direitos individuais fundamentais sem que se note uma consideração dos demais direitos fundamentais que formam a complexa teia de bens e valores que possuem proteção constitucional" (vide: www.trf3.jus.br/documentos/emag/Cursos) Gabarito "E".

16. DIREITOS HUMANOS

Renan Flumian

1. SISTEMA GLOBAL DE PROTEÇÃO DOS DIREITOS HUMANOS

(ENAM – 2024.1) Os Direitos Humanos assumiram, na atualidade, uma posição de centralidade no ordenamento jurídico, razão pela qual os conteúdos desses direitos agem como importante vetor interpretativo.

Acerca das características e especificidades dos Direitos Humanos, assinale a afirmativa correta.

(A) A universalidade dos Direitos Humanos acompanhou a evolução e o processo de internacionalização desses direitos. No entanto, apesar de sua relevância histórica, não consta expressamente de tratados e declarações internacionais, sendo fruto de um processo interpretativo.

(B) A abertura limitada dos Direitos Humanos possui relação com sua amplitude semântica; por isso, no processo legislativo admite-se a expansão do rol desses direitos somente no plano internacional, vedada inovação no âmbito interno.

(C) A impossibilidade de o próprio titular de direitos renunciar à proteção e permitir que eles sejam violados é chamada pela doutrina de imprescritibilidade dos Direitos Humanos.

(D) O Art. 5º, § 2º, da CRFF/88, in verbis: "Os direitos e garantias expressos nesta Constituição não excluem outros decorrentes do regime e dos princípios por ela adotados, ou dos tratados internacionais em que a República Federativa do Brasil seja parte", é um exemplo de universalidade dos Direitos Humanos.

(E) A relevância da transnacionalidade, como característica dos Direitos Humanos, possui especial aplicabilidade atualmente, dado o grande fluxo de refugiados.

A: incorreta. A Declaração Universal dos Direitos Humanos de 1948 universalizou a noção de direitos humanos. Muito importante foi seu papel porque antes disso a proteção dos direitos humanos era relegada a cada Estado, que, com suporte em sua intocável soberania, tinha autonomia absoluta para determinar e executar as políticas relacionadas à proteção da dignidade da pessoa humana. Todavia, obras de horror, como o nazifascismo, demonstraram que a proteção do ser humano não pode ficar somente nas "mãos de governos" nacionais; **B:** incorreta (art. 5º, § 2º, da CF); **C:** incorreta, pois é chamado de *irrenunciabilidade*. Por serem direitos adstritos à condição humana, os direitos humanos não podem ser renunciáveis, pois formam o indivíduo em sua plenitude. Assim, são indisponíveis tanto pelo Estado como pelo particular. Tal característica se confirma pelo fato de os direitos humanos fazerem parte do *jus cogens*, isto é, inderrogáveis por ato volitivo; **D:** incorreta, pois diz respeito às características da indivisibilidade e da interdependência dos direitos humanos; **E:** correta, pois um dos grandes objetivos perseguidos com a criação da ONU foi buscar a proteção dos direitos humanos em nível universal. Grande passo foi dado nesse sentido com a promulgação da Declaração Universal dos Direitos Humanos. O que fez com que "o direito a ter direitos" de Hannah Arendt passasse a ter tutela internacional e marcou, portanto, a importante passagem da proteção nacional (e única) dos direitos humanos para uma proteção compartilhada (sistemas nacional e internacional). A Declaração Universal dos Direitos Humanos significou, sem qualquer dúvida, o fim do paradigma da proteção nacional dos direitos humanos, o que garante a proteção dos indivíduos mesmo que fora de seus estados-nacionais, já que o simples fato de ser-humano já o qualifica como detentor de direitos.

Gabarito "E"

(Juiz de Direito – TJ/SC – 2024 – FGV) Uma importante ferramenta no sistema global de proteção dos direitos humanos é conhecida como relatores especiais da ONU. Tais relatores especiais, são:

(A) membros do Conselho de Direitos Humanos da ONU nomeados pelo secretário-geral das Nações Unidas que viajam em missões diplomáticas para atuarem como consultores dos governos locais em políticas de promoção, defesa e controle dos direitos humanos, cabendo a eles fixar as prioridades de políticas públicas na área dos direitos humanos, tendo em vista a realidade local;

(B) especialistas independentes em direitos humanos nomeados pelo Conselho de Direitos Humanos da ONU que conformam o sistema de Procedimentos Especiais, cabendo-lhes, dentre outros, realizar visitas ao país, atuar em casos individuais de denúncias de violações, contribuir para o desenvolvimento de padrões internacionais de direitos humanos e fornecer aconselhamento para a cooperação técnica;

(C) juristas que atuam nos sistemas de justiça de diferentes continentes, recrutados pelo Conselho de Segurança da ONU para monitorar e avaliar os relatórios periódicos de implementação das ações de garantia dos direitos humanos que cada país-membro da ONU deve realizar anualmente, apresentando os avanços e retrocessos daquele período;

(D) diplomatas dos Estados-Membros da ONU que formam uma força tarefa internacional para atuar em nome do Conselho de Direitos Humanos da ONU, fazendo uma negociação autônoma e independente em diferentes estados nacionais que estejam passando por situações de catástrofes naturais, conflitos armados ou crise econômica e/ou institucional, tendo em vista a retomada da estabilidade do país;

(E) ex-juízes e ex-promotores de Justiça que atuaram em tribunais internacionais – como a Corte Internacional de Justiça de Haia ou o Tribunal Penal Internacional – e que utilizam seu conhecimento para fazer uma revisão processual dos casos mais graves de violação sistemática dos direitos humanos que não tiveram resolução em razão da morosidade do Poder Judiciário de determinado país que é membro da ONU.

A: Incorreta. Os relatores especiais não são membros do Conselho de Direitos Humanos da ONU, nem são nomeados pelo secretário-geral das

Nações Unidas. Eles são nomeados pelo Conselho de Direitos Humanos da ONU e atuam como especialistas independentes; **B:** Correta. Esta definição é precisa. Os relatores especiais são especialistas independentes nomeados pelo Conselho de Direitos Humanos da ONU como parte dos Procedimentos Especiais. Eles realizam visitas aos países, tratam de casos individuais, ajudam a desenvolver padrões internacionais e fornecem aconselhamento técnico; **C:** Incorreta. Os relatores especiais não são recrutados pelo Conselho de Segurança da ONU, mas pelo Conselho de Direitos Humanos. Além disso, seu papel é mais abrangente do que apenas monitorar e avaliar relatórios periódicos; **D:** Incorreta. Os relatores especiais não são diplomatas e não formam uma força tarefa para negociações em situações de crises ou catástrofes. Eles são especialistas independentes que focam principalmente na promoção e proteção dos direitos humanos; **E:** Incorreta. Os relatores especiais não são necessariamente ex-juízes ou ex-promotores e não se limitam a fazer revisão processual de casos de violação de direitos humanos. Seu papel é mais amplo e envolve diversas atividades relacionadas à promoção e proteção dos direitos humanos.

Gabarito "B".

(Juiz Federal – TRF/1 – 2023 – FGV) A Convenção das Nações Unidas contra a Corrupção prevê expressamente que cada Estado Parte:

(A) estabelecerá um prazo maior ou interromperá a prescrição quando o presumido delinquente tiver evadido da administração da justiça;

(B) deverá proibir a utilização de delação premiada como meio de obtenção de prova;

(C) deverá criar mecanismos que respeitem o sigilo bancário nas investigações relacionadas ao crime de corrupção;

(D) considerará a possibilidade de prever, em conformidade com os princípios fundamentais de sua legislação interna, a concessão de benefícios para colaboradores, vedada a concessão de imunidade judicial;

(E) considerará a possibilidade de adotar as medidas legislativas e de outras índoles que sejam necessárias para qualificar como delito, inclusive na modalidade culposa, o enriquecimento ilícito.

A: Correta. A UNCAC prevê que os Estados Partes devem considerar a possibilidade de estabelecer um prazo maior ou interromper a prescrição dos crimes de corrupção quando o suspeito ou acusado tiver evadido da justiça; **B:** Incorreta. A UNCAC não proíbe a utilização de delação premiada, pelo contrário, ela recomenda que os Estados Partes adotem medidas para encorajar pessoas envolvidas em atos de corrupção a cooperar com as autoridades judiciais; **C:** Incorreta. A UNCAC recomenda que os Estados Partes adotem medidas para facilitar o acesso e a troca de informações entre autoridades competentes, o que inclui a possibilidade de levantamento do sigilo bancário em casos de corrupção; **D:** Incorreta, pois é possível conceder a imunidade judicial (art. 37, ponto 3, da Convenção das Nações Unidas contra a Corrupção); **E:** Incorreta, pois não prevê a possibilidade da modalidade culposa no delito de enriquecimento ilícito (art. 20).

Gabarito "A".

2. SISTEMA GLOBAL DE PROTEÇÃO ESPECÍFICA DOS DIREITOS HUMANOS

2.1. Convenção OIT sobre povos indígenas e tribais em países independentes

(OAB/FGV – 2024) Em razão da alta concentração de indígenas no Município X e com vistas à melhor promoção dos seus direitos e garantias, as autoridades locais adotaram uma série de medidas administrativas com impacto direto sobre as referidas comunidades. Não lhes foi franqueada, contudo, qualquer mecanismo de participação nos ciclos de elaboração e implementação dessas medidas.

Nesse contexto, você foi procurado(a), como advogado(a), para representar uma das comunidades. À luz da Convenção 169 da Organização Internacional do Trabalho sobre Povos Indígenas e Tribais, assinale a opção que apresenta, corretamente, sua orientação.

(A) É assegurado às comunidades indígenas e às populações tradicionais o direito à consulta, mediante procedimentos apropriados e, particularmente, por meio de suas instituições representativas, cada vez que sejam previstas medidas legislativas ou administrativas suscetíveis de afetá-las diretamente.

(B) No caso específico, a Convenção em questão excetua o dever de assegurar a participação das comunidades indígenas diretamente atingidas, já que se trata de medidas tomadas com o intuito de promover a máxima eficácia dos direitos e das garantias dessas populações tradicionais.

(C) Apesar de as disposições da Convenção em questão estabelecerem a necessidade de efetiva participação das comunidades indígenas cada vez que forem previstas medidas legislativas ou administrativas suscetíveis de afetá-las diretamente, a não observância desse dever estatal somente acarreta vício capaz de anular os atos praticados se restar demonstrado, no caso concreto, a existência de prejuízo.

(D) É assegurado às comunidades indígenas e populações tradicionais o direito à consulta, mediante procedimentos apropriados, cada vez que sejam previstas medidas legislativas ou administrativas suscetíveis de afetá-las diretamente. No âmbito nacional, confiou-se à Fundação Nacional do Índio (FUNAI) a atribuição para representar diretamente as referidas comunidades, por serem desprovidas de personalidade jurídica própria.

A: Correta. A Convenção 169 da OIT estabelece, em seu artigo 6º, o direito das comunidades indígenas à consulta prévia, livre e informada antes de qualquer medida legislativa ou administrativa que possa afetá-las diretamente. Essas consultas devem ser realizadas por meio de suas instituições representativas e seguir procedimentos apropriados; **B:** Incorreta, reler o comentário sobre a assertiva anterior; **C:** Incorreta. Não é necessário demonstrar prejuízo concreto para que a violação do dever de consulta seja considerada um vício. O simples fato de não consultar as comunidades afetadas já constitui violação dos seus direitos; **D:** Incorreta. Embora a FUNAI tenha um papel importante na proteção dos direitos indígenas no Brasil, a Convenção 169 assegura que as consultas sejam realizadas diretamente com as comunidades indígenas por meio de suas próprias instituições representativas.

Gabarito "A".

3. SISTEMA REGIONAL DE PROTEÇÃO DOS DIREITOS HUMANOS – SISTEMA INTERAMERICANO

(ENAM – 2024.1) O caso Valência Campos e outros vs. Bolívia, apreciado pela Corte Interamericana de Direitos Humanos em 2022, suscitou a análise acerca das garantias que devem ser asseguradas no curso de operações policiais de busca e apreensão em domicílios no período noturno. A Corte IDH declarou a responsabilidade do Estado boliviano à luz da Convenção Americana sobre Direitos Humanos ("Convenção") pela violação de uma série de direitos das vítimas que, à época dos fatos, foram alvo de uma operação policial que tinha por objetivo identificar e deter os supostos autores de um roubo de grande repercussão na Bolívia.

Sobre as contribuições dessa sentença à jurisprudência interamericana, assinale a afirmativa correta.

(A) A Corte se absteve de declarar violações aos direitos econômicos, sociais, culturais e ambientais (DESCA), por entender que o caso envolveu apenas violações relativas aos direitos às garantias judiciais, à liberdade pessoal e à intimidade, isto é, Direitos de natureza civil.

(B) O entendimento da Corte IDH sobre a limitação de operações de invasão domiciliar durante a noite tem por fundamento o direito à vida privada, previsto no Art. 11 da Convenção e as obrigações estatais de proteção da família, decorrentes do Art. 17 da Convenção.

(C) A Corte IDH concluiu que as operações de invasão domiciliar noturnas somente podem ser consideradas compatíveis com a Convenção Americana em situações de consentimento, flagrância ou de comprovada periculosidade do alvo da operação.

(D) O caso Valência Campos vs. Bolívia reflete uma tendência recente da Corte IDH de restringir o conceito de "vítima", compreendendo como tais apenas os indivíduos que foram diretamente atingidos pelos atos praticados por agentes do Estado, no caso, as pessoas que eram alvos das invasões domiciliares noturnas.

(E) A Corte IDH concluiu que o Estado não violou o direito à presunção de inocência ao exibir as vítimas aos meios de imprensa, tendo em consideração que o caso teve grande repercussão midiática e que o Estado não poderia prevenir tal exposição.

Na sentença do Caso Valencia Campos e outros vs. Bolívia, a Corte Interamericana de Direitos Humanos declarou que o Estado da Bolívia é internacionalmente responsável pelas violações de vários direitos em relação às 26 vítimas envolvidas nas invasões e detenções realizadas no marco da investigação do roubo de uma van com objetos de valor em La Paz, Bolívia, no ano de 2001. Consequentemente, a Corte concluiu que o Estado é responsável pela violação do direito à liberdade pessoal, à vida privada, à casa, proteção da família, ao direito de propriedade, integridade pessoal, ao direito da mulher viver livre da violência, direitos das crianças, o direito à vida, à saúde, às garantias judiciais, à proteção judicial, à honra e à dignidade, bem como o dever de investigar os atos de tortura e de violência contra a mulher. O caso está relacionado com os atos de tortura e maus-tratos por parte de agentes policiais no marco das invasões e detenções ilegais realizadas numa operação de apreensão de suspeitos de um assalto a uma van que transportava objetos de valor em dezembro de 2001. A Corte considerou que as invasões noturnas e as prisões feitas durante elas foram contrárias às normas constitucionais vigentes no momento dos eventos, e que, devido ao uso de força excessiva, implicaram em violações dos artigos 7.1, 7.2 e 7.3 da Convenção. Bem como que a limitação de operações de invasão domiciliar durante a noite tem por fundamento o direito à vida privada, previsto no Art. 11 da Convenção e as obrigações estatais de proteção da família, decorrentes do Art. 17 da Convenção. Portanto, a assertiva correta é a "B".

Gabarito "B".

(ENAM – 2024.1) A competência consultiva da Corte Interamericana de Direitos Humanos constitui um dos mecanismos por meio dos quais o Tribunal exerce sua função de interpretação da Convenção Americana sobre Direitos Humanos, ao lado do exercício de suas competências contenciosa e cautelar.

Sobre as Opiniões Consultivas emitidas pela Corte IDH, assinale a afirmativa correta.

(A) As Opiniões Consultivas só podem ser solicitadas por Estados que reconhecem a competência da Corte IDH nos termos do Art. 64 da Convenção e pela Comissão Interamericana de Direitos Humanos.

(B) Na Opinião Consultiva nº 1 de 1982, denominada Otros tratados, objecto de la función consultiva de la Corte, a Corte IDH reconheceu que sua competência consultiva compreende qualquer tratado internacional aplicável aos Estados do sistema interamericano, desde que o instrumento possua caráter multilateral.

(C) As Opiniões Consultivas não podem versar sobre disposições normativas concretas de um determinado Estado, apenas sobre as situações hipotéticas e sobre a interpretação de tratados internacionais em relação aos quais é competente.

(D) Caso encontre disposições incompatíveis com a Convenção no exame das matérias submetidas em sede de solicitação de opinião consultiva, a Corte poderá ordenar ao Estado que adote as medidas necessárias para adequá-las ao corpus iuris interamericano.

(E) As Opiniões Consultivas da Corte IDH podem ser consideradas modalidade de exercício preventivo do controle de convencionalidade e são fontes standards que devem ser observados pelos Estados.

A: incorreta, pois a competência consultiva da Corte é marcada por sua grande finalidade de uniformizar a interpretação da Convenção Americana de Direitos Humanos e dos tratados de direitos humanos confeccionados no âmbito da OEA. Dentro dessa competência, qualquer Estado-membro ou órgão da OEA pode pedir que a Corte emita parecer que indique a correta interpretação da Convenção e dos tratados concernentes à proteção dos direitos humanos nos Estados Americanos (art. 64, ponto 1, da Convenção Americana de Direitos Humanos); **B:** incorreta. A Opinião Consultiva 01/1982 foi solicitada pelo governo do Peru com o objetivo de esclarecer o significado da frase "ou de outros tratados concernentes à proteção dos direitos humanos nos Estados americanos", constante do art. 64 da Convenção Americana de Direitos Humanos, e a Corte, por unanimidade, decidiu que possui competência consultiva sobre toda disposição, concernente à proteção dos direitos humanos, de qualquer tratado internacional aplicável aos Estados americanos, independentemente de ser bilateral ou multilateral, de qual seja seu objeto principal ou de que tenha ou possa ter Estados partes estranhos ao sistema interamericano; **C:** incorreta, pois a Corte Interamericana de Direitos Humanos emite pareceres consultivos (ou opiniões consultivas) de duas espécies: os pareceres interpretativos de tratados de direitos humanos do sistema interamericano e os pareceres sobre a compatibilidade entre leis ou projetos de lei internos (segundo a decisão da Corte no Parecer Consultivo 12/91) e a Convenção Americana de Direitos Humanos; **D:** incorreta, pois a Corte em sede de solicitação de opinião consultiva não ordena pois não tem o sistema de sanções que caracteriza o processo contencioso; **E:** correta, segundo André de Carvalho Ramos, "Os pareceres interpretativos de normas americanas de direitos humanos *compõem o controle de interpretação* das citadas normas, demonstrando a orientação em *abstrato* da Corte para os operadores internos do Direito. Já os pareceres sobre a compatibilidade de leis ou projetos de leis internos com a Convenção formam o *controle de convencionalidade em abstrato* estipulado pelo Pacto de San José. Ambos os controles prescindem de litígio ou de vítimas",[1] muito por isso podemos considerá-los como uma modalidade de exercício preventivo.

Gabarito "E".

(ENAM – 2024.1) Casos envolvendo o delito de desaparecimento forçado são uma constante na jurisprudência contenciosa da Corte Interamericana de Direitos Humanos, desde a primeira sentença que proferiu no caso Velásquez Rodriguez vs. Honduras, em 1987. O Tribunal reconhece que se trata de violação múltipla aos direitos previstos na Convenção Americana sobre Direitos Humanos.

A respeito do tema, analise as afirmativas a seguir.

I. Segundo o entendimento da Corte IDH, o crime de desaparecimento forçado é um crime permanente que se prolonga no tempo até que o Estado comprove que o desaparecido já morreu.
II. A proibição do desaparecimento forçado possui *status* de *ius cogens*.
III. A Corte IDH reconhece o direito autônomo dos familiares a conhecer a verdade, que compreende não apenas as obrigações estatais derivadas dos artigos 8 e 25 da Convenção, mas também o direito de acesso à informação prescrito no Art. 13.1.

Está correto o que se afirma em

(A) I, apenas.
(B) I e II, apenas.
(C) I e III, apenas.
(D) II e III, apenas.
(E) I, II e III.

I: incorreta, o crime de desaparecimento forçado é sim considerado um crime permanente, mas não existe entendimento por parte da Corte IDH no que tange a necessidade de comprovação de que o desaparecido já morreu; **II:** correta. O *jus cogens* (normas cogentes de direito internacional) é calcado no reconhecimento da existência de direitos e de obrigações naturais, independentemente da existência de algum tratado internacional. O *jus cogens* seria como um qualificador de regras consideradas basilares para a ordenação e a viabilidade da comunidade internacional. Portanto, a compreensão da existência de uma comunidade internacional e de interesses que advêm dela (sobretudo para sua existência – como, por exemplo, na proteção internacional do meio ambiente), e não somente de Estados em sua individualidade, deu suporte para o aparecimento do *jus cogens*. E a Corte Interamericana já definiu que o dever de investigar e punir os responsáveis pela prática de desaparecimentos forçados possui caráter de *jus cogens*; **III:** correta. No caso *Gomes Lund e outros c. Brasil*, a Corte Interamericana afirmou que o direito à verdade se vincula tanto ao acesso à Justiça, quanto ao direito de buscar e receber informações, incorporando o art. 13 da Convenção (direito à informação) à noção do direito à verdade. Na sua sentença, a Corte definiu por unanimidade, que o Estado é responsável pela violação do direito de conhecer a verdade de Zora Herzog, Clarice Herzog, Ivo Herzog e André Herzog, em virtude de não haver esclarecido judicialmente os fatos violatórios do presente caso e não ter apurado as responsabilidades individuais respectivas, em relação à tortura e assassinato de Vladimir Herzog, por meio da investigação e do julgamento desses fatos na jurisdição ordinária, em conformidade com os artigos 8 e 25 da Convenção Americana, em relação ao artigo 1.1 do mesmo instrumento.

Gabarito "D".

(ENAM – 2024.1) Acerca da Carta da Organização dos Estados Americanos (OEA) e da Declaração Americana de Direitos e Deveres do Homem, assinale a afirmativa correta.

(A) A Carta da OEA foi editada durante a 9ª Conferência Interamericana realizada em Bogotá, em 1948. Em razão da sua finalidade precípua de constituir formalmente a Organização dos Estados Americanos, o referido documento internacional não continha disposições relacionadas aos Direitos Humanos. Com vistas à abordagem desta temática específica, foi posteriormente editada a Declaração Americana de Direitos e Deveres do Homem.
(B) A Declaração Americana de Direitos e Deveres do Homem é também conhecida como Pacto de São José da Costa Rica, por ter sido adotada durante a Conferência Especializada interamericana sobre Direitos Humanos realizada naquela cidade, em 1969.
(C) De acordo com a posição majoritária, a Declaração Americana de Direitos e Deveres do Homem possui força vinculante. Contudo, vincula apenas aqueles Estados que a ratificaram expressamente, não abrangendo todos os países que ratificaram a Carta da OEA.
(D) A Carta da OEA abordou o tema dos Direitos Humanos de forma mais genérica. Já a Declaração Americana de Direitos e Deveres do Homem é considerada uma interpretação autêntica dos dispositivos genéricos de proteção dos Direitos Humanos da Carta.
(E) A Declaração Americana de Direitos e Deveres do Homem foi inspirada na Declaração Universal dos Direitos Humanos, editada poucos meses antes pela Organização das Nações Unidas.

A: Incorreta. A Carta da OEA foi adotada na 9ª Conferência Internacional Americana em Bogotá, em 1948. No entanto, a Carta da OEA inclui disposições gerais sobre direitos humanos em seu Artigo 3º. A Declaração Americana de Direitos e Deveres do Homem foi adotada na mesma conferência, como um documento adicional para especificar os direitos humanos; **B:** Incorreta. A Declaração Americana de Direitos e Deveres do Homem foi adotada em 1948. O Pacto de São José da Costa Rica é na verdade a Convenção Americana sobre Direitos Humanos, adotada em 1969, e são documentos distintos; **C:** Incorreta. A Corte Interamericana asseverou que a circunstância de a Declaração Americana de Direitos e Deveres do Homem não ser um tratado não significa que ela não produza efeitos jurídicos nem que a Corte esteja impossibilitada de interpretá-la. Mais precisamente, a Corte fez a seguinte diferenciação: **a)** para os Estados-membros da OEA, a Declaração é o texto que determina quais são os direitos humanos a que se refere à Carta, ou seja, a Declaração contém e define os direitos essenciais que a Carta menciona. Além disso, os arts. 1º, ponto 2, *b*, e 20 do Estatuto da Comissão Interamericana de Direitos Humanos definem a competência da Comissão sobre os direitos humanos enunciados na Declaração. Ou seja, para esses Estados, a Declaração Americana constitui, em relação à Carta da OEA, uma fonte de obrigações internacionais; e **b)** para os Estados-partes da Convenção Americana de Direitos Humanos, a fonte concreta de suas obrigações, no tocante à proteção dos direitos humanos, é a própria Convenção. Contudo, há que levar em conta o art. 29, *d*, da Convenção, logo, os Estados-membros da OEA devem respeitar as obrigações que derivam da Declaração também; **D:** Correta. A Carta da OEA inclui disposições gerais sobre direitos humanos, e a Declaração Americana de Direitos e Deveres do Homem, adotada na mesma conferência, detalha e interpreta esses direitos, sendo considerada uma interpretação autêntica dos princípios genéricos dos direitos humanos mencionados na Carta; **E:** incorreta. Embora a Declaração Americana de Direitos e Deveres do Homem e a Declaração Universal dos Direitos Humanos compartilhem muitos princípios e valores, a Declaração Americana foi adotada antes

---

[1] *Teoria geral dos direitos humanos na ordem internacional.* 2. ed. São Paulo: Saraiva, 2012. p. 244.

da Declaração Universal. A Declaração Americana foi adotada em abril de 1948, enquanto a Declaração Universal foi adotada em dezembro de 1948. Portanto, a afirmativa correta é a **(D)**.

Gabarito "D".

(Juiz Federal – TRF/1 – 2023 – FGV) Sobre o Sistema Interamericano de Proteção dos Direitos Humanos (SIDH) e a Convenção Interamericana de Direitos Humanos, é correto afirmar que:

(A) seus órgãos principais são a Corte Interamericana de Direitos Humanos e a Comissão Interamericana de Direitos Humanos;

(B) a Convenção Interamericana de Direitos Humanos, pelo seu conteúdo, teve aplicação imediata no Brasil, sem necessidade do processo constitucional de internalização de convenções;

(C) na interpretação da norma mais favorável, deverá o juiz privilegiar a norma de direito interno em relação à norma prevista na Convenção;

(D) para que os estrangeiros residentes no Brasil possam invocar as garantias da Convenção Interamericana em seu favor, há necessidade de reciprocidade pelo país de nacionalidade do estrangeiro;

(E) é cabível o controle abstrato de lei interna de um Estado em face de norma da Convenção Interamericana perante a Corte Interamericana de Direitos Humanos.

A: Correta. A Corte Interamericana de Direitos Humanos e a Comissão Interamericana de Direitos Humanos são os órgãos principais do Sistema Interamericano de Proteção dos Direitos Humanos; B: Incorreta. No Brasil, as convenções internacionais de direitos humanos precisam passar por um processo de internalização, que é realizado pelo Congresso Nacional por meio de decreto legislativo, para que possam ter aplicação no território nacional; C: Incorreta. De acordo com o princípio da norma mais favorável, em caso de conflito entre uma norma de direito interno e uma norma da Convenção Interamericana de Direitos Humanos, deve ser aplicada a norma que oferece maior proteção aos direitos humanos, independentemente de ser nacional ou internacional; D: Incorreta. Os estrangeiros residentes no Brasil podem invocar as garantias da Convenção Interamericana de Direitos Humanos independentemente da existência de reciprocidade por parte do país de nacionalidade do estrangeiro; E: Incorreta, pois a Corte Interamericana não tem competência para realizar o controle abstrato da lei interna de um Estado.

Gabarito "A".

4. DIREITOS HUMANOS NO BRASIL

(ENAM – 2024.1) Em relação ao controle de convencionalidade, assinale a afirmativa correta.

(A) De acordo com a teoria do duplo controle, as normas jurídicas devem guardar compatibilidade não apenas com a respectiva Constituição nacional, mas também com as disposições internacionais acolhidas pelo respectivo Estado parte. Assim, para ser considerada hígida, a norma deve passar tanto pelo controle de constitucionalidade quanto pelo controle de convencionalidade.

(B) Enquanto o controle judicial de constitucionalidade é exercido de modo exclusivo pelo Poder Judiciário nacional, o controle judicial de convencionalidade é exercido de modo exclusivo pelos órgãos internacionais competentes, de acordo com o que preconiza o tratado ou a convenção internacional especificamente.

(C) De acordo com a classificação doutrinária comumente empregada, o controle judicial de convencionalidade realizado no plano internacional, pode ocorrer pela via concentrada ou pela via difusa. Já o controle judicial de convencionalidade realizado no plano interno somente pode ocorrer pela via concentrada, isto é, pelo órgão de cúpula do Poder Judiciário nacional.

(D) De acordo com a teoria do duplo controle, impõe-se ao órgão internacional com competência para a realização do controle de convencionalidade que promove, igualmente, o controle de constitucionalidade das normas jurídicas analisadas, aferindo a sua compatibilidade em face da Carta Constitucional do respectivo Estado parte.

(E) Diversamente do que se verifica em relação ao controle de constitucionalidade, comumente atribuído pelas cartas constitucionais a todos os poderes (Legislativo, Executivo e Judiciário), no plano nacional, o controle de convencionalidade somente é imputado ao Poder Judiciário.

A: Correta. A teoria do duplo controle implica que uma norma jurídica deve ser compatível tanto com a Constituição nacional quanto com os tratados e convenções internacionais dos quais o Estado é parte. Assim, a norma deve ser validada por ambos os controles: de constitucionalidade e de convencionalidade; B: Incorreta. O controle de convencionalidade pode ser exercido tanto por órgãos judiciais nacionais quanto por órgãos internacionais. No âmbito nacional, juízes e tribunais verificam a compatibilidade das normas internas com os tratados internacionais ratificados pelo país; C: Incorreta. No plano interno, o controle de convencionalidade pode ocorrer tanto pela via concentrada (exercida por um tribunal constitucional ou suprema corte) quanto pela via difusa (exercida por qualquer juiz ou tribunal); D: Incorreta. Órgãos internacionais realizam controle de convencionalidade, mas não têm competência para realizar controle de constitucionalidade das normas nacionais. A verificação da conformidade com a constituição nacional é prerrogativa dos tribunais nacionais; E: Incorreta. Embora o controle de convencionalidade seja principalmente exercido pelo Poder Judiciário, outros poderes também têm o dever de observar a compatibilidade das normas internas com os tratados internacionais. O Legislativo, ao elaborar leis, e o Executivo, ao editar atos normativos, também devem respeitar os tratados ratificados pelo país. Portanto, a afirmativa correta é a "**A**".

Gabarito "A".

(Juiz de Direito – TJ/SC – 2024 – FGV) A Constituição Federal em seu Art. 5º admite, excepcionalmente, a prisão civil do devedor de pensão alimentícia e do depositário infiel. Já a Convenção Americana de Direitos Humanos admite, em caráter excepcional, a prisão civil do inadimplente de obrigação alimentar.

Diante dessa controvérsia, o STF fixou jurisprudência afirmando que:

(A) é lícita a prisão civil do inadimplente da pensão alimentícia e do depositário infiel;

(B) é lícita a prisão civil do inadimplente da pensão alimentícia, mas não do depositário infiel;

(C) é lícita a prisão civil do depositário infiel, mas não do inadimplente da pensão alimentícia;

(D) é ilícita a prisão civil do depositário infiel e do inadimplente da pensão alimentícia;

(E) ambos os casos de prisão civil devem ser analisados de forma individual e criteriosa, devendo haver fundamentação exauriente da decisão condenatória.

A: Incorreta. O STF já decidiu que a prisão civil do depositário infiel não é permitida, em conformidade com o entendimento da Convenção Americana de Direitos Humanos; **B:** Correta. De acordo com a jurisprudência do STF, a prisão civil do inadimplente de pensão alimentícia é permitida, enquanto a prisão do depositário infiel não é, devido à prevalência da Convenção Americana de Direitos Humanos sobre a Constituição Federal nesse aspecto; **C:** Incorreta. Isso está em desacordo com a jurisprudência do STF, que permite a prisão civil do devedor de pensão alimentícia, mas não do depositário infiel; **D:** Incorreta. A jurisprudência do STF permite a prisão civil do inadimplente de pensão alimentícia; **E:** Incorreta. Embora a análise de cada caso individualmente e com fundamentação exauriente seja uma boa prática jurídica, essa opção não reflete a jurisprudência específica do STF, que claramente diferencia a permissibilidade da prisão civil para devedores de pensão alimentícia e depositários infiéis.

Gabarito "B".

4.1. Constituição cidadã de 1998

(OAB/FGV – 2024) STJ transfere à Justiça Federal apuração da morte de líderes de trabalhadores rurais em Rondônia.

A pedido da Procuradoria-Geral da República (PGR), a Terceira Seção do Superior Tribunal de Justiça (STJ) determinou a transferência, para a Justiça Federal, de seis inquéritos relativos a crimes de homicídio praticados contra líderes de trabalhadores rurais e outras pessoas que denunciaram grilagem de terras e exploração ilegal de madeira em Rondônia.

Notícias do STJ – 25/08/2023

A notícia acima, informada no site do STJ, diz respeito a um instituto exclusivo para a proteção dos Direitos Humanos previsto na Constituição Federal/88.

Assinale a opção que o indica.

(A) Arguição de Descumprimento de Preceito Fundamental.
(B) Incidente de Deslocamento de Competência.
(C) Tese com Repercussão Geral.
(D) Ação Popular.

O Incidente de Deslocamento de Competência (IDC) é um mecanismo previsto na CF (art. 109, § 5°) e regulamentado pela Lei n° 10.446/2002. Ele permite a transferência de inquéritos ou processos criminais da Justiça Estadual para a Justiça Federal, quando houver graves violações de direitos humanos e a apuração dos fatos em âmbito estadual se mostrar insuficiente ou ineficaz. O objetivo principal do IDC é assegurar que o Brasil cumpra suas obrigações internacionais relativas à proteção dos direitos humanos, evitando que violações graves fiquem impunes. A assertiva correta, portanto, é a "B".

Gabarito "B".

5. DIREITO HUMANITÁRIO

(OAB/FGV – 2024) Os conflitos armados, infelizmente, são uma realidade que afeta diferentes países. As quatro Convenções de Genebra de 1949 conformam a base do Direito Internacional Humanitário.

Em comum às quatro Convenções está o Art. 3° que, entre outros dispositivos, determina o tratamento humano para todos os indivíduos em poder do inimigo, sem nenhuma distinção adversa. Proíbe, especialmente, os assassinatos, as mutilações, as torturas e os tratamentos cruéis, humilhantes e degradantes, a tomada de reféns e os julgamentos parciais.

Sobre esse artigo, assinale a afirmativa correta.

(A) Abrange também as situações de conflito armado sem caráter internacional e que surjam no território de um Estado parte da Convenção.
(B) Determina a obrigatoriedade de cessar-fogo, no caso de início de uma rodada de negociações para a busca de solução não armada do conflito.
(C) Atribui ao Conselho de Segurança da ONU a competência para julgar a legitimidade da guerra e as eventuais sanções a serem impostas às partes do conflito
(D) Prevê a instituição de um tribunal específico para o julgamento de acusados de terem cometido crimes de guerra pela Assembleia Geral das Nações Unidas.

A: Correta. O Artigo 3° comum às Convenções de Genebra de 1949 aplica-se aos conflitos armados de caráter não internacional, ou seja, conflitos que ocorrem no interior do território de um Estado parte; **B:** Incorreta. O Artigo 3° não impõe uma obrigatoriedade de cessar-fogo durante negociações de paz. Ele foca na proteção humanitária mínima, garantindo que mesmo em meio a hostilidades, os envolvidos em conflitos internos sejam tratados com humanidade; **C:** Incorreta. O Artigo 3° comum das Convenções de Genebra não trata de atribuições ou competências do Conselho de Segurança da ONU para julgar a legitimidade de uma guerra ou impor sanções em conflitos armados, sejam eles internacionais ou não; **D:** Incorreta. O Artigo 3° comum das Convenções de Genebra não prevê a criação de tribunais específicos pela Assembleia Geral da ONU para julgar crimes de guerra. O Estatuto de Roma de 1998, que criou o Tribunal Penal Internacional (TPI), é o instrumento internacional que trata do julgamento de crimes de guerra, crimes contra a humanidade e genocídios, mas ele não está vinculado diretamente ao Artigo 3° das Convenções de Genebra.

Gabarito "A".

6. QUESTÕES COMBINADAS E OUTROS TEMAS

(Juiz de Direito – TJ/SC – 2024 – FGV) Berenice, professora aposentada, apresenta requerimento de inscrição para concorrer ao processo de escolha dos conselheiros tutelares, instruindo-o com documentação comprobatória dos requisitos previstos no edital da eleição à Comissão Especial do Conselho Municipal dos Direitos da Criança e do Adolescente (CMDCA). Após ser considerada apta a concorrer, Berenice publica em sua rede social propaganda de campanha, comunicando o fato à Comissão Especial. A candidata também encaminha vídeo de campanha por ela gravado à sua própria lista de contatos em aplicativo de mensagens e produz 1.000 camisetas para distribuição aos eleitores. Após reunião de colegiado, Edson, presidente da Comissão Especial do processo de escolha dos conselheiros tutelares, notifica Berenice acerca da irregularidade da campanha realizada através da internet, cassando a sua candidatura. Inconformada, Berenice busca atendimento junto à Defensoria Pública, interpondo recurso administrativo visando à reforma da decisão de cassação junto ao CMDCA.

Considerando o disposto na Resolução Conanda n° 231/2022, é correto afirmar que:

(A) a distribuição de camisetas ou brindes de pequeno valor pode gerar a inidoneidade moral da candidata e consequente cassação de sua candidatura;
(B) Berenice realizou propaganda através da internet com disparo em massa de mensagens, sendo correta a decisão de cassação de sua candidatura;
(C) é vedada a propaganda eleitoral em perfil de rede social do candidato, tendo em vista a necessidade de assegurar a equidade entre as candidaturas;
(D) os recursos interpostos contra decisões da Comissão Especial serão analisados e julgados pela própria comissão, assegurado ao candidato o direito à ampla defesa;
(E) a veiculação de propaganda eleitoral pelos candidatos pode se iniciar após a apresentação de requerimento de inscrição ao CMDCA, devendo ser encerrada até 24 horas antes do pleito.

A: Correta. A Resolução Conanda nº 231/2022 proíbe a distribuição de brindes, camisetas e outros materiais que possam ser caracterizados como compra de votos. Essa prática pode ser considerada um indicativo de inidoneidade moral e resultar na cassação da candidatura; **B: Incorreta.** Não há evidência no enunciado de que Berenice tenha realizado disparo em massa de mensagens, apenas que enviou um vídeo para sua lista de contatos. O disparo em massa é caracterizado por envio automatizado para um grande número de pessoas desconhecidas, o que não é indicado no caso; **C: Incorreta.** A propaganda eleitoral em redes sociais é permitida, desde que respeite as regras estabelecidas, como a não utilização de disparos em massa e a transparência na comunicação com a comissão; **D: Incorreta.** A Resolução Conanda nº 231/2022 determina que os recursos interpostos contra decisões da Comissão Especial devem ser encaminhados ao CMDCA para análise, não sendo a própria Comissão Especial a responsável pelo julgamento final desses recursos; **E: Incorreta.** A propaganda eleitoral deve seguir um calendário específico estabelecido pela comissão organizadora. Geralmente, a propaganda não pode se iniciar imediatamente após a inscrição, e sim após a aprovação das candidaturas.

Gabarito "A".

(OAB/FGV – 2024) Na qualidade de advogado, você foi consultado por um grupo de imigrantes que, uma vez residindo no território nacional, mesmo que em situação irregular, passou a trabalhar em condições indignas, tendo vários dos direitos trabalhistas, expressamente reconhecidos aos trabalhadores em geral, desrespeitados.

Sobre esse caso, assinale a afirmativa que apresenta a orientação correta que você prestou.

(A) Em razão de o Estado brasileiro ainda não ter ratificado a Convenção Internacional sobre a Proteção dos Direitos de Todos os Trabalhadores Migrantes e dos Membros de suas Famílias, a situação não poderá ser submetida à apreciação dos órgãos integrantes do sistema regional americano de proteção dos direitos humanos.
(B) Na condição de Estado membro da Organização dos Estados Americanos, o Brasil tem o dever de respeitar e garantir os direitos dos trabalhadores migrantes indocumentados, independentemente de sua nacionalidade, em nome do direito à igualdade e não discriminação em relação aos trabalhadores nacionais.
(C) Os trabalhadores em referência poderão levar o caso ao conhecimento da Comissão Interamericana de Direitos Humanos, muito embora não tenham assegurada a possibilidade de acesso ao Poder Judiciário nacional, diante do status irregular do seu ingresso e permanência no território brasileiro.
(D) Os trabalhadores em questão têm assegurado o acesso tanto ao Poder Judiciário local, quanto aos órgãos integrantes do sistema regional americano de proteção dos direitos humanos, inclusive de forma simultânea, diante da inexistência de litispendência entre as instâncias nacional e internacional.

O Brasil, como Estado membro da Organização dos Estados Americanos, é signatário da Convenção Americana sobre Direitos Humanos, que garante o princípio da igualdade e não discriminação. Além disso, a legislação trabalhista brasileira (CLT) também garante direitos aos trabalhadores, independentemente de sua situação migratória regular ou irregular. Portanto, o Brasil tem o dever de garantir os direitos dos trabalhadores migrantes indocumentados. Exemplos de proteção consubstanciados nos arts. 1º e 24 da Convenção Americana sobre Direitos Humanos, art. 7º do Protocolo de San Salvador e art. 3º da Lei de Migração. Destacando também a importância da "não criminalização da migração", pois a situação irregular não pode ser motivo para negar direitos trabalhistas. Portanto, a assertiva correta e que deve ser assinalada é a "B".

Gabarito "B".

17. FILOSOFIA DO DIREITO

Renan Flumian

(Juiz de Direito – TJ/SC – 2024 – FGV) O conceito de justiça é o tema mais importante da Filosofia do Direito. Conforme Santo Tomás de Aquino, é correto se falar em justiça comutativa e justiça distributiva.

A definição dada por Santo Tomás a cada uma dessas acepções de justiça é, respectivamente:

(A) a que regula as relações mútuas entre pessoas privadas; a que regula a relação entre o todo e as partes, de forma a fazer a distribuição proporcional dos bens comuns;

(B) aquela que é comum a uma comunidade política e suas instituições; aquela que distribui as diferentes funções executivas aos órgãos de governo;

(C) a que é estabelecida pelas leis e pelos atos de governo; a que resulta das tradições e costumes de uma sociedade, conforme interpretação comunitária;

(D) aquela que é instituída e aplicada na forma do *direito positivo*; aquela que é instituída e aplicada na forma do direito natural;

(E) a que determina as relações comerciais e patrimoniais da sociedade; a que determina as relações administrativas e penais da sociedade.

A: Correta. Santo Tomás de Aquino define a justiça comutativa como aquela que regula as relações entre indivíduos, assegurando que as trocas e acordos entre as partes sejam justos. A justiça distributiva, por outro lado, refere-se à distribuição justa dos bens e recursos do todo (a comunidade ou o Estado) para os indivíduos, de forma proporcional às suas necessidades e méritos; **B:** Incorreta. Esta descrição não corresponde às definições de justiça comutativa e distributiva conforme Santo Tomás de Aquino; **C:** Incorreta. A justiça comutativa e distributiva conforme Santo Tomás de Aquino não são descritas dessa maneira. Essa opção descreve mais uma dicotomia entre direito positivo (leis estabelecidas) e direito costumeiro (tradições); **D:** Incorreta. Santo Tomás de Aquino distingue justiça comutativa e distributiva em termos de relações privadas e distribuição de bens comuns, respectivamente, e não em termos de direito positivo e direito natural; **E:** Incorreta. Esta opção não reflete a distinção de Santo Tomás de Aquino sobre justiça comutativa e distributiva. A justiça comutativa abrange mais do que apenas relações comerciais e patrimoniais, e a justiça distributiva não se limita a relações administrativas e penais. Portanto, a opção correta é "A": justiça comutativa: regula as relações mútuas entre pessoas privadas; e justiça distributiva: regula a relação entre o todo e as partes, de forma a fazer a distribuição proporcional dos bens comuns. Gabarito "A".

(Juiz de Direito – TJ/SC – 2024 – FGV) A judicialização da política é um fenômeno recorrente, especialmente a partir da segunda metade do século XX. Ele está muito ligado à edição de constituições com pautas extensas.

Com base nisso, é correto definir tal fenômeno como:

(A) o processo de ingresso de processos judiciais no Poder Judiciário, seja pela advocacia pública ou privada;

(B) o procedimento de unificação da jurisprudência nos casos de grande relevância social e política;

(C) a atuação das cortes constitucionais no processo de controle de constitucionalidade das leis;

(D) o modo de proceder de partidos políticos que ingressam com ações judiciais quando perdem uma votação no parlamento;

(E) a expansão do protagonismo institucional e político dos tribunais em processos decisórios.

A: Incorreta. Isso descreve genericamente a atividade judicial, mas não captura o fenômeno específico da judicialização da política, que envolve a influência do Judiciário em questões políticas e sociais; **B:** Incorreta. Embora a unificação da jurisprudência possa ser relevante em um contexto de judicialização, não é isso que define o fenômeno. A judicialização da política envolve mais do que apenas uniformidade jurisprudencial; **C:** Incorreta. O controle de constitucionalidade é uma parte da atuação das cortes constitucionais, mas a judicialização da política refere-se a um contexto mais amplo onde o Judiciário assume um papel decisório em questões políticas e sociais; **D:** Incorreta. Isso pode ser um exemplo de judicialização da política, mas não define o fenômeno como um todo. A judicialização da política é mais ampla e envolve a crescente influência dos tribunais em questões políticas; **E:** Correta. A judicialização da política refere-se precisamente à expansão do papel dos tribunais em decisões que têm grande impacto político e social. É caracterizada pelo crescente protagonismo das cortes em questões tradicionalmente resolvidas por outras esferas de poder. Gabarito "E".

(OAB/FGV – 2024) A obra de Hans Kelsen é de fundamental importância para o Direito e segue estudada e discutida até os dias atuais.

Acerca de sua Teoria Pura do Direito, assinale a afirmativa correta.

(A) O autor nega a influência e a conexão entre Sociologia, Ética e Política com o Direito, de modo que apenas ignorando essas disciplinas seria possível construir uma teoria verdadeiramente pura.

(B) A pureza a que o autor alude possui sentido metodológico, diferenciando Direito da Ciência do Direito, a fim de excluir de sua análise tudo aquilo que não pertença ao seu objeto de estudo.

(C) Em sua obra Teoria Pura do Direito, Kelsen trata de ciência jurídica e não política do Direito, motivo pelo qual busca responder como deve ser o Direito e como ele deve ser feito.

(D) A conexão entre o Direito e os elementos essenciais à sua compreensão, como a Teoria Política, motivou Kelsen a incorporar esses elementos na elaboração da Teoria Pura do Direito, pois indissociáveis.

A "Teoria Pura do Direito", de Hans Kelsen, busca estabelecer uma base para a ciência jurídica que se distinga de influências externas, como a ética, a política e a sociologia. Kelsen argumenta que, para se estudar o Direito de forma pura, é necessário focar em seus elementos essenciais e na estrutura normativa que o compõe, sem se deixar influenciar por fatores externos que não fazem parte do seu objeto de estudo. Gabarito "B".

(OAB/FGV – 2024) Uma norma jurídica não vale porque tem um determinado conteúdo... (Hans Kelsen)

O que faz uma norma jurídica ser válida é tema central para a teoria e a Filosofia do Direito.

Segundo o Normativismo Jurídico de Hans Kelsen, conforme apresentado em seu livro Teoria Pura do Direito, a validade da norma jurídica recai logicamente sobre uma categoria que é o ponto de partida do processo de criação do direito positivo.

Assinale a opção que apresenta essa categoria.

(A) O legislador democrático.
(B) A soberania popular.
(C) A norma fundamental pressuposta.
(D) O direito das gentes.

Hans Kelsen, em sua "Teoria Pura do Direito", introduz o conceito de norma fundamental como a base da validade de todas as normas jurídicas em um sistema jurídico. A norma fundamental é uma hipótese que serve como ponto de partida para a criação do direito positivo, pois é a norma que legitima todas as outras normas do sistema. É a condição necessária para que as normas derivadas sejam consideradas válidas.

Gabarito "C".

(OAB/FGV – 2024) A regra da igualdade não consiste senão em quinhoar desigualmente aos desiguais, na medida em que se desigualam. [...] Tratar com desigualdade a iguais, ou a desiguais com igualdade, seria desigualdade flagrante, e não igualdade real.

Rui Barbosa. Oração aos moços.

É comum encontrar frases de Rui Barbosa reproduzidas em sentenças, petições, sustentações orais ou mesmo estampadas em escritórios de advocacia ou gabinetes de juízes. O trecho acima é uma das frases mais conhecidas de Rui Barbosa.

A ideia central contida no trecho citado tem clara inspiração em

(A) A República, de Platão.
(B) Ética a Nicômaco, de Aristóteles.
(C) Crítica da Razão Prática, de Kant.
(D) Teoria Pura do Direito, de Kelsen.

O trecho de Rui Barbosa destaca o princípio de que a verdadeira justiça consiste em tratar desigualmente os desiguais, na medida de suas desigualdades. Esse conceito está intimamente ligado à ideia de justiça distributiva de Aristóteles, exposta na obra "Ética a Nicômaco". Segundo Aristóteles, a justiça implica dar a cada um o que lhe é devido, de acordo com suas circunstâncias e méritos, ou seja, tratar de forma diferente aqueles que estão em situações diferentes.

Gabarito "B".

(OAB/FGV – 2024) "Portanto, a moralidade, e a humanidade enquanto capaz de moralidade, são as únicas coisas que têm dignidade." Immanuel Kant

O artigo primeiro da Constituição Federal de 1988 determina que a dignidade da pessoa humana é fundamento da República. Filósofos e juristas há muito debatem o tema da dignidade.

Sobre o tema, assinale a opção que apresenta a posição de Immanuel Kant, em seu livro Fundamentação da Metafísica dos Costumes.

(A) Aquele que pode participar dos destinos políticos da cidade é quem possui e exerce sua dignidade.
(B) Quando algo está acima de todo preço e, portanto, não permite equivalente, então ele tem dignidade.
(C) O amor à lei e à pátria conformam as bases da dignidade na vida social e política.
(D) A dignidade ocorre quando alguém possui elevada estima por si mesmo, mantendo seu amor próprio.

Immanuel Kant, em sua obra "Fundamentação da Metafísica dos Costumes", discute a dignidade como algo intrínseco e absoluto, que não pode ser mensurado ou trocado por outros valores. Segundo Kant, a dignidade está relacionada à capacidade racional dos seres humanos de agir moralmente, o que os coloca acima de qualquer avaliação econômica ou utilitarista. Ele argumenta que a dignidade humana se baseia na ideia de que a pessoa não pode ser tratada apenas como um meio para um fim, mas sempre como um fim em si mesma.

Gabarito "B".

18. INFORMÁTICA

Helder Satin

1. CRIAÇÃO E EXCLUSÃO DE PASTAS (DIRETÓRIOS), ARQUIVOS E ATALHOS, ÁREA DE TRABALHO, ÁREA DE TRANSFERÊNCIA, MANIPULAÇÃO DE ARQUIVOS E PASTAS

(Técnico Bancário – BANESTES – FGV – 2023) Considere as afirmativas a seguir a respeito de arquivos e pastas no contexto do Windows.
I. Um arquivo não pode ter tamanho zero.
II. Todo arquivo deve ter uma extensão como, por exemplo, "teste.docx".
III. O nome completo de um arquivo contém o caminho (path) das pastas que o contêm.
Está correto apenas o que se afirma em
(A) I.
(B) II.
(C) III.
(D) I e II.
(E) II e III.

No Windows, o nome completo de um arquivo conterá o caminho da pasta onde ele se encontra assim como o próprio nome do arquivo, porém, podem existir arquivos com tamanho zero e sem uma extensão definida. Portanto, apenas a afirmativa III é verdadeira e assim a alternativa C está correta. HS
Gabarito "C".

(Técnico Bancário – BANESTES – FGV – 2023) João conectou um pen drive no seu notebook com Windows, e precisa descobrir o espaço utilizado e a capacidade total desse dispositivo.
No Explorador de Arquivos, depois de clicar com o botão direito do mouse na identificação do pen drive, João deve escolher a opção
(A) Gerenciamento.
(B) Propriedades.
(C) Resumo.
(D) Segurança.
(E) Utilização.

Ao clicar com o botão direito em uma unidade de armazenamento, a opção Propriedades permite analisar tamanho máximo, espaço utilizado e disponível, sistema de arquivos, além de acesso a ferramentas de análise de disco, compartilhamento e segurança. Portanto, apenas a alternativa B está correta. HS
Gabarito "B".

2. SISTEMAS OPERACIONAIS WINDOWS E LINUX

(Técnico Bancário – BANESTES – FGV – 2023) No contexto do Windows, assinale a opção que permite examinar as janelas (e/ou programas) abertas e, a partir daí, escolher a janela que você deseja visualizar.

(A) Alt + T
(B) Alt + Tab
(C) Ctlr + Alt + Delete
(D) Ctrl + J
(E) F1

A: Errada, o atalho Alt + T não possui nenhuma função específica no Windows em sua configuração padrão. B: Correta, o atalho Alt + Tab permite trocar entre as janelas abertas no Windows, exibindo de forma visual a lista de janelas abertas e permitindo que o usuário selecione qual janela deve ficar ativa. C: Errada, o atalho Ctrl + Alt + Del abre o Gerenciador de Tarefas, que exibe estatísticas de uso de recursos como processador, memória e rede, além de exibir todos os processos e serviços em execução na sessão de uso atual. D: Errada, o atalho Ctrl + J não possui nenhuma função específica no Windows em sua configuração padrão. E: Errada, o atalho F1 é usado para acionar a função de Ajuda do Windows. HS
Gabarito "B".

3. PROCESSADOR DE TEXTO (WORD E BROFFICE.ORG WRITS)

(Técnico Bancário – BANESTES – FGV – 2023) Considere as seguintes afirmativas sobre o uso de colunas num documento MS Word 2016.
I. Na guia Layout de Página, é permitido usar o recurso Colunas para inserir numa forma retangular (caixa) um texto explicativo dividido em duas ou mais colunas.
II. Nove é o número máximo de colunas permitido num trecho.
III. É possível estabelecer larguras diferentes para cada coluna.
Está correto o que se afirma somente em
(A) I.
(B) II.
(C) III.
(D) I e II.
(E) II e III.

No MS Word 2016 não é possível criar colunas dentro de uma Caixa de texto, entretanto, essa função está disponível em Caixas de Texto do MS Excel e PowerPoint. Já o número máximo de colunas que podem ser inseridas em uma página são 13 e não 9. Por fim, é possível definir larguras diferentes para cada coluna criada a partir do recurso Colunas presente na guia Layout. Assim, apenas a afirmativa III é verdadeira e, portanto, a alternativa C está correta. HS
Gabarito "C".

4. PLANILHAS ELETRÔNICAS (EXCEL E BROFFICE.ORG CALC)

(Técnico Bancário – BANESTES – FGV – 2023) João cuida de uma planilha MS Excel que contém dados de um relatório a ser impresso. Esses dados estão localizados em cinco regiões da planilha, preestabelecidas e distintas entre si. Porém, há outras regiões que estão preenchidas com dados auxiliares, que não devem aparecer no relatório impresso.

O trabalho de João é criar uma variedade de cenários manipulando os valores dos dados auxiliares e imprimir o relatório repetidamente de acordo com cada uma dessas variações introduzidas. Nesse processo, João usa comandos de selecionar/copiar/colar intensamente na manipulação dos dados auxiliares.

Para acelerar a impressão, de modo a não ter que selecionar os trechos visíveis a cada impressão, uma boa dica para João, nesse caso, é utilizar

(A) o recurso Área de Impressão na guia Layout da Página.
(B) o recurso Mala Direta na guia Inserir.
(C) o recurso Segmentação de Dados na guia Inserir.
(D) o recurso Tabela Dinâmica na guia Inserir.
(E) uma nova planilha para cada versão do relatório.

A: Correta, O recurso Área de Impressão no Excel permite a seleção específica de partes da planilha para serem impressas. **B:** Errada, a funcionalidade de Mala Direta está relacionada à criação de documentos personalizados, como cartas ou envelopes a serem enviados via correio eletrônico. **C:** Errada, A Segmentação de Dados é uma ferramenta usada para filtrar dados em uma tabela dinâmica e não está ligada a opções de impressão. **D:** Errada, Tabelas Dinâmicas são usadas para analisar dados, permitindo gerar interações entre tabelas e facilitando a análise das informações. **E:** Errada, criar uma nova planilha a cada versão tornaria o processo mais trabalhoso além de dificultar a manutenção, caso fosse necessário inserir, remover ou alterar os parâmetros usados na análise. HS

Gabarito "A".

(Técnico Bancário – BANESTES – FGV – 2023) Considere uma planilha (aba) Calc que exibe, nas células A1, B1, C1, A2, B2, C2, A3, B3, C3, respectivamente, os valores 60, 20, 65, 30, 45, 10, 25, 5, 30. Para todas as demais células da planilha, o valor é 0.

Dado que a célula C3 foi copiada da célula A1 por meio de Ctrl+C/Ctrl+V, assinale a fórmula originalmente contida na célula A1.

(A) =A2+B1+$C2
(B) =A$2+B1+C$2
(C) =$A2+A3-B3+$C2
(D) =$A$2+B1+$C2
(E) =$A$2+$B$1+$C2

Quando você copia uma célula em uma planilha e a cola em outra célula, as referências de células na fórmula originalmente contida na célula copiada podem ser ajustadas automaticamente com base na posição relativa da célula copiada e colada, a não ser que tenha sido utilizado o indicador de referência absoluta $ para a linha e/ou coluna. Neste cenário, a fórmula ao ser copiada de A1 para C3 tem a referência ajustada em 2 colunas e 2 linhas onde não há referência absoluta, portanto, para a alternativa A a fórmula ao ser copiada para C3 seria =C4+D3+$C4, o que resultaria em 0. Para a alternativa B a fórmula a ser copiada seria =C$2+D3+E$2, que resultaria em 10. Para a alternativa C a fórmula a ser copiada seria =$A4+C5-D5+$C4, que resulta também em 0. Para a alternativa D a fórmula a ser copiada seria =$A$2+D3+$C4, que resulta em 30, conforme informado ser o valor da célula, portanto, a alternativa D está correta. HS

Gabarito "D".

5. EDITOR DE APRESENTAÇÕES (POWERPOINT E BROFFICE.ORG EMPRESA)

(Técnico Bancário – BANESTES – FGV – 2023) Os termos Animação e Transição são usados frequentemente em aplicativos dedicados à apresentação de slides.

Assinale a afirmativa correta a respeito das funções associadas a esses termos em alguns desses aplicativos.

(A) Quando utilizados no PowerPoint e no Impress, são termos sinônimos, pois não há diferenças significativas entre as funções a eles associadas.
(B) O PowerPoint não usa o termo Transição em sua interface.
(C) O Impress não usa o termo Transição em sua interface.
(D) A Transição estabelece a ordem dos slides durante uma apresentação.
(E) A Animação aplica-se a elementos específicos de um slide.

A: Errada, a Transição lida com a maneira como os slides mudam de um para outro, já a Animação trata dos efeitos aplicados a elementos dentro de um slide. **B:** Errada, no MS PowerPoint o termo Transição é usado para descrever e configurar os efeitos de transição entre os slides durante uma apresentação. **D:** Errada, a Transição não define a ordem dos slides mas sim como a mudança de um slide para o próximo ocorre durante a apresentação. A ordem dos slides é geralmente definida na estrutura principal da apresentação. **E:** Correta, a Animação em aplicativos de apresentação, como o MS PowerPoint e o Impress, refere-se à aplicação de efeitos específicos a elementos individuais dentro de um slide, como textos, imagens ou gráficos. HS

Gabarito "E".

6. CONCEITOS DE TECNOLOGIAS RELACIONADAS À INTERNET E INTRANET, PROTOCOLOS WEB, WORLD WIDE WEB, NAVEGADOR INTERNET (INTERNET EXPLORER E MOZILLA FIREFOX), BUSCA E PESQUISA NA WEB

(Técnico Bancário – BANESTES – FGV – 2023) No contexto dos navegadores de Internet, assinale a definição mais adequada para o termo cookie.

(A) Um arquivo armazenado no seu computador por um website, usado para registrar dados sobre a sua utilização.
(B) Um arquivo que adiciona novas funcionalidades ao browser instalado na sua máquina.
(C) Um histórico de navegação na web gravado pelo browser.
(D) Um item de segurança que torna sua navegação mais segura por meio de criptografia.
(E) Uma funcionalidade adicional instalada pelo browser, usualmente utilizada por websites comerciais.

Cookies são arquivos gerados por sites durante a navegação e usados para armazenar informações sobre o usuário, como preferências de uso do site e idioma, sendo salvos pelo navegador e usados para personalizar a experiência de navegação na página. Lembrando que durante a navegação em modo anônimo estes arquivos também são gerados, porém não são armazenados pelo navegador. Portanto, apenas a alternativa A está correta. HS

Gabarito "A".

19. DIREITO ELEITORAL

Filipe Venturini Signorelli

1. PRINCÍPIOS, DIREITOS POLÍTICOS, ELEGIBILIDADE

(Juiz de Direito – TJ/SC – 2024 – FGV) Caio foi processado criminalmente, tendo sido condenado em sentença transitada em julgado. A pena privativa de liberdade foi substituída por pena restritiva de direitos.

Nos termos da legislação em vigor e conforme entendimento do Supremo Tribunal Federal, é correto afirmar que:

(A) na hipótese de substituição da pena privativa de liberdade por pena restritiva de direitos, não há suspensão de direitos políticos;

(B) a suspensão de direitos políticos ocorre desde a condenação, enquanto durarem seus efeitos;

(C) a condenação criminal, no caso de pena privativa de liberdade, importa na perda dos direitos políticos;

(D) a suspensão de direitos políticos decorrente de condenação criminal transitada em julgado cessa a partir da comprovação de reabilitação;

(E) a suspensão de direitos políticos aplica-se no caso de substituição da pena privativa de liberdade pela restritiva de direitos.

Resposta correta letra **E**. Assim, verifica-se que a suspensão de direitos políticos prevista no art. 15, III, da Constituição Federal será aplicada em casos de substituição de pena privativa de liberdade pela restritiva de direitos (Art. 15. É vedada a cassação de direitos políticos, cuja perda ou suspensão só se dará nos casos de: (...) III – condenação criminal transitada em julgado, enquanto durarem seus efeitos;). No mesmo sentido, observa-se o RE 601182/MG, Rel. Min. Marco Aurélio: PENAL E PROCESSO PENAL. SUSPENSÃO DOS DIREITOS POLÍTICOS. AUTOAPLICAÇÃO. CONSEQUÊNCIA IMEDIATA DA SENTENÇA PENAL CONDENATÓRIA TRANSITADA EM JULGADO. NATUREZA DA PENA IMPOSTA QUE NÃO INTERFERE NA APLICAÇÃO DA SUSPENSÃO. OPÇÃO DO LEGISLADOR CONSTITUINTE. RECURSO CONHECIDO E PROVIDO. 1. A regra de suspensão dos direitos políticos prevista no art. 15, III, é autoaplicável, pois trata-se de consequência imediata da sentença penal condenatória transitada em julgado. 2. A autoaplicação independe da natureza da pena imposta. 3. A opção do legislador constituinte foi no sentido de que os condenados criminalmente, com trânsito em julgado, enquanto durar os efeitos da sentença condenatória, não exerçam os seus direitos políticos. 4. No caso concreto, recurso extraordinário conhecido e provido (STF – RE: 601182 MG, Relator: MARCO AURÉLIO, Data de Julgamento: 08.05.2019, Tribunal Pleno, Data de Publicação: 02.10.2019). Gabarito "E".

(Procurador – AL/PR – 2024 – FGV) O Partido Político Alfa requereu o registro da candidatura de João para concorrer a determinado cargo eletivo pelo sistema proporcional. A candidatura, no entanto, veio a ser impugnada pelo Partido Político Beta sob o argumento de que João estava inelegível, sendo que o período de inelegibilidade somente se encerraria cinco dias antes da eleição.

À luz da sistemática vigente, é correto afirmar, em relação à narrativa que

(A) somente podem participar do processo eletivo, que principia com as convenções partidárias, aqueles que preencham os requisitos previstos na legislação eleitoral para concorrer ao cargo eletivo, o que não é o caso de João.

(B) a presença das condições de elegibilidade e a ausência de causas de inelegibilidade deve ser aferida por ocasião do registro da candidatura, logo, a impugnação apresentada por Beta deve ser acolhida.

(C) a presença ou a ausência de causas de inelegibilidade não deve ser aferida por ocasião do registro da candidatura, mas, sim, no curso do processo eletivo, logo, a impugnação de Beta não deve ser acolhida.

(D) as condições de elegibilidade e a ausência de causas de inelegibilidade devem ser aferidas no momento da diplomação pela Justiça eleitoral, logo, o registro de João pode ser deferido.

(E) o término do prazo de inelegibilidade que alcança João, da forma indicada na narrativa, constitui fato superveniente que afasta a inelegibilidade.

Alternativa correta letra **E**. A questão está respaldada na súmula 70 do TSE, que aduz: "**O encerramento do prazo de inelegibilidade antes do dia da eleição** constitui fato superveniente que afasta a inelegibilidade, nos termos do art. 11, § 10, da Lei nº 9.504/97". Assim, como aponta a súmula, observamos também o art. 11, § 10, da Lei das Eleições: "Art. 11. Os partidos e coligações solicitarão à Justiça Eleitoral o registro de seus candidatos até as dezenove horas do dia 15 de agosto do ano em que se realizarem as eleições. (...) § 10. As condições de elegibilidade e as causas de inelegibilidade devem ser aferidas no momento da formalização do pedido de registro da candidatura, ressalvadas as alterações, fáticas ou jurídicas, supervenientes ao registro que afastem a inelegibilidade". Gabarito "E".

2. ELEIÇÕES, VOTOS, APURAÇÃO, QUOCIENTES ELEITORAL E PARTIDÁRIO

(Juiz de Direito/AP – 2021 – FGV). Campanha eleitoral designa o conjunto de atos e procedimentos adotados pelos candidatos e agremiações políticas para conquistar o voto do eleitor a fim de vencer a disputa eleitoral. A captação dos votos, objetivo principal das campanhas eleitorais, deve obedecer a diretrizes ético-jurídicas para que o processo eleitoral se desenvolva num clima de tolerância democrática. Entretanto, no Brasil, é recorrente a captação ilícita de sufrágio, especialmente nas camadas mais carentes da população.

Sobre o tema, é correto afirmar que:

(A) o oferecimento de bem ou vantagem pessoal ou de qualquer natureza, inclusive emprego ou função

pública, pelo candidato, com o fim de obter o voto, constitui captação ilícita de sufrágio;
(B) para caracterização de captação ilícita de sufrágio não se admite presunção, por isso, o pedido de voto deve ser explícito e formulado pelo próprio candidato;
(C) embora genericamente chamadas de Ações de Investigação Judicial Eleitoral (AIJE), a ação de investigação judicial eleitoral por abuso de poder, a ação de captação ilícita de sufrágio e a ação de conduta vedada seguem ritos distintos;
(D) a distribuição de sopas e remédios em centros assistenciais ou comitês de campanha, por seu caráter humanitário, descaracteriza a captação ilícita de sufrágio;
(E) o eleitor que solicita ao candidato bem ou vantagem em troca de seu voto pode responder por captação ilícita de sufrágio.

A: Correta. A alternativa está de acordo com o determinado pelo artigo 41-A da Lei das Eleições (Lei 9.504/1997), o que também está de acordo com a jurisprudência. Neste aspecto, importante salientar que o a conduta poderá ser observada por meio de um agente que não esteja em disputa no pleito eleitoral, mas, que o candidato em disputa tenha anuído de modo explícito à prática ilegal. Neste caminho, importante julgado do Min. Sálvio de Figueiredo: "*Caracteriza-se a captação de sufrágio prevista no art. 41-A da Lei 9.504/97 quando o candidato pratica as condutas abusivas e ilícitas ali capituladas, ou delas participa, ou a elas anui explicitamente*" (Ac. de 17.10.2002 no AgRgMC 1229, rel. Min. Ellen Gracie, red. designado Min. Sálvio de Figueiredo.). **B:** Incorreta. Não há necessidade do pedido ser explícito e formulado pelo próprio candidato, para tal, observamos o § 1º, art. 41-A da lei das Eleições (Lei 9.504/1997): "Para a caracterização da conduta ilícita, é desnecessário o pedido explícito de votos, bastando a evidência do dolo, consistente no especial fim de agir". **C:** Incorreta. A alternativa é incorreta por contrariar os apontamentos do artigo 22 da Lei Complementar 64/1990, em que observamos que o rito a ser aplicado para a captação ilícita de sufrágio e para a ação de investigação judicial eleitoral (AIJE) é o mesmo. **D:** Incorreta. O § 6º do artigo 39 da lei das Eleições (Lei 9.504/1997) é claro ao vedar tais práticas, independente do seu caráter humanitário, o que caracteriza a captação ilícita de sufrágio: "É vedada na campanha eleitoral a confecção, utilização, distribuição por comitê, candidato, ou com a sua autorização, de camisetas, chaveiros, bonés, canetas, brindes, cestas básicas ou quaisquer outros bens ou materiais que possam proporcionar vantagem ao eleitor." **E:** Incorreta. Não há legitimidade ativa do eleitor pela captação ilícita de sufrágio, visto que, o artigo 41-A da lei das Eleições (Lei 9.504/1997) aponta que "constitui captação de sufrágio, vedada por esta Lei, o candidato doar, oferecer, prometer, ou entregar, ao eleitor, com o fim de obter-lhe o voto, bem ou vantagem pessoal de qualquer natureza, inclusive emprego ou função pública, desde o registro da candidatura até o dia da eleição, inclusive, sob pena de multa de mil a cinquenta mil Ufir, e cassação do registro ou do diploma, observado o procedimento previsto no art. 22 da Lei Complementar 64, de 18 de maio de 1990". Aqui é importante observar que a captação ilícita de sufrágio da Lei das eleições (Lei 9.504/1997), não se confunde com crime de corrupção eleitoral do Código Eleitoral (art. 229), em que poderá ocorrer em qualquer tempo, assim, não havendo a necessidade de ser candidato aquele que infringiu. FVS
Gabarito "A".

3. JUSTIÇA ELEITORAL

(Procurador – AL/PR – 2024 – FGV) João, agente público, de acordo com o diretório do Partido Político Delta, seria o responsável pela suposta execução de ato abusivo em prol de Pedro, candidato a Deputado Federal. Tanto João como Pedro são filiados ao Partido Político Beta.

Considerando a sistemática vigente, é correto afirmar, em relação ao possível ajuizamento da ação de investigação judicial eleitoral, que
(A) a ação pode ser ajuizada apenas em face de Pedro.
(B) há litisconsórcio passivo necessário entre João e Pedro.
(C) há litisconsórcio passivo necessário entre João, Pedro e Beta.
(D) Pedro não pode figurar no polo passivo, pois não praticou a conduta ilícita.
(E) por se tratar de eleição proporcional, o polo passivo deve ser ocupado apenas por Beta.

Alternativa correta letra **A**. Assim, devemos observar que em relação ao possível ajuizamento da ação de investigação judicial eleitoral não há litisconsórcio passivo necessário, com exceção dos casos que envolvam os vices. Sendo assim, observamos o RO 0603030-63-DF: ELEIÇÕES 2018. RECURSO ORDINÁRIO. CARGO DE GOVERNADOR. ABUSO DO PODER POLÍTICO. COAÇÃO E EXONERAÇÃO DE SERVIDORES COMISSIONADOS. EXECUÇÃO SIMULADA DE PROGRAMA SOCIAL. LITISCONSÓRCIO PASSIVO NECESSÁRIO ENTRE CANDIDATO BENEFICIÁRIO E AUTOR DE ATO TIDO POR ABUSIVO. DESNECESSIDADE. HIPÓTESE NÃO ABRANGIDA PELO ART. 114 DO CPC/2015. AFASTAMENTO DA EXIGÊNCIA EM AIJE POR ABUSO DO PODER POLÍTICO. ALTERAÇÃO DE JURISPRUDÊNCIA. APLICAÇÃO PROSPECTIVA. SEGURANÇA JURÍDICA. NECESSIDADE DE PRODUÇÃO DE PROVAS PREVIAMENTE REQUERIDA. RETORNO DOS AUTOS DIGITAIS À ORIGEM. COAÇÃO DE SERVIDORES COMISSIONADOS PARA APOIO DE CANDIDATURA. PUBLICIDADE INSTITUCIONAL PARA PROMOÇÃO PESSOAL. AUSÊNCIA DE PROVAS. IMPROCEDÊNCIA. PARCIAL PROVIMENTO AO RECURSO ORDINÁRIO. 1. A jurisdição eleitoral, considerados os bens jurídicos que se presta a defender, não pode criar óbice à efetividade da norma eleitoral nem exigir a formação de litisconsórcio sem expressa previsão no ordenamento jurídico. 2. O art. 114 do CPC/2015 prevê a formação do litisconsórcio necessário em apenas duas hipóteses: (a) por disposição de lei; e (b) quando, pela natureza da relação jurídica controvertida, a eficácia da sentença depender da citação de todos que devam ser litisconsortes. 3. Não há, no ordenamento eleitoral, disposição legal que exija a formação de litisconsórcio no polo passivo da AIJE. 4. Inexiste relação jurídica controvertida entre o candidato beneficiado e o autor da conduta ilícita nas ações de investigação judicial por abuso do poder político. 5. Firma-se a tese no sentido de não ser exigido o litisconsórcio passivo necessário entre o candidato beneficiado e o autor da conduta ilícita em AIJE por abuso do poder político. 6. A fixação do novo entendimento tem aplicação prospectiva, para as eleições de 2018 e seguintes, por força do princípio da segurança jurídica. 7. Ausentes provas seguras que comprovem a utilização da máquina pública em favor dos recorridos e, por consequência, do abuso do poder político, a improcedência do pedido se impõe, conforme o entendimento desta Corte Superior. 8. Recurso ordinário provido, tão somente para afastar a necessidade de litisconsórcio passivo necessário entre o candidato beneficiário e os autores da conduta ilícita e determinar o retorno dos autos digitais ao TRE/DF a fim de retomar a instrução probatória relativa às condutas atingidas pelo indeferimento parcial da inicial. (TSE – RO-El: 060303063 BRASÍLIA – DF, Relator: Min. Mauro Campbell Marques, Data de Julgamento: 10/06/2021, Data de Publicação: 03/08/2021).
Gabarito "A".

(Juiz de Direito/AP – 2021 – FGV). A Justiça Eleitoral, nas palavras do ex-ministro Carlos Mário da Silva Velloso, "pela própria especificidade de sua seara de atuação, a captação da vontade da população, possui alguns standards que lhe são peculiares e que destoam das demais searas do Direito".

Sobre o tema, é correto afirmar que:

(A) a Justiça Eleitoral não desempenha função executiva;
(B) a Justiça Eleitoral tem quadro próprio de juízes, embora de investidura temporária;
(C) no exercício da função administrativa, os juízes eleitorais estão sujeitos à vedação de agir de ofício;
(D) a Justiça Eleitoral exerce poder normativo com objetivo regulamentar, através da edição de resoluções e instruções, com conteúdo *secundum* ou *praeter legem*;
(E) a Justiça Eleitoral desempenha função consultiva, devendo responder sobre matéria eleitoral às consultas que lhe forem feitas, produzindo efeitos vinculantes sobre situações concretas.

A: Incorreta. A alternativa é incorreta, pois, ampla doutrina está de acordo que a Justiça Eleitoral possui função com características particulares, além da função jurisdicional, observa-se a função executiva (administrativa) no que tange a organização te todas as etapas que compõem processos eleitoral, tais como, cadastramento dos eleitores, apuração de votos e diplomação dos eleitos. Importante particularidade também observamos na função normativa, em que a justiça eleitoral possui competência para editar atos normativos gerais sobre matéria eleitoral. Destacada doutrina, conforme previsão do Código eleitoral nos artigos 23, XII e 30, VIII, também aponta a função consultiva, em que responderá a consulta feita de caráter genérico e impessoal, sem caráter de decisão judicial. **B:** Incorreta. Alternativa incorreta, pois, a Justiça Eleitoral não possui quadro próprio de juízes, determinando o art. 11 da Lei Complementar 35/1979 (LOMAN – Lei Orgânica da Magistratura Nacional) que "*os Juízes de Direito exercem as funções de juízes eleitorais, nos termos da lei*". Importante frisar que de acordo com o artigo 118 da Constituição Federal, são órgãos da Justiça Eleitoral o Tribunal Superior Eleitoral (TSE), os tribunais regionais eleitorais (TRE's), os juízes eleitorais e as juntas eleitorais. Assim, a Justiça Eleitoral possui particularidades não observadas nas outras, e em sua composição encontramos membros juízes do Supremo Tribunal Federal, do Superior Tribunal de Justiça, dos Tribunais Regionais Federais, dos Tribunais de Justiça dos estados, Juízes federais de primeiro grau, Juízes estaduais, advogados, e, importante ficar atento que em sua formação também observamos, no caso da composição das Juntas Eleitorais, cidadãos comuns, inclusive, sem formação jurídica, desde que tenha notória idoneidade. **C:** Incorreta. Alternativa errada, pois, os Juízes eleitorais podem atuar de ofício na função administrativa, possuindo poder de polícia para prevenir ou obstar práticas ilegais, mantendo o controle e o equilíbrio nos processos eleitorais. Todavia, é de suma importância a observação da súmula 18 do TSE (Tribunal Superior Eleitoral) em que limita a atuação no agir de ofício do Juiz Eleitoral na instauração de procedimento com finalidade de impor multa por propaganda eleitoral irregular. Súmula 18, TSE: *Conquanto investido de poder de polícia, não tem legitimidade o juiz eleitoral para, de ofício, instaurar procedimento com a finalidade de impor multa pela veiculação de propaganda eleitoral em desacordo com a Lei 9.504/97*. **D:** Correta. De acordo com a lição de Manuel Carlos de Almeida Neto, "o poder regulamentar e normativo da Justiça Eleitoral deve ser desenvolvido dentro de certos limites formais e materiais. Os regulamentos eleitorais só podem ser expedidos segundo a lei (*secundum legem*) ou para suprimir alguma lacuna normativa (*praeter legem*). Fora dessas balizas, quando a Justiça Eleitoral inova em matéria legislativa ou contraria dispositivo legal (*contra legem*), por meio de resolução, ela desborda da competência regulamentar, estando, por conseguinte, sujeita ao controle de legalidade ou constitucionalidade do ato". **E:** Incorreta. A Justiça Eleitoral, conforme o Código Eleitoral, em seus artigos 23, XII e 30, VIII, disponibiliza o instituto da consulta eleitoral, bem como observado também no Regimento Interno do Tribunal Superior Eleitoral (Resolução 4.510/1952), art. 8º, 'j'. Trata-se de questionamentos hipotéticos, em que responderá a consulta feita de modo genérico e impessoal, sem caráter de decisão judicial e qualquer efeito vinculante. Assim, as consultas formuladas ao TSE (Tribunal Superior Eleitoral) somente poderão ser feitas por autoridade com jurisdição, federal ou órgão nacional de partido político, e em relação aos TRFs por autoridade pública ou partido político.

Gabarito "D".

4. CRIMES ELEITORAIS

(Juiz de Direito/AP – 2021 – FGV). Crimes eleitorais podem ser definidos como ilícitos penais que maculam o processo democrático de alternância no poder, a liberdade do voto secreto e a própria cidadania. Condutas vedadas constituem ilícitos civil-eleitorais que se caracterizam por situações que podem denotar o uso abusivo de poder político ou de autoridade com finalidade eleitoral.

Com base no exposto, é correto afirmar que:

(A) para a caracterização do crime eleitoral, basta o resultado naturalístico da conduta, independentemente da produção de dano ou perigo de dano à ordem jurídica eleitoral;
(B) as condutas vedadas têm como destinatários agentes públicos e se submetem aos princípios da tipicidade e da legalidade estrita;
(C) o crime de uso de símbolos governamentais se consuma com o uso na propaganda de símbolos nacionais, estaduais ou municipais;
(D) a caracterização da prática de conduta vedada de divulgação de propaganda institucional no período não permitido pela Justiça Eleitoral exige a demonstração do caráter eleitoreiro da publicidade;
(E) não se admite a apuração concomitante de prática de abuso de poder político e econômico e de prática de conduta vedada através de Ação de Investigação Judicial Eleitoral (AIJE).

A: incorreta. Para efetiva caracterizações dos crimes eleitorais conforme a legislação aplicada, o resultado naturalístico é dispensado, pois, são considerados crimes formais ou de mera conduta. Importante julgado do Min. Arnaldo Versiani Leite Soares, neste sentido, ao tratar do Crime de Corrupção eleitoral: "Crime eleitoral. Art. 299 do Código Eleitoral. (...) 2. O crime de corrupção eleitoral, por ser crime formal, não admite a forma tentada, sendo o resultado mero exaurimento da conduta criminosa." (Ac. de 27.11.2007 no AgRgAg 8905, rel. Min. Arnaldo Versiani.). **B:** Correta. As condutas vedadas aos agentes públicos em campanhas eleitorais são observadas no artigo 73 da Lei das eleições (Lei 9.504/1997), se submetendo aos princípios da legalidade estrita e da tipicidade, assim, são passíveis de interpretação restritiva, devendo necessariamente estarem previstas em lei. **C:** Incorreta. O artigo 40 da Lei 9.504/1997 aduz que "o uso, na propaganda eleitoral, de símbolos, frases ou imagens, associadas ou semelhantes às empregadas por órgão de governo, empresa pública ou sociedade de economia mista constitui crime (...)"todavia, é de suma importância a observação da Resolução do TSE (Tribunal Superior Eleitoral) 22268/2006: "não há vedação para o uso, na propaganda eleitoral, dos símbolos nacionais, estaduais e municipais (bandeira, hino, cores), sendo punível a utilização indevida nos termos da legislação de regência". **D:** Incorreta. Questão incorreta pela evidência dos apontamentos observados no artigo art. 73, VI, *b* da Lei das Eleições (Lei 9.504/1997), em que "*nos três meses que antecedem o pleito*", "*com exceção da propaganda de produtos e serviços que tenham concorrência no mercado, autorizar publicidade institucional dos atos, programas, obras, serviços e campanhas dos órgãos públicos federais, estaduais ou municipais, ou das respectivas entidades da administração indireta, salvo em caso de grave e urgente necessidade pública, assim reconhecida pela Justiça Eleitoral*". Assim, o legislador proíbe as propagandas independente da demonstração do caráter eleitoreiro, e para tal, em seu bojo menciona as exceções que se fazem necessárias pela gravidade e urgência pública, desde que previamente reconhecidas pela justiça eleitoral. São apontamentos importantes para o período mais curto que antecede o processo eleitoral, e assim, com o intuito de tentar inibir, principalmente, aqueles gestores que em processo de reeleição utilizem-se da máquina pública como meio de propaganda eleitoral. Sobre as exceções, importante julgado do Min. Fernando Neves: "A toda evidência, surge como regra a proibição de implementar, nessa undécima hora das eleições, publicidade institucional e, como exceção, o lançamento de tais peças publicitárias, considerando o gênero "comunicação". É sabença geral que preceitos a encerrarem exceção são merecedores de interpretação estrita. Isso mais sobressai quando a norma em comento direciona ao necessário, inafastável, reconhecimento da Justiça Eleitoral. (Ac. 21.536, de 15.6.2004, rel. Min. Fernando Neves). **E:** Incorreta. É plenamente admitida a apuração concomitante de prática de abuso de poder político e econômico e de prática de conduta vedada por meio de AIJE (Ação de Investigação Judicial Eleitoral). Neste quesito, apontamos importante jurisprudência, em decisão do Min. Tarcísio Vieira de Carvalho Neto: "Há muito é assente nesta Corte Superior o entendimento de que 'não há óbice a que haja cumulação de pedidos na AIJE, apurando-se concomitantemente a prática de abuso de poder e a infração ao art. 73 da Lei 9.504/97, seguindo-se o rito do art. 22 da LC 64/90" (Ac. de 6.5.2021 no RO-El 060038425, rel. Min. Tarcisio Vieira de Carvalho Neto). **FVS**

Gabarito "B".

5. TEMAS COMBINADOS

(Procurador – AL/PR – 2024 – FGV) O Partido Político Alfa, ao fim da eleição municipal, teve três candidatos eleitos para a Câmara Municipal de Beta, que foram João, Pedro e Antônio. O Partido Político Delta, por sua vez, após tomar ciência do resultado da eleição, concluiu que Alfa não tinha atendido à cota de gênero, porque, apesar de ter cumprido as exigências da legislação em relação ao quantitativo de candidaturas femininas, não foram detectados gastos com essas candidaturas ou a efetiva realização de propaganda eleitoral.

À luz da sistemática vigente, é correto afirmar que

(A) a irregularidade identificada por Delta pode acarretar o ajuizamento de ação de investigação judicial eleitoral, que importará na cassação do diploma de João, Pedro e Antônio e na sanção de inelegibilidade.

(B) a situação descrita pode acarretar a responsabilização de Alfa em sede de ação de impugnação de mandato eletivo e, caso seja demonstrado o conhecimento de João, Pedro e Antônio, a cassação dos respectivos mandatos.

(C) pode ser ajuizado recurso contra a expedição de diploma, tendo como consequência a aplicação de multa a Alfa e a cassação do mandato de João, Pedro e Antônio.

(D) é cabível o ajuizamento de ação de impugnação de mandato eletivo, que terá como consequência a desconstituição dos mandatos de João, Pedro e Antônio.

(E) a referida cota é compreendida em uma perspectiva formal, logo, as ilações de Delta, ainda que comprovadas, não indicam qualquer ilicitude.

Alternativa correta letra **D**. Neste sentido, observamos sobre a fraude o CF, Art. 14, § 10, que aduz: "Art. 14. A soberania popular será exercida pelo sufrágio universal e pelo voto direto e secreto, com valor igual para todos, e, nos termos da lei, mediante: (...) § 10 O mandato eletivo poderá ser impugnado ante a Justiça Eleitoral no prazo de quinze dias contados da diplomação, instruída a ação com provas de abuso do poder econômico, corrupção ou fraude". E, desta maneira, o entendimento pacificado do TSE determina que se for caracterizada a fraude à cota de gênero, a consequência jurídica será a cassação dos candidatos vinculados à chapa. Vejamos: ELEIÇÕES 2020. AGRAVO EM RECURSO ESPECIAL. AÇÃO DE INVESTIGAÇÃO JUDICIAL ELEITORAL (AIJE). FRAUDE À COTA DE GÊNERO. PROVAS ROBUSTAS. COMPROVAÇÃO. PROVIMENTO. 1. A fraude à cota de gênero de candidaturas femininas representa afronta aos princípios da igualdade, da cidadania e do pluralismo político, na medida em que a ratio do art. 10, § 3°, da Lei 9.504/1997 é ampliar a participação das mulheres no processo político-eleitoral. 2. Pela moldura fática contida no Acórdão Regional, delineada a partir de conteúdo probatório contundente (documentos, oitiva de testemunhas e depoimento pessoal da Requerida), é incontroverso que: (i) a candidata obteve apenas um voto, mas não votou em si; (ii) não realizou nenhum gasto de campanha; (iii) a Comissão Provisória do Partido Social Democrático (PSD) de Leópolis/PR é composta, em sua maioria, por familiares da Investigada; (iv) a candidata ocupava o cargo de Secretária no Partido, do qual seu filho era o Presidente, e pelo qual seu esposo foi eleito; (v) o ingresso na chapa se deu somente após a desistência de uma das candidatas; (vi) os atos de campanha são incertos; (vii) na reta final, a Investigada teria desistido "informalmente" da candidatura. Registro de candidata fictícia reconhecida. 3. O PL lançou 11 (onze) candidaturas ao pleito de 2020, sendo 4 (quatro) mulheres, circunstância que atenderia, em tese, o preceito normativo. Entretanto, no presente caso, remanesceram como regulares apenas 2 (duas) mulheres, pois, entre elas, ficou constatada uma candidata fictícia e outra, cujo registro foi indeferido. Trata-se, portanto, de desobediência objetiva ao critério firmado pelo art. 10, § 3° da Lei 9.504/1997, diante do preenchimento de apenas 18,18% de representantes do gênero feminino. 4. Caracterizada a fraude, e, por conseguinte, comprometida a disputa, a consequência jurídica é: (i) a cassação dos candidatos vinculados ao Demonstrativo de Regularidade de Atos Partidários (Drap), independentemente de prova da participação, ciência ou anuência deles; (ii) a inelegibilidade daqueles que efetivamente praticaram ou anuíram com a conduta; (iii) a nulidade dos votos obtidos pela Coligação, com a recontagem do cálculo dos quocientes eleitoral e partidários, nos termos do art. 222 do Código Eleitoral. 5. Recurso Especial provido (TSE – REspEl: 06007225320206160026 LEÓPOLIS – PR 060072253, Relator: Min. Alexandre de Moraes, Data de Julgamento: 13/06/2023, Data de Publicação: DJE – Diário de Justiça Eletrônico, Tomo 147).

Gabarito "D".

20. DIREITO PREVIDENCIÁRIO

Ricardo Quartim

1. PRINCÍPIOS E NORMAS GERAIS

(PROCURADOR – AL/PR – 2024 – FGV) A seguridade social compreende um conjunto integrado de ações de iniciativa dos Poderes Públicos e da sociedade, destinadas a assegurar os direitos relativos à saúde, à previdência e à assistência social.

Considerando as normas de regência, assinale a opção que contempla, corretamente e nesta ordem, um princípio constitucional da seguridade social, a quantidade de integrantes do Conselho Nacional de Previdência Social (CNPS), um benefício concedido pela Previdência Social, o período de carência para recebimento do auxílio reclusão e um segurado obrigatório da Previdência social.

(A) Universalidade da base de financiamento, 9 membros, salário família, doze contribuições mensais e o estagiário bolsista.
(B) Equidade na forma de participação no custeio, 12 membros, reabilitação profissional, não há carência e o servidor da União ocupante, exclusivamente, de cargo em comissão declarado em lei de livre nomeação e exoneração.
(C) Caráter democrático e descentralizado da gestão administrativa, 9 membros, seguro-desemprego, não há carência e aquele que presta serviço de natureza urbana ou rural a empresa, em caráter não eventual, sob sua subordinação e mediante remuneração, inclusive como diretor empregado.
(D) Irredutibilidade do valor dos benefícios, 15 membros, salário maternidade, vinte e quatro contribuições mensais e o escrevente contratado por titular de serviços notariais a partir de 21 de novembro de 1994.
(E) Uniformidade e equivalência dos benefícios e serviços às populações urbanas e rurais, 12 membros, serviço social, dez contribuições mensais e aquele em exercício de mandato eletivo municipal, desde que não seja vinculado a regime próprio de previdência social.

Princípios: Os princípios da Seguridade Social estão previstos no parágrafo único do art. 194 da CF. São eles a universalidade da cobertura e do atendimento; a uniformidade e equivalência dos benefícios e serviços às populações urbanas e rurais; a seletividade e distributividade na prestação dos benefícios e serviços; a irredutibilidade do valor dos benefícios; a equidade na forma de participação no custeio; e a diversidade da base de financiamento, identificando-se, em rubricas contábeis específicas para cada área, as receitas e as despesas vinculadas a ações de saúde, previdência e assistência social, preservado o caráter contributivo da previdência social; **CNPS**: O Conselho Nacional de Previdência Social – CNPS é órgão superior de deliberação colegiada e tem 15 (quinze) membros, nos termos do art. 3º do PBPS; **Carência**: A carência necessária para fazer jus ao benefício de auxílio-reclusão é de 24 meses, nos termos do art. 25, IV, do PBPS, incluído pela Lei nº 13.846/2019. Antes de tal alteração legislativa o benefício de auxílio-reclusão não exigia carência para sua concessão; **Segurado obrigatório**: Consoante o art. 40 da Lei nº 8.935/1994, publicada em 21/11/1994, os notários, oficiais de registro, escreventes e auxiliares são vinculados à previdência social, de âmbito federal, e têm assegurada a contagem recíproca de tempo de serviço em sistemas diversos. Gabarito "D".

2. CUSTEIO

(JUIZ FEDERAL – TRF/1 – 2023 – FGV) A empresa X, empregadora de 120 segurados empregados, decide criar programa de lucros e resultados em favor desses empregados, de forma a estimular a produtividade.

Sobre a situação hipotética apontada e sua relação com o plano de custeio previdenciário, é correto afirmar que:

(A) os valores decorrentes do programa de lucros e resultados não integram o salário de contribuição dos segurados, pois não decorrem do trabalho e refletem imunidade tributária, sem a possibilidade de adesão ao plano de custeio da previdência social;
(B) o programa de lucros e resultados viabiliza a exclusão dos valores pagos a empregados na base de cálculo da cota patronal previdenciária, desde que haja explícito aval prévio das autoridades fiscais federais;
(C) o programa de lucros e resultados reflete mera tentativa de evasão fiscal, cabendo à Receita Federal do Brasil desconsiderá-lo, tributando a empresa X sobre todo e qualquer pagamento feito a seus empregados;
(D) o programa de lucros e resultados, desde que elaborado de acordo com a legislação específica, não integrará o salário de contribuição dos empregados, de forma a reduzir a contribuição destes, mas sem dispensar os aportes patronais sobre os mesmos valores;
(E) o programa de lucros e resultados da empresa X, uma vez corretamente dimensionado, na forma da legislação própria, não integrará o salário de contribuição dos empregados e, por consequência, também não será levado em consideração no salário de benefício.

A: Incorreta. Imunidades tributárias só podem ser previstas na Constituição Federal (Tema de Repercussão Geral nº 432 do STF), a qual em momento algum proíbe a cobrança de tributos sobre participação nos lucros e resultados. O disposto no art. 7º, XI, da CF, não constitui imunidade tributária, tanto que o STF permitiu a incidência de contribuição previdenciária sobre a participação nos lucros e resultados até o advento da Medida Provisória 794/94 (RE 569.441, Rep. Geral tema 244). Além do mais, incide imposto de renda sobre a participação nos lucros e resultados (art. 3º, § 5º, da Lei 10.101/2000); **B**: Incorreta. O art. 28, § 9º, alínea j, do PCSS, afirma não integrar o salário de contribuição a participação nos lucros ou resultados da empresa, quando paga ou creditada de acordo com lei específica. A lei nº 10.101/2000, por sua vez, não prevê qualquer necessidade de aval de autoridades fiscais (veja o AgInt REsp 1797737, DJe 05.05.2022); **C**: Incorreta, ante o disposto no art. 7º, XI, da CF, e no art. 28, § 9º, alínea j, do PCSS; **D**: Incorreta. O art. 22, § 2º, do PCSS, é expresso ao dizer que as parcelas mencionadas no § 9º de seu art. 28 não integram a base de cálculo da contribuição devida pela empresa. Por consequência, a participação nos lucros e resultados não integra o salário de contribuição tanto das contribuições previdenciárias dos segurados como daquelas devidas pelas empresas; **E:** Correta. O salário de contribuição é um dos pontos essenciais do Direito Previdenciário por ser a principal ligação entre o sistema de custeio da Seguridade Social e o sistema de benefícios do RGPS. Além de servir como base de cálculo – meio de quantificação monetária – da contribuição devida pelos segurados do RGPS, o salário de contribuição também tem impacto direto nos benefícios da Previdência Social. O STF afirma existir uma estrita vinculação causal entre contribuição e benefício, motivo pelo qual não pode haver contribuição sem benefício, nem benefício sem contribuição (ADC nº 08, Rel. Min. Celso de Mello, DJU 24.05.2004). Deste modo, parcelas que não integram o salário de contribuição não serão computadas no salário de benefício. Note, contudo, existirem verbas que sofrem tributação destinada ao RGPS e, mesmo assim, não integrarão salário de benefício algum. Foi essa, em síntese, a compreensão do STF acerca do princípio da solidariedade (art. 3º, I, CF) quando reafirmou, em sede de Repercussão Geral, que o segurado aposentado que retorna ao trabalho deve sim recolher contribuições sobre a remuneração desse trabalho (ARE nº 1224327, DJe 04.11.2019) e quando decidiu ser constitucional o art. 18, § 2º, do PBPS, que veda a chamada 'desaposentação' (RE nº 661.256, Dje 28.10.2016).

Gabarito "E".

(JUIZ FEDERAL – TRF/1 – 2023 – FGV) A empresa XYZ desempenha atividade industrial, além das atividades periféricas de administração, como compra de matéria-prima, vendas etc. A referida empresa possui estabelecimento único, na cidade do Rio de Janeiro, sendo a maior parte dos empregados engajada na atividade fim da empresa. Ao receber a informação de que deveria recolher alíquota de 3% de toda a folha de empregados para fins de financiamento dos benefícios decorrentes dos riscos ambientais do trabalho, insurge-se contra a cobrança, alegando que somente parcela dos seus empregados desempenha atividade econômica considerada como de risco grave.

Diante da situação hipotética, a alegação da empresa XYZ:

(A) é incorreta, pois, como é dotada de estabelecimento único e sua atividade preponderante é a industrial qualificada como de risco grave, terá de arcar com a contribuição apontada sobre toda a folha de salários de seus empregados;

(B) é parcialmente procedente, pois, a depender dos investimentos em gestão do meio ambiente do trabalho, o enquadramento previsto poderá ser revisto mediante aplicação do fator acidentário de prevenção;

(C) poderá ser admitida em juízo, mediante pleito de reenquadramento em alíquota menor, mas somente se adicionado, à base de incidência previdenciária, o total das remunerações pagas a contribuintes individuais;

(D) encontra amparo mediante a violação à legalidade estrita na regulamentação da referida contribuição previdenciária, a qual, de forma irregular, delega ao Poder Executivo a disciplina do tema;

(E) é incorreta, pois o fator acidentário de prevenção, aqui representado pela alíquota de 3%, decorre exclusivamente do número de acidentes ocorridos na empresa nos dois anos anteriores.

A: Correta, pois de acordo a súmula 351 do STJ: "*A alíquota de contribuição para o Seguro de Acidente do Trabalho (SAT) é aferida pelo grau de risco desenvolvido em cada empresa, individualizada pelo seu CNPJ, ou pelo grau de risco da atividade preponderante quando houver apenas um registro.*" Preponderante é a atividade que ocupa, em cada estabelecimento da empresa, o maior número de segurados empregados e de trabalhadores avulsos (art. 202, § 3º, do RPS); **B:** Incorreta. A aplicação do FAP realmente permite a redução de alíquota da contribuição de um, dois ou três por cento, destinada ao financiamento do benefício de aposentadoria especial ou dos benefícios concedidos em razão do grau de incidência de incapacidade laborativa decorrente dos riscos ambientais do trabalho (art. 10 da Lei 10.666/2003). Todavia, a diminuição ou aumento da alíquota em razão do FAP não depende de investimentos em gestão do meio ambiente do trabalho, mas sim do desempenho da empresa aferido por índices de gravidade, de frequência e de custo (art. 202-A, do RPS); **C:** Incorreta, pois a alíquota da contribuição para fins de financiamento dos benefícios decorrentes dos riscos ambientais do trabalho depende do enquadramento em grau de risco de acordo com a atividade preponderante da empresa. Tal atividade preponderante é aferida pelo número de segurados empregados e de trabalhadores avulsos (art. 202, § 3º, do RPS), não havendo menção à contribuintes individuais; **D:** Incorreta, uma vez que ao apreciar a questão em sede de repercussão geral (tema 554) o STF concluiu que o fato de o art. 10 Lei 10.666/2003 remeter ao regulamento a complementação dos conceitos de "atividade preponderante" e "grau de risco leve, médio e grave" não implica ofensa aos princípios constitucionais da legalidade genérica (artigo 5º, inciso II) e da legalidade tributária (artigo 150, incisos I e IV, CF); **E:** Incorreta. O FAP é apurado em conformidade com os resultados obtidos a partir dos índices de frequência, gravidade e custo, calculados segundo metodologia aprovada pelo Conselho Nacional de Previdência Social. Ou seja, sua apuração leva em consideração outros fatores além do número de acidentes. Por fim, para o seu cálculo serão utilizados os dados de janeiro a dezembro de cada ano, até completar o período de dois anos, a partir do qual os dados do ano inicial serão substituídos pelos novos dados anuais incorporados (art. 202-A, § 7º, do RPS).

Gabarito "A".

3. SEGURADOS, DEPENDENTES

Veja as seguintes tabelas, com os segurados obrigatórios do RGPS e os dependentes:

Segurados obrigatórios do RGPS – art. 11 do PBPS	
Empregado	– aquele que presta serviço de natureza urbana ou rural à empresa, em caráter não eventual, sob sua subordinação e mediante remuneração, inclusive como diretor empregado; – aquele que, contratado por empresa de trabalho temporário, definida em legislação específica, presta serviço para atender a necessidade transitória de substituição de pessoal regular e permanente ou a acréscimo extraordinário de serviços de outras empresas; – o brasileiro ou o estrangeiro domiciliado e contratado no Brasil para trabalhar como empregado em sucursal ou agência de empresa nacional no exterior; – aquele que presta serviço no Brasil a missão diplomática ou a repartição consular de carreira estrangeira e a órgãos a elas subordinados, ou a membros dessas missões e repartições, excluídos o não brasileiro sem residência permanente no Brasil e o brasileiro amparado pela legislação previdenciária do país da respectiva missão diplomática ou repartição consular; – o brasileiro civil que trabalha para a União, no exterior, em organismos oficiais brasileiros ou internacionais dos quais o Brasil seja membro efetivo, ainda que lá domiciliado e contratado, salvo se segurado na forma da legislação vigente do país do domicílio; – o brasileiro ou estrangeiro domiciliado e contratado no Brasil para trabalhar como empregado em empresa domiciliada no exterior, cuja maioria do capital votante pertença a empresa brasileira de capital nacional; – o servidor público ocupante de cargo em comissão, sem vínculo efetivo com a União, Autarquias, inclusive em regime especial, e Fundações Públicas Federais; – o exercente de mandato eletivo federal, estadual ou municipal, desde que não vinculado a regime próprio de previdência social; – o empregado de organismo oficial internacional ou estrangeiro em funcionamento no Brasil, salvo quando coberto por regime próprio de previdência social;
Empregado doméstico	– aquele que presta serviço de natureza contínua a pessoa ou família, no âmbito residencial desta, em atividades sem fins lucrativos;
Contribuinte individual	– a pessoa física, proprietária ou não, que explora atividade agropecuária, a qualquer título, em caráter permanente ou temporário, em área superior a 4 (quatro) módulos fiscais; ou, quando em área igual ou inferior a 4 (quatro) módulos fiscais ou atividade pesqueira, com auxílio de empregados ou por intermédio de prepostos; ou ainda nas hipóteses dos §§ 9º e 10 do art. 11 do PBPS; – a pessoa física, proprietária ou não, que explora atividade de extração mineral – garimpo, em caráter permanente ou temporário, diretamente ou por intermédio de prepostos, com ou sem o auxílio de empregados, utilizados a qualquer título, ainda que de forma não contínua; – o ministro de confissão religiosa e o membro de instituto de vida consagrada, de congregação ou de ordem religiosa; – o brasileiro civil que trabalha no exterior para organismo oficial internacional do qual o Brasil é membro efetivo, ainda que lá domiciliado e contratado, salvo quando coberto por regime próprio de previdência social; – o titular de firma individual urbana ou rural, o diretor não empregado e o membro de conselho de administração de sociedade anônima, o sócio solidário, o sócio de indústria, o sócio gerente e o sócio cotista que recebam remuneração decorrente de seu trabalho em empresa urbana ou rural, e o associado eleito para cargo de direção em cooperativa, associação ou entidade de qualquer natureza ou finalidade, bem como o síndico ou administrador eleito para exercer atividade de direção condominial, desde que recebam remuneração; – quem presta serviço de natureza urbana ou rural, em caráter eventual, a uma ou mais empresas, sem relação de emprego; – a pessoa física que exerce, por conta própria, atividade econômica de natureza urbana, com fins lucrativos ou não;
Trabalhador avulso	– quem presta, a diversas empresas, sem vínculo empregatício, serviço de natureza urbana ou rural definidos no Regulamento;
Segurado especial	– como segurado especial: a pessoa física residente no imóvel rural ou em aglomerado urbano ou rural próximo a ele que, individualmente ou em regime de economia familiar, ainda que com o auxílio eventual de terceiros, exerça as atividades de produtor ou pescador, ou seja cônjuge, companheiro, filho ou equiparado, conforme o art. 11, VII, do PBPS.

> **Dependentes no RGPS – art. 16 do PBPS – a primeira classe com dependente exclui as seguintes**
>
> – o cônjuge, a companheira, o companheiro e o filho não emancipado, de qualquer condição, menor de 21 (vinte e um) anos ou inválido ou que tenha deficiência intelectual ou mental grave. A dependência econômica desses é presumida, a dos demais deve ser comprovada – § 4º;
> – O enteado e o menor tutelado equiparam-se a filho, mediante declaração do segurado, e desde que comprovada a dependência econômica (§2º);
> – Ao Julgar as Adi nº 4878 e 5083 o STF conferiu interpretação conforme ao § 2º do art. 16, da Lei n.º 8.213/1991, para contemplar, em seu âmbito de proteção, o menor sob guarda, na categoria de dependentes do Regime Geral de Previdência Social, desde que comprovada a dependência econômica, nos termos em que exige a legislação previdenciária (art. 16, § 2º, Lei 8.213/1991 e Decreto 3048/1999). Tal entendimento se aplica apenas até o início de vigência da EC nº 103/2019, em vista do disposto em seu art. 23;
> – os pais;
> – o irmão não emancipado, de qualquer condição, menor de 21 (vinte e um) anos ou inválido ou que tenha deficiência intelectual ou mental que o torne absoluta ou relativamente incapaz.

4. BENEFÍCIOS

(OAB/FGV – 2024) Em 2018, Antônio, segurado, empregado vinculado ao Regime Geral de Previdência Social, sofreu um acidente de trânsito quando voltava para sua residência. Depois de dois anos de afastamento, recebeu alta previdenciária e retornou ao trabalho. No entanto, Antônio apresenta sequelas do acidente que reduzem sua capacidade laborativa.

Assinale a opção que indica o benefício previdenciário que ele poderá receber após a alta.

(A) Auxílio-acidente.
(B) Benefício por incapacidade temporária.
(C) Pecúlio previdenciário.
(D) Abono de permanência em serviço.

O art. 86 do PBPS afirma que o auxílio-acidente será concedido, como indenização, ao segurado quando, após consolidação das lesões decorrentes de acidente de qualquer natureza, resultarem sequelas que impliquem redução da capacidade para o trabalho que habitualmente exercia (Súmula 44 do STJ e seu Tema Repetitivo nº 22). A concessão do benefício por incapacidade temporária, por sua vez, pressupõe que o segurado esteja incapacitado para o seu trabalho ou para a sua atividade habitual (art. 59 do PBPS). Tendo em vista que Antônio retornou ao trabalho, mas com capacidade laborativa reduzida, sua situação se amolda à *fattispecie* do auxílio-acidente (veja, a esse respeito, as recentes súmulas 88 e 89 da TNU e o Tema Repetitivo nº 862 do STJ). Por último, o pecúlio foi extinto do RGPS em 1995 (AgInt REsp 908.473, DJe 18/09/2020) e o abono de permanência em serviço foi extinto do RGPS em 1994. Perceba, contudo, que o abono de permanência atualmente existe, nos moldes dos critérios a serem estabelecidos em lei do respectivo ente federativo, exclusivamente para os servidores públicos titulares de cargos efetivos, como se vê do § 19 do art. 40 da CF. Gabarito "A".

(OAB/FGV – 2024) José, mecânico, contando com 12 (doze) meses de contribuição para a Previdência Social, sofreu acidente de trabalho, tornando-se tetraplégico. Em razão do acidente, ficou completamente incapacitado para o trabalho.

Diante dessas condições, assinale a afirmativa correta.

(A) José não terá direito à aposentadoria por incapacidade permanente, uma vez que não cumpriu a carência mínima de 24 (vinte e quatro) meses de contribuição.
(B) José, necessitando da assistência permanente de outra pessoa, terá acrescido o valor da sua aposentadoria por incapacidade permanente em até 50% (cinquenta por cento).
(C) José, caso se recupere e volte a trabalhar voluntariamente, terá sua aposentadoria cancelada automaticamente, a partir da data do retorno.
(D) José, sendo portador de doença ou lesão ao filiar-se ao Regime Geral de Previdência Social, não terá direito à aposentadoria por incapacidade permanente, ainda que a incapacidade sobrevenha, após a filiação, por motivo de progressão ou agravamento dessa doença ou lesão.

A: incorreta. A concessão de auxílio-doença e de aposentadoria por invalidez nos casos de acidente de qualquer natureza ou causa e de doença profissional ou do trabalho independe de carência, na esteira do art. 26, II, do PBPS; **B:** incorreta. O art. 45 do PBPS afirma que o valor da aposentadoria por invalidez do segurado que necessitar da assistência permanente de outra pessoa será acrescido de 25% (vinte e cinco por cento); **C:** correta, nos termos do art. 46 do PBPS. Na hipótese de o retorno ao trabalho não ter sido voluntário, aplicar-se-ia o disposto no art. 45 do PBPS; **D:** incorreta, uma vez que a doença ou lesão de que o segurado já era portador ao filiar-se ao Regime Geral de Previdência Social não lhe conferirá direito à aposentadoria por invalidez, salvo quando a incapacidade sobrevier por motivo de progressão ou agravamento dessa doença ou lesão (art. 42, § 2º, do PBPS). Gabarito "C".

(OAB/FGV – 2024) Manoel é segurado de baixa renda, tendo sido recolhido à prisão, em regime fechado, no dia 01/01/2022. Antes da prisão, ele recolheu 12 contribuições mensais à Previdência Social e tem, como único dependente, o filho Maurício, de 19 anos.

Diante destas considerações, sobre o auxílio-reclusão assinale a afirmativa correta.

(A) Maurício não faz jus ao benefício do auxílio-reclusão, uma vez que seu pai, Manoel, não cumpriu a carência de 24 (vinte e quatro) meses.
(B) Maurício, apesar de Manoel cumprir a carência exigida, não faz jus ao benefício do auxílio-reclusão por possuir mais de 18 (dezoito) anos.
(C) Caso Manoel venha a exercer atividade, ainda que em regime fechado, haverá a perda do direito ao recebimento do auxílio-reclusão para seu dependente.
(D) O requerimento de Manoel solicitando o auxílio-reclusão deve ser instruído com a certidão de nascimento do dependente, sem a necessidade de certidão sobre o seu recolhimento à prisão.

A: correta. A partir da vigência da Lei nº 13.846, de 18/06/2019, a concessão de auxílio-reclusão depende de carência de vinte e quatro meses (art. 25, IV, do PBPS); **B:** incorreta, pois Manoel não possui a carência exigida; **C:** incorreta. O art. 80, § 7º, do PBPS, deixa claro que o exercício de atividade remunerada do segurado recluso, em cumprimento de pena em regime fechado, não acarreta a perda do direito ao recebimento do auxílio-reclusão para seus dependentes; **D:** incorreta. O requerimento do auxílio-reclusão deve ser instruído com certidão judicial que ateste o recolhimento efetivo à prisão, e será obrigatória a apresentação de prova de permanência na condição de presidiário para a manutenção do benefício, a rigor do § 1º do art. 80 do PBPS.

Gabarito "A".

(Procurador – AL/PR – 2024 – FGV) Perla, de 46 anos de idade, era casada com Júlio há 15 anos. Júlio era professor numa faculdade de direito privada e veio a falecer em 2018, deixando para Perla uma pensão por morte no valor correspondente a 3 salários mínimos. Após viver o luto, Perla se interessou por Carlos, também professor em atividade na mesma instituição, e após 1 ano de relacionamento se casaram em 2020. Dois anos e três meses depois, Carlos também veio a falecer e ganhava o mesmo salário de Júlio.

Tendo ficado viúva pela 2ª vez, assinale a opção que contempla, no caso concreto e de acordo com as normas de regência, o valor da pensão por morte que será recebida por Perla.

(A) Sendo inviável o acúmulo de pensões por morte, Perla continuará recebendo 3 salários-mínimos.

(B) O somatório das duas aposentadorias, ou seja, 6 salários-mínimos.

(C) Perla receberá 60% das duas aposentadorias somadas.

(D) Perla receberá na totalidade a 1ª pensão por morte e integralmente a 2ª pensão pelo prazo fixo de 3 anos.

(E) Receberá integralmente a pensão de maior valor e um percentual da menor.

O art. 24 da EC 103/2019 afirma ser "vedada a acumulação de mais de uma pensão por morte deixada por cônjuge ou companheiro, no âmbito do mesmo regime de previdência social, ressalvadas as pensões do mesmo instituidor decorrentes do exercício de cargos acumuláveis na forma do art. 37 da Constituição Federal". Já o inciso I do § 1º deste mesmo dispositivo diz ser possível a acumulação de "pensão por morte deixada por cônjuge ou companheiro de um regime de previdência social com pensão por morte concedida por outro regime de previdência social ou com pensões decorrentes das atividades militares de que tratam os arts. 42 e 142 da Constituição Federal". Tais normas não se aplicam se o direito aos benefícios houver sido adquirido antes da data de entrada em vigor da EC 103/2019, como diz o § 4º de seu art. 24. Júlio faleceu em 2018, antes, portanto, do início de vigência da reforma da previdência. Mas Carlos faleceu no ano de 2022 e, nos termos da Súmula 340 do STJ, só existirá direito adquirido à pensão por morte no momento do óbito do instituidor. Diante deste quadro fático, as normas que regem a possibilidade ou não de acumulação das pensões são aquelas vigentes em 2022, quando do falecimento de Carlos.

Isso posto, a nosso ver Perla não teria direito à acumulação de ambas as pensões, ainda que recebendo um percentual menor, nos termos do § 2º do art. 24 da EC 103/2019. O caput da norma em comento ressalva a possibilidade de percepção de duas pensões decorrentes de cargos acumuláveis do mesmo instituidor. Mas as pensões de Perla decorrem do falecimento de instituidores diferentes. Além disso, a possibilidade de acumulação de dois cargos de professor prevista na alínea 'a' do inciso XVI do art. 37 da CF diz respeito a cargos públicos; submetidos, portanto, a regime próprio de previdência social. No âmbito do regime geral o art. 124, VI, do PBPS, veda o recebimento de "mais de uma pensão deixada por cônjuge ou companheiro, ressalvado o direito de opção pela mais vantajosa." Tampouco se aplicaria à hipótese o inciso I do § 1º do art. 24 da EC 103/2019, uma vez que Júlio e Carlos eram ambos filiados ao mesmo regime de previdência social.

Gabarito "E".

(JUIZ FEDERAL – TRF/1 – 2023 – FGV) Determinado segurado aposentado por incapacidade permanente no Regime Geral de Previdência Social é convocado para a realização de perícia médica. Diante da situação hipotética, apresenta demanda judicial para impedir o feito, haja vista a invalidez pretérita já reconhecida administrativamente.

No contexto hipotético narrado, é correto afirmar que:

(A) o benefício previdenciário apontado exige, como evento determinante, a incapacidade para a atividade habitual e a impossibilidade de reabilitação para atividade diversa. Sendo assim, a nova perícia é ilegal;

(B) a demanda administrativa por nova perícia somente se justifica se existir pedido do próprio segurado, na hipótese de intenção de retorno ao mercado de trabalho, mediante atividades remuneradas;

(C) a pretensão de afastar o exame desejado pelo INSS justifica-se caso o segurado já tenha mais de 60 anos de idade, mesmo que com objetivo de curatela judicial;

(D) caso a aposentadoria por incapacidade permanente tenha sido precedida de benefício por incapacidade temporária por mais de dois anos, a nova perícia desejada pelo INSS será considerada ilegal;

(E) mesmo após quinze anos de concessão da aposentadoria por incapacidade permanente, a depender da idade do segurado, é possível a convocação, pelo INSS, para nova perícia.

A: Incorreta. De acordo com o art. 42 do PBPS, a aposentadoria por invalidez, ou aposentadoria por incapacidade permanente, será devida ao segurado que for considerado incapaz e insusceptível de reabilitação para o exercício de atividade que lhe garanta a subsistência, e "ser-lhe-á paga enquanto permanecer nesta condição." Os arts. 46 e 47 do mesmo diploma legal regulam a hipótese de retorno voluntário ao trabalho do aposentado por incapacidade permanente e da verificação da recuperação de sua capacidade de trabalho, caso em que pode ser devida a chamada 'mensalidade de recuperação'. Ou seja, a concessão de aposentadoria por incapacidade permanente não impede a futura verificação da continuidade ou não da incapacidade laboral do segurado, exceto nas hipóteses descritas no art. 101, §§ 1º e 2º, do PBPS; **B:** Incorreta. Os segurados em gozo de benefício por incapacidade estão obrigados, sob pena de suspensão do benefício, a submeter-se a exame médico a cargo da Previdência Social para avaliação das condições que ensejaram sua concessão ou manutenção (art. 101, inciso I, PBPS). São isentos de tal dever, nos termos do § 1º do art. 101 do PBPS, o aposentado por incapacidade permanente e o pensionista inválido que não tenham retornado à atividade: (i) após completarem cinquenta e cinco anos ou mais de idade e quando decorridos quinze anos da data da concessão da aposentadoria por invalidez ou do auxílio-doença que a precedeu; ou (ii) após completarem sessenta anos de idade. Tal isenção não se aplica se o exame para verificar a recuperação da capacidade de trabalho for solicitado pelo aposentado ou pensionista (art. 101, § 2º, II, do PBPS; **C:** Incorreta, pois subsidiar autoridade judiciária na concessão de curatela (vide art. 110 do PBPS) é uma das hipóteses nas quais a isenção do dever de se submeter a exame médico concedida aos maiores de sessenta anos não se aplica, conforme o inciso III do § 2º do art. 101 do PBPS; **D:** Incorreta. A isenção do dever de se submeter a exame médico é conferida ao segurado maior de cinquenta e cinco anos de idade quando decorridos quinze anos da data da concessão da aposentadoria por invalidez ou do auxílio-doença que a precedeu (art. 101, § 1º, I, do PBPS); **E:** Correta. A possibilidade de convocação para nova avaliação médica do segurado em gozo de aposentadoria por incapacidade permanente há mais de quinze anos depende de sua idade. É possível a convocação apenas do segurado que não tenha completado sessenta anos de idade.

Gabarito "E".

(Juiz Federal – TRF/1 – 2023 – FGV) Maria, trabalhadora autônoma, desempenha suas atividades mediante confecção e venda de utensílios de couro em feiras livres, em atividade estritamente regularizada. Após dez anos de atividade, Maria se vê forçada a se afastar das atividades por doença incapacitante.

Nesse cenário hipotético, é correto afirmar que:

(A) Maria, na condição de trabalhadora avulsa, uma vez comprovada a incapacidade perante a perícia do INSS, fará jus ao benefício previdenciário por incapacidade temporária;

(B) Maria somente poderá obter benefício se demonstrar a regularidade dos seus recolhimentos previdenciários do período de atividade e se a incapacidade for derivada de sua atividade remunerada;

(C) assumindo que não haja qualquer impedimento de índole contributiva à concessão do benefício previdenciário, Maria somente poderá ficar afastada pelo prazo máximo de dois anos;

(D) caso Maria tenha optado pela adesão ao regime do microempreendedor individual e esteja regularizada, poderá gozar da cobertura previdenciária por incapacidade temporária, sendo seu benefício limitado a um salário mínimo;

(E) Maria, na condição de trabalhadora autônoma, é segurada obrigatória do Regime Geral de Previdência Social e, portanto, poderá usufruir de aposentadoria por invalidez automática após seis meses de afastamento das atividades.

A: Incorreta, posto que Maria é trabalhadora autônoma, ou seja: "*exerce, por conta própria, atividade econômica de natureza urbana, com fins lucrativos ou não*", nos termos do art. 11, inciso V, alínea h, do PBPS, o que a qualifica como segurada contribuinte individual e não como trabalhadora avulsa; **B:** Incorreta, a incapacidade não precisa ser derivada de sua atividade remunerada. Basta a incapacidade, de qualquer natureza ou origem, para o seu trabalho ou para a sua atividade habitual por mais de 15 (quinze) dias consecutivos (art. 59 do PBPS); **C:** Incorreta. Não existe prazo temporal máximo para o afastamento à título de auxílio por incapacidade temporária, ou auxílio-doença. O benefício cessa pela recuperação da capacidade do trabalho, pela concessão de aposentadoria por incapacidade permanente ou, na hipótese de o evento causador da redução da capacidade laborativa ser o mesmo que gerou o auxílio por incapacidade temporária, pela concessão do auxílio acidente (art. 78 do RPS). A possibilidade de fixação de prazo estimado para a duração do benefício por incapacidade temporária, prevista no art. 60, §8º, do PBPS, conhecida como 'alta-programada', não configura um prazo máximo de duração da prestação previdenciária; **D:** Correta. O Microempreendedor Individual – MEI de que tratam os arts. 18-A e 18-C da Lei Complementar 123/2006, que opte pelo recolhimento dos impostos e contribuições abrangidos pelo Simples Nacional em valores fixos mensais, é considerado contribuinte individual (art. 9, inciso V, alínea p, do RPS). O regime do microempreendedor individual é facultativo, depende de opção. A contribuição ao INSS do segurado contribuinte individual que se enquadre como microempreendedor individual (art. 18-A da LC 123/2006) incide sobre o limite mínimo mensal do salário de contribuição – o salário mínimo – nos termos do § 2º do art. 21 do PCCS. Tendo o salário-mínimo como seu salário de contribuição, benefícios deferidos a segurados contribuintes individuais que se enquadrem como microempreendedores individuais terão, como salário de benefício; o salário-mínimo; **E:** Incorreta. Não existe prazo fixo de fruição do benefício de auxílio por incapacidade temporária após o qual seja ele automaticamente convertido em aposentadoria por invalidez, ou aposentadoria por incapacidade permanente. Gabarito "D".

(Juiz Federal – TRF/1 – 2023 – FGV) Edna, com 30 anos de idade, viúva de João, advogado autônomo em situação regular com a previdência social, requer pensão por morte junto ao INSS. Comprova, em seu requerimento, a existência de diversos filhos em comum, além da certidão de casamento, demonstrando dez anos de vida em comum até o óbito.

No cenário hipotético narrado, é correto afirmar que:

(A) Edna somente terá direito ao benefício se comprovada a dependência econômica, pois os filhos são dependentes preferenciais à esposa ou ao cônjuge;

(B) a pensão por morte de Edna, se concedida, terá valor integral, ou seja, a renda mensal inicial será igual ao último salário de contribuição de João;

(C) Edna, caso seja aposentada, não poderá cumular seu benefício com a pensão por morte, ressalvado o direito de opção pelo benefício mais vantajoso;

(D) na hipótese de concessão da pensão por morte, o pagamento do benefício retroagirá até a data do óbito, caso o requerimento administrativo seja feito em sessenta dias;

(E) a pensão por morte, na situação hipotética narrada, caso concedida, será necessariamente vitalícia, ainda que Edna contraia novas núpcias.

A: Incorreta. O cônjuge, a companheira, o companheiro e o filho não emancipado, de qualquer condição, menor de 21 (vinte e um) anos ou inválido ou que tenha deficiência intelectual ou mental ou deficiência grave são dependentes de primeira classe, nos termos do art. 16, I, do PBPS, de modo que o benefício será rateado entre Edna e os filhos do falecido que se enquadrem como dependentes (art. 77 do PBPS); **B:** Incorreta. A pensão por morte será equivalente a uma cota familiar de 50% (cinquenta por cento) do valor da aposentadoria recebida pelo segurado ou servidor ou daquela a que teria direito se fosse aposentado por incapacidade permanente na data do óbito, acrescida de cotas de 10 (dez) pontos percentuais por dependente, até o máximo de 100% (cem por cento) (art. 23 da EC 103/2019); **C:** Incorreta, pois é admitida a acumulação de pensão por morte deixada por cônjuge ou companheiro de um regime de previdência social com aposentadoria concedida no âmbito do Regime Geral de Previdência Social (art. 24, § 1º, da EC 103/2019. Veja também o art. 167-A, II, do RPS). Contudo, o segurado não receberá o valor integral de ambos os benefícios (art. 24, § 2º, da EC 103/2019); **D:** Correta. Para a maioria dos dependentes a pensão por morte será devida desde a data do óbito quando requerida em até noventa dias após o óbito. A exceção são os filhos menores de dezesseis anos, os quais tem até cento e oitenta dias após o óbito para requerer a pensão e ainda sim recebê-la desde o falecimento. Desse modo, no caso concreto, Edna receberá a pensão por morte desde a data do óbito se fizer o requerimento administrativo em até sessenta dias após tal data (art. 74, incisos I e II, do PBPS); **E:** Incorreta. No RGPS a pensão por morte será vitalícia se o óbito ocorrer depois de vertidas dezoito contribuições mensais e pelo menos dois anos após o início do casamento ou da união estável, desde que o cônjuge ou companheiro tenha quarenta e quatro anos de idade (art. 77, § 2º, V, c, 6). Vale notar que o pensionista pode se casar novamente; tal fato não acarreta a cessação do benefício de pensão por morte. Gabarito "D".

(Juiz Federal – TRF/1 – 2023 – FGV) Joaquim, porteiro regularmente contratado por um prédio residencial, no qual habita e atua profissionalmente há vinte anos, sofre mal súbito durante sua jornada de trabalho, sendo removido para hospital próximo ao local. Joaquim tem alta após quinze dias de internação, mas com recomendação médica de afastar-se das atividades por, no mínimo, seis meses.

Na situação hipotética narrada, é correto afirmar que:

(A) Joaquim, como segurado contribuinte individual, deveria comprovar seus recolhimentos previdenciários para fins de obtenção de benefício, de forma mensal, sob pena de indeferimento;

(B) Joaquim poderia receber o benefício previdenciário denominado auxílio-acidente durante a incapacidade, tendo em vista o mal súbito ter ocorrido durante sua jornada laboral, independentemente de carência;

(C) na hipótese de Joaquim receber o benefício previdenciário cabível, após sua cessação, terá ele direito a estabilidade provisória de doze meses no trabalho, independentemente da origem do mal súbito;

(D) o benefício previdenciário, na hipótese de comprovada ausência de recolhimento previdenciário por parte de Joaquim, poderá ser indeferido pelo INSS, sem possibilidade de reversão judicial;

(E) o benefício por incapacidade temporária, na hipótese de indeferimento pelo INSS, não demanda análise do Conselho de Recursos da Previdência Social antes de eventual provimento judicial.

A: Incorreta, pois Joaquim foi regularmente contratado para prestar serviço em caráter não eventual, sob subordinação e mediante remuneração a empresa (art. 11, I, a, do PBPS). Note que para o direito previdenciário o condomínio se equipara à empresa, a rigor do art. 14, parágrafo único, do PBPS e, mais explicitamente, do art. 33, §3º, III, da Instrução Normativa INSS 128/2022. À esta luz, Joaquim se enquadra como segurado empregado e não como contribuinte individual; **B:** Incorreta. Para se caracterizar como acidente de trabalho não basta que a incapacidade, ou melhor, a causa da incapacidade, sobrevenha durante o trabalho do segurado. Acidente do trabalho, diz o art. 19 do PBPS, é o que ocorre pelo exercício do trabalho. Em outras palavras, para a caracterização de acidente do trabalho é preciso que exista nexo causal entre a doença ou lesão e a atividade laboral (AintaREsp nº 705.645, DJe 07.03.2018), motivo pelo qual a assertiva é incorreta; **C:** Incorreta, pois a manutenção do contrato de trabalho na empresa pelo prazo mínimo de doze meses é garantida, pelo art. 118 do PBPS, apenas ao segurado que sofreu acidente do trabalho e este não é o caso de Joaquim. Deve ser dito que ao julgar a ADI 639 (DJ 09.11.2005) o STF reconheceu a constitucionalidade do art. 118 do PBPS; **D:** Incorreta. Joaquim é segurado empregado. O recolhimento das contribuições previdenciárias, tanto patronais como do segurado, é dever de seu empregador, no último caso como substituto tributário (art. 30, I, do PCCS). Por isso, o art. 34, I, do PBPS, afirma que para o segurado empregado, inclusive o doméstico, e o trabalhador avulso, serão computados os salários de contribuição referentes aos meses de contribuições devidas, ainda que não recolhidas pela empresa ou pelo empregador doméstico, sem prejuízo da respectiva cobrança e da aplicação das penalidades cabíveis. Por outro lado, o § 14 do art. 195 da CF, incluído pela EC 103/2019, afirma que só será reconhecida como tempo de contribuição a competência cuja contribuição seja igual ou superior à contribuição mínima mensal exigida para sua categoria, assegurado o agrupamento de contribuições. O inciso I do § 27-A do art. 216 do PBS impõe ao próprio segurado a complementação de tais contribuições. Assim, o benefício previdenciário pode sim ser indeferido pelo INSS. Contudo, há possibilidade de reversão judicial, pois a jurisprudência se orienta pela tese de que: "No cálculo da renda mensal inicial do benefício originário devem ser computados para o segurado empregado, os salários de contribuição referentes aos meses de contribuição devidos, ainda que as contribuições previdenciárias não tenham sido efetivamente recolhidas." (REsp 1.570.227, j. 05.04.2016. Veja, ainda, o RExt 1452063, DJe 28.08.2023); **E:** Correta. O Supremo Tribunal Federal assentou, em sede de repercussão geral (RE 631.240/MG), pela necessidade de prévio requerimento administrativo do segurado de modo a configurar a existência de interesse de agir para a lide. Isso posto, a tese fixada neste caso deixa claro que a exigência de prévio requerimento não se confunde com o exaurimento das vias administrativas (veja a súmula 89 do STJ). O requisito do prévio requerimento se satisfaz com a mera postulação administrativa do benefício, perante a primeira instância administrativa com atribuição para conhecê-lo, enquanto o exaurimento significa a efetiva utilização de todos os recursos administrativos cabíveis.

Gabarito: E.

(Juiz Federal – TRF/1 – 2023 – FGV) José, segurado empregado no setor metalúrgico, desempenha atividade profissional com exposição ao ruído de forma habitual e acima dos limites de tolerância previstos na legislação.

De acordo com a situação hipotética narrada, é correto afirmar que:

(A) José, a depender do tempo de atividade e da idade mínima necessária, poderá obter aposentadoria especial, a qual adota como evento determinante a exposição permanente a agentes nocivos, sem necessariamente demandar incapacidade para o trabalho;

(B) José terá direito a aposentadoria especial, com proventos integrais, após quinze anos de atividade, independentemente de idade mínima, haja vista a insalubridade da atividade e a inoperância dos equipamentos de proteção individual ou coletiva para o agente nocivo ruído;

(C) a depender da informação prevista em perfil profissiográfico previdenciário, elaborado de acordo com laudo técnico das condições ambientais do trabalho, José poderá obter benefício de aposentadoria especial após dez anos de atividade insalubre;

(D) eventual benefício de aposentadoria especial somente seria devido se comprovado o pagamento do adicional de contribuição previdenciária pelo empregador, assim como a insalubridade laboral, no percentual cabível na forma da legislação;

(E) caso o empregador de José informe o uso de equipamento de proteção individual por parte do empregado, independentemente de análise técnica do meio ambiente do trabalho, há exclusão da natureza insalubre da atividade.

A: Correta, pois a aposentadoria especial tem como suporte fático a efetiva exposição do segurado a agentes químicos, físicos e biológicos prejudiciais à saúde, nos termos do art. 201, § 1º, II, da CF (ver também o art. 57, *caput* e § 3º, do PBPS); **B:** Incorreta. Após a EC 103/2019 a concessão de aposentadoria especial reclama a cumulação de tempo de exposição a agentes agressivos (15, 20 ou 25 anos) com idade mínima (55, 58 ou 60 anos de idade), nos termos do seu art. 19, § 1º, I. Ademais, seus proventos não são integrais, como se vê do art. 26, § 5º, da EC 103/2019; **C:** Incorreta, pois a aposentadoria especial só é devida após exposição a agentes agressivos por, no mínimo, quinze anos; **D:** Incorreta, É verdade que a aposentadoria especial é financiada por recursos provenientes da contribuição de que trata o inciso II do art. 22 do PCCS, cujas alíquotas serão acrescidas de doze, nove ou seis pontos percentuais, conforme a atividade exercida pelo segurado a serviço da empresa permita a concessão de aposentadoria especial após quinze, vinte ou vinte e cinco anos de contribuição, respectivamente. Isso posto, não se pode exigir a comprovação de tais recolhimentos, devidos pela empresa, como requisito à concessão de benefício ao segurado (ver art. 34, I, do PBPS). A jurisprudência se orienta pela tese de que: "*No cálculo da renda mensal inicial do benefício originário devem ser computados para o segurado empregado, os salários de contribuição referentes aos meses de contribuição devidos, ainda que as contribuições previdenciárias não tenham sido efetivamente recolhidas.*" (REsp 1.570.227, j. 05.04.2016); **E:** Incorreta. Em paradigmática decisão, o STF assentou que o direito à aposentadoria especial pressupõe a efetiva exposição do trabalhador a agente nocivo à sua saúde, de modo que, se o EPI for realmente capaz de neutralizar a nocividade não haverá respaldo constitucional à aposentadoria especial. Deste modo, não basta o mero fornecimento de EPI para que o direito à aposentadoria especial seja afastado. É necessária a comprovação de sua efetividade.

Gabarito "A".

Veja as seguintes tabelas, para estudo e memorização dos períodos de carência e das prestações que independem de carência:

Períodos de Carência – art. 25 do PBPS	
– auxílio-doença e aposentadoria por invalidez	12 contribuições mensais
– aposentadoria por idade, aposentadoria por tempo de serviço e aposentadoria especial	180 contribuições mensais
- auxílio-reclusão	24 contribuições mensais
– salário-maternidade para contribuintes individuais, seguradas especiais e facultativas	10 contribuições mensais. Em caso de antecipação do parto, o período é reduzido em número de contribuições equivalentes ao número de meses em que o parto foi antecipado. A segurada especial deve apenas comprovar atividade rural nos 12 meses anteriores ao início do benefício – art. 39, parágrafo único, do PBPS. Importante ressaltar que o STF julgou inconstitucional a exigência de cumprimento de carência para concessão do benefício de salário-maternidade apenas para algumas categorias de trabalhadoras, por violar o princípio da isonomia (ADI 2.110 e 2.111).

Independem de Carência – art. 26 do PBPS
– pensão por morte, salário-família e auxílio-acidente;   – auxílio-doença e aposentadoria por invalidez nos casos de acidente de qualquer natureza ou causa e de doença profissional ou do trabalho, bem como nos casos de segurado que, após filiar-se ao RGPS, for acometido de alguma das doenças e afecções especificadas em lista elaborada pelos Ministérios da Saúde e da Previdência Social;   – aposentadoria por idade ou por invalidez, auxílio-doença, auxílio-reclusão, pensão para o segurado especial, no valor de um salário-mínimo, desde que comprove o exercício de atividade rural, ainda que de forma descontínua, no período, imediatamente anterior ao requerimento do benefício, igual ao número de meses correspondentes à carência do benefício requerido;   – serviço social;   – reabilitação profissional;   – salário-maternidade para as seguradas empregada, trabalhadora avulsa e empregada doméstica. Após recente decisão do STF nas ADI 2.110 e 2.111 a concessão do salário-maternidade independe de carência para todas as categorias de seguradas.

5. SERVIDORES PÚBLICOS

(OAB/FGV – 2024) Humberto Alves, que sempre atuou como advogado autônomo, logrou aprovação em concurso público para a Advocacia Geral da União, sendo regularmente nomeado em cargo público de provimento efetivo e iniciando suas atividades na função pública em janeiro de 2023.

Diante da situação hipotética narrada, assinale a afirmativa correta.

(A) Humberto permanece vinculado ao Regime Geral de Previdência Social na condição de segurado empregado, salvo se optar pelo ingresso em regime diverso.

(B) Caso Humberto já ingresse no cargo público com tempo de contribuição e idade suficientes para a aposentadoria, poderá requerer a prestação imediatamente no regime previdenciário a que estiver vinculado.

(C) Humberto, na hipótese de mudança de regime previdenciário, não poderá computar os recolhimentos previdenciários pretéritos na condição de contribuinte individual.

(D) Humberto, já na condição de servidor público federal, é automaticamente filiado ao regime próprio de previdência dos servidores federais.

A: incorreta. Ao iniciar suas atividades como servidor público titular de cargo efetivo Humberto se filiou ao Regime Próprio de Previdência Social da União Federal, nos termos do *caput* do art. 40 da Constituição Federal. Assim sendo, ele resta excluído do RGPS, como diz expressamente o art. 13 do Plano de Custeio da Previdência Social – PCSS (art. 9º, I, alíneas 'i' a 'm', do RPS). Note que o art. 201, § 5º, da CF, veda ao participante de Regime Próprio a filiação ao RGPS como segurado facultativo. Por outro lado, diz o art. 10,

§ 2º, do RPS, que caso o servidor ou o militar venham a exercer, concomitantemente, uma ou mais atividades abrangidas pelo RGPS, tornar-se-ão segurados obrigatórios em relação a essas atividades; **B:** incorreta. O direito adquirido à prestação previdenciária deve ser exercido perante o regime em que o direito ingressou no patrimônio jurídico do segurado. Não há que se falar em contagem recíproca de tempo de contribuição no caso, pois tal instituto jurídico pressupõe que o segurado ou servidor público tenha sido vinculado ao regime de origem sem que dele receba aposentadoria ou tenha gerado pensão para seus dependentes, nos termos do art. 2º, I, da Lei nº 9.796/1999; **C:** incorreta, uma vez que o art. 201, § 9º, da CF, garante que, para fins de aposentadoria, será assegurada a contagem recíproca do tempo de contribuição entre o Regime Geral de Previdência Social e os regimes próprios de previdência social, e destes entre si, observada a compensação financeira, de acordo com os critérios estabelecidos em lei. Isso posto, a hipótese em questão não se enquadra em nenhum dos casos nos quais a contagem recíproca de tempo de serviço é vedada, conforme o art. 96 do PBPS; **D:** correta, uma vez que o RPPS também é de filiação obrigatória (ADI 1.956, DJe 05/08/2022). Cabe lembrar, a esse respeito, que a filiação nada mais é do que o ato jurídico que vincula o trabalhador à Previdência Social. Com a filiação, a pessoa torna-se um segurado. Dado o pressuposto de que a filiação ao RPPS é obrigatória aos servidores públicos titulares de cargos efetivos (art. 40, *caput*, da CF), o ato de filiação pressupõe tão somente o início de suas atividades, ou seja, o "exercício" do cargo, como diz o art. 15 da Lei nº 8.112/90.

Gabarito "D".

(Juiz Federal – TRF/1 – 2023 – FGV) Sobre os regimes próprios de servidores públicos, ocupantes de cargos públicos de provimento efetivo (RPPS), é correto afirmar que:

(A) os afastamentos por incapacidade temporária somente serão custeados pelo RPPS após a incapacidade ultrapassar quinze dias consecutivos;

(B) servidores estaduais e municipais, a depender da situação atuarial dos respectivos regimes, poderão ter contribuições inferiores aos servidores federais;

(C) servidores de todos os entes federados poderão arcar com contribuições extraordinárias, pelo prazo necessário para o equacionamento do déficit;

(D) servidores federais homens e mulheres, após a última reforma previdenciária de 2019, aposentam-se por idade no mesmo limite etário;

(E) a aposentadoria especial para servidores, quando expostos a agentes insalubres, foi extinta pela reforma previdenciária de 2019, restando somente a aposentadoria por idade.

A: Incorreta. Essa é a regra aplicável aos segurados empregados no âmbito do Regime Geral de Previdência Social – RGPS (art. 60 do PBPS). Os múltiplos regimes próprios de previdência social não são obrigados a copiar tal regra. O regime dos servidores públicos federais, por exemplo, não prevê prazo mínimo de incapacidade após o qual a licença para tratamento de saúde seja devida (art. 202 da Lei 8.112/90); **B:** Correta. Segundo o art. 9, § 4º, da EC 103/2019, no âmbito de seus regimes próprios os Estados, o Distrito Federal e os Municípios não poderão estabelecer alíquota inferior à da contribuição dos servidores da União, exceto se demonstrado que o respectivo regime próprio de previdência social não possui déficit atuarial a ser equacionado, hipótese em que a alíquota não poderá ser inferior às alíquotas aplicáveis ao Regime Geral de Previdência Social; **C:** Incorreta, posto afirmar o art. 149, § 1º-B, da CF, que, dentro de certas circunstâncias, é facultada a instituição de contribuição extraordinária, no âmbito da União, cobrada dos servidores públicos ativos, dos aposentados e dos pensionistas. Aos Estados, Municípios e ao Distrito Federal não foi conferida a mesma faculdade; **D:** Incorreta. No âmbito da União a aposentadoria programada é possível aos 62 (sessenta e dois) anos de idade, se mulher, e aos 65 (sessenta e cinco) anos de idade, se homem. Importante ressaltar que, no âmbito dos Estados, do Distrito Federal e dos Municípios, a aposentadoria programada será concedida conforme idade mínima estabelecida mediante emenda às respectivas Constituições e Leis Orgânicas, observados o tempo de contribuição e os demais requisitos estabelecidos em lei complementar do respectivo ente federativo (art. 40, § 1º, III, da CF); **E:** Incorreta, nos termos do § 4º-C do art. 40 da CF.

Gabarito "B".

6. ASSISTÊNCIA SOCIAL E SAÚDE

Veja a tabela seguinte, para estudo e memorização dos objetivos da assistência social:

Objetivos da Assistência Social – art. 203 da CF
– a proteção à família, à maternidade, à infância, à adolescência e à velhice;
– o amparo às crianças e adolescentes carentes;
– a promoção da integração ao mercado de trabalho;
– a habilitação e reabilitação das pessoas portadoras de deficiência e a promoção de sua integração à vida comunitária;
– a garantia de um salário-mínimo de benefício mensal à pessoa portadora de deficiência e ao idoso que comprovem não possuir meios de prover à própria manutenção ou de tê-la provida por sua família, conforme dispuser a lei;
- a redução da vulnerabilidade socioeconômica de famílias em situação de pobreza ou de extrema pobreza (EC nº 114/2021)

21. DIREITO FINANCEIRO

Filipe Venturini Signorelli

1. PRINCÍPIOS E NORMAS GERAIS

Veja a seguinte tabela com os mais importantes princípios orçamentários, para estudo e memorização:

Princípios orçamentários	
Anualidade	A lei orçamentária é anual (LOA), de modo que suas dotações orçamentárias referem-se a um único exercício financeiro – art. 165, § 5º, da CF
Universalidade	A LOA inclui todas as despesas e receitas do exercício – arts. 3º e 4º da Lei 4.320/1964
Unidade	A LOA refere-se a um único ato normativo, compreendendo os orçamentos fiscal, de investimento e da seguridade social – art. 165, § 5º, da CF e art. 1º da Lei 4.320/1964. Ademais, cada esfera de governo (União, Estados, DF e Municípios) terá uma única LOA para cada exercício, o que também é indicado como princípio da unidade
Exclusividade	A LOA não conterá dispositivo estranho à previsão da receita e à fixação da despesa, admitindo-se a autorização para abertura de créditos suplementares e para contratação de operações de crédito – art. 165, § 8º, da CF
Equilíbrio	Deve haver equilíbrio entre a previsão de receitas e a autorização de despesas, o que deve também ser observado na execução orçamentária. Isso não impede a realização de *superávits* – ver art. 48, *b*, da Lei 4.320/1964 e art. 31, § 1º, II, da LRF (LC 101/2000)
Especificação, especialização ou discriminação	Deve haver previsão pormenorizada de receitas e despesas, não cabendo dotações globais ou ilimitadas – art. 167, VII, da CF e art. 5º da Lei 4.320/1964
Unidade de tesouraria	As receitas devem ser recolhidas em caixa único, sendo vedada qualquer fragmentação para criação de caixas especiais – art. 56 da Lei 4.320/1964
Não afetação ou não vinculação da receita dos impostos	É vedada a vinculação de receita de impostos a órgão, fundo ou despesa, com as exceções previstas no art. 167, IV, da CF

2. LEIS ORÇAMENTÁRIAS (PPA – PLANO PLURIANUAL; LDO – LEI DE DIRETRIZES ORÇAMENTÁRIAS; LOA – LEI ORÇAMENTÁRIA ANUAL)

(OAB/FGV– 2024) O Presidente da República deve enviar, todo ano, o Projeto da Lei de Diretrizes Orçamentárias (PLDO) da União ao Congresso Nacional para ser apreciado e votado. Como projeto de lei orçamentária que é, possui especificidades em seu regime de tramitação.

A CRFB/88 estabelece que o PLDO, ao chegar ao Poder Legislativo, deve ser encaminhado ao(à)

(A) Plenário do Congresso Nacional, para apreciação e votação única do PLDO em sessão conjunta de ambas as casas.

(B) Plenário da Câmara dos Deputados, para apreciação e votação em turno único, e posterior remessa ao Plenário do Senado Federal para votação do PLDO.

(C) Comissão Mista de Planos, Orçamentos Públicos e Fiscalização – CMO, para examinar e emitir parecer sobre o PLDO.

(D) Comissão de Constituição e Justiça e de Cidadania – CCJ, para examinar e emitir parecer sobre o PLDO.

Correta a letra C, pois corresponde aos exatos mandamentos do art. 166, § 1º, da Constituição Federal, que dispõe: "Art. 166. Os projetos de lei relativos ao plano plurianual, às diretrizes orçamentárias, ao orçamento anual e aos créditos adicionais serão apreciados pelas duas Casas do Congresso Nacional, na forma do regimento comum. § 1º Caberá a uma Comissão mista permanente de Senadores e Deputados: I – examinar e emitir parecer sobre os projetos referidos neste artigo e sobre as contas apresentadas anualmente pelo Presidente da República; II – examinar e emitir parecer sobre os planos e programas nacionais, regionais e setoriais previstos nesta Constituição e exercer o acompanhamento e a fiscalização orçamentária, sem prejuízo da atuação das demais comissões do Congresso Nacional e de suas Casas, criadas de acordo com o art. 58". FV

Gabarito "C".

(OAB/FGV– 2024) O prefeito do Município Alfa, em determinado exercício financeiro, na primeira semana do seu mandato, convocou todos os seus secretários, assessores e consultores para definir a política financeira da sua gestão. Na reunião, ele questionou alguns aspectos do orçamento público municipal.

Diante desse cenário, considerando que a Lei Orgânica Municipal reproduz as mesmas normas do Direito Financeiro da Constituição Federal de 1988, inclusive quanto aos prazos, assinale a opção que indica a informação que você, na qualidade de consultor(a) jurídico(o), corretamente prestou.

(A) Ele deverá usar, no primeiro ano do mandato, a Lei Orçamentária Anual (LOA), cuja proposta foi elaborada pelo prefeito antecessor e por este encaminhada à Câmara de Vereadores que a aprovou.

(B) Ele deverá editar, antes do fim do primeiro biênio de seu mandato, um decreto contendo o Plano Plurianual (PPA), que vigerá ao longo dos quatro anos subsequentes, cujo conteúdo orienta e vincula a elaboração da Lei Orçamentária Anual (LOA) e da Lei de Diretrizes Orçamentárias (LDO).

(C) Ele terá que encaminhar para a Câmara de Vereadores, até 31 de outubro do mesmo ano, o projeto da Lei Orçamentária Anual (LOA) para o exercício financeiro seguinte.

(D) Ele deverá adotar a Lei de Diretrizes Orçamentárias (LDO), que vigerá por quatro anos, a fim de acompanhar a vigência do Plano Plurianual (PPA).

Questão condizente com os fundamentos que embasam o orçamento público do primeiro mandato do Executivo Municipal, visto que, o prefeito cujo mandato está por encerrar, enviará para a Câmara Municipal, ainda no seu último ano no cargo, a proposta de orçamento (LOA – Lei Orçamentária Anual) para o exercício seguinte, que coincidirá com o primeiro ano de mandato do então prefeito eleito. Neste sentido, importante leitura do art. 165, da Constituição Federal, bem como o art. 35, 2º, III, do ADCT ("Art. 35. O disposto no art. 165, § 7º, será cumprido de forma progressiva, no prazo de até dez anos, distribuindo-se os recursos entre as regiões macroeconômicas em razão proporcional à população, a partir da situação verificada no biênio 1986-87. (...) § 2º Até a entrada em vigor da lei complementar a que se refere o art. 165, § 9º, I e II, serão obedecidas as seguintes normas: (...) III – o projeto de lei orçamentária da União será encaminhado até quatro meses antes do encerramento do exercício financeiro e devolvido para sanção até o encerramento da sessão legislativa"). FV

Gabarito "A".

(OAB/FGV– 2024) O Presidente da República se quedou inerte quanto à elaboração e ao envio do projeto de Lei Orçamentária Anual (LOA) da União para aprovação do Congresso Nacional no prazo estabelecido pela CRFB/88. O Presidente do Congresso Nacional, então, assumiu a responsabilidade de elaboração de um novo projeto de LOA e de envio para tramitação e aprovação de ambas as Casas do Congresso Nacional.

Nesse caso, é correto afirmar que:

(A) Caso aprovada, a referida LOA será inconstitucional por vício de iniciativa, já que é de competência privativa do Presidente da República sua elaboração e seu envio ao Congresso Nacional, não podendo o Presidente do Congresso Nacional realizar tal elaboração nem mesmo em caráter excepcional.

(B) Comprovada a inércia do Presidente da República, admite-se, de forma subsidiária, que a iniciativa do referido projeto de LOA seja exercida por pessoa diversa, a exemplo do Presidente do Congresso Nacional.

(C) Quando o Presidente da República deixa de apresentar o projeto de LOA da União no prazo legal, a CRFB/88 prevê a possibilidade de o Poder Judiciário, o Ministério Público, a Defensoria Pública e o Poder Legislativo apresentarem, autonomamente, seus respectivos projetos de orçamentos para tramitação no Congresso Nacional.

(D) A referida LOA somente não será inconstitucional, por vício de iniciativa, caso sua aprovação se dê pelo processo legislativo de aprovação de lei complementar, uma vez que, por se tratar de hipótese excepcional, a Constituição Federal de 1988 prevê um maior rigor para sua aprovação.

Alternativa correta letra A. Assim, a assertiva preleciona os exatos apontamentos do art. 165, III, da CF, que aduz: "Art. 165. Leis de iniciativa do Poder Executivo estabelecerão: (...) III – os orçamentos anuais;". Bem como a observância do art. 166, § 6º, da CF: "Art. 166. Os projetos de lei relativos ao plano plurianual, às diretrizes orçamentárias, ao orçamento anual e aos créditos adicionais serão apreciados pelas duas Casas do Congresso Nacional, na forma do regimento comum. (...) § 6º Os projetos de lei do plano plurianual, das diretrizes orçamentárias e do orçamento anual serão enviados pelo Presidente da República ao Congresso Nacional, nos termos da lei complementar a que se refere o art. 165, § 9º". No entanto, é de suma importância se ater ao entendimento do Supremo Tribunal Federal, que preleciona: "Orçamento anual. Competência privativa. Por força de vinculação administrativo-constitucional, a competência para propor orçamento anual é privativa do chefe do Poder Executivo. [ADI 882, rel. min. Maurício Corrêa, j. 19-2-2004, P, *DJ* de 23-4-2004.] = ADI 2.447, rel. min. Joaquim Barbosa, j. 4-3-2009, P, *DJE* de 4-12-2009]."[1]

Gabarito "A".

3. OUTROS TEMAS E COMBINADOS

(OAB/FGV– 2024) A Escolhinha do Gol, entidade privada sem fins lucrativos, que realiza sua função social de fomento ao esporte no Município Alfa, Estado Beta, entre os anos de 2020 a 2022, recebeu diretamente da União a quantia de R$ 100.000,00 (cem mil reais) para financiar seu programa beneficente de ensino e treinamento de futebol para crianças carentes da localidade.

Pedro, administrador da instituição e técnico de futebol da escolhinha, recebeu, em janeiro de 2023, uma notificação do Tribunal de Contas da União (TCU) intimando a instituição a prestar contas dos recursos recebidos no prazo de 30 (trinta) dias, sob pena da imediata devolução, acrescida de juros, correção monetária e multa. Tendo Pedro aplicado 100% dos recursos recebidos nas atividades da escolhinha, contrata você, como advogado, para orientá-lo sobre a notificação.

Diante desse cenário, assinale a opção que apresenta sua orientação.

(A) Por não se tratar de uma entidade pública, e sim de uma instituição privada, não se submete à fiscalização e ao controle de qualquer Tribunal de Contas.

(B) Não pode o TCU fiscalizar e controlar tais repasses, cabendo apenas ao Tribunal de Contas do Estado Beta,

---

1. STF. Controle Concentrado de Constitucionalidade. Disponível em: https://portal.stf.jus.br/constituicao-supremo/artigo.asp?abrirBase=CF&abrirArtigo=165. Acesso em: 28 set.2024.

por ser o Município Alfa destinatário e efetivo usuário de tais recursos repassados.

(C) É devida a prestação de contas de qualquer pessoa física ou jurídica, pública ou privada que receba e utilize dinheiro público.

(D) Apenas deverão prestar contas dos recursos públicos recebidos aqueles que os aplicarem em atividade diversa da originalmente estabelecida ou que não os tenham aplicado integralmente.

Correta a letra C. A assertiva reproduz os exatos apontamentos do art. 70, parágrafo único, da CF, vejamos: "Art. 70. A fiscalização contábil, financeira, orçamentária, operacional e patrimonial da União e das entidades da administração direta e indireta, quanto à legalidade, legitimidade, economicidade, aplicação das subvenções e renúncia de receitas, será exercida pelo Congresso Nacional, mediante controle externo, e pelo sistema de controle interno de cada Poder. Parágrafo único. Prestará contas qualquer pessoa física ou jurídica, pública ou privada, que utilize, arrecade, guarde, gerencie ou administre dinheiros, bens e valores públicos ou pelos quais a União responda, ou que, em nome desta, assuma obrigações de natureza pecuniária.". desta forma, a prestação de contas ao TCU (Tribunal de Contas da União) se faz necessária, para os exatos cumprimentos dos mandamentos constitucionais, o que se traduz também na essência dos ditames que embasam os princípios da legalidade, impessoalidade, publicidade e transparência.

Gabarito "C".

(Juiz Federal – TRF/1 – 2023 – FGV) O Tribunal de Contas dos Municípios do Estado Alfa, em 2023, ao apreciar as contas do prefeito do Município Beta (situado nesse estado) referentes ao ano de 2022, identificou irregularidades graves na execução orçamentária com envolvimento pessoal do chefe do Executivo municipal.

Diante desse cenário, é correto afirmar que:

(A) sendo um órgão estadual, tal Tribunal não tem competência para fiscalizar e apreciar as contas e a execução orçamentária realizadas pelos prefeitos municipais;

(B) o parecer prévio, emitido por tal Tribunal sobre as contas de 2022 prestadas pelo prefeito, só deixará de prevalecer por decisão de 2/3 dos membros da Câmara de Vereadores do Município Beta;

(C) sendo tal apreciação por este Tribunal de Contas uma peça opinativa, a Câmara de Vereadores do Município Beta somente poderá rejeitar as conclusões do Tribunal por voto da maioria de seus membros;

(D) ao realizar o julgamento das contas do prefeito e as considerar irregulares, o julgamento deste Tribunal vincula a Câmara de Vereadores do Município Beta quanto à necessidade de não aprovar as contas do chefe do Executivo municipal;

(E) por se tratar de um órgão estadual, tal Tribunal deve primeiro remeter o julgamento das contas do prefeito por ele realizado à Assembleia Legislativa estadual, a qual notificará a Câmara de Vereadores do Município Beta sobre as conclusões de julgamento do Tribunal.

Alternativa correta B. Assim, encontramos respaldo para resposta no Art. 31, § 2º, da CF (Art. 31. A fiscalização do Município será exercida pelo Poder Legislativo Municipal, mediante controle externo, e pelos sistemas de controle interno do Poder Executivo Municipal, na forma da lei. (...) § 2º O parecer prévio, emitido pelo órgão competente sobre as contas que o Prefeito deve anualmente prestar, só deixará de prevalecer por decisão de dois terços dos membros da Câmara Municipal). Sobre o Tema, importante também a observação de julgado do STF, com relatoria do Min. Roberto Barroso: RECURSO EXTRAORDINÁRIO. PRESTAÇÃO DE CONTAS DO CHEFE DO PODER EXECUTIVO MUNICIPAL. PARECER PRÉVIO DO TRIBUNAL DE CONTAS. EFICÁCIA SUJEITA AO CRIVO PARLAMENTAR. COMPETÊNCIA DA CÂMARA MUNICIPAL PARA O JULGAMENTO DAS CONTAS DE GOVERNO E DE GESTÃO. LEI COMPLEMENTAR 64/1990, ALTERADA PELA LEI COMPLEMENTAR 135/2010. INELEGIBILIDADE. DECISÃO IRRECORRÍVEL. ATRIBUIÇÃO DO LEGISLATIVO LOCAL. RECURSO EXTRAORDINÁRIO CONHECIDO E PROVIDO. I – Compete à Câmara Municipal o julgamento das contas do chefe do Poder Executivo municipal, com o auxílio dos Tribunais de Contas, que emitirão parecer prévio, cuja eficácia impositiva subsiste e somente deixará de prevalecer por decisão de dois terços dos membros da casa legislativa (CF, art. 31, § 2º). II – O Constituinte de 1988 optou por atribuir, indistintamente, o julgamento de todas as contas de responsabilidade dos prefeitos municipais aos vereadores, em respeito à relação de equilíbrio que deve existir entre os Poderes da República ("checks and balances"). III – A Constituição Federal revela que o órgão competente para lavrar a decisão irrecorrível a que faz referência o art. 1º, I, g, da LC 64/1990, dada pela LC 135/2010, é a Câmara Municipal, e não o Tribunal de Contas. IV – Tese adotada pelo Plenário da Corte: "Para fins do art. 1º, inciso I, alínea g, da Lei Complementar 64, de 18 de maio de 1990, alterado pela Lei Complementar 135, de 4 de junho de 2010, a apreciação das contas de prefeito, tanto as de governo quanto as de gestão, será exercida pelas Câmaras Municipais, com o auxílio dos Tribunais de Contas competentes, cujo parecer prévio somente deixará de prevalecer por decisão de 2/3 dos vereadores". V – Recurso extraordinário conhecido e provido (STF - RE: 848826 CE, Relator: Roberto Barroso, Data de Julgamento: 10.08.2016, Tribunal Pleno, Data de Publicação: 24.08.2017).

Gabarito "B".

22. LEI GERAL DE PROTEÇÃO DE DADOS PESSOAIS

José Luiz de Moura Faleiros Júnior

(Procurador – AL/PR – 2024 – FGV) Determinada Assembleia Legislativa trata continuamente dados pessoais contidos em documentos relacionados ao processo legislativo, tais como atas de reunião, pareceres e projetos de lei. Os dados pessoais em questão se referem, entre outros, a parlamentares, servidores públicos, membros da sociedade civil e especialistas ouvidos em audiências públicas.

Acerca do tratamento de dados pessoais realizado, marque a alternativa correta, conforme a Lei Geral de Proteção de Dados Pessoais (LGPD – Lei nº 13.709/18).

(A) O tratamento dos dados pessoais é legítimo, na medida em que ocorre com respaldo no consentimento de todas as pessoas mencionadas no enunciado, diante da função e cargo que desempenham.

(B) O tratamento dos dados pessoais é legítimo, na medida em que diretamente vinculado ao cumprimento de obrigações e à execução de competências típicas do órgão legislativo, que decorrem de normas de organização previstas na Constituição Estadual, em conformidade com a base legal referente ao cumprimento de obrigação legal ou regulatória pelo controlador e ao disposto no Art. 23 da LGPD.

(C) O tratamento de dados em questão apenas será legítimo quando comprovado o legítimo interesse da controladora, no caso a Assembleia Legislativa, e dos terceiros na obtenção e tratamento das informações das pessoas mencionadas no enunciado.

(D) Caso a Assembleia Legislativa pretendesse lançar um canal de TV próprio, ela não poderia encaminhar diretamente os dados pessoais dos parlamentares e servidores responsáveis pela direção do canal ao órgão regulador, devendo obter previamente o consentimento de todos os envolvidos, como forma de prestigiar o princípio da autodeterminação informativa.

(E) O tratamento dos dados pessoais neste caso é legítimo, na medida em que há o consentimento expresso de todas as pessoas mencionadas no enunciado e será diretamente executado pela administração pública, para o tratamento e uso compartilhado de dados necessários à execução de políticas públicas voltadas às eleições.

A: Incorreta. O consentimento não é a única base legal para o tratamento de dados pessoais, especialmente no contexto de órgãos públicos. Na LGPD, há diversas bases legais para o tratamento de dados, e, no caso de órgãos legislativos, o consentimento não é o mais adequado. O tratamento de dados pode ser realizado com base no cumprimento de uma obrigação legal ou regulatória (art. 7º, II) ou para a execução de políticas públicas (art. 23), sem a necessidade de consentimento expresso em tais situações. **B:** Correta. O art. 23 da LGPD permite o tratamento de dados pessoais por órgãos públicos quando necessário para o cumprimento de obrigações legais, regulatórias ou para a execução de políticas públicas. No contexto da Assembleia Legislativa, o tratamento de dados relacionado ao processo legislativo está dentro dessas funções, sem a necessidade de consentimento das partes envolvidas. **C:** Incorreta. O legítimo interesse (art. 7º, IX) não é aplicável a órgãos públicos no exercício de suas funções legais ou regulamentares. Para esses casos, a base legal aplicável é o cumprimento de obrigação legal ou regulatória (art. 7º, II) ou a execução de políticas públicas (art. 23), como já mencionado. Além disso, o uso de legítimo interesse por órgãos públicos é bem mais restrito na LGPD. **D:** Incorreta. Quando o tratamento de dados é necessário para o cumprimento de uma obrigação legal ou regulatória ou para a execução de políticas públicas, como seria o caso de lançar um canal de TV institucional, o consentimento não é necessário. O envio dos dados pessoais para órgãos reguladores faz parte das obrigações administrativas e de regulação, sendo permitido sem a necessidade de consentimento (art. 7º, II e art. 23). **E:** Incorreta. Embora o tratamento de dados para políticas públicas voltadas às eleições possa ser legítimo, o consentimento expresso não é necessário quando o tratamento se dá no contexto de execução de políticas públicas ou cumprimento de obrigação legal ou regulatória (art. 23). Novamente, o consentimento não é a base legal apropriada nesse contexto.

Gabarito "B".

(Procurador – AL/PR – 2024 – FGV) A respeito da aplicação e incidência da Lei Geral de Proteção de Dados Pessoais (LGPD – Lei nº 13.709/18), assinale a afirmativa incorreta.

(A) Devem seguir as normas da LGPD microempresas, empresas de pequeno porte, startups, pessoas jurídicas de direito privado, inclusive sem fins lucrativos, nos termos da legislação vigente, bem como pessoas naturais.

(B) Entes privados despersonalizados que realizam tratamento de dados pessoais, assumindo obrigações típicas de controlador ou de operador, estão submetidos às normas e obrigações da LGPD.

(C) A Autoridade Nacional de Proteção de Dados pode dispor sobre flexibilização ou procedimento simplificado de comunicação de incidente de segurança para agentes de tratamento de pequeno porte, assim como determinar a não obrigatoriedade da indicação de um encarregado pelo tratamento de dados pessoais pelos agentes de tratamento de pequeno porte.

(D) A LGPD e todas as suas obrigações correspondentes são de observância obrigatória a todos os agentes públicos e privados, empreendedores, startups, empresas de pequeno porte, usuários de internet em usos particulares e entes despersonalizados.

(E) A LGPD não se aplica ao tratamento de dados pessoais realizado para fins exclusivamente jornalístico e artísticos; acadêmicos, aplicando-se a esta hipótese os artigos 7º e 11 desta Lei; e realizado para fins exclusivos de segurança pública.

A: Correto. A LGPD aplica-se a todas as pessoas naturais e jurídicas, de direito público ou privado, independentemente de fins lucrativos, quando realizam tratamento de dados pessoais (art. 1º). Isso inclui microempresas, empresas de pequeno porte, startups e outras entidades listadas. **B:** Correto. A LGPD aplica-se aos responsáveis pelo tratamento de dados pessoais, sejam pessoas jurídicas ou físicas.

Isso inclui entes despersonalizados que atuam como controladores ou operadores de dados pessoais (art. 5º, VI e VII). **C:** Correto. A ANPD possui competência para estabelecer normas diferenciadas para microempresas e empresas de pequeno porte, incluindo a dispensa de indicação do encarregado pelo tratamento de dados (art. 55-J, XVIII, e art. 41, § 3º). A flexibilização e o tratamento simplificado para esses agentes é previsto na LGPD, visando facilitar sua adaptação às obrigações legais. **D:** Incorreto. A LGPD não se aplica ao tratamento de dados realizado por pessoas naturais para fins exclusivamente particulares e não econômicos, como em situações de uso doméstico (art. 4º, II, "a"). Assim, usuários de internet em usos particulares não estão sujeitos às obrigações da LGPD, o que torna essa afirmativa incorreta. **E:** Correto. A LGPD exclui de sua aplicação o tratamento de dados realizado para fins jornalísticos, artísticos e acadêmicos, conforme o art. 4º, II, "b". Tratamentos realizados para segurança pública, defesa nacional e investigações também estão excluídos da aplicação da LGPD, sendo regulamentados por legislação específica (art. 4º, III).

Gabarito "D".

(Procurador – AL/PR – 2024 – FGV) Acerca da jurisprudência do Superior Tribunal de Justiça sobre o Marco Civil da Internet (Lei nº 12.965/14) e a proteção dos direitos da personalidade, assinale a afirmativa incorreta.

(A) A desindexação de conteúdos não se confunde com o direito ao esquecimento, pois não implica a exclusão de resultados, mas tão somente a desvinculação de determinados conteúdos obtidos por meio dos provedores de busca.

(B) Para o Marco Civil da Internet, a exposição pornográfica sem consentimento não se limita a nudez total, nem a atos sexuais que somente envolvam conjunção carnal, mas a conduta que possa gerar dano à personalidade da vítima.

(C) Na exposição pornográfica não consentida, o fato de o rosto da vítima não estar evidenciado nas fotos de maneira flagrante é irrelevante para a configuração dos danos morais.

(D) O direito ao esquecimento pode ser compreendido como o direito que uma pessoa natural possui de não permitir que um fato, ainda que verídico, ocorrido em determinado momento de sua vida, seja exposto ao público em geral, causando-lhe sofrimento ou transtornos

(E) A tese do direito ao esquecimento, entendido como a possibilidade de obstar, em razão da passagem do tempo, a divulgação de fatos ou dados verídicos e licitamente obtidos e publicados em meios de comunicação social, analógicos ou digitais, vem sendo confirmada nas relações pelos tribunais superiores no país.

A: Correta. A desindexação de conteúdos é uma medida aplicada para desvincular determinados resultados dos motores de busca, sem que haja necessariamente a exclusão desses conteúdos. Isso não implica no direito ao esquecimento, pois os conteúdos permanecem disponíveis em seus locais de origem, mas não são mais facilmente acessíveis por meio de pesquisas, conforme jurisprudência já consolidada pelo STJ e também em consonância com a LGPD no que diz respeito ao direito de informação e à proteção de dados. **B:** Correta. A exposição pornográfica não consentida, como definido no Marco Civil da Internet, vai além da nudez completa ou da conjunção carnal. A jurisprudência tem expandido a interpretação desse tipo de conteúdo como qualquer conduta que possa gerar dano à personalidade da vítima, reconhecendo os impactos graves sobre a dignidade e a privacidade, condutas que também encontram proteção na LGPD ao tratar do tratamento ilícito de dados pessoais sensíveis. **C:** Correta. O fato de a vítima não ter o rosto identificado em fotografias de caráter pornográfico ou íntimo não exclui a configuração de danos morais. A jurisprudência do STJ tem afirmado que a exposição não autorizada de qualquer conteúdo que comprometa a dignidade ou privacidade da vítima gera danos morais. Isso se alinha com os princípios da LGPD no que concerne à proteção dos direitos da personalidade e ao tratamento de dados pessoais sensíveis, onde a proteção independe da total identificação da pessoa. **D:** Correta. O conceito do direito ao esquecimento como o direito de impedir que um fato verídico e passado seja exposto, causando sofrimento, tem sido debatido em várias decisões judiciais. Contudo, conforme recente entendimento do STF, o direito ao esquecimento não foi recepcionado como um direito aplicável de forma ampla no Brasil, exceto em casos muito específicos. Isso está em linha com o princípio da autodeterminação informativa da LGPD, mas com limitações no contexto de divulgação de informações verídicas e de interesse público. **E:** Incorreta. O STF, em decisão recente, rejeitou a aplicação ampla do direito ao esquecimento, especialmente em relação à divulgação de fatos verídicos e licitamente obtidos. Portanto, a afirmação de que a tese vem sendo confirmada pelos tribunais superiores é incorreta. O direito ao esquecimento, conforme mencionado, não tem sido amplamente aceito, e sua aplicação encontra-se limitada, o que também reflete o equilíbrio que a LGPD busca entre a proteção de dados pessoais e o direito à liberdade de expressão e informação.

Gabarito "E".